中国法院年鉴

THE YEARBOOK OF CHINA COURTS

2022

《中国法院年鉴》编辑部　编

人民法院出版社

图书在版编目（CIP）数据

中国法院年鉴. 2022 / 《中国法院年鉴》编辑部编
. -- 北京 : 人民法院出版社, 2023.7
ISBN 978-7-5109-3678-4

Ⅰ. ①中… Ⅱ. ①中… Ⅲ. ①法院－中国－2022－年鉴 Ⅳ. ①D926-54

中国版本图书馆CIP数据核字(2022)第245190号

中国法院年鉴·2022

《中国法院年鉴》编辑部 编

责任编辑 刘晓宁
封面设计 天平文创视觉设计 /马晓腾 尹苗苗
出版发行 人民法院出版社
地　　址 北京市东城区东交民巷27号（100745）
电　　话 (010) 67550572（责任编辑） 67550558（发行部查询）
65223677（读者服务部）
客服 QQ 2092078039
网　　址 http: //www.courtbook.com.cn
E - mail courtpress@sohu.com
印　　刷 三河市国英印务有限公司
经　　销 新华书店

开　　本 787 毫米 × 1092 毫米 1/16
字　　数 1402 千字
印　　张 56.25
版　　次 2023 年 7 月第 1 版 2023 年 7 月第 1 次印刷
书　　号 ISBN 978-7-5109-3678-4
定　　价 378.00 元

ISBN 978-7-5109-3678-4

人民法院出版社 懂法,更懂法律人 中国审判杂志 东方法律

《中国法院年鉴》编辑委员会

《中国法院年鉴》编辑人员

《中国法院年鉴》通讯编辑

《中国法院年鉴·2022》编辑说明

一、为深入贯彻习近平新时代中国特色社会主义思想，认真落实习近平总书记对档案工作的重要指示批示精神，总结好、运用好党领导人民司法的历史和经验，记录好、留存好习近平法治思想在新时代人民法院的创新实践，最高人民法院决定组织编纂《中国法院年鉴》。

二、《中国法院年鉴》收录的资料，均由最高人民法院各单位和各高级人民法院、解放军军事法院、新疆生产建设兵团分院提供，内容丰富、材料翔实、具有权威性。

三、《中国法院年鉴》每年编辑出版一卷，收录的资料均截至当年12月31日。

四、《中国法院年鉴》收录的资料，暂未包括台湾省、香港特别行政区、澳门特别行政区。

五、《中国法院年鉴·2022》反映2022年人民法院工作情况，内容包括卷首、特载、专文、司法解释、部分规范性文件、最高人民法院工作概况、地方法院和解放军军事法院工作情况、案例选载、人民法院大事记、附录10个部分。

六、《中国法院年鉴·2022》的编辑工作，得到各高级人民法院、解放军军事法院、新疆生产建设兵团分院的大力支持，谨在此表示衷心的感谢。由于编辑水平有限，书中难免有疏漏或不当之处，敬请读者批评指正。

《中国法院年鉴》编辑部

2023年2月

目　录

卷首

一、特载

二、专文

三、司法解释

四、部分规范性文件

五、最高人民法院工作概况

六、地方法院和解放军军事法院工作情况

七、案例选载

九、附录

卷首

中国法院年鉴

THE YEARBOOK OF CHINA COURTS

2022

党的二十大报告摘录

七、坚持全面依法治国，推进法治中国建设

全面依法治国是国家治理的一场深刻革命，关系党执政兴国，关系人民幸福安康，关系党和国家长治久安。必须更好发挥法治固根本、稳预期、利长远的保障作用，在法治轨道上全面建设社会主义现代化国家。

我们要坚持走中国特色社会主义法治道路，建设中国特色社会主义法治体系、建设社会主义法治国家，围绕保障和促进社会公平正义，坚持依法治国、依法执政、依法行政共同推进，坚持法治国家、法治政府、法治社会一体建设，全面推进科学立法、严格执法、公正司法、全民守法，全面推进国家各方面工作法治化。

（一）完善以宪法为核心的中国特色社会主义法律体系。坚持依法治国首先要坚持依宪治国，坚持依法执政首先要坚持依宪执政，坚持宪法确定的中国共产党领导地位不动摇，坚持宪法确定的人民民主专政的国体和人民代表大会制度的政体不动摇。加强宪法实施和监督，健全保证宪法全面实施的制度体系，更好发挥宪法在治国理政中的重要作用，维护宪法权威。加强重点领域、新兴领域、涉外领域立法，统筹推进国内法治和涉外法治，以良法促进发展、保障善治。推进科学立法、民主立法、依法立法，统筹立改废释纂，增强立法系统性、整体性、协同性、时效性。完善和加强备案审查制度。坚持科学决策、民主决策、依法决策，全面落实重大决策程序制度。

（二）扎实推进依法行政。法治政府建设是全面依法治国的重点任务和主体工程。转变政府职能，优化政府职责体系和组织结构，推进机构、职能、权限、程序、责任法定化，提高行政效率和公信力。深化事业单位改革。深化行政执法体制改革，全面推进严格规范公正文明执法，加大关系群众切身利益的重点领域执法力度，完善行政执法程序，健全行政裁量基准。强化行政执法监督机制和能力建设，严格落实行政执法责任制和责任追究制度。完善基层综合执法体制机制。

（三）严格公正司法。公正司法是维护社会公平正义的最后一道防线。深化司法体制综合配套改革，全面准确落实司法责任制，加快建设公正高效权威的社会主义司法制度，努力让人民群众在每一个司法案件中感受到公平正义。规范司法权力运

行，健全公安机关、检察机关、审判机关、司法行政机关各司其职、相互配合、相互制约的体制机制。强化对司法活动的制约监督，促进司法公正。加强检察机关法律监督工作。完善公益诉讼制度。

（四）加快建设法治社会。法治社会是构筑法治国家的基础。弘扬社会主义法治精神，传承中华优秀传统法律文化，引导全体人民做社会主义法治的忠实崇尚者、自觉遵守者、坚定捍卫者。建设覆盖城乡的现代公共法律服务体系，深入开展法治宣传教育，增强全民法治观念。推进多层次多领域依法治理，提升社会治理法治化水平。发挥领导干部示范带头作用，努力使尊法学法守法用法在全社会蔚然成风。

一、特载

中国法院年鉴

THE YEARBOOK OF CHINA COURTS

2022

第十三届全国人民代表大会第五次会议关于最高人民法院工作报告的决议

（2022 年 3 月 11 日第十三届全国人民代表大会第五次会议通过）

第十三届全国人民代表大会第五次会议听取和审议了最高人民法院院长周强所作的工作报告。会议充分肯定最高人民法院过去一年的工作，同意报告提出的 2022 年工作安排，决定批准这个报告。

会议要求，最高人民法院要以习近平新时代中国特色社会主义思想为指导，深入贯彻习近平法治思想，全面贯彻落实党的十九大和十九届历次全会精神，深刻认识“两个确立”的决定性意义，增强“四个意识”、坚定“四个自信”、做到“两个维护”，坚持党的绝对领导，坚持统筹发展和安全，自觉践行全过程人民民主，忠实履行宪法法律赋予的职责，充分发挥审判机关职能作用，深化司法体制改革，推进智慧法院建设，健全中国特色一站式多元纠纷解决和诉讼服务体系，巩固提升审判执行质效，巩固政法队伍教育整顿成果，扎实推动新时代人民法院工作高质量发展，切实履行好维护国家安全、社会安定、人民安宁的重大责任，推动建设更高水平的平安中国、法治中国，以实际行动迎接党的二十大胜利召开！

最高人民法院工作报告

——2022年3月8日在第十三届全国人民代表大会第五次会议上

最高人民法院院长　周　强

各位代表：

现在，我代表最高人民法院，向大会报告工作，请予审议，并请全国政协各位委员提出意见。

2021年主要工作

2021年，在以习近平同志为核心的党中央坚强领导下，在全国人大及其常委会有力监督下，最高人民法院坚持以习近平新时代中国特色社会主义思想为指导，深入贯彻习近平法治思想，全面贯彻党的十九大和十九届历次全会精神，认真落实十三届全国人大四次会议决议，深入领会“两个确立”的决定性意义，增强“四个意识”、坚定“四个自信”、做到“两个维护”，坚定不移走中国特色社会主义法治道路，紧紧围绕“努力让人民群众在每一个司法案件中感受到公平正义”目标，坚持服务大局、司法为民、公正司法，忠实履行宪法法律赋予的职责，各项工作取得新进展。最高人民法院受理案件33 602件，审结28 720件，制定司法解释24件，发布指导性案例31个，加强对全国法院审判工作的监督指导；地方各级人民法院和专门人民法院受理案件3351.6万件，审结、执结3010.4万件，结案标的额8.3万亿元。通过发挥审判职能作用，推动建设更高水平的平安中国、法治中国，为实现“十四五”良好开局提供有力司法服务和保障。

一、坚决维护国家安全和社会稳定

认真贯彻总体国家安全观，依法惩治各类犯罪。各级法院审结一审刑事案件125.6万件，判处罪犯171.5万人。八类主要刑事犯罪案件持续处于低位，占全部刑事案件比重稳步下降，我国是世界上最安全的国家之一。

严惩危害国家安全和社会治安犯罪。严惩煽动颠覆国家政权、间谍窃密、邪教等犯罪，坚决维护国家政权安全、制度安全。对资助危害国家安全活动的李亨利依法定罪判刑。审结网络传销、网络赌博、非法利用信息网络等犯罪案件9.2万件，维护互联网安全。严惩危害生物安全犯罪，维护国家生物安全，保障人民生命安全和身体健康。审结杀人、放火、抢劫等严重暴力犯罪案件4.9万件。会同公安部等出台惩治涉枪涉爆犯罪意见，审结相关案件9984件。审结毒品犯罪案件5.6万件，严厉打击走私、制造毒品等源头性犯罪。审结拐卖妇女儿童犯罪案件541件。审结袭警犯罪案件4586件。严惩暴力伤医犯罪，保障医务人员安全和正常医疗秩序，为医务人员和广大患者创造良好诊疗环境。人民法院准确贯彻死刑政策，对严重危害公共安全、严重影响群众安全感的犯罪，对残害妇女儿童、老年人等挑战法律和伦理底线的犯罪，论罪当判死刑的，依法判处并核准死刑，坚决维护法治权威，坚决捍卫公平正义。

依法维护疫情防控秩序。审结涉疫犯罪案件9653件。对故意隐瞒中高风险地区行程、违规接诊发热患者、伪造售卖核酸检测报告、"涉疫偷渡"等犯罪严惩不贷。会同海关总署等发布打击海上跨境走私犯罪意见，严惩走私冻品犯罪，防范疫情传播风险。

常态化开展扫黑除恶斗争。健全常态化扫黑除恶机制，防止黑恶势力"死灰复燃"。加快案件清结，审结涉黑涉恶犯罪案件3409件18 360人。推进黑财清底，执行到位财产刑及追缴、没收违法所得405.7亿元，坚决摧毁黑恶势力经济基础。推进专项整治，发出相关司法建议3816份。巩固整治"村霸""沙霸""菜霸""路霸"等成果，促进基层社会治理。

依法惩治腐败犯罪。审结贪污贿赂、渎职等案件2.3万件2.7万人，秦光荣、王富玉等14名原中管干部受到审判，彰显党中央正风肃纪、反腐惩恶的坚定决心。落实受贿行贿一起查，依法追缴行贿非法获利，斩断"围猎"腐蚀、权钱交易的利益链条。加大职务犯罪赃款赃物追缴力度，实际追缴到位596.6亿元。境外不是法外，首次适用刑事缺席审判程序审理程三昌案，裁定没收外逃人员徐进、张正欣境内外巨额违法所得，对外逃腐败犯罪分子虽远必惩，让其人财两空。

依法维护国家粮食安全。出台服务全面推进乡村振兴意见。会同农业农村部等加强种业知识产权保护，严厉打击制售伪劣种子、破坏种质资源等危害种业安全违法犯罪。审结乱占耕地案件7251件，涉及耕地312万亩，依法惩治农村侵占耕地犯罪，保护耕地红线。辽宁、吉林、黑龙江法院严惩污染、盗采黑土犯罪。

守好民生安全底线。审结重大责任事故等犯罪案件2031件，维护群众生产安全。审结危害食品药品安全犯罪案件6002件，依法严惩制售"病猪肉""毒草莓""毒面膜"等犯罪行为，守护百姓餐桌安全、用药安全。严惩医保骗保犯罪，依法对幕后组织者和职业骗保人加重惩罚，守好百姓"看病钱""救命钱"。审结高空抛物、偷盗窨井盖等犯罪案件296件，高空抛物致人伤亡犯罪案件大幅度减少，群众头顶上、脚底下安全更有保障。审结危险驾驶犯罪案件34.8万件，维护群众出行安全。严惩电信网络诈骗犯罪，审结相关案件7.9万件14.9万人，对"5·09"特大跨境电信网络诈骗案590名被告人判处刑罚。严惩"以房养老""投资养老"、保健品坑老、兼职刷单、套路贷、校园贷、美容贷等花样翻新的诈骗犯罪，助力打好反诈人民战争，维护群众财产安全。

维护公民个人信息安全。信息时代，个人信息安全保护变得突出和紧迫。认真贯彻个人信息保护法，严惩窃取倒卖身份证、通讯录、快递单、微信账号、患者信息等各类侵犯公民个人信息犯罪，审结相关案件4098件，同比上升60.2%。依法从严惩治行业“内鬼”泄露个人信息。严惩利用恶意程序、“钓鱼”欺诈等形式非法获取个人信息，审理“颜值检测”软件窃取个人信息案，惩治网络黑灰产业链犯罪。严惩通过非法侵入监控系统贩卖幼儿园、养老院实时监控数据的犯罪分子。对侵犯个人信息、煽动网络暴力侮辱诽谤的，依法追究刑事责任。出台人脸识别司法解释，制止滥用人脸识别技术行为，让公众不再为自己的“脸面”担忧。审理人脸识别第一案，明确人脸识别技术应用范围，守护公众重要生物识别信息安全。

强化人权司法保障。坚持罪刑法定、疑罪从无、证据裁判，依法宣告511名公诉案件被告人和383名自诉案件被告人无罪，确保无罪的人不受刑事追究，还无罪的人清白。会同司法部完善死刑复核案件法律援助制度，依法保障死刑案件被告人获得辩护的权利。推动实现刑事案件律师辩护全覆盖。与全国律协召开座谈会，健全工作机制，切实保障律师执业权利，充分发挥律师促进公正司法和人权保障的重要作用。律师服务平台为33万名律师提供在线立案服务244万件、案件排期避让提醒40万次。坚持实事求是、有错必纠，按照审判监督程序再审改判刑事案件2215件。出台国家赔偿案件精神损害赔偿司法解释。司法救助4万人，发放救助金9.2亿元。准确贯彻宽严相济刑事政策，该宽则宽，当严则严，对挑战法律权威、挑衅公共秩序、侵犯人民利益的，依法严惩不贷。

二、积极服务经济社会高质量发展

完整、准确、全面贯彻新发展理念，服务构建新发展格局，党中央决策部署到哪里，司法服务就跟进到哪里。各级法院审结一审民商事案件1574.6万件、行政案件29.8万件，同比分别上升18.3%和12%。

持续服务“六稳”“六保”。妥善处理因疫情引发的劳资用工、购销合同、商铺租赁等纠纷，审结涉疫民商事案件14.2万件。出台助力中小微企业发展20条实招硬招，着力解决挤压生存发展空间、拖欠账款、超标的查封乱查封等侵害中小微企业权益问题。天津、江苏、河南、重庆等法院运用“滚动解封”等方式，防止大额资金冻结对中小微企业资金链的冲击。辽宁法院以海事强制令帮助数百家进口冷链企业解决清关难题，降低疫情对进出口贸易的影响。

助推法治化营商环境建设。坚持“两个毫不动摇”，落实服务新时代加快完善社会主义市场经济体制意见，对国企民企、内资外资、大中小微企业等各类市场主体依法平等保护。依法审理涉国资国企案件，助推国有经济布局优化和结构调整，服务国企改革三年行动。加强产权司法保护，再审纠正涉企刑事冤错案件30件39人，坚决防止把民事责任变为刑事责任，发布17件产权保护典型案例，弘扬契约精神和企业家精神。依法破除对民营企业在投资、市场准入等领域设置的门槛，清理涉民营企业积案。辽宁、吉林、黑龙江、湖北、湖南等法院建立涉企案件生产经营影响评估机制。审结行政许可、行政协议案件2.1万件，服务深化“放管服”改革。山西、内蒙古、安徽、河南、海南、贵州等法院着力推进行政机关负责人出庭应诉，河北、江西、山东、陕西、甘肃等法院加强行政争议实质性化解，服务法治政府建设。

促进创新驱动发展。审结一审知识产权案件54.1万件，同比增长16.1%，保护创新、激励创造。审理涉5G通信、生物医药、高端制造等高新技术案件，加强关键核心技术和原始创新成果保护。明确职务发明权属争议的判断标准，激励科研人员创新创造。对科研人员已尽勤勉义务但因技术路线选择失误的，合理界定法律责任，营造鼓励创新、宽容失败的良好环境。着力破解知识产权维权“举证难、周期长、赔偿低、成本高”等难题。出台知识产权惩罚性赔偿司法解释，在895件案件中对侵权人判处惩罚性赔偿。依法适用行为保全制度，以先行判决和临时禁令相结合的方式防止损害扩大，不让权利人赢了官司输了市场。支持向滥诉者索赔合理开支，对恶意诉讼阻碍创新行为说“不”。我国已经成为审理知识产权案件尤其是专利案件最多的国家，也是审理周期最短的国家之一。知识产权审判在服务创新发展中作用愈来愈显现。

维护市场公平竞争。加强反垄断和反不正当竞争司法，审结垄断案件49件、不正当竞争案件7478件。探索数据权利保护规则，服务数字经济，促进电子商务发展。审理平台“二选一”、刷单炒信等垄断和不正当竞争案件，严惩妨碍公平竞争、损害群众利益行为。审理“茶颜悦色”奶茶诉“茶颜观色”不正当竞争案，对傍名牌等不正当竞争行为予以制裁。明确“青花椒”等“碰瓷式维权”不受保护，对相关诉讼请求予以驳回。

推动市场主体有序退出和有效救治。审结破产案件1.3万件，涉及债权2.3万亿元，促进企业优胜劣汰和要素资源高效配置。充分发挥破产审判“积极拯救”和“及时出清”功能，同时坚决防止借破产之名逃废债。配合全国人大常委会开展企业破产法执法检查，促进完善破产法律制度。深圳个人破产条例首案裁定生效，让依法经营、诚实守信的债务人可以从头再来，个人破产制度实践迈出重要一步。审结破产重整案件732件，盘活资产1.5万亿元，让745家困境企业再获新生，35万余名员工稳住就业。

促进金融市场健康发展。依法严惩金融证券犯罪，审结操纵市场、内幕交易、非法集资、洗钱等犯罪案件1.3万件。审结金融纠纷案件155.3万件，依法处理涉供应链金融、不良资产处置、私募投资基金等纠纷，有力推动防范化解金融风险。依法妥善审理康美药业案，严惩证券违法犯罪，支持陷入债务危机企业重整再生。依法否定职业放贷、高利转贷、变相高息等行为效力，引导民间融资服务实体经济。北京金融法院建设金融司法大数据研究中心，提出保障“北交所”25条举措，服务国家金融管理中心建设。上海金融法院深入推进金融审判专业化，建立金融纠纷法律风险防范报告年度发布机制，服务上海国际金融中心建设。

服务社会主义文化强国建设。旗帜鲜明保护革命文物和红色遗存。河北法院审理长城保护公益诉讼案，一体化保护长城遗迹和历史、环境风貌。江苏法院完善大运河司法保护机制，促进河道治理和文化遗产保护。福建法院在世界遗产地、历史文化街区等设立巡回法庭，保护文化根脉传承。贵州法院发出传统村落司法保护令，守护乡愁记忆。

促进人与自然和谐共生。审结一审环境资源案件26.5万件。制定生态环境侵权禁止令、惩罚性赔偿等司法解释。审理绿孔雀预防性保护公益诉讼案，贯彻“保护优先、预防为主”原则。浙江安吉法院“森林法官”守护森林竹海，践行“两山”理念。青海三江源、祁连山、青海湖生态法庭联动，共同守护“中华水塔”。落实谁污染谁治理、谁破坏谁赔偿，探索公益诉讼损害赔偿专项基金制度，江苏、江西等法院委托第三方监管，保障生态修复资金专款专用。出台贯彻长江保护法实施意见，守护一江清水、两岸青山。山东法院与执法机关协同治理油泥砂和落地原油污染，保护黄河三角洲。湖北法院依法保障全国碳排放权注册登记结算机构建设，广东法院审理碳排放权交易结算案，福建法院推行“碳汇”认购等替代性修复方式，依法助力碳达峰碳中和。与联合国环境规划署共同举办世界环境司法大会，通过《昆明宣言》，促进凝聚共建地球生命共同体的国际共识。

服务区域协调发展战略实施。出台服务北京“两区”建设意见，北京、天津、河北法院聚焦雄安新区建设、北京非首都功能疏解、天津滨海新区高质量发展精准发力，助推京津冀协同发展。完善涉冬奥纠纷多元化解机制，及时化解涉京张高铁项目等纠纷，助力办好简约、安全、精彩的北京冬奥会冬残奥会。上海、江苏、浙江、安徽法院推进执行跨区联动、信息全域共享、服务标准协同，服务长三角一体化发展。支持浦东打造社会主义现代化建设引领区，提出建设金融审判创新试验区等 21 条举措。完善落实对黄河流域生态保护和高质量发展的司法服务措施。完善支持横琴、前海两个合作区建设司法政策，服务粤港澳大湾区建设。出台服务成渝地区双城经济圈建设意见，重庆、四川法院围绕知识产权、环境资源、跨域诉讼服务唱好司法协作“双城记”。山西、江西、河南、湖北、湖南等法院精准服务先进制造业、现代农业发展，助推中部地区加快崛起。

服务高水平对外开放。审结一审涉外民商事案件 2.1 万件、海事案件 1.4 万件。贯彻对外开放基本国策，依法平等保护中外当事人合法权益。海南法院审理外籍渔民在我国南海海域非法捕捞水产品案，依法判处有期徒刑并判令承担生态修复费用，对我国管辖海域实施有效司法管控。广西法院高效处理“艾丽肯”号外籍货船诉前保全案，外方当事人主动将约定的外国仲裁变更为我国法院管辖。随着我国司法国际公信力日益提升，外国当事人主动选择中国司法管辖日益增多。联合国贸法会法规判例库收录涉疫情涉外商事海事案件指导意见，收录我国司法案例已达 36 件。举办海上丝绸之路（泉州）司法合作国际论坛，在山东青岛举办上合组织国家地方法院大法官论坛，加强最高人民法院国际商事法庭建设，服务共建“一带一路”高质量发展，推动构建人类命运共同体。

维护国防利益和军人军属合法权益。审结破坏军事设施、泄露军事秘密、破坏军婚等涉军犯罪案件 466 件，服务国防和军队现代化。会同退役军人事务部推进设立“老兵调解室”，积极开辟退役军人诉讼绿色通道。推广河南法院涉军维权“信阳模式”。军事法院发挥涉军维权服务平台作用，维护官兵权益。推进军事行政审判试点，促进军政军民团结。审理侵害英烈名誉荣誉、亵渎英雄墓碑等案件，让侮辱烈士的人受到制裁，让戍边英雄的丰碑永远高高耸立。

三、始终坚持以人民为中心

牢记人民至上，始终把人民群众呼声作为第一信号，及时高效便捷化解矛盾纠纷，依法保障人民群众合法权益，让人民群众切实感受到公平正义就在身边。

切实实施民法典。民法典颁布实施，让民事权利保护进入法典时代。适用民法典审理一系列与百姓生活息息相关的“第一案”。审理老旧小区加装电梯案，保障民生工程顺利进行，促进邻里团结和睦。审理好意同乘减轻责任案，鼓励互帮互助，增进社会互信。审理多起居住权案，保障困难群众生活居住需要，驳回“强行啃老”等无理居住权请求。及时签发人格权侵害禁令，为保护生命健康、名誉荣誉、个人隐私等提供预防和救济。民法典实施一年多来，走进千家万户，进入百姓心田，一个个司法案例让民法典条文变得更加鲜活起来，让群众切实感受到民法典就是人民权利的保障书，就是日常生活的法律百科全书。

大力弘扬社会主义核心价值观。通过司法断案弘扬真善美、鞭笞假恶丑。审理侵害袁隆平院士名誉荣誉案，坚决维护共和国功勋的尊严。审理女童热心助人致伤案，判决善意助人不担责。审理小区保安送老人就医被索赔案，驳回无理赔偿请求。审理医院号贩子逃跑摔伤索赔案，判决追赶者无责。审理高铁霸铺案，判决对公共场所不文明行为曝光无需担责。对长期霸占已售房屋、要横抗拒执行的当事人采取强制搬迁措施，决不让“赖而不决”有机可乘。通过一系列司法判决，鼓励崇尚英模、邻里相助、见义勇为、助人为乐、志愿服务、舆论监督，决不向要横霸道者让步，决不迁就纵容恶习陋俗，让广大群众知道法治社会提倡什么、反对什么、禁止什么。

扎牢民生司法保障网。审结涉及教育、就业、医疗、养老、消费、社会保障等案件 154 万件，促进保障和改善民生。完善新就业形态纠纷司法政策，依法治理欠薪问题，加强劳动权益保障。会同中国残联发布保护残疾人典型案例，切实保障残疾人合法权益。出台网络消费司法解释，对直播带货、外卖餐饮作出规范，依法保护网络消费者合法权益。依法遏制利用“法拍房”“借名买房”规避限购，绝不允许通过不当手段影响楼市调控、损害百姓居住权益。

促进家庭文明建设。加强家事审判工作，守护家庭幸福的港湾。审结婚姻家庭案件 183.1 万件。坚决反对家庭暴力，依法严惩施暴者，会同全国妇联推动人身安全保护令落地见效，发出保护令 3356 份，全面加强妇女儿童权益保护。加强对老年人的司法保护，对不赡养九旬母亲的 4 个儿子依法判令承担赡养责任并予以训诫，加大惩处力度。通过家事审判，维护和弘扬中华民族重视家庭、尊老爱幼的传统美德。

守护未成年人健康成长。完善中国特色少年司法制度，最高人民法院设立少年法庭工作办公室和 6 个巡回审判点，全国法院设立 2181 个少年法庭。深入贯彻未成年人“两法”，坚持最有利于未成年人原则，确保未成年人依法得到特殊、优先保护。严惩侵害未成年人犯罪。坚持教育感化挽救方针，对未成年人犯罪采用圆桌审判，封存犯罪记录，预防和减少重新犯罪。落实家庭教育促进法，对一些父母不正确实施家庭教育、怠于履行抚养监护义务、为孩子订“娃娃亲”等行为进行训诫，发出家庭教育令，对虐待儿童的剥夺监护权。四川法院设立涉诉未成年人家庭教育指导工作站，安徽法院会同妇联等部门落实留守儿童委托照护责任，增强留守儿童自我保护及家庭保护意识。审理短视频侵犯儿童个人信息等案件，制止侵害未成年人合法权益行为。各地法院常态化开展“法治进校园”活动，积极创建法治副校长品牌，开发适合青少年的法治教育课程，防治和惩处校园欺凌行为，陕西法院联合推出全媒体模拟法庭栏目“红领巾法学院”，共同营造保护关爱未成年人的良好环境。

维护港澳台同胞、海外侨胞和归侨侨眷合法权益。审结涉港澳台案件 2.8 万件，办理涉港澳台司法协助互助案件 8933 件，审结涉侨案件 4220 件。加强与港澳规则衔接、机制对接，为港澳同胞在内地就业、创业、生活提供保障。与香港相互认可和执行婚姻家事判决、试点相互认可和协助破产程序。与澳门签署仲裁程序相互协助保全安排。会同中央台办建立在线诉调对接，84 名台胞担任调解员，发布维护台胞权益典型案例。举办海峡两岸暨香港澳门司法论坛，在甘肃敦煌举办中华司法研究论坛，深化中华司法文化研究。

巩固基本解决执行难成果。围绕中央全面依法治国委 2019 年 1 号文件贯彻落实情况开展督察，深化执行难综合治理、源头治理。坚持高效公正规范文明执行，全国法院受理执行案件 949.3 万件，执结 864.2 万件，执行到位金额 1.94 万亿元。打通查人找物、财产变现、协同联动、精准惩戒、打击拒执等方面堵点，使守信者受益、失信者受限。会同自然资源部提升土地查封处置效率。会同民航局治理限高人员通过"黄牛"违规购票规避执行。会同证监会规范上市公司质押股票冻结。网络查控案件 1971 万件，网络拍卖成交 4323 亿元，同比分别增长 34.6% 和 7.4%。开展执行款物集中清理、高效为民执行、涉民营企业积案攻坚等专项行动。执行到位涉民生、涉小微企业、涉 10 万元以下小标的案件案款 898.4 亿元。内蒙古、广西、西藏、青海、宁夏、新疆等法院健全执行联动机制。我国民事执行制度优越性不断显现，手段更加有力，执行工作机制和模式更加健全。

用心化解涉诉信访。坚持把涉诉信访工作作为倾听群众心声、解决群众诉求、了解社情民意的重要窗口。建立覆盖四级法院的网上申诉信访平台，畅通群众诉求表达"直通车"，有访必录、有信必录。集中治理重复信访，通过领导干部接访、律师代理申诉、公开听证等方式，化解信访积案 3739 件，帮助群众解开"法结""心结"。安徽法院 351 名领导干部带头接访、包案化解。全国法院涉诉信访、涉诉进京访较 2019 年分别下降 2.3% 和 61.6%。2015 年以来涉诉信访、涉诉进京访年均下降 5.5% 和 35%。

为人民群众提供一站式多元解纷服务。进入新时代，我国社会主要矛盾发生变化。人民法院受理的案件是矛盾纠纷的具体表现。化解这些矛盾，既是满足人民群众对美好生活和公平正义向往的需要，也是促进社会发展的需要。旧的矛盾解决了，新的矛盾又会显现出来。有矛盾就有冲突，甚至是激烈的冲突，不能回避，不能推诿，要不怕难，要耐得烦，要敢于担当。人民法院化解以案件形式呈现的矛盾，就是通过司法践行以人民为中心的重要方式。人民法院不仅要定分止争，还要为群众化解纠纷提供多种解决方案，把非诉讼纠纷解决机制挺在前面，提供菜单式、集约式、一站式服务，包括调解、仲裁、审判。群众需要什么方式就努力提供什么方式，真正做到方便快捷、诉非对接、线上线下联动。经过三年多不懈努力，集约集成、在线融合、普惠均等的中国特色一站式多元纠纷解决和诉讼服务体系全面建成。"菜单式"服务提供多样化选择，让群众解纷变得及时便捷。与全国总工会、中国侨联、全国工商联、银保监会、中小企业协会等 11 家单位建立"总对总"在线调解机制，6.3 万个调解组织和 26 万名调解员进驻调解平台，丰富了群众选择适合渠道解决纠纷的"菜单库"。覆盖城乡的跨域立案网点超过 1.3 万个，累计提供跨域立案服务 14 万件，90% 的申请在 30 分钟内响应，把司法服务送到群众家门口。线上线下融合服务让"正义提速"，显著降低群众、企业和国家财政解纷成本。以人民法院在线服务平台为总入口，集成在线调解、电子送达、委托鉴定等 10 个平台，实现在线服务四级法院全覆盖，群众打官司从原来的耗时费力变为全流程"掌上办理"。全国法院 2021 年在线调解纠纷突破 1000 万件，平均每分钟 51 件成功化解在诉前，诉前调解案件平均办理时长 17 天，比诉讼时间少 39 天。完善分调裁审机制，全国法院诉讼服务中心全部设立速裁工作室，速裁快审案件871.5万件，平均审理周期32天，较一审民商事案件缩短43%。设立330个邮政集约送达服务中心，在主要城市基本实现法律文书“次日达”。24小时服务，让群众办理诉讼事务“零时差”。739个法院推出24小时诉讼服务。12368热线发挥诉讼“总客服”作用，“一号通办”实质性办理诉讼事务，日均接听群众来电2.1万件次，帮助解决诉求765.1万件，群众满意度达96%。北京、天津、上海、重庆等法院“夜间法庭”解决超大城市上班族诉讼不便问题，让诉讼服务“不打烊”。送法下乡“零距离”，打通服务群众“最后一公里”。坚持和发展新时代“枫桥经验”，推动人民法院调解平台进乡村、进社区、进网格，8429个人民法庭入驻，43 033个基层治理单位对接。宁夏闽宁法庭主动服务东西部扶贫协作，长年扎根移民安置区，与走出大山的群众共谱“山海情”。四川“石榴籽”调解室、云南“金花”调解室、西藏“送法进边境村居”、新疆“冬不拉”调解室、兵团“农牧团场法官工作室”等受到各族群众欢迎。加强巡回审判，马背法庭、车载法庭深入田间地头、厂矿林区，就地立案、就地调解、就地审判、督促就地履行，“马锡五审判方式”在新时代焕发新的生机活力。目前，我国已建成世界上联动资源最多、在线调解最全、服务对象最广的一站式多元纠纷解决和诉讼服务体系，走出了一条中国特色司法为民之路。

四、深入推进司法体制改革和智慧法院建设

认真贯彻党中央司法改革部署，坚持体制改革和科技创新双轮驱动，一仗接着一仗打，一个难题接着一个难题攻克，让公平正义成为新时代人民司法的鲜亮底色。2021年，全国法官人均办案238件，一审服判息诉率88.7%，二审后达到98%，长期未结诉讼案件同比减少16.3%，在案件压力增大情况下，审判质效指标持续稳中向好，人民群众对司法公正的获得感不断增强。

深化司法体制综合配套改革。加强司法责任体系建设，推动健全制约有效、监督到位、权责统一的新型审判权力运行机制。细化“四类案件”监督管理，确保院庭长监督不缺位、不越位、可追溯。出台法官惩戒工作程序规定，扎紧违法审判责任追究的制度闭环。推进四级法院审级职能定位改革试点。成立最高人民法院统一法律适用工作领导小组，发挥审判委员会、专业法官会议、司法解释、案例指导统一裁判尺度作用，推行类案检索、量刑规范化，运用司法大数据辅助办案，加强对各高级法院审判业务文件审查，规范法官裁量权。完善统一法律适用机制，补齐短板，努力解决裁判尺度不统一问题，坚持不懈防止公平正义因地区、城乡、行业和身份不同而出现差异、打折扣。

提高审判质效和司法公信力。完成民事诉讼程序繁简分流改革试点，推进案件繁简分流、轻重分离、快慢分道。深化以审判为中心的诉讼制度改革，落实证人、鉴定人、侦查人员出庭作证，以庭审程序公正保障裁判实体公正。依法准确适用认罪认罚从宽制度。深化最高人民法院巡回法庭改革和建设，更好实现就地解决纠纷、方便群众诉讼、维护司法公正。

加强智慧法院建设。面对疫情，智慧法院大显身手，全国法院在线立案1143.9万件，在线开庭127.5万场。司法区块链上链存证17.1亿条，电子证据、电子送达存验证防篡改效果明显。形成经济社会运行大数据报告220份，“数助决策”服务社会治理。知识服务平台涵盖类

案推送、信用评价、庭审巡查等业务场景，为全国法院提供智能服务 1.4 亿次。智慧法院创新成果在国家“十三五”科技创新成就展全方位展示，加强智慧法院建设进入国家“十四五”规划纲要，科技赋能司法展现广阔前景。

完善互联网司法模式。北京、杭州、广州互联网法院运用先发优势，推动技术创新、规则确立、网络治理向前迈进。浙江法院推进“全域数字法院”，福建法院融入“数字福建”，重庆法院探索“全渝数智法院”，司法紧跟数字时代步伐。为老年人、残疾人等积极提供辅助引导或线下服务，帮助跨越“数字鸿沟”。在全球率先出台法院在线诉讼、在线调解、在线运行三大规则，以人民为中心的互联网司法规则体系逐步建立。我国互联网司法从技术领先迈向规则引领，为经济社会数字化转型提供司法保障，为世界互联网法治发展贡献中国智慧中国方案。

五、自觉践行全过程人民民主

自觉把全过程人民民主要求贯彻到法院工作各领域各环节，坚持人民司法为人民，倾听人民心声，接受人民监督，依靠人民推进公正司法，通过公正司法维护人民权益。

自觉接受人民监督。人民代表大会制度是我国根本政治制度，是实现我国全过程人民民主的重要制度载体，接受人大监督，就是接受人民监督。自觉接受全国人大及其常委会监督，严格执行全国人大及其常委会制定的法律和作出的决议决定，依法报告工作。向全国人大常委会专题报告知识产权审判工作，落实审议意见和全国人大监察司法委专题调研报告意见，提升知识产权司法保护水平。向全国人大常委会专题汇报繁简分流改革试点情况，全国人大常委会作出修改民事诉讼法的决定，为保护当事人诉讼权利、公正高效审理民事案件提供法律保障。社会主义协商民主是我国人民民主的重要形式。自觉进行民主协商，接受民主监督，参加全国政协双周协商座谈会，共商提高涉外执法司法质效和保护未成年人权益。通过召开座谈会、联合开展重点课题调研、共同举办民营经济法治建设峰会等形式，就司法政策进行民主协商，真心诚意听取各民主党派中央、全国工商联和无党派人士意见建议，努力改进工作。办好代表建议、政协提案是接受监督的重要方式，把 456 件代表建议、399 件日常建议和 153 件政协提案饱含的民声民意，积极转化为公正司法的具体措施。比如，就加强黄河流域生态保护的建议，发布司法政策和典型案例，与推动黄河流域生态保护和高质量发展领导小组办公室共建行政司法协同机制。就加强食品安全司法保护的建议，完善惩治危害食品安全犯罪刑事政策，探索建立食品安全公益诉讼惩罚性赔偿制度。邀请代表委员旁听庭审、见证执行、视察法院，让司法活动始终置于人民监督之下。6960 名各级代表委员、特约监督员、律师在执行案款集中发放日受邀见证。公开是最好的监督，裁判文书网累计公开文书 1.3 亿份，网上观看庭审直播累计超过 456 亿人次。广泛接受社会监督，认真听取特约监督员、特邀咨询员和专家学者意见建议，善于从意见建议中准确把握人民群众新要求新期待。自觉接受舆论监督，回应社会关切热点，会同中央广播电视总台联合发布“新时代推动法治进程十大案件”，与舆论形成良性互动，共同维护社会公平正义。

保障人民参与司法。畅通人民参与司法决策的渠道，努力让司法解释、司法政策都充分体现民意。通过组织座谈、走访调研等形式，听取代表委员特别是企业界代表委员、特约监督员意见，了解疫情下"企业想要什么""司法能做什么"，有针对性地出台司法助力中小微企业发展20条。邀请代表列席审委会发表意见，共同研究铁路运输人身损害赔偿司法解释。就"同命同价"、网络消费、在线诉讼等关系群众切身利益的5件司法解释，向社会公开征求意见，收到4138条意见建议。人民陪审员制度是人民参与司法的最直接形式。贯彻实施人民陪审员法，扩大参审范围，落实随机抽取。全国共有33.2万名人民陪审员，参审案件237.3万件，其中参与组成七人合议庭审结群众广泛关注、社会影响重大的案件6670件，充分发挥人民参与司法的重要作用。

依靠人民推进公正司法。紧紧依靠人民支持推进司法改革、破解工作难题。全国人大常委会修改完善刑事和民事诉讼制度，修订人民法院组织法、法官法，就四级法院审级职能定位等重大改革及设立专门法院作出决定，有力支持司法体制改革。31个省级人大及其常委会作出决议或出台文件，支持法院推进解决执行难。湖北省人大常委会通过决定，支持人民法庭促进基层社会治理。代表委员寓支持于监督之中，积极帮助解决困难和问题，有的直接参与法院化解矛盾纠纷。在扫黑除恶、攻坚执行难、一站式建设等一场场硬仗中，代表委员大力支持，人民群众广泛参与，推动我国社会主义司法制度展现蓬勃生机。

贯彻监察法和监察法实施条例，支持配合监察机关依法履行监督、调查、处置职责，自觉接受监察机关对法院工作人员监督。落实党中央关于加强新时代检察机关法律监督工作的意见，依法接受检察机关诉讼监督，认真审理抗诉案件，健全检察长列席审委会制度，共同维护司法公正。

六、着力建设忠诚干净担当的法院铁军

深入开展党史学习教育和法院队伍教育整顿，法院队伍得到前所未有的淬炼，思想作风发生深刻变化，精神面貌焕然一新。

扎实开展党史学习教育。坚持以习近平新时代中国特色社会主义思想武装头脑、指导实践、推动工作。推进习近平法治思想进教材进课堂进头脑，轮训干警80万人次，把学习习近平法治思想作为新进机关青年干部"第一课"。深入学习贯彻习近平总书记"七一"重要讲话精神，推进党史学习培训全员覆盖，引导干警筑牢政治忠诚，从党的百年奋斗史中汲取智慧和力量，真正做到明理、增信、崇德、力行。举办庆祝中国共产党成立100周年人民审判成就展，推出《红色法庭百年志》纪录片，赓续人民司法红色血脉。推出15项司法为民实事清单，组织200余项办实事活动，用为民办实事的实际成效庆祝党的百年华诞。

着力提升司法能力。完善法官入额、遴选、考核、退额等制度，择优选能。开展全国基层法官大轮训。加强知识产权、涉外等专业化审判人才建设。完善法官法新旧衔接政策，支持西部和边疆民族地区法院队伍建设。培养双语法官2373人。设立最高人民法院青年法官（雄安新区）实践基地，加强援藏援疆援青干部选派，让青年干警经风雨、见世面、壮筋骨、长才干。引导广大干警改进司法作风，说老实话、办老实事、做老实人。落实"三严三实"要求，全国四级法院院长、班子成员分别到6028个乡镇人民法庭驻庭调研，扑下身子，沉下心来，与法庭干警同吃同住同工作，拜群众为师，面对面听民声，心贴心解民忧。

深入开展法院队伍教育整顿。坚持刀刃向内，清除沉疴积弊，全国法院59万名干警接受革命性锻造，实现刮骨疗毒、激浊扬清、铸魂扬威。坚持问题导向，不护短、不遮丑、不讳疾忌医，一体推进顽疾整治和建章立制。坚决整治年底不立案，严禁拖延立案、限制立案、以调代立、增设门槛，全国法院去年12月收案同比增长104.2%，群众反映长期存在的年底不立案得到有效整治。全面排查1990年以来“减假暂”案件1334.5万件，对有问题或瑕疵的5.9万件督促逐一整改，会同最高人民检察院等出台减刑假释案件实质化审理意见，决不允许“纸面服刑”“提钱出狱”破坏公平正义。狠抓“三个规定”落实，各级法院全部突破“零报告”，11.2万人次记录报告信息12.8万条，有干预就报告、有过问就上报形成习惯。出台近亲属禁业清单、规范离任人员从业等规定，坚决斩断利益输送链条。以零容忍态度清除害群之马，最高人民法院查处本院违纪违法干警21人，各级法院查处利用审判执行权违纪违法干警3066人，其中追究刑事责任509人。坚持全面从严治党、从严治院，认真落实党风廉政建设主体责任，深刻汲取孟祥等反面典型教训，开展警示教育，一体推进不敢腐、不能腐、不想腐。学习英模、弘扬正气，全国法院涌现出一大批新时代好法官好干部，694个集体、596名个人受到中央有关部门表彰。滕启刚等24名法官牺牲在工作岗位上，他们用生命诠释了对党和人民的无限忠诚、对法治事业的无限热爱。广大干警深入学习周春梅法官用生命捍卫司法公正的崇高精神，努力践行“一心为民、知恩报党”，“做人清清白白，裁判坦坦荡荡”，“说实话、办实事，脊梁不弯、正义不低头”。

各位代表，新时代人民法院工作发展进步，最根本在于习近平总书记作为党中央的核心、全党的核心掌舵领航，在于习近平新时代中国特色社会主义思想科学指引。人民法院工作取得的成绩，是习近平法治思想在司法领域的生动实践，是全国人大及其常委会有力监督，国务院大力支持，全国政协民主监督，国家监察委员会监督，最高人民检察院监督制约，各民主党派、工商联、人民团体、无党派人士民主监督支持，地方各级党政机关、全国人大代表、全国政协委员、社会各界和广大人民群众关心支持帮助的结果。在此，我代表最高人民法院表示衷心的感谢！

我们清醒地看到，人民法院工作还存在不少问题和困难：一是精准服务经济社会高质量发展和人民群众高品质生活的司法能力不足，对司法实践新情况新问题研究不够，有的案件审判质量效率不高、效果不佳，基层司法能力仍需加快提升。二是司法改革还存在不到位问题，系统集成不够，司法管理存在短板，综合配套举措落实存在差距。三是司法不公、司法腐败问题时有发生，既有存量，还有增量，党风廉政建设和反腐败斗争任重道远。四是专业化人才尤其是涉外法治人才短缺问题比较突出，一些法院案多人少、招人难、留人难等问题尚未得到有效解决。对这些问题和困难，我们将在党的领导下，采取切实有效措施，努力加以解决。

2022年工作安排

2022年，人民法院要坚持以习近平新时代中国特色社会主义思想为指导，深入贯彻习近平法治思想，全面贯彻党的十九大和十九届历次全会精神，认真贯彻中央政法工作会议精神，认真落实本次大会决议，增强“四个意识”、坚定“四个自信”、做到“两个维护”，坚持党对司法工作的绝对领导，坚持以人民为中心，坚持统筹发展和安全，坚持稳中求进工作总基调，围绕迎接党的二十大、学习宣传贯彻党的二十大精神主线，奋力推进新时代人民法院工作高质量发展。

一是筑牢政治忠诚。深刻领悟“两个确立”的决定性意义，不断提高政治判断力、政治领悟力、政治执行力，坚决做到维护核心、绝对忠诚、听党指挥、勇于担当。建立党史学习教育常态化长效化制度机制，推进“两个维护”教育常态化。真学真信笃行习近平法治思想，始终将“努力让人民群众在每一个司法案件中感受到公平正义”记在心中、扛在肩上、落实到法院一切工作中。

二是维护安全稳定。严惩危害国家安全犯罪，坚决维护国家政治安全。贯彻反有组织犯罪法，坚持常态化扫黑除恶。严惩涉枪涉爆、黄赌毒、盗抢骗、食药环等犯罪，对电信网络诈骗犯罪保持高压态势。依法打击金融证券、逃税等犯罪，维护社会主义市场经济秩序，保障经济安全。保持惩治贪污受贿犯罪高压态势，加大对行贿惩治力度。严惩网络犯罪和跨国跨境犯罪。加强律师执业保障。推动平安医院建设。弘扬新时代“枫桥经验”，健全中国特色一站式多元纠纷解决和诉讼服务体系，服务建设更高水平的平安中国、法治中国。

三是服务发展大局。精准服务“六稳”“六保”，服务和保障常态化疫情防控，紧盯助力中小微企业发展20条司法措施落实落地，切实为企业纾困解难。着力营造市场化法治化国际化营商环境。加大产权和知识产权司法保护力度。完善反垄断和反不正当竞争裁判规则。依法规范数字经济发展，保护平台从业人员劳动权益和消费者合法权益。创建“枫桥式人民法庭”，服务乡村全面振兴。强化涉军维权工作。深入践行“两山”理念，精准服务绿色、低碳发展。完善区域发展战略、自贸试验区、海南自贸港、共建“一带一路”司法服务政策。落实区域全面经济伙伴关系协定（RCEP）义务。全面提升涉外司法质效，深化国际司法合作，加强涉外法治人才培养，服务扩大高水平对外开放。坚决依法反制外国对我国企业和公民实施的“长臂管辖”。中国法院维护以国际法为基础的国际秩序坚定不移，捍卫国家主权和司法管辖权寸步不让。

四是保障民生权益。妥善审理教育、就业、养老、医疗、婚姻家庭等涉民生案件。加强妇女、儿童、老年人、残疾人权益保护。严惩性侵、拐卖妇女儿童和收买被拐卖妇女儿童等犯罪，及时发布典型案例，强化对被拐卖妇女儿童的司法保障。深入开展法治进校园活动。支持监督行政机关依法行政，强化行政争议实质性化解。加大执行工作力度，配合推进强制执行法立法。加大对革命老区、民族地区、边疆地区、脱贫地区法院建设支持力度。弘扬社会主义核心价值观。认真落实“八五”普法规划。加强涉诉信访工作。依法服务在高质量发展中促进共同富裕，不断满足人民群众对公平正义的更高需求。

五是巩固改革成果。总结司法体制改革经验，推动改革更加系统集成、协同高效。深化司法责任制改革，加快构建系统完备、规范高效的司法制约监督体系。扎实推进四级法院审级职能定位改革。深入推进统一法律适用工作。加强司法解释工作和司法政策研究应用。深化巡回法庭制度改革。加强专业化审判体系建设。认真实施新修改的民事诉讼法。深化以审判为中心的诉讼制度改革。落实认罪认罚从宽制度。深化智慧法院建设。改革无止境。坚持改革不停步，不走回头路，敢于打破利益的藩篱，依靠改革解决体制机制深层次问题和新出现的问题，推动完善中国特色社会主义司法制度。

六是锻造法院铁军。始终把党的政治建设摆在首位，坚持全面从严管党治警。深化司法人员分类管理改革，健全法官培养和遴选机制。加强高素质专业化人才培养，强化基层法院队伍建设。巩固深化队伍教育整顿成果，决不让已经整治的顽瘴痼疾反弹回潮。教育整顿有期限，队伍建设无穷期。一刻不放松推进党风廉政建设和反腐败斗争，勇于自我革命，坚持抓常抓长、抓早抓小，对司法不公、司法腐败露头就打。深入推进法院队伍革命化、正规化、专业化、职业化，建设一支永远忠于党、忠于国家、忠于人民、忠于法律的法院铁军。

各位代表，我们要更加紧密地团结在以习近平同志为核心的党中央周围，坚持以习近平新时代中国特色社会主义思想为指导，弘扬伟大建党精神，不忘初心、牢记使命，埋头苦干、勇毅前行，更好发挥审判职能作用，以实际行动迎接党的二十大胜利召开，为实现第二个百年奋斗目标、实现中华民族伟大复兴的中国梦不懈奋斗！

最高人民法院
关于人民法院涉外审判工作情况的报告

——2022年10月28日在第十三届全国人民代表大会常务委员会第三十七次会议上

最高人民法院院长　周　强

全国人民代表大会常务委员会：

根据本次会议安排，我代表最高人民法院报告党的十八大以来人民法院涉外审判工作情况，请审议。

党的十八大以来，以习近平同志为核心的党中央高度重视涉外法治工作。习近平总书记对加强涉外法治工作发表一系列重要讲话，明确提出统筹推进国内法治和涉外法治，为全面加强新时代涉外法治工作指明了方向、提供了根本遵循，推动我国涉外法治建设取得历史性成就。我国涉外法律法规体系不断健全，涉外执法司法质效持续提升，涉外法治保障和法律服务工作成效明显，涉外法治人才队伍日益壮大，开创了新时代涉外法治建设新局面，为维护国家主权、安全、发展利益提供了坚实法治保障。

人民法院涉外审判工作是涉外法治工作的重要组成部分，主要审理当事人、标的物、法律事实等具有涉外因素的案件，涵盖刑事、民商事、海事、知识产权、行政等各审判领域，以及外国法院判决、外国仲裁裁决的承认和执行等国际司法协助案件。因涉港澳台案件一般参照涉外审判程序处理，故这次一并报告有关工作情况。涉外审判工作的健康发展，对于维护国家主权、安全、发展利益，营造市场化法治化国际化营商环境，建设更高水平开放型经济新体制，推动构建相互尊重、公平正义、合作共赢的新型国际关系，推进国家治理体系和治理能力现代化具有十分重要的意义。

党的十八大以来，伴随我国高水平对外开放的持续推进，涉外审判工作呈现以下新特点：一是案件数量大幅攀升。全国法院受理的一审涉外民商事案件从2013年的1.48万件，增长到2021年的2.73万件。二是新类型案件不断涌现。随着经济发展、科技进步、国际分工日益深化，涉跨境电商、跨境破产、企业和资产跨境并购、金融衍生产品投资、中欧班列运单等新类型纠纷不断涌现，亟须明晰交易规则、规范行为界限、平衡各方权益。三是案件审理难度加大。因同一争议涉及多国平行诉讼而产生的管辖权国际冲突案件增多，案件审理涉及国际条约、国际惯例和准据法适用的情形增多，司法管辖权和法律适用等问题愈加复杂。四是案件影响力日益提升。涉及当事人已覆盖全球100多个国家和地区，国内国际关注度显著上升，对我外交工作大局和国际形象塑造发挥着重要作用。人民法院认真落实统筹推进国内法治和涉外法治要求，坚定不移贯彻对外开放的基本国策，加快推进涉外审判体系和审判能力现代化，我国涉外审判覆盖的国家和地区范围不断扩大，境外当事人主动选择中国法院管辖的案件日益增多，我国法院判决得到越来越多国家的承认和执行，在参与国际规则制定中发挥的作用更加凸显，涉外司法国际公信力和影响力持续提升，有力传递出新时代中国改革不停顿、开放不止步的坚定决心，在向第二个百年奋斗目标迈进的新征程中承担着越来越重要的历史使命。

一、党的十八大以来涉外审判工作情况及成效

在以习近平同志为核心的党中央坚强领导下，在全国人大及其常委会有力监督下，人民法院坚持以习近平新时代中国特色社会主义思想为指导，深入贯彻习近平法治思想，深刻领悟“两个确立”的决定性意义，增强“四个意识”、坚定“四个自信”、做到“两个维护”，牢牢坚持党对司法工作的绝对领导，坚定不移走中国特色社会主义法治道路，紧紧围绕“努力让人民群众在每一个司法案件中感受到公平正义”目标，坚持服务大局、司法为民、公正司法，依法公正高效审理各类涉外案件，深入推进涉外审判机制改革，加强涉外审判队伍建设，不断提升涉外审判质效。2013年至2022年6月，各级法院审结各类涉外、涉港澳台案件38.4万件。通过充分发挥涉外审判职能作用，为加快构建新发展格局、实现更高水平对外开放提供司法服务。

（一）全面贯彻总体国家安全观，切实维护国家主权、安全、发展利益

将涉外审判工作置于统筹国内国际两个大局、办好发展安全两件大事中谋划和推进，坚决维护国家主权、安全、发展利益。

依法严惩涉外犯罪。严厉打击敌对势力渗透、破坏、颠覆、分裂活动，依法严惩颠覆国家政权、煽动分裂国家等犯罪，坚决维护国家政治安全特别是政权安全、制度安全。严厉打击跨国跨境毒品、电信网络诈骗、偷运人口、赌博和洗钱等犯罪。积极配合做好境外追逃追赃，出台司法解释完善犯罪嫌疑人、被告人逃匿、死亡案件违法所得没收程序，让腐败分子无处藏身、违法所得无处隐匿。严格规范涉外刑事审判工作，实行外籍被告人律师辩护全覆盖，切实加强人权司法保障。

依法保护我海外投资利益。依法审理我国“走出去”企业在基础设施建设、经贸往来、产业投资、货物运输等方面涉外民商事案件，准确界定当事人权利义务，服务应对海外利益风险挑战。制定审理独立保函纠纷案件的司法解释，统一独立保函交易规则，保障我国金融机构和企业有序参与国际经济合作。

（二）积极营造市场化法治化国际化营商环境，服务更高水平对外开放

始终做改革开放的坚决拥护者和坚定践行者，坚持依法平等保护原则，确保中外当事人诉

讼地位和诉讼权利平等、法律适用和法律保护平等，积极营造市场化法治化国际化营商环境。

依法平等保护中外投资者合法权益。全面贯彻外商投资法及其实施条例，制定完善配套司法解释，外商投资企业纠纷审理进入以“一法一条例两解释”为主干规范体系的新阶段。建立外商投资企业纠纷集中审理机制，以专业化促进审判质效提升。依法审理涉股东资格确认纠纷等外商投资企业纠纷案件，全面落实准入前国民待遇加负面清单制度，助力稳定中外投资者市场预期。

服务自由贸易试验区、自由贸易港建设。制定服务保障进一步扩大对外开放和自由贸易试验区、海南自由贸易港、上海临港新片区、北京“两区”建设等意见，发布10个服务保障自由贸易试验区建设典型案例和12项亮点举措，优化自由贸易试验区、海南自由贸易港法治环境。各地法院积极探索设立自由贸易试验区专门审判机构或审判组织，推出多项改革创新成果。福建平潭法院“企业送达信息共享机制”、重庆两江新区（自贸区）法院“创新涉外商事诉讼、仲裁与调解一站式纠纷解决机制”分别入选国务院自贸试验区改革试点经验和“最佳实践案例”，北京法院“金融纠纷一站式、一体化、全链条多元化解机制”入选商务部国家服务业扩大开放综合示范区“最佳实践案例”。

维护公平竞争的市场秩序。出台适用企业破产法的规定、为改善营商环境提供司法保障的意见、全国法院民商事审判工作会议纪要等司法解释和规范性文件，统一法律适用标准，增强司法透明度和可预期性。高起点高标准设立上海金融法院、北京金融法院、成渝金融法院，提高金融审判专业化水平。贯彻新证券法域外适用条款规定，对在境外上市公司及境外其他金融产品和金融服务提供者损害境内投资者合法权益的证券、期货纠纷及其他金融纠纷实行跨区域集中管辖。

服务统筹经济发展和疫情防控。发布审理涉疫情涉外商事海事案件指导意见，服务稳外贸、稳外资、产业链供应链安全稳定和航运市场健康发展，被联合国贸法会法规判例法数据库收录。南京海事法院开通立案和调解“绿色通道”，用时27天在线成功调解一起持续5年的国际船舶建造合同纠纷。大连海事法院运用海事强制令帮助数百家进口冷链企业解决清关难题，降低疫情对进出口贸易的影响。多地海事法院在扣押拍卖外籍船舶过程中，对外籍船员开展人道主义援助并安全、高效遣返，为妥善处置疫情期间全球性海员换班或遣返难题、助力航运企业复工复产提供中国方案。

恪守国际条约、尊重国际惯例。制定审理涉外民商事案件适用国际条约和国际惯例的司法解释，准确适用国际条约和国际惯例审结一批具有规则意义、国际影响重大、推动法治进程的典型案例。最高人民法院在德国蒂森克虏伯冶金公司国际货物买卖合同纠纷案中清晰阐明《联合国国际货物销售合同公约》与准据法的关系，在“加百利”轮海难救助案中首次明确《1989年国际救助公约》及相关国内法条款的适用，在哥斯达黎加东方置业公司保函欺诈纠纷再审案中准确适用《见索即付保函统一规则》。我国司法案例已经成为丰富国际法实践的重要来源，联合国贸法会法规判例法数据库已收录我国司法案例36件。

准确适用准据法。坚持尊重当事人意思自治，严格依照涉外民事关系法律适用法确定准据法。2013年以来，人民法院在542件案件中准确适用域外法，涉及六大洲40余个国家和地区。最高人民法院审理的新加坡中华环保公司股东出资纠纷案，准确适用新加坡法律认定外方股东民事权利能力和民事行为能力，助力优化外商投资法治环境。江苏苏州中院审理的中钢钢铁有限公司股权代持纠纷案适用埃塞俄比亚法律认定股权变更登记事项，青岛海事法院审理的大宇株式会社船舶抵押合同纠纷案适用巴拿马法律认定船舶抵押权效力，北京海淀法院审理的沃尔特股权转让纠纷案适用芬兰法律认定预约合同效力。上海金融法院审理的马来西亚联昌银行新加坡分行涉外担保纠纷案，在查明新加坡法律的基础上，通过调解实现一揽子解决纠纷的多赢效果。

推进判决的跨境承认和执行。2013 年以来，全国法院共审结申请承认与执行外国法院民商事判决案件 7313 件，涉及英国、美国、意大利、澳大利亚等近 40 个国家。第二届中国—东盟大法官论坛通过《南宁声明》，就中方倡导的“推定互惠”达成共识，实质推动区域内各国民商事判决相互承认和执行。江苏南京中院审理的高尔集团案首次适用互惠原则承认和执行新加坡法院商事判决，有力促进“一带一路”沿线国开展相关领域司法合作。我国涉外民商事判决得到德国、美国、新加坡、以色列、韩国等多国法院的承认和执行，浙江海宁法院作出的尖山光电公司破产重整裁定效力得到美国法院承认，使在美 1.5 亿元资产纳入中国法院破产重整程序。

（三）充分发挥海事司法职能作用，服务海洋强国战略实施

我国是海洋大国、贸易大国、航运大国，海事审判工作直接服务于外贸航运、海洋开发，事关维护国家司法主权、海洋权益。

切实维护国家海洋权益。制定海事诉讼管辖、海事法院受理案件范围和审理发生在我国管辖海域案件系列司法解释，对我国管辖海域全面行使司法管辖权。

服务海洋生态环境保护和海洋经济发展。制定扣押与拍卖船舶、审理海洋自然资源与生态环境损害赔偿纠纷案件、审理涉船员纠纷案件等司法解释，会同最高人民检察院出台办理海洋自然资源与生态环境公益诉讼案件的规定，发布海事审判典型案例 89 件，促进统一裁判尺度。天津、青岛、大连海事法院依法妥善审理 1743 件“康菲”溢油事故系列案，切实维护我国海洋权益和人民群众合法权益。上海海事法院依法扣押日本商船三井株式会社货轮，促使其履行我国法院生效判决，顺利执结国内外广泛关注的“中威”执行案，为这起跨世纪的涉外纠纷画上圆满句号。青岛海事法院妥善化解外籍“尼莉莎”轮扣押案，避免涉事各方巨额损失，外国当事人特意将船舶更名为“尊重”，向中国法治致敬。

大力推进国际海事司法中心建设。新设南京海事法院，形成包括 11 家海事法院、42 个派出法庭在内的全国海事审判组织体系，我国已成为世界上海事审判机构最齐全、受理海事案件最多的国家。常态化发布中英文版海事审判白皮书，上线中国海事审判网，服务海事审判工作发展，满足人民群众司法需求，传播中国法治声音。与高等院校、科研机构共建国际海事司法研究基地，推动海事司法理论与实务深度融合。朝鲜、韩国两国货船在非我国管辖海域发生碰撞后协议选择上海海事法院管辖，德国、瑞典等国当事人向青岛海事法院申请扣押利比里亚籍“狮子”轮并提起诉讼，越来越多与我国没有管辖连接点的案件当事人主动选择中国海事法院管辖，充分彰显了我国海事司法国际公信力与影响力。

（四）不断完善国际商事纠纷解决机制，服务共建“一带一路”高质量发展

认真落实党中央重大决策部署，积极探索国际商事争端解决机制和机构建设新路径，为高质量共建“一带一路”提供司法服务。

扎实推进国际商事法庭建设。最高人民法院在深圳、西安分别设立第一、第二国际商事法庭，上线国际商事法庭中英文双语网站，总访问量已突破378万人次，覆盖全球149个国家和地区。首创国际商事专家委员会制度，聘任来自22个国家及我国港澳台地区的47名专家委员，着力建设国际一流法律智库。出台2个服务保障“一带一路”建设意见，发布3批28件涉“一带一路”建设典型案例，完善相关法律适用规则。在苏州、北京、成都、长春、泉州、厦门、无锡、南宁等地法院设立国际商事法庭，努力建设国际商事纠纷解决新高地。

创新“一站式”国际商事纠纷多元化解决机制。建立诉讼与仲裁、调解有机衔接的“一站式”国际商事纠纷多元化解决机制，建成立案、调解、证据交换等全流程线上纠纷解决服务平台，为中外当事人提供便捷、高效、低成本的法律服务。先后分两批确定10家国际商事仲裁机构和2家国际商事调解机构加入平台，首次实现和境外仲裁机构的机制衔接。北京四中院、苏州国际商事法庭、深圳前海法院等探索建设各具特色的纠纷多元化解决平台，完善诉讼与调解、仲裁对接机制，努力满足中外当事人司法需求。

促进仲裁健康发展。出台审理仲裁司法审查案件、办理仲裁裁决执行案件等司法解释，建立仲裁司法审查案件归口办理机制和报核制度，发布商事仲裁司法审查年度报告，规范司法审查程序，促进仲裁健康发展。2013年以来，全国法院审理司法审查案件超过11万件，依法审结一批具有规则意义和重大影响的案件。广东广州中院在审理美国布兰特伍德公司申请承认和执行国际商会仲裁院仲裁裁决案中，首次将境外仲裁机构在我国内地作出的仲裁裁决认定为我国涉外仲裁裁决，对于我国仲裁业务的对外开放和仲裁国际化发展具有标志意义。

充分发挥多元调解机制独特优势。会同中国侨联发布加快推进涉侨纠纷在线诉调对接工作的通知，建立“总对总”在线多元解纷机制，999家侨联调解组织、1712名调解员入驻人民法院调解平台。浙江青田法院立足侨情县情，构建“海内海外联动调解、线上线下多元共治”的涉侨纠纷多元化解格局。云南法院探索建立“国门调解”机制，设立14个国门诉讼服务站，配备双语法官192人，聘请双语调解员585人，推动简易涉侨纠纷就地化解。新疆高院积极推进中哈霍尔果斯国际边境合作中心联合纠纷化解平台建设。广西高院、海南一中院与中国国际贸易促进委员会调解中心签署合作备忘录，完善涉外商事纠纷联动调解机制。

（五）切实维护港澳台同胞合法权益，助力港澳融入国家发展大局和两岸融合发展

贯彻“一国两制”方针，充分发挥审判职能作用，切实维护港澳台同胞合法权益，为保持香港澳门长期繁荣稳定、推动两岸关系和平发展提供司法服务。

依法妥善审理涉港澳台案件。依法审理涉教育、就业、医疗、养老、住房、交通、旅游等领域案件，推动落实便利港澳台居民在内地学习、创业、就业、生活等各项政策制度，切实增进港澳台同胞获得感、幸福感和安全感。出台为深化两岸融合发展提供司法服务的36条措施，发布台胞权益保障十大典型案例，依法全面平等保护台湾同胞合法权益。广东高院发布4批80件粤港澳大湾区跨境纠纷典型案例，积极服务港澳融入国家发展大局。福建漳州中院设

立涉台案件审判庭，成立台胞权益保障法官工作室，充分发挥台胞陪审员、台胞调解员、台企司法联络员作用，及时调处化解涉台纠纷，生动践行“两岸一家亲”理念。

深化区际司法协助互助。与香港、澳门签署13项司法协助安排和1项司法协助文件，健全区际民商事司法协助体系。其中，与香港就判决相互认可和执行签署3项司法协助安排，实现90%以上民商事判决得到相互认可和执行。与澳门建立司法协助网络互通平台，实现民商事案件送达取证全流程在线完成。与香港、澳门分别建立仲裁程序相互协助保全机制，与香港签署相互执行仲裁裁决的补充安排，发布10件相互执行仲裁裁决典型案例。出台司法解释认可和执行台湾地区法院民事判决、仲裁裁决，推进两岸生效判决与仲裁裁决的相互认可和执行。

服务港澳融入粤港澳大湾区建设。发布服务保障粤港澳大湾区、深圳建设社会主义先行示范区、横琴粤澳深度合作区建设和深化前海深港现代服务业合作区改革开放等意见，推进司法规则衔接、机制对接，积极助力粤港澳大湾区建设。广东高院以“清单＋台账”方式推动46项服务保障粤港澳大湾区建设改革措施落地见效，为港澳企业、居民在粤创新创业提供优质司法服务。支持港澳律师内地执业，广东深圳福田法院依法审理香港律师内地执业代理的首起案件。

完善涉港澳台纠纷多元化解机制。发布人民法院在线调解规则，明确符合条件的港澳台地区居民可以入驻人民法院调解平台，参与调解涉港澳台民商事纠纷。与国台办共建“总对总”涉台纠纷在线诉调对接机制，充分发挥一站式多元纠纷解决和诉讼服务体系成果优势，为台湾同胞提供普惠均等、便捷高效、智能精准的解纷服务。广东法院立足粤港澳大湾区“一国两制三法域”特点，聘任90名粤港澳资深退休法官、商事律师、法学专家等作为特邀调解员，全面参与跨境商事纠纷调解。支持香港建设亚太区国际法律及争议解决服务中心，推进粤港澳大湾区国际法律服务中心和国际商事争议解决中心建设。

深化海峡两岸暨港澳司法交流合作。健全海峡两岸暨香港澳门司法高层论坛、互访等交流机制，创设粤港澳大湾区案例研究基地、司法案例研讨会等合作新平台，深化司法交流互鉴。与香港、澳门分别签署加强交流合作的会谈纪要，统筹推进内地与港澳司法深度合作。持续推进国家法官学院与港澳高校合作办学项目，加强跨境法律人才培养培训。探索选任港澳台同胞、海外侨胞担任人民陪审员，支持港澳台同胞参与国家法治实践。设立港澳法律生内地实习项目，举办粤港澳大湾区青年法律人才研修班，推动港澳青年积极融入国家法治建设。

（六）深入实施涉外审判精品战略，加快推进涉外审判体系和审判能力现代化

坚持以改革破解难题，深入实施涉外审判精品战略，创新完善涉外审判机制，不断提高涉外审判质效和司法公信力。

优化涉外民商事案件管辖机制。发布第一审涉外民商事案件级别管辖标准及归口办理的通知，推动大部分涉外民商事案件下沉至中级、基层法院，由涉外审判庭或专门合议庭审理，形成以“特定管辖法院、专门审判机构、专业审判人员”为特征的专业化涉外审判格局。北京、海南等地法院根据当地实际建立涉外商事案件集中审理机制。广西南宁法院、北海海事法院设立涉东盟案件审判合议庭，集中审理涉东盟贸易纠纷和海事海商案件，积极服务构建更为紧密

的中国—东盟命运共同体。

创新涉外送达机制。修改涉外民商事案件司法文书送达司法解释，进一步明确涉外送达规则，规范涉外送达工作。启用全国法院司法协助管理平台，与司法部民商事司法协助系统联网，实现送达案件跨部门在线转递、审查、查询功能，有效缩短涉外送达周期。多地法院制定涉外民商事案件送达指引，在不违反所在国法律的前提下，探索电子送达、当事人转交送达和委托律师、公证机构、海外侨团送达机制，有效提升涉外送达质效。

健全域外法查明机制。设立域外法查明统一平台，汇集五家域外法查明机构和国际商事专家委员资源，着力破解涉外审判实践中的域外法查明难问题。疫情期间，组织梳理全球60多个主要国家和地区不可抗力规则及案例，形成并发布7期研究报告。多地法院设立域外法查明专家库，推动域外法律库案例库建设，积极探索域外法查明有效路径。广东广州中院上线“域外法查明通”，深圳前海法院搭建“法院依法自主查明＋香港地区陪审员和外籍、港澳地区调解员参与查明＋社会化专业力量协助查明”的立体化查明模式。重庆两江新区（自贸区）法院与中国—东盟法律研究中心联合发布《陆海新通道沿线国家法律查明机制指引》。

完善跨境诉讼服务机制。发布为跨境诉讼当事人提供网上立案服务规定，依托人民法院在线服务平台，为跨境诉讼当事人提供网上立案指引、查询、委托见证、登记立案等服务。多地法院结合实际需要，探索为外籍当事人提供英、葡、日等多语言诉讼服务。广东法院推广“AOL授权见证通”，为15个国家和地区的1743件案件境外当事人在线办理委托见证手续，大幅降低当事人诉讼成本。福建福州中院通过“云法院智慧庭审系统”实现境内外五地连线，开庭审理一起跨国跨省、涉外涉侨民间借贷纠纷。

健全涉外审判人才培养机制。始终把党的政治建设摆在首位，坚持以党建带队建促审判，引导广大干警旗帜鲜明讲政治，不断提高政治判断力、政治领悟力、政治执行力，推进涉外审判队伍革命化、正规化、专业化、职业化建设。各地法院通过开展专题培训、挂职轮岗、业务交流等方式，大力培养选拔优秀涉外审判人才。积极推荐优秀涉外审判人才到国际组织和有关国家司法机构任职，1名法官获聘联合国国际劳工组织行政法庭法官，填补了我国在国际劳工组织内部行政司法系统的任职“空白”。

（七）落实统筹推进国内法治和涉外法治要求，积极参与涉外法律规范体系建设

立足司法职能积极参与涉外立法工作，助力建设系统完备、衔接配套的涉外法律规范体系。

积极配合涉外立法。按照全国人大常委会部署，起草民事诉讼法涉外编草稿。向全国人大常委会报送建议修改海事诉讼特别程序法的报告，参与海商法修订工作，就海警法制定、海上交通安全法修订提出建议，推动完善特色鲜明、科学合理的海事法律体系。

健全涉外法律适用规则体系。高度重视统一涉外法律适用标准，2013年以来制定涉外审判司法解释31个、规范性文件9个，发布指导性案例12件、典型案例137件。发布全国法院涉外商事海事审判工作座谈会会议纪要，对管辖、诉讼当事人、送达等涉外审判中的111个疑难问题作出明确规定，有效促进裁判尺度统一。福建法院依法妥善审理追索流失海外文物第一案“章公祖师”案，判令外籍被告人返还因被盗而流失海外的宋代肉身佛像，树立了通过司法

途径追索流失海外文物的范例。

加强涉外法治研究。深入开展“一带一路”司法保障、企业“走出去”风险防范、自由贸易试验区建设司法保障、国际商事法庭建设等重大涉外法治课题研究，为服务国家重大战略实施提供智力支撑。围绕投资仲裁、跨境破产等问题加强研究并及时提出对策。设立最高人民法院“一带一路”司法研究中心，建立“一带一路”司法保障常态化调研指导机制。与高等院校、科研院所等合作，设立15家涉外司法研究基地，增强涉外法治研究的实效性。

（八）深化国际司法交流合作，服务推动构建人类命运共同体

坚持共商共建共享原则，深入开展国际司法交流合作，坚定维护以联合国为核心的国际体系、以国际法为基础的国际秩序、以联合国宪章宗旨和原则为基础的国际关系基本准则，不断提高我国在全球治理体系变革中的话语权和影响力。

加强国际司法交流。与140多个国家和地区的司法机构及20多个国际或区域性组织建立友好交往关系，签署70多个合作协议或备忘录，先后有60余位外国最高法院院长、首席大法官到访中国法院。举办上合组织成员国最高法院院长会议、金砖国家首席大法官论坛、中国—东盟大法官论坛、中国—中东欧国家最高法院院长会议、中国与葡萄牙语国家最高法院院长会议、世界执行大会、世界互联网法治论坛、世界环境司法大会、数字经济法治论坛、丝绸之路（敦煌）司法合作国际论坛、海上丝绸之路（泉州）司法合作国际论坛等大型国际司法会议，推动形成多份成果性文件，有力促进司法交流合作，广泛凝聚法治共识。

深化国际司法协助。我国与82个国家缔结170项双边司法协助类条约，加入包含司法协助、引渡等内容的近30项国际公约，合作范围覆盖130多个国家。完善司法协助工作规范，2016年以来办结司法协助案件2.8万件。积极开展国际刑事司法合作，加强调查取证、引渡、被判刑人移管及违法所得查封、扣押、没收、返还等领域国际合作，共同惩治和预防跨国跨境犯罪。云南法院审理的湄公河中国船员遇害案，树立了国际刑事司法合作范例。

参与国际规则制定。积极参与国际法领域重要磋商谈判，2013年以来参加10项国际公约的履约审议、11项国际公约及示范法的谈判、40余项双边及多边司法协助协定的谈判。在海牙承认与执行外国民商事判决公约、联合国打击网络犯罪公约等国际公约制定中提出中国建议。积极参与海牙国际私法会议管辖权项目谈判，探索国际平行诉讼解决方案。参与联合国贸法会投资仲裁透明度、跨境破产、快速仲裁与国际和解协议、铁路运单议题以及司法出售船舶国际承认公约草案（“北京草案”）等国际公约、示范法和交易示范规则的磋商，为国际经贸规则完善贡献中国智慧。

讲好中国法治故事。举办国际商事专家委员会研讨会、中新法律和司法圆桌会议、中英司法圆桌会议、中法国际商事审判交流研讨会等专业会议，派员参加国际商事法院常设论坛、“一带一路”法治国际合作论坛等国际会议，讲好中国法治故事。与联合国开发计划署、环境规划署、世界知识产权组织、世界银行、欧盟等国际组织和德国、俄罗斯、巴西等国家深入开展司法项目合作，大力推进司法文明互学互鉴。与新加坡最高法院编纂出版《中国—新加坡“一带一路”国际商事审判案例选》，开展案例交流合作，凝聚共建“一带一路”共识。

总的看，党的十八大以来我国涉外审判工作取得显著成效，根本在于习近平总书记作为党

中央的核心、全党的核心掌舵领航，在于习近平新时代中国特色社会主义思想科学指引。人民法院涉外审判工作积累了一些宝贵经验，主要是：一是坚持党的绝对领导。党的领导是我国涉外审判工作始终沿着正确方向前进的根本保证，涉外审判工作取得历史性发展，涉外法治建设开创新的局面，充分体现了党的领导的政治优势和体制优势。二是坚持服务“国之大者”。服务大局是涉外审判工作的职责使命，必须始终将涉外审判工作置于党和国家事业发展全局中谋划推进，落实依法平等保护原则，积极服务国家重大战略实施和高水平对外开放。三是坚持以人民为中心。以人民为中心是涉外审判工作的根本立场，必须坚持人民至上，始终把实现好、维护好、发展好最广大人民根本利益作为出发点和落脚点。四是坚持统筹发展和安全。统筹发展和安全是涉外审判工作的重要任务，必须树立底线思维，增强斗争精神，善于运用法治手段应对挑战、防范风险，维护和践行真正的多边主义，服务推动构建人类命运共同体。五是坚持改革创新。改革创新是涉外审判工作发展的不竭动力，必须秉持改革创新精神，深入实施精品战略，完善涉外法律适用规则体系，加快推进涉外审判体系和审判能力现代化。

二、当前涉外审判工作存在的问题和困难

结合全国人大监察和司法委员会调研报告反馈的问题，根据调研分析，当前涉外审判工作还存在以下问题和困难。

一是服务对外开放能力水平有待提升。当前，百年变局和世纪疫情交织，经济全球化遭遇逆流，世界进入新的动荡变革期，涉外法治工作面临的风险挑战增多。有的法院在贯彻新发展理念、服务构建新发展格局、推动高质量发展上思路不够开阔，服务对外工作大局的手段和方式还不够丰富。

二是涉外法律适用规则体系有待完善。对国际条约在国内法中的地位、跨境数据流动等国际法重大前沿问题，需要加强研究并及时提出立法建议。一些新类型案件裁判规则有待进一步确立，以统一法律适用标准。

三是涉外审判机制改革有待深化。涉外民商事案件管辖机制需要进一步完善。涉外案件在送达、域外调查取证、域外法查明、缩短审理周期等方面存在一些难题需要多措并举切实加以解决。目前涉港澳台案件参照涉外审判程序处理，导致港澳当事人在内地法院参与诉讼、涉港澳证据审查认定、港澳判决在内地的认可和执行等存在一定不便，不利于涉港澳纠纷的高效化解，制约了司法服务粤港澳大湾区建设作用发挥。

四是国际商事纠纷解决机制有待健全。国际商事专家委员职能作用还有很大发挥空间，“一站式”国际商事纠纷多元化解决机制还有待进一步健全。我国尚未制定商事调解法，在国内外有影响力的商事调解组织较少，难以满足当事人多元解纷需求。

五是涉外审判人才培养有待加强。涉外审判人才选拔、培养长效机制还不健全，与涉外审判工作发展需要不适应，高素质专业化涉外审判队伍建设成为紧迫任务。有的法院对于如何培养、使用涉外审判人才缺乏整体规划，人才梯队储备不足。随着涉外新类型和疑难复杂案件不断涌现，一些干警应对新情况新问题的能力不足，复合型国际化涉外审判人才仍存在较大缺口。

三、下一步的举措和建议

刚刚胜利闭幕的党的二十大，是在全党全国各族人民迈上全面建设社会主义现代化国家新征程、向第二个百年奋斗目标进军的关键时刻召开的一次十分重要的大会，对鼓舞和动员全党全国各族人民全面建设社会主义现代化国家、全面推进中华民族伟大复兴，夺取中国特色社会主义新胜利具有重大意义。新时代新征程，人民法院将坚持以习近平新时代中国特色社会主义思想为指导，深入学习贯彻习近平法治思想，全面贯彻党的二十大精神，认真贯彻党中央关于统筹推进国内法治和涉外法治的决策部署，奋力推进涉外审判工作高质量发展，切实维护国家主权、安全、发展利益，更好服务高水平对外开放、推动构建人类命运共同体，为全面建设社会主义现代化国家提供更加有力的司法服务。

一是坚持党的领导，确保涉外审判工作正确政治方向。将学习宣传贯彻党的二十大精神作为当前和今后一个时期首要政治任务，深刻领悟“两个确立”的决定性意义，增强“四个意识”、坚定“四个自信”、做到“两个维护”，自觉站在党和国家工作全局的战略高度，在更高水平、更广领域、更深层次上谋划和推进涉外审判工作。认真贯彻《中国共产党政法工作条例》，牢牢坚持党对司法工作的绝对领导，坚定不移走中国特色社会主义法治道路，把党的领导贯穿涉外审判工作全过程各方面，不折不扣贯彻落实党中央决策部署，积极服务党和国家对外工作大局。贯彻落实全过程人民民主，更加自觉接受人大监督，及时报告工作情况，认真听取代表意见建议，不断加强和改进涉外审判工作。

二是坚持问题导向，推动完善涉外法律适用规则体系。深入研究我国法律域外适用条款等问题，健全相关司法解释和配套规则。加强国际法前沿热点问题研究，夯实涉外法治理论基础，推动完善涉外法律适用规则体系。

三是坚持改革创新，不断提升涉外审判质效。结合四级法院审级职能定位改革和各地法院涉外审判工作实际，进一步优化涉外民商事案件管辖机制。持续创新涉外送达、域外调查取证和域外法查明机制，切实提高涉外审判质效，依法保护当事人诉讼权利。推进涉外审判工作与智慧法院建设深度融合，加强大数据、区块链、人工智能等前沿技术应用，构建中国特色、世界领先的互联网司法模式，努力创造更高水平的数字正义。

四是坚持目标引领，健全国际商事纠纷解决机制。细化国际商事专家委员会工作规则，充分发挥国际商事专家委员职能。坚持多元化、专业化、国际化的发展目标，健全“一站式”国际商事纠纷多元化解决机制，努力将我国建设成为国际商事纠纷解决的优选地。

五是实施人才强基计划，加强高素质专业化涉外审判队伍建设。立足长远、加强统筹，健全涉外审判人才引进、培养、选拔、使用、管理机制。建立新类型、疑难复杂涉外案件研讨机制和平台，促进提升涉外审判队伍整体能力水平。培养和储备一批既有大局观念又有国际视野，既通晓国内法律又熟悉国际法规则、善于处理涉外法律事务的优秀涉外审判人才。

六是坚持合作共赢，开创国际司法交流合作新局面。完善国际司法协助工作机制，提高信息化水平，不断提升国际司法协助质效。拓宽国际司法交流渠道，健全案例交换分享机制、法律适用交流机制、法官培养合作机制等，促进增进司法互信。拓展与有关国家及世界贸易组织、联合国国际贸易法委员会、国际法院等国际组织合作的广度和深度，积极参与全球治理体系改革和建设，推动构建更加公正合理的国际秩序。

针对当前涉外审判工作面临的问题和困难，提出以下建议：一是加快民事诉讼法涉外编的修法进程。适时将修订海事诉讼特别程序法纳入立法规划。修改全国人大常委会关于在沿海港口城市设立海事法院的决定，授权海事法院审理特定类型的海事刑事案件，有效维护我海洋权益。二是推动解决国际商事法庭运行中存在的瓶颈问题，促进提升我国国际商事争端解决机制和机构的国际竞争力。适时制定商事调解法，充分发挥调解机制优势，为我国国际商事争端解决机制蓬勃发展提供充分法律依据。三是授权广东等涉港澳案件集中的地方法院试行简化涉港澳民事诉讼程序，简化港澳诉讼主体证明手续及授权委托手续。四是推动建立健全立法机关、执法机关、司法机关、高等院校、科研院所、法律服务机构以及国际组织之间的涉外法治人才交流机制，加大复合型国际化涉外审判人才培养力度。

委员长、各位副委员长、秘书长、各位委员、列席会议的各位代表，全国人大常委会专门听取和审议人民法院关于涉外审判工作情况的报告，充分体现了对涉外审判的高度重视，全国法院和广大干警深受鼓舞。我们将在以习近平同志为核心的党中央坚强领导下，在全国人大及其常委会有力监督下，深入学习贯彻党的二十大精神，坚决执行全国人大及其常委会决定、决议，认真落实本次会议审议意见，进一步提高涉外审判工作水平，为实现中国式现代化、全面建设社会主义现代化国家提供有力司法服务。

二、专文

中国法院年鉴

THE YEARBOOK OF CHINA COURTS

2022

在习近平法治思想指引下 奋力推进新时代司法为民公正司法

最高人民法院党组书记、院长　周　强

2020年11月，中央全面依法治国工作会议确立习近平法治思想在全面依法治国中的指导地位，这在党和国家法治建设史上、马克思主义法治理论发展史上都具有重大意义。2021年12月，习近平总书记主持中央政治局第三十五次集体学习时发表重要讲话，强调坚定不移走中国特色社会主义法治道路，更好推进中国特色社会主义法治体系建设。习近平总书记重要讲话是习近平法治思想新的经典篇章，体现了以习近平同志为核心的党中央对全面依法治国的高度重视和厉行法治、奉法强国的坚定意志，为更好推进中国特色社会主义法治体系建设提供了强大思想武器。党的十八大以来，习近平法治思想领航法治中国阔步向前，我国社会主义法治建设发生历史性变革、取得历史性成就。在引领“中国之治”不断谱写新篇章的壮阔进程中，习近平法治思想这一马克思主义法治理论中国化最新成果展现出强大真理力量和磅礴实践伟力。

人民法院要深入学习贯彻习近平总书记重要讲话精神，增强“四个意识”、坚定“四个自信”、做到“两个维护”，从党的百年奋斗史中汲取智慧和力量，不忘初心、牢记使命，牢牢坚持党对司法工作的绝对领导，坚定不移走中国特色社会主义法治道路，紧紧围绕“努力让人民群众在每一个司法案件中感受到公平正义”目标，在新时代新征程上奋力推进人民法院工作高质量发展，努力建设更高水平的社会主义司法文明，更好推进中国特色社会主义法治体系建设。

一、深入贯彻习近平法治思想，为中国特色社会主义法治体系建设提供有力司法服务

党的十八届四中全会指出，全面推进依法治国，总目标是建设中国特色社会主义法治体系，建设社会主义法治国家。《中共中央关于党的百年奋斗重大成就和历史经验的决议》指出，党的十八届四中全会和中央全面依法治国工作会议专题研究全面依法治国问题，就科学立法、严格执法、公正司法、全民守法作出顶层设计和重大部署，统筹推进法律规范体系、法治实施体系、法治监督体系、法治保障体系和党内法规体系建设。法律的生命在于实施，法律的权威也在于实施。法治实施体系

既是中国特色社会主义法治体系的组成部分，也是建设中国特色社会主义法治体系的重要保障。人民法院作为国家审判机关，是保证法律有效实施的重要力量。必须始终真学真信笃行习近平法治思想，牢牢抓住法治体系建设这个总抓手，围绕坚持依法治国、依法执政、依法行政共同推进，坚持法治国家、法治政府、法治社会一体建设，充分发挥审判职能作用，为中国特色社会主义法治体系建设提供有力司法服务。

牢牢把握正确方向，坚定不移走中国特色社会主义法治道路。习近平总书记指出，“要坚持法治体系建设正确方向，坚持党的领导，坚持中国特色社会主义制度，贯彻中国特色社会主义法治理论”。党的十八大以来，以习近平同志为核心的党中央从关系党和国家长治久安的战略和全局高度定位法治、布局法治、厉行法治，把全面依法治国纳入“四个全面”战略布局予以有力推进，坚持党的领导、人民当家作主、依法治国有机统一，推动中国特色社会主义法治体系建设取得历史性成就，充分彰显了中国特色社会主义法治道路、理论、制度、文化的强大生命力和巨大优越性。人民法院要始终把坚决做到“两个维护”作为首要任务，始终在思想上政治上行动上同以习近平同志为核心的党中央保持高度一致，始终做到维护核心、绝对忠诚、听党指挥、勇于担当。矢志不渝坚持和拓展中国特色社会主义法治道路，在重大问题上做到头脑特别清醒、立场特别坚定，旗帜鲜明抵制西方“宪政”“三权鼎立”“司法独立”等错误思潮影响，不断用司法为民、公正司法的新成效，彰显中国特色社会主义法治道路的显著优势。在真学真信笃行习近平法治思想上持续用力，深刻领悟其中蕴含的马克思主义立场观点方法，蕴含的鲜明政治导向、真挚为民情怀、深远战略思维，做到学思悟贯通、知信行统一，不断增强运用科学理论指导实践、解决问题、推动工作的能力水平。牢牢坚持司法工作的正确方向，无论司法理念、司法政策，还是司法裁判、司法改革，都以习近平法治思想为指引，都扎根中国文化、立足中国国情、解决中国问题。自觉把坚持党的领导同依法独立公正行使审判权结合起来，把讲政治和讲法律统一起来，善于从政治上观察和处理问题、谋划和推动司法工作，确保党的领导不折不扣贯彻落实到法院工作全过程各方面。

始终牢记“国之大者”，忠实履行宪法法律赋予的职责。习近平总书记强调，“我们已经踏上了全面建设社会主义现代化国家、向第二个百年奋斗目标进军的新征程，立足新发展阶段，贯彻新发展理念，构建新发展格局，推动高质量发展，满足人民群众对民主、法治、公平、正义、安全、环境等日益增长的要求，提高人民生活品质，促进共同富裕，都对法治建设提出了新的更高要求。”人民法院要始终围绕党和国家工作大局，坚持依法履职，切实维护国家政治安全、确保社会大局稳定、促进社会公平正义、保障人民安居乐业。坚持贯彻总体国家安全观，把统筹发展和安全不折不扣落实到位，切实履行好维护国家安全、社会安定、人民安宁的重大责任，切实提高运用法治手段防范化解风险的能力水平，维护经济社会发展大局稳定。着力营造市场化、法治化、国际化营商环境，更好发挥法治固根本、稳预期、利长远的保障作用，为构建新发展格局、推动高质量发展提供有力司法服务。围绕统筹疫情防控和经济社会发展，坚持善意文明司法，落实好《最高人民法院关于充分发挥司法职能作用助力中小微企业发展的指导意见》，帮助中小微企业、个体工商户纾困解难、恢复发展，精准服务做好“六稳”“六保”工作。坚持“两个毫不动摇”，加强产权和知识产权司法保护，激发和保护市场主体活力。加强反垄断和反不正当竞争司法，完善数据产权、数据隐私等司法保护规则，保护平台从业人员和消费者权益，促进平台经济、数字经济规范健康发展。强化市场主体法治意识和契约精神，依法惩治恶意拖欠账款和逃废债行为。深入践行绿水青山就是金山银山理念，维护人民群众环境权益，依法服务经济社会发展全面绿色转型。

坚持以人民为中心，努力让人民群众在每一个司法案件中感受到公平正义。习近平总书记强调，“要始终坚持以人民为中心，坚持法治为了人民、依靠人民、造福人民、保护人民，把体现人民利益、反映人民愿望、维护人民权益、增进人民福祉落实到法治体系建设全过程”，强调“要努力健全国家治理急需、满足人民日益增长的美好生活需要必备的法律制度”。人民法院要深入践行以人民为中心的发展思想，悟透“我是谁、为了谁、依靠谁”等基本问题，始终把实现好、维护好、发展好最广大人民根本利益作为出发点和落脚点。聚焦人民群众急难愁盼问题，对群众反映强烈的电信网络诈骗、新型毒品犯罪、“阴阳合同”逃税等违法犯罪加大惩治力度，积极推动解决群众关切的食品药品安全、公共卫生安全、生产生活安全问题，用法治保障人民安居乐业。坚持践行和弘扬社会主义核心价值观，用一个个“小案件”讲好“大道理”，让人民群众切实感受到更有力量、有是非、有温度的新时代司法。坚持和发展新时代“枫桥经验”，不断巩固提升一站式多元纠纷解决机制建设和人民法庭建设成果，加强矛盾源头预防化解，方便群众公正、高效、实质性地化解矛盾纠纷，更好定分止争，实现公平正义。不断提高处理新形势下人民内部矛盾的本领，善于处理复杂的利益关系问题，合理平衡好不同利益、不同诉求，更好维护人民群众根本利益、长远利益、整体利益。

二、加快实现审判体系和审判能力现代化，不断提高服务中国特色社会主义法治体系建设能力水平

习近平总书记指出，要“围绕让人民群众在每一项法律制度、每一个执法决定、每一宗司法案件中都感受到公平正义这个目标，深化司法体制综合配套改革，加快建设公正高效权威的社会主义司法制度”。更好推进中国特色社会主义法治体系建设，离不开立法、执法、司法机关自身的改革创新和队伍建设。人民法院必须通过深化司法体制改革、加快智慧法院建设、锻造过硬法院队伍，促进审判体系和审判能力现代化，更好提升服务中国特色社会主义法治体系建设的效能。

深化司法体制改革。坚持原则、把握底线，坚持守正与创新相统一，扭住影响公平正义实现的关键环节持续发力，努力在形成更加系统完备、成熟定型的审判制度规则体系上取得更大成效，在推动现代科技从工具性运用向更深层次规则治理和制度构建上取得更大成效，加快建设公正高效权威的社会主义司法制度。全面落实司法责任制，深化司法体制综合配套改革，加快构建系统完备、规范高效的司法制约监督体系，加快构建权责清晰、权责统一、监管有效、保障有力的司法责任体系。完善明责、履责、督责、考责、追责的制度体系，压实政治责任、审判责任、监督管理责任和保障责任，真正实现有权必有责、用权必担责、失职必问责、滥权必追责。推进完善四级法院审级职能定位改革试点，让中级、基层法院更加专注于化解矛盾、定分止争，推动具有普遍法律适用指导意义、涉及重大国家利益和社会公共利益的案件交由较

高层级法院审理，促进法律适用标准统一。深化以审判为中心的诉讼制度改革，保证庭审在查明事实、认定证据、保护诉权、公正裁判中发挥决定性作用，促进优化司法职权配置。正确实施新修正的民事诉讼法，推进行政诉讼程序繁简分流改革、推动强制执行法立法等工作，为维护当事人合法权益提供法律制度保障。完善集约、集成、在线、融合的一站式多元纠纷解决机制，把非诉讼纠纷解决机制挺在前面，加强诉讼与非诉讼机制衔接，充分发挥替代性纠纷解决机制（ADR）和在线纠纷解决机制（ODR）作用，提升解纷效能和服务品质，让司法为民的中国品牌成色更足。

加快推进智慧法院建设。巩固提升智慧法院和互联网司法建设成果，以司法数据中台、智慧法院大脑、在线法院建设等为牵引，推动技术运用与司法审判深度融合。不断拓展人工智能、5G、区块链等新兴技术应用场景，提升存固证据、在线审判、智能辅助、卷宗管理等方面应用效能和规范程度，为群众诉讼和法官办案提供智能化、一体化、协同化服务。全面落实在线诉讼规则、在线调解规则和人民法院在线运行规则，深化在线诉讼模式和规则创新，发挥互联网法院在确立规则、完善制度、数字治理等方面示范引领作用，完善中国特色、世界领先的互联网司法模式，努力创造更高水平数字正义。

锻造忠诚干净担当的法院铁军。发扬自我革命精神，全面贯彻新时代党的建设总要求，坚持以党建带队建促审判，努力锻造忠于党、忠于国家、忠于人民、忠于法律的法院铁军。始终以党的政治建设为统领，建立党史学习教育常态化、长效化制度机制，在全国法院常态化开展“坚持党对司法工作的绝对领导，坚持中国特色社会主义法治道路”专题教育，严明政治纪律和政治规矩，坚决筑牢政治忠诚。按照“真心爱才、悉心育才、精心用才”的要求抓好人才建设，健全高层次专业化人才培养机制，不断提高广大干警在新时代履职尽责的能力水平。深化英模教育，深入学习邹碧华、周春梅、杨军等法院系统先进典型，教育引导干警永葆对党忠诚的政治本色。驰而不息纠治“四风”，落实“三严三实”要求，坚决反对形式主义、官僚主义。巩固深化队伍教育整顿成果，把严的主基调长期坚持下去，一体推进不敢腐、不能腐、不想腐，严格执行防止干预司法“三个规定”、新时代政法干警“十个严禁”等铁规禁令，以廉洁司法保证公正司法。深刻汲取法院系统反面典型教训，坚决清除“两面人”“两面派”，着力净化政治生态。持之以恒严格教育、严格管理、严格监督，引导广大法院干警以忠诚干净担当的实际行动，在全面建设社会主义现代化国家新征程中履职尽责、建功立业。

三、服务统筹推进国内法治和涉外法治，运用法治方式维护国家安全和人民利益

习近平总书记强调，“要坚持统筹推进国内法治和涉外法治，加强涉外领域立法，推动我国法域外适用的法律体系建设。要把拓展执法司法合作纳入双边多边关系建设的重要议题，提升涉外执法司法效能，坚决维护国家主权、安全、发展利益”。中国特色社会主义法治体系建设，既包括建设完备的国内法律规范体系，也包括履行我国参加和批准的国际公约、条约和协定，全面加强涉外执法司法工作。当前，国际竞争越来越体现为制度、规则、法律之争。随着我国日益走近世界舞台中央，参与国际规则制定、保护我国海外利益、加强国际传播能力建设

等，都对法院工作提出了更高要求。人民法院必须服务统筹推进国内法治和涉外法治，加强司法应对，更好维护国家主权、安全、发展利益。

切实提升涉外司法质效。坚定不移贯彻对外开放的基本国策，坚持依法平等保护中外当事人合法权益，促进贸易和投资自由化便利化，服务畅通国内国际双循环。恪守条约义务，尊重国际惯例，准确适用准据法，保护平等竞争。完善服务自贸试验区、自由贸易港、共建“一带一路”高质量发展司法政策，服务扩大高水平对外开放。完善涉外审判机制，加快推进国际商事法庭实质化运行，健全一站式国际商事纠纷多元化解决机制，努力建设国际商事争端解决新高地。完善海事审判体系，加快建设国际海事司法中心，服务海洋强国建设。

深化国际司法交流合作。加强国际刑事司法合作，共同打击跨国暴恐、毒品、网络、腐败等犯罪。加强涉外司法信息共享，建立健全司法衔接联动机制。通过举办上海合作组织成员国最高法院院长会议、数字经济法治论坛、金砖国家大法官论坛、中国—东盟大法官论坛等重要国际会议，讲好中国法治故事，促进司法交流互鉴，服务推动构建人类命运共同体。

加快涉外法治人才培养储备。加强涉外法治人才培养布局，完善涉外法治人才培养机制，深化与国际组织的合作，健全人才引进、选派、使用、管理机制。加强涉外法治人才使用，鼓励优秀法治人才走出去，参与国际法律事务。加强法学院校教师、科研人员与实务部门的人员交流，使教学、科研与司法实践更好有机结合，培养出既有专业理论知识，又有较强实务能力的高端涉外法律人才，推动形成优秀人才不断涌现的生动局面。

新时代新征程上，人民法院要增强“四个意识”、坚定“四个自信”、做到“两个维护”，深入学习领悟“两个确立”的决定性意义，弘扬伟大建党精神，在习近平法治思想指引下奋力推进司法为民、公正司法，坚定历史自信，不忘初心使命，勇于担当作为，坚定不移沿着中国特色社会主义法治道路奋勇前进，努力创造更高水平的社会主义司法文明，更好服务中国特色社会主义法治体系建设，为实现第二个百年奋斗目标提供有力司法服务，以实际行动迎接党的二十大胜利召开。

（本文原载于《求是》2022 年第 4 期。）

推进中国特色一站式多元纠纷解决机制建设

最高人民法院党组书记、院长　周　强

处理矛盾、化解纠纷是社会治理的基础性工作。我们党始终把社会矛盾化解作为社会治理的重要内容。20世纪60年代初，浙江省诸暨市枫桥镇干部群众创造了“发动和依靠群众，坚持矛盾不上交，就地解决，实现捕人少、治安好”的“枫桥经验”。这是一套扎根中国文化、符合中国实际、行之有效的社会治理方案，成为我们党领导人民在正确处理人民内部矛盾方面创造的宝贵经验。党的十八大以来，习近平总书记多次作出重要指示，强调把“枫桥经验”坚持好、发展好，把党的群众路线坚持好、贯彻好，为“枫桥经验”赋予了新的时代内涵，使之在新时代焕发新的生机活力，为我们更好服务群众、化解矛盾、定分止争指明了方向。人民法院要坚持以习近平新时代中国特色社会主义思想为指导，深入贯彻习近平法治思想，增强“四个意识”、坚定“四个自信”、做到“两个维护”，深入学习领会“两个确立”的决定性意义，从党的百年奋斗史中汲取智慧和力量，坚持和发展新时代“枫桥经验”，紧紧围绕“努力让人民群众在每一个司法案件中感受到公平正义”目标，推进中国特色一站式多元纠纷解决机制建设，不断为实现人民对美好生活的向往贡献力量。

一、深入贯彻习近平法治思想，准确把握一站式多元纠纷解决机制建设的根本遵循

党的十八大以来，习近平总书记从推进国家治理体系和治理能力现代化、建设更高水平的平安中国的高度，就正确处理人民内部矛盾、加强和创新社会治理、预防和化解社会矛盾等提出一系列新理念新思想新战略，体现了真挚为民情怀和对社会治理规律的深刻把握，为人民法院坚持和发展新时代“枫桥经验”，推进中国特色一站式多元纠纷解决机制建设提供了根本遵循。

坚持把党的领导作为根本保证。习近平总书记指出，要坚定不移走中国特色社会主义社会治理之路，善于把党的领导和我国社会主义制度优势转化为社会治理优势。党的领导是中国特色社会主义法治之魂。“枫桥经验”之所以历久弥新，充满生机活力，最根本的就在于把党的领导贯彻到社会治理全过程、落实到基层治理第一线。人民法院要牢牢坚持党对司法工作的绝对领导，充分发挥党的领导和我国社会

主义制度优势，推动社会各方力量在矛盾化解中发挥更大作用，形成内外联动、上下协同、有序衔接的多元纠纷解决格局，真正把党的理论优势、政治优势、组织优势、制度优势、密切联系群众优势转化为社会治理的强大效能，彰显中国特色社会主义社会治理体系和司法制度的巨大优越性。

坚持以人民为中心。习近平总书记强调，要始终坚持以人民为中心，坚持法治为了人民、依靠人民、造福人民、保护人民，把体现人民利益、反映人民愿望、维护人民权益、增进人民福祉落实到法治体系建设全过程。人民法院要牢记人民至上，一切为了人民、一切依靠人民，完善群众参与矛盾化解的制度化渠道，创造更多依靠基层、发动群众、就地化解矛盾的办法，最大限度满足群众多层次多样化司法需求。把人民法院纠纷解决工作深深扎根于人民群众的创造性实践中，真正让人民群众成为一站式多元纠纷解决机制建设的实践参与者、直接受益者和成效评判者。

坚持从中国国情和实际出发。习近平总书记强调，我们要建设的中国特色社会主义法治体系，必须是扎根中国文化、立足中国国情、解决中国问题的法治体系。中华优秀传统法律文化崇尚以和为贵。“枫桥经验”和“马锡五审判方式”是党领导人民推进法治建设和社会治理的成功经验。我国作为拥有 14 亿多人口的大国，推进法治建设必须抓前端、治未病。人民法院要传承中华优秀传统法律文化，发扬人民司法优良传统，突出一站式多元纠纷解决机制建设的中国特色、时代特色、实践特色，为人民群众提供线上线下一站式多元纠纷解决服务。

坚持正确处理新形势下人民内部矛盾。习近平总书记指出，要把群众矛盾纠纷调处化解工作规范起来，让老百姓遇到问题能有地方“找个说法”。进入新时代，我国社会主要矛盾发生变化，人民群众的利益关系更加复杂多样。人民法院作为国家审判机关，要履行定分止争、惩恶扬善职能；作为人民司法机关，又要引导群众正确处理个人利益和集体利益、局部利益和全局利益、眼前利益和长远利益等关系，提供化解矛盾纠纷、解决利益诉求的多元化渠道，从源头预防和减少社会矛盾。人民法院通过和解、调解等方式公正高效化解人民内部矛盾，尽快修复破损的社会关系、人际关系，更好维护国家长治久安和社会安全稳定。

坚持把非诉讼纠纷解决机制挺在前面。习近平总书记指出，要把非诉讼纠纷解决机制挺在前面，推动更多法治力量向引导和疏导端用力。这是推进法治建设、推进社会治理现代化的重大理论和实践创新。诉讼是化解矛盾的必要手段，但不是唯一手段。人民法院要坚持把非诉讼纠纷解决机制挺在前面，推动完善预防性法律制度，形成矛盾纠纷化解的“多车道”。加强诉讼与仲裁、公证、行政裁决、行政复议等非诉讼解纷方式衔接，完善人民调解、行政调解、司法调解联动工作体系，充分发挥替代性纠纷解决机制和在线纠纷解决机制作用，为群众提供便捷快捷、诉非衔接、线上线下联动的多元化纠纷解决方式。

坚持系统治理、依法治理、综合治理、源头治理。习近平总书记强调社会治理是一门科学，指出要把专项治理和系统治理、综合治理、依法治理、源头治理结合起来。人民法院要深刻把握社会矛盾成因及演变规律，更加注重系统观念、法治思维、强基导向，创新一站式多元纠纷解决的理念思路、体制机制、方法手段，坚持综合施策、关口前移、开放融合、多元化解。更好发挥司法在提升基层治理法治化水平中的重要作用，在法治轨道上统筹社会力量、平衡社会利益、调节社会关系、规范社会行为，运用法治思维和法治方式化解矛盾、定分止争。

坚持司法体制改革和智慧法院建设双轮驱动。习近平总书记指出，要深化诉讼制度改革，推进案件繁简分流、轻重分离、快慢分道，推动大数据、人工智能等科技创新成果同司法工作深度融合。人民法院要把司法体制改革和智慧法院建设作为推动法院工作高质量发展的车之两轮、鸟之双翼。通过司法改革为一站式多元纠纷解决机制建设赋能，通过一站式多元纠纷解决机制建设推动改革成果系统集成，使司法改革的成果更多更好惠及群众。推进“互联网＋枫桥经验”创新实践，全面升级在线多元解纷和智慧诉讼服务，不断完善中国特色、世界领先的互联网司法模式，努力为人民群众创造更高水平的数字正义。

坚持把夯实基层基础作为根本支撑。习近平总书记强调，全面推进依法治国，推进国家治理体系和治理能力现代化，工作的基础在基层。人民法院要牢固树立强基导向，推动司法重心下移、力量下沉，主动融入自治法治德治相结合的城乡基层治理体系，推动形成共建共治共享的现代基层社会治理新格局。坚持把一站式建设同基层党组织建设相结合、同人民法庭建设相结合，不断提升基层司法能力、治理能力、服务能力。推动健全覆盖城乡街镇村社的纠纷预防化解链条，打通服务群众的“最后一公里”，切实把矛盾解决在萌芽状态、化解在基层。

二、坚持集约集成、在线融合，推动一站式多元纠纷解决机制建设取得明显成效

在习近平法治思想的科学指引下，人民法院坚持和发展新时代“枫桥经验”，探索形成符合中国国情、遵循司法规律、引领时代潮流的中国特色一站式多元纠纷解决机制，化解矛盾纠纷、服务人民群众的能力水平显著提升，创造了独树一帜的多元纠纷解决中国方案，走出了一条中国特色的司法为民之路。

矛盾纠纷源头治理走出新路子。主动融入党委领导的社会治理体系，推动人民法院定分止争职能向纠纷源头和前端延伸。各地法院解纷触角不断向基层网格、企业园区、重点行业领域延伸，广泛参与平安乡村（社区）创建，调解平台进乡村、进社区、进网格工作有序推进，“家门口”纠纷解决站点充满活力，农村地区优质司法资源供给更加充沛。人民法庭发挥在源头预防调处矛盾纠纷中的“前哨”“堡垒”作用，全国8429家人民法庭通过入驻调解平台，在线对接综治中心、矛调中心、司法所、派出所、工会、妇联、乡镇（街道）、村（社区）等基层治理单位43 033家，有效激活基层解纷服务网格，让大量矛盾纠纷依法及时就地化解。

矛盾纠纷多元化解取得新进展。加快推进“法院＋”多元纠纷解决体系建设。与中央台办、全国总工会、中国侨联、全国工商联、国家发展改革委、人力资源社会保障部、中国人民银行、银保监会、证监会、国家知识产权局、中国中小企业协会等单位开展“总对总”诉调对接合作。广泛凝聚人大代表、政协委员、人民调解组织、行政调解组织、行业专家、律师学者、退休法律工作者、基层干部、网格员等解纷力量，形成优势互补、专群结合、融合发力的多元共治格局，覆盖四级法院的行业性专业性调解资源库日益丰富。2021年，人民法院对接调解组织和调解员数量分别达到6.3万个和26万名，借助社会力量诉前调解成功案件610.7万件，同比增长43.9%，远超全国法院案件量同期增幅。

矛盾纠纷在线调解实现新突破。在世界上率先出台在线调解规则，人民法院调解平台在线集成解纷资源，实现四级法院应用率100%，有效打破地域阻隔和时空限制，为群众提供同质化、均等化、全流程在线纠纷解决服务。截至2021年年底，人民法院在线调解案件累计超过2400万件，年均增长85.6%，在线音视频调解占比从2018年的0.2%提高到现在的27.5%，平均调解时长17天。86%的道交纠纷在线调解，调解成功率超过66%。6.1万家调解组织和25.4万名调解员通过调解平台开展工作，平均每个工作日有4.3万件纠纷在平台进行调解，每分钟有51件成功化解在诉前。人民法院在线调解平台极大地方便群众及时化解矛盾纠纷，成为中国法院的一张亮丽名片。

矛盾纠纷一站式化解开创新局面。坚持把最好的场所、最便捷的纠纷解决服务提供给群众，诉讼服务中心一站式解纷能力持续增强。类型化调解室和速裁团队在全国法院诉讼服务中心基本实现全覆盖，“分调裁审”机制改革全面落地，立案登记制与矛盾多元化解改革有效衔接，具有区域特色、民族特色、专业行业特色的多元解纷品牌蓬勃发展。一站式解纷涵盖劳动争议、道路交通、物业合同、医疗纠纷、证券期货、金融消费、银行保险、知识产权、民营企业、价格争议、涉侨涉台等诸多领域，群众解决纠纷渠道更加丰富，纠纷化解的质量、效率和公信力不断提升。2021年，全国法院52.5%的一审民事案件通过速裁、快审方式审理，比一审民事案件平均审理周期缩短43%，真正实现让正义提速、为群众解忧。

三、明确职责使命，更加充分发挥中国特色一站式多元纠纷解决机制显著优势

进入新时代，人民群众在民主、法治、公平、正义、安全、环境等方面的要求日益增长。推动高质量发展、创造高品质生活，都对人民法院工作提出了新的更高要求。人民法院要切实提高政治站位，从更高层次上谋划和推进中国特色一站式多元纠纷解决机制建设，更好服务党和国家工作大局、服务人民群众、服务审判执行、服务社会治理。

立足服务国家治理体系和治理能力现代化。习近平总书记强调，要更好发挥法治对改革发展稳定的引领、规范、保障作用。人民法院紧扣把握新发展阶段、贯彻新发展理念、构建新发展格局、推动高质量发展要求，积极推动一站式多元纠纷解决机制建设融入党委领导的社会治理体系，公正高效化解经济金融、科技创新、民生保障、农业农村、土地房屋、环境资源、数字治理等各领域纠纷，为经济社会高质量发展提供有力司法服务。积极建设以诉讼服务为载体、多元解纷为主体的一站式多元纠纷解决机制和诉讼服务体系，形成源头预防、非诉在前、多元化解、繁简分流的分层递进解纷路径，高效化解矛盾，促进基层善治，助力建设更高水平的平安中国。

立足服务人民群众美好生活需要。习近平总书记强调，要始终把最广大人民根本利益放在心上，坚定不移增进民生福祉，把高质量发展同满足人民美好生活需要紧密结合起来。人民法院积极顺应人民群众对高品质生活的期待，努力为人民群众提供菜单式、集约式、一站式纠纷解决服务，不断满足人民群众对公平正义的需要。围绕“一站式”这个关键、“多元化”这个目标，推动纠纷解决服务从分散到集约、从单一到多元、从现场到“掌上”、从传统到智能，

努力为老百姓提供普惠均等、便捷高效、智能精准的纠纷解决服务。健全覆盖城乡的诉讼服务机制，在线诉讼服务、12368 热线服务 24 小时“不打烊”。在世界上率先实现跨域立案服务全覆盖，探索“夜间法庭”“假日法庭”，解决群众打官司中的急难愁盼问题，极大方便群众化解矛盾纠纷。加强巡回审判，马背法庭、车载法庭、渔船法庭等把司法服务送到群众身边，让全体人民共享便捷高效的一站式多元纠纷解决服务。

立足服务人民法院工作高质量发展。习近平总书记强调，要深化司法体制综合配套改革，加快建设公正高效权威的社会主义司法制度。人民法院坚持从完善中国特色社会主义司法制度、创造更高水平的社会主义司法文明的高度，认识、谋划、推进一站式多元纠纷解决机制建设。推进其与立案登记制、司法责任制、诉讼制度改革等改革成果系统集成，与智慧法院建设深度融合，深化司法质量变革、效率变革、动力变革，促进审判体系和审判能力现代化，在更高层次实现司法公正与司法效率的统一，更好发挥司法维护社会公平正义最后一道防线的作用。

新时代新征程上，人民法院要真学真信笃行习近平法治思想，增强“四个意识”、坚定“四个自信”、做到“两个维护”，不忘初心、牢记使命，坚持和发展新时代“枫桥经验”，巩固提升中国特色一站式多元纠纷解决机制建设成果，努力创造更高水平的社会主义司法文明，为全面建设社会主义现代化国家、实现第二个百年奋斗目标提供有力司法服务，以实际行动迎接党的二十大胜利召开。

（本文原载于《人民日报》2022 年 3 月 30 日第 6 版。）

在习近平法治思想旗帜指引下
奋力推进新时代人民法院工作高质量发展

中共最高人民法院党组

党的十八大以来，在以习近平同志为核心的党中央坚强领导下，最高人民法院党组坚持以习近平新时代中国特色社会主义思想为指导，深入贯彻习近平法治思想，深刻领悟“两个确立”的决定性意义，增强“四个意识”、坚定“四个自信”、做到“两个维护”，毫不动摇坚持党对司法工作的绝对领导，坚定不移走中国特色社会主义法治道路，团结带领全国法院切实履行维护国家政治安全、确保社会大局稳定、促进社会公平正义、保障人民安居乐业的职责任务，人民司法事业在新时代取得历史性成就、发生历史性变革，为建设更高水平的平安中国、法治中国作出积极贡献，为全面建设社会主义现代化国家提供有力司法服务。

党对司法工作的绝对领导全面加强。党的领导是中国特色社会主义法治之魂。习近平总书记连续八年主持中央政治局常委会会议听取最高人民法院党组工作汇报，定向领航新时代人民司法事业发展。人民法院始终以党的旗帜为旗帜、以党的意志为意志、以党的使命为使命，把坚持党的绝对领导深深融入血脉之中。始终把坚决做到“两个维护”作为首要任务并贯穿服务大局、司法为民、公正司法全过程，不断提高政治判断力、政治领悟力、政治执行力，以具体行动践行“维护核心、绝对忠诚、听党指挥、勇于担当”政治要求。坚持以习近平新时代中国特色社会主义思想武装头脑、指导实践、推动工作，真学真信笃行习近平法治思想，在审判执行工作中不折不扣贯彻党的理论和路线方针政策，不断增强用党的创新理论指导实践、解决问题、推动工作的能力水平。旗帜鲜明讲政治，坚持从政治上观察和处理问题、认识和推动司法工作，自觉把讲政治和讲法律统一起来，把执行党的路线方针政策同执行国家法律统一起来，通过充分履行司法职能保障宪法法律正确实施，坚决落实和维护党的全面领导。

精准服务大局能力明显提高。中国特色社会主义实践向前推进一步，法治建设就要跟进一步。人民法院始终牢记“国之大者”，全面落实统筹发展和安全，紧紧围绕经济社会发展大局稳定履职尽责，努力做到党中央决策部署到哪里，人民法院工作落实就跟进到哪里，切实把政治建设成果体现为服务经济社会高质量发展的实际成效。全面贯彻总体国家安全观，依法惩治各类刑事犯罪，立足司法职能防范化解重大风险，坚决完成扫黑除恶审判执行任务，加大对新型网络犯罪惩治力度，推动解决“针尖上”“舌尖上”“头顶上”“脚底下”等关系群众生产生活安全问题，切实履行好维护国家安全、社会安定、人民安宁的重大责任。依法纠正聂树斌案、呼格吉勒图案、张文中案等一批冤错案件，让人权司法保障更加有力、产权司法保护更为有效。完整、准确、全面贯彻新发展理念，依法服务构建新发展格局、推动高质量发展。主动对接三大攻坚战、区域协调发展、知识产权强国、乡村全面振兴等重大战略实施，出台一系列司法服务政策，审理一批标志性案件。着力营造市场化、法治化、国际化营商环境，精准服务“六稳”“六保”，切实为中小微企业纾困解难，不断提高司法质量、效率和透明度，助推我国营商环境国际排名大幅提升。坚定不移贯彻对外开放基本国策，依法服务统筹推进国内法治和涉外法治。围绕共建“一带一路”高质量发展、自贸试验区、自由贸易港建设强化司法服务，推进国际商事争端解决机制和国际海事司法中心建设，平等保护中外当事人合法权益，深化国际司法交流与合作，中国司法国际公信力和影响力日益提升。

中国特色司法为民之路越走越宽。坚持以人民为中心，是中国特色社会主义法治的本质要求。人民法院坚决贯彻以人民为中心的发展思想，牢记民心是最大的政治，正义是最强的力量，深入践行司法为民宗旨，及时高效便捷化解矛盾纠纷，依法保障人民安居乐业，努力让人民群众切实感受到公平正义就在身边。牢固树立新时代正确司法理念，把握社会公平正义这一法治价值追求，教育引导法院干警把“努力让人民群众在每一个司法案件中感受到公平正义”目标记在心里、扛在肩上、落实到行动中。兼顾国法天理人情，纠正偏离人民立场、机械司法、就案办案的错误做法，坚持以法为据、以理服人、以情感人，努力实现法律效果、政治效果、社会效果相统一。大力弘扬社会主义核心价值观，旗帜鲜明保护英烈权益，保护诚实守信，惩治违法失德，着力破解长期困扰群众的“扶不扶”“劝不劝”“追不追”“救不救”等法律和道德风险，坚决同“和稀泥”做法说“不”，让新时代司法有力量、有是非、有温度。始终把人民群众呼声作为第一信号。人民群众反映立案难，就着力解决立案难，从全面实行立案登记制到广泛推行跨域立案诉讼服务，千百年来的立案难问题真正成为了历史。人民群众反映执行难，就着力解决执行难，用三年时间打赢基本解决执行难攻坚战，形成中国特色执行制度、机制和模式，并向着切实解决执行难不断迈进。聚焦解决老百姓在打官司过程中的急难愁盼问题，坚持和发展新时代“枫桥经验”，大力推进替代性纠纷解决机制和在线纠纷解决机制建设，方便群众公正、高效、实质性化解矛盾纠纷。我国现已建成世界上联动资源最多、在线调解最全、服务对象最广的中国特色一站式多元纠纷解决和诉讼服务体系，司法为民的中国品牌成色更足、底色更亮。

司法体制改革和智慧法院建设双轮驱动。解决法治领域的突出问题，根本途径在于改革。人民法院坚决落实党中央司法改革部署，奔着问题去、迎着困难上，着力解决影响司法公正、制约司法能力的深层次问题，破解体制性、机制性、保障性障碍。司法体制改革从夯基垒台到积厚成势，司法质量、效率和公信力不断提升，公正高效权威的社会主义司法制度更加成熟定型。落实司法责任制，实行法官员额制，完善司法人员分类管理，推进以审判为中心的诉讼制度改革，深化认罪认罚从宽制度改革，完善人民陪审员制度，健全人民法院组织体系，开展民事诉讼程序繁简分流试点，健全司法制约监督体系，完善统一法律适用机制，深化司法体制综合配套改革，完善四级法院审级职能定位……一项项改革落地见效，新的司法管理体制、司法权力运行机制逐步形成，公平正义成为新时代的鲜亮底色。推进司法改革与现代科技深度融合，用科技手段赋能司法、保障权益、维护公正，完善和发展中国特色社会主义司法制度。智慧法院建设迭代升级，实现全业务网上办理、全流程依法公开、全方位智能服务，在疫情防控中"大显身手"，保障"审判执行不停摆、公平正义不止步"。建成开放动态透明便民的阳光司法机制，让公平正义看得见、能评价、可监督。从全球首个互联网法院落户杭州，到人民法院在线诉讼、在线调解、在线运行三大规则及区块链司法应用意见相继出台，中国互联网司法从技术领先迈向规则领先，为人民创造更高水平数字正义的前进步伐更加坚定。

法院队伍经受了革命性锻造。全面推进依法治国，建设一支德才兼备的高素质法治队伍至关重要。人民法院按照习近平总书记提出的"政治过硬、业务过硬、责任过硬、纪律过硬、作风过硬"要求，加强法院队伍革命化、正规化、专业化、职业化建设，着力锻造一支党和人民信得过、靠得住、能放心的过硬法院队伍。始终以党的政治建设为统领，以党建带队建促审判，深入开展强化政治机关意识教育和"坚持党对司法工作的绝对领导、坚持中国特色社会主义法治道路"专题教育，严明政治纪律和政治规矩，确保法院队伍绝对忠诚、绝对纯洁、绝对可靠。始终把专业化建设摆到更加重要的位置来抓，突出实战、实用、实效导向，健全高层次专业化人才培养机制，全面提升法院干警法律政策运用能力、防控风险能力、群众工作能力、科技应用能力、舆论引导能力，不断提高法院干警在新时代履职尽责、定分止争的能力水平。坚持全面从严管党治警，持之以恒严格教育、严格管理、严格监督，驰而不息纠治"四风"，严格落实"三严三实"要求，坚持以零容忍态度严惩司法腐败，一体推进不敢腐不能腐不想腐，严格执行防止干预司法"三个规定"、新时代政法干警"十个严禁"等铁规禁令，确保公正廉洁司法。经过不懈努力，特别是法院队伍教育整顿洗礼，全国法院政治生态持续优化，纪律作风明显好转，队伍素质能力不断增强，涌现出邹碧华、方金刚、周春梅等一大批司法为民、公正司法的先进典型，展现了新时代法院队伍忠于党、忠于国家、忠于人民、忠于法律的政治本色。

新时代人民法院工作的发展进步，最根本在于习近平总书记作为党中央的核心、全党的核心掌舵领航，在于习近平新时代中国特色社会主义思想科学指引，是习近平法治思想在司法领域的生动实践。新时代新征程上，我们要更加紧密地团结在以习近平同志为核心的党中央周围，在习近平法治思想旗帜指引下，坚定不移沿着中国特色社会主义法治道路奋勇前进，努力创造更高水平的社会主义司法文明，以更加昂扬的姿态奋进新征程、建功新时代，为实现第二个百年奋斗目标提供有力司法服务，以实际行动迎接党的二十大胜利召开。

（本文原载于《旗帜》2022年第6期。）

在习近平法治思想指引下阔步向前

中共最高人民法院党组

法治兴则民族兴，法治强则国家强。党的十八大以来，以习近平同志为核心的党中央从实现党执政兴国、人民幸福安康、国家长治久安的全局高度，定位法治、布局法治、厉行法治，把全面依法治国纳入“四个全面”战略布局有力推进，习近平法治思想领航法治中国建设阔步向前，谱写了“中国之治”新篇章，开辟了社会主义法治理论与实践的新境界。党对全面依法治国的领导更加坚强有力，全面依法治国总体格局基本形成，中国特色社会主义法治体系不断健全，法治国家、法治政府、法治社会建设迈出坚实步伐，科学立法、严格执法、公正司法、全民守法取得重大进展，法治领域改革以前所未有的广度和深度向前推进，法治固根本、稳预期、利长远的保障作用进一步发挥，人民群众对公平正义的获得感明显增强，我国社会主义法治建设发生历史性变革、取得历史性成就。习近平法治思想在指引中国特色社会主义法治体系建设、社会主义法治国家建设取得历史性成就的进程中，彰显了作为当代中国马克思主义法治理论、21世纪马克思主义法治理论的强大真理力量、独特思想魅力和磅礴实践伟力。

公正司法是全面依法治国的重要一环。在以习近平同志为核心的党中央坚强领导下，人民法院坚持以习近平新时代中国特色社会主义思想为指导，深入贯彻习近平法治思想，深刻领悟“两个确立”的决定性意义，增强“四个意识”、坚定“四个自信”、做到“两个维护”，毫不动摇坚持党对司法工作的绝对领导，坚定不移走中国特色社会主义法治道路，紧紧围绕“努力让人民群众在每一个司法案件中感受到公平正义”目标，坚持服务大局、司法为民、公正司法，纵深推进司法体制改革和智慧法院建设，审判体系和审判能力现代化水平不断提高，人民法院工作从理念到实践、从体制到机制、从作风到能力都发生了深刻变革、实现了长足发展，为建设更高水平的平安中国、法治中国作出积极贡献，为全面建设社会主义现代化国家提供有力司法服务。

党对司法工作的绝对领导全面加强。习近平总书记指出，党的领导是中国特色社会主义法治之魂，是我们的法治同西方资本主义国家的法治最大的区别。习近平总书记连续八年主持中央政治局常委会会议听取最高人民法院党组工作汇报，定向领航新时代人民司法事业发展。人民法院始终以党的旗帜为旗帜、以党的方向为方向、以党的意志为意志，把坚持党的绝对领导深深铭刻在灵魂中、熔铸在血液里。始终把坚决做到“两个维护”作为首要任务并贯穿服务大局、司法为民、公正司法全过程，不断提高政治判断力、政治领悟力、政治执行力，以实际行动践行“维护核心、绝对忠诚、听党指挥、勇于担当”政治要求。真学真信笃行习近平法治思想，在审判执行工作中不折不扣贯彻党的理论和路线方针政策，不断增强用党的创新理论指导实践、解决问题、推动工作的能力水平。坚持从政治上观察和处理问题、认识和推动司法工作，自觉把讲政治和讲法律统一起来，把执行党的路线方针政策同执行国家法律统一起来，通过充分履行司法职能保障宪法法律正确实施，坚决落实和维护党的全面领导。

服务大局能力水平明显提高。习近平总书记强调，中国特色社会主义实践向前推进一步，法治建设就要跟进一步。人民法院始终牢记“国之大者”，全面落实统筹发展和安全要求，立足司法发挥法治对改革发展稳定的引领、规范、保障作用，紧紧围绕经济社会发展大局稳定履职尽责，努力做到党中央决策部署到哪里，人民法院工作落实就跟进到哪里。全面贯彻总体国家安全观，依法惩治各类刑事犯罪，防范化解重大风险，坚决完成扫黑除恶审判执行任务，加大对新型网络犯罪惩治力度，推动解决“针尖上”“舌尖上”“头顶上”“脚底下”等关系群众生产生活安全问题，切实履行维护国家安全、社会安定、人民安宁的重大责任。依法纠正聂树斌案、呼格吉勒图案、张文中案等一批冤错案件，让人权司法保障更加有力、产权司法保护更为有效。完整、准确、全面贯彻新发展理念，依法服务构建新发展格局、推动高质量发展。围绕服务三大攻坚战、区域协调发展、知识产权强国、乡村全面振兴、生态保护修复等重大战略实施，出台一系列司法政策，审理一批标志性案件。围绕高效统筹疫情防控和经济社会发展，落实依法防控疫情的要求，依法惩治涉疫犯罪，源头预防化解涉疫矛盾，出台司法助力中小微企业发展20条等司法举措和处理涉疫民商事案件系列司法政策，切实为市场主体纾困解难，精准服务“六稳”“六保”。着力营造市场化、法治化、国际化营商环境，不断提高司法质量、效率和透明度，助推我国营商环境国际排名大幅提升。围绕统筹推进国内法治和涉外法治，坚定不移贯彻对外开放基本国策，坚决维护国家主权、安全、发展利益，全面提升涉外司法质效，中国司法国际公信力和影响力日益提升。跟进完善服务共建“一带一路”高质量发展、自贸试验区、自由贸易港建设等司法举措，完善国际商事争端解决机制，建设国际海事司法中心，平等保护中外当事人合法权益，依法服务高水平对外开放。深化国际司法交流互鉴和务实合作，与相关国家和国际组织发布世界执行大会上海宣言、世界互联网法治论坛乌镇宣言、世界环境司法大会昆明宣言，积极参与知识产权、生态环境、数字经济全球治理，为推动构建人类命运共同体贡献中国法治的智慧和力量。

中国特色司法为民之路越走越宽广。习近平总书记指出，全面依法治国最广泛、最深厚的基础是人民，必须坚持为了人民、依靠人民。人民法院坚决贯彻以人民为中心的发展思想，牢记民心是最大的政治，正义是最强的力量，深入践行司法为民宗旨，依法保障人民权益，及时高效便捷化解矛盾纠纷，努力让人民群众切实感受到公平正义就在身边。牢固树立新时代正确司法理念，把握社会公平正义这一法治价值追求，全国法院干警把“努力让人民群众在每一个司法案件中感受到公平正义”目标记在心里、扛在肩上、落实到行动中。兼顾国法天理人情，积极回应人民群众朴素正义观，纠正偏离人民立场、机械司法、就案办案的错误做法，坚持以法为据、以理服人、以情感人，努力做到既解决案件“法结”、又解开群众“心结”。大力弘扬社会主义核心价值观，旗帜鲜明保护英烈权益，保护诚实守信，惩治违法失德，着力破解长期困扰群众的“扶不扶”“劝不劝”“追不追”“救不救”等法律和道德风险，坚决同“和稀泥”做法说“不”，让新时代司法有力量、有是非、有温度。久久为功加强民生司法保障，深化家事审判改革，维护公平就业权利，推进城乡居民人身损害赔偿标准统一，保护网络消费者、新业态劳动者合法权益，近十年妥善审结涉教育、就业、医疗、养老、消费、住房、社会保障等民生案件超过3000万件，用法治保障人民安居乐业。始终把人民群众呼声作为第一信号。人民群众反映立案难，就着力解决立案难，从全面实行立案登记制到广泛推行跨域立案诉讼服务，千百年来的立案难问题真正成为了历史。人民群众反映执行难，就着力解决执行难，用三年时间打赢基本解决执行难攻坚战，财产网络查控、司法网络拍卖大大提高胜诉权益兑现效能，中国特色执行制度、机制和模式更加健全、更加有力。聚焦解决老百姓在打官司过程中的急难愁盼问题，坚持和发展新时代“枫桥经验”，积极创建枫桥式人民法庭，大力推进替代性纠纷解决机制和在线纠纷解决机制建设，方便群众公正、高效、实质性化解矛盾纠纷。我国现已建成世界上联动资源最多、在线调解最全、服务对象最广的中国特色一站式多元纠纷解决和诉讼服务体系，司法为民的中国品牌成色更足、底色更亮。

司法体制改革积厚成势。习近平总书记强调，解决法治领域的突出问题，根本途径在于改革。人民法院坚决落实党中央司法改革部署，奔着问题去、迎着困难上，着力解决影响司法公正、制约司法能力的深层次问题，破解体制性、机制性、保障性障碍。司法体制改革从夯基垒台到积厚成势，司法质量、效率和公信力不断提升，公正高效权威的社会主义司法制度更加成熟定型。全面落实司法责任制，实行法官员额制，完善司法人员分类管理，不断健全“让审理者裁判、由裁判者负责”的新型审判权力运行机制。推进以审判为中心的诉讼制度改革，落实庭前会议、法庭调查、非法证据排除三项规程，努力以法庭审判的程序公正实现案件裁判的实体公正。深化认罪认罚从宽制度改革，开展民事诉讼程序繁简分流试点，加快构建立体化、多元化、精细化的诉讼程序体系。设立最高人民法院巡回法庭，健全人民法院组织体系，完善人民陪审员制度，健全司法制约监督体系，完善统一法律适用机制，深化司法体制综合配套改革，完善四级法院审级职能定位……一项项改革落地见效，新的司法管理体制、司法权力运行机制逐步形成，公平正义成为新时代的鲜亮底色。

智慧法院建设迭代升级。习近平总书记指出，要遵循司法规律，把深化司法体制改革和现代科技应用结合起来，不断完善和发展中国特色社会主义司法制度。人民法院充分运用现代科技，把智慧法院建设作为审判体系和审判能力现代化的双轮驱动之一，坚持用科技手段赋能司法、保障权益、维护公正。全国四级法院和人民法庭一张网办公办案，建设形成全业务网上办理、全流程依法公开、全方位智能服务的智慧法院，疫情防控中智慧法院“大显身手”，有力保障“审判执行不停摆、公平正义不止步”。深化司法公开，坚持以公开促公正，努力让暗箱操作没有空间，让司法腐败无法藏身，让公平正义看得见、能评价、可监督。建成审判流程、庭审活动、裁判文书、执行信息四大公开平台，建设减刑假释案件全流程公开的信息网，开放动态透明便民的阳光司法机制已经形成，成为展示中国司法公正的重要窗口、彰显司法制度自信的亮丽名片。从全球首个互联网法院落户杭州，到人民法院在线诉讼、在线调解、在线运行三大规则和加强区块链司法应用意见相继出台，中国互联网司法从技术领先逐步迈向规则领先，为全球互联网法治发展提供了中国方案，人民法院为人民创造更高水平数字正义的步伐更加坚定。

法院队伍经受了革命性锻造。习近平总书记强调，全面推进依法治国，首先要把专门队伍建设好。人民法院按照习近平总书记提出的“政治过硬、业务过硬、责任过硬、纪律过硬、作风过硬”要求，加强法院队伍革命化、正规化、专业化、职业化建设，着力锻造党和人民信得过、靠得住、能放心的过硬法院队伍。始终以党的政治建设为统领，以党建带队建促审判，深入开展强化政治机关意识教育和“坚持党对司法工作的绝对领导、坚持中国特色社会主义法治道路”专题教育，严明政治纪律和政治规矩，确保法院队伍绝对忠诚、绝对纯洁、绝对可靠。坚持加强理想信念教育，引导法院干警牢固树立社会主义法治理念，恪守职业道德，信仰法律、坚守法治，端稳天平、握牢法槌，铁面无私、秉公司法。始终把专业化建设摆到更加重要的位置来抓，突出实战、实用、实效导向，健全高层次专业化人才培养机制，全面提升法律政策运用能力、防控风险能力、群众工作能力、科技应用能力、舆论引导能力，提高法院干警在新时代履职尽责、定分止争的能力水平。全面从严管党治警，勇于自我革命，坚持严格教育、严格管理、严格监督，驰而不息纠治“四风”，严格落实“三严三实”要求，以零容忍态度严惩司法腐败，一体推进不敢腐不能腐不想腐，严格执行防止干预司法“三个规定”、新时代政法干警“十个严禁”等铁规禁令，确保公正廉洁司法。经过不懈努力，特别是队伍教育整顿洗礼，全国法院政治生态持续优化，纪律作风明显好转，队伍素质能力不断增强，涌现出邹碧华、方金刚、周春梅、杨军等一大批司法为民、公正司法的先进典型，展现了新时代法院队伍忠于党、忠于国家、忠于人民、忠于法律的政治本色。

新时代人民法院工作发展进步，最根本在于习近平总书记作为党中央的核心、全党的核心掌舵领航，在于习近平新时代中国特色社会主义思想科学指引，是习近平法治思想在司法领域的生动实践。新征程上，我们要更加紧密地团结在以习近平同志为核心的党中央周围，在习近平法治思想旗帜指引下，坚定不移沿着中国特色社会主义法治道路奋勇前进，努力创造更高水平的社会主义司法文明，更好履行维护国家政治安全、确保社会大局稳定、促进社会公平正义、保障人民安居乐业的职责任务，以更加昂扬的姿态奋进新征程、建功新时代，为实现第二个百年奋斗目标提供有力司法服务，以实际行动迎接党的二十大胜利召开。

（本文原载于《人民日报》2022年7月6日第9版。）

全面加强新时代人民法院文化建设
凝心聚力推进人民法院工作高质量发展

最高人民法院党组书记、院长　周　强

文化是国家和民族之魂，也是国家治理之魂。习近平总书记深刻指出，“文化自信，是更基础、更广泛、更深厚的自信。在五千多年文明发展中孕育的中华优秀传统文化，在党和人民伟大斗争中孕育的革命文化和社会主义先进文化，积淀着中华民族最深层的精神追求，代表着中华民族独特的精神标识。我们要弘扬社会主义核心价值观，弘扬以爱国主义为核心的民族精神和以改革创新为核心的时代精神，不断增强全党全国各族人民的精神力量”。人民法院要始终坚持以习近平新时代中国特色社会主义思想为指导，深入贯彻习近平法治思想，认真学习贯彻习近平总书记关于社会主义文化建设的重要论述，全面加强新时代人民法院文化建设，引导广大干警进一步增强文化自觉、坚定文化自信，丰富和发展社会主义法治文化，为推动人民法院工作高质量发展、服务全面建设社会主义现代化国家提供坚强思想保证和强大精神动力，以实际行动迎接党的二十大胜利召开。

一、深入学习贯彻习近平总书记关于社会主义文化建设的重要论述，确保新时代人民法院文化建设的正确方向

党的十八大以来，以习近平同志为核心的党中央统筹推进“五位一体”总体布局、协调推进“四个全面”战略布局，把文化建设放在全局工作的突出位置。习近平总书记以高瞻远瞩的战略眼光、清醒勇毅的历史自觉、深沉坚定的文化自信，就加强社会主义文化建设发表一系列重要论述，丰富和发展了中国特色社会主义文化建设理论，为建设社会主义文化强国指明了方向。社会主义法治文化是中国特色社会主义文化的重要组成部分，法院文化是社会主义法治文化的重要内容。各级法院要深入贯彻习近平法治思想，认真学习贯彻习近平总书记关于社会主义文化建设的重要论述，深刻领悟“两个确立”的决定性意义，增强“四个意识”、坚定“四个自信”、做到“两个维护”，坚定不移走中国特色社会主义法治道路，确保新时代人民法院文化建设沿着正确方向前进。

（一）坚持以习近平法治思想为指引

习近平总书记强调，要“持之以恒用新时代中国特色社会主义思想武装全党、

教育人民、指导工作”。习近平法治思想是顺应实现中华民族伟大复兴时代要求应运而生的重大理论创新成果，是马克思主义法治理论中国化的最新成果，是新时代推进全面依法治国的行动指南，为法治中国建设提供了强大思想武器。建设社会主义法治文化是建设中国特色社会主义法治体系、建设社会主义法治国家的战略性、基础性工作。加强新时代人民法院文化建设，必须真学真信笃行习近平法治思想，把法院文化建设置于全面依法治国的总目标中谋划和推进，认真贯彻中办、国办《关于加强社会主义法治文化建设的意见》要求，推动建设面向现代化、面向世界、面向未来的，民族的科学的大众的社会主义法治文化。

（二）坚持党对法院文化建设的领导

习近平总书记强调，“做好宣传思想工作，必须讲党性”，“坚持党性原则，必须自觉在思想上政治上行动上同党中央保持高度一致”。党的十九届六中全会总结党百年奋斗的历史经验，第一条就是“坚持党的领导”。加强新时代人民法院文化建设，必须牢记党的领导是中国特色社会主义法治之魂，是推进全面依法治国的根本保证，把牢牢坚持党对司法工作的绝对领导贯穿法院文化建设始终，把党管宣传、党管意识形态、党管媒体原则落到实处，不折不扣贯彻党中央决策部署，坚定不移走中国特色社会主义文化发展道路。

（三）坚持马克思主义在意识形态领域的指导地位

习近平总书记指出，“意识形态决定文化前进方向和发展道路”，“宣传思想工作就是要巩固马克思主义在意识形态领域的指导地位，巩固全党全国人民团结奋斗的共同思想基础”。加强新时代人民法院文化建设，必须坚持马克思主义在意识形态领域的指导地位，坚决抵制西方“宪政”“三权鼎立”“司法独立”等错误思潮影响。

（四）坚持以人民为中心的工作导向

习近平总书记指出，“做好宣传思想工作，必须讲人民性。坚持人民性，就是要把实现好、维护好、发展好最广大人民根本利益作为出发点和落脚点”，“解决好‘为了谁、依靠谁、我是谁’这个根本问题”。百年党史深刻启示，民心是最大的政治，正义是最强的力量。加强新时代人民法院文化建设，必须坚持人民至上，深入践行群众观点、群众路线，不断满足人民对民主、法治、公平、正义、安全、环境等方面日益增长的要求，把宣传、教育、引导和服务群众结合起来，做到法院文化建设为了人民、依靠人民、成果由人民共享。

（五）坚持以社会主义核心价值观为引领

习近平总书记强调，“核心价值观是一个民族赖以维系的精神纽带，是一个国家共同的思想道德基础”，“一个国家的文化软实力，从根本上说，取决于其核心价值观的生命力、凝聚力、感召力”。社会主义核心价值观是当代中国精神的集中体现，凝结着全体人民共同的价值追求。加强新时代人民法院文化建设，必须将社会主义核心价值观融入法院文化建设的全过程各方面，像空气一样无所不在、无时不有，让广大干警内化为价值追求、外化为自觉行动，更好发挥对法治精神的滋养、对法治文化的支撑作用。

（六）坚持把恪守司法良知作为必修课

习近平总书记强调，“执法不严、司法不公，一个重要原因是少数干警缺乏应有的职业良知”，“要坚守职业良知、执法为民，教育引导广大干警自觉用职业道德约束自己，做到对群众深恶痛绝的事零容忍、对群众急需急盼的事零懈怠，树立惩恶扬善、执法如山的浩然正气”。司法良知是司法人员职业道德的重要组成部分，是社会主义核心价值观在司法领域的集中体现，也是法院文化建设必不可少的重要内容。加强新时代人民法院文化建设，必须把恪守司法良知作为必修课，教育引导广大干警强化公正廉洁的职业道德，深刻认识不公不廉是最大耻辱，肩扛公正天平、手持正义之剑，以实际行动践行司法为民宗旨，坚决守住维护社会公平正义最后一道防线。

二、切实增强推动新时代人民法院文化建设的紧迫感责任感

党的十八大以来，最高人民法院党组高度重视加强人民法院文化建设，把法院文化建设作为推动人民法院工作高质量发展的基础性工作，带领全国各级法院坚持社会主义先进文化前进方向，聚焦培育和弘扬社会主义核心价值观、推进司法为民公正司法、促进干警全面发展、服务法治中国建设等重点，推动法院文化建设取得新的成效，为人民法院改革发展提供了强大正能量。

（一）政治引领作用持续强化，夯实法院文化建设思想根基

2013 年 3 月全国“两会”后，最高人民法院党组提出以习近平总书记系列重要讲话精神武装头脑、指导实践、推动工作，明确把习近平总书记提出的“努力让人民群众在每一个司法案件中感受到公平正义”作为人民法院工作目标，明确提出坚持司法为民、公正司法工作主线。2016 年党的十八届六中全会之后鲜明提出“维护核心、绝对忠诚、听党指挥、勇于担当”的十六字政治要求。各级法院扎实开展群众路线教育实践活动、“三严三实”专题教育、“两学一做”学习教育、“不忘初心、牢记使命”主题教育、党史学习教育，深入开展队伍教育整顿、“两个坚持”专题教育、“两个确立”主题教育，引导干警筑牢政治忠诚，坚定不移走中国特色社会主义法治道路。

（二）组织领导不断强化，形成上下联动、整体推进工作格局

最高人民法院出台《关于在人民法院工作中培育和践行社会主义核心价值观的若干意见》《关于新形势下加强人民法院文化建设的指导意见》等文件，成立中国法官文联并召开第一次会员代表大会，评选全国法院文化建设先进单位 200 家，向全国法院推介文化建设特色项目 100 个。各级法院党组坚持把法院文化建设摆在重要位置，普遍成立“一把手”任组长的文化建设领导小组，积极探索加强文化建设的新思路、新举措，基本形成党组统一领导、政工部门组织协调、各部门共同参与的工作机制。

（三）文化价值引导力充分发挥，引导广大干警坚定法治信仰

按照突出政治性、体现时代性、增强统一性、注重协调性原则，规范法院文化标识和文化环境布设，充分发挥文化环境的浸润塑造和教育激励作用。选树邹碧华、方金刚、李庆军、胡国运、周春梅、魏晶晶、杨军、滕启刚等一批重大先进典型，编写出版《人民法院英模事迹选编》，联合中央广播电视总台制作专题片《正义之星》，大力弘扬英模精神。最高人民法院举办“庆祝中国共产党成立 100 周年人民审判成就展”，推出纪录片《红色法庭百年志》，各级法院依托本地红色司法资源，广泛开展爱国主义、职业道德、司法良知、家教家风教育，引导干警

赓续红色血脉，坚定法治信仰。开展形式多样的廉洁文化创建工作，不断筑牢一体推进“三不腐”的文化基础。

（四）文化阵地不断拓展，有力提升法院文化传播力、影响力

坚持守正创新，普遍开设网上文化建设专栏，进驻“两微一端”等新媒体平台，在各类新闻媒体创办法治宣传栏目2000余个，推动法院文化建设向更广领域、更深层次拓展。积极推进学习型法院建设，举办法官讲堂、法官论坛等特色活动，开展示范庭审、精品案例、裁判文书、学术论文等成果评选，促进提升干警职业素养和司法能力。加强中国法院博物馆建设，建成一批院史馆、档案馆、图书馆等文博场所，广泛开展文艺汇演、读书会等文化活动，法院文化建设的传播力和影响力不断扩大。

（五）文化培育创作成果丰硕，形成一批独具特色的文化品牌

坚持植根法院沃土，弘扬时代主题，讴歌为民情怀，展现干警风貌，形成《中华人民共和国最高人民法院公报》、《人民法院报》、“人民法院大讲堂”、“法信”、“天平杯·随手拍”等一批优秀文化品牌。最高人民法院举办全国法院优秀原创歌曲征集评选、“金法槌奖”微电影微视频征集展播等活动，推出一批人民群众喜闻乐见的文艺精品。一批接地气、传得开、留得下的优秀作品产生广泛影响，电影《邹碧华》《马锡五断案》，电视剧《阳光下的法庭》《小镇大法官》，歌曲《宁海路75号》《溜索法官》，生动讲述了人民法院、人民法官的司法为民故事。

文化兴国运兴，文化强民族强。当今世界进入新的动荡变革期，文化的地位和作用更加突出，越来越成为民族凝聚力和创造力的重要源泉，越来越成为综合国力竞争的重要因素。加强新时代人民法院文化建设，是真学真信笃行习近平法治思想的必然要求，有利于引导广大干警不折不扣践行“十一个坚持”，推动习近平法治思想入脑入心，形成更多深入贯彻习近平法治思想、坚持司法为民公正司法的生动实践。加强新时代人民法院文化建设，是更好发挥司法职能作用的必然要求，有利于培育和树立正确司法理念，兼顾国法天理人情，实现办案法律效果、政治效果、社会效果有机统一。加强新时代人民法院文化建设，是推动审判体系和审判能力现代化的必然要求，有利于系统集成司法体制改革和智慧法院建设成果，完善公正高效权威的社会主义司法制度，不断提高司法质量、效率和公信力。加强新时代人民法院文化建设，是锻造忠诚干净担当法院铁军的必然要求，有利于充分发挥文化凝心聚力、育人铸魂的重要作用，增强队伍的凝聚力、向心力和战斗力，确保绝对忠诚、绝对纯洁、绝对可靠。

当前和今后一个时期，加强新时代人民法院文化建设的总体思路是：坚持以习近平新时代中国特色社会主义思想为指导，深入学习贯彻习近平法治思想和习近平总书记关于社会主义文化建设的重要论述，全面贯彻党的十九大和十九届历次全会精神，深刻领悟“两个确立”的决定性意义，增强“四个意识”、坚定“四个自信”、做到“两个维护”，坚持社会主义先进文化前进方向，紧紧围绕“努力让人民群众在每一个司法案件中感受到公平正义”工作目标和司法为民、公正司法工作主线，以社会主义核心价值观为引领，以举旗帜、聚民心、育新人、兴文化、展形象为使命，着眼服务审判、服务干警、服务法治建设，大力弘扬以忠诚为民、崇法尚德、公正廉洁、刚正不阿、改革创新为主要内容的新时代人民法院文化，引导广大干警不断增强文化自觉、坚定文化自信，坚定不移走中国特色社会主义法治道路，奋力推进新时代人民法

院工作高质量发展，努力创造更高水平的社会主义司法文明，为实现第二个百年奋斗目标、实现中华民族伟大复兴的中国梦提供更加有力的司法服务。

三、在习近平法治思想指引下大力弘扬新时代人民法院文化，凝聚起推动人民法院工作高质量发展的强大精神力量

新时代人民法院文化是人民法院和法院干警在司法工作中逐步形成的共同理念、价值观念、思维方式、行为自觉、制度规范以及相关物质表现的集中体现，发挥着培根铸魂、启智润心、立德树人、凝心聚力的重要功能，对于高扬思想旗帜、强化价值引领、激发奋斗精神、展现司法形象具有重要意义。党的十八大以来，在习近平法治思想指引下，人民法院在加强党的政治建设、狠抓审判执行工作、深化司法体制改革、推进智慧法院建设、锻造过硬法院队伍、夯实基层基础工作过程中，形成了以忠诚为民、崇法尚德、公正廉洁、刚正不阿、改革创新为主要内容的新时代人民法院文化。加强法院文化建设，必须弘扬新时代人民法院文化，并随着实践发展不断丰富和完善。2022年，我们将迎来党的二十大，全党全国各族人民将按照党的二十大擘画的宏伟蓝图奋进新征程，各级法院要紧跟新时代步伐，大力弘扬新时代人民法院文化，为法院工作高质量发展提供强大价值引导力、文化凝聚力和精神推动力，以更加饱满的热情、更加昂扬的姿态履职尽责、实干担当，为实现第二个百年奋斗目标提供更加有力的司法服务。

（一）大力弘扬忠诚为民的新时代人民法院文化，让对党忠诚、一心为民成为政治自觉

习近平总书记指出，要“把对党忠诚、为党分忧、为党尽职、为民造福作为根本政治担当”，强调“全面依法治国最广泛、最深厚的基础是人民，必须坚持为了人民、依靠人民”。忠诚为民，就是要深刻领悟“两个确立”的决定性意义，增强“四个意识”、坚定“四个自信”、做到“两个维护”，坚持党性和人民性相统一，筑牢政治忠诚之魂，践行司法为民宗旨。党的十八大以来，最高人民法院党组带领全国法院干警将“维护核心、绝对忠诚、听党指挥、勇于担当”的政治要求牢牢记在心里、扛在肩上、落实到行动中，树立新时代正确司法理念，聚焦人民群众急难愁盼问题，一仗接着一仗打，实行立案登记制、基本解决执行难、全面建成一站式多元纠纷解决和诉讼服务体系、加强人民法庭建设等，确保党中央决策部署在人民法院得到不折不扣贯彻落实，努力让人民群众在每一个司法案件中感受到公平正义。对党忠诚、一心为民，体现在每一项服务大局的司法政策中，体现在每一件公正为民的司法裁判中，体现在每一位默默奉献的法院干警身上，忠诚为民是新时代人民法院文化最突出的属性、最鲜明的政治本色。新征程上，各级法院要坚持以党的政治建设为统领，把中国特色社会主义法治之魂铭刻在灵魂中、熔铸在血液里，把坚决做到“两个维护”作为首要任务，不断提高政治判断力、政治领悟力、政治执行力，坚定不移听党话、跟党走，用依法履职的实际行动诠释对党的绝对忠诚、对人民的无限赤诚。坚持以党的创新理论培根立心铸魂，在学懂弄通做实习近平新时代中国特色社会主义思想上狠下功夫，在真学真信笃行习近平法治思想上持续用力，真正做到虔诚而执着、至信而深厚。始终站稳人民立场，厚植为民情怀，悟透以人民为中心的发展思想，把实现好、维护好、发展好最广大人民根本利益作为一切工作的出发点和落脚点，使司法工作深

深扎根于人民群众之中，用有力量、有是非、有温度的新时代司法回应人民期待。

（二）大力弘扬崇法尚德的新时代人民法院文化，让法安天下、德润人心引领社会风尚

习近平总书记强调，“法律是成文的道德，道德是内心的法律”，要求“既重视发挥法律的规范作用，又重视发挥道德的教化作用，实现法律和道德相辅相成、法治和德治相得益彰”。崇法尚德，就是要坚持依法治国和以德治国相结合，做到坚守法治精神、维护法治权威，树立鲜明道德导向、弘扬美德义行，努力实现法安天下、德润人心。党的十八大以来，人民法院以法律为准绳，以道德为基石，充分发挥司法断案惩恶扬善功能，让崇法尚德成为广大法官查明事实、适用法律、裁判案件、化解矛盾的鲜明价值导向。坚持严格公正司法，一审、二审严把事实关、证据关、程序关、法律适用关，再审依法纠正呼格吉勒图案、聂树斌案、张文中案、王力军收购玉米案等案件，坚定捍卫法治，深入辨法析理，生动诠释什么是社会主义法治精神。坚持弘扬社会主义核心价值观，审理侵害“狼牙山五壮士”、邱少云、“冰雕连”等英烈名誉荣誉案，捍卫英烈尊严荣光，加强联合信用惩戒，推进社会诚信建设，发挥“小案大道理”作用，破解长期困扰群众的“扶不扶”“劝不劝”“追不追”“救不救”等法律和道德风险，让全社会充满正气、正义。司法实践中涌现出许多崇法尚德的先进典型，习近平总书记对邹碧华同志先进事迹作重要批示时就评价：“他崇法尚德，践行党的宗旨、捍卫公平正义。”新征程上，各级法院要坚持用崇法尚德的文化滋养司法、浸润人心，把法治和德治统一于司法理念、司法制度、司法实践、司法文化之中，更好推进法治建设和道德建设。在公正司法层面，做到以法为据、以理服人、以情感人，坚持把社会主义核心价值观融入公正司法，为全社会立“明规则”、破“潜规则”，让遵法守纪者扬眉吐气，让违法失德者寸步难行，努力创造更多符合时代精神、满足人民期盼、彰显法治原则、引领价值导向的伟大判决。在自身建设层面，不断提升运用法治思维和法治方式深化改革、推动发展、化解矛盾、维护稳定、应对风险的能力水平，更好发挥社会主义核心价值观的价值引领和社会主义道德的精神滋养作用。在职业素养层面，做到德法兼修，恪守司法良知，带头尊崇法治、信仰法治、捍卫法治，带头明大德、守公德、严私德，以实际行动带动全社会尊法守法、崇德向善。

（三）大力弘扬公正廉洁的新时代人民法院文化，让公正司法、廉洁司法蔚然成风

习近平总书记指出，“执法司法是否具有公信力，主要看两点，一是公正不公正，二是廉洁不廉洁”。公正廉洁，就是要牢记公正是司法的灵魂和生命，牢记廉洁司法是公正司法的基石，以不公不廉为最大耻辱，以公正廉洁为原则底线，让公平正义的阳光照进人民心田。党的十八大以来，人民法院以前所未有的决心和力度推进公正廉洁司法，以廉洁司法确保公正司法，以司法公正促进社会公正，让公正廉洁成为中国特色社会主义司法制度的鲜亮底色。坚持以事实为根据，以法律为准绳，端稳天平、握牢法槌，依法保护和救济受到侵害的权利，制裁和惩罚违法犯罪活动。坚持刀刃向内、刮骨疗毒，以零容忍态度严惩司法腐败，扎牢制度铁笼，涵养廉洁文化，让清风正气充盈全国法院。坚持以公开促公正、以透明保廉洁，建成审判流程、庭审活动、裁判文书、执行信息四大公开平台，开通全国法院“减假暂”信息网，越来越多热点案件成为全民共享的法治公开课，让暗箱操作没有空间，让司法腐败无法藏身，开放、动态、透明、便民的阳光司法机制成为展示中国司法制度自信的重要标志。新征程上，各

级法院要持之以恒涵养公正廉洁的文化，始终围绕“努力让人民群众在每一个司法案件中感受到公平正义”这个目标来改进工作，保护人民权益、伸张正义，坚持程序公正、实体公正、形象公正，促进权利公平、机会公平、规则公平。坚持司法理性，尊重经济社会发展规律，遵循司法规律，辩证认识事实矛盾，以理性思维辨明真假、是非、善恶、美丑，实事求是、不偏不倚作出公正裁断，坚决守住公平正义的生命线。发扬自我革命精神，深入贯彻中办印发的《关于加强新时代廉洁文化建设的意见》，把廉洁文化建设作为一体推进“三不腐”的基础性工程抓紧抓实抓好，引导干警切实守住拒腐防变底线、廉洁司法防线。准确把握新时代廉洁文化的内涵特质，组织丰富的廉洁文化创建活动，常态化开展党内法规、司法礼仪和职业行为规范、违纪违法警示等教育，引导干警增强廉洁用权、廉洁司法、廉洁修身、廉洁齐家的思想自觉和行动自觉。始终以公开促公正、树公信，让人民监督司法，让司法在阳光下运行，不断提高司法透明度和公信力，向全社会、全世界展示人民司法公正公开、廉洁透明的良好形象。

（四）大力弘扬刚正不阿的新时代人民法院文化，让法不阿贵、绳不挠曲成为坚毅品格

习近平总书记强调，“司法人员要刚正不阿，勇于担当，敢于依法排除来自司法机关内部和外部的干扰，坚守公正司法的底线”，“我们的干警要把法治精神当作主心骨，做知法、懂法、守法、护法的执法者，站稳脚跟，挺直脊梁，只服从事实，只服从法律，一是一、二是二，不偏不倚，不枉不纵，铁面无私，秉公执法”。刚正不阿，就是要忠于法律、捍卫法律，守住法治底线，不为任何压力所迫，不为任何利诱所动，依法独立公正行使审判权。党的十八大以来，人民法院坚守法治定力，捍卫宪法法律尊严和权威，狠抓防止干预司法“三个规定”等铁规禁令落实，强化法官依法履职保障，为敢于碰硬、担当作为的干警撑腰鼓劲，让刚正不阿成为人民法官刻在骨子里的职业坚守。周春梅、马彩云等一大批新时代好法官用铁面无私、秉公司法、奉献牺牲诠释了刚正不阿的崇高精神。周春梅同志 2003 年进入湖南高院工作，是新时代在习近平法治思想指引下成长起来的优秀法官代表，她自觉践行习近平总书记提出的把法治精神当作主心骨的谆谆教诲，严格执行“三个规定”，多次拒绝同学说情打招呼，被残忍杀害，牺牲前最后一句话是“即便是我死了，你的事情也是不可能的！”她用生命践行了“脊梁不弯、正义不低头”。新征程上，各级法院和广大干警要始终坚守刚正不阿、勇于担当的品格，面对权势、金钱、人情、关系，要顶得住压力、抵得住诱惑、抗得住干扰，还要耐得住寂寞、守得了清贫。无论什么时候，司法的气节都不能丢，为了党和人民利益，为了宪法法律尊严，该坚持的就要坚持，弘扬惩恶扬善、执法如山的浩然正气，相信公道自在人心。严格执行防止干预司法“三个规定”，用制度斩断干预司法、以案谋私、利益输送的链条，加强依法履职保障，让法官沉下心来，安安静静、踏踏实实地办好案子，以公正裁判维护公平正义、守护人间正道。弘扬社会主义法治精神，营造尊崇法律、尊重司法、尊重法官的良好环境，依法律按程序公正有效解决人民群众合理合法诉求，以实际行动让老百姓相信法不容情、法不阿贵。

（五）大力弘扬改革创新的新时代人民法院文化，让与时俱进、攻坚克难成为不竭动力

习近平总书记强调，“要始终把改革创新精神贯彻到治国理政各个环节”，“要遵循司法规律，把深化司法体制改革和现代科技应用结合起来，不断完善和发展中国特色社会主义司法制度”。改革创新，就是要坚持改革不停顿、创新不止步，以司法体制改革和智慧法院建设

为“车之两轮、鸟之双翼”，着力解决影响司法公正和制约司法能力的深层次问题。党的十八大以来，人民法院敢于啃硬骨头、涉险滩、闯难关，做成了想了很多年、讲了很多年但没有做成的改革，推动司法质量、效率和公信力不断提高，让改革创新成为人民司法事业发展的时代特质。司法责任制、法官员额制、以审判为中心的诉讼制度改革、司法制约监督、认罪认罚从宽、民事诉讼程序繁简分流、四级法院审级职能定位等改革落地见效。智慧法院创新成果在国家“十三五”科技创新成就展全方位展示，人民法院在线诉讼、在线调解、在线运行三大规则和加强区块链司法应用意见相继出台，推动我国互联网司法从技术领先迈向规则引领。加强顶层设计和尊重基层首创相互促进，改革创新的时代精神已经融入广大干警的血脉。实践发展永无止境，改革创新永无止境。新征程上，各级法院要牢记改革永远在路上、改革之路无坦途，持续深入推进改革创新，推动司法工作质量变革、效率变革、动力变革，让公平正义更好更快实现。自觉支持改革、拥护改革、投身改革，敢于动自己的奶酪，敢于打破利益的藩篱，敢于迎难而上、攻坚克难，善于依靠改革的思维和创新的办法破难题、解新题，决不能走老路、走回头路。坚持改革正确方向，始终朝着更好坚持党的领导、更好发挥我国司法制度的特色、更好促进社会公平正义的方向深化改革，决不能把改革变成“对标”西方法治体系、“追捧”西方法治实践。强化互联网思维，牢牢把握新一轮科技革命和产业变革重大机遇，充分运用互联网、大数据、云计算、人工智能、区块链、元宇宙等现代科技成果，推动人民司法实现数字时代的换道超车。面对未来世界日趋激烈的制度竞争，要勇于解放思想、与时俱进，通过打破思想观念上的桎梏，着力破解体制性、机制性障碍，为世界法治文明进步贡献中国智慧、中国方案。

四、加强统筹协调，形成工作合力，努力把新时代人民法院文化建设提高到新水平

各级法院要坚持守正创新、久久为功，切实增强文化自觉，强化支撑保障，狠抓工作落实，充分激发各部门和广大干警参与文化建设的积极性、主动性、创造性，为推动新时代人民法院文化高质量发展凝聚强大合力。

（一）加强组织领导，完善顶层设计

各级法院党组要把法院文化建设列入重要议事日程，及时研究解决重大问题，与审判执行、司法改革、信息化建设、队伍建设等工作同谋划、同部署、同推进。党组主要负责同志切实负起第一责任人职责，亲自研究部署、协调督办，分管负责同志履行好直接领导责任，其他班子成员抓好分管部门、分管领域文化建设。制定符合本地实际的文化建设指导规划，明确目标任务、措施要求，加强督促检查，纳入综合考评指标体系，推动辖区法院文化建设协调发展。

（二）加强协同联动，构建大文化工作格局

文化建设是一个系统工程，必须强化“大文化”意识，加强统筹协调、资源整合。政工部门要加强牵头抓总、组织协调，做好研究谋划、推动落实和督促检查。理论研究、新闻宣传、信息化建设等部门要各司其职、各尽其责，提供有力支持保障。审判业务部门要在文化建设中

发挥更大作用，让法院文化更好体现法治“主题”、法院“主场”、法官“主体”，让审判工作充分传递文化力量。上级法院要加强对下指导，进一步推动法院文化建设上下联动、整体推进。坚持开门搞文化建设，积极争取地方党委政府支持，把法院文化建设工作纳入当地文化建设总体格局。

（三）拓宽思路视野，推动创新发展

更加注重理念创新，紧跟时代潮流，正确把握和应用新概念、新思路、新模式、新载体，不断改进法院文化建设的思路和方法。更加注重手段创新，主动适应数字时代发展趋势，综合运用“报、网、端、微、屏”等全媒体传播方式，立体呈现司法为民公正司法的好法官、好案件、好经验，提高法院文化的传播力、引导力、影响力。更加注重基层创新，尊重干警在法院文化建设中的主体地位，关注干警需求，彰显人文关怀，调动干警积极性，让每名干警都成为法院文化建设的参与者、推动者、受益者，让广大干警自觉融入法院文化，增强职业荣誉感和使命感，树立以法院为荣、以法院为家、为法院奉献的情怀。更加注重作品创新，坚持把社会效益放在首位、社会效益和经济效益相统一，推出更多新时代法院题材的精品力作。更加注重传播能力创新，加强话语体系建设，讲好中国法治故事，增强中国司法在国际上的话语权和影响力，助力展示真实、立体、全面的法治中国形象。

（四）着眼实际成效，健全支撑保障体系

以中国法官文联成立为契机，立足实际加强法院文化组织建设，大力发掘和培养法院文化人才。建好用好法院文化设施和文化资源，提升数字化建设水平，不断提高中国法院博物馆社会影响力，充分发挥各地法院院史馆、档案馆等文博场所作用，更好展现中华法治文明成果、新时代法治建设成就和人民法院工作成效。各地法院加强文博场所建设要提高政治站位，坚持社会主义先进文化方向，突出加强社会主义法治文化建设。狠抓法院文化品牌建设，持续提升《中华人民共和国最高人民法院公报》《人民法院报》《人民司法》《法律适用》《中国审判》《中国应用法学》和“法信”“天平杯·随手拍”等文化品牌影响力，推动形成特色鲜明、优势互补、协同发力的优秀法院文化品牌矩阵。

新时代新征程上，我们要更加紧密地团结在以习近平同志为核心的党中央周围，深刻领悟“两个确立”的决定性意义，增强“四个意识”、坚定“四个自信”、做到“两个维护”，在习近平法治思想指引下沿着中国特色社会主义法治道路阔步向前，大力加强新时代人民法院文化建设，奋力推进新时代人民法院工作高质量发展，努力创造更高水平的社会主义司法文明，为实现中华民族伟大复兴的中国梦提供更加有力的司法服务，以实际行动迎接党的二十大胜利召开！

（本文根据周强同志2022年7月9日在全国高级法院院长座谈会暨全国法院文化建设工作会议上讲话修改而成，原载于《中国审判》2022年第13期。）

以党的二十大精神为指引 奋力推进新时代新征程人民法院工作高质量发展

最高人民法院党组书记、院长　周　强

党的二十大是在全党全国各族人民迈上全面建设社会主义现代化国家新征程、向第二个百年奋斗目标进军的关键时刻召开的一次十分重要的大会，是一次高举旗帜、凝聚力量、团结奋进的大会。大会选举产生了新一届中央委员会和中央纪律检查委员会，通过了关于十九届中央委员会报告的决议、关于十九届中央纪律检查委员会工作报告的决议、关于《中国共产党章程（修正案）》的决议。大会选举产生了新一届中央委员会，党的二十届一中全会选举产生了新一届中央领导机构，习近平同志任中共中央总书记、中央军委主席。选举结果充分体现了全党共同意志，充分反映了亿万人民共同心愿，充分展现了我们党朝气蓬勃、兴旺发达、奋发有为。前进道路上，以习近平同志为核心的党中央必将团结带领全党全军全国各族人民，坚定历史自信，增强历史主动，踔厉奋发、勇毅前行，为全面建设社会主义现代化国家、全面推进中华民族伟大复兴而团结奋斗，把中国发展进步的命运牢牢掌握在自己手中。“两个确立”是党在新时代取得的重大政治成果，是新时代引领党和国家事业从胜利走向新的胜利的政治保证。新时代党和国家事业取得历史性成就、发生历史性变革，从根本上讲，在于确立了习近平同志党中央的核心、全党的核心地位，确立了习近平新时代中国特色社会主义思想的指导地位。面对复杂严峻的外部环境和繁重艰巨的改革发展稳定任务，“两个确立”是我们战胜一切艰难险阻、应对一切不确定性的最大确定性、最大底气、最大保证。新时代新征程上把中国特色社会主义事业推向前进，最紧要的是深刻领悟“两个确立”的决定性意义，更加自觉地维护习近平总书记党中央的核心、全党的核心地位，更加自觉地维护以习近平同志为核心的党中央权威和集中统一领导，全面贯彻习近平新时代中国特色社会主义思想，坚定不移在思想上政治上行动上同以习近平同志为核心的党中央保持高度一致。

习近平总书记代表十九届中央委员会所作的报告，高举中国特色社会主义伟大旗帜，全面贯彻习近平新时代中国特色社会主义思想，分析了国际国内形势，提出了党的二十大主题，回顾总结了过去五年的工作和新时代十年的伟大变革，阐述了开辟马克思主义中国化时代化新境界、中国式现代化的中国特色和本质要求等重大问题，对全面建设社会主义现代化国家、全面推进中华民族伟大复兴进行了战略谋划，对统筹推进“五位一体”总体布局、协调推进“四个全面”战略布局作出了全面部署，为新时代新征程党和国家事业发展、实现第二个百年奋斗目标指明了前进方向、确立了行动指南。报告举旗定向、总揽全局、气势恢宏、思想深邃，是党和人民智慧的结晶，是党团结带领全国各族人民夺取中国特色社会主义新胜利的政治宣言和行动纲领，是马克思主义的纲领性文献。

大会通过的十九届中央纪律检查委员会工作报告，全面总结了党的十九大以来在以习近平同志为核心的党中央坚强领导下，各级纪律检查委员会深入学习贯彻习近平新时代中国特色社会主义思想，认真落实新时代党的建设总要求，坚定贯彻党的自我革命战略部署，深入落实全面从严治党战略方针，忠实履行党章赋予的职责，坚定不移推进党风廉政建设和反腐败斗争，推动新时代纪检监察工作高质量发展，紧紧围绕党和国家工作大局发挥监督保障执行、促进完善发展作用的实践探索和重要成效，阐明了深化全面从严治党、深入推进新时代党的建设新的伟大工程对全面建设社会主义现代化国家、全面推进中华民族伟大复兴的极端重要性，揭示了以党的自我革命引领社会革命的重大意义，宣示了党以永远在路上的清醒和坚定推进党风廉政建设和反腐败斗争的坚强决心。

大会通过的党章修正案，把党的十九大以来习近平新时代中国特色社会主义思想新发展写入党章，体现了党的理论创新、实践创新、制度创新成果，对坚持和加强党的全面领导、坚定不移推进全面从严治党、坚持和完善党的建设、推进党的自我革命提出了明确要求，这对于全党更好地学习党章、遵守党章、贯彻党章、维护党章，更好地把中国特色社会主义伟大事业和新时代党的建设新的伟大工程推向前进，具有十分重大的意义。大会同意把党的初心使命、党的百年奋斗重大成就和历史经验的内容，发扬斗争精神、增强斗争本领的内容写入党章，对激励全党坚定历史自信、增强历史主动，坚守初心使命、传承红色基因，把握新的伟大斗争的历史特点，团结带领全国各族人民夺取中国特色社会主义新胜利，具有十分重大的意义。习近平总书记在庆祝中国共产党成立一百周年大会上代表党和人民作出实现了第一个百年奋斗目标、全面建成了小康社会、正在向着全面建成社会主义现代化强国的第二个百年奋斗目标迈进的庄严宣告，党章据此作出相应修改，有利于全党全面准确把握新时代新征程党和国家事业发展新要求，聚焦实现第二个百年奋斗目标、实现中华民族伟大复兴的中国梦，凝聚起全党全国各族人民共同奋斗的意志和力量。把新时代新征程中国共产党的中心任务，社会主义基本经济制度，逐步实现全体人民共同富裕，把握新发展阶段，贯彻新发展理念，构建新发展格局，推动高质量发展等内容写入党章，有利于推动全党把思想和行动统一到党中央对国内外形势的科学判断与党和国家工作战略部署上来，更加自觉地贯彻党的基本路线，不断以发展新业绩续写新时代中国发展的伟大历史。党章根据全面建成社会主义现代化强国两步走总的战略安排作出相应修改，有利于激励全党坚定信心、锐意进取，朝着既定奋斗目标勇毅前行。把走中国特色社会主义法治道路，发展更加广泛、更加充分、更加健全的全过程人民民主，建立健全民主选举、民主协商、民主决策、民主管理、民主监督的制度和程序，统筹发展和安全等内容写入党章，对全党更加自觉、更加坚定地贯彻党的基本理论、基本路线、基本方略，全面推进中国特色社会主义伟大事业，具有十分重要的作用。把党的十九大以来习近平总书记就加强国防和军队建设、统战工作、外交工作提出的一系列新理念新思想新战略写入党章，有利于坚持走中国特色强军之路，有利于推动“一国两制”实践行稳致远、推进祖国统一，有利于推动构建人类命运共同体、引领人类进步潮流。把党的十九大以来党的建设取得的许多新的重大成果和成功经验写入党章，有利于推动全党永葆自我革命精神，贯彻全面从严治党战略方针，深入推进新时代党的建设新的伟大工程，确保党在革命性锻造中更加坚强有力，始终成为中国特色社会主义事业的坚强领导核心。把党是最高政治领导力量，坚持和加强党的全面领导等内容写入党章，有利于充分发挥党总揽全局、协调各方的领导核心作用，把党的领导落实到党和国家事业各领域各方面各环节。总结吸收党的十九大以来党的工作和党的建设的成功经验，并同总纲部分修改相衔接，对党章部分条文作适当修改，有利于坚持和加强党中央集中统一领导、坚持不懈用习近平新时代中国特色社会主义思想凝心铸魂，有利于增强党组织政治功能和组织功能、坚持以严的基调强化正风肃纪、坚定不移推进全面从严治党。

10月17日，习近平总书记参加广西代表团讨论时强调，党的二十大报告进一步指明了党和国家事业的前进方向，学习贯彻党的二十大精神，要做到“五个牢牢把握”。10月22日，习近平总书记主持大会闭幕会并发表重要讲话强调，中国共产党走过了百年奋斗历程，又踏上了新的赶考之路，号召全党要紧密团结在党中央周围，高举中国特色社会主义伟大旗帜，坚定历史自信，增强历史主动，敢于斗争、敢于胜利，埋头苦干、锐意进取，团结带领全国各族人民为实现党的二十大确定的目标任务而奋斗。10月23日，习近平总书记在二十届中共中央政治局常委同中外记者见面时强调，新征程上，我们要始终保持昂扬奋进的精神状态，始终坚持一切为了人民、一切依靠人民，始终推进党的自我革命，始终弘扬全人类共同价值，踔厉奋发、勇毅前行，以中国式现代化全面推进中华民族伟大复兴。人民法院将把深入学习宣传贯彻党的二十大精神作为当前和今后一个时期的首要政治任务，迅速把思想和行动统一到党的二十大精神上来，统一到以习近平同志为核心的党中央战略部署上来，深刻领悟“两个确立”的决定性意义，增强“四个意识”、坚定“四个自信”、做到“两个维护”，坚持服务大局、司法为民、公正司法，立足司法职能奋力谱写新时代中国特色社会主义更加绚丽的华章，为全面建设社会主义现代化国家、全面推进中华民族伟大复兴提供有力司法服务。

一、全面准确学习领会党的二十大精神，深刻认识党的二十大的重大现实意义和深远历史意义

党的二十大明确宣示了党在新征程上举什么旗、走什么路、以什么样的精神状态、朝着什么样的目标继续前进，对于团结和激励全国各族人民为夺取中国特色社会主义新胜利而奋斗具有十分重大的意义。党的二十大报告开篇提出大会的主题是：高举中国特色社会主义伟大旗帜，全面贯彻新时代中国特色社会主义思想，弘扬伟大建党精神，自信自强、守正创新，踔厉奋发、勇毅前行，为全面建设社会主义现代化国家、全面推进中华民族伟大复兴而团结奋斗。报告阐明的大会主题是大会的灵魂，是党和国家事业发展的总纲。报告鲜明提出“三个务必”，这是习近平总书记对党所处历史方位、面临形势任务、党情发展变化进行深刻分析作出的重大

论断，体现了强烈的使命担当、忧患意识和斗争精神，彰显了百年大党新时代赶考的清醒和谨慎。报告总结新时代十年来经历的对党和人民事业具有重大现实意义和深远历史意义的三件大事，高度评价这是“三个历史性胜利”，并从十六个方面总结了新时代十年伟大变革，新时代十年的伟大变革在党史、新中国史、改革开放史、社会主义发展史、中华民族发展史上具有里程碑意义。报告深刻阐释了习近平新时代中国特色社会主义思想的世界观和方法论，明确提出“六个坚持”，为不断谱写马克思主义中国化时代化新境界提供了“金钥匙”。报告明确提出以中国式现代化全面推进中华民族伟大复兴的使命任务，深刻阐述中国式现代化的中国特色、本质要求和前进道路上必须牢牢把握的五项重大原则，为人类实现现代化提供了新的选择。报告对全面建成社会主义现代化强国两步走战略安排进行宏观展望，系统阐述未来一个时期党和国家事业发展的战略部署，擘画了全面建设社会主义现代化国家、全面推进中华民族伟大复兴的宏伟蓝图。报告在总结新时代十年伟大变革时充分肯定司法体制改革取得重大进展等全面依法治国重大成就，在到 2035 年基本实现社会主义现代化的总体目标中提出全面依法治国目标，并专章对坚持全面依法治国、推进法治中国建设作出重大部署，对严格公正司法作出系统安排，为在法治轨道上全面建设社会主义现代化国家提供了行动指南。党的代表大会报告专章论述全面依法治国，这在我们党的二十次代表大会中是第一次，意义重大而深远。报告强调全党必须牢记“五个必由之路”，这是我们党在长期实践中得出的至关紧要的规律性认识，必须倍加珍惜、始终坚持，咬定青山不放松，引领和保障中国特色社会主义巍巍巨轮乘风破浪、行稳致远。

人民法院必须深入学习领会党的二十大精神，深学细悟党的二十大提出的一系列重大理论成果和重大决策部署，切实把智慧和力量凝聚到党的二十大确定的各项任务上来，更好贯彻党的基本理论、基本路线、基本方略，始终坚持正确前进方向，始终把握发展规律，运用科学的世界观和方法论谋划事业发展、应对风险挑战。深刻认识党和国家事业发展面临的战略机遇、风险挑战，准确把握机遇挑战在人民法院工作中的具体表现、对人民法院工作提出的新要求，进一步增强做好法院工作的责任感使命感紧迫感，保持战略定力，增强忧患意识，坚持底线思维，敢于斗争、善于斗争，为党和国家事业发展提供有力司法服务。准确把握人民法院在全面建设社会主义现代化国家、实现第二个百年奋斗目标中的职责定位，弘扬伟大建党精神，始终做到“三个务必”，坚定历史自信，增强历史主动，做到知责明责、知重负重、担责尽责，充分发挥审判职能作用，以高质量司法服务高质量发展，努力在新的赶考之路上向党和人民交出更加优异的答卷。

二、深刻领会“五个牢牢把握”，扎实推进全面依法治国，切实将党的二十大重大决策部署落到实处

习近平总书记强调，学习贯彻党的二十大精神，要牢牢把握过去五年工作和新时代十年伟大变革的重大意义，牢牢把握习近平新时代中国特色社会主义思想的世界观和方法论，牢牢把握以中国式现代化推进中华民族伟大复兴的使命任务，牢牢把握以伟大自我革命引领伟大社会革命的重要要求，牢牢把握团结奋斗的时代要求。这是习近平总书记为全党学习贯彻党的二十

大精神所作的“动员令”，是最权威的辅导报告，为我们更好领会和贯彻党的二十大精神指明了方向、提供了根本遵循。各级法院要坚持以习近平总书记重要讲话精神为指引，引导广大干警紧紧围绕“五个牢牢把握”的重要要求，学深悟透做实党的二十大精神，在党的旗帜下团结成“一块坚硬的钢铁”，做到心往一处想、劲往一处使，一步一个脚印把党的二十大作出的重大决策部署付诸行动、见之于成效。

（一）牢牢把握过去五年工作和新时代十年伟大变革的重大意义，更加深刻领悟“两个确立”的决定性意义

习近平总书记在报告中深刻指出，“十九大以来的五年，是极不寻常、极不平凡的五年”，“新时代十年的伟大变革，在党史、新中国史、改革开放史、社会主义发展史、中华民族发展史上具有里程碑意义”。过去五年和新时代十年，以习近平同志为核心的党中央团结带领全党全军全国各族人民，统揽伟大斗争、伟大工程、伟大事业、伟大梦想，统筹推进“五位一体”总体布局，协调推进“四个全面”战略布局，采取一系列战略性举措，推进一系列变革性实践，实现一系列突破性进展，取得一系列标志性成果，推动党和国家事业取得历史性成就、发生历史性变革。报告系统总结了全面依法治国取得的历史性成就，社会主义法治国家建设深入推进，全面依法治国总体格局基本形成，中国特色社会主义法治体系加快建设，司法体制改革取得重大进展，社会公平正义保障更为坚实，法治中国建设开创新局面。与党和国家事业发展同步，新时代人民法院工作发生历史性变革、取得历史性成就，从理念到实践、从体制改革到科技应用、从作风到能力都取得了长足发展。回望新时代十年伟大变革，根本在于习近平总书记作为党中央的核心、全党的核心掌舵领航，在于习近平新时代中国特色社会主义思想科学指引，充分彰显了“两个确立”的决定性意义。

人民法院必须在新时代十年的伟大变革中、在马克思主义中国化时代化新境界中、在以中国式现代化全面推进中华民族伟大复兴历史进程中，深刻领悟“两个确立”的决定性意义，深刻理解把握其理论逻辑、历史逻辑、实践逻辑，不断提高政治判断力、政治领悟力、政治执行力，坚定不移在思想上政治上行动上同以习近平同志为核心的党中央保持高度一致。旗帜鲜明讲政治，始终把“两个维护”作为最高政治原则和根本政治规矩，落实到服务大局、司法为民、公正司法的实际行动上，坚决做到维护核心、绝对忠诚、听党指挥、勇于担当。强化党的创新理论武装，不断提高运用科学理论分析解决问题、应对风险挑战、攻克改革难题、化解社会矛盾的能力水平，始终做习近平新时代中国特色社会主义思想的坚定信仰者和忠实实践者。在真学真信笃行习近平法治思想上持续用力，深刻认识习近平法治思想既是新时代十年全面依法治国最重要的标志性成果，也是十年来我国社会主义法治建设取得历史性成就的根本原因，不折不扣做到“十一个坚持”，更好发挥法治固根本、稳预期、利长远的保障作用。

（二）牢牢把握习近平新时代中国特色社会主义思想的世界观和方法论，切实用以武装头脑、指导实践、推动工作

习近平总书记在报告中深刻指出，“中国共产党为什么能，中国特色社会主义为什么好，归根到底是马克思主义行，是中国化时代化的马克思主义行”。党的二十大报告深刻阐明习近平新时代中国特色社会主义思想的世界观和方法论，强调要坚持人民至上、坚持自信自立、坚

持守正创新、坚持问题导向、坚持系统观念、坚持胸怀天下。习近平新时代中国特色社会主义思想坚持把马克思主义基本原理同中国具体实际相结合、同中华优秀传统文化相结合，为丰富和发展马克思主义作出重大原创性贡献，为激活中华优秀传统文化生命力作出重大历史性贡献，开辟了马克思主义中国化时代化新境界。习近平新时代中国特色社会主义思想的世界观和方法论，彰显了中国共产党人的政治立场、价值追求、精神风范，为我们认识世界、把握规律、追求真理、改造世界提供了强大思想武器，为实现中华民族伟大复兴提供了科学思想指引和行动指南。

人民法院必须深刻认识习近平新时代中国特色社会主义思想在马克思主义发展史、中华文明发展史上的重要地位和卓越功勋，深刻理解把握其世界观和方法论，坚持好、运用好贯穿其中的立场观点方法，深入领会其道理学理哲理，做到知其言更知其义、知其然更知其所以然，切实贯彻到人民法院工作全过程各方面，真正做到虔诚而执着、至信而深厚。深刻领会坚持人民至上的鲜明立场，坚持以人民为中心的发展思想，牢记江山就是人民、人民就是江山，一切为了人民、一切依靠人民，站稳人民立场、把握人民愿望、尊重人民创造、集中人民智慧，始终把实现好、维护好、发展好最广大人民根本利益作为一切工作的出发点和落脚点，坚持走好中国特色司法为民之路。深刻领会坚持自信自立的精神力量，坚持对马克思主义的坚定信仰、对中国特色社会主义的坚定信念，增强对中国特色社会主义法治道路的自信、底气、定力，始终从我国实际出发，走自己的路，以更加积极的历史担当和创造精神，努力创造更高水平的社会主义司法文明。深刻领会坚持守正创新的思想精髓，坚持党的领导，坚持中国特色社会主义制度，贯彻中国特色社会主义法治理论，解放思想、实事求是、守正创新，紧跟时代步伐，顺应实践发展，不断推进司法理论创新、制度创新、实践创新，推动人民司法事业与时俱进。深刻领会坚持问题导向的实践要求，坚持把解决新情况新问题作为研究制定司法政策的着力点，发扬奔着问题去、迎着困难上的精神，善于聆听人民心声和时代提出的新问题，始终把化解矛盾、破解难题作为推动法院工作发展的突破口，不断提出真正解决问题的新理念新思路新办法。深刻领会坚持系统观念的科学方法，不断提高战略思维、历史思维、辩证思维、系统思维、创新思维、法治思维、底线思维能力，加强前瞻性思考、全局性谋划、整体性推进，坚持用系统观念分析司法职能定位、推进法院改革发展、解决错综复杂矛盾，推动人民法院工作在更高起点上实现高质量发展，更好促进中国特色社会主义法治体系建设。深刻领会坚持胸怀天下的情怀担当，坚持统筹推进国内法治和涉外法治，立足中国司法实践，回答世界法治难题，学习借鉴世界上优秀的法治文明成果，努力以中国司法智慧、中国司法实践为世界法治文明建设作出新的更大贡献。

（三）牢牢把握以中国式现代化推进中华民族伟大复兴的使命任务，更好服务在法治轨道上全面建设社会主义现代化国家

习近平总书记在报告中深刻指出，“从现在起，中国共产党的中心任务就是团结带领全国各族人民全面建成社会主义现代化强国、实现第二个百年奋斗目标，以中国式现代化全面推进中华民族伟大复兴”。进入新时代，我们党成功推进和拓展了中国式现代化，打破了“现代化就是西方化”的迷思，创造了人类文明新形态。中国式现代化在理论和实践上不断创新突破，

丰富和发展了社会主义现代化理论，不仅改变了中华民族的历史命运，而且拓展了发展中国家走向现代化的路径，为人类发展进步贡献了中国方案，让科学社会主义在21世纪的中国焕发出强大生机活力。

人民法院必须牢牢把握以中国式现代化推进中华民族伟大复兴的使命任务，深刻领会中国式现代化的中国特色和本质要求，在前进道路上始终坚持五项重大原则，增强使命意识和政治担当，充分发挥司法职能作用，主动服务和融入以中国式现代化全面推进中华民族伟大复兴的历史进程。深刻领会中国式现代化是中国共产党领导的社会主义现代化，把握本质属性，坚定正确方向，坚决维护党中央权威和集中统一领导，自觉把党的领导落实到人民法院工作各领域各方面各环节，确保党发挥总揽全局、协调各方的领导核心作用。深刻领会中国式现代化是人口规模巨大的现代化，摒弃西方以资本为中心的现代化，贯彻以人民为中心的发展思想，无论司法职能发挥，还是法院自身改革发展，都坚持发展为了人民、发展依靠人民、发展成果由人民共享，不断实现人民对美好生活和公平正义的向往。深刻领会中国式现代化是全体人民共同富裕的现代化，摒弃西方两极分化的现代化，不断完善推动发展更平衡、更协调、更包容的司法政策措施，更好发挥司法规范社会行为、调节和平衡利益关系、维护和促进公平正义的职能作用，依法服务在高质量发展中促进共同富裕。深刻领会中国式现代化是物质文明和精神文明相协调的现代化，摒弃西方物质主义膨胀的现代化，在司法裁判中大力弘扬社会主义核心价值观，弘扬中华优秀传统文化，弘扬社会主义法治精神，依法促进新时代公民道德建设和精神文明建设。深刻领会中国式现代化是人与自然和谐共生的现代化，摒弃西方先污染后治理的现代化，深入践行绿水青山就是金山银山理念，坚持山水林田湖草沙一体化保护和治理，贯彻节约资源和保护环境的基本国策，依法服务生态文明建设，促进经济社会发展全面绿色转型。深刻领会中国式现代化是走和平发展道路的现代化，摒弃西方对外扩张掠夺的现代化，高举和平、发展、合作、共赢的旗帜，深入推进法治文明交流互鉴，不断拓展国际司法务实合作，立足司法职能积极参与全球治理体系改革和建设，为世界和平与发展凝聚法治力量、贡献中国智慧。牢牢把握前进道路上的五项重大原则，牢记始终把国家和民族发展放在自己力量的基点上、把中国发展进步的命运牢牢掌握在自己手中，知难而进、迎难而上，统筹发展和安全，依法防范化解各种风险挑战，为全面建设社会主义现代化国家提供有力司法服务。

（四）牢牢把握以伟大自我革命引领伟大社会革命的重要要求，坚定不移推进全面从严治党，加强司法队伍建设

习近平总书记在报告中深刻指出，“全面建设社会主义现代化国家、全面推进中华民族伟大复兴，关键在党。我们党作为世界上最大的马克思主义执政党，要始终赢得人民拥护、巩固长期执政地位，必须时刻保持解决大党独有难题的清醒和坚定”。党的二十大报告对新时代十年全面从严治党工作作了总结，并对持之以恒推进全面从严治党，深入推进新时代党的建设新的伟大工程作出全面部署，为坚持以党的自我革命引领社会革命指明了方向，必将指引全党更加紧密地团结在以习近平同志为核心的党中央周围，全面推进党的自我净化、自我完善、自我革新、自我提高，确保我们党坚守初心使命，永远不变质、不变色、不变味，始终成为中国特色社会主义事业的坚强领导核心。

人民法院必须坚持以党的政治建设为统领，坚持不懈用习近平新时代中国特色社会主义思想凝心铸魂，真学真信笃行习近平法治思想，认真学习新修改的党章，严格执行《中国共产党政法工作条例》，树立新时代正确司法理念，牢牢坚持党对司法工作的绝对领导，坚定不移走中国特色社会主义法治道路。落实新时代好干部标准，抓好高素质专业化审判人才培养，大力培养选拔优秀年轻干部，注重在重大斗争中磨砺干部，加强干部斗争精神和斗争本领养成，健全符合司法工作规律的素质培养、选拔任用、从严管理、考核评价体系，着力建设堪当民族复兴重任的高素质法院队伍。坚持大抓基层的鲜明导向，坚持以党建带队建促审判，扎实推进"四强"党支部建设，增强基层党组织政治功能和组织功能，切实把基层党组织建设成为有效实现党的领导的坚强战斗堡垒。驰而不息推进全面从严管党治警，坚持以严的基调强化正风肃纪，锲而不舍落实中央八项规定及其实施细则精神，持续深化纠治"四风"特别是形式主义、官僚主义，坚决破除特权思想和特权行为。深入践行"三严三实"，经常深入基层开展调查研究，做到真抓实干、善始善终、善作善成。依法严惩腐败犯罪，落实受贿行贿一起查，积极配合构建追逃防逃追赃机制，助力打赢反腐败斗争攻坚战持久战。严格执行防止干预司法"三个规定"、新时代政法干警"十个严禁"等铁规禁令，健全一体推进"三不腐"制度机制，坚决彻底肃清沈德咏流毒影响，以零容忍态度严惩司法腐败。深入开展警示教育，以案说德、以案说纪、以案说法、以案说责，深刻汲取沈德咏、孟祥、王林清等反面典型教训，提高党性觉悟、强化法纪观念，锤炼坚守法治、公正司法的职业品格。加强新时代廉洁文化建设，教育引导干部增强不想腐的自觉，清清白白做人、干干净净做事。坚持严管和厚爱相结合，健全依法履职保障机制，落实"三个区分开来"，提高干警职业尊荣感，千方百计为敢于担当、善于作为、甘于奉献、严于律己的干警撑腰鼓劲、排忧解难，让广大干警安身、安心、安业。

（五）牢牢把握团结奋斗的时代要求，紧紧依靠团结奋斗战胜前进道路上的困难挑战

习近平总书记深刻指出，"团结才能胜利，奋斗才会成功"。党的二十大报告通篇贯穿团结奋斗，在评价十年来对党和人民事业具有重大现实意义和深远历史意义的三件大事时，指出"这是中国共产党和中国人民团结奋斗赢得的历史性胜利"，在阐释"五个必由之路"时强调"团结奋斗是中国人民创造历史伟业的必由之路"。团结奋斗是中国共产党和中国人民最显著的精神标识，在新时代更加熠熠生辉。我们党领导人民靠团结奋斗创造了辉煌历史，还要靠团结奋斗开辟美好未来。新时代新征程，只要我们团结一切可以团结的力量，调动一切可以调动的积极因素，形成同心共圆中国梦的强大合力，就一定能战胜前进道路上的各种困难和挑战，就一定能从胜利走向新的胜利。

人民法院必须更加紧密地团结在以习近平同志为核心的党中央周围，团结凝聚在党的旗帜下，始终与党和人民同心同德、同向同行，锚定新时代新征程党的中心任务，坚定不移做团结统一的维护者、顽强奋斗的践行者。坚持以人民为中心，树牢群众观点，贯彻群众路线，尊重人民首创精神，紧紧依靠人民群众，充分发挥我国人民代表大会制度、政治协商制度优势，把人民司法事业发展深深扎根于人民群众的创造性实践中。在司法审判各环节坚决贯彻党的民族政策和宗教政策，在化解矛盾中促进团结，加强中华民族共同体法治文化研究和建设，运用法治思维和法治方式铸牢中华民族共同体意识。牢固树立全国法院"一盘棋"意识，把全国四级

法院和59万名干警紧紧团结在一起，总结发扬好新时代人民法院改革发展迎难而上、攻坚克难、一仗接着一仗打的经验，继续为创造更高水平的社会主义司法文明而团结奋斗。发扬斗争精神，增强斗争本领，在意识形态、惩治犯罪、化解矛盾、反制打压、改革攻坚、自身建设等方面敢于斗争、善于斗争，依靠斗争战胜困难挑战、化解矛盾风险，努力实现人民法院工作新的更大发展。

（六）紧扣党的二十大关于坚持全面依法治国、推进法治中国建设的重大部署，坚持走中国特色社会主义法治道路，建设中国特色社会主义法治体系、建设社会主义法治国家

习近平总书记在报告中深刻指出，“全面依法治国是国家治理的一场深刻革命，关系党执政兴国，关系人民幸福安康，关系党和国家长治久安。必须更好发挥法治固根本、稳预期、利长远的保障作用，在法治轨道上全面建设社会主义现代化国家”，强调“公正司法是维护社会公平正义的最后一道防线”。党的二十大报告对“坚持全面依法治国，推进法治中国建设”作出专题论述、专门部署，把法治建设提高到前所未有的重要位置，充分体现了党中央对全面依法治国工作的高度重视，充分体现了我们党坚持走中国特色社会主义法治道路，全面推进国家各方面工作法治化的坚定决心，广大法院干警备受鼓舞振奋、倍感责任重大。

人民法院必须牢牢把握建设中国特色社会主义法治体系、建设社会主义法治国家的总目标，抓住法治体系建设这个总抓手，对标对表党的二十大关于坚持全面依法治国、推进法治中国建设的重大战略部署，认真谋划推进新时代新征程人民法院工作，更好服务全面建设社会主义现代化国家。服务完善以宪法为核心的中国特色社会主义法律体系，正确贯彻实施宪法法律，深入总结司法实践鲜活经验，配合做好民事强制执行法、民事诉讼法涉外编等立法修法工作，严格落实司法解释等规范性文件备案审查制度，以良法促进发展、保障善治。深刻认识法治政府建设是全面依法治国的重点任务和主体工程，深化行政审判体制机制改革，妥善审理行政案件，加大合法性审查力度，支持扎实推进依法行政，促进行政争议实质性化解，服务法治政府建设。深刻认识法治社会是构筑法治国家的基础，坚持把推进全民守法作为法治社会建设的基础工程，认真落实“谁执法谁普法”普法责任制，通过深化司法公开、强化裁判文书说理、发布典型案例、举办公众开放日活动等，传播法律知识，增强全民法治观念，弘扬社会主义法治精神，推动尊法学法守法用法在全社会蔚然成风。深刻认识公平正义是司法的灵魂和生命，紧紧围绕“努力让人民群众在每一个司法案件中感受到公平正义”目标，坚持以改革的思维和办法解决改革中出现的新情况新问题，从更高水平上推动解决影响司法公正、制约司法能力的深层次矛盾，加快建设公正高效权威的社会主义司法制度。深化司法体制综合配套改革，全面准确落实司法责任制，统筹抓好司法责任制综合配套改革、四级法院审级职能定位改革等重点改革和关键环节，推动各项改革更加系统集成、协同高效。规范司法权力运行，深化以审判为中心的诉讼制度改革，推动健全公安机关、检察机关、审判机关、司法行政机关各司其职、相互配合、相互制约的体制机制，促进优化司法职权配置。坚持放权与监督相统一，压紧压实院庭长、职能部门监督管理责任，健全信息化全流程审判监督管理机制，依法接受检察机关法律监督，构建与新型审判权力运行机制相适应的制约监督体系。完善公益诉讼审理机制，依法公正审理各类公益诉讼案件，切实维护国家利益和社会公共利益。坚持科技赋能，全面加

强智慧法院建设，加快完善中国特色、世界领先的互联网司法模式，推动现代科技从工具性运用向更深层次规则治理和制度构建迈进，努力创造更高水平的数字正义。

（七）坚定不移贯彻总体国家安全观，推动建设更高水平的平安中国

习近平总书记在报告中深刻指出，“国家安全是民族复兴的根基，社会稳定是国家强盛的前提”。党的二十大报告对“推进国家安全体系和能力现代化，坚决维护国家安全和社会稳定”作出专题部署，充分体现了国家安全在党和国家工作大局中的重要性。当前，百年变局和世纪疫情交织影响，单边主义、保护主义明显上升，局部冲突和动荡频发，世界进入新的动荡变革期。我国发展进入战略机遇和风险挑战并存、不确定难预料因素增多的时期，来自外部的打压遏制随时可能升级，各种“黑天鹅”“灰犀牛”事件随时可能发生。推进国家安全体系和能力现代化，以新安全格局保障新发展格局，既是推进中国式现代化的应有之义，也是确保中国式现代化行稳致远的重要保障。

人民法院必须坚定不移贯彻总体国家安全观，及时研判影响国家安全、社会安定、人民安宁的新态势、新动向、新问题，始终把维护以政权安全、制度安全为核心的政治安全放在首位，把维护国家安全贯穿审判执行工作各方面全过程，推动建设更高水平的平安中国。严厉打击敌对势力渗透、破坏、颠覆、分裂等犯罪活动，坚定维护国家政权安全、制度安全、意识形态安全。依法严惩杀人、抢劫、涉枪涉爆等严重暴力犯罪，推进扫黑除恶常态化，依法严惩重大责任事故、危害食品药品安全、电信网络诈骗、侵犯公民个人信息等人民群众反映强烈的犯罪，保障人民安居乐业。加大关系国家安全重点领域犯罪惩治和矛盾化解力度，切实维护粮食安全、能源资源安全、重要产业链供应链安全。依法审理我国“走出去”公民、法人各类涉外案件，推动我国法域外适用法律体系建设，切实维护我国海外合法权益，维护国家海洋权益，坚定捍卫国家主权、安全、发展利益。健全中国特色一站式多元纠纷解决和诉讼服务体系，加快推动一站式建设向基层、向社会、向网上、向重点行业领域延伸，加大涉法涉诉信访化解力度，及时把矛盾纠纷化解在基层、化解在萌芽状态，助力在社会基层坚持和发展新时代“枫桥经验”。

（八）坚定不移贯彻对外开放基本国策，服务推动构建人类命运共同体

习近平总书记在报告中深刻指出，“构建人类命运共同体是世界各国人民前途所在”，强调“中国坚持对外开放的基本国策，坚定奉行互利共赢的开放战略，不断以中国新发展为世界提供新机遇，推动建设开放型世界经济，更好惠及各国人民”，“中国积极参与全球治理体系改革和建设，践行共商共建共享的全球治理观，坚持真正的多边主义，推进国际关系民主化，推动全球治理朝着更加公正合理的方向发展”。党的二十大报告系统总结新时代十年对外开放取得的伟大成就，将坚持深化改革开放作为前进道路上必须牢牢把握的重大原则之一，对推进高水平对外开放、推动构建人类命运共同体等作出重大部署，充分传递新时代中国改革不停顿、开放不止步的坚定决心。当前，国际竞争越来越体现为制度、规则、法律之争，法治日益成为国家核心竞争力的重要内容，落实统筹推进国内法治和涉外法治要求，做好涉外司法工作是党和国家赋予人民法院的重要使命。

人民法院必须坚定不移贯彻对外开放基本国策，全面提升涉外司法质效，为推进高水平对

外开放、推动构建人类命运共同体提供有力司法服务。坚持依法平等保护原则，全面贯彻外商投资法及其实施条例，依法保护外商投资权益，促进贸易和投资自由化便利化，营造市场化、法治化、国际化一流营商环境。完善自贸试验区、自由贸易港司法服务举措，加强国际商事法庭建设，健全“一站式”国际商事纠纷多元化解决机制，努力建设国际商事纠纷解决优选地，服务共建“一带一路”高质量发展。深化国际司法交流合作，巩固拓展现有双边和多边合作机制，拓宽务实合作领域，完善司法协助体制，服务推动构建新型国际关系。坚持真正的多边主义，坚定维护以联合国为核心的国际体系、以国际法为基础的国际秩序、以联合国宪章宗旨和原则为基础的国际关系基本准则，积极参与全球治理体系改革和建设，推动全球治理朝着更加公正合理的方向发展。立足司法职能推动落实全球发展倡议、全球安全倡议，推动建设持久和平、普遍安全、共同繁荣、开放包容、清洁美丽的世界。加强国际传播能力建设，全面提升国际传播效能，讲好中国法治故事、传播好中国法治声音，不断提升中国司法的国际话语权和影响力，助力展现可信、可爱、可敬的中国形象。

三、立足职能狠抓落实，为推进中国式现代化提供有力司法服务

习近平总书记在报告中深刻指出，“全面建成社会主义现代化强国，总的战略安排是分两步走”，强调“未来五年是全面建设社会主义现代化国家开局起步的关键时期”。党的二十大报告对全面建成社会主义现代化强国“两步走”战略安排进行宏观展望，对未来五年乃至更长时期的目标任务和重大举措作出重大部署，向全党全国发出了为全面建设社会主义现代化国家、全面推进中华民族伟大复兴而团结奋斗的动员令。“两步走”战略安排和一系列重大部署清晰标示了实现中华民族伟大复兴中国梦的战略步骤、历史任务和实践要求，必将激励全党全国各族人民增强志气、骨气、底气，坚定信心、锐意进取，更好地主动识变应变、主动防范化解风险，奋力夺取全面建设社会主义现代化国家新胜利。下一步，要以钉钉子精神狠抓落实，在人民法院工作中创造性落实党中央大政方针和工作部署，切实做好“最后一公里”的抓落实工作。

人民法院必须深刻领会全面建成社会主义现代化强国的“两步走”战略安排和未来一个时期重大部署，始终牢记“国之大者”，切实把党的二十大作出的重大决策部署转化为人民法院实际行动，为全面建设社会主义现代化国家提供有力司法服务。围绕坚持以推动高质量发展为主题，完整、准确、全面贯彻新发展理念，依法审理各类案件，服务扩大内需战略实施和深化供给侧结构性改革，推进加快构建新发展格局，切实统筹好速度与质量、发展与安全、发展与环保、发展与疫情的关系，助力经济实现质的有效提升和量的合理增长。坚持“两个毫不动摇”，完善产权司法保护制度，依法保护民营企业产权和企业家权益，弘扬契约精神和企业家精神，久久为功推进执行难综合治理源头治理，服务构建高水平社会主义市场经济体制和全国统一大市场。加强反垄断和反不正当竞争司法，依法规范和引导资本健康发展，促进数字经济、平台经济规范健康发展。依法审理各类金融案件，严惩金融领域犯罪，助力守住不发生系统性风险底线。服务全面推进乡村振兴，创建一批“枫桥式人民法庭”，推进更高水平的平安法治乡村建设。服务区域协调发展等战略部署落实落地，促进解决发展不平衡不充分问题。坚

持科技是第一生产力、人才是第一资源、创新是第一动力，落实好党的二十大关于加强知识产权法治保障的部署，加大知识产权司法保护力度，依法保护科技创新主体合法权益，更好服务科教兴国战略、人才强国战略、创新驱动发展战略实施。践行全过程人民民主，认真贯彻我国根本政治制度、基本政治制度、重要政治制度，巩固人民陪审员制度改革、深化司法公开等改革成果，自觉接受人大监督，保障人民参与司法，依靠人民推进公正司法。围绕推进文化自信自强，牢牢坚持马克思主义在意识形态领域指导地位，弘扬社会主义先进文化、革命文化、中华优秀传统文化，促进繁荣发展文化事业和文化产业，服务社会主义文化强国建设。坚持依法治国和以德治国相结合，通过审判执行工作推动社会主义核心价值观融入法治建设、融入社会发展、融入日常生活。传承中华优秀传统法律文化，弘扬新时代人民法院文化，建好用好人民法院文博档案场所，深化全民阅读活动，加强中国法官文联建设，总结《底线》等文艺作品创作经验，推出更多新时代法院题材精品力作，讲好中国法治故事、传播好中国法治声音。围绕增进民生福祉，加强教育、就业、医疗、住房、社会保障等民生领域司法保障，依法保护妇女、儿童、老年人、残疾人合法权益，让新时代司法改革成果更广泛惠及人民群众，立足司法促进解决人民群众急难愁盼问题，服务扎实推进共同富裕。围绕推动绿色发展，坚持用最严格制度最严密法治保护生态环境，积极服务环境污染防治、生态系统保护和修复、碳达峰碳中和等重大部署，促进人与自然和谐共生。围绕开创国防和军队现代化新局面，依法审理各类涉军案件，切实维护国防安全和军人军属合法权益，促进巩固发展军政军民团结。贯彻“一国两制”方针，依法维护港澳台同胞合法权益，深化区际司法协助互助和交流合作，为保持香港澳门长期繁荣稳定、深化两岸融合发展提供优质司法服务。

党中央对深入学习宣传贯彻党的二十大精神作了全面系统部署。各级法院要精心组织筹划，采取党组理论中心组学习、专题报告会、集中宣讲辅导等多种形式，在全国法院迅速兴起学习宣传贯彻热潮，把学习宣传贯彻党的二十大精神这件大事抓紧抓好抓出成效。紧紧围绕党的二十大主题，组织全体法院干警特别是各级法院党员领导干部原原本本认真学习党的二十大报告、中央纪委工作报告和党章修正案等重要文件，认真学习贯彻习近平总书记重要讲话精神，深入领会蕴含其中的重要思想、重要观点、重大战略、重大举措，引导广大干警真正做到学懂弄通做实，更好履行维护国家政治安全、确保社会大局稳定、促进社会公平正义、保障人民安居乐业的职责任务。推动党的二十大精神进教材、进课堂、进头脑，通过专题培训班、人民法院大讲堂等形式，开展分层次、全覆盖的全员培训，把党的二十大精神作为各类教育培训的必修课，抓紧修订国家法官学院各类培训教材。大兴调查研究之风，紧紧围绕党的二十大提出的一系列重大理论成果和重大决策部署，围绕人民群众对严格公正司法提出的新要求新期待加强调研，提出推动新时代新征程人民法院工作发展的新思路新举措，扑下身子干实事、谋实招、求实效，确保党的二十大精神在司法领域落地生根。加强理论阐释研究，围绕党的二十大关于坚持全面依法治国的重大部署，加强法治理论研究，引导干警和人民群众自觉抵制西方错误思潮影响，努力创造更高水平的社会主义司法文明。积极营造浓厚氛围，各级法院领导干部要带头到基层干警和群众中宣讲党的二十大精神，组织党的二十大代表到基层开展宣讲。综合利用全媒体传播方式和手段，采取人民群众喜闻乐见的形式，大力宣传人民法院学习贯彻党的二十大精神的务实举措和典型经验，宣传习近平法治思想在新时代人民法院的生动实践，为严格公正司法、推进法治中国建设凝聚广泛共识和强大力量。

伟大变革鼓舞人心，宏伟蓝图催人奋进。让我们更加紧密团结在以习近平同志为核心的党中央周围，全面贯彻习近平新时代中国特色社会主义思想，深入贯彻习近平法治思想，认真学习贯彻党的二十大精神，深刻领悟“两个确立”的决定性意义，增强“四个意识”、坚定“四个自信”、做到“两个维护”，埋头苦干、锐意进取，奋力推进新时代新征程人民法院工作高质量发展，为以中国式现代化全面推进中华民族伟大复兴作出新的更大贡献！

（本文根据周强同志2022年10月24日在最高人民法院学习贯彻党的二十大精神干部大会上讲话整理而成，原载于《人民司法》2022年第31期，刊发时有修改。）

坚决贯彻全面依法治国战略部署 努力让人民群众在每一个司法案件中感受到公平正义

最高人民法院党组书记、院长 周 强

党的二十大是在全党全国各族人民迈上全面建设社会主义现代化国家新征程、向第二个百年奋斗目标进军的关键时刻召开的一次十分重要的大会，在党和国家发展进程中具有极其重大的历史意义。习近平总书记的报告鲜明提出大会主题，回顾总结了过去五年的工作和新时代十年的伟大变革，系统阐述了开辟马克思主义中国化时代化新境界、中国式现代化的中国特色和本质要求等重大问题，战略擘画了全面建设社会主义现代化国家、全面推进中华民族伟大复兴的宏伟蓝图，是党团结带领全国各族人民夺取中国特色社会主义新胜利的政治宣言和行动纲领，是高举旗帜、领航复兴、开辟未来的马克思主义纲领性文献。报告充分肯定新时代全面依法治国取得的历史性成就，对“坚持全面依法治国，推进法治中国建设”作出专题论述、专门部署，这在党的代表大会历史上是第一次，充分彰显以习近平同志为核心的党中央厉行法治、奉法强国的坚定决心，在我国社会主义法治建设史上具有重要里程碑意义。人民法院要全面贯彻习近平新时代中国特色社会主义思想，深入贯彻习近平法治思想，深刻领悟“两个确立”的决定性意义，增强“四个意识”、坚定“四个自信”、做到“两个维护”，切实用党的二十大精神统一思想和行动，坚决贯彻全面依法治国战略部署，依法履职尽责，严格公正司法，努力把大会擘画的宏伟蓝图落实到服务大局、司法为民、公正司法的具体实践中，为全面建设社会主义现代化国家、全面推进中华民族伟大复兴提供有力司法服务。

一、习近平法治思想是新时代法治中国建设最重要的标志性成果

伟大时代诞生伟大思想，伟大思想引领伟大实践。新时代十年来，以习近平同志为核心的党中央从党和国家事业发展全局的战略高度，定位法治、布局法治、厉行法治，把全面依法治国纳入“四个全面”战略布局有力推进，推动我国社会主义法治建设取得历史性成就、发生历史性变革。其中，最重要的标志性成果就是形成了习近平法治思想。新时代十年来，习近平法治思想领航法治中国阔步向前，社会

主义法治国家建设深入推进，全面依法治国总体格局基本形成，中国特色社会主义法治体系加快建设，司法体制改革取得重大进展，社会公平正义保障更为坚实，法治中国建设开创新局面。习近平法治思想既是十年来全面依法治国的伟大理论成就，也是十年来法治中国建设取得历史性成就的根本原因，充分彰显了作为当代中国马克思主义法治理论、21世纪马克思主义法治理论的时代意义、实践意义、世界意义。

习近平法治思想是顺应实现中华民族伟大复兴时代要求应运而生的重大战略思想。习近平总书记指出："马克思主义之所以行，就在于党不断推进马克思主义中国化时代化并用以指导实践。"问题是时代的声音，回答并指导解决问题是理论的根本任务。习近平法治思想是我们党在新时代统筹"两个大局"、统揽"四个伟大"的实践中应运而生、丰富发展的，紧扣时代脉搏、顺应时代要求、回应时代关切，针对时代提出的重大任务、重大问题、重大挑战提供了法治解决之道，彰显了马克思主义与时俱进的理论品格。习近平法治思想本质上是人民的理论，其时代意义突出体现在聚焦新时代我国社会主要矛盾新变化，回应人民群众新要求新期待，以科学理论指引法治中国建设，为实现人民对美好生活的向往提供良法善治保障。习近平法治思想是回答时代之问的理论，其时代意义突出体现在深刻回答了新时代为什么实行全面依法治国，科学指明全面依法治国在党和国家事业全局中的坐标定位，以科学理论指引法治中国建设，为党和国家事业发展提供根本性、全局性、长期性的制度保障。习近平法治思想是引领国家治理深刻革命的理论，其时代意义突出体现在指明了全面依法治国的时代使命，为在法治轨道上推进国家治理体系和治理能力现代化提供了根本遵循，以科学理论指引法治中国建设，推动中国治理迈向"中国之治"新境界。

习近平法治思想是领航新时代法治中国建设的科学行动指南。习近平总书记指出："实践的观点、生活的观点是马克思主义认识论的基本观点，实践性是马克思主义理论区别于其他理论的显著特征。"习近平法治思想是植根实践沃土、回答实践问题、经过实践证明、富有实践伟力的科学理论，始终贯穿强烈的问题意识，聚焦全面依法治国理论和实践的方向性、根本性、全局性重大问题，不断提出真正解决问题的新理念新思路新办法，展现巨大现实解释力和实践引领力，彰显了马克思主义鲜明的实践品格。比如，原创性阐明党的领导和依法治国关系这个核心问题，廓清迷雾，正本清源，揭示了党的领导对社会主义法治的决定性作用，树立了中国特色社会主义法治道路的高度自信。原创性提出"建设中国特色社会主义法治体系"的重大命题，纲举目张明确全面依法治国的性质方向、路径指南和工作重点，引领法治体系建设取得历史性进展。原创性提出"更好发挥法治对改革发展稳定的引领、规范、保障作用"，正确处理法治和改革发展稳定的关系，为创造"两大奇迹"提供有力法治保障。原创性提出"全面依法治国必须紧紧围绕保障和促进社会公平正义来进行"，回应人民对公平正义的渴望，指引司法体制改革向着前所未有的纵深推进，让公平正义成为新时代的鲜亮底色。原创性提出"法治社会是构筑法治国家的基础"，树立法治权威，增强全民法治观念，推进社会治理法治化，实现法安天下、德润人心，让法治中国的社会基础、群众基础更加稳固。习近平法治思想是实践的理论，必将随着全面依法治国伟大实践的推进不断发展，引领新时代新征程法治中国建设取得新的更大成就。

习近平法治思想是推动人类政治和法律文明发展的共同思想财富。习近平总书记指出，“不断谱写马克思主义中国化时代化新篇章，是当代中国共产党人的庄严历史责任”，强调“不断开辟21世纪马克思主义发展新境界，让当代中国马克思主义放射出更加灿烂的真理光芒”。习近平法治思想继承和发展马克思主义国家和法学说，把科学社会主义基本原则同中国法治建设实际和中华优秀传统法律文化相结合，把开拓正确法治道路、发展科学法治理论、建设高效法治体系相统一，深化对共产党依法执政规律、社会主义法治建设规律、人类法治文明发展规律的认识，丰富和发展了科学社会主义，开辟了21世纪马克思主义法治理论发展新境界。这一科学理论扎根中国文化、立足中国国情、解决中国问题，引领中国特色社会主义法治道路越走越宽广，以法治中国的生动实践和光明前景，为广大发展中国家迈向法治现代化提供了世界级的伟大样本。推动中国特色社会主义法治体系加快建设，把我国制度优势不断转化为治理效能，夯实了“中国之治”制度根基，集中体现中国共产党和当代中国对人类制度文明的卓越贡献。统筹推进国内法治和涉外法治，创造性提出共商共建共享的全球治理观、推进全球治理规则民主化法治化、以公平正义为理念引领全球治理体系变革等重大理论观点，强调以文明互鉴超越文明冲突，为全球治理体系变革和国际政治文明发展提供了方向指引。习近平法治思想坚持胸怀天下，拓展世界眼光，深刻回答世界法治发展的普遍性问题，为全球化时代人类政治和法律文明发展提供了科学理论，为百年变局下全球治理体系变革贡献了中国方案，展现出跨越地域、跨越国度、跨越时代的影响力。

二、新时代十年习近平法治思想在人民法院形成生动实践

新时代十年来，人民法院把真学真信笃行习近平法治思想作为全部工作的主题，忠诚履职、守正创新，迎难而上、攻坚克难，推动习近平法治思想在人民法院形成生动实践，新时代人民法院工作发生深刻变革、实现长足发展，为党和国家事业发展提供有力司法服务，书写了新时代十年伟大变革的法院篇章。

党对司法工作的绝对领导全面加强。党的领导是中国特色社会主义法治之魂。习近平总书记连续八年主持中央政治局常委会会议听取最高人民法院党组工作汇报，定向领航新时代人民司法事业发展。十年来，人民法院牢牢坚持党对司法工作的绝对领导，始终把深入学习贯彻习近平新时代中国特色社会主义思想作为首要政治任务，把做到“两个维护”作为最高政治原则和根本政治规矩。2013年全国“两会”后，最高人民法院党组提出以习近平总书记系列重要讲话精神武装头脑、指导实践、推动工作。2016年鲜明提出“维护核心、绝对忠诚、听党指挥、勇于担当”的十六字政治要求，要求广大干警切实记在心里、扛在肩上、落实到行动中。加强党的政治建设，在全国法院扎实开展党内集中教育，先后部署开展“两个坚持”专题教育、“两个确立”主题教育，抓实干警入职教育、全员政治轮训和青年理论武装，教育引导干警坚决筑牢政治忠诚之魂。坚持把党的领导和依法独立公正行使审判权统一起来，健全党对司法工作绝对领导的制度机制，把党的绝对领导坚决贯彻到服务大局、司法为民、公正司法全过程。十年来，全国法院把中国特色社会主义法治之魂深深融入血脉，坚定不移沿着中国特色社会主义法治道路阔步前进。

新时代正确司法理念牢固树立。公平正义是司法的灵魂和生命。十年来，人民法院坚持以习近平法治思想指导树立正确司法理念，把习近平总书记提出的“努力让人民群众在每一个司法案件中感受到公平正义”作为工作目标，紧紧围绕这个目标来改进工作。确立“司法为民、公正司法”的工作主线，依法保障人民权益，恪守司法职业良知，对群众深恶痛绝的事零容忍、对群众急需急盼的事零懈怠。严格公正司法，以事实为根据、以法律为准绳，审判案件不为纷繁所扰、不为压力所阻，始终保持法治定力，坚决维护法治权威。兼顾国法天理人情，切实纠正偏离人民立场、机械司法、就案办案等错误做法，努力实现裁判法律效果、政治效果、社会效果相统一。准确把握宽严相济刑事政策，正确适用刑事附带民事调解制度，坚决防止在社会上传递出“花钱买命”“以钱买刑”“以官抵罪”等错误导向，尊重人民群众朴素公平正义观。坚决守住防止冤假错案底线，加强人权司法保障和产权司法保护，依法纠正呼格吉勒图案、聂树斌案、张文中案等一批冤错案件。坚持依法治国和以德治国相结合，大力弘扬社会主义核心价值观，发挥司法断案惩恶扬善功能，促进实现法安天下、德润人心。依法审理“狼牙山五壮士”等英烈名誉荣誉案，狠刹历史虚无主义歪风，捍卫英雄尊严荣光。通过“小案件大道理”，着力破解长期困扰群众的“扶不扶”“劝不劝”“追不追”等法律和道德风险，坚决同“和稀泥”做法说“不”，立“明规则”、破“潜规则”，努力让全社会充满正气、正义。坚持以公开促公正、树公信，建成审判流程、庭审活动、裁判文书、执行信息四大公开平台，构建开放、动态、透明、便民的阳光司法机制，让公平正义的阳光照进人民心田。十年来，全国法院以正确司法理念指导司法实践，用有力量、有是非、有温度的新时代司法回应人民关切，让人民群众切实感受到公平正义就在身边。

服务经济社会发展大局更加有力。十年来，人民法院牢记“国之大者”，紧紧围绕经济社会发展稳定大局履职尽责，切实肩负起中国特色社会主义事业建设者、捍卫者的职责使命。全面贯彻总体国家安全观，严厉打击渗透颠覆破坏、暴力恐怖、民族分裂、宗教极端等犯罪，积极参加扫黑除恶专项斗争，依法严惩电信网络诈骗等群众反映强烈的犯罪，全方位守护老百姓“针尖上”“舌尖上”“头顶上”“脚底下”“钱袋子”等安全，审结一审刑事案件1100余万件，切实履行维护国家安全、社会安定、人民安宁的重大责任。依法惩治腐败犯罪，配合做好追逃追赃工作，彰显党中央有腐必惩、有贪必肃的坚定决心。完整、准确、全面贯彻新发展理念，围绕构建新发展格局、推动高质量发展，出台一批司法服务政策，审理一批标志性案件，充分发挥法治的引领、规范、保障作用。落实法治是最好的营商环境，审结一审商事案件5000余万件、行政案件220万件，落实平等保护原则，维护公平竞争秩序，依法防范化解金融风险，推动市场主体有序退出和有效救治，着力营造市场化、法治化、国际化营商环境。加强知识产权司法保护，审结一审知识产权案件270余万件，加大关键核心技术、种源种业等司法保护力度，服务创新驱动发展。深入践行“两山”理念，审结一审环境资源案件近200万件，促进大江大河生态保护和系统治理，助力打好蓝天碧水净土保卫战。围绕乡村全面振兴和区域协调发展战略实施，跟进完善司法服务举措。围绕统筹疫情防控和经济社会发展，严惩妨害疫情防控犯罪，依法化解涉疫矛盾纠纷，出台助力中小微企业发展20条等司法措施，精准服务“六稳”“六保”。十年来，全国法院自觉在大局下思考、在大局下行动，依法服务高质量发展和高水平安全，努力做到党中央部署到哪里，司法服务就跟进到哪里，经济社会发展到什么阶段，司法工作就跟进到什么阶段。

中国特色司法为民之路越走越宽广。推进全面依法治国，根本目的是依法保障人民权益。十年来，人民法院始终站稳人民立场，积极回应人民群众新要求新期待，切实解决人民群众难点痛点堵点问题，改进司法作风，创新便民举措，走出了一条中国特色司法为民之路。加强民生司法保障，切实实施民法典，依法妥善审理涉及教育、就业、医疗、住房、婚姻家庭、社会保障等民生案件超过3600万件，推进家事审判改革，完善少年司法制度，推行适老化诉讼服务，依法保障人民安居乐业。全面实行立案登记制，做到有案必立、有诉必理，实现跨域立案服务全覆盖，破解群众异地诉讼不便问题，让千百年来老百姓反映强烈的立案难问题真正走入历史。坚决打赢基本解决执行难攻坚战，兑现向人民作出的庄严承诺，形成中国特色的执行制度、机制和模式，有力促进法治建设和社会诚信建设。坚持和发展新时代“枫桥经验”，建成中国特色一站式多元纠纷解决和诉讼服务体系，大力发展替代性纠纷解决机制和在线纠纷解决机制，方便群众公正、高效、实质性化解矛盾纠纷。推动人民法庭建设迈上高质量发展新阶段，创建一批“枫桥式人民法庭”，完善巡回审判机制，真正方便群众及时感受到公平正义。十年来，全国法院扎根中国土壤，践行司法为民，用解民忧、破难题的实际行动，生动诠释中国法治的鲜明底色，让人民群众对司法公正的获得感成色更足。

司法体制改革取得重大进展。深化司法体制改革，建设公正高效权威的社会主义司法制度，是推进国家治理体系和治理能力现代化的重要举措。十年来，人民法院坚决贯彻党中央司法体制改革部署，深化以司法责任制为重点的司法体制改革，加快建设公正高效权威的社会主义司法制度。落实司法责任制，实行法官员额制，加强司法监督制约，让审理者裁判、由裁判者负责，健全权责明晰、权责统一、监督有序、配套齐全的新型审判权力运行体系。完善司法人员分类管理制度，健全司法人员职业保障，形成符合司法职业特点的法院人员管理制度。推进以审判为中心的诉讼制度改革，推行庭前会议、非法证据排除、法庭调查“三项规程”，促进庭审实质化，努力实现程序公正与实体公正相统一。深化认罪认罚从宽制度改革，完成民事诉讼程序繁简分流改革试点，完善四级法院审级职能定位，立体化、多元化、精细化的诉讼制度体系日益完善。完善人民陪审员制度，全国人民陪审员增至33.2万人，比2013年扩大近3倍，人民陪审员参审权利得到切实保障。设立最高人民法院巡回法庭、国际商事法庭、知识产权法庭，增设或新设地方海事法院、知识产权法院、金融法院及专业化法庭，探索设立跨行政区划法院，人民法院组织体系更加适应国家发展战略需要。十年来，全国法院坚持正确改革方向，敢于啃硬骨头、涉险滩、闯难关，做成了想了很多年、讲了很多年但没有做成的改革，司法质量、效率和公信力明显提升，中国特色社会主义司法制度优势更加彰显。

智慧法院建设走在世界前列。没有信息化，就没有现代化。十年来，人民法院抢抓网络强国、数字中国建设重大机遇，推动科技创新成果同司法工作深度融合，坚持用科技手段赋能司法、保障权益、维护公正，推动司法工作质量变革、效率变革、动力变革。建成覆盖全国四级法院、涵盖智慧服务、智慧审判、智慧执行、智慧管理的智慧法院系统，实现全业务网上办理、全流程依法公开、全方位智能服务。疫情期间，智慧法院“大显身手”，有力保障“审判执行不停摆、公平正义不止步”。建成世界上最大的审判信息资源库，深化司法大数据应用，形成司法大数据专题分析报告超过1200份，服务司法管理和国家社会治理。加强智慧法院建设写入国家“十四五”规划，云计算、大数据、区块链、人工智能等先进技术深度应用，司法领域科技创新取得突破性进展。主动适应互联网发展大趋势，设立北京、杭州、广州互联网法院，在诉讼规则创新、技术深度应用、裁判规则完善、网络空间治理法治化等方面探索出一批可复制可推广的经验。出台人民法院在线诉讼、在线调解、在线运行“三大规则”，发布全球首个区块链司法应用意见，中国特色互联网司法规则体系基本形成。十年来，全国法院坚持体制改革和科技创新双轮驱动，促进司法效能充分释放，实现互联网司法从技术领先迈向规则引领，充分彰显中国特色社会主义法治的政治优势、制度优势、科技优势。

中国司法国际公信力和影响力持续提升。统筹推进国内法治和涉外法治，是全面依法治国的迫切任务。十年来，人民法院加强涉外司法工作，坚定不移维护国家主权、安全、发展利益，坚定不移贯彻对外开放基本国策，为构建人类命运共同体积极提供司法服务。依法惩治涉外犯罪，依法维护我国公民、法人在海外合法权益，依法应对和反制非法制裁、干涉、“长臂管辖”，坚决捍卫我国司法主权和国家尊严。平等保护中外投资者合法权益特别是知识产权，全面落实准入前国民待遇加负面清单制度，完善自贸试验区、自由贸易港司法服务措施，服务高水平对外开放。建立一站式国际商事纠纷多元化解平台，完善涉“一带一路”案件法律适用规则体系，推进国际海事司法中心建设，为中外当事人提供公正、高效、便捷、低成本的纠纷解决渠道。加强国际司法协助，推进反腐败、打击跨国犯罪、网络空间治理、生态环境保护、知识产权保护、国际经贸规则等领域司法务实合作。举办上合组织成员国最高法院院长会议、中国—东盟大法官论坛、金砖国家首席大法官论坛等国际司法会议，发布世界执行大会上海宣言、世界互联网法治论坛乌镇宣言、世界环境司法大会昆明宣言等成果文件。十年来，全国法院紧跟时代步伐、树立世界眼光，加快提升涉外司法质效，越来越多境外当事人主动选择中国法院管辖，中国法院判决得到越来越多国家承认和执行，中国法治声音受到越来越多国际朋友的尊重和认同，中国司法正为促进世界法治文明交流互鉴和发展进步作出越来越大的贡献。

法院队伍在革命性锻造中更加过硬。严格公正司法，离不开一支高素质的过硬法院队伍。十年来，人民法院按照习近平总书记提出的“五个过硬”要求，加强法院队伍革命化、正规化、专业化、职业化建设，努力锻造忠诚干净担当的过硬法院队伍。旗帜鲜明把政治建设放在首位，以党建带队建促审判，加强理想信念教育，加强政治纪律和政治规矩教育，开展全覆盖的政治轮训，确保法院队伍忠于党、忠于国家、忠于人民、忠于法律。加强职业良知教育，引导广大干警信仰法律、坚守法治，端稳天平、握牢法槌，铁面无私、秉公司法，涌现出邹碧华、方金刚、周春梅、杨军等一大批公正为民的好法官、敢于担当的好干部。加强司法能力建设，高层次人才队伍扩容提质，知识产权、互联网、涉外等紧缺人才培养储备稳步推进，艰苦边远地区人才政策支持有力加强，年轻干部培养锻炼机制加快完善，法院干警在新时代履职尽责、定分止争的能力水平明显提升。坚持全面从严治党、从严治院、从严管理，驰而不息正风肃纪，以零容忍态度严惩司法腐败、清除害群之马。十年来，全国法院干警得到前所未有的淬炼，特别是在队伍教育整顿中实现刮骨疗毒、激浊扬清、铸魂扬威，思想作风发生深刻变化，能力素质全面加强，精神面貌焕然一新，展现出昂扬向上的精气神。

三、新征程上坚定不移沿着习近平法治思想指引的方向前进

党的二十大报告描绘了法治中国建设美好蓝图，指明了新时代新征程全面依法治国的前进方向和实践路径。人民法院要深刻领会习近平新时代中国特色社会主义思想的世界观和方法论，真学真信笃行习近平法治思想，深入学习贯彻党的二十大精神，真抓实干推动新时代新征程人民法院工作高质量发展，奋力谱写全面建设社会主义现代化国家的法院新篇章。

坚定不移走中国特色社会主义法治道路。深刻领悟“两个确立”的决定性意义，始终把“两个维护”作为最高政治原则和根本政治规矩，始终做习近平新时代中国特色社会主义思想的坚定信仰者和忠实实践者，坚定不移在思想上政治上行动上同以习近平同志为核心的党中央保持高度一致。增强对中国特色社会主义法治道路自信、底气、定力，自信自立、守正创新，扎根中国文化、立足中国国情、解决中国问题，努力创造更高水平的社会主义司法文明。牢牢坚持党对司法工作的绝对领导，紧紧依靠党的领导确保正确方向、战胜困难挑战，切实把党的领导贯彻落实到人民法院工作各领域各方面各环节。坚持以人民为中心的发展思想，牢记江山就是人民、人民就是江山，发扬一切为了人民、一切依靠人民的人民司法优良传统，不断实现人民群众对美好生活和公平正义的向往。紧紧围绕建设中国特色社会主义法治体系、建设社会主义法治国家的总目标，正确贯彻实施宪法法律，总结司法经验，配合做好重点领域、新兴领域、涉外领域立法工作，深化行政审判体制机制改革，支持扎实推进依法行政，认真落实“谁执法谁普法”普法责任制，促进加快建设法治社会，更好服务在法治轨道上全面建设社会主义现代化国家。

坚定不移为推进中国式现代化提供有力司法服务。牢记“国之大者”，牢牢把握以中国式现代化推进中华民族伟大复兴的使命任务，深刻领会中国式现代化的中国特色和本质要求，坚持五项重大原则，立足司法职能抓好创造性落实，主动服务和融入以中国式现代化推进中华民族伟大复兴的历史进程。坚持以推动高质量发展为主题，完整、准确、全面贯彻新发展理念，服务扩大内需战略实施和深化供给侧结构性改革，完善产权保护、公平竞争、社会信用司法政策，服务加快构建新发展格局。坚持科技是第一生产力、人才是第一资源、创新是第一动力，加大知识产权司法保护力度，保护科技创新主体合法权益，更好服务科教兴国战略、人才强国战略、创新驱动发展战略实施。坚持依法治国和以德治国相结合，立足司法推动社会主义核心价值观融入法治建设、融入社会发展、融入日常生活，促进繁荣发展文化事业和文化产业，服务推进文化自信自强，建设社会主义文化强国。坚持用最严格制度最严密法治保护生态环境，依法服务环境污染防治、生态系统保护和修复、碳达峰碳中和等重大部署，促进人与自然和谐共生。坚持贯彻总体国家安全观，依法严惩群众反映强烈的各类犯罪，推进扫黑除恶常态化，促进更高水平的平安中国建设，服务以新安全格局保障新发展格局。坚持统筹推进国内法治和涉外法治，全面提升涉外司法质效，营造市场化、法治化、国际化一流营商环境，积极服务高水平对外开放、共建“一带一路”高质量发展、推动构建人类命运共同体。

坚定不移走好中国特色司法为民之路。始终把实现好、维护好、发展好最广大人民根本

利益作为法院工作的出发点和落脚点，深入践行司法为民宗旨，无论司法职能发挥，还是法院自身改革发展，都坚持发展为了人民、发展依靠人民、发展成果由人民共享。围绕增进民生福祉，加强教育、就业、医疗、养老、住房、社会保障等民生领域司法保障，依法保护妇女、儿童、老年人、残疾人合法权益，切实保障劳动者合法权益，保护平等就业权，立足司法促进解决好人民群众急难愁盼问题。在社会基层坚持和发展新时代“枫桥经验”，大力创建“枫桥式人民法庭”，健全中国特色一站式多元纠纷解决和诉讼服务体系，让新时代司法改革成果更广泛惠及人民群众。久久为功推进执行难综合治理源头治理，健全解决执行难长效机制，及时兑现人民群众胜诉权益。充分发挥司法规范行为、调节利益、促进公平的功能作用，切实维护权利公平、机会公平、规则公平，完善推动发展更平衡、更协调、更包容的司法政策措施，依法服务在高质量发展中促进共同富裕。践行全过程人民民主，贯彻我国根本政治制度、基本政治制度、重要政治制度，巩固人民陪审员制度改革、深化司法公开等成果，自觉接受人大监督和各方面监督，扎实推进司法民主建设，保障人民参与司法，依靠人民推进公正司法。

坚定不移推进严格公正司法。紧紧围绕“努力让人民群众在每一个司法案件中感受到公平正义”目标，从更高水平上推动解决影响司法公正、制约司法能力的深层次问题，加快建设公正高效权威的社会主义司法制度，坚决守住维护社会公平正义的最后一道防线。深化司法体制综合配套改革，全面准确落实司法责任制，统筹抓好司法责任制综合配套改革、四级法院审级职能定位改革等重点改革任务落实，推动各项改革更加系统集成、协同高效。规范司法权力运行，深化以审判为中心的诉讼制度改革，推动健全公安机关、检察机关、审判机关、司法行政机关各司其职、相互配合、相互制约的体制机制，促进优化司法职权配置。坚持放权和监督相统一，强化对司法活动的制约监督，压紧压实院庭长、职能部门监督管理责任，健全信息化全流程审判监督管理机制，依法接受检察机关法律监督，构建与新型审判权力运行机制相适应的制约监督体系。完善公益诉讼审理机制，依法公正审理公益诉讼案件，切实维护国家利益和社会公共利益。全面加强智慧法院建设，加快完善中国特色、世界领先的互联网司法模式，努力创造更高水平的数字正义。

坚定不移全面从严治党、从严治院。牢记全面从严治党永远在路上，党的自我革命永远在路上，坚持以党的政治建设为统领，坚持不懈用习近平新时代中国特色社会主义思想凝心铸魂，全面落实新时代党的建设总要求，不断提高政治判断力、政治领悟力、政治执行力。坚决落实全面从严治党政治责任，严明政治纪律和政治规矩，严格执行政法工作条例，完善党中央重大决策部署落实机制，全面加强人民法院党的政治建设。落实新时代好干部标准，抓好高素质专业化审判人才培养，大力培养选拔优秀年轻干部，加强干部斗争精神和斗争本领养成。坚持以党建带队建促审判，扎实推进“四强”党支部建设，增强基层党组织政治功能和组织功能。坚持以严的基调强化正风肃纪，锲而不舍落实中央八项规定及其实施细则精神，持续深化纠治“四风”特别是形式主义、官僚主义，深入践行“三严三实”，坚决破除特权思想和特权行为。严格执行防止干预司法“三个规定”、新时代政法干警“十个严禁”等铁规禁令，健全一体推进“三不腐”的体制机制，以零容忍态度严惩司法腐败，加强新时代廉洁文化建设，确保公正廉洁司法。大力弘扬新时代人民法院文化，驰而不息涵养新风正气，激励广大法院干警以更加昂扬的精神状态和真抓实干的实际行动奋进新征程、建功新时代。

新时代新征程，人民法院要更加紧密地团结在以习近平同志为核心的党中央周围，弘扬伟大建党精神，牢记“三个务必”，坚定不移沿着中国特色社会主义法治道路埋头苦干、奋勇前进，更好履行维护国家政治安全、确保社会大局稳定、促进社会公平正义、保障人民安居乐业的职责任务，为全面建设社会主义现代化国家、全面推进中华民族伟大复兴作出新的更大贡献！

［本文原载于《习近平法治思想研究与实践》专刊 2022 年第 10 期（《民主法制》周刊 2022 年第 42 期）。］

深入推进智慧法院和互联网司法创新发展 加快推进审判体系和审判能力现代化

最高人民法院党组书记、院长　周　强

党的二十大擘画了以中国式现代化全面推进中华民族伟大复兴的宏伟蓝图，对加快建设网络强国、数字中国作出重大部署，对严格公正司法、加快建设公正高效权威的社会主义司法制度提出明确要求，这为人民法院智慧法院建设和互联网司法工作指明了方向。人民法院要坚持以习近平新时代中国特色社会主义思想为指导，深入学习贯彻党的二十大精神，深入贯彻习近平法治思想和习近平总书记关于网络强国的重要思想，深刻领悟"两个确立"的决定性意义，增强"四个意识"、坚定"四个自信"、做到"两个维护"，紧紧围绕"努力让人民群众在每一个司法案件中感受到公平正义"目标，坚持司法为民、公正司法工作主线，坚持司法体制改革和智慧法院建设双轮驱动，深入推进智慧法院和互联网司法创新发展，加快推进审判体系和审判能力现代化，为中国式现代化提供有力司法服务。

一、充分认识新时代新征程深入推进智慧法院和互联网司法创新发展的重大意义

11 月 9 日，习近平总书记向 2022 年世界互联网大会乌镇峰会致贺信指出："数字技术作为世界科技革命和产业变革的先导力量，日益融入经济社会发展各领域全过程，深刻改变着生产方式、生活方式和社会治理方式。"习近平总书记 2017 年对司法体制改革工作作出重要指示强调："要遵循司法规律，把深化司法体制改革和现代科技应用结合起来，不断完善和发展中国特色社会主义司法制度。"抓住加快建设网络强国、数字中国新的重大机遇，把智慧法院和互联网司法创新发展作为加快推进审判体系和审判能力现代化重要任务谋划部署，纳入中国式现代化进程一体推进，意义重大。

（一）这是加快建设公正高效权威的社会主义司法制度的需要

深化司法体制改革，建设公正高效权威的社会主义司法制度，是推进国家治理体系和治理能力现代化的重要举措。只有顺应时代要求，遵循司法规律，持续推动现代科技创新成果同司法工作深度融合，才能有效破解司法改革和法院发展中的新情况新问题，不断提高司法质量、效率和公信力，不断完善和发展中国特色社会主

义司法制度。

（二）这是不断满足人民群众对美好生活向往的需要

人民群众对公平正义的向往，对实现数字正义的需求，对优质高效低成本司法服务的要求，都是日益增长的美好生活需要的重要内容。只有积极回应人民群众新要求新期待，深入推进智慧法院建设和互联网司法工作，才能为人民群众提供更加普惠均等、便捷高效、智能精准的司法服务，创造更高水平的数字正义，不断实现人民群众对公平正义的向往。

（三）这是基本实现社会主义现代化目标的需要

党的二十大报告明确了2035年我国发展的总体目标，“基本实现国家治理体系和治理能力现代化”“基本建成法治国家、法治政府、法治社会”是重要内容。对人民法院来讲，司法是推进中国式现代化的重要保障，同时审判体系和审判能力现代化是实现国家治理体系和治理能力现代化的题中应有之义。信息化与中国式现代化、网络强国与社会主义现代化强国等有着内在联系。深入推进智慧法院建设和互联网司法工作，是加快推进审判体系和审判能力现代化的重要驱动和必由之路，对人民法院主动融入和服务中国式现代化、基本实现社会主义现代化目标具有重要意义。

（四）这是推进建设更高水平的平安中国、法治中国的需要

党的二十大对坚持全面依法治国、推进法治中国建设、建设更高水平的平安中国作出战略部署。当前，信息化领域成为国家竞争的战略高地，信息科技将从根本上改变传统司法模式已经成为各国普遍共识，司法数字化在推动法治文明发展中的地位越来越重要。只有深入推进智慧法院建设和互联网司法工作，才能适应数字时代创造出更高水平的社会主义司法文明，助推建设更高水平的平安中国、法治中国，为世界法治文明发展作出更大贡献。

二、新时代智慧法院建设和互联网司法工作取得历史性成就

党的十八大以来，习近平总书记高瞻远瞩、亲自谋划、亲自部署，围绕网络强国建设作出一系列重要指示，推动我国网络安全和信息化工作取得历史性成就、发生历史性变革，我国从网络大国向网络强国阔步迈进。人民法院坚决贯彻落实习近平总书记重要指示和党中央决策部署，紧紧围绕“努力让人民群众在每一个司法案件中感受到公平正义”目标，坚持司法体制改革和智慧法院建设双轮驱动，推动数字时代司法工作质量变革、效率变革、动力变革，初步实现了审判体系和审判能力现代化，促进审判质效、司法公信力、队伍素质能力全面提升。

（一）开放、动态、透明、便民的阳光司法机制已经形成

党的十八届三中全会明确提出推进审判公开，党的十八届四中全会对“构建开放、动态、透明、便民的阳光司法机制”作出重大部署。人民法院坚决贯彻落实党中央部署要求，坚持以公开促公正、以透明保廉洁，建成审判流程、庭审活动、裁判文书、执行信息四大公开平台，开通全国企业破产重整案件信息网、全国法院减假暂信息网等，把司法全过程置于阳光之下，让暗箱操作没有空间，让司法腐败无法藏身。

（二）实现全业务网上办理、全流程依法公开、全方位智能服务

建成覆盖全国四级法院，涵盖智慧服务、智慧审判、智慧执行、智慧管理的智慧法院系

统，相关成果在国家“十三五”科技创新成就展全方位展示，加强智慧法院建设写入了国家“十四五”规划。比如，智慧服务方面，一站式多元纠纷解决和诉讼服务体系在智慧服务系统支持下，“在线”“多元”“融合”“集约”等优势充分发挥、效能极大释放，实现了解纷格局和服务模式的重塑，为人民群众提供了跨时空、跨地域、泛在化的在线服务。智慧审判方面，文书辅助制作、类案自动推送、庭审语音自动转录等智能辅助办案系统，大幅减轻法官事务性工作；法信等平台为群众和法官提供全面、便捷、智能的法律知识服务。智慧执行方面，网络执行查控、联合信用惩戒、网络司法拍卖等智慧执行系统，推动执行模式发生根本性变革和重塑，成为实现“基本解决执行难”目标并向着切实解决执行难迈进的利器。新时代十年来，全国法院法官人均办案量持续增长，各类案件当事人服判息诉率持续增长，执行到位金额大幅提升，涉诉信访总量、涉诉进京访持续下降，长期未结诉讼案件同比减少，在案件压力增大情况下，审判质效指标持续稳中向好，人民群众对司法公正的获得感不断增强，其中智慧法院建设功不可没。特别是面对世纪疫情，智慧法院“大显身手”，全国法院在线立案、在线开庭、在线调解、在线执行，无接触式诉讼服务广泛应用，当事人足不出户就能参加诉讼，实现了“审判执行不停摆、公平正义不止步”。

（三）互联网司法实现从技术领先迈向规则引领

大力推进在线诉讼，新兴科技在司法领域深度应用，诉讼模式和机制创新持续深入，互联网司法模式不断完善。杭州、北京、广州互联网法院实行“网上案件网上审理”，在诉讼规则创新、技术深度应用、裁判规则完善、网络空间治理法治化等方面探索出一批可复制可推广的经验。最高人民法院先后出台人民法院在线诉讼、在线调解、在线运行“三大规则”，发布全球首个区块链司法应用意见，中国特色的互联网司法规则体系逐步形成。

（四）为推动高质量发展提供了有力司法服务

我国高度重视营商环境建设，一系列改革举措成效显著，推动我国营商环境全球排名从2015年的第90位上升至2020年的第31位。在世界银行营商环境评估10个一级指标中，“执行合同”“办理破产”以及“保护中小投资者”等司法工作密切相关的指标明显进步。2020年，“执行合同”指标贡献值最大，排名全球第五，其中细分单项指标“司法程序质量”并列全球第一。如果没有智慧法院建设，取得这样的成绩是不可想象的。智慧法院提高了司法效率，促进了“执行合同”指标提升，节省了市场主体时间和金钱成本，降低了企业交易成本，这对优化营商环境意义重大。智慧法院在破产案件办理中广泛应用，法院通过市场化法治化信息化手段，促进了市场主体及时出清和有效救治，盘活了大量资产，激活了市场主体，有力服务供给侧结构性改革。智慧法院还极大地提高了司法透明度，这对稳定市场主体对经济活动的预期、增强市场经济活动稳定性，发挥了积极作用。

（五）为促进社会治理现代化发挥了重大作用

审理了数据权属、人脸识别、算法规制、平台治理等一大批新型互联网案件，明确权利边界，规范网络行为，推动完善数字治理规则，促进了网络空间治理法治化。建成面向社会治理的司法指数体系，针对高空抛物、电信诈骗等群众反映强烈的社会问题开展专题分析，形成司法大数据研究报告，积极服务科学决策，促进社会治理。人民法院在线调解、在线服务等平台汇聚治理资源、高效化解矛盾，在助推社会治理法治化、智能化方面发挥了重要作用。联合信用惩戒系统让失信被执行人“一处失信、处处受限”，提供了大量基础信用信息数据，促进了社会诚信体系和信用中国建设。

（六）为推进法学研究现代化创造了有利条件

中国裁判文书网、法信等平台海量的裁判文书和司法案例资源、司法大数据资源成为法学研究的实践资源“富矿”，丰富的庭审直播资源也成为教学科研的最佳素材。智慧法院建设推动了中国法学研究面向实践的范式变革。当前，大数据法学、大数据法治、数字法治、数字正义的研究方兴未艾。许多高等院校与人民法院合作建立研究基地，比如清华大学互联网司法研究院、上海交通大学智慧法院研究院、浙江大学数字法治研究基地，等等。智慧法院和互联网司法的发展，有力促进了数字正义，为数字法学研究繁荣和交叉学科、新兴学科的建设发展提供了丰沃的实践土壤。

（七）为提升中国司法国际影响力作出了重要贡献

我国智慧法院建设和互联网司法工作，从跟跑、并跑迈向领跑，正引领全球法院信息化数字化潮流，受到国际社会广泛关注，赢得世界各国的赞誉。全球著名法律杂志《The Lawyer》刊文评价：“中国不仅在严控病毒传播方面世界领先，在智慧司法解决方案领域也引领世界。”在国际司法交流合作中，很多国家最高法院院长、首席大法官都对中国智慧法院建设和互联网司法表示钦佩，希望加强经验交流和合作。在习近平法治思想指引下，“智慧法院”“互联网司法”已经成为新时代法治中国建设成果的“亮丽名片”，为中国司法国际影响力日益提升发挥了重要作用，也为数字时代的世界法治文明发展贡献了中国智慧。

回顾十年来人民法院推进智慧法院建设、探索互联网司法的历程，深深感到：这是一次思想观念的深刻变革。人民法院主动适应信息革命浪潮，敢于走出舒适区，克服转型阵痛，在思想观念、行为习惯上实现了从被动接受到主动拥抱科技的深刻转变。这是一次司法与科技深度融合的重大变革。智慧法院实现从1.0到4.0的迭代升级，实现从信息基础设施全面覆盖到实现网络化、阳光化、智能化应用全面发展，人民法院成功探索出一条中国特色的科技赋能司法之路。这是一次司法模式和诉讼制度的全面优化。人民法院全面推进智慧服务、智慧审判、智慧执行、智慧管理，不断总结转化有益经验，探索形成中国特色的互联网司法模式，推动了司法模式创新、司法流程重塑、诉讼制度完善。这是一次数字时代人民司法为人民的生动实践。始终以人民为中心，秉持用户思维，积极提供线上线下相结合的优质司法服务，真正通过现代科技手段为司法赋能增效、为群众带来方便，努力实现创造高水平数字正义的目标。

新时代十年，我国智慧法院建设和互联网工作取得历史性成就，根本在于习近平总书记作为党中央的核心、全党的核心掌舵领航，根本在于习近平新时代中国特色社会主义思想科学指引。十年来，智慧法院建设在创新中迈出了坚实步伐，在实践中积累了宝贵经验，概括起来：一是坚持正确政治方向。首要的是始终坚持以习近平新时代中国特色社会主义思想为指导，真学真信笃行习近平法治思想，牢牢坚持党对司法工作的绝对领导，坚定不移走中国特色社会主义法治道路，确保智慧法院建设始终沿着正确政治方向前进。二是坚持系统观念。树牢全局观念、强化顶层规划，加强对智慧法院建设的前瞻性思考、全局性谋划、战略性布局、整体性推进，以系统思维推进这项庞大的系统性工程，真正实现复杂信息系统体系工程建设的理论、方法和技术创新。三是坚持双轮驱动。把司法体制改革和智慧法院建设作为审判体系和审判能力现代化的“车之两轮、鸟之双翼”，司法体制改革为智慧法院建设提供制度机制保障，智慧法院建设为司法体制改革提供信息科技支撑，二者相辅相成、相互促进，有力提升审判执行质效，共同促进审判体系和审判能力现代化。双轮驱动是中国特色社会主义司法制度优越性的体现。我国社会主义司法制度可以充分运用最先进的科学技术、最新的科技成果，全国法院一张网，极大发挥科技作为第一生产力的作用，中国特色社会主义司法制度在双轮驱动下进一步发展和完善，更加彰显优越性。四是坚持需求导向。始终从人民群众司法需求出发，从人民法院工作实际出发，注重解决实际问题，通过为解决审判执行、诉讼服务、司法管理中一系列难题探索科技方案，推动智慧法院建设逐步迈向深入，让智慧法院真正具有强大生命力。五是坚持改革创新。敢于抓住机遇，锐意改革创新，是赢得发展先机的关键。跨域立案、移动微法院等很多智慧法院成果，都是源于基层创新实践。改革创新作为新时代人民法院文化的鲜明特色，已经融入全国法院基因。只有顺应科技发展潮流，立足实践创新创造，才能取得更多成果、实现更大突破。六是坚持重视人才。人才是第一资源。坚持人才引领驱动，既放开视野选好用好人才，又着眼长远培养储备人才，引进、培养、造就了一大批既懂法律又懂科技的创新型、应用型、复合型人才，为智慧法院建设提供了有力人才支撑。七是坚持全国法院“一盘棋”。推进智慧法院建设，单打独斗行不通，必须依靠全国法院集智攻关，依靠广大干警全员参与。只有全国法院“一盘棋”，才能攻克重大难题，形成整体效应，真正把科技优势转化为全国司法效能整体跃升。

三、深入推进智慧法院建设，加快推进审判体系和审判能力现代化

习近平总书记指出：“没有信息化就没有现代化。”人民法院要面向网络强国和数字中国建设整体布局，深入推进更加符合司法规律、更加适应改革要求、更加突出先进特征的智慧法院建设，与全面建成社会主义现代化强国“两步走”战略安排同步，到2035年基本实现审判体系和审判能力现代化，到本世纪中叶全面实现审判体系和审判能力现代化。

（一）坚持创新驱动。创新是引领发展的第一动力

随着经济社会发展和科技日新月异，司法工作比以往更加需要智慧解决方案。深入推进智慧法院建设，必须注重创新驱动发展，紧紧扭住创新这个“牛鼻子”，强化创新体系和创新能力建设，推动科技创新和司法工作深度融合。以司法数据中台、智慧法院大脑、在线法院建设为牵引，努力突破制约智慧法院高质量发展的关键理论和技术难题。主动融入国家创新体系，以国家重点实验室为依托，以国家重点研发计划为抓手，着力构建人民法院科技创新平台体系，推动形成信息技术与审执业务相互牵引、迭代发展的良好态势。加强智慧法院技术标准确立和规则创新，不断增强智慧法院建设的核心竞争力和国际影响力，促进全球司法领域科技创新。

（二）把握发展规律。首先是要把握司法规律

人民法院是化解纠纷、定分止争的审判机关，司法解决纠纷的过程，本质上就是事实判

断、适用法律的过程，“寻找事实、寻找法律”是司法工作的基本问题。深入推进智慧法院建设，必须准确把握司法规律，坚持科技理性和司法理性有机融合，通过科技提供的新工具、新思维，最大程度激活司法效能。聚焦解决阻碍“寻找事实、寻找法律”的突出问题，充分发挥数字科技在信息收集、传递、鉴别、查找、对比以及分析运用上的优势，为法官更加客观寻找事实、更加精准寻找法律提供有效工具。把握司法规律特点，不断拓展科技在司法领域的应用场景，融入审判执行工作各环节各领域，深入推进诉讼流程重塑、诉讼制度升级。遵循现代司法基本原则，尊重和保障当事人合法诉讼权利，兼顾公正与效率，实现程序公正和实体公正相统一，让智慧法院在提升公正司法能力上发挥更大作用。同时要把握互联网和信息技术发展规律。互联网领域有三大定律：一是摩尔定律，指微处理器的速度每18个月翻一番，这意味着同等价位的微处理器速度会越来越快，同等速度的微处理器会变得越来越便宜，这一定律揭示了信息时代的高速度与快节奏；二是吉尔德定律，指主干网带宽的增长速度至少是运算性能增长速度的3倍，网络带宽的提高解决了网络视频传输的瓶颈；三是麦特卡尔夫定律，指网络的价值同网络用户数量的平方成正比，也就是说，N个连结可以创造出N×N的效率。比如全国法院一张网，其效应不是全国3500多家法院简单相加，而是倍乘的，潜力巨大，意义非凡。要尊重规律、把握规律、运用规律，充分运用新工具、完善新算法，加快推进智慧法院建设。

（三）聚焦重点问题

实现发展的过程，从根本上说就是不断发现问题、解决问题的过程。深入推进智慧法院建设，必须坚持问题导向，不断提出以科技手段解决司法实践问题的方案。比如，聚焦审判和执行相互分割问题，通过区块链智能合约等技术深度应用，全面推进审判执行信息互通、数据共享、程序衔接，真正形成司法流程闭环，一体化破解审判执行分割带来的弊病，促进裁判结果实现和执行质效提升。聚焦切实解决执行难问题，不断升级拓宽智慧执行系统功能，进一步运用科技手段破解查人找物、财产变现、失信惩戒、规范管理等方面难题。聚焦证据认定质效问题，充分发挥区块链技术公开透明、可溯源、防篡改等优势，完善区块链存证标准和规则，用好区块链存证验证、数据防篡改技术，提升司法公信力。聚焦一站式建设难点问题，围绕“一站式”“多元化”“集约化”等目标，强化技术集成功能，持续推动解纷服务从分散到集约、从单一到多元、从现场到掌上、从传统到智能的转变，方便群众获得普惠均等、便捷高效、智能精准的司法服务。聚焦智能辅助办案的难点问题，努力突破司法人工智能关键技术瓶颈，持续推进电子卷宗随案同步生成和深度应用，为法官办案提供全流程伴随式智能辅助支持。

（四）构建司法数字生态

营造开放、健康、安全的司法数字生态，对于数字时代塑造我国智慧法院发展新优势意义重大。构建司法数字生态，涉及体系、规则、标准建设等一系列任务，我国案件资源丰富、智慧法院发展步伐快，在这方面有优势。要突破数字技术瓶颈，发挥人民法院大数据管理和服务平台优势，加强数据汇聚管理，提高数据质量和规范性，建立完善司法数据资源基础制度和标准规范，充分发掘海量司法数据资源潜力，为优质数据服务夯实基础。推动优化政法部门间信息数据共享机制，完善协同平台建设，促进提升整体办案质效。建立健全全流程数据安全管理制度，严格划定技术边界，强化数据安全防护，统筹推进数据开发利用和数据安全保障。坚持共商共建共享原则，加强同有关国家的司法数字技术合作，建立完善相关标准规则，服务推动构建网络空间命运共同体。

（五）强化安全发展

网络安全和信息化是一体两面，必须强化安全发展理念，树立正确的网络安全观，一体推进网络安全和信息化工作，切实增强智慧法院建设的稳定性、安全性和可持续性。始终把网络安全放在突出位置，压实网络和数据安全主体责任，深入实施网络安全等级保护制度，健全完善关键信息基础设施综合防御体系。加强网络安全、数据安全和个人信息安全保护。完善质效型运维保障体系，提升运行质效智能分析和研判预警能力，形成上下贯通、分级负责、协同联动的可视化质效型运维管理体系。加强科研诚信建设，强化合法合规管理，确保每一个科研攻关项目、每一个重点建设工程都是廉洁项目、廉洁工程。

（六）下好“一盘棋”

智慧法院建设覆盖全国3500多家法院、一万多个人民法庭、数以万计的信息系统，必须坚持全国法院“一盘棋”，充分调动各方面积极性创造性。借鉴好、运用好下中国象棋的思维。中国象棋最突出的特点就是将帅坐镇军帐、统筹调度，车马炮卒各司其职、各展其长。这就要求处理好中央和地方、整体和局部的关系，充分发挥两个积极性。在党中央对网信工作的集中统一领导下，最高人民法院要加强统筹指导，强化顶层规划和总体设计。对全国统一应用系统建设、地方法院重大信息化项目，各高级法院要加强对辖区法院的统筹指导把关。借鉴好、运用好下围棋的思维。围棋注重运用唯物辩证的思维方法认识和处理各种矛盾，特别是要求树立敏锐的大局观。所以要把智慧法院建设纳入推进网络强国、法治中国建设全局谋划推进，树牢大局意识、不搞自行其是，树立长远眼光、防止急功近利，当然也要善于开拓创新、不能一潭死水。借鉴好、运用好下国际象棋的思维。国际象棋充满了博弈思维，而且比较看重兵的作用。这要求必要时通过超常规谋划部署，集中优势资源攻坚克难，实现智慧法院建设、互联网司法的跨越式发展。

四、全面深化互联网司法建设，努力创造更高水平的数字正义

人民法院要正确认识互联网等数字技术带来的深刻影响，不断提升互联网司法水平，促进筑牢网络空间治理法治之基，推动互联网司法实现新发展，以高质量互联网司法服务高质量发展。

（一）推进互联网审判专业化建设

准确把握当前互联网司法的发展阶段和工作重点，深化互联网法院建设，优化案件管辖范围，加大司法技术创新应用力度，将互联网法院建成互联网司法创新示范的“样板间”和依法治网的“新高地”。深化互联网审判机制创新，推动审判流程在线化重塑、辅助事务集约化管理、类型化案件要素式审理、司法裁判智能化辅助，全面提升互联网司法效能。科学组建互联网专业化审判机构和审判团队，大力加强互联网司法复合型人才建设，联合高等院校和研究机构，健全科技人才和法律人才融合培养机制。深化互联网司法前沿理论研究，针对全域数字法院、技术伦理准则等前沿理论问题，加强与科技界、法学界合作交流，完善产、学、研协同推

进模式，在理论储备和科技攻关上赢得先机。

（二）构建更加成熟定型的互联网司法机制

落实人民法院在线诉讼、在线调解、在线运行“三大规则”，遵循司法规律，恪守程序正义，准确把握适用范围，切实防止在线诉讼随意化，尊重和保障当事人在线诉讼知情权、审理模式选择权、诉讼流程参与权。结合不同层级、不同地域法院实际，在法律框架内细化在线程序规则，有效破解电子证据审核、在线庭审秩序、证人在线出庭等难点堵点问题，增强在线诉讼的操作性和实效性。稳妥有序探索刑事案件在线审理机制，加强与公安机关、检察机关的衔接配合，统筹兼顾被告人权利保障、疫情防控需要、安全保密要求和在线审理质效，有效解决疫情防控期间部分刑事案件久拖不决问题。对处于探索阶段的新兴技术，要充分论证、谨慎推进，坚决杜绝炒“空概念”、搞“花架子”、搞形式主义，让技术创新实实在在方便群众诉讼、方便法官办案。

（三）充分发挥推进网络法治的重要作用

依法妥善审理各类新型互联网案件，不断丰富和完善互联网裁判规则，通过司法裁判实现小切口、微治理，促进提升网络空间治理法治化水平。依法惩治暗刷流量、网络刷单、空包洗钱等网络灰黑产业犯罪，依法惩治开设网络赌场、实施网络诈骗、盗取数字财产等网络犯罪，助力构建清朗有序的网络空间秩序。聚焦网络发展新问题新需求，积极探索依法治网新思路新模式，推进协同治理，立足司法实践提出立法、司法建议，完善网络法治规则体系。积极参与全球网络空间治理，在跨境交易、跨境服务、平台治理、数字安全保障等领域，发挥公正裁判作用，完善数字治理规则，为推动构建网络空间命运共同体贡献中国司法智慧。

（四）充分发挥服务构建全国统一大市场的重要作用

发挥好互联网司法降低解纷成本、服务普惠均等、过程开放透明等方面优势，为加快建设高效规范、公平竞争、充分开放的全国统一大市场提供有力司法服务和保障。切实实施民法典，落实合同自由、平等保护、公平竞争、诚实信用等原则制度，加强市场主体统一平等保护，通过公正裁判推动破除地方保护和区域壁垒，破除限制竞争、市场分割、指定交易等人为造成的市场障碍。加强科技成果权利司法保护，完善数据要素市场司法保障，支持建设统一的技术和数据市场。完善失信惩戒系统，探索完善守信激励和信用修复制度，强化与社会信用体系衔接融合，推进诚信体系建设，促进社会信用方面市场经济基础制度建设。在我们这样一个幅员辽阔、人口众多、案件数量巨大的国家，实现裁判尺度统一意义重大。裁判不统一、规则不统一，就没有稳定的市场预期，就难以构建全国统一大市场。我国虽不是判例法国家，但是裁判文书公开、法信智能推送等对于法官明确裁判思路、公众预判裁判结果都有很大影响。中国裁判文书网累计公开文书超过 1.3 亿份、访问总量即将突破千亿次。要运用好互联网司法完善裁判规则、统一裁判尺度的作用，服务构建全国统一大市场。

（五）充分发挥保障数字经济健康发展的重要作用

坚持促进发展和依法规范并重，通过司法裁判为数字经济发展和技术创新明晰规则，引导新技术新业态新模式在法治轨道上健康有序发展。深刻认识数据是数字经济的关键要素，妥善审理涉数据权属和交易等案件，立足司法推动建立健全数据产权保护制度、数据要素流通和交易制度、数字要素收益分配制度，依法保障全流程数字交易和数字市场培育。加强涉平台反垄断和反不正当竞争司法，依法惩处损害群众利益、妨碍公平竞争的行为，防止平台垄断和资本无序扩张。加强平台从业人员和消费者合法权益保护，完善新就业形态用工司法政策，强化劳动者权益保障力度。妥善审理算法规制、无人驾驶、人工智能技术应用等案件，促进数字经济、数字产业在发展中规范、在规范中发展。

（六）充分发挥促进社会治理的重要作用

在社会基层坚持和发展新时代“枫桥经验”，充分发挥互联网司法方便群众诉讼、线上定分止争的优势，持续推进人民法院调解平台进乡村、进社区、进网格，走好数字时代的群众路线，促进基层社会治理，推进法治乡村建设。积极稳妥推进与行业监管单位等协作，运用科技手段推进治理方式变革，更好推动行业监管、行业自律、行业治理。深入开展“数助决策”，充分发挥司法大数据经济社会发展“晴雨表”“风向标”作用，为各级党委政府决策提供参考，为更好化解矛盾、防范风险、促进治理提供支持。发挥司法教育评价指引规范功能，深化阳光司法，加强涉互联网司法典型案例宣传，为社会公众树立行为规则、明确价值导向。

新时代十年，我国智慧法院建设和互联网司法工作取得历史性成就，增强了人民群众对司法公正的获得感，赢得了社会各界广泛认可，提高了中国司法国际影响力。新时代新征程，智慧法院建设和互联网司法前景更加广阔。在党的二十大精神指引下，人民法院一定能如期实现2035年基本实现社会主义现代化总体目标要求，一定能不断满足人民群众日益增长的公平正义需要，一定能为世界法治发展和人类文明进步作出新的更大贡献！

（本文系周强同志2022年11月30日在全国法院第八次网络安全和信息化工作会议暨互联网司法工作推进会上的讲话，原载于《人民司法》2023年第1期，刊发时有修改。）

深入学习贯彻党的二十大精神　奋力推进新时代新征程人民法院工作高质量发展

最高人民法院党组书记、院长　周　强

党的二十大是在全党全国各族人民迈上全面建设社会主义现代化国家新征程、向第二个百年奋斗目标进军的关键时刻召开的一次十分重要的大会，在党和国家发展进程中具有极其重大的历史意义。大会全面贯彻习近平新时代中国特色社会主义思想，回顾总结了过去五年的工作和新时代十年的伟大变革，阐述了新时代坚持和发展中国特色社会主义的重大理论和实践问题，描绘了全面建设社会主义现代化国家、全面推进中华民族伟大复兴的宏伟蓝图，为新时代新征程党和国家事业发展、实现第二个百年奋斗目标指明了前进方向、确立了行动指南。大会首次对坚持全面依法治国、推进法治中国建设作出专题部署，对严格公正司法作出系统安排，充分体现以习近平同志为核心的党中央对全面依法治国工作的高度重视，充分彰显我们党矢志不渝推进法治建设的坚定决心，在我国社会主义法治建设史上具有重要里程碑意义。大会胜利闭幕以来，各级人民法院党组把学习宣传贯彻党的二十大精神作为当前和今后一个时期首要政治任务，切实加强组织领导，以高度的政治责任感和使命感，推动学习贯彻不断走深走实。各级人民法院要全面贯彻落实党的二十大精神，深刻领悟“两个确立”的决定性意义，增强“四个意识”、坚定“四个自信”、做到“两个维护”，把思想统一到党的二十大精神上来，把力量凝聚到党的二十大确定的各项任务上来，弘扬伟大建党精神，以忠诚担当、高度负责、昂扬奋进的精神状态做好服务大局、司法为民、公正司法各项工作，奋力推进新时代新征程人民法院工作高质量发展，为扎实推进中国式现代化提供有力司法服务。

一、新时代十年人民法院工作的新变革新发展

新时代十年，在以习近平同志为核心的党中央坚强领导下，在中央政法委领导下，全国法院坚持以习近平新时代中国特色社会主义思想为指导，深入贯彻习近平法治思想，牢牢坚持党对司法工作的绝对领导，紧紧围绕“努力让人民群众在每一个司法案件中感受到公平正义”目标，坚持服务大局、司法为民、公正司法，坚持司法体制改革和智慧法院建设双轮驱动，初步实现了审判体系和审判能力现代化，为全面建成小康社会、全面建设社会主义现代化国家提供了有力司法服务。

（一）筑牢政治忠诚，党对司法工作的绝对领导全面加强

习近平总书记连续8年主持中央政治局常委会会议听取最高人民法院党组工作汇报，定向领航新时代人民司法事业发展。人民法院始终把学习贯彻习近平新时代中国特色社会主义思想作为首要政治任务，把“两个维护”作为最高政治原则和根本政治规矩，不断提高政治判断力、政治领悟力、政治执行力，坚定不移在思想上政治上行动上同以习近平同志为核心的党中央保持高度一致。2013年3月全国“两会”后，最高人民法院党组提出以习近平总书记系列重要讲话精神武装头脑、指导实践、推动工作，明确把习近平总书记提出的“努力让人民群众在每一个司法案件中感受到公平正义”作为工作目标。2016年，鲜明提出“维护核心、绝对忠诚、听党指挥、勇于担当”十六字政治要求。全面加强人民法院党的政治建设，扎实开展党内集中教育，深入开展“两个坚持”专题教育、“两个确立”主题教育。真学真信笃行习近平法治思想，不折不扣做到“十一个坚持”，推进习近平法治思想进教材、进课堂、进头脑，强化干警入职教育和青年理论武装。严格落实重大事项请示报告制度，坚决贯彻政法工作条例，健全党中央重大决策部署落实机制，确保党中央大政方针在人民法院得到不折不扣贯彻落实。加强人民法院文化建设，形成以忠诚为民、崇法尚德、公正廉洁、刚正不阿、改革创新为主要内容的新时代人民法院文化。十年来，人民法院牢牢坚持党对司法工作的绝对领导，把中国特色社会主义法治之魂深深融入血脉，坚定不移沿着中国特色社会主义法治道路阔步前进。

（二）坚持守正创新，新时代社会主义司法理念牢固树立

坚持用习近平法治思想指导树立正确司法理念，坚持以人民为中心，努力维护社会公平正义，确立并践行“司法为民、公正司法”的工作主线。坚守法治原则，遵循司法规律，坚持程序公正与实体公正相统一，坚持公正与效率相协调，坚持专业化与大众化相结合。兼顾国法天理人情，切实纠正偏离人民立场、机械司法、就案办案等错误做法，依法再审改判“百香果女童被害案”，妥善审理王力军无证收购玉米案、“鹦鹉案”、“兰草案”等标志性案件，努力实现政治效果、法律效果、社会效果有机统一。尊重人民群众朴素公平正义观，准确把握宽严相济刑事政策，正确适用刑事附带民事调解制度，坚决防止在社会上传递出“花钱买命”“以钱买刑”“以官抵罪”等错误导向。大力弘扬社会主义核心价值观，发挥司法断案惩恶扬善功能，引导全社会崇德向善。依法审理侵害“狼牙山五壮士”“抗美援朝冰雕连”等英烈名誉荣誉案，狠刹历史虚无主义歪风，捍卫英烈尊严荣光。破解长期困扰群众的“扶不扶”“劝不劝”“追不追”“救不救”“为不为”“管不管”等法律和道德风险，坚决防止“谁能闹谁有理”“谁横谁有理”“谁受伤谁有理”等“和稀泥”做法，让司法有力量、有是非、有温度，让群众有温暖、有遵循、有保障。坚持支持监督行政机关依法行政和维护人民群众合法权益相统一，强化合法性审查，促进行政争议实质性化解，服务法治政府建设。十年来，人民法院以新时代社会主义司法理念指导司法实践，努力让全社会充满正气、正义，让人民群众切实感受到公平正义就在身边。

（三）贯彻总体国家安全观，促进平安中国建设作出新贡献

坚持把政治安全放在首要位置。依法严惩渗透颠覆破坏、暴力恐怖、民族分裂、宗教极端等犯罪，坚定维护国家政权安全、制度安全、意识形态安全。坚决维护社会大局稳定。圆满完成扫黑除恶专项斗争审判执行任务，对孙小果、杜少平等依法判处并执行死刑，坚决“打伞

破网”“打财断血”，推进扫黑除恶常态化。保持对严重危害社会治安犯罪高压态势，严惩严重暴力犯罪、危害公共安全犯罪以及盗抢骗、黄赌毒等犯罪。我国严重暴力犯罪案件十年来总体呈下降趋势并保持低位运行。切实增强人民群众安全感。针对群众反映强烈的危害食品药品安全、危害安全生产、高空抛物、偷盗窨井盖、电信网络诈骗、侵犯公民个人信息等违法犯罪，加大惩治力度，促进依法治理，守护人民群众“针尖上”“舌尖上”“头顶上”“脚底下”“钱袋子”等安全。严惩针对妇女儿童的暴力、虐待、拐卖、性侵害等犯罪，对一批杀害伤害未成年人的犯罪分子依法判处并执行死刑。加大新型网络犯罪惩治力度，决不让网络空间沦为法外之地。十年来，人民法院积极促进平安中国建设，为新时代续写社会长期稳定奇迹作出重要贡献，助力我国成为世界上最安全的国家之一。

（四）完整、准确、全面贯彻新发展理念，服务高质量发展取得新成效

围绕统筹疫情防控和经济社会发展，及时发布指导意见及典型案例，依法审理相关案件，妥善化解涉疫矛盾，精准服务“六稳”“六保”。针对疫情给企业和群众带来的困难，出台助力中小微企业发展20条、促进消费30条、稳定就业14条等司法政策，为企业纾难解困，帮群众排忧解难。结合疫情防控措施的优化调整，及时调整完善司法政策。围绕构建全国统一大市场，出台30条司法措施，统筹市场主体、要素、规则、秩序统一保护，加强产权司法保护，维护市场公平竞争，弘扬契约精神和企业家精神，着力营造稳定公平透明、可预期的法治化营商环境，服务高标准市场体系建设。依法甄别纠正张文中案等涉产权刑事冤错案件，健全产权司法保护制度，向全社会释放党中央保护产权和企业家权益的强烈信号，为民营企业和企业家稳定发展预期、提振发展信心。在世界银行全球营商环境评估报告中，涉及法院的“执行合同”“办理破产”“保护中小投资者”指标稳步提升，其中“执行合同”指标全球第五，细分单项指标“司法程序质量”并列全球第一。围绕创新驱动发展，加大关键核心技术、种源种业、新兴领域等知识产权司法保护力度，深化知识产权审判领域改革，健全落实惩罚性赔偿制度，着力破解知识产权维权“举证难、周期长、赔偿低、成本高”等问题，使我国日益成为国际知识产权诉讼优选地。加强数据权利保护，出台人脸识别司法解释，合理划定数据资源利用与个人信息保护边界，促进数字经济健康发展。围绕防范化解金融风险，妥善审理“e租宝”等涉众型经济案件，从严打击证券违法活动，全面推进金融纠纷多元化解机制建设，运用市场化法治化手段防范化解金融风险。围绕深化供给侧结构性改革，妥善审理海航集团等重大破产重整案件，推动市场主体有序退出和有效救治，推动完善破产法律制度，促进市场资源高效配置。围绕脱贫攻坚和全面推进乡村振兴，妥善审理涉农案件，保护农民合法权益，服务乡村产业振兴，支持农业农村改革，促进平安法治乡村建设。围绕促进区域协调发展，跟进完善司法服务政策，为京津冀协同发展、粤港澳大湾区建设、长江经济带发展、长三角一体化发展、黄河流域生态保护和高质量发展、雄安新区建设、成渝地区双城经济圈建设等重大战略实施营造良好法治环境。围绕推动绿色发展，深入践行“两山”理念，依法审理绿孔雀预防性保护等标志性案件，出台生态环境侵权禁止令、惩罚性赔偿等司法解释，促进大江大河生态保护和系统治理。习近平总书记致世界环境司法大会贺信指出：“中国持续深化环境司法改革创新，积累了生态环境司法保护的有益经验。”十年来，人民法院始终围绕中心、服务大局，努力做到党中央决策部

署到哪里，司法服务就跟进到哪里，经济社会发展到什么阶段，司法工作就跟进到什么阶段。

（五）依法惩治腐败犯罪，服务反腐败斗争取得新成果

坚决贯彻党中央反腐败工作部署，配合国家监委完善监察与刑事司法衔接机制。依法审理周永康、薄熙来、郭伯雄、孙政才、令计划等重大职务犯罪案件。对赖小民依法判处并执行死刑，对白恩培、赵正永、孙力军、王立科、傅政华等腐败犯罪分子适用终身监禁。落实受贿行贿一起查，严惩主动行贿、多次行贿、行贿数额巨大、长期“围猎”干部的行贿犯罪，依法追缴行贿非法获利，斩断“围猎”腐蚀、权钱交易的利益链条。对原县处级以上职务犯罪罪犯减刑、假释、暂予监外执行实行备案审查，一律上网公示，让暗箱操作没有空间。加大赃款赃物追缴力度，最大限度挽回职务犯罪造成的经济损失，让妄想“当官发财两美”的腐败分子“人财两空”。配合做好境外追逃追赃工作，审理“红通1号”杨秀珠等一批外逃腐败分子回国受审案件，适用刑事缺席审判程序审理程三昌案，完善犯罪嫌疑人、被告人逃匿、死亡案件违法所得没收程序，推动境外承认执行我国法院没收裁定，对外逃腐败分子及其违法所得一追到底。十年来，人民法院始终保持惩治腐败犯罪高压态势，全力配合“打虎”“拍蝇”“猎狐”，为反腐败斗争取得压倒性胜利并全面巩固提供了有力司法服务。

（六）践行司法为民，探索走出中国特色司法为民新路径

牢记人民至上，站稳人民立场，立足司法推动解决人民群众急难愁盼问题，不断增强人民群众获得感、幸福感、安全感。切实实施民法典，制定修改配套司法解释，妥善审理“老旧小区加装电梯案”等与百姓生活息息相关案件，推动民法典走入千家万户、走进百姓心田。加强民生司法保障，妥善审理教育、就业、医疗、住房、婚姻家庭、社会保障等涉民生案件，加强妇女、儿童、老年人、残疾人合法权益保护，依法保障人民安居乐业。深化少年法庭改革，中国特色社会主义少年司法制度更加成熟定型。平等保护港澳台同胞合法权益，深化拓展涉港澳台司法工作。与港澳签署14项民商事司法协助安排，发布5项涉台司法互助司法解释，中国特色区际司法协助互助体系不断完善。出台司法惠台36条措施，实现内地与港澳仲裁协助全流程覆盖，建立“总对总”涉台纠纷在线诉调对接机制。成功举办6届海峡两岸暨香港澳门司法高层论坛、14届海峡两岸司法实务研讨会。国家法官学院举办5期澳门司法范畴培训班，实现澳门现职法官首轮全员研修。接收1000余名港澳台学生到人民法院实习参访。全面实行立案登记制，全国法院当场立案率达95%以上，实现跨域立案服务全覆盖，让千百年来老百姓反映强烈的立案难问题真正成为历史。坚持和发展新时代“枫桥经验”，建成中国特色一站式多元纠纷解决和诉讼服务体系，方便群众公正、高效、实质性化解矛盾纠纷。“马背法庭”“车载法庭”深入田间地头，广泛开展巡回审判，打通方便群众诉讼的“最后一公里”。十年来，人民法院深入践行司法为民宗旨，用惠民生、暖民心、解民忧的实际行动，让公平正义更加可感可触，让中国特色司法为民之路越走越宽广。

（七）严格公正司法，审判质效和司法公信力实现新提升

牢记“公平正义是司法的灵魂和生命”，坚持以事实为根据、以法律为准绳，依法独立公正行使审判权，坚决守住维护社会公平正义的最后一道防线。坚决贯彻党和国家死刑政策，严格执行“保留死刑，严格控制和慎重适用死刑”，对严重危害公共安全、严重影响群众安全感、

挑战法律和伦理底线、罪行极其严重、论罪当判死刑的，坚决依法判处并核准死刑。严把死刑案件质量关，死刑、死缓案件二审一律开庭。坚守法治定力，不为各种纷繁所扰，不为各种噪声所惑，不为各种压力所阻，坚决捍卫法律的尊严和权威。健全事实认定符合客观真相、办案结果符合实体公正、办案过程符合程序公正的法律制度。加强和规范司法解释和案例指导，统一法律适用标准。完善“四类案件”监督管理机制，强化类案强制检索，健全信息化全流程审判监督管理机制，加强司法制约监督。十年来，全国法院结案量年均增长11%，各类案件服判息诉率持续增长，审判质效指标保持稳中向好，司法质量、效率和公信力显著提升，公平正义成为新时代人民司法的鲜亮底色。

（八）坚决纠正和防范冤错案件，人权司法保障水平迈上新台阶

坚持惩罚犯罪与保障人权相统一，切实尊重和保障人权。圆满完成特赦重大政治任务，2015年、2019年分别依法裁定特赦罪犯31 527人和23 593人，充分展示我国开放、民主、法治、文明的国际形象。坚持实事求是、有错必纠，依法再审纠正张氏叔侄案、呼格吉勒图案、聂树斌案、张玉环案等重大刑事冤错案件，健全错案防止、纠正、责任追究机制，牢牢守住防止冤假错案底线。纠正张氏叔侄案、呼格吉勒图案、聂树斌案均被写入《中国共产党百年法治大事记》。发挥一审程序基础作用和二审程序把关作用，完善证据审查、案件审理、内部监督等机制，确保无罪的人不受刑事追究。对卢荣新案、陶雪案、范太应案等刑事案件依法作出无罪判决，对事实不清、证据不足的熊秋保案依法不予核准死刑，有效避免冤错案件发生。严格贯彻罪刑法定、疑罪从无、证据裁判、非法证据排除等原则规则，落实公开审判、法庭辩论等诉讼制度，禁止让被告人穿囚服出庭。加强律师执业权利保障，充分发挥律师促进公正司法和人权保障的重要作用。推进律师辩护全覆盖，健全死刑复核案件法律援助制度。与各级律师协会建立联系机制，建立律师服务平台，为律师立案、阅卷、参与诉讼提供便利。完善国家赔偿和司法救助制度，加强刑事冤错案件国家赔偿工作，明确精神损害赔偿责任适用，推进司法救助与社会救助衔接。十年来，加强人权司法保障取得重大进展，成为我国人权事业发展和法治中国建设重大成就的重要内容。《中国共产党尊重和保障人权的伟大实践》白皮书系统介绍“完善基本权利保障的司法制度”进展，《全面建成小康社会：中国人权事业发展的光辉篇章》白皮书全面发布“加强人权司法保障”成效。党的十九届六中全会把“依法纠正冤错案件”写入党的第三个历史决议。

（九）变革执行模式，攻坚解决执行难取得历史性新突破

坚决贯彻党的十八届四中全会关于“切实解决执行难”重大部署，紧紧依靠党的领导，推动健全综合治理执行难工作格局，开展为期三年的基本解决执行难攻坚战并不断巩固成果，以前所未有的决心和力度破除实现公平正义的最后一道藩篱。建成网络执行查控、司法拍卖、司法评估系统，有力破解查人找物、财产变现等难题，联合信用惩戒体系让失信被执行人“一处失信、处处受限”，执行模式发生根本性变革和重塑。司法拍卖过去是司法腐败的重灾区，网络拍卖以后实现了违纪违法“零投诉”。出台财产调查、执行制约监督等79件司法解释和规范性文件，建成统一的执行办案平台和指挥管理平台，实现“统一管理、统一指挥、统一协调”，把执行权关进了制度和数据的“铁笼”。集中开展涉民生、涉中小企业、涉党政机关等专项执

行行动，一批群众关心的突出问题得到解决。健全解决执行难长效机制，推动民事强制执行立法迈出实质性步伐。十年来，人民法院如期实现基本解决执行难目标，兑现了向人民作出的庄严承诺，持续保持执行工作高水平运行，中国特色执行制度、机制和模式更加健全、更加有力，有力促进了法治建设和社会诚信建设。

（十）全面深化改革，司法体制改革取得历史性新成就

坚决贯彻党中央司法体制改革部署，深化以司法责任制为重点的司法体制改革，牵头负责的中央重大改革任务绝大部分已经完成，“四五改革纲要”全面收官，“五五改革纲要”稳步推进，公正高效权威的社会主义司法制度更加成熟更加定型。全面落实司法责任制。落实“让审理者裁判、由裁判者负责”，实行法官员额制，完善人员分类管理制度，优化审判权力责任配置，全国法院85%以上人员向办案一线集中，权责明晰、权责统一、监督有序、配套齐全的新型审判权力运行体系全面建成。深化诉讼制度改革。深入推进以审判为中心的诉讼制度改革，系统修订刑事诉讼法司法解释，推行庭前会议、非法证据排除、法庭调查“三项规程”，保证庭审在查明事实、认定证据、保护诉权、公正裁判中发挥决定性作用。深化量刑规范化改革，促进量刑公开公平公正。正确适用认罪认罚从宽制度，推进民事、行政案件繁简分流机制改革，立体化、多元化、精细化的诉讼制度体系日益完善。推进四级法院审级职能定位改革，四级法院审级职能日益优化、职权配置更加科学。完善人民陪审员制度，配合制定人民陪审员法，全国人民陪审员增至33.2万人，比2013年扩大近3倍。优化法院组织体系。设立最高人民法院巡回法庭、国际商事法庭、知识产权法庭，增设或新设海事法院、知识产权法院、金融法院及专业化法庭，探索设立跨行政区划法院，人民法院组织体系更加适应国家发展战略需要。现代化司法政务体系建设迈出坚实步伐。十年来，人民法院坚持正确改革方向，敢于啃硬骨头、涉险滩、闯难关，做成了想了很多年、讲了很多年但没有做成的改革，推动法院工作许多领域实现了历史性变革、系统性重塑、整体性重构。党的二十大报告充分肯定“司法体制改革取得重大进展”。

（十一）建设智慧法院，创新互联网司法，审判体系和审判能力现代化实现新跨越

抓住网络强国、数字中国建设重大机遇，推动科技创新成果同司法工作深度融合。贯彻落实党的十八届三中、四中全会关于司法公开的重大部署，坚持以公开促公正、以透明保廉洁，建成审判流程、庭审活动、裁判文书、执行信息四大公开平台，开放、动态、透明、便民的阳光司法机制已经形成。中国裁判文书网公开文书超过1.3亿份，访问量超过1000亿次，中国庭审公开网直播庭审超过2000万场。建成覆盖全国四级法院，涵盖智慧服务、智慧审判、智慧执行、智慧管理的智慧法院，实现全业务网上办理、全流程依法公开、全方位智能服务，疫情期间“大显身手”，实现“审判执行不停摆、公平正义不止步”。智慧服务系统让一站式建设“在线”“多元”“融合”“集约”等优势充分发挥、效能极大释放。智慧审判系统为法官减轻事务性工作达30%以上，提高庭审效率超过20%。人民法院大数据管理和服务平台汇聚2.9亿多件案件信息，形成司法大数据专题分析报告1200余份，司法区块链平台完成28.5亿条数据上链存证固证。积极探索互联网司法。北京、杭州、广州互联网法院在技术创新、规则确立、网络治理等方面探索形成一批有益经验。出台人民法院在线诉讼、在线调解、在线运行三大规

则和区块链、人工智能司法应用意见，中国特色互联网司法从技术领先迈向规则引领。智慧法院创新成果在国家“十三五”科技创新成就展全方位展示，加强智慧法院建设写入国家“十四五”规划纲要。十年来，智慧法院建设推动了审判体系、司法模式和诉讼程序的重塑，让司法工作在数字时代实现质量变革、效率变革、动力变革。

（十二）服务对外开放，中国司法国际公信力和影响力实现新跃升

统筹推进国内法治和涉外法治，全面提升涉外司法质效，坚定不移维护国家主权、安全、发展利益，服务推动构建人类命运共同体。全面落实准入前国民待遇加负面清单制度，审理外国股东依据负面清单确认股权份额等案件，依法平等保护中外投资者合法权益。加强国际商事法庭建设，首创国际商事专家委员会制度，建立国际商事争端多元化解机制，完善“一带一路”、自贸试验区、自由贸易港等司法服务政策，探索创新陆上国际贸易规则，服务高水平对外开放。推进国际海事司法中心建设，依法审理“加百利”轮海难救助合同案、“尼莉莎”轮扣押案、“天使力量”轮船员劳务纠纷案等海事案件，彰显大国司法的公正高效和国际担当。依法审理“章公祖师”肉身坐佛像案，开启民间通过民事诉讼追索流失海外文物的新途径。加强国际司法协助，推进打击跨国犯罪、网络空间治理、生态环境保护、知识产权保护、国际经贸规则等领域司法合作，积极参与国际规则制定。上海合作组织成员国最高法院院长会议、中国—东盟大法官论坛、金砖国家首席大法官论坛等机制成果丰硕。达成世界执行大会上海宣言、世界互联网法治论坛乌镇宣言、世界环境司法大会昆明宣言等成果性文件，为促进国际司法合作和世界法治发展作出贡献。举办 57 期国外法官研修班。最高人民法院 3 名法官先后当选国际劳工组织行政法庭和联合国上诉法庭、争议法庭法官。十年来，中国司法国际公信力和影响力不断提升，越来越多境外当事人主动选择中国法院管辖，有力传递中国改革不停顿、开放不止步的时代强音。

（十三）加强以案释法，推动法治社会建设展现新作为

全面落实“谁执法谁普法”普法责任制，以案释法，弘扬社会主义法治精神，推动让法治成为全民思维方式和行为习惯。坚持越是社会关注案件、越要依法主动公开，在薄熙来案、于欢案、江歌案等社会广泛关注案件审理中，通过庭审直播、新闻发布等方式，让热点案件审判成为全民共享的法治公开课。加强裁判文书说理，讲清群众身边“小案件”的法理事理情理，强化规则意识，弘扬公序良俗，引导人们牢固树立有权力就有责任、有权利就有义务的观念，让广大群众知道法治社会提倡什么、反对什么、禁止什么。加强执行案例宣传，举办 55 期“决胜执行难”“正在执行”全媒体直播，推动形成守法诚信光荣、违法失信可耻的社会氛围。广泛开展法治进校园活动，引导青少年增强法治意识、践行社会主义核心价值观。发展法院文博事业，丰富法院文艺创作，成立中国法官文联，推出《家事如天》《执行利剑》等一批精品力作，电视剧《底线》被誉为“国产法治题材剧的标杆之作”。十年来，人民法院发挥以案释法的独特优势，生动讲好新时代司法故事，有力推动了法治社会建设，极大增强了全民法治观念。

（十四）促进理论与实践相结合，推动中国法学研究实现新发展

立足新时代丰富司法实践，推动法学理论和法治实践更好结合，促进法学研究繁荣和法治人才培养。通过裁判文书网、庭审公开网等司法公开平台，把司法实践最新经验和生动案例带

进教学科研。海量裁判文书、司法案例、司法大数据资源成为法学实证研究和实践教学的“富矿”，推动中国法学教学科研面向实践的范式变革。智慧法院和互联网司法蓬勃发展，为数字法学研究繁荣和交叉学科、新兴学科建设提供了丰沃实践土壤。支持清华大学互联网司法研究院、上海交通大学智慧法院研究院、浙江大学数字法治研究基地等开展法治前沿问题研究，数字法治、数字正义等研究方兴未艾。加强法官教育培训学科建设和课程体系建设，加强应用法学研究，创建中国司法案例学、司法信息学等学科。支持司法案例研究院建设国际一流的司法案例数据库和研究中心。支持中国司法大数据研究院建设成为世界一流司法大数据管理者、研究者、服务者。加强法院与法学院校双向交流，建立法律研修学者、法律实习生等制度，创新社会主义法治人才培养模式。十年来，人民法院推动法学理论和法治实践相互促进、融合发展，助推了中国法学研究的现代化，为完善中国特色社会主义法学理论体系、学科体系、课程体系作出重要贡献。

（十五）夯实基层基础，司法事业长远发展之基得到新加强

坚持强基导向，推进力量配备和司法资源向基层倾斜，全面提升基层司法能力、治理能力、服务能力。加强新时代人民法庭建设，全国四级法院院长、班子成员深入6028个乡镇人民法庭开展驻庭调研，完善“三个便于”“三个服务”原则，人民法庭区域布局不断优化，保障水平明显提高，功能作用显著提升。积极创建“为群众办实事示范法院”和“枫桥式人民法庭”，更好发挥基层法院和人民法庭服务乡村振兴、促进基层治理作用。加大对革命老区、民族地区、边疆地区法院建设支持力度，扎实开展援藏、援疆、援青工作。培养双语法官1345人，推动解决中西部艰苦边远地区法院人才短缺问题。加强基础设施建设，有效解决“两庭”建设突出问题，建成2.8万个科技法庭。最高人民法院6个巡回法庭为最高审判机关重心下移、就地解决纠纷、方便当事人诉讼提供了有力保障。十年来，人民法院坚持重心下移、力量下沉，努力提升基层司法能力水平，有力夯实了人民司法事业高质量发展的基层基础。

（十六）坚持全面从严治党、从严治院，人民法院队伍展现昂扬新气象

紧紧围绕习近平总书记提出的“五个过硬”要求，加强队伍革命化、正规化、专业化、职业化建设，努力锻造忠诚干净担当的法院铁军。旗帜鲜明把党的政治建设放在首位，以党建带队建促审判，加强理想信念教育，加强政治纪律和政治规矩教育，建好用好干部政治素质档案，确保法院队伍绝对忠诚、绝对纯洁、绝对可靠。加强职业良知教育，引导广大干警信仰法律、坚守法治，端稳天平、握牢法槌，铁面无私、秉公司法。坚决落实党风廉政建设主体责任和监督责任，坚定不移推进全面从严管党治警，驰而不息正风肃纪，以零容忍态度严惩司法腐败，清除了一批害群之马，深刻汲取沈德咏、奚晓明、张坚、胡毅峰、孟祥、张家慧等法院系统违纪违法案件教训，一体推进不敢腐、不能腐、不想腐。加强司法能力建设，完善法官培训制度，深入开展“人民法院大讲堂”“全国审判业务专家”评选等活动，抓好高层次审判人才培养，完善年轻干部培育锻炼机制，广大干警履职尽责、定分止争能力明显提升。十年来，全国法院干警得到前所未有的淬炼，特别是在队伍教育整顿中实现刮骨疗毒、激浊扬清、铸魂扬威，思想作风发生深刻变化，能力素质全面加强，精神面貌焕然一新。十年来，全国法院涌现出许多可歌可泣的先进人物和事迹，邹碧华、李庆军、胡国运、周春梅、魏晶晶、杨军、滕启

刚、鲍卫忠、刁志岭等法官因超负荷工作或遭受暴力伤害等原因牺牲在工作岗位上，他们是共和国审判事业的忠诚卫士，他们用奉献牺牲诠释了为民情怀，用鲜血生命捍卫了公平正义。

新时代十年人民司法事业取得历史性成就、发生历史性变革，根本在于有习近平总书记作为党中央的核心、全党的核心领航掌舵，根本在于有习近平新时代中国特色社会主义思想科学指引。“两个确立”是新时代最重大的政治成果、最重要的历史经验、最鲜明的实践结论，是战胜一切艰难险阻、应对一切不确定性的最大确定性、最大底气、最大保证，必须倍加珍惜、坚决拥护、长期坚持。

二、新时代十年人民法院工作的基本经验

十年来，人民法院始终与党中央同心同德、与新时代同向同行，在攻坚克难中勇担使命，在变革创新中砥砺奋进。在新时代法治中国建设伟大实践中，我们深化了对人民司法事业发展的规律性认识，积累了许多宝贵经验。

——坚持党对司法工作的绝对领导。新时代人民法院工作之所以能够克服重重困难、战胜风险挑战、取得历史性成就，最根本的是有党的坚强领导，有习近平总书记定向领航。必须毫不动摇坚持党对司法工作的绝对领导，坚决服从党中央集中统一领导，坚持把党的领导和依法独立公正行使审判权统一起来，坚决做到维护核心、绝对忠诚、听党指挥、勇于担当，确保人民法院工作始终沿着正确政治方向前进。

——坚持以党的创新理论武装头脑、指导实践、推动工作。新时代人民法院取得的一切成就都是习近平法治思想的生动实践。必须全面把握习近平新时代中国特色社会主义思想的世界观、方法论和贯穿其中的立场观点方法，始终以习近平法治思想指导司法理念和司法实践，不断增强运用马克思主义中国化时代化最新成果指导实践、解决问题、推动工作的能力，不懈开拓人民司法事业发展新境界。

——坚持紧紧围绕党和国家工作大局履职尽责。新时代人民法院工作之所以能够与时俱进、赢得发展，原因就在于始终以党和国家工作大局为重，以最广大人民利益为念，紧紧围绕中心、服务大局。必须牢记“国之大者”，心怀“两个大局”，切实肩负起中国特色社会主义事业建设者、捍卫者的职责使命，努力在服务大局中践行对党忠诚、彰显使命担当。

——坚持司法为民、公正司法工作主线。新时代人民法院工作之所以司法公信力不断提高，受到人民欢迎，焕发蓬勃生机，原因就在于发扬一切为了人民、一切依靠人民的优良传统，紧紧围绕“努力让人民群众在每一个司法案件中感受到公平正义”目标来改进工作。必须始终坚持人民至上、站稳人民立场，始终肩扛公正天平、手持正义之剑，践行司法为民宗旨，坚持严格公正司法，不断满足人民群众对司法公正的新要求新期待。

——坚持司法体制改革和智慧法院建设双轮驱动。新时代人民法院之所以能够有力推进审判体系和审判能力现代化，原因就在于把司法体制改革和智慧法院建设作为“车之两轮、鸟之双翼”，有力推动人民法院工作创新发展。必须坚持发扬改革创新的时代精神，坚定不移深化司法体制改革和智慧法院建设，依靠改革和科技破难题、解新题，努力创造更高水平的社会主义司法文明，为世界法治文明进步作出更大贡献。

——坚持系统观念、法治思维、强基导向。新时代人民法院工作高质量发展之所以取得重大进展，原因就在于坚持正确的原则方法，把握尊重经济社会发展规律和司法规律，始终从系统观念出发解决法院改革发展的错综复杂矛盾，始终信仰法治、坚守法治、依法办事，始终树立抓基层强基础的鲜明导向。必须一以贯之加强对司法工作的前瞻性思考、全局性谋划、整体性推进，一以贯之运用法治思维和法治方式保障权益、化解矛盾、维护稳定，一以贯之加强基层组织、基础工作、基本能力建设，推动在更高水平上实现人民法院工作高质量发展。

——坚持发扬斗争精神、增强斗争本领。新时代人民法院工作之所以能够解决很多影响司法公正、制约司法能力的深层次问题，原因就在于敢于斗争、善于斗争、勇于担当，不畏艰难、迎难而上、攻坚克难。必须聚焦群众急难愁盼问题，发扬一仗接着一仗打、一个难题接着一个难题攻克的精神，积极探索真正解决问题的思路办法，依靠顽强斗争、勇于担当，不断开拓司法事业发展新局面。

——坚持以廉洁司法确保公正司法。新时代人民法院之所以树立起惩恶扬善、执法如山的浩然正气，原因就在于始终以公正廉洁为原则底线，勇于自我革命，敢于刮骨疗毒，驰而不息正风肃纪反腐，以廉洁司法确保公正司法。必须始终发扬自我革命精神，保持正视问题的勇气和刀刃向内的坚定，不断清除一切侵蚀法院肌体健康的病毒，永葆忠诚纯洁可靠的政治本色，永葆公正为民的强大底气，真正做到让党中央放心、让人民群众满意。

——坚持自觉接受监督。新时代人民法院之所以能够正确履行职责、维护司法公正、增强司法权威，原因就在于以前所未有的决心和力度深化司法公开，以前所未有的主动和自觉接受人民监督。必须更加自觉以公开促公正树公信，更加自觉在监督下秉公用权、依法用权、廉洁用权、为民用权，自觉接受人大监督、民主监督、纪律监督、监察监督、检察机关诉讼监督、舆论监督和各方面监督，充分发挥特约监督员作用，确保司法更加公正廉洁高效权威。

三、全面贯彻落实党的二十大精神，奋力推进新时代新征程人民法院工作高质量发展

与全面建成社会主义现代化强国“两步走”战略安排同步，人民法院工作的战略目标是：到2035年，基本实现审判体系和审判能力现代化；到本世纪中叶，全面实现审判体系和审判能力现代化。围绕全面贯彻落实党的二十大精神、党中央决策部署，锚定新时代新征程人民法院工作战略目标，当前和今后一个时期，要重点做好以下几方面工作：

第一，坚定不移走中国特色社会主义法治道路。中国特色社会主义是实现中华民族伟大复兴的必由之路。中国特色社会主义法治道路，本质上是中国特色社会主义道路在法治领域的具体体现，是建设社会主义法治国家的唯一正确道路。要坚定不移拥护“两个确立”、做到“两个维护”，始终把“两个维护”作为最高政治原则和根本政治规矩，始终做习近平新时代中国特色社会主义思想的坚定信仰者和忠实实践者。要坚决维护党中央权威和集中统一领导，坚持对党绝对忠诚，始终真心爱党、时刻忧党、坚定护党、全力兴党。要贯彻中国特色社会主义法治理论，始终把真学真信笃行习近平法治思想作为法院全部工作的主题，不断形成更为丰富、更加生动的实践成果。要牢牢坚持党对司法工作的绝对领导，紧紧依靠党的领导战胜困难挑

战，把党的绝对领导作为最大优势贯穿法院工作全过程各方面。要增强对中国特色社会主义法治道路的自信、底气、定力，旗帜鲜明同西方错误思潮作斗争。要坚持和拓展中国特色社会主义法治道路，扎根中国文化、立足中国国情、解决中国问题，以中华法系智慧、中国司法实践为世界法治文明建设作出更大贡献。

第二，积极服务和推动中国式现代化建设。党的二十大擘画了以中国式现代化全面推进中华民族伟大复兴的美好蓝图。对人民法院来讲，审判体系和审判能力现代化既是国家治理体系和治理能力现代化的题中应有之义，又是推进中国式现代化不可或缺的重要保障。要始终牢记“国之大者”，深刻领会中国式现代化的中国特色和本质要求，准确把握司法在中国式现代化中的职责定位，更好发挥法治固根本、稳预期、利长远的保障作用，在法治轨道上推进中国式现代化。要坚持总体国家安全观，发挥好惩罚犯罪、保护人民、定分止争、化解矛盾的职能，妥善化解人民内部矛盾，精准防范化解风险挑战，促进更高水平的平安中国建设，为以新安全格局保障新发展格局提供司法服务。要坚持以推动高质量发展为主题，完整、准确、全面贯彻新发展理念，更好统筹发展和安全，以高质量司法服务高质量发展。要切实落实“两个毫不动摇”，持续加强产权和知识产权司法保护，弘扬契约精神，在司法裁判中正确处理局部与整体、当前与长远、政府与市场、效率与公平、发展与安全等重大关系问题，着力营造市场化、法治化、国际化一流营商环境。要严格落实对国企民企的平等保护、平等对待，保障各类市场主体平等使用生产要素、公开公平参与市场竞争、同等受到法律保护、共同履行社会责任。依法保护企业家人身和财产安全，依法破除对民营企业在投资、市场准入等领域设置的门槛，立足司法促进提振发展信心。要完善推动发展更平衡、更协调、更包容的司法政策措施，更好发挥司法规范社会行为、调节和平衡利益关系、维护和促进公平正义的作用，依法服务在高质量发展中促进共同富裕。要加强生态环境司法保护，服务绿色发展，促进人与自然和谐共生。要紧扣以审判体系和审判能力现代化服务中国式现代化的时代课题，深入研究谋划，巩固经验成果，补齐短板不足，努力完成到2035年基本实现审判体系和审判能力现代化的目标任务，实现司法理念、职能定位、组织体系、制度机制、队伍素质和国际影响力等方面全方位提升，更好适应国家治理体系和治理能力现代化要求，更好适应中国式现代化要求。

第三，不断实现人民群众对公平正义的向往。人民法院的“人民”二字力重千钧，这决定了我们必须牢记江山就是人民、人民就是江山，始终把实现好、维护好、发展好最广大人民根本利益作为一切工作的出发点和落脚点。要坚持走好中国特色司法为民之路，无论司法职能发挥，还是法院改革发展，都坚持发展为了人民、发展依靠人民、发展成果由人民共享。要站稳人民立场，增强群众感情，提高群众工作能力，“把屁股端端地坐在老百姓这一面”，用严格公正司法的实际行动体现全心全意为人民服务。要依法维护社会公平正义和人民权利，把尊重和保障人权贯穿司法全过程，让司法真正成为维护公平正义的坚固防线、保障人民权益的坚强后盾。要不断提高运用司法手段推动解决群众急难愁盼问题的能力，切实维护人民群众切身利益，善于解决好少数与多数、个人与集体、公益与私益、权利保护与权利救济等重大利益关系问题，更好保障人民安居乐业。要准确把握人民群众对司法公正的新要求新期待，决不能与群众朴素的公平正义观背道而驰，注重维护权利公平、机会公平、规则公平，兼顾依法保障权益和引导理性维权，弘扬社会正气、正义。要竭诚服务群众，努力做到既解决案件的“法结”、又打开群众的“心结”，让老百姓感受到法律条文背后的力量、是非、温度。要不断解决群众在诉讼中遇到的难点堵点痛点问题。深化执行体制机制改革，努力实现到2035年“切实解决执行难”的目标。要在社会基层坚持和发展新时代“枫桥经验”，提升一站式多元纠纷解决和诉讼服务体系综合效能，提升司法服务精准性普惠性。要践行全过程人民民主，有力有序推进社会主义司法民主建设，坚持人民司法为人民，倾听人民心声，接受人民监督，依靠人民推进公正司法，通过公正司法维护人民权益，让人民司法事业发展深深扎根于人民群众的创造性实践中。

第四，加快建设公正高效权威的社会主义司法制度。党的二十大报告指出“公正司法是维护社会公平正义的最后一道防线”，对严格公正司法、加快建设公正高效权威的社会主义司法制度作出重大部署。要坚持正确方向，坚定改革信心，决不走回头路、翻烧饼，始终以改革的思维和办法解决改革中出现的新情况新问题。要紧紧扭住深化改革和科技赋能双轮驱动，在新的更高起点上深化司法体制改革、加快智慧法院建设，不断完善和发展中国特色社会主义司法制度。要深化司法体制综合配套改革，全面准确落实司法责任制，对“四五改革纲要”“五五改革纲要”中落实不到位的改革要继续推进，统筹重点改革任务，推动各项改革更加系统集成、协同高效、相得益彰。要规范司法权力运行，进一步优化司法职权配置，推进以审判为中心的诉讼制度改革取得更大突破性进展，推动健全公安机关、检察机关、审判机关、司法行政机关各司其职、相互配合、相互制约的体制机制。要强化对司法活动的制约监督，贯通内部监督和外部监督，完善与新型审判权力运行机制相适应的制约监督体系。要抓住有利窗口期，深化四级法院审级职能定位改革，真正让不同层级法院各司其职，更好发挥四级两审审级制度优势，配套推进各级法院内设机构改革。要聚焦保障法官作出令人信服和敬畏的裁判，保障司法人员依法履职，着力改善司法环境，在全社会推动形成尊重司法裁判、维护司法权威的良好氛围。要巩固拓展智慧法院建设成果，完善中国特色互联网司法模式，努力创造更高水平的数字正义。要遵循司法规律，把握正确方法，统筹解决当前突出问题和实现长远健康发展，探索规律、尊重规律，趋利避害、兴利除弊，围绕更好保障和促进社会公平正义来改进工作，为加快建设更高水平的法治中国提供有力司法服务和保障。

第五，努力建设更高水平的涉外审判体系。统筹推进国内法治和涉外法治，是统筹中华民族伟大复兴战略全局和世界百年未有之大变局的必然要求，是迈向中国式现代化的必然要求。要紧跟新时代新征程我国走向世界、迈向现代化的步伐，坚定落实统筹推进国内法治和涉外法治要求，全面提升涉外司法质效，更好服务中国特色大国外交，更好匹配我国国际地位和国际影响力。要坚定不移贯彻对外开放基本国策，落实平等保护原则，完善涉外涉海法律适用规则体系，推进建设国际海事司法中心、国际金融司法中心和国际商事争端解决优选地，更好服务高水平对外开放。要积极参与和推动国际治理体系变革，加强国际法研究运用，推动国际法治朝着更加公正合理的方向发展。要深入实施人才强基计划，加强涉外法治人才培养。要深化国际司法交流合作，拓宽司法合作领域，促进法治文明互鉴，讲好中国法治故事，传播好中国法治声音，立足司法弘扬和平、发展、公平、正义、民主、自由的全人类共同价值。

第六，坚持不懈锻造忠诚干净担当的人民法院铁军。新时代新征程人民法院工作高质量发展，一支过硬的队伍是基础、是关键、是保障。深刻认识把全面从严治党作为党的长期战略、永恒课题部署，把严的基调、严的措施、严的氛围长期坚持下去。要全面落实新时代党的建设总要求，一刻不停推进全面从严治党、从严治院，深入推进新时代人民法院党的建设，不断加强司法队伍建设，确保法院队伍绝对忠诚、绝对纯洁、绝对可靠。要始终把党的政治建设摆在首位，坚持不懈用习近平新时代中国特色社会主义思想凝心铸魂，抓实对党忠诚教育、理想信念教育和社会主义法治理念教育，大力弘扬新时代人民法院文化，淬炼忠于党、忠于国家、忠于人民、忠于法律的政治灵魂。要严格落实党风廉政建设主体责任，坚持以严的基调强化正风肃纪，坚定不移推动党风廉政建设和反腐败斗争向纵深发展，坚持不敢腐、不能腐、不想腐一体推进，扎牢制度笼子，严肃铁规禁令，深化标本兼治，确保公正廉洁司法。要坚决支持各级法院驻院纪检监察组充分履行监督责任，自觉接受监督。要切实加强各级法院领导班子建设，把各级法院领导班子建设成为忠诚践行习近平法治思想的坚强集体。要把人才培养作为一项长期的、系统的基础性工作，面向实践加强紧缺司法人才培养，健全符合司法规律的素质培养体系、知事识人体系、选拔任用体系、从严管理体系和正向激励体系，让各类优秀司法人才充分涌流。要站在司法事业薪火相传的战略高度，重视年轻干部培养选拔，鼓励他们在审判大案难案、攻坚改革难题中经受锻炼，真正长成经得起风雨、受得住磨砺、扛得住摔打的栋梁之材。要牢记“三个务必”，敢于斗争，善于斗争，勇于担当。人民法院是各种社会矛盾的聚集地，是直面复杂利益博弈的风暴眼。要加强干部斗争精神和斗争本领养成，着力增强防风险、迎挑战、抗打压能力，善于应对突发情况、驾驭复杂局面，遇到风险挑战、矛盾问题、困难挫折，不屈不挠、一往无前、敢打能赢。要进一步转变司法作风，落实“三严三实”要求，严格遵守中央八项规定及其实施细则精神，落实最高人民法院贯彻中央八项规定精神的各项制度，严格遵守防止干预司法“三个规定”等铁规禁令，坚决克服形式主义、官僚主义。要坚持大抓基层的鲜明导向，加强基层基础建设，建强基层党组织、基层法院和人民法庭，推进以党建引领基层治理，以提升基层司法能力更好服务群众。要坚持严管厚爱相结合，真正关心关爱我们的队伍，做到政治上激励、工作上鼓劲、待遇上保障、人文上关怀，让广大干警安身安心安业，让人民司法事业长青。

新时代新征程，党和国家事业前景无限光明，法治中国建设前景无限光明。全国法院要更加紧密地团结在以习近平同志为核心的党中央周围，全面贯彻习近平新时代中国特色社会主义思想，深入贯彻习近平法治思想，坚定不移走中国特色社会主义法治道路，不忘初心、牢记使命，埋头苦干、奋勇前进，为全面建设社会主义现代化国家、全面推进中华民族伟大复兴作出新的更大贡献！

（本文系周强同志2023年1月6日在第二十二次全国法院工作会议上的讲话，原载于《人民司法》2023年第4期，刊发时有修改。）

三、司法解释

中国法院年鉴

THE YEARBOOK OF CHINA COURTS

2022

中华人民共和国最高人民法院

公　告

《最高人民法院关于审理生态环境侵权纠纷案件适用惩罚性赔偿的解释》已于2021年12月27日由最高人民法院审判委员会第1858次会议通过，现予公布，自2022年1月20日起施行。

2022年1月12日

最高人民法院
关于审理生态环境侵权纠纷案件适用惩罚性赔偿的解释

法释〔2022〕1号

为妥善审理生态环境侵权纠纷案件，全面加强生态环境保护，正确适用惩罚性赔偿，根据《中华人民共和国民法典》《中华人民共和国环境保护法》《中华人民共和国民事诉讼法》等相关法律规定，结合审判实践，制定本解释。

第一条　人民法院审理生态环境侵权纠纷案件适用惩罚性赔偿，应当严格审慎，注重公平公正，依法保护民事主体合法权益，统筹生态环境保护和经济社会发展。

第二条　因环境污染、生态破坏受到损害的自然人、法人或者非法人组织，依据民法典第一千二百三十二条的规定，请求判令侵权人承担惩罚性赔偿责任的，适用本解释。

第三条　被侵权人在生态环境侵权纠纷案件中请求惩罚性赔偿的，应当在起诉时明确赔偿数额以及所依据的事实和理由。

被侵权人在生态环境侵权纠纷案件中没有提出惩罚性赔偿的诉讼请求，诉讼终结后又基于同一污染环境、破坏生态事实另行起诉请求惩罚性赔偿的，人民法院不予受理。

第四条　被侵权人主张侵权人承担惩罚性赔偿责任的，应当提供证据证明以下事实：

（一）侵权人污染环境、破坏生态的行为违反法律规定；

（二）侵权人具有污染环境、破坏生态的故意；

（三）侵权人污染环境、破坏生态的行为造成严重后果。

第五条 人民法院认定侵权人污染环境、破坏生态的行为是否违反法律规定，应当以法律、法规为依据，可以参照规章的规定。

第六条 人民法院认定侵权人是否具有污染环境、破坏生态的故意，应当根据侵权人的职业经历、专业背景或者经营范围，因同一或者同类行为受到行政处罚或者刑事追究的情况，以及污染物的种类，污染环境、破坏生态行为的方式等因素综合判断。

第七条 具有下列情形之一的，人民法院应当认定侵权人具有污染环境、破坏生态的故意：

（一）因同一污染环境、破坏生态行为，已被人民法院认定构成破坏环境资源保护犯罪的；

（二）建设项目未依法进行环境影响评价，或者提供虚假材料导致环境影响评价文件严重失实，被行政主管部门责令停止建设后拒不执行的；

（三）未取得排污许可证排放污染物，被行政主管部门责令停止排污后拒不执行，或者超过污染物排放标准或者重点污染物排放总量控制指标排放污染物，经行政主管机关责令限制生产、停产整治或者给予其他行政处罚后仍不改正的；

（四）生产、使用国家明令禁止生产、使用的农药，被行政主管部门责令改正后拒不改正的；

（五）无危险废物经营许可证而从事收集、贮存、利用、处置危险废物经营活动，或者知道或者应当知道他人无许可证而将危险废物提供或者委托给其从事收集、贮存、利用、处置等活动的；

（六）将未经处理的废水、废气、废渣直接排放或者倾倒的；

（七）通过暗管、渗井、渗坑、灌注，篡改、伪造监测数据，或者以不正常运行防治污染设施等逃避监管的方式，违法排放污染物的；

（八）在相关自然保护区域、禁猎（渔）区、禁猎（渔）期使用禁止使用的猎捕工具、方法猎捕、杀害国家重点保护野生动物、破坏野生动物栖息地的；

（九）未取得勘查许可证、采矿许可证，或者采取破坏性方法勘查开采矿产资源的；

（十）其他故意情形。

第八条 人民法院认定侵权人污染环境、破坏生态行为是否造成严重后果，应当根据污染环境、破坏生态行为的持续时间、地域范围，造成环境污染、生态破坏的范围和程度，以及造成的社会影响等因素综合判断。

侵权人污染环境、破坏生态行为造成他人死亡、健康严重损害，重大财产损失，生态环境严重损害或者重大不良社会影响的，人民法院应当认定为造成严重后果。

第九条 人民法院确定惩罚性赔偿金数额，应当以环境污染、生态破坏造成的人身损害赔偿金、财产损失数额作为计算基数。

前款所称人身损害赔偿金、财产损失数额，依照民法典第一千一百七十九条、第一千一百八十四条规定予以确定。法律另有规定的，依照其规定。

第十条 人民法院确定惩罚性赔偿金数额，应当综合考虑侵权人的恶意程度、侵权后果的严重程度、侵权人因污染环境、破坏生态行为所获得的利益或者侵权人所采取的修复措施及其效果等因素，但一般不超过人身损害赔偿金、财产损失数额的二倍。

因同一污染环境、破坏生态行为已经被行政机关给予罚款或者被人民法院判处罚金，侵权人主张免除惩罚性赔偿责任的，人民法院不予支持，但在确定惩罚性赔偿金数额时可以综合考虑。

第十一条 侵权人因同一污染环境、破坏生态行为，应当承担包括惩罚性赔偿在内的民事责任、行政责任和刑事责任，其财产不足以支付的，应当优先用于承担民事责任。

侵权人因同一污染环境、破坏生态行为，应当承担包括惩罚性赔偿在内的民事责任，其财产不足以支付的，应当优先用于承担惩罚性赔偿以外的其他责任。

第十二条 国家规定的机关或者法律规定的组织作为被侵权人代表，请求判令侵权人承担惩罚性赔偿责任的，人民法院可以参照前述规定予以处理。但惩罚性赔偿金数额的确定，应当以生态环境受到损害至修复完成期间服务功能丧失导致的损失、生态环境功能永久性损害造成的损失数额作为计算基数。

第十三条 侵权行为实施地、损害结果发生地在中华人民共和国管辖海域内的海洋生态环境侵权纠纷案件惩罚性赔偿问题，另行规定。

第十四条 本规定自 2022 年 1 月 20 日起施行。

中华人民共和国最高人民法院

公 告

《最高人民法院关于审理证券市场虚假陈述侵权民事赔偿案件的若干规定》已于2021年12月30日由最高人民法院审判委员会第1860次会议通过，现予公布，自2022年1月22日起施行。

2022年1月21日

最高人民法院
关于审理证券市场虚假陈述侵权民事赔偿案件的若干规定

法释〔2022〕2号

为正确审理证券市场虚假陈述侵权民事赔偿案件，规范证券发行和交易行为，保护投资者合法权益，维护公开、公平、公正的证券市场秩序，根据《中华人民共和国民法典》《中华人民共和国证券法》《中华人民共和国公司法》《中华人民共和国民事诉讼法》等法律规定，结合审判实践，制定本规定。

一、一般规定

第一条 信息披露义务人在证券交易场所发行、交易证券过程中实施虚假陈述引发的侵权民事赔偿案件，适用本规定。

按照国务院规定设立的区域性股权市场中发生的虚假陈述侵权民事赔偿案件，可以参照适用本规定。

第二条 原告提起证券虚假陈述侵权民事赔偿诉讼，符合民事诉讼法第一百二十二条规定，并提交以下证据或者证明材料的，人民法院应当受理：

（一）证明原告身份的相关文件；

（二）信息披露义务人实施虚假陈述的相关证据；

（三）原告因虚假陈述进行交易的凭证及投资损失等相关证据。

人民法院不得仅以虚假陈述未经监管部门行政处罚或者人民法院生效刑事判决的认定为由裁定不予受理。

第三条 证券虚假陈述侵权民事赔偿案件，由发行人住所地的省、自治区、直辖市人民政府所在的市、计划单列市和经济特区中级人民法院或者专门人民法院管辖。《最高人民法院关于证券纠纷代表人诉讼若干问题的规定》等对管辖另有规定的，从其规定。

省、自治区、直辖市高级人民法院可以根据本辖区的实际情况，确定管辖第一审证券虚假陈述侵权民事赔偿案件的其他中级人民法院，报最高人民法院备案。

二、虚假陈述的认定

第四条 信息披露义务人违反法律、行政法规、监管部门制定的规章和规范性文件关于信息披露的规定，在披露的信息中存在虚假记载、误导性陈述或者重大遗漏的，人民法院应当认定为虚假陈述。

虚假记载，是指信息披露义务人披露的信息中对相关财务数据进行重大不实记载，或者对其他重要信息作出与真实情况不符的描述。

误导性陈述，是指信息披露义务人披露的信息隐瞒了与之相关的部分重要事实，或者未及时披露相关更正、确认信息，致使已经披露的信息因不完整、不准确而具有误导性。

重大遗漏，是指信息披露义务人违反关于信息披露的规定，对重大事件或者重要事项等应当披露的信息未予披露。

第五条 证券法第八十五条规定的“未按照规定披露信息”，是指信息披露义务人未按照规定的期限、方式等要求及时、公平披露信息。

信息披露义务人“未按照规定披露信息”构成虚假陈述的，依照本规定承担民事责任；构成内幕交易的，依照证券法第五十三条的规定承担民事责任；构成公司法第一百五十二条规定的损害股东利益行为的，依照该法承担民事责任。

第六条 原告以信息披露文件中的盈利预测、发展规划等预测性信息与实际经营情况存在重大差异为由主张发行人实施虚假陈述的，人民法院不予支持，但有下列情形之一的除外：

（一）信息披露文件未对影响该预测实现的重要因素进行充分风险提示的；

（二）预测性信息所依据的基本假设、选用的会计政策等编制基础明显不合理的；

（三）预测性信息所依据的前提发生重大变化时，未及时履行更正义务的。

前款所称的重大差异，可以参照监管部门和证券交易场所的有关规定认定。

第七条 虚假陈述实施日，是指信息披露义务人作出虚假陈述或者发生虚假陈述之日。

信息披露义务人在证券交易场所的网站或者符合监管部门规定条件的媒体上公告发布具有虚假陈述内容的信息披露文件，以披露日为实施日；通过召开业绩说明会、接受新闻媒体采访等方式实施虚假陈述的，以该虚假陈述的内容在具有全国性影响的媒体上首次公布之日为实施日。信息披露文件或者相关报导内容在交易日收市后发布的，以其后的第一个交易日为实施日。

因未及时披露相关更正、确认信息构成误导性陈述，或者未及时披露重大事件或者重要事项等构成重大遗漏的，以应当披露相关信息期限届满后的第一个交易日为实施日。

第八条 虚假陈述揭露日，是指虚假陈述在具有全国性影响的报刊、电台、电视台或监管部门网站、交易场所网站、主要门户网站、行业知名的自媒体等媒体上，首次被公开揭露并为证券市场知悉之日。

人民法院应当根据公开交易市场对相关信息的反应等证据，判断投资者是否知悉了虚假陈述。

除当事人有相反证据足以反驳外，下列日期应当认定为揭露日：

（一）监管部门以涉嫌信息披露违法为由对信息披露义务人立案调查的信息公开之日；

（二）证券交易场所等自律管理组织因虚假陈述对信息披露义务人等责任主体采取自律管理措施的信息公布之日。

信息披露义务人实施的虚假陈述呈连续状态的，以首次被公开揭露并为证券市场知悉之日为揭露日。信息披露义务人实施多个相互独立的虚假陈述的，人民法院应当分别认定其揭露日。

第九条 虚假陈述更正日，是指信息披露义务人在证券交易场所网站或者符合监管部门规定条件的媒体上，自行更正虚假陈述之日。

三、重大性及交易因果关系

第十条 有下列情形之一的，人民法院应当认定虚假陈述的内容具有重大性：

（一）虚假陈述的内容属于证券法第八十条第二款、第八十一条第二款规定的重大事件；

（二）虚假陈述的内容属于监管部门制定的规章和规范性文件中要求披露的重大事件或者重要事项；

（三）虚假陈述的实施、揭露或者更正导致相关证券的交易价格或者交易量产生明显的变化。

前款第一项、第二项所列情形，被告提交证据足以证明虚假陈述并未导致相关证券交易价格或者交易量明显变化的，人民法院应当认定虚假陈述的内容不具有重大性。

被告能够证明虚假陈述不具有重大性，并以此抗辩不应当承担民事责任的，人民法院应当予以支持。

第十一条 原告能够证明下列情形的，人民法院应当认定原告的投资决定与虚假陈述之间的交易因果关系成立：

（一）信息披露义务人实施了虚假陈述；

（二）原告交易的是与虚假陈述直接关联的证券；

（三）原告在虚假陈述实施日之后、揭露日或更正日之前实施了相应的交易行为，即在诱多型虚假陈述中买入了相关证券，或者在诱空型虚假陈述中卖出了相关证券。

第十二条 被告能够证明下列情形之一的，人民法院应当认定交易因果关系不成立：

（一）原告的交易行为发生在虚假陈述实施前，或者是在揭露或更正之后；

（二）原告在交易时知道或者应当知道存在虚假陈述，或者虚假陈述已经被证券市场广泛知悉；

（三）原告的交易行为是受到虚假陈述实施后发生的上市公司的收购、重大资产重组等其他重大事件的影响；

（四）原告的交易行为构成内幕交易、操纵证券市场等证券违法行为的；

（五）原告的交易行为与虚假陈述不具有交易因果关系的其他情形。

四、过错认定

第十三条 证券法第八十五条、第一百六十三条所称的过错，包括以下两种情形：

（一）行为人故意制作、出具存在虚假陈述的信息披露文件，或者明知信息披露文件存在虚假陈述而不予指明、予以发布；

（二）行为人严重违反注意义务，对信息披露文件中虚假陈述的形成或者发布存在过失。

第十四条 发行人的董事、监事、高级管理人员和其他直接责任人员主张对虚假陈述没有过错的，人民法院应当根据其工作岗位和职责、在信息披露资料的形成和发布等活动中所起的作用、取得和了解相关信息的渠道、为核验相关信息所采取的措施等实际情况进行审查认定。

前款所列人员不能提供勤勉尽责的相应证据，仅以其不从事日常经营管理、无相关职业背景和专业知识、相信发行人或者管理层提供的资料、相信证券服务机构出具的专业意见等理由主张其没有过错的，人民法院不予支持。

第十五条 发行人的董事、监事、高级管理人员依照证券法第八十二条第四款的规定，以书面方式发表附具体理由的意见并依法披露的，人民法院可以认定其主观上没有过错，但在审议、审核信息披露文件时投赞成票的除外。

第十六条 独立董事能够证明下列情形之一的，人民法院应当认定其没有过错：

（一）在签署相关信息披露文件之前，对不属于自身专业领域的相关具体问题，借助会计、法律等专门职业的帮助仍然未能发现问题的；

（二）在揭露日或更正日之前，发现虚假陈述后及时向发行人提出异议并监督整改或者向证券交易场所、监管部门书面报告的；

（三）在独立意见中对虚假陈述事项发表保留意见、反对意见或者无法表示意见并说明具体理由的，但在审议、审核相关文件时投赞成票的除外；

（四）因发行人拒绝、阻碍其履行职责，导致无法对相关信息披露文件是否存在虚假陈述作出判断，并及时向证券交易场所、监管部门书面报告的；

（五）能够证明勤勉尽责的其他情形。

独立董事提交证据证明其在履职期间能够按照法律、监管部门制定的规章和规范性文件以及公司章程的要求履行职责的，或者在虚假陈述被揭露后及时督促发行人整改且效果较为明显的，人民法院可以结合案件事实综合判断其过错情况。

外部监事和职工监事，参照适用前两款规定。

第十七条 保荐机构、承销机构等机构及其直接责任人员提交的尽职调查工作底稿、尽职调查报告、内部审核意见等证据能够证明下列情形的，人民法院应当认定其没有过错：

（一）已经按照法律、行政法规、监管部门制定的规章和规范性文件、相关行业执业规范的要求，对信息披露文件中的相关内容进行了审慎尽职调查；

（二）对信息披露文件中没有证券服务机构专业意见支持的重要内容，经过审慎尽职调查和独立判断，有合理理由相信该部分内容与真实情况相符；

（三）对信息披露文件中证券服务机构出具专业意见的重要内容，经过审慎核查和必要的调查、复核，有合理理由排除了职业怀疑并形成合理信赖。

在全国中小企业股份转让系统从事挂牌和定向发行推荐业务的证券公司，适用前款规定。

第十八条 会计师事务所、律师事务所、资信评级机构、资产评估机构、财务顾问等证券服务机构制作、出具的文件存在虚假陈述的，人民法院应当按照法律、行政法规、监管部门制定的规章和规范性文件，参考行业执业规范规定的工作范围和程序要求等内容，结合其核查、验证工作底稿等相关证据，认定其是否存在过错。

证券服务机构的责任限于其工作范围和专业领域。证券服务机构依赖保荐机构或者其他证券服务机构的基础工作或者专业意见致使其出具的专业意见存在虚假陈述，能够证明其对所依赖的基础工作或者专业意见经过审慎核查和必要的调查、复核，排除了职业怀疑并形成合理信赖的，人民法院应当认定其没有过错。

第十九条 会计师事务所能够证明下列情形之一的，人民法院应当认定其没有过错：

（一）按照执业准则、规则确定的工作程序和核查手段并保持必要的职业谨慎，仍未发现被审计的会计资料存在错误的；

（二）审计业务必须依赖的金融机构、发行人的供应商、客户等相关单位提供不实证明文件，会计师事务所保持了必要的职业谨慎仍未发现的；

（三）已对发行人的舞弊迹象提出警告并在审计业务报告中发表了审慎审计意见的；

（四）能够证明没有过错的其他情形。

五、责任主体

第二十条 发行人的控股股东、实际控制人组织、指使发行人实施虚假陈述，致使原告在证券交易中遭受损失的，原告起诉请求直接判令该控股股东、实际控制人依照本规定赔偿损失的，人民法院应当予以支持。

控股股东、实际控制人组织、指使发行人实施虚假陈述，发行人在承担赔偿责任后要求该控股股东、实际控制人赔偿实际支付的赔偿款、合理的律师费、诉讼费用等损失的，人民法院应当予以支持。

第二十一条 公司重大资产重组的交易对方所提供的信息不符合真实、准确、完整的要求，导致公司披露的相关信息存在虚假陈述，原告起诉请求判令该交易对方与发行人等责任主体赔偿由此导致的损失的，人民法院应当予以支持。

第二十二条 有证据证明发行人的供应商、客户，以及为发行人提供服务的金融机构等明知发行人实施财务造假活动，仍然为其提供相关交易合同、发票、存款证明等予以配合，或者故意隐瞒重要事实致使发行人的信息披露文件存在虚假陈述，原告起诉请求判令其与发行人等责任主体赔偿由此导致的损失的，人民法院应当予以支持。

第二十三条 承担连带责任的当事人之间的责任分担与追偿，按照民法典第一百七十八条的规定处理，但本规定第二十条第二款规定的情形除外。

保荐机构、承销机构等责任主体以存在约定为由，请求发行人或者其控股股东、实际控制人补偿其因虚假陈述所承担的赔偿责任的，人民法院不予支持。

六、损失认定

第二十四条 发行人在证券发行市场虚假陈述，导致原告损失的，原告有权请求按照本规定第二十五条的规定赔偿损失。

第二十五条 信息披露义务人在证券交易市场承担民事赔偿责任的范围，以原告因虚假陈述而实际发生的损失为限。原告实际损失包括投资差额损失、投资差额损失部分的佣金和印花税。

第二十六条 投资差额损失计算的基准日，是指在虚假陈述揭露或更正后，为将原告应获赔偿限定在虚假陈述所造成的损失范围内，确定损失计算的合理期间而规定的截止日期。

在采用集中竞价的交易市场中，自揭露日或更正日起，被虚假陈述影响的证券集中交易累计成交量达到可流通部分 100% 之日为基准日。

自揭露日或更正日起，集中交易累计换手率在 10 个交易日内达到可流通部分 100% 的，以第 10 个交易日为基准日；在 30 个交易日内未达到可流通部分 100% 的，以第 30 个交易日为基准日。

虚假陈述揭露日或更正日起至基准日期间每个交易日收盘价的平均价格，为损失计算的基准价格。

无法依前款规定确定基准价格的，人民法院可以根据有专门知识的人的专业意见，参考对相关行业进行投资时的通常估值方法，确定基准价格。

第二十七条 在采用集中竞价的交易市场中，原告因虚假陈述买入相关股票所造成的投资差额损失，按照下列方法计算：

（一）原告在实施日之后、揭露日或更正日之前买入，在揭露日或更正日之后、基准日之前卖出的股票，按买入股票的平均价格与卖出股票的平均价格之间的差额，乘以已卖出的股票数量；

（二）原告在实施日之后、揭露日或更正日之前买入，基准日之前未卖出的股票，按买入股票的平均价格与基准价格之间的差额，乘以未卖出的股票数量。

第二十八条 在采用集中竞价的交易市场中，原告因虚假陈述卖出相关股票所造成的投资差额损失，按照下列方法计算：

（一）原告在实施日之后、揭露日或更正日之前卖出，在揭露日或更正日之后、基准日之前买回的股票，按买回股票的平均价格与卖出股票的平均价格之间的差额，乘以买回的股票数量；

（二）原告在实施日之后、揭露日或更正日之前卖出，基准日之前未买回的股票，按基准价格与卖出股票的平均价格之间的差额，乘以未买回的股票数量。

第二十九条 计算投资差额损失时，已经除权的证券，证券价格和证券数量应当复权计算。

第三十条 证券公司、基金管理公司、保险公司、信托公司、商业银行等市场参与主体依法设立的证券投资产品，在确定因虚假陈述导致的损失时，每个产品应当单独计算。

投资者及依法设立的证券投资产品开立多个证券账户进行投资的，应当将各证券账户合并，所有交易按照成交时间排序，以确定其实际交易及损失情况。

第三十一条 人民法院应当查明虚假陈述与原告损失之间的因果关系，以及导致原告损失的其他原因等案件基本事实，确定赔偿责任范围。

被告能够举证证明原告的损失部分或者全部是由他人操纵市场、证券市场的风险、证券市场对特定事件的过度反应、上市公司内外部经营环境等其他因素所导致的，对其关于相应减轻或者免除责任的抗辩，人民法院应当予以支持。

七、诉讼时效

第三十二条 当事人主张以揭露日或更正日起算诉讼时效的，人民法院应当予以支持。揭露日与更正日不一致的，以在先的为准。

对于虚假陈述责任人中的一人发生诉讼时效中断效力的事由，应当认定对其他连带责任人也发生诉讼时效中断的效力。

第三十三条 在诉讼时效期间内，部分投资者向人民法院提起人数不确定的普通代表人诉讼的，人民法院应当认定该起诉行为对所有具有同类诉讼请求的权利人发生时效中断的效果。

在普通代表人诉讼中，未向人民法院登记权利的投资者，其诉讼时效自权利登记期间届满后重新开始计算。向人民法院登记权利后申请撤回权利登记的投资者，其诉讼时效自撤回权利登记之次日重新开始计算。

投资者保护机构依照证券法第九十五条第三款的规定作为代表人参加诉讼后，投资者声明退出诉讼的，其诉讼时效自声明退出之次日起重新开始计算。

八、附则

第三十四条 本规定所称证券交易场所，是指证券交易所、国务院批准的其他全国性证券交易场所。

本规定所称监管部门，是指国务院证券监督管理机构、国务院授权的部门及有关主管部门。

本规定所称发行人，包括证券的发行人、上市公司或者挂牌公司。

本规定所称实施日之后、揭露日或更正日之后、基准日之前，包括该日；所称揭露日或更正日之前，不包括该日。

第三十五条 本规定自2022年1月22日起施行。《最高人民法院关于受理证券市场因虚假陈述引发的民事侵权纠纷案件有关问题的通知》《最高人民法院关于审理证券市场因虚假陈述引发的民事赔偿案件的若干规定》同时废止。《最高人民法院关于审理涉及会计师事务所在审计业务活动中民事侵权赔偿案件的若干规定》与本规定不一致的，以本规定为准。

本规定施行后尚未终审的案件，适用本规定。本规定施行前已经终审，当事人申请再审或者按照审判监督程序决定再审的案件，不适用本规定。

中华人民共和国最高人民法院

公　告

《最高人民法院关于审理涉执行司法赔偿案件适用法律若干问题的解释》已于2021年12月20日由最高人民法院审判委员会第1857次会议通过，现予公布，自2022年3月1日起施行。

2022年2月8日

最高人民法院
关于审理涉执行司法赔偿案件适用法律若干问题的解释

法释〔2022〕3号

为正确审理涉执行司法赔偿案件，保障公民、法人和其他组织的合法权益，根据《中华人民共和国国家赔偿法》等法律规定，结合人民法院国家赔偿审判和执行工作实际，制定本解释。

第一条　人民法院在执行判决、裁定及其他生效法律文书过程中，错误采取财产调查、控制、处置、交付、分配等执行措施或者罚款、拘留等强制措施，侵犯公民、法人和其他组织合法权益并造成损害，受害人依照国家赔偿法第三十八条规定申请赔偿的，适用本解释。

第二条　公民、法人和其他组织认为有下列错误执行行为造成损害申请赔偿的，人民法院应当依法受理：

（一）执行未生效法律文书，或者明显超出生效法律文书确定的数额和范围执行的；

（二）发现被执行人有可供执行的财产，但故意拖延执行、不执行，或者应当依法恢复执行而不恢复的；

（三）违法执行案外人财产，或者违法将案件执行款物交付给其他当事人、案外人的；

（四）对抵押、质押、留置、保留所有权等财产采取执行措施，未依法保护上述权利人优先受偿权等合法权益的；

（五）对其他人民法院已经依法采取保全或者执行措施的财产违法执行的；

（六）对执行中查封、扣押、冻结的财产故意不履行或者怠于履行监管职责的；

（七）对不宜长期保存或者易贬值的财产采取执行措施，未及时处理或者违法处理的；

（八）违法拍卖、变卖、以物抵债，或者依法应当评估而未评估，依法应当拍卖而未拍卖的；

（九）违法撤销拍卖、变卖或者以物抵债的；

（十）违法采取纳入失信被执行人名单、限制消费、限制出境等措施的；

（十一）因违法或者过错采取执行措施或者强制措施的其他行为。

第三条 原债权人转让债权的，其基于债权申请国家赔偿的权利随之转移，但根据债权性质、当事人约定或者法律规定不得转让的除外。

第四条 人民法院将查封、扣押、冻结等事项委托其他人民法院执行的，公民、法人和其他组织认为错误执行行为造成损害申请赔偿的，委托法院为赔偿义务机关。

第五条 公民、法人和其他组织申请错误执行赔偿，应当在执行程序终结后提出，终结前提出的不予受理。但有下列情形之一，且无法在相关诉讼或者执行程序中予以补救的除外：

（一）罚款、拘留等强制措施已被依法撤销，或者实施过程中造成人身损害的；

（二）被执行的财产经诉讼程序依法确认不属于被执行人，或者人民法院生效法律文书已确认执行行为违法的；

（三）自立案执行之日起超过五年，且已裁定终结本次执行程序，被执行人已无可供执行财产的；

（四）在执行程序终结前可以申请赔偿的其他情形。

赔偿请求人依据前款规定，在执行程序终结后申请赔偿的，该执行程序期间不计入赔偿请求时效。

第六条 公民、法人和其他组织在执行异议、复议或者执行监督程序审查期间，就相关执行措施或者强制措施申请赔偿的，人民法院不予受理，已经受理的予以驳回，并告知其在上述程序终结后可以依照本解释第五条的规定依法提出赔偿申请。

公民、法人和其他组织在执行程序中未就相关执行措施、强制措施提出异议、申请复议或者申请执行监督，不影响其依法申请赔偿的权利。

第七条 经执行异议、复议或者执行监督程序作出的生效法律文书，对执行行为是否合法已有认定的，该生效法律文书可以作为人民法院赔偿委员会认定执行行为合法性的根据。

赔偿请求人对执行行为的合法性提出相反主张，且提供相应证据予以证明的，人民法院赔偿委员会应当对执行行为进行合法性审查并作出认定。

第八条 根据当时有效的执行依据或者依法认定的基本事实作出的执行行为，不因下列情形而认定为错误执行：

（一）采取执行措施或者强制措施后，据以执行的判决、裁定及其他生效法律文书被撤销或者变更的；

（二）被执行人足以对抗执行的实体事由，系在执行措施完成后发生或者被依法确认的；

（三）案外人对执行标的享有足以排除执行的实体权利，系在执行措施完成后经法定程序确认的；

（四）人民法院作出准予执行行政行为的裁定并实施后，该行政行为被依法变更、撤销、确认违法或者确认无效的；

（五）根据财产登记采取执行措施后，该登记被依法确认错误的；

（六）执行依据或者基本事实嗣后改变的其他情形。

第九条 赔偿请求人应当对其主张的损害负举证责任。但因人民法院未列清单、列举不详等过错致使赔偿请求人无法就损害举证的，应当由人民法院对上述事实承担举证责任。

双方主张损害的价值无法认定的，应当由负有举证责任的一方申请鉴定。负有举证责任的一方拒绝申请鉴定的，由其承担不利的法律后果；无法鉴定的，人民法院赔偿委员会应当结合双方的主张和在案证据，运用逻辑推理、日常生活经验等进行判断。

第十条 被执行人因财产权被侵犯依照本解释第五条第一款规定申请赔偿，其债务尚未清偿的，获得的赔偿金应当首先用于清偿其债务。

第十一条 因错误执行取得不当利益且无法返还的，人民法院承担赔偿责任后，可以依据赔偿决定向取得不当利益的人追偿。

因错误执行致使生效法律文书无法执行，申请执行人获得国家赔偿后申请继续执行的，不予支持。人民法院承担赔偿责任后，可以依据赔偿决定向被执行人追偿。

第十二条 在执行过程中，因保管人或者第三人的行为侵犯公民、法人和其他组织合法权益并造成损害的，应当由保管人或者第三人承担责任。但人民法院未尽监管职责的，应当在其能够防止或者制止损害发生、扩大的范围内承担相应的赔偿责任，并可以依据赔偿决定向保管人或者第三人追偿。

第十三条 属于下列情形之一的，人民法院不承担赔偿责任：

（一）申请执行人提供财产线索错误的；

（二）执行措施系根据依法提供的担保而采取或者解除的；

（三）人民法院工作人员实施与行使职权无关的个人行为的；

（四）评估或者拍卖机构实施违法行为造成损害的；

（五）因不可抗力、正当防卫或者紧急避险造成损害的；

（六）依法不应由人民法院承担赔偿责任的其他情形。

前款情形中，人民法院有错误执行行为的，应当根据其在损害发生过程和结果中所起的作用承担相应的赔偿责任。

第十四条 错误执行造成公民、法人和其他组织利息、租金等实际损失的，适用国家赔偿法第三十六条第八项的规定予以赔偿。

第十五条 侵犯公民、法人和其他组织的财产权，按照错误执行行为发生时的市场价格不足以弥补受害人损失或者该价格无法确定的，可以采用下列方式计算损失：

（一）按照错误执行行为发生时的市场价格计算财产损失并支付利息，利息计算期间从错误执行行为实施之日起至赔偿决定作出之日止；

（二）错误执行行为发生时的市场价格无法确定，或者因时间跨度长、市场价格波动大等因素按照错误执行行为发生时的市场价格计算显失公平的，可以参照赔偿决定作出时同类财产市场价格计算；

（三）其他合理方式。

第十六条 错误执行造成受害人停产停业的，下列损失属于停产停业期间必要的经常性费用开支：

（一）必要留守职工工资；

（二）必须缴纳的税款、社会保险费；

（三）应当缴纳的水电费、保管费、仓储费、承包费；

（四）合理的房屋场地租金、设备租金、设备折旧费；

（五）维系停产停业期间运营所需的其他基本开支。

错误执行生产设备、用于营运的运输工具，致使受害人丧失唯一生活来源的，按照其实际损失予以赔偿。

第十七条 错误执行侵犯债权的，赔偿范围一般应当以债权标的额为限。债权受让人申请赔偿的，赔偿范围以其受让债权时支付的对价为限。

第十八条 违法采取保全措施的案件进入执行程序后，公民、法人和其他组织申请赔偿的，应当作为错误执行案件予以立案审查。

第十九条 审理违法采取妨害诉讼的强制措施、保全、先予执行赔偿案件，可以参照适用本解释。

第二十条 本解释自 2022 年 3 月 1 日起施行。施行前本院公布的司法解释与本解释不一致的，以本解释为准。

中华人民共和国最高人民法院

公　告

《最高人民法院关于内地与香港特别行政区法院相互认可和执行婚姻家庭民事案件判决的安排》已于 2017 年 5 月 22 日由最高人民法院审判委员会第 1718 次会议通过，现予公布，自 2022 年 2 月 15 日起施行。

2022 年 2 月 14 日

最高人民法院
关于内地与香港特别行政区法院相互认可和执行婚姻家庭民事案件判决的安排

法释〔2022〕4 号

根据《中华人民共和国香港特别行政区基本法》第九十五条的规定，最高人民法院与香港特别行政区政府经协商，现就婚姻家庭民事案件判决的认可和执行问题作出如下安排。

第一条　当事人向香港特别行政区法院申请认可和执行内地人民法院就婚姻家庭民事案件作出的生效判决，或者向内地人民法院申请认可和执行香港特别行政区法院就婚姻家庭民事案件作出的生效判决的，适用本安排。

当事人向香港特别行政区法院申请认可内地民政部门所发的离婚证，或者向内地人民法院申请认可依据《婚姻制度改革条例》（香港法例第 178 章）第 V 部、第 VA 部规定解除婚姻的协议书、备忘录的，参照适用本安排。

第二条　本安排所称生效判决：

（一）在内地，是指第二审判决，依法不准上诉或者超过法定期限没有上诉的第一审判决，以及依照审判监督程序作出的上述判决；

（二）在香港特别行政区，是指终审法院、高等法院上诉法庭及原讼法庭和区域法院作出的已经发生法律效力的判决，包括依据香港法律可以在生效后作出更改的命令。

前款所称判决，在内地包括判决、裁定、调解书，在香港特别行政区包括判决、命令、判令、讼费评定证明书、定额讼费证明书，但不包括双方依据其法律承认的其他国家和地区法院作出的判决。

第三条 本安排所称婚姻家庭民事案件：

（一）在内地是指：

1. 婚内夫妻财产分割纠纷案件；

2. 离婚纠纷案件；

3. 离婚后财产纠纷案件；

4. 婚姻无效纠纷案件；

5. 撤销婚姻纠纷案件；

6. 夫妻财产约定纠纷案件；

7. 同居关系子女抚养纠纷案件；

8. 亲子关系确认纠纷案件；

9. 抚养纠纷案件；

10. 扶养纠纷案件（限于夫妻之间扶养纠纷）；

11. 确认收养关系纠纷案件；

12. 监护权纠纷案件（限于未成年子女监护权纠纷）；

13. 探望权纠纷案件；

14. 申请人身安全保护令案件。

（二）在香港特别行政区是指：

1. 依据香港法例第 179 章《婚姻诉讼条例》第 III 部作出的离婚绝对判令；

2. 依据香港法例第 179 章《婚姻诉讼条例》第 IV 部作出的婚姻无效绝对判令；

3. 依据香港法例第 192 章《婚姻法律程序与财产条例》作出的在讼案待决期间提供赡养费令；

4. 依据香港法例第 13 章《未成年人监护条例》、第 16 章《分居令及赡养令条例》、第 192 章《婚姻法律程序与财产条例》第 II 部、第 IIA 部作出的赡养令；

5. 依据香港法例第 13 章《未成年人监护条例》、第 192 章《婚姻法律程序与财产条例》第 II 部、第 IIA 部作出的财产转让及出售财产令；

6. 依据香港法例第 182 章《已婚者地位条例》作出的有关财产的命令；

7. 依据香港法例第 192 章《婚姻法律程序与财产条例》在双方在生时作出的修改赡养协议的命令；

8. 依据香港法例第 290 章《领养条例》作出的领养令；

9. 依据香港法例第 179 章《婚姻诉讼条例》、第 429 章《父母与子女条例》作出的父母身份、婚生地位或者确立婚生地位的宣告；

10. 依据香港法例第 13 章《未成年人监护条例》、第 16 章《分居令及赡养令条例》、第 192 章《婚姻法律程序与财产条例》作出的管养令；

11. 就受香港法院监护的未成年子女作出的管养令；

12. 依据香港法例第189章《家庭及同居关系暴力条例》作出的禁制骚扰令、驱逐令、重返令或者更改、暂停执行就未成年子女的管养令、探视令。

第四条 申请认可和执行本安排规定的判决：

（一）在内地向申请人住所地、经常居住地或者被申请人住所地、经常居住地、财产所在地的中级人民法院提出；

（二）在香港特别行政区向区域法院提出。

申请人应当向符合前款第一项规定的其中一个人民法院提出申请。向两个以上有管辖权的人民法院提出申请的，由最先立案的人民法院管辖。

第五条 申请认可和执行本安排第一条第一款规定的判决的，应当提交下列材料：

（一）申请书；

（二）经作出生效判决的法院盖章的判决副本；

（三）作出生效判决的法院出具的证明书，证明该判决属于本安排规定的婚姻家庭民事案件生效判决；

（四）判决为缺席判决的，应当提交法院已经合法传唤当事人的证明文件，但判决已经对此予以明确说明或者缺席方提出申请的除外；

（五）经公证的身份证件复印件。

申请认可本安排第一条第二款规定的离婚证或者协议书、备忘录的，应当提交下列材料：

（一）申请书；

（二）经公证的离婚证复印件，或者经公证的协议书、备忘录复印件；

（三）经公证的身份证件复印件。

向内地人民法院提交的文件没有中文文本的，应当提交准确的中文译本。

第六条 申请书应当载明下列事项：

（一）当事人的基本情况，包括姓名、住所、身份证件信息、通讯方式等；

（二）请求事项和理由，申请执行的，还需提供被申请人的财产状况和财产所在地；

（三）判决是否已在其他法院申请执行和执行情况。

第七条 申请认可和执行判决的期间、程序和方式，应当依据被请求方法律的规定。

第八条 法院应当尽快审查认可和执行的请求，并作出裁定或者命令。

第九条 申请认可和执行的判决，被申请人提供证据证明有下列情形之一的，法院审查核实后，不予认可和执行：

（一）根据原审法院地法律，被申请人未经合法传唤，或者虽经合法传唤但未获得合理的陈述、辩论机会的；

（二）判决是以欺诈方法取得的；

（三）被请求方法院受理相关诉讼后，请求方法院又受理就同一争议提起的诉讼并作出判决的；

（四）被请求方法院已经就同一争议作出判决，或者已经认可和执行其他国家和地区法院就同一争议所作出的判决的。

内地人民法院认为认可和执行香港特别行政区法院判决明显违反内地法律的基本原则或者社会公共利益，香港特别行政区法院认为认可和执行内地人民法院判决明显违反香港特别行政区法律的基本原则或者公共政策的，不予认可和执行。

申请认可和执行的判决涉及未成年子女的，在根据前款规定审查决定是否认可和执行时，应当充分考虑未成年子女的最佳利益。

第十条 被请求方法院不能对判决的全部判项予以认可和执行时，可以认可和执行其中的部分判项。

第十一条 对于香港特别行政区法院作出的判决，一方当事人已经提出上诉，内地人民法院审查核实后，可以中止认可和执行程序。经上诉，维持全部或者部分原判决的，恢复认可和执行程序；完全改变原判决的，终止认可和执行程序。

内地人民法院就已经作出的判决裁定再审的，香港特别行政区法院审查核实后，可以中止认可和执行程序。经再审，维持全部或者部分原判决的，恢复认可和执行程序；完全改变原判决的，终止认可和执行程序。

第十二条 在本安排下，内地人民法院作出的有关财产归一方所有的判项，在香港特别行政区将被视为命令一方向另一方转让该财产。

第十三条 被申请人在内地和香港特别行政区均有可供执行财产的，申请人可以分别向两地法院申请执行。

两地法院执行财产的总额不得超过判决确定的数额。应对方法院要求，两地法院应当相互提供本院执行判决的情况。

第十四条 内地与香港特别行政区法院相互认可和执行的财产给付范围，包括判决确定的给付财产和相应的利息、迟延履行金、诉讼费，不包括税收、罚款。

前款所称诉讼费，在香港特别行政区是指讼费评定证明书、定额讼费证明书核定或者命令支付的费用。

第十五条 被请求方法院就认可和执行的申请作出裁定或者命令后，当事人不服的，在内地可以于裁定送达之日起十日内向上一级人民法院申请复议，在香港特别行政区可以依据其法律规定提出上诉。

第十六条 在审理婚姻家庭民事案件期间，当事人申请认可和执行另一地法院就同一争议作出的判决的，应当受理。受理后，有关诉讼应当中止，待就认可和执行的申请作出裁定或者命令后，再视情终止或者恢复诉讼。

第十七条 审查认可和执行判决申请期间，当事人就同一争议提起诉讼的，不予受理；已经受理的，驳回起诉。

判决获得认可和执行后，当事人又就同一争议提起诉讼的，不予受理。

判决未获认可和执行的，申请人不得再次申请认可和执行，但可以就同一争议向被请求方法院提起诉讼。

第十八条 被请求方法院在受理认可和执行判决的申请之前或者之后，可以依据其法律规定采取保全或者强制措施。

第十九条 申请认可和执行判决的，应当依据被请求方有关诉讼收费的法律和规定交纳费用。

第二十条 内地与香港特别行政区法院自本安排生效之日起作出的判决，适用本安排。

第二十一条 本安排在执行过程中遇有问题或者需要修改的，由最高人民法院和香港特别行政区政府协商解决。

第二十二条 本安排自 2022 年 2 月 15 日起施行。

中华人民共和国最高人民法院

公　告

《最高人民法院关于修改〈最高人民法院关于审理非法集资刑事案件具体应用法律若干问题的解释〉的决定》已于 2021 年 12 月 30 日由最高人民法院审判委员会第 1860 次会议通过，现予公布，自 2022 年 3 月 1 日起施行。

2022 年 2 月 23 日

最高人民法院
关于修改《最高人民法院关于审理非法集资刑事案件具体应用法律若干问题的解释》的决定

法释〔2022〕5 号

根据刑法修改和司法实践，现决定对《最高人民法院关于审理非法集资刑事案件具体应用法律若干问题的解释》（法释〔2010〕18 号，以下简称《解释》）作如下修改：

一、将第一条第一款第一项修改为：“未经有关部门依法许可或者借用合法经营的形式吸收资金”，第二项修改为：“通过网络、媒体、推介会、传单、手机信息等途径向社会公开宣传”。

二、将第二条第八项修改为：“以网络借贷、投资入股、虚拟币交易等方式非法吸收资金的”，第九项修改为：“以委托理财、融资租赁等方式非法吸收资金的”，增加一项作为第十项：“以提供‘养老服务’、投资‘养老项目’、销售‘老年产品’等方式非法吸收资金的”，原第十项、第十一项改为第十一项、第十二项。

三、将第三条修改为：“非法吸收或者变相吸收公众存款，具有下列情形之一的，应当依法追究刑事责任：

“（一）非法吸收或者变相吸收公众存款数额在100万元以上的；

“（二）非法吸收或者变相吸收公众存款对象150人以上的；

“（三）非法吸收或者变相吸收公众存款，给存款人造成直接经济损失数额在50万元以上的。

“非法吸收或者变相吸收公众存款数额在50万元以上或者给存款人造成直接经济损失数额在25万元以上，同时具有下列情节之一的，应当依法追究刑事责任：

“（一）曾因非法集资受过刑事追究的；

“（二）二年内曾因非法集资受过行政处罚的；

“（三）造成恶劣社会影响或者其他严重后果的。”

四、增加一条，作为第四条：“非法吸收或者变相吸收公众存款，具有下列情形之一的，应当认定为刑法第一百七十六条规定的‘数额巨大或者有其他严重情节’：

“（一）非法吸收或者变相吸收公众存款数额在500万元以上的；

“（二）非法吸收或者变相吸收公众存款对象500人以上的；

“（三）非法吸收或者变相吸收公众存款，给存款人造成直接经济损失数额在250万元以上的。

“非法吸收或者变相吸收公众存款数额在250万元以上或者给存款人造成直接经济损失数额在150万元以上，同时具有本解释第三条第二款第三项情节的，应当认定为‘其他严重情节’。”

五、增加一条，作为第五条：“非法吸收或者变相吸收公众存款，具有下列情形之一的，应当认定为刑法第一百七十六条规定的‘数额特别巨大或者有其他特别严重情节’：

“（一）非法吸收或者变相吸收公众存款数额在5000万元以上的；

“（二）非法吸收或者变相吸收公众存款对象5000人以上的；

“（三）非法吸收或者变相吸收公众存款，给存款人造成直接经济损失数额在2500万元以上的。

“非法吸收或者变相吸收公众存款数额在2500万元以上或者给存款人造成直接经济损失数额在1500万元以上，同时具有本解释第三条第二款第三项情节的，应当认定为‘其他特别严重情节’。”

六、增加一条，作为第六条：“非法吸收或者变相吸收公众存款的数额，以行为人所吸收的资金全额计算。在提起公诉前积极退赃退赔，减少损害结果发生的，可以从轻或者减轻处罚；在提起公诉后退赃退赔的，可以作为量刑情节酌情考虑。

“非法吸收或者变相吸收公众存款，主要用于正常的生产经营活动，能够在提起公诉前清退所吸收资金，可以免予刑事处罚；情节显著轻微危害不大的，不作为犯罪处理。

“对依法不需要追究刑事责任或者免予刑事处罚的，应当依法将案件移送有关行政机关。”

七、将原第四条改为第七条。

八、将原第五条改为第八条，修改为：“集资诈骗数额在10万元以上的，应当认定为‘数额较大’；数额在100万元以上的，应当认定为‘数额巨大’。

“集资诈骗数额在50万元以上，同时具有本解释第三条第二款第三项情节的，应当认定为刑法第一百九十二条规定的‘其他严重情节’。

“集资诈骗的数额以行为人实际骗取的数额计算，在案发前已归还的数额应予扣除。行为人为实施集资诈骗活动而支付的广告费、中介费、手续费、回扣，或者用于行贿、赠与等费用，不予扣除。行为人为实施集资诈骗活动而支付的利息，除本金未归还可予折抵本金以外，应当计入诈骗数额。”

九、增加一条，作为第九条：“犯非法吸收公众存款罪，判处三年以下有期徒刑或者拘役，并处或者单处罚金的，处五万元以上一百万元以下罚金；判处三年以上十年以下有期徒刑的，并处十万元以上五百万元以下罚金；判处十年以上有期徒刑的，并处五十万元以上罚金。

“犯集资诈骗罪，判处三年以上七年以下有期徒刑的，并处十万元以上五百万元以下罚金；判处七年以上有期徒刑或者无期徒刑的，并处五十万元以上罚金或者没收财产。”

十、将原第六条改为第十条。

十一、将原第七条改为第十一条。

十二、将原第八条改为第十二条，并将原第八条第二款修改为：“明知他人从事欺诈发行证券，非法吸收公众存款，擅自发行股票、公司、企业债券，集资诈骗或者组织、领导传销活动等集资犯罪活动，为其提供广告等宣传的，以相关犯罪的共犯论处。”

十三、增加一条，作为第十三条：“通过传销手段向社会公众非法吸收资金，构成非法吸收公众存款罪或者集资诈骗罪，同时又构成组织、领导传销活动罪的，依照处罚较重的规定定罪处罚。”

十四、增加一条，作为第十四条：“单位实施非法吸收公众存款、集资诈骗犯罪的，依照本解释规定的相应自然人犯罪的定罪量刑标准，对单位判处罚金，并对其直接负责的主管人员和其他直接责任人员定罪处罚。”

十五、将原第九条改为第十五条。

本决定自2022年3月1日起施行。

根据本决定，对《解释》作相应修改并调整条文顺序后，重新公布。

最高人民法院
关于审理非法集资刑事案件具体应用法律若干问题的解释

（2010年11月22日最高人民法院审判委员会第1502次会议通过
根据2021年12月30日最高人民法院审判委员会第1860次会议通过的《最高人民法院关于修改〈最高人民法院关于审理非法集资刑事案件具体应用法律若干问题的解释〉的决定》修正
该修正自2022年3月1日起施行）

为依法惩治非法吸收公众存款、集资诈骗等非法集资犯罪活动，根据《中华人民共和国刑法》的规定，现就审理此类刑事案件具体应用法律的若干问题解释如下：

第一条 违反国家金融管理法律规定，向社会公众（包括单位和个人）吸收资金的行为，同时具备下列四个条件的，除刑法另有规定的以外，应当认定为刑法第一百七十六条规定的“非法吸收公众存款或者变相吸收公众存款”：

（一）未经有关部门依法许可或者借用合法经营的形式吸收资金；

（二）通过网络、媒体、推介会、传单、手机信息等途径向社会公开宣传；

（三）承诺在一定期限内以货币、实物、股权等方式还本付息或者给付回报；

（四）向社会公众即社会不特定对象吸收资金。

未向社会公开宣传，在亲友或者单位内部针对特定对象吸收资金的，不属于非法吸收或者变相吸收公众存款。

第二条 实施下列行为之一，符合本解释第一条第一款规定的条件的，应当依照刑法第一百七十六条的规定，以非法吸收公众存款罪定罪处罚：

（一）不具有房产销售的真实内容或者不以房产销售为主要目的，以返本销售、售后包租、约定回购、销售房产份额等方式非法吸收资金的；

（二）以转让林权并代为管护等方式非法吸收资金的；

（三）以代种植（养殖）、租种植（养殖）、联合种植（养殖）等方式非法吸收资金的；

（四）不具有销售商品、提供服务的真实内容或者不以销售商品、提供服务为主要目的，以商品回购、寄存代售等方式非法吸收资金的；

（五）不具有发行股票、债券的真实内容，以虚假转让股权、发售虚构债券等方式非法吸收资金的；

（六）不具有募集基金的真实内容，以假借境外基金、发售虚构基金等方式非法吸收资金的；

（七）不具有销售保险的真实内容，以假冒保险公司、伪造保险单据等方式非法吸收资金的；

（八）以网络借贷、投资入股、虚拟币交易等方式非法吸收资金的；

（九）以委托理财、融资租赁等方式非法吸收资金的；

（十）以提供“养老服务”、投资“养老项目”、销售“老年产品”等方式非法吸收资金的；

（十一）利用民间“会”“社”等组织非法吸收资金的；

（十二）其他非法吸收资金的行为。

第三条 非法吸收或者变相吸收公众存款，具有下列情形之一的，应当依法追究刑事责任：

（一）非法吸收或者变相吸收公众存款数额在100万元以上的；

（二）非法吸收或者变相吸收公众存款对象150人以上的；

（三）非法吸收或者变相吸收公众存款，给存款人造成直接经济损失数额在50万元以上的。

非法吸收或者变相吸收公众存款数额在50万元以上或者给存款人造成直接经济损失数额在25万元以上，同时具有下列情节之一的，应当依法追究刑事责任：

（一）曾因非法集资受过刑事追究的；

（二）二年内曾因非法集资受过行政处罚的；

（三）造成恶劣社会影响或者其他严重后果的。

第四条 非法吸收或者变相吸收公众存款，具有下列情形之一的，应当认定为刑法第一百七十六条规定的“数额巨大或者有其他严重情节”：

（一）非法吸收或者变相吸收公众存款数额在500万元以上的；

（二）非法吸收或者变相吸收公众存款对象500人以上的；

（三）非法吸收或者变相吸收公众存款，给存款人造成直接经济损失数额在250万元以上的。

非法吸收或者变相吸收公众存款数额在250万元以上或者给存款人造成直接经济损失数额在150万元以上，同时具有本解释第三条第二款第三项情节的，应当认定为“其他严重情节”。

第五条 非法吸收或者变相吸收公众存款，具有下列情形之一的，应当认定为刑法第一百七十六条规定的“数额特别巨大或者有其他特别严重情节”：

（一）非法吸收或者变相吸收公众存款数额在5000万元以上的；

（二）非法吸收或者变相吸收公众存款对象5000人以上的；

（三）非法吸收或者变相吸收公众存款，给存款人造成直接经济损失数额在2500万元以上的。

非法吸收或者变相吸收公众存款数额在2500万元以上或者给存款人造成直接经济损失数额在1500万元以上，同时具有本解释第三条第二款第三项情节的，应当认定为“其他特别严重情节”。

第六条 非法吸收或者变相吸收公众存款的数额，以行为人所吸收的资金全额计算。在提起公诉前积极退赃退赔，减少损害结果发生的，可以从轻或者减轻处罚；在提起公诉后退赃退赔的，可以作为量刑情节酌情考虑。

非法吸收或者变相吸收公众存款，主要用于正常的生产经营活动，能够在提起公诉前清退所吸收资金，可以免予刑事处罚；情节显著轻微危害不大的，不作为犯罪处理。

对依法不需要追究刑事责任或者免予刑事处罚的，应当依法将案件移送有关行政机关。

第七条 以非法占有为目的，使用诈骗方法实施本解释第二条规定所列行为的，应当依照刑法第一百九十二条的规定，以集资诈骗罪定罪处罚。

使用诈骗方法非法集资，具有下列情形之一的，可以认定为“以非法占有为目的”：

（一）集资后不用于生产经营活动或者用于生产经营活动与筹集资金规模明显不成比例，致使集资款不能返还的；

（二）肆意挥霍集资款，致使集资款不能返还的；

（三）携带集资款逃匿的；

（四）将集资款用于违法犯罪活动的；

（五）抽逃、转移资金、隐匿财产，逃避返还资金的；

（六）隐匿、销毁账目，或者搞假破产、假倒闭，逃避返还资金的；

（七）拒不交代资金去向，逃避返还资金的；

（八）其他可以认定非法占有目的的情形。

集资诈骗罪中的非法占有目的，应当区分情形进行具体认定。行为人部分非法集资行为具有非法占有目的的，对该部分非法集资行为所涉集资款以集资诈骗罪定罪处罚；非法集资共同犯罪中部分行为人具有非法占有目的，其他行为人没有非法占有集资款的共同故意和行为的，对具有非法占有目的的行为人以集资诈骗罪定罪处罚。

第八条 集资诈骗数额在10万元以上的，应当认定为“数额较大”；数额在100万元以上的，应当认定为“数额巨大”。

集资诈骗数额在50万元以上，同时具有本解释第三条第二款第三项情节的，应当认定为刑法第一百九十二条规定的“其他严重情节”。

集资诈骗的数额以行为人实际骗取的数额计算，在案发前已归还的数额应予扣除。行为人为实施集资诈骗活动而支付的广告费、中介费、手续费、回扣，或者用于行贿、赠与等费用，不予扣除。行为人为实施集资诈骗活动而支付的利息，除本金未归还可予折抵本金以外，应当计入诈骗数额。

第九条 犯非法吸收公众存款罪，判处三年以下有期徒刑或者拘役，并处或者单处罚金的，处五万元以上一百万元以下罚金；判处三年以上十年以下有期徒刑的，并处十万元以上五百万元以下罚金；判处十年以上有期徒刑的，并处五十万元以上罚金。

犯集资诈骗罪，判处三年以上七年以下有期徒刑的，并处十万元以上五百万元以下罚金；判处七年以上有期徒刑或者无期徒刑的，并处五十万元以上罚金或者没收财产。

第十条 未经国家有关主管部门批准，向社会不特定对象发行、以转让股权等方式变相发行股票或者公司、企业债券，或者向特定对象发行、变相发行股票或者公司、企业债券累计超过200人的，应当认定为刑法第一百七十九条规定的“擅自发行股票或者公司、企业债券”。

构成犯罪的，以擅自发行股票、公司、企业债券罪定罪处罚。

第十一条 违反国家规定，未经依法核准擅自发行基金份额募集基金，情节严重的，依照刑法第二百二十五条的规定，以非法经营罪定罪处罚。

第十二条 广告经营者、广告发布者违反国家规定，利用广告为非法集资活动相关的商品或者服务作虚假宣传，具有下列情形之一的，依照刑法第二百二十二条的规定，以虚假广告罪定罪处罚：

（一）违法所得数额在 10 万元以上的；

（二）造成严重危害后果或者恶劣社会影响的；

（三）二年内利用广告作虚假宣传，受过行政处罚二次以上的；

（四）其他情节严重的情形。

明知他人从事欺诈发行证券，非法吸收公众存款，擅自发行股票、公司、企业债券，集资诈骗或者组织、领导传销活动等集资犯罪活动，为其提供广告等宣传的，以相关犯罪的共犯论处。

第十三条 通过传销手段向社会公众非法吸收资金，构成非法吸收公众存款罪或者集资诈骗罪，同时又构成组织、领导传销活动罪的，依照处罚较重的规定定罪处罚。

第十四条 单位实施非法吸收公众存款、集资诈骗犯罪的，依照本解释规定的相应自然人犯罪的定罪量刑标准，对单位判处罚金，并对其直接负责的主管人员和其他直接责任人员定罪处罚。

第十五条 此前发布的司法解释与本解释不一致的，以本解释为准。

中华人民共和国最高人民法院

公　告

《最高人民法院关于适用〈中华人民共和国民法典〉总则编若干问题的解释》已于2021年12月30日由最高人民法院审判委员会第1861次会议通过，现予公布，自2022年3月1日起施行。

2022年2月24日

最高人民法院
关于适用《中华人民共和国民法典》总则编若干问题的解释

法释〔2022〕6号

为正确审理民事案件，依法保护民事主体的合法权益，维护社会和经济秩序，根据《中华人民共和国民法典》《中华人民共和国民事诉讼法》等相关法律规定，结合审判实践，制定本解释。

一、一般规定

第一条　民法典第二编至第七编对民事关系有规定的，人民法院直接适用该规定；民法典第二编至第七编没有规定的，适用民法典第一编的规定，但是根据其性质不能适用的除外。

就同一民事关系，其他民事法律的规定属于对民法典相应规定的细化的，应当适用该民事法律的规定。民法典规定适用其他法律的，适用该法律的规定。

民法典及其他法律对民事关系没有具体规定的，可以遵循民法典关于基本原则的规定。

第二条　在一定地域、行业范围内长期为一般人从事民事活动时普遍遵守的民间习俗、惯常做法等，可以认定为民法典第十条规定的习惯。

当事人主张适用习惯的，应当就习惯及其具体内容提供相应证据；必要时，人民法院可以依职权查明。

适用习惯，不得违背社会主义核心价值观，不得违背公序良俗。

第三条 对于民法典第一百三十二条所称的滥用民事权利，人民法院可以根据权利行使的对象、目的、时间、方式、造成当事人之间利益失衡的程度等因素作出认定。

行为人以损害国家利益、社会公共利益、他人合法权益为主要目的行使民事权利的，人民法院应当认定构成滥用民事权利。

构成滥用民事权利的，人民法院应当认定该滥用行为不发生相应的法律效力。滥用民事权利造成损害的，依照民法典第七编等有关规定处理。

二、民事权利能力和民事行为能力

第四条 涉及遗产继承、接受赠与等胎儿利益保护，父母在胎儿娩出前作为法定代理人主张相应权利的，人民法院依法予以支持。

第五条 限制民事行为能力人实施的民事法律行为是否与其年龄、智力、精神健康状况相适应，人民法院可以从行为与本人生活相关联的程度，本人的智力、精神健康状况能否理解其行为并预见相应的后果，以及标的、数量、价款或者报酬等方面认定。

三、监护

第六条 人民法院认定自然人的监护能力，应当根据其年龄、身心健康状况、经济条件等因素确定；认定有关组织的监护能力，应当根据其资质、信用、财产状况等因素确定。

第七条 担任监护人的被监护人父母通过遗嘱指定监护人，遗嘱生效时被指定的人不同意担任监护人的，人民法院应当适用民法典第二十七条、第二十八条的规定确定监护人。

未成年人由父母担任监护人，父母中的一方通过遗嘱指定监护人，另一方在遗嘱生效时有监护能力，有关当事人对监护人的确定有争议的，人民法院应当适用民法典第二十七条第一款的规定确定监护人。

第八条 未成年人的父母与其他依法具有监护资格的人订立协议，约定免除具有监护能力的父母的监护职责的，人民法院不予支持。协议约定在未成年人的父母丧失监护能力时由该具有监护资格的人担任监护人的，人民法院依法予以支持。

依法具有监护资格的人之间依据民法典第三十条的规定，约定由民法典第二十七条第二款、第二十八条规定的不同顺序的人共同担任监护人，或者由顺序在后的人担任监护人的，人民法院依法予以支持。

第九条 人民法院依据民法典第三十一条第二款、第三十六条第一款的规定指定监护人时，应当尊重被监护人的真实意愿，按照最有利于被监护人的原则指定，具体参考以下因素：

（一）与被监护人生活、情感联系的密切程度；

（二）依法具有监护资格的人的监护顺序；

（三）是否有不利于履行监护职责的违法犯罪等情形；

（四）依法具有监护资格的人的监护能力、意愿、品行等。

人民法院依法指定的监护人一般应当是一人，由数人共同担任监护人更有利于保护被监护人利益的，也可以是数人。

第十条 有关当事人不服居民委员会、村民委员会或者民政部门的指定，在接到指定通知之日起三十日内向人民法院申请指定监护人的，人民法院经审理认为指定并无不当，依法裁定驳回申请；认为指定不当，依法判决撤销指定并另行指定监护人。

有关当事人在接到指定通知之日起三十日后提出申请的，人民法院应当按照变更监护关系处理。

第十一条 具有完全民事行为能力的成年人与他人依据民法典第三十三条的规定订立书面协议事先确定自己的监护人后，协议的任何一方在该成年人丧失或者部分丧失民事行为能力前请求解除协议的，人民法院依法予以支持。该成年人丧失或者部分丧失民事行为能力后，协议确定的监护人无正当理由请求解除协议的，人民法院不予支持。

该成年人丧失或者部分丧失民事行为能力后，协议确定的监护人有民法典第三十六条第一款规定的情形之一，该条第二款规定的有关个人、组织申请撤销其监护人资格的，人民法院依法予以支持。

第十二条 监护人、其他依法具有监护资格的人之间就监护人是否有民法典第三十九条第一款第二项、第四项规定的应当终止监护关系的情形发生争议，申请变更监护人的，人民法院应当依法受理。经审理认为理由成立的，人民法院依法予以支持。

被依法指定的监护人与其他具有监护资格的人之间协议变更监护人的，人民法院应当尊重被监护人的真实意愿，按照最有利于被监护人的原则作出裁判。

第十三条 监护人因患病、外出务工等原因在一定期限内不能完全履行监护职责，将全部或者部分监护职责委托给他人，当事人主张受托人因此成为监护人的，人民法院不予支持。

四、宣告失踪和宣告死亡

第十四条 人民法院审理宣告失踪案件时，下列人员应当认定为民法典第四十条规定的利害关系人：

（一）被申请人的近亲属；

（二）依据民法典第一千一百二十八条、第一千一百二十九条规定对被申请人有继承权的亲属；

（三）债权人、债务人、合伙人等与被申请人有民事权利义务关系的民事主体，但是不申请宣告失踪不影响其权利行使、义务履行的除外。

第十五条 失踪人的财产代管人向失踪人的债务人请求偿还债务的，人民法院应当将财产代管人列为原告。

债权人提起诉讼，请求失踪人的财产代管人支付失踪人所欠的债务和其他费用的，人民法院应当将财产代管人列为被告。经审理认为债权人的诉讼请求成立的，人民法院应当判决财产代管人从失踪人的财产中支付失踪人所欠的债务和其他费用。

第十六条 人民法院审理宣告死亡案件时，被申请人的配偶、父母、子女，以及依据民法典第一千一百二十九条规定对被申请人有继承权的亲属应当认定为民法典第四十六条规定的利害关系人。

符合下列情形之一的，被申请人的其他近亲属，以及依据民法典第一千一百二十八条规定对被申请人有继承权的亲属应当认定为民法典第四十六条规定的利害关系人：

（一）被申请人的配偶、父母、子女均已死亡或者下落不明的；

（二）不申请宣告死亡不能保护其相应合法权益的。

被申请人的债权人、债务人、合伙人等民事主体不能认定为民法典第四十六条规定的利害关系人，但是不申请宣告死亡不能保护其相应合法权益的除外。

第十七条 自然人在战争期间下落不明的，利害关系人申请宣告死亡的期间适用民法典第四十六条第一款第一项的规定，自战争结束之日或者有关机关确定的下落不明之日起计算。

五、民事法律行为

第十八条 当事人未采用书面形式或者口头形式，但是实施的行为本身表明已经作出相应意思表示，并符合民事法律行为成立条件的，人民法院可以认定为民法典第一百三十五条规定的采用其他形式实施的民事法律行为。

第十九条 行为人对行为的性质、对方当事人或者标的物的品种、质量、规格、价格、数量等产生错误认识，按照通常理解如果不发生该错误认识行为人就不会作出相应意思表示的，人民法院可以认定为民法典第一百四十七条规定的重大误解。

行为人能够证明自己实施民事法律行为时存在重大误解，并请求撤销该民事法律行为的，人民法院依法予以支持；但是，根据交易习惯等认定行为人无权请求撤销的除外。

第二十条 行为人以其意思表示存在第三人转达错误为由请求撤销民事法律行为的，适用本解释第十九条的规定。

第二十一条 故意告知虚假情况，或者负有告知义务的人故意隐瞒真实情况，致使当事人基于错误认识作出意思表示的，人民法院可以认定为民法典第一百四十八条、第一百四十九条规定的欺诈。

第二十二条 以给自然人及其近亲属等的人身权利、财产权利以及其他合法权益造成损害或者以给法人、非法人组织的名誉、荣誉、财产权益等造成损害为要挟，迫使其基于恐惧心理作出意思表示的，人民法院可以认定为民法典第一百五十条规定的胁迫。

第二十三条 民事法律行为不成立，当事人请求返还财产、折价补偿或者赔偿损失的，参照适用民法典第一百五十七条的规定。

第二十四条 民事法律行为所附条件不可能发生，当事人约定为生效条件的，人民法院应当认定民事法律行为不发生效力；当事人约定为解除条件的，应当认定未附条件，民事法律行为是否失效，依照民法典和相关法律、行政法规的规定认定。

六、代理

第二十五条 数个委托代理人共同行使代理权，其中一人或者数人未与其他委托代理人协商，擅自行使代理权的，依据民法典第一百七十一条、第一百七十二条等规定处理。

第二十六条 由于急病、通讯联络中断、疫情防控等特殊原因，委托代理人自己不能办理代理事项，又不能与被代理人及时取得联系，如不及时转委托第三人代理，会给被代理人的利益造成损失或者扩大损失的，人民法院应当认定为民法典第一百六十九条规定的紧急情况。

第二十七条 无权代理行为未被追认，相对人请求行为人履行债务或者赔偿损失的，由行为人就相对人知道或者应当知道行为人无权代理承担举证责任。行为人不能证明的，人民法院依法支持相对人的相应诉讼请求；行为人能够证明的，人民法院应当按照各自的过错认定行为人与相对人的责任。

第二十八条 同时符合下列条件的，人民法院可以认定为民法典第一百七十二条规定的相对人有理由相信行为人有代理权：

（一）存在代理权的外观；

（二）相对人不知道行为人行为时没有代理权，且无过失。

因是否构成表见代理发生争议的，相对人应当就无权代理符合前款第一项规定的条件承担举证责任；被代理人应当就相对人不符合前款第二项规定的条件承担举证责任。

第二十九条 法定代理人、被代理人依据民法典第一百四十五条、第一百七十一条的规定向相对人作出追认的意思表示的，人民法院应当依据民法典第一百三十七条的规定确认其追认意思表示的生效时间。

七、民事责任

第三十条 为了使国家利益、社会公共利益、本人或者他人的人身权利、财产权利以及其他合法权益免受正在进行的不法侵害，而针对实施侵害行为的人采取的制止不法侵害的行为，应当认定为民法典第一百八十一条规定的正当防卫。

第三十一条 对于正当防卫是否超过必要的限度，人民法院应当综合不法侵害的性质、手段、强度、危害程度和防卫的时机、手段、强度、损害后果等因素判断。

经审理，正当防卫没有超过必要限度的，人民法院应当认定正当防卫人不承担责任。正当防卫超过必要限度的，人民法院应当认定正当防卫人在造成不应有的损害范围内承担部分责任；实施侵害行为的人请求正当防卫人承担全部责任的，人民法院不予支持。

实施侵害行为的人不能证明防卫行为造成不应有的损害，仅以正当防卫人采取的反击方式和强度与不法侵害不相当为由主张防卫过当的，人民法院不予支持。

第三十二条 为了使国家利益、社会公共利益、本人或者他人的人身权利、财产权利以及其他合法权益免受正在发生的急迫危险，不得已而采取紧急措施的，应当认定为民法典第一百八十二条规定的紧急避险。

第三十三条 对于紧急避险是否采取措施不当或者超过必要的限度，人民法院应当综合危险的性质、急迫程度、避险行为所保护的权益以及造成的损害后果等因素判断。

经审理，紧急避险采取措施并无不当且没有超过必要限度的，人民法院应当认定紧急避险人不承担责任。紧急避险采取措施不当或者超过必要限度的，人民法院应当根据紧急避险人的过错程度、避险措施造成不应有的损害的原因力大小、紧急避险人是否为受益人等因素认定紧急避险人在造成的不应有的损害范围内承担相应的责任。

第三十四条 因保护他人民事权益使自己受到损害，受害人依据民法典第一百八十三条的规定请求受益人适当补偿的，人民法院可以根据受害人所受损失和已获赔偿的情况、受益人受益的多少及其经济条件等因素确定受益人承担的补偿数额。

八、诉讼时效

第三十五条 民法典第一百八十八条第一款规定的三年诉讼时效期间，可以适用民法典有关诉讼时效中止、中断的规定，不适用延长的规定。该条第二款规定的二十年期间不适用中止、中断的规定。

第三十六条 无民事行为能力人或者限制民事行为能力人的权利受到损害的，诉讼时效期间自其法定代理人知道或者应当知道权利受到损害以及义务人之日起计算，但是法律另有规定的除外。

第三十七条 无民事行为能力人、限制民事行为能力人的权利受到原法定代理人损害，且在取得、恢复完全民事行为能力或者在原法定代理终止并确定新的法定代理人后，相应民事主体才知道或者应当知道权利受到损害的，有关请求权诉讼时效期间的计算适用民法典第一百八十八条第二款、本解释第三十六条的规定。

第三十八条 诉讼时效依据民法典第一百九十五条的规定中断后，在新的诉讼时效期间内，再次出现第一百九十五条规定的中断事由，可以认定为诉讼时效再次中断。

权利人向义务人的代理人、财产代管人或者遗产管理人等提出履行请求的，可以认定为民法典第一百九十五条规定的诉讼时效中断。

九、附则

第三十九条 本解释自 2022 年 3 月 1 日起施行。

民法典施行后的法律事实引起的民事案件，本解释施行后尚未终审的，适用本解释；本解释施行前已经终审，当事人申请再审或者按照审判监督程序决定再审的，不适用本解释。

中华人民共和国最高人民法院

公　告

《最高人民法院关于内地与澳门特别行政区就仲裁程序相互协助保全的安排》已于2022年2月15日由最高人民法院审判委员会第1864次会议通过，现予公布，自2022年3月25日起施行。

2022年2月24日

最高人民法院
关于内地与澳门特别行政区就仲裁程序相互协助保全的安排

法释〔2022〕7号

根据《中华人民共和国澳门特别行政区基本法》第九十三条的规定，经最高人民法院与澳门特别行政区协商，现就内地与澳门特别行政区关于仲裁程序相互协助保全作出如下安排。

第一条　本安排所称“保全”，在内地包括财产保全、证据保全、行为保全；在澳门特别行政区包括为确保受威胁的权利得以实现而采取的保存或者预行措施。

第二条　按照澳门特别行政区仲裁法规向澳门特别行政区仲裁机构提起民商事仲裁程序的当事人，在仲裁裁决作出前，可以参照《中华人民共和国民事诉讼法》《中华人民共和国仲裁法》以及相关司法解释的规定，向被申请人住所地、财产所在地或者证据所在地的内地中级人民法院申请保全。被申请人住所地、财产所在地或者证据所在地在不同人民法院辖区的，应当选择向其中一个人民法院提出申请，不得分别向两个或者两个以上人民法院提出申请。

在仲裁机构受理仲裁案件前申请保全，内地人民法院采取保全措施后三十日内未收到仲裁机构已受理仲裁案件的证明函件的，内地人民法院应当解除保全。

第三条　向内地人民法院申请保全的，应当提交下列材料：

（一）保全申请书；

（二）仲裁协议；

（三）身份证明材料：申请人为自然人的，应当提交身份证件复印件；申请人为法人或者非法人组织的，应当提交注册登记证书的复印件以及法定代表人或者负责人的身份证件复印件；

（四）在仲裁机构受理仲裁案件后申请保全的，应当提交包含主要仲裁请求和所根据的事实与理由的仲裁申请文件以及相关证据材料、仲裁机构出具的已受理有关仲裁案件的证明函件；

（五）内地人民法院要求的其他材料。

身份证明材料系在内地以外形成的，应当依据内地相关法律规定办理证明手续。

向内地人民法院提交的文件没有中文文本的，应当提交中文译本。

第四条 向内地人民法院提交的保全申请书应当载明下列事项：

（一）当事人的基本情况：当事人为自然人的，包括姓名、住所、身份证件信息、通讯方式等；当事人为法人或者非法人组织的，包括法人或者非法人组织的名称、住所以及法定代表人或者主要负责人的姓名、职务、住所、身份证件信息、通讯方式等；

（二）请求事项，包括申请保全财产的数额、申请行为保全的内容和期限等；

（三）请求所依据的事实、理由和相关证据，包括关于情况紧急，如不立即保全将会使申请人合法权益受到难以弥补的损害或者将使仲裁裁决难以执行的说明等；

（四）申请保全的财产、证据的明确信息或者具体线索；

（五）用于提供担保的内地财产信息或者资信证明；

（六）是否已提出其他保全申请以及保全情况；

（七）其他需要载明的事项。

第五条 依据《中华人民共和国仲裁法》向内地仲裁机构提起民商事仲裁程序的当事人，在仲裁裁决作出前，可以根据澳门特别行政区法律规定，向澳门特别行政区初级法院申请保全。

在仲裁机构受理仲裁案件前申请保全的，申请人应当在澳门特别行政区法律规定的期间内，采取开展仲裁程序的必要措施，否则该保全措施失效。申请人应当将已作出必要措施及作出日期的证明送交澳门特别行政区法院。

第六条 向澳门特别行政区法院申请保全的，须附同下列资料：

（一）仲裁协议；

（二）申请人或者被申请人为自然人的，应当载明其姓名以及住所；为法人或者非法人组织的，应当载明其名称、住所以及法定代表人或者主要负责人的姓名、职务和住所；

（三）请求的详细资料，尤其包括请求所依据的事实和法律理由、申请标的的情况、财产的详细资料、须保全的金额、申请行为保全的详细内容和期限以及附同相关证据，证明权利受威胁以及解释恐防受侵害的理由；

（四）在仲裁机构受理仲裁案件后申请保全的，应当提交该仲裁机构出具的已受理有关仲裁案件的证明；

（五）是否已提出其他保全申请以及保全情况；

（六）法院要求的其他资料。

如向法院提交的文件并非使用澳门特别行政区的其中一种正式语文，则申请人应当提交其中一种正式语文的译本。

第七条 被请求方法院应当尽快审查当事人的保全申请，可以按照被请求方法律规定要求申请人提供担保。

经审查，当事人的保全申请符合被请求方法律规定的，被请求方法院应当作出保全裁定。

第八条 当事人对被请求方法院的裁定不服的，按被请求方相关法律规定处理。

第九条 当事人申请保全的，应当根据被请求方法律的规定交纳费用。

第十条 本安排不减损内地和澳门特别行政区的仲裁机构、仲裁庭、仲裁员、当事人依据对方法律享有的权利。

第十一条 本安排在执行过程中遇有问题或者需要修改的，由最高人民法院和澳门特别行政区协商解决。

第十二条 本安排自2022年3月25日起施行。

中华人民共和国最高人民法院
公 告

《最高人民法院关于审理网络消费纠纷案件适用法律若干问题的规定（一）》已于2022年2月15日由最高人民法院审判委员会第1864次会议通过，现予公布，自2022年3月15日起施行。

2022年3月1日

最高人民法院
关于审理网络消费纠纷案件适用法律若干问题的规定（一）

法释〔2022〕8号

为正确审理网络消费纠纷案件，依法保护消费者合法权益，促进网络经济健康持续发展，根据《中华人民共和国民法典》《中华人民共和国消费者权益保护法》《中华人民共和国电子商务法》《中华人民共和国民事诉讼法》等法律规定，结合审判实践，制定本规定。

第一条 电子商务经营者提供的格式条款有以下内容的，人民法院应当依法认定无效：

（一）收货人签收商品即视为认可商品质量符合约定；

（二）电子商务平台经营者依法应承担的责任一概由平台内经营者承担；

（三）电子商务经营者享有单方解释权或者最终解释权；

（四）排除或者限制消费者依法投诉、举报、请求调解、申请仲裁、提起诉讼的权利；

（五）其他排除或者限制消费者权利、减轻或者免除电子商务经营者责任、加重消费者责任等对消费者不公平、不合理的内容。

第二条 电子商务经营者就消费者权益保护法第二十五条第一款规定的四项除外商品做出七日内无理由退货承诺，消费者主张电子商务经营者应当遵守其承诺的，人民法院应予支持。

第三条 消费者因检查商品的必要对商品进行拆封查验且不影响商品完好，电子商务经营者以商品已拆封为由主张不适用消费者权益保护法第二十五条规定的无理由退货制度的，人民法院不予支持，但法律另有规定的除外。

第四条 电子商务平台经营者以标记自营业务方式或者虽未标记自营但实际开展自营业务所销售的商品或者提供的服务损害消费者合法权益，消费者主张电子商务平台经营者承担商品销售者或者服务提供者责任的，人民法院应予支持。

电子商务平台经营者虽非实际开展自营业务，但其所作标识等足以误导消费者使消费者相信系电子商务平台经营者自营，消费者主张电子商务平台经营者承担商品销售者或者服务提供者责任的，人民法院应予支持。

第五条 平台内经营者出售商品或者提供服务过程中，其工作人员引导消费者通过交易平台提供的支付方式以外的方式进行支付，消费者主张平台内经营者承担商品销售者或者服务提供者责任，平台内经营者以未经过交易平台支付为由抗辩的，人民法院不予支持。

第六条 注册网络经营账号开设网络店铺的平台内经营者，通过协议等方式将网络账号及店铺转让给其他经营者，但未依法进行相关经营主体信息变更公示，实际经营者的经营活动给消费者造成损害，消费者主张注册经营者、实际经营者承担赔偿责任的，人民法院应予支持。

第七条 消费者在二手商品网络交易平台购买商品受到损害，人民法院综合销售者出售商品的性质、来源、数量、价格、频率、是否有其他销售渠道、收入等情况，能够认定销售者系从事商业经营活动，消费者主张销售者依据消费者权益保护法承担经营者责任的，人民法院应予支持。

第八条 电子商务经营者在促销活动中提供的奖品、赠品或者消费者换购的商品给消费者造成损害，消费者主张电子商务经营者承担赔偿责任，电子商务经营者以奖品、赠品属于免费提供或者商品属于换购为由主张免责的，人民法院不予支持。

第九条 电子商务经营者与他人签订的以虚构交易、虚构点击量、编造用户评价等方式进行虚假宣传的合同，人民法院应当依法认定无效。

第十条 平台内经营者销售商品或者提供服务损害消费者合法权益，其向消费者承诺的赔偿标准高于相关法定赔偿标准，消费者主张平台内经营者按照承诺赔偿的，人民法院应依法予以支持。

第十一条 平台内经营者开设网络直播间销售商品，其工作人员在网络直播中因虚假宣传等给消费者造成损害，消费者主张平台内经营者承担赔偿责任的，人民法院应予支持。

第十二条 消费者因在网络直播间点击购买商品合法权益受到损害，直播间运营者不能证明已经以足以使消费者辨别的方式标明其并非销售者并标明实际销售者的，消费者主张直播间运营者承担商品销售者责任的，人民法院应予支持。

直播间运营者能够证明已经尽到前款所列标明义务的，人民法院应当综合交易外观、直播间运营者与经营者的约定、与经营者的合作模式、交易过程以及消费者认知等因素予以认定。

第十三条 网络直播营销平台经营者通过网络直播方式开展自营业务销售商品，消费者主张其承担商品销售者责任的，人民法院应予支持。

第十四条 网络直播间销售商品损害消费者合法权益，网络直播营销平台经营者不能提供直播间运营者的真实姓名、名称、地址和有效联系方式的，消费者依据消费者权益保护法第四十四条规定向网络直播营销平台经营者请求赔偿的，人民法院应予支持。网络直播营销平台经营者承担责任后，向直播间运营者追偿的，人民法院应予支持。

第十五条 网络直播营销平台经营者对依法需取得食品经营许可的网络直播间的食品经营资质未尽到法定审核义务，使消费者的合法权益受到损害，消费者依据食品安全法第一百三十一条等规定主张网络直播营销平台经营者与直播间运营者承担连带责任的，人民法院应予支持。

第十六条 网络直播营销平台经营者知道或者应当知道网络直播间销售的商品不符合保障人身、财产安全的要求，或者有其他侵害消费者合法权益行为，未采取必要措施，消费者依据电子商务法第三十八条等规定主张网络直播营销平台经营者与直播间运营者承担连带责任的，人民法院应予支持。

第十七条 直播间运营者知道或者应当知道经营者提供的商品不符合保障人身、财产安全的要求，或者有其他侵害消费者合法权益行为，仍为其推广，给消费者造成损害，消费者依据民法典第一千一百六十八条等规定主张直播间运营者与提供该商品的经营者承担连带责任的，人民法院应予支持。

第十八条 网络餐饮服务平台经营者违反食品安全法第六十二条和第一百三十一条规定，未对入网餐饮服务提供者进行实名登记、审查许可证，或者未履行报告、停止提供网络交易平台服务等义务，使消费者的合法权益受到损害，消费者主张网络餐饮服务平台经营者与入网餐饮服务提供者承担连带责任的，人民法院应予支持。

第十九条 入网餐饮服务提供者所经营食品损害消费者合法权益，消费者主张入网餐饮服务提供者承担经营者责任，入网餐饮服务提供者以订单系委托他人加工制作为由抗辩的，人民法院不予支持。

第二十条 本规定自 2022 年 3 月 15 日起施行。

中华人民共和国最高人民法院
公　告

《最高人民法院关于适用〈中华人民共和国反不正当竞争法〉若干问题的解释》已于2022年1月29日由最高人民法院审判委员会第1862次会议通过，现予公布，自2022年3月20日起施行。

2022年3月16日

最高人民法院
关于适用《中华人民共和国反不正当竞争法》若干问题的解释

法释〔2022〕9号

为正确审理因不正当竞争行为引发的民事案件，根据《中华人民共和国民法典》《中华人民共和国反不正当竞争法》《中华人民共和国民事诉讼法》等有关法律规定，结合审判实践，制定本解释。

第一条　经营者扰乱市场竞争秩序，损害其他经营者或者消费者合法权益，且属于违反反不正当竞争法第二章及专利法、商标法、著作权法等规定之外情形的，人民法院可以适用反不正当竞争法第二条予以认定。

第二条　与经营者在生产经营活动中存在可能的争夺交易机会、损害竞争优势等关系的市场主体，人民法院可以认定为反不正当竞争法第二条规定的“其他经营者”。

第三条　特定商业领域普遍遵循和认可的行为规范，人民法院可以认定为反不正当竞争法第二条规定的“商业道德”。

人民法院应当结合案件具体情况，综合考虑行业规则或者商业惯例、经营者的主观状态、交易相对人的选择意愿、对消费者权益、市场竞争秩序、社会公共利益的影响等因素，依法判断经营者是否违反商业道德。

人民法院认定经营者是否违反商业道德时，可以参考行业主管部门、行业协会或者自律组织制定的从业规范、技术规范、自律公约等。

第四条 具有一定的市场知名度并具有区别商品来源的显著特征的标识，人民法院可以认定为反不正当竞争法第六条规定的“有一定影响的”标识。

人民法院认定反不正当竞争法第六条规定的标识是否具有一定的市场知名度，应当综合考虑中国境内相关公众的知悉程度，商品销售的时间、区域、数额和对象，宣传的持续时间、程度和地域范围，标识受保护的情况等因素。

第五条 反不正当竞争法第六条规定的标识有下列情形之一的，人民法院应当认定其不具有区别商品来源的显著特征：

（一）商品的通用名称、图形、型号；

（二）仅直接表示商品的质量、主要原料、功能、用途、重量、数量及其他特点的标识；

（三）仅由商品自身的性质产生的形状，为获得技术效果而需有的商品形状以及使商品具有实质性价值的形状；

（四）其他缺乏显著特征的标识。

前款第一项、第二项、第四项规定的标识经过使用取得显著特征，并具有一定的市场知名度，当事人请求依据反不正当竞争法第六条规定予以保护的，人民法院应予支持。

第六条 因客观描述、说明商品而正当使用下列标识，当事人主张属于反不正当竞争法第六条规定的情形的，人民法院不予支持：

（一）含有本商品的通用名称、图形、型号；

（二）直接表示商品的质量、主要原料、功能、用途、重量、数量以及其他特点；

（三）含有地名。

第七条 反不正当竞争法第六条规定的标识或者其显著识别部分属于商标法第十条第一款规定的不得作为商标使用的标志，当事人请求依据反不正当竞争法第六条规定予以保护的，人民法院不予支持。

第八条 由经营者营业场所的装饰、营业用具的式样、营业人员的服饰等构成的具有独特风格的整体营业形象，人民法院可以认定为反不正当竞争法第六条第一项规定的“装潢”。

第九条 市场主体登记管理部门依法登记的企业名称，以及在中国境内进行商业使用的境外企业名称，人民法院可以认定为反不正当竞争法第六条第二项规定的“企业名称”。

有一定影响的个体工商户、农民专业合作社（联合社）以及法律、行政法规规定的其他市场主体的名称（包括简称、字号等），人民法院可以依照反不正当竞争法第六条第二项予以认定。

第十条 在中国境内将有一定影响的标识用于商品、商品包装或者容器以及商品交易文书上，或者广告宣传、展览以及其他商业活动中，用于识别商品来源的行为，人民法院可以认定为反不正当竞争法第六条规定的“使用”。

第十一条 经营者擅自使用与他人有一定影响的企业名称（包括简称、字号等）、社会组织名称（包括简称等）、姓名（包括笔名、艺名、译名等）、域名主体部分、网站名称、网页等近似的标识，引人误认为是他人商品或者与他人存在特定联系，当事人主张属于反不正当竞争法第六条第二项、第三项规定的情形的，人民法院应予支持。

第十二条 人民法院认定与反不正当竞争法第六条规定的“有一定影响的”标识相同或者近似，可以参照商标相同或者近似的判断原则和方法。

反不正当竞争法第六条规定的“引人误认为是他人商品或者与他人存在特定联系”，包括误认为与他人具有商业联合、许可使用、商业冠名、广告代言等特定联系。

在相同商品上使用相同或者视觉上基本无差别的商品名称、包装、装潢等标识，应当视为足以造成与他人有一定影响的标识相混淆。

第十三条 经营者实施下列混淆行为之一，足以引人误认为是他人商品或者与他人存在特定联系的，人民法院可以依照反不正当竞争法第六条第四项予以认定：

（一）擅自使用反不正当竞争法第六条第一项、第二项、第三项规定以外“有一定影响的”标识；

（二）将他人注册商标、未注册的驰名商标作为企业名称中的字号使用，误导公众。

第十四条 经营者销售带有违反反不正当竞争法第六条规定的标识的商品，引人误认为是他人商品或者与他人存在特定联系，当事人主张构成反不正当竞争法第六条规定的情形的，人民法院应予支持。

销售不知道是前款规定的侵权商品，能证明该商品是自己合法取得并说明提供者，经营者主张不承担赔偿责任的，人民法院应予支持。

第十五条 故意为他人实施混淆行为提供仓储、运输、邮寄、印制、隐匿、经营场所等便利条件，当事人请求依据民法典第一千一百六十九条第一款予以认定的，人民法院应予支持。

第十六条 经营者在商业宣传过程中，提供不真实的商品相关信息，欺骗、误导相关公众的，人民法院应当认定为反不正当竞争法第八条第一款规定的虚假的商业宣传。

第十七条 经营者具有下列行为之一，欺骗、误导相关公众的，人民法院可以认定为反不正当竞争法第八条第一款规定的“引人误解的商业宣传”：

（一）对商品作片面的宣传或者对比；

（二）将科学上未定论的观点、现象等当作定论的事实用于商品宣传；

（三）使用歧义性语言进行商业宣传；

（四）其他足以引人误解的商业宣传行为。

人民法院应当根据日常生活经验、相关公众一般注意力、发生误解的事实和被宣传对象的实际情况等因素，对引人误解的商业宣传行为进行认定。

第十八条 当事人主张经营者违反反不正当竞争法第八条第一款的规定并请求赔偿损失的，应当举证证明其因虚假或者引人误解的商业宣传行为受到损失。

第十九条 当事人主张经营者实施了反不正当竞争法第十一条规定的商业诋毁行为的，应当举证证明其为该商业诋毁行为的特定损害对象。

第二十条 经营者传播他人编造的虚假信息或者误导性信息，损害竞争对手的商业信誉、商品声誉的，人民法院应当依照反不正当竞争法第十一条予以认定。

第二十一条 未经其他经营者和用户同意而直接发生的目标跳转，人民法院应当认定为反不正当竞争法第十二条第二款第一项规定的“强制进行目标跳转”。

仅插入链接，目标跳转由用户触发的，人民法院应当综合考虑插入链接的具体方式、是否具有合理理由以及对用户利益和其他经营者利益的影响等因素，认定该行为是否违反反不正当竞争法第十二条第二款第一项的规定。

第二十二条 经营者事前未明确提示并经用户同意，以误导、欺骗、强迫用户修改、关闭、卸载等方式，恶意干扰或者破坏其他经营者合法提供的网络产品或者服务，人民法院应当依照反不正当竞争法第十二条第二款第二项予以认定。

第二十三条 对于反不正当竞争法第二条、第八条、第十一条、第十二条规定的不正当竞争行为，权利人因被侵权所受到的实际损失、侵权人因侵权所获得的利益难以确定，当事人主张依据反不正当竞争法第十七条第四款确定赔偿数额的，人民法院应予支持。

第二十四条 对于同一侵权人针对同一主体在同一时间和地域范围实施的侵权行为，人民法院已经认定侵害著作权、专利权或者注册商标专用权等并判令承担民事责任，当事人又以该行为构成不正当竞争为由请求同一侵权人承担民事责任的，人民法院不予支持。

第二十五条 依据反不正当竞争法第六条的规定，当事人主张判令被告停止使用或者变更其企业名称的诉讼请求依法应予支持的，人民法院应当判令停止使用该企业名称。

第二十六条 因不正当竞争行为提起的民事诉讼，由侵权行为地或者被告住所地人民法院管辖。

当事人主张仅以网络购买者可以任意选择的收货地作为侵权行为地的，人民法院不予支持。

第二十七条 被诉不正当竞争行为发生在中华人民共和国领域外，但侵权结果发生在中华人民共和国领域内，当事人主张由该侵权结果发生地人民法院管辖的，人民法院应予支持。

第二十八条 反不正当竞争法修改决定施行以后人民法院受理的不正当竞争民事案件，涉及该决定施行前发生的行为的，适用修改前的反不正当竞争法；涉及该决定施行前发生、持续到该决定施行以后的行为的，适用修改后的反不正当竞争法。

第二十九条 本解释自2022年3月20日起施行。《最高人民法院关于审理不正当竞争民事案件应用法律若干问题的解释》（法释〔2007〕2号）同时废止。

本解释施行以后尚未终审的案件，适用本解释；施行以前已经终审的案件，不适用本解释再审。

中华人民共和国最高人民法院
公　告

《最高人民法院关于审理行政赔偿案件若干问题的规定》已于2021年12月6日由最高人民法院审判委员会第1855次会议通过，现予公布，自2022年5月1日起施行。

2022年3月20日

最高人民法院
关于审理行政赔偿案件若干问题的规定

法释〔2022〕10号

为保护公民、法人和其他组织的合法权益，监督行政机关依法履行行政赔偿义务，确保人民法院公正、及时审理行政赔偿案件，实质化解行政赔偿争议，根据《中华人民共和国行政诉讼法》(以下简称行政诉讼法)《中华人民共和国国家赔偿法》(以下简称国家赔偿法)等法律规定，结合行政审判工作实际，制定本规定。

一、受案范围

第一条　国家赔偿法第三条、第四条规定的“其他违法行为”包括以下情形：

(一)不履行法定职责行为；

(二)行政机关及其工作人员在履行行政职责过程中作出的不产生法律效果，但事实上损害公民、法人或者其他组织人身权、财产权等合法权益的行为。

第二条　依据行政诉讼法第一条、第十二条第一款第十二项和国家赔偿法第二条规定，公民、法人或者其他组织认为行政机关及其工作人员违法行使行政职权对其劳动权、相邻权等合法权益造成人身、财产损害的，可以依法提起行政赔偿诉讼。

第三条　赔偿请求人不服赔偿义务机关下列行为的，可以依法提起行政赔偿诉讼：

(一)确定赔偿方式、项目、数额的行政赔偿决定；

(二)不予赔偿决定；

（三）逾期不作出赔偿决定；

（四）其他有关行政赔偿的行为。

第四条 法律规定由行政机关最终裁决的行政行为被确认违法后，赔偿请求人可以单独提起行政赔偿诉讼。

第五条 公民、法人或者其他组织认为国防、外交等国家行为或者行政机关制定发布行政法规、规章或者具有普遍约束力的决定、命令侵犯其合法权益造成损害，向人民法院提起行政赔偿诉讼的，不属于人民法院行政赔偿诉讼的受案范围。

二、诉讼当事人

第六条 公民、法人或者其他组织一并提起行政赔偿诉讼中的当事人地位，按照其在行政诉讼中的地位确定，行政诉讼与行政赔偿诉讼当事人不一致的除外。

第七条 受害的公民死亡，其继承人和其他有扶养关系的人可以提起行政赔偿诉讼，并提供该公民死亡证明、赔偿请求人与死亡公民之间的关系证明。

受害的公民死亡，支付受害公民医疗费、丧葬费等合理费用的人可以依法提起行政赔偿诉讼。

有权提起行政赔偿诉讼的法人或者其他组织分立、合并、终止，承受其权利的法人或者其他组织可以依法提起行政赔偿诉讼。

第八条 两个以上行政机关共同实施侵权行政行为造成损害的，共同侵权行政机关为共同被告。赔偿请求人坚持对其中一个或者几个侵权机关提起行政赔偿诉讼，以被起诉的机关为被告，未被起诉的机关追加为第三人。

第九条 原行政行为造成赔偿请求人损害，复议决定加重损害的，复议机关与原行政行为机关为共同被告。赔偿请求人坚持对作出原行政行为机关或者复议机关提起行政赔偿诉讼，以被起诉的机关为被告，未被起诉的机关追加为第三人。

第十条 行政机关依据行政诉讼法第九十七条的规定申请人民法院强制执行其行政行为，因据以强制执行的行政行为违法而发生行政赔偿诉讼的，申请强制执行的行政机关为被告。

三、证据

第十一条 行政赔偿诉讼中，原告应当对行政行为造成的损害提供证据；因被告的原因导致原告无法举证的，由被告承担举证责任。

人民法院对于原告主张的生产和生活所必需物品的合理损失，应当予以支持；对于原告提出的超出生产和生活所必需的其他贵重物品、现金损失，可以结合案件相关证据予以认定。

第十二条 原告主张其被限制人身自由期间受到身体伤害，被告否认相关损害事实或者损害与违法行政行为存在因果关系的，被告应当提供相应的证据证明。

四、起诉与受理

第十三条 行政行为未被确认为违法，公民、法人或者其他组织提起行政赔偿诉讼的，人民法院应当视为提起行政诉讼时一并提起行政赔偿诉讼。

行政行为已被确认为违法，并符合下列条件的，公民、法人或者其他组织可以单独提起行政赔偿诉讼：

（一）原告具有行政赔偿请求资格；

（二）有明确的被告；

（三）有具体的赔偿请求和受损害的事实根据；

（四）赔偿义务机关已先行处理或者超过法定期限不予处理；

（五）属于人民法院行政赔偿诉讼的受案范围和受诉人民法院管辖；

（六）在法律规定的起诉期限内提起诉讼。

第十四条 原告提起行政诉讼时未一并提起行政赔偿诉讼，人民法院审查认为可能存在行政赔偿的，应当告知原告可以一并提起行政赔偿诉讼。

原告在第一审庭审终结前提起行政赔偿诉讼，符合起诉条件的，人民法院应当依法受理；原告在第一审庭审终结后、宣判前提起行政赔偿诉讼的，是否准许由人民法院决定。

原告在第二审程序或者再审程序中提出行政赔偿请求的，人民法院可以组织各方调解；调解不成的，告知其另行起诉。

第十五条 公民、法人或者其他组织应当自知道或者应当知道行政行为侵犯其合法权益之日起两年内，向赔偿义务机关申请行政赔偿。赔偿义务机关在收到赔偿申请之日起两个月内未作出赔偿决定的，公民、法人或者其他组织可以依照行政诉讼法有关规定提起行政赔偿诉讼。

第十六条 公民、法人或者其他组织提起行政诉讼时一并请求行政赔偿的，适用行政诉讼法有关起诉期限的规定。

第十七条 公民、法人或者其他组织仅对行政复议决定中的行政赔偿部分有异议，自复议决定书送达之日起十五日内提起行政赔偿诉讼的，人民法院应当依法受理。

行政机关作出有赔偿内容的行政复议决定时，未告知公民、法人或者其他组织起诉期限的，起诉期限从公民、法人或者其他组织知道或者应当知道起诉期限之日起计算，但从知道或者应当知道行政复议决定内容之日起最长不得超过一年。

第十八条 行政行为被有权机关依照法定程序撤销、变更、确认违法或无效，或者实施行政行为的行政机关工作人员因该行为被生效法律文书或监察机关政务处分确认为渎职、滥用职权的，属于本规定所称的行政行为被确认为违法的情形。

第十九条 公民、法人或者其他组织一并提起行政赔偿诉讼，人民法院经审查认为行政诉讼不符合起诉条件的，对一并提起的行政赔偿诉讼，裁定不予立案；已经立案的，裁定驳回起诉。

第二十条 在涉及行政许可、登记、征收、征用和行政机关对民事争议所作的裁决的行政案件中，原告提起行政赔偿诉讼的同时，有关当事人申请一并解决相关民事争议的，人民法院可以一并审理。

五、审理和判决

第二十一条 两个以上行政机关共同实施违法行政行为，或者行政机关及其工作人员与第三人恶意串通作出的违法行政行为，造成公民、法人或者其他组织人身权、财产权等合法权益实际损害的，应当承担连带赔偿责任。

一方承担连带赔偿责任后，对于超出其应当承担部分，可以向其他连带责任人追偿。

第二十二条 两个以上行政机关分别实施违法行政行为造成同一损害，每个行政机关的违法行为都足以造成全部损害的，各个行政机关承担连带赔偿责任。

两个以上行政机关分别实施违法行政行为造成同一损害的，人民法院应当根据其违法行政行为在损害发生和结果中的作用大小，确定各自承担相应的行政赔偿责任；难以确定责任大小的，平均承担责任。

第二十三条 由于第三人提供虚假材料，导致行政机关作出的行政行为违法，造成公民、法人或者其他组织损害的，人民法院应当根据违法行政行为在损害发生和结果中的作用大小，确定行政机关承担相应的行政赔偿责任；行政机关已经尽到审慎审查义务的，不承担行政赔偿责任。

第二十四条 由于第三人行为造成公民、法人或者其他组织损害的，应当由第三人依法承担侵权赔偿责任；第三人赔偿不足、无力承担赔偿责任或者下落不明，行政机关又未尽保护、监管、救助等法定义务的，人民法院应当根据行政机关未尽法定义务在损害发生和结果中的作用大小，确定其承担相应的行政赔偿责任。

第二十五条 由于不可抗力等客观原因造成公民、法人或者其他组织损害，行政机关不依法履行、拖延履行法定义务导致未能及时止损或者损害扩大的，人民法院应当根据行政机关不依法履行、拖延履行法定义务行为在损害发生和结果中的作用大小，确定其承担相应的行政赔偿责任。

第二十六条 有下列情形之一的，属于国家赔偿法第三十五条规定的“造成严重后果”：

（一）受害人被非法限制人身自由超过六个月；

（二）受害人经鉴定为轻伤以上或者残疾；

（三）受害人经诊断、鉴定为精神障碍或者精神残疾，且与违法行政行为存在关联；

（四）受害人名誉、荣誉、家庭、职业、教育等方面遭受严重损害，且与违法行政行为存在关联。

有下列情形之一的，可以认定为后果特别严重：

（一）受害人被限制人身自由十年以上；

（二）受害人死亡；

（三）受害人经鉴定为重伤或者残疾一至四级，且生活不能自理；

（四）受害人经诊断、鉴定为严重精神障碍或者精神残疾一至二级，生活不能自理，且与违法行政行为存在关联。

第二十七条 违法行政行为造成公民、法人或者其他组织财产损害，不能返还财产或者恢复原状的，按照损害发生时该财产的市场价格计算损失。市场价格无法确定，或者该价格不足以弥补公民、法人或者其他组织损失的，可以采用其他合理方式计算。

违法征收征用土地、房屋，人民法院判决给予被征收人的行政赔偿，不得少于被征收人依法应当获得的安置补偿权益。

第二十八条 下列损失属于国家赔偿法第三十六条第六项规定的“停产停业期间必要的经常性费用开支”：

（一）必要留守职工的工资；

（二）必须缴纳的税款、社会保险费；

（三）应当缴纳的水电费、保管费、仓储费、承包费；

（四）合理的房屋场地租金、设备租金、设备折旧费；

（五）维系停产停业期间运营所需的其他基本开支。

第二十九条 下列损失属于国家赔偿法第三十六条第八项规定的“直接损失”：

（一）存款利息、贷款利息、现金利息；

（二）机动车停运期间的营运损失；

（三）通过行政补偿程序依法应当获得的奖励、补贴等；

（四）对财产造成的其他实际损失。

第三十条 被告有国家赔偿法第三条规定情形之一，致人精神损害的，人民法院应当判决其在违法行政行为影响的范围内，为受害人消除影响、恢复名誉、赔礼道歉；消除影响、恢复名誉和赔礼道歉的履行方式，可以双方协商，协商不成的，人民法院应当责令被告以适当的方式履行。造成严重后果的，应当判决支付相应的精神损害抚慰金。

第三十一条 人民法院经过审理认为被告对公民、法人或者其他组织造成财产损害的，判决被告限期返还财产、恢复原状；无法返还财产、恢复原状的，判决被告限期支付赔偿金和相应的利息损失。

人民法院审理行政赔偿案件，可以对行政机关赔偿的方式、项目、标准等予以明确，赔偿内容确定的，应当作出具有赔偿金额等给付内容的判决；行政赔偿决定对赔偿数额的确定确有错误的，人民法院判决予以变更。

第三十二条 有下列情形之一的，人民法院判决驳回原告的行政赔偿请求：

（一）原告主张的损害没有事实根据的；

（二）原告主张的损害与违法行政行为没有因果关系的；

（三）原告的损失已经通过行政补偿等其他途径获得充分救济的；

（四）原告请求行政赔偿的理由不能成立的其他情形。

六、其他

第三十三条 本规定自 2022 年 5 月 1 日起施行。《最高人民法院关于审理行政赔偿案件若干问题的规定》（法发〔1997〕10 号）同时废止。

本规定实施前本院发布的司法解释与本规定不一致的，以本规定为准。

中华人民共和国最高人民法院
公　告

《最高人民法院关于修改〈最高人民法院关于适用《中华人民共和国民事诉讼法》的解释〉的决定》已于2022年3月22日由最高人民法院审判委员会第1866次会议通过，现予公布，自2022年4月10日起施行。

2022年4月1日

最高人民法院
关于修改《最高人民法院关于适用〈中华人民共和国民事诉讼法〉的解释》的决定

法释〔2022〕11号

2021年12月24日，第十三届全国人大常委会第三十二次会议审议通过了《全国人民代表大会常务委员会关于修改〈中华人民共和国民事诉讼法〉的决定》。根据修改后的民事诉讼法，结合人民法院民事审判和执行工作实际，最高人民法院审判委员会第1866次会议决定，对《最高人民法院关于适用〈中华人民共和国民事诉讼法〉的解释》作如下修改：

一、将第九条修改为："追索赡养费、扶养费、抚养费案件的几个被告住所地不在同一辖区的，可以由原告住所地人民法院管辖。"

二、将第四十五条修改为："在一个审判程序中参与过本案审判工作的审判人员，不得再参与该案其他程序的审判。

"发回重审的案件，在一审法院作出裁判后又进入第二审程序的，原第二审程序中审判人员不受前款规定的限制。"

三、将第四十八条修改为："民事诉讼法第四十七条所称的审判人员，包括参与本案审理的人民法院院长、副院长、审判委员会委员、庭长、副庭长、审判员和人民陪审员。"

四、将第六十一条修改为："当事人之间的纠纷经人民调解委员会或者其他依法设立的调解组织调解达成协议后，一方当事人不履行调解协议，另一方当事人向人民法院提起诉讼的，应以对方当事人为被告。”

五、将第二百一十八条修改为：“赡养费、扶养费、抚养费案件，裁判发生法律效力后，因新情况、新理由，一方当事人再行起诉要求增加或者减少费用的，人民法院应作为新案受理。”

六、将第二百五十八条修改为：“适用简易程序审理的案件，审理期限到期后，有特殊情况需要延长的，经本院院长批准，可以延长审理期限。延长后的审理期限累计不得超过四个月。

“人民法院发现案件不宜适用简易程序，需要转为普通程序审理的，应当在审理期限届满前作出裁定并将审判人员及相关事项书面通知双方当事人。

“案件转为普通程序审理的，审理期限自人民法院立案之日计算。”

七、将第二百六十一条修改为：“适用简易程序审理案件，人民法院可以依照民事诉讼法第九十条、第一百六十二条的规定采取捎口信、电话、短信、传真、电子邮件等简便方式传唤双方当事人、通知证人和送达诉讼文书。

“以简便方式送达的开庭通知，未经当事人确认或者没有其他证据证明当事人已经收到的，人民法院不得缺席判决。

“适用简易程序审理案件，由审判员独任审判，书记员担任记录。”

八、将第二百六十九条修改为：“当事人就案件适用简易程序提出异议，人民法院经审查，异议成立的，裁定转为普通程序；异议不成立的，裁定驳回。裁定以口头方式作出的，应当记入笔录。

“转为普通程序的，人民法院应当将审判人员及相关事项以书面形式通知双方当事人。

“转为普通程序前，双方当事人已确认的事实，可以不再进行举证、质证。”

九、将第二百七十三条修改为：“海事法院可以适用小额诉讼的程序审理海事、海商案件。案件标的额应当以实际受理案件的海事法院或者其派出法庭所在的省、自治区、直辖市上年度就业人员年平均工资为基数计算。”

十、删除第二百七十四条、第二百七十五条。

十一、将第二百八十一条改为第二百七十九条，修改为：“当事人对按照小额诉讼案件审理有异议的，应当在开庭前提出。人民法院经审查，异议成立的，适用简易程序的其他规定审理或者裁定转为普通程序；异议不成立的，裁定驳回。裁定以口头方式作出的，应当记入笔录。”

十二、将第三百四十九条改为第三百四十七条，修改为：“在诉讼中，当事人的利害关系人或者有关组织提出该当事人不能辨认或者不能完全辨认自己的行为，要求宣告该当事人无民事行为能力或者限制民事行为能力的，应由利害关系人或者有关组织向人民法院提出申请，由受诉人民法院按照特别程序立案审理，原诉讼中止。”

十三、将第三百五十三条改为第三百五十一条，修改为：“申请司法确认调解协议的，双方当事人应当本人或者由符合民事诉讼法第六十一条规定的代理人依照民事诉讼法第二百零一条的规定提出申请。”

十四、将第三百五十四条改为第三百五十二条，修改为：“调解组织自行开展的调解，有两个以上调解组织参与的，符合民事诉讼法第二百零一条规定的各调解组织所在地人民法院均有管辖权。

“双方当事人可以共同向符合民事诉讼法第二百零一条规定的其中一个有管辖权的人民法院提出申请；双方当事人共同向两个以上有管辖权的人民法院提出申请的，由最先立案的人民法院管辖。”

十五、条文中引用民事诉讼法相关条文序号根据修改后的民事诉讼法作相应调整。

十六、条文顺序作相应调整。

本决定自2022年4月10日起施行。

根据本决定，《最高人民法院关于适用〈中华人民共和国民事诉讼法〉的解释》作相应修改后重新公布。

最高人民法院
关于适用《中华人民共和国民事诉讼法》的解释

（2014年12月18日最高人民法院审判委员会第1636次会议通过
根据2020年12月23日最高人民法院审判委员会第1823次会议通过的
《最高人民法院关于修改〈最高人民法院关于人民法院民事调解工作
若干问题的规定〉等十九件民事诉讼类司法解释的决定》第一次修正
根据2022年3月22日最高人民法院审判委员会第1866次会议通过的
《最高人民法院关于修改〈最高人民法院关于适用《中华人民共和国
民事诉讼法》的解释〉的决定》第二次修正
该修正自2022年4月10日起施行）

目录

2012 年 8 月 31 日，第十一届全国人民代表大会常务委员会第二十八次会议审议通过了《关于修改〈中华人民共和国民事诉讼法〉的决定》。根据修改后的民事诉讼法，结合人民法院民事审判和执行工作实际，制定本解释。

一、管辖

第一条 民事诉讼法第十九条第一项规定的重大涉外案件，包括争议标的额大的案件、案情复杂的案件，或者一方当事人人数众多等具有重大影响的案件。

第二条 专利纠纷案件由知识产权法院、最高人民法院确定的中级人民法院和基层人民法院管辖。

海事、海商案件由海事法院管辖。

第三条 公民的住所地是指公民的户籍所在地，法人或者其他组织的住所地是指法人或者其他组织的主要办事机构所在地。

法人或者其他组织的主要办事机构所在地不能确定的，法人或者其他组织的注册地或者登记地为住所地。

第四条 公民的经常居住地是指公民离开住所地至起诉时已连续居住一年以上的地方，但公民住院就医的地方除外。

第五条 对没有办事机构的个人合伙、合伙型联营体提起的诉讼，由被告注册登记地人民法院管辖。没有注册登记，几个被告又不在同一辖区的，被告住所地的人民法院都有管辖权。

第六条 被告被注销户籍的，依照民事诉讼法第二十三条规定确定管辖；原告、被告均被注销户籍的，由被告居住地人民法院管辖。

第七条 当事人的户籍迁出后尚未落户，有经常居住地的，由该地人民法院管辖；没有经常居住地的，由其原户籍所在地人民法院管辖。

第八条 双方当事人都被监禁或者被采取强制性教育措施的，由被告原住所地人民法院管辖。被告被监禁或者被采取强制性教育措施一年以上的，由被告被监禁地或者被采取强制性教育措施地人民法院管辖。

第九条 追索赡养费、扶养费、抚养费案件的几个被告住所地不在同一辖区的，可以由原告住所地人民法院管辖。

第十条 不服指定监护或者变更监护关系的案件，可以由被监护人住所地人民法院管辖。

第十一条 双方当事人均为军人或者军队单位的民事案件由军事法院管辖。

第十二条 夫妻一方离开住所地超过一年，另一方起诉离婚的案件，可以由原告住所地人民法院管辖。

夫妻双方离开住所地超过一年，一方起诉离婚的案件，由被告经常居住地人民法院管辖；没有经常居住地的，由原告起诉时被告居住地人民法院管辖。

第十三条 在国内结婚并定居国外的华侨，如定居国法院以离婚诉讼须由婚姻缔结地法院管辖为由不予受理，当事人向人民法院提出离婚诉讼的，由婚姻缔结地或者一方在国内的最后居住地人民法院管辖。

第十四条 在国外结婚并定居国外的华侨，如定居国法院以离婚诉讼须由国籍所属国法院管辖为由不予受理，当事人向人民法院提出离婚诉讼的，由一方原住所地或者在国内的最后居住地人民法院管辖。

第十五条 中国公民一方居住在国外，一方居住在国内，不论哪一方向人民法院提起离婚诉讼，国内一方住所地人民法院都有权管辖。国外一方在居住国法院起诉，国内一方向人民法院起诉的，受诉人民法院有权管辖。

第十六条 中国公民双方在国外但未定居，一方向人民法院起诉离婚的，应由原告或者被告原住所地人民法院管辖。

第十七条 已经离婚的中国公民，双方均定居国外，仅就国内财产分割提起诉讼的，由主要财产所在地人民法院管辖。

第十八条 合同约定履行地点的，以约定的履行地点为合同履行地。

合同对履行地点没有约定或者约定不明确，争议标的为给付货币的，接收货币一方所在地为合同履行地；交付不动产的，不动产所在地为合同履行地；其他标的，履行义务一方所在地为合同履行地。即时结清的合同，交易行为地为合同履行地。

合同没有实际履行，当事人双方住所地都不在合同约定的履行地的，由被告住所地人民法院管辖。

第十九条 财产租赁合同、融资租赁合同以租赁物使用地为合同履行地。合同对履行地有约定的，从其约定。

第二十条 以信息网络方式订立的买卖合同，通过信息网络交付标的的，以买受人住所地为合同履行地；通过其他方式交付标的的，收货地为合同履行地。合同对履行地有约定的，从其约定。

第二十一条 因财产保险合同纠纷提起的诉讼，如果保险标的物是运输工具或者运输中的货物，可以由运输工具登记注册地、运输目的地、保险事故发生地人民法院管辖。

因人身保险合同纠纷提起的诉讼，可以由被保险人住所地人民法院管辖。

第二十二条 因股东名册记载、请求变更公司登记、股东知情权、公司决议、公司合并、公司分立、公司减资、公司增资等纠纷提起的诉讼，依照民事诉讼法第二十七条规定确定管辖。

第二十三条 债权人申请支付令，适用民事诉讼法第二十二条规定，由债务人住所地基层人民法院管辖。

第二十四条 民事诉讼法第二十九条规定的侵权行为地，包括侵权行为实施地、侵权结果发生地。

第二十五条 信息网络侵权行为实施地包括实施被诉侵权行为的计算机等信息设备所在地，侵权结果发生地包括被侵权人住所地。

第二十六条 因产品、服务质量不合格造成他人财产、人身损害提起的诉讼，产品制造地、产品销售地、服务提供地、侵权行为地和被告住所地人民法院都有管辖权。

第二十七条 当事人申请诉前保全后没有在法定期间起诉或者申请仲裁，给被申请人、利害关系人造成损失引起的诉讼，由采取保全措施的人民法院管辖。

当事人申请诉前保全后在法定期间内起诉或者申请仲裁，被申请人、利害关系人因保全受到损失提起的诉讼，由受理起诉的人民法院或者采取保全措施的人民法院管辖。

第二十八条 民事诉讼法第三十四条第一项规定的不动产纠纷是指因不动产的权利确认、分割、相邻关系等引起的物权纠纷。

农村土地承包经营合同纠纷、房屋租赁合同纠纷、建设工程施工合同纠纷、政策性房屋买卖合同纠纷，按照不动产纠纷确定管辖。

不动产已登记的，以不动产登记簿记载的所在地为不动产所在地；不动产未登记的，以不动产实际所在地为不动产所在地。

第二十九条 民事诉讼法第三十五条规定的书面协议，包括书面合同中的协议管辖条款或者诉讼前以书面形式达成的选择管辖的协议。

第三十条 根据管辖协议，起诉时能够确定管辖法院的，从其约定；不能确定的，依照民事诉讼法的相关规定确定管辖。

管辖协议约定两个以上与争议有实际联系的地点的人民法院管辖，原告可以向其中一个人民法院起诉。

第三十一条 经营者使用格式条款与消费者订立管辖协议，未采取合理方式提请消费者注意，消费者主张管辖协议无效的，人民法院应予支持。

第三十二条 管辖协议约定由一方当事人住所地人民法院管辖，协议签订后当事人住所地变更的，由签订管辖协议时的住所地人民法院管辖，但当事人另有约定的除外。

第三十三条 合同转让的，合同的管辖协议对合同受让人有效，但转让时受让人不知道有管辖协议，或者转让协议另有约定且原合同相对人同意的除外。

第三十四条 当事人因同居或者在解除婚姻、收养关系后发生财产争议，约定管辖的，可以适用民事诉讼法第三十五条规定确定管辖。

第三十五条 当事人在答辩期间届满后未应诉答辩，人民法院在一审开庭前，发现案件不属于本院管辖的，应当裁定移送有管辖权的人民法院。

第三十六条 两个以上人民法院都有管辖权的诉讼，先立案的人民法院不得将案件移送给另一个有管辖权的人民法院。人民法院在立案前发现其他有管辖权的人民法院已先立案的，不得重复立案；立案后发现其他有管辖权的人民法院已先立案的，裁定将案件移送给先立案的人民法院。

第三十七条 案件受理后，受诉人民法院的管辖权不受当事人住所地、经常居住地变更的影响。

第三十八条 有管辖权的人民法院受理案件后，不得以行政区域变更为由，将案件移送给变更后有管辖权的人民法院。判决后的上诉案件和依审判监督程序提审的案件，由原审人民法院的上级人民法院进行审判；上级人民法院指令再审、发回重审的案件，由原审人民法院再审或者重审。

第三十九条 人民法院对管辖异议审查后确定有管辖权的，不因当事人提起反诉、增加或者变更诉讼请求等改变管辖，但违反级别管辖、专属管辖规定的除外。

人民法院发回重审或者按第一审程序再审的案件，当事人提出管辖异议的，人民法院不予审查。

第四十条 依照民事诉讼法第三十八条第二款规定，发生管辖权争议的两个人民法院因协商不成报请它们的共同上级人民法院指定管辖时，双方为同属一个地、市辖区的基层人民法院的，由该地、市的中级人民法院及时指定管辖；同属一个省、自治区、直辖市的两个人民法院的，由该省、自治区、直辖市的高级人民法院及时指定管辖；双方为跨省、自治区、直辖市的人民法院，高级人民法院协商不成的，由最高人民法院及时指定管辖。

依照前款规定报请上级人民法院指定管辖时，应当逐级进行。

第四十一条 人民法院依照民事诉讼法第三十八条第二款规定指定管辖的，应当作出裁定。

对报请上级人民法院指定管辖的案件，下级人民法院应当中止审理。指定管辖裁定作出前，下级人民法院对案件作出判决、裁定的，上级人民法院应当在裁定指定管辖的同时，一并撤销下级人民法院的判决、裁定。

第四十二条 下列第一审民事案件，人民法院依照民事诉讼法第三十九条第一款规定，可以在开庭前交下级人民法院审理：

（一）破产程序中有关债务人的诉讼案件；

（二）当事人人数众多且不方便诉讼的案件；

（三）最高人民法院确定的其他类型案件。

人民法院交下级人民法院审理前，应当报请其上级人民法院批准。上级人民法院批准后，人民法院应当裁定将案件交下级人民法院审理。

二、回避

第四十三条 审判人员有下列情形之一的，应当自行回避，当事人有权申请其回避：

（一）是本案当事人或者当事人近亲属的；

（二）本人或者其近亲属与本案有利害关系的；

（三）担任过本案的证人、鉴定人、辩护人、诉讼代理人、翻译人员的；

（四）是本案诉讼代理人近亲属的；

（五）本人或者其近亲属持有本案非上市公司当事人的股份或者股权的；

（六）与本案当事人或者诉讼代理人有其他利害关系，可能影响公正审理的。

第四十四条 审判人员有下列情形之一的，当事人有权申请其回避：

（一）接受本案当事人及其受托人宴请，或者参加由其支付费用的活动的；

（二）索取、接受本案当事人及其受托人财物或者其他利益的；

（三）违反规定会见本案当事人、诉讼代理人的；

（四）为本案当事人推荐、介绍诉讼代理人，或者为律师、其他人员介绍代理本案的；

（五）向本案当事人及其受托人借用款物的；

（六）有其他不正当行为，可能影响公正审理的。

第四十五条 在一个审判程序中参与过本案审判工作的审判人员，不得再参与该案其他程序的审判。

发回重审的案件，在一审法院作出裁判后又进入第二审程序的，原第二审程序中审判人员不受前款规定的限制。

第四十六条 审判人员有应当回避的情形，没有自行回避，当事人也没有申请其回避的，由院长或者审判委员会决定其回避。

第四十七条 人民法院应当依法告知当事人对合议庭组成人员、独任审判员和书记员等人员有申请回避的权利。

第四十八条 民事诉讼法第四十七条所称的审判人员，包括参与本案审理的人民法院院长、副院长、审判委员会委员、庭长、副庭长、审判员和人民陪审员。

第四十九条 书记员和执行员适用审判人员回避的有关规定。

三、诉讼参加人

第五十条 法人的法定代表人以依法登记的为准，但法律另有规定的除外。依法不需要办理登记的法人，以其正职负责人为法定代表人；没有正职负责人的，以其主持工作的副职负责人为法定代表人。

法定代表人已经变更，但未完成登记，变更后的法定代表人要求代表法人参加诉讼的，人民法院可以准许。

其他组织，以其主要负责人为代表人。

第五十一条 在诉讼中，法人的法定代表人变更的，由新的法定代表人继续进行诉讼，并应向人民法院提交新的法定代表人身份证明书。原法定代表人进行的诉讼行为有效。

前款规定，适用于其他组织参加的诉讼。

第五十二条 民事诉讼法第五十一条规定的其他组织是指合法成立、有一定的组织机构和财产，但又不具备法人资格的组织，包括：

（一）依法登记领取营业执照的个人独资企业；

（二）依法登记领取营业执照的合伙企业；

（三）依法登记领取我国营业执照的中外合作经营企业、外资企业；

（四）依法成立的社会团体的分支机构、代表机构；

（五）依法设立并领取营业执照的法人的分支机构；

（六）依法设立并领取营业执照的商业银行、政策性银行和非银行金融机构的分支机构；

（七）经依法登记领取营业执照的乡镇企业、街道企业；

（八）其他符合本条规定条件的组织。

第五十三条 法人非依法设立的分支机构，或者虽依法设立，但没有领取营业执照的分支机构，以设立该分支机构的法人为当事人。

第五十四条 以挂靠形式从事民事活动，当事人请求由挂靠人和被挂靠人依法承担民事责任的，该挂靠人和被挂靠人为共同诉讼人。

第五十五条 在诉讼中，一方当事人死亡，需要等待继承人表明是否参加诉讼的，裁定中止诉讼。人民法院应当及时通知继承人作为当事人承担诉讼，被继承人已经进行的诉讼行为对承担诉讼的继承人有效。

第五十六条 法人或者其他组织的工作人员执行工作任务造成他人损害的，该法人或者其他组织为当事人。

第五十七条 提供劳务一方因劳务造成他人损害，受害人提起诉讼的，以接受劳务一方为被告。

第五十八条 在劳务派遣期间，被派遣的工作人员因执行工作任务造成他人损害的，以接受劳务派遣的用工单位为当事人。当事人主张劳务派遣单位承担责任的，该劳务派遣单位为共同被告。

第五十九条 在诉讼中，个体工商户以营业执照上登记的经营者为当事人。有字号的，以营业执照上登记的字号为当事人，但应同时注明该字号经营者的基本信息。

营业执照上登记的经营者与实际经营者不一致的，以登记的经营者和实际经营者为共同诉讼人。

第六十条 在诉讼中，未依法登记领取营业执照的个人合伙的全体合伙人为共同诉讼人。个人合伙有依法核准登记的字号的，应在法律文书中注明登记的字号。全体合伙人可以推选代表人；被推选的代表人，应由全体合伙人出具推选书。

第六十一条 当事人之间的纠纷经人民调解委员会或者其他依法设立的调解组织调解达成

协议后，一方当事人不履行调解协议，另一方当事人向人民法院提起诉讼的，应以对方当事人为被告。

第六十二条 下列情形，以行为人为当事人：

（一）法人或者其他组织应登记而未登记，行为人即以该法人或者其他组织名义进行民事活动的；

（二）行为人没有代理权、超越代理权或者代理权终止后以被代理人名义进行民事活动的，但相对人有理由相信行为人有代理权的除外；

（三）法人或者其他组织依法终止后，行为人仍以其名义进行民事活动的。

第六十三条 企业法人合并的，因合并前的民事活动发生的纠纷，以合并后的企业为当事人；企业法人分立的，因分立前的民事活动发生的纠纷，以分立后的企业为共同诉讼人。

第六十四条 企业法人解散的，依法清算并注销前，以该企业法人为当事人；未依法清算即被注销的，以该企业法人的股东、发起人或者出资人为当事人。

第六十五条 借用业务介绍信、合同专用章、盖章的空白合同书或者银行账户的，出借单位和借用人为共同诉讼人。

第六十六条 因保证合同纠纷提起的诉讼，债权人向保证人和被保证人一并主张权利的，人民法院应当将保证人和被保证人列为共同被告。保证合同约定为一般保证，债权人仅起诉保证人的，人民法院应当通知被保证人作为共同被告参加诉讼；债权人仅起诉被保证人的，可以只列被保证人为被告。

第六十七条 无民事行为能力人、限制民事行为能力人造成他人损害的，无民事行为能力人、限制民事行为能力人和其监护人为共同被告。

第六十八条 居民委员会、村民委员会或者村民小组与他人发生民事纠纷的，居民委员会、村民委员会或者有独立财产的村民小组为当事人。

第六十九条 对侵害死者遗体、遗骨以及姓名、肖像、名誉、荣誉、隐私等行为提起诉讼的，死者的近亲属为当事人。

第七十条 在继承遗产的诉讼中，部分继承人起诉的，人民法院应通知其他继承人作为共同原告参加诉讼；被通知的继承人不愿意参加诉讼又未明确表示放弃实体权利的，人民法院仍应将其列为共同原告。

第七十一条 原告起诉被代理人和代理人，要求承担连带责任的，被代理人和代理人为共同被告。

原告起诉代理人和相对人，要求承担连带责任的，代理人和相对人为共同被告。

第七十二条 共有财产权受到他人侵害，部分共有权人起诉的，其他共有权人为共同诉讼人。

第七十三条 必须共同进行诉讼的当事人没有参加诉讼的，人民法院应当依照民事诉讼法第一百三十五条的规定，通知其参加；当事人也可以向人民法院申请追加。人民法院对当事人提出的申请，应当进行审查，申请理由不成立的，裁定驳回；申请理由成立的，书面通知被追加的当事人参加诉讼。

第七十四条 人民法院追加共同诉讼的当事人时，应当通知其他当事人。应当追加的原告，已明确表示放弃实体权利的，可不予追加；既不愿意参加诉讼，又不放弃实体权利的，仍应追加为共同原告，其不参加诉讼，不影响人民法院对案件的审理和依法作出判决。

第七十五条 民事诉讼法第五十六条、第五十七条和第二百零六条规定的人数众多，一般指十人以上。

第七十六条 依照民事诉讼法第五十六条规定，当事人一方人数众多在起诉时确定的，可以由全体当事人推选共同的代表人，也可以由部分当事人推选自己的代表人；推选不出代表人的当事人，在必要的共同诉讼中可以自己参加诉讼，在普通的共同诉讼中可以另行起诉。

第七十七条 根据民事诉讼法第五十七条规定，当事人一方人数众多在起诉时不确定的，由当事人推选代表人。当事人推选不出的，可以由人民法院提出人选与当事人协商；协商不成的，也可以由人民法院在起诉的当事人中指定代表人。

第七十八条 民事诉讼法第五十六条和第五十七条规定的代表人为二至五人，每位代表人可以委托一至二人作为诉讼代理人。

第七十九条 依照民事诉讼法第五十七条规定受理的案件，人民法院可以发出公告，通知权利人向人民法院登记。公告期间根据案件的具体情况确定，但不得少于三十日。

第八十条 根据民事诉讼法第五十七条规定向人民法院登记的权利人，应当证明其与对方当事人的法律关系和所受到的损害。证明不了的，不予登记，权利人可以另行起诉。人民法院的裁判在登记的范围内执行。未参加登记的权利人提起诉讼，人民法院认定其请求成立的，裁定适用人民法院已作出的判决、裁定。

第八十一条 根据民事诉讼法第五十九条的规定，有独立请求权的第三人有权向人民法院提出诉讼请求和事实、理由，成为当事人；无独立请求权的第三人，可以申请或者由人民法院通知参加诉讼。

第一审程序中未参加诉讼的第三人，申请参加第二审程序的，人民法院可以准许。

第八十二条 在一审诉讼中，无独立请求权的第三人无权提出管辖异议，无权放弃、变更诉讼请求或者申请撤诉，被判决承担民事责任的，有权提起上诉。

第八十三条 在诉讼中，无民事行为能力人、限制民事行为能力人的监护人是他的法定代理人。事先没有确定监护人的，可以由有监护资格的人协商确定；协商不成的，由人民法院在他们之中指定诉讼中的法定代理人。当事人没有民法典第二十七条、第二十八条规定的监护人的，可以指定民法典第三十二条规定的有关组织担任诉讼中的法定代理人。

第八十四条 无民事行为能力人、限制民事行为能力人以及其他依法不能作为诉讼代理人的，当事人不得委托其作为诉讼代理人。

第八十五条 根据民事诉讼法第六十一条第二款第二项规定，与当事人有夫妻、直系血亲、三代以内旁系血亲、近姻亲关系以及其他有抚养、赡养关系的亲属，可以当事人近亲属的名义作为诉讼代理人。

第八十六条 根据民事诉讼法第六十一条第二款第二项规定，与当事人有合法劳动人事关系的职工，可以当事人工作人员的名义作为诉讼代理人。

第八十七条 根据民事诉讼法第六十一条第二款第三项规定，有关社会团体推荐公民担任诉讼代理人的，应当符合下列条件：

（一）社会团体属于依法登记设立或者依法免予登记设立的非营利性法人组织；

（二）被代理人属于该社会团体的成员，或者当事人一方住所地位于该社会团体的活动地域；

（三）代理事务属于该社会团体章程载明的业务范围；

（四）被推荐的公民是该社会团体的负责人或者与该社会团体有合法劳动人事关系的工作人员。

专利代理人经中华全国专利代理人协会推荐，可以在专利纠纷案件中担任诉讼代理人。

第八十八条 诉讼代理人除根据民事诉讼法第六十二条规定提交授权委托书外，还应当按照下列规定向人民法院提交相关材料：

（一）律师应当提交律师执业证、律师事务所证明材料；

（二）基层法律服务工作者应当提交法律服务工作者执业证、基层法律服务所出具的介绍信以及当事人一方位于本辖区内的证明材料；

（三）当事人的近亲属应当提交身份证件和与委托人有近亲属关系的证明材料；

（四）当事人的工作人员应当提交身份证件和与当事人有合法劳动人事关系的证明材料；

（五）当事人所在社区、单位推荐的公民应当提交身份证件、推荐材料和当事人属于该社区、单位的证明材料；

（六）有关社会团体推荐的公民应当提交身份证件和符合本解释第八十七条规定条件的证明材料。

第八十九条 当事人向人民法院提交的授权委托书，应当在开庭审理前送交人民法院。授权委托书仅写"全权代理"而无具体授权的，诉讼代理人无权代为承认、放弃、变更诉讼请求，进行和解，提出反诉或者提起上诉。

适用简易程序审理的案件，双方当事人同时到庭并径行开庭审理的，可以当场口头委托诉讼代理人，由人民法院记入笔录。

四、证据

第九十条 当事人对自己提出的诉讼请求所依据的事实或者反驳对方诉讼请求所依据的事实，应当提供证据加以证明，但法律另有规定的除外。

在作出判决前，当事人未能提供证据或者证据不足以证明其事实主张的，由负有举证证明责任的当事人承担不利的后果。

第九十一条 人民法院应当依照下列原则确定举证证明责任的承担，但法律另有规定的除外：

（一）主张法律关系存在的当事人，应当对产生该法律关系的基本事实承担举证证明责任；

（二）主张法律关系变更、消灭或者权利受到妨害的当事人，应当对该法律关系变更、消灭或者权利受到妨害的基本事实承担举证证明责任。

第九十二条 一方当事人在法庭审理中，或者在起诉状、答辩状、代理词等书面材料中，对于己不利的事实明确表示承认的，另一方当事人无需举证证明。

对于涉及身份关系、国家利益、社会公共利益等应当由人民法院依职权调查的事实，不适用前款自认的规定。

自认的事实与查明的事实不符的，人民法院不予确认。

第九十三条 下列事实，当事人无须举证证明：

（一）自然规律以及定理、定律；

（二）众所周知的事实；

（三）根据法律规定推定的事实；

（四）根据已知的事实和日常生活经验法则推定出的另一事实；

（五）已为人民法院发生法律效力的裁判所确认的事实；

（六）已为仲裁机构生效裁决所确认的事实；

（七）已为有效公证文书所证明的事实。

前款第二项至第四项规定的事实，当事人有相反证据足以反驳的除外；第五项至第七项规定的事实，当事人有相反证据足以推翻的除外。

第九十四条 民事诉讼法第六十七条第二款规定的当事人及其诉讼代理人因客观原因不能自行收集的证据包括：

（一）证据由国家有关部门保存，当事人及其诉讼代理人无权查阅调取的；

（二）涉及国家秘密、商业秘密或者个人隐私的；

（三）当事人及其诉讼代理人因客观原因不能自行收集的其他证据。

当事人及其诉讼代理人因客观原因不能自行收集的证据，可以在举证期限届满前书面申请人民法院调查收集。

第九十五条 当事人申请调查收集的证据，与待证事实无关联、对证明待证事实无意义或者其他无调查收集必要的，人民法院不予准许。

第九十六条 民事诉讼法第六十七条第二款规定的人民法院认为审理案件需要的证据包括：

（一）涉及可能损害国家利益、社会公共利益的；

（二）涉及身份关系的；

（三）涉及民事诉讼法第五十八条规定诉讼的；

（四）当事人有恶意串通损害他人合法权益可能的；

（五）涉及依职权追加当事人、中止诉讼、终结诉讼、回避等程序性事项的。

除前款规定外，人民法院调查收集证据，应当依照当事人的申请进行。

第九十七条 人民法院调查收集证据，应当由两人以上共同进行。调查材料要由调查人、被调查人、记录人签名、捺印或者盖章。

第九十八条 当事人根据民事诉讼法第八十四条第一款规定申请证据保全的，可以在举证期限届满前书面提出。

证据保全可能对他人造成损失的，人民法院应当责令申请人提供相应的担保。

第九十九条 人民法院应当在审理前的准备阶段确定当事人的举证期限。举证期限可以由当事人协商，并经人民法院准许。

人民法院确定举证期限，第一审普通程序案件不得少于十五日，当事人提供新的证据的第二审案件不得少于十日。

举证期限届满后，当事人对已经提供的证据，申请提供反驳证据或者对证据来源、形式等方面的瑕疵进行补正的，人民法院可以酌情再次确定举证期限，该期限不受前款规定的限制。

第一百条 当事人申请延长举证期限的，应当在举证期限届满前向人民法院提出书面申请。

申请理由成立的，人民法院应当准许，适当延长举证期限，并通知其他当事人。延长的举证期限适用于其他当事人。

申请理由不成立的，人民法院不予准许，并通知申请人。

第一百零一条 当事人逾期提供证据的，人民法院应当责令其说明理由，必要时可以要求其提供相应的证据。

当事人因客观原因逾期提供证据，或者对方当事人对逾期提供证据未提出异议的，视为未逾期。

第一百零二条 当事人因故意或者重大过失逾期提供的证据，人民法院不予采纳。但该证据与案件基本事实有关的，人民法院应当采纳，并依照民事诉讼法第六十八条、第一百一十八条第一款的规定予以训诫、罚款。

当事人非因故意或者重大过失逾期提供的证据，人民法院应当采纳，并对当事人予以训诫。

当事人一方要求另一方赔偿因逾期提供证据致使其增加的交通、住宿、就餐、误工、证人出庭作证等必要费用的，人民法院可予支持。

第一百零三条 证据应当在法庭上出示，由当事人互相质证。未经当事人质证的证据，不得作为认定案件事实的根据。

当事人在审理前的准备阶段认可的证据，经审判人员在庭审中说明后，视为质证过的证据。

涉及国家秘密、商业秘密、个人隐私或者法律规定应当保密的证据，不得公开质证。

第一百零四条 人民法院应当组织当事人围绕证据的真实性、合法性以及与待证事实的关联性进行质证，并针对证据有无证明力和证明力大小进行说明和辩论。

能够反映案件真实情况、与待证事实相关联、来源和形式符合法律规定的证据，应当作为认定案件事实的根据。

第一百零五条 人民法院应当按照法定程序，全面、客观地审核证据，依照法律规定，运用逻辑推理和日常生活经验法则，对证据有无证明力和证明力大小进行判断，并公开判断的理由和结果。

第一百零六条 对以严重侵害他人合法权益、违反法律禁止性规定或者严重违背公序良俗的方法形成或者获取的证据，不得作为认定案件事实的根据。

第一百零七条 在诉讼中，当事人为达成调解协议或者和解协议作出妥协而认可的事实，不得在后续的诉讼中作为对其不利的根据，但法律另有规定或者当事人均同意的除外。

第一百零八条 对负有举证证明责任的当事人提供的证据，人民法院经审查并结合相关事实，确信待证事实的存在具有高度可能性的，应当认定该事实存在。

对一方当事人为反驳负有举证证明责任的当事人所主张事实而提供的证据，人民法院经审查并结合相关事实，认为待证事实真伪不明的，应当认定该事实不存在。

法律对于待证事实所应达到的证明标准另有规定的，从其规定。

第一百零九条 当事人对欺诈、胁迫、恶意串通事实的证明，以及对口头遗嘱或者赠与事实的证明，人民法院确信该待证事实存在的可能性能够排除合理怀疑的，应当认定该事实存在。

第一百一十条 人民法院认为有必要的，可以要求当事人本人到庭，就案件有关事实接受询问。在询问当事人之前，可以要求其签署保证书。

保证书应当载明据实陈述、如有虚假陈述愿意接受处罚等内容。当事人应当在保证书上签名或者捺印。

负有举证证明责任的当事人拒绝到庭、拒绝接受询问或者拒绝签署保证书，待证事实又欠缺其他证据证明的，人民法院对其主张的事实不予认定。

第一百一十一条 民事诉讼法第七十三条规定的提交书证原件确有困难，包括下列情形：

（一）书证原件遗失、灭失或者毁损的；

（二）原件在对方当事人控制之下，经合法通知提交而拒不提交的；

（三）原件在他人控制之下，而其有权不提交的；

（四）原件因篇幅或者体积过大而不便提交的；

（五）承担举证证明责任的当事人通过申请人民法院调查收集或者其他方式无法获得书证原件的。

前款规定情形，人民法院应当结合其他证据和案件具体情况，审查判断书证复制品等能否作为认定案件事实的根据。

第一百一十二条 书证在对方当事人控制之下的，承担举证证明责任的当事人可以在举证期限届满前书面申请人民法院责令对方当事人提交。

申请理由成立的，人民法院应当责令对方当事人提交，因提交书证所产生的费用，由申请人负担。对方当事人无正当理由拒不提交的，人民法院可以认定申请人所主张的书证内容为真实。

第一百一十三条 持有书证的当事人以妨碍对方当事人使用为目的，毁灭有关书证或者实施其他致使书证不能使用行为的，人民法院可以依照民事诉讼法第一百一十四条规定，对其处以罚款、拘留。

第一百一十四条 国家机关或者其他依法具有社会管理职能的组织，在其职权范围内制作的文书所记载的事项推定为真实，但有相反证据足以推翻的除外。必要时，人民法院可以要求制作文书的机关或者组织对文书的真实性予以说明。

第一百一十五条 单位向人民法院提出的证明材料，应当由单位负责人及制作证明材料的人员签名或者盖章，并加盖单位印章。人民法院就单位出具的证明材料，可以向单位及制作证明材料的人员进行调查核实。必要时，可以要求制作证明材料的人员出庭作证。

单位及制作证明材料的人员拒绝人民法院调查核实，或者制作证明材料的人员无正当理由拒绝出庭作证的，该证明材料不得作为认定案件事实的根据。

第一百一十六条 视听资料包括录音资料和影像资料。

电子数据是指通过电子邮件、电子数据交换、网上聊天记录、博客、微博客、手机短信、电子签名、域名等形成或者存储在电子介质中的信息。

存储在电子介质中的录音资料和影像资料，适用电子数据的规定。

第一百一十七条 当事人申请证人出庭作证的，应当在举证期限届满前提出。

符合本解释第九十六条第一款规定情形的，人民法院可以依职权通知证人出庭作证。

未经人民法院通知，证人不得出庭作证，但双方当事人同意并经人民法院准许的除外。

第一百一十八条 民事诉讼法第七十七条规定的证人因履行出庭作证义务而支出的交通、住宿、就餐等必要费用，按照机关事业单位工作人员差旅费用和补贴标准计算；误工损失按照国家上年度职工日平均工资标准计算。

人民法院准许证人出庭作证申请的，应当通知申请人预缴证人出庭作证费用。

第一百一十九条 人民法院在证人出庭作证前应当告知其如实作证的义务以及作伪证的法律后果，并责令其签署保证书，但无民事行为能力人和限制民事行为能力人除外。

证人签署保证书适用本解释关于当事人签署保证书的规定。

第一百二十条 证人拒绝签署保证书的，不得作证，并自行承担相关费用。

第一百二十一条 当事人申请鉴定，可以在举证期限届满前提出。申请鉴定的事项与待证事实无关联，或者对证明待证事实无意义的，人民法院不予准许。

人民法院准许当事人鉴定申请的，应当组织双方当事人协商确定具备相应资格的鉴定人。当事人协商不成的，由人民法院指定。

符合依职权调查收集证据条件的，人民法院应当依职权委托鉴定，在询问当事人的意见后，指定具备相应资格的鉴定人。

第一百二十二条 当事人可以依照民事诉讼法第八十二条的规定，在举证期限届满前申请一至二名具有专门知识的人出庭，代表当事人对鉴定意见进行质证，或者对案件事实所涉及的专业问题提出意见。

具有专门知识的人在法庭上就专业问题提出的意见，视为当事人的陈述。

人民法院准许当事人申请的，相关费用由提出申请的当事人负担。

第一百二十三条 人民法院可以对出庭的具有专门知识的人进行询问。经法庭准许，当事人可以对出庭的具有专门知识的人进行询问，当事人各自申请的具有专门知识的人可以就案件中的有关问题进行对质。

具有专门知识的人不得参与专业问题之外的法庭审理活动。

第一百二十四条 人民法院认为有必要的，可以根据当事人的申请或者依职权对物证或者现场进行勘验。勘验时应当保护他人的隐私和尊严。

人民法院可以要求鉴定人参与勘验。必要时，可以要求鉴定人在勘验中进行鉴定。

五、期间和送达

第一百二十五条 依照民事诉讼法第八十五条第二款规定，民事诉讼中以时起算的期间从次时起算；以日、月、年计算的期间从次日起算。

第一百二十六条 民事诉讼法第一百二十六条规定的立案期限，因起诉状内容欠缺通知原告补正的，从补正后交人民法院的次日起算。由上级人民法院转交下级人民法院立案的案件，从受诉人民法院收到起诉状的次日起算。

第一百二十七条 民事诉讼法第五十九条第三款、第二百一十二条以及本解释第三百七十二条、第三百八十二条、第三百九十九条、第四百二十条、第四百二十一条规定的六个月，民事诉讼法第二百三十条规定的一年，为不变期间，不适用诉讼时效中止、中断、延长的规定。

第一百二十八条 再审案件按照第一审程序或者第二审程序审理的，适用民事诉讼法第一百五十二条、第一百八十三条规定的审限。审限自再审立案的次日起算。

第一百二十九条 对申请再审案件，人民法院应当自受理之日起三个月内审查完毕，但公告期间、当事人和解期间等不计入审查期限。有特殊情况需要延长的，由本院院长批准。

第一百三十条 向法人或者其他组织送达诉讼文书，应当由法人的法定代表人、该组织的主要负责人或者办公室、收发室、值班室等负责收件的人签收或者盖章，拒绝签收或者盖章的，适用留置送达。

民事诉讼法第八十九条规定的有关基层组织和所在单位的代表，可以是受送达人住所地的居民委员会、村民委员会的工作人员以及受送达人所在单位的工作人员。

第一百三十一条 人民法院直接送达诉讼文书的，可以通知当事人到人民法院领取。当事人到达人民法院，拒绝签署送达回证的，视为送达。审判人员、书记员应当在送达回证上注明送达情况并签名。

人民法院可以在当事人住所地以外向当事人直接送达诉讼文书。当事人拒绝签署送达回证的，采用拍照、录像等方式记录送达过程即视为送达。审判人员、书记员应当在送达回证上注明送达情况并签名。

第一百三十二条 受送达人有诉讼代理人的，人民法院既可以向受送达人送达，也可以向其诉讼代理人送达。受送达人指定诉讼代理人为代收人的，向诉讼代理人送达时，适用留置送达。

第一百三十三条 调解书应当直接送达当事人本人，不适用留置送达。当事人本人因故不能签收的，可由其指定的代收人签收。

第一百三十四条 依照民事诉讼法第九十一条规定，委托其他人民法院代为送达的，委托法院应当出具委托函，并附需要送达的诉讼文书和送达回证，以受送达人在送达回证上签收的日期为送达日期。

委托送达的，受委托人民法院应当自收到委托函及相关诉讼文书之日起十日内代为送达。

第一百三十五条 电子送达可以采用传真、电子邮件、移动通信等即时收悉的特定系统作为送达媒介。

民事诉讼法第九十条第二款规定的到达受送达人特定系统的日期，为人民法院对应系统显示发送成功的日期，但受送达人证明到达其特定系统的日期与人民法院对应系统显示发送成功的日期不一致的，以受送达人证明到达其特定系统的日期为准。

第一百三十六条 受送达人同意采用电子方式送达的，应当在送达地址确认书中予以确认。

第一百三十七条 当事人在提起上诉、申请再审、申请执行时未书面变更送达地址的，其在第一审程序中确认的送达地址可以作为第二审程序、审判监督程序、执行程序的送达地址。

第一百三十八条 公告送达可以在法院的公告栏和受送达人住所地张贴公告，也可以在报纸、信息网络等媒体上刊登公告，发出公告日期以最后张贴或者刊登的日期为准。对公告送达方式有特殊要求的，应当按要求的方式进行。公告期满，即视为送达。

人民法院在受送达人住所地张贴公告的，应当采取拍照、录像等方式记录张贴过程。

第一百三十九条 公告送达应当说明公告送达的原因；公告送达起诉状或者上诉状副本的，应当说明起诉或者上诉要点，受送达人答辩期限及逾期不答辩的法律后果；公告送达传票，应当说明出庭的时间和地点及逾期不出庭的法律后果；公告送达判决书、裁定书的，应当说明裁判主要内容，当事人有权上诉的，还应当说明上诉权利、上诉期限和上诉的人民法院。

第一百四十条 适用简易程序的案件，不适用公告送达。

第一百四十一条 人民法院在定期宣判时，当事人拒不签收判决书、裁定书的，应视为送达，并在宣判笔录中记明。

六、调解

第一百四十二条 人民法院受理案件后，经审查，认为法律关系明确、事实清楚，在征得当事人双方同意后，可以径行调解。

第一百四十三条 适用特别程序、督促程序、公示催告程序的案件，婚姻等身份关系确认案件以及其他根据案件性质不能进行调解的案件，不得调解。

第一百四十四条 人民法院审理民事案件，发现当事人之间恶意串通，企图通过和解、调解方式侵害他人合法权益的，应当依照民事诉讼法第一百一十五条的规定处理。

第一百四十五条 人民法院审理民事案件，应当根据自愿、合法的原则进行调解。当事人一方或者双方坚持不愿调解的，应当及时裁判。

人民法院审理离婚案件，应当进行调解，但不应久调不决。

第一百四十六条 人民法院审理民事案件，调解过程不公开，但当事人同意公开的除外。

调解协议内容不公开，但为保护国家利益、社会公共利益、他人合法权益，人民法院认为确有必要公开的除外。

主持调解以及参与调解的人员，对调解过程以及调解过程中获悉的国家秘密、商业秘密、个人隐私和其他不宜公开的信息，应当保守秘密，但为保护国家利益、社会公共利益、他人合法权益的除外。

第一百四十七条 人民法院调解案件时，当事人不能出庭的，经其特别授权，可由其委托代理人参加调解，达成的调解协议，可由委托代理人签名。

离婚案件当事人确因特殊情况无法出庭参加调解的，除本人不能表达意志的以外，应当出具书面意见。

第一百四十八条 当事人自行和解或者调解达成协议后，请求人民法院按照和解协议或者调解协议的内容制作判决书的，人民法院不予准许。

无民事行为能力人的离婚案件，由其法定代理人进行诉讼。法定代理人与对方达成协议要求发给判决书的，可根据协议内容制作判决书。

第一百四十九条 调解书需经当事人签收后才发生法律效力的，应当以最后收到调解书的当事人签收的日期为调解书生效日期。

第一百五十条 人民法院调解民事案件，需由无独立请求权的第三人承担责任的，应当经其同意。该第三人在调解书送达前反悔的，人民法院应当及时裁判。

第一百五十一条 根据民事诉讼法第一百零一条第一款第四项规定，当事人各方同意在调解协议上签名或者盖章后即发生法律效力的，经人民法院审查确认后，应当记入笔录或者将调解协议附卷，并由当事人、审判人员、书记员签名或者盖章后即具有法律效力。

前款规定情形，当事人请求制作调解书的，人民法院审查确认后可以制作调解书送交当事人。当事人拒收调解书的，不影响调解协议的效力。

七、保全和先予执行

第一百五十二条 人民法院依照民事诉讼法第一百零三条、第一百零四条规定，在采取诉前保全、诉讼保全措施时，责令利害关系人或者当事人提供担保的，应当书面通知。

利害关系人申请诉前保全的，应当提供担保。申请诉前财产保全的，应当提供相当于请求保全数额的担保；情况特殊的，人民法院可以酌情处理。申请诉前行为保全的，担保的数额由人民法院根据案件的具体情况决定。

在诉讼中，人民法院依申请或者依职权采取保全措施的，应当根据案件的具体情况，决定当事人是否应当提供担保以及担保的数额。

第一百五十三条 人民法院对季节性商品、鲜活、易腐烂变质以及其他不宜长期保存的物品采取保全措施时，可以责令当事人及时处理，由人民法院保存价款；必要时，人民法院可予以变卖，保存价款。

第一百五十四条 人民法院在财产保全中采取查封、扣押、冻结财产措施时，应当妥善保管被查封、扣押、冻结的财产。不宜由人民法院保管的，人民法院可以指定被保全人负责保管；不宜由被保全人保管的，可以委托他人或者申请保全人保管。

查封、扣押、冻结担保物权人占有的担保财产，一般由担保物权人保管；由人民法院保管的，质权、留置权不因采取保全措施而消灭。

第一百五十五条 由人民法院指定被保全人保管的财产，如果继续使用对该财产的价值无重大影响，可以允许被保全人继续使用；由人民法院保管或者委托他人、申请保全人保管的财产，人民法院和其他保管人不得使用。

第一百五十六条 人民法院采取财产保全的方法和措施，依照执行程序相关规定办理。

第一百五十七条 人民法院对抵押物、质押物、留置物可以采取财产保全措施，但不影响抵押权人、质权人、留置权人的优先受偿权。

第一百五十八条 人民法院对债务人到期应得的收益，可以采取财产保全措施，限制其支取，通知有关单位协助执行。

第一百五十九条 债务人的财产不能满足保全请求，但对他人有到期债权的，人民法院可以依债权人的申请裁定该他人不得对本案债务人清偿。该他人要求偿付的，由人民法院提存财物或者价款。

第一百六十条 当事人向采取诉前保全措施以外的其他有管辖权的人民法院起诉的，采取诉前保全措施的人民法院应当将保全手续移送受理案件的人民法院。诉前保全的裁定视为受移送人民法院作出的裁定。

第一百六十一条 对当事人不服一审判决提起上诉的案件，在第二审人民法院接到报送的案件之前，当事人有转移、隐匿、出卖或者毁损财产等行为，必须采取保全措施的，由第一审人民法院依当事人申请或者依职权采取。第一审人民法院的保全裁定，应当及时报送第二审人民法院。

第一百六十二条 第二审人民法院裁定对第一审人民法院采取的保全措施予以续保或者采取新的保全措施的，可以自行实施，也可以委托第一审人民法院实施。

再审人民法院裁定对原保全措施予以续保或者采取新的保全措施的，可以自行实施，也可以委托原审人民法院或者执行法院实施。

第一百六十三条 法律文书生效后，进入执行程序前，债权人因对方当事人转移财产等紧急情况，不申请保全将可能导致生效法律文书不能执行或者难以执行的，可以向执行法院申请采取保全措施。债权人在法律文书指定的履行期间届满后五日内不申请执行的，人民法院应当解除保全。

第一百六十四条 对申请保全人或者他人提供的担保财产，人民法院应当依法办理查封、扣押、冻结等手续。

第一百六十五条 人民法院裁定采取保全措施后，除作出保全裁定的人民法院自行解除或者其上级人民法院决定解除外，在保全期限内，任何单位不得解除保全措施。

第一百六十六条 裁定采取保全措施后，有下列情形之一的，人民法院应当作出解除保全裁定：

（一）保全错误的；

（二）申请人撤回保全申请的；

（三）申请人的起诉或者诉讼请求被生效裁判驳回的；

（四）人民法院认为应当解除保全的其他情形。

解除以登记方式实施的保全措施的，应当向登记机关发出协助执行通知书。

第一百六十七条 财产保全的被保全人提供其他等值担保财产且有利于执行的，人民法院可以裁定变更保全标的物为被保全人提供的担保财产。

第一百六十八条 保全裁定未经人民法院依法撤销或者解除，进入执行程序后，自动转为执行中的查封、扣押、冻结措施，期限连续计算，执行法院无需重新制作裁定书，但查封、扣押、冻结期限届满的除外。

第一百六十九条 民事诉讼法规定的先予执行，人民法院应当在受理案件后终审判决作出前采取。先予执行应当限于当事人诉讼请求的范围，并以当事人的生活、生产经营的急需为限。

第一百七十条 民事诉讼法第一百零九条第三项规定的情况紧急，包括：

（一）需要立即停止侵害、排除妨碍的；

（二）需要立即制止某项行为的；

（三）追索恢复生产、经营急需的保险理赔费的；

（四）需要立即返还社会保险金、社会救助资金的；

（五）不立即返还款项，将严重影响权利人生活和生产经营的。

第一百七十一条 当事人对保全或者先予执行裁定不服的，可以自收到裁定书之日起五日内向作出裁定的人民法院申请复议。人民法院应当在收到复议申请后十日内审查。裁定正确的，驳回当事人的申请；裁定不当的，变更或者撤销原裁定。

第一百七十二条 利害关系人对保全或者先予执行的裁定不服申请复议的，由作出裁定的人民法院依照民事诉讼法第一百一十一条规定处理。

第一百七十三条 人民法院先予执行后，根据发生法律效力的判决，申请人应当返还因先予执行所取得的利益的，适用民事诉讼法第二百四十条的规定。

八、对妨害民事诉讼的强制措施

第一百七十四条 民事诉讼法第一百一十二条规定的必须到庭的被告，是指负有赡养、抚育、扶养义务和不到庭就无法查清案情的被告。

人民法院对必须到庭才能查清案件基本事实的原告，经两次传票传唤，无正当理由拒不到庭的，可以拘传。

第一百七十五条 拘传必须用拘传票，并直接送达被拘传人；在拘传前，应当向被拘传人说明拒不到庭的后果，经批评教育仍拒不到庭的，可以拘传其到庭。

第一百七十六条 诉讼参与人或者其他人有下列行为之一的，人民法院可以适用民事诉讼法第一百一十三条规定处理：

（一）未经准许进行录音、录像、摄影的；

（二）未经准许以移动通信等方式现场传播审判活动的；

（三）其他扰乱法庭秩序，妨害审判活动进行的。

有前款规定情形的，人民法院可以暂扣诉讼参与人或者其他人进行录音、录像、摄影、传播审判活动的器材，并责令其删除有关内容；拒不删除的，人民法院可以采取必要手段强制删除。

第一百七十七条 训诫、责令退出法庭由合议庭或者独任审判员决定。训诫的内容、被责令退出法庭者的违法事实应当记入庭审笔录。

第一百七十八条 人民法院依照民事诉讼法第一百一十三条至第一百一十七条的规定采取拘留措施的，应经院长批准，作出拘留决定书，由司法警察将被拘留人送交当地公安机关看管。

第一百七十九条 被拘留人不在本辖区的，作出拘留决定的人民法院应当派员到被拘留人所在地的人民法院，请该院协助执行，受委托的人民法院应当及时派员协助执行。被拘留人申请复议或者在拘留期间承认并改正错误，需要提前解除拘留的，受委托人民法院应当向委托人民法院转达或者提出建议，由委托人民法院审查决定。

第一百八十条 人民法院对被拘留人采取拘留措施后，应当在二十四小时内通知其家属；确实无法按时通知或者通知不到的，应当记录在案。

第一百八十一条 因哄闹、冲击法庭，用暴力、威胁等方法抗拒执行公务等紧急情况，必须立即采取拘留措施的，可在拘留后，立即报告院长补办批准手续。院长认为拘留不当的，应当解除拘留。

第一百八十二条 被拘留人在拘留期间认错悔改的，可以责令其具结悔过，提前解除拘留。提前解除拘留，应报经院长批准，并作出提前解除拘留决定书，交负责看管的公安机关执行。

第一百八十三条 民事诉讼法第一百一十三条至第一百一十六条规定的罚款、拘留可以单独适用，也可以合并适用。

第一百八十四条 对同一妨害民事诉讼行为的罚款、拘留不得连续适用。发生新的妨害民事诉讼行为的，人民法院可以重新予以罚款、拘留。

第一百八十五条 被罚款、拘留的人不服罚款、拘留决定申请复议的，应当自收到决定书之日起三日内提出。上级人民法院应当在收到复议申请后五日内作出决定，并将复议结果通知下级人民法院和当事人。

第一百八十六条 上级人民法院复议时认为强制措施不当的，应当制作决定书，撤销或者变更下级人民法院作出的拘留、罚款决定。情况紧急的，可以在口头通知后三日内发出决定书。

第一百八十七条 民事诉讼法第一百一十四条第一款第五项规定的以暴力、威胁或者其他方法阻碍司法工作人员执行职务的行为，包括：

（一）在人民法院哄闹、滞留，不听从司法工作人员劝阻的；

（二）故意毁损、抢夺人民法院法律文书、查封标志的；

（三）哄闹、冲击执行公务现场，围困、扣押执行或者协助执行公务人员的；

（四）毁损、抢夺、扣留案件材料、执行公务车辆、其他执行公务器械、执行公务人员服装和执行公务证件的；

（五）以暴力、威胁或者其他方法阻碍司法工作人员查询、查封、扣押、冻结、划拨、拍卖、变卖财产的；

（六）以暴力、威胁或者其他方法阻碍司法工作人员执行职务的其他行为。

第一百八十八条 民事诉讼法第一百一十四条第一款第六项规定的拒不履行人民法院已经发生法律效力的判决、裁定的行为，包括：

（一）在法律文书发生法律效力后隐藏、转移、变卖、毁损财产或者无偿转让财产、以明显不合理的价格交易财产、放弃到期债权、无偿为他人提供担保等，致使人民法院无法执行的；

（二）隐藏、转移、毁损或者未经人民法院允许处分已向人民法院提供担保的财产的；

（三）违反人民法院限制高消费令进行消费的；

（四）有履行能力而拒不按照人民法院执行通知履行生效法律文书确定的义务的；

（五）有义务协助执行的个人接到人民法院协助执行通知书后，拒不协助执行的。

第一百八十九条 诉讼参与人或者其他人有下列行为之一的，人民法院可以适用民事诉讼法第一百一十四条的规定处理：

（一）冒充他人提起诉讼或者参加诉讼的；

（二）证人签署保证书后作虚假证言，妨碍人民法院审理案件的；

（三）伪造、隐藏、毁灭或者拒绝交出有关被执行人履行能力的重要证据，妨碍人民法院查明被执行人财产状况的；

（四）擅自解冻已被人民法院冻结的财产的；

（五）接到人民法院协助执行通知书后，给当事人通风报信，协助其转移、隐匿财产的。

第一百九十条 民事诉讼法第一百一十五条规定的他人合法权益，包括案外人的合法权益、国家利益、社会公共利益。

第三人根据民事诉讼法第五十九条第三款规定提起撤销之诉，经审查，原案当事人之间恶意串通进行虚假诉讼的，适用民事诉讼法第一百一十五条规定处理。

第一百九十一条 单位有民事诉讼法第一百一十五条或者第一百一十六条规定行为的，人民法院应当对该单位进行罚款，并可以对其主要负责人或者直接责任人员予以罚款、拘留；构成犯罪的，依法追究刑事责任。

第一百九十二条 有关单位接到人民法院协助执行通知书后，有下列行为之一的，人民法院可以适用民事诉讼法第一百一十七条规定处理：

（一）允许被执行人高消费的；

（二）允许被执行人出境的；

（三）拒不停止办理有关财产权证照转移手续、权属变更登记、规划审批等手续的；

（四）以需要内部请示、内部审批，有内部规定等为由拖延办理的。

第一百九十三条 人民法院对个人或者单位采取罚款措施时，应当根据其实施妨害民事诉讼行为的性质、情节、后果，当地的经济发展水平，以及诉讼标的额等因素，在民事诉讼法第一百一十八条第一款规定的限额内确定相应的罚款金额。

九、诉讼费用

第一百九十四条 依照民事诉讼法第五十七条审理的案件不预交案件受理费，结案后按照诉讼标的额由败诉方交纳。

第一百九十五条 支付令失效后转入诉讼程序的，债权人应当按照《诉讼费用交纳办法》补交案件受理费。

支付令被撤销后，债权人另行起诉的，按照《诉讼费用交纳办法》交纳诉讼费用。

第一百九十六条 人民法院改变原判决、裁定、调解结果的，应当在裁判文书中对原审诉讼费用的负担一并作出处理。

第一百九十七条 诉讼标的物是证券的，按照证券交易规则并根据当事人起诉之日前最后一个交易日的收盘价、当日的市场价或者其载明的金额计算诉讼标的金额。

第一百九十八条 诉讼标的物是房屋、土地、林木、车辆、船舶、文物等特定物或者知识产权，起诉时价值难以确定的，人民法院应当向原告释明主张过高或者过低的诉讼风险，以原告主张的价值确定诉讼标的金额。

第一百九十九条 适用简易程序审理的案件转为普通程序的，原告自接到人民法院交纳诉讼费用通知之日起七日内补交案件受理费。

原告无正当理由未按期足额补交的，按撤诉处理，已经收取的诉讼费用退还一半。

第二百条 破产程序中有关债务人的民事诉讼案件，按照财产案件标准交纳诉讼费，但劳动争议案件除外。

第二百零一条 既有财产性诉讼请求，又有非财产性诉讼请求的，按照财产性诉讼请求的标准交纳诉讼费。

有多个财产性诉讼请求的，合并计算交纳诉讼费；诉讼请求中有多个非财产性诉讼请求的，按一件交纳诉讼费。

第二百零二条 原告、被告、第三人分别上诉的，按照上诉请求分别预交二审案件受理费。

同一方多人共同上诉的，只预交一份二审案件受理费；分别上诉的，按照上诉请求分别预交二审案件受理费。

第二百零三条 承担连带责任的当事人败诉的，应当共同负担诉讼费用。

第二百零四条 实现担保物权案件，人民法院裁定拍卖、变卖担保财产的，申请费由债务人、担保人负担；人民法院裁定驳回申请的，申请费由申请人负担。

申请人另行起诉的，其已经交纳的申请费可以从案件受理费中扣除。

第二百零五条 拍卖、变卖担保财产的裁定作出后，人民法院强制执行的，按照执行金额收取执行申请费。

第二百零六条 人民法院决定减半收取案件受理费的，只能减半一次。

第二百零七条 判决生效后，胜诉方预交但不应负担的诉讼费用，人民法院应当退还，由败诉方向人民法院交纳，但胜诉方自愿承担或者同意败诉方直接向其支付的除外。

当事人拒不交纳诉讼费用的，人民法院可以强制执行。

十、第一审普通程序

第二百零八条 人民法院接到当事人提交的民事起诉状时，对符合民事诉讼法第一百二十二条的规定，且不属于第一百二十七条规定情形的，应当登记立案；对当场不能判定是否符合起诉条件的，应当接收起诉材料，并出具注明收到日期的书面凭证。

需要补充必要相关材料的，人民法院应当及时告知当事人。在补齐相关材料后，应当在七日内决定是否立案。

立案后发现不符合起诉条件或者属于民事诉讼法第一百二十七条规定情形的，裁定驳回起诉。

第二百零九条 原告提供被告的姓名或者名称、住所等信息具体明确，足以使被告与他人相区别的，可以认定为有明确的被告。

起诉状列写被告信息不足以认定明确的被告的，人民法院可以告知原告补正。原告补正后仍不能确定明确的被告的，人民法院裁定不予受理。

第二百一十条 原告在起诉状中有谩骂和人身攻击之辞的，人民法院应当告知其修改后提起诉讼。

第二百一十一条 对本院没有管辖权的案件，告知原告向有管辖权的人民法院起诉；原告坚持起诉的，裁定不予受理；立案后发现本院没有管辖权的，应当将案件移送有管辖权的人民法院。

第二百一十二条 裁定不予受理、驳回起诉的案件，原告再次起诉，符合起诉条件且不属于民事诉讼法第一百二十七条规定情形的，人民法院应予受理。

第二百一十三条 原告应当预交而未预交案件受理费，人民法院应当通知其预交，通知后仍不预交或者申请减、缓、免未获批准而仍不预交的，裁定按撤诉处理。

第二百一十四条 原告撤诉或者人民法院按撤诉处理后，原告以同一诉讼请求再次起诉的，人民法院应予受理。

原告撤诉或者按撤诉处理的离婚案件，没有新情况、新理由，六个月内又起诉的，比照民事诉讼法第一百二十七条第七项的规定不予受理。

第二百一十五条 依照民事诉讼法第一百二十七条第二项的规定，当事人在书面合同中订有仲裁条款，或者在发生纠纷后达成书面仲裁协议，一方向人民法院起诉的，人民法院应当告知原告向仲裁机构申请仲裁，其坚持起诉的，裁定不予受理，但仲裁条款或者仲裁协议不成立、无效、失效、内容不明确无法执行的除外。

第二百一十六条 在人民法院首次开庭前，被告以有书面仲裁协议为由对受理民事案件提出异议的，人民法院应当进行审查。

经审查符合下列情形之一的，人民法院应当裁定驳回起诉：

（一）仲裁机构或者人民法院已经确认仲裁协议有效的；

（二）当事人没有在仲裁庭首次开庭前对仲裁协议的效力提出异议的；

（三）仲裁协议符合仲裁法第十六条规定且不具有仲裁法第十七条规定情形的。

第二百一十七条 夫妻一方下落不明，另一方诉至人民法院，只要求离婚，不申请宣告下落不明人失踪或者死亡的案件，人民法院应当受理，对下落不明人公告送达诉讼文书。

第二百一十八条 赡养费、扶养费、抚养费案件，裁判发生法律效力后，因新情况、新理由，一方当事人再行起诉要求增加或者减少费用的，人民法院应作为新案受理。

第二百一十九条 当事人超过诉讼时效期间起诉的，人民法院应予受理。受理后对方当事人提出诉讼时效抗辩，人民法院经审理认为抗辩事由成立的，判决驳回原告的诉讼请求。

第二百二十条 民事诉讼法第七十一条、第一百三十七条、第一百五十九条规定的商业秘密，是指生产工艺、配方、贸易联系、购销渠道等当事人不愿公开的技术秘密、商业情报及信息。

第二百二十一条 基于同一事实发生的纠纷，当事人分别向同一人民法院起诉的，人民法院可以合并审理。

第二百二十二条 原告在起诉状中直接列写第三人的，视为其申请人民法院追加该第三人参加诉讼。是否通知第三人参加诉讼，由人民法院审查决定。

第二百二十三条 当事人在提交答辩状期间提出管辖异议，又针对起诉状的内容进行答辩的，人民法院应当依照民事诉讼法第一百三十条第一款的规定，对管辖异议进行审查。

当事人未提出管辖异议，就案件实体内容进行答辩、陈述或者反诉的，可以认定为民事诉讼法第一百三十条第二款规定的应诉答辩。

第二百二十四条 依照民事诉讼法第一百三十六条第四项规定，人民法院可以在答辩期届满后，通过组织证据交换、召集庭前会议等方式，作好审理前的准备。

第二百二十五条 根据案件具体情况，庭前会议可以包括下列内容：

（一）明确原告的诉讼请求和被告的答辩意见；

（二）审查处理当事人增加、变更诉讼请求的申请和提出的反诉，以及第三人提出的与本案有关的诉讼请求；

（三）根据当事人的申请决定调查收集证据，委托鉴定，要求当事人提供证据，进行勘验，进行证据保全；

（四）组织交换证据；

（五）归纳争议焦点；

（六）进行调解。

第二百二十六条 人民法院应当根据当事人的诉讼请求、答辩意见以及证据交换的情况，归纳争议焦点，并就归纳的争议焦点征求当事人的意见。

第二百二十七条 人民法院适用普通程序审理案件，应当在开庭三日前用传票传唤当事人。对诉讼代理人、证人、鉴定人、勘验人、翻译人员应当用通知书通知其到庭。当事人或者其他诉讼参与人在外地的，应当留有必要的在途时间。

第二百二十八条 法庭审理应当围绕当事人争议的事实、证据和法律适用等焦点问题进行。

第二百二十九条 当事人在庭审中对其在审理前的准备阶段认可的事实和证据提出不同意见的，人民法院应当责令其说明理由。必要时，可以责令其提供相应证据。人民法院应当结合当事人的诉讼能力、证据和案件的具体情况进行审查。理由成立的，可以列入争议焦点进行审理。

第二百三十条 人民法院根据案件具体情况并征得当事人同意，可以将法庭调查和法庭辩论合并进行。

第二百三十一条 当事人在法庭上提出新的证据的，人民法院应当依照民事诉讼法第六十八条第二款规定和本解释相关规定处理。

第二百三十二条 在案件受理后，法庭辩论结束前，原告增加诉讼请求，被告提出反诉，第三人提出与本案有关的诉讼请求，可以合并审理的，人民法院应当合并审理。

第二百三十三条 反诉的当事人应当限于本诉的当事人的范围。

反诉与本诉的诉讼请求基于相同法律关系、诉讼请求之间具有因果关系，或者反诉与本诉的诉讼请求基于相同事实的，人民法院应当合并审理。

反诉应由其他人民法院专属管辖，或者与本诉的诉讼标的及诉讼请求所依据的事实、理由无关联的，裁定不予受理，告知另行起诉。

第二百三十四条 无民事行为能力人的离婚诉讼，当事人的法定代理人应当到庭；法定代理人不能到庭的，人民法院应当在查清事实的基础上，依法作出判决。

第二百三十五条 无民事行为能力的当事人的法定代理人，经传票传唤无正当理由拒不到庭，属于原告方的，比照民事诉讼法第一百四十六条的规定，按撤诉处理；属于被告方的，比照民事诉讼法第一百四十七条的规定，缺席判决。必要时，人民法院可以拘传其到庭。

第二百三十六条 有独立请求权的第三人经人民法院传票传唤，无正当理由拒不到庭的，或者未经法庭许可中途退庭的，比照民事诉讼法第一百四十六条的规定，按撤诉处理。

第二百三十七条 有独立请求权的第三人参加诉讼后，原告申请撤诉，人民法院在准许原告撤诉后，有独立请求权的第三人作为另案原告，原案原告、被告作为另案被告，诉讼继续进行。

第二百三十八条 当事人申请撤诉或者依法可以按撤诉处理的案件，如果当事人有违反法律的行为需要依法处理的，人民法院可以不准许撤诉或者不按撤诉处理。

法庭辩论终结后原告申请撤诉，被告不同意的，人民法院可以不予准许。

第二百三十九条 人民法院准许本诉原告撤诉的，应当对反诉继续审理；被告申请撤回反诉的，人民法院应予准许。

第二百四十条 无独立请求权的第三人经人民法院传票传唤，无正当理由拒不到庭，或者未经法庭许可中途退庭的，不影响案件的审理。

第二百四十一条 被告经传票传唤无正当理由拒不到庭，或者未经法庭许可中途退庭的，人民法院应当按期开庭或者继续开庭审理，对到庭的当事人诉讼请求、双方的诉辩理由以及已经提交的证据及其他诉讼材料进行审理后，可以依法缺席判决。

第二百四十二条 一审宣判后，原审人民法院发现判决有错误，当事人在上诉期内提出上诉的，原审人民法院可以提出原判决有错误的意见，报送第二审人民法院，由第二审人民法院按照第二审程序进行审理；当事人不上诉的，按照审判监督程序处理。

第二百四十三条 民事诉讼法第一百五十二条规定的审限，是指从立案之日起至裁判宣告、调解书送达之日止的期间，但公告期间、鉴定期间、双方当事人和解期间、审理当事人提出的管辖异议以及处理人民法院之间的管辖争议期间不应计算在内。

第二百四十四条 可以上诉的判决书、裁定书不能同时送达双方当事人的，上诉期从各自收到判决书、裁定书之日计算。

第二百四十五条 民事诉讼法第一百五十七条第一款第七项规定的笔误是指法律文书误写、误算，诉讼费用漏写、误算和其他笔误。

第二百四十六条 裁定中止诉讼的原因消除，恢复诉讼程序时，不必撤销原裁定，从人民法院通知或者准许当事人双方继续进行诉讼时起，中止诉讼的裁定即失去效力。

第二百四十七条 当事人就已经提起诉讼的事项在诉讼过程中或者裁判生效后再次起诉，同时符合下列条件的，构成重复起诉：

（一）后诉与前诉的当事人相同；

（二）后诉与前诉的诉讼标的相同；

（三）后诉与前诉的诉讼请求相同，或者后诉的诉讼请求实质上否定前诉裁判结果。

当事人重复起诉的，裁定不予受理；已经受理的，裁定驳回起诉，但法律、司法解释另有规定的除外。

第二百四十八条 裁判发生法律效力后，发生新的事实，当事人再次提起诉讼的，人民法院应当依法受理。

第二百四十九条 在诉讼中，争议的民事权利义务转移的，不影响当事人的诉讼主体资格和诉讼地位。人民法院作出的发生法律效力的判决、裁定对受让人具有拘束力。

受让人申请以无独立请求权的第三人身份参加诉讼的，人民法院可予准许。受让人申请替代当事人承担诉讼的，人民法院可以根据案件的具体情况决定是否准许；不予准许的，可以追加其为无独立请求权的第三人。

第二百五十条 依照本解释第二百四十九条规定，人民法院准许受让人替代当事人承担诉讼的，裁定变更当事人。

变更当事人后，诉讼程序以受让人为当事人继续进行，原当事人应当退出诉讼。原当事人已经完成的诉讼行为对受让人具有拘束力。

第二百五十一条 二审裁定撤销一审判决发回重审的案件，当事人申请变更、增加诉讼请求或者提出反诉，第三人提出与本案有关的诉讼请求的，依照民事诉讼法第一百四十三条规定处理。

第二百五十二条 再审裁定撤销原判决、裁定发回重审的案件，当事人申请变更、增加诉讼请求或者提出反诉，符合下列情形之一的，人民法院应当准许：

（一）原审未合法传唤缺席判决，影响当事人行使诉讼权利的；

（二）追加新的诉讼当事人的；

（三）诉讼标的物灭失或者发生变化致使原诉讼请求无法实现的；

（四）当事人申请变更、增加的诉讼请求或者提出的反诉，无法通过另诉解决的。

第二百五十三条 当庭宣判的案件，除当事人当庭要求邮寄发送裁判文书的外，人民法院应当告知当事人或者诉讼代理人领取裁判文书的时间和地点以及逾期不领取的法律后果。上述情况，应当记入笔录。

第二百五十四条 公民、法人或者其他组织申请查阅发生法律效力的判决书、裁定书的，应当向作出该生效裁判的人民法院提出。申请应当以书面形式提出，并提供具体的案号或者当事人姓名、名称。

第二百五十五条 对于查阅判决书、裁定书的申请，人民法院根据下列情形分别处理：

（一）判决书、裁定书已经通过信息网络向社会公开的，应当引导申请人自行查阅；

（二）判决书、裁定书未通过信息网络向社会公开，且申请符合要求的，应当及时提供便捷的查阅服务；

（三）判决书、裁定书尚未发生法律效力，或者已失去法律效力的，不提供查阅并告知申请人；

（四）发生法律效力的判决书、裁定书不是本院作出的，应当告知申请人向作出生效裁判的人民法院申请查阅；

（五）申请查阅的内容涉及国家秘密、商业秘密、个人隐私的，不予准许并告知申请人。

十一、简易程序

第二百五十六条 民事诉讼法第一百六十条规定的简单民事案件中的事实清楚，是指当事人对争议的事实陈述基本一致，并能提供相应的证据，无须人民法院调查收集证据即可查明事实；权利义务关系明确是指能明确区分谁是责任的承担者，谁是权利的享有者；争议不大是指当事人对案件的是非、责任承担以及诉讼标的争执无原则分歧。

第二百五十七条 下列案件，不适用简易程序：

（一）起诉时被告下落不明的；

（二）发回重审的；

（三）当事人一方人数众多的；

（四）适用审判监督程序的；

（五）涉及国家利益、社会公共利益的；

（六）第三人起诉请求改变或者撤销生效判决、裁定、调解书的；

（七）其他不宜适用简易程序的案件。

第二百五十八条 适用简易程序审理的案件，审理期限到期后，有特殊情况需要延长的，经本院院长批准，可以延长审理期限。延长后的审理期限累计不得超过四个月。

人民法院发现案件不宜适用简易程序，需要转为普通程序审理的，应当在审理期限届满前作出裁定并将审判人员及相关事项书面通知双方当事人。

案件转为普通程序审理的，审理期限自人民法院立案之日计算。

第二百五十九条 当事人双方可就开庭方式向人民法院提出申请，由人民法院决定是否准许。经当事人双方同意，可以采用视听传输技术等方式开庭。

第二百六十条 已经按照普通程序审理的案件，在开庭后不得转为简易程序审理。

第二百六十一条 适用简易程序审理案件，人民法院可以依照民事诉讼法第九十条、第一百六十二条的规定采取捎口信、电话、短信、传真、电子邮件等简便方式传唤双方当事人、通知证人和送达诉讼文书。

以简便方式送达的开庭通知，未经当事人确认或者没有其他证据证明当事人已经收到的，人民法院不得缺席判决。

适用简易程序审理案件，由审判员独任审判，书记员担任记录。

第二百六十二条 人民法庭制作的判决书、裁定书、调解书，必须加盖基层人民法院印章，不得用人民法庭的印章代替基层人民法院的印章。

第二百六十三条 适用简易程序审理案件，卷宗中应当具备以下材料：

（一）起诉状或者口头起诉笔录；

（二）答辩状或者口头答辩笔录；

（三）当事人身份证明材料；

（四）委托他人代理诉讼的授权委托书或者口头委托笔录；

（五）证据；

（六）询问当事人笔录；

（七）审理（包括调解）笔录；

（八）判决书、裁定书、调解书或者调解协议；

（九）送达和宣判笔录；

（十）执行情况；

（十一）诉讼费收据；

（十二）适用民事诉讼法第一百六十五条规定审理的，有关程序适用的书面告知。

第二百六十四条 当事人双方根据民事诉讼法第一百六十条第二款规定约定适用简易程序的，应当在开庭前提出。口头提出的，记入笔录，由双方当事人签名或者捺印确认。

本解释第二百五十七条规定的案件，当事人约定适用简易程序的，人民法院不予准许。

第二百六十五条 原告口头起诉的，人民法院应当将当事人的姓名、性别、工作单位、住所、联系方式等基本信息，诉讼请求，事实及理由等准确记入笔录，由原告核对无误后签名或者捺印。对当事人提交的证据材料，应当出具收据。

第二百六十六条 适用简易程序案件的举证期限由人民法院确定，也可以由当事人协商一致并经人民法院准许，但不得超过十五日。被告要求书面答辩的，人民法院可在征得其同意的基础上，合理确定答辩期间。

人民法院应当将举证期限和开庭日期告知双方当事人，并向当事人说明逾期举证以及拒不到庭的法律后果，由双方当事人在笔录和开庭传票的送达回证上签名或者捺印。

当事人双方均表示不需要举证期限、答辩期间的，人民法院可以立即开庭审理或者确定开庭日期。

第二百六十七条 适用简易程序审理案件，可以简便方式进行审理前的准备。

第二百六十八条 对没有委托律师、基层法律服务工作者代理诉讼的当事人，人民法院在庭审过程中可以对回避、自认、举证证明责任等相关内容向其作必要的解释或者说明，并在庭审过程中适当提示当事人正确行使诉讼权利、履行诉讼义务。

第二百六十九条 当事人就案件适用简易程序提出异议，人民法院经审查，异议成立的，裁定转为普通程序；异议不成立的，裁定驳回。裁定以口头方式作出的，应当记入笔录。

转为普通程序的，人民法院应当将审判人员及相关事项以书面形式通知双方当事人。

转为普通程序前，双方当事人已确认的事实，可以不再进行举证、质证。

第二百七十条 适用简易程序审理的案件，有下列情形之一的，人民法院在制作判决书、裁定书、调解书时，对认定事实或者裁判理由部分可以适当简化：

（一）当事人达成调解协议并需要制作民事调解书的；

（二）一方当事人明确表示承认对方全部或者部分诉讼请求的；

（三）涉及商业秘密、个人隐私的案件，当事人一方要求简化裁判文书中的相关内容，人民法院认为理由正当的；

（四）当事人双方同意简化的。

十二、简易程序中的小额诉讼

第二百七十一条 人民法院审理小额诉讼案件，适用民事诉讼法第一百六十五条的规定，实行一审终审。

第二百七十二条 民事诉讼法第一百六十五条规定的各省、自治区、直辖市上年度就业人员年平均工资，是指已经公布的各省、自治区、直辖市上一年度就业人员年平均工资。在上一年度就业人员年平均工资公布前，以已经公布的最近年度就业人员年平均工资为准。

第二百七十三条 海事法院可以适用小额诉讼的程序审理海事、海商案件。案件标的额应当以实际受理案件的海事法院或者其派出法庭所在的省、自治区、直辖市上年度就业人员年平均工资为基数计算。

第二百七十四条 人民法院受理小额诉讼案件，应当向当事人告知该类案件的审判组织、一审终审、审理期限、诉讼费用交纳标准等相关事项。

第二百七十五条 小额诉讼案件的举证期限由人民法院确定，也可以由当事人协商一致并经人民法院准许，但一般不超过七日。

被告要求书面答辩的，人民法院可以在征得其同意的基础上合理确定答辩期间，但最长不得超过十五日。

当事人到庭后表示不需要举证期限和答辩期间的，人民法院可立即开庭审理。

第二百七十六条 当事人对小额诉讼案件提出管辖异议的，人民法院应当作出裁定。裁定一经作出即生效。

第二百七十七条 人民法院受理小额诉讼案件后，发现起诉不符合民事诉讼法第一百二十二条规定的起诉条件的，裁定驳回起诉。裁定一经作出即生效。

第二百七十八条 因当事人申请增加或者变更诉讼请求、提出反诉、追加当事人等，致使案件不符合小额诉讼案件条件的，应当适用简易程序的其他规定审理。

前款规定案件，应当适用普通程序审理的，裁定转为普通程序。

适用简易程序的其他规定或者普通程序审理前，双方当事人已确认的事实，可以不再进行举证、质证。

第二百七十九条 当事人对按照小额诉讼案件审理有异议的，应当在开庭前提出。人民法院经审查，异议成立的，适用简易程序的其他规定审理或者裁定转为普通程序；异议不成立的，裁定驳回。裁定以口头方式作出的，应当记入笔录。

第二百八十条 小额诉讼案件的裁判文书可以简化，主要记载当事人基本信息、诉讼请求、裁判主文等内容。

第二百八十一条 人民法院审理小额诉讼案件，本解释没有规定的，适用简易程序的其他规定。

十三、公益诉讼

第二百八十二条 环境保护法、消费者权益保护法等法律规定的机关和有关组织对污染环境、侵害众多消费者合法权益等损害社会公共利益的行为，根据民事诉讼法第五十八条规定提起公益诉讼，符合下列条件的，人民法院应当受理：

（一）有明确的被告；

（二）有具体的诉讼请求；

（三）有社会公共利益受到损害的初步证据；

（四）属于人民法院受理民事诉讼的范围和受诉人民法院管辖。

第二百八十三条 公益诉讼案件由侵权行为地或者被告住所地中级人民法院管辖，但法律、司法解释另有规定的除外。

因污染海洋环境提起的公益诉讼，由污染发生地、损害结果地或者采取预防污染措施地海事法院管辖。

对同一侵权行为分别向两个以上人民法院提起公益诉讼的，由最先立案的人民法院管辖，必要时由它们的共同上级人民法院指定管辖。

第二百八十四条 人民法院受理公益诉讼案件后，应当在十日内书面告知相关行政主管部门。

第二百八十五条 人民法院受理公益诉讼案件后，依法可以提起诉讼的其他机关和有关组织，可以在开庭前向人民法院申请参加诉讼。人民法院准许参加诉讼的，列为共同原告。

第二百八十六条 人民法院受理公益诉讼案件，不影响同一侵权行为的受害人根据民事诉讼法第一百二十二条规定提起诉讼。

第二百八十七条 对公益诉讼案件，当事人可以和解，人民法院可以调解。

当事人达成和解或者调解协议后，人民法院应当将和解或者调解协议进行公告。公告期间不得少于三十日。

公告期满后，人民法院经审查，和解或者调解协议不违反社会公共利益的，应当出具调解书；和解或者调解协议违反社会公共利益的，不予出具调解书，继续对案件进行审理并依法作出裁判。

第二百八十八条 公益诉讼案件的原告在法庭辩论终结后申请撤诉的，人民法院不予准许。

第二百八十九条 公益诉讼案件的裁判发生法律效力后，其他依法具有原告资格的机关和有关组织就同一侵权行为另行提起公益诉讼的，人民法院裁定不予受理，但法律、司法解释另有规定的除外。

十四、第三人撤销之诉

第二百九十条 第三人对已经发生法律效力的判决、裁定、调解书提起撤销之诉的，应当自知道或者应当知道其民事权益受到损害之日起六个月内，向作出生效判决、裁定、调解书的人民法院提出，并应当提供存在下列情形的证据材料：

（一）因不能归责于本人的事由未参加诉讼；

（二）发生法律效力的判决、裁定、调解书的全部或者部分内容错误；

（三）发生法律效力的判决、裁定、调解书内容错误损害其民事权益。

第二百九十一条 人民法院应当在收到起诉状和证据材料之日起五日内送交对方当事人，对方当事人可以自收到起诉状之日起十日内提出书面意见。

人民法院应当对第三人提交的起诉状、证据材料以及对方当事人的书面意见进行审查。必要时，可以询问双方当事人。

经审查，符合起诉条件的，人民法院应当在收到起诉状之日起三十日内立案。不符合起诉条件的，应当在收到起诉状之日起三十日内裁定不予受理。

第二百九十二条 人民法院对第三人撤销之诉案件，应当组成合议庭开庭审理。

第二百九十三条 民事诉讼法第五十九条第三款规定的因不能归责于本人的事由未参加诉讼，是指没有被列为生效判决、裁定、调解书当事人，且无过错或者无明显过错的情形。包括：

（一）不知道诉讼而未参加的；

（二）申请参加未获准许的；

（三）知道诉讼，但因客观原因无法参加的；

（四）因其他不能归责于本人的事由未参加诉讼的。

第二百九十四条 民事诉讼法第五十九条第三款规定的判决、裁定、调解书的部分或者全部内容，是指判决、裁定的主文，调解书中处理当事人民事权利义务的结果。

第二百九十五条 对下列情形提起第三人撤销之诉的，人民法院不予受理：

（一）适用特别程序、督促程序、公示催告程序、破产程序等非讼程序处理的案件；

（二）婚姻无效、撤销或者解除婚姻关系等判决、裁定、调解书中涉及身份关系的内容；

（三）民事诉讼法第五十七条规定的未参加登记的权利人对代表人诉讼案件的生效裁判；

（四）民事诉讼法第五十八条规定的损害社会公共利益行为的受害人对公益诉讼案件的生效裁判。

第二百九十六条 第三人提起撤销之诉，人民法院应当将该第三人列为原告，生效判决、裁定、调解书的当事人列为被告，但生效判决、裁定、调解书中没有承担责任的无独立请求权的第三人列为第三人。

第二百九十七条 受理第三人撤销之诉案件后，原告提供相应担保，请求中止执行的，人民法院可以准许。

第二百九十八条 对第三人撤销或者部分撤销发生法律效力的判决、裁定、调解书内容的请求，人民法院经审理，按下列情形分别处理：

（一）请求成立且确认其民事权利的主张全部或部分成立的，改变原判决、裁定、调解书内容的错误部分；

（二）请求成立，但确认其全部或部分民事权利的主张不成立，或者未提出确认其民事权利请求的，撤销原判决、裁定、调解书内容的错误部分；

（三）请求不成立的，驳回诉讼请求。

对前款规定裁判不服的，当事人可以上诉。

原判决、裁定、调解书的内容未改变或者未撤销的部分继续有效。

第二百九十九条 第三人撤销之诉案件审理期间，人民法院对生效判决、裁定、调解书裁定再审的，受理第三人撤销之诉的人民法院应当裁定将第三人的诉讼请求并入再审程序。但有证据证明原审当事人之间恶意串通损害第三人合法权益的，人民法院应当先行审理第三人撤销之诉案件，裁定中止再审诉讼。

第三百条 第三人诉讼请求并入再审程序审理的，按照下列情形分别处理：

（一）按照第一审程序审理的，人民法院应当对第三人的诉讼请求一并审理，所作的判决可以上诉；

（二）按照第二审程序审理的，人民法院可以调解，调解达不成协议的，应当裁定撤销原判决、裁定、调解书，发回一审法院重审，重审时应当列明第三人。

第三百零一条 第三人提起撤销之诉后，未中止生效判决、裁定、调解书执行的，执行法院对第三人依照民事诉讼法第二百三十四条规定提出的执行异议，应予审查。第三人不服驳回执行异议裁定，申请对原判决、裁定、调解书再审的，人民法院不予受理。

案外人对人民法院驳回其执行异议裁定不服，认为原判决、裁定、调解书内容错误损害其合法权益的，应当根据民事诉讼法第二百三十四条规定申请再审，提起第三人撤销之诉的，人民法院不予受理。

十五、执行异议之诉

第三百零二条 根据民事诉讼法第二百三十四条规定，案外人、当事人对执行异议裁定不服，自裁定送达之日起十五日内向人民法院提起执行异议之诉的，由执行法院管辖。

第三百零三条 案外人提起执行异议之诉，除符合民事诉讼法第一百二十二条规定外，还应当具备下列条件：

（一）案外人的执行异议申请已经被人民法院裁定驳回；

（二）有明确的排除对执行标的执行的诉讼请求，且诉讼请求与原判决、裁定无关；

（三）自执行异议裁定送达之日起十五日内提起。

人民法院应当在收到起诉状之日起十五日内决定是否立案。

第三百零四条 申请执行人提起执行异议之诉，除符合民事诉讼法第一百二十二条规定外，还应当具备下列条件：

（一）依案外人执行异议申请，人民法院裁定中止执行；

（二）有明确的对执行标的继续执行的诉讼请求，且诉讼请求与原判决、裁定无关；

（三）自执行异议裁定送达之日起十五日内提起。

人民法院应当在收到起诉状之日起十五日内决定是否立案。

第三百零五条 案外人提起执行异议之诉的，以申请执行人为被告。被执行人反对案外人异议的，被执行人为共同被告；被执行人不反对案外人异议的，可以列被执行人为第三人。

第三百零六条 申请执行人提起执行异议之诉的，以案外人为被告。被执行人反对申请执行人主张的，以案外人和被执行人为共同被告；被执行人不反对申请执行人主张的，可以列被执行人为第三人。

第三百零七条 申请执行人对中止执行裁定未提起执行异议之诉，被执行人提起执行异议之诉的，人民法院告知其另行起诉。

第三百零八条 人民法院审理执行异议之诉案件，适用普通程序。

第三百零九条 案外人或者申请执行人提起执行异议之诉的，案外人应当就其对执行标的享有足以排除强制执行的民事权益承担举证证明责任。

第三百一十条 对案外人提起的执行异议之诉，人民法院经审理，按照下列情形分别处理：

（一）案外人就执行标的享有足以排除强制执行的民事权益的，判决不得执行该执行标的；

（二）案外人就执行标的不享有足以排除强制执行的民事权益的，判决驳回诉讼请求。

案外人同时提出确认其权利的诉讼请求的，人民法院可以在判决中一并作出裁判。

第三百一十一条 对申请执行人提起的执行异议之诉，人民法院经审理，按照下列情形分别处理：

（一）案外人就执行标的不享有足以排除强制执行的民事权益的，判决准许执行该执行标的；

（二）案外人就执行标的享有足以排除强制执行的民事权益的，判决驳回诉讼请求。

第三百一十二条 对案外人执行异议之诉，人民法院判决不得对执行标的执行的，执行异议裁定失效。

对申请执行人执行异议之诉，人民法院判决准许对该执行标的执行的，执行异议裁定失效，执行法院可以根据申请执行人的申请或者依职权恢复执行。

第三百一十三条 案外人执行异议之诉审理期间，人民法院不得对执行标的进行处分。申请执行人请求人民法院继续执行并提供相应担保的，人民法院可以准许。

被执行人与案外人恶意串通，通过执行异议、执行异议之诉妨害执行的，人民法院应当依照民事诉讼法第一百一十六条规定处理。申请执行人因此受到损害的，可以提起诉讼要求被执行人、案外人赔偿。

第三百一十四条 人民法院对执行标的裁定中止执行后，申请执行人在法律规定的期间内未提起执行异议之诉的，人民法院应当自起诉期限届满之日起七日内解除对该执行标的采取的执行措施。

十六、第二审程序

第三百一十五条 双方当事人和第三人都提起上诉的，均列为上诉人。人民法院可以依职权确定第二审程序中当事人的诉讼地位。

第三百一十六条 民事诉讼法第一百七十三条、第一百七十四条规定的对方当事人包括被上诉人和原审其他当事人。

第三百一十七条 必要共同诉讼人的一人或者部分人提起上诉的，按下列情形分别处理：

（一）上诉仅对与对方当事人之间权利义务分担有意见，不涉及其他共同诉讼人利益的，对方当事人为被上诉人，未上诉的同一方当事人依原审诉讼地位列明；

（二）上诉仅对共同诉讼人之间权利义务分担有意见，不涉及对方当事人利益的，未上诉的同一方当事人为被上诉人，对方当事人依原审诉讼地位列明；

（三）上诉对双方当事人之间以及共同诉讼人之间权利义务承担有意见的，未提起上诉的其他当事人均为被上诉人。

第三百一十八条 一审宣判时或者判决书、裁定书送达时，当事人口头表示上诉的，人民法院应告知其必须在法定上诉期间内递交上诉状。未在法定上诉期间内递交上诉状的，视为未提起上诉。虽递交上诉状，但未在指定的期限内交纳上诉费的，按自动撤回上诉处理。

第三百一十九条 无民事行为能力人、限制民事行为能力人的法定代理人，可以代理当事人提起上诉。

第三百二十条 上诉案件的当事人死亡或者终止的，人民法院依法通知其权利义务承继者参加诉讼。

需要终结诉讼的，适用民事诉讼法第一百五十四条规定。

第三百二十一条 第二审人民法院应当围绕当事人的上诉请求进行审理。

当事人没有提出请求的，不予审理，但一审判决违反法律禁止性规定，或者损害国家利益、社会公共利益、他人合法权益的除外。

第三百二十二条 开庭审理的上诉案件，第二审人民法院可以依照民事诉讼法第一百三十六条第四项规定进行审理前的准备。

第三百二十三条 下列情形，可以认定为民事诉讼法第一百七十七条第一款第四项规定的严重违反法定程序：

（一）审判组织的组成不合法的；

（二）应当回避的审判人员未回避的；

（三）无诉讼行为能力人未经法定代理人代为诉讼的；

（四）违法剥夺当事人辩论权利的。

第三百二十四条 对当事人在第一审程序中已经提出的诉讼请求，原审人民法院未作审理、判决的，第二审人民法院可以根据当事人自愿的原则进行调解；调解不成的，发回重审。

第三百二十五条 必须参加诉讼的当事人或者有独立请求权的第三人，在第一审程序中未参加诉讼，第二审人民法院可以根据当事人自愿的原则予以调解；调解不成的，发回重审。

第三百二十六条 在第二审程序中，原审原告增加独立的诉讼请求或者原审被告提出反诉的，第二审人民法院可以根据当事人自愿的原则就新增加的诉讼请求或者反诉进行调解；调解不成的，告知当事人另行起诉。

双方当事人同意由第二审人民法院一并审理的，第二审人民法院可以一并裁判。

第三百二十七条 一审判决不准离婚的案件，上诉后，第二审人民法院认为应当判决离婚的，可以根据当事人自愿的原则，与子女抚养、财产问题一并调解；调解不成的，发回重审。

双方当事人同意由第二审人民法院一并审理的，第二审人民法院可以一并裁判。

第三百二十八条 人民法院依照第二审程序审理案件，认为依法不应由人民法院受理的，可以由第二审人民法院直接裁定撤销原裁判，驳回起诉。

第三百二十九条 人民法院依照第二审程序审理案件，认为第一审人民法院受理案件违反专属管辖规定的，应当裁定撤销原裁判并移送有管辖权的人民法院。

第三百三十条 第二审人民法院查明第一审人民法院作出的不予受理裁定有错误的，应当在撤销原裁定的同时，指令第一审人民法院立案受理；查明第一审人民法院作出的驳回起诉裁定有错误的，应当在撤销原裁定的同时，指令第一审人民法院审理。

第三百三十一条 第二审人民法院对下列上诉案件，依照民事诉讼法第一百七十六条规定可以不开庭审理：

（一）不服不予受理、管辖权异议和驳回起诉裁定的；

（二）当事人提出的上诉请求明显不能成立的；

（三）原判决、裁定认定事实清楚，但适用法律错误的；

（四）原判决严重违反法定程序，需要发回重审的。

第三百三十二条 原判决、裁定认定事实或者适用法律虽有瑕疵，但裁判结果正确的，第二审人民法院可以在判决、裁定中纠正瑕疵后，依照民事诉讼法第一百七十七条第一款第一项规定予以维持。

第三百三十三条 民事诉讼法第一百七十七条第一款第三项规定的基本事实，是指用以确定当事人主体资格、案件性质、民事权利义务等对原判决、裁定的结果有实质性影响的事实。

第三百三十四条 在第二审程序中，作为当事人的法人或者其他组织分立的，人民法院可以直接将分立后的法人或者其他组织列为共同诉讼人；合并的，将合并后的法人或者其他组织列为当事人。

第三百三十五条 在第二审程序中，当事人申请撤回上诉，人民法院经审查认为一审判决确有错误，或者当事人之间恶意串通损害国家利益、社会公共利益、他人合法权益的，不应准许。

第三百三十六条 在第二审程序中，原审原告申请撤回起诉，经其他当事人同意，且不损害国家利益、社会公共利益、他人合法权益的，人民法院可以准许。准许撤诉的，应当一并裁定撤销一审裁判。

原审原告在第二审程序中撤回起诉后重复起诉的，人民法院不予受理。

第三百三十七条 当事人在第二审程序中达成和解协议的，人民法院可以根据当事人的请求，对双方达成的和解协议进行审查并制作调解书送达当事人；因和解而申请撤诉，经审查符合撤诉条件的，人民法院应予准许。

第三百三十八条 第二审人民法院宣告判决可以自行宣判，也可以委托原审人民法院或者当事人所在地人民法院代行宣判。

第三百三十九条 人民法院审理对裁定的上诉案件，应当在第二审立案之日起三十日内作出终审裁定。有特殊情况需要延长审限的，由本院院长批准。

第三百四十条 当事人在第一审程序中实施的诉讼行为，在第二审程序中对该当事人仍具有拘束力。

当事人推翻其在第一审程序中实施的诉讼行为时，人民法院应当责令其说明理由。理由不成立的，不予支持。

十七、特别程序

第三百四十一条 宣告失踪或者宣告死亡案件，人民法院可以根据申请人的请求，清理下落不明人的财产，并指定案件审理期间的财产管理人。公告期满后，人民法院判决宣告失踪的，应当同时依照民法典第四十二条的规定指定失踪人的财产代管人。

第三百四十二条 失踪人的财产代管人经人民法院指定后，代管人申请变更代管的，比照民事诉讼法特别程序的有关规定进行审理。申请理由成立的，裁定撤销申请人的代管人身份，同时另行指定财产代管人；申请理由不成立的，裁定驳回申请。

失踪人的其他利害关系人申请变更代管的，人民法院应当告知其以原指定的代管人为被告起诉，并按普通程序进行审理。

第三百四十三条 人民法院判决宣告公民失踪后，利害关系人向人民法院申请宣告失踪人死亡，自失踪之日起满四年的，人民法院应当受理，宣告失踪的判决即是该公民失踪的证明，审理中仍应依照民事诉讼法第一百九十二条规定进行公告。

第三百四十四条 符合法律规定的多个利害关系人提出宣告失踪、宣告死亡申请的，列为共同申请人。

第三百四十五条 寻找下落不明人的公告应当记载下列内容：

（一）被申请人应当在规定期间内向受理法院申报其具体地址及其联系方式。否则，被申请人将被宣告失踪、宣告死亡；

（二）凡知悉被申请人生存现状的人，应当在公告期间内将其所知道情况向受理法院报告。

第三百四十六条 人民法院受理宣告失踪、宣告死亡案件后，作出判决前，申请人撤回申请的，人民法院应当裁定终结案件，但其他符合法律规定的利害关系人加入程序要求继续审理的除外。

第三百四十七条 在诉讼中，当事人的利害关系人或者有关组织提出该当事人不能辨认或者不能完全辨认自己的行为，要求宣告该当事人无民事行为能力或者限制民事行为能力的，应由利害关系人或者有关组织向人民法院提出申请，由受诉人民法院按照特别程序立案审理，原诉讼中止。

第三百四十八条 认定财产无主案件，公告期间有人对财产提出请求的，人民法院应当裁定终结特别程序，告知申请人另行起诉，适用普通程序审理。

第三百四十九条 被指定的监护人不服居民委员会、村民委员会或者民政部门指定，应当自接到通知之日起三十日内向人民法院提出异议。经审理，认为指定并无不当的，裁定驳回异议；指定不当的，判决撤销指定，同时另行指定监护人。判决书应当送达异议人、原指定单位及判决指定的监护人。

有关当事人依照民法典第三十一条第一款规定直接向人民法院申请指定监护人的，适用特别程序审理，判决指定监护人。判决书应当送达申请人、判决指定的监护人。

第三百五十条 申请认定公民无民事行为能力或者限制民事行为能力的案件，被申请人没有近亲属的，人民法院可以指定经被申请人住所地的居民委员会、村民委员会或者民政部门同意，且愿意担任代理人的个人或者组织为代理人。

没有前款规定的代理人的，由被申请人住所地的居民委员会、村民委员会或者民政部门担任代理人。

代理人可以是一人，也可以是同一顺序中的两人。

第三百五十一条 申请司法确认调解协议的，双方当事人应当本人或者由符合民事诉讼法第六十一条规定的代理人依照民事诉讼法第二百零一条的规定提出申请。

第三百五十二条 调解组织自行开展的调解，有两个以上调解组织参与的，符合民事诉讼法第二百零一条规定的各调解组织所在地人民法院均有管辖权。

双方当事人可以共同向符合民事诉讼法第二百零一条规定的其中一个有管辖权的人民法院提出申请；双方当事人共同向两个以上有管辖权的人民法院提出申请的，由最先立案的人民法院管辖。

第三百五十三条 当事人申请司法确认调解协议，可以采用书面形式或者口头形式。当事人口头申请的，人民法院应当记入笔录，并由当事人签名、捺印或者盖章。

第三百五十四条 当事人申请司法确认调解协议，应当向人民法院提交调解协议、调解组织主持调解的证明，以及与调解协议相关的财产权利证明等材料，并提供双方当事人的身份、住所、联系方式等基本信息。

当事人未提交上述材料的，人民法院应当要求当事人限期补交。

第三百五十五条 当事人申请司法确认调解协议，有下列情形之一的，人民法院裁定不予受理：

（一）不属于人民法院受理范围的；

（二）不属于收到申请的人民法院管辖的；

（三）申请确认婚姻关系、亲子关系、收养关系等身份关系无效、有效或者解除的；

（四）涉及适用其他特别程序、公示催告程序、破产程序审理的；

（五）调解协议内容涉及物权、知识产权确权的。

人民法院受理申请后，发现有上述不予受理情形的，应当裁定驳回当事人的申请。

第三百五十六条 人民法院审查相关情况时，应当通知双方当事人共同到场对案件进行核实。

人民法院经审查，认为当事人的陈述或者提供的证明材料不充分、不完备或者有疑义的，可以要求当事人限期补充陈述或者补充证明材料。必要时，人民法院可以向调解组织核实有关情况。

第三百五十七条 确认调解协议的裁定作出前，当事人撤回申请的，人民法院可以裁定准许。

当事人无正当理由未在限期内补充陈述、补充证明材料或者拒不接受询问的，人民法院可以按撤回申请处理。

第三百五十八条 经审查，调解协议有下列情形之一的，人民法院应当裁定驳回申请：

（一）违反法律强制性规定的；

（二）损害国家利益、社会公共利益、他人合法权益的；

（三）违背公序良俗的；

（四）违反自愿原则的；

（五）内容不明确的；

（六）其他不能进行司法确认的情形。

第三百五十九条 民事诉讼法第二百零三条规定的担保物权人，包括抵押权人、质权人、留置权人；其他有权请求实现担保物权的人，包括抵押人、出质人、财产被留置的债务人或者所有权人等。

第三百六十条 实现票据、仓单、提单等有权利凭证的权利质权案件，可以由权利凭证持有人住所地人民法院管辖；无权利凭证的权利质权，由出质登记地人民法院管辖。

第三百六十一条 实现担保物权案件属于海事法院等专门人民法院管辖的，由专门人民法院管辖。

第三百六十二条 同一债权的担保物有多个且所在地不同，申请人分别向有管辖权的人民法院申请实现担保物权的，人民法院应当依法受理。

第三百六十三条 依照民法典第三百九十二条的规定，被担保的债权既有物的担保又有人的担保，当事人对实现担保物权的顺序有约定，实现担保物权的申请违反该约定的，人民法院裁定不予受理；没有约定或者约定不明的，人民法院应当受理。

第三百六十四条 同一财产上设立多个担保物权，登记在先的担保物权尚未实现的，不影响后顺位的担保物权人向人民法院申请实现担保物权。

第三百六十五条 申请实现担保物权，应当提交下列材料：

（一）申请书。申请书应当记明申请人、被申请人的姓名或者名称、联系方式等基本信息，具体的请求和事实、理由；

（二）证明担保物权存在的材料，包括主合同、担保合同、抵押登记证明或者他项权利证书，权利质权的权利凭证或者质权出质登记证明等；

（三）证明实现担保物权条件成就的材料；

（四）担保财产现状的说明；

（五）人民法院认为需要提交的其他材料。

第三百六十六条 人民法院受理申请后，应当在五日内向被申请人送达申请书副本、异议权利告知书等文书。

被申请人有异议的，应当在收到人民法院通知后的五日内向人民法院提出，同时说明理由并提供相应的证据材料。

第三百六十七条 实现担保物权案件可以由审判员一人独任审查。担保财产标的额超过基层人民法院管辖范围的，应当组成合议庭进行审查。

第三百六十八条 人民法院审查实现担保物权案件，可以询问申请人、被申请人、利害关系人，必要时可以依职权调查相关事实。

第三百六十九条 人民法院应当就主合同的效力、期限、履行情况，担保物权是否有效设立、担保财产的范围、被担保的债权范围、被担保的债权是否已届清偿期等担保物权实现的条件，以及是否损害他人合法权益等内容进行审查。

被申请人或者利害关系人提出异议的，人民法院应当一并审查。

第三百七十条 人民法院审查后，按下列情形分别处理：

（一）当事人对实现担保物权无实质性争议且实现担保物权条件成就的，裁定准许拍卖、变卖担保财产；

（二）当事人对实现担保物权有部分实质性争议的，可以就无争议部分裁定准许拍卖、变卖担保财产；

（三）当事人对实现担保物权有实质性争议的，裁定驳回申请，并告知申请人向人民法院提起诉讼。

第三百七十一条 人民法院受理申请后，申请人对担保财产提出保全申请的，可以按照民事诉讼法关于诉讼保全的规定办理。

第三百七十二条 适用特别程序作出的判决、裁定，当事人、利害关系人认为有错误的，可以向作出该判决、裁定的人民法院提出异议。人民法院经审查，异议成立或者部分成立的，作出新的判决、裁定撤销或者改变原判决、裁定；异议不成立的，裁定驳回。

对人民法院作出的确认调解协议、准许实现担保物权的裁定，当事人有异议的，应当自收到裁定之日起十五日内提出；利害关系人有异议的，自知道或者应当知道其民事权益受到侵害之日起六个月内提出。

十八、审判监督程序

第三百七十三条 当事人死亡或者终止的，其权利义务承继者可以根据民事诉讼法第二百零六条、第二百零八条的规定申请再审。

判决、调解书生效后，当事人将判决、调解书确认的债权转让，债权受让人对该判决、调解书不服申请再审的，人民法院不予受理。

第三百七十四条 民事诉讼法第二百零六条规定的人数众多的一方当事人，包括公民、法人和其他组织。

民事诉讼法第二百零六条规定的当事人双方为公民的案件，是指原告和被告均为公民的案件。

第三百七十五条 当事人申请再审，应当提交下列材料：

（一）再审申请书，并按照被申请人和原审其他当事人的人数提交副本；

（二）再审申请人是自然人的，应当提交身份证明；再审申请人是法人或者其他组织的，应当提交营业执照、组织机构代码证书、法定代表人或者主要负责人身份证明书。委托他人代为申请的，应当提交授权委托书和代理人身份证明；

（三）原审判决书、裁定书、调解书；

（四）反映案件基本事实的主要证据及其他材料。

前款第二项、第三项、第四项规定的材料可以是与原件核对无异的复印件。

第三百七十六条 再审申请书应当记明下列事项：

（一）再审申请人与被申请人及原审其他当事人的基本信息；

（二）原审人民法院的名称，原审裁判文书案号；

（三）具体的再审请求；

（四）申请再审的法定情形及具体事实、理由。

再审申请书应当明确申请再审的人民法院，并由再审申请人签名、捺印或者盖章。

第三百七十七条 当事人一方人数众多或者当事人双方为公民的案件，当事人分别向原审人民法院和上一级人民法院申请再审且不能协商一致的，由原审人民法院受理。

第三百七十八条 适用特别程序、督促程序、公示催告程序、破产程序等非讼程序审理的案件，当事人不得申请再审。

第三百七十九条 当事人认为发生法律效力的不予受理、驳回起诉的裁定错误的，可以申请再审。

第三百八十条 当事人就离婚案件中的财产分割问题申请再审，如涉及判决中已分割的财产，人民法院应当依照民事诉讼法第二百零七条的规定进行审查，符合再审条件的，应当裁定再审；如涉及判决中未作处理的夫妻共同财产，应当告知当事人另行起诉。

第三百八十一条 当事人申请再审，有下列情形之一的，人民法院不予受理：

（一）再审申请被驳回后再次提出申请的；

（二）对再审判决、裁定提出申请的；

（三）在人民检察院对当事人的申请作出不予提出再审检察建议或者抗诉决定后又提出申请的。

前款第一项、第二项规定情形，人民法院应当告知当事人可以向人民检察院申请再审检察建议或者抗诉，但因人民检察院提出再审检察建议或者抗诉而再审作出的判决、裁定除外。

第三百八十二条　当事人对已经发生法律效力的调解书申请再审，应当在调解书发生法律效力后六个月内提出。

第三百八十三条　人民法院应当自收到符合条件的再审申请书等材料之日起五日内向再审申请人发送受理通知书，并向被申请人及原审其他当事人发送应诉通知书、再审申请书副本等材料。

第三百八十四条　人民法院受理申请再审案件后，应当依照民事诉讼法第二百零七条、第二百零八条、第二百一十一条等规定，对当事人主张的再审事由进行审查。

第三百八十五条　再审申请人提供的新的证据，能够证明原判决、裁定认定基本事实或者裁判结果错误的，应当认定为民事诉讼法第二百零七条第一项规定的情形。

对于符合前款规定的证据，人民法院应当责令再审申请人说明其逾期提供该证据的理由；拒不说明理由或者理由不成立的，依照民事诉讼法第六十八条第二款和本解释第一百零二条的规定处理。

第三百八十六条　再审申请人证明其提交的新的证据符合下列情形之一的，可以认定逾期提供证据的理由成立：

（一）在原审庭审结束前已经存在，因客观原因于庭审结束后才发现的；

（二）在原审庭审结束前已经发现，但因客观原因无法取得或者在规定的期限内不能提供的；

（三）在原审庭审结束后形成，无法据此另行提起诉讼的。

再审申请人提交的证据在原审中已经提供，原审人民法院未组织质证且未作为裁判根据的，视为逾期提供证据的理由成立，但原审人民法院依照民事诉讼法第六十八条规定不予采纳的除外。

第三百八十七条　当事人对原判决、裁定认定事实的主要证据在原审中拒绝发表质证意见或者质证中未对证据发表质证意见的，不属于民事诉讼法第二百零七条第四项规定的未经质证的情形。

第三百八十八条　有下列情形之一，导致判决、裁定结果错误的，应当认定为民事诉讼法第二百零七条第六项规定的原判决、裁定适用法律确有错误：

（一）适用的法律与案件性质明显不符的；

（二）确定民事责任明显违背当事人约定或者法律规定的；

（三）适用已经失效或者尚未施行的法律的；

（四）违反法律溯及力规定的；

（五）违反法律适用规则的；

（六）明显违背立法原意的。

第三百八十九条 原审开庭过程中有下列情形之一的，应当认定为民事诉讼法第二百零七条第九项规定的剥夺当事人辩论权利：

（一）不允许当事人发表辩论意见的；

（二）应当开庭审理而未开庭审理的；

（三）违反法律规定送达起诉状副本或者上诉状副本，致使当事人无法行使辩论权利的；

（四）违法剥夺当事人辩论权利的其他情形。

第三百九十条 民事诉讼法第二百零七条第十一项规定的诉讼请求，包括一审诉讼请求、二审上诉请求，但当事人未对一审判决、裁定遗漏或者超出诉讼请求提起上诉的除外。

第三百九十一条 民事诉讼法第二百零七条第十二项规定的法律文书包括：

（一）发生法律效力的判决书、裁定书、调解书；

（二）发生法律效力的仲裁裁决书；

（三）具有强制执行效力的公证债权文书。

第三百九十二条 民事诉讼法第二百零七条第十三项规定的审判人员审理该案件时有贪污受贿、徇私舞弊、枉法裁判行为，是指已经由生效刑事法律文书或者纪律处分决定所确认的行为。

第三百九十三条 当事人主张的再审事由成立，且符合民事诉讼法和本解释规定的申请再审条件的，人民法院应当裁定再审。

当事人主张的再审事由不成立，或者当事人申请再审超过法定申请再审期限、超出法定再审事由范围等不符合民事诉讼法和本解释规定的申请再审条件的，人民法院应当裁定驳回再审申请。

第三百九十四条 人民法院对已经发生法律效力的判决、裁定、调解书依法决定再审，依照民事诉讼法第二百一十三条规定，需要中止执行的，应当在再审裁定中同时写明中止原判决、裁定、调解书的执行；情况紧急的，可以将中止执行裁定口头通知负责执行的人民法院，并在通知后十日内发出裁定书。

第三百九十五条 人民法院根据审查案件的需要决定是否询问当事人。新的证据可能推翻原判决、裁定的，人民法院应当询问当事人。

第三百九十六条 审查再审申请期间，被申请人及原审其他当事人依法提出再审申请的，人民法院应当将其列为再审申请人，对其再审事由一并审查，审查期限重新计算。经审查，其中一方再审申请人主张的再审事由成立的，应当裁定再审。各方再审申请人主张的再审事由均不成立的，一并裁定驳回再审申请。

第三百九十七条 审查再审申请期间，再审申请人申请人民法院委托鉴定、勘验的，人民法院不予准许。

第三百九十八条 审查再审申请期间，再审申请人撤回再审申请的，是否准许，由人民法院裁定。

再审申请人经传票传唤，无正当理由拒不接受询问的，可以按撤回再审申请处理。

第三百九十九条 人民法院准许撤回再审申请或者按撤回再审申请处理后，再审申请人再次申请再审的，不予受理，但有民事诉讼法第二百零七条第一项、第三项、第十二项、第十三项规定情形，自知道或者应当知道之日起六个月内提出的除外。

第四百条 再审申请审查期间，有下列情形之一的，裁定终结审查：

（一）再审申请人死亡或者终止，无权利义务承继者或者权利义务承继者声明放弃再审申请的；

（二）在给付之诉中，负有给付义务的被申请人死亡或者终止，无可供执行的财产，也没有应当承担义务的人的；

（三）当事人达成和解协议且已履行完毕的，但当事人在和解协议中声明不放弃申请再审权利的除外；

（四）他人未经授权以当事人名义申请再审的；

（五）原审或者上一级人民法院已经裁定再审的；

（六）有本解释第三百八十一条第一款规定情形的。

第四百零一条 人民法院审理再审案件应当组成合议庭开庭审理，但按照第二审程序审理，有特殊情况或者双方当事人已经通过其他方式充分表达意见，且书面同意不开庭审理的除外。

符合缺席判决条件的，可以缺席判决。

第四百零二条 人民法院开庭审理再审案件，应当按照下列情形分别进行：

（一）因当事人申请再审的，先由再审申请人陈述再审请求及理由，后由被申请人答辩、其他原审当事人发表意见；

（二）因抗诉再审的，先由抗诉机关宣读抗诉书，再由申请抗诉的当事人陈述，后由被申请人答辩、其他原审当事人发表意见；

（三）人民法院依职权再审，有申诉人的，先由申诉人陈述再审请求及理由，后由被申诉人答辩、其他原审当事人发表意见；

（四）人民法院依职权再审，没有申诉人的，先由原审原告或者原审上诉人陈述，后由原审其他当事人发表意见。

对前款第一项至第三项规定的情形，人民法院应当要求当事人明确其再审请求。

第四百零三条 人民法院审理再审案件应当围绕再审请求进行。当事人的再审请求超出原审诉讼请求的，不予审理；符合另案诉讼条件的，告知当事人可以另行起诉。

被申请人及原审其他当事人在庭审辩论结束前提出的再审请求，符合民事诉讼法第二百一十二条规定的，人民法院应当一并审理。

人民法院经再审，发现已经发生法律效力的判决、裁定损害国家利益、社会公共利益、他人合法权益的，应当一并审理。

第四百零四条 再审审理期间，有下列情形之一的，可以裁定终结再审程序：

（一）再审申请人在再审期间撤回再审请求，人民法院准许的；

（二）再审申请人经传票传唤，无正当理由拒不到庭的，或者未经法庭许可中途退庭，按撤回再审请求处理的；

（三）人民检察院撤回抗诉的；

（四）有本解释第四百条第一项至第四项规定情形的。

因人民检察院提出抗诉裁定再审的案件，申请抗诉的当事人有前款规定的情形，且不损害国家利益、社会公共利益或者他人合法权益的，人民法院应当裁定终结再审程序。

再审程序终结后，人民法院裁定中止执行的原生效判决自动恢复执行。

第四百零五条 人民法院经再审审理认为，原判决、裁定认定事实清楚、适用法律正确的，应予维持；原判决、裁定认定事实、适用法律虽有瑕疵，但裁判结果正确的，应当在再审判决、裁定中纠正瑕疵后予以维持。

原判决、裁定认定事实、适用法律错误，导致裁判结果错误的，应当依法改判、撤销或者变更。

第四百零六条 按照第二审程序再审的案件，人民法院经审理认为不符合民事诉讼法规定的起诉条件或者符合民事诉讼法第一百二十七条规定不予受理情形的，应当裁定撤销一、二审判决，驳回起诉。

第四百零七条 人民法院对调解书裁定再审后，按照下列情形分别处理：

（一）当事人提出的调解违反自愿原则的事由不成立，且调解书的内容不违反法律强制性规定的，裁定驳回再审申请；

（二）人民检察院抗诉或者再审检察建议所主张的损害国家利益、社会公共利益的理由不成立的，裁定终结再审程序。

前款规定情形，人民法院裁定中止执行的调解书需要继续执行的，自动恢复执行。

第四百零八条 一审原告在再审审理程序中申请撤回起诉，经其他当事人同意，且不损害国家利益、社会公共利益、他人合法权益的，人民法院可以准许。裁定准许撤诉的，应当一并撤销原判决。

一审原告在再审审理程序中撤回起诉后重复起诉的，人民法院不予受理。

第四百零九条 当事人提交新的证据致使再审改判，因再审申请人或者申请检察监督当事人的过错未能在原审程序中及时举证，被申请人等当事人请求补偿其增加的交通、住宿、就餐、误工等必要费用的，人民法院应予支持。

第四百一十条 部分当事人到庭并达成调解协议，其他当事人未作出书面表示的，人民法院应当在判决中对该事实作出表述；调解协议内容不违反法律规定，且不损害其他当事人合法权益的，可以在判决主文中予以确认。

第四百一十一条 人民检察院依法对损害国家利益、社会公共利益的发生法律效力的判决、裁定、调解书提出抗诉，或者经人民检察院检察委员会讨论决定提出再审检察建议的，人民法院应予受理。

第四百一十二条 人民检察院对已经发生法律效力的判决以及不予受理、驳回起诉的裁定依法提出抗诉的，人民法院应予受理，但适用特别程序、督促程序、公示催告程序、破产程序以及解除婚姻关系的判决、裁定等不适用审判监督程序的判决、裁定除外。

第四百一十三条 人民检察院依照民事诉讼法第二百一十六条第一款第三项规定对有明显

错误的再审判决、裁定提出抗诉或者再审检察建议的，人民法院应予受理。

第四百一十四条 地方各级人民检察院依当事人的申请对生效判决、裁定向同级人民法院提出再审检察建议，符合下列条件的，应予受理：

（一）再审检察建议书和原审当事人申请书及相关证据材料已经提交；

（二）建议再审的对象为依照民事诉讼法和本解释规定可以进行再审的判决、裁定；

（三）再审检察建议书列明该判决、裁定有民事诉讼法第二百一十五条第二款规定情形；

（四）符合民事诉讼法第二百一十六条第一款第一项、第二项规定情形；

（五）再审检察建议经该人民检察院检察委员会讨论决定。

不符合前款规定的，人民法院可以建议人民检察院予以补正或者撤回；不予补正或者撤回的，应当函告人民检察院不予受理。

第四百一十五条 人民检察院依当事人的申请对生效判决、裁定提出抗诉，符合下列条件的，人民法院应当在三十日内裁定再审：

（一）抗诉书和原审当事人申请书及相关证据材料已经提交；

（二）抗诉对象为依照民事诉讼法和本解释规定可以进行再审的判决、裁定；

（三）抗诉书列明该判决、裁定有民事诉讼法第二百一十五条第一款规定情形；

（四）符合民事诉讼法第二百一十六条第一款第一项、第二项规定情形。

不符合前款规定的，人民法院可以建议人民检察院予以补正或者撤回；不予补正或者撤回的，人民法院可以裁定不予受理。

第四百一十六条 当事人的再审申请被上级人民法院裁定驳回后，人民检察院对原判决、裁定、调解书提出抗诉，抗诉事由符合民事诉讼法第二百零七条第一项至第五项规定情形之一的，受理抗诉的人民法院可以交由下一级人民法院再审。

第四百一十七条 人民法院收到再审检察建议后，应当组成合议庭，在三个月内进行审查，发现原判决、裁定、调解书确有错误，需要再审的，依照民事诉讼法第二百零五条规定裁定再审，并通知当事人；经审查，决定不予再审的，应当书面回复人民检察院。

第四百一十八条 人民法院审理因人民检察院抗诉或者检察建议裁定再审的案件，不受此前已经作出的驳回当事人再审申请裁定的影响。

第四百一十九条 人民法院开庭审理抗诉案件，应当在开庭三日前通知人民检察院、当事人和其他诉讼参与人。同级人民检察院或者提出抗诉的人民检察院应当派员出庭。

人民检察院因履行法律监督职责向当事人或者案外人调查核实的情况，应当向法庭提交并予以说明，由双方当事人进行质证。

第四百二十条 必须共同进行诉讼的当事人因不能归责于本人或者其诉讼代理人的事由未参加诉讼的，可以根据民事诉讼法第二百零七条第八项规定，自知道或者应当知道之日起六个月内申请再审，但符合本解释第四百二十一条规定情形的除外。

人民法院因前款规定的当事人申请而裁定再审，按照第一审程序再审的，应当追加其为当事人，作出新的判决、裁定；按照第二审程序再审，经调解不能达成协议的，应当撤销原判决、裁定，发回重审，重审时应追加其为当事人。

第四百二十一条 根据民事诉讼法第二百三十四条规定，案外人对驳回其执行异议的裁定不服，认为原判决、裁定、调解书内容错误损害其民事权益的，可以自执行异议裁定送达之日起六个月内，向作出原判决、裁定、调解书的人民法院申请再审。

第四百二十二条 根据民事诉讼法第二百三十四条规定，人民法院裁定再审后，案外人属于必要的共同诉讼当事人的，依照本解释第四百二十条第二款规定处理。

案外人不是必要的共同诉讼当事人的，人民法院仅审理原判决、裁定、调解书对其民事权益造成损害的内容。经审理，再审请求成立的，撤销或者改变原判决、裁定、调解书；再审请求不成立的，维持原判决、裁定、调解书。

第四百二十三条 本解释第三百三十八条规定适用于审判监督程序。

第四百二十四条 对小额诉讼案件的判决、裁定，当事人以民事诉讼法第二百零七条规定的事由向原审人民法院申请再审的，人民法院应当受理。申请再审事由成立的，应当裁定再审，组成合议庭进行审理。作出的再审判决、裁定，当事人不得上诉。

当事人以不应按小额诉讼案件审理为由向原审人民法院申请再审的，人民法院应当受理。理由成立的，应当裁定再审，组成合议庭审理。作出的再审判决、裁定，当事人可以上诉。

十九、督促程序

第四百二十五条 两个以上人民法院都有管辖权的，债权人可以向其中一个基层人民法院申请支付令。

债权人向两个以上有管辖权的基层人民法院申请支付令的，由最先立案的人民法院管辖。

第四百二十六条 人民法院收到债权人的支付令申请书后，认为申请书不符合要求的，可以通知债权人限期补正。人民法院应当自收到补正材料之日起五日内通知债权人是否受理。

第四百二十七条 债权人申请支付令，符合下列条件的，基层人民法院应当受理，并在收到支付令申请书后五日内通知债权人：

（一）请求给付金钱或者汇票、本票、支票、股票、债券、国库券、可转让的存款单等有价证券；

（二）请求给付的金钱或者有价证券已到期且数额确定，并写明了请求所根据的事实、证据；

（三）债权人没有对待给付义务；

（四）债务人在我国境内且未下落不明；

（五）支付令能够送达债务人；

（六）收到申请书的人民法院有管辖权；

（七）债权人未向人民法院申请诉前保全。

不符合前款规定的，人民法院应当在收到支付令申请书后五日内通知债权人不予受理。

基层人民法院受理申请支付令案件，不受债权金额的限制。

第四百二十八条 人民法院受理申请后，由审判员一人进行审查。经审查，有下列情形之一的，裁定驳回申请：

（一）申请人不具备当事人资格的；

（二）给付金钱或者有价证券的证明文件没有约定逾期给付利息或者违约金、赔偿金，债权人坚持要求给付利息或者违约金、赔偿金的；

（三）要求给付的金钱或者有价证券属于违法所得的；

（四）要求给付的金钱或者有价证券尚未到期或者数额不确定的。

人民法院受理支付令申请后，发现不符合本解释规定的受理条件的，应当在受理之日起十五日内裁定驳回申请。

第四百二十九条 向债务人本人送达支付令，债务人拒绝接收的，人民法院可以留置送达。

第四百三十条 有下列情形之一的，人民法院应当裁定终结督促程序，已发出支付令的，支付令自行失效：

（一）人民法院受理支付令申请后，债权人就同一债权债务关系又提起诉讼的；

（二）人民法院发出支付令之日起三十日内无法送达债务人的；

（三）债务人收到支付令前，债权人撤回申请的。

第四百三十一条 债务人在收到支付令后，未在法定期间提出书面异议，而向其他人民法院起诉的，不影响支付令的效力。

债务人超过法定期间提出异议的，视为未提出异议。

第四百三十二条 债权人基于同一债权债务关系，在同一支付令申请中向债务人提出多项支付请求，债务人仅就其中一项或者几项请求提出异议的，不影响其他各项请求的效力。

第四百三十三条 债权人基于同一债权债务关系，就可分之债向多个债务人提出支付请求，多个债务人中的一人或者几人提出异议的，不影响其他请求的效力。

第四百三十四条 对设有担保的债务的主债务人发出的支付令，对担保人没有拘束力。

债权人就担保关系单独提起诉讼的，支付令自人民法院受理案件之日起失效。

第四百三十五条 经形式审查，债务人提出的书面异议有下列情形之一的，应当认定异议成立，裁定终结督促程序，支付令自行失效：

（一）本解释规定的不予受理申请情形的；

（二）本解释规定的裁定驳回申请情形的；

（三）本解释规定的应当裁定终结督促程序情形的；

（四）人民法院对是否符合发出支付令条件产生合理怀疑的。

第四百三十六条 债务人对债务本身没有异议，只是提出缺乏清偿能力、延缓债务清偿期限、变更债务清偿方式等异议的，不影响支付令的效力。

人民法院经审查认为异议不成立的，裁定驳回。

债务人的口头异议无效。

第四百三十七条 人民法院作出终结督促程序或者驳回异议裁定前，债务人请求撤回异议的，应当裁定准许。

债务人对撤回异议反悔的，人民法院不予支持。

第四百三十八条 支付令失效后，申请支付令的一方当事人不同意提起诉讼的，应当自收到终结督促程序裁定之日起七日内向受理申请的人民法院提出。

申请支付令的一方当事人不同意提起诉讼的，不影响其向其他有管辖权的人民法院提起诉讼。

第四百三十九条 支付令失效后，申请支付令的一方当事人自收到终结督促程序裁定之日起七日内未向受理申请的人民法院表明不同意提起诉讼的，视为向受理申请的人民法院起诉。

债权人提出支付令申请的时间，即为向人民法院起诉的时间。

第四百四十条 债权人向人民法院申请执行支付令的期间，适用民事诉讼法第二百四十六条的规定。

第四百四十一条 人民法院院长发现本院已经发生法律效力的支付令确有错误，认为需要撤销的，应当提交本院审判委员会讨论决定后，裁定撤销支付令，驳回债权人的申请。

二十、公示催告程序

第四百四十二条 民事诉讼法第二百二十五条规定的票据持有人，是指票据被盗、遗失或者灭失前的最后持有人。

第四百四十三条 人民法院收到公示催告的申请后，应当立即审查，并决定是否受理。经审查认为符合受理条件的，通知予以受理，并同时通知支付人停止支付；认为不符合受理条件的，七日内裁定驳回申请。

第四百四十四条 因票据丧失，申请公示催告的，人民法院应结合票据存根、丧失票据的复印件、出票人关于签发票据的证明、申请人合法取得票据的证明、银行挂失止付通知书、报案证明等证据，决定是否受理。

第四百四十五条 人民法院依照民事诉讼法第二百二十六条规定发出的受理申请的公告，应当写明下列内容：

（一）公示催告申请人的姓名或者名称；

（二）票据的种类、号码、票面金额、出票人、背书人、持票人、付款期限等事项以及其他可以申请公示催告的权利凭证的种类、号码、权利范围、权利人、义务人、行权日期等事项；

（三）申报权利的期间；

（四）在公示催告期间转让票据等权利凭证，利害关系人不申报的法律后果。

第四百四十六条 公告应当在有关报纸或者其他媒体上刊登，并于同日公布于人民法院公告栏内。人民法院所在地有证券交易所的，还应当同日在该交易所公布。

第四百四十七条 公告期间不得少于六十日，且公示催告期间届满日不得早于票据付款日后十五日。

第四百四十八条 在申报期届满后、判决作出之前，利害关系人申报权利的，应当适用民事诉讼法第二百二十八条第二款、第三款规定处理。

第四百四十九条 利害关系人申报权利，人民法院应当通知其向法院出示票据，并通知公示催告申请人在指定的期间查看该票据。公示催告申请人申请公示催告的票据与利害关系人出示的票据不一致的，应当裁定驳回利害关系人的申报。

第四百五十条 在申报权利的期间无人申报权利，或者申报被驳回的，申请人应当自公示催告期间届满之日起一个月内申请作出判决。逾期不申请判决的，终结公示催告程序。

裁定终结公示催告程序的，应当通知申请人和支付人。

第四百五十一条 判决公告之日起，公示催告申请人有权依据判决向付款人请求付款。

付款人拒绝付款，申请人向人民法院起诉，符合民事诉讼法第一百二十二条规定的起诉条件的，人民法院应予受理。

第四百五十二条 适用公示催告程序审理案件，可由审判员一人独任审理；判决宣告票据无效的，应当组成合议庭审理。

第四百五十三条 公示催告申请人撤回申请，应在公示催告前提出；公示催告期间申请撤回的，人民法院可以径行裁定终结公示催告程序。

第四百五十四条 人民法院依照民事诉讼法第二百二十七条规定通知支付人停止支付，应当符合有关财产保全的规定。支付人收到停止支付通知后拒不止付的，除可依照民事诉讼法第一百一十四条、第一百一十七条规定采取强制措施外，在判决后，支付人仍应承担付款义务。

第四百五十五条 人民法院依照民事诉讼法第二百二十八条规定终结公示催告程序后，公示催告申请人或者申报人向人民法院提起诉讼，因票据权利纠纷提起的，由票据支付地或者被告住所地人民法院管辖；因非票据权利纠纷提起的，由被告住所地人民法院管辖。

第四百五十六条 依照民事诉讼法第二百二十八条规定制作的终结公示催告程序的裁定书，由审判员、书记员署名，加盖人民法院印章。

第四百五十七条 依照民事诉讼法第二百三十条的规定，利害关系人向人民法院起诉的，人民法院可按票据纠纷适用普通程序审理。

第四百五十八条 民事诉讼法第二百三十条规定的正当理由，包括：

（一）因发生意外事件或者不可抗力致使利害关系人无法知道公告事实的；

（二）利害关系人因被限制人身自由而无法知道公告事实，或者虽然知道公告事实，但无法自己或者委托他人代为申报权利的；

（三）不属于法定申请公示催告情形的；

（四）未予公告或者未按法定方式公告的；

（五）其他导致利害关系人在判决作出前未能向人民法院申报权利的客观事由。

第四百五十九条 根据民事诉讼法第二百三十条的规定，利害关系人请求人民法院撤销除权判决的，应当将申请人列为被告。

利害关系人仅诉请确认其为合法持票人的，人民法院应当在裁判文书中写明，确认利害关系人为票据权利人的判决作出后，除权判决即被撤销。

二十一、执行程序

第四百六十条 发生法律效力的实现担保物权裁定、确认调解协议裁定、支付令，由作出裁定、支付令的人民法院或者与其同级的被执行财产所在地的人民法院执行。

认定财产无主的判决，由作出判决的人民法院将无主财产收归国家或者集体所有。

第四百六十一条 当事人申请人民法院执行的生效法律文书应当具备下列条件：

（一）权利义务主体明确；

（二）给付内容明确。

法律文书确定继续履行合同的，应当明确继续履行的具体内容。

第四百六十二条 根据民事诉讼法第二百三十四条规定，案外人对执行标的提出异议的，应当在该执行标的执行程序终结前提出。

第四百六十三条 案外人对执行标的提出的异议，经审查，按照下列情形分别处理：

（一）案外人对执行标的不享有足以排除强制执行的权益的，裁定驳回其异议；

（二）案外人对执行标的享有足以排除强制执行的权益的，裁定中止执行。

驳回案外人执行异议裁定送达案外人之日起十五日内，人民法院不得对执行标的进行处分。

第四百六十四条 申请执行人与被执行人达成和解协议后请求中止执行或者撤回执行申请的，人民法院可以裁定中止执行或者终结执行。

第四百六十五条 一方当事人不履行或者不完全履行在执行中双方自愿达成的和解协议，对方当事人申请执行原生效法律文书的，人民法院应当恢复执行，但和解协议已履行的部分应当扣除。和解协议已经履行完毕的，人民法院不予恢复执行。

第四百六十六条 申请恢复执行原生效法律文书，适用民事诉讼法第二百四十六条申请执行期间的规定。申请执行期间因达成执行中的和解协议而中断，其期间自和解协议约定履行期限的最后一日起重新计算。

第四百六十七条 人民法院依照民事诉讼法第二百三十八条规定决定暂缓执行的，如果担保是有期限的，暂缓执行的期限应当与担保期限一致，但最长不得超过一年。被执行人或者担保人对担保的财产在暂缓执行期间有转移、隐藏、变卖、毁损等行为的，人民法院可以恢复强制执行。

第四百六十八条 根据民事诉讼法第二百三十八条规定向人民法院提供执行担保的，可以由被执行人或者他人提供财产担保，也可以由他人提供保证。担保人应当具有代为履行或者代为承担赔偿责任的能力。

他人提供执行保证的，应当向执行法院出具保证书，并将保证书副本送交申请执行人。被执行人或者他人提供财产担保的，应当参照民法典的有关规定办理相应手续。

第四百六十九条 被执行人在人民法院决定暂缓执行的期限届满后仍不履行义务的，人民法院可以直接执行担保财产，或者裁定执行担保人的财产，但执行担保人的财产以担保人应当履行义务部分的财产为限。

第四百七十条 依照民事诉讼法第二百三十九条规定，执行中作为被执行人的法人或者其他组织分立、合并的，人民法院可以裁定变更后的法人或者其他组织为被执行人；被注销的，如果依照有关实体法的规定有权利义务承受人的，可以裁定该权利义务承受人为被执行人。

第四百七十一条 其他组织在执行中不能履行法律文书确定的义务的，人民法院可以裁定执行对该其他组织依法承担义务的法人或者公民个人的财产。

第四百七十二条 在执行中，作为被执行人的法人或者其他组织名称变更的，人民法院可以裁定变更后的法人或者其他组织为被执行人。

第四百七十三条 作为被执行人的公民死亡，其遗产继承人没有放弃继承的，人民法院可以裁定变更被执行人，由该继承人在遗产的范围内偿还债务。继承人放弃继承的，人民法院可以直接执行被执行人的遗产。

第四百七十四条 法律规定由人民法院执行的其他法律文书执行完毕后，该法律文书被有关机关或者组织依法撤销的，经当事人申请，适用民事诉讼法第二百四十条规定。

第四百七十五条 仲裁机构裁决的事项，部分有民事诉讼法第二百四十四条第二款、第三款规定情形的，人民法院应当裁定对该部分不予执行。

应当不予执行部分与其他部分不可分的，人民法院应当裁定不予执行仲裁裁决。

第四百七十六条 依照民事诉讼法第二百四十四条第二款、第三款规定，人民法院裁定不予执行仲裁裁决后，当事人对该裁定提出执行异议或者复议的，人民法院不予受理。当事人可以就该民事纠纷重新达成书面仲裁协议申请仲裁，也可以向人民法院起诉。

第四百七十七条 在执行中，被执行人通过仲裁程序将人民法院查封、扣押、冻结的财产确权或者分割给案外人的，不影响人民法院执行程序的进行。

案外人不服的，可以根据民事诉讼法第二百三十四条规定提出异议。

第四百七十八条 有下列情形之一的，可以认定为民事诉讼法第二百四十五条第二款规定的公证债权文书确有错误：

（一）公证债权文书属于不得赋予强制执行效力的债权文书的；

（二）被执行人一方未亲自或者未委托代理人到场公证等严重违反法律规定的公证程序的；

（三）公证债权文书的内容与事实不符或者违反法律强制性规定的；

（四）公证债权文书未载明被执行人不履行义务或者不完全履行义务时同意接受强制执行的。

人民法院认定执行该公证债权文书违背社会公共利益的，裁定不予执行。

公证债权文书被裁定不予执行后，当事人、公证事项的利害关系人可以就债权争议提起诉讼。

第四百七十九条 当事人请求不予执行仲裁裁决或者公证债权文书的，应当在执行终结前向执行法院提出。

第四百八十条 人民法院应当在收到申请执行书或者移交执行书后十日内发出执行通知。

执行通知中除应责令被执行人履行法律文书确定的义务外，还应通知其承担民事诉讼法第二百六十条规定的迟延履行利息或者迟延履行金。

第四百八十一条 申请执行人超过申请执行时效期间向人民法院申请强制执行的，人民法院应予受理。被执行人对申请执行时效期间提出异议，人民法院经审查异议成立的，裁定不予执行。

被执行人履行全部或者部分义务后，又以不知道申请执行时效期间届满为由请求执行回转的，人民法院不予支持。

第四百八十二条 对必须接受调查询问的被执行人、被执行人的法定代表人、负责人或者实际控制人，经依法传唤无正当理由拒不到场的，人民法院可以拘传其到场。

人民法院应当及时对被拘传人进行调查询问，调查询问的时间不得超过八小时；情况复杂，依法可能采取拘留措施的，调查询问的时间不得超过二十四小时。

人民法院在本辖区以外采取拘传措施时，可以将被拘传人拘传到当地人民法院，当地人民法院应予协助。

第四百八十三条 人民法院有权查询被执行人的身份信息与财产信息，掌握相关信息的单位和个人必须按照协助执行通知书办理。

第四百八十四条 对被执行的财产，人民法院非经查封、扣押、冻结不得处分。对银行存款等各类可以直接扣划的财产，人民法院的扣划裁定同时具有冻结的法律效力。

第四百八十五条 人民法院冻结被执行人的银行存款的期限不得超过一年，查封、扣押动产的期限不得超过两年，查封不动产、冻结其他财产权的期限不得超过三年。

申请执行人申请延长期限的，人民法院应当在查封、扣押、冻结期限届满前办理续行查封、扣押、冻结手续，续行期限不得超过前款规定的期限。

人民法院也可以依职权办理续行查封、扣押、冻结手续。

第四百八十六条 依照民事诉讼法第二百五十四条规定，人民法院在执行中需要拍卖被执行人财产的，可以由人民法院自行组织拍卖，也可以交由具备相应资质的拍卖机构拍卖。

交拍卖机构拍卖的，人民法院应当对拍卖活动进行监督。

第四百八十七条 拍卖评估需要对现场进行检查、勘验的，人民法院应当责令被执行人、协助义务人予以配合。被执行人、协助义务人不予配合的，人民法院可以强制进行。

第四百八十八条 人民法院在执行中需要变卖被执行人财产的，可以交有关单位变卖，也可以由人民法院直接变卖。

对变卖的财产，人民法院或者其工作人员不得买受。

第四百八十九条 经申请执行人和被执行人同意，且不损害其他债权人合法权益和社会公共利益的，人民法院可以不经拍卖、变卖，直接将被执行人的财产作价交申请执行人抵偿债务。对剩余债务，被执行人应当继续清偿。

第四百九十条 被执行人的财产无法拍卖或者变卖的，经申请执行人同意，且不损害其他债权人合法权益和社会公共利益的，人民法院可以将该项财产作价后交付申请执行人抵偿债务，或者交付申请执行人管理；申请执行人拒绝接收或者管理的，退回被执行人。

第四百九十一条 拍卖成交或者依法定程序裁定以物抵债的，标的物所有权自拍卖成交裁定或者抵债裁定送达买受人或者接受抵债物的债权人时转移。

第四百九十二条 执行标的物为特定物的，应当执行原物。原物确已毁损或者灭失的，经双方当事人同意，可以折价赔偿。

双方当事人对折价赔偿不能协商一致的，人民法院应当终结执行程序。申请执行人可以另行起诉。

第四百九十三条 他人持有法律文书指定交付的财物或者票证，人民法院依照民事诉讼法第二百五十六条第二款、第三款规定发出协助执行通知后，拒不转交的，可以强制执行，并可依照民事诉讼法第一百一十七条、第一百一十八条规定处理。

他人持有期间财物或者票证毁损、灭失的，参照本解释第四百九十二条规定处理。

他人主张合法持有财物或者票证的，可以根据民事诉讼法第二百三十四条规定提出执行异议。

第四百九十四条 在执行中，被执行人隐匿财产、会计账簿等资料的，人民法院除可依照民事诉讼法第一百一十四条第一款第六项规定对其处理外，还应责令被执行人交出隐匿的财产、会计账簿等资料。被执行人拒不交出的，人民法院可以采取搜查措施。

第四百九十五条 搜查人员应当按规定着装并出示搜查令和工作证件。

第四百九十六条 人民法院搜查时禁止无关人员进入搜查现场；搜查对象是公民的，应当通知被执行人或者他的成年家属以及基层组织派员到场；搜查对象是法人或者其他组织的，应当通知法定代表人或者主要负责人到场。拒不到场的，不影响搜查。

搜查妇女身体，应当由女执行人员进行。

第四百九十七条 搜查中发现应当依法采取查封、扣押措施的财产，依照民事诉讼法第二百五十二条第二款和第二百五十四条规定办理。

第四百九十八条 搜查应当制作搜查笔录，由搜查人员、被搜查人及其他在场人签名、捺印或者盖章。拒绝签名、捺印或者盖章的，应当记入搜查笔录。

第四百九十九条 人民法院执行被执行人对他人的到期债权，可以作出冻结债权的裁定，并通知该他人向申请执行人履行。

该他人对到期债权有异议，申请执行人请求对异议部分强制执行的，人民法院不予支持。利害关系人对到期债权有异议的，人民法院应当按照民事诉讼法第二百三十四条规定处理。

对生效法律文书确定的到期债权，该他人予以否认的，人民法院不予支持。

第五百条 人民法院在执行中需要办理房产证、土地证、林权证、专利证书、商标证书、车船执照等有关财产权证照转移手续的，可以依照民事诉讼法第二百五十八条规定办理。

第五百零一条 被执行人不履行生效法律文书确定的行为义务，该义务可由他人完成的，人民法院可以选定代履行人；法律、行政法规对履行该行为义务有资格限制的，应当从有资格的人中选定。必要时，可以通过招标的方式确定代履行人。

申请执行人可以在符合条件的人中推荐代履行人，也可以申请自己代为履行，是否准许，由人民法院决定。

第五百零二条 代履行费用的数额由人民法院根据案件具体情况确定，并由被执行人在指定期限内预先支付。被执行人未预付的，人民法院可以对该费用强制执行。

代履行结束后，被执行人可以查阅、复制费用清单以及主要凭证。

第五百零三条 被执行人不履行法律文书指定的行为，且该项行为只能由被执行人完成的，人民法院可以依照民事诉讼法第一百一十四条第一款第六项规定处理。

被执行人在人民法院确定的履行期间内仍不履行的，人民法院可以依照民事诉讼法第一百一十四条第一款第六项规定再次处理。

第五百零四条 被执行人迟延履行的，迟延履行期间的利息或者迟延履行金自判决、裁定和其他法律文书指定的履行期间届满之日起计算。

第五百零五条 被执行人未按判决、裁定和其他法律文书指定的期间履行非金钱给付义务的，无论是否已给申请执行人造成损失，都应当支付迟延履行金。已经造成损失的，双倍补偿申请执行人已经受到的损失；没有造成损失的，迟延履行金可以由人民法院根据具体案件情况决定。

第五百零六条 被执行人为公民或者其他组织，在执行程序开始后，被执行人的其他已经取得执行依据的债权人发现被执行人的财产不能清偿所有债权的，可以向人民法院申请参与分配。

对人民法院查封、扣押、冻结的财产有优先权、担保物权的债权人，可以直接申请参与分配，主张优先受偿权。

第五百零七条 申请参与分配，申请人应当提交申请书。申请书应当写明参与分配和被执行人不能清偿所有债权的事实、理由，并附有执行依据。

参与分配申请应当在执行程序开始后，被执行人的财产执行终结前提出。

第五百零八条 参与分配执行中，执行所得价款扣除执行费用，并清偿应当优先受偿的债权后，对于普通债权，原则上按照其占全部申请参与分配债权数额的比例受偿。清偿后的剩余债务，被执行人应当继续清偿。债权人发现被执行人有其他财产的，可以随时请求人民法院执行。

第五百零九条 多个债权人对执行财产申请参与分配的，执行法院应当制作财产分配方案，并送达各债权人和被执行人。债权人或者被执行人对分配方案有异议的，应当自收到分配方案之日起十五日内向执行法院提出书面异议。

第五百一十条 债权人或者被执行人对分配方案提出书面异议的，执行法院应当通知未提出异议的债权人、被执行人。

未提出异议的债权人、被执行人自收到通知之日起十五日内未提出反对意见的，执行法院依异议人的意见对分配方案审查修正后进行分配；提出反对意见的，应当通知异议人。异议人可以自收到通知之日起十五日内，以提出反对意见的债权人、被执行人为被告，向执行法院提起诉讼；异议人逾期未提起诉讼的，执行法院按照原分配方案进行分配。

诉讼期间进行分配的，执行法院应当提存与争议债权数额相应的款项。

第五百一十一条 在执行中，作为被执行人的企业法人符合企业破产法第二条第一款规定情形的，执行法院经申请执行人之一或者被执行人同意，应当裁定中止对该被执行人的执行，将执行案件相关材料移送被执行人住所地人民法院。

第五百一十二条 被执行人住所地人民法院应当自收到执行案件相关材料之日起三十日内，将是否受理破产案件的裁定告知执行法院。不予受理的，应当将相关案件材料退回执行法院。

第五百一十三条 被执行人住所地人民法院裁定受理破产案件的，执行法院应当解除对被执行人财产的保全措施。被执行人住所地人民法院裁定宣告被执行人破产的，执行法院应当裁定终结对该被执行人的执行。

被执行人住所地人民法院不受理破产案件的，执行法院应当恢复执行。

第五百一十四条 当事人不同意移送破产或者被执行人住所地人民法院不受理破产案件的，执行法院就执行变价所得财产，在扣除执行费用及清偿优先受偿的债权后，对于普通债权，按照财产保全和执行中查封、扣押、冻结财产的先后顺序清偿。

第五百一十五条 债权人根据民事诉讼法第二百六十一条规定请求人民法院继续执行的，不受民事诉讼法第二百四十六条规定申请执行时效期间的限制。

第五百一十六条 被执行人不履行法律文书确定的义务的，人民法院除对被执行人予以处罚外，还可以根据情节将其纳入失信被执行人名单，将被执行人不履行或者不完全履行义务的信息向其所在单位、征信机构以及其他相关机构通报。

第五百一十七条 经过财产调查未发现可供执行的财产，在申请执行人签字确认或者执行法院组成合议庭审查核实并经院长批准后，可以裁定终结本次执行程序。

依照前款规定终结执行后，申请执行人发现被执行人有可供执行财产的，可以再次申请执行。再次申请不受申请执行时效期间的限制。

第五百一十八条 因撤销申请而终结执行后，当事人在民事诉讼法第二百四十六条规定的申请执行时效期间内再次申请执行的，人民法院应当受理。

第五百一十九条 在执行终结六个月内，被执行人或者其他人对已执行的标的有妨害行为的，人民法院可以依申请排除妨害，并可以依照民事诉讼法第一百一十四条规定进行处罚。因妨害行为给执行债权人或者其他人造成损失的，受害人可以另行起诉。

二十二、涉外民事诉讼程序的特别规定

第五百二十条 有下列情形之一，人民法院可以认定为涉外民事案件：

（一）当事人一方或者双方是外国人、无国籍人、外国企业或者组织的；

（二）当事人一方或者双方的经常居所地在中华人民共和国领域外的；

（三）标的物在中华人民共和国领域外的；

（四）产生、变更或者消灭民事关系的法律事实发生在中华人民共和国领域外的；

（五）可以认定为涉外民事案件的其他情形。

第五百二十一条 外国人参加诉讼，应当向人民法院提交护照等用以证明自己身份的证件。

外国企业或者组织参加诉讼，向人民法院提交的身份证明文件，应当经所在国公证机关公证，并经中华人民共和国驻该国使领馆认证，或者履行中华人民共和国与该所在国订立的有关条约中规定的证明手续。

代表外国企业或者组织参加诉讼的人，应当向人民法院提交其有权作为代表人参加诉讼的证明，该证明应当经所在国公证机关公证，并经中华人民共和国驻该国使领馆认证，或者履行

中华人民共和国与该所在国订立的有关条约中规定的证明手续。

本条所称的“所在国”，是指外国企业或者组织的设立登记地国，也可以是办理了营业登记手续的第三国。

第五百二十二条 依照民事诉讼法第二百七十一条以及本解释第五百二十一条规定，需要办理公证、认证手续，而外国当事人所在国与中华人民共和国没有建立外交关系的，可以经该国公证机关公证，经与中华人民共和国有外交关系的第三国驻该国使领馆认证，再转由中华人民共和国驻该第三国使领馆认证。

第五百二十三条 外国人、外国企业或者组织的代表人在人民法院法官的见证下签署授权委托书，委托代理人进行民事诉讼的，人民法院应予认可。

第五百二十四条 外国人、外国企业或者组织的代表人在中华人民共和国境内签署授权委托书，委托代理人进行民事诉讼，经中华人民共和国公证机构公证的，人民法院应予认可。

第五百二十五条 当事人向人民法院提交的书面材料是外文的，应当同时向人民法院提交中文翻译件。

当事人对中文翻译件有异议的，应当共同委托翻译机构提供翻译文本；当事人对翻译机构的选择不能达成一致的，由人民法院确定。

第五百二十六条 涉外民事诉讼中的外籍当事人，可以委托本国人为诉讼代理人，也可以委托本国律师以非律师身份担任诉讼代理人；外国驻华使领馆官员，受本国公民的委托，可以以个人名义担任诉讼代理人，但在诉讼中不享有外交或者领事特权和豁免。

第五百二十七条 涉外民事诉讼中，外国驻华使领馆授权其本馆官员，在作为当事人的本国国民不在中华人民共和国领域内的情况下，可以以外交代表身份为其本国国民在中华人民共和国聘请中华人民共和国律师或者中华人民共和国公民代理民事诉讼。

第五百二十八条 涉外民事诉讼中，经调解双方达成协议，应当制发调解书。当事人要求发给判决书的，可以依协议的内容制作判决书送达当事人。

第五百二十九条 涉外合同或者其他财产权益纠纷的当事人，可以书面协议选择被告住所地、合同履行地、合同签订地、原告住所地、标的物所在地、侵权行为地等与争议有实际联系地点的外国法院管辖。

根据民事诉讼法第三十四条和第二百七十三条规定，属于中华人民共和国法院专属管辖的案件，当事人不得协议选择外国法院管辖，但协议选择仲裁的除外。

第五百三十条 涉外民事案件同时符合下列情形的，人民法院可以裁定驳回原告的起诉，告知其向更方便的外国法院提起诉讼：

（一）被告提出案件应由更方便外国法院管辖的请求，或者提出管辖异议；

（二）当事人之间不存在选择中华人民共和国法院管辖的协议；

（三）案件不属于中华人民共和国法院专属管辖；

（四）案件不涉及中华人民共和国国家、公民、法人或者其他组织的利益；

（五）案件争议的主要事实不是发生在中华人民共和国境内，且案件不适用中华人民共和国法律，人民法院审理案件在认定事实和适用法律方面存在重大困难；

（六）外国法院对案件享有管辖权，且审理该案件更加方便。

第五百三十一条 中华人民共和国法院和外国法院都有管辖权的案件，一方当事人向外国法院起诉，而另一方当事人向中华人民共和国法院起诉的，人民法院可予受理。判决后，外国法院申请或者当事人请求人民法院承认和执行外国法院对本案作出的判决、裁定的，不予准许；但双方共同缔结或者参加的国际条约另有规定的除外。

外国法院判决、裁定已经被人民法院承认，当事人就同一争议向人民法院起诉的，人民法院不予受理。

第五百三十二条 对在中华人民共和国领域内没有住所的当事人，经用公告方式送达诉讼文书，公告期满不应诉，人民法院缺席判决后，仍应当将裁判文书依照民事诉讼法第二百七十四条第八项规定公告送达。自公告送达裁判文书满三个月之日起，经过三十日的上诉期当事人没有上诉的，一审判决即发生法律效力。

第五百三十三条 外国人或者外国企业、组织的代表人、主要负责人在中华人民共和国领域内的，人民法院可以向该自然人或者外国企业、组织的代表人、主要负责人送达。

外国企业、组织的主要负责人包括该企业、组织的董事、监事、高级管理人员等。

第五百三十四条 受送达人所在国允许邮寄送达的，人民法院可以邮寄送达。

邮寄送达时应当附有送达回证。受送达人未在送达回证上签收但在邮件回执上签收的，视为送达，签收日期为送达日期。

自邮寄之日起满三个月，如果未收到送达的证明文件，且根据各种情况不足以认定已经送达的，视为不能用邮寄方式送达。

第五百三十五条 人民法院一审时采取公告方式向当事人送达诉讼文书的，二审时可径行采取公告方式向其送达诉讼文书，但人民法院能够采取公告方式之外的其他方式送达的除外。

第五百三十六条 不服第一审人民法院判决、裁定的上诉期，对在中华人民共和国领域内有住所的当事人，适用民事诉讼法第一百七十一条规定的期限；对在中华人民共和国领域内没有住所的当事人，适用民事诉讼法第二百七十六条规定的期限。当事人的上诉期均已届满没有上诉的，第一审人民法院的判决、裁定即发生法律效力。

第五百三十七条 人民法院对涉外民事案件的当事人申请再审进行审查的期间，不受民事诉讼法第二百一十一条规定的限制。

第五百三十八条 申请人向人民法院申请执行中华人民共和国涉外仲裁机构的裁决，应当提出书面申请，并附裁决书正本。如申请人为外国当事人，其申请书应当用中文文本提出。

第五百三十九条 人民法院强制执行涉外仲裁机构的仲裁裁决时，被执行人以有民事诉讼法第二百八十一条第一款规定的情形为由提出抗辩的，人民法院应当对被执行人的抗辩进行审查，并根据审查结果裁定执行或者不予执行。

第五百四十条 依照民事诉讼法第二百七十九条规定，中华人民共和国涉外仲裁机构将当事人的保全申请提交人民法院裁定的，人民法院可以进行审查，裁定是否进行保全。裁定保全的，应当责令申请人提供担保，申请人不提供担保的，裁定驳回申请。

当事人申请证据保全，人民法院经审查认为无需提供担保的，申请人可以不提供担保。

第五百四十一条 申请人向人民法院申请承认和执行外国法院作出的发生法律效力的判决、裁定，应当提交申请书，并附外国法院作出的发生法律效力的判决、裁定正本或者经证明无误的副本以及中文译本。外国法院判决、裁定为缺席判决、裁定的，申请人应当同时提交该外国法院已经合法传唤的证明文件，但判决、裁定已经对此予以明确说明的除外。

中华人民共和国缔结或者参加的国际条约对提交文件有规定的，按照规定办理。

第五百四十二条 当事人向中华人民共和国有管辖权的中级人民法院申请承认和执行外国法院作出的发生法律效力的判决、裁定的，如果该法院所在国与中华人民共和国没有缔结或者共同参加国际条约，也没有互惠关系的，裁定驳回申请，但当事人向人民法院申请承认外国法院作出的发生法律效力的离婚判决的除外。

承认和执行申请被裁定驳回的，当事人可以向人民法院起诉。

第五百四十三条 对临时仲裁庭在中华人民共和国领域外作出的仲裁裁决，一方当事人向人民法院申请承认和执行的，人民法院应当依照民事诉讼法第二百九十条规定处理。

第五百四十四条 对外国法院作出的发生法律效力的判决、裁定或者外国仲裁裁决，需要中华人民共和国法院执行的，当事人应当先向人民法院申请承认。人民法院经审查，裁定承认后，再根据民事诉讼法第三编的规定予以执行。

当事人仅申请承认而未同时申请执行的，人民法院仅对应否承认进行审查并作出裁定。

第五百四十五条 当事人申请承认和执行外国法院作出的发生法律效力的判决、裁定或者外国仲裁裁决的期间，适用民事诉讼法第二百四十六条的规定。

当事人仅申请承认而未同时申请执行的，申请执行的期间自人民法院对承认申请作出的裁定生效之日起重新计算。

第五百四十六条 承认和执行外国法院作出的发生法律效力的判决、裁定或者外国仲裁裁决的案件，人民法院应当组成合议庭进行审查。

人民法院应当将申请书送达被申请人。被申请人可以陈述意见。

人民法院经审查作出的裁定，一经送达即发生法律效力。

第五百四十七条 与中华人民共和国没有司法协助条约又无互惠关系的国家的法院，未通过外交途径，直接请求人民法院提供司法协助的，人民法院应予退回，并说明理由。

第五百四十八条 当事人在中华人民共和国领域外使用中华人民共和国法院的判决书、裁定书，要求中华人民共和国法院证明其法律效力的，或者外国法院要求中华人民共和国法院证明判决书、裁定书的法律效力的，作出判决、裁定的中华人民共和国法院，可以本法院的名义出具证明。

第五百四十九条 人民法院审理涉及香港、澳门特别行政区和台湾地区的民事诉讼案件，可以参照适用涉外民事诉讼程序的特别规定。

二十三、附则

第五百五十条 本解释公布施行后，最高人民法院于 1992 年 7 月 14 日发布的《关于适用〈中华人民共和国民事诉讼法〉若干问题的意见》同时废止；最高人民法院以前发布的司法解释与本解释不一致的，不再适用。

中华人民共和国最高人民法院
中华人民共和国最高人民检察院
公 告

《最高人民法院、最高人民检察院关于办理破坏野生动物资源刑事案件适用法律若干问题的解释》已于2021年12月13日由最高人民法院审判委员会第1856次会议、2022年2月9日由最高人民检察院第十三届检察委员会第八十九次会议通过，现予公布，自2022年4月9日起施行。

2022年4月6日

最高人民法院　最高人民检察院
关于办理破坏野生动物资源刑事案件适用法律若干问题的解释

法释〔2022〕12号

为依法惩治破坏野生动物资源犯罪，保护生态环境，维护生物多样性和生态平衡，根据《中华人民共和国刑法》《中华人民共和国刑事诉讼法》《中华人民共和国野生动物保护法》等法律的有关规定，现就办理此类刑事案件适用法律的若干问题解释如下：

第一条　具有下列情形之一的，应当认定为刑法第一百五十一条第二款规定的走私国家禁止进出口的珍贵动物及其制品：

（一）未经批准擅自进出口列入经国家濒危物种进出口管理机构公布的《濒危野生动植物种国际贸易公约》附录一、附录二的野生动物及其制品；

（二）未经批准擅自出口列入《国家重点保护野生动物名录》的野生动物及其制品。

第二条　走私国家禁止进出口的珍贵动物及其制品，价值二十万元以上不满二百万元的，应当依照刑法第一百五十一条第二款的规定，以走私珍贵动物、珍贵动物制品罪处五年以上十年以下有期徒刑，并处罚金；价值二百万元以上的，应当认定为“情节特别严重”，处十年以上有期徒刑或者无期徒刑，并处没收财产；价值二万元以上不满二十万元的，应当认定为“情节较轻”，处五年以下有期徒刑，并处罚金。

实施前款规定的行为，具有下列情形之一的，从重处罚：

（一）属于犯罪集团的首要分子的；

（二）为逃避监管，使用特种交通工具实施的；

（三）二年内曾因破坏野生动物资源受过行政处罚的。

实施第一款规定的行为，不具有第二款规定的情形，且未造成动物死亡或者动物、动物制品无法追回，行为人全部退赃退赔，确有悔罪表现的，按照下列规定处理：

（一）珍贵动物及其制品价值二百万元以上的，可以处五年以上十年以下有期徒刑，并处罚金；

（二）珍贵动物及其制品价值二十万元以上不满二百万元的，可以认定为“情节较轻”，处五年以下有期徒刑，并处罚金；

（三）珍贵动物及其制品价值二万元以上不满二十万元的，可以认定为犯罪情节轻微，不起诉或者免予刑事处罚；情节显著轻微危害不大的，不作为犯罪处理。

第三条 在内陆水域，违反保护水产资源法规，在禁渔区、禁渔期或者使用禁用的工具、方法捕捞水产品，具有下列情形之一的，应当认定为刑法第三百四十条规定的“情节严重”，以非法捕捞水产品罪定罪处罚：

（一）非法捕捞水产品五百公斤以上或者价值一万元以上的；

（二）非法捕捞有重要经济价值的水生动物苗种、怀卵亲体或者在水产种质资源保护区内捕捞水产品五十公斤以上或者价值一千元以上的；

（三）在禁渔区使用电鱼、毒鱼、炸鱼等严重破坏渔业资源的禁用方法或者禁用工具捕捞的；

（四）在禁渔期使用电鱼、毒鱼、炸鱼等严重破坏渔业资源的禁用方法或者禁用工具捕捞的；

（五）其他情节严重的情形。

实施前款规定的行为，具有下列情形之一的，从重处罚：

（一）暴力抗拒、阻碍国家机关工作人员依法履行职务，尚未构成妨害公务罪、袭警罪的；

（二）二年内曾因破坏野生动物资源受过行政处罚的；

（三）对水生生物资源或者水域生态造成严重损害的；

（四）纠集多条船只非法捕捞的；

（五）以非法捕捞为业的。

实施第一款规定的行为，根据渔获物的数量、价值和捕捞方法、工具等，认为对水生生物资源危害明显较轻的，综合考虑行为人自愿接受行政处罚、积极修复生态环境等情节，可以认定为犯罪情节轻微，不起诉或者免予刑事处罚；情节显著轻微危害不大的，不作为犯罪处理。

第四条 刑法第三百四十一条第一款规定的“国家重点保护的珍贵、濒危野生动物”包括：

（一）列入《国家重点保护野生动物名录》的野生动物；

（二）经国务院野生动物保护主管部门核准按照国家重点保护的野生动物管理的野生动物。

第五条 刑法第三百四十一条第一款规定的“收购”包括以营利、自用等为目的的购买行为；“运输”包括采用携带、邮寄、利用他人、使用交通工具等方法进行运送的行为；“出售”包括出卖和以营利为目的的加工利用行为。

刑法第三百四十一条第三款规定的“收购”“运输”“出售”，是指以食用为目的，实施前款规定的相应行为。

第六条 非法猎捕、杀害国家重点保护的珍贵、濒危野生动物，或者非法收购、运输、出售国家重点保护的珍贵、濒危野生动物及其制品，价值二万元以上不满二十万元的，应当依照刑法第三百四十一条第一款的规定，以危害珍贵、濒危野生动物罪处五年以下有期徒刑或者拘役，并处罚金；价值二十万元以上不满二百万元的，应当认定为“情节严重”，处五年以上十年以下有期徒刑，并处罚金；价值二百万元以上的，应当认定为“情节特别严重”，处十年以上有期徒刑，并处罚金或者没收财产。

实施前款规定的行为，具有下列情形之一的，从重处罚：

（一）属于犯罪集团的首要分子的；

（二）为逃避监管，使用特种交通工具实施的；

（三）严重影响野生动物科研工作的；

（四）二年内曾因破坏野生动物资源受过行政处罚的。

实施第一款规定的行为，不具有第二款规定的情形，且未造成动物死亡或者动物、动物制品无法追回，行为人全部退赃退赔，确有悔罪表现的，按照下列规定处理：

（一）珍贵、濒危野生动物及其制品价值二百万元以上的，可以认定为“情节严重”，处五年以上十年以下有期徒刑，并处罚金；

（二）珍贵、濒危野生动物及其制品价值二十万元以上不满二百万元的，可以处五年以下有期徒刑或者拘役，并处罚金；

（三）珍贵、濒危野生动物及其制品价值二万元以上不满二十万元的，可以认定为犯罪情节轻微，不起诉或者免予刑事处罚；情节显著轻微危害不大的，不作为犯罪处理。

第七条 违反狩猎法规，在禁猎区、禁猎期或者使用禁用的工具、方法进行狩猎，破坏野生动物资源，具有下列情形之一的，应当认定为刑法第三百四十一条第二款规定的“情节严重”，以非法狩猎罪定罪处罚：

（一）非法猎捕野生动物价值一万元以上的；

（二）在禁猎区使用禁用的工具或者方法狩猎的；

（三）在禁猎期使用禁用的工具或者方法狩猎的；

（四）其他情节严重的情形。

实施前款规定的行为，具有下列情形之一的，从重处罚：

（一）暴力抗拒、阻碍国家机关工作人员依法履行职务，尚未构成妨害公务罪、袭警罪的；

（二）对野生动物资源或者栖息地生态造成严重损害的；

（三）二年内曾因破坏野生动物资源受过行政处罚的。

实施第一款规定的行为，根据猎获物的数量、价值和狩猎方法、工具等，认为对野生动物资源危害明显较轻的，综合考虑猎捕的动机、目的、行为人自愿接受行政处罚、积极修复生态环境等情节，可以认定为犯罪情节轻微，不起诉或者免予刑事处罚；情节显著轻微危害不大的，不作为犯罪处理。

第八条　违反野生动物保护管理法规，以食用为目的，非法猎捕、收购、运输、出售刑法第三百四十一条第一款规定以外的在野外环境自然生长繁殖的陆生野生动物，具有下列情形之一的，应当认定为刑法第三百四十一条第三款规定的“情节严重”，以非法猎捕、收购、运输、出售陆生野生动物罪定罪处罚：

（一）非法猎捕、收购、运输、出售有重要生态、科学、社会价值的陆生野生动物或者地方重点保护陆生野生动物价值一万元以上的；

（二）非法猎捕、收购、运输、出售第一项规定以外的其他陆生野生动物价值五万元以上的；

（三）其他情节严重的情形。

实施前款规定的行为，同时构成非法狩猎罪的，应当依照刑法第三百四十一条第三款的规定，以非法猎捕陆生野生动物罪定罪处罚。

第九条　明知是非法捕捞犯罪所得的水产品、非法狩猎犯罪所得的猎获物而收购、贩卖或者以其他方法掩饰、隐瞒，符合刑法第三百一十二条规定的，以掩饰、隐瞒犯罪所得罪定罪处罚。

第十条　负有野生动物保护和进出口监督管理职责的国家机关工作人员，滥用职权或者玩忽职守，致使公共财产、国家和人民利益遭受重大损失的，应当依照刑法第三百九十七条的规定，以滥用职权罪或者玩忽职守罪追究刑事责任。

负有查禁破坏野生动物资源犯罪活动职责的国家机关工作人员，向犯罪分子通风报信、提供便利，帮助犯罪分子逃避处罚的，应当依照刑法第四百一十七条的规定，以帮助犯罪分子逃避处罚罪追究刑事责任。

第十一条　对于“以食用为目的”，应当综合涉案动物及其制品的特征，被查获的地点，加工、包装情况，以及可以证明来源、用途的标识、证明等证据作出认定。

实施本解释规定的相关行为，具有下列情形之一的，可以认定为“以食用为目的”：

（一）将相关野生动物及其制品在餐饮单位、饮食摊点、超市等场所作为食品销售或者运往上述场所的；

（二）通过包装、说明书、广告等介绍相关野生动物及其制品的食用价值或者方法的；

（三）其他足以认定以食用为目的的情形。

第十二条　二次以上实施本解释规定的行为构成犯罪，依法应当追诉的，或者二年内实施本解释规定的行为未经处理的，数量、数额累计计算。

第十三条 实施本解释规定的相关行为，在认定是否构成犯罪以及裁量刑罚时，应当考虑涉案动物是否系人工繁育、物种的濒危程度、野外存活状况、人工繁育情况、是否列入人工繁育国家重点保护野生动物名录，行为手段、对野生动物资源的损害程度，以及对野生动物及其制品的认知程度等情节，综合评估社会危害性，准确认定是否构成犯罪，妥当裁量刑罚，确保罪责刑相适应；根据本解释的规定定罪量刑明显过重的，可以根据案件的事实、情节和社会危害程度，依法作出妥当处理。

涉案动物系人工繁育，具有下列情形之一的，对所涉案件一般不作为犯罪处理；需要追究刑事责任的，应当依法从宽处理：

（一）列入人工繁育国家重点保护野生动物名录的；

（二）人工繁育技术成熟、已成规模，作为宠物买卖、运输的。

第十四条 对于实施本解释规定的相关行为被不起诉或者免予刑事处罚的行为人，依法应当给予行政处罚、政务处分或者其他处分的，依法移送有关主管机关处理。

第十五条 对于涉案动物及其制品的价值，应当根据下列方法确定：

（一）对于国家禁止进出口的珍贵动物及其制品、国家重点保护的珍贵、濒危野生动物及其制品的价值，根据国务院野生动物保护主管部门制定的评估标准和方法核算；

（二）对于有重要生态、科学、社会价值的陆生野生动物、地方重点保护野生动物、其他野生动物及其制品的价值，根据销赃数额认定；无销赃数额、销赃数额难以查证或者根据销赃数额认定明显偏低的，根据市场价格核算，必要时，也可以参照相关评估标准和方法核算。

第十六条 根据本解释第十五条规定难以确定涉案动物及其制品价值的，依据司法鉴定机构出具的鉴定意见，或者下列机构出具的报告，结合其他证据作出认定：

（一）价格认证机构出具的报告；

（二）国务院野生动物保护主管部门、国家濒危物种进出口管理机构或者海关总署等指定的机构出具的报告；

（三）地、市级以上人民政府野生动物保护主管部门、国家濒危物种进出口管理机构的派出机构或者直属海关等出具的报告。

第十七条 对于涉案动物的种属类别、是否系人工繁育，非法捕捞、狩猎的工具、方法，以及对野生动物资源的损害程度等专门性问题，可以由野生动物保护主管部门、侦查机关依据现场勘验、检查笔录等出具认定意见；难以确定的，依据司法鉴定机构出具的鉴定意见、本解释第十六条所列机构出具的报告，被告人及其辩护人提供的证据材料，结合其他证据材料综合审查，依法作出认定。

第十八条 餐饮公司、渔业公司等单位实施破坏野生动物资源犯罪的，依照本解释规定的相应自然人犯罪的定罪量刑标准，对直接负责的主管人员和其他直接责任人员定罪处罚，并对单位判处罚金。

第十九条 在海洋水域，非法捕捞水产品，非法采捕珊瑚、砗磲或者其他珍贵、濒危水生野生动物，或者非法收购、运输、出售珊瑚、砗磲或者其他珍贵、濒危水生野生动物及其制品的，定罪量刑标准适用《最高人民法院关于审理发生在我国管辖海域相关案件若干问题的规定

（二）》（法释〔2016〕17号）的相关规定。

第二十条 本解释自2022年4月9日起施行。本解释公布施行后，《最高人民法院关于审理破坏野生动物资源刑事案件具体应用法律若干问题的解释》（法释〔2000〕37号）同时废止；之前发布的司法解释与本解释不一致的，以本解释为准。

中华人民共和国最高人民法院
公 告

《最高人民法院关于第一审知识产权民事、行政案件管辖的若干规定》已于2021年12月27日由最高人民法院审判委员会第1858次会议通过，现予公布，自2022年5月1日起施行。

2022年4月20日

最高人民法院
关于第一审知识产权民事、行政案件管辖的若干规定

法释〔2022〕13号

为进一步完善知识产权案件管辖制度，合理定位四级法院审判职能，根据《中华人民共和国民事诉讼法》《中华人民共和国行政诉讼法》等法律规定，结合知识产权审判实践，制定本规定。

第一条 发明专利、实用新型专利、植物新品种、集成电路布图设计、技术秘密、计算机软件的权属、侵权纠纷以及垄断纠纷第一审民事、行政案件由知识产权法院，省、自治区、直辖市人民政府所在地的中级人民法院和最高人民法院确定的中级人民法院管辖。

法律对知识产权法院的管辖有规定的，依照其规定。

第二条 外观设计专利的权属、侵权纠纷以及涉驰名商标认定第一审民事、行政案件由知识产权法院和中级人民法院管辖；经最高人民法院批准，也可以由基层人民法院管辖，但外观设计专利行政案件除外。

本规定第一条及本条第一款规定之外的第一审知识产权案件诉讼标的额在最高人民法院确

定的数额以上的，以及涉及国务院部门、县级以上地方人民政府或者海关行政行为的，由中级人民法院管辖。

法律对知识产权法院的管辖有规定的，依照其规定。

第三条 本规定第一条、第二条规定之外的第一审知识产权民事、行政案件，由最高人民法院确定的基层人民法院管辖。

第四条 对新类型、疑难复杂或者具有法律适用指导意义等知识产权民事、行政案件，上级人民法院可以依照诉讼法有关规定，根据下级人民法院报请或者自行决定提级审理。

确有必要将本院管辖的第一审知识产权民事案件交下级人民法院审理的，应当依照民事诉讼法第三十九条第一款的规定，逐案报请其上级人民法院批准。

第五条 依照本规定需要最高人民法院确定管辖或者调整管辖的诉讼标的额标准、区域范围的，应当层报最高人民法院批准。

第六条 本规定自 2022 年 5 月 1 日起施行。

最高人民法院此前发布的司法解释与本规定不一致的，以本规定为准。

中华人民共和国最高人民法院
公　告

《最高人民法院关于修改〈最高人民法院关于审理人身损害赔偿案件适用法律若干问题的解释〉的决定》已于 2022 年 2 月 15 日由最高人民法院审判委员会第 1864 次会议通过，现予公布，自 2022 年 5 月 1 日起施行。

2022 年 4 月 24 日

最高人民法院
关于修改《最高人民法院关于审理人身损害赔偿案件适用法律若干问题的解释》的决定

法释〔2022〕14 号

最高人民法院审判委员会第 1864 次会议决定，对《最高人民法院关于审理人身损害赔偿案件适用法律若干问题的解释》作如下修改：

一、第十二条修改为："残疾赔偿金根据受害人丧失劳动能力程度或者伤残等级，按照受诉法院所在地上一年度城镇居民人均可支配收入标准，自定残之日起按二十年计算。但六十周岁以上的，年龄每增加一岁减少一年；七十五周岁以上的，按五年计算。

"受害人因伤致残但实际收入没有减少，或者伤残等级较轻但造成职业妨害严重影响其劳动就业的，可以对残疾赔偿金作相应调整。"

二、第十五条修改为："死亡赔偿金按照受诉法院所在地上一年度城镇居民人均可支配收入标准，按二十年计算。但六十周岁以上的，年龄每增加一岁减少一年；七十五周岁以上的，按五年计算。"

三、第十七条修改为："被扶养人生活费根据扶养人丧失劳动能力程度，按照受诉法院所在地上一年度城镇居民人均消费支出标准计算。被扶养人为未成年人的，计算至十八周岁；被扶养人无劳动能力又无其他生活来源的，计算二十年。但六十周岁以上的，年龄每增加一岁减少一年；七十五周岁以上的，按五年计算。

“被扶养人是指受害人依法应当承担扶养义务的未成年人或者丧失劳动能力又无其他生活来源的成年近亲属。被扶养人还有其他扶养人的，赔偿义务人只赔偿受害人依法应当负担的部分。被扶养人有数人的，年赔偿总额累计不超过上一年度城镇居民人均消费支出额。”

四、第十八条修改为：“赔偿权利人举证证明其住所地或者经常居住地城镇居民人均可支配收入高于受诉法院所在地标准的，残疾赔偿金或者死亡赔偿金可以按照其住所地或者经常居住地的相关标准计算。

“被扶养人生活费的相关计算标准，依照前款原则确定。”

五、第二十二条修改为：“本解释所称‘城镇居民人均可支配收入’‘城镇居民人均消费支出’‘职工平均工资’，按照政府统计部门公布的各省、自治区、直辖市以及经济特区和计划单列市上一年度相关统计数据确定。

“‘上一年度’，是指一审法庭辩论终结时的上一统计年度。”

六、第二十四条修改为：“本解释自2022年5月1日起施行。施行后发生的侵权行为引起的人身损害赔偿案件适用本解释。

“本院以前发布的司法解释与本解释不一致的，以本解释为准。”

本决定自2022年5月1日起施行。

根据本决定，《最高人民法院关于审理人身损害赔偿案件适用法律若干问题的解释》作相应修改后，重新公布。

最高人民法院
关于审理人身损害赔偿案件适用法律若干问题的解释

（2003年12月4日最高人民法院审判委员会第1299次会议通过
根据2020年12月23日最高人民法院审判委员会第1823次会议通过的
《最高人民法院关于修改〈最高人民法院关于在民事审判工作中适用
《中华人民共和国工会法》若干问题的解释〉等二十七件民事类司法解释的决定》修正
根据2022年2月15日最高人民法院审判委员会第1864次会议通过的
《最高人民法院关于修改〈最高人民法院关于审理人身损害赔偿案件适用
法律若干问题的解释〉的决定》修正
该修正自2022年5月1日起施行）

为正确审理人身损害赔偿案件，依法保护当事人的合法权益，根据《中华人民共和国民法典》《中华人民共和国民事诉讼法》等有关法律规定，结合审判实践，制定本解释。

第一条 因生命、身体、健康遭受侵害，赔偿权利人起诉请求赔偿义务人赔偿物质损害和精神损害的，人民法院应予受理。

本条所称“赔偿权利人”，是指因侵权行为或者其他致害原因直接遭受人身损害的受害人以及死亡受害人的近亲属。

本条所称“赔偿义务人”，是指因自己或者他人的侵权行为以及其他致害原因依法应当承担民事责任的自然人、法人或者非法人组织。

第二条 赔偿权利人起诉部分共同侵权人的，人民法院应当追加其他共同侵权人作为共同被告。赔偿权利人在诉讼中放弃对部分共同侵权人的诉讼请求的，其他共同侵权人对被放弃诉讼请求的被告应当承担的赔偿份额不承担连带责任。责任范围难以确定的，推定各共同侵权人承担同等责任。

人民法院应当将放弃诉讼请求的法律后果告知赔偿权利人，并将放弃诉讼请求的情况在法律文书中叙明。

第三条 依法应当参加工伤保险统筹的用人单位的劳动者，因工伤事故遭受人身损害，劳动者或者其近亲属向人民法院起诉请求用人单位承担民事赔偿责任的，告知其按《工伤保险条例》的规定处理。

因用人单位以外的第三人侵权造成劳动者人身损害，赔偿权利人请求第三人承担民事赔偿责任的，人民法院应予支持。

第四条 无偿提供劳务的帮工人，在从事帮工活动中致人损害的，被帮工人应当承担赔偿责任。被帮工人承担赔偿责任后向有故意或者重大过失的帮工人追偿的，人民法院应予支持。被帮工人明确拒绝帮工的，不承担赔偿责任。

第五条 无偿提供劳务的帮工人因帮工活动遭受人身损害的，根据帮工人和被帮工人各自的过错承担相应的责任；被帮工人明确拒绝帮工的，被帮工人不承担赔偿责任，但可以在受益范围内予以适当补偿。

帮工人在帮工活动中因第三人的行为遭受人身损害的，有权请求第三人承担赔偿责任，也有权请求被帮工人予以适当补偿。被帮工人补偿后，可以向第三人追偿。

第六条 医疗费根据医疗机构出具的医药费、住院费等收款凭证，结合病历和诊断证明等相关证据确定。赔偿义务人对治疗的必要性和合理性有异议的，应当承担相应的举证责任。

医疗费的赔偿数额，按照一审法庭辩论终结前实际发生的数额确定。器官功能恢复训练所必要的康复费、适当的整容费以及其他后续治疗费，赔偿权利人可以待实际发生后另行起诉。但根据医疗证明或者鉴定结论确定必然发生的费用，可以与已经发生的医疗费一并予以赔偿。

第七条 误工费根据受害人的误工时间和收入状况确定。

误工时间根据受害人接受治疗的医疗机构出具的证明确定。受害人因伤致残持续误工的，误工时间可以计算至定残日前一天。

受害人有固定收入的，误工费按照实际减少的收入计算。受害人无固定收入的，按照其最近三年的平均收入计算；受害人不能举证证明其最近三年的平均收入状况的，可以参照受诉法院所在地相同或者相近行业上一年度职工的平均工资计算。

第八条 护理费根据护理人员的收入状况和护理人数、护理期限确定。

护理人员有收入的，参照误工费的规定计算；护理人员没有收入或者雇佣护工的，参照当地护工从事同等级别护理的劳务报酬标准计算。护理人员原则上为一人，但医疗机构或者鉴定机构有明确意见的，可以参照确定护理人员人数。

护理期限应计算至受害人恢复生活自理能力时止。受害人因残疾不能恢复生活自理能力的，可以根据其年龄、健康状况等因素确定合理的护理期限，但最长不超过二十年。

受害人定残后的护理，应当根据其护理依赖程度并结合配制残疾辅助器具的情况确定护理级别。

第九条 交通费根据受害人及其必要的陪护人员因就医或者转院治疗实际发生的费用计算。交通费应当以正式票据为凭；有关凭据应当与就医地点、时间、人数、次数相符合。

第十条 住院伙食补助费可以参照当地国家机关一般工作人员的出差伙食补助标准予以确定。

受害人确有必要到外地治疗，因客观原因不能住院，受害人本人及其陪护人员实际发生的住宿费和伙食费，其合理部分应予赔偿。

第十一条 营养费根据受害人伤残情况参照医疗机构的意见确定。

第十二条 残疾赔偿金根据受害人丧失劳动能力程度或者伤残等级，按照受诉法院所在地上一年度城镇居民人均可支配收入标准，自定残之日起按二十年计算。但六十周岁以上的，年龄每增加一岁减少一年；七十五周岁以上的，按五年计算。

受害人因伤致残但实际收入没有减少，或者伤残等级较轻但造成职业妨害严重影响其劳动就业的，可以对残疾赔偿金作相应调整。

第十三条 残疾辅助器具费按照普通适用器具的合理费用标准计算。伤情有特殊需要的，可以参照辅助器具配制机构的意见确定相应的合理费用标准。

辅助器具的更换周期和赔偿期限参照配制机构的意见确定。

第十四条 丧葬费按照受诉法院所在地上一年度职工月平均工资标准，以六个月总额计算。

第十五条 死亡赔偿金按照受诉法院所在地上一年度城镇居民人均可支配收入标准，按二十年计算。但六十周岁以上的，年龄每增加一岁减少一年；七十五周岁以上的，按五年计算。

第十六条 被扶养人生活费计入残疾赔偿金或者死亡赔偿金。

第十七条 被扶养人生活费根据扶养人丧失劳动能力程度，按照受诉法院所在地上一年度城镇居民人均消费支出标准计算。被扶养人为未成年人的，计算至十八周岁；被扶养人无劳动能力又无其他生活来源的，计算二十年。但六十周岁以上的，年龄每增加一岁减少一年；七十五周岁以上的，按五年计算。

被扶养人是指受害人依法应当承担扶养义务的未成年人或者丧失劳动能力又无其他生活来源的成年近亲属。被扶养人还有其他扶养人的，赔偿义务人只赔偿受害人依法应当负担的部分。被扶养人有数人的，年赔偿总额累计不超过上一年度城镇居民人均消费支出额。

第十八条 赔偿权利人举证证明其住所地或者经常居住地城镇居民人均可支配收入高于受

诉法院所在地标准的，残疾赔偿金或者死亡赔偿金可以按照其住所地或者经常居住地的相关标准计算。

被扶养人生活费的相关计算标准，依照前款原则确定。

第十九条 超过确定的护理期限、辅助器具费给付年限或者残疾赔偿金给付年限，赔偿权利人向人民法院起诉请求继续给付护理费、辅助器具费或者残疾赔偿金的，人民法院应予受理。赔偿权利人确需继续护理、配制辅助器具，或者没有劳动能力和生活来源的，人民法院应当判令赔偿义务人继续给付相关费用五至十年。

第二十条 赔偿义务人请求以定期金方式给付残疾赔偿金、辅助器具费的，应当提供相应的担保。人民法院可以根据赔偿义务人的给付能力和提供担保的情况，确定以定期金方式给付相关费用。但是，一审法庭辩论终结前已经发生的费用、死亡赔偿金以及精神损害抚慰金，应当一次性给付。

第二十一条 人民法院应当在法律文书中明确定期金的给付时间、方式以及每期给付标准。执行期间有关统计数据发生变化的，给付金额应当适时进行相应调整。

定期金按照赔偿权利人的实际生存年限给付，不受本解释有关赔偿期限的限制。

第二十二条 本解释所称“城镇居民人均可支配收入”“城镇居民人均消费支出”“职工平均工资”，按照政府统计部门公布的各省、自治区、直辖市以及经济特区和计划单列市上一年度相关统计数据确定。

“上一年度”，是指一审法庭辩论终结时的上一统计年度。

第二十三条 精神损害抚慰金适用《最高人民法院关于确定民事侵权精神损害赔偿责任若干问题的解释》予以确定。

第二十四条 本解释自 2022 年 5 月 1 日起施行。施行后发生的侵权行为引起的人身损害赔偿案件适用本解释。

本院以前发布的司法解释与本解释不一致的，以本解释为准。

中华人民共和国最高人民法院
中华人民共和国最高人民检察院
公　告

《最高人民法院、最高人民检察院关于办理海洋自然资源与生态环境公益诉讼案件若干问题的规定》已于2021年12月27日由最高人民法院审判委员会第1858次会议、2022年3月16日由最高人民检察院第十三届检察委员会第九十三次会议通过，现予公布，自2022年5月15日起施行。

2022年5月10日

最高人民法院　最高人民检察院
关于办理海洋自然资源与生态环境公益诉讼案件若干问题的规定

法释〔2022〕15号

为依法办理海洋自然资源与生态环境公益诉讼案件，根据《中华人民共和国海洋环境保护法》《中华人民共和国民事诉讼法》《中华人民共和国刑事诉讼法》《中华人民共和国行政诉讼法》《中华人民共和国海事诉讼特别程序法》等法律规定，结合审判、检察工作实际，制定本规定。

第一条　本规定适用于损害行为发生地、损害结果地或者采取预防措施地在海洋环境保护法第二条第一款规定的海域内，因破坏海洋生态、海洋水产资源、海洋保护区而提起的民事公益诉讼、刑事附带民事公益诉讼和行政公益诉讼。

第二条　依据海洋环境保护法第八十九条第二款规定，对破坏海洋生态、海洋水产资源、海洋保护区，给国家造成重大损失的，应当由依照海洋环境保护法规定行使海洋环境监督管理权的部门，在有管辖权的海事法院对侵权人提起海洋自然资源与生态环境损害赔偿诉讼。

有关部门根据职能分工提起海洋自然资源与生态环境损害赔偿诉讼的，人民检察院可以支持起诉。

第三条 人民检察院在履行职责中发现破坏海洋生态、海洋水产资源、海洋保护区的行为，可以告知行使海洋环境监督管理权的部门依据本规定第二条提起诉讼。在有关部门仍不提起诉讼的情况下，人民检察院就海洋自然资源与生态环境损害，向有管辖权的海事法院提起民事公益诉讼的，海事法院应予受理。

第四条 破坏海洋生态、海洋水产资源、海洋保护区，涉嫌犯罪的，在行使海洋环境监督管理权的部门没有另行提起海洋自然资源与生态环境损害赔偿诉讼的情况下，人民检察院可以在提起刑事公诉时一并提起附带民事公益诉讼，也可以单独提起民事公益诉讼。

第五条 人民检察院在履行职责中发现对破坏海洋生态、海洋水产资源、海洋保护区的行为负有监督管理职责的部门违法行使职权或者不作为，致使国家利益或者社会公共利益受到侵害的，应当向有关部门提出检察建议，督促其依法履行职责。

有关部门不依法履行职责的，人民检察院依法向被诉行政机关所在地的海事法院提起行政公益诉讼。

第六条 本规定自 2022 年 5 月 15 日起施行。

中华人民共和国最高人民法院
公　告

《最高人民法院关于审理森林资源民事纠纷案件适用法律若干问题的解释》已于2022年4月25日由最高人民法院审判委员会第1869次会议通过，现予公布，自2022年6月15日起施行。

2022年6月13日

最高人民法院
关于审理森林资源民事纠纷案件适用法律若干问题的解释

法释〔2022〕16号

为妥善审理森林资源民事纠纷案件，依法保护生态环境和当事人合法权益，根据《中华人民共和国民法典》《中华人民共和国环境保护法》《中华人民共和国森林法》《中华人民共和国农村土地承包法》《中华人民共和国民事诉讼法》等法律规定，结合审判实践，制定本解释。

第一条　人民法院审理涉及森林、林木、林地等森林资源的民事纠纷案件，应当贯彻民法典绿色原则，尊重自然、尊重历史、尊重习惯，依法推动森林资源保护和利用的生态效益、经济效益、社会效益相统一，促进人与自然和谐共生。

第二条　当事人因下列行为，对林地、林木的物权归属、内容产生争议，依据民法典第二百三十四条的规定提起民事诉讼，请求确认权利的，人民法院应当依法受理：

（一）林地承包；

（二）林地承包经营权互换、转让；

（三）林地经营权流转；

（四）林木流转；

（五）林地、林木担保；

（六）林地、林木继承；

（七）其他引起林地、林木物权变动的行为。

当事人因对行政机关作出的林地、林木确权、登记行为产生争议，提起民事诉讼的，人民法院告知其依法通过行政复议、行政诉讼程序解决。

第三条 当事人以未办理批准、登记、备案、审查、审核等手续为由，主张林地承包、林地承包经营权互换或者转让、林地经营权流转、林木流转、森林资源担保等合同无效的，人民法院不予支持。

因前款原因，不能取得相关权利的当事人请求解除合同、由违约方承担违约责任的，人民法院依法予以支持。

第四条 当事人一方未依法经林权证等权利证书载明的共有人同意，擅自处分林地、林木，另一方主张取得相关权利的，人民法院不予支持。但符合民法典第三百一十一条关于善意取得规定的除外。

第五条 当事人以违反法律规定的民主议定程序为由，主张集体林地承包合同无效的，人民法院应予支持。但下列情形除外：

（一）合同订立时，法律、行政法规没有关于民主议定程序的强制性规定的；

（二）合同订立未经民主议定程序讨论决定，或者民主议定程序存在瑕疵，一审法庭辩论终结前已经依法补正的；

（三）承包方对村民会议或者村民代表会议决议进行了合理审查，不知道且不应当知道决议系伪造、变造，并已经对林地大量投入的。

第六条 家庭承包林地的承包方转让林地承包经营权未经发包方同意，或者受让方不是本集体经济组织成员，受让方主张取得林地承包经营权的，人民法院不予支持。但发包方无法定理由不同意或者拖延表态的除外。

第七条 当事人就同一集体林地订立多个经营权流转合同，在合同有效的情况下，受让方均主张取得林地经营权的，由具有下列情形的受让方取得：

（一）林地经营权已经依法登记的；

（二）林地经营权均未依法登记，争议发生前已经合法占有使用林地并大量投入的；

（三）无前两项规定情形，合同生效在先的。

未取得林地经营权的一方请求解除合同、由违约方承担违约责任的，人民法院依法予以支持。

第八条 家庭承包林地的承包方以林地经营权人擅自再流转林地经营权为由，请求解除林地经营权流转合同、收回林地的，人民法院应予支持。但林地经营权人能够证明林地经营权再流转已经承包方书面同意的除外。

第九条 本集体经济组织成员以其在同等条件下享有的优先权受到侵害为由，主张家庭承包林地经营权流转合同无效的，人民法院不予支持；其请求赔偿损失的，依法予以支持。

第十条 林地承包期内，因林地承包经营权互换、转让、继承等原因，承包方发生变动，林地经营权人请求新的承包方继续履行原林地经营权流转合同的，人民法院应予支持。但当事人另有约定的除外。

第十一条 林地经营权流转合同约定的流转期限超过承包期的剩余期限，或者林地经营权再流转合同约定的流转期限超过原林地经营权流转合同的剩余期限，林地经营权流转、再流转合同当事人主张超过部分无效的，人民法院不予支持。

第十二条 林地经营权流转合同约定的流转期限超过承包期的剩余期限，发包方主张超过部分的约定对其不具有法律约束力的，人民法院应予支持。但发包方对此知道或者应当知道的除外。

林地经营权再流转合同约定的流转期限超过原林地经营权流转合同的剩余期限，承包方主张超过部分的约定对其不具有法律约束力的，人民法院应予支持。但承包方对此知道或者应当知道的除外。

因前两款原因，致使林地经营权流转合同、再流转合同不能履行，当事人请求解除合同、由违约方承担违约责任的，人民法院依法予以支持。

第十三条 林地经营权流转合同终止时，对于林地经营权人种植的地上林木，按照下列情形处理：

（一）合同有约定的，按照约定处理，但该约定依据民法典第一百五十三条的规定应当认定无效的除外；

（二）合同没有约定或者约定不明，当事人协商一致延长合同期限至轮伐期或者其他合理期限届满，承包方请求由林地经营权人承担林地使用费的，对其合理部分予以支持；

（三）合同没有约定或者约定不明，当事人未能就延长合同期限协商一致，林地经营权人请求对林木价值进行补偿的，对其合理部分予以支持。

林地承包合同终止时，承包方种植的地上林木的处理，参照适用前款规定。

第十四条 人民法院对于当事人为利用公益林林地资源和森林景观资源开展林下经济、森林旅游、森林康养等经营活动订立的合同，应当综合考虑公益林生态区位保护要求、公益林生态功能及是否经科学论证的合理利用等因素，依法认定合同效力。

当事人仅以涉公益林为由主张经营合同无效的，人民法院不予支持。

第十五条 以林地经营权、林木所有权等法律、行政法规未禁止抵押的森林资源资产设定抵押，债务人不履行到期债务或者发生当事人约定的实现抵押权的情形，抵押权人与抵押人协议以抵押的森林资源资产折价，并据此请求接管经营抵押财产的，人民法院依法予以支持。

抵押权人与抵押人未就森林资源资产抵押权的实现方式达成协议，抵押权人依据民事诉讼法第二百零三条、第二百零四条的规定申请实现抵押权的，人民法院依法裁定拍卖、变卖抵押财产。

第十六条 以森林生态效益补偿收益、林业碳汇等提供担保，债务人不履行到期债务或者发生当事人约定的实现担保物权的情形，担保物权人请求就担保财产优先受偿的，人民法院依法予以支持。

第十七条 违反国家规定造成森林生态环境损害，生态环境能够修复的，国家规定的机关或者法律规定的组织依据民法典第一千二百三十四条的规定，请求侵权人在合理期限内以补种树木、恢复植被、恢复林地土壤性状、投放相应生物种群等方式承担修复责任的，人民法院依法予以支持。

人民法院判决侵权人承担修复责任的，可以同时确定其在期限内不履行修复义务时应承担的森林生态环境修复费用。

第十八条 人民法院判决侵权人承担森林生态环境修复责任的，可以根据鉴定意见，或者参考林业主管部门、林业调查规划设计单位、相关科研机构和人员出具的专业意见，合理确定森林生态环境修复方案，明确侵权人履行修复义务的具体要求。

第十九条 人民法院依据民法典第一千二百三十五条的规定确定侵权人承担的森林生态环境损害赔偿金额，应当综合考虑受损森林资源在调节气候、固碳增汇、保护生物多样性、涵养水源、保持水土、防风固沙等方面的生态环境服务功能，予以合理认定。

第二十条 当事人请求以认购经核证的林业碳汇方式替代履行森林生态环境损害赔偿责任的，人民法院可以综合考虑各方当事人意见、不同责任方式的合理性等因素，依法予以准许。

第二十一条 当事人请求以森林管护、野生动植物保护、社区服务等劳务方式替代履行森林生态环境损害赔偿责任的，人民法院可以综合考虑侵权人的代偿意愿、经济能力、劳动能力、赔偿金额、当地相应工资标准等因素，决定是否予以准许，并合理确定劳务代偿方案。

第二十二条 侵权人自愿交纳保证金作为履行森林生态环境修复义务担保的，在其不履行修复义务时，人民法院可以将保证金用于支付森林生态环境修复费用。

第二十三条 本解释自 2022 年 6 月 15 日起施行。施行前本院公布的司法解释与本解释不一致的，以本解释为准。

中华人民共和国最高人民法院

公　告

《最高人民法院关于办理人身安全保护令案件适用法律若干问题的规定》已于2022年6月7日由最高人民法院审判委员会第1870次会议通过，现予公布，自2022年8月1日起施行。

2022年7月14日

最高人民法院
关于办理人身安全保护令案件适用法律若干问题的规定

法释〔2022〕17号

为正确办理人身安全保护令案件，及时保护家庭暴力受害人的合法权益，根据《中华人民共和国民法典》《中华人民共和国反家庭暴力法》《中华人民共和国民事诉讼法》等相关法律规定，结合审判实践，制定本规定。

第一条　当事人因遭受家庭暴力或者面临家庭暴力的现实危险，依照反家庭暴力法向人民法院申请人身安全保护令的，人民法院应当受理。

向人民法院申请人身安全保护令，不以提起离婚等民事诉讼为条件。

第二条　当事人因年老、残疾、重病等原因无法申请人身安全保护令，其近亲属、公安机关、民政部门、妇女联合会、居民委员会、村民委员会、残疾人联合会、依法设立的老年人组织、救助管理机构等，根据当事人意愿，依照反家庭暴力法第二十三条规定代为申请的，人民法院应当依法受理。

第三条　家庭成员之间以冻饿或者经常性侮辱、诽谤、威胁、跟踪、骚扰等方式实施的身体或者精神侵害行为，应当认定为反家庭暴力法第二条规定的“家庭暴力”。

第四条　反家庭暴力法第三十七条规定的“家庭成员以外共同生活的人”一般包括共同生活的儿媳、女婿、公婆、岳父母以及其他有监护、扶养、寄养等关系的人。

第五条　当事人及其代理人对因客观原因不能自行收集的证据，申请人民法院调查收集，符合《最高人民法院关于适用〈中华人民共和国民事诉讼法〉的解释》第九十四条第一款规定情形的，人民法院应当调查收集。

人民法院经审查，认为办理案件需要的证据符合《最高人民法院关于适用〈中华人民共和国民事诉讼法〉的解释》第九十六条规定的，应当调查收集。

第六条 人身安全保护令案件中，人民法院根据相关证据，认为申请人遭受家庭暴力或者面临家庭暴力现实危险的事实存在较大可能性的，可以依法作出人身安全保护令。

前款所称“相关证据”包括：

（一）当事人的陈述；

（二）公安机关出具的家庭暴力告诫书、行政处罚决定书；

（三）公安机关的出警记录、讯问笔录、询问笔录、接警记录、报警回执等；

（四）被申请人曾出具的悔过书或者保证书等；

（五）记录家庭暴力发生或者解决过程等的视听资料；

（六）被申请人与申请人或者其近亲属之间的电话录音、短信、即时通讯信息、电子邮件等；

（七）医疗机构的诊疗记录；

（八）申请人或者被申请人所在单位、民政部门、居民委员会、村民委员会、妇女联合会、残疾人联合会、未成年人保护组织、依法设立的老年人组织、救助管理机构、反家暴社会公益机构等单位收到投诉、反映或者求助的记录；

（九）未成年子女提供的与其年龄、智力相适应的证言或者亲友、邻居等其他证人证言；

（十）伤情鉴定意见；

（十一）其他能够证明申请人遭受家庭暴力或者面临家庭暴力现实危险的证据。

第七条 人民法院可以通过在线诉讼平台、电话、短信、即时通讯工具、电子邮件等简便方式询问被申请人。被申请人未发表意见的，不影响人民法院依法作出人身安全保护令。

第八条 被申请人认可存在家庭暴力行为，但辩称申请人有过错的，不影响人民法院依法作出人身安全保护令。

第九条 离婚等案件中，当事人仅以人民法院曾作出人身安全保护令为由，主张存在家庭暴力事实的，人民法院应当根据《最高人民法院关于适用〈中华人民共和国民事诉讼法〉的解释》第一百零八条的规定，综合认定是否存在该事实。

第十条 反家庭暴力法第二十九条第四项规定的“保护申请人人身安全的其他措施”可以包括下列措施：

（一）禁止被申请人以电话、短信、即时通讯工具、电子邮件等方式侮辱、诽谤、威胁申请人及其相关近亲属；

（二）禁止被申请人在申请人及其相关近亲属的住所、学校、工作单位等经常出入场所的一定范围内从事可能影响申请人及其相关近亲属正常生活、学习、工作的活动。

第十一条 离婚案件中，判决不准离婚或者调解和好后，被申请人违反人身安全保护令实施家庭暴力的，可以认定为民事诉讼法第一百二十七条第七项规定的“新情况、新理由”。

第十二条 被申请人违反人身安全保护令，符合《中华人民共和国刑法》第三百一十三条规定的，以拒不执行判决、裁定罪定罪处罚；同时构成其他犯罪的，依照刑法有关规定处理。

第十三条 本规定自2022年8月1日起施行。

中华人民共和国最高人民法院
公 告

《最高人民法院关于涉外民商事案件管辖若干问题的规定》已于2022年8月16日由最高人民法院审判委员会第1872次会议通过，现予公布，自2023年1月1日起施行。

2022年11月14日

最高人民法院
关于涉外民商事案件管辖若干问题的规定

法释〔2022〕18号

为依法保护中外当事人合法权益，便利当事人诉讼，进一步提升涉外民商事审判质效，根据《中华人民共和国民事诉讼法》的规定，结合审判实践，制定本规定。

第一条 基层人民法院管辖第一审涉外民商事案件，法律、司法解释另有规定的除外。

第二条 中级人民法院管辖下列第一审涉外民商事案件：

（一）争议标的额大的涉外民商事案件。

北京、天津、上海、江苏、浙江、福建、山东、广东、重庆辖区中级人民法院，管辖诉讼标的额人民币4000万元以上（包含本数）的涉外民商事案件；

河北、山西、内蒙古、辽宁、吉林、黑龙江、安徽、江西、河南、湖北、湖南、广西、海南、四川、贵州、云南、西藏、陕西、甘肃、青海、宁夏、新疆辖区中级人民法院，解放军各战区、总直属军事法院，新疆维吾尔自治区高级人民法院生产建设兵团分院所辖各中级人民法院，管辖诉讼标的额人民币2000万元以上（包含本数）的涉外民商事案件。

（二）案情复杂或者一方当事人人数众多的涉外民商事案件。

（三）其他在本辖区有重大影响的涉外民商事案件。

法律、司法解释对中级人民法院管辖第一审涉外民商事案件另有规定的，依照相关规定办理。

第三条 高级人民法院管辖诉讼标的额人民币50亿元以上（包含本数）或者其他在本辖区有重大影响的第一审涉外民商事案件。

第四条 高级人民法院根据本辖区的实际情况，认为确有必要的，经报最高人民法院批准，可以指定一个或数个基层人民法院、中级人民法院分别对本规定第一条、第二条规定的第一审涉外民商事案件实行跨区域集中管辖。

依据前款规定实行跨区域集中管辖的，高级人民法院应及时向社会公布该基层人民法院、中级人民法院相应的管辖区域。

第五条 涉外民商事案件由专门的审判庭或合议庭审理。

第六条 涉外海事海商纠纷案件、涉外知识产权纠纷案件、涉外生态环境损害赔偿纠纷案件以及涉外环境民事公益诉讼案件，不适用本规定。

第七条 涉及香港、澳门特别行政区和台湾地区的民商事案件参照适用本规定。

第八条 本规定自2023年1月1日起施行。本规定施行后受理的案件适用本规定。

第九条 本院以前发布的司法解释与本规定不一致的，以本规定为准。

中华人民共和国最高人民法院
中华人民共和国最高人民检察院
公　告

《最高人民法院、最高人民检察院关于办理危害生产安全刑事案件适用法律若干问题的解释（二）》已于2022年9月19日由最高人民法院审判委员会第1875次会议、2022年10月25日由最高人民检察院第十三届检察委员会第一百零六次会议通过，现予公布，自2022年12月19日起施行。

2022年12月15日

最高人民法院　最高人民检察院
关于办理危害生产安全刑事案件适用法律若干问题的解释（二）

法释〔2022〕19号

为依法惩治危害生产安全犯罪，维护公共安全，保护人民群众生命安全和公私财产安全，根据《中华人民共和国刑法》《中华人民共和国刑事诉讼法》和《中华人民共和国安全生产法》等规定，现就办理危害生产安全刑事案件适用法律的若干问题解释如下：

第一条　明知存在事故隐患，继续作业存在危险，仍然违反有关安全管理的规定，有下列情形之一的，属于刑法第一百三十四条第二款规定的"强令他人违章冒险作业"：

（一）以威逼、胁迫、恐吓等手段，强制他人违章作业的；

（二）利用组织、指挥、管理职权，强制他人违章作业的；

（三）其他强令他人违章冒险作业的情形。

明知存在重大事故隐患，仍然违反有关安全管理的规定，不排除或者故意掩盖重大事故隐患，组织他人作业的，属于刑法第一百三十四条第二款规定的"冒险组织作业"。

第二条　刑法第一百三十四条之一规定的犯罪主体，包括对生产、作业负有组织、指挥或者管理职责的负责人、管理人员、实际控制人、投资人等人员，以及直接从事生产、作业的人员。

第三条 因存在重大事故隐患被依法责令停产停业、停止施工、停止使用有关设备、设施、场所或者立即采取排除危险的整改措施，有下列情形之一的，属于刑法第一百三十四条之一第二项规定的“拒不执行”：

（一）无正当理由故意不执行各级人民政府或者负有安全生产监督管理职责的部门依法作出的上述行政决定、命令的；

（二）虚构重大事故隐患已经排除的事实，规避、干扰执行各级人民政府或者负有安全生产监督管理职责的部门依法作出的上述行政决定、命令的；

（三）以行贿等不正当手段，规避、干扰执行各级人民政府或者负有安全生产监督管理职责的部门依法作出的上述行政决定、命令的。

有前款第三项行为，同时构成刑法第三百八十九条行贿罪、第三百九十三条单位行贿罪等犯罪的，依照数罪并罚的规定处罚。

认定是否属于“拒不执行”，应当综合考虑行政决定、命令是否具有法律、行政法规等依据，行政决定、命令的内容和期限要求是否明确、合理，行为人是否具有按照要求执行的能力等因素进行判断。

第四条 刑法第一百三十四条第二款和第一百三十四条之一第二项规定的“重大事故隐患”，依照法律、行政法规、部门规章、强制性标准以及有关行政规范性文件进行认定。

刑法第一百三十四条之一第三项规定的“危险物品”，依照安全生产法第一百一十七条的规定确定。

对于是否属于“重大事故隐患”或者“危险物品”难以确定的，可以依据司法鉴定机构出具的鉴定意见、地市级以上负有安全生产监督管理职责的部门或者其指定的机构出具的意见，结合其他证据综合审查，依法作出认定。

第五条 在生产、作业中违反有关安全管理的规定，有刑法第一百三十四条之一规定情形之一，因而发生重大伤亡事故或者造成其他严重后果，构成刑法第一百三十四条、第一百三十五条至第一百三十九条等规定的重大责任事故罪、重大劳动安全事故罪、危险物品肇事罪、工程重大安全事故罪等犯罪的，依照该规定定罪处罚。

第六条 承担安全评价职责的中介组织的人员提供的证明文件有下列情形之一的，属于刑法第二百二十九条第一款规定的“虚假证明文件”：

（一）故意伪造的；

（二）在周边环境、主要建（构）筑物、工艺、装置、设备设施等重要内容上弄虚作假，导致与评价期间实际情况不符，影响评价结论的；

（三）隐瞒生产经营单位重大事故隐患及整改落实情况、主要灾害等级等情况，影响评价结论的；

（四）伪造、篡改生产经营单位相关信息、数据、技术报告或者结论等内容，影响评价结论的；

（五）故意采用存疑的第三方证明材料、监测检验报告，影响评价结论的；

（六）有其他弄虚作假行为，影响评价结论的情形。

生产经营单位提供虚假材料、影响评价结论，承担安全评价职责的中介组织的人员对评价结论与实际情况不符无主观故意的，不属于刑法第二百二十九条第一款规定的“故意提供虚假证明文件”。

有本条第二款情形，承担安全评价职责的中介组织的人员严重不负责任，导致出具的证明文件有重大失实，造成严重后果的，依照刑法第二百二十九条第三款的规定追究刑事责任。

第七条 承担安全评价职责的中介组织的人员故意提供虚假证明文件，有下列情形之一的，属于刑法第二百二十九条第一款规定的“情节严重”：

（一）造成死亡一人以上或者重伤三人以上安全事故的；

（二）造成直接经济损失五十万元以上安全事故的；

（三）违法所得数额十万元以上的；

（四）两年内因故意提供虚假证明文件受过两次以上行政处罚，又故意提供虚假证明文件的；

（五）其他情节严重的情形。

在涉及公共安全的重大工程、项目中提供虚假的安全评价文件，有下列情形之一的，属于刑法第二百二十九条第一款第三项规定的“致使公共财产、国家和人民利益遭受特别重大损失”：

（一）造成死亡三人以上或者重伤十人以上安全事故的；

（二）造成直接经济损失五百万元以上安全事故的；

（三）其他致使公共财产、国家和人民利益遭受特别重大损失的情形。

承担安全评价职责的中介组织的人员有刑法第二百二十九条第一款行为，在裁量刑罚时，应当考虑其行为手段、主观过错程度、对安全事故的发生所起作用大小及其获利情况、一贯表现等因素，综合评估社会危害性，依法裁量刑罚，确保罪责刑相适应。

第八条 承担安全评价职责的中介组织的人员，严重不负责任，出具的证明文件有重大失实，有下列情形之一的，属于刑法第二百二十九条第三款规定的“造成严重后果”：

（一）造成死亡一人以上或者重伤三人以上安全事故的；

（二）造成直接经济损失一百万元以上安全事故的；

（三）其他造成严重后果的情形。

第九条 承担安全评价职责的中介组织犯刑法第二百二十九条规定之罪的，对该中介组织判处罚金，并对其直接负责的主管人员和其他直接责任人员，依照本解释第七条、第八条的规定处罚。

第十条 有刑法第一百三十四条之一行为，积极配合公安机关或者负有安全生产监督管理职责的部门采取措施排除事故隐患，确有悔改表现，认罪认罚的，可以依法从宽处罚；犯罪情节轻微不需要判处刑罚的，可以不起诉或者免予刑事处罚；情节显著轻微危害不大的，不作为犯罪处理。

第十一条 有本解释规定的行为，被不起诉或者免予刑事处罚，需要给予行政处罚、政务处分或者其他处分的，依法移送有关主管机关处理。

第十二条 本解释自 2022 年 12 月 19 日起施行。最高人民法院、最高人民检察院此前发布的司法解释与本解释不一致的，以本解释为准。

中华人民共和国最高人民法院
公　告

《最高人民法院关于成渝金融法院案件管辖的规定》已于 2022 年 9 月 19 日由最高人民法院审判委员会第 1875 次会议通过，现予公布，自 2023 年 1 月 1 日起施行。

2022 年 12 月 20 日

最高人民法院
关于成渝金融法院案件管辖的规定

法释〔2022〕20 号

为服务和保障成渝地区双城经济圈及西部金融中心建设，进一步明确成渝金融法院案件管辖的具体范围，根据《中华人民共和国民事诉讼法》《中华人民共和国行政诉讼法》《全国人民代表大会常务委员会关于设立成渝金融法院的决定》等规定，制定本规定。

第一条 成渝金融法院管辖重庆市以及四川省属于成渝地区双城经济圈范围内的应由中级人民法院受理的下列第一审金融民商事案件：

（一）证券、期货交易、营业信托、保险、票据、信用证、独立保函、保理、金融借款合同、银行卡、融资租赁合同、委托理财合同、储蓄存款合同、典当、银行结算合同等金融民商事纠纷；

（二）资产管理业务、资产支持证券业务、私募基金业务、外汇业务、金融产品销售和适当性管理、征信业务、支付业务及经有权机关批准的其他金融业务引发的金融民商事纠纷；

（三）涉金融机构的与公司有关的纠纷；

（四）以金融机构为债务人的破产纠纷；

（五）金融民商事纠纷的仲裁司法审查案件；

（六）申请认可和执行香港特别行政区、澳门特别行政区、台湾地区法院金融民商事纠纷的判决、裁定案件，以及申请承认和执行外国法院金融民商事纠纷的判决、裁定案件。

第二条 下列金融纠纷案件，由成渝金融法院管辖：

（一）境内投资者以发生在中华人民共和国境外的证券发行、交易活动或者期货和衍生品交易活动损害其合法权益为由向成渝金融法院提起的诉讼；

（二）境内个人或者机构以中华人民共和国境外金融机构销售的金融产品或者提供的金融服务损害其合法权益为由向成渝金融法院提起的诉讼。

第三条 以住所地在重庆市以及四川省属于成渝地区双城经济圈范围内依法设立的金融基础设施机构为被告或者第三人，与其履行职责相关的第一审金融民商事案件和涉金融行政案件，由成渝金融法院管辖。

第四条 重庆市以及四川省属于成渝地区双城经济圈范围内应由中级人民法院受理的对金融监管机构以及法律、法规、规章授权的组织，因履行金融监管职责作出的行政行为不服提起诉讼的第一审涉金融行政案件，由成渝金融法院管辖。

第五条 重庆市以及四川省属于成渝地区双城经济圈范围内基层人民法院涉及本规定第一条第一至三项的第一审金融民商事案件和第一审涉金融行政案件的上诉案件，由成渝金融法院审理。

第六条 重庆市以及四川省属于成渝地区双城经济圈范围内应由中级人民法院受理的金融民商事案件、涉金融行政案件的申请再审和再审案件，由成渝金融法院审理。

本规定施行前已生效金融民商事案件、涉金融行政案件的申请再审和再审案件，仍由原再审管辖法院审理。

第七条 成渝金融法院作出的第一审民商事案件和涉金融行政案件生效裁判，重庆市以及四川省属于成渝地区双城经济圈范围内应由中级人民法院执行的涉金融民商事纠纷的仲裁裁决，由成渝金融法院执行。

成渝金融法院执行过程中发生的执行异议案件、执行异议之诉案件，重庆市以及四川省属于成渝地区双城经济圈范围内基层人民法院涉金融案件执行过程中发生的执行复议案件、执行异议之诉上诉案件，由成渝金融法院审理。

第八条 当事人对成渝金融法院作出的第一审判决、裁定提起的上诉案件，由重庆市高级人民法院审理。

当事人对成渝金融法院执行过程中作出的执行异议裁定申请复议的案件，由重庆市高级人民法院审查。

第九条 成渝金融法院作出发生法律效力的判决、裁定和调解书的申请再审、再审案件，依法应由上一级人民法院管辖的，由重庆市高级人民法院审理。

第十条 重庆市以及四川省属于成渝地区双城经济圈范围内各中级人民法院在本规定施行前已经受理但尚未审结的金融民商事案件和涉金融行政案件，由该中级人民法院继续审理。

第十一条 本规定自 2023 年 1 月 1 日起施行。

四、部分规范性文件

中国法院年鉴

THE YEARBOOK OF CHINA COURTS

2022

最高人民法院
印发《关于充分发挥司法职能作用　助力中小微企业发展的指导意见》的通知

法发〔2022〕2号

各省、自治区、直辖市高级人民法院，解放军军事法院，新疆维吾尔自治区高级人民法院生产建设兵团分院：

现将《最高人民法院关于充分发挥司法职能作用　助力中小微企业发展的指导意见》印发给你们，请认真贯彻执行。

2022年1月13日

最高人民法院关于充分发挥司法职能作用　助力中小微企业发展的指导意见

中小微企业是国民经济和社会发展的生力军，是扩大就业、改善民生、促进创业创新的重要力量。进一步加大对中小微企业支持力度，激发企业活力和发展动力，对于继续做好“六稳”“六保”工作，稳定宏观经济大盘，加快构建新发展格局、推动高质量发展具有重要意义。为完整、准确、全面贯彻新发展理念，进一步发挥人民法院司法职能作用，助力中小微企业发展，提出如下意见。

一、积极营造公平竞争、诚信经营的市场环境

1. 依法保护中小微企业生存发展空间。依法公正高效审理反垄断、反不正当竞争案件，严惩强制“二选一”、低价倾销、强制搭售、屏蔽封锁、刷单炒信等违法行为。依法认定经营者滥用数据、算法、技术、资本优势以及平台规则等排除、限制竞争行为，防止资本无序扩张，保护中小微企业生存发展空间。健全司法与执法衔接机制，支持反垄断行政执法机关依法履职，加强沟通协作，推动形成工作合力。

2. 服务深化“放管服”改革。加强行政审判，支持行政机关整顿违法经营，规范市场秩序。依法监督、促进行政机关严格依照法定权限和程序进行监管，保护中小微企业经营自主

权。推动破除区域分割和地方保护，促进落实全国统一的市场准入负面清单制度。加强市场主体涉诉信息与相关部门信息共享整合，为构建以信用为基础的新型监管机制提供有力司法支持。

3. 支持保护市场主体自主交易。在审理合同纠纷案件中，坚持自愿原则和鼓励交易原则，准确把握认定合同无效的法定事由，合理判断各类交易模式和交易结构创新的合同效力，充分发挥中小微企业的能动性，促进提升市场经济活力。弘扬契约精神，具有优势地位的市场主体利用中小微企业处于危困状态或者对内容复杂的合同缺乏判断能力，致使合同成立时显失公平，中小微企业请求撤销该合同的，应予支持；具有优势地位的市场主体采用格式条款与中小微企业订立合同，未按照民法典第四百九十六条第二款的规定就与中小微企业有重大利害关系的条款履行提示或者说明义务，致使中小微企业没有注意或者理解该条款，中小微企业主张该条款不成为合同内容的，应予支持；对于受疫情等因素影响直接导致中小微企业合同履行不能或者继续履行合同对其明显不公的，依照民法典第五百九十条或者第五百三十三条的规定适用不可抗力或者情势变更规则妥善处理。

4. 支持引导市场主体依法诚信经营。在审理合同纠纷案件中，对当事人违反预约合同约定的义务，或者假借订立合同恶意进行磋商等违背诚信原则的行为，强化预约合同违约责任、缔约过失责任等制度运用，提升市场主体的诚信意识、规则意识和责任意识。在依法认定合同不成立、无效或者予以撤销后，应当根据具体情况合理确定双方当事人的法律责任，防止不诚信当事人因合同不成立、无效或者被撤销而获益。推动诉讼诚信建设，严厉惩处通过虚假诉讼、恶意诉讼阻碍中小微企业正常经营发展的违法行为。加大执行力度，严厉打击失信企业通过多头开户、关联交易、变更法定代表人等方式规避执行的逃废债行为。

二、切实加强中小微企业产权司法保护

5. 公平公正保护中小微企业合法权益。坚持各类市场主体权利平等、机会平等、规则平等，在诉讼过程中，对大型企业和中小微企业一视同仁。充分考虑中小微企业的实际情况，依法对其进行诉讼引导和释明，加大依职权调取证据的力度，切实查清案件事实，防止一些中小微企业在市场交易中的弱势地位转化为诉讼中的不利地位，努力实现程序公正与实体公正相统一。继续完善一站式多元解纷机制，推进在线诉讼模式，强化简易、小额诉讼程序适用，提升诉讼便捷性，切实降低中小微企业诉讼成本。通过合理确定保全担保数额、引入保全责任险担保等方式，降低中小微企业保全成本，保障实现胜诉债权。对生产经营存在严重困难的中小微企业，依法提供减交、缓交诉讼费等司法救助。

6. 加大中小微企业知识产权保护力度。落实知识产权侵权惩罚性赔偿制度，加大对“专精特新”中小微企业关键核心技术和原始创新成果的保护力度，支持引导企业通过技术进步和科技创新提升核心竞争力。中小微企业在订立技术转让合同、技术许可合同获取特定技术过程中，合同相对方利用优势地位附加不合理限制技术竞争和技术改进的条件，或者不合理要求无偿、低价回购中小微企业所开发的新技术、新产品，经审查认为违反反垄断法等法律强制性规定的，原则上应当认定相关条款或者合同无效。妥善处理保护商业秘密与人才合理流动的关

系，在维护劳动者正当就业创业合法权益的同时，依法保护中小微企业商业秘密。依法制裁不诚信诉讼和恶意诉讼行为，规制滥用知识产权阻碍中小微企业创新的不法行为。

7. 坚决防止利用刑事手段干预中小微企业经济纠纷。严格落实罪刑法定、疑罪从无等法律原则，严格区分中小微企业正当融资与非法集资、合同纠纷与合同诈骗、参与兼并重组与恶意侵占国有资产等的界限，坚决防止把经济纠纷认定为刑事犯罪、把民事责任认定为刑事责任。落实刑法及有关司法解释的规定，对于中小微企业非法吸收或者变相吸收公众存款，主要用于正常的生产经营活动，能够及时清退所吸收资金的，可以免予刑事处罚；情节显著轻微、危害不大的，不作为犯罪处理。

8. 依法保护中小微企业等市场主体在民事、行政、刑事交叉案件中的合法权益。切实贯彻民法典第一百八十七条的规定，债务人因同一行为应当承担民事责任、行政责任和刑事责任，其财产不足以支付的，依法保障中小微企业等市场主体的民事债权优先于罚款、罚金、没收财产等行政、刑事处罚受偿。在刑事裁判涉财产部分执行过程中，中小微企业等市场主体作为案外人对执行标的提出异议的，严格依照相关规定妥善处理，依法保护其合法财产权益。除法律、司法解释另有规定外，对中小微企业等市场主体与刑事案件犯罪嫌疑人或者被告人产生的民事纠纷，如果民事案件不是必须以刑事案件的审理结果为依据，则不得以刑事案件正在侦查或者尚未审结为由对民事案件不予受理或者中止审理，切实避免因刑事案件影响中小微企业等市场主体通过民事诉讼及时维护其合法权益。在中小微企业等市场主体为被告人的刑事案件审理过程中，应当严格区分违法所得和合法财产、企业法人财产和个人财产，对确实与案件无关的财物，应当及时解除查封、扣押、冻结措施。

三、助力缓解中小微企业融资难融资贵问题

9. 依法妥善审理金融借款纠纷案件。对金融机构违反普惠小微贷款支持工具政策提出的借款提前到期、单方解除合同等诉讼主张，不予支持；对金融机构收取的利息以及以咨询费、担保费等其他费用为名收取的变相利息，严格依照支农支小再贷款信贷优惠利率政策的规定，对超出部分不予支持。

10. 助力拓宽中小微企业融资渠道。严格依照民法典及有关司法解释的规定，依法认定生产设备等动产担保，以及所有权保留、融资租赁、保理等非典型担保债权优先受偿效力，支持中小微企业根据自身实际情况拓宽融资渠道。对符合法律规定的仓单、提单、汇票、应收账款、知识产权等权利质押以及保兑仓交易，依法认定其有效，支持金融机构创新服务中小微企业信贷产品。依法推动供应链金融更好服务实体经济发展，针对供应链金融交易中产生的费用，根据费用类型探索形成必要性和适当性原则，合理限制交易费用，切实降低中小微企业融资成本。积极与全国中小企业融资综合信用服务平台共享企业涉诉信息，推动实现对中小微企业信用评价的精准“画像”，提高企业贷款可得性。

11. 依法规制民间借贷市场秩序。对“高利转贷”“职业放贷”等违法借贷行为，依法认定其无效。推动各地人民法院根据本地区实际情况建立“职业放贷人”名录制度。依法否定规避利率司法保护上限合同条款，对变相高息等超出法律、司法解释规定的利息部分不予支持。在

审判执行过程中发现有非法集资、“套路贷”、催收非法债务等犯罪嫌疑的，应当及时将有关材料移送相关部门。

四、依法高效办理拖欠中小微企业账款案件

12. 建立健全办理拖欠中小微企业账款案件长效机制。将拖欠中小微企业账款案件纳入办理拖欠农民工工资案件的快立快审快执“绿色通道”，确保农民工就业比较集中的中小微企业及时回笼账款，及时发放农民工工资。与拖欠中小微企业账款监管部门密切协作，推进协同治理。加大平安建设考评（执行难综合治理及源头治理部分）在机关、事业单位拖欠中小微企业账款案件中的适用力度。推动将清理拖欠中小微企业账款工作情况纳入营商环境指标体系。开展拖欠中小微企业账款案件专项执行行动，依法加大失信惩戒、限制消费等措施的适用力度，及时兑现中小微企业胜诉权益。

13. 切实防止有关市场主体损害中小微企业合法权益。机关、事业单位和大型企业以法定代表人或者主要负责人变更、履行内部付款流程，或者在合同未作约定的情况下以等待竣工验收批复、决算审计等明显不合理的理由拒绝或者延迟向中小微企业支付账款，中小微企业提起诉讼要求支付的，人民法院应予支持。机关、事业单位和大型企业就拖欠账款问题迫使中小微企业接受不平等条件，达成与市场价格明显背离的以物抵债协议或者约定明显不合理的支付期限、条件，中小微企业以显失公平为由请求撤销该协议或者约定的，人民法院应予支持。

14. 依法保障建设工程领域中小微企业和农民工合法权益。对商品房预售资金监管账户、农民工工资专用账户和工资保证金账户内资金依法审慎采取保全、执行措施，支持保障相关部门防范应对房地产项目逾期交付风险，维护购房者合法权益，确保农民工工资支付到位。冻结商品房预售资金监管账户的，应当及时通知当地住房和城乡建设主管部门；除当事人申请执行因建设该商品房项目而产生的工程建设进度款、材料款、设备款等债权案件外，在商品房项目完成房屋所有权首次登记前，对于监管账户中监管额度内的款项，不得采取扣划措施，不得影响账户内资金依法依规使用。除法律另有专门规定外，不得以支付为本项目提供劳动的农民工工资之外的原因冻结或者划拨农民工工资专用账户和工资保证金账户资金；为办理案件需要，人民法院可以对前述两类账户采取预冻结措施。

五、有效发挥司法对中小微企业的挽救功能

15. 积极促成当事人达成执行和解。在执行过程中，中小微企业因资金流动性困难不能清偿执行债务的，积极引导当事人达成减免债务、延期支付的执行和解协议；多个案件由不同人民法院管辖的，可以通过提级执行、指定执行等方式集中办理，积极促成当事人达成履行债务的“一揽子”协议，依法为企业缓解债务压力、恢复生产经营创造条件。

16. 科学甄别、依法保护有挽救价值的中小微企业。对受疫情等因素影响无法清偿所有债务但具有挽救价值的中小微企业，债权人提出破产申请的，积极引导当事人通过债务重组、资产重构等方式进行庭外和解，帮助企业渡过难关。对于已经进入破产程序但具有挽救价值的中小微企业，积极引导企业通过破产重整、和解等程序，全面解决企业债务危机，公平有序清偿

相应债权，使企业获得再生。

六、最大限度降低保全、执行措施对中小微企业等市场主体的不利影响

17. 全面清查超标的查封、乱查封问题。开展专项清查行动，依法及时纠正超标的查封、乱查封问题。各级人民法院应当依托 12368 司法服务热线、执行信访等问题反映渠道，建立解决超标的查封、乱查封问题快速反应机制，对当事人反映的问题及时受理，快速处理；执行人员对超标的查封、乱查封问题存在过错的，依法严肃追责。

18. 依法审慎采取财产保全措施。对中小微企业等市场主体采取保全措施时，人民法院应当依照法律规定的标准和程序严格审查。经初步审查认为当事人的诉讼请求明显不能成立的，对其提出的保全申请，依法予以驳回。当事人明显超出诉讼请求范围申请保全的，对其超出部分的申请，不予支持。在金钱债权案件中，被采取保全措施的中小微企业等市场主体提供担保请求解除保全措施，经审查认为担保充分有效的，应当裁定准许，不得以申请保全人同意为必要条件。加大对错误保全损害赔偿案件的审查力度，严厉惩处恶意申请保全妨碍中小微企业等市场主体正常经营发展的违法行为。

19. 依法灵活采取查封、变价措施。查封中小微企业等市场主体的厂房、机器设备等生产性资料的，优先采取“活封”措施，在能够保障债权人利益的情况下，应当允许其继续使用或者利用该财产进行融资。需要查封的不动产整体价值明显超出债权额的，应当对该不动产相应价值部分采取查封措施；因不动产未办理分割登记而对其进行整体查封后，应当及时协调相关部门办理分割登记并解除对超标的部分的查封。积极引导当事人通过议价、询价等方式确定财产处置参考价，切实为被执行中小微企业等市场主体节省评估费用。发挥网络司法拍卖溢价率高、成本低的优势，优先适用网络司法拍卖方式处置财产。对不动产等标的额较大或者情况复杂的财产，被执行中小微企业等市场主体认为委托评估确定的参考价过低，申请在一定期限内自行处置的，在能够保障债权人利益的情况下，人民法院可以准许。

20. 依法精准适用失信惩戒和限制消费措施。严格区分失信惩戒与限制消费措施的适用条件，被执行中小微企业等市场主体仅符合限制消费情形但不符合失信情形的，不得将其纳入失信名单。严格区分失信与丧失履行能力，中小微企业等市场主体因经营失利丧失履行能力且不具有法律、司法解释规定的规避、抗拒执行等违法情形的，不得以有履行能力拒不履行义务为由将其纳入失信名单。健全信用修复机制，中小微企业等市场主体的失信信息符合法定屏蔽条件的，应当及时采取屏蔽措施；失信信息被屏蔽后，其因融资、招投标等需要请求提供信用修复证明的，人民法院可以出具相关证明材料。

最高人民法院
关于支持和保障全面深化前海深港现代服务业合作区改革开放的意见

法发〔2022〕3号

为深入学习贯彻习近平新时代中国特色社会主义思想，全面贯彻落实习近平总书记在深圳经济特区建立40周年庆祝大会上的重要讲话精神，认真贯彻落实中共中央、国务院印发的《全面深化前海深港现代服务业合作区改革开放方案》，充分发挥司法服务保障职能，进一步推动前海深港现代服务业合作区（以下简称前海合作区）全面深化改革开放，建设中国特色社会主义法治示范区，结合人民法院工作实际，制定如下意见。

一、总体要求

1. 指导思想。以习近平新时代中国特色社会主义思想为指导，全面贯彻党的十九大和十九届历次全会精神，深入贯彻落实习近平法治思想，坚持依托香港、服务内地、面向世界，按照党中央、国务院决策部署，围绕前海合作区战略定位，推动改革与法治双轮驱动，服务深化深港更紧密合作。抓住粤港澳大湾区建设重要机遇，支持前海合作区在打造中国特色社会主义法治建设示范区方面先行先试、积极探索。支持港澳融入国家发展大局，与前海合作区携手共建国际一流湾区和世界级城市群，努力打造粤港澳大湾区全面深化改革创新试验平台和高水平对外开放门户枢纽。

2. 主要目标。推进与港澳法律规则衔接、机制对接，充分利用港澳在法治建设方面的成功经验和资源，提升深港法治交流合作水平。支持在前海合作区高标准建设深港国际法务区，率先开展试点、打造创新样本，助推其成为具有高度法治化营商环境的试点和示范，提升其在“双区”建设中的枢纽地位。扎实推进制度改革创新，推动现代服务业创新发展，提升法律事务对外开放水平，增强审判工作在粤港澳大湾区建设中的法治示范功能。为前海合作区2025年初步形成具有全球竞争力的营商环境，2035年达到世界一流营商环境打下坚实的法治基础。

二、提升法律事务对外开放水平

3. 完善前海合作区国际商事审判组织体系。支持在前海合作区进一步健全完善国际商事审判组织体系，构建公正、高效、便捷、低成本处理国际商事纠纷体制机制，打造粤港澳商事审判优选地。

4. 依法扩大涉外民商事案件受案范围。结合前海合作区发展空间扩展情况，科学调整相关人民法院涉外民商事纠纷管辖规则，支持前海合作区人民法院（以下简称前海法院）依法有序扩大涉外民商事案件管辖范围，支持依法试点受理没有连接点但当事人约定管辖的涉外民商事案件。

5. 简化涉港澳案件诉讼程序。按照相互尊重、求同存异、便利合法原则，支持前海法院简化港澳诉讼主体资格司法确认、授权委托见证、送达程序及诉讼证据审查认定。依法适用简易程序和独任制审理，提高涉港澳民商事纠纷诉讼效率。加强中国特色区际司法协助体系建设，探索建设粤港澳大湾区民商事司法协助电子平台，在涉港澳民商事案件中探索在当事人认可的前提下，由当事人、律师、公证机构等协助转送文书，提高送达效率。

6. 推进粤港澳司法研究平台建设。发展中国特色司法研究新型智库，支持设立粤港澳大湾区司法研究平台，以人员交流、问题研究、研讨培训为抓手，推进“一国两制三法域”框架下内地与港澳法律制度衔接、工作机制对接、国际商事规则比较等法律问题研究。

三、推动规则衔接和机制对接

7. 完善域外法查明和适用机制。建立完善人民法院审理案件中域外法查明与适用机制，探索建设统一的域外法查明平台，支持港澳法律专家在前海法院出庭提供法律查明协助，拓展域外法的查明渠道与方式。支持前海法院申请授权试点探索域外法适用机制，在不违反我国法律基本原则或者不损害国家主权、安全和社会公共利益的前提下，允许在前海合作区注册的港资、澳资、台资及外商投资企业协议选择域外法解决合同纠纷，或者适用国际条约、国际惯例和国际商事规则化解纠纷。

8. 建设国际商事争议解决中心。支持前海合作区率先建立诉讼、调解、仲裁既相互独立又衔接配合的国际商事争议解决中心。推动前海法院与知名国际商事仲裁机构、国际商事调解组织进行工作对接，健全“一站式”国际商事纠纷多元解决机制。进一步完善前海法院与港澳调解机构诉调对接机制，吸纳符合条件的港澳调解机构参与国际商事、知识产权等领域纠纷调解，支持港澳调解员及律师参与调解，探索由前海法院试点受理该类型调解协议的司法确认案件。探索建立港澳调解员在粤港澳大湾区执业统一资格认定制度，构建调解职业水准评价体系。

9. 构建港澳法律服务参与诉讼机制。推进落实符合条件的港澳律师在前海法院代理涉港澳民商事案件许可机制，逐步为符合条件的港澳律师在深圳其他地区担任诉讼代理人提供便利条件。

四、促进粤港澳司法交流与协助

10. 加大与港澳地区司法交流力度。推动简化跨境司法交流合作审批程序，支持前海合作区与港澳开展法律研讨、司法论坛、模拟法庭等交流活动，推动司法专业交流常态化、机制化。

11. 拓展深港澳司法人才交流渠道。坚持“高精尖”导向，加强高层次法治人才培养储备，细化法律研修学者、法律实习生制度，加大法治人才联合培养力度，形成具有国际视野、通晓国际法律规则、熟悉域外法律的涉外法律专业人才梯队。

五、全面深化改革创新

12. 支持打造国际一流营商环境。健全前海合作区外资、民营企业等投资者权益的司法保护机制，坚持各类市场主体诉讼地位平等、法律适用平等、法律责任平等，依法保护进行跨境商业投资的企业与个人的合法权益，以一流的市场化法治化国际化营商环境支持和引导现代服务业发展。

13. 支持海洋中心城市建设。服务保障国家海洋战略实施，支持广州海事法院深圳法庭建设，妥善审理海事案件，提升海事审判工作国际影响力。加强与前海合作区海事法律咨询、海事仲裁等法律服务机构的工作衔接，支持深圳国际仲裁院海事仲裁中心建设，打造多元化国际海事法律服务中心。

14. 加大知识产权司法保护力度。支持深圳知识产权法庭建设和知识产权审判改革创新，探索人工智能、互联网信息、生命信息等新类型数字化知识产权财产权益法律保护新模式。完善重点领域核心技术知识产权保护规则。完善司法裁判规则，加大针对网络环境下垄断和不正当竞争行为的制裁力度。持续实施最严格的知识产权保护制度，严格落实知识产权侵权惩罚性赔偿制度。联合中国（深圳）知识产权保护中心、国家版权创新发展基地、国家海外知识产权纠纷应对指导中心深圳分中心等机构，加强知识产权“一站式”协同保护平台建设，推动健全知识产权多元化纠纷解决机制和快速维权机制，完善知识产权案件跨境协作机制。

15. 提升智慧法院诉讼服务水平。支持前海法院加强智慧法院建设，以“一网通办”“一次办好”为目标，完善国际化、标准化、智能化诉讼服务平台建设，着力构建全流程在线诉讼新机制和诉讼服务新模式，加强与港澳诉讼服务对接，为境内外当事人提供便捷、高效、低成本的纠纷解决服务。

六、加强组织保障

16. 加强组织领导。要深入贯彻新时代党的建设总要求，深入贯彻党的十九大和十九届历次全会精神，认真贯彻落实习近平总书记在庆祝中国共产党成立 100 周年大会上重要讲话精神。要以支持保障全面深化前海合作区改革开放为契机，进一步深化人民法院司法体制综合配套改革，坚持系统观念，强化统筹协调，确保各项改革于法有据、协调推进，确保各项举措务实管用、科学有效。

17. 完善工作机制。最高人民法院各有关单位要加强条线指导，第一巡回法庭和第一国际商事法庭要增强做好服务党中央重大决策部署的主动性、前瞻性，充分利用派驻深圳的便利条件，立足司法职能，主动服务前海合作区全面深化改革重大战略，持续推进改革进程。广东省高级人民法院和深圳市中级人民法院要压实主体责任，强化督促落实，积极争取有关部门支持，凝聚服务保障合力，加快推动各项建设和改革任务落地见效。

2022 年 1 月 17 日

最高人民法院
关于支持和保障横琴粤澳深度合作区建设的意见

法发〔2022〕4号

为深入学习贯彻习近平新时代中国特色社会主义思想，全面贯彻落实习近平总书记关于粤澳合作开发横琴的重要指示精神，认真贯彻落实中共中央、国务院印发的《横琴粤澳深度合作区建设总体方案》，充分发挥司法服务保障职能作用，为横琴粤澳深度合作区（以下简称横琴合作区）建设提供优质的司法服务和更加有力的司法保障，结合人民法院工作实际，制定如下意见。

一、总体要求

1. 指导思想

以习近平新时代中国特色社会主义思想为指导，全面贯彻党的十九大和十九届历次全会精神，深入贯彻落实习近平法治思想，按照党中央、国务院决策部署，创新完善司法政策，统筹推进粤澳法治深度合作，全面推进法治建设，促进澳门经济适度多元发展，支持澳门长期繁荣稳定和进一步融入国家发展大局。

2. 主要目标

进一步解放思想，坚持改革创新，在“一国两制”制度下推进与澳门法律规则衔接、机制对接，积极参与横琴合作区条例制定，提升内地与澳门司法交流合作水平。努力营造横琴合作区安全稳定、透明有序、互利共赢的法治环境，全力推进新时代珠海经济特区“二次创业”，为助力粤港澳大湾区建设作出积极贡献。

二、推动规则衔接和机制对接

3. 完善域外法查明和适用机制。支持在横琴粤澳深度合作区人民法院（以下简称横琴法院）设立域外法查明机构，重点加强包括葡语系国家（地区）、澳门在内的域外法查明服务，支持境内外法律专家在横琴法院出庭提供法律查明协助。支持横琴法院申请授权试点探索域外法适用机制，在不违反我国法律基本原则或者不损害国家主权、安全和社会公共利益的前提下，允许在横琴合作区注册的港资、澳资、台资及外商投资企业协议选择域外法解决合同纠纷，或者适用国际条约、国际惯例和国际商事规则化解纠纷。

4. 构建多元化商事纠纷解决机制。支持横琴法院深化“一站式”多元解纷机制建设，鼓励其与国内外商事仲裁机构、调解组织及其他法律服务机构进行工作对接，推动社会解纷资源的合理配置和高效利用。支持横琴法院与葡语系国家（地区）相关机构开展合作，吸纳符合条件的外国及港澳地区调解组织、调解员参与国际商事、知识产权等领域纠纷调解，探索由横琴法院试点受理该类型调解协议的司法确认案件。

三、强化横琴法院职能作用

5. 深化体制机制改革。支持横琴法院根据其自身职能定位和横琴合作区发展需要，依法申请授权在组织体系、机构设置、功能定位等方面深化改革创新，努力打造彰显“一国两制”优势的新型示范法院。

6. 推动优化法治营商环境。妥善审理公司、金融、知识产权及消费者权益保护等类型案件，平等保护横琴合作区各类市场主体合法权益，维护市场主体的投资信心，构建以保护产权、维护契约、公平竞争、有效监管、统一市场为基本导向的市场化法治化国际化营商环境。

7. 提升智慧法院诉讼服务水平。支持横琴法院加强智慧法院建设，以“一网通办”“一次办好”为目标，完善国际化、标准化、智能化诉讼服务平台建设，着力构建全流程在线诉讼新机制和诉讼服务新模式，加强与港澳诉讼服务对接，为境内外当事人提供便捷、高效、低成本的纠纷解决服务。

8. 积极延伸司法职能。与横琴合作区职能部门建立会商研究、风险预警机制，加强对于涉港澳企业案件的梳理分析，定期通报典型案例或相关情况，为企业防范法律风险提供参考，发挥司法引导功能。

四、深化粤港澳司法协作交流

9. 简化涉港澳案件诉讼程序。支持横琴法院简化港澳诉讼主体资格司法确认、授权委托见证、送达程序及诉讼证据审查认定。支持横琴法院与澳门特别行政区法院建立直接委托送达和调取证据机制，提高涉港澳民商事纠纷诉讼效率。

10. 加强与港澳地区司法交流力度。落实珠澳法院互访和日常交流机制，推动简化跨境司法交流合作审批程序，加强粤港澳三地司法部门的交流合作，就粤港澳司法资源共享、业务培训与课题研究等方面加强交流学习，培养具有国际化视野、专业化能力的人才队伍。

五、加强组织保障

11. 加强组织领导。要深入贯彻新时代党的建设总要求，深入贯彻党的十九大和十九届历次全会精神，认真贯彻落实习近平总书记在庆祝中国共产党成立100周年大会上重要讲话精神。要以粤港澳大湾区发展和横琴合作区建设为契机，进一步深化人民法院司法体制综合配套改革，坚持系统观念，强化统筹协调，确保各项改革于法有据、协调推进，确保各项举措务实管用、科学有效。

12. 完善工作机制。最高人民法院各有关单位要加强条线指导，第一巡回法庭和第一国际商事法庭要增强做好服务党中央重大决策部署的主动性、前瞻性，充分利用派驻广东的便利条件，立足司法职能，主动服务横琴合作区建设重大战略，持续推进改革进程。广东省高级人民法院要压实主体责任，强化督促落实，积极争取有关部门支持，凝聚服务保障合力，加快推动各项建设和改革任务落地见效。

2022 年 1 月 17 日

最高人民法院
关于印发《2022 年人民法院工作要点》的通知

法发〔2022〕6 号

各省、自治区、直辖市高级人民法院，解放军军事法院，新疆维吾尔自治区高级人民法院生产建设兵团分院：

现将《2022 年人民法院工作要点》予以印发，请认真贯彻执行。

2022 年 1 月 20 日

2022 年人民法院工作要点

2022 年是进入全面建设社会主义现代化国家、向第二个百年奋斗目标进军新征程的重要一年，我们党将召开二十大。各级人民法院要以习近平新时代中国特色社会主义思想为指导，深入贯彻习近平法治思想，全面贯彻党的十九大和十九届历次全会精神，认真贯彻中央经济工作会议、中央政法工作会议精神，增强“四个意识”、坚定“四个自信”、做到“两个维护”，弘扬伟大建党精神，不断提高政治判断力、政治领悟力、政治执行力，深入学习领悟“两个确立”的决定性意义，不忘初心、牢记使命，牢牢坚持党对司法工作的绝对领导，紧紧围绕“努力让人民群众在每一个司法案件中感受到公平正义”目标，坚持稳中求进工作总基调，紧紧围绕迎接二十大、学习宣传贯彻二十大主线，坚持服务大局、司法为民、公正司法，深化司法体制改革和智慧法院建设，奋力推进新时代人民法院工作高质量发展，努力建设更高水平的平安中国、法治中国，以实际行动迎接党的二十大胜利召开。

一、深入学习贯彻党的十九届六中全会精神，不断从党的百年奋斗重大成就和历史经验中汲取智慧和力量

1. 深入学习领悟“两个确立”的决定性意义。始终把坚决做到“两个维护”作为首要任务，加强忠诚教育，严明政治纪律，始终在思想上政治上行动上同以习近平同志为核心的党中央保持高度一致。坚持不懈用习近平新时代中国特色社会主义思想武装头脑、指导实践、推动工作，深刻领会“十个明确”的战略思想和创新理念，切实把党的创新理论转化为应对风险挑战、推动人民司法发展的能力。牢记党的领导是中国特色社会主义法治之魂，牢牢坚持党对司法工作的绝对领导，旗帜鲜明讲政治，善于从政治上观察和处理问题、谋划和推动司法工作，切实把讲政治和讲法律统一起来，确保党的领导贯彻到人民法院工作全过程各方面。严格执行《中国共产党政法工作条例》，认真落实重大事项请示报告制度，确保党中央决策部署在人民法院不折不扣落实到位。

2. 真学真信笃行习近平法治思想。在真学真信笃行习近平法治思想上持续用力，做到学思悟贯通、知信行统一，努力创造更高水平的社会主义司法文明，更好推进中国特色社会主义法治体系建设。持续推进习近平法治思想进教材、进课堂、进头脑，加强研究阐释，抓好全员培训，讲好生动实践，让广大干警深刻感悟思想伟力、增强道路自信。深入实施青年理论学习提升工程，巩固拓展青年理论学习小组建设成果，加强对新入法院人员的教育培训，引导年轻干部扣好投身人民司法事业的“第一粒扣子”，培养一批又一批习近平法治思想的坚定信仰者和忠实实践者。

3. 深入践行以人民为中心的发展思想。坚持人民至上，悟透“我是谁、为了谁、依靠谁”等基本问题，始终把实现好、维护好、发展好最广大人民根本利益作为出发点和落脚点。传承红色基因，发扬人民司法优良传统，完善司法为民措施，方便群众公正、高效、实质性化解矛盾，深入开展“为群众办实事示范法院”创建活动，努力解决群众打官司中的急难愁盼问题。践行全过程人民民主，维护人民合法权益，加强人权司法保障，促进社会公平正义，依法充分保障人民参与、监督司法活动的权利。增强群众感情，不断提高处理新形势下人民内部矛盾的本领，真正把群众观点、群众路线深深植根于思想中、落实到行动上。

二、充分发挥司法职能作用，更好服务党和国家工作大局

4. 坚决维护国家安全和社会稳定。依法严惩渗透颠覆破坏等犯罪，依法惩治各类刑事犯罪，坚决捍卫国家政治安全和社会大局稳定。常态化开展扫黑除恶斗争，健全长效机制，防止黑恶势力“死灰复燃”。保持严惩腐败犯罪高压态势，完善监察与刑事司法衔接机制，落实受贿行贿一起查的意见，加大对行贿犯罪惩治力度，积极配合反腐败国际追逃追赃工作。严厉打击杀人、抢劫、涉枪涉爆等严重暴力犯罪，严惩涉疫犯罪、重大责任事故犯罪、重大经济犯罪、跨境犯罪、网络犯罪等关系群众切身利益的犯罪，推动毒品综合治理。严惩涉税违法犯罪，完善司法政策，加强执法司法衔接配合，树立依法纳税正确导向。妥善办理涉众型经济犯罪，坚持依法审判、追赃挽损、维护稳定并重。坚持惩罚犯罪与保障人权相统一，落实罪刑法

定、疑罪从无、证据裁判等原则。健全冤错案件防范和常态化纠错机制，原判错误侵犯人身权和财产权，符合国家赔偿条件的，要依法及时赔偿。

5. 营造市场化法治化国际化营商环境。持续抓好服务新时代加快完善社会主义市场经济体制意见落地落实。坚持“两个毫不动摇”，不断健全产权司法保护制度，保障各类市场主体依法平等使用生产要素、公开公平公正参与市场竞争、同等受到法律保护。强化市场主体法治意识和契约精神，依法惩治恶意拖欠账款和逃废债行为。加强反垄断和反不正当竞争司法，明确不正当竞争行为判断标准，服务建设高效规范、公平竞争、充分开放的全国统一大市场。加强行政审判工作，健全多元化解机制，促进行政争议实质性化解和源头治理，服务法治政府建设。

6. 服务加快构建新发展格局。立足统筹疫情防控和经济社会发展，认真落实《最高人民法院关于充分发挥司法职能作用助力中小微企业发展的指导意见》，真正帮助中小微企业减负纾困、恢复发展，继续服务做好“六稳”“六保”工作。服务深化供给侧结构性改革，健全市场主体救治和退出机制，加大破产重整案件审理力度。依法审理生产、分配、流通、消费领域纠纷，促进消费持续恢复和扩大有效投资，服务畅通国内大循环。严惩金融领域犯罪，加强北京、上海金融法院建设，依法平等保护金融消费者、投资者及金融机构合法权益，助力防范化解金融风险。健全支持横琴粤澳深度合作区和前海深港现代服务业合作区建设司法举措，推进合作区与港澳司法规则衔接、机制对接。因地制宜服务京津冀协同发展、长江经济带发展、黄河流域生态保护和高质量发展等区域重大战略实施，更好服务东中西和东北地区协调发展。依法及时高效化解涉冬奥会纠纷，服务办好简约、安全、精彩的冬奥会和冬残奥会。

7. 服务创新驱动发展。加大“卡脖子”关键核心技术司法保护力度，服务创新型国家和世界科技强国建设。抓好植物新品种权司法解释实施，加强种源安全司法保护。深化国家层面知识产权案件上诉审理机制改革，加强知识产权法院、知识产权法庭建设，完善审理专门化、管辖集中化、程序集约化的审判体系。深化知识产权案件审判“三合一”改革，健全技术事实查明机制，推动完善符合知识产权案件审判规律的诉讼制度。健全新领域新业态知识产权司法保护规则，惩处“专利陷阱”“专利海盗”等阻碍创新的不法行为。持续推进解决知识产权维权“举证难、周期长、赔偿低、成本高”等问题，落实惩罚性赔偿制度。

8. 服务数字经济健康发展。依法审理涉新型基础设施建设纠纷案件，服务“十四五”时期经济社会各领域数字化转型。更好统筹数据开发利用、隐私保护和公共安全，完善数据产权、数据隐私等司法保护机制，推动营造开放、健康、安全的数字生态。坚持在发展中规范、在规范中发展，妥善审理涉数据交易、数据市场不正当竞争等案件，坚决纠正损害群众利益、妨碍公平竞争行为。通过公正裁判明确平台企业主体责任和义务，依法保护平台从业人员和消费者权益，推动平台经济规范健康发展。

9. 促进人与自然和谐共生。深入践行绿水青山就是金山银山的理念，坚持用最严格制度最严密法治保护生态环境，综合运用环境保护禁令、惩罚性赔偿等制度，服务经济社会发展全面绿色转型。正确认识和把握碳达峰碳中和目标，依法妥善审理涉碳权益案件和重点区域涉能源结构调整相关案件。坚持山水林田湖草沙冰一体化保护和系统治理，加强生物多样性司法保护，推动长江、黄河等大江大河生态保护和系统治理。构建环境司法专门化体系，完善环境公益诉讼、生态环境损害赔偿诉讼等裁判规则，提升环境资源审判专业化能力。深化流域区域司法协作和生态环境协同治理，构建多元共治的环境治理体系。

10. 保障人民群众合法权益。正确认识和把握实现共同富裕的战略目标和实践途径，立足司法职能服务在高质量发展中促进共同富裕。依法审理教育、医疗、养老、育幼、社会保障等民生领域案件，加大对高校毕业生、农民工、灵活就业人员等权益保护力度，维护劳动者公平就业权利。加强住房消费者合法权益保护，促进房地产业良性循环和健康发展。加强老年人权益司法保障，探索建立涉老矛盾纠纷的预警、排查、调解机制，服务新时代老龄工作。加强未成年人司法保护，正确贯彻家庭教育促进法，用好家庭教育指导令。完善司法救助机制，强化与社会救助协同联动，推动完善更加公平的社会救助体系。加大涉法涉诉信访化解力度，及时就地解决信访群众合法合理诉求，努力把矛盾纠纷化解在基层和萌芽状态。践行和弘扬社会主义核心价值观，深度融入裁判文书释法说理，引导全社会增强法治意识、公共意识、规则意识。

11. 服务扩大高水平对外开放。坚持统筹推进国内法治和涉外法治，加快提升涉外司法质效，依法平等保护中外当事人合法权益，促进贸易和投资自由化便利化。健全一站式国际商事纠纷多元化解决机制，努力建设国际商事争端解决新高地。加强海事审判体系建设。加快涉外法治人才培养储备。深化国际司法交流合作，服务推动构建人类命运共同体。

三、巩固提升审判执行质效和司法公信力，不断增强人民群众对司法公正的获得感

12. 树牢新时代正确司法理念。巩固端正司法理念成果，在实践中完善正确理念，用正确理念指导司法实践。刑事审判要准确把握宽严相济刑事政策，准确适用刑事附带民事调解制度，兼顾国法天理人情。正确适用认罪认罚从宽制度，做到依法定罪量刑，保障当事人诉讼权利，充分尊重量刑建议，对有违罪责刑相适应的坚决依法纠正，确保公正裁判。民事审判要明辨是非、惩恶扬善，平衡利益、定分止争，坚决同“和稀泥”做法说不，立“明规则”、破“潜规则”。行政审判要增强大局意识，支持监督行政机关依法行政，强化合法性审查，同时坚决防止司法代替行政，到位不越位。把打击犯罪同保障人权、追求效率同实现公正、执法目的同执法形式、实体公正同程序公正统一起来，努力实现最佳法律效果、政治效果、社会效果。

13. 着力破解影响司法公正的深层次问题。巩固整治年底不立案成果，不断优化立案诉讼服务。巩固整治裁量权行使不规范、违法“超审限”成果。巩固整治违规违法办理“减假暂”案件成果，落实减刑假释案件实质化审理意见。

14. 提升裁判文书质量。严把裁判文书制作关，把好事实认定、法律适用、文书说理、文字校核等各环节，体现正确价值导向。严把裁判文书上网关，坚持以公开促公正树公信，严格落实制度要求和技术规范，确保文书上网规范、安全、高效。坚定信仰信念，厚植为民情怀，夯实法律功底，增长社会阅历，积淀文化底蕴，发挥司法智慧，努力创造符合时代精神、满足人民企盼、引领规则导向的伟大判决。

15. 强化司法制约监督。深化司法责任制综合配套改革，健全完善权责清晰、权责统一、监督有效、保障有力的司法责任体系。加强审判监督管理，压实院庭长职责，落细“四类案件”监督管理机制，落实组织化行权、全程留痕等原则。加快构建系统完备、规范高效的司法制约监督体系，把党内监督、人大监督、民主监督、检察监督、社会监督、舆论监督和内部监督有机衔接起来，增强监督合力和实效。通过完善的监督管理机制、有效的权力制衡机制、严肃的责任追究机制，确保司法公正廉洁高效权威。

16. 巩固拓展解决执行难成果。加快推进执行难综合治理源头治理，深入贯彻中央全面依法治国委员会 2019 年 1 号文件要求，不断完善网络执行查控、失信联合惩戒等联动机制。深化“一案双查”，常态化开展执行领域突出问题集中整治，紧盯案件违规终本、案款超期发还等问题，开展终本案件自查与互评，健全落实“一案一账号”等工作机制。加强执行权制约监督，落实落细加强执行监督的意见，深化执行裁决权与实施权分离，强化中级人民法院监管职责，推动“三统一”管理机制向纵深发展。进一步加强执行信息化建设，拓展升级系统功能，强化执行节点管理，提升执行流程监管自动化、智能化水平。进一步加强执行规范化建设，配合做好强制执行法立法工作，加快起草修订债权执行、失信被执行人名单等司法解释，完善执行法律法规体系。坚持依法善意文明执行，平衡保护各方合法权益。

四、巩固提升人民法庭建设成果，不断夯实基层基础

17. 着力推动人民法庭建设新提升。切实作为“一把手”工程，健全经常性开展调查研究、建立联系点等机制，深化对基层司法规律的认识，更好贯彻“三个便于”“三个服务”原则，完善新时代人民法庭制度。认真梳理人民法庭改革和建设情况，切实解决一些地方存在的发展不平衡、功能定位不清晰、管理保障不到位等问题。加强新时代人民法庭建设案例选编工作，挖掘和推广人民法庭建设成功经验，破除一些地方法院的“等靠要”思想。加快推进人民法庭一站式建设，健全直接立案或派驻立案机制，推进跨域立案服务，探索直接执行机制，综合破解送达难问题，为城乡基层群众提供均等普惠的诉讼服务。健全人员管理机制，推动编制、员额配置向基层和办案一线倾斜，建立常态化轮岗机制，充实审判辅助力量，鼓励规范有序购买社会化服务。强化人民法庭工作平台、信息平台“两个平台”建设应用，完善基础设施、业务装备、信息化建设、经费等方面保障，加强人民法庭安保工作。

18. 着力实现服务“三农”工作新成效。服务巩固拓展脱贫攻坚成果同乡村振兴有效衔接，依法妥善处理涉及农村土地制度改革、农业农村发展要素保障、城乡经济循环、拆迁征地等案件，保障农业农村改革，促进农业产业发展。切实维护农民合法权益，依法审理涉农村土地“三权分置”纠纷等案件，保障农民集体和个人增值收益、股权收益、资产收益。推动落实城乡劳动者平等就业、同工同酬，依法保障农民工工资支付和其他劳动权益。聚焦农村人居环境整治提升，立足司法职能推动解决农村环境问题。

19. 着力拓展服务基层社会治理新途径。坚持和发展新时代“枫桥经验”，创建一批“枫桥式人民法庭”，积极融入党委领导的基层治理体系，结合强化人民法庭建设推进人民法院调解平台进乡村、进社区、进网格，推动矛盾纠纷就地发现、就地调处、就地化解。加强辖区多发

常见类型化纠纷的源头治理，强化与乡镇街道、综治中心的衔接协同，及时掌握和研判矛盾纠纷态势，更好服务党委政府科学决策，促进基层纠纷源头化解。继承发展“马锡五审判方式”，坚持线上线下相结合，通过车载法庭、背包法庭等形式，深入乡村、社区、企业及交通不便地区，为基层群众提供优质司法服务。

五、巩固提升司法改革成果，更好实现系统集成协同高效

20. 坚持司法改革正确方向。坚持加强顶层设计和“摸着石头过河”相结合，充分发挥试点探索、示范、突破、带动作用，及时将行之有效的改革举措上升为制度。坚持系统观念，统筹抓好司法责任制改革、以审判为中心的诉讼制度改革、落实三项规程、巡回法庭改革、四级法院审级职能定位改革试点等重点改革和关键环节，切实将制度设计转化为提升审判执行质效的动力。认真总结改革成果经验，坚持以改革的思维和方式破难题、解新题、补短板、强弱项，推动改革取得更多实实在在的成效，不断增强人民群众获得感。

21. 切实巩固一站式建设成果。发挥一站式建设的集成作用，推进立案登记制、诉讼制度改革、完善四级法院审级职能定位改革等各项改革在一站式建设中衔接配套、系统集成、协同高效，不断提升纠纷化解效能和诉讼服务品质。紧扣一站、集约、集成、在线、融合，加快推动一站式建设向基层、向社会、向网上、向重点行业领域延伸。坚持开放融合的价值取向，打通妨碍共建共治共享的堵点，健全矛盾纠纷源头预防化解工作格局。

22. 正确贯彻实施修改后的民事诉讼法。加快推进配套司法解释修改工作，指导各级人民法院准确把握修法精神，严格落实新的规则要求。围绕案件繁简识别、程序分流适用、资源统筹调配、矛盾多元化解、案件质量监管等重点问题，完善配套机制举措，推动健全立体化、多层次、精细化的民事诉讼程序体系。协同推进制度进步、程序保障、效能提升，更加注重案件质量和权利保障。

六、巩固提升智慧法院建设成果，创造更高水平的数字正义

23. 深化在线诉讼模式和规则创新。严格落实在线诉讼规则、在线调解规则和人民法院在线运行规则要求，综合当事人意愿、案件性质特点、信息技术条件等因素，合理准确适用在线审理机制，保障当事人知情权和选择权，更好释放“数字红利”。不得因审理方式和环境的改变违反正当程序原则，确保在线诉讼“降成本不降质量、提效率不减权利”。深化互联网法院建设，推动完善互联网法院设置模式和案件管辖范围，充分发挥互联网法院在确立规则、完善制度、网络治理等方面示范引领作用。

24. 拓展信息技术在司法领域的应用场景。坚持科技驱动，推进5G、区块链、人工智能等新兴技术应用，完善各类平台系统，有效解决平台分散、数据壁垒、操作不便、信息安全等问题。坚持系统观念，加强顶层设计和技术攻关，抓好试点示范和创新协同，促进信息技术与审判执行业务相互牵引、迭代发展。

25. 积极参与推动数字治理。大力推进人民法院科技创新工作，充分利用智慧法院实验室加强关键核心技术攻关。充分发掘海量司法大数据的优势，加强相关领域重点案件深度研判，

为经济社会发展趋势分析、加强矛盾纠纷化解、经济风险前瞻预警等提供决策参考。加强与有关部门和科研机构的交流合作，强化信息共享和业务协同，完善治理规则、行为规范、权利边界和责任体系，促进提升数字经济治理体系和治理能力现代化水平。

七、巩固提升党史学习教育和队伍教育整顿成果，锻造忠诚干净担当的法院铁军

26. 不断筑牢政治忠诚。始终把党的政治建设摆在首位，推进“两个坚持”专题教育常态化，组织开展“深刻领悟‘两个确立’决定性意义、坚决做到‘两个维护’”主题教育。健全政治轮训制度，把习近平法治思想作为教育培训的核心课程、必训内容，讲好习近平法治思想的生动实践故事，引导广大干警坚定不移走中国特色社会主义法治道路。弘扬伟大建党精神，建立党史学习教育常态化、长效化制度机制，深化政治教育、警示教育、英模教育，教育引导干警永葆对党忠诚的政治本色。全面彻底肃清周永康、孙力军等流毒影响，深刻汲取奚晓明、张坚、张家慧、孟祥、王林清等反面典型教训，着力净化政治生态。

27. 提升队伍素质能力。抓好人民法院领导班子建设，发挥“关键少数”作用，带头勇挑重担、带头敢于斗争、带头严格自律。加强对新任职法院院长和领导班子成员的培训，提升推动新时代人民法院工作高质量发展的能力水平。坚持实战实用实效导向，健全高素质专业化人才培养机制，加强重要岗位、关键领域人才建设，深入推进审判业务专家梯次培养。完善青年人才选育管用全链条机制，让青年干警在重大斗争一线经风雨、见世面、壮筋骨、长才干。统筹政治能力、职业道德、专业技能、综合素质培训，加大对西部和民族地区司法能力建设支持力度，全面提升新时代干警履职能力。加强人民法院文化建设，推出更多法院文化优秀作品，推动人民法院文博事业发展，用优秀文化育德育人，更好弘扬社会主义法治精神。提升安保工作能力，落实安全责任制度，强化“人防、物防、技防”措施，确保审判安全、执行安全、干警人身安全、法院机关安全、人民群众安全、当事人安全。加强新闻宣传工作，提高法院新闻舆论工作能力和水平，把握好工作时度效，为依法办案营造良好舆论氛围。

28. 深化党风廉政建设。压实全面从严治党主体责任，用好队伍教育整顿成果，完善教育管理、预警预防、监督惩处、体制约束等制度机制，一体推进不敢腐、不能腐、不想腐。认真贯彻中央八项规定及其实施细则精神，坚持“三严三实”，深入开展调查研究，说老实话、办老实事、做老实人，坚决反对“四风”特别是形式主义、官僚主义，落实为基层减负各项规定。结合贯彻监察法实施条例深入开展廉政教育，开展廉政文化教育，让干警知敬畏、存戒惧、守底线。坚持刀刃向内、刮骨疗毒，严格执行防止干预司法“三个规定”、新时代政法干警“十个严禁”等铁规禁令，以零容忍态度严惩司法腐败，坚决清除害群之马。坚持严管厚爱结合，健全依法履职保障机制，出台更多政策举措给予特殊关爱，为法官严格公正司法撑腰打气，千方百计解决实际困难，真正让干警安身、安心、安业。

八、自觉接受监督，不断改进人民法院工作

29. 创新形式主动接受监督。增强自觉接受监督意识，健全代表、委员沟通联络工作机制，

创新联络沟通方式方法，高效便捷开展沟通联络工作，畅通民意沟通渠道。积极邀请人大代表视察法院工作、参加会议、旁听庭审，认真倾听代表对法院工作的意见建议。积极走访接待政协委员，加强与民主党派、工商联和无党派人士沟通，广泛采纳各方面意见。认真办理代表建议、政协提案，加强督查督办，及时向代表、委员反馈办理进展和成效，积极争取代表、委员的理解和支持。认真做好向全国人大常委会专项报告涉外审判工作情况准备工作，深入开展调查研究，全面听取意见建议，推动提升涉外司法能力和水平。

各级人民法院要根据本要点，结合工作实际，做好任务分解，狠抓工作落实，切实履行维护国家政治安全、确保社会大局稳定、促进社会公平正义、保障人民安居乐业的职责任务，奋力推进新时代人民法院工作高质量发展，为实现第二个百年奋斗目标提供有力司法服务，以实际行动迎接党的二十大胜利召开！

最高人民法院
关于印发《人民法院在线运行规则》的通知

法发〔2022〕8号

各省、自治区、直辖市高级人民法院，解放军军事法院，新疆维吾尔自治区高级人民法院生产建设兵团分院：

《人民法院在线运行规则》已于2021年12月30日经最高人民法院审判委员会第1861次会议通过，现予以印发，自2022年3月1日起施行。

2022年1月26日

人民法院在线运行规则

为支持和推进在线诉讼、在线调解等司法活动，完善人民法院在线运行机制，方便当事人及其他参与人在线参与诉讼、调解等活动，提升审判执行工作质效，根据相关法律规定，结合智慧法院建设实际，制定本规则。

一、总则

第一条 人民法院运用互联网、大数据、云计算、移动互联、人工智能和区块链等信息技术，完善智慧法院信息系统，规范应用方式，强化运行管理，以在线方式满足人民群众多元化司法需求，高效支持审判执行活动。

第二条 人民法院在线运行遵循以下原则：

（一）高效便民。坚持以人民为中心，提供一网通办、一站通办、一号通办等多元解纷和诉讼服务，减轻当事人诉累。

（二）注重实效。坚持司法规律、体制改革与技术变革相融合，完善信息系统，规范应用方式，强化运行管理，全方位支持人民法院开展在线审判执行活动，保障司法工作，提高司法效率。

（三）统筹共享。加强顶层统筹规划，优先建设和使用全国法院统一信息系统，持续推进信息基础设施、应用系统和数据资源兼容共享。

（四）创新驱动。贯彻实施网络强国战略，加大先进技术研究应用力度，推动业务流程、诉讼规则、审判模式与时俱进。

（五）安全可靠。依法采集、存储、处理和使用数据，保护国家秘密、商业秘密、个人隐私和个人信息，保障人民法院在线运行信息安全。

第三条 各级人民法院用以支持在线司法活动的信息系统建设、应用、运行和管理，适用本规则。

二、系统建设

第四条 人民法院应当建设智慧服务、智慧审判、智慧执行、智慧管理、司法公开、司法数据中台和智慧法院大脑、信息基础设施、安全保障、运维保障等智慧法院信息系统，保障人民法院在线运行。

智慧法院信息系统以司法数据中台和智慧法院大脑为核心，实现数据互联互通，支持业务协同办理。

第五条 智慧服务系统在互联网运行，与法院专网安全联通，为人民群众提供诉讼、调解、咨询和普法等在线服务，支撑构建一站式多元解纷和诉讼服务体系。

智慧服务系统包括人民法院在线服务、电子诉讼平台、人民法院调解平台、诉讼服务网、12368 诉讼服务热线、电子送达平台、在线保全系统、在线鉴定系统等。

智慧服务系统应当具备诉讼指引、在线调解及名册管理、在线立案、在线交费、在线证据交换、在线委托鉴定、在线保全、在线庭审、在线执行、在线阅卷、在线查档、在线送达、在线公告、跨域诉讼服务等功能。

人民法院在线服务与智慧服务系统其他平台对接，作为人民法院通过互联网向人民群众提供在线服务的统一入口。

第六条 智慧审判系统在法院专网或电子政务网运行，为审判人员提供阅卷、查档、听证、庭审、合议、裁判辅助等在线服务，支撑构建现代化审判体系。

智慧审判系统包括审判流程管理系统、电子卷宗流转应用系统、智能裁判辅助系统、量刑规范化系统、庭审语音识别系统等。

智慧审判系统应当具备案件信息管理、审限管理、电子卷宗随案同步生成和深度应用、类案智推、文书辅助生成、量刑辅助等功能。

第七条 智慧执行系统在法院专网或电子政务网运行，为执行人员提供执行协同、执行信息管理、查人找物、财产处置、失信惩戒等在线服务，支撑构建现代化执行工作体系。

智慧执行系统包括执行指挥平台、执行案件流程信息管理系统、执行查控系统、失信惩戒系统、司法拍卖系统、一案一账户案款管理系统、移动执行系统等。

智慧执行系统应当具备执行案件全流程网上办理、执行线索分析、执行财产网络查控、司法拍卖信息发布、网络询价、失信被执行人管理等功能。

第八条 智慧管理系统在法院专网或电子政务网运行，为法院干警提供行政办公、人事管理、审务督察和档案管理等在线服务，支撑构建现代化司法管理体系。

智慧管理系统主要包括办公平台、人事管理系统、审务督察系统、电子档案系统等。

智慧管理系统应当具备公文在线办理、人事信息管理、审务督察、电子档案管理等功能。

第九条 司法公开平台在互联网运行，为当事人及其他诉讼参与人、社会公众提供依法公开的审判流程信息、庭审活动信息、裁判文书信息、执行工作信息等在线公开服务，支撑构建开放、动态、透明、便民的阳光司法机制。

司法公开平台主要包括中国审判流程信息公开网、中国庭审公开网、中国裁判文书网、中国执行信息公开网、全国企业破产重整案件信息网、全国法院减刑、假释、暂予监外执行信息网等。

司法公开平台应当具备信息公开、信息检索、可视化展现等功能。

第十条 司法数据中台和智慧法院大脑运行在法院专网或电子政务网，为智慧服务、智慧审判、智慧执行、智慧管理和司法公开等智慧法院信息系统提供数据和智能服务。

司法数据中台和智慧法院大脑包括司法数据库、数据管理平台、数据交换平台、数据服务平台、人工智能引擎、司法知识库、知识服务平台和司法区块链平台等。

司法数据中台和智慧法院大脑应当具备数据汇聚治理、共享交换、关联融合、可视化展现、知识生成、智能计算、辅助决策、证据核验、可信操作、智能合约等功能。

第十一条 各级人民法院应当建设信息基础设施，为人民法院在线运行提供必要的基础条件支撑。

信息基础设施包括通信网络、计算存储、通用终端设备以及信息管理中心、执行指挥中心、诉讼服务大厅、科技法庭等重要场所专用设施。

信息基础设施应当为各类应用系统、数据资源和运维保障提供计算运行、数据存储、通信传输、显示控制等服务。

第十二条 各级人民法院应当建设安全保障系统，为人民法院在线运行提供网络和信息安全保障。

安全保障系统包括身份认证平台、边界防护系统、安全隔离交换系统、权限管理系统、安全管控系统和安全运维系统等。

安全保障系统应当为各类信息基础设施、应用系统和数据资源提供主机安全、身份认证、访问控制、分类分级、密码加密、防火墙、安全审计和安全管理等安全服务。

第十三条 各级人民法院应当建设运维保障系统，为人民法院在线运行提供运行维护保障。

运维保障系统包括质效型运维服务、可视化管理平台、运行质效报告和应急管理平台等。

运维保障系统应当为信息基础设施、应用系统、数据资源和安全保障系统提供运行、维护和运行质效分析等运维保障服务。

三、应用方式

第十四条 当事人及其他参与人应用智慧服务系统进行在线调解、在线诉讼，应当先行注册并完成身份认证，取得登录智慧服务系统的专用账号。

同一用户注册智慧服务系统应当以个人身份认证和实名注册为主，尽量使用相同的注册和身份认证信息。

智慧服务系统应当对接公安机关户籍管理系统支持核对用户身份认证信息，并支持用户信息的统一管理和共享应用。

第十五条 当事人及其他参与人在智慧服务系统相应平台完成注册后，可以在线登录并通过身份认证，关联相关案件参与在线调解、在线诉讼。

第十六条 当事人及其他参与人可以应用人民法院调解平台等开展在线调解，进行在线申请、接受、拒绝或者终止调解，获得在线调解引导等服务。

人民法院通过人民法院调解平台等，支持人民法院、当事人、在线调解组织和调解员通过电脑和移动终端设备进行在线调解，支持在线开展调解前协商和解、调解组织和调解员选定、音视频调解、制作调解协议、申请司法确认或者出具调解书等，支持在线诉非对接、诉调对接程序，保存调解过程中的所有音视频和文字材料。

人民法院、调解组织和调解员可以通过人民法院调解平台等在线管理相关组织和人员信息。

第十七条 当事人及其代理人可以通过人民法院在线服务、电子诉讼、诉讼服务网等平台在线提交立案申请。

人民法院通过智慧审判系统对接智慧服务系统在线处理立案申请，反馈立案结果。

第十八条 当事人及其代理人可以通过人民法院在线服务、电子诉讼平台、人民法院调解平台、诉讼服务网等平台在线查看案件相关诉讼费用信息并通过网上支付通道在线交费。

人民法院通过智慧审判、智慧执行系统对接智慧服务系统在线发起交费通知、查看交费状态。

第十九条 当事人及其代理人通过人民法院在线服务、电子诉讼、人民法院调解平台、诉讼服务网等平台在线填写或提交各类案件相关电子材料，应符合平台告知的相应文件的格式、体例、规范性和清晰度等要求。

第二十条 智慧服务系统中在线提交、符合要求的电子文件自动纳入案件电子卷宗，并传送智慧审判系统、智慧执行系统、智慧管理系统流转应用。

对于线下提交的案件材料，人民法院应当及时通过扫描、翻拍、转录等方式随案同步生成符合要求的电子文件，形成案件电子卷宗。

人民法院通过智慧审判、智慧执行系统支持电子卷宗随案流转应用，包括阅卷、合议、庭审、审委会讨论、跨院调卷等。

人民法院利用电子卷宗实现文件数据化、回填案件信息、文书辅助生成、卷宗自动归档等智能化应用。

第二十一条 人民法院通过智慧服务系统相应平台和司法区块链核验当事人通过区块链平台提交的相关电子文件和数据等证据材料。

第二十二条 当事人及其代理人可以通过人民法院在线服务、电子诉讼平台、诉讼服务网等平台获知相应的平台门户、通信带宽和显示分辨率等技术条件要求，开展在线证据交换、在线举证质证。

第二十三条 人民法院通过智慧服务、智慧审判、智慧执行、司法区块链等平台，支持对经当事人及其代理人在线举证质证后的证据材料的真实性、合法性和关联性的认定和重现。

第二十四条 当事人及其代理人可以通过智慧服务系统提交在线阅卷、在线查档申请。

人民法院按照相关规定从智慧审判、智慧执行和智慧管理系统中调取相应卷宗或档案流转至智慧服务系统，支持当事人及其代理人在线阅卷、在线查档。

第二十五条 人民法院、当事人及其代理人、证人、鉴定人等可以通过人民法院在线服务、电子诉讼平台、诉讼服务网等平台，按照相关技术条件要求，通过科技法庭、电脑和移动终端设备开展在线视频庭审，开展在线庭前准备、法庭调查、法庭辩论、语音转写、笔录签名等庭审活动，人民法院应当按照相关规定保存庭审过程中的音视频和文字材料。

第二十六条 受送达人可以通过人民法院在线服务、人民法院送达平台、诉讼服务网和中国审判流程信息公开网等平台在线查阅、接收、下载和签收相关送达材料。

人民法院通过智慧审判、智慧执行系统，对接人民法院送达平台，记录各方参与主体的电子邮箱、即时通讯账号、诉讼平台专用账号等电子地址，按照有关规定进行在线送达、接受送达回执，实现在线送达所有环节信息全程留痕，记录并保存送达凭证。

第二十七条 当事人及其代理人可以通过人民法院在线服务、在线保全等平台向有管辖权的法院申请保全、提交或补充申请信息和材料，交纳保全费，也可以在线提起解除保全、续行保全、保全复议等。

当事人及其代理人可以通过人民法院在线服务、在线保全等平台在线向第三方担保机构申请担保，申请通过后在线交纳担保费，也可以在线取消、变更担保等。

第三方担保机构在当事人交纳担保费用后，可以在线出具电子担保书，支持当事人及其代理人在线查看、下载电子担保书。

人民法院通过智慧审判和智慧执行系统对接智慧服务系统在线进行保全审核和后续业务办理。

第二十八条 人民法院通过智慧审判系统、智慧执行系统对接智慧服务系统，依职权或当事人申请，在线发起委托鉴定、选择鉴定机构、移送鉴定材料。

鉴定机构可以通过人民法院在线服务、在线鉴定等平台在线受理委托任务、审阅鉴定相关检材、出具鉴定意见书或报告书；鉴定申请人可以在线查阅鉴定意见书或报告书，在线提出异议或者申请出庭；人民法院可以在线对异议或出庭申请进行审核及答复。

第二十九条 当事人及其代理人可通过人民法院在线服务、12368 诉讼服务热线、诉讼服务网、人民法院调解平台等平台联系人民法院，进行案件调解、审判、执行、阅卷、查档、信访、送达以及预约事项办理信息的在线咨询查询。

第三十条 人民法院通过智慧审判系统实现案件电子卷宗的随案同步生成和深度应用，支持电子卷宗智能编目、信息自动回填、在线阅批、一键归档、上诉审移送与查阅，支持案件收案、分案、庭审、合议、裁判、结案、归档全流程网上办理；对接司法数据中台和智慧法院大脑，提供案件数据服务、案情智能分析、类案精准推送、文书辅助生成等智能辅助应用；依法按需实现法院内部、不同法院之间、法院与协同部门之间的卷宗信息共享和业务协同。

第三十一条 人民法院通过智慧执行系统实现执行案件全程在线办理、执行活动全程留痕、全方位多层次监控，支持在线采取财产查控、询价评估、拍卖变卖、案款发放、信用惩戒等执行措施。

第三十二条 人民法院通过电子档案管理信息系统，按照档案相关法律法规，在线完成电子档案的收集、保存和提供利用。

第三十三条 当事人及其代理人按照依法、自愿、合理的原则，可将诉讼、调解等环节由线上转为线下，或由线下转为线上进行；人民法院在线运行方式支持部分参与者采用线上、其他参与者采用线下的方式参与诉讼、调解等活动。

诉讼、调解活动采用线下办理的，人民法院应当及时将相关案件材料制作形成电子卷宗，并上传至智慧法院相关信息系统纳入管理。

四、运行管理

第三十四条 各级人民法院应当按照信息安全等级保护要求，确定智慧法院信息系统的安全保护等级，制定安全管理制度和操作规程，确定网络安全责任人，落实网络安全保护责任。

各级人民法院应当通过安全保障系统防范计算机病毒和网络攻击、网络侵入等危害网络安全的行为，通过安全隔离交换平台支持跨网系信息互通的同时防范网间恶意入侵、非法登录和数据窃取等行为，监测、记录并留存相关信息系统运行状态和网络安全事件，强化关键信息基础设施运行安全，建立健全用户信息保护机制，加强网络安全监测预警与应急处置能力。

各级人民法院应当开展与等级保护标准相符合的信息系统安全保障建设和测评以及密码应用安全评估。

第三十五条 各级人民法院应当确保智慧法院信息系统相关数据全生命周期安全，制定数据分类分级保护、数据安全应急处理和数据安全审查等制度。

各级人民法院应当通过安全保障系统建立相关信息系统数据权限管理和数据安全风险信息获取、分析、研判和预警机制，遵循“安全、必要、最小范围”原则实现数据共享和安全管控，保证在线诉讼、在线调解等司法活动中的个人隐私、个人信息、商业秘密、保密商务信息、审判执行工作秘密等数据依法予以保密，不被随意泄露或非法向他人提供。

第三十六条 各级人民法院应当指导、监督智慧法院信息系统建设、运行和管理中的个人信息保护工作，接受、处理在线诉讼、在线调解活动中个人信息保护有关的投诉和举报，定期组织对各类信息系统个人信息保护情况进行测评并公布结果，调查、处理在线诉讼、调解等司法活动中的违法处理个人信息行为。

各级人民法院应当加强司法公开工作中的个人信息保护，严格执行法律规定的公开范围，依法公开相关信息，运用信息化手段支持个人敏感信息屏蔽、司法公开质量管控。

第三十七条 各级人民法院应当通过运维保障系统，按照一线运维、二线运维和运行质效分析等方式支持智慧法院信息系统的运行维护保障，一线运维主要负责用户管理、权限分配、系统故障修复和应急响应处理等，二线运维主要负责信息系统运行状态和质效的监控分析，最高人民法院及各高级人民法院应当定期组织进行智慧法院信息系统的运行质效分析，提出改进建议。

第三十八条 各级人民法院应当建立健全信息系统规划、立项、采购、建设、测试、验收、应用和评价等全生命周期管理体系，实现对智慧法院信息系统主机、软件、存储资源、通信网络、机房和专用设施场所等系统和设施的全面管理，支撑人民法院在线稳定运行。

第三十九条 各级人民法院应当建立健全人民法院在线运行相关数据生产、汇聚、存储、治理、加工、传输、使用、提供、公开等过程管理机制，明确数据管理责任，全面提升数据质量，提高数据应用能力。

第四十条 各级人民法院应当制定应急计划，及时有效处理人民法院在线运行过程中出现的停电、断线、技术故障、遭受网络攻击、数据安全漏洞等突发事件。无法立即修复故障时，各级人民法院应当根据故障性质暂停提供相关服务，及时向用户告知故障信息，直至系统恢复正常，并记录保存故障信息。

第四十一条 各级人民法院应当依据相关法律规定，与企业院校开展合作，推进智慧法院信息系统建设、运行、维护，支持、组织、监督合作单位依照法律规定和合同约定履行义务，严格实施合作单位人员的出入、驻场、工作、培训、安全、保密、廉政和离职管理，确保合作单位不得利用工作便利擅自更改、留存、使用、泄露或者向他人提供相关工作信息。

第四十二条 各级人民法院应当优先推广应用全国法院统建信息系统，推进各地法院自研系统接入相应全国统建系统。

第四十三条 人民法院应当在符合安全要求的前提下加强与外部相关信息系统的按需对接和在线业务协同。

第四十四条 各级人民法院应当积极通过各种渠道向社会公众宣传智慧法院建设的重大意义，推广普及智慧法院相关信息系统应用，针对各类用户做好培训、咨询以及必要的应用演练，建立用户满意度评价、跟踪、反馈、改进机制，不断提升人民法院在线运行效能。

五、附则

第四十五条 本规则自 2022 年 3 月 1 日起施行。

最高人民法院　全国妇联　教育部　公安部
民政部　司法部　卫生健康委
关于加强人身安全保护令制度贯彻实施的意见

法发〔2022〕10号

为进一步做好预防和制止家庭暴力工作，依法保护家庭成员特别是妇女、未成年人、老年人、残疾人的合法权益，维护平等、和睦、文明的家庭关系，促进家庭和谐、社会稳定，现就加强人身安全保护令制度贯彻实施提出如下意见：

一、坚持以习近平新时代中国特色社会主义思想为指导。深入贯彻习近平法治思想和习近平总书记关于注重家庭家教家风的重要论述精神，在家庭中积极培育和践行社会主义核心价值观，涵养优良家风，弘扬家庭美德，最大限度预防和制止家庭暴力。

二、坚持依法、及时、有效保护受害人原则。各部门在临时庇护、法律援助、司法救助等方面要持续加大对家庭暴力受害人的帮扶力度，建立多层次、多样化、立体式的救助体系。要深刻认识家庭暴力的私密性、突发性特点，提高家庭暴力受害人证据意识，指导其依法及时保存、提交证据。

三、坚持尊重受害人真实意愿原则。各部门在接受涉家庭暴力投诉、反映、求助以及受理案件、转介处置等工作中，应当就采取何种安全保护措施、是否申请人身安全保护令、对加害人的处理方式等方面听取受害人意见，加大对受害人的心理疏导。

四、坚持保护当事人隐私原则。各部门在受理案件、协助执行、履行强制报告义务等工作中应当注重保护当事人尤其是未成年人的隐私。受害人已搬离与加害人共同住所的，不得将受害人的行踪或者联系方式告知加害人，不得在相关文书、回执中列明受害人的现住所。人身安全保护令原则上不得公开。

五、推动建立各部门协同的反家暴工作机制。积极推动将家庭暴力防控纳入社会治安综合治理体系，发挥平安建设考评机制作用。完善人民法院、公安机关、民政部门、司法行政部门、教育部门、卫生部门和妇女联合会等单位共同参与的反家暴工作体系。充分利用信息化建设成果，加强各部门间数据的协同共享。探索通过专案专档、分级预警等方式精准跟踪、实时监督。

六、公安机关应当强化依法干预家庭暴力的观念和意识，加大家庭暴力警情处置力度，强化对加害人的告诫，依法依规出具家庭暴力告诫书。注重搜集、固定证据，积极配合人民法院依职权调取证据，提供出警记录、告诫书、询（讯）问笔录等。有条件的地方可以与人民法院、民政部门、妇女联合会等建立家暴警情联动机制和告诫通报机制。

七、民政部门应当加强对居民委员会、村民委员会、社会工作服务机构、救助管理机构、福利机构等的培训和指导。居民委员会、村民委员会、社会工作服务机构、救助管理机构、福利机构及其工作人员在工作中发现无民事行为能力人、限制民事行为能力人遭受或者疑似遭受家庭暴力的，应当及时向公安机关报案。贯彻落实《关于做好家庭暴力受害人庇护救助工作的指导意见》，加强临时庇护场所建设和人员、资金配备，为家庭暴力受害人及时提供转介安置、法律援助、婚姻家庭纠纷调解等救助服务。

八、司法行政部门应当加大对家庭暴力受害人的法律援助力度，畅通法律援助申请渠道，健全服务网络。各地可以根据实际情况依托当地妇女联合会等建立法律援助工作站或者联络点，方便家庭暴力受害人就近寻求法律援助。加强对反家庭暴力法、未成年人保护法、妇女权益保障法、老年人权益保障法等法律法规的宣传。充分发挥人民调解优势作用，扎实做好婚姻家庭纠纷排查化解工作，预防家庭暴力发生。

九、医疗机构在诊疗过程中，发现可能遭受家庭暴力的伤者，要详细做好伤者的信息登记和诊疗记录，将伤者的主诉、伤情和治疗过程，准确、客观、全面地记录于病历资料。建立医警联动机制，在诊疗过程中发现无民事行为能力人或者限制民事行为能力人遭受或者疑似遭受家庭暴力的，应当及时向公安机关报案，并积极配合公安机关做好医疗诊治资料收集工作。

十、学校、幼儿园应当加强对未成年人保护法、预防未成年人犯罪法、反家庭暴力法等法律法规的宣传教育。注重家校、家园协同。在发现未成年人遭受或者疑似遭受家庭暴力的，应当根据《未成年人学校保护规定》，及时向公安、民政、教育等有关部门报告。注重保护未成年人隐私，加强心理疏导、干预力度。

十一、人民法院应当建立人身安全保护令案件受理“绿色通道”，加大依职权调取证据力度，依法及时作出人身安全保护令。各基层人民法院及其派出人民法庭应当在立案大厅或者诉讼服务中心为当事人申请人身安全保护令提供导诉服务。

十二、坚持最有利于未成年人原则。各部门就家庭暴力事实听取未成年人意见或制作询问笔录时，应当充分考虑未成年人身心特点，提供适宜的场所环境，采取未成年人能够理解的问询方式，保护其隐私和安全。必要时，可安排心理咨询师或社会工作者协助开展工作。未成年人作为受害人的人身安全保护令案件中，人民法院可以通知法律援助机构为其提供法律援助。未成年子女作为证人提供证言的，可不出庭作证。

十三、各部门在接受涉家庭暴力投诉、反映、求助或者处理婚姻家庭纠纷过程中，发现当事人遭受家庭暴力或者面临家庭暴力现实危险的，应当主动告知其可以向人民法院申请人身安全保护令。

十四、人民法院在作出人身安全保护令后，应当在24小时内向当事人送达，同时送达当地公安派出所、居民委员会、村民委员会，也可以视情况送达当地妇女联合会、学校、未成年人保护组织、残疾人联合会、依法设立的老年人组织等。

十五、人民法院在送达人身安全保护令时，应当注重释明和说服教育，督促被申请人遵守人身安全保护令，告知其违反人身安全保护令的法律后果。被申请人不履行或者违反人身安全保护令的，申请人可以向人民法院申请强制执行。被申请人违反人身安全保护令，尚不构成犯罪的，人民法院应当给予训诫，可以根据情节轻重处以一千元以下罚款、十五日以下拘留。

十六、人民法院在送达人身安全保护令时，可以向当地公安派出所、居民委员会、村民委员会、妇女联合会、学校等一并送达协助执行通知书，协助执行通知书中应当明确载明协助事项。相关单位应当按照协助执行通知书的内容予以协助。

十七、人身安全保护令有效期内，公安机关协助执行的内容可以包括：协助督促被申请人遵守人身安全保护令；在人身安全保护令有效期内，被申请人违反人身安全保护令的，公安机关接警后应当及时出警，制止违法行为；接到报警后救助、保护受害人，并搜集、固定证据；发现被申请人违反人身安全保护令的，将情况通报人民法院等。

十八、人身安全保护令有效期内，居民委员会、村民委员会、妇女联合会、学校等协助执行的内容可以包括：在人身安全保护令有效期内进行定期回访、跟踪记录等，填写回访单或记录单，期满由当事人签字后向人民法院反馈；发现被申请人违反人身安全保护令的，应当对其进行批评教育、填写情况反馈表，帮助受害人及时与人民法院、公安机关联系；对加害人进行法治教育，必要时对加害人、受害人进行心理辅导等。

十九、各部门在接受涉家庭暴力投诉、反映、求助或者处理婚姻家庭纠纷过程中，可以探索引入社会工作和心理疏导机制，缓解受害人以及未成年子女的心理创伤，矫治施暴者认识行为偏差，避免暴力升级，从根本上减少恶性事件发生。

二十、各部门应当充分认识人身安全保护令制度的重要意义，加大学习培训力度，熟悉人身安全保护令申请主体、作出程序以及协助执行的具体内容等，加强人身安全保护令制度普法宣传。

2022 年 3 月 3 日

最高人民法院
关于为实施积极应对人口老龄化国家战略提供司法服务和保障的意见

法发〔2022〕15 号

为全面贯彻落实《中共中央、国务院关于加强新时代老龄工作的意见》，深入贯彻积极应对人口老龄化国家战略，充分发挥审判职能作用，切实提升广大老年人的获得感、幸福感、安全感，现结合工作实际，就人民法院服务和保障实施积极应对人口老龄化国家战略提出如下意见。

一、统一思想认识，准确把握为实施积极应对人口老龄化国家战略提供司法服务和保障的总体要求

1. 指导思想。各级人民法院要切实提高政治站位，坚持以习近平新时代中国特色社会主义思想为指导，深入贯彻习近平法治思想，深入学习领会“两个确立”的决定性意义，增强“四个意识”、坚定“四个自信”、做到“两个维护”。坚持以人民为中心，把积极老龄观、健康老龄化理念融入审判执行工作全过程，大力弘扬中华民族孝亲敬老传统美德，为推动构建老年友好型社会、加强老年人权益保障提供有力司法服务和保障。

2. 重大意义。人口老龄化是我国未来相当长一个时期的基本国情。随着老龄化程度加深、劳动力供给数量减少，家庭养老负担和基本公共服务供给压力将进一步增加。有效应对我国人口老龄化，事关国家发展全局，事关亿万百姓福祉，事关社会和谐稳定，对于全面建设社会主义现代化国家具有重要意义。各级人民法院要充分认识实施积极应对人口老龄化国家战略的重要性和紧迫性，采取有力措施切实保障老年人合法权益，让老年人共享改革发展成果、安享幸福晚年。

3. 目标任务。新发展阶段，各级人民法院要建立健全上下贯通、一抓到底的工作体系，将服务和保障实施积极应对人口老龄化国家战略纳入审判执行的总体工作之中。推动完善老年人优待政策、法规体系，涉及老年人利益司法政策的制定和执行过程要充分征求老年人意见，推动人民法院服务和保障实施积极应对人口老龄化国家战略的各项政策举措落地、落实、落细。

二、充分发挥审判职能作用，加强老年人权益保障

4. 依法妥善审理涉老年人婚姻家庭纠纷案件。依法审理赡养纠纷案件，保障老年人基本生活需要。加强老年人精神赡养类案件调解力度，增进对老年人的精神关爱。注重法院的职权调查，强化依法裁量，依法保护老年人的婚姻自由。对于老年人同居析产纠纷，要综合考量共同生活时间、各自付出等因素，兼顾双方利益，实现公平公正。

5. 依法妥善审理涉老年人继承纠纷案件。落实民法典遗产管理人制度，依法确定遗产管理人，保障遗产妥善管理、顺利分割。要依法保护各类遗嘱形式，切实尊重老年人立遗嘱时的真实意愿，保障老年人遗产处分权。依法认定各类遗赠扶养协议效力，满足养老形式多样化需求。

6. 贯彻实施反家庭暴力法，保护老年家庭成员人身、财产安全。推动完善各部门共同参与的反家暴宏观体系。加强对家庭暴力受害老年人举证的指导，加大心理疏导和帮扶力度。建立人身安全保护令案件受理“绿色通道”，加大依职权调取证据力度，依法及时作出、送达人身安全保护令。加强与公安机关、居民委员会、村民委员会等部门协作配合，充分利用协助执行制度，保障人身安全保护令切实发挥作用。建立定期回访、跟踪机制，拓展反家暴延伸服务范围。

7. 完善老年人监护制度。妥善审理监护权纠纷案件，最大程度尊重老年当事人的真实意愿。依法认定老年人通过意定监护协议确定的监护人，督促其依法履行监护责任。对于侵犯无

民事行为能力、限制民事行为能力老年人合法权益的监护人，依法撤销其监护人资格，为老年人安排必要的临时监护措施，按照最有利于被监护人的原则依法指定监护人，保护老年人人身权利、财产权利及其他合法权益。

8. 依法妥善审理涉养老纠纷案件，促进老有所养。贯彻落实民法典关于居住权的规定，依法审理涉老年人居住权益保护案件，满足老年人稳定的生活居住需要，为"以房养老"模式提供坚实的法律保障。依法妥善审理养老服务合同纠纷案件，确保养老机构提供符合质量和安全标准的养老服务，推动机构养老规范化发展。

9. 推动农村养老保障服务发展。依法审理涉及农村土地承包经营权、侵害集体经济组织成员权益等纠纷案件，保障老年人依法享有本集体经济组织成员权益，增加农村老年人收入。发挥审判职能作用，保障无劳动能力、无生活来源又无人赡养、扶养的老年村民享受农村五保供养待遇。

10. 依法妥善审理涉老年人医疗服务合同纠纷案件，促进老有所医。依法认定家庭病床、巡诊等居家医疗服务合同中各方当事人的权利义务关系，保障老年人合法权益。妥善审理老年人医疗、失能老年人长期照护等服务合同纠纷案件，发挥审判职能，保障医养结合政策的贯彻实施，为老年人健康生活保驾护航。

11. 加强老年人劳动权益保护，促进老有所为。依法审理涉老年人劳动争议案件，助力老年人就业、维护老年人再就业权益。助推"银龄行动"，引导具有一定经验和专业技术的老年人以志愿服务形式积极参与民事调解等活动。各地人民法院可以根据实际探索建立退休法官专家库，鼓励有意愿的退休法官积极参与诉前调解、调查研究等。

12. 依法妥善审理老年人参与社会文化生活相关案件，促进老有所学、老有所乐。妥善审理涉老年人旅游合同纠纷等案件，督促、引导服务机构充分、合理履行提示说明义务和安全保障义务，不断提升老年人生活质量，满足老年人日益增长的美好生活需要。

13. 依法加大对侵害老年人人身和财产权益违法犯罪行为的打击力度。依法严惩虐待、遗弃、伤害老年人等违法犯罪行为。严厉打击针对老年人的电信网络诈骗、借用"以房养老"之名实施的"套路贷"，依法惩处家庭成员盗窃、诈骗、抢夺、侵占、勒索、故意损毁老年人财物等违法犯罪行为。依法严惩消费领域违法犯罪行为，维护老年人消费权益，为老年人营造安全、便利、诚信的消费环境。

14. 加大涉老年人权益案件执行力度。各地人民法院要加大涉老年人居住权案件执行力度，依法及时维护老年人居住权益，保障老年人住有所居。加大对老年人追索赡养费、扶养费案件的先予执行力度。创新涉老年人精神赡养纠纷案件执行方式，督促、引导赡养人积极主动履行赡养义务。

三、持续深化改革创新，建立健全便老惠老司法服务机制

15. 深化一站式多元解纷机制建设，推动涉老年人矛盾纠纷源头化解。坚持和发展新时代"枫桥经验"，坚持把非诉讼纠纷解决机制挺在前面。建立完善涉老年人婚姻家庭、侵权等矛盾纠纷的预警、排查、调解机制。构建多元解纷和诉讼服务体系，促进涉老年人矛盾纠纷一站

式多元化解。推动人民法院一站式多元解纷向基层延伸，推进人民法庭进乡村、进社区、进网格，加强巡回审判，及时就地化解矛盾纠纷。坚持服务老年人需求导向，建设一站式诉讼服务中心，提供“一站通办、一网通办、一号通办、一次通办”的诉讼服务。

16. 深入推进社会主义核心价值观融入裁判文书释法说理。在涉老年人等弱势群体保护、诉讼各方存在较大争议且可能引发社会广泛关注的案件中，要强化运用社会主义核心价值观释法说理。加强社会主义核心价值观在涉老年人权益案件中的导向作用，切实发挥司法裁判规范、评价、教育、引领等功能，实现政治效果、法律效果和社会效果的有机统一。

17. 进一步深化家事审判方式和工作机制改革。树立人性化审判理念，注重将对老年当事人的保护从身份利益、财产利益全面延伸到人格利益、安全利益和情感利益。充分发挥家事审判对婚姻家庭关系的诊断、修复和治疗作用，为老年人安享幸福晚年提供和睦稳定的家庭环境。

18. 加强法律宣传。各级人民法院要通过法律进社区、巡回审判、推广学习典型案例等多种方式，加强老年人权益保障普法宣传。提高老年人运用法律手段保护自身权益的意识，提升老年人识骗防骗能力。推动在全社会树立保障老年人合法权益的法律意识，形成关心关爱老年人的良好氛围。

19. 加大法律援助协作和司法救助力度。加强与法律援助机构的协调配合，依法及时转交老年当事人的法律援助申请。对于符合司法救助条件的老年当事人，人民法院应当依法予以救助。会同相关部门加大对受害老年人临时庇护、法律援助的帮扶力度，加大司法救助力度，推动建立多层次救助体系。

20. 建立适老型诉讼服务机制，为便利老年人参与诉讼活动提供保障。聚焦涉老年人案件类型和特点，探索建立涉老年人民事案件专业化审判机制。依法准许书写起诉状确有困难的老年人口头起诉，有效给予老年人诉讼服务指导和帮助。为行动不便的老年人开通上门立案、电话立案等绿色通道，实现快速、便捷立案。开展网上立案、电子诉讼的同时，保留老年人易于接受的传统司法服务方式。完善无障碍诉讼设施及服务，方便老年人参加诉讼。根据案件情况，允许相关辅助、陪护人员陪同老年当事人出庭。依法妥善处理老年人涉诉信访案件，对于老年当事人应当予以特别关照。

2022 年 3 月 29 日

最高人民法院
关于加强区块链司法应用的意见

法发〔2022〕16号

为深入贯彻落实习近平法治思想和习近平总书记关于积极推动区块链技术为人民群众提供更加智能、更加便捷、更加优质公共服务的重要指示精神，贯彻落实《中华人民共和国国民经济和社会发展第十四个五年规划和2035年远景目标纲要》和《“十四五”国家信息化规划》，充分发挥区块链在促进司法公信、服务社会治理、防范化解风险、推动高质量发展等方面的作用，全面深化智慧法院建设，推进审判体系和审判能力现代化，结合人民法院工作实际，制定本意见。

一、总体要求

（一）指导思想。以习近平新时代中国特色社会主义思想为指导，深入贯彻习近平法治思想和习近平总书记关于网络强国的重要思想，紧紧围绕“努力让人民群众在每一个司法案件中感受到公平正义”的目标，坚持服务大局、司法为民、公正司法，大力推动区块链技术与多元解纷、诉讼服务、审判执行和司法管理工作深度融合，积极应用区块链平台服务社会治理、优化营商环境、加强诚信体系建设、防范化解重大风险、支持构建新发展格局，努力创造更高水平的数字正义。

（二）总体目标。到2025年，建成人民法院与社会各行各业互通共享的区块链联盟，形成较为完备的区块链司法领域应用标准体系，数据核验、可信操作、智能合约、跨链协同等基础支持能力大幅提升；区块链在多元解纷、诉讼服务、审判执行和司法管理工作中得到全面应用，有效促进司法公信，提升司法效率，强化廉洁司法；司法区块链跨链联盟融入经济社会运行体系，实现与政法、工商、金融、环保、征信等多个领域跨链信息共享和协同，主动服务营商环境优化、经济社会治理、风险防范化解和产业创新发展，助力平安中国、法治中国、数字中国和诚信中国建设，形成中国特色、世界领先的区块链司法领域应用模式，为新时代我国经济社会数字化转型和高质量发展提供坚强有力的司法服务和保障。

（三）基本原则

坚持依法统筹、注重协同联动。依法依规加强区块链基础设施统筹规划，面向经济社会发展和审判执行工作需要，开展区块链司法领域应用顶层设计，加强与各行各业跨链协同应用模式研究，促进多方数据共享和协同应用。

坚持开放共享、注重标准先行。建设与社会各行各业互通共享的区块链联盟，形成共性基础技术支持能力，建立统一、开放的区块链司法领域应用技术标准体系，为跨部门节点接入、跨行业数据共同维护和利用提供规范化服务。

坚持应用牵引、注重创新发展。以司法为民、公正司法和服务社会治理为牵引，充分发挥区块链在优化业务流程、提升协同效率、建设可信体系等方面的作用，持续推进区块链在司法领域深度应用，不断提高跨领域自动执行能力。

坚持安全可靠、注重有序推进。以安全可信为前提，着力提升上链数据和智能合约的准确可控水平，确保数据安全，保护个人信息，推动形成区块链在司法领域稳中求进、有序发展、安全可靠的应用生态。

二、人民法院区块链平台建设要求

（四）加强区块链应用顶层设计。遵照法律规范要求，按照内外部高效协同的总体思想，针对法院业务应用和服务社会治理协同应用需求，系统开展区块链在司法领域应用的场景设计。针对内、外网协同应用需求，形成全国统一、支持跨网系、跨链协同司法应用的区块链总体建设方案。

（五）持续推进跨链协同应用能力建设。针对主动服务经济社会治理和司法业务应用场景，构建基于分布式标识、互联互通、跨链互信的区块链联盟基础设施，有效整合执行区块链已有建设成果，充分发挥联盟链技术特点，加强司法区块链平台与各行业区块链平台跨链联盟建设，持续提升协同能力。

（六）提升司法区块链技术能力。联合优势力量，开展关键技术攻关，打造开放共享的全国法院司法区块链平台，提高数据核验、可信操作、智能合约、跨链协同等基础技术能力，支持各级人民法院基于司法链平台开展业务创新应用。

（七）建设互联网司法区块链验证平台。基于全国司法区块链平台数据，在互联网端建设司法区块链验证平台，支持当事人等相关主体对调解数据、电子证据、诉讼文书等司法数据进行真伪核验。

（八）建立健全标准规范体系。建立健全区块链在司法领域应用的技术标准和管理规范，为与相关领域区块链平台和节点接入互通、共享协同提供技术指引和标准接口支持。

三、充分运用区块链数据防篡改技术，进一步提升司法公信力

（九）保障司法数据安全。推进人民法院电子卷宗、电子档案、司法统计报表、案件结案状态等司法数据上链存储，确保司法数据防篡改，提升数据安全水平。

（十）保障电子证据可信。健全完善区块链平台证据核验功能，支持当事人和法官在线核验通过区块链存储的电子证据，推动完善区块链存证的标准和规则，提升电子证据认定的效率和质量。

（十一）保障执行操作合规。推动执行案件信息、当事人信息、组织机构信息、执行通知、财产查控、财产处置、案款收发、信用惩戒、执法取证、执行互动、案件报结、卷宗归档等数据和操作上链存证，常态化开展执行全业务流程操作安全审计，进一步规范执行操作行为，探

索开展执行查控等敏感操作在线闭环验证，确保可靠无误。

（十二）保障司法文书权威。推动人民法院送达的诉讼文书和送达回执在司法区块链平台统一存储，支持在互联网端查验送达文书，保证送达全流程安全可靠，维护司法权威。

四、充分发挥区块链优化业务流程的重要作用，不断提高司法效率

（十三）支持立案信息流转应用。建立立案登记材料分级分类自动流转业务规则，支持在材料提交限定期满后案件实现分级分类自动立案，巩固立案登记制改革成果，提高立案效率。

（十四）支持调解与审判流程衔接应用。建立调解协议不履行自动触发审判立案、执行立案等业务规则和智能合约程序，增强调解程序司法权威，支持多元纠纷化解。

（十五）支持审判与执行流程衔接联动。全面推进审判与执行办案系统信息互通和数据共享，探索建立裁判文书不履行自动触发执行立案等业务规则和联动机制，优化审执衔接，畅通信息流转，减少重复工作，支持切实破解执行难。

（十六）支持提升执行效率。探索建立符合条件的执行案件自动发起查询、冻结、扣划以及执行案款自动发放智能合约机制，在确保程序合规的前提下简化审批环节；建立对统查财产线索足额终本案件、对不履行义务的执行和解案件，无需单独提起立案流程即可自动立案恢复执行的智能合约机制。

（十七）支持执行干警便捷办案。运用区块链技术推动网络查控、评估拍卖、案款收发、失信限消、事项委托、电子卷宗随案生成等向移动端延伸，形成去中心化、去网系化、去系统化的数据串联，方便执行干警随时随地办理执行事务。

五、充分挖掘区块链互通联动的巨大潜力，增强司法协同能力

（十八）提高律师资质验证协同能力。针对律师资质验证需求，构建人民法院与司法行政部门跨链协同应用，支持实现参与诉讼活动的律师资质、信用报告在线查询及核验，提高核验实时性。

（十九）提高政法部门案件协同办理能力。针对减刑假释、刑事、民商事等案件跨部门协同办理和公民身份认证等需求，构建人民法院与检察、公安、司法行政等部门的跨链协同应用，提高案件在线流转效率和数据互信水平。

（二十）提高跨部门协同执行能力。针对被执行人财产查控、失信被执行人联合惩戒等需求，构建人民法院与行政执法、不动产登记、金融证券保险机构、联合信用惩戒等单位的跨链协同应用，建立自动化执行查控和信用惩戒模式，提高协同执行工作效率。

六、充分利用区块链联盟互认可信的价值属性，服务经济社会治理

（二十一）保护知识产权。构建与版权、商标、专利等知识产权区块链平台的跨链协同机制，支持对知识产权的权属、登记、转让等信息的查询核验，为知识产权案件的证据认定等提供便利，更好地服务国家创新驱动战略实施。

（二十二）支持营商环境优化。构建与市场监管、产权登记和交易平台等区块链平台的跨

链协同应用机制，支持对企业基本信息、企业股权变动、企业间关联关系、不动产和动产权属状况、融资租赁、贵金属交易等权属登记和交易状况信息的查询核验，为权属认定和产权交易提供便利，促进基于数据与信用的分级分类监管体系建设，更好地服务国家营商环境建设。

（二十三）支持数据开发利用。构建与数据权属、数据交易等区块链平台的跨链协同应用机制，支持对数据确权、数据交易等过程信息的查询核验和智能合约处置，助力数据要素市场构建和数据价值释放，更好地服务国家大数据战略实施。

（二十四）支持金融信息流转应用。构建与金融机构区块链平台的跨链协同应用机制，支持对金融贷款合同、信用卡等审批、履行、违约过程信息的查询核验和智能合约处置，更好地服务金融风险防范化解。

（二十五）支持企业破产重组。构建与相关政府部门区块链平台的跨链协同应用机制，支持对债务人企业的经营信息和涉诉涉执行信息互通共享，支持债权申报信息在线验证质证，在保障全体债权人知情权和查阅权的同时，强化债权审核公开透明，并进一步确保网络债权人会议的表决效力，更好地服务市场主体救治和退出。

（二十六）支持征信体系建设。构建与全国信用信息共享平台、国家企业信用信息公示系统和失信惩戒部门的跨链协同应用机制，支持对失信被执行人、限制高消费信息的查询核验和智能合约处置，确保失信信息可信产生、安全传播和合规使用，更好地发挥联合失信惩戒作用，助力健全以信用为基础的新型监管机制，服务社会信用体系建设。

七、保障措施

（二十七）加强组织领导。各级人民法院要高度重视区块链在司法领域的建设和应用，加强统筹协调，明确任务牵头部门负责区块链应用整体推进和管理。

（二十八）建立协同机制。各级人民法院要统筹辖区区块链应用重点，联合其他政法单位、社会机构等力量强化协同工作机制，共同推进区块链在司法领域的应用。

（二十九）加大支持力度。各级人民法院要将区块链应用工作纳入智慧法院建设规划统筹组织实施，并与地方政府社会治理创新相结合，争取经费支持，加大推进力度。

（三十）注重应用示范。各级人民法院要面向服务经济社会发展和人民法院业务需求，选择较为成熟的应用场景开展典型应用示范，形成可复制、可推广的创新模式。

（三十一）确保安全可靠。各级人民法院要健全事前审核和测试评估机制，确保上链数据真实性、准确性、合规性以及链上链下数据一致性，确保智能合约的合法性、有效性、安全性和可靠性。

（三十二）积极宣传引导。各级人民法院要加强成功案例宣传推介，面向法院干警开展区块链技术应用培训，全面提升区块链在司法领域的应用成效。

2022 年 5 月 23 日

最高人民法院
印发《关于为深化新三板改革、设立北京证券交易所提供司法保障的若干意见》的通知

法发〔2022〕17号

各省、自治区、直辖市高级人民法院，解放军军事法院，新疆维吾尔自治区高级人民法院生产建设兵团分院：

现将《最高人民法院关于为深化新三板改革、设立北京证券交易所提供司法保障的若干意见》印发给你们，请认真贯彻落实。

2022年6月23日

最高人民法院关于为深化新三板改革、设立北京证券交易所提供司法保障的若干意见

深化新三板改革、设立北京证券交易所，是中央全面深化资本市场改革、完善资本市场基础制度、提升资本市场功能、支持中小企业创新发展的重要安排，也是落实创新驱动发展战略、推进北京国际科技创新中心和国家金融管理中心建设的重大举措。为充分发挥人民法院审判职能作用，保障深化新三板改革、设立北京证券交易所顺利推进，保护中小企业和投资者合法权益，现就人民法院正确审理新三板挂牌公司、北京证券交易所上市公司相关案件等问题，提出如下意见。

一、提高认识，全面把握深化新三板改革、设立北京证券交易所的重要意义和总体安排

1. 充分认识深化新三板改革、设立北京证券交易所的重要意义。党的十八大以来，党中央高度重视资本市场改革和中小企业发展工作。中央经济工作会议、“十四五”规划纲要和中央政治局会议都对发展“专精特新”中小企业和深化新三板改革作出了重要部署。立足于打造服务创新型中小企业主阵地，此次深化新三板改革，将新三板精选层变更设立为北京证券交易所，打通“创投基金和股权投资基金—区域性股权市场—新三板—证券交易所”中小企业持续

成长的全链条市场服务体系，创造中小企业积极向上的良性市场生态，充分体现了以习近平同志为核心的党中央对资本市场服务广大中小企业发展的殷切希望。各级人民法院要坚持以习近平新时代中国特色社会主义思想为指导，认真贯彻落实习近平总书记关于资本市场和中小企业发展的一系列重要指示批示精神，依法妥善审理涉全国中小企业股份转让系统、北京证券交易所及其挂牌公司、上市公司的各类案件，为中小企业健康发展和多层次资本市场体系建设营造良好的司法环境。

2. 准确把握深化新三板改革、设立北京证券交易所的总体安排。本次改革，新三板基础层、创新层和北京证券交易所聚焦服务创新型中小企业，形成“层层递进”的市场结构：北京证券交易所在新三板精选层基础上变更设立，新三板仍保留基础层和创新层挂牌公司，基础层挂牌公司符合创新层进层条件的，进入创新层；北京证券交易所上市公司从新三板创新层挂牌公司产生，同步试点股票发行注册制；与沪深市场相比，北京证券交易所拥有相同的法律地位和市场功能，其上市公司符合转板条件的，可转到创业板和科创板上市。北京证券交易所与沪深交易所、区域性股权市场坚持错位发展与互联互通，重在实现“三个目标”：一是构建一套契合创新型中小企业特点的基础制度安排，二是畅通北京证券交易所在多层次资本市场的纽带作用，三是培育一批“专精特新”中小企业，形成良性市场生态。各级人民法院要立足证券刑事、民事和行政审判实际，深刻认识多层次资本市场“层层递进”市场结构的多层次司法需求，通过司法审判推动形成市场参与各方依法依约行为、资金信息有序流动、主体归位尽责及合法权益得到有效保护的良好市场生态，为投资者放心投资、中小企业大胆创新创业提供有力司法保障。

二、靠前发力，依法保障深化新三板改革、设立北京证券交易所重大部署顺利推进

3. 依法保障证券监管部门行政监管和北京证券交易所自律管理。设立北京证券交易所并试点注册制，除在前端进行发行上市制度改革外，证券监管部门和北京证券交易所根据创新型中小企业的特点，对上市公司再融资、并购重组、交易、退市等配套制度进行了完善。各级人民法院要立足司法审判，通过统一法律适用保障各项改革举措有效实施，支持多层次资本市场发展普惠金融。对于证券监管部门、证券交易所经法定程序制定的、与法律法规不相抵触的股票发行、上市、持续监管等规章、规范性文件和业务规则的相关规定，人民法院可以在审理案件时依法参照适用。对于北京证券交易所所涉纠纷，要积极引导当事人先行通过证券交易所听证、复核等程序表达诉求，寻求救济。严格执行证券法有关保障证券交易所履行自律管理职能的有关规定，依法落实证券交易所正当自律管理行为民事责任豁免原则。

4. 充分尊重新三板作为国务院批准的全国性证券交易场所的改革实践和业务规则。新三板为证券法规定的国务院批准的全国性证券交易场所。由于证券法对全国性证券交易场所的规定相对比较原则，新三板在深化改革中探索出一套以证券监管部门规章、规范性文件以及证券交易场所业务规则为主，适应“层层递进”市场结构安排的挂牌转让、持续监管等制度体系。人民法院在事实认定和法律适用过程中，应充分尊重相关改革实践，参照适用依法制定的相关规

章、规范性文件、业务规则，切实维护新三板市场秩序，保护投资者合法权益。

5. 对北京证券交易所及其上市公司所涉案件集中管辖。根据《最高人民法院关于北京金融法院案件管辖的规定》（法释〔2021〕7 号）相关规定，对于以北京证券交易所为被告或者第三人的与证券交易场所管理职能相关的第一审证券民商事和行政案件，由北京金融法院管辖。为统一裁判标准，稳定市场司法预期，服务北京国家金融管理中心建设，参照《最高人民法院关于北京金融法院案件管辖的规定》第三条的规定，对北京证券交易所上市公司所涉证券发行纠纷、证券承销合同纠纷、证券上市保荐合同纠纷、证券上市合同纠纷、证券交易合同纠纷和证券欺诈责任纠纷等第一审金融民商事案件，由北京金融法院试点集中管辖。

6. 全面参照执行科创板、创业板司法保障意见的各项司法举措。本次设立北京证券交易所并试点注册制改革充分借鉴和吸收了科创板、创业板试点注册制改革经验，并针对中小企业特点作了部分差异化安排。各级人民法院在审理涉北京证券交易所相关案件时，要增强为设立北京证券交易所并试点注册制提供司法保障的自觉性和主动性，本意见未规定的，参照适用《最高人民法院关于为设立科创板并试点注册制改革提供司法保障的若干意见》（法发〔2019〕17 号）、《最高人民法院关于为创业板改革并试点注册制提供司法保障的若干意见》（法发〔2020〕28 号）。

三、主动作为，以优质司法服务支持中小企业借助资本市场做大做强

7. 依法支持证券中介机构服务中小企业挂牌上市融资。相较于沪深上市公司，新三板基础层、创新层和北京证券交易所的创新型中小企业处于发展早期，规模体量相对较小。各级人民法院在审理涉中小企业及其证券中介机构虚假陈述案件时，要立足被诉中小企业尚属创业成长阶段这一实际，准确完整理解《最高人民法院关于审理证券市场虚假陈述侵权民事赔偿案件的若干规定》（法释〔2022〕2 号，以下简称《虚假陈述司法解释》）所秉持的证券中介机构责任承担与注意义务、注意能力和过错程度相适应原则，力戒“一刀切”。要准确适用《虚假陈述司法解释》第十七条至第十九条的规定，对服务中小企业的证券中介机构的过错认定，坚持排除职业怀疑后的合理信赖标准，提高裁判标准的包容性和精准性。要正确厘清新三板挂牌公司主办券商与上市公司保荐机构职责之间的差异，按照《虚假陈述司法解释》第二十三条的规定，审慎判定主办券商的责任范围，防止过分苛责证券中介机构产生“寒蝉效应”。

8. 按照“层层递进”的市场结构对虚假陈述民事责任予以区别对待。人民法院在认定虚假陈述内容是否符合《虚假陈述司法解释》第十条规定的重大性标准时，应当尊重创新型中小企业的创业期成长特点，对其信息披露质量的司法审查标准不宜等同于发展成熟期的沪深上市公司，做到宽严适度：对于财务报表中的不实记载系由会计差错造成的，在信息披露文件中的技术创新、研发预期等无法量化内容的宣传进行合理商业宣传的，以及信息披露文件中未予指明的相关事实对于判断发行人的财务、业务和经营状况等无足轻重的，人民法院可视情形根据《虚假陈述司法解释》第六条第一款、第十条第三款等规定，认定该虚假陈述内容不具有重大性，为创新型中小企业创业创新营造良好环境。因北京证券交易所上市公司的财务造假等违法违规行为，部分可能追溯至其在新三板挂牌期间，对于该类案件，人民法院要结合其跨新三

板基础层、创新层和北京证券交易所期间的信息披露等行为，准确把握不同阶段的信息披露要求，综合认定其违法违规行为及其实施日等要素，不得随意延展其虚假陈述实施日的时间范围，防止上市中小企业民事赔偿责任不当扩大。要尊重新三板市场流动性及价格连续性与交易所市场存在较大差距的客观实际，人民法院在新三板挂牌公司虚假陈述案件损失计算上，不宜直接适用《虚假陈述司法解释》第二十七条和第二十八条的规定，而应主要根据第二十六条第五款的规定充分听取专业意见，以对相关行业企业进行投资时的通常估值方法等为参考，综合考量各项因素，合理确定投资者损失。

9. 秉持资本市场“三公”原则依法降低中小企业融资交易成本。畅通资本市场直接融资途径，是解决中小企业“融资难、融资贵”的有效举措。对于创新型中小企业的上市和再融资，不仅要打通多层次资本市场“扶上马”，还要秉持公开、公平、公正原则“送一程”。在上市过程中，对于为获得融资而与投资方签订的“业绩对赌协议”，如未明确约定公司非控股股东与控股股东或者实际控制人就业绩补偿承担连带责任的，对投资方要求非控股股东向其承担连带责任的诉讼请求，人民法院不予支持。在上市公司定向增发等再融资过程中，对于投资方利用优势地位与上市公司及其控股股东、实际控制人或者主要股东订立的“定增保底”性质条款，因其赋予了投资方优越于其他同种类股东的保证收益特殊权利，变相推高了中小企业融资成本，违反了证券法公平原则和相关监管规定，人民法院应依法认定该条款无效。为降低中小企业上市成本，对于证券中介机构以其与发行人及其控股股东、实际控制人等在上市保荐、承销协议、持续督导等相关协议中存在约定为由，请求补偿其因发行人虚假陈述所承担的赔偿责任的，人民法院不予支持。

10. 优化审判执行程序降低创新型中小企业诉讼成本。各级人民法院要认真贯彻落实《最高人民法院关于充分发挥司法职能作用助力中小微企业发展的指导意见》（法发〔2022〕2 号）精神，处理可能对创新型中小企业持续稳定经营造成较大影响的诉讼案件时，要充分听取中小企业的诉求，依法充分优化立案、保全、审理、执行等诉讼程序，切实降低企业诉讼时间成本和经济成本。对创新型中小企业要依法审慎采取财产保全措施，经初步审查认为当事人的诉讼请求明显不能成立的，依法驳回保全申请。当事人超出诉讼请求范围申请保全的，对超出部分的申请，不予支持。在金钱债权案件中，被采取保全措施的中小企业提供担保请求解除保全措施，经审查认为担保充分有效的，应当裁定准许，不得以申请保全人同意为必要条件。各级人民法院应当依托 12368 诉讼服务热线、执行信访等问题反映渠道，建立解决超标的查封、乱查封问题快速反应机制，对当事人反映的问题及时受理，快速处理；执行人员对超标的查封、乱查封问题存在过错的，依法严肃追责。

四、恪守底线，依法有效保护投资者合法权益

11. 严厉打击涉新三板基础层、创新层和北京证券交易所市场违法犯罪行为。充分发挥刑事责任追究的一般预防和特殊预防功能，严防“带病闯关”，依法从严惩处通过财务造假等方式实现在新三板挂牌、北京证券交易所上市或者挂牌、上市后发行证券引发的欺诈、腐败等犯罪行为。对于发行人与证券中介机构合谋串通在证券发行文件中隐瞒重要事实或者编造重大虚

假内容，以及发行审核、注册工作人员以权谋私、收受贿赂或者接受利益输送的，依法从严追究刑事责任；依法严惩违规披露、不披露重要信息、内幕交易、利用未公开信息交易、操纵证券市场、背信损害上市公司利益等犯罪，依法加大财产刑处罚力度，严格控制缓刑适用。对于假借新三板名义非法集资行为，以“新三板挂牌公司原始股”名义吸引投资者、未经合规发行程序违规募集资金，构成犯罪的，依法从严惩处。

12. 切实防止上市公司、挂牌公司通过破产程序损害投资者合法权益。《最高人民法院关于审理上市公司破产重整案件工作座谈会纪要》施行以来，人民法院依法审理部分上市公司破产重整案件，最大限度减少因上市公司破产程序给社会造成的不良影响，实现法律效果和社会效果的统一。北京证券交易所上市公司与沪深上市公司法律地位相同，对其破产重整案件，人民法院应当适用前述纪要办理。新三板挂牌公司虽因不具有法定上市公司地位，其破产重整案件不适用前述纪要程序，但其作为非上市公众公司，破产重整也涉及投资者、债权人等多方利益保护。为防止挂牌公司滥用破产重整程序逃废债务、损害投资者合法权益，人民法院在审理破产重整案件时，对于挂牌公司在破产重整过程中涉及资产交易并达到重大资产重组标准的，应加强与证券监管部门和证券交易场所的沟通协作，督促公司及相关主体依法履行相应程序，在司法程序中关注注入资产的合规情况等，依法惩处规避证券监管、损害公司和投资者合法权益的违法违规行为。

13. 依法规范证券投资咨询机构对新三板基础层、创新层和北京证券交易所市场的投资建议服务。新三板挂牌公司和北京证券交易所上市公司以中小企业为主，企业投资风险相对较高。各级人民法院在依法适用投资者适当性管理义务规定督促证券公司把好投资者“入口关”的同时，也要准确适用证券法第一百六十一条的规定督促证券投资咨询机构尽责归位。对于涉新三板挂牌公司和北京证券交易所上市公司的投资者诉证券投资咨询机构民事赔偿案件的审理，应重点审查该机构及其从业人员是否具有投资服务资质、提供投资建议时是否按照客观谨慎、忠实客户的原则，对于证券投资咨询机构未向投资者提示潜在投资风险、向客户承诺保证收益、进行利益输送等违反监管规定和行业自律规定的欺诈投资者行为，应依法判令其承担相应赔偿责任，切实保护投资者合法权益。

14. 进一步健全证券诉讼和纠纷多元化解机制。各级人民法院要认真遵照执行《最高人民法院关于证券纠纷代表人诉讼若干问题的规定》（法释〔2020〕5 号），充分发挥证券集体诉讼震慑证券违法和保护投资者的制度功能。要运用人民法院一站式多元纠纷解决机制建设成果，发挥人民法院调解平台在化解证券纠纷中的重要作用，完善有机衔接、协调联动、高效便捷的证券纠纷多元化解机制。要立足新三板基础层、创新层和北京证券交易所市场的特点，进一步发挥专业力量在解决案件关键性争议焦点中的支持作用，加快制定专家证人的资格认定和管理办法，进一步发挥专家证人在案件审理中的作用，确保正确认定事实和适用法律。

最高人民法院　最高人民检察院　公安部　国家移民管理局印发《关于依法惩治妨害国（边）境管理违法犯罪的意见》的通知

法发〔2022〕18号

各省、自治区、直辖市高级人民法院、人民检察院、公安厅（局），解放军军事法院、军事检察院，新疆维吾尔自治区高级人民法院生产建设兵团分院、新疆生产建设兵团人民检察院、公安局，各出入境边防检查总站：

为依法惩治妨害国（边）境管理违法犯罪活动，切实维护国（边）境管理秩序和人民群众人身财产安全，根据《中华人民共和国刑法》以及有关法律、司法解释的规定，结合执法、司法实践，最高人民法院、最高人民检察院、公安部、国家移民管理局联合制定了《关于依法惩治妨害国（边）境管理违法犯罪的意见》。现予以印发，请结合实际认真贯彻执行。在执行中遇到的新情况、新问题，请及时分别报告最高人民法院、最高人民检察院、公安部、国家移民管理局。

2022年6月29日

关于依法惩治妨害国（边）境管理违法犯罪的意见

为依法惩治妨害国（边）境管理违法犯罪活动，切实维护国（边）境管理秩序，根据《中华人民共和国刑法》《中华人民共和国刑事诉讼法》《中华人民共和国出境入境管理法》《最高人民法院、最高人民检察院关于办理妨害国（边）境管理刑事案件应用法律若干问题的解释》（法释〔2012〕17号，以下简称《解释》）等有关规定，结合执法、司法实践，制定本意见。

一、总体要求

1. 近年来，妨害国（边）境管理违法犯罪活动呈多发高发态势，与跨境赌博、电信网络诈骗以及边境地区毒品、走私、暴恐等违法犯罪活动交织滋长，严重扰乱国（边）境管理秩序，威胁公共安全和人民群众人身财产安全。人民法院、人民检察院、公安机关和移民管理机构要进一步提高政治站位，深刻认识妨害国（边）境管理违法犯罪的严重社会危害，充分发挥各自职能作用，依法准确认定妨害国（边）境管理犯罪行为，完善执法、侦查、起诉、审判的程序衔接，加大对组织者、运送者、犯罪集团骨干成员以及屡罚屡犯者的惩治力度，最大限度削弱犯罪分子再犯能力，切实维护国（边）境管理秩序，确保社会安全稳定，保障人民群众切身利益，努力实现案件办理法律效果与社会效果的有机统一。

二、关于妨害国(边) 境管理犯罪的认定

2. 具有下列情形之一的，应当认定为刑法第三百一十八条规定的“组织他人偷越国（边）境”行为：

（1）组织他人通过虚构事实、隐瞒真相等方式掩盖非法出入境目的，骗取出入境边防检查机关核准出入境的；

（2）组织依法限定在我国边境地区停留、活动的人员，违反国（边）境管理法规，非法进入我国非边境地区的。

对于前述行为，在决定是否追究刑事责任以及如何裁量刑罚时，应当综合考虑组织者前科情况、行为手段、组织人数和次数、违法所得数额及被组织人员偷越国（边）境的目的等情节，依法妥当处理。

3. 事前与组织、运送他人偷越国（边）境的犯罪分子通谋，在偷越国（边）境人员出境前或者入境后，提供接驳、容留、藏匿等帮助的，以组织他人偷越国（边）境罪或者运送他人偷越国（边）境罪的共同犯罪论处。

4. 明知是偷越国（边）境人员，分段运送其前往国（边）境的，应当认定为刑法第三百二十一条规定的“运送他人偷越国（边）境”，以运送他人偷越国（边）境罪定罪处罚。但是，在决定是否追究刑事责任以及如何裁量刑罚时，应当充分考虑行为人在运送他人偷越国（边）境过程中所起作用等情节，依法妥当处理。

5.《解释》第一条第二款、第四条规定的“人数”，以实际组织、运送的人数计算；未到案人员经查证属实的，应当计算在内。

6. 明知他人实施骗取出境证件犯罪，提供虚假证明、邀请函件以及面签培训等帮助的，以骗取出境证件罪的共同犯罪论处；符合刑法第三百一十八条规定的，以组织他人偷越国（边）境罪定罪处罚。

7. 事前与组织他人偷越国（边）境的犯罪分子通谋，为其提供虚假证明、邀请函件以及面签培训等帮助，骗取入境签证等入境证件，为组织他人偷越国（边）境使用的，以组织他人偷越国（边）境罪的共同犯罪论处。

8. 对于偷越国（边）境的次数，按照非法出境、入境的次数分别计算。但是，对于非法越境后及时返回，或者非法出境后又入境投案自首的，一般应当计算为一次。

9. 偷越国（边）境人员相互配合，共同偷越国（边）境的，属于《解释》第五条第二项规定的“结伙”。偷越国（边）境人员在组织者、运送者安排下偶然同行的，不属于“结伙”。

在认定偷越国（边）境“结伙”的人数时，不满十六周岁的人不计算在内。

10. 偷越国（边）境，具有下列情形之一的，属于《解释》第五条第六项规定的“其他情

节严重的情形”：

（1）犯罪后为逃避刑事追究偷越国（边）境的；

（2）破坏边境物理隔离设施后，偷越国（边）境的；

（3）以实施电信网络诈骗、开设赌场等犯罪为目的，偷越国（边）境的；

（4）曾因妨害国（边）境管理犯罪被判处刑罚，刑罚执行完毕后二年内又偷越国（边）境的。

实施偷越国（边）境犯罪，又实施妨害公务、袭警、妨害传染病防治等行为，并符合有关犯罪构成的，应当数罪并罚。

11. 徒步带领他人通过隐蔽路线逃避边防检查偷越国（边）境的，属于运送他人偷越国（边）境。领导、策划、指挥他人偷越国（边）境，并实施徒步带领行为的，以组织他人偷越国（边）境罪论处。

徒步带领偷越国（边）境的人数较少，行为人系初犯，确有悔罪表现，综合考虑行为动机、一贯表现、违法所得、实际作用等情节，认为对国（边）境管理秩序妨害程度明显较轻的，可以认定为犯罪情节轻微，依法不起诉或者免予刑事处罚；情节显著轻微危害不大的，不作为犯罪处理。

12. 对于刑法第三百二十一条第一款规定的“多次实施运送行为”，累计运送人数一般应当接近十人。

三、关于妨害国(边）境管理刑事案件的管辖

13. 妨害国（边）境管理刑事案件由犯罪地的公安机关立案侦查。如果由犯罪嫌疑人居住地的公安机关立案侦查更为适宜的，可以由犯罪嫌疑人居住地的公安机关立案侦查。

妨害国（边）境管理犯罪的犯罪地包括妨害国（边）境管理犯罪行为的预备地、过境地、查获地等与犯罪活动有关的地点。

14. 对于有多个犯罪地的妨害国（边）境管理刑事案件，由最初受理的公安机关或者主要犯罪地的公安机关立案侦查。有争议的，按照有利于查清犯罪事实、有利于诉讼的原则，由共同上级公安机关指定有关公安机关立案侦查。

15. 具有下列情形之一的，有关公安机关可以在其职责范围内并案侦查：

（1）一人犯数罪的；

（2）共同犯罪的；

（3）共同犯罪的犯罪嫌疑人、被告人还实施其他犯罪的；

（4）多个犯罪嫌疑人、被告人实施的犯罪存在关联，并案处理有利于查明案件事实的。

四、关于证据的收集与审查

16. 对于妨害国（边）境管理案件所涉主观明知的认定，应当结合行为实施的过程、方式、被查获时的情形和环境，行为人的认知能力、既往经历、与同案人的关系、非法获利等，审查相关辩解是否明显违背常理，综合分析判断。

在组织他人偷越国（边）境、运送他人偷越国（边）境等案件中，具有下列情形之一的，

可以认定行为人主观明知，但行为人作出合理解释或者有相反证据证明的除外：

（1）使用遮蔽、伪装、改装等隐蔽方式接送、容留偷越国（边）境人员的；

（2）与其他妨害国（边）境管理行为人使用同一通讯群组、暗语等进行联络的；

（3）采取绕关避卡等方式躲避边境检查，或者出境前、入境后途经边境地区的时间、路线等明显违反常理的；

（4）接受执法检查时故意提供虚假的身份、事由、地点、联系方式等信息的；

（5）支付、收取或者约定的报酬明显不合理的；

（6）遇到执法检查时企图逃跑，阻碍、抗拒执法检查，或者毁灭证据的；

（7）其他足以认定行为人明知的情形。

17. 对于不通晓我国通用语言文字的嫌疑人、被告人、证人及其他相关人员，人民法院、人民检察院、公安机关、移民管理机构应当依法为其提供翻译。

翻译人员在案件办理规定时限内无法到场的，办案机关可以通过视频连线方式进行翻译，并对翻译过程进行全程不间断录音录像，不得选择性录制，不得剪接、删改。

翻译人员应当在翻译文件上签名。

18. 根据国际条约规定或者通过刑事司法协助和警务合作等渠道收集的境外证据材料，能够证明案件事实且符合刑事诉讼法规定的，可以作为证据使用，但提供人或者我国与有关国家签订的双边条约对材料的使用范围有明确限制的除外。

办案机关应当移送境外执法机构对所收集证据的来源、提取人、提取时间或者提供人、提供时间以及保管移交的过程等相关说明材料；确因客观条件限制，境外执法机构未提供相关说明材料的，办案机关应当说明原因，并对所收集证据的有关事项作出书面说明。

19. 采取技术侦查措施收集的材料，作为证据使用的，应当随案移送，并附采取技术侦查措施的法律文书、证据清单和有关情况说明。

20. 办理案件中发现的可用以证明犯罪嫌疑人、被告人有罪或者无罪的各种财物，应当严格依照法定条件和程序进行查封、扣押、冻结。不得查封、扣押、冻结与案件无关的财物。凡查封、扣押、冻结的财物，都要及时进行审查。经查明确实与案件无关的，应当在三日以内予以解除、退还，并通知有关当事人。

查封、扣押、冻结涉案财物及其孳息，应当制作清单，妥善保管，随案移送。待人民法院作出生效判决后，依法作出处理。

公安机关、人民检察院应当对涉案财物审查甄别。在移送审查起诉、提起公诉时，应当对涉案财物提出处理意见。人民法院对随案移送的涉案财物，应当依法作出判决。

五、关于宽严相济刑事政策的把握

21. 办理妨害国（边）境管理刑事案件，应当综合考虑行为人的犯罪动机、行为方式、目的以及造成的危害后果等因素，全面把握犯罪事实和量刑情节，依法惩治。做好行政执法与刑事司法的衔接，对涉嫌妨害国（边）境管理犯罪的案件，要及时移送立案侦查，不得以行政处罚代替刑事追究。

对于实施相关行为被不起诉或者免予刑事处罚的行为人，依法应当给予行政处罚、政务处分或者其他处分的，依法移送有关主管机关处理。

22. 突出妨害国（边）境管理刑事案件的打击重点，从严惩处组织他人偷越国（边）境犯罪，坚持全链条、全环节、全流程对妨害国（边）境管理的产业链进行刑事惩治。对于为组织他人偷越国（边）境实施骗取出入境证件，提供伪造、变造的出入境证件，出售出入境证件，或者运送偷越国（边）境等行为，形成利益链条的，要坚决依法惩治，深挖犯罪源头，斩断利益链条，不断挤压此类犯罪滋生蔓延空间。

对于运送他人偷越国（边）境犯罪，要综合考虑运送人数、违法所得、前科情况等依法定罪处罚，重点惩治以此为业、屡罚屡犯、获利巨大和其他具有重大社会危害的情形。

对于偷越国（边）境犯罪，要综合考虑偷越动机、行为手段、前科情况等依法定罪处罚，重点惩治越境实施犯罪、屡罚屡犯和其他具有重大社会危害的情形。

23. 对于妨害国（边）境管理犯罪团伙、犯罪集团，应当重点惩治首要分子、主犯和积极参加者。对受雇佣或者被利用从事信息登记、材料递交等辅助性工作人员，未直接实施妨害国（边）境管理行为的，一般不追究刑事责任，可以由公安机关、移民管理机构依法作出行政处罚或者其他处理。

24. 对于妨害国（边）境管理犯罪所涉及的在偷越国（边）境之后的相关行为，要区分情况作出处理。对于组织、运送他人偷越国（边）境，进而在他人偷越国（边）境之后组织实施犯罪的，要作为惩治重点，符合数罪并罚规定的，应当数罪并罚。

对于为非法用工而组织、运送他人偷越国（边）境，或者明知是偷越国（边）境的犯罪分子而招募用工的，在决定是否追究刑事责任以及如何裁量刑罚时，应当综合考虑越境人数、违法所得、前科情况、造成影响或者后果等情节，恰当评估社会危害性，依法妥当处理。其中，单位实施上述行为，对组织者、策划者、实施者依法追究刑事责任的，定罪量刑应作综合考量，适当体现区别，确保罪责刑相适应。

25. 对以牟利为目的实施妨害国（边）境管理犯罪，要注重适用财产刑和追缴犯罪所得、没收作案工具等处置手段，加大财产刑的执行力度，最大限度剥夺其重新犯罪的能力和条件。

26. 犯罪嫌疑人、被告人提供重要证据或者重大线索，对侦破、查明重大妨害国（边）境管理刑事案件起关键作用，经查证属实的，可以依法从宽处理。

最高人民法院
关于充分发挥环境资源审判职能作用依法惩处盗采矿产资源犯罪的意见

法发〔2022〕19号

党的十八大以来，以习近平同志为核心的党中央把生态文明建设作为关系中华民族永续发展的根本大计，高度重视和持续推进环境资源保护工作。矿产资源是国家的宝贵财富，是人民群众生产、生活的物质基础，是山水林田湖草沙生命共同体的重要组成部分。盗采矿产资源犯罪不仅破坏国家矿产资源及其管理秩序，妨害矿业健康发展，也极易造成生态环境损害，引发安全事故。为充分发挥人民法院环境资源审判职能作用，依法惩处盗采矿产资源犯罪，切实维护矿产资源和生态环境安全，根据有关法律规定，制定本意见。

一、提高政治站位，准确把握依法惩处盗采矿产资源犯罪的根本要求

1. 坚持以习近平新时代中国特色社会主义思想为指导，深入贯彻习近平生态文明思想和习近平法治思想，紧紧围绕党和国家工作大局，用最严格制度、最严密法治筑牢维护矿产资源和生态环境安全的司法屏障。坚持以人民为中心，完整、准确、全面贯彻新发展理念，正确认识和把握惩罚犯罪、保护生态与发展经济、保障民生之间的辩证关系，充分发挥司法的规则引领与价值导向功能，服务经济社会高质量发展。

2. 深刻认识盗采矿产资源犯罪的严重社会危害性，准确把握依法打击盗采矿产资源犯罪的形势任务，增强工作责任感和使命感。严格依法审理各类盗采矿产资源案件，紧盯盗采、运输、销赃等各环节，坚持“全要素、全环节、全链条”标准，确保裁判政治效果、法律效果、社会效果、生态效果相统一。

3. 坚持刑法和刑事诉讼法的基本原则，落实宽严相济刑事政策，依法追究盗采行为人的刑事责任。落实民法典绿色原则及损害担责、全面赔偿原则，注重探索、运用预防性恢复性司法规则，依法认定盗采行为人的民事责任。支持和保障行政主管机关依法行政、严格执法，切实追究盗采行为人的行政责任。贯彻落实全面追责原则，依法妥善协调盗采行为人的刑事、民事、行政责任。

4. 突出打击重点，保持依法严惩态势。落实常态化开展扫黑除恶斗争部署要求，持续依法严惩“沙霸”“矿霸”及其“保护伞”，彻底斩断其利益链条、铲除其滋生土壤。结合环境保护法、长江保护法、黑土地保护法等法律实施，依法严惩在划定生态保护红线区域、大江大河流域、黑土地保护区域以及在禁采区、禁采期实施的盗采矿产资源犯罪。立足维护矿产资源安全

与科学开发利用，依法严惩针对战略性稀缺性矿产资源实施的盗采犯罪。

二、正确适用法律，充分发挥依法惩处盗采矿产资源犯罪的职能作用

5. 严格依照刑法第三百四十三条及《最高人民法院、最高人民检察院关于办理非法采矿、破坏性采矿刑事案件适用法律若干问题的解释》（以下简称《解释》）的规定，对盗采矿产资源行为定罪量刑。对犯罪分子主观恶性深、人身危险性大，犯罪情节恶劣、后果严重的，坚决依法从严惩处。

6. 正确理解和适用《解释》第二条、第四条第一款、第五条第一款规定，准确把握盗采矿产资源行为入罪的前提条件。对是否构成“未取得采矿许可证”情形，要在综合考量案件具体事实、情节的基础上依法认定。

7. 正确理解和适用《解释》第三条、第四条第二款、第五条第二款规定，对实施盗采矿产资源行为同时构成两种以上“情节严重”或者“情节特别严重”情形的，要综合考虑各情节，精准量刑。对在河道管理范围、海域实施盗采砂石行为的，要充分关注和考虑其危害堤防安全、航道畅通、通航安全或者造成岸线破坏等因素。

8. 充分关注和考虑实施盗采矿产资源行为对生态环境的影响，加强生态环境保护力度。对具有破坏生态环境情节但非依据生态环境损害严重程度确定法定刑幅度的，要酌情从重处罚。盗采行为人积极修复生态环境、赔偿损失的，可以依法从轻或者减轻处罚；符合《解释》第十条规定的，可以免予刑事处罚。

9. 正确理解和适用《解释》第十三条规定，准确把握矿产品价值认定规则。为获取非法利益而对矿产品进行加工、保管、运输的，其成本支出一般不从销赃数额中扣除。销赃数额与评估、鉴定的矿产品价值不一致的，要结合案件的具体事实、情节作出合理认定。

10. 依法用足用好罚金刑，提高盗采矿产资源犯罪成本，要综合考虑矿产品价值或者造成矿产资源破坏的价值、生态环境损害程度、社会影响等情节决定罚金数额。法律、行政法规对同类盗采矿产资源行为行政罚款标准有规定的，决定罚金数额时可以参照行政罚款标准。盗采行为人就同一事实已经支付了生态环境损害赔偿金、修复费用的，决定罚金数额时可予酌情考虑，但不能直接抵扣。

11. 准确理解和把握刑法第七十二条规定，依法正确适用缓刑。对盗采矿产资源犯罪分子具有“涉黑”“涉恶”或者属于“沙霸”“矿霸”，曾因非法采矿或者破坏性采矿受过刑事处罚，与国家工作人员相互勾结实施犯罪或者以行贿等非法手段逃避监管，毁灭、伪造、隐藏证据或者转移财产逃避责任，或者数罪并罚等情形的，要从严把握缓刑适用。依法宣告缓刑的，可以根据犯罪情况，同时禁止犯罪分子在缓刑考验期限内从事与开采矿产资源有关的特定活动。

12. 准确理解和把握法律关于共同犯罪的规定，对明知他人盗采矿产资源，而为其提供重要资金、工具、技术、单据、证明、手续等便利条件或者居间联络，结合全案证据可以认定为形成通谋的，以共同犯罪论处。

13. 正确理解和适用《解释》第十二条规定，加强涉案财物处置力度。对盗采矿产资源犯罪的违法所得及其收益，用于盗采矿产资源犯罪的专门工具和供犯罪所用的本人财物，坚决依

法追缴、责令退赔或者没收。对在盗采、运输、销赃等环节使用的机械设备、车辆、船舶等大型工具，要综合考虑案件的具体事实、情节及工具的属性、权属等因素，依法妥善认定是否用于盗采矿产资源犯罪的专门工具。

14. 依法妥善审理国家规定的机关或者法律规定的组织提起的生态环境保护附带民事公益诉讼，综合考虑盗采行为人的刑事责任与民事责任。既要依法全面追责，又要关注盗采行为人的担责能力，保证裁判的有效执行。鼓励根据不同环境要素的修复需求，依法适用劳务代偿、补种复绿、替代修复等多种修复责任承担方式，以及代履行、公益信托等执行方式。支持各方依法达成调解协议，鼓励盗采行为人主动、及时承担民事责任。

三、坚持多措并举，健全完善有效惩治盗采矿产资源犯罪的制度机制

15. 完善环境资源审判刑事、民事、行政审判职能“三合一”体制，综合运用刑事、民事、行政法律手段惩治盗采矿产资源犯罪，形成组合拳。推进以湿地、森林、海洋等生态系统，或者以国家公园、自然保护区等生态功能区为单位的环境资源案件跨行政区划集中管辖，推广人民法院之间协商联动合作模式，努力实现一体化司法保护和法律统一适用。全面加强队伍专业能力建设，努力培养既精通法律法规又熟悉相关领域知识的专家型法官，不断提升环境资源审判能力水平。

16. 加强与纪检监察机关、检察机关、公安机关、行政主管机关的协作配合，推动构建专业咨询和信息互通渠道，建立健全打击盗采矿产资源行政执法与刑事司法衔接长效工作机制，有效解决专业性问题评估、鉴定，涉案物品保管、移送和处理，案件信息共享等问题。依法延伸审判职能，积极参与综合治理工作，对审判中发现的违法犯罪线索、监管疏漏等问题，及时向有关单位移送、通报，必要时发送司法建议，形成有效惩治合力。

17. 因应信息化发展趋势，以人工智能、大数据、区块链为依托，促进信息技术与执法办案、调查研究深度融合，提升环境资源审判的便捷性、高效性和透明度。加速建设全国环境资源审判信息平台，构建上下贯通、横向联通的全国环境资源审判“一张网”，为实现及时、精准惩处和预防盗采矿产资源犯罪提供科技支持。

18. 落实人民陪审员参加盗采矿产资源社会影响重大的案件和公益诉讼案件审理的制度要求，积极发挥专业人员在专业事实查明中的作用，充分保障人民群众知情权、参与权和监督权。着力提升巡回审判、典型案例发布等制度机制的普法功能，深入开展法治宣传和以案释法工作，积极营造依法严惩盗采矿产资源犯罪的社会氛围，引导人民群众增强环境资源保护法治意识，共建天蓝、地绿、水清的美丽家园。

2022 年 7 月 1 日

最高人民法院
关于为加快建设全国统一大市场提供司法服务和保障的意见

法发〔2022〕22号

为深入贯彻党的十九大和十九届历次全会精神，认真落实《中共中央、国务院关于加快建设全国统一大市场的意见》，充分发挥人民法院职能作用，为加快建设全国统一大市场提供高质量司法服务和保障，结合人民法院工作实际，制定本意见。

一、总体要求

1. 切实增强为加快建设全国统一大市场提供司法服务和保障的责任感、使命感。加快建设高效规范、公平竞争、充分开放的全国统一大市场，是以习近平同志为核心的党中央从全局和战略高度作出的重大战略部署，是构建新发展格局的基础支撑和内在要求。各级人民法院要切实把思想和行动统一到党中央重大战略部署上来，深刻把握“两个确立”的决定性意义，增强“四个意识”、坚定“四个自信”、做到“两个维护”，不断提高政治判断力、政治领悟力、政治执行力，坚持服务大局、司法为民、公正司法，忠实履行宪法法律赋予的职责，充分发挥法治的规范、引领和保障作用，为加快建设全国统一大市场提供高质量司法服务和保障。

2. 准确把握为加快建设全国统一大市场提供司法服务和保障的切入点、着力点。各级人民法院要紧紧围绕党中央重大决策部署，坚持“两个毫不动摇”，坚持问题导向，完整、准确、全面贯彻新发展理念，强化系统观念、注重协同配合、积极担当作为，统筹立审执各领域、各环节精准发力，统筹市场主体、要素、规则、秩序统一保护，对标对表持续推动国内市场高效畅通和规模拓展、加快营造稳定公平透明可预期的营商环境、进一步降低市场交易成本、促进科技创新和产业升级、培育参与国际竞争合作新优势五大主要目标，有针对性地完善司法政策、创新工作机制、提升司法质效，不断提高司法服务保障工作的实效性，更好发挥市场在资源配置中的决定性作用，为建设高标准市场体系、构建高水平社会主义市场经济体制提供坚强司法支撑。

二、加强市场主体统一平等保护

3. 助力实行统一的市场准入。依法审理建设工程、房地产、矿产资源以及水、电、气、热力等要素配置和市场准入合同纠纷案件，准确把握自然垄断行业、服务业等市场准入放宽对合同效力的影响，严格落实“非禁即入”政策。依法审理涉市场准入行政案件，支持分级分类推进行政审批制度改革，遏制不当干预经济活动特别是滥用行政权力排除、限制竞争行为。加强市场准入负面清单、涉企优惠政策目录清单等行政规范性文件的附带审查，推动行政机关及时清理废除含有地方保护、市场分割、指定交易等妨碍统一市场和公平竞争的规范性文件，破除地方保护和区域壁垒。

4. 加强产权平等保护。坚持各类市场主体诉讼地位平等、法律适用平等、法律责任平等，依法平等保护各类市场主体合法权益。严格区分经济纠纷、行政违法与刑事犯罪，坚决防止将经济纠纷当作犯罪处理，坚决防止将民事责任变为刑事责任。依法惩治侵犯产权违法犯罪行为，健全涉案财物追缴处置机制，最大限度追赃挽损。充分贯彻善意文明执行理念，进一步规范涉产权强制措施，严禁超标的、违法查封财产，灵活采取查封、变价措施，有效释放被查封财产使用价值和融资功能。完善涉企产权案件申诉、重审等机制，健全涉产权冤错案件有效防范纠正机制。支持规范行政执法领域涉产权强制措施，依法维护市场主体经营自主权。

5. 依法平等保护中外当事人合法权益。研究制定法律查明和国际条约、国际惯例适用等司法解释，准确适用域外法律和国际条约、国际惯例。优化涉外民商事纠纷诉讼管辖机制，研究制定第一审涉外民商事案件管辖司法解释。加强司法协助工作，完善涉外送达机制，推动建成域外送达统一平台。推进国际商事法庭实质化运行，健全国际商事专家委员会工作机制，完善一站式国际商事纠纷解决信息化平台，实现调解、仲裁和诉讼有机衔接，努力打造国际商事纠纷解决新高地。准确适用外商投资法律法规，全面实施外商投资准入前国民待遇加负面清单制度，依法维护外商投资合同效力，促进内外资企业公平竞争。推进我国法域外适用法律体系建设，依法保护“走出去”企业和公民合法权益。

6. 完善市场主体救治和退出机制。坚持破产审判市场化、法治化、专业化、信息化方向，依法稳妥审理破产案件，促进企业优胜劣汰。坚持精准识别、分类施策，对陷入财务困境但仍具有发展前景和挽救价值的企业，积极适用破产重整、破产和解程序，促进生产要素优化组合和企业转型升级，让企业重新焕发生机活力，让市场资源配置更加高效。积极推动完善破产法制及配套机制建设，完善执行与破产工作有序衔接机制，推动企业破产法修改和个人破产立法，推动成立破产管理人协会和设立破产费用专项基金，推进建立常态化“府院联动”协调机制。

7. 依法及时兑现市场主体胜诉权益。进一步健全完善综合治理执行难工作大格局，加强执行难综合治理、源头治理考评，推动将执行工作纳入基层网格化管理，完善立审执协调配合机制，确保“切实解决执行难”目标如期实现。进一步加强执行信息化建设，拓展升级系统功能，强化执行节点管理，提升执行流程监管自动化、智能化水平。探索建立律师调查被执行人财产等制度，推进落实委托审计调查、公证取证、悬赏举报等制度。探索建立怠于履行协助执行义务责任追究机制，建立防范和制止规避执行行为制度，依法惩戒拒执违法行为。配合做好强制执行法立法工作，制定或修订债权执行等司法解释，完善执行法律法规体系。

三、助力打造统一的要素和资源市场

8. 支持健全城乡统一的土地市场。妥善审理涉农村土地“三权分置”纠纷案件，促进土地经营权有序流转。依法审理农村集体经营性建设用地入市纠纷，支持加快建设同权同价、流转顺畅、收益共享的城乡统一建设用地市场。以盘活利用土地为目标，妥善审理涉及国有企事业单位改革改制土地资产处置、存量划拨土地资产产权确定、上市交易等案件。依法审理建设用地使用权转让、出租、抵押等纠纷案件，保障建设用地规范高效利用。适应土地供给政策调整，统一国有土地使用权出让、转让合同纠纷案件裁判尺度。

9. 支持发展统一的资本市场。依法严惩操纵市场、内幕交易、非法集资、贷款诈骗、洗钱等金融领域犯罪，促进金融市场健康发展。妥善审理金融借款合同、证券、期货交易及票据纠纷等案件，规范资本市场投融资秩序。依法处理涉供应链金融、互联网金融、不良资产处置、私募投资基金等纠纷，助力防范化解金融风险。完善私募股权投资、委托理财、资产证券化、跨境金融资产交易等新型纠纷审理规则，加强数字货币、移动支付等法律问题研究，服务保障金融业创新发展。

10. 支持建设统一的技术和数据市场。加强科技成果所有权、使用权、处置权、收益权司法保护，妥善处理因科技成果权属认定、权利转让、权利质押、价值认定和利益分配等产生的纠纷，依法支持科技创新成果市场化应用。依法保护数据权利人对数据控制、处理、收益等合法权益，以及数据要素市场主体以合法收集和自身生成数据为基础开发的数据产品的财产性权益，妥善审理因数据交易、数据市场不正当竞争等产生的各类案件，为培育数据驱动、跨界融合、共创共享、公平竞争的数据要素市场提供司法保障。加强数据产权属性、形态、权属、公共数据共享机制等法律问题研究，加快完善数据产权司法保护规则。

11. 支持建设全国统一的能源和生态环境市场。依法审理涉油气期货产品、天然气、电力、煤炭交易等纠纷案件，依法严惩油气、天然气、电力、煤炭非法开采开发、非法交易等违法犯罪行为，推动资源合法有序开发利用。研究发布司法助力实现碳达峰碳中和目标的司法政策，妥善审理涉碳排放配额、核证自愿减排量交易、碳交易产品担保以及企业环境信息公开、涉碳绿色信贷、绿色金融等纠纷案件，助力完善碳排放权交易机制。全面准确适用民法典绿色原则、绿色条款，梳理碳排放领域出现的新业态、新权属、新问题，健全涉碳排放权、用水权、排污权、用能权交易纠纷裁判规则。研究适用碳汇认购、技改抵扣等替代性赔偿方式，引导企业对生产设备和生产技术进行绿色升级。

四、依法维护统一的市场交易规则

12. 优化营商环境司法保障机制。法治是最好的营商环境。对照加快建设全国统一大市场要求，探索建立符合我国国情、国际标准的司法服务保障营商环境指标体系，加大服务保障营商环境建设情况在考评工作中的比重。出台服务保障营商环境建设的司法解释和司法政策。配合有关职能部门，开展营商环境创新试点工作，制定出台建设法治化营商环境实施规划，建立营商环境定期会商机制。依托司法大数据，建立法治化营商环境分析研判机制。加大营商环境司法保障工作宣传力度，提振经营者投资信心。探索设立人民法院优化营商环境专家咨询委员会。

13. 助力营造公平诚信的交易环境。切实实施民法典，出台民法典合同编司法解释，贯彻合同自由、诚实信用原则，保护合法交易行为，畅通商品服务流通，降低市场交易成本。完善推动社会主义核心价值观深度融入审判执行工作配套机制，发挥司法裁判明辨是非、惩恶扬善、平衡利益、定分止争功能，引导市场主体增强法治意识、公共意识、规则意识。构建虚假诉讼预防、识别、惩治机制，依法严惩虚假诉讼违法犯罪行为。强化失信被执行人信用惩戒力度，完善失信惩戒系统，细化信用惩戒分级机制，修订完善失信被执行人名单管理规定，探索建立守信激励和失信被执行人信用修复制度。探索社会信用体系建设与人民法院审判执行工作深度融合路径，推动建立健全与市场主体信用信息相关的司法大数据归集共享和使用机制。

14. 支持区域市场一体化建设。健全区域重大战略、区域协调发展司法服务和保障机制，依法支持京津冀、长三角、粤港澳大湾区以及成渝地区双城经济圈、长江中游城市群等区域，在维护全国统一大市场前提下，优先开展区域市场一体化建设工作。充分发挥最高人民法院巡回法庭作用，健全巡回区法院资源共享、联席会议、法官交流等工作机制，积极探索区域司法协作新路径。健全跨域司法联动协作机制，积极推广司法服务保障区域市场一体化的典型经验做法。

15. 推进内地与港澳、大陆与台湾规则衔接机制对接。加强涉港澳台审判工作，探索建立涉港澳台商事案件集中管辖机制。加强司法协助互助，落实内地与澳门仲裁程序相互协助保全安排，落实内地与香港相互认可和协助破产程序机制。探索简化港澳诉讼主体资格司法确认和诉讼证据审查认定程序，拓展涉港澳案件诉讼文书跨境送达途径，拓宽内地与港澳相互委托查明法律渠道。推动建立深港澳调解组织和调解员资质统一认证机制，完善港澳人士担任特邀调解员、陪审员制度，依法保障符合条件的港澳律师在粤港澳大湾区执业权利。完善与港澳台司法交流机制，推动建立粤港澳法官审判专业研讨常态化机制，支持海峡两岸法院开展实务交流。

16. 加强国内法律与国际规则衔接。坚持统筹推进国内法治与涉外法治，大力推进涉外审判体系和审判能力现代化建设，加强重大涉外民商事案件审判指导，探索多语言发布涉外民商事指导性案例，扩大中国司法裁判国际影响力和公信力。实施海事审判精品战略，加快推进国际海事司法中心建设，探索完善航运业务开放、国际船舶登记、沿海捎带、船舶融资租赁等新类型案件审理规则，打造国际海事纠纷争议解决优选地。加强与有关国际组织、国家和地区司法领域合作，加大对走私、洗钱、网络诈骗、跨境腐败等跨境犯罪的打击力度。积极参与国际贸易、知识产权、环境保护、网络空间等领域国际规则制定，提升我国在国际经济治理中的话语权。

五、助力推进商品和服务市场高水平统一

17. 强化知识产权司法保护。加大知识产权司法保护力度，服务保障科技创新和新兴产业发展，以创新驱动、高质量供给引领和创造新需求。持续加大对重点领域、新兴产业关键核心技术和创新型中小企业原始创新司法保护力度。严格落实知识产权侵权惩罚性赔偿、行为保全等制度，有效遏制知识产权侵权行为。推动完善符合知识产权案件审判规律的诉讼规范，健全知识产权法院跨区域管辖制度，畅通知识产权诉讼与仲裁、调解对接机制，健全知识产权行政执法和司法衔接机制。

18. 依法保护劳动者权益。妥善审理平等就业权纠纷等案件，推动消除户籍、地域、身份、性别等就业歧视，促进劳动力、人才跨地区顺畅流动。加强跨境用工司法保护，准确认定没有办理就业证件的港澳台居民与内地用人单位签定的劳动合同效力。出台服务保障国家新型城镇化建设的司法政策，依法保护进城务工人员合法权益。研究出台涉新业态民事纠纷司法解释，加强新业态从业人员劳动权益保障。积极开展根治欠薪专项行动，依法严惩拒不支付劳动报酬违法犯罪行为，加大欠薪案件审执力度。推动完善劳动争议解决体系。

19. 助力提升商品质量。坚决惩处制售假冒伪劣商品、危害食品药品安全等违法犯罪行为。依法从严惩处制假售假、套牌侵权、危害种质资源等危害种业安全犯罪，促进国家种业资源统一保护。依法审理因商品质量引发的合同、侵权纠纷案件，准确适用惩罚性赔偿制度，注重运用民事手段助推商品质量提升。依法审理涉产品质量行政纠纷案件，支持行政机关深化质量认证制度改革，加强全供应链、全产业链、产品全生命周期管理。研究制定审理危害生产安全犯罪案件司法解释，促进安全生产形势持续好转。

20. 支持提升消费服务质量。完善扩大内需司法政策支撑体系，积极营造有利于全面促进消费的法治环境。严惩预付消费诈骗犯罪，妥善处理住房、教育培训、医疗卫生、养老托育等重点民生领域消费者权益保护纠纷案件，提高群众消费安全感和满意度。完善网络消费、服务消费等消费案件审理规则，服务保障消费升级和消费新模式新业态发展。优化消费纠纷案件审理机制，探索建立消费者权益保护集体诉讼制度，完善消费公益诉讼制度，推动建立消费者权益保护工作部门间衔接联动机制，促进消费纠纷源头治理。

六、切实维护统一的市场竞争秩序

21. 依法打击垄断和不正当竞争行为。强化司法反垄断和反不正当竞争，依法制止垄断协议、滥用市场支配地位等垄断行为，严厉打击侵犯商业秘密、商标恶意抢注、攀附仿冒等不正当竞争行为，加强科技创新、信息安全、民生保障等重点领域不正当竞争案件审理。加强对平台企业垄断的司法规制，及时制止利用数据、算法、技术手段等方式排除、限制竞争行为，依法严惩强制“二选一”、大数据杀熟、低价倾销、强制搭售等破坏公平竞争、扰乱市场秩序行为，防止平台垄断和资本无序扩张。依法严厉打击自媒体运营者借助舆论影响力对企业进行敲诈勒索行为，以及恶意诋毁商家商业信誉、商品声誉等不正当竞争行为。完善竞争案件裁判规则，适时出台反垄断民事诉讼司法解释。

22. 监督支持行政机关强化统一市场监管执法。修改完善办理政府信息公开案件司法解释，依法审理市场监管领域政府信息公开案件，促进行政机关严格依照法定权限和程序公开市场监管规则。依法妥善审理涉市场监管自由裁量、授权委托监管执法、跨行政区域联合执法等行政纠纷案件，监督支持行政机关提高综合执法效能、公平公正执法。加强与检察机关协作，通过审理行政公益诉讼案件、发送司法建议等方式，共同推动市场监管部门健全权责清晰、分工明确、运行顺畅的监管体系。加强与市场监管执法部门沟通协作，推进统一市场监管领域行政裁判规则与执法标准。

23. 依法惩处扰乱市场秩序违法犯罪行为。研究制定审理涉税犯罪案件司法解释，依法惩处逃税、抗税、骗税、虚开增值税专用发票等违法犯罪行为，加大对利用“阴阳合同”逃税、文娱领域高净值人群逃税等行为的惩处力度。加强与税务、公安等部门执法司法协同，推动完善税收监管制度。准确把握合同诈骗、强迫交易等违法犯罪行为入刑标准，依法认定相关合同效力，维护市场主体意思自治。依法严惩通过虚假诉讼手段逃废债、虚假破产、诈骗财物等行为。研究制定审理非法经营刑事案件司法解释，严格规范非法经营刑事案件定罪量刑标准。研究制定办理渎职刑事案件适用法律问题司法解释，对国家工作人员妨害市场经济发展的渎职犯罪处理问题作出规定。

24. 助力统筹推进疫情防控和经济社会发展。依法严惩利用疫情诈骗、哄抬物价、囤积居奇、造谣滋事，以及制售假劣药品、医疗器械、医用卫生材料等犯罪，维护疫情防控期间生产生活秩序。妥善处理疫情引发的合同违约、企业债务等纠纷案件，准确适用不可抗力规则，合理平衡当事人利益。精准服务做好“六稳”“六保”，妥善处理因疫情引发的劳资用工、购销合同、商铺租赁等民商事纠纷，持续完善司法惠民惠企政策，帮助受疫情严重冲击的行业、中小微企业和个体工商户纾困解难。

七、健全司法服务和保障工作机制

25. 深入推进诉讼制度改革。严格按照改革部署要求，系统集成推进司法体制综合配套改革各项工作举措，切实满足市场主体高效便捷公正解决纠纷的司法需求。强化诉权保护理念，坚决贯彻执行立案登记制度。稳妥推进四级法院审级职能定位改革，优化民商事、行政案件级别管辖标准，完善再审申请程序和立案标准，健全案件移送管辖提级审理机制，推动将具有普遍法律适用指导意义、关乎社会公共利益的案件交由较高层级法院审理。认真贯彻落实新修订的民事诉讼法，用足用好繁简分流改革成果，出台民事速裁适用法律问题司法解释，进一步推动案件繁简分流、轻重分离、快慢分道。

26. 完善统一法律适用工作机制。加强司法解释管理，完善案例指导制度，建立全国法院法律统一适用平台，构建类案裁判规则数据库，推行类案和新类型案件强制检索制度，完善合议庭、专业法官会议工作机制，充分发挥审判委员会职责，构建多层次、立体化法律适用分歧解决机制。健全完善司法公开制度体系，加大司法公开四大平台整合力度。推进司法制约监督体系建设，全面推行审判权力责任清单和履职指引制度，完善“四类案件”识别监管机制，构建科学合理的司法责任认定和追究制度。

27. 深化一站式多元解纷和诉讼服务体系建设。坚持和发展新时代“枫桥经验”，把非诉讼纠纷解决机制挺在前面，推动矛盾纠纷系统治理、综合治理、源头治理，切实降低市场主体纠纷解决成本。突出一站、集约、集成、在线、融合五个关键，建设集约高效、多元解纷、便民利民、智慧精准、开放互动、交融共享的现代化诉讼服务体系。发挥人民法院调解平台集成作用，完善司法调解与人民调解、行政调解联动体系，强化诉讼与非诉讼实质性对接。加大在线视频调解力度，建立健全劳动争议、金融保险、证券期货、知识产权等专业化调解机制。

28. 加强互联网司法和智慧法院建设。推进互联网、大数据、人工智能、区块链与审判执行工作深度融合，以司法数据中台和智慧法院大脑为牵引，推动智能协同应用，拓展数据知识服务，构建一体云网设施，提升质效运维水平。推进落实《人民法院在线诉讼规则》《人民法院在线调解规则》《人民法院在线运行规则》，进一步健全完善在线司法程序规范，优化平台建设，推动互联网司法模式成熟定型。深化互联网法院建设，推动完善互联网法院设置和案件管辖范围，充分发挥互联网法院在确立规则、完善制度、网络治理等方面的规范引领作用。

29. 提高服务保障能力水平。牢牢坚持党对司法工作的绝对领导，坚持以党建带队建促审判，推动党建与审判业务工作深度融合、互促共进。加大知识产权、环境资源、涉外法治、破产、金融、反垄断等领域高层次审判人才培养力度，培养一批树牢市场化思维、精通相关领域业务的审判业务专家。通过教育培训、案例指导、交流研讨等形式，加强相关领域审判业务指导，最高人民法院适时发布相关领域指导性案例和典型案例。充分用好人民法院各类研究平台和资源，加强对有关重大问题的调查研究，推出高质量研究成果。

30. 加强组织实施保障。各级人民法院要把服务保障加快建设全国统一大市场作为重大政治任务，列入党组重要议事日程，及时研究解决工作推进中的新情况新问题，对是否存在妨碍全国统一大市场建设的规定和实际情况开展自查清理。最高人民法院各有关部门要加强条线指导，各地法院要结合本地区经济社会发展实际，细化完善服务保障措施，推出新招硬招实招，确保各项服务保障举措落地见效。要认真总结司法服务保障建设全国统一大市场的好经验好做法，全媒体、多角度、立体化做好宣传、总结、推广，为加快建设全国统一大市场营造良好舆论氛围。

2022 年 7 月 14 日

最高人民法院　最高人民检察院　公安部
关于办理信息网络犯罪案件适用刑事诉讼程序若干问题的意见

法发〔2022〕23 号

为依法惩治信息网络犯罪活动，根据《中华人民共和国刑法》《中华人民共和国刑事诉讼法》以及有关法律、司法解释的规定，结合侦查、起诉、审判实践，现就办理此类案件适用刑事诉讼程序问题提出以下意见。

一、关于信息网络犯罪案件的范围

1. 本意见所称信息网络犯罪案件包括：

（1）危害计算机信息系统安全犯罪案件；

（2）拒不履行信息网络安全管理义务、非法利用信息网络、帮助信息网络犯罪活动的犯罪案件；

（3）主要行为通过信息网络实施的诈骗、赌博、侵犯公民个人信息等其他犯罪案件。

二、关于信息网络犯罪案件的管辖

2. 信息网络犯罪案件由犯罪地公安机关立案侦查。必要时，可以由犯罪嫌疑人居住地公安机关立案侦查。

信息网络犯罪案件的犯罪地包括用于实施犯罪行为的网络服务使用的服务器所在地，网络服务提供者所在地，被侵害的信息网络系统及其管理者所在地，犯罪过程中犯罪嫌疑人、被害人或者其他涉案人员使用的信息网络系统所在地，被害人被侵害时所在地以及被害人财产遭受损失地等。

涉及多个环节的信息网络犯罪案件，犯罪嫌疑人为信息网络犯罪提供帮助的，其犯罪地、居住地或者被帮助对象的犯罪地公安机关可以立案侦查。

3. 有多个犯罪地的信息网络犯罪案件，由最初受理的公安机关或者主要犯罪地公安机关立案侦查。有争议的，按照有利于查清犯罪事实、有利于诉讼的原则，协商解决；经协商无法达成一致的，由共同上级公安机关指定有关公安机关立案侦查。需要提请批准逮捕、移送审查起诉、提起公诉的，由立案侦查的公安机关所在地的人民检察院、人民法院受理。

4. 具有下列情形之一的，公安机关、人民检察院、人民法院可以在其职责范围内并案处理：

（1）一人犯数罪的；

（2）共同犯罪的；

（3）共同犯罪的犯罪嫌疑人、被告人还实施其他犯罪的；

（4）多个犯罪嫌疑人、被告人实施的犯罪行为存在关联，并案处理有利于查明全部案件事实的。

对为信息网络犯罪提供程序开发、互联网接入、服务器托管、网络存储、通讯传输等技术支持，或者广告推广、支付结算等帮助，涉嫌犯罪的，可以依照第一款的规定并案侦查。

有关公安机关依照前两款规定并案侦查的案件，需要提请批准逮捕、移送审查起诉、提起公诉的，由该公安机关所在地的人民检察院、人民法院受理。

5. 并案侦查的共同犯罪或者关联犯罪案件，犯罪嫌疑人人数众多、案情复杂的，公安机关可以分案移送审查起诉。分案移送审查起诉的，应当对并案侦查的依据、分案移送审查起诉的理由作出说明。

对于前款规定的案件，人民检察院可以分案提起公诉，人民法院可以分案审理。

分案处理应当以有利于保障诉讼质量和效率为前提，并不得影响当事人质证权等诉讼权利的行使。

6. 依照前条规定分案处理，公安机关、人民检察院、人民法院在分案前有管辖权的，分案后对相关案件的管辖权不受影响。根据具体情况，分案处理的相关案件可以由不同审级的人民法院分别审理。

7. 对于共同犯罪或者已并案侦查的关联犯罪案件，部分犯罪嫌疑人未到案，但不影响对已到案共同犯罪或者关联犯罪的犯罪嫌疑人、被告人的犯罪事实认定的，可以先行追究已到案犯罪嫌疑人、被告人的刑事责任。之前未到案的犯罪嫌疑人、被告人归案后，可以由原办案机关所在地公安机关、人民检察院、人民法院管辖其所涉及的案件。

8. 对于具有特殊情况，跨省（自治区、直辖市）指定异地公安机关侦查更有利于查清犯罪事实、保证案件公正处理的重大信息网络犯罪案件，以及在境外实施的信息网络犯罪案件，公安部可以商最高人民检察院和最高人民法院指定侦查管辖。

9. 人民检察院对于审查起诉的案件，按照刑事诉讼法的管辖规定，认为应当由上级人民检察院或者同级其他人民检察院起诉的，应当将案件移送有管辖权的人民检察院，并通知移送起诉的公安机关。人民检察院认为需要依照刑事诉讼法的规定指定审判管辖的，应当协商同级人民法院办理指定管辖有关事宜。

10. 犯罪嫌疑人被多个公安机关立案侦查的，有关公安机关一般应当协商并案处理，并依法移送案件。协商不成的，可以报请共同上级公安机关指定管辖。

人民检察院对于审查起诉的案件，发现犯罪嫌疑人还有犯罪被异地公安机关立案侦查的，应当通知移送审查起诉的公安机关。

人民法院对于提起公诉的案件，发现被告人还有其他犯罪被审查起诉、立案侦查的，可以协商人民检察院、公安机关并案处理，但可能造成审判过分迟延的除外。决定对有关犯罪并案处理，符合《中华人民共和国刑事诉讼法》第二百零四条规定的，人民检察院可以建议人民法院延期审理。

三、关于信息网络犯罪案件的调查核实

11. 公安机关对接受的案件或者发现的犯罪线索，在审查中发现案件事实或者线索不明，需要经过调查才能够确认是否达到刑事立案标准的，经公安机关办案部门负责人批准，可以进行调查核实；经过调查核实达到刑事立案标准的，应当及时立案。

12. 调查核实过程中，可以采取询问、查询、勘验、检查、鉴定、调取证据材料等不限制被调查对象人身、财产权利的措施，不得对被调查对象采取强制措施，不得查封、扣押、冻结被调查对象的财产，不得采取技术侦查措施。

13. 公安机关在调查核实过程中依法收集的电子数据等材料，可以根据有关规定作为证据使用。

调查核实过程中收集的材料作为证据使用的，应当随案移送，并附批准调查核实的相关材料。

调查核实过程中收集的证据材料经查证属实，且收集程序符合有关要求的，可以作为定案依据。

四、关于信息网络犯罪案件的取证

14. 公安机关向网络服务提供者调取电子数据的，应当制作调取证据通知书，注明需要调取的电子数据的相关信息。调取证据通知书及相关法律文书可以采用数据电文形式。跨地域调取电子数据的，可以通过公安机关信息化系统传输相关数据电文。

网络服务提供者向公安机关提供电子数据的，可以采用数据电文形式。采用数据电文形式提供电子数据的，应当保证电子数据的完整性，并制作电子证明文件，载明调证法律文书编号、单位电子公章、完整性校验值等保护电子数据完整性方法的说明等信息。

数据电文形式的法律文书和电子证明文件，应当使用电子签名、数字水印等方式保证完整性。

15. 询（讯）问异地证人、被害人以及与案件有关联的犯罪嫌疑人的，可以由办案地公安机关通过远程网络视频等方式进行并制作笔录。

远程询（讯）问的，应当由协作地公安机关事先核实被询（讯）问人的身份。办案地公安机关应当将询（讯）问笔录传输至协作地公安机关。询（讯）问笔录经被询（讯）问人确认并逐页签名、捺指印后，由协作地公安机关协作人员签名或者盖章，并将原件提供给办案地公安机关。询（讯）问人员收到笔录后，应当在首页右上方写明“于某年某月某日收到”，并签名或者盖章。

远程询（讯）问的，应当对询（讯）问过程同步录音录像，并随案移送。

异地证人、被害人以及与案件有关联的犯罪嫌疑人亲笔书写证词、供词的，参照执行本条第二款规定。

16. 人民检察院依法自行侦查、补充侦查，或者人民法院调查核实相关证据的，适用本意见第 14 条、第 15 条的有关规定。

17. 对于依照本意见第 14 条的规定调取的电子数据，人民检察院、人民法院可以通过核验电子签名、数字水印、电子数据完整性校验值及调证法律文书编号是否与证明文件相一致等方式，对电子数据进行审查判断。

对调取的电子数据有疑问的，由公安机关、提供电子数据的网络服务提供者作出说明，或者由原调取机关补充收集相关证据。

五、关于信息网络犯罪案件的其他问题

18. 采取技术侦查措施收集的材料作为证据使用的，应当随案移送，并附采取技术侦查措施的法律文书、证据材料清单和有关说明材料。

移送采取技术侦查措施收集的视听资料、电子数据的，应当由两名以上侦查人员制作复制件，并附制作说明，写明原始证据材料、原始存储介质的存放地点等信息，由制作人签名，并加盖单位印章。

19. 采取技术侦查措施收集的证据材料，应当经过当庭出示、辨认、质证等法庭调查程序查证。

当庭调查技术侦查证据材料可能危及有关人员的人身安全，或者可能产生其他严重后果的，法庭应当采取不暴露有关人员身份和技术侦查措施使用的技术设备、技术方法等保护措施。必要时，审判人员可以在庭外对证据进行核实。

20. 办理信息网络犯罪案件，对于数量特别众多且具有同类性质、特征或者功能的物证、书证、证人证言、被害人陈述、视听资料、电子数据等证据材料，确因客观条件限制无法逐一收集的，应当按照一定比例或者数量选取证据，并对选取情况作出说明和论证。

人民检察院、人民法院应当重点审查取证方法、过程是否科学。经审查认为取证不科学的，应当由原取证机关作出补充说明或者重新取证。

人民检察院、人民法院应当结合其他证据材料，以及犯罪嫌疑人、被告人及其辩护人所提辩解、辩护意见，审查认定取得的证据。经审查，对相关事实不能排除合理怀疑的，应当作出有利于犯罪嫌疑人、被告人的认定。

21. 对于涉案人数特别众多的信息网络犯罪案件，确因客观条件限制无法收集证据逐一证明、逐人核实涉案账户的资金来源，但根据银行账户、非银行支付账户等交易记录和其他证据材料，足以认定有关账户主要用于接收、流转涉案资金的，可以按照该账户接收的资金数额认定犯罪数额，但犯罪嫌疑人、被告人能够作出合理说明的除外。案外人提出异议的，应当依法审查。

22. 办理信息网络犯罪案件，应当依法及时查封、扣押、冻结涉案财物，督促涉案人员退赃退赔，及时追赃挽损。

公安机关应当全面收集证明涉案财物性质、权属情况、依法应予追缴、没收或者责令退赔的证据材料，在移送审查起诉时随案移送并作出说明。其中，涉案财物需要返还被害人的，应当尽可能查明被害人损失情况。人民检察院应当对涉案财物的证据材料进行审查，在提起公诉时提出处理意见。人民法院应当依法作出判决，对涉案财物作出处理。

对应当返还被害人的合法财产，权属明确的，应当依法及时返还；权属不明的，应当在人民法院判决、裁定生效后，按比例返还被害人，但已获退赔的部分应予扣除。

23. 本意见自 2022 年 9 月 1 日起施行。《最高人民法院、最高人民检察院、公安部关于办理网络犯罪案件适用刑事诉讼程序若干问题的意见》（公通字〔2014〕10 号）同时废止。

2022 年 8 月 26 日

最高人民法院
关于支持和保障贵州在新时代西部大开发上闯新路的意见

法发〔2022〕30号

为深入学习贯彻习近平新时代中国特色社会主义思想，全面贯彻习近平法治思想，认真贯彻习近平总书记视察贵州重要讲话精神，积极落实《中共中央、国务院关于新时代推进西部大开发形成新格局的指导意见》《国务院关于支持贵州在新时代西部大开发上闯新路的意见》，充分发挥人民法院职能作用，切实支持和保障贵州在新时代西部大开发上闯新路，结合人民法院工作实际，制定如下意见。

一、总体要求

1. 深刻认识支持和保障贵州在新时代西部大开发上闯新路的重大意义。支持贵州在新时代西部大开发上闯新路，是以习近平同志为核心的党中央着眼发挥贵州比较优势，为巩固拓展脱贫攻坚成果、畅通国内大循环和国内国际双循环、推动高质量发展作出的重要部署，对于促进区域协调发展，推动新时代西部大开发形成新格局具有重大意义。各级人民法院要切实把思想和行动统一到党中央决策部署上来，深刻领悟“两个确立”的决定性意义，增强“四个意识”、坚定“四个自信”、做到“两个维护”，不断提高政治判断力、政治领悟力、政治执行力，自觉融入党和国家工作大局，忠实履行宪法法律赋予的职责，为贵州在新时代西部大开发上闯新路提供高质量司法服务和保障。

2. 精准对接支持和保障贵州在新时代西部大开发上闯新路的目标任务。各级人民法院要坚持实效导向，完整、准确、全面贯彻新发展理念，全面对接、精准把握贵州在新时代西部大开发上闯新路的司法需求，紧紧围绕贵州“四区一高地”的战略定位，聚焦社会经济发展、脱贫攻坚、生态环境等重点领域和关键环节存在的司法问题，加强调查研究，创新工作机制，为支持贵州在新时代西部大开发上闯新路提供坚强司法支撑。

二、服务保障建设西部大开发综合改革示范区

3. 助推要素市场化配置改革。妥善处理农村集体经营性建设用地入市纠纷，支持加快建设同权同价、流转顺畅、收益共享的城乡统一建设用地市场。依法审理农村资源变资产、资金变股金、农民变股东案件，保护农村集体经济组织及其成员的合法权益。依法审理建设用地使用权转让、出租、抵押等纠纷案件，保障建设用地规范高效利用。依法审理各类涉矿产资源管理案件，正确认定“净矿出让”机制改革中经登记的矿业权出让合同效力，保护矿业权有序流

转。深化企业破产重整、预重整、执行转破产制度改革，推动国有企业调整盘活存量资产，优化增量资本配置。

4.优化营商环境司法保障机制。坚持各类市场主体诉讼地位平等、法律适用平等、法律责任平等，依法平等保护各类市场主体合法权益。依法妥善审理涉企业融资融券案件，提升金融对实体经济服务质效。支持监督行政机关依法行政，助推行政机关纵深推进简政放权、放管结合、优化服务各项改革，营造公平有序的市场竞争环境。支持贵州法院加快融入诚信贵州建设，完善失信被执行人信用监督、警示和惩戒体系，健全失信被执行人信用承诺、修复和异议机制，助推社会信用体系加快完善。

三、服务保障建设巩固拓展脱贫攻坚成果样板区

5.支持接续推进脱贫地区发展。依法惩治破坏农业生产经营秩序、危害中央惠农政策落实落地等违法犯罪行为，确保人民群众安心生产生活。建立涉农村就业人员劳动收入行政执法与司法衔接机制，加强涉农民工工资、灵活就业人员、新就业形态劳动报酬、工伤赔偿纠纷等案件的审理执行，保护弱势群体合法权益。健全司法救助机制，完善司法救助与社会救助等相衔接的多元化综合救助模式，坚持应救尽救，防止因案致贫、因案返贫。

6.服务乡村振兴。持续推进扫黑除恶斗争常态化，严厉打击操控把持村民自治组织及基层党组织，破坏、强揽农村公路建设、供水保障工程、人居环境整治工程等犯罪行为。依法公正高效审理农村地区污水、黑臭水体、垃圾污染等涉民生案件，推进美丽乡村建设。依法审理涉永久基本农田相关案件，强化耕地数量保护和质量提升。服务品牌强农战略，加大对特色优势农产品等地理标志、知名品牌保护力度，助力“黔货出山”。

四、服务保障建设内陆开放型经济新高地

7.促进内陆开放型经济试验区提档升级。依法审理涉区域全面经济伙伴关系协定实施、数字贸易、跨区域或跨境电商、外贸、海外仓等贸易纠纷案件，服务保障促进贸易投资自由化便利化。深化区域司法协作，健全与成渝经济圈、粤港澳大湾区、长江经济带等地司法合作机制，加强案件办理、法律政策研究的协作与交流。支持贵州法院服务保障黔东南黎平、从江、榕江打造对接粤港澳大湾区桥头堡，遵义建设融入成渝地区双城经济圈先行示范区，桐梓（重庆）工业园打造承接川渝产业转移示范区。

8.支持贵州对内对外开放通道建设。依法妥善审理涉铁路、高速公路、航道、机场、无水港等相关项目建设过程中产生的各类纠纷，为畅通对内、对外客运、货运大通道提供有力司法保障。支持贵州法院探索中欧班列、西部陆海新通道等运输案件的专业化审判机制，服务贵阳、遵义全国性综合交通枢纽建设。

五、服务保障建设数字经济发展创新区

9.强化知识产权司法保护。妥善处理因科技成果权属认定、权利转让、价值认定和利益分配产生的纠纷，全面实施知识产权侵权惩罚性赔偿制度，依法支持科技成果转化应用和产业

化，助力实施“科技入黔”。依法妥善审理涉新能源动力电池、新能源汽车配套产业、航空航天产业发展、植物新品种、数字经济等相关案件，支持培育壮大战略性新兴产业。加强对特色食品品牌、道地中药材和民族医药等知识产权司法保护力度，推动传统产业提质升级。

10. 依法护航数字产业发展。依法打击危害数据安全、非法侵入、破坏、控制计算机信息系统、非法利用信息网络和大数据、侵犯公民个人信息等信息网络犯罪活动，不断加强大数据汇聚的安全保障，支持贵州建设全国一体化算力网络国家枢纽节点，打造面向全国的算力保障基地。依法审理数字产业领域反垄断和反不正当竞争案件，促进数字产业健康发展。依托贵阳大数据交易所，开展以数据确权规则、数据交易规则、收益分配规则等为核心的数据资源化、资产化改革司法问题研究，促进数据要素有序流通。

六、服务保障建设生态文明建设先行区

11. 加大生态环境司法保护力度。依法严惩污染环境、破坏生态等违法犯罪行为，筑牢生态环境安全司法保护屏障。充分发挥环境公益诉讼和生态环境损害赔偿诉讼审判职能，有力维护社会公共利益。强化生物多样性司法保护，依法落实长江“十年禁渔”，加大对乌江、南北盘江、红水河、清水江生态保护修复的司法支持，加强世界自然遗产地、自然保护区、重要河湖湿地等专业化保护格局建设。妥善审理涉碳排放配额、核证自愿减排量交易、碳交易产品担保以及企业环境信息公开、涉碳绿色信贷、绿色金融等纠纷案件，助力实现“碳达峰”“碳中和”目标。

12. 积极参与文化生态和自然生态环境社会治理。依法保护物质文化遗产和非物质文化遗产，探索完善民族村寨、传统村落和历史文化名村、传统民俗等人类文明延续生态的司法保护机制。立足贵州省清镇市人民法院环境保护法庭跨行政区划集中管辖环境资源案件优势，发挥人民法院环境资源审判实践（清镇）基地引领示范作用，探索创新环境资源审判体制机制。深化流域区域司法协作和生态环境协同治理，加强贵州法院与流域其他法院以及其他单位的协调联动，构建多元共治的环境治理体系。支持贵州法院举办生态文明贵阳国际论坛——“生态文明法治主题论坛”，打造全国性、国际性法治高端交流平台。

七、助力提高保障和改善民生水平

13. 依法保护人民群众合法权益。依法严惩杀人、抢劫、绑架、拐卖性侵妇女儿童、危害食品药品安全等犯罪，保护人民群众人身财产安全。严厉打击毒品犯罪，坚决遏制毒品犯罪滋生蔓延。依法审理执行教育、医疗、养老、育幼、社会保障等民生领域案件，加大对高校毕业生、新产业工人等权益保护力度，维护劳动者公平就业权利。落实“房子是用来住的、不是用来炒的”定位，加强住房消费者合法权益保护，促进房地产业良性循环和健康发展。

14. 健全民生权益司法保障机制。加大与相关单位衔接配合力度，推动人身司法保护令、家庭教育令等的正确适用。健全与学校、社区联动机制，强化对留守儿童、空巢老人、留守妇女等的司法保护。探索构建未成年人刑事、民事、行政案件集中管辖机制，加大未成年人司法保护力度。探索建立涉老矛盾纠纷预警、排查、调解机制，服务新时代老龄工作。健全阳光

执行、规范执行、依法善意文明执行相关机制，完善执行制约监督机制，竭力推动切实解决执行难。

八、助力强化重点领域安全保障和风险防范

15. 依法保障重点行业领域安全。严厉打击乡村建设、新型城镇化建设、开放通道建设、文化旅游、矿产能源等行业领域的黑恶犯罪。依法惩处利用中央对贵州的税收优惠支持进行逃税、骗税等违法犯罪行为。支持建立涉贵州地方政府债务跨省域案件联席会议制度，支持降低债务风险等级试点工作，充分借助多方力量稳步促进地方政府债务依法妥善化解。与相关职能部门建立重大领域风险沟通协作机制，服务做好房地产物业、金融领域、教育培训等重点领域风险的研判预警处置，扎实做好经济风险防控。

16. 积极做好社会矛盾化解工作。坚持和发展新时代"枫桥经验"，全面推进人民法院调解平台进乡村、进社区、进网格，加大与基层党组织、基层治理单位、"五老"人员、网格员等对接力度，建立覆盖全域的基层矛盾纠纷预防化解网络，促进矛盾纠纷就地发现、就地调处、就地化解。坚持把非诉讼纠纷解决机制挺在前面，深化中国特色一站式多元解纷和诉讼服务体系建设，完善党委领导下"法院 + 社会"多元纠纷解决格局，发挥人民法院调解平台在线集成优势，增强诉讼服务中心实质性解纷能力，推动矛盾纠纷源头治理、多元化解、在线调解、一站式解决。继承发展"马锡五审判方式"，深入乡村、社区、企业及交通不便地区，为基层群众提供优质司法服务。

九、保障措施

17. 加强队伍建设。牢牢坚持党对司法工作的绝对领导，坚持以党建带队建促审判，推动党建与审判业务工作深度融合、互促共进。加强重要岗位、关键领域人才队伍建设，深入推进审判业务专家梯次培养。建立教育培训对口支援机制，组织最高人民法院西部讲师团定期赴西部及民族地区巡回授课，根据贵州法院教育培训需求，不定期开展支援授课。支持贵州法院与其他地区法院在人才培养、教育培训、业务交流等方面的合作，积极联合政法院校、民族院校开展双语法官专题培训。与党政机关、高校之间加强常态化人才交流，提升互派锻炼覆盖率。

18. 打造红色法院文化品牌。全面梳理法院发展脉络，深入总结红色司法基因，不断丰富红色法院文化内涵。支持贵州法院全面升级文化教育阵地，建成一批特色鲜明、主题突出，在全国法院具有较大影响力的法院文化阵地。适应时代发展趋势，积极创作一批形式新颖、艺术性强、内容充实的红色法院文化精品力作，综合运用"报、网、端、微、屏"等全媒体传播方式加强宣传，增强红色法院文化的传播力、引导力、影响力。灵活运用民歌、微视频等多种形式，创作少数民族群众、广大农村基层群众喜闻乐见的法治文化作品。

19. 强化基层基础建设。坚持强基导向，健全人员管理机制，推动法官员额配置向基层和办案一线倾斜，建立常态化轮岗机制，充实审判辅助力量，鼓励规范有序购买社会化服务。改革和优化人民法庭布局，完善人民法庭的管理和保障机制，加强人民法庭队伍、装备和信息化建设，更好发挥人民法庭在基层社会治理中的作用。支持贵州法院依托贵州政法机关跨部门大

数据办案平台，全面深化推广无纸化办案办公，积极探索总结司法区块链、司法人工智能应用示范场景，深入推进智慧法院建设。

20. 加强组织领导。最高人民法院有关单位要加强条线指导，最高人民法院第五巡回法庭要充分发挥派驻便利条件，通过依法审理案件，营造良好法治环境。贵州省高级人民法院要全面准确贯彻党中央有关文件精神，强化责任担当，压实主体责任，明确目标任务，加强督促指导，狠抓工作落实。贵州省各中级和基层人民法院要结合各地区经济社会发展实际，细化完善服务保障措施，确保各项服务保障举措落地见效。

2022 年 10 月 11 日

最高人民法院　住房和城乡建设部　中国人民银行 关于规范人民法院保全执行措施　确保商品房预售资金用于项目建设的通知

法〔2022〕12 号

各省、自治区、直辖市高级人民法院，解放军军事法院，新疆维吾尔自治区高级人民法院生产建设兵团分院；各省、自治区、直辖市住房和城乡建设厅（委、管委），新疆生产建设兵团住房和城乡建设局；中国人民银行上海总部、各分行、营业管理部、各省会（首府）城市中心支行、副省级城市中心支行，各国有商业银行，中国邮政储蓄银行，各股份制商业银行：

为了确保商品房预售资金用于有关项目建设，切实保护购房人与债权人合法权益，进一步明确住房和城乡建设部门、相关商业银行职责，规范人民法院的保全、执行行为，根据《中华人民共和国城市房地产管理法》《中华人民共和国民事诉讼法》等法律规定，通知如下：

一、商品房预售资金监管是商品房预售制度的重要内容，是保障房地产项目建设、维护购房者权益的重要举措。人民法院冻结预售资金监管账户的，应当及时通知当地住房和城乡建设主管部门。

人民法院对预售资金监管账户采取保全、执行措施时要强化善意文明执行理念，坚持比例原则，切实避免因人民法院保全、执行预售资金监管账户内的款项导致施工单位工程进度款无法拨付到位，商品房项目建设停止，影响项目竣工交付，损害广大购房人合法权益。

除当事人申请执行因建设该商品房项目而产生的工程建设进度款、材料款、设备款等债权案件之外，在商品房项目完成房屋所有权首次登记前，对于预售资金监管账户中监管额度内的款项，人民法院不得采取扣划措施。

二、商品房预售资金监管账户被人民法院冻结后，房地产开发企业、商品房建设工程款债权人、材料款债权人、租赁设备款债权人等请求以预售资金监管账户资金支付工程建设进度款、材料款、设备款等项目建设所需资金，或者购房人因购房合同解除申请退还购房款，经项目所在地住房和城乡建设主管部门审核同意的，商业银行应当及时支付，并将付款情况及时向人民法院报告。

住房和城乡建设主管部门应当依法妥善处理房地产开发企业等主体的资金使用申请，未尽监督审查义务违规批准用款申请，导致资金挪作他用，损害保全申请人或者执行申请人权利的，依法承担相应责任。

三、开设监管账户的商业银行接到人民法院冻结预售资金监管账户指令时，应当立即办理冻结手续。

商业银行对于不符合资金使用要求和审批手续的资金使用申请，不予办理支付、转账手续。商业银行违反法律规定或合同约定支付、转账的，依法承担相应责任。

四、房地产开发企业提供商业银行等金融机构出具的保函，请求释放预售资金监管账户相应额度资金的，住房和城乡建设主管部门可以予以准许。

预售资金监管账户被人民法院冻结，房地产开发企业直接向人民法院申请解除冻结并提供担保的，人民法院应当根据《中华人民共和国民事诉讼法》第一百零七条、《最高人民法院关于适用〈中华人民共和国民事诉讼法〉的解释》第一百六十七条的规定审查处理。

五、人民法院工作人员在预售资金监管账户的保全、执行过程中，存在枉法裁判执行、违法查封随意解封、利用刑事手段插手民事经济纠纷等违法违纪问题的，要严肃予以查处。

住房和城乡建设主管部门、商业银行等相关单位工作人员在预售资金监管账户款项监管、划拨过程中，滥用职权、玩忽职守、徇私舞弊的，依法追究法律责任。

2022 年 1 月 11 日

最高人民法院　中国证券监督管理委员会
关于适用《最高人民法院关于审理证券市场虚假陈述侵权民事赔偿案件的若干规定》有关问题的通知

法〔2022〕23号

各省、自治区、直辖市高级人民法院，新疆维吾尔自治区高级人民法院生产建设兵团分院；中国证券监督管理委员会各派出机构、各交易所、各下属单位、各协会：

《最高人民法院关于审理证券市场虚假陈述侵权民事赔偿案件的若干规定》（以下简称《若干规定》）已于2021年12月30日由最高人民法院审判委员会第1860次会议通过。为更好地发挥人民法院和监管部门的协同作用，依法保护投资者合法权益，维护公开、公平、公正的资本市场秩序，促进资本市场健康发展，现就《若干规定》实施中的有关问题通知如下：

一、人民法院受理证券市场虚假陈述侵权民事赔偿案件后，应当在十个工作日内将案件基本情况向发行人、上市或者挂牌公司所在辖区的中国证券监督管理委员会（以下简称中国证监会）派出机构通报，相关派出机构接到通报后应当及时向中国证监会报告。

二、当事人对自己的主张，应当提供证据加以证明。为了查明事实，人民法院可以依法向中国证监会有关部门或者派出机构调查收集有关证据。

人民法院和中国证监会有关部门或者派出机构在调查收集证据时要加强协调配合，以有利于监管部门履行监管职责与人民法院查明民事案件事实为原则。在充分沟通的基础上，人民法院依照《中华人民共和国民事诉讼法》及相关司法解释等规定调查收集证据，中国证监会有关部门或者派出机构依法依规予以协助配合。

人民法院调查收集的证据，应当按照法定程序当庭出示并由各方当事人质证。但是涉及国家秘密、工作秘密、商业秘密和个人隐私或者法律规定其他应当保密的证据，不得公开质证。

三、人民法院经审查，认为中国证监会有关部门或者派出机构对涉诉虚假陈述的立案调查不影响民事案件审理的，应当继续审理。

四、案件审理过程中，人民法院可以就诉争虚假陈述行为违反信息披露义务规定情况、对证券交易价格的影响、损失计算等专业问题征求中国证监会或者相关派出机构、证券交易场所、证券业自律管理组织、投资者保护机构等单位的意见。征求意见的时间，不计入案件审理期限。

五、取消前置程序后，人民法院要根据辖区内的实际情况，在法律规定的范围内积极开展专家咨询和专业人士担任人民陪审员的探索，中国证监会派出机构和有关部门要做好相关专家、专业人士担任人民陪审员的推荐等配合工作，完善证券案件审理体制机制，不断提升案件审理的专业化水平。

六、在协调沟通过程中，相关人员要严格遵守保密纪律和工作纪律，不得泄露国家秘密、工作秘密、商业秘密和个人隐私，不得对民事诉讼案件的审理和行政案件的调查施加不正当影响。

七、地方各级人民法院、中国证监会各派出机构和相关单位要积极组织学习培训，拓宽培训形式，尽快准确掌握《若干规定》的内容与精神，切实提高案件审理和监管执法水平。对于适用中存在的问题，请按隶属关系及时层报最高人民法院和中国证监会。

2022 年 1 月 21 日

最高人民法院
关于证券市场虚假陈述侵权民事赔偿案件诉讼时效衔接适用相关问题的通知

法〔2022〕36 号

各省、自治区、直辖市高级人民法院，解放军军事法院，新疆维吾尔自治区高级人民法院生产建设兵团分院：

《最高人民法院关于审理证券市场因虚假陈述引发的民事赔偿案件的若干规定》（法释〔2003〕2 号，以下简称原司法解释）在规定前置程序的同时，将行政处罚决定或生效刑事判决作出之日作为诉讼时效的起算点。但是，根据《中华人民共和国民法典》第一百八十八条规定，诉讼时效期间自权利人知道或者应当知道权利受到损害以及义务人之日起计算。具体到证券市场上，投资者知道或者应当知道虚假陈述之日，是其知道或者应当知道权利受到损害以及义务人之日。在废除前置程序的情况下，以行政处罚决定或生效刑事判决作出之日起算诉讼时效不符合民法典等法律的规定。据此，《最高人民法院关于审理证券市场虚假陈述侵权民事赔偿案件的若干规定》（法释〔2022〕2 号，以下简称《规定》）第三十二条规定，当事人主张以揭露日或更正日起算诉讼时效的，人民法院应当予以支持。由于新旧司法解释在诉讼时效方面的规定发生了明显变化，为避免出现投资者因未及时主张权利而无法得到救济的情况发生，充分保护投资者的诉讼权利和合法民事权利，现就《规定》施行后诉讼时效的衔接适用问题，通知如下：

一、在《规定》施行前国务院证券监督管理机构、国务院授权的部门及有关主管部门已经做出行政处罚决定的证券市场虚假陈述侵权民事赔偿案件，诉讼时效仍按照原司法解释第五条的规定计算。

二、在《规定》施行前国务院证券监督管理机构、国务院授权的部门及有关主管部门已经对虚假陈述进行立案调查，但尚未作出处罚决定的证券市场虚假陈述侵权民事赔偿案件，自立案调查日至《规定》施行之日已经超过三年，或者按照揭露日或更正日起算至《规定》施行之日诉讼时效期间已经届满或不足六个月的，从《规定》施行之日起诉讼时效继续计算六个月。

特此通知。

2022年1月29日

最高人民法院印发《关于进一步加强涉种子刑事审判工作的指导意见》的通知

法〔2022〕66号

各省、自治区、直辖市高级人民法院，解放军军事法院，新疆维吾尔自治区高级人民法院生产建设兵团分院：

现将《最高人民法院关于进一步加强涉种子刑事审判工作的指导意见》印发给你们，请认真贯彻执行。

2022年3月2日

关于进一步加强涉种子刑事审判工作的指导意见

为深入贯彻落实中央关于种业振兴决策部署，依法惩治涉种子犯罪，全面净化种业市场，维护国家种源安全，加快种业振兴，根据有关法律规定，制定本意见。

一、切实提高政治站位，深刻认识进一步加强涉种子刑事审判工作的重要意义。农业现代化，种子是基础。党中央高度重视种业发展，把种源安全提升到关系国家安全的战略高度。种子制假售假和套牌侵权等违法犯罪，严重扰乱种业市场秩序，妨害种业健康发展，危害国家种源安全。各级人民法院要提高思想认识，不断增强工作责任感，提高涉种子刑事审判能力水平，提升案件审判质效。

二、充分发挥刑事审判职能作用，坚持依法从严惩处的基本要求。要依法加大对制假售假、套牌侵权和破坏种质资源等涉种子犯罪的惩处力度，重拳出击，形成震慑，有效维护种子生产经营者、使用者的合法权益，净化种业市场，维护国家种源安全，为种业健康发展提供有力刑事司法保障。

三、准确适用法律，依法严惩种子制假售假犯罪。对销售明知是假的或者失去使用效能的种子，或者生产者、销售者以不合格的种子冒充合格的种子，使生产遭受较大损失的，依照刑法第一百四十七条的规定以生产、销售伪劣种子罪定罪处罚。

对实施生产、销售伪劣种子行为，因无法认定使生产遭受较大损失等原因，不构成生产、销售伪劣种子罪，但是销售金额在五万元以上的，依照刑法第一百四十条的规定以生产、销售伪劣产品罪定罪处罚。同时构成假冒注册商标罪等其他犯罪的，依照处罚较重的规定定罪处罚。

四、立足现有罪名，依法严惩种子套牌侵权相关犯罪。假冒品种权以及未经许可或者超出委托规模生产、繁殖授权品种种子对外销售等种子套牌侵权行为，经常伴随假冒注册商标、侵犯商业秘密等其他犯罪行为。审理此类案件时要把握这一特点，立足刑法现有规定，通过依法适用与种子套牌侵权密切相关的假冒注册商标罪，销售假冒注册商标的商品罪，非法制造、销售非法制造的注册商标标识罪，侵犯商业秘密罪，为境外窃取、刺探、收买、非法提供商业秘密罪等罪名，实现对种子套牌侵权行为的依法惩处。同时，应当将种子套牌侵权行为作为从重处罚情节，加大对此类犯罪的惩处力度。

五、保护种质资源，依法严惩破坏种质资源犯罪。非法采集或者采伐天然种质资源，符合刑法第三百四十四条规定的，以危害国家重点保护植物罪定罪处罚。

在种质资源库、种质资源保护区或者种质资源保护地实施上述行为的，应当酌情从重处罚。

六、贯彻落实宽严相济的刑事政策，确保裁判效果。实施涉种子犯罪，具有下列情形之一的，应当酌情从重处罚：针对稻、小麦、玉米、棉花、大豆等主要农作物种子实施的，曾因涉种子犯罪受过刑事处罚的，二年内曾因涉种子违法行为受过行政处罚的，其他应当酌情从重处罚的情形。

对受雇佣或者受委托参与种子生产、繁殖的，要综合考虑社会危害程度、在共同犯罪中的地位作用、认罪悔罪表现等情节，准确适用刑罚。犯罪情节轻微的，可以依法免予刑事处罚；情节显著轻微危害不大的，不以犯罪论处。

七、依法解决鉴定难问题，准确认定伪劣种子。对是否属于假的、失去使用效能的或者不合格的种子，或者使生产遭受的损失难以确定的，可以依据具有法定资质的种子质量检验机构出具的鉴定意见、检验报告，农业农村、林业和草原主管部门出具的书面意见，农业农村主管部门所属的种子管理机构组织出具的田间现场鉴定书等，结合其他证据作出认定。

八、坚持多措并举，健全完善工作机制。各级人民法院要加强与农业农村主管部门、林业和草原主管部门、公安机关、检察机关等部门的协作配合，推动构建专业咨询和信息互通渠道，建立健全涉种子行政执法与刑事司法衔接长效工作机制，有效解决伪劣种子的认定，涉案物品的保管、移送和处理，案件信息共享等问题。

各级人民法院要延伸审判职能，参与综合治理。对涉种子刑事审判中发现的监管问题、违法犯罪线索，应当及时向有关单位进行通报，必要时应当发送司法建议，形成有效合力，实现源头治理，全面净化种业市场，积极推动种业健康发展。

最高人民法院
关于为做好 2022 年全面推进乡村振兴重点工作
提供司法服务和保障的意见

法〔2022〕74 号

为深入贯彻习近平总书记在主持召开中央政治局常委会会议专题研究“三农”工作会议上重要讲话精神以及对政法工作作出的重要指示，全面贯彻党的十九大和十九届历次全会精神，全面贯彻落实《中共中央、国务院关于做好 2022 年全面推进乡村振兴重点工作的意见》，充分发挥人民法院审判职能作用，为推动乡村振兴取得新进展、农业农村现代化迈出新步伐提供有力司法服务和保障，提出如下意见。

一、统一思想，深刻认识为做好 2022年全面推进乡村振兴重点工作提供司法服务和保障的重要意义

1. 切实增强服务做好 2022 年全面推进乡村振兴重点工作的使命担当。做好 2022 年全面推进乡村振兴重点工作，接续全面推进乡村振兴，确保农业稳产增产、农民稳步增收、农村稳定安宁是以习近平同志为核心的党中央作出的重大决策部署。各级人民法院要坚持以习近平新时代中国特色社会主义思想为指导，全面贯彻党的十九大和十九届历次全会精神，深入贯彻中央经济工作会议精神，切实把思想和行动统一到党中央决策部署上来，增强“四个意识”、坚定“四个自信”、做到“两个维护”，深入学习领会“两个确立”的决定性意义，坚持稳中求进工作总基调，立足新发展阶段、贯彻新发展理念、构建新发展格局、推动高质量发展，促进共同富裕，对标对表党中央决策部署和工作要求，切实增强做好司法服务“三农”工作的责任感、使命感，紧密结合人民法院工作实际，突出年度性任务、针对性举措、时效性导向，创造性开展工作，采取切实有力举措服务做好乡村发展、乡村建设、乡村治理重点工作，为推动乡村振兴取得新进展、农业农村现代化迈出新步伐提供有力司法服务和保障。

二、聚焦农业农村发展要素保障，积极服务乡村发展

2. 妥善审理“三农”领域新业态纠纷案件，持续推进农村产业融合发展。依法审理乡村休闲旅游、乡村民宿、休闲农业等新业态纠纷案件，推动乡村休闲旅游提升计划实施，支持乡村民宿、农家乐特色村（点）发展，推动建立现代化农业产业体系、生产体系、经营体系，积极服务乡村产业振兴。依法审理涉农产品加工、农村电商等纠纷案件，支持农业大县农产品加工业快速发展，促进农副产品生产、加工、流通等领域规范健康发展，助推农村一二三产业融合发展。

3. 推进土地要素市场化配置，保障农村土地制度改革顺利实施。审慎审理农村集体经营性建设用地入市、宅基地使用权抵押等纠纷案件，按照国家有关政策和意见，稳妥推进农村集体经营性建设用地入市、集体经营性建设用地使用权抵押融资、农村宅基地制度改革，推动做好农村改革重点任务的落实。

4. 支持劳动力要素市场化配置，引导劳动力和乡村振兴人才有序流动。依法审理新就业形态劳动争议案件，妥善认定新就业形态劳动者与平台企业、用工合作企业之间的劳动关系，合理确定企业与劳动者的权利义务，加强新就业形态劳动者权益保障。依法审理涉乡村振兴人才劳动、人事争议纠纷案件，积极推动劳动争议仲裁与诉讼程序衔接，推动完善要素交易规则，支持乡村振兴人才队伍建设。

5. 加强乡村生态环境司法保护，推进农业农村绿色发展。践行绿水青山就是金山银山理念，充分发挥环境资源审判职能作用，加强农村生态环境保护等重点领域的民事审判工作和监督指导工作，及时回应社会关切。综合运用环境保护禁令、惩罚性赔偿等制度，加强农业面源污染综合治理和大江大河生态系统治理，筑牢乡村生态安全司法屏障。

6. 加强种源安全司法保护，助力打好种业翻身仗。贯彻落实种子法，依法严格保护国家种质资源，严厉打击制售假冒伪劣品种、种子套牌等行为，提升种业知识产权司法保护水平，有效保障国家种业和粮食安全。加强优质农产品地理标志保护，保障区域特色经济发展。完善保护种业知识产权合作机制，形成保护合力。

7. 统一人身损害赔偿标准，推动城乡融合发展。按照《最高人民法院关于进一步推进人身损害赔偿标准城乡统一试点工作的通知》要求，依法审理各类型人身损害赔偿纠纷案件，将赔偿标准统一到城镇居民标准上来，推动人身损害赔偿纠纷案件统一城乡居民赔偿标准试点工作开展。

三、充分发挥司法引领作用，稳妥推进乡村建设

8. 依法审理重点领域农村基础设施建设纠纷案件，推进补短板促发展项目实施。加大对乡村振兴重点帮扶县和易地搬迁集中安置区基础设施和公共服务设施建设纠纷案件审判力度，做好服务巩固拓展脱贫攻坚成果同乡村振兴司法服务举措的有效衔接，推进补齐乡村建设短板弱项。加大农村基础设施建设欠薪案件执行力度，特别是扶贫工程建设项目拖欠工程款、拖欠农民工工资的执行力度，巩固拓展根治欠薪工作成效，确保守住不发生规模性返贫底线。

9. 持续推进农村人居环境整治提升，有效改善农村地区生态环境质量。围绕打好污染防治攻坚战总体目标，支持农村地区推进生活垃圾、生活污水、黑臭水体等治理，推进实施村庄清洁行动和绿化美化行动，持续推进农村人居环境整治提升。依法妥善处理农村改厕引发的纠纷案件，按照有利生产、方便生活、团结互助、公平合理的原则，依据法律、法规、当地习惯正确处理相邻关系。深化乡村地区司法协作和生态环境协同治理，持续完善协同联动机制，积极构建多元共治的乡村环境治理体系。

10. 推进农村乱占耕地建房、“大棚房”等整治行动，严守 18 亿亩耕地红线。加大违法占用耕地案件审判执行工作力度，全面贯彻粮食安全战略，加强耕地用途保护，依法促进耕地“非农化”“非粮化”治理。综合发挥刑事、民事、行政等审判职能作用，推进农村乱占耕地建房、“大棚房”专项清理整治，切实落实“长牙齿”的耕地保护硬措施。

11. 加大涉民生案件审判执行工作力度，持续推进巩固拓展脱贫攻坚成果。依法审理农村地区养老、育幼等民生领域案件，加大对农民工、灵活就业人员等权益保护力度。加快推进民生领域案件执行难综合治理、源头治理，坚持优先立案、优先执行、优先发放执行款，充分运用线上线下财产调查措施查找被执行人财产，用好用足各类强制措施，依法打击涉民生领域拒不执行判决、裁定违法犯罪行为，确保涉民生案件债权人胜诉权益得到及时兑现。加大司法救助力度，切实防止因案致贫返贫等现象发生。

四、夯实乡村振兴基层基础，大力提升乡村治理质效

12. 持续推进农村地区扫黑除恶斗争常态化，确保农村稳定安宁。切实贯彻总体国家安全观，常态化开展扫黑除恶斗争，聚焦“案件清结”“黑财清底”“打伞破网”“综合治理”，健全长效机制。严厉打击利用宗族、家族势力等干扰、操纵、破坏选举违法犯罪行为，积极防范家族宗族势力、黑恶势力对农村基层政权的侵蚀。

13. 严厉打击农村黄赌毒和侵害农村妇女、儿童等群体合法权益违法犯罪行为，切实维护农村社会和谐稳定。依法惩治农村地区黄赌毒违法犯罪行为，铲除农村地区黄赌毒违法犯罪的滋生土壤，促进农村精神文明建设。严厉打击侵害农村妇女、儿童人身权利等违法犯罪行为，依法保护农村妇女、儿童等群体人身权利。加强未成年人司法保护，贯彻落实家庭教育促进法，加强对未成年人合法权益的保护。在审理涉及农村妇女、儿童等集体经济组织成员资格纠纷案件时，注重依法保护农村妇女、儿童等群体合法权益。对侵害农村妇女、儿童等群体合法权益行为的，加大依职权调查取证力度，及时作出人身安全保护令，依法保护农村妇女、儿童等群体合法权益。

14. 依法保护农业农村历史文化遗产，推动乡村文化振兴。依法审理涉农业农村历史文化遗产案件，推进实施农耕文化保护工程，通过司法手段提升遗产地、传统村落居民保护传承意识，促进中华优秀文化传承发展。依法审理农业文化旅游新业态案件，推动农耕体验、科普教育等农业文化旅游新业态发展，促进文化传承和就业增收，不断增强农民群众在农耕文化保护传承利用中的获得感、幸福感。

15. 依法规制农村地区高价彩礼，推进农村地区移风易俗重点领域突出问题整治。依法审

理农村地区高价彩礼纠纷案件，结合习俗、彩礼金额、给付目的、给付时间等因素区分彩礼与一般赠与，综合考虑给付方的经济来源、收入高低、当地经济收入、风俗习惯等依法审理涉彩礼纠纷案件，引导广大农民群众树立正确的婚姻观念，摒弃彩礼攀比之风，让婚俗回归本心、让婚姻回归本质。

16. 充分发挥一站式建设成果，不断提升纠纷化解效能。注重发挥一站式建设的集成作用，紧扣一站、集约、集成、在线、融合，加快推动一站式建设向“三农”重点行业领域延伸，打通妨碍共建共治共享的堵点，健全矛盾纠纷源头预防化解工作格局，高效便捷多元化解“三农”纠纷，增强农民群众获得感。

17. 打造“枫桥式人民法庭”，推进更高水平的平安法治乡村建设。坚持强基导向，认真贯彻“三个便于”“三个服务”原则，完善新时代人民法庭建设，推动人民法庭建设新提升。坚持和发展新时代“枫桥经验”，创建一批“枫桥式人民法庭”，着力拓展人民法庭服务基层治理新途径，更好服务乡村治理。强化人民法庭工作平台、信息平台“两个平台”建设应用，完善基础设施、业务装备、经费等方面保障，推进基层治理体系和治理能力现代化。

五、创新工作机制，全面提升服务“三农”工作综合效能

18. 健全协同联动机制，形成推进乡村振兴整体合力。积极融入党委领导的基层治理体系，加强与乡镇街道、综治中心的衔接协同，及时掌握分析研判矛盾纠纷态势，为党委政府科学决策提供参考。强化与政府有关部门的联系，及时通报“三农”领域中的矛盾和问题，充分调动各部门的积极性，形成全面推进乡村振兴的整体合力。

19. 深化诉讼制度改革，推进“三农”纠纷便捷高效化解。认真贯彻全国人民代表大会常务委员会关于修改《中华人民共和国民事诉讼法》的决定，围绕案件繁简识别、程序分流适用、资源统筹调配、矛盾多元化解等，完善配套机制举措，有效提升“三农”领域纠纷案件审判效率和案件质量，提升农民群众司法获得感。

20. 强化智慧法院建设，创造更高水平的数字正义。坚持科技驱动，推进5G、区块链、人工智能等新兴技术司法运用，完善各类平台系统，有效解决平台分散、数据壁垒等问题，为农民群众诉讼提供智能化、一体化、协同化的智慧服务。深化在线诉讼模式和规则创新，根据“三农”纠纷案件性质特点等因素，合理准确使用在线审理机制，确保在线诉讼“降成本不降质量、提效率不减权利”。充分利用司法大数据优势，加强相关领域重点案件研判和矛盾纠纷化解，完善治理规则，促进提升数字经济治理体系和治理能力现代化。

2022年3月1日

五、最高人民法院工作概况

中国法院年鉴

THE YEARBOOK OF CHINA COURTS

2022

党的建设

2022年，最高人民法院机关党建工作坚持以习近平新时代中国特色社会主义思想为指导，深入贯彻习近平法治思想，紧紧围绕学习宣传贯彻党的二十大精神这条主线，深刻领悟“两个确立”的决定性意义，增强“四个意识”、坚定“四个自信”、做到“两个维护”，坚持抓党建带队建促审判，巩固深化院机关党建工作成果，推动院机关党建在新征程上展现新作为，为新时代人民法院工作高质量发展提供坚强保证。

一是坚持政治引领，深刻领悟“两个确立”的决定性意义。扎实开展“两个确立”主题教育，持续推动政治机关意识教育向基层延伸，在院机关开展“深刻领悟‘两个确立’决定性意义，坚决做到‘两个维护’”主题教育。扎实开展“学查改”专项工作，充分发挥审判执行工作对经济高质量发展的服务保障作用，制定印发专项工作方案，精心组织学习研讨，机关各党组织共开展集体学习395次、讨论交流309次、主题党日95次，党员干警撰写心得体会676篇。积极发挥“头雁”效应，23名党员领导干部为干警讲授党课，引导党员干部深入学习贯彻习近平经济思想，自觉从政治角度看待经济社会发展问题，着力推动党中央经济工作决策部署贯彻落实。深刻汲取沈德咏等案件影响并肃清影响，加强对党忠诚教育，在院机关制定阶段性工作安排，组织召开调度推进会，要求各基层党组织结合实际制定工作方案、深入开展清理、全面梳理底数。精心组织谋划，扎实做好迎接、宣传、贯彻党的二十大各项工作。深入学习贯彻习近平总书记关于做好党的二十大代表选举工作重要指示精神，严肃认真做好出席党的二十大代表及中央和国家机关党代表会议代表选举工作，精心制定选举工作方案，加强全程督导落实，在规定时限内圆满完成各项推选工作。扎实做好党的二十大精神学习宣传贯彻工作，坚持把学习宣传贯彻党的二十大精神作为机关党的建设的首要政治任务抓紧抓好，及时组织党员干部收听收看党的二十大会议盛况，召开院机关学习贯彻党的二十大精神干部大会，制定印发《最高人民法院机关认真学习宣传贯彻党的二十大精神实施方案》，邀请中央宣讲团成员、中央党史和文献研究院院长曲青山作专题辅导报告。院党组书记、院长周强，院党组副书记、分管日常工作的副院长贺荣，中央纪委国家监委驻院纪检监察组组长、院党组成员张荣顺，带头进行宣讲辅导。充分利用党组理论学习中心组学习、党员领导干部讲党课制度、专题研讨、全员集中培训等形式，迅速在院机关掀起学习宣传贯彻党的二十大精神的热潮。举办最高人民法院机关深入学习贯彻党的二十大精神集中培训，推动党的二十大精神进教材、进课堂、进头脑。

二是强化理论武装，持续深入学懂弄通做实习近平新时代中国特色社会主义思想。积极做好院党组理论学习中心组学习组织工作，研究制定年度学习计划，突出抓好集中学习研讨，充分发挥院党组和院领导领学促学作用。2022年以来，院党组理论学习中心组开展集中学习研讨7次、专题辅导报告会4次，13名院领导和4名基层党组织书记先后作重点发言。切实抓好经常性学习教育，及时跟进学习党的创新理论，第一时间汇编了习近平总书记在中青年干部培训班开班式上的6次重要讲话，组织干警广泛开展学习讨论，切实做到学习跟进、认识跟进、行动跟进。举办2022年度处级干部进修班，坚持不懈用党的创新理论立根铸魂。高度重视并积极组织“奋进新时代”主题成就展的参观工作，按照中央和国家机关工委统一安排，先后分别组织4批共500余名干警参观。

三是夯实基层基础，充分发挥基层党组织战斗堡垒作用。提升基层党建质量，严密组织机关各基层党组织认真开展质量提升自评工作，总结推广好的做法，聚焦顽瘴痼疾并提出解决措施，以此推动基层党组织全面进步、全面过硬。规范基层党务工作，优化规范基层党组织设置，在院机关集中开展清查整治突出问题规范党务工作活动，推进全面从严治党向基层延伸。注重发挥示范引领，大力开展“四强”党支部创建活动，结合近年度党建述职考核评分情况，评选推荐10个党支部，被中央和国家机关工委评为中央和国家机关“四强”党支部，在院机关营造比学赶超的良好氛围。增强党建工作合力，加强党务廉政专员干部队伍建设和管理，起草并印发了党务廉政专员履职清单，进一步明确专职专责；依托《党建信息》开设“党务廉政专员工作交流”专栏，刊登各部门关于党务廉政工作经验做法；分三批组织京内党务廉政专员召开交流座谈会，聚焦如何更好发挥党务廉政专员作用、落实2022年院机关党建工作等重点难点问题，28位党务廉政专员和1位纪委书记交流经验做法，汇集众智研究，促进基层党务干部队伍整体素质提升。

四是关心关爱干警，更好发挥群团组织作用。抓好为干警办实事制度的落实，慰问生病住院、婚丧嫁娶、退休离休等人员58余人次，发放津贴10万余元；有针对性地做好困难职工帮扶慰问工作，慰问人数36人，累计发放慰问金总额9.8万元。开展“为干警生日送祝福”活动，继续开展“恒爱行动——百万家庭亲情一线牵”公益活动；组织“喜迎二十大”系列阅读、书画、健步走活动十余次，选树宣传“全国劳模”等先进典型。完成机关团委换届，组织开展系列青年调研实践活动、举办青年座谈会，选树宣传“全国青年岗位能手”等先进典型。开展首个“女法官国际日”慰问和“三八节”系列活动，选树宣传“全国三八红旗手”等先进典型，带动广大女干部职工建功立业。推进机关文化建设，开展“清风进万家”主题宣传教育活动。

五是坚持以严的基调强化正风肃纪，坚定不移推进党风廉政建设和反腐败斗争。强化政治监督，着力推动党中央重大决策部署落实落细。严格政治纪律、组织纪律、选举纪律，严肃换届纪律风气，严把政治关和廉洁关。加强对贯彻落实习近平总书记关于法院工作的重要指示批示精神情况的监督检查，以及对“一把手”和领导班子落实全面从严治党主体责任、执行民主集中制、依规依法履职用权等情况的监督，推动政治监督具体化、常态化。持续巩固清正廉洁司法生态，坚定不移把反腐败斗争推向纵深。持续巩固深化队伍教育整顿成果，严肃查处违纪案件，紧盯要害部门、重点领域和关键岗位，坚持无禁区、全覆盖、零容忍，坚决清除队伍中的“害群之马”。持续紧盯防止干预司法“三个规定”等制度落实，严格执行《最高人民法院、最高人民检察院、司法部关于建立健全禁止法官、检察官与律师不正当接触交往制度机制的意见》《最高人民法院、最高人民检察院、司法部关于进一步规范法院、检察院离任人员从事律师职业的意见》等制度规定。保持落实中央八项规定及其实施细则精神力度，坚决整治形式主义、官僚主义，推进作风建设常态化长效化。强化日常教育管理监督，全面提升监督质效。建立“纪委书记＋党组织副书记（党务廉政专员）＋纪检委员”联系机制，充分发挥基层党组织的日常监督教育管理作用。推进以案释德释纪释法警示教育常态化，组织签订党风廉政建设责任书。认真落实《中共中央办公厅关于加强新时代廉洁文化建设的意见》，加强干警职业道德教育和廉洁司法文化建设。从严从实加强年轻干部教育管理监督，引导年轻干部扣好廉洁从政的“第一粒扣子”。深化“学、抓、改、强”活动，加强机关纪检工作，聚焦目标任务，定期回顾检视，切实找准机关纪检工作存在的突出问题和薄弱环节，不断提升机关纪检工作质量和水平。

立案信访

2022 年，最高人民法院认真贯彻落实党中央重大部署要求，坚持人民至上，强化大局意识，实现一站式建设服务群众从“有”向“优”转变，不断提升立案信访工作服务保障党和国家中心工作能力水平，发挥审判职能，努力让人民群众在每一个司法案件中感受到公平正义。

一、坚持全年常抓常严，巩固立案登记制改革成果

一是健全常态化监督不立案机制，把季度末、11 月和 12 月立案偏离度预警纳入 3.0 质效评估体系，依托以人民法院立案偏离度预警系统、12368 诉讼服务热线投诉举报机制，及时督办“不立案”投诉举报，巩固整治年底不立案成果，全面践行“有案必立、有诉必理”庄严承诺。二是召开立案登记制改革成效新闻发布会，介绍立案登记制改革有关情况，彰显坚定不移深化改革决心。三是广泛推广使用立案辅助系统，在线为各地法院提供标准化、专业化的立案审核辅助服务，对虚假诉讼、滥诉、涉众等妨害司法公正的诉讼行为进行主动识别，有效防范各类虚假诉讼行为。四是加强调研指导，针对四级法院职能定位改革后登记立案工作出现的新情况，梳理汇总行政案件受理方面共性问题，起草形成《行政案件立案工作指引（稿）》。

二、坚持和发展新时代“枫桥经验”，推动矛盾纠纷源头预防化解

2 月 22 日召开全国法院一站式建设工作推进会，推动一站式建设向基层、向社会、向网上、向重点行业领域延伸，做实源头减量、“三进”强基、多元增效、智慧诉服、最优窗口五项工程，巩固提升中国特色一站式多元纠纷解决和诉讼服务体系建设成果，推动实现基层社会治理从化讼止争向少诉无讼转变，从源头减少矛盾纠纷产生，减少衍生诉讼案件发生。一是开展人民法院调解平台“进乡村、进社区、进网格”演练工作，用一个半月时间，在全国 3500 多家法院进行三轮演练，实现了全国四级法院 100% 通过率。二是下发《最高人民法院关于全面提升人民法院调解平台“进乡村、进社区、进网格”工作实效的通知》，要求各地法院针对

梳理出来的问题逐一排查，督促立行立改。三是深化矛盾纠纷源头治理体系化研究，组织撰写《新时代矛盾纠纷源头治理的法治范式》等溯源治理文章，参与中央政法委关于群防群治的重要课题，起草报送调研报告。各级法院主动参与构建源头防控、排查梳理、纠纷化解、应急处置的社会矛盾综合治理机制，实现纠纷“终端”与诉讼“前端”无缝对接。湖南法院在纠纷多发区域和行业领域全部建成诉源治理工作站，天津法院向市、区、街 300 多个社会矛盾调处化解中心派驻骨干力量实现矛盾纠纷集成联办，浙江法院推动建立省、市、县、乡、村五级联动城乡司法服务新格局，切实发挥司法在社会治理中的参与、推动、规范、保障作用。广西法院打造边境无讼社区，新疆兵团法院“一团一法官工作室”实现全覆盖。2022 年以来，全国法院诉前调解案件 1362.52 万件，调解成功 895.01 万件。9677 家人民法庭入驻人民法院调解平台，并实现与 75 511 个基层治理单位在线对接，化解调解纠纷 33.21 万件。

三、坚持共建共治共享，推动矛盾纠纷多元共治前端化解

深入贯彻习近平总书记关于加强创新社会治理部署要求，加快建设“法院 +”纠纷化解体系，拓展社会力量参与纠纷化解的制度化渠道，广泛汇聚人大代表、政协委员、人民调解、行政调解、工会、商会、行业专家、律师学者、退休法律工作者、基层干部、网格员等解纷力量，形成优势互补、专群结合、融合发力的多元共治格局。一是扩大一站式多元解纷影响力。2 月 24 日，召开“人民法院一站式多元纠纷解决和诉讼服务体系建设（2019–2021）”新闻发布会，发布“人民法院一站式建设十大典型经验”及“人民法院‘总对总’在线多元调解案例”。二是创新推进“总对总”在线多元解纷工作。8 月 23 日，召开构建中国特色“总对总”在线多元解纷新格局工作座谈会，23 家部委参会，全面总结“总对总”在线多元解纷实践成果，助推国家治理体系和治理能力现代化。三是进一步扩大“总对总”朋友圈。与退役军人事务部联合下发矛盾纠纷调处和多元化解工作意见，推动涉退役军人矛盾纠纷多元化解质效。与人社部联合下发《关于建立劳动人事争议“总对总”在线诉调对接机制的通知》，与人社部、中央政法委、工信部、司法部等九家单位联合印发《关于进一步加强劳动人事争议协商调解工作的意见》，进一步加强劳动争议源头治理、协商和解、多元调解等工作。与全国工商联联合下发《关于工商联与人民法院沟通联系机制建设落实情况的通报》《商会调解培育培优行动方案（2022–2023）》等规范性文件。四是加强多元在线解纷业务培训指导。下发“总对总”在线诉调对接工作开展情况专报和调解平台专报，举行第二季在线调解实务工作直播培训十期，共 16 万人参加专题培训，取得良好效果。地方法院加快“点对点”在线诉调对接工作，打造符合地域特色、民族特色、案件特色的多元解纷品牌，人民法院多元解纷链覆盖领域不断扩大，劳动争议、证券期货、金融消费、银行保险、知识产权、民营企业、医疗纠纷、价格争议、互联网等领域多元解纷工作稳步推进。全国法院案件量在 2020 年出现连续上升 15 年后的首次下降基础上，2022 年法院一审案件量降幅超过 5%。通过诉讼方式解决纠纷占法院纠纷总量的比例从 2019 年的 90% 下降到 2022 年的 64%。

四、坚持司法便民利民，全面建成普惠均等现代化诉讼服务体系

四级法院全面建成“诉讼服务大厅、在线服务平台、12368 诉讼服务热线、巡回审判”“厅网线巡”立体化诉讼服务体系，推动实现诉讼服务一站通办、一网通办、一号通办、一次通办，通过多主体服务、多渠道供给，让当事人解决纠纷有更多选择。一是起草下发诉讼服务质效评估 3.0 指标体系，录制学习视频，建立在线考试系统，要求各级法院立案庭庭长做到人人答题、人人过关，确保全国法院一站式建设再上新台阶。二是加强二审网上立案试点工作，在总结河北、浙江、山东等地第一批试点经验的基础上，有序推进第二批 13 个地区试点工作。三是升级在线督办系统，建立 12368 热线四级交转办系统和覆盖四级法院的满意度评价系统，及时督办各级法院超期办理情况。四是加强 12368“一号通办”建设。完成最高人民法院 12368 热线扩容增量，升级改造联系法官功能，开展最高人民法院 12368 热线联系法官试运行工作。五是起草关于全面深化跨域诉讼服务的指导意见，梳理全国法院异地可办诉讼服务事项，进一步拓展跨域诉讼服务内容范围。

五、坚持依法用心用情，依法及时就地解决群众合理合法诉求

坚决贯彻落实习近平总书记关于加强和改进人民信访工作的重要指示精神，坚持人民至上，强化改革思维，运用法治方式，推动在法治轨道内处理涉诉信访问题。一是统筹“信、访、网、电、视频”信访渠道，实现“有访必录、有信必录、有录必全”，持续推进“有信必复”。二是上线应用四级法院统一网上申诉信访平台，涉诉信访工作实现“全程网办”，形成“信访事项网上办、结果网上复、问题网上督、形势网上判”的网上申诉信访工作新模式，充分发挥网上信访便捷高效优势。三是深入贯彻《信访工作条例》，出台《最高人民法院关于加强新时代人民法院涉诉信访工作的意见》，对准确把握新形势下人民内部矛盾规律特点，创造适应群众新需要、体现时代新特征的涉诉信访工作模式作出部署。

刑事审判

2022 年，最高人民法院坚持以习近平新时代中国特色社会主义思想为指导，全面贯彻落实党的二十大精神，坚持服务大局、司法为民、公正司法，忠实履行宪法法律赋予的职责，积极探索、改革创新，紧紧围绕“努力让人民群众在每一个司法案件中感受到公平正义”目标，忠诚履职尽责，不断推进刑事审判工作的高质量发展。

一是召开死刑核准制度改革十五周年座谈会。2022 年是死刑核准制度改革十五周年。最高人民法院认真梳理党的十八大以来死刑案件审判复核工作情况并书面报告党中央。2022 年 11 月，最高人民法院召开死刑核准制度改革十五周年座谈会，周强院长出席会议并作重要讲话，充分肯定死刑核准制度改革十五年来取得的显著成绩，对进一步做好死刑案件审判工作指

明了方向、明确了要求。

二是坚决维护国家安全和社会大局稳定。坚持总体国家安全观，依法妥善办理危害国家安全、暴力恐怖、涉邪教犯罪等案件，切实维护国家安全。依法严惩杀人、抢劫、强奸、绑架、爆炸等严重危害社会治安犯罪，依法审理郑吉安以危险方法危害公共安全、抢劫案，郭文思故意伤害案，许国利故意杀人案（即杭州杀妻碎尸案）等案件，对依法该判处重刑乃至死刑的决不手软。召开全国法院扫黑除恶重点工作推进会，最高人民法院制定下发《关于做好2022年度人民法院常态化扫黑除恶斗争重点工作的通知》《关于认真做好〈反有组织犯罪法〉贯彻实施工作的通知》《关于进一步宣传贯彻反有组织犯罪法的工作方案》，督办指导唐山烧烤店打人案、黑龙江刘文革案等具有重大社会影响的案件，推动扫黑除恶斗争常态化开展。依法从严惩处严重危害生产安全犯罪，会同有关部门出台《关于办理危害生产安全刑事案件适用法律若干问题的解释（二）》，推动安全生产责任制有效落实。会同有关部门出台《关于军地共同加强部队训练场未爆弹药安全风险防控的意见》。积极参与禁毒斗争，依法惩治毒品犯罪，发布《党的十八大以来的人民法院禁毒工作》及人民法院依法严惩毒品和涉毒次生犯罪十件典型案例。

三是坚决维护民生安全。坚决落实党中央关于疫情防控决策部署，持续加强涉疫刑事案件审判指导，印发《关于进一步加强涉疫情防控刑事审判工作的通知》，发布第四批典型案例，为统筹疫情防控和经济社会发展提供有力司法服务。依法严厉打击电信诈骗，制定发布《最高人民法院关于贯彻落实〈中共中央办公厅、国务院办公厅关于加强打击治理电信网络诈骗违法犯罪工作的意见〉的实施意见》。会同相关部门制定下发《关于“断卡”行动中有关法律适用问题的会议纪要》。积极参与立法机关制定出台《反电信网络诈骗法》的调研，助推《反电信网络诈骗法》顺利出台。召开人民法院依法惩治电信网络诈骗犯罪暨典型案例新闻发布会，发布10件典型案例。指导“11.20”重大跨境电信网络诈骗犯罪系列案件，2022年年底前已全部一审宣判。积极参与全国打击整治养老诈骗专项行动，建立工作机制，制定实施方案，发布指导意见，先后2次召开全国法院专项行动推进会，切实保护老年人财产安全。加强妇女儿童权益刑事司法保护，扎实开展打拐专项行动，召开全国法院打击拐卖妇女儿童视频会议，与有关部门联合发布《关于敦促拐卖妇女儿童相关犯罪嫌疑人投案自首的通告》，对李兴勇拐卖妇女儿童案等恶性案件被告人依法核准死刑。依法惩治危害食品药品安全犯罪，印发《关于依法严惩危害药品安全犯罪的通知》，发布典型案例，配合修订司法解释、制定行刑衔接办法，加强对食品安全犯罪司法解释的培训和审判指导，积极参与国务院牵头医疗美容专项整治。依法惩治涉农犯罪，开展涉种业刑事司法保护专题调研，出台《关于进一步加强涉种子刑事审判工作的指导意见》，维护种业安全。

四是坚决依法保障经济社会高质量发展。依法惩治金融犯罪，发布实施修改后的《关于审理非法集资刑事案件具体应用法律若干问题的解释》，研究制定或修改《关于办理洗钱刑事案件适用法律若干问题的解释》《关于办理内幕交易、泄露内幕信息刑事案件具体应用法律若干问题的解释》《关于办理骗取贷款、贷款诈骗等刑事案件适用法律若干问题的解释》。严厉打击走私犯罪，会同有关部门联合印发《关于办理利用海南离岛旅客免税购物政策走私刑事案件有关问题的指导意见的通知》，服务保障海南自贸区建设。从严打击严重危害税收犯罪，维护国家税收安全。依法严惩盗掘、盗窃、倒卖、损毁、走私等涉文物犯罪，维护国家文物安全。打击治理跨境赌博犯罪，指导跨境赌博1号案件周焯华跨境赌博犯罪集团专案（即“709”专案）于2022年9月30日依法宣判。加大对虚假诉讼，掩饰、隐瞒犯罪所得等妨害司法犯罪的惩处，维护司法秩序。

五是严惩贪污贿赂等腐败犯罪。高质量完成孙力军政治团伙案等原中管干部职务犯罪等重大职务犯罪案件审判工作。加强对敏感“蝇贪”案件的业务指导，积极与纪检监察部门协作配合，追缴涉案违纪违法款物并依法处理，推动腐败标本兼治。积极开展反腐败国际追逃追赃工作，配合中央纪委国家监委开展追逃追赃和“百名红通”人员回国受审，推动实现“人赃俱获、罪罚兼备”。研究制定办理国有企业境外腐败案件等跨境腐败案件指导意见，积极参与国有企业境外腐败治理工作。

六是巩固深化刑事司法改革。深入推进以审判为中心的刑事诉讼制度改革，会同最高检研讨非法证据排除、庭前会议、法庭调查三项规程修订完善工作。严格落实罪刑法定、疑罪从无、证据裁判等原则制度，确保死刑案件“零差错”。落实为死刑复核案件被告人依法提供法律援助制度，做好死刑复核法律援助工作的协调、沟通和保障，为律师依法履职提供充分保障。下发《关于做好全面实施量刑规范化工作的通知》，指导高级人民法院制定量刑指导意见实施细则，继续推进量刑智能辅助系统的修改完善。进一步推进刑事审判信息化智能化建设，提升刑事审判体系和审判能力现代化水平。

民事审判

2022年，人民法院坚持以习近平新时代中国特色社会主义思想为指导，深入贯彻习近平法治思想，全面贯彻落实党的二十大精神，充分发挥民事审判职能作用，坚持服务大局、司法为民、公正司法，努力让人民群众在每一个司法案件中感受到公平正义，为推进中国式现代化提供有力司法服务和保障。

一、围绕工作大局履职尽责，服务保障统筹疫情防控和经济社会发展

认真落实党中央决策部署，精准服务做好“六稳”工作、落实“六保”任务。妥善审理因疫情引发的劳资用工、购销合同、商铺租赁等纠纷。8月，会同人社部联合发布《关于加强行政司法联动保障新冠肺炎康复者等劳动者平等就业权利的通知》，明确严格禁止歧视新冠肺炎康复者等劳动者，加强行政司法联动保障新冠肺炎康复者平等就业权利。为稳定就业、促进消费、国家新型城镇化发展提供司法服务和保障。

二、巩固拓展脱贫攻坚成果，服务保障全面推进乡村振兴

一是及时出台司法服务和保障政策。对标对表党中央、国务院关于“三农工作”的一号文件，第一时间出台落实举措，为服务保障脱贫攻坚、推进乡村振兴司法服务和保障。3月，发布《最高人民法院关于为做好2022年全面推进乡村振兴重点工作提供司法服务和保障的意见》。持续配合全国人大农业与农村委员会做好《农村集体经济组织法》起草工作。二是依法审理各类涉农纠纷案件。深入贯彻落实党中央有关“三农”问题的决策部署，依法加强对农村集体产权制度改革的司法保障，严格实施土地管理法、农村土地承包法和民法典物权编规定，依法审理农村土地流转、林权转让、股份合作、金融扶贫、产业发展等各类涉农纠纷案件，服务保障脱贫攻坚、乡村振兴。聚焦“两不愁三保障”，依法审理涉易地扶贫搬迁、贫困人口就业、义务教育控辍保学、医疗及社会保障等案件，强化权益保障和救济。妥善处理涉“三权分置”纠纷，维护农民土地承包经营权、宅基地使用权。三是人民法庭助力全面推进乡村振兴。推进落实新时代人民法庭“服务全面推进乡村振兴”工作原则，围绕全面推进乡村振兴，优化法庭布局，依法妥善化解各类涉农纠纷，公正高效审理涉及产业发展、生态保护等一系列案件，服务保障农业农村发展，服务深化农村改革。全国各地涌现一批诸如环保法庭、旅游法庭等助力农村特色产业发展的人民法庭。

三、大力弘扬社会主义核心价值观

一是推动核心价值观融入释法说理。2月，发布第二批“人民法院大力弘扬社会主义核心价值观十大典型民事案例”，充分发挥司法的教育、评价、指引、规范功能。二是做好重大敏感案事件审判指导工作。妥善指导“错抱婴儿案”等重大敏感案事件处理，实现政治效果、法律效果、社会效果有机统一。

四、加强民生司法保障

一是加强人格权保护。4月，发布9个人格权司法保护典型案例，均为民法典颁布后全国各级人民法院已判决生效的具有重大社会影响和典型示范意义的案件。依法妥善指导女工怀孕被解雇、毕业生求职遭地域歧视以及性骚扰等重大敏感案件审理，畅通救济渠道，维护人格权益。二是保障人民安居乐业。依法妥善审理涉及教育、就业、医疗、养老、消费、住房、社会保障等各类民生案件。2月，会同人社部联合发布《关于劳动人事争议仲裁与诉讼衔接有关问题的意见（一）》，完善劳动争议多元处理机制、统一裁审法律适用标准、畅通劳动者维权渠道、维护劳动人事关系和谐与社会稳定。3月，发布《关于审理网络消费纠纷案件适用法律若干问题的规定（一）》，加大对消费者权益保护力度，促进网络经济健康发展。三是维护和促进社会公平。4月，修改《关于审理人身损害赔偿案件适用法律若干问题的解释》，积极稳妥推进城乡居民人身损害赔偿标准统一试点。四是加强涉军维权工作，维护军人和军属合法权益。切实加强涉军维权工作，深入开展调查研究和审判指导，依法保护烈士、伤病残、退伍军人和军属合法权益。与军队和武警部队全面停止有偿服务领导小组办公室共同加强督导，完善

停偿工作善后司法保障机制，坚持军产不流失、群众利益不受损目标，为军队和武警部队全面停止有偿服务提供有力司法保障。12 月，发布涉英烈权益保护十大典型案例，服务保障加强新时代烈士褒扬工作。

五、促进和谐家庭建设

一是深入推进家事审判改革。深入推进家事审判方式和工作机制改革，全面提高家事审判信息化和科技化水平，提升家事案件审判质效，促进家事纠纷多元化解，维护婚姻家庭和谐稳定，不断满足人民日益增长的美好生活需要和对家事审判工作新需求新期待。探索建立家事审判机制程序，各地法院积极探索建立心理辅导干预、家事调查、诉前调解、社会关护、案后回访等制度机制，中国特色家事诉讼程序不断健全，从传统的侧重保护妇女身份、财产利益，向充分考虑其人格利益、安全利益和情感利益转变。加快建设家事审判配套设施，建设符合家事审判特点的“圆桌法庭”，配置家事调解室、沙盘分析室、单面镜观察室、心理辅导室等设施。有的法院设立家事纠纷调处室，彰显家事审判人性化特点，更加注重对妇女的差异化保护，注重家庭关系修复。二是加强妇女权益保护。3 月，会同全国妇联、公安部、民政部等部门联合出台《关于加强人身安全保护令制度贯彻实施的意见》。7 月，发布《关于办理人身安全保护令案件适用法律若干问题的规定》，成为 2016 年《反家庭暴力法》实施后，首个全面规定人身安全保护令制度的相关司法解释，引起社会广泛关注和好评。截至 2021 年年底，全国各地法院共计发出人身安全保护令 10 917 份。三是加强未成年人权益保护。3 月，会同研究室等部门发布未成年人权益司法保护典型案例，其中包括涉及未成年人抚养权、健康权、社会保障给付、全国首份“家庭教育令”等民事案件。杭州互联网法院依法审理首个短视频侵犯儿童个人信息民事公益诉讼案件，制止侵害未成年人合法权益行为。四是加强老年人权益保护。3 月，发布《关于为实施积极应对人口老龄化国家战略提供司法服务和保障的意见》，并配套发布老年人权益保护第二批典型案例，推动完善老年人优待政策、法规体系，让老年人更好地共享经济社会发展成果，不断提升老年人生活质量。

六、加强新时代人民法庭建设

一是法庭建设切实加强，区域布局不断优化。落实《中共中央、国务院关于做好 2022 年全面推进乡村振兴重点工作的意见》（中发〔2022〕1 号）要求，创建一批“枫桥式人民法庭”，推进更高水平的平安法治乡村建设。推进枫桥式人民法庭联合创建工作，巩固提升人民法庭建设成果，发布新时代人民法庭建设案例选编（二），“打造枫桥式人民法庭 服务全面推进乡村振兴”典型案例暨新时代人民法庭建设案例选编（三），“打造枫桥式人民法庭 服务基层社会治理”典型案例暨新时代人民法庭建设案例选编（四）。努力夯实基层基础，切实加强法庭建设，不断优化区域布局，在方便群众就地就近参加诉讼、统筹配置司法资源、提高司法效率上成效显著。截至 2022 年年底，全国实际运行的人民法庭 10 050 个，其中乡村法庭 6853 个、城区法庭 948 个、城乡结合法庭 2249 个。依托车载法庭、马背法庭、背包法庭等开展巡回审判，畅通司法服务的“最后一公里”。二是执法办案提质增效，服务基层社会治理。印发《关于在京津冀开展人民法庭服务新型城镇化建设试点工作的通知》，积极开展人民法庭服务新型城镇化建设试点工作，为推动城镇化高质量发展提供精准司法服务。依法妥善审理婚姻家庭、劳动争议、物业纠纷、相邻纠纷等涉民生案件。2016年至2021年，全国人民法庭审结案件2537.7万件，约占基层法院结案总数的25%。紧扣市域、县域治理需求，推进人民法庭进乡村、进社区、进网格。多元化纠纷解决机制蓬勃发展，驻庭特邀调解组织、调解员数量明显上升。三是改革效能逐步释放，司法为民能力不断提升。推出网上立案、电子送达、自助查询、文书印制、短信联系平台等方式服务辖区群众，提供一站式、规范化诉讼服务。推进“人民法庭工作平台”建设，服务人民法庭建设管理决策，展示全国人民法庭运行情况；推进“人民法庭信息平台”建设，打造人民法庭工作外宣阵地。积极探索符合人民法庭工作实际的单独考核机制，对人民法庭执法办案、参与社会治理等内容进行考核，调动工作积极性。四是队伍建设不断加强，人才优势逐步凸显。始终把政治建设摆在首位，坚持“支部建在庭上”“党小组建在审判团队”，以党建带队建，建设革命化、正规化、专业化、职业化干警队伍，涌现出一大批全国先进工作者、全国“两优一先”表彰对象等先进典型。不断推进有需求的人民法庭实现配备3名法官，达到新型审判权运行机制需要。非在编人员与在编干警数量基本持平，大量事务性工作由非在编人员承担，购买社会化服务作用充分发挥，有利于“人案矛盾”“人事矛盾”化解。本科及以上学历干警占在编干警比例超过90%，人民法庭在乡村振兴、基层社会治理中的法律专业人才优势凸显。

商事审判

2022年，全国法院全面贯彻落实党的二十大精神，深入贯彻落实习近平法治思想，紧紧围绕高质量发展主题，完整、准确、全面贯彻新发展理念，充分发挥商事审判职能作用，研究贯彻实施民法典，保障民营经济和中小微企业发展，加强金融审判和破产审判，营造法治化营商环境，为推进中国式现代化提供高水平司法保障。

一是研究贯彻实施民法典。完成《中国民法典适用大全》民事卷部分内容和商事卷共计6册的编撰工作。起草《关于适用〈中华人民共和国民法典〉合同编通则部分的解释（征求意见稿）》，及时明确法律规定含义和适用法律依据，贯彻合同自由、诚信原则，依法规制不诚信交易行为，鼓励和保护合法交易行为，进一步保障交易的安全性和可预期性。先后组织召开专家学者和律师代表座谈会，并广泛征求社会各界意见建议，确保民法典统一正确实施。积极推荐“民法典对合同制度的新发展及其实践问题”纳入最高人民法院2022年度司法研究重大课题选题。

二是保障中小微企业公平有序发展。研究制定《最高人民法院关于充分发挥司法职能作用助力中小微企业发展的指导意见》（即“司法助力中小微企业发展20条”），积极为中小微企业发展营造公平竞争、诚信经营的市场环境，切实加强中小微企业产权司法保护，最大限度降低执行措施对中小微企业等市场主体的不利影响，积极帮助中小微企业、个体工商户减负纾困、恢复发展。评选发布“人民法院助力中小微企业发展的 15 个典型案例和创新机制”，总结推广各地法院为中小微企业提振信心、稳企复产、释放活力的有力举措。

三是提高资本市场违法违规成本。为贯彻落实中央对资本市场财务造假“零容忍”要求，研究制定《最高人民法院关于审理证券市场虚假陈述侵权民事赔偿案件的若干规定》，进一步强化资本市场制度供给，畅通投资者权利救济渠道，夯实了市场参与各方归位尽责的规则基础，健全了中国特色证券司法体制。起草下发《最高人民法院、中国证券监督管理委员会关于适用〈最高人民法院关于审理证券市场虚假陈述侵权民事赔偿案件的若干规定〉有关问题的通知》，依法保护投资者合法权益，维护公开、公平、公正的资本市场秩序，促进资本市场健康发展。研究出台《最高人民法院关于证券市场虚假陈述侵权民事赔偿案件诉讼时效衔接适用相关问题的通知》，避免出现投资者因未及时主张权利而无法得到救济的情况发生，充分保护投资者诉讼权利和合法民事权利。

四是保护中小企业和投资者合法权益。依法妥善审理涉全国中小企业股份转让系统、北京证券交易所及其挂牌公司、上市公司的各类案件，研究出台《最高人民法院关于为深化新三板改革、设立北京证券交易所提供司法保障的若干意见》，充分发挥人民法院审判职能作用，为中小企业健康发展和多层次资本市场体系建设营造良好的司法环境。为加快建设高效规范、公平竞争、充分开放的全国统一大市场，制定发布《最高人民法院关于为加快建设全国统一大市场提供司法服务和保障的意见》及配套典型案例，进一步统一法律适用，降低资本市场融资的制度成本，推动统一的资本市场发展，努力营造让投资者放心投资的法治环境。

五是加强金融审判体制机制创新。根据全国人大常委会作出的《关于设立成渝金融法院的决定》要求，研究起草成渝金融法院案件管辖范围司法解释，明确成渝金融法院对成渝地区双城经济圈范围内的金融案件实行跨省域集中管辖。指导北京金融法院设立金融司法大数据研究（北京）中心、最高人民法院金融司法大数据研究中心（北京）调研基地，并举办 2022 京津冀金融司法协同论坛、2022 金融专业化审判合作论坛，推动金融司法数字化、智能化、协同化、专业化发展，探索构建信息时代金融司法工作新模式，服务保障国家金融战略实施。

六是深入推进企业破产法修改。向全国人大常委会报送关于落实全国人大常委会企业破产法执法检查报告及审议意见情况的报告。积极参加全国人大财经委组织的企业破产法修改工作会议，密切配合研究修改草案稿，推动企业破产法修订出台。研究建立个人破产制度，向全国人大财经委报送关于我国建立个人破产制度的调研报告，对建立个人破产制度的可行性、必要性和紧迫性提出了研究分析，并在报告中起草个人破产章条文，为立法机关研究个人破产是否入法提供决策参考。

七是有效防控破产案件廉政风险。制定下发《最高人民法院关于进一步加强廉政风险防控提高破产审判质量的通知》，立足法院职责定位，紧盯关键环节，坚持廉政风险防控与破产审判规律相结合，把破产审判领域正风肃纪反腐与深化改革、完善制度、推动发展贯通起来，针对苗头性、倾向性问题和主要廉政风险点，有针对性地采取预防措施，力求扎紧制度的笼子。依法妥善审理房地产企业破产案件，及时防范化解企业债务风险和金融风险，保障人民群众合理居住需求，促进房地产市场平稳健康发展，维护社会经济稳定，研究起草关于审理房地产企业破产案件若干问题的指导意见。

八是加强破产审判专业化建设。积极指导开展破产法庭设立工作，截至2022年年底，最高人民法院已在全国法院批准设立了17家破产法庭集中管辖破产类案件，全国法院的破产审判员额法官已达500人左右，专业化破产审判力量逐步形成。创设《破产审判交流》电子专刊，进一步加强对破产领域新情况、新问题的研究，准确把握破产审判与市场经济发展的脉搏，着力解决破产审判中的疑难问题，统一法律适用。

九是持续推动营造国际一流营商环境。针对世界银行发布的宜商环境新评估体系概念书，就“商业纠纷解决”“办理破产”两项指标进行深入研究，及时提出并反馈意见和建议，配合财政部、国务院办公厅做好评估规则的构建工作。组织六家参评城市法院召开研讨会，提前梳理潜在失分点，做好迎评预案。参加国家发改委法治化营商环境专题会议，配合做好优化法治化营商环境工作，探索建立符合我国国情、国际标准的司法服务保障营商环境指标体系。

十是大力宣传法治化营商环境建设。评选发布2021年全国法院十大商事案例，其中包括五洋债券虚假陈述、康美药业虚假陈述、海航集团破产重整、北大方正破产重整、梁某某个人破产重整等重大案件，充分展示人民法院在商事审判中坚持服务大局、司法为民、公正司法，准确理解和适用民法典等法律法规，保护债权人、投资人和企业的合法权益。在全国“两会”期间配合开展《最高人民法院工作报告》解读系列全媒体直播访谈“司法助推法治化营商环境建设”，大力宣传人民法院在产权保护、中小微企业发展、金融审判、破产审判等领域取得的显著成效。

知识产权审判

2022年，人民法院坚持以习近平新时代中国特色社会主义思想为指导，全面贯彻落实党的二十大精神，深入贯彻习近平法治思想，深刻领悟“两个确立”的决定性意义，不断增强“四个意识”、坚定“四个自信”、做到“两个维护”，深学细悟党的二十大提出的一系列重大理论成果和重大决策部署，切实把知识产权审判各项工作凝聚到党的二十大确定的各项任务上来，从国家战略高度认识把握和自觉做好各项工作。

一是充分发挥知识产权审判职能，审判质效进一步提升。人民法院妥善审理各类知识产权案件，依法保护科技创新主体合法权益，持续加大重点领域、新兴产业等知识产权司法保护力度，服务党和国家工作大局的成效日益凸显。依法妥善审理涉专利、植物新品种、计算机软件、集成电路布图设计、技术秘密等技术类知识产权案件，严厉打击专利侵权行为，依法加强对专利授权确权行政案件的审查。与北京知识产权法院建立协调机制，细化药品专利链接案件审理流程，推动药品专利链接制度发挥实效，依法高效裁判首例药品专利链接案件。加大种业知识产权司法保护力度，组织全国法院积极参与全国保护种业知识产权打击假冒伪劣套牌侵权活动，设立“人民法院知识产权司法保护种质资源研究（海南）基地”，加大对涉种子侵权违法犯罪制裁力度，维护国家种源安全，促进种业创新。在“金粳818”水稻品种侵权案中依法适用惩罚性赔偿，入选“新时代推动法治进程2021年度十大案件”。加强著作权审判，大力弘扬社会主义核心价值观，加大对文化创作者权益保护力度。坚持以有利于划清商标权权利边界、有利于遏制恶意抢注行为、有利于推动商品贸易发展为基本导向，严格保护商业标志，营造市场化、法治化、国际化营商环境。加强反垄断、反不正当竞争司法，维护公平竞争市场环境。在“幼儿园”横向垄断协议案和“威海水务集团”滥用市场支配地位等一系列案件中，及时制止排除、限制竞争行为，切实保障人民群众从公平竞争中获益。成功调解我国肉类行业巨头金锣公司和双汇公司不正当竞争案件，促成双方一揽子和解21件诉讼，标的额累计1.1亿余元。

二是发布知识产权司法解释和司法政策，司法保护规则进一步完善。发布《最高人民法院关于适用〈中华人民共和国反不正当竞争法〉若干问题的解释》，及时回应新领域新业态知识产权司法保护需求，对一般条款、仿冒混淆、虚假宣传、商业诋毁、网络不正当竞争行为等问题作出细化规定，积极营造各类市场主体竞相发展的良好环境，推动建设全国统一大市场，服务更高水平对外开放。发布《最高人民法院关于进一步加强涉种子刑事审判工作的指导意见》，深入贯彻落实中央关于种业振兴决策部署，加大对涉种子犯罪包括破坏种质资源等行为依法加大刑事惩处力度。发布《最高人民法院关于第一审知识产权民事、行政案件管辖的若干规定》及配套通知，贯彻落实党中央决策部署，进一步完善管辖科学的知识产权诉讼制度，合理定位四级法院审判职能，优化人民法院对知识产权案件的管辖布局。发布《关于加强中医药知识产权司法保护的意见》，进一步促进中医药原始科技创新，推动中医药产业高质量发展。联合最高人民检察院起草《关于办理侵犯知识产权刑事案件适用法律若干问题的解释》，立足当前“加大刑事打击力度”的现实需要，结合知识产权刑事司法实践，进一步明确知识产权罪入罪标准和法律适用问题。深入研究数据产权司法保护问题，形成专项报告，健全数据知识产权保护制度。深化知识产权审判领域司法改革，专业化审判机制进一步健全。人民法院深入贯彻《知识产权强国建设纲要（2021–2035年）》的要求部署，健全公正高效、管辖科学、权界清晰、系统完备的知识产权司法保护体制。深化知识产权审判体制机制改革，优化知识产权案件管辖布局，加强司法审判与行政执法衔接协作，推动区域知识产权保护机制建设，知识产权专业化审判能力显著提高，知识产权审判领域改革持续深化，全方位司法保护制度体系不断健全。认真开展最高人民法院知识产权法庭试点三年期满自我评估，配合中国科协和中国法学会受中央政法委委托组织的对法庭试点的第三方评估，在此基础上，周强院长于2022年2月27日在第十三届全国人大常委会第三十三次会议上作《最高人民法院关于〈全国人民代表大会常务委员会关于专利等知识产权案件诉讼程序若干问题的决定〉实施情况的报告》。有关评估和全国人大常委会审议一致认为，三年多的试点基本实现了党中央批准设立法庭时提出的“四个进一步”的预期目标要求，充分展示了我国知识产权司法保护新形象，丰富和完善了中国特色知识产权司法保护制度。最高人民法院批复设立无锡、徐州、泉州三家知识产权法庭，以最高人民法院为龙头，以北京、上海、广州、海南自贸港知识产权法院为示范，以27家地方法院知识产权法庭为重点的专业化审判体系进一步健全。深入推进知识产权审判“三合一”改革，持续推动改革措施落地见效。严格落实惩罚性赔偿制度，显著提高侵权违法成本，让侵权者得不偿失，让遭受侵权者得到充分救济，让“侵犯知识产权就是盗取他人财产”的观念深入人心。促进多元化技术事实查明机制建设，进一步扩充“全国法院技术调查人才库”入库专家规模，已有500余名技术专家入库，覆盖30多个技术领域。推进知识产权纠纷多元化解机制建设，完善行政调解协议司法确认制度，加强在线诉调对接，推动构建行政执法、仲裁调解、行业自律、司法保护衔接机制，强化协同治理效果。加强司法机关与行政部门的沟通协调，积极参与知识产权保护体系建设，推动建立数据信息共享机制，完善司法与行政执法衔接机制，加快推进知识产权纠纷多元化解机制建设，积极参与构建大保护工作格局。全国“双打办”发专刊介绍知识产权司法保护工作经验。11月，国家知识产权局、最高人民法院、最高人民检察院、公安部、国家市场监督管理总局联合印发《关于加强知识产权鉴定工作衔接的意见》，强调建立完善知识产权鉴定工作体系，提升知识产权鉴定质量和公信力。在国务院知识产权战略实施工作部际联席会议办公室组织评选的知识产权强国建设第一批典型案例中，人民法院共有3件案例入选。

三是加强知识产权司法宣传和国际交流，司法保护影响力进一步扩大。最高人民法院举行知识产权宣传周新闻发布会，通报全国法院2021年知识产权司法保护的总体情况，发布《最高人民法院关于第一审知识产权民事、行政案件管辖的若干规定》以及2021年中国法院十大知识产权案件和50件典型知识产权案例，并回答记者提问。最高人民法院知识产权法庭精选8起案件进行公开庭审，充分发挥典型案例示范作用。组织发布第二批人民法院种业知识产权司法保护典型案例，6起案件入选农业农村部发布的2021年度农业植物新品种保护十大典型案例。最高人民法院举行新闻发布会，发布人民法院加强反垄断和反不正当竞争司法有关情况，并发布人民法院反垄断和反不正当典型案例各10件。人民法院积极参与世界知识产权组织框架下的全球知识产权治理，立足司法推动完善相关国际规则，促进创新创造更多惠及各国人民，参与编写世界知识产权组织《全球专利案件管理司法指南》，中国法院审理的知识产权案件裁判入选联合国有关“案例数据库”，参加世界知识产权组织法官论坛、英国伦敦大学国际电信大会等。“最高人民法院知识产权法庭裁判案例被联合国贸易和发展会议和南方中心‘知识产权与公共卫生案例数据库’（英文）收录并发布”案例入选2022年“中国法治国际传播十大典型案例”之首。持续推进中欧知识产权保护合作项目（IPKey China）有关工作，与欧方举办线上研讨会。

四是加强知识产权队伍建设，服务大局意识和能力进一步提高。深入学习贯彻党的二十大精神，深刻领悟党的二十大报告中关于科技创新和法治建设的重要部署，不断提高政治判断力、政治领悟力、政治执行力，坚持以党的政治建设为统领，以党建带队建促审判，引导广大干警筑牢政治忠诚，增强知识产权审判队伍服务大局意识和能力。最高人民法院知识产权法庭接受最高人民法院党组的政治巡视，全力抓好巡视整改，把巡视整改成果转化为推动法庭高质量发展的新成效。最高人民法院强化业务能力建设，聚焦审判实务热点、难点、重点问题，面向全国法院开展知识产权审判专题培训，提升知识产权审判队伍专业水平。

涉外商事海事审判

2022年，在以习近平同志为核心的党中央坚强领导下，全国法院坚持以习近平新时代中国特色社会主义思想为指导，深刻领悟“两个确立”的决定性意义，增强“四个意识”、坚定“四个自信”、做到“两个维护”，坚持服务大局、司法为民、公正司法，深入践行习近平法治思想，牢记“国之大者”履职尽责，切实提升涉外商事海事审判工作质效，为推进中国式现代化提供有力司法服务。

一、深入实施涉外商事海事审判精品战略，持续推动审判体系和审判能力现代化

2022年，最高人民法院全年共审理涉外商事海事案件388件，共审结328件，结案率84.54%，收结案实现良性循环，涉外审判工作稳中有进。一是监督指导全国涉外商事海事审判工作，精心审理并指导下级法院审理重大敏感涉外商事海事案件，制定“三同步”方案，依法稳妥推进案件审理。其中，2022年7月福建省高级人民法院就我国追索流失海外文物第一案“章公祖师”肉身坐佛像案作出终审判决，判令奥斯卡在判决生效之日起三十日内向两村委会返还案涉“章公祖师”肉身坐佛像，开启了民间通过民事诉讼途径追索流失海外文物的新途径。二是围绕全国人大常委会10月专门听取和审议涉外审判工作情况报告的重点工作任务，积极落实院党组各项工作部署，与院办公厅相互配合，高质量完成向全国人大常委会的专项报告。三是组织召开《全国涉外商事海事审判工作座谈会会议纪要》培训会议，就会议纪要规定的111个疑难问题进行全面深入解读，最高人民法院及各高级人民法院、中基层法院、各海事法院约3300名干警参加培训，帮助全国涉外商事海事法官准确理解把握会议纪要精神，统一司法裁判尺度，有效提升涉外司法能力和水平。四是发布《最高人民法院关于涉外民商事案件管辖若干问题的规定》（法释〔2022〕18号），进一步优化涉外民商事案件管辖机制、便利中外当事人诉讼、提升涉外民商事案件审判质效，实现涉外民商事审判“调结构”“定职能”的作用。

二、完善国际商事纠纷解决机制，服务共建“一带一路”高质量发展

认真落实党中央重大决策部署，积极探索国际商事争端解决机制和机构建设新路径，为高质量共建“一带一路”提供司法服务。一是发布第三批全国涉“一带一路”建设典型案例，充分发挥典型案例的示范和引领作用。二是积极推进国际商事法庭实质化运行，制定《最高人民法院国际商事法庭法官会议规则（试行）》，进一步规范国际商事法庭法官会议制度。三是加快健全“一站式”国际商事纠纷解决平台建设，发布《最高人民法院办公厅关于确定第二批纳入“一站式”国际商事纠纷多元化解决机制的国际商事仲裁机构的通知》，新增5家国际商事

仲裁机构加入“一站式”平台，首次纳入域外仲裁机构进入“一站式”平台。四是持续发挥最高人民法院国际商事专家委员会的智库作用。召开最高人民法院国际商事专家委员会第三届研讨会暨首批专家委员续聘活动，邀请来自20多个国家和地区的40多位专家委员以及各国国际商事法庭法官、仲裁机构和调解机构的负责人等参加，围绕“跨境商事诉讼的发展、挑战与对策”的主题进行广泛深入的讨论。推荐专家委员、比利时籍国际法教授约翰·阿齐尔·埃劳参评并荣获2022年度“中国政府友谊奖”。五是参加全国政协举办的以“仲裁法的修订”为议题的第六十三次双周协商座谈会，对委员和与会专家提出的仲裁法修订中的热点问题作出回应，支持通过修订打造一部立足中国国情、借鉴国际通例、兼顾我国仲裁事业发展阶段的仲裁法，推动仲裁法律制度的完善。

三、全面贯彻新发展理念，服务保障对外开放重大战略

为落实党中央和院党组重要部署，印发《最高人民法院关于人民法院支持和保障浦东新区高水平改革开放打造社会主义现代化建设引领区的意见》（法发〔2022〕1号），从7个方面提出21项具体举措，为支持浦东建设国际科技创新中心核心区、国际金融中心核心区、国际贸易中心核心区、国际航运中心核心区、国际消费中心提供有力司法支撑。为充分发挥人民法院审判职能作用，服务保障自由贸易试验区（港）建设，发布人民法院服务保障自由贸易试验区（港）10个具有示范效应的典型案例和彰显突出成效的12项亮点举措，不断推动自由贸易试验区（港）实现高质量发展。

四、充分发挥海事司法职能作用，服务海洋强国战略实施

一是发布《最高人民法院、最高人民检察院关于办理海洋自然资源与生态环境公益诉讼案件若干问题的规定》（法释〔2022〕15号），进一步完善海洋自然资源与生态环境保护法律体系，对统一法律适用标准、规范海洋自然资源与生态环境公益诉讼案件办理具有重要意义。二是值“世界海洋日”暨“全国海洋宣传日”之际，发布2021年全国海事审判典型案例，在充分发挥典型案例示范引领作用的同时，彰显海事司法对加强海洋生态保护、促进海洋经济发展和维护海洋权益的重要作用。三是同意厦门海事法院设立涉外海事法庭，推进国际海事争议多元解纷，助力提升法治化营商环境，打造国际海事纠纷解决优选地，为“21世纪海上丝绸之路核心区”建设提供司法服务。四是指定广州海事法院作为海事刑事案件管辖试点法院审理黄碧华涉嫌危害珍贵、濒危野生动物罪一案。指定青岛海事法院试点管辖马金良涉嫌交通肇事罪一案。持续深化海事审判“三合一”改革，为进一步科学确定海事法院管辖范围，建立更加符合海事审判规律的工作机制积累经验。五是上线中国海事审判网，面向海事法官提供辅助办案智慧支撑，面向中外当事人提供网上立案、线上庭审、云端执行等在线诉讼服务，面向社会公众和专家学者发布权威海事司法信息，实现“智服、智宣、智审、智管”功能，彰显中国海事审判信息化建设的最新成果，成为向国际社会展示中国海事司法的重要窗口。六是发布中英文版海事审判白皮书（2018–2021），总结四年来的海事审判工作成就，提升海事司法透明度，扩大海事审判国内外影响力。

五、加强国际法研究和运用，积极参与国际规则制定

加大对《联合国国际货物销售合同公约》司法适用、《联合国海洋法公约》、《区域全面经济伙伴关系协定（RCEP）》及《全面与进步跨太平洋伙伴关系协定（CPTPP）》、数字经济时代跨境贸易规则发展、国际法院管辖问题、中欧班列等相关问题研究。继续参加并推进《船舶司法出售国际效力公约草案》(《北京草案》)、海牙国际私法会议管辖权项目以及多式联运单证法律问题、国际统一私法协会"有效执行的最佳实践"等国际规则的谈判工作。派员参加第四届国际商事法院论坛、第七届商事诉讼司法论坛、联合国贸易法委员会学院 2022 年论坛等大型国际会议，不断扩大我国司法国际影响力。

环境资源审判

2022 年，人民法院坚持党的领导，坚持人民至上，坚持生态优先、绿色发展、系统保护，坚持用最严格制度最严密法治保护生态环境，持续推动环境法治进程，环境资源审判成为展现人民法院司法为民、公正司法的重要窗口，成为服务保障生态文明建设的重要力量。2022 年，全国法院共审结环境资源一审案件 24.6 万件。

一、充分发挥审判职能，服务大局工作更加有力

一是攻坚污染防治，守护环境权益。各级法院依法严惩偷排废水，跨域倾倒、处置危险废物等突出犯罪，依法审理涉重污染天气、黑臭水体整治等案件，有力维护和改善人居环境，使绿水青山的"生态颜值"和人民生活的"幸福指数"同步提升，让守护环境权益的法律条文变为鲜活司法实践。广东法院审理"电蚯蚓"民事公益诉讼案，判决被告单位赔偿因违法销售蚯蚓电击猎捕工具行为造成土壤生态环境损害的费用，维护生态环境安全；审理播放"荒山野鬼"录音噪声扰民案，积极适用环境禁止令，司法守护人民群众享受宁静和谐的环境。二是服务减排降碳，应对气候变化。最高人民法院发布《关于完整准确全面贯彻新发展理念 为积极稳妥推进碳达峰碳中和提供司法服务的意见》及典型案例，司法助力碳达峰碳中和目标实现。各级法院依法严格追究虚报、瞒报温室气体排放数据等违法行为责任，以务实举措守护碧水蓝天。山东法院执行钢铁产能置换系列案，促进碳排放交易及时完成，推动钢铁产能向低能耗企业转移。三是保护多样生物，巩固生态安全。落实生物多样性保护国家战略，明确生物种群及生存环境司法保护裁判规则。最高人民法院发布生物多样性司法保护白皮书及典型案例，研究起草办理非法引进、释放、丢弃外来入侵物种刑事案件的司法解释。各级法院全链条打击非法捕捞、危害野生动植物等违法犯罪，坚决遏制外来物种入侵，丰富生物种群恢复司法举措。福建法院审理被告人陈某滥伐林木案，考虑被告人自愿缴纳生态修复履约金和森林碳汇补偿金等情节，从轻判处刑罚并适用缓刑。四是助力产业升级，强化司法供给。开展排污权交易、绿色

金融等新型案件裁判规则研究，保障新业态健康发展。各地法院妥善审理涉高耗能、高污染企业规划、建设生产纠纷案件，推动产业结构绿色升级。福建法院持续探索“生态司法+救助保险”机制，擦亮绿色这一经济社会高质量发展的鲜明底色。五是统筹保护开发，优化资源利用。贯彻保护和可持续利用自然资源原则，最高人民法院发布《关于审理森林资源民事纠纷案件适用法律若干问题的解释》《关于充分发挥环境资源审判职能作用 依法惩处盗采矿产资源犯罪的意见》，维护自然资源和生态环境安全。贵州法院审理梵净山金顶刻字民事公益诉讼案，被告在承担修复费用的同时，还需承担生态环境损害惩罚性赔偿金，司法守护自然、人文遗迹。六是保障区域协同，推动系统治理。主动将环境司法融入京津冀、长三角一体化，粤港澳大湾区建设、长江经济带发展等国家区域协同发展战略，最高人民法院筹备黄河生态环境司法保护协作推进会，研究起草青藏高原生态保护司法政策。湖北高院和人民法院环境资源审判理论研究（武汉大学）基地等联合举办首届长江大保护司法论坛，周强院长出席并发表重要讲话。云南法院审理违法排放生产废水污染环境刑事附带民事公益诉讼案，强化长江流域水生生物司法保护。

二、加强顶层设计，环境资源裁判规则体系日益完善

一是强化政策指引，明确目标导向。最高人民法院发布《关于充分发挥环境资源审判职能作用 依法惩处盗采矿产资源犯罪的意见》等司法政策，召开全国法院环境资源审判暨第一次环境资源刑事审判工作座谈会，周强院长出席并作重要讲话，指导各级法院准确把握形势任务、工作理念和目标导向，全面推进环境资源审判各项工作；首次对环境资源刑事审判工作进行专题部署，贯彻落实最严格制度最严密法治。二是注重经验转化，完善裁判规则。最高人民法院发布《关于审理生态环境侵权纠纷案件适用惩罚性赔偿的解释》等司法解释，调研起草专业知识的人民陪审员、环境证据规则、环境侵权、生态环境公益侵权、林权行政纠纷等司法解释，构建起务实管用、严格严密的环境资源裁判规则体系。积极参与噪声污染防治法、黄河保护法、青藏高原生态保护法等重大立法工程，推动生态环境损害赔偿制度确立完善。三是强化类案指导，统一裁判尺度。充分发挥指导性案例规则补充和典型案例示范指引作用，发布环境公益诉讼专题指导性案例10件、典型案例5批60件。运用案例发布的短、快优势，提供及时、具体、操作性强的司法指引，弘扬环境司法理念，促进裁判尺度统一。四是创新裁判执行方式，助推生态环境修复。各地法院贯彻恢复性司法理念，遵循自然规律，探索创新补植复绿、增殖放流、劳务代偿、技改抵扣、认购碳汇、先予执行等多种环境资源审判独有的裁判执行方式，建设系列生态司法修复基地，为不同类型自然环境、生态系统提供全方位修复选项。

三、深化改革创新，中国特色环境资源审判体系基本建成

一是四级联动，健全专门审判组织。全国法院结合生态环境保护实际需要，设立环境资源专门审判机构或组织2426个，涵盖四级法院的专门化审判组织架构基本建成。二是三审合一，落实归口审理机制。截至2022年，最高人民法院及28家高级法院实行环境资源审判职能“三合一”归口，云南、江西、浙江、四川等地法院探索涵盖执行的“四合一”归口机制，将生态

环境保护理念贯穿审判执行全领域、全过程。三是多元探索，推进集中管辖模式。在南京、兰州、昆明、郑州设立环境资源法庭的基础上，2022年最高人民法院批准设立长春环境资源法庭，实行省内环境资源案件集中管辖。各地法院深入探索多元化跨行政区划集中管辖模式，破解环境保护“主客场”问题，推进生态环境系统治理，提升审判专业水平。四是审学结合，锻造专业审判队伍。组织环境资源审判线上培训班，锻造专业化审判团队。出版《环境资源审判与行政执法》等书籍，加强理论实践融合研究。开展刑事审判优秀业务成果及先进评选工作，28篇裁判文书、50个先进集体、100名先进个人受到表彰，展现环境资源审判队伍干事创业昂扬风貌。

四、延伸司法职能，服务保障工作机制不断健全

一是提升智能水平，汇聚共治合力。深化智慧法院建设成果运用，建设并上线运行“上下贯通、横向联通”的全国环资审判一张网。各地法院加强与公安、检察及行政机关协作配合，建立信息数据共享、证据调取采信、案件线索移交等机制，深化执法司法联动。二是深化公众参与，推动多元解纷。各地建立环境资源审判专家咨询库，探索有专门知识的陪审员陪审模式。加强司法公开，倾听社情民意，依法保障人民群众对环境司法的知情权、参与权、监督权。完善调解、协商、仲裁等非诉讼纠纷解决机制，高效便捷满足群众多元化环境司法需求。云南法院在“亚洲象繁育中心”驻地挂牌成立“人象和谐法律服务点”，加强人象矛盾纠纷源头预防和前端化解。三是开展普法宣传，提升法治意识。最高人民法院持续打造“六五”环境日集中宣传普法品牌，连续第六年发布环境审判年度报告；河北、山西、吉林、黑龙江、江苏、安徽、江西、河南、湖北、广东、重庆、四川、甘肃、兵团等地法院通过发布年度报告、拍摄小视频、巡回审判、设立生态修复教育基地等方式，开展丰富多彩的环境司法宣传活动。

五、深化国际交流，贡献全球环境司法治理中国方案

一是加强交流互鉴，增进了解认同。召开气候变化司法应对国际研讨会，来自全球五大洲九个国家的大法官、国际组织官员和知名专家应邀参会，分享交流各国经验做法，宣传中国环境司法工作成效，该会议入选2022年“中国法治国际传播十大典型案例”。应联合国环境规划署邀请，线上出席人类环境会议及斯德哥尔摩宣言通过50周年庆祝活动；应亚洲开发银行邀请，线上出席斯德哥尔摩“法官与环境法”国际研讨会，派员参加第二届东盟环境法大会；与德国机构合作，举办中德气候变化司法应对研讨会，不断拓展国际交流广度深度。二是分享司法成果，贡献有益经验。用案例这一世界各国均“听得懂的语言”，向世界展示中国环境司法有益探索和成功经验。推动联合国环境规划署数据库收录第三批10件中国环境司法典型案例及2020年、2021年环境资源审判年度报告，并登载于其门户网站。出版《中国最具影响力的环境资源案例（二）》，“绿孔雀保护案”入选推动联合国可持续发展目标典型案例。

行政审判

2022年，全国法院高举中国特色社会主义伟大旗帜，全面贯彻落实党的二十大精神，坚持以正确的行政审判理念为指引，统筹兼顾支持、监督依法行政和保护人民群众合法权益，更好发挥行政审判职能作用，着力为推进中国式现代化提供有力司法服务和保障。2022年以来，全国法院新收一审行政案件278 304件，审结283 532件，通过严格依法办理各类行政案件，忠实履行宪法法律赋予的职责。

一是进一步树立正确行政审判理念。始终坚持以习近平新时代中国特色社会主义思想为指导，贯彻落实习近平法治思想，深刻领悟“两个确立”的决定性意义，增强“四个意识”、坚定“四个自信”、做到“两个维护”，确保以马克思主义中国化时代化的最新成果指引行政审判工作不断实现新发展。深入学习贯彻习近平经济思想，始终把行政审判工作置于党和国家工作大局中谋划推进，进一步转变观念、提高认识，为更好服务党和国家工作大局奠定坚实思想基础。进一步树立行政审判不缺位、不逾矩、不越界理念，正确理解司法权和行政权的界线，坚持行政不能干预司法，司法不能代替行政。进一步树立依法监督理念，尊重行政机关对事实等问题的首次判断，尊重行政机关在行政裁量范围内的专业判断，切实防止以司法裁量代替行政裁量。

二是进一步提升办案质效。全面执行统筹疫情防控和经济社会发展工作要求，依法妥善审理涉疫情防控相关行政案件，做好“六稳”工作，落实“六保”任务。完整、准确、全面贯彻新发展理念，依法妥善审理涉“放管服”改革相关行政案件，服务保障加快构建新发展格局、着力推动高质量发展。进一步提升涉产权保护、涉税收财政补贴类行政案件办理质效，更好发挥行政审判在平等保护产权方面的作用，促进实体经济发展，推动营造法治化营商环境。积极参与全国农村乱占耕地建房专项整治和违建别墅专项清查整治相关工作，加强对相关行政案件的审理、指导，支持行政机关依法打击违法占用耕地行为，促进治理耕地“非农化”“非粮化”。坚定不移贯彻落实立案登记制，依法妥善审理房屋土地征收、食品药品、个人信息、劳动保障等各类涉民生行政案件，切实维护人民群众合法权益，解决好人民群众急难愁盼问题。坚持和发展新时代“枫桥经验”，持续贯彻落实《最高人民法院关于进一步推进行政争议多元化解工作的意见》，把非诉讼纠纷解决机制挺在前面，坚持依法裁判和协调化解相结合，更多实现行政争议的实质化解、诉源治理。深入学习贯彻《法治政府建设实施纲要（2021–2025年）》，加强对行政行为实体和程序的合法性审查，做好行政诉讼与行政复议衔接工作，积极开展府院联动，有力助推法治政府建设。进一步规范行政裁判文书说理，坚持以案件事实和现行有效法律规范为说理依据，提升裁判文书说理的准确性、必要性、针对性。

三是进一步强化对下指导。组织召开第六次全国行政审判工作会议，制定《最高人民法院关于新时代加强行政审判工作的意见》，发布党的十八大以来人民法院行政审判工作综述，全面总结成绩和经验，就进一步做好新时代行政审判工作作出具体部署。制定《最高人民法院关于审理行政赔偿案件若干问题的规定》，进一步统一行政赔偿案件裁判标准，公正、及时审理各类行政赔偿案件。认真贯彻《最高人民法院统一法律适用工作实施办法》，严格执行类案检索制度，健全完善专业法官会议制度，常态化开展最高人民法院行政裁判文书要旨提炼工作，针对下级法院请示案件作出批复、答复，为地方法院依法审理新类型案件提供有效遵循。围绕正确贯彻实施修改后行政处罚法开展专项调研，落实公正公开、过罚相当原则，促进统一司法执法标准。制定实施《最高人民法院行政庭发布行政诉讼典型案例的办理规程》，建立健全行政审判典型案例收集、筛选和运用机制，遴选发布行政赔偿、行政协议、服务保障加快建设全国统一大市场等方面典型案例，更好发挥典型案例的示范指引作用。借助“人民法院大讲堂——审判业务培训课堂”面向全国法院开展三次集中业务授课，组织开展第十届全国行政审判优秀业务成果评选，不断丰富对下指导形式。

四是进一步推进四级法院审级职能定位改革试点。持续贯彻落实《全国人民代表大会常务委员会关于授权最高人民法院组织开展四级法院审级职能定位改革试点工作的决定》《关于完善四级法院审级职能定位改革试点的实施办法》，有效推动将审理难度不大、受地方干预较少、适宜就地化解的四类行政案件交由基层人民法院审理，重点发挥高级人民法院再审纠错职能和最高人民法院统一全国法律适用职能。2022 年以来，配套完善行政案件提级管辖、行政申请再审案件审查方式、巡回审判等相关工作机制，有效确保试点工作在行政审判领域取得阶段性成效。加强对试点工作效果的动态跟踪、总结评估，为后续优化改革举措、完善相关法律提供更好实践基础。

国家赔偿审判和司法救助

2022 年，最高人民法院牢固树立以人民为中心的司法理念，坚持服务大局、司法为民、公正司法，落实“当赔则赔，应救尽救”“把好事办好”工作理念，充分发挥国家赔偿和司法救助职能，推动各项工作取得新进展、新成效。

一是着力提升国家赔偿审判质效。2022 年 1 月至 12 月，全国法院审结国家赔偿（司法赔偿）案件 3712 件，对符合条件的赔偿请求人及时给予赔偿。编写 2021 年度国家赔偿审判和司法救助工作情况通报，就国家赔偿审判中的重点法律适用问题及裁判思路进行梳理，并向全国法院通报。开展全国法院国家赔偿文书评查工作，充分运用大数据、信息化等科技手段，对全国法院上网发布的所有国家赔偿裁判文书进行初评，在此基础上依托国家赔偿审判“人才智库”进行专业评查，将评查中发现的问题向全国法院通报，促进全国法院国家赔偿审判水平整体提升。推进国家赔偿案件集中管辖改革，鼓励地方法院积极探索，指导在天津、贵州等省市开展中级人民法院委赔案件集中管辖改革试点，推进国家赔偿审判专业化建设。

二是积极推动国家赔偿法修改工作。为回应人民群众对权利保障的关切和要求，解决长期困扰国家赔偿审判的深层次制度性问题，积极推动国家赔偿法修改工作。专门成立由最高人民法院副院长陶凯元任组长的修法研究小组，抽调相关庭室骨干成员成立专班，坚持问题导向、坚持实事求是、坚持稳中求进的总体思路，深入调研、充分讨论、反复修改，并与全国人大常委会法工委积极沟通，形成了较为成熟的修法建议稿和综合调研报告，积极推动国家赔偿法修改纳入第十四届全国人大常委会五年立法规划。

三是统一法律适用标准。出台《最高人民法院关于审理涉执行司法赔偿案件适用法律若干问题的解释》，及时发布权威解读文章，编辑出版该司法解释条文理解与适用专业书籍，举办专题培训，促进正确理解、准确适用最新司法解释。针对司法实践中的重点难点问题，起草《最高人民法院关于司法赔偿案件案由的规定》《最高人民法院关于审理司法赔偿案件适用请求时效制度若干问题的解释》，确立了更为完整、合理、实用的案由适用规则，明确了司法赔偿案件请求时效的起算、中止、适用等相关问题，进一步健全国家赔偿法律适用体系。加大对下指导力度，梳理提炼具有规则意义的国家赔偿案件裁判要旨40余例，开展国家赔偿指导性案例征集推荐工作，着力促进法律适用统一。

四是切实推进司法救助规范化建设。2022年1月至12月，全国法院办理司法救助案件33 827件，救助涉案困难群众39 688人，发放司法救助金8.76亿元。加强与刑事审判部门的衔接配合，组织召开最高人民法院司法救助工作座谈会，就进一步做好死刑复核案件的刑事被害人司法救助工作形成会议纪要。开展全国法院司法救助工作专项调研，通过视频座谈会、数据统计分析、电话走访等多种方式，就全国3403个法院近三年国家司法救助案件办理情况、资金保障、机构设置等7个影响“救助制度法治化、救助案件司法化”的核心问题进行全面调研，形成专项调研报告和向中办上报的简报，明确下一步工作方向，持续推进司法救助规范化、信息化建设。强化救助托底保障功能，河北高院会同相关部门联合出台规定，开辟涉军司法救助“绿色通道”，吉林高院、贵州高院与辖区民政部门联合出台规范性文件，建立司法救助与社会救助衔接机制，将实施司法救助后仍面临生活困难的当事人精准纳入社会救助范围，实现救助效果最大化。

五是大力加强国家赔偿和司法救助队伍建设。建立国家赔偿审判“人才智库”，经过精心组织、严格选拔，确定30名“人才智库”入围人员和3名“人才智库”递补人员，充分发挥专业人才在重大课题调研、赔偿理论研究、条线交流培训等方面的重要作用，从源头提高人才能力水平。打造“国家赔偿审判暨司法救助工作培训课堂”在线平台，定期开展全覆盖的培训活动，由资深法官、专家学者围绕司法实践中的热点难点问题进行授课，并适时通报全国国家赔偿审判和司法救助工作有关情况，切实加强条线队伍专业化、规范化建设。

审判监督

2022年，审监庭在甄别纠正刑事冤错案件、规范减刑假释暂予监外执行、民商事审判监督大要案办理、持之以恒推进正风肃纪反腐败建设等多项工作中取得了显著成绩，第二合议庭荣获中共中央、国务院表彰的全国“人民满意的公务员集体”荣誉称号，全年共受理最高人民检察院提起民事抗诉、当事人不服本院终审裁判申请再审、减刑假释备案审查、死刑复核等各类案件 622 件，审结 517 件，结案率 83.12%。

一、扎实做好刑事审判监督工作，切实维护社会公平正义

一是加强对刑事冤错案件的再审监督指导，切实维护社会稳定。对全国法院已经审结的刑事重大冤错案件和正在复查及再审的疑似刑事重大冤错案件进行统计和分析，摸清底数，建立台账，及时跟进督办和加强对下指导。监督地方法院妥善处理江苏夏某抢劫案、河南谢某故意杀人案、云南张某杀死一家四口案的再审改判工作，受到充分肯定。开展 2015 年以来全国法院纠正重大刑事冤错案件案例编写工作，现已完成 2015 年至 2017 年度、2018 年至 2022 年度案例选两册。起草《平安中国建设重点人群组调研报告》《关于推进落实“十四五”平安中国建设规划情况的自评报告》，按照要求做好相关重点人群服务管理工作，全力维护社会安全稳定。二是高度重视社会关注和重大敏感案件，切实维护法律标准统一适用。顺利办结四川张某杀死女婿一家三口案，该案原二审改判死缓后引发重大舆情，四川高院启动再审并改判张某死刑，最高人民法院依法予以核准死刑。顺利办结倪某贩卖毒品死刑复核案。对扫黑除恶专项斗争重点案件被告人甘肃荣某某依法核准执行死刑。所办理的安徽邱山喜贩运毒品案结案后作为依法严厉打击毒品犯罪的典型案例，由最高人民法院发布为 2022 年十大毒品（涉毒）犯罪典型案例，起到了社会示范效应。三是依法甄别纠正涉产权冤错案件，切实加强产权司法保护。落实涉产权冤错案件依法甄别纠正的常态化机制。持续推进重大涉产权案件再审甄别审查工作，审判监督庭从涉产权的 100 余件案件中甄别筛选出 6 件备选案件，起草了《关于进一步做好涉产权冤错案件甄别纠正工作的报告》。继续做好涉产权冤错案件甄别纠正成果宣传工作。2022 年全国“两会”期间，积极配合院新闻局为南方都市报、新京报等媒体关于依法甄别纠正涉企冤错案件的新闻报道提供素材；为全国工商联“民营经济法制建设十年成就展”、新华社“迎接二十大”系列新闻稿件等提供意见建议。

二、依法审理各类民商事审判监督案件，服务经济社会发展大局

一是加强对最高人民法院生效裁判监督力度，坚持依法纠错与维护裁判权威的有机统一。坚持秉承“坚持依法纠错和维护裁判权威有机统一”的司法理念，充分发挥民事审判监督职能，办理大量申请再审审查案件、再审案件以及请示案件等各类民事审监案件。经报请审委会研究决定，对最高人民法院有关生效裁判提起再审并改判。二是高度重视对检察机关抗诉案件的审理，共同维护司法公正。克服疫情防控政策变动带来的开庭排期影响，实施民事抗诉案件线上开庭审理，协调最高人民检察院相关部门等，通过互联网庭审方式参加诉讼，共同加快案件办理进度。协调最高人民法院立案部门，建立案件调卷通报的协同工作机制，有力缩短了原审卷宗调卷周期。三是坚持实质性化解矛盾纠纷，让人民群众切实感受到公平正义。依法妥善审理某市政府相关建设工程施工合同纠纷案。双方当事人系因建设工程而引发纠纷，涉案标的

巨大，关系复杂，合议庭结合案件实际积极推进当事人和解，最终双方达成执行和解且全部履行完毕，取得各方当事人及全国人大代表的高度认可。

三、大力加强调查研究，努力建立审判监督工作长效机制

一是组织起草关于规范刑事、民事审判监督工作的指导意见，加强关于纠正冤假错案机制建设的总结，就进一步规范办理民事再审检察建议案件进行系统调研。二是加强“减假暂”案件对下指导，推进落实《人民法院办理暂予监外执行案件工作规程》，完善全国法院减刑假释信息化办案平台运行使用，进行升级更新。

执 行

2022 年，人民法院始终坚持以习近平新时代中国特色社会主义思想为指导，全面贯彻落实党的二十大精神，深入贯彻落实习近平法治思想，进一步巩固“基本解决执行难”成果，坚持“一性两化”基本工作思路，不断推进解决执行难长效机制建设，全力推进解决执行难综合治理源头治理，执行工作质效进一步提升，执行队伍能力进一步增强，向着“切实解决执行难”目标稳步迈进。

一、依法高效办理执行案件

一是全国法院执行案件核心指标高位运行。全国法院执行案件“3+1”核心指标保持高位运行，受理案件数、执结案件数、执行到位金额实现“三增”，共受理案件 981.96 万件，同比增长 3.5%；执结 917.03 万件，同比增长 6.25%；执行到位金额超过 2 万亿元，再创历史新高。加强对 MT 系、恒大系等重大专案的财产甄别和处置工作，强化对 e 租宝、“昆明泛亚”等涉众投资领域专案后续执行工作的指导与督办，最大限度追赃挽损。二是加强执行案件质效管理。开展常规督办、定期督办，组织开展 2022 年度案件常规评查；完善专业法官会议工作制度，形成《最高人民法院执行局专业法官会议规则（试行）》，保障专业法官会议规范高效运行。充分发挥案例、裁判指导作用，在全国法院案例指导工作推进会上作专题报告，介绍经验做法。完成《最高人民法院案例选》等案例推选、征集工作，报送“对中国法治进程产生重大影响的案例”。三是强化对下监督指导。明确要求各地法院要切实增强政治意识，把握政治大局，提高执行工作规范性和预见性，强化执行队伍风险意识，提升风险防控能力，坚决筑牢执行风险防控底线，督导全国法院推进执行信访实体化解，及时采取有效措施控制化解风险，维护社会和谐稳定，为保障党的二十大胜利召开作出贡献。

二、扎实开展“四说四改”专项工作

深入推进依法规范公正执行，在全国法院执行系统部署开展以案说纪、说法、说德、说责

和以案改治理、改监管、改制度、改作风的“四说四改”专项工作，成立工作领导小组，多次召开调度会，坚持逢会必提纪律、逢节必谈廉政，通过召开警示教育会、观看警示教育片和警示教育展览等方式，教育引导干警知敬畏、存戒惧、守底线，制定19类26项任务台账，形成《全国法院执行系统深入开展“四说四改”专项工作总结报告》，以更高站位、更严举措、更实作风深入推进依法规范公正执行、全面从严管党治警，努力实现执行工作高质量发展。

三、巩固深化突出问题专项整治成果

针对超标的查封和乱查封、违规收发案款、违规终本等三大顽瘴痼疾再聚焦、再整治，开展“巩固深化执行领域突出问题专项整治成果”活动，全国法院共全面清查超标的查封异议案件35万件；自查终本案件193.05万件，抽检案件合格率为94.98%，群众最关心的三大顽瘴痼疾得到有效治理。最高人民法院执行局从全国法院抽取了3385件终本案件，开展“解剖麻雀式”深度评查，针对案件评查暴露出来的问题，督促各地法院及时整改到位，要求切实严格规范案件办理，严把“结案关”。

四、深入推进执行规范化建设

一是推进民事强制执行法立法进程。最高人民法院扎实做好民事强制执行法草案起草工作，经广泛征求意见、深入研究论证，草案顺利提交全国人大常委会第一次审议。6月21日，周强院长在第十三届全国人民代表大会常务委员会第三十五次会议上就草案作说明。二是发布“司法助力中小微企业20条”及典型案例和创新机制。为扎实贯彻落实党中央决策部署，继续做好“六稳”“六保”工作，为优化营商环境提供更加优质的司法服务，1月13日，发布《最高人民法院关于充分发挥司法职能作用 助力中小微企业发展的指导意见》，从积极营造公平诚信市场环境、切实加强产权司法保护等6个方面提出20条举措，围绕中小微企业“急难愁盼”的突出问题，提出有针对性的司法措施。4月19日，最高人民法院召开新闻发布会，发布助力中小微企业发展的15个典型案例和创新机制。三是持续加强对执行权的监督制约。起草协调案件规定、涉党政机关案件执行以及涉人身保单现金价值执行、证券执行、迟延履行利息、拒执罪等6个司法解释和规范性文件，修订失信、限消等2个司法解释，启动与民事强制执行法相配套的司法解释起草与清理工作，进一步规范执行行为。四是强化执行业务对下指导。结合最新立法和实践情况，对《人民法院办理执行案件规范》一书进行重新编纂，新版的条文总数量由1000条增加到1327条，不断提升《执行工作指导》丛书内容质量，切实指导地方法院执行工作实践，整体提升执行条线业务能力和规范化水平。

五、充分彰显执行工作人民性

一是做好涉民生案件执行工作。年初，元旦、春节、全国“两会”期间，以专项活动积极推动推进涉农民工工资案件执行工作，对农民工工资专用账户资金和工资保证金“两类账户”进行专项检查，切实化解信访风险，兜牢民生底线，相关经验被国务院根治拖欠农民工工资工作领导小组刊发推广。地方法院聚焦涉民生执行案件、服务保障“保交楼、稳民生”工作大局、开展中小银行清收执行专项活动等，成效显著。二是持续推进执行信访工作。6 月 10 日，最高人民法院组织召开全国法院学习贯彻第九次全国信访工作会议精神暨全国法院执行信访工作推进会，深入学习贯彻习近平总书记关于加强和改进人民信访工作的重要指示精神，部署开展执行信访化解专项工作，解决了一大批群众反映的突出问题。12 月 5 日，组织召开全国法院执行信访工作推进会。在全国法院部署开展执行信访“百日攻坚”专项活动，为 2023 年春节和全国“两会”召开营造安全平稳有序的政治社会环境。

六、扎实做好刑事涉财执行工作

开展中央交办原中管干部职务犯罪案件刑事涉财执行专项工作，98% 以上案件涉财产判项全部执行完毕，圆满完成攻坚任务。最高人民法院会同最高人民检察院联合开展职务犯罪案件刑事裁判涉财产部分执行和执行检察专项活动，准确摸清党的十九大以来职务犯罪刑事涉财产执行案件的底数，专项活动期间共执行到位 52.06 亿元。依托执行信息化系统，完善涉执财产一体化管理机制，对财产线索核查、责任财产认定、财产控制、财产处置进行常态化监管。

七、联动助力社会信用体系建设

强化执行联动效能，持续推动失信联合惩戒工作。最高人民法院执行局与国家发展改革委会签《关于推进社会信用体系建设高质量发展重点任务的通知》，明确进一步健全失信联合惩戒机制的工作举措；与中国人民银行、民生银行分别召开座谈会，优化“总对总”网络查控系统性能，扩大查询量，实现查询“零积压”；完成与支付宝的“总对总”网络执行查控功能升级，实现超额冻结功能上线。修订平安建设考评办法，深化执行联动机制建设，推动从源头切实解决执行难问题，推动更高水平平安中国、法治中国建设。

八、全力提升执行管理效能

深入推进执行指挥中心实体化运行，进一步拓展执行指挥中心功能，提升执行工作司法为民的能力和水平。升级完善应急值守系统，确保执行指挥中心有真动作、能真运行、出真成效，不断夯实执行工作“三统一”基础。加强执行指挥中心值班巡检工作，指导下级法院加强执行指挥中心值守备勤工作。深入推进执行指挥中心实体化运行，大力推广“执行 110”制度，全年累计调度下级法院 18 334 次，解决各类事项请求 3626 个，协调案件 24 件次，督办工作 33 次；处理应急事项、舆情突发事件 74 件；制发执行指挥中心工作日志 199 期，执行指挥中心周报 11 期，执行指挥中心月报 4 期，执行指挥中心专报 1 期，限期整改通知 13 份。充分发挥执行指挥中心的大数据分析功能，强化对全国法院执行工作态势的分析研判、靶向施策。

九、持续加强智慧执行建设

全力推进信息化与执行业务的深度融合。运用区块链、大数据、移动互联等技术强化执行管理，推动智慧法院体系中的智慧执行建设，充分发挥执行指挥中心实体化运行效能。以技术革新推动建设现代化执行新模式，大大缩短司法拍卖时间。疫情期间，灵活运用线上拍卖模式解决财产处置难问题，实现成交额同比上升的效果，确保了疫情防控期间线上执行不打烊、司法为民不停摆。推进执行指挥中心实体化运行，落实好执行指挥中心业务人员、技术人员“双值班”制度，不断完善日常值班和巡检制度。充分发挥指挥中心在执行考核中的中枢作用，为执行管理提供决策参考。构建“N 横工作 +N 纵监管”的在线执行数字网，打造执行指挥中心实体化运行的智慧执行大脑。探索推动执行服务中心建设，推行“执行 110”工作机制。通过指挥中心实现日常决策分析、应急指挥、值班备勤与专项行动组织，围绕案件查询、信访投诉、线索举报、约见法官等当事人重点关注事项，建设全国统一的执行工作服务热线，提升办案质效，强化执行管理，回应群众关切。

审判管理

2022 年，全国各级法院坚持以习近平新时代中国特色社会主义思想为指导，全面贯彻落实党的二十大精神，深刻领悟“两个确立”的决定性意义，增强“四个意识”、坚定“四个自信”、做到“两个维护”，奋力推进新时代新征程人民法院工作高质量发展，为推进中国式现代化提供有力司法服务。各级法院牢记“国之大者”，以高质量司法服务高质量发展，坚定不移贯彻总体国家安全观，完整、准确、全面贯彻新发展理念，不断加强审判管理，妥善审理各类案件，依法保障人民群众合法权益，确保圆满完成全年审判执行任务。

2022 年，最高人民法院受理（旧存加新收）13 820 件，同比减少 15 553 件，下降 52.95%；结案 10 258 件，同比减少 15 348 件，下降 59.94%；未结 3562 件，同比减少 205 件，下降 5.44%；结案率为 74.23%。各省（区、市）法院受理案件（旧存加新收）3370.3 万件，同比增加 18.8 万件，增长 0.56%；结案 3081.0 万件，同比增加 70.5 万件，增长 2.34%；结案率为 91.41%，同比增长 1.59 个百分点；审限内结案率为 99.31%，同比增长 0.07 个百分点；未结案件 289.4 万件，同比减少 51.8 万件，下降 15.18%。审结案件中，民事案件 1842.5 万件，刑事案件 151.4 万件，行政案件 48.1 万件。

一、进一步健全完善审判权力运行机制

制定《最高人民法院民事、行政再审申请审核工作规程（试行）》（以下简称《工作规程》）。《工作规程》共 16 条，对当事人申请再审、最高人民法院编立“登”字号审核件直至审核完毕、送达、归档的全流程予以细化和明确，于 8 月 1 日正式施行。《工作规程》的主要特点：一是全面规范再审申请审核工作办理流程。按照四级法院审级职能定位改革和行政诉讼制度改革的指导思想，进一步明确了“登”字号审核件的办理流程、时限要求、合并处理情形等。二是规范权力行使，充分体现制约监督精神，要求“登”字号审核件参照案件进行管理，全流程网上流转、全程留痕。三是将“登”字号审核件定位为“流程规定”，对实体标准仅作

出提纲挈领式的规定，由院内各相关审判业务部门在逐步实践基础上适时地出台关于本专业条线案件的实体标准。

完成《人民法院审判流程业务标准》的试点工作。试点在上海、江苏等12个省市开展，期间，针对不同辖区法院的案件结构和专业特点，进行部分类型案件流程标准的重点试点，旨在明确主体责任、完善权责清单、加强履职指引。各试点法院高度重视，周密组织，聚焦审判，边试边行。总体来看，试点法院充分认可标准化工作的价值意义，高度肯定流程规范在理念上的科学性、方法上的可行性、内容上的实用性、形式上的灵活性。最高人民法院将在试点经验的基础上把流程标准化作为一项打基础、利长远的系统性长期性工作推进。

二、深入推进统一法律适用工作

一是成立统一法律适用工作领导小组。1月26日，最高人民法院统一法律适用领导小组召开第一次会议。最高人民法院党组书记、院长、统一法律适用工作领导小组组长周强出席会议并讲话，强调要坚持以习近平新时代中国特色社会主义思想为指导，深入贯彻习近平法治思想，扎实推进统一法律适用各项工作，确保严格公正司法，维护国家法制统一、尊严、权威，让人民群众切实感受到公平正义就在身边。统一法律适用工作领导小组将充分发挥作用，构建统一领导、职责清晰、衔接有序、协同推进的工作格局，在加强司法解释、案例指导等工作同时，以裁判要旨梳理提炼、"点对点"具体法律适用分歧解决机制、线上统一法律适用平台三项工作为主体，推动形成上下贯通、内外结合、系统完备、规范高效的法律适用问题解决体系，切实推进法律适用和裁判尺度统一，切实维护公平正义。二是开展裁判要旨梳理提炼工作。统一法律适用领导小组第一次会议暨裁判要旨梳理提炼部署会审议通过了《最高人民法院裁判要旨梳理提炼工作方案》《最高人民法院裁判要旨梳理提炼规则》。按照周强院长的要求，最高人民法院将裁判要旨梳理提炼作为一项长远性、基础性、常态化工作加强谋划部署，要旨提炼突出权威性、实践性、实效性，有效解决以往社会机构提炼裁判要旨权威性不足、准确性不够、社会满意度不高等问题，以更好发挥裁判要旨在统一裁判尺度、提高审判质效和司法公信力、弘扬社会主义核心价值观等方面的重要作用。通过梳理提炼裁判要旨，充分展现最高人民法院裁判文书释法说理的智慧，进一步发掘审判资源、总结审判经验，为统一法律适用提供新的、更有力的抓手。截至2022年年底，已经完成最高人民法院2021、2020年度审结案件的裁判要旨梳理提炼工作，其中2021年度2400余条裁判要旨经研究小组审核修改、原审判业务部门复核后已上传至统一法律适用平台。三是建立全国法院统一法律适用平台。平台不仅为办案人员提供要旨检索功能，还能够准确判断用户意图，主动推荐最相似、关联性最强的裁判要旨和案例，为法官办案提供有力的信息支持和辅助。通过平台建设，进一步强化统一法律适用工作信息化水平，进一步扩大审判管理特别是统一法律适用工作的覆盖面，进一步提高裁判规则统一的深度和精准度，同时为实现裁量权的自动化、可视化监督管理奠定了技术基础。

三、进一步发挥审判委员会职能作用

2022年最高人民法院审判委员会充分发挥总结审判经验、统一法律适用和裁判尺度、讨论决定重大案件、监督指导审判工作的职能作用，截至11月底共召开56次会议，其中全体会16次，刑专会29次，民专会11次；共审议通过议题144件，其中司法解释14项，规范性文件3件，讨论重大疑难复杂案件74件，指导性案例43件，其他类议题10件。审议通过《最高人民法院关于适用〈中华人民共和国反不正当竞争法〉若干问题的解释》，加强反不正当竞争司法，强化竞争政策基础地位，促进形成高效规范、公平竞争的国内统一市场。审议通过《关于涉外民商事案件管辖若干问题的规定》，进一步优化涉外民商事案件管辖机制，便利中外当事人诉讼，提升涉外民商事案件审判质效。审议修改《最高人民法院关于审理人身损害赔偿案件适用法律若干问题的解释》，将残疾赔偿金、死亡赔偿金以及被扶养人生活费由原来的城乡区分的赔偿标准修改为统一采用城镇居民标准计算，以更充分地保护受害人利益。研究讨论被告人罗某平侵害英雄烈士名誉、荣誉暨刑事附带民事公益诉讼请示案，对于保护英烈名誉荣誉、维护社会主义核心价值观具有重要意义；研究讨论"江苏丰县生育八孩锁链女——小花梅案""云南省教育厅原厅长罗某敏涉嫌侵害英雄烈士名誉、荣誉案"等重大敏感刑事案件，严格依法做好案件审理相关工作，实现案件办理政治效果、法律效果、社会效果有机统一。印发《最高人民法院审判委员会议题材料工作规范》，以适应诉讼法修改和司法改革有关要求，进一步规范相关议题材料，提升议事质效。

四、组织开展第五届全国法院"百篇优秀裁判文书""百场优秀庭审"评选活动并优化成果应用

通过"双百"评选，进一步发挥优秀裁判文书、优秀庭审的引领示范作用，不断提升全国法院裁判文书和庭审水平，推动全面构建文书、庭审质量控制体系，积极展现人民法院司法改革成效。本届评选活动在前四届的基础上进一步优化评选流程，强化审核把关。裁判文书方面，总评阶段确定入围文书后，邀请知名法学学者召开专家评选会议，综合评定出获奖文书。庭审评选方面，初评由社会公众评选改为各高院自行开展，复评阶段采取评审委员打分和评价，同步组织由法律院校专家学者、媒体记者及法学会成员等组成的社会公众评选团进行打分，根据权重合并计算最终成绩。做好评选结果运用，出版《双百优秀裁判文书的形与神——裁判思路与说理技巧》丛书，覆盖刑事、民事、行政、赔偿、执行等各种案件类型，集中展示优秀获奖文书、裁判要旨、撰写心得、专家评析，展现人民法官的裁判思路，分析说理技巧，以供法律从业者学习参鉴。

五、进一步规范司法公开工作

统筹推进公开与规范，印发通知要求各级法院进一步做好司法公开工作。扎实开展涉司法公开具体问题专项调研指导，对北京法院开展现场调研指导，对辽宁、吉林、山东、河南、广东、云南6省法院开展远程线上调研指导，其他各省（自治区、直辖市）法院对照专项调研指导重点内容进行自查整改，进一步规范司法公开工作。

六、加强审判管理调研与理论研究

一是开展“党的十八大以来人民法院审判管理工作”专题调研工作。紧紧围绕学习贯彻习近平法治思想，坚持理论联系实际，以数据、案例、事例等方式全景式呈现党的十八大以来人民法院审判管理工作贯彻党中央决策部署的经验做法和实际成效，充分展现习近平法治思想在人民法院审判管理工作中的生动实践。二是指导中国法学会审判理论研究会审判管理理论专业委员会开展重大课题研究申报和专业征文评选。全国各级人民法院、高等院校和其他有关单位在规定时间内单独或联合提交审判管理重大课题申报书207份，最终确定29家单位的25个课题组中标，其中高级法院9家，中级法院12家，基层法院2家，高等院校6家。以“完善统一法律适用机制，加强审判权力制约监督”为主题的审判管理专业征文评选活动，共向全国征集700余篇高质量的学术论文进行评选。

司法解释和案例指导工作

一是最高人民法院全年共发布司法解释20件，其中刑事类司法解释3件；民事类司法解释10件；知识产权类司法解释2件；行政、国家赔偿类司法解释2件；环境资源保护类司法解释3件。为依法惩治非法吸收公众存款、集资诈骗等非法集资犯罪活动，发布《最高人民法院关于修改〈最高人民法院关于审理非法集资刑事案件具体应用法律若干问题的解释〉的决定》。为贯彻落实《全国人民代表大会常务委员会关于全面禁止非法野生动物交易、革除滥食野生动物陋习、切实保障人民群众生命健康安全的决定》和《刑法修正案（十一）》的精神，发布《最高人民法院、最高人民检察院关于办理破坏野生动物资源刑事案件适用法律若干问题的解释》。民法典施行后，为确保民法典与旧法的有序衔接，避免出现法律衔接适用空档，同时为回应原《民法总则》施行后亟须明确的具体法律适用问题，出台《最高人民法院关于适用〈中华人民共和国民法典〉总则编若干问题的解释》。为正确审理网络消费纠纷案件，依法保护消费者合法权益，促进网络经济健康持续发展，发布《最高人民法院关于审理网络消费纠纷案件适用法律若干问题的规定（一）》。

二是最高人民法院发布了6批共33件指导性案例。7月，发布保护劳动者合法权益专题案例7件。涉及劳动关系认定、解除劳动合同、用人单位防范职场性骚扰职责、奖金以及年终奖发放、竞业限制、就业歧视等与广大劳动者切身利益密切相关的问题。案例的发布，对于人民法院统筹促进企业发展与维护劳动者权益，构建和谐、稳定、良性互动的劳动关系提供了有力的司法服务和保障。11月，发布扫黑除恶专题指导性案例3件，充分发挥案例指导作用，依法惩治黑恶犯罪。12月，发布公民个人信息刑事专题案例4件，案例涉及人脸识别信息、居民身份证信息、微信等社交媒体账号、手机验证码等刑法保护的公民个人信息范围、性质，对于明确类案裁判规则，依法保护公民个人信息具有重要意义；发布环境公益诉讼专题案例10件，认真贯彻落实习近平新时代中国特色社会主义思想特别是习近平生态文明思想，以最严格制度、最严密法治保护生态环境的理念，为推进生态文明建设和绿色发展提供有力司法服务和保障。

三是加强案例指导工作调研和指导。1月13日，召开全国法院案例指导推进会，周强院长出席会议并作重要讲话，提出六项完善案例指导工作机制、推进案例指导工作进一步发展的五项措施。根据周强院长讲话，印发了《深入学习习近平法治思想 切实加强案例指导 确保严格公正司法——周强院长在全国法院案例指导推进会上的讲话》的情况通报。

涉港澳工作

一、完善内地与港澳民商事司法协助、探索推进内地与港澳刑事司法协助

一是推动《关于内地与香港特别行政区法院相互认可和执行婚姻家庭民事案件判决的安排》生效实施。2月15日施行司法解释（法释〔2022〕4号）并与香港特别行政区律政司成功举办区际司法法律规则衔接高峰论坛，杨万明副院长、香港特别行政区第五届政府律政司司长郑若骅出席论坛并致辞。香港特别行政区立法会议员梁美芬、区域法院家事法庭负责人陈振国法官以及多名香港特别行政区律师、大律师参加论坛，受到社会各界特别是香港特别行政区民众好评，取得良好效果。二是与澳门特别行政区签署《关于内地与澳门特别行政区就仲裁程序相互协助保全的安排》。2月24日至25日，发布司法解释（法释〔2022〕7号）并与澳门特别行政区行政法务司共同举办新闻发布会。贺荣常务副院长与澳门特别行政区政府行政法务司司长张永春，代表两地首次以“云签署”的形式签署《安排》，杨万明副院长主持签署活动。有关活动被新华社、央视新闻客户端、凤凰网等主流媒体报道、转载730余次，反响良好。三是稳妥有序开展刑事个案司法协助。首次协助最高人民检察院通过个案形式请求香港特别行政区法院开展刑事取证司法协助，就一起特大网络诈骗案顺利调取并移交相关证据材料，为内地与香港特别行政区推进刑事司法协助制度化建设积累了宝贵经验。

二、创新、深化与港澳司法合作

为进一步发挥澳门特别行政区国际联系优势和桥梁纽带作用，有效宣传习近平法治思想、宣介国家法治建设成就搭建新平台，提供新抓手，最高人民法院与澳门大学合作推动建立“中国－葡语国家司法法律研究中心”，正在筹备中。

三、加强对港宣传、凝聚社会共识，庆祝香港回归25周年

杨万明副院长在《紫荆》发表署名文章《发挥司法职能 推动粤港澳大湾区高质量发展》，沈亮副院长在《紫荆》发表署名文章《坚定不移全面深化司法改革 推动新时代人民法院工作

高质量发展》。研究室负责同志应邀接受中央广播电视总台港澳台节目中心、凤凰卫视采访。用好境内外平台宣传好习近平法治思想、国家司法建设成就、区际司法交流合作成果。

四、全面回顾党的十八大以来人民法院涉港澳司法工作成就

一是撰写党的十八大以来人民法院涉港澳司法工作情况总结，先后在最高人民法院官微、《中国审判》发布，并在全国人大常委会基本法委《动态与研究》刊发，全面回顾司法交流、司法协助及服务保障大湾区建设等工作成果，展示新时代人民法院涉港澳司法工作成效，为庆祝党的二十大凝心聚力。二是发布首届“人民法院涉港澳司法合作优秀成果”。提炼推广具有标杆性的涉港澳司法合作成果，极大调动了地方法院涉港澳工作积极性，推动形成从一枝独秀到百花齐放的涉港澳司法工作新格局。三是发布《人民法院服务和保障粤港澳大湾区建设情况报告（2019–2022 年）》。央视新闻联播、香港特别行政区大公报、文汇报、凤凰卫视等多家境内外媒体报道，香港中联办、澳门中联办官网全文转发，效果正面积极。

涉台工作

一、提高政治站位，贯彻落实中央对台工作精神

一是深入学习贯彻党的二十大精神。把学习宣传贯彻党的二十大精神作为首要政治任务，将学习宣传贯彻工作不断引向深入，并以党的二十大精神为轴线系统谋划下步工作，切实把党中央提出的战略部署转化为涉台司法的具体工作任务，切实实现“入心入脑”“守正出新”的效果。二是认真贯彻落实中央对台工作会议精神。认真学习领会贯彻落实 2022 年对台工作会议精神，以最高人民法院涉港澳台工作指导小组名义向最高人民法院相关部门下发贯彻落实意见及其分工方案。三是高质量完成中央对台专项工作分工。贯彻落实中央领导同志重要指示批示精神，研究强化相关重点工作，细化中央对台工作重点任务及重大事项分工，确保将中央交办的任务不折不扣落到实处。

二、坚持公正司法，依法保护台胞台企合法权益

一是发布十大台胞权益保障典型案例。2022 年 1 月，以最高人民法院办公厅名义向各高院下发《关于印发〈人民法院台胞权益保障十大典型案例〉的通知》并向社会发布，集中展现涉台司法案件审理的实际成效和经验做法。二是依法公正高效审理各类涉台案件。在审理各类涉台案件中，强化对台湾同胞的依法全面平等保护，推动完善法治化营商环境，将保障台胞在大陆学习、创业、就业、生活逐步享有同等待遇落到实处。不断优化涉台审判机制，指导地方法院建立“集中归口”专业化审理机制，出台维护台胞平等诉讼权利的实施细则，总结推广台胞权益保障法官工作室机制，加强台湾地区有关规定的查明平台建设。三是指导福建总结十年

对台审判工作经验。指导福建省平潭综合实验区人民法院举行“涉台十周年”新闻发布会，对外发布《涉台司法审判工作十周年总结与展望》，并召开涉台司法审判工作十周年座谈会，取得了良好政治效果、社会效果和宣传效果。四是稳慎办理涉台司法互助案件。强化案件办理质效，研究建立涉台司法互助案件办理质效定期通报机制。不断统一规则、完善机制、加强管理，指导各级人民法院准确把握“互助案件办理疑难问答”精神，进一步做好两岸司法互助工作，为两岸群众有效行使诉讼权利提供便利。

三、完善惠台措施，高质量落实台胞台企同等待遇保障

一是不断提升惠台措施的规范化、法治化水平。统筹指导各级人民法院持续落实落细“司法 36 条惠台措施”。2022 年，北京市高级人民法院、海南省三亚市中级人民法院、福建省福州市中级人民法院等相继出台相关惠台举措，努力为台湾同胞办实事、做好事、解难事。二是优化诉讼服务与司法管理举措。大力推进“总对总”涉台纠纷在线诉调对接机制的应用，强化对下指导与管理，推动各级人民法院加强与地方台办沟通合作，从完善机制、加强培训、个案协作等角度积极开展工作，结合落实《最高人民法院关于为跨境诉讼当事人提供网上立案服务的若干规定》《人民法院在线诉讼规则》等司法文件，不断完善跨境网上立案服务和在线诉讼指引，让台胞解决纠纷更便利、更高效、更及时。三是继续扩大台湾同胞参与司法的途径。指导福建省漳州法院在辖区台企设立涉台社区矫正基地，聘请台胞担任涉台社区矫正监督员；指导福建省漳州市中级人民法院、福建省平潭综合实验区人民法院等联合当地台办、台商协会推进台胞人民调解委员会、台胞个人调解工作室、岚台企联调解委员会建设，增进台胞调解员、台胞陪审员、台企司法联络员对大陆法治建设的参与感和认同感。

四、拓展涉台交流，服务两岸和平发展、融合发展

一是高度重视做台湾地区代表工作。起草编制《2021 年最高人民法院涉台司法工作年报》于全国“两会”前送台湾省全国人大代表团，认真研究办理涉台建议提案，第一时间沟通反馈，并在制定相关司法政策时充分考虑。二是继续巩固两岸法律界对口交流机制。巩固海峡两岸暨香港澳门司法高层论坛、海峡两岸司法实务研讨会等既有平台，指导福建高院成功举办第十四届海峡两岸司法实务研讨会。三是加强做台湾省青年的工作。指导北京市高级人民法院、湖北省高级人民法院、福建省平潭综合实验区人民法院于 2022 年暑期共接收 18 名在大陆高校就读的台湾省青年学生到院实习，指导福建省厦门市海沧区人民法院于 2022 年 9 月接收 2 名岛内青年到院实习。四是加强与其他对台工作机构的沟通合作。最高人民法院研究室与中华全国台湾同胞联谊会台胞事务部签署《关于建立联络沟通机制的会议纪要》并交流座谈。这是近年来最高人民法院首次与其他对台工作机构建立一揽子合作机制，有利于凝聚对台工作合力，积极服务中央对台工作大局。

未成年人司法保护

一是召开全国法院第七次少年法庭工作会议。9 月 14 日，全国法院第七次少年法庭工作会议在最高人民法院召开，各巡回法庭及全国各级人民法院采用视频形式参加会议。周强院长出席会议并作重要讲话，贺荣常务副院长主持会议并作总结讲话。会议全面回顾了党的十八大以来少年法庭工作的成效经验，对全国法院十年来少年法庭工作进行总结表彰，研究部署当前和今后一个时期少年法庭工作。此次会议进一步提升了对少年法庭工作重要意义的认识，增强了做好少年法庭工作的责任心和使命感，激发了广大少年法庭法官的工作热情，为新时代少年法庭改革发展明确了方向和路径。

二是研究起草司法解释等规范性文件。为贯彻落实新修订的《未成年人保护法》和《预防未成年人犯罪法》等法律法规，最高人民法院单独或联合其他单位起草出台了一系列司法解释等规范性文件。5 月，联合最高人民检察院、公安部、司法部，发布《关于未成年人犯罪记录封存的实施办法》，进一步规范未成年人犯罪记录封存的工作程序，促进公、检、法、司等各部门之间的衔接配合，形成合力，确保涉案未成年人教育、感化、挽救效果，充分展现了人民法院对未成年人隐私和信息保护的积极作为。11 月，联合最高人民检察院、教育部发布《关于落实从业禁止制度的意见》，就严格贯彻落实未成年人保护法规定的有性侵、虐待、拐卖、伤害等犯罪记录的教职员工从业禁止制度作出了明确规定，进一步加强了司法保护与学校保护、社会保护的衔接，为净化校园环境、加强师德师风建设、切实保护未成年人提供强有力的司法保障。

三是发布未成年人司法保护典型案例。3 月，最高人民法院发布 9 起未成年人司法保护典型案例。既有强奸未成年人被判死刑等刑事案件，也有涉及未成年人抚养权、健康权、社会保障给付等民事、行政案件，还有家庭教育令等新型案件，代表性强、覆盖面广，充分彰显了人民法院保护未成年人权益的态度和决心，取得了良好的法律效果和社会效果。

四是加强法治宣传力度，举办法院公众开放日活动。“六一”儿童节前夕，举办“走进少年法庭巡回审判点”系列公众开放日活动。开展法治进校园、邀请中小学生参观巡回法庭、线上线下方式讲授法治教育课等丰富多彩的活动，并对第五巡回法庭的公众开放日活动进行了全媒体直播。最高人民法院官微开设“少年审判 守护未来”专栏，先后发布家庭教育促进法、法治副校长、法治进校园等七大专题，展现各地法院形式多样的法治宣传教育活动，充分展现人民法院以法治护航未成年人健康成长的担当和作为。与芒果 TV《大侦探》节目组合作，录制反校园欺凌、家庭暴力等专题节目，促进未成年人强化法治观念和自我保护能力，传递司法正能量。开展“关键小事”调研攻关活动，其中“法治进校园 · 守护少年的你”调研课题被中央和国家机关工委评为优秀调研成果二等奖。

五是加强国际交流合作研讨。4 月，最高人民法院与美国人权对话基金会联合在线举办

"中美儿童福利法网络研讨会"。来自中美两国的少年审判专家和实务工作者围绕儿童福利和未成年人保护相关问题进行了深入研讨。9 月，与德国国际合作机构联合举办主题为"青少年犯罪及其预防"的线上研讨会。来自中德两国的少年审判专家和实务工作者围绕"青少年犯罪及网络犯罪""青少年犯罪的预防"两个议题，进行了深入探讨和互动交流。

六是积极参与综合治理工作。积极履行未成年人保护工作领导小组副主任成员单位职责，加强与领导小组各成员单位的协作配合，不断加强校园法治文化建设、未成年人保护和预防未成年人犯罪工作。为统筹推进法治副校长的聘任与管理工作，2 月，与最高人民检察院、公安部、司法部发布关于贯彻落实《中小学法治副校长聘任与管理办法》的通知，进一步提升中小学法治副校长工作的科学化、制度化水平。

国际司法交流合作

2022 年，最高人民法院坚持以习近平新时代中国特色社会主义思想为指导，认真贯彻落实习近平外交思想和习近平法治思想，毫不动摇坚持党中央对司法外事工作的集中统一领导，坚定不移走中国特色社会主义法治道路，为全方位开展中国特色大国外交，推动构建新型国际关系贡献司法力量，取得显著成绩。

一、借助多边外交舞台，努力扩大我国司法国际影响力

一是主办国际司法会议。5 月 26 日，数字经济法治论坛在北京、杭州通过线上线下相结合的方式成功举办。论坛积极宣传习近平法治思想和习近平总书记关于数字经济治理的重要精神，广泛凝聚构建网络空间命运共同体，推进全球数字经济治理法治化的国际共识。7 月 20 日，第 3 届中国—东盟大法官论坛在南宁以线上线下相结合的方式成功举办。此次论坛是历届中国—东盟大法官论坛出席规格最高的一次，成果性文件《第 3 届中国—东盟大法官论坛南宁声明》将中国与东盟国家的司法交流合作提升到新水平，广泛凝聚了司法服务构建更为紧密的中国—东盟命运共同体的国际共识。9 月 21 日，金砖国家大法官论坛在北京、海口以线上线下相结合的方式成功举办。论坛通过《金砖国家大法官论坛共同声明》，彰显最高人民法院认真贯彻落实习近平总书记在金砖国家领导人第十四次会晤重要讲话精神，为实现金砖高质量发展提供更加有力的司法服务和支撑。二是积极参加各类线上会议。周强院长以视频方式出席第 17 次上合组织成员国最高法院院长会议、东盟国家首席法官理事会东盟 + 成立大会、第十八届亚太地区首席大法官会议等重要国际会议，并以发言、致辞等方式与与会各国开展专题交流，不断拓展交流领域，丰富交流形式。最高人民法院指导山东省高级人民法院主办中国—上合组织国家地方法院大法官论坛（2022），为上合组织各成员国加强地方层级司法交流、增进司法互信、推动全方位合作奠定了坚实基础。全国法院选派法官参加联合国贸法会第六工作组第 40 次会议、联合国 2030 年可持续发展目标统计监测国际培训班、第 7 届商事诉讼司法研讨

会、第四届国际商事法院常设论坛、国际电信专利大会等各类国际研讨会、培训班，讲好中国法治故事，传播中国法治声音。三是加强与国际组织的交流与合作。杨临萍副院长为人类环境会议宣言50周年庆祝活动录制视频。推动云南“绿孔雀案”入选联合国《生物多样性公约》第十五次缔约方大会第一阶段展览中国主展区案例。与联合国环境署合作出版中国环境资源审判第二批案例。与世界知识产权组织合作，积极推进《世界知识产权组织全球专利案件管理司法指南》的编写，发挥在世界知识产权组织法官顾问委员会中的作用。

二、服务国家总体外交，加强双边司法交流

一是积极谋划国际司法高层交流。4月8日，周强院长与欧盟法院院长莱纳特举行视频会谈，进一步丰富了中国与欧盟双边关系内涵。这是第23次中欧领导人会晤后中欧之间首次重要对话交流活动。5月21日，周强院长在古巴第十届国际司法与法律大会闭幕式上以视频方式致辞，《古巴劳动者报》等媒体对周强院长致辞作了相关报道。6月2日，周强院长与古巴最高人民法院院长雷米西奥举行视频会谈，进一步密切中古两国最高人民法院间的深厚友好合作关系。6月24日，周强院长与秘鲁最高法院院长巴里奥斯举行双边视频会议，增进中秘两国最高法院间相互了解。11月7日，周强院长与卢森堡最高法院院长林登举行视频工作会谈，双方互相介绍两国司法制度和信息化建设情况，有力服务国家外交大局。11月23日，周强院长与巴布亚新几内亚独立国首席大法官萨利卡举行视频会议，落实习近平主席向第二次中国—太平洋岛国外长会发表书面致辞精神，为中国法院与其他太平洋岛国开展合作交流发挥重要引领示范作用。11月16日，贺荣常务副院长会见美中贸易全国委员会会长艾伦一行。这是疫情三年来最高人民法院与美国重要代表团首次线下交流，对中美在知识产权司法保护领域沟通理解和促进中美双边关系起到积极作用。二是继续推进与传统友好国家间的司法交流。5月18日，杨万明副院长率团在线出席国际司法争端解决网络成立大会，我国成为该网络9个创始核心成员之一，周强院长专门致信梅达顺首席大法官，表达对推进国际司法争端解决网络发展的支持。12月1日，杨万明副院长参加中国—新加坡最高法院联合工作组第四次会议，为第六届中国—新加坡法律和司法圆桌会议的顺利召开奠定基础。三是不断夯实同周边重点国家的交流合作。先后向俄罗斯驻华使馆、俄罗斯联邦最高法院提供中国强制执行、“十个严禁”等法律法规及规章制度。在俄罗斯联邦最高法院百年庆典暨全俄法官大会之际，分别以最高人民法院及周强院长本人名义向其发送贺电。先后向越南最高法院提供有关区块链、在线诉讼、法院运用人工智能等方面的资料，并应越南最高人民法院邀请，为越南全国法院在线培训班就“在线审判技巧”授课。同泰国司法法院进行专题交流，积极宣介中国法院信息化建设成果，传播中国互联网司法经验。四是持续开展司法合作项目。圆满完成中欧知识产权项目。继续推进对德项目合作，与德国国际合作机构合作举办“气候变化司法应对”主题线上研讨会、中德“青少年犯罪及其预防”主题线上研讨会、中德法官“数字时代的数据法律保护”线上研讨会。对英项目合作取得新进展。在“刑事证据项目”下举办中期评估线上座谈，邀请英国和荷兰专家就刑事司法程序等主题为我国法官授课。与美国对话基金会联合举办中美“儿童福利法”视频研讨会，中美两国的少年审判专家学者和实务工作者围绕儿童福利和未成年人保护相关问题进

行深入研讨。五是持续开展援外法官培训。以视频方式举办第三届上合组织国家法官研讨班、葡语国家法官研修班、拉美法官研修班、古巴法官研修班、非洲法官研修班、阿拉伯法官研修班和塞内加尔法官研修班等7个援外法官培训班，通过培训提升中国司法制度的国际影响力。

三、稳步推进国际司法协助工作和国际法研究，积极参与国际规则制定与完善

一是加强信息化建设提升国际司法协助工作质效。全国法院司法协助管理平台和司法部国际民商事司法协助管理系统正式实现对接，标志着人民法院“五五改革纲要”中关于推动建立域外送达网络平台的任务基本完成。二是依法依约办理各类国际司法协助案件。全年共审查、办理民商事司法文书送达、取证、法律查明、判决承认与执行，刑事司法文书送达、取证、引渡、移管等各类案件3000余件，坚决维护国家主权、安全，保障涉外案件当事人诉讼权益。三是进一步减少对外提出民商事请求的环节。增选福建、江西、广西、山东、海南5家高院作为试点高院，直接依据《海牙送达公约》和《海牙取证公约》对外发出请求。四是积极配合做好国际条约谈判、生效程序、履约审议等相关工作。积极参加海牙国际私法会议关于民商事管辖权规则的系列谈判和研讨会，积极参与联合国框架下《联合国反腐败公约》各相关工作组会议、《联合国打击网络犯罪公约》系列谈判、跨国公司与人权法律文书系列谈判等。配合完成相关条约生效国内程序。认真参与复核我国和厄瓜多尔、摩洛哥、刚果、肯尼亚刑事司法协助条约以及和刚果、亚美尼亚、肯尼亚、乌拉圭、厄瓜多尔引渡条约等11项司法合作类条约以及《取消外国公文书认证要求的公约》的审查报告，推动有关条约和公约的国内生效程序，为国际司法协助提供更广泛的法律基础。

四、创新工作形式，拓展国际交流合作工作维度

一是积极配合成功推荐最高人民法院国际商事专家委员会专家委员、比利时根特大学荣誉退休教授埃劳获得“中国政府友谊奖”。中国驻比利时使馆举行颁奖仪式，向其颁发友谊奖证书和奖章，陶凯元副院长为其录制祝贺视频。二是积极配合参与推荐优秀法官参加有关国际组织和司法机构法律职位竞聘工作。最高人民法院两名法官成功当选联合国上诉法庭和争议法庭法官，填补我国在联合国内部司法系统任职的“空白”。

司法政务工作

2022年，最高人民法院办公厅坚持以习近平新时代中国特色社会主义思想为指导，深入贯彻习近平法治思想，全面贯彻党的二十大精神，深刻领悟“两个确立”的决定性意义，增强“四个意识”、坚定“四个自信”、做到“两个维护”，紧紧围绕党和国家工作大局、人民法院工作全局，切实加强司法政务工作，在2021年开展“建章立制年”活动基础上，总结经验，

在全厅组织开展“转作风抓落实年”活动。通过一年努力，办公厅政治建设水平、建章立制水平、“三服务”水平、队伍管理水平、抓落实水平等“五个水平”得到全面提升。

一是旗帜鲜明讲政治，全面落实从严治党要求。始终把党的政治建设摆在首位，扎实开展“两个确立”主题教育，深入推进“两个坚持”专题教育常态化，深化习近平新时代中国特色社会主义思想学习培训，组织开展领导干部带头讲党课活动。各支部结合工作实际打造、提炼、落实“支部工作法”，激发支部工作活力。办公厅第一党支部被中央和国家机关工委命名为“四强”党支部。加强青年理论武装，办公厅第一青年理论学习小组（院长办青年理论学习小组）成立5年来逐步发展壮大，学习小组经验被最高人民法院党组、中央和国家机关工委全面推广。举办“法院青年说”青年理论学习小组建设成果交流活动，2篇调研成果获中央和国家机关青年理论学习小组“关键小事”调研攻关活动优秀调研成果二等奖，1人被共青团中央和人力资源社会保障部授予“全国青年岗位能手”称号。

二是着力统筹保重点，圆满完成全国“两会”工作。认真研究起草最高人民法院工作报告，报告历经39稿最终定稿，成为代表委员和媒体关注的亮点热点。创新设计“带您实时看法院”，有效提升报告吸引力、感染力。召开联络调度会、工作视频会、现场协调会，统筹协调工作办理进度，加强与代表联络沟通。开通全国“两会”代表委员服务热线，专人24小时值守接听，先后电话、微信联系代表委员290余人次，通过微信群推送相关信息近千条。研发制作并向部分代表推送代表履职风采H5，及时编报《全国“两会”联络工作专报》，强化与重点代表的联络沟通。

三是围绕党组抓落实，充分发挥参谋助手作用。起草、核改各类文稿520余份，促进提升公文写作能力水平。扎实做好信息简报工作，共编发《最高人民法院简报》《信息专报》等信息刊物468期。制定《人民法院信息工作规定》，修订《人民法院信息工作考评办法》，调整《最高人民法院简报·信息专刊》栏目设置，更好发挥信息刊物职能。完成《中国法院年鉴·2018》《中国法院年鉴·2019》《中国法院年鉴·2020》《中国法院年鉴·2021》的编纂工作；结合年鉴工作取得的成效和形势任务要求，院党组决定调整办公厅内设机构及人员编制，加强信息简报处工作，充实年鉴编纂工作力量。指导3个高级人民法院会同有关高等院校做好“人民法院加快构建现代化司法政务体系研究”最高人民法院司法研究重大课题攻关工作。完善贯彻中央各类工作台账，做好重大任务分工落实，对落实情况进行督促检查。对2021年党组会决议370余项督办事项落实情况开展“回头看”，对2022年前三季度292项决议进行督办统核，并全院通报工作进展。

四是充分发挥综合协调和政务服务保障作用。做好疫情防控同时，组织办理各类会议活动80余次。切实将党中央为基层减负的决策部署落实落细，印发2022年度机关会议计划，向中办报送贯彻执行中央八项规定、为基层减负的专题报告。规范高效做好公文审核印发工作，印发各类正式行政公文2023件。

五是拓展思路履职责，充分发挥桥梁纽带作用。充分运用智慧法院建设成果，采取线上线下相结合的方式，指导各地法院开展联络活动1377次，联络代表1737人次、委员68人次。编印《最高人民法院第三届特约监督员工作纪实》，组织召开特约监督员年度工作会议。优化调整“全国法院联络工作管理平台”，研发建设“与法同行”最高人民法院代表委员微信联络公众号，有效提升联络工作的信息化、科技化水平。承办“两会”代表建议、政协提案共668件，获政协第十三届全国委员会“先进承办单位”称号并受到表彰。

六是优化协同为大局，充分发挥服务保障作用。围绕迎接党的二十大，严格遵守值班守则，认真落实机要密码管理各项规定，扎实做好机要保密管理、疫情防控和安保维稳工作，确保法院各项工作安全有序开展。召开咨询委员会座谈会，谋划部署推进咨询工作。

七是创新方法谋发展，积极推进“三馆”建设和《最高人民法院公报》编辑工作。扎实推进档案信息化转型升级，落实国家档案局组织的数字档案室建设试点工作。准备档案馆大楼启用工作，谋划大楼启用后的各项业务。筹备“最高人民法院档案资料展”，举办“喜迎二十大·档案颂辉煌”国际档案日主题宣传周系列活动。加强档案规范管理，开展历史档案挖掘编研，档案处集体和个人受到党组发文表扬。做好档案工作服务，共计归档23 878卷39 513册。数字化处理364.7万页，调阅卷服务9019人次。推进最高人民法院数字图书馆建设，积极推进新版图书馆App建设，面向全院干警开通外文图书借阅服务。“庆祝中国共产党成立100周年人民审判成就展”成功获评2021年度北京市博物馆优秀展览，开发《庆祝中国共产党成立100周年人民法院成就展》VR展厅；开展“中国法院博物馆主题邮局”布展及配套文创授权开发。编辑、出版12期《最高人民法院公报》，举办“最高人民法院公报案例报送评选活动”，取得良好效果。

队伍建设

2022年，最高人民法院坚持以习近平新时代中国特色社会主义思想为指导，深入学习贯彻习近平法治思想，全面贯彻落实党的二十大精神，深刻领悟“两个确立”的决定性意义，增强“四个意识”、坚定“四个自信”、做到“两个维护”，坚持稳中求进工作总基调，全面加强法院队伍党的建设、能力建设、作风建设，锻造忠诚干净担当的法院铁军，努力为推动新时代人民法院工作高质量发展提供坚强的政治保证、思想保证、组织保证。

一、全面加强党的政治建设

一是系统谋划部署政治建设。召开全国高级法院政治部主任视频会议，马世忠主任出席并讲话，对2022年全国法院队伍建设工作进行全面谋划部署。印发《关于推进“两个坚持”专题教育常态化，进一步加强人民法院党的政治建设的指导意见》，指导各级法院坚持以习近平新时代中国特色社会主义思想为指导，深入学习贯彻习近平法治思想，全面落实新时代党的建设总要求。通过把“两个坚持”专题教育融入日常经常，引导干警始终坚持党对司法工作的绝对领导，自觉抵制司法领域西方错误思潮影响，增强“四个意识”、坚定“四个自信”、做到“两个维护”。二是部署开展“两个确立”主题教育。3月，在全国法院系统部署开展“深刻领悟‘两个确立’决定性意义，坚决做到‘两个维护’”主题教育，引导广大干警深刻领悟“两个确立”的决定性意义，全面提升政治素质和政治能力，筑牢政治忠诚。6月，召开全国法院“两个确立”主题教育交流推进会，听取部分法院工作进展情况汇报，推动各级法院进一步抓好主题教育落实。7月，起草《中共最高人民法院党组关于开展“深刻领悟‘两个确立’决定性意义 坚决做到‘两个维护’”主题教育情况的报告》，向中央办公厅、中央政法委、中央和国家机关工委汇报主题教育阶段性成果。三是持续探索建立政治素质档案纪实制度。坚持把政治素质考察作为加强领导班子和干部队伍建设的关键举措，探索创新有效形式，加强综合分析研判及其结果运用。严格按照《最高人民法院关于建立干部政治素质档案的实施办法（试行）》有关规定收集整理干部的政治素质材料，在干部考察、任免调配、职级晋升等工作中强化政治素质档案运用，将其作为政治素质考核考察的重要方式和手段。围绕建立该制度的背景目的、主要做法及经验启示，以“建立政治素质档案纪实制度 推动干部政治素质考察脱虚入实”为主题起草的案例材料入选中组部《贯彻落实〈2019-2023年全国党政领导班子建设规划纲要〉典型案例选编》，系中央政法单位唯一入选案例。四是组织开展新时代人民法院党建创新案例评选。为深入贯彻落实新时代党的建设总要求，巩固深化党史学习教育成果，扎实推进人民法院党建工作，以实际行动迎接党的二十大胜利召开，5月，在全国法院部署开展第二届新时代人民法院党建工作创新案例评选活动。从各级法院推荐报送的118个参评案例中评选出创新优秀案例60个。8月，印发《最高人民法院关于第二届新时代人民法院党建创新优秀案例评选结果的通报》。

二、扎实做好干部人事工作

一是健全法院人才选育管用机制。认真贯彻落实中央人才工作会议精神，就人民法院人才工作有关情况开展调研，印发《关于深入贯彻落实中央人才工作会议精神 进一步做好人民法院人才工作的通知》。出台《关于加强和改进新时代人民法院人才工作的实施意见》，就人民法院人才工作目标任务、加强人才培养、完善人才选育管用各项机制等作出具体部署，进一步加强人民法院高素质人才队伍建设。二是扎实做好干部选任和调配。认真贯彻落实院党组从严选任和常态化选任要求，定期分析研判岗位空缺情况，确保人员及时配备到位。择优选升高级法官，分批次有序开展局处级领导干部调整选任工作，为各直属单位调整班子成员。在干部选任工作中，坚持把政治标准摆在首位。根据工作需要统筹做好干部调配，持续探索与司法人员分类管理改革要求相适应的人才资源配置机制，不断拓宽引进人才渠道，进一步激发干部队伍干事创业的活力与热情。针对各审判部门、综合部门的工作职能、重点任务、队伍结构和补员需求进行深入分析研判，在编制限额内提出并实施精准招录补员方案，将招录公务员与青年干部储备、人才队伍建设统筹起来，努力满足各部门用人需求。克服疫情影响，按要求组织完成2022年公务员招录、补录，军转干部接收、安置和面向在京公务员公开选调等工作。三是充分履行干部协管职能。积极配合做好高级法院院长换届工作，全年共审核报批地方高级法院领导班子成员任免职69人次。加强对中级、基层法院院长换届工作的指导。截至2022年11月底，31个省（市、区）的中级、基层法院院长已全部完成换届或确定换届人选，班子的年龄结构、学历结构得到进一步优化。四是有序组织干部考核工作。进一步完善考核制度体系，及时对部分存在交叉重复或需进一步整合的制度文件立改废释，推动形成以院机关考核办法为引领、以分类考核办法为主体、以年度考核方案及职能部门考核细则为补充的“1+8+2”考核制度体系。进一步落细落实平时考核工作，将内设机构领导班子成员纳入平时考核工作范围，实现平时考核人员全覆盖，强化平时考核与年度考核工作的有机衔接。五是积极组织开展挂职选派工作。着力打破干部成长的部门界限和条块限制。选派干部支援海南自贸区建设，挂职担任海南自由贸易港知识产权法院副院长；选派干部参加西部博士服务团，挂职担任云南楚雄州政府副秘书长；选派干部赴最高人民法院青年法官（雄安新区）实践基地挂职锻炼，并同步接收河北法院系统青年干部来最高人民法院学习实践。六是指导推进社团工作健康有序发展。指导完成中国法官文学艺术联合会组建工作，研究中国法官文联组建的总体思路，组织完成四级人民法院理事、常务理事和分支机构领导成员提名人选报名推荐工作。按照民政部要求，积极履行主管部门职责，组织各社团认真开展社会团体分支机构专项整治行动，进一步规范社团管理工作，防范和化解各类系统风险。积极协调推进中华司法研究会部分人选换届工作，研究推动中华司法研究会有关分支机构设立工作。

三、持续深化司法体制综合配套改革

一是完善法官单独职务序列制度。会同中央组织部出台《法官单独职务序列规定》，进一步完善法官等级设置、职数比例、等级升降等规定，推动法官职务管理制度更加成熟定型。下发《关于认真学习贯彻〈法官单独职务序列规定〉的通知》，派员为内蒙古、湖南等法院授课，指导地方法院抓好规定的贯彻落实。印发《关于离职法官职务等级免除有关问题的通知》，就各级人民法院员额法官辞去公职、辞退、开除、退休、调离等情形下法官职务等级免除有关问题明确政策要求，进一步规范离职法官职务等级管理。二是健全法院人员分类管理制度。组织开展法官逐级遴选专题调研，向中央依法治国办起草报送《关于法官逐级遴选制度实施情况及相关完善意见的报告》。认真落实《国务院办公厅关于进一步做好高校毕业生等青年就业创业工作的通知》要求，印发工作通知指导地方法院做好聘用制人员等招录管理工作，全国各级法院共完成招录聘用制人员 11 244 人。出台《关于加强人民法院聘用制书记员管理工作的意见》，完善聘用制书记员招聘、配备、培训、考核机制，强化聘用制书记员职业保障，拓宽其职业发展空间。三是推动完善法院组织机构建设。深化完善巡回法庭审判机制，紧密结合四级法院审级职能定位改革试点工作，持续加强巡回法庭工作机制改革创新，探索设立“本部办理、定期巡回”的新型案件审理方式，创新巡回法庭行政人员选派及行政案件审理方式，出台《关于进一步规范行政申请再审案件办理有关事宜的方案（试行）》。进一步健全完善国家层面知识产权上诉审理机制。按照中央要求，在完成自我评估的基础上，配合中央政法委等有关部门，扎实做好知识产权法庭三年试点第三方评估工作。持续加强国际商事法庭运行机制建设。吸收上海仲裁委员会等 5 家仲裁机构，进一步健全完善国际商事争端解决机制。加强专门审判机构建设。全年共审核报批设立知识产权、金融、环境资源、国际商事、破产、互联网等专门审判机构 11 个，有效提升审判体系和审判能力现代化、专业化水平。深入贯彻落实习近平总书记关于成渝地区双城经济圈建设重要指示精神和中央有关工作部署，根据全国人大常委会决定设立成渝金融法院，切实完善金融审判体系，防范化解系统性金融风险，为成渝地区双城经济圈经济建设提供优质司法服务保障。四是推动人民陪审员法深入贯彻落实。总结人民陪审员法贯彻落实情况督查工作，督促地方法院整改突出问题，进一步巩固拓展督查成效。推动完善七人合议庭人民陪审员参审机制，研究起草规范性文件。在全国范围内集中开展迎接党的二十大人民陪审员制度宣传活动。举行新闻发布会，发布《人民陪审员制度的中国实践》报告以及人民陪审员参审十大典型案例，展现党的十八大以来人民陪审员制度改革进展成效。

四、扎实推进全面从严管党治警

一是从严从实加强干部日常管理监督。持续深入做好领导干部报告个人有关事项工作，深化政策宣传引导，强化查核结果运用，充分发挥报告制度严管厚爱作用。巩固政法队伍教育整顿成果，认真贯彻落实《中共中央办公厅关于进一步激励广大干部新时代新担当新作为的意见》，在组织人事工作中准确把握有关政策界限和中央提出的“三个区分开来”，激励广大干警担当作为。坚持抓早抓小、防微杜渐，做好干部日常管理监督工作，加强业外活动审批管理，严格落实业外兼职有关政策规定，从严把握兼职标准、条件、程序，耐心细致做好政策解释工作。印发《人民法院法官违纪违法退额管理规定（试行）》，进一步明确与法官违纪违法相衔接的员额退出适用政策。加强干警日常考勤管理，规范疫情期间考勤秩序，提高服务质效。出台《关于进一步加强人民法院工作人员离职从业审批监管的意见》《人民法院工作人员离职从业行为限制清单》，进一步规范离职人员从业管理，筑牢预防司法腐败的“隔离墙”。二是持续巩固全国政法队伍教育整顿成果。印发关于巩固法院队伍教育整顿成果推进全面从严管党治警的实施方案及重点工作分工方案，压紧压实责任链条，确保各项工作落地见效。围绕贯彻落实中央政法委常态化开展执法司法顽瘴痼疾排查整治工作部署安排，制定下发分工方案，明确年度重点工作，狠抓排查整治，切实端正司法作风、规范司法行为。印发《关于加强新时代人民法院督察工作的意见》《关于人民法院开展政治督察工作的通知》等7部法规制度，为规范开展督察工作提供制度支撑。严格贯彻执行新时代政法干警“十个严禁”、“两高一部”涉律师工作“两个意见”、禁业清单、任职回避等铁规禁令，督促指导各高级法院规范开展政治督察。印发《法官惩戒工作程序规定（试行）》《关于做好法官惩戒与纪检监察工作衔接的规定》，锻造忠诚干净担当的法院铁军。狠抓“三个规定”的贯彻落实。综合运用授课辅导、政策解读、经验交流等方式，加强政策的宣传普及，争取社会各界对落实“三个规定”的理解支持。紧盯填报范围、填报数量、“破零”难题等难点堵点，加强日常监督检查，督促各级法院落实好月报告制度，基本实现填报法院和人员两个“全覆盖”。印发《关于进一步规范防止干预司法“三个规定”记录报告平台使用管理有关工作的通知》，进一步规范平台使用管理，建立健全长效机制。三是指导督促各级法院党风廉政建设。1月27日，召开全国法院党风廉政建设和反腐败工作视频会议，部署全年工作任务。9月6日，召开全国法院学习贯彻《纪检监察机关派驻机构工作规则》视频会议，部署人民法院做好贯彻落实。制定院机关《关于贯彻落实全国法院2022年党风廉政建设和反腐败工作视频会议精神的分工方案》，确保会议精神真正落到实处。狠抓十九届中央纪委六次全会精神学习贯彻，形成专题报告上报中央纪委国家监委。对2021年全国法院干警违纪违法案件进行全面分析，形成研究报告上报中央政法委。印发《关于进一步加强新时代人民法院党风廉政建设和反腐败工作的意见》，推动全面从严治党、从严治院、从严管理向纵深发展。根据院党组部署安排，最高人民法院督察局3月份接收驻院纪检监察组移交的中央政法委举报线索平台，10月份成立专门处室负责办理人民法院违纪违法举报事项，优化人民法院违纪违法干警举报平台建设，加强问题线索的督办转办，推进人民法院违纪违法举报办理工作科学化规范化制度化。参与协调组织“擦亮正义之剑”警示教育展，用身边事教育身边人。狠抓执行工作“一案双查”，不断深化拓展“一案双查”工作效能和领域。四是扎实开展政治巡视、司法巡查、审务督察工作。坚持政治巡视定位，督促人民法院出版社有限公司、人民法院信息技术服务中心抓好巡视整改；2022年上半年组建三个巡视组，分别对知识产权法庭、国家法官学院、人民法院新闻传媒总社开展内部巡视。印发《人民法院司法巡查工作规定》，对司法巡查的概念和原则、内容和方式、程序和步骤、纪律和责任予以规范，加强上级人民法院对下级人民法院的监督。协调争取中央巡视办政策支持，积极推进上级法院配合参与地方党委巡视巡察下级法院工作，推动形成司法巡查与巡视巡察上下联动、内外互动的监督格局。加强审务督察规范化建设，修订印发《人民法院审务督察工作规定》《审务督察证件使用管理办法》，进一步突出审务督察重点、明确方式方法、规范工作流程。印发《关于开展司法作风突出问题集中整治的通知》，组织全国法院对庭审、诉讼服务、裁判文书制作上网工作中存在的司法作风问题开展集中整治。加强审务督察条线指导，围绕执行中央八项规定精神、“四风”突出问题新动向、履行立案审批执行职责、内部管理、司法作风等重点，组派督察组赴湖南部分法院进行现场督察。强化数字赋能，常态化开展智能审务督察线上调度，不断提升审务督察质量效益。

五、扎实做好法院宣传文化工作

一是做好新时代法院系统表彰宣传工作。在持续开展向邹碧华、周春梅等同志学习宣传活动的同时，大力培树表彰滕启刚、鲍卫忠等邹碧华式的好法官好干部，并联合当地省委召开表彰大会，选树宣传新时代法院系统重大典型。积极参加中央及有关部门牵头组织的评选表彰活动，完成全国人民满意的公务员集体、全国信访系统先进个人等重要评选表彰推荐工作。2022年法院系统有14名个人荣获全国“人民满意的公务员”称号，5个集体荣获全国“人民满意的公务员集体”称号。向全国普法办、央视推荐浙江法院黄文娟、云南法院法官鲍卫忠当选年度法治人物，辽宁法院滕启刚当选年度致敬英雄。持续推进常态化奖励工作，及时培养树立一批树得起、叫得响、过得硬的先进典型，打造法院特色品牌，充分发挥其正面导向作用。开展全国优秀法院、全国优秀法官、全国法院办案标兵评选活动。及时表彰办理重大案件、处理突发事件和承担专项重要工作的优秀集体和个人，为广大法官树立学习的榜样和标杆。深入开展“为群众办实事示范法院”创建活动。印发《“为群众办实事示范法院”创建活动方案》，组织全国中基层法院开展“为群众办实事示范法院”创建活动，定期编制印发活动专刊，展示各地创建成效。组织评选100家“为群众办实事示范法院”。为从事人民法院工作满30年的法院干警颁发“荣誉天平纪念章”，有效提升广大干警的职业尊荣感和自豪感。二是持续加强法院文化建设。成立中国法官文联，着力构建法院文艺工作者温馨家园。指导中国法官文联进行建章立制、法院文艺工作情况调研、吸收会员等工作。成功召开全国高级法院院长座谈会暨全国法院文化建设工作会议，周强院长出席并作重要讲话，提出并深刻阐释了以“忠诚为民、崇法尚德、公正廉洁、刚正不阿、改革创新”为主要内容的新时代人民法院文化。组织开展全国法院文化建设特色项目评选推介活动，从体现时代性、突出文化性、注重创新性、增强示范性等方面综合衡量，评选出50个全国法院文化建设特色项目，结合召开“全国高级法院院长座谈会暨全国法院文化建设工作会议”进行通报，进一步激发了各级人民法院做好文化建设工作的热情和动力。研究起草《关于加强新时代人民法院文化建设的意见》，不断加强对全国法院文化建设的工作指导。

六、持续抓好司法警务工作

一是圆满完成党的二十大期间全国法院警务安全工作。围绕保障党的二十大胜利召开，综合运用视频调度会议、警务视频督察、实地暗访检查、全员警示教育、先进经验推介、司法作风整顿、典型案例通报等方式，持续强化各级法院干警和司法警察的安全防范意识。始终瞄准党的二十大安保维稳这一工作重心，实现了“大事不出、小事也不出”的工作目标。二是完善司法警察工作制度基础。9月20日，印发《人民法院司法警察常用警用装备使用办法（试行）》，分别从使用原则、佩带携带规范、使用情形、使用程序、操作要点、善后处置、监督管理等方面对司法警察使用警用装备作出具体规定，系各警种公开印发的首个全国性综合性警用装备使用文件。9月29日，印发《最高人民法院关于印发〈人民法院司法警察内务条令〉的通知》，对2007年版《人民法院司法警察内务条令》进行了修订。

教育培训

2022年，最高人民法院不断完善教育培训顶层设计和制度建设，组织开展全方位、多层次、多样化的教育培训，持续夯实履职能力，不断提升执法司法专业化水平。

以习近平新时代中国特色社会主义思想、习近平法治思想学习培训为重点，强化干警队伍思想理论武装。发挥各级法院培训机构主阵地作用，把习近平新时代中国特色社会主义思想、习近平法治思想的学习培训摆在突出位置，开展全战线、全覆盖的培训轮训。推动习近平法治思想进课堂进教材进头脑，各级法官培训机构所有培训班次均开设习近平法治思想课程，重点培训班次中党的理论教育、党性教育课程不低于总课时的20%。依托“人民法院大讲堂”，邀请最高人民法院领导和知名专家围绕学习宣传贯彻党的二十大精神、十九届六中全会精神、十九届中央纪委六次全会精神和加强人民法院党的政治建设等主题，举办5场专题辅导报告会，通过视频会议系统覆盖全国四级法院，累计培训法院干警超过30万人次。依托国家法官学院，以加强党的政治建设为主题，举办 6 期“全国法院学习贯彻习近平法治思想和党的十九届六中全会精神培训班”，对 800 名新任高级法院班子成员、中基层法院院长进行政治轮训。组织举办 1 期“全国法院中青年法官培训班”，1 期“最高人民法院机关党校 2022 年处级干部培训班”，1 期“最高人民法院新入院人员习近平新时代中国特色社会主义思想培训班”，培训干警 150 余人次。积极运用网络、视频教学等手段，继续在中国法官培训网、最高人民法院“云课堂”等开设习近平新时代中国特色社会主义思想、习近平法治思想学习专区，不断丰富优质课件内容。

一是加强法官教育培训政策指导。与中央组织部、最高人民检察院、司法部联合印发《关于建立法律职业人员统一职前培训制度的指导意见》，制定印发《人民法院法官职前培训实施办法》，指导国家法官学院制定法官职前培训实施细则，组织各高级人民法院制定法官职前培训岗位实习和综合训练阶段实施细则，建立法官职前培训实务导师工作制度，在国家法官学院举办 2 期“全国法院法官职前培训班”示范班，全国法院法官职前培训工作全面启动。认真落实《晋升高级法官培训实施办法》，举办 1 期“全国法院法官晋高培训班”示范班，不断提高高级法官培训制度化规范化水平。制定印发《关于进一步加强院机关业务培训工作的通知》，进一步规范最高人民法院机关各类业务培训工作。按照“政治统领、突出重点，迎难而上、积极创新”原则，制定印发《2022 年度法官线下集中培训计划》，依托国家法官学院举办线下培训班 12 期。

二是持续加强司法能力建设。按照分类分级、突出重点、全员覆盖的要求，重点加强法院领导干部、优秀年轻干部、基层法官等培训，全面提高法院干警履职能力水平。突出加强审判执行一线法官培训，依托“人民法院大讲堂”平台开设“审判业务培训课堂”，组织最高人民法院审判业务部门重点围绕最新修订的法律法规、出台的司法解释、司法政策或规范性文件等，开展业务类专题讲座 15 场，通过视频会议系统覆盖全国四级法院，累计培训法院干警 36 万余人次，不断提高干警办理各类案件的能力水平。有序推进人民法院教材体系建设，组织开展法官职前培训、审判辅助人员培训教材编写工作。着力夯实法院队伍建设基层基础，组织完成 2020~2022 年基层法官轮训工作。加大对西部和民族地区司法能力建设支持力度，根据新疆、西藏法院培训需求，先后选派 12 人开展支援授课活动。

三是加强高层次审判人才培养和管理。组织完成第五届全国审判业务专家评选，共评选产生和直接授予 55 名“全国审判业务专家”。积极发挥全国审判业务专家智库作用，在《人民法院报》开设“全国审判业务专家论坛”专栏。指导各高级人民法院开展省级审判业务专家评选工作，目前省级审判业务专家已达 1500 余名，初步打造一支以全国审判业务专家为龙头、以省级专家型法官为主体、其他司法政务和司法辅助等专业人才为补充的高层次人才队伍。继续实施最高人民法院与中国政法大学“应用型法学博士”项目，2022 年录取法院系统高级法官 8 名，累计录取法院系统高级法官 63 人。

四是认真组织开展干部调训工作。选派干部参加中组部在中央党校（国家行政学院）和在浦东、井冈山、延安等干部学院举办的调训培训班，中组部及中央和国家机关工委组织开展的由在京各大院校举办的专题研修班，以及推荐干部在职攻读硕士、博士学位。鼓励干部参加提升审判专业化职业化水平的学习，支持有关同志脱产攻读国家法官学院与澳门大学法学院合作培养的哲学博士（法学）学位。

五是扎实做好第十一批法律实习生培养工作。深入贯彻党中央和院党组关于法治人才培养部署要求，克服严峻复杂疫情形势压力，保质保量完成第十一批法律实习生接收工作，接收来自40所高校的70名法律专业学生来院实习，并组织召开法律实习生工作座谈会，全面总结2015年以来最高人民法院法律实习生接收培养工作经验做法，努力推动最高人民法院社会主义法治人才培养工作迈上新台阶。

离退休干部工作

2022年，最高人民法院离退休干部工作坚持以习近平新时代中国特色社会主义思想为指导，深入学习贯彻习近平总书记关于老干部工作的重要论述，以迎接党的二十大胜利召开和学习宣传贯彻党的二十大精神为主线，扎实推进离退休干部“三项建设”，认真落实老同志“两项待遇”，引导发挥老同志“三大优势”，各项工作在守正创新中实现了新发展。

一、强化政治引领，把迎接党的二十大胜利召开和学习宣传贯彻党的二十大精神作为首要政治任务抓紧抓实

一是严肃认真做好党的二十大代表及中央和国家机关党代会代表选举有关工作。深入学习贯彻习近平总书记关于做好党的二十大代表选举工作重要指示精神，按照机关党委统一部署安排，严格资格条件，严守规定程序，严肃纪律要求，组织所属559名离退休和在职干部党员，圆满完成最高人民法院出席党的二十大代表及中央和国家机关党代会代表推选的有关工作。二是扎实开展喜迎党的二十大系列活动。着眼积极发挥离退休干部政治优势、经验优势和威望优势，认真谋划、精心组织离退休干部“建言二十大”和“我看中国特色社会主义新时代”调研活动，搭建老同志爱党兴党、贡献力量的特色活动平台。结合疫情防控要求，通过走访慰问、电话访谈、党支部微信群座谈、微信公众号留言、撰写征文等方式，组织广大老同志为新时代党的事业发展成就点赞加油，为党的二十大召开建言献策，汇聚正能量。围绕喜迎党的二十大胜利召开主题，举办“赞颂新时代 喜迎二十大”最高人民法院离退休干部书画摄影展，共展出书法、绘画、摄影作品88件，老同志们用行云流水的字画、饱含意境的照片表达了对党和人民的真挚感情。“七一”前，组织开展“传承优良传统 砥砺政治品格 喜迎党的二十大胜利召开”主题党日活动，邀请荣获“光荣在党50年”纪念章的老党员与在职党员干部座谈交流，共同重温入党誓词，老党员生动讲述入党心路历程以及在党的培养下成长进步的难忘经历，激励在职党员干部不忘初心、牢记使命，赓续红色血脉，传承优良传统，以奋发昂扬的精神共同迎接党的二十大胜利召开。三是迅速兴起学习宣传贯彻党的二十大精神热潮。按照院机关统一部署，离退休干部局党委召开会议进行专题研究，专门制定下发通知，组织离退休干部第一时

间全程收听收看党的二十大开幕会、新一届中共中央政治局常委同中外记者见面会等实况播报，广大老同志纷纷通过发表感言、转发党的二十大报告金句、撰写诗词等形式，表达喜庆党的二十大、坚定跟党走、奋斗新征程的喜悦振奋之情。组织离退休干部代表参加最高人民法院学习贯彻党的二十大精神干部大会。及时制定《离退休干部局党委关于组织离退休干部学习宣传贯彻党的二十大精神的工作意见》，明确深入学习宣传贯彻党的二十大精神的重大意义、内涵要义、关键重点、方式方法和学习要求。通过请院领导讲专题党课、购买发送学习资料、信息化平台推送辅导文章，以及组织学原文悟原理、主题党日、讨论交流、撰写体会文章、投身为党的事业汇聚正能量实践活动等丰富形式，引导全院离退休干部迅速兴起学习宣传贯彻党的二十大精神的热潮，全面准确学习、深刻领会把握大会精神的丰富内涵与核心要义，把思想和行动统一到大会精神上来，更加紧密地团结在以习近平同志为核心的党中央周围，坚决听党话跟党走，自觉发挥优势作用，积极为新时代新征程党的使命任务贡献智慧和力量。各离退休干部党支部结合自身实际深入开展学习贯彻活动，例如，退休院领导所在的东交民巷党支部及时召开“党的二十大精神学习交流会”，畅谈学习收获和体会，表达继续为党的事业增添正能量、作出新贡献的老党员心声。

二、强化理论武装，筑牢离退休干部政治坚定的思想根基

一是组织跟进学习贯彻习近平新时代中国特色社会主义思想。印发《2022 年离退休干部局党委关于离退休干部党支部学习活动安排的意见》，结合开展“深刻领悟‘两个确立’决定性意义，坚决做到‘两个维护’”主题教育，组织离退休干部带着责任、带着信仰、带着感情、带着问题、结合实际，深入学习贯彻党的二十大和十九届六中全会精神、习近平法治思想、习近平经济思想、全国“两会”精神等内容，通过“最高人民法院离退休干部局”微信公众号向老同志推送理论学习资料 130 余篇，做到党的创新理论学习及时跟进、思想同频共振，引导广大老同志进一步增强“四个意识”、坚定“四个自信”、做到“两个维护”。二是丰富拓展学习方式方法。通过“每日一学”、“线下学习、线上讨论”、电话访学等多种形式，推动离退休干部理论学习常态化、长效化。充分运用微信公众号和各党组织微信群等信息化平台，以“云通报”和书面通报相结合的形式，组织老同志收听收看周强院长通报人民法院工作的视频，参加中组部网上专题报告会 4 场，切实把思想、行动统一到党中央的决策部署和院党组的工作要求上来。三是严格政治纪律规矩。教育引导离退休干部严格遵守党的政治纪律和政治规矩，认真落实意识形态零报告制度，严格微信公众号信息发布的审查把关，修订完善《离退休干部微信平台管理规定》，引导广大老同志自觉发扬斗争精神，始终做到政治忠诚、立场坚定、永葆本色。

三、强化责任落实，从严从实抓好离退休干部党的建设

一是健全完善加强离退休干部党的建设工作制度。认真学习贯彻《关于加强新时代离退休干部党的建设工作的意见》（中办发〔2022〕31 号），与政治部、机关党委进行多轮次会商研究、分析论证，对标中央要求，结合单位实际，总结自身经验，起草《最高人民法院贯彻落

实〈关于加强新时代离退休干部党的建设工作的意见〉的实施意见》，经党组会议审议通过，以法组文件印发全院执行，为努力提升离退休干部党建工作标准化规范化水平提供更加有力的政策制度保障。二是加强党支部工作指导力度。指导10个离退休干部党支部按期完成换届工作。坚持以会代训，通过召开离退休干部局党委扩大会，组织各党支部书记、委员深刻领会上级会议和文件精神，把握年度支部工作重点，不断提高各支部班子的政策理论水平和组织开展工作的能力。督导在职党员认真落实与离退休干部党支部的结对联络制度，在组织活动、掌握动态、服务保障等方面协助开展工作。三是严格组织生活制度。着眼加强党支部标准化规范化建设，各离退休干部党支部结合老同志年龄、健康、居住等实际情况，通过主题党日、送学上门、电话走访、线上联学等方式，及时传达上级精神、听取意见建议、促进学习交流，引导离退休干部党员做到党的意识不弱化、党员标准不降低、党内生活不脱离。四是加强纪律教育和监督管理。将上级关于规范法院离任人员从事律师职业等最新规定，补充进离退休干部局《2022年度规章制度选编》并印发老同志，同时在微信公众号予以推送。坚持案例警示、以案释纪，组织参观“擦亮正义之剑”警示教育展，引导广大老同志汲取法院人员违纪违法案例深刻教训，严格落实“三个规定”等铁规禁令。认真落实新退休人员报到政治建设和廉政谈话制度，做好离退休干部继续从业行为、因私出国（境）的审核把关和证照管理，落实离退休干部业外活动和过问案件情况的谈话摸排、集中排查、台账分析“三个机制”，不断增强党员干部的党性观念和规矩意识。

四、强化守正创新，推动离退休干部服务工作提质增效

一是加强党内关怀帮扶。认真做好“光荣在党50年”纪念章颁发工作，由周强院长为老党员颁发纪念章，让老党员倍感荣耀和温暖，增强了尊荣感、使命感和责任感，一致表示衷心感谢党中央和院党组对老党员的尊重、关心、爱护，并将永远铭记光荣和责任，始终做到离岗不离党、退休不褪色。持续抓好离休干部“一人一策”关怀机制落实。坚持“五必访”制度，开展春节、“七一”、中秋、国庆、重阳等重大节日慰问活动，及时将慰问信和慰问品送到每一位老同志手中，并通过微信、电话等多种形式慰问，转达院党组的关心与关怀。健全困难帮扶机制，有针对性地分类开展资金补助帮扶、就医康养帮扶、精神慰藉帮扶、法律援助帮扶，结合元旦、春节和“七一”前走访慰问，为34名老同志发放困难补助7.9万元，让老同志充分感受到组织的关怀和温暖。二是精准精细做好老同志健康服务保障工作。完善重病、高龄、失能、失独、空巢、独居等特殊群体服务档案，落实好就医指导、电话巡访、调整医院、提示咨询等机制，解决老同志的急难愁盼问题。协调扩大离退休人员社区就医范围，提高处级及以下退休人员医疗费报销比例。为10多位老同志协调解决疫情期间看病就医特需问题。统筹协调、周密组织354名老同志参加年度健康体检。聚焦离退休老同志普遍关注的健康问题，举办“老年人如何读懂健康体检报告”健康讲座，邀请北京医院特需医疗部全科医学科专家曹素艳主任进行解读，讲座视频通过微信公众号进行“云共享”，受到老同志一致好评。三是推进精神文化养老建设。精心组织书画摄影等“云课堂”活动，完成网上教学408课时，编辑发布“一书一画一摄影”成果展32期。组织老同志积极参加中央和国家机关“喜迎二十大”书画摄影

展，展示最高人民法院老同志的良好政治品格和精神风貌。创新举办最高人民法院离退休干部2022年迎新春“云团拜”活动，5天活动3288人次观看，520名老同志在线留言734条。中国老年报、人民法院报对最高人民法院离退休干部迎新春“云团拜”、“喜迎二十大”书画摄影展等活动进行了专门报道。

司法改革

2022年，人民法院在以习近平同志为核心的党中央坚强领导下，坚持以习近平新时代中国特色社会主义思想为指导，深入贯彻习近平法治思想，全面贯彻落实党的二十大精神，持续深化司法体制综合配套改革，全面准确落实司法责任制，推动中国特色社会主义司法制度不断健全完善。

一是加强改革总体规划和成效总结。坚持党的领导，向中央改革办、中央政法委报送各类报告10余份。组织召开人民法院司法改革工作会议，全面总结党的十八大以来司法改革取得的成效和经验。组织召开司法改革领导小组会议，审议通过2022年人民法院司法改革工作要点及其分工方案等文件。配合中央政法委组织召开政法改革调研座谈会。建立司法改革任务台账式管理制度，定期汇总分析司法改革任务完成情况。总结评估党的十八大、十九大以来人民法院全面深化司法改革情况并向中央改革办、中央政法委报送报告。组织编写《中国法院的司法改革（2013–2022）》。配合全国“两会”、迎接党的二十大等重要时间节点做好新闻宣传工作。编发《人民法院司法改革案例选编（十二）》《司法改革动态》，编撰《中国法院司法改革年鉴（2021年卷）》，编写《社会主义核心价值观融入司法裁判说理实务指引》，参与编写《中国法院年鉴》2018年卷、2021年卷和《中国改革年鉴（2022年卷）》，及时总结、宣传、推广改革经验。开展第五届“羊城杯”司法体制综合配套改革征文活动。组织2021~2022年度司法改革专项调研课题结项验收。设立人民法院司法改革研究基地（中国政法大学），推出“思·改”系列学术讲座，初步形成学术品牌。

二是健全审判权力运行机制。配合中央政法委组织召开全面深化政法改革推进会，参与起草执法司法权力运行机制改革指导意见。印发《最高人民法院关于规范合议庭运行机制的意见》（法发〔2022〕31号）。督促落实“四类案件”监督管理机制，要求各高院做好“四类案件”实施细则的逐级备案工作，已有24个高院完成备案。建成全国法院统一法律适用平台，梳理2400余条最高人民法院2021年度裁判要旨。印发《最高人民法院关于做好法官惩戒与纪检监察工作衔接的规定》（法〔2022〕38号），理顺法官惩戒程序与纪检监察程序的关系。积极指导黑龙江、江苏等地高院探索开展法官惩戒试点工作。北京、辽宁等地对多名法官作出惩戒。完成因公牺牲法官特别补助金和特别慰问金申报审核工作。

三是推进四级法院审级职能定位改革试点。组织召开完善四级法院审级职能定位改革试点工作第二次联席会议。研发上线改革试点数据填报系统。制定《关于进一步规范行政申请再审案件办理有关事宜的方案（试行）》（法政〔2022〕197号）、《最高人民法院民事、行政再审申请审核工作规程（试行）》。印发《最高人民法院办公厅关于落实〈最高人民法院关于完善四级法院审级职能定位改革试点实施办法〉有关要求的通知》（法办〔2022〕98号）、《最高人民法院关于落实四级法院审级职能定位改革试点案件提级管辖和报请再审提审工作有关要求的通知》（法〔2022〕52号），对提级管辖和报请再审提审工作提出具体要求。就四级法院审级职能定位改革背景下的行政审判工作进行全国培训。对试点省份改革推行情况进行调研。8月30日，周强院长向全国人大常委会作《关于四级法院审级职能定位改革试点情况的中期报告》，经全国人大常委会第三十六次会议审议通过。印发《关于进一步深入推进四级法院审级职能定位改革试点工作的通知》（法办〔2022〕561号），贯彻落实全国人大常委会审议意见。就四级法院审级职能定位改革试点涉及的民事诉讼法、行政诉讼法相关法律条文，提出修改建议及说明。筹划完成改革试点系列报道5期和专家评论4篇，编发改革试点专刊5期。

四是巩固一站式多元解纷和诉讼服务体系建设成果。组织召开全国法院一站式建设工作推进会、推进构建中国特色“总对总”在线多元解纷新格局工作座谈会。起草深化现代化诉讼服务中心建设指导意见、全面深化跨域诉讼服务指导意见、诉前调解中委托鉴定工作规程、12368热线交转办工作规程等相关配套制度，提高一站式建设规范化水平。全面推进调解平台“进乡村、进社区、进网格”工作，截至12月底，9677家人民法庭入驻调解平台，与75 511个基层治理单位实现在线对接，就地化解调解纠纷33.21万件。“总对总”合作单位共28 930个调解组织、60 754名调解员入驻调解平台，诉前调解案件137.58万件。将中国移动微法院升级为人民法院在线服务，提供“一网通办”诉讼服务。深化12368诉讼服务热线“一号通办”实践。逐步推进诉讼服务事项“异地可办、全国通办”。提档升级律师服务平台。全面应用人民法院送达平台，全国法院通过送达平台送达的民事、行政案件占比达80%以上。深化涉侨纠纷多元化解。与中国侨联在华东政法大学共建“中国侨益保护研究基地”。截至12月底，共有1108个侨联调解组织、2507名侨联调解员入驻人民法院调解平台，委派诉前调解纠纷13.97万件，调解成功率达89.13%。

五是深化涉诉信访改革。上线人民法院网上申诉信访平台，实现申诉信访事项“一网通办”，组织召开全国法院网上申诉信访视频会。印发《最高人民法院关于加强新时代人民法院涉诉信访工作的意见》。建立两日内接收和未办结案件的督办机制，对全国地方法院以及各巡回法庭未办结案件进行实时督办。

六是推动刑事诉讼制度改革。研究修订“三项规程”。推动刑事案件智能辅助办案系统的优化升级和推广应用。推动境外承认执行我国法院没收裁定，研究根据外国请求承认和执行外国法院冻结令和没收令的标准和程序以及违法所得没收程序补充规定，研究我国承认与执行外国裁定的标准和程序。指导下级法院对程三昌贪污案进行缺席审判。会同最高人民检察院、公安部、司法部在全国范围内开展集中清理犯罪嫌疑人、被告人未依法收押和判处实刑罪犯未依法交付执行刑罚专项活动，研究起草《关于规范判处监禁刑罚罪犯交付执行工作若干问题的意见（稿）》。开展针对刑事涉财产执行工作的专项调研，研究起草《关于进一步规范刑事涉财产执行工作的意见》。

七是深化互联网司法建设。指导互联网法院推进在线诉讼规则、审理机制、诉讼平台建设、案例宣传等各项工作；编发以在线诉讼工作为专题的《人民法院司法改革案例选编（十二）》。起草《最高人民法院关于互联网法院案件管辖的规定（征求意见稿）》。推动与清华大学、浙江大学共建互联网司法研究平台，并组织开展 3 期清华互联网司法论坛。组织召开互联网司法工作推进会。组织召开“数字经济法治论坛”等研讨会，加强数字司法领域的国际交流合作；指导浙江高院举办互联网司法与数字治理现代化论坛等活动，为促进数字经济高质量发展提供司法保障。

八是完善智慧法院建设。制定法治信息化项目云平台建设方案和采购需求。推动全国法院普遍建成科技法庭，截至 9 月底，科技法庭覆盖率达 99.66%。印发《最高人民法院办公厅关于发布第一批人民法院知识服务名录的通知》（法办〔2022〕229 号），公布 15 项知识服务名录，指导下级法院推进智能辅助功能试点对接应用。印发《最高人民法院关于加强区块链司法应用的意见》（法发〔2022〕16 号）。开展区块链与司法领域应用场景融合试点。在全国范围内推广电子送达文书在线核验场景。实现执行案件电子卷宗随案同步生成和深度应用。打通人民法院在线服务与各诉讼服务平台用户体系。完成人民法院在线服务与各诉讼服务平台消息通知的融合。研发完成人民法院在线服务 PC 版本。

九是推进人事配套改革。会同中央组织部出台《法官单独职务序列规定》，下发《关于认真学习贯彻〈法官单独职务序列规定〉的通知》。印发《关于离职法官职务等级免除有关问题的通知》，进一步规范离职法官职务等级管理。组织开展法官逐级遴选专题调研，向中央依法治国办起草报送《关于法官逐级遴选制度实施情况及相关完善意见的报告》。出台《关于加强人民法院聘用制书记员管理工作的意见》，完善聘用制书记员招聘、配备、培训、考核机制。制定《关于加强和改进新时代人民法院人才工作的实施意见》，健全完善法院人才管理体制机制。

十是优化人民法院组织机构设置。结合四级法院审级职能定位改革试点工作，探索设立“本部办理、定期巡回”的新型行政案件审理方式，创新巡回法庭行政人员选派及行政案件审理方式。推动设立国家层面知识产权专门法院。吸收上海仲裁委员会等 5 家仲裁机构作为新增“一站式”国际商事纠纷多元化解决机制第二批机构，健全完善国际商事争端解决机制。研究并批复同意在海南设立国际商事法庭海南自由贸易港联络点，协调指导海南法院深入推进海南自由贸易港国际商事纠纷解决机制建设相关工作，促进国际商事法庭高质量发展。成立成渝金融法院。

十一是推进人民陪审员法贯彻落实。总结人民陪审员法贯彻落实情况督查工作。举行新闻发布会公开发布《人民陪审员制度的中国实践》报告及人民陪审员参审十大典型案例，进一步夯实人民陪审员制度的群众基础。

十二是完善司法经费保障机制。完善全国法院财务数据库建设。指导地方法院填报 2021 年度财务决算数据，全面掌握全国各级人民法院各项财务收支及资金使用等情况。对人民法院办理的中央交办案件涉案财物上缴与办案经费管理情况进行全面自查，及时整改并上报自查报告，健全完善管理机制。指导全国法院做好中央政法转移支付资金绩效自评工作，按时上报财政部，健全完善中央政法转移支付资金管理机制。

智慧法院建设

2022 年，最高人民法院坚持以习近平新时代中国特色社会主义思想为指导，落实党中央关于网络强国建设的决策部署，加快推进人民法院信息化 4.0 版高质量建设并取得显著成效，不断满足人民群众日益增长的司法需求，有力保障审判执行工作有序运行。

一、持续推进智慧法院规则创新

一是发布《人民法院在线运行规则》，确定人民法院用以支持在线司法活动的信息系统建设、应用、运行和管理要求，与《人民法院在线诉讼规则》《人民法院在线调解规则》有机衔接，在世界范围内首次构建全方位、系统化的互联网司法规则体系，推进构建互联网司法新模式，推动中国智慧法院建设从技术领先迈向规则引领。二是出台《最高人民法院关于加强区块链司法应用的意见》，推进区块链技术在提升司法公信、提高司法效率、增强司法协同能力、服务经济社会治理等四个方面的典型场景落地应用。三是出台《最高人民法院关于规范和加强人工智能司法应用的意见》，加快人工智能技术与诉讼服务、审判执行、司法管理和服务社会治理等工作深度融合，规范司法人工智能技术应用。四是编制发布十余份智慧法院建设相关指导文件，内容涵盖刑事信息化建设、数据安全管理、信息化工作培训、项目管理等多方面内容，覆盖智慧法院规划、建设、应用、管理全周期，促进智慧法院顶层设计工作进一步完善。

二、推进一站式建设提质增效

一是转型升级人民法院在线服务。3 月 1 日，基于中国移动微法院转型升级上线人民法院在线服务，实现与诉讼服务系统的数据互通和共享，支持当事人在线申请和办理全国法院诉讼服务事项；实现互联网用户账户的统一认证，支持人民群众一次认证登录，全网诉讼服务事项通办；实现人民法院在线服务与各诉讼服务平台消息通知融合，支持人民群众集中、统一接收各诉讼服务事项消息；建设人民法院在线服务 PC 版本，支持当事人以“全局”视角查看本人在全国法院所参与的诉讼服务事项办理结果。二是优化完善人民法院调解平台全流程在线解纷服务。构建人民法院调解平台从智能问答、纠纷提交、在线评估、纠纷分流、调解委派、在线调解、司法确认到诉讼立案全流程在线解纷服务，实现一站式多元化调解；优化“三进”功能，支持基层法院和人民法庭线上开展工作；拓宽“总对总”在线解纷资源，对照《人民法院在线调解规则》，完成人民法院调解平台整体调解流程的功能优化升级。三是优化人民法院送达平台诉讼活动通知路径。完成与司法链系统对接，实现最高人民法院本级电子送达文书上链存证，为当事人提供电子送达文书核验功能，保障电子送达文书的真实性、公正性、高保密性；完成与人民法院在线服务、人民法院律师服务平台电子送达功能融合，实现电子送达数据同步，方便人民群众在线查阅电子送达文书。四是提升 12368 热线一号通办能力。配合完成最高人民法院 12368 热线扩容增量工作，上线“联系法官”功能，进一步畅通、规范当事人与法官沟通联系渠道，解决“找法官难”的问题。五是升级完善诉讼服务指导中心信息平台。升级建设最高人民法院诉讼服务指导中心信息平台，实现对各级人民法院诉讼服务工作的统一科学调度管理、实时监管和自动评估，指导全国法院开展诉讼服务系统升级建设和质效数据汇聚工作。

三、推进办公办案在线业务协同

一是实现机关办公平台上下级协同和移动端拓展。以最高人民法院网上办公系统为中心，联通四级法院办公系统，实现与 31 家高院行政公文在线流转，解决了以往纸质文件报送时效长、经费高的问题，为建设节约、低碳环保型机关提供有力支持；上线最高人民法院机关办公平台互联网手机 App 端，支持办公平台法院内网 PC 端、移动专网 PAD 端和互联网 App 端三端并用的能力，支持数据协同共享，极大提升了行政事务办理和跨网系协同办公效率。二是建设数字档案室应用系统，实现与办公、办案、信访等业务系统对接，具备电子公文、电子卷宗、音视频在线归档及电子档案查阅等功能，有效支持电子档案的高效管理及开发、利用。三是推进执行办案智能化升级。组织各高级人民法院推动以人民法院执行案件流程管理系统智能化升级为主线，围绕执行办案的自动化、集约化、智能化的建设需求，实现执行案件电子卷宗随案同步生成和深度应用，切实提升执行办案系统智能服务和辅助决策能力，解决了信息孤岛、案件要素利用率不高、执行办案事务性工作量大等问题，有效减少执行法官的事务性工作，提升办案效率。

四、推进刑事审判信息化规划落实

按照《最高人民法院刑事审判信息化建设三年发展规划（2022–2024）》和刑事审判信息化建设工作联席会议要求，强力推动刑事审判信息化重点任务落实，提升刑事审判信息化成效。一是推进刑事办案平台升级。进行刑事办案平台智能化升级，以案件审理为主线、以电子卷宗深度应用为重点，为办案人员提供文书自动生成、文书纠错排版、法信检索等智能化服务；初步形成刑事案件审判协同办理能力，加强跨层级、跨网系、跨部门的数据共享和业务协同能力，借助大数据管理和服务平台为法官在线调卷提供能力支撑；实现即时通讯系统与刑事办公平台、刑事办案平台对接，实现了刑事办公办案业务消息自动提醒功能。二是提升刑事信息化运维保障能力。结合刑事审判信息化工作实际，从基础网络运维、应用系统运维等方面进一步充实运维保障人员力量，明确职责分工；修订发布信息化运维管理办法，以线上线下相结合的方式成功举办了刑事审判信息化专项培训，初步探索形成信息化培训和应用推广机制；科学制定符合刑事审判业务特点的信息化运行质效分析评估标准，将刑事办公、刑事办案、远程提讯等系统应用情况纳入常态化质效监控分析；提升刑庭干警基础硬件配置，解决终端兼容性问题，满足终端替换及硬件配备需求。

五、总体建成司法数据中台和智慧法院大脑

一是打造智慧法院综合门户、数据推荐系统、数联网应用、知识服务平台、人工智能引擎、司法链中枢平台等一批标志性实体化功能模块并全面推广应用，在感知实时态势、释放数据价值、提升智服水平、确保系统可信可用方面取得显著成效。二是提升个性化数据智能推荐能力。数据智能推荐覆盖审判、执行、信访、调解等业务维度148个数据项，实现从“人找数”向“数找人”模式转变；深化拓展司法数据跨层级跨部门动态协同共享服务，本年度向全国法院提供约9.27亿次服务，并与最高检、公安部、司法部等多家部委实现了审判信息资源的内部垂直流动以及与国家公共信息资源的外部横向协同。三是完善司法知识库知识体系构建。梳理147条规律型知识并完成接口研发；完成8类涉诉主体库及12类关联关系库构建，累计上线当事人画像、立案辅助、庭审语音识别等28项智能化服务。四是针对应用场景拓展通用智能化能力。完成人工智能平台基础AI模块设计规划，梳理需求清单并实现语音合成、语音识别、卷宗数字化、人脸识别等13项智能化能力上线。

六、推进人民法院科技创新高水平发展

一是全面实现智慧司法技术总师工作机制实质化运行。落实总师体系例会制度，持续组织研究并不断更新完善智慧司法科技创新总体技术方案，法检司三个部门共同推荐成立顾问专家库，对指南编制、项目实施等进行评价和指导，推进国家重点研发计划指南部署和任务实施；协同法检司三部门完成“社会治理与智慧社会科技支撑”重点专项智慧司法板块2022年指南发布及申报推荐等工作。二是强化科技成果转化体系建设。出台《人民法院科技成果评选活动暂行管理办法》，组织开展人民法院科技成果评选活动，营造全国法院干警热爱科技、重视科研的良好氛围。三是开展国家区块链应用审判特色领域试点，对国家区块链创新应用试点阶段性工作进展进行总结评价，推动区块链在司法审判工作中的应用。四是不断丰富完善最高人民法院智慧法院重点实验室、智慧法院技术创新中心两个创新平台建设，深化探索国家级科技创新平台的建设路径。五是总结加强科研作风学风建设工作进展情况，将科研诚信和作风学风建设落实到课题评审、过程管理、成果结项、经费监督等方面，构筑诚实守信的科技创新环境。

七、全方位保障人民法院信息网络安全

一是加强司法公开技术管控。将确保中国裁判文书网数据安全和防范化解负面舆情作为工作重中之重，从严加强技术把关，优化敏感词拦截规则，提升拦截有效性，保障文书上网率；联动建立裁判文书公开上网质量管控及审批机制，加强裁判文书网数据安全和个人信息保护，形成针对民族语言文书的质量管控方案；加强个人信息脱敏处理，探索建立裁判文书下载审查规则；组织开展司法公开风险评估，加强中国庭审公开网安全防护措施，实现用户实名认证、反爬及用户访问流量监控。二是加强信息系统安全防护工作。全面开展分级保护和等级保护测评工作，全部信息系统通过合规性检测；组织开展全国法院网络安全和保密专项检查，在专网边界防护、重要信息系统数据安全防护等方面重点开展自查与互查工作；组织研发部署法院专

网违规外联监控系统，增强全国法院专网违规外联监测发现能力；启动全国法院常态化安全渗透工作，发现挖掘网络安全风险漏洞，初步建立主动安全机制，确保重点时期法院信息系统不发生网络安全事件。

八、推进质效型运维体系优化升级

一是实现最高人民法院“三位一体”质效运维管理体系全面科学化运转。以全国法院信息化运行质效数据综合监控、呈现、分析为核心，实现基础设施全要素监控覆盖率稳定在100%，应用系统监控覆盖率达到100%，派出法庭监控覆盖率稳定在100%，数据自动化核查能力等智能化水平不断提升。二是逐步建立全国法院运维工作一盘棋的上下联动模式。指导全国高院及部分法院建设可视化运维平台及质效运维体系，加强上下联动，优化完善运维机制及信息系统全生命周期管理。三是提升音视频质效型运维能力。实现科技法庭、安防监控、诉讼服务音视频监控省份全覆盖，法院覆盖率均达97%以上，通过平台化和模块化管理实现音视频数据质量稳步提升。

九、推进业务场所信息基础设施建成完善

一是全力推进“诉讼档案信息技术业务用房项目”信息化建设工作。紧盯时间节点，完成功能设计、深化设计及布局设计等工作，加快推进建设进度。二是保障第四巡回法庭新址信息化搬迁工作。按照基础设施先行的原则，提前协调完成办公网络、视频会议、固定电话等线路的迁移、配置和调试工作，圆满完成四巡新址信息化系统的搬迁和新址运行工作。三是推动全国法院普遍建成科技法庭。落实《人民法院信息化建设五年发展规划（2021–2025）》中提出的“科技法庭覆盖率近90%”的目标，指导全国各级法院加快建设科技法庭，截至2022年年底，全国法院建设科技法庭51 647个，覆盖率稳步提升。

新闻宣传

2022年，最高人民法院坚持以习近平新时代中国特色社会主义思想为指导，深入贯彻习近平法治思想，全面贯彻落实党的二十大精神，担当举旗帜、聚民心、育新人、兴文化、展形象的使命任务，坚持稳中求进、巩固提升、守正创新、敢于斗争，紧紧围绕人民法院中心工作开展宣传策划，各项工作持续取得新进展。

一是全力做好迎接党的二十大和学习宣传贯彻党的二十大精神的宣传报道。《人民法院报》、《中国审判》杂志、最高人民法院官微等开设“喜迎二十大”“十年进步说司法”等专栏，充分展示党的十八大以来，人民法院在服务大局、司法为民、公正司法中的历史性成就和历史性变革；开设“党代表之声”“二十大时光”等专栏，及时报道人民法院系统党代表在会场内外的相关新闻；开设“学习贯彻党的二十大精神”“学习贯彻党的二十大精神系列谈”等专

栏，“欢庆党的二十大”等专刊，全面报道各级法院贯彻落实党的二十大精神的生动实践。召开“人民法院这十年”“人民法院护航新时代”系列新闻发布会，开展“非凡十年看法院”系列直播，配合中央广播电视总台中央电视台、中国国际电视台等拍摄《领航》《新时代中国人权》《读懂中国》《十四亿人的现代化道路》等时政片、纪录片，充分呈现人民法院贯彻落实习近平新时代中国特色社会主义思想的举措与成效。

二是深入做好重大主题宣传。重点宣传学习贯彻党的十九届六中全会精神动态及举措，及时报道最高人民法院推动党史学习教育常态化长效化、“我为群众办实事”实践活动等做法和成效。推出“深入贯彻习近平法治思想·建长效机制 解执行难题”等专栏，生动呈现人民法院发挥职能作用维护人民群众合法权益的积极实践。开设“共同战疫·瞬间”“共同战疫 法院在行动”“为疫情防控提供司法服务和保障”等专栏，密集发布各级法院聚焦精准服务“六稳”“六保”，帮助受疫情严重冲击的行业、中小微企业和个体工商户纾困解难，强化民生司法保障的务实举措和典型案例。

三是围绕法院中心工作策划宣传报道。全方位多角度深层次宣传解读最高人民法院全国“两会”工作报告，圆满完成100余项新闻舆论工作安排，中央主流媒体和有影响力的新兴媒体持续围绕工作报告播发重要新闻、爆款产品，频频掀起舆论热潮，形成浩大宣传声势，举办5场全媒体系列直播访谈活动，微博话题#解读最高人民法院工作报告#阅读量超1.8亿，报告首页二维码展示的重点三维动漫视频“AI法官正义，带您走进工作报告”在近百个媒体、平台同步推出，上百万人在线观看。专题报道周强院长向全国人大常委会作知识产权法庭试点三年专项工作汇报、周强院长向全国人大常委会作四级法院审级职能定位改革试点情况的中期报告等重要工作，及时报道人民法院常态化扫黑除恶斗争重点工作推进会、一站式建设视频推进会、全国法院打击整治养老诈骗专项行动推进会、全国法院调研工作会议等重要会议，着重开展“为群众办实事示范法院”创建活动、“女法官国际日”、未成年人“两法”实施一周年等主题宣传。围绕中央重大决策部署、人民法院中心工作和社会关注热点，策划召开或参加27场现场新闻发布会，线上发布69次，发布涉及社会主义核心价值观、环境资源审判等典型案例520个。结合社会关注和时事热点，坚持办好“小案大道理 时代新风尚”等专栏，回顾群众身边的典型“小案”，阐释蕴含其中的“道理”，有力弘扬社会主义核心价值观，拟推出的“小案件大道理”普法读本入选中宣部2022年主题出版重点出版物。开设“打击整治养老诈骗在行动”等专栏，有力呈现全国各地法院多措并举打击整治养老诈骗专项行动的工作图景。

四是大力宣扬人民法院英模事迹。协调人民日报、新华社等多家主流媒体刊发《一生坚守公平正义 一心践行司法为民》《法官滕启刚：一心向党 司法为民》等重磅通讯，协调中央广播电视总台中央电视台“新闻联播”“新闻直播间”“热线12”等重点电视栏目深度报道滕启刚、鲍卫忠等人民法院先进典型事迹，推出《“即使我死，你的事也不可能！”这是她生前的最后一句话……》等H5作品，讲述周春梅法官用生命捍卫法律尊严的感人事迹。开设“双百政法英模”年度巡礼主题栏目，以融合报道方式讲述“双百政法英模”的优秀风采和先进事迹。

五是持续深化法治宣传工作力度。认真贯彻落实八五普法规划，联合全国工商联等五部门印发《关于开展企业家学法活动的通知》，提升企业家尊法学法守法用法意识和能力水平。开展《学法典读案例答问题》百集短视频主题宣传，推出“一分钟带你读懂民法典”系列普法动漫，出版《中小学道德与法治案例手册》初中版，策划举办“走进少年法庭巡回审判点”等系列公众开放日活动，持续营造未成年人司法保护浓厚氛围。持续深化“新时代推动法治进程2021年度十大案件”宣传活动，奋力打造人民群众喜闻乐见的普法品牌。筹办2022年中国网络文明大会网络法治建设论坛，充分展示信息技术与司法实践深度融合成果。

六是突出法治特色加强影视和精品节目创作。召开贯彻习近平总书记重要讲话精神繁荣人民法院影视创作座谈会，最高人民法院党组书记、院长周强出席会议并讲话。推出《底线》《女士的法则》等多部法治题材电视剧，其中《底线》播出后，被舆论认为是“国产法治题材剧的标杆之作”。与中央广播电视总台中央电视台联合打造《家事如天（第二季）》，入选2021年度国产纪录片及创作人才扶持项目；策划推出《大法官开庭》《法治的精神》《人民法庭》等特别节目，在全社会厚植法治理念。注册成立天平星光（北京）影视文化有限公司。

七是加强对外宣传和国际传播能力。深入宣传数字经济法治论坛，邀请俄罗斯、贝宁、越南等国参会外宾接受专访，生动诠释中国法院在推动完善全球数字经济治理体系，促进网络空间治理法治化方面的担当与成果。充分报道第3届中国—东盟大法官论坛，邀请婆罗洲公报Borneo Belletin、缅甸国家门户网站Myanmar National Portal、缅甸广播电视台Myanma Radio and Television、马来西亚星报The Star等十余家境外媒体参与报道，形成浩大的宣传报道声势。围绕金砖国家大法官论坛、上合组织地方法院大法官论坛、周强院长与古巴最高人民法院院长视频会议、周强院长出席东盟首席法官理事会东盟+成立大会并作专题发言等重要外事活动，积极协调外宣媒体推转宣传，向世界展示真实立体全面的中国法治形象。充分发挥最高人民法院英文网站作用，拓展法院对外传播平台渠道，有效展示中国司法成效。

八是持续加强平台阵地建设。由最高人民法院主管、人民法院出版社主办的《数字法治》期刊获国家新闻出版署批准，刊号CN10-1879/D，是目前面向海内外公开发行的全国性数字法治领域唯一的学术双月期刊。“天平阳光”一体化平台入选国家新闻出版署评审的“2021年中国报业深度融合发展创新案例”。中国法院网负责建设维护的各地法院网站总数达到2028个。最高人民法院微博粉丝量达1844.3万，最高人民法院、人民法院报微信公众号年度内共发布54篇10万+文章，最高人民法院头条号、人民号，人民法院报头条号、知乎号等13个客户端粉丝总量超2900万，中国法院网快手、抖音等短视频政务号粉丝达1263万。

九是大力增强法律知识服务。不断提升“法信”法律知识中台功能，推出“法信检察版（正义智库）”“法信律协服务版”“法信机构版”。针对不同用户需求，推出“东法基层法治服务平台”“东法智慧诉服”“东法智能本”以及《中国民法典适用大全》融媒体产品等，提供专业法律知识和服务。

巡回法庭工作

2022 年，在最高人民法院党组坚强领导下，巡回法庭坚持以习近平新时代中国特色社会主义思想为指导，贯彻落实习近平法治思想，坚持服务大局、司法为民、公正司法，大力加强政治建设，聚焦执法办案主业，扎实推进司法改革，为推动巡回区经济社会发展提供有力司法服务和保障。

一、全面深化党建引领机制

一是切实坚定理想信念筑牢精神支柱。各巡回法庭分党组均建立政治学习“第一议题”机制。第三巡回法庭建立完善分党组会议跟进学习机制和党支部理论学习计划管理机制，党支部每月向党小组下达学习任务，细化专题学习篇目，扎实提升政治理论学习质效。第五巡回法庭研究制定《第五巡回法庭关于进一步加强意识形态工作责任制的实施细则》，不断增强干警政治敏锐性和政治鉴别力。第六巡回法庭面向巡回区编发《陕甘宁边区红色司法学习专刊》9 期，面向全庭编发政治学习资料 192 期，不断夯实理论根基。二是不断运用理论武装头脑指导实践。第一巡回法庭举办 8 期法律文化讲堂，主题覆盖党建历史、审判经验、公文写作、文化传承等多个方面，有效锻造提升全庭干警综合素养。第二巡回法庭创设“二巡讲台”活动，开展“奋进新征程·建功新时代”演讲比赛，广泛发挥领学导学作用。第三巡回法庭创办“金陵讲堂”5 期，举办“喜迎二十大 唱响三巡声”歌唱比赛、“深入学习党的二十大精神 推动三巡高质量发展”演讲比赛，推动政治学习与执法办案、司法研究深度结合。第五巡回法庭开展“青春心向党、喜迎二十大”演讲比赛，深入实施青年理论学习提升工程。第六巡回法庭举办“学习二十大，奋进新征程”演讲比赛，不断提升干警学用结合实际本领。三是持续加强思想引领凝聚发展力量。第一巡回法庭赴孙中山庚子首义雕塑园、团一大纪念馆开展主题党日、团日活动，引导干警永葆革命精神和革命斗志。第二巡回法庭赴“九·一八”历史博物馆开展实地教学并重温入党誓词，前往沈阳审判日本战犯法庭旧址陈列馆、大连船舶重工集团有限公司等红色场所开展主题党日活动。第三巡回法庭组织赴淮安周恩来纪念馆和周恩来故居、中国共产党代表团梅园新村纪念馆、渡江胜利纪念馆、南京江北新区规划展览馆、长江岸线生态廊道等教育基地累计开展主题党日活动 12 次。第六巡回法庭组织赴甘肃华池、陕西马栏、照金等地开展“赓续红色血脉 牢记初心使命”主题党日、基层联系点活动，敦促干警缅怀革命先烈、巩固学习成果。

二、充分发挥巡回审判职能

一是狠抓执法办案，切实推进法律统一适用。第二巡回法庭针对人大代表关注的长春筑林建设工程施工合同纠纷一案，启动相应再审程序，指令长春中院进行再审，使案件得到妥善处理。第三巡回法庭审结“2021年十大商事案件”之一的大公国际评估公司系列案，不断强化证券发行机构和评估机构“看门人”职责。第五巡回法庭调解解决黔农业银行黔东南分行不良资产转让系列案件，有效避免国有资产流失。第六巡回法庭依法妥善处理包括绿源恒公司与灵武市人民政府合同纠纷案在内的一批典型案例，以调解方式审结8件民商事案件，全力推进实质性化解争议。二是落实司法为民，打造诉讼服务巡回标杆。第一巡回法庭与深圳市律师协会续签《关于建设良性互动工作机制的备忘录》，组织700余名律师参加第三期志愿律师团岗前培训，推动志愿律师服务人民群众效果再上新台阶。第二巡回法庭组织召开东北三省涉诉信访工作座谈会，建立关键人员、重点案件台账，稳妥做好吸附化解工作。第三巡回法庭会同江苏省高级人民法院、南京市中级人民法院、多个专门法院建立“宁聚力”工作机制，成立基层治理共建基地，推动法院力量与智慧下沉到社区服务一线。第四巡回法庭与各高院驻郑工作组定期召开协调会，对重点信访案件落实“一案一策”原则，实现2022年进京信访案件同比下降68.87%。第五巡回法庭成立一站式多元纠纷解决工作室与老马工作室，引入律师等社会第三方团体参与服务工作，促进纠纷实质化解。三是依法履职尽责，完善对下指导体系建设。第二巡回法庭发布《东北三省行政审判白皮书（2021）》，总结提炼出行政机关在执法和应诉过程中存在的共性问题，切实推动法治政府和诚信政府建设。第三巡回法庭召开民商事审判工作情况通报会，有效提升巡回区内民商事案件审判工作质效。第四巡回法庭组织召开巡回区法院年度审判工作座谈会，发布刑事申诉案件、民商事、行政审判工作情况通报，持续推动裁判标准统一。第五巡回法庭举办巡回区民商事审判工作座谈会，通报11个案件审理类型化问题，针对性形成9条意见建议与裁判指引。第六巡回法庭召开第三次巡回区民商事审判工作座谈会，向巡回区各级法院印发《第六巡回法庭辖区内法院民商事审判实践疑难问题问答》，扎实做好民商事审判推进工作。四是强化代表联络，扎实践行全程人民民主。第三巡回法庭聘请全国人大代表、全国政协委员、最高人民法院特约监督员担任诉服志愿专家，并多次开展“一对一”走访联络，全年共联络全国人大代表、全国政协委员9人次，最高人民法院特约监督员6人次。第四巡回法庭邀请全国人大代表杨蓉、全国政协委员许进宣讲“两会”精神，多次通过走访、培训、座谈等形式开展代表委员交流活动。第五巡回法庭创设全国人大代表政协委员工作室、代表委员关注案件督办室、全国人大代表政协委员联络站等“两室一站”，累计与代表委员沟通联络27人次，充分提升联络效果。五是加强少年审判，司法护航儿童健康成长。第一巡回法庭与驻地两级法院联合举办“法治护航，伴你成长——模拟法庭进校园”专题普法活动，吸引3000余名师生与全国人大代表、深圳市两级人大代表及政协委员参与，取得良好社会效果。第二巡回法庭在浑南四中开展“为所有闪光的梦想努力”送法进校园活动，围绕“民事行为能力与刑事责任能力”“预防校园欺凌”等进行普法宣讲。第三巡回法庭在南京市南化实验小学组织开展“守护花样的你”主题法治进校园活动，为近300名女生讲授法治教育课。第四巡回法庭组织巡回区少年审判工作研讨会，汇编《2022年度少年审判工作研讨会论文集》，推动《最高人民法院关于充分发挥少年法庭巡回审判点职能作用的意见》规范性文件出台。第五巡回法庭通过线上线下多种方式开展“走进少年法庭巡回审判点”公众开放日活动，全媒体直播观看量超600万人次。

三、充分释放司法改革效能

一是积极服务大局，做好司法服务保障工作。第一巡回法庭严格遵循中央顶层设计，牵头制定《最高人民法院关于支持和保障横琴粤澳深度合作区建设的意见》《最高人民法院关于支持和保障全面深化前海深港现代服务业合作区改革开放的意见》，为前海合作区改革开放和横琴合作区深度发展提供优质、高效、精准的司法服务与保障。第二巡回法庭多次与辽宁省委政法委、省高院等单位开展座谈，扎实推进《最高人民法院关于为新时代东北全面振兴提供司法服务和保障的意见》起草工作，同时举办第六届长白破产法论坛，多措施并举助力法治化营商环境建设。第三巡回法庭积极推进人民法院服务保障长三角一体化发展第二次联席会议召开，指导上海、江苏、浙江、安徽四地高院签订《长三角地区人民法院案例工作“一体化”备忘录》，针对长三角地区法院执行工作“一体化”事宜落实情况进行跟踪问效，并依托与华东政法大学合作设立的“长三角一体化发展司法研究中心”创办司法论坛、论文征集等活动。第五巡回法庭设立成都审判点，全面凝聚发展合力，促进以高质量司法服务保障成渝地区双城经济圈发展。二是完善配套改革，优化审判权力运行机制。第一巡回法庭积极承担涉外涉港澳台审判工作改革任务，向全国人大调研组汇报关于国际商事法庭建设情况，大力推动第一国际商事法庭实质化运行。第二巡回法庭探索在特定领域二审案件实行示范开庭制度，推行合议庭成员交叉阅卷后出具书面阅卷意见机制，出版第三辑《第二巡回法庭法官会议纪要》，有效提升司法效率。第三巡回法庭完善构建“五位一体”审判管理体系，汇编60余万字《2021年第三巡回法庭主审法官会议纪要》，注重审判管理科学发展。第五巡回法庭定期向巡回区各高级人民法院通报“发改提指”民商事案件情况制度，建立类案检索初步过滤、专业法官会议讨论决定的法律适用分歧解决机制。三是抓好课题研究，用大调研理清工作思路。第一巡回法庭依托粤港澳大湾区区位优势，形成《粤港澳大湾区区际法律冲突研究》调研报告，为区际法律冲突中准据法的理解与适用提供借鉴。第三巡回法庭组织青年理论学习小组申报“巡回法庭探索拓宽社会力量参与涉诉信访工作的路径”课题，与南京市法学会开展相关座谈活动，形成较为完善的调研报告。第四巡回法庭开展“人民法院出具裁判文书生效证明情况”调研攻关，调研报告在院审管办《审判管理动态》2022年第10期全文刊发。第五巡回法庭围绕多元解纷“眉山经验”新进展深入一线调研。

司法行政装备和后勤保障

2022年，在院党组坚强领导下，最高人民法院司法行政装备和后勤保障工作坚持以习近平新时代中国特色社会主义思想为指导，深入贯彻习近平法治思想，全面贯彻落实党的二十大精神，认真贯彻落实党中央决策部署和院党组重要决定，紧紧围绕保障服务审判执行中心工作，坚持“为执法办案服务、为司法决策服务、为法院干警服务、为基层建设服务”的工作主旨，以“时时放心不下”的责任感和勇于担当作为的精神，埋头苦干，锐意进取，为新时代人民法院工作高质量发展提供有力保障和后勤服务。

一、以审判执行中心工作为根本点，不断提升保障服务能力

根据审判执行工作的实际需要，不断推进理念创新、机制创新，着力提升保障服务能力。一是精心做好经费保障工作。针对人民法院审判案件持续增长、执法办案经费需求加大的实际，加强对全国法院财务数据的统计分析和结果运用，科学准确编制预算，最大程度优化经费配置，确保审判执行工作经费需要。加强工作预判，及时制定重点工作增长点和新项目新需求的应对方案，主动与财政部沟通，及时调整预算安排，先后追加巡回法庭、司法救助、涉外海事审判、人事档案、新闻宣传、诉讼档案搬迁等工作经费预算 964 万元，争取增加院机关 2022 年预算额度 2100 万元，优先保障重点工作开展。二是稳步升级更新技术装备。主动适应审判执行工作发展需要，持续推进基层人民法院基本业务装备标准修订工作，启动人民法院统一制服标准修订工作，开展院机关夏季制服制作工作，为院机关新入院同志发放了制服，及时完成院机关公务用车更新配备工作。三是积极提升采购工作效能。针对采购工作涉及面广、专业性强、项目多的实际，不断强化寓服务于管理的工作理念，从强调流程合法合规性的程序导向型向更加重视采购效果的结果导向型转变，优化工作流程，全力提升采购工作效率。主动服务智慧法院大局，做好重点信息化项目采购工作，坚持主动对接，加强调度，规范程序，实行全程服务，努力保证项目建设质量和进度。一年来，处理院机关各部门提出的 200 余件采购事项，共涉及金额约 5.9 亿元。

二、以保障服务司法体制改革为着力点，全速推进基础设施建设

建设巡回法庭是深化人民法院司法体制综合配套改革的重要措施。2022 年，我们在前期工作的基础上，与相关高院紧密配合，进一步加强与国家相关部门、新建项目属地党委政府的沟通协调，及时解决项目建设过程中存在的实际问题，切实担负起资金拨付、重大采购项目指导监督等责任，严格督促工程进度，严格把关工程质量，严格防范施工安全，按时优质完成了项目建设任务。其中，第一巡回法庭（第一国际商事法庭）项目已全面竣工，达到了交付使用的条件；第三巡回法庭项目已全面竣工并交付使用；第四巡回法庭项目审判法庭业务用房已经启用；诉讼档案信息技术业务用房项目于 7 月底主体结构封顶，即将交付使用。

三、以保证法院办案质量为立足点，认真做好司法技术服务工作

充分发挥司法技术工作在保证办案质量方面重要作用，全年各级法院办理委托鉴定、评估、技术咨询、技术审核等各类案件 91.3924 万件。加强与相关部门工作协调，持续推进《关于人民法院司法技术工作若干问题的规定》《关于推动人民法院司法技术工作高质量发展的意见》制定工作；为推动知识产权鉴定秩序共建、共治、共享，凝聚法治合力，推动国家知识产权局、最高人民法院、最高人民检察院、公安部、市场监管总局联合出台了《关于加强知识产权鉴定工作衔接的意见》，有利于知识产权行政执法和司法保护的有效衔接，构建知识产权大

保护工作格局；积极参与法庭科学技术标准制定工作，及时提出符合审判要求和工作实际的意见建议，努力从源头规范司法鉴定活动。认真履行“人民法院诉讼资产网”监管责任，制定《人民法院诉讼资产网网络信息安全预案》，开展信息安全隐患排查，关停僵尸账号，加固人民法院诉讼资产网信息安全防御体系。人民法院诉讼资产网累计发布司法拍卖公告 5 646 887 条，挂牌金额 26 058.4 亿元，发布工作公示 345 721 条，注册专业机构 17 777 家，696 家法院在人民法院诉讼资产网上开展网上摇号 119 587 次。

四、以维护干警身体健康为出发点，全力抓好疫情防控工作

面对不断出现的新冠病毒变异株和反复延宕的疫情，认真学习贯彻习近平总书记关于疫情防控的重要讲话、重要指示批示精神，对党中央关于疫情防控工作的部署快速响应，及时落实。一是坚持常态化指挥调度。紧密联系属地党委政府及疾控部门，及时跟进了解掌握疫情防控最新政策要求，根据防控形势变化，动态调整优化防控方案，因时因势、科学精准调整发布疫情防控通知 33 个，召开疫情防控调度会 165 次，发简报 101 期、快报 545 期，不断提升疫情防控水平和“平战转换”能力。二是坚持预防在先。通过每日零报告、动态风险排查、常态化防疫消杀、推进全员疫苗接种等措施，构筑全院战疫防线。同时最大限度压缩线下会议、活动规模，尽可能减少不必要的人员聚集，对于数字经济法治论坛、中国—东盟大法官论坛等多个国际性重要会议活动及全国“两会”等全国性重要会议活动，院防控办强化服务意识，专人跟进服务保障。三是坚持抓责任落实。自上而下建立组织领导体系，确保层层压实责任。实行网格化管理，建立了以部门主要负责同志为疫情防控第一责任人、党务廉政专员为疫情防控直接责任人、指派专人为疫情防控联络员、全员共同参与的联防联控网络，强化 24 小时应急值守。同时加大“四不两直”督导检查力度，化解消除各类安全隐患，巩固扩大疫情防控成效。四是坚持底线思维。增强忧患意识，加强防疫物资储备，提前预备应急处置场所，做到有备无患，全力守护好全院干警生命安全和身体健康。

五、以高站位高标准为着眼点，持续做好定点帮扶和援藏援疆工作

坚持把定点帮扶和援藏援疆工作作为重大政治任务来抓，切实履行定点帮扶办和援藏援疆办职责，推动定点帮扶和援藏援疆工作取得新成绩。在定点帮扶工作方面，着眼推进巩固拓展脱贫攻坚成果同乡村振兴有效衔接，认真制定年度工作计划，加大协调力度，强化督促落实。全年共向定点帮扶县投入直接帮扶资金 600 万元，购买农产品 196.01 万元；帮助两县引进帮扶资金 2900 万元，扶持龙头企业 3 家，培育新型农业经营主体 9 家，培训技术人员 15 041 人次，帮助销售农产品 12.44 亿元，为全面推进最高人民法院定点帮扶工作高质量发展打下了坚实基础。在援藏援疆工作方面，根据受援法院实际需要，加强工作统筹，协调全国法院为全国法院藏汉双语法官西藏培训基地相关项目建设筹集资金。积极组织全国法院为西藏新疆援助资金，开展线上线下授课培训 206 次，受援法院参训干警达 7582 人次；共组织受援法院前往援助法院调研 118 人次，挂职锻炼 38 人，定向培训 308 人次；援助省市法院共前往受援法院调研交流 122 批 491 人次。

六、以提高保障服务效能为落脚点，强化全面系统科学管理

努力推动行装服务保障向专业化、科学化、规范化方向发展，提高司法保障工作现代化管理水平。一是加强预算管理。认真贯彻落实中央过“紧日子”的要求和《预算法》规定，以开展预算管理一体化系统建设和深入推进最高人民法院细化预算工作为抓手，提升预算执行进度，推进预算绩效管理，全面加强预算管理。二是规范国有资产管理。坚持勤俭办一切事业，以资产配置处置、资产日常运行、依托资产提供保障为重点，优化在用资产管理，最大限度发挥资产使用价值。严把资产配置“入口关”，建立健全国有资产台账，研究制定《最高人民法院机关关于办公设备家具申领、办理的规定》；严把资产处置“出口关”，回收旧电脑，将回收电脑作为办公内网电脑调剂使用，落实定期报废制度。在2021年中央行政事业单位资产管理绩效评价中，最高人民法院资产管理工作被国管局通报表扬。三是完善审计管理。充分发挥审计监督作用，突破传统审计事后监督模式，建立事前咨询建议、事中及时跟踪、事后有效监督的效率型内部审计模式。坚持事前对重大经济事项开展征询专业机构建议，委托第三方机构对工程类项目进行造价审计，对非工程类项目进行费用评审；坚持事中对日常财务活动实施跟踪审计，监督指导人民法院出版社财务和资产管理情况，对法院文化分会运行期间的财务收支情况进行了专项审计；积极探索内部审计工作新机制，启动了《最高人民法院内部审计工作暂行规定》修订工作。

七、以提供优质后勤服务为切入点，积极推进绿色高效节约机关建设

认真贯彻落实习近平总书记关于机关事务工作重要批示精神，立足新发展阶段、贯彻新发展理念、构建新发展格局，牢固树立“三服务”宗旨，努力提高服务质量，全面推进绿色高效节约机关建设。一年来，主动担当作为，圆满完成了全国“两会”、数字经济法治论坛、中国—东盟大法官论坛等重要会议活动和院机关日常会议服务保障任务，快速处理紧急抢修和日常设施设备维护保养，精心做好日常办公话务查询转接等信息技术服务，加班加点完成各类文印服务，确保院机关日常办公办案高效运转。与东城区卫健委签订了战略合作协议，建立医疗服务保障长效机制。坚决贯彻落实习近平总书记有关重要批示精神，制止餐饮浪费行为，两次召开全国法院机关后勤服务协作组视频会议，及时传达中央有关文件和院党组会议精神，深入推进节约型机关建设。为进一步巩固院机关“节约型公共机构示范单位”经验成果，组织开展节能宣传周活动，在全院营造节约能源、绿色低碳的浓厚氛围。顺利完成办公二区、三区智能照明灯具改造项目工程，更新节能灯具15 282个，有效改善了绿色低碳的办公环境。组织开展了“节水型单位”复验工作，确保院机关蝉联节水型单位荣誉称号。美化优化机关环境，院机关被授予“北京市控烟示范单位”荣誉称号。

重要会议

一、党史学习教育总结会议

1月14日上午，最高人民法院召开党史学习教育总结会议，最高人民法院党组书记、院长周强出席会议并讲话。周强强调，要坚持以习近平新时代中国特色社会主义思想为指导，深入学习贯彻习近平法治思想，认真贯彻落实习近平总书记在中央政治局党史学习教育专题民主生活会上的重要讲话精神和关于党史学习教育的重要指示精神，贯彻落实习近平总书记在中央政治局常委会会议听取最高人民法院党组工作汇报时的重要讲话精神，巩固拓展党史学习教育成果，继续把党史总结、学习、教育、宣传引向深入，扎实推进司法为民、公正司法，以优异成绩迎接党的二十大胜利召开。党史学习教育中央第十一指导组组长王秀峰出席会议并讲话。

周强指出，在全党开展党史学习教育，是以习近平同志为核心的党中央立足百年党史新起点、着眼开创事业发展新局面作出的重大战略决策。习近平总书记就党史学习教育发表重要讲话、作出重要指示，从政治和全局的高度深刻阐明开展党史学习教育的重大意义，充分肯定党史学习教育取得的显著成效和重大成果，对深入学习贯彻党的十九届六中全会精神、推动党史学习教育常态化长效化提出明确要求，为总结巩固拓展党史学习教育提供了根本遵循。要深入学习领会习近平总书记重要讲话和指示精神，不断巩固拓展党史学习教育成果，从党的百年奋斗重大成就和历史经验中汲取智慧和力量，切实把党史学习教育成果转化为推动新时代人民法院工作高质量发展的强大动力。

周强指出，党史学习教育开展以来，最高人民法院坚持以习近平新时代中国特色社会主义思想为指导，坚决贯彻落实党中央决策部署，把党史学习教育作为一项重大政治任务，在中央第十一指导组精心指导下，坚持学史明理、学史增信、学史崇德、学史力行，突出学党史、悟思想、办实事、开新局，广大党员干部经受了一次全面深刻的政治教育、思想淬炼和精神洗礼。最高人民法院加强组织领导，认真开展专题学习，全员全覆盖进行培训，传承红色司法基因，践行司法为民宗旨，扎实开展“我为群众办实事”实践活动，与队伍教育整顿紧密结合，党史学习教育各项工作推进有力，取得明显成效。开展党史学习教育为进一步做好人民法院工作提供了深刻的经验启示，即必须自觉坚定做到“两个维护”，必须持之以恒深化理论武装，必须始终牢记“国之大者”，必须坚持司法为民，必须不断提高斗争本领。

周强强调，要始终坚持以习近平新时代中国特色社会主义思想为指导，深入学习贯彻习近平法治思想，不断巩固拓展党史学习教育成果，更好地发挥审判职能作用，为全面建设社会主义现代化国家提供有力司法服务。要坚持不懈强化党的创新理论武装，深刻认识“两个确立”的决定性意义，更加自觉坚定做到“两个维护”。要牢牢坚持党对司法工作的全面领导，始终把党的政治建设摆在首位，坚持抓党建带队建促审判。要牢记“国之大者”，紧紧围绕党和国家工作大局履职尽责，把党史学习教育成果转化为服务大局、司法为民、公正司法的实际行动。要发扬自我革命精神，深入推进全面从严治党、从严治院、从严管理，把严的主基调长期坚持下去，建设绝对忠诚、绝对纯洁、绝对可靠的法院铁军。要建立党史学习教育常态化长效化制度机制，充分运用党组党史学习教育专题民主生活会成果，抓好问题整改，巩固拓展党史学习教育成果，推动新时代人民法院工作高质量发展，以优异成绩迎接党的二十大胜利召开。

王秀峰指出，党史学习教育开展以来，最高人民法院始终以高度的政治自觉和政治责任感，认真贯彻落实党中央决策部署，强化政治意识，把开展党史学习教育作为贯穿全年的重大政治任务，作为增强“四个意识”、坚定“四个自信”、做到“两个维护”、践行“三个表率”的实际行动，精心谋划部署，创新方式方法，科学统筹推动，各项工作求实、务实、扎实，达到了党史学习教育的目的，取得显著成效。最高人民法院政治站位高，组织领导有力，坚持以上率下，理论武装扎实深入，形式载体丰富，始终坚持以人民为中心，深入开展“我为群众办实事”实践活动，注重党史学习教育与中心工作相互融合、相互促进，推动学习教育不断走深走实，促进了法院工作高质量发展，有力服务了党和国家工作大局。通过党史学习教育，广大党员干部进一步筑牢政治忠诚，坚定理想信念，锤炼坚强党性，队伍建设更加坚强有力。

王秀峰表示，希望最高人民法院深入学习贯彻习近平总书记关于党史学习教育的重要指示批示和重要讲话精神，深入学习贯彻习近平总书记在省部级主要领导干部学习贯彻党的十九届六中全会精神专题研讨班开班式上的重要讲话精神，深入学习贯彻党的十九届六中全会精神，强化科学理论武装，建立常态化、长效化制度机制，不断巩固拓展党史学习教育成果，推动党员干部学深悟透党的创新理论，更好把握和运用党百年奋斗历史经验，更加主动履职担当，奋力谱写人民法院工作新篇章。

最高人民法院党组成员、副院长杨临萍主持会议。最高人民法院党组成员、副院长姜伟，副院长陶凯元，党组成员、副院长高憬宏，党组成员、政治部主任马世忠，中央纪委国家监委驻最高人民法院纪检监察组组长、最高人民法院党组成员穆红玉，党组成员、副院长贺小荣、沈亮出席会议。党史学习教育中央第十一指导组有关负责同志出席会议。最高人民法院各单位主要负责同志，院党史学习教育领导小组办公室有关负责同志参加会议。

二、全国高级法院院长会议

1月16日下午，全国高级法院院长会议以电视电话会议形式召开，最高人民法院党组书记、院长周强出席会议并讲话。周强强调，要坚持以习近平新时代中国特色社会主义思想为指导，深入贯彻习近平法治思想，认真贯彻落实习近平总书记关于政法工作重要指示精神，贯彻落实中央政法工作会议部署，坚持稳中求进、巩固提升，坚持服务大局、司法为民、公正司法，奋力推进新时代人民法院工作高质量发展，努力建设更高水平的平安中国、法治中国，以实际行动迎接党的二十大胜利召开。

会议指出，1月6日，习近平总书记主持召开中央政治局常委会会议，听取最高人民法院党组工作汇报并发表重要讲话，对做好2022年法院工作作出重要指示。日前，习近平总书记对政法工作作出重要指示，明确指出当前和今后一个时期政法工作目标任务。习近平总书记的重要讲话和重要指示高屋建瓴、思想深刻、催人奋进，为做好新时代政法工作和法院工作提供了根本遵循。中共中央政治局委员、中央书记处书记、中央政法委书记郭声琨在中央政法工作会议上发表重要讲话，全面总结党的十九大以来政法工作成绩和2021年政法工作成效，提出2022年政法工作总体思路、任务部署、重点工作。各级法院要切实把思想和行动统一到习近平总书记重要讲话、重要指示和党中央决策部署上来，认真贯彻落实中央政法工作会议精神，不断推进新时代人民法院工作高质量发展，努力让人民群众在每一个司法案件中感受到公平正义。

会议指出，2021年，是党和国家历史上具有里程碑意义的一年。在以习近平同志为核心的党中央坚强领导下，在中央政法委领导下，全国法院和广大干警忠诚履职、攻坚克难、砥砺奋进，圆满完成党和人民赋予的职责任务。一年来，各级法院切实加强政治建设，推动理论武装深入人心，坚定维护国家安全和社会稳定，精准高效服务高质量发展，务实有效推进司法为民，人民法庭实现跨越发展，司法改革向纵深推进，党史学习教育和队伍教育整顿扎实有力开展，人民法院工作在新时代新征程上迈出坚实步伐。

会议指出，2022年是进入全面建设社会主义现代化国家、向第二个百年奋斗目标进军新征程的重要一年，要坚持稳中求进、巩固提升，全力以赴做好2022年人民法院工作。各级法院要以习近平新时代中国特色社会主义思想为指导，深入贯彻习近平法治思想，全面贯彻党的十九大和十九届历次全会精神，认真贯彻中央经济工作会议、中央政法工作会议精神，增强“四个意识”、坚定“四个自信”、做到“两个维护”，弘扬伟大建党精神，不断提高政治判断力、政治领悟力、政治执行力，深入学习领会“两个确立”的决定性意义，不忘初心、牢记使命，牢牢坚持党对司法工作的绝对领导。要紧紧围绕“努力让人民群众在每一个司法案件中感受到公平正义”目标，坚持稳中求进工作总基调，坚持服务大局、司法为民、公正司法，深化司法体制改革和智慧法院建设，奋力推进新时代人民法院工作高质量发展，努力建设更高水平的平安中国、法治中国，以实际行动迎接党的二十大胜利召开。

会议强调，要深入学习贯彻党的十九届六中全会精神，不断从党的百年奋斗重大成就和历史经验中汲取智慧和力量。要深入学习领会“两个确立”的决定性意义，坚决做到“两个维护”，坚持不懈用习近平新时代中国特色社会主义思想武装头脑、指导实践、推动工作。要真学真信笃行习近平法治思想，加强研究阐释，抓好全员培训，做到学思悟贯通、知信行统一。要深入践行以人民为中心的发展思想，始终把实现好、维护好、发展好最广大人民根本利益作为出发点和落脚点，发扬人民司法优良传统，在人民司法过程中贯彻落实全过程人民民主，切实维护人民群众合法权益。

会议要求，要充分发挥司法职能作用，更好服务党和国家工作大局。要坚决维护国家安全和社会稳定，贯彻总体国家安全观，常态化开展扫黑除恶斗争，保持严惩腐败犯罪高压态势，坚持对受贿行贿一起查，加大对行贿犯罪惩治力度。要严惩涉税违法犯罪，树立依法纳税正确导向。要营造市场化法治化国际化营商环境，健全产权司法保护制度，强化市场主体法治意识和契约精神，加强反垄断和反不正当竞争司法。要服务统筹推进疫情防控和经济社会发展，深入贯彻《最高人民法院关于充分发挥司法职能作用 助力中小微企业发展的指导意见》，帮助中小微企业减负纾困、恢复发展，继续服务做好“六稳”“六保”工作。要服务加快构建新发展格局，加大破产重整案件审理力度，助力防范化解金融风险，因地制宜服务区域重大战略实施。要服务创新驱动发展，加大“卡脖子”关键核心技术司法保护力度，健全大数据、人工智能、基因技术等新领域新业态知识产权司法保护规则，持续优化科技创新法治环境。要服务数字经济健康发展，妥善审理涉数据交易、数据市场不正当竞争等案件，完善数据产权、数据隐私等司法保护机制，推动平台经济规范健康发展。要促进人与自然和谐共生，坚持用最严格制度最严密法治保护生态环境，筑牢生态安全司法屏障。要加强涉民生司法，依法妥善审理教育、医疗等民生领域案件，加强老年人权益司法保障和未成年人司法保护，完善司法救助机制。要统筹推进国内法治和涉外法治，加快涉外法治人才培养储备，深化国际司法交流合作，服务扩大高水平对外开放。

会议强调，要巩固提升审判执行质效和司法公信力，不断增强人民群众对司法公正的获得感。要树牢正确司法理念，确保案件审理政治效果、法律效果和社会效果有机统一。要着力破解影响司法公正的深层次问题，切实巩固整治年底不立案和整治裁量权行使不规范、违法“超审限”，以及整治违规违法办理“减假暂”案件等工作成果。要提升裁判文书质量，坚持以公开促公正树公信。要强化司法监督制约，健全完善权责清晰、权责统一、监督有效、保障有力的司法责任体系，加快构建系统完备、规范高效的司法制约监督体系，确保司法公正廉洁、高效权威。要巩固拓展解决执行难成果，加快推进执行难综合治理源头治理，常态化开展执行领域突出问题集中整治，加强执行信息化建设和规范化建设。

会议要求，要巩固提升人民法庭建设成果，不断夯实基层基础。要着力推动人民法庭建设取得新提升，坚持问题导向，尊重基层创新，完善制度机制，不断提升基层司法能力水平。要着力实现服务“三农”工作新成效，服务巩固拓展脱贫攻坚成果同乡村振兴有效衔接，依法保障农民及农民工合法权益。要着力拓展服务基层社会治理新途径，坚持和发展新时代“枫桥经验”，积极融入党委领导的基层治理体系，坚持线上线下相结合，为基层群众提供优质司法服务。

会议强调，要巩固提升司法改革成果，更好实现系统集成协同高效。要坚定不移走中国特色社会主义法治道路，坚持司法改革正确导向，统筹抓好司法责任制改革、以审判为中心的诉讼制度改革等重点改革和关键环节，坚持以改革的思维和方式破难题、解新题、补短板、强弱项。要切实巩固一站式多元纠纷解决和诉讼服务体系建设成果，坚持开放融合，延伸服务领域。要正确贯彻实施修改后的民事诉讼法，协同推进制度进步、程序保障、效能提升，绝不能以减损司法公正和群众权利换取审判提速。要深入推进四级法院审级职能定位改革试点，正确把握改革目标与价值导向，推动司法资源优化合理配置。

会议要求，要巩固提升智慧法院建设成果，创造更高水平的数字正义。要深化在线诉讼模式和规则创新，严格落实在线诉讼规则、在线调解规则和人民法院在线运行规则，深化互联网法院建设。要拓展信息技术在司法领域的应用场景，推进5G、区块链、人工智能等新兴技术应用，加强顶层设计和技术攻关。要积极参与推动数字治理，发掘海量司法大数据优势，加强相关领域重点案件深度研判，为经济社会发展趋势分析、矛盾纠纷化解、经济风险预警等提供决策参考。

会议强调，要巩固提升党史学习教育和队伍教育整顿成果，锻造绝对忠诚、绝对纯洁、绝对可靠的法院铁军。要坚决筑牢政治忠诚，始终把党的政治建设摆在首位，推进“两个坚持”专题教育常态化，组织开展“深刻领悟‘两个确立’决定性意义，坚决做到‘两个维护’”主题教育，始终做到维护核心、绝对忠诚、听党指挥、勇于担当。要建立党史学习教育常态化、长效化制度机制，健全政治轮训制度，始终把习近平法治思想作为教育培训的核心课程、必训内容，深化政治教育、警示教育、英模教育。要提升队伍素质能力，抓好领导班子自身建设，健全高素质专业化人才培养机制。要把严的主基调长期坚持下去，压实全面从严管党治警主体责任，坚持刀刃向内、刮骨疗毒，严格执行防止干预司法“三个规定”等铁规禁令，以零容忍态度严惩司法腐败，确保公正廉洁司法。

最高人民法院党组副书记、常务副院长贺荣主持会议。最高人民法院党组成员、政治部主任马世忠宣读《最高人民法院关于表彰全国法院先进集体和先进个人的决定》，党组成员、副院长沈亮宣读《最高人民法院关于首届“人民法院改革创新奖”评选结果的通报》。最高人民法院院领导姜伟、陶凯元、高憬宏、杨万明、穆红玉、杨临萍、贺小荣、刘贵祥出席会议。各高级人民法院、解放军军事法院、新疆维吾尔自治区高级人民法院生产建设兵团分院领导班子成员，以及全国人大代表石玉东、王丽、米忠义、郭乃硕、邵志豪、齐嵩宇、高桂英、田立坤、李亚兰、柴闪闪、樊芸、朱建弟、车捷、兰平勇、洪波、翁国星、黄茂兴、满慎刚、孙伟、赵冬苓、马少斌、胡胜云、王填、唐岳、邓泽永、何光亮、王砚蒙、刀晓勤、泽仁永宗、米玛国吉、马福昌、贾尔恒·阿哈提、徐涛，全国政协委员魏青松在各视频分会场出席会议。中央有关单位、最高人民法院有关部门负责同志参加会议。

三、全国法院队伍教育整顿总结会议

1月16日下午，全国法院队伍教育整顿总结会议以电视电话会议形式召开，最高人民法院党组书记、院长周强出席会议并讲话。周强强调，要坚持以习近平新时代中国特色社会主义思想为指导，深入贯彻习近平法治思想，认真贯彻落实习近平总书记关于深化政法队伍教育整顿重要指示精神，按照中央政法工作会议、全国政法队伍教育整顿总结会部署，切实巩固深化队伍教育整顿成果，推动新时代人民法院工作高质量发展，以实际行动迎接党的二十大胜利召开。

周强指出，开展政法队伍教育整顿，是以习近平同志为核心的党中央从党和国家事业发展全局作出的重大决策部署。习近平总书记作出一系列重要指示，为全国法院队伍教育整顿指明了方向、提供了根本遵循。中共中央政治局委员、中央书记处书记、中央政法委书记郭声琨在全国政法队伍教育整顿总结会上发表重要讲话，就深入学习贯彻习近平总书记关于深化政法队伍教育整顿重要指示精神，巩固深化教育整顿成果提出具体要求。各级法院要认真学习贯彻习近平总书记重要指示精神，按照郭声琨书记讲话要求，切实增强全面从严管党治警的政治自觉，充分发扬自我革命精神，巩固深化教育整顿成果，努力建设党和人民信得过、靠得住、能放心的法院铁军。

周强表示，法院队伍教育整顿开展以来，各级法院坚持把旗帜鲜明讲政治作为第一要求、把讲忠诚作为第一标准，认真贯彻落实全国政法队伍教育整顿领导小组及其办公室工作要求，在中央督导组有力督导下，着力抓好“四项任务”，扎实推进“三个环节”，严密组织“回头看”，推动教育整顿不断走深走实。各级法院坚决扛牢政治责任，强化组织领导，加强政治机关建设，有效整治顽瘴痼疾，坚决清除害群之马，推动形成一批制度成果，选树宣传一批先进典型，部署开展一批办实事解难题活动，促进法院系统政治生态持续优化，纪律作风明显好转，队伍素质能力不断增强，司法公信力显著提升。广大法院干警接受了一次革命性锻造，思想上得到洗礼、政治上得到淬炼、党性上得到升华，普遍反映深受教育、触及灵魂、收获很大。

周强强调，要认真总结和坚持发扬人民法院队伍教育整顿积累的宝贵经验，必须坚决做到“两个维护”，必须坚持以人民为中心，必须始终牢记“国之大者”，必须持之以恒建设过硬法院队伍。

周强要求，要进一步增强“四个意识”、坚定“四个自信”、做到“两个维护”，深入学习领会“两个确立”的决定性意义，以更高站位、更严举措、更实作风，巩固深化教育整顿成果，探索新时代法院队伍自我革命有效途径，全面提升人民法院服务大局、司法为民、公正司法的能力水平。要坚持把政治建设摆在首位，更加坚定自觉做到“两个维护”，牢牢坚持党对司法工作的绝对领导，坚决筑牢政治忠诚，始终做到维护核心、绝对忠诚、听党指挥、勇于担当。要巩固提升教育整顿成果，总结好运用好宝贵经验，补齐短板弱项，更加积极主动解决好群众反映强烈的突出问题，把教育整顿成果切实转化为推动法院工作高质量发展的实际成效。要推进法院队伍革命化、正规化、专业化、职业化建设，锻造绝对忠诚、绝对纯洁、绝对可靠的法院铁军，以永远在路上的坚定和执着推进全面从严治党、从严治院、从严管理，以零容忍态度严惩司法腐败，确保公正廉洁司法。

最高人民法院党组副书记、常务副院长贺荣主持会议。最高人民法院院领导姜伟、陶凯元、高憬宏、马世忠、杨万明、穆红玉、杨临萍、贺小荣、沈亮、刘贵祥出席会议。各高级人民法院、新疆维吾尔自治区高级人民法院生产建设兵团分院领导班子成员、内设机构负责同志、队伍教育整顿领导小组及办公室成员，以及全国人大代表石玉东、王丽、米忠义、郭乃硕、邵志豪、齐嵩宇、高桂英、田立坤、李亚兰、柴闪闪、樊芸、朱建弟、车捷、兰平勇、洪波、翁国星、黄茂兴、满慎刚、孙伟、赵冬苓、马少斌、胡胜云、王填、唐岳、邓泽永、何光亮、王砚蒙、刀晓勤、泽仁永宗、米玛国吉、马福昌、贾尔恒·阿哈提、徐涛，全国政协委员魏青松在各视频分会场出席会议。中央有关单位、最高人民法院有关部门负责同志、院队伍教育整顿领导小组及办公室成员出席会议。

四、全国法院 2022年党风廉政建设和反腐败工作视频会议

1 月 27 日上午，全国法院 2022 年党风廉政建设和反腐败工作视频会议召开，最高人民法院党组书记、院长周强出席会议并讲话。周强强调，要坚持以习近平新时代中国特色社会主义思想为指导，深入贯彻习近平法治思想，深入贯彻落实习近平总书记在十九届中央纪委六次全

会上的重要讲话精神，贯彻落实中央政法工作会议精神，弘扬伟大建党精神，永葆自我革命精神，坚持严的主基调不动摇，坚持不懈把全面从严治党、从严治院向纵深推进，锻造绝对忠诚、绝对纯洁、绝对可靠的法院铁军，为人民法院工作高质量发展提供坚强有力的纪律作风保障，以实际行动迎接党的二十大胜利召开。

会议指出，习近平总书记在十九届中央纪委六次全会上的重要讲话，全面总结新时代党的自我革命的成功实践，对坚持不懈把全面从严治党向纵深推进、迎接党的二十大胜利召开作出战略部署。讲话立意高远、思想深邃、内涵丰富，是推进新时代党的建设新的伟大工程的根本遵循，是关于党的自我革命理论的重要纲领性文献，为深入推进党风廉政建设和反腐败斗争指明了方向。日前召开的2022年中央和国家机关党的工作暨纪检工作会议就认真贯彻落实习近平总书记重要讲话精神，做好当前和今后一个时期机关党建工作作出具体部署。要切实把思想和行动统一到习近平总书记重要讲话精神上来，统一到党中央关于全面从严治党的决策部署上来，认真贯彻落实中央和国家机关党的工作暨纪检工作会议精神，坚持以党的政治建设为统领，深入推进人民法院党风廉政建设和反腐败工作，为人民法院工作高质量发展提供坚强有力的纪律作风保障。

会议指出，2021年，在以习近平同志为核心的党中央坚强领导下，各级法院认真贯彻落实十九届中央纪委五次全会部署要求，严格履行全面从严治党主体责任，一体推进不敢腐、不能腐、不想腐，扎实开展党风廉政建设和反腐败工作。各级法院持续加强政治建设，筑牢夯实政治忠诚，大力整治顽瘴痼疾，严格落实中央八项规定精神，严查干警违纪违法问题，多措并举强化监督，切实推进审判权力规范运行，推动新风正气不断充盈、长效机制逐步健全、司法作风不断改进，充分发挥审判职能作用，依法严惩腐败犯罪，党风廉政建设和反腐败各项工作取得新进展。

会议强调，2022年是进入全面建设社会主义现代化国家、向第二个百年奋斗目标进军新征程的重要一年。各级法院要坚持以习近平新时代中国特色社会主义思想为指导，深入贯彻习近平法治思想，认真学习贯彻十九届中央纪委六次全会精神，增强“四个意识”、坚定“四个自信”、做到“两个维护”，弘扬伟大建党精神，永葆自我革命精神，坚持严的主基调不动摇，巩固深化队伍教育整顿成果，一体推进不敢腐、不能腐、不想腐，坚定不移把人民法院党风廉政建设和反腐败工作不断向纵深推进，锻造忠诚干净担当的法院铁军，推动法院工作高质量发展，以实际行动迎接党的二十大胜利召开。

会议要求，要深入学习贯彻习近平总书记关于全面从严治党的重要论述，切实增强推进全面从严治党的责任感、使命感。要深刻认识新时代党的自我革命成功实践的历史经验，深刻把握长期执政的马克思主义政党建设规律，深刻理解习近平总书记提出的“六个必须”和“九个坚持”的思想内涵和实践要求，始终坚持自我革命根本政治方向，不断增强把全面从严治党向纵深推进的思想自觉、政治自觉、行动自觉。要深刻认识党风廉政建设和反腐败斗争的长期性、复杂性和艰巨性，牢记反腐败永远在路上，一刻不放松地把人民法院党风廉政建设和反腐败工作向纵深推进。

会议强调，要加强政治建设和政治监督，不断筑牢做到“两个维护”的思想根基。要加强党的创新理论武装，坚持不懈用习近平新时代中国特色社会主义思想武装头脑、指导实践、推动工作，紧紧围绕迎接党的二十大、学习宣传贯彻党的二十大主线，坚持理论联系实际，落实全员政治轮训制度，努力在学深悟透做实上下功夫。要加强党的政治建设，坚决做到“两个维护”，深入学习领悟“两个确立”的决定性意义，巩固拓展党史学习教育成果，从党的百年奋斗重大成就和历史经验中汲取智慧和力量，坚决做到维护核心、绝对忠诚、听党指挥、勇于担当。要加强党的政治监督，围绕“国之大者”、党内法规制度执行、意识形态等工作强化监督，认真贯彻《中国共产党政法工作条例》，探索建立政治督察制度，完善贯彻党中央决策部署跟踪问效机制，确保党中央决策部署在人民法院不折不扣落实到位。

会议要求，要坚持严的主基调不动摇，持续推进从严正风肃纪反腐。要切实筑牢拒腐防变思想防线，深入开展理想信念教育、党纪党规教育、反腐倡廉教育、职业道德教育，建立健全警示教育常态化机制，引导干警坚定理想信念、强化法纪观念、严格廉洁自律。要持续转变工作作风，严格执行中央八项规定及其实施细则精神，巩固深化“我为群众办实事”实践活动成果，认真开展“为群众办实事示范法院”创建活动，锲而不舍纠“四风”树新风。要持续整治司法作风顽瘴痼疾，巩固深化整治成果，认真总结2021年各级法院班子成员到人民法庭“驻庭调研”经验，把群众反映的“问题清单”作为各级法院的“整改清单”，切实强化跟踪问效。要坚持零容忍惩治司法领域腐败，毫不松懈严惩以案谋私、徇私枉法、充当诉讼掮客、充当黑恶势力“保护伞”等违法犯罪行为，紧盯“关键少数”、关键环节、重点岗位，坚持无禁区、全覆盖、零容忍，确保有案必查、有贪必肃、有腐必惩。要发挥审判职能严惩腐败犯罪，依法公正高效审理职务犯罪案件，推进受贿行贿一起查，依法严肃惩治行贿犯罪行为，始终保持严惩腐败犯罪高压态势。

会议强调，要完善司法制约监督体系，推动建章立制成果转化为监督综合效能。要巩固队伍教育整顿期间建章立制成果，做好制度建设“后半篇文章”，加强宣讲解读和专题培训，强化制度执行监督，健全制度执行跟踪问效机制。要突出重点强化制约监督，加强对“关键少数”监督，压紧压实院庭长对“四类案件”的监督管理职责，加强对审判权、执行权监督，积极构建同新型审判权运行机制相适应的制约监督体系，确保审判权力规范运行。要推进形成监督制约整体合力，以党内监督为主导，自觉接受纪检监察机关监督，推动各类监督有机贯通，加强法院干部管理、审判管理、机关党建、督察等部门的协同配合，构建上下贯通、内外结合、系统完备、规范高效的执法司法制约监督体系。

会议要求，要压紧压实全面从严治党责任，切实加强对党风廉政建设和反腐败工作的组织领导。要强化法院党组主体责任落实，各级法院党组要增强履行全面从严治党主体责任的政治担当，严格落实党风廉政建设责任制，坚持党风廉政建设和审判业务工作同谋划、同部署、同推进、同考核。要发挥“关键少数”引领作用，各级法院党组书记要认真履行党风廉政建设第一责任人职责，领导班子其他成员要按工作分工对职责范围内的党风廉政建设负主要领导责任，坚持廉洁自律，强化责任担当。要加强法院内部监督力量建设，进一步加强法院机关纪委建设，健全督察机制，切实履行好党风廉政建设对下指导督促责任，形成落实全面从严治党要求、确保司法公正廉洁高效权威的强大合力。

最高人民法院党组副书记、常务副院长贺荣主持会议。中央和国家机关工委副书记、纪检监察工委书记任正晓出席会议。中央纪委国家监委驻最高人民法院纪检监察组组长、最高人民法院党组成员穆红玉在会上传达了十九届中央纪委六次全会精神，对加强人民法院党风廉政建设和反腐败工作提出要求。最高人民法院院领导陶凯元、高憬宏、马世忠、杨万明、杨临萍、贺小荣、沈亮、刘贵祥出席会议。中央纪委国家监委、中央政法委、中央和国家机关纪检监察工委有关部门负责同志出席会议。最高人民法院各单位主要负责同志参加会议并向周强同志递交 2022 年度党风廉政建设责任书。各高级人民法院领导班子成员、有关负责同志在各视频分会场参加会议。

五、全国法院一站式建设工作推进会

2 月 22 日，全国法院一站式建设工作推进会以视频方式召开，最高人民法院党组书记、院长周强出席会议并讲话。周强强调，要坚持以习近平新时代中国特色社会主义思想为指导，深入贯彻习近平法治思想，认真贯彻落实党的十九届六中全会和中央政法工作会议精神，不断巩固提升一站式多元纠纷解决和诉讼服务体系建设成果，努力让人民群众切实感受到公平正义就在身边，更好满足人民群众对美好生活和公平正义向往的需要，以实际行动迎接党的二十大胜利召开。

会议指出，推进一站式多元纠纷解决和诉讼服务体系建设，是人民法院深入贯彻习近平法治思想，认真贯彻落实习近平总书记关于“把非诉讼纠纷解决机制挺在前面”重要指示精神的具体举措，对于提升新时代人民法院化解矛盾纠纷、服务人民群众能力，健全中国特色社会主义司法制度，加快推进审判体系和审判能力现代化具有重要意义。各级法院要深入学习贯彻习近平总书记重要指示精神，认真贯彻落实党的十九届六中全会和中央政法工作会议精神，增强“四个意识”、坚定“四个自信”、做到“两个维护”，深入学习领悟“两个确立”的决定性意义，不忘初心、牢记使命，坚持把非诉讼纠纷解决机制挺在前面，不断健全中国特色一站式多元纠纷解决和诉讼服务体系，切实履行好维护国家安全、社会安定、人民安宁的重大责任，努力让人民群众切实感受到公平正义就在身边。

会议指出，2019 年以来，各级法院紧紧依靠党的领导，坚持以人民为中心，按照最高人民法院部署，聚焦“多元解纷”和“诉讼服务”两项重点任务，紧扣一站、集约、集成、在线、融合五个关键词，建成中国特色一站式多元纠纷解决和诉讼服务体系，让群众打官司“只进一个门、最多跑一次”，一站式建设已经成为中国法院新的亮丽名片。人民法院加强一站式建设顶层设计，源头预防化解纠纷效能不断释放，前端解纷能力在多元共治格局中有力增强，在线调解实现跨越式发展，现代化诉讼服务更加普惠精准，司法改革和科技变革“双轮驱动”推动审判质效明显提升，一站式建设取得显著成效，充分彰显了中国特色社会主义司法制度的巨大优越性，是习近平法治思想在人民法院工作中的生动实践。

会议强调，要始终坚持以习近平法治思想武装头脑、指导实践、推动工作，准确把握要求，不断巩固提升人民法院一站式建设成果。要牢牢坚持党的绝对领导，深入学习领悟“两个确立”的决定性意义，坚决做到“两个维护”，不断提高政治判断力、政治领悟力、政治执行力，始终在思想上政治上行动上同以习近平同志为核心的党中央保持高度一致。要始终坚持以人民为中心的发展思想，将深化一站式建设作为“为群众办实事示范法院”创建活动的重要内容，紧盯人民群众“打官司”过程中的急难愁盼问题，努力让人民群众在每一个司法案件中感受到公平正义。要自觉服务党和国家工作大局，准确把握立足新发展阶段、贯彻新发展理念、构建新发展格局、推动高质量发展要求，提高一站式建设精细化、智能化、法治化水平，更好服务经济行稳致远、社会安定有序。要深化司法体制改革，准确把握一站式建设与立案登记制、司法责任制、诉讼制度改革之间的联系，与四级法院审级职能定位改革做好衔接，正确贯彻实施修改后的民事诉讼法，实现改革系统集成、协同高效。

要大力弘扬自我革命精神，巩固拓展党史学习教育和队伍教育整顿成果，巩固提升“年底不立案”整治成效，围绕诉讼事务“一次办好”目标，让人民群众不断增强获得感。

会议要求，要坚持目标导向和问题导向，推动一站式建设向基层、向社会、向网上、向重点行业领域延伸，在夯基、拓面、提质、增效上下功夫。要做实源头减量工程，贯彻落实《关于加强诉源治理推动矛盾纠纷源头化解的意见》《关于深化人民法院一站式多元解纷机制建设推动矛盾纠纷源头化解的实施意见》要求，加强与有关部门信息共享、数据对接、联防联控和协同治理，强化诉讼服务中心分流对接功能，发挥立审执等环节纠纷调处化解作用，促进矛盾纠纷源头减量。要做实“三进”强基工程，全方位对接基层治理单位，协同推进人民法院调解平台进乡村、进社区、进网格工作与人民法庭建设，及时预测预防风险、排查梳理矛盾、化解调解纠纷，助力基层社会治理法治化、数字化、智能化，最大限度将矛盾纠纷化解在基层、解决在当地。要做实多元增效工程，优化在线多元调解平台功能，扩大专业性行业性特邀调解队伍，全面激活“总对总”在线诉调对接资源库，加强诉前调解规范化建设，加大一站式多元解纷宣传力度。要做实智慧诉服工程，优化诉讼服务平台，扩大在线诉讼服务范围，拓宽送达平台、保全平台和委托鉴定平台应用广度和深度，全面应用网上申诉信访平台，加强涉诉信访信息化建设。要健全覆盖城乡、便捷高效的现代化诉讼服务体系，加强“一窗通办”，加强诉讼服务中心分类建设，着力解决群众异地诉讼不便问题，发挥好12368热线功能，切实提高为老年人、残疾人等特殊群体诉讼服务的能力水平。

会议强调，要狠抓工作落实，推动中国特色一站式多元纠纷解决和诉讼服务体系建设行稳致远。要强化组织领导，始终把深化一站式建设作为一项事关法院全局性、系统性工作，“一把手”带头研究部署工作，各部门负责同志狠抓任务落实。要强化协同联动，主动争取党委领导和政府支持，做好与多元解纷对接单位沟通衔接，增强工作合力，明确责任分工，加快推进平台融合。要加强督查问效，以诉讼服务指导中心信息平台为抓手，以诉讼服务质效评估指标为牵引，广泛听取意见建议，畅通民意沟通渠道，确保一站式建设更加符合人民群众期待。要深化总结提炼，准确把握一站式建设内涵，深入开展理论研究，深入总结工作经验，讲好中国法院一站式建设故事，推动构建具有鲜明中国特色、实践特色、时代特色的纠纷解决理论体系和话语体系。要淬炼过硬队伍，把党的政治建设摆在首位，巩固深化法院队伍教育整顿成果，严格落实防止干预司法“三个规定”、新时代政法干警“十个严禁”等铁规禁令，以零容忍态度严惩司法腐败，坚持严管厚爱相结合，确保法院队伍绝对忠诚、绝对纯洁、绝对可靠。

最高人民法院党组副书记、常务副院长贺荣主持会议，党组成员、副院长姜伟在会上通报全国法院一站式建设运行质效情况。最高人民法院党组成员、政治部主任马世忠，党组成员、副院长贺小荣出席会议。中央政法委、中央台办、全国总工会、中国侨联、全国工商联、国家发展改革委、人力资源社会保障部、中国人民银行、银保监会、证监会、国家知识产权局、中国中小企业协会等有关单位负责同志，部分全国人大代表、全国政协委员，最高人民法院有关部门负责人，各高级、中级、基层法院院长及有关负责同志、干警代表在最高人民法院主会场及各视频分会场参加会议。

六、全国法院学习贯彻2022年全国"两会"精神视频会议

3月15日上午，全国法院学习贯彻2022年全国"两会"精神视频会议召开，最高人民法院党组书记、院长周强出席会议并讲话。周强强调，要坚持以习近平新时代中国特色社会主义思想为指导，深入贯彻习近平法治思想，认真贯彻落实习近平总书记在全国"两会"期间的重要讲话精神和全国"两会"精神，按照十三届全国人大五次会议决议要求，努力推动人民法院工作高质量发展，更好发挥审判职能作用，为实现第二个百年奋斗目标、实现中华民族伟大复兴的中国梦提供有力司法服务，以实际行动迎接党的二十大胜利召开。

会议指出，2022年是我国进入全面建设社会主义现代化国家、向第二个百年奋斗目标进军新征程的重要一年。全国"两会"期间，习近平总书记发表一系列重要讲话，为推进党和国家事业发展注入强大信心和力量，为做好当前和今后一个时期人民法院工作指明了方向，提供了根本遵循。全国"两会"圆满完成各项议程，取得丰硕成果，充分体现了党的领导、人民当家作主、依法治国有机统一，充分体现了全过程人民民主要求，必将鼓舞全国各族人民更加紧密地团结在以习近平同志为核心的党中央周围，在实现第二个百年奋斗目标的伟大征程中创造更加辉煌的业绩，以实际行动迎接党的二十大胜利召开。

会议指出，十三届全国人大五次会议审议批准最高人民法院工作报告，代表委员充分肯定人民法院工作和工作报告，并提出宝贵的意见建议。各级法院要认真贯彻落实十三届全国人大五次会议和全国政协十三届五次会议精神，深入领会"两个确立"的决定性意义，增强"四个意识"、坚定"四个自信"、做到"两个维护"，贯彻落实中央政法委部署，认真梳理对照代表委员意见建议，切实抓好办理落实，以永远在路上的坚定执着和一刻不停歇的奋斗精神，认真履职尽责，为全面建设社会主义现代化国家、实现第二个百年奋斗目标提供有力司法服务。

会议强调，要深入学习贯彻习近平总书记重要讲话和全国"两会"精神，切实把思想和行动统一到党中央重大决策部署上来。要把学习贯彻习近平总书记重要讲话和全国"两会"精神作为当前一项重要政治任务，结合实际抓好创造性贯彻落实。要牢牢坚持党对司法工作的绝对领导，扎实开展"深刻领悟'两个确立'决定性意义、坚决做到'两个维护'"主题教育，坚决做到维护核心、绝对忠诚、听党指挥、勇于担当。要真学真信笃行习近平法治思想，坚定不移走中国特色社会主义法治道路，始终将"努力让人民群众在每一个司法案件中感受到公平正义"记在心中、扛在肩上、落实到法院一切工作中。

会议要求，要全面贯彻总体国家安全观，坚决维护安全稳定大局，在更高层次、更大范

围统筹发展和安全，努力为党的二十大胜利召开营造平稳健康的经济环境、国泰民安的社会环境、风清气正的政治环境。要坚决维护国家政治安全特别是政权安全、制度安全、意识形态安全，常态化开展扫黑除恶斗争，保持严惩贪污贿赂犯罪高压态势。要坚决捍卫社会公平正义，对严重危害公共安全、严重影响群众安全感的犯罪，对残害妇女儿童、老年人等挑战法律和伦理底线的犯罪，对拐卖妇女儿童和收买被拐卖妇女儿童等侵害妇女儿童权益的犯罪行为，坚决严惩不贷。

会议强调，要完整准确全面贯彻新发展理念，服务经济社会高质量发展。要精准服务“六稳”“六保”，持续抓好“助力中小微企业纾困解难20条”司法措施落实落地，持续抓好服务新时代加快完善社会主义市场经济体制意见落实，健全产权司法保护制度，努力营造市场化法治化国际化营商环境。要持续加大关键核心技术、种源种业、重点领域和新兴产业知识产权保护力度，优化科技创新法治环境，依法规范数字经济健康发展。要加强生态环境司法保护，积极服务区域重大战略实施，全面推进乡村振兴，服务法治政府建设，服务扩大高水平对外开放，以高质量司法服务推动实现高质量发展。

会议要求，要践行以人民为中心的发展思想，努力让人民群众切实感受到公平正义就在身边。要立足司法职能，以司法手段巩固脱贫攻坚成果，不断满足人民群众对公平正义的更高需求，在高质量发展中促进共同富裕。要切实实施民法典，加强家事审判工作，促进保障和改善民生。要大力弘扬社会主义核心价值观，充分发挥司法裁判惩恶扬善功能。要巩固拓展基本解决执行难工作成果，坚持高效公正规范文明执行，切实推进执行难综合治理源头治理。

会议强调，要深化司法体制改革，完善互联网司法模式，加快推进审判体系和审判能力现代化。要全面总结司法体制改革成果经验，推动各项改革系统集成、协同高效。要加快构建系统完备、规范高效的司法制约监督体系，全面落实司法责任制，加强审判监督管理，确保司法公正廉洁高效权威。要持续深化改革，扎实推进四级法院审级职能定位改革，认真实施新修改的民事诉讼法，深化以审判为中心的诉讼制度改革。要不断健全中国特色一站式多元纠纷解决和诉讼服务体系，方便群众公正高效实质性化解矛盾纠纷。要深化智慧法院建设，全面落实人民法院在线诉讼、在线调解和在线运行三大规则，为群众诉讼和法官办案提供智能化、一体化、协同化的智慧服务，努力创造更高水平的数字正义。

会议要求，要践行全过程人民民主，自觉接受监督，不断推动新时代人民法院工作高质量发展。要认真落实党中央关于新时代坚持和完善人民代表大会制度加强和改进人大工作的意见，自觉接受人大监督、民主监督，广泛听取各民主党派、全国工商联和无党派人士意见建议，不断加强和改进法院工作。要认真做好代表委员联络工作，高质量办好每一个代表建议、政协提案，将工作成果积极转化为服务大局、司法为民、公正司法的具体举措，切实回应人民群众期待。

会议要求，要以党的政治建设为统领，锻造忠诚干净担当的法院铁军。要始终把党的政治建设摆在首位，建立党史学习教育常态化长效化制度机制，健全政治轮训制度，持续推进习近平法治思想进教材、进课堂、进头脑，健全高素质专业化人才培养机制。要巩固队伍教育整顿成果，抓好建章立制成果落地见效。要认真贯彻中央八项规定及其实施细则精神，驰而不息纠治“四风”，落实“三严三实”要求，坚决反对形式主义、官僚主义。要坚持严的主基调不动摇，保持反腐败永远在路上的清醒和坚定，一刻不放松推进党风廉政建设，严格执行防止干预司法“三个规定”、新时代政法干警“十个严禁”等铁规禁令，一体推进不敢腐、不能腐、不想腐。要坚持严管厚爱结合，健全依法履职保障机制，让广大干警安身、安心、安业，心无旁骛奋进新征程、建功新时代。

最高人民法院党组副书记、常务副院长贺荣主持会议。最高人民法院党组成员、副院长姜伟、高憬宏，党组成员、政治部主任马世忠，党组成员、副院长杨万明，中央纪委国家监委驻最高人民法院纪检监察组组长、最高人民法院党组成员穆红玉，党组成员、副院长杨临萍、贺小荣、沈亮，审判委员会专职委员刘贵祥、李勇出席会议。最高人民法院各单位负责同志、干警代表，各高级、中级、基层人民法院班子成员和内设机构负责同志在最高人民法院主会场及各视频分会场参加会议。

七、全国法院打击整治养老诈骗专项行动推进会

5月20日下午，全国法院打击整治养老诈骗专项行动推进会以视频方式召开，最高人民法院党组书记、院长周强出席会议并讲话。周强强调，要坚持以习近平新时代中国特色社会主义思想为指导，深入贯彻习近平法治思想，认真贯彻落实全国打击整治养老诈骗专项行动部署会和推进会精神，主动担当作为，统筹推进工作，依法严厉打击养老诈骗违法犯罪，推动专项行动依法有力有序开展，为广大老年人安享幸福晚年营造良好社会环境，以实际行动迎接党的二十大胜利召开。

周强指出，党的十八大以来，以习近平同志为核心的党中央高度重视养老事业，对老年人特别关心爱护。开展打击整治养老诈骗专项行动是党中央作出的重大决策部署，是人民法院当前的一项重要政治任务。专项行动开展以来，各地法院积极响应、迅速行动，严格落实方案，加强组织部署，抓好宣传发动，建立健全工作机制，持续加大办案力度，迅速掀起行动热潮，为全国打击整治养老诈骗专项行动实现良好开局作出积极贡献，获得人民群众普遍认可。

周强强调，当前，专项行动转入打击整治的关键环节。各级法院要坚持以习近平新时代中国特色社会主义思想为指导，深入贯彻习近平法治思想，深入领会“两个确立”的决定性意义，增强“四个意识”、坚定“四个自信”、做到“两个维护”，进一步提高政治站位，切实增强开展专项行动的责任感紧迫感。要不折不扣贯彻落实全国打击整治养老诈骗专项行动部署会和推进会部署，坚持人民至上，坚持问题导向和目标导向，充分发挥审判职能作用，依法严厉打击养老诈骗违法犯罪，确保打击整治有力有序有效，以实际行动切实维护好老年人合法权益，促进养老事业健康发展，为广大老年人安享幸福晚年营造良好社会环境。

周强强调，要进一步加大惩处力度，迅速掀起打击整治犯罪的强大攻势。要突出打击重点，依法精准打击侵害老年人合法权益的各类诈骗违法犯罪，加大办案力度，提高办案质效，集中力量攻坚人民群众反映强烈、社会高度关注的案件，确保取得良好的政治效果、法律效果和社会效果。要依法严厉打击，依法惩处严重损害老年人合法权益、严重影响老年人身心健康和家庭和睦、严重影响社会和谐稳定等违法犯罪行为，依法加大罚金、没收财产等财产刑适用

力度，结合常态化开展扫黑除恶斗争，深挖养老诈骗犯罪背后的腐败问题和“保护伞”，确保除恶务尽。要严格依法办案，坚持在法治轨道上推进专项行动，严格把好案件事实关、证据关、程序关和法律适用关，坚持以审判为中心，严格把握好法律政策界限，及时完善相关司法解释、出台司法政策和指导意见，适时发布一批典型案例，依法保护当事人合法权益，确保每一起案件都经得起法律和历史的检验。要全力追赃挽损，把追赃挽损作为专项行动的重中之重贯穿案件审判处置全过程各环节，加强与公安、检察、行政主管机关等部门协调配合，准确甄别、审查、认定涉案财产，加大财产刑执行力度，全力做好养老诈骗案件财产执行工作，做到应追尽追、应退尽退、应赔尽赔，最大程度挽回受害群众经济损失。要强化风险防控，加强对重大敏感案件涉稳情报收集、研判、预警，统筹做好受害老年人解释引导、资金清退、突发事件应对等工作。

周强强调，要进一步强化组织保障，推动专项行动各项部署落地见效。要加强组织领导，各级法院要把专项行动列入重要议事日程，“一把手”靠前指挥、全力推动，定期听取报告，研究贯彻落实措施。要加强机制保障，充分发挥全国法院专项办职能作用，各高级法院要成立专项行动办公室或工作专班、配齐配强力量，各级法院要建立健全专项工作机制，形成上下贯通、左右联动、运转高效的工作体系。要加强统筹推进，切实抓好宣传发动、打击整治、总结提升，加强线索查办、宣传教育和司法建议工作，畅通举报渠道，创新宣传手段，增强广大群众特别是老年人法治意识和防骗识骗能力，推动建立健全防范养老诈骗违法犯罪长效机制。要狠抓工作落实，发扬严实作风，力戒形式主义、官僚主义，及时分析研判形势，强化协调调度和督导整改，把开展专项行动作为平安建设重点工作，切实抓紧抓实抓出成效。

最高人民法院党组成员、副院长杨万明主持会议。党组成员、副院长高憬宏、沈亮，二级大法官姜伟，审判委员会专职委员刘贵祥出席会议。内蒙古自治区高级人民法院院长杨宗仁、江西省高级人民法院院长葛晓燕、湖南省高级人民法院院长田立文、广西壮族自治区高级人民法院院长黄海龙、四川省高级人民法院院长王树江、新疆维吾尔自治区高级人民法院院长巴哈尔古丽·赛买提在会上作交流发言。全国法院专项办成员部门负责同志及专项工作成员，各高级、中级、基层人民法院院长及刑事审判工作有关负责同志、部分法官在最高人民法院主会场和各视频分会场参加会议。

八、人民法院司法改革工作会议

7 月 8 日晚，最高人民法院召开人民法院司法改革工作会议，最高人民法院党组书记、院长周强出席会议并讲话。周强强调，要坚持以习近平新时代中国特色社会主义思想为指导，真学真信笃行习近平法治思想，深刻领悟“两个确立”的决定性意义，增强“四个意识”、坚定“四个自信”、做到“两个维护”，认真贯彻落实全面深化政法改革推进会部署，牢牢坚持党对司法工作的全面领导，围绕完善中国特色社会主义司法制度、推进审判体系和审判能力现代化的目标，持续深化人民法院司法改革，不断提升司法质量、效率和公信力，推动人民法院工作高质量发展，更好履行党和人民赋予的职责使命，以实际行动迎接党的二十大胜利召开。

会议指出，党的十九大以来，以习近平同志为核心的党中央以前所未有的决心和力度推进司法体制改革向纵深发展，系统完备、科学规范、运行有效的政法工作制度体系基本形成，执法司法质效和公信力持续提升，人民群众安全感满意度不断提高，政法改革取得显著成就，实现新的跨越。这些成绩的取得，最根本在于习近平总书记作为党中央的核心、全党的核心掌舵领航，在于习近平新时代中国特色社会主义思想科学指引，更加坚定了我们坚持和完善中国特色社会主义司法制度、坚定不移沿着中国特色社会主义法治道路前进的信心决心。

会议指出，在刚刚召开的全面深化政法改革推进会上，中共中央政治局委员、中央书记处书记、中央政法委书记郭声琨同志发表讲话，全面总结党的十九大以来政法改革成效经验，明确提出全面深化政法改革思路，系统阐明深化执法司法权力运行机制改革的重大意义并作出重要部署，对人民法院深化司法改革具有重要指导意义。各级法院要深入学习领会，切实统一思想、提高认识，认真贯彻落实全面深化政法改革推进会部署，推动新时代人民法院司法改革不断向纵深推进。

会议指出，党的十八大以来，在以习近平同志为核心的党中央坚强领导下，在中央政法委领导下，全国法院做成了想了很多年、讲了很多年但没有做成的改革，法院工作很多领域实现历史性变革、系统性重塑、整体性重构。人民法院全面加强党的政治建设，党对司法工作绝对领导的制度体系更加健全。全面落实司法责任制，中国特色社会主义审判权力运行体系基本形成。健全司法人员分类管理体系，分类科学、结构合理、分工明确、保障有力的司法人事制度基本建立。完善人民法院组织体系，优化、协同、高效的法院组织体系和机构职能体系基本形成。深化诉讼制度改革，立体化、多元化、精细化的诉讼制度体系日益完善。健全以人民为中心的诉讼服务制度体系，集约集成、在线融合、普惠均等的中国特色一站式多元纠纷解决和诉讼服务体系全面建成。推进智慧法院建设，形成了中国特色、世界领先的互联网司法模式。经过十年不懈努力，党中央部署的各项司法改革任务落地见效，以司法责任制为重点的中国特色社会主义审判权力运行体系基本形成，公正高效权威的中国特色社会主义司法制度更加成熟更加定型，人民群众司法获得感和满意度明显增强。

会议指出，在党的十八大以来的改革实践中，进一步深化了对人民法院司法改革的规律性认识，积累了深化改革的宝贵经验。人民法院坚持党对司法工作的绝对领导，始终确保司法改革正确方向。坚持符合中国国情和遵循司法规律相结合，坚定不移走中国特色社会主义法治道路。坚持立足司法职能和服务保障大局相结合，依法服务经济社会高质量发展。坚持以人民为中心的工作导向，聚焦人民群众司法需求持续深化改革。坚持加强系统集成的改革方法，不断提升改革的系统性、整体性、协同性。坚持依法推进改革的基本要求，推动将改革成果及时上升为法律制度。坚持以自我革命精神深化改革，推动人民法院各项制度机制整体性重塑。坚持司法改革和科技应用双轮驱动，推动审判体系和审判能力现代化。

会议强调，在全面建设社会主义现代化国家、向第二个百年奋斗目标进军新征程上，党和国家事业发展对人民法院司法改革提出新的更高要求。要准确把握新形势新任务，切实增强责任感使命感，扛起责任、敢闯敢试，坚定不移深化人民法院司法改革，着力破解深层次体制机制障碍，从更高水平上不断完善公正高效权威的中国特色社会主义司法制度，努力建设更高水平的社会主义司法文明。

会议强调，要在习近平法治思想旗帜指引下，持续深化人民法院司法改革。要落实科学配权、规范行权要求，深化执法司法权力运行机制改革，夯实司法责任体系建设成果，不断优化执法司法权力配置，提升司法质效和公信力。要落实依法治权、廉洁用权要求，全面落实司法责任制，压紧压实院庭长监督管理职责，强化内设职能部门监督管理责任，依法接受检察机关诉讼监督，持续深化司法公开，自觉接受人大监督、民主监督、群众监督、舆论监督等，不断完善司法权力制约监督体系。要回应人民群众新要求，巩固提升一站式建设成果、解决执行难成果和诉讼服务制度体系建设成果，深入推进矛盾纠纷多元化解，依法保障当事人胜诉权益，确保司法更加亲民便民惠民，不断满足人民群众司法需求。要发挥科技驱动作用，深化在线诉讼模式和规则创新，深化智慧法院建设应用，强化司法服务数字治理作用，推动人民法院工作更好适应数字时代需求。要加强改革系统集成，深化完善四级法院审级职能定位改革，深化诉讼制度改革，加强改革舆论宣传引导，不断提升人民法院司法改革整体效能。要全面深化司法人事制度改革，加强法官队伍建设，深化人员分类管理制度改革，大力培养专业化审判人才，不断提升人民法院司法能力水平。要坚持全面从严管党治警，发扬自我革命精神，巩固深化队伍教育整顿成果，压实各级法院党组全面从严管党治警主体责任和全面监督职责，严格执行防止干预司法“三个规定”和新时代政法干警“十个严禁”，坚决惩治司法腐败、清除害群之马，注重惩治震慑、制度约束、提高觉悟共同发力，一体推进不敢腐、不能腐、不想腐，确保法院队伍绝对忠诚、绝对纯洁、绝对可靠。

最高人民法院党组副书记、常务副院长贺荣主持会议。最高人民法院院领导陶凯元、高憬宏、马世忠、杨万明、穆红玉、杨临萍、贺小荣、李勇、刘贵祥，各高级人民法院、解放军军事法院、新疆维吾尔自治区高级人民法院生产建设兵团分院主要负责同志出席会议。最高人民法院有关单位负责同志参加会议。

九、全国高级法院院长座谈会暨全国法院文化建设工作会议

7 月 9 日，全国高级法院院长座谈会暨全国法院文化建设工作会议在最高人民法院召开，最高人民法院党组书记、院长周强出席会议并讲话。周强强调，要坚持以习近平新时代中国特色社会主义思想为指导，深入学习贯彻习近平法治思想和习近平总书记关于社会主义文化建设的重要论述，加强法院文化建设，大力弘扬以忠诚为民、崇法尚德、公正廉洁、刚正不阿、改革创新为主要内容的新时代人民法院文化，为推动人民法院工作高质量发展、服务全面建设社会主义现代化国家提供坚强思想保证和强大精神动力，为实现第二个百年奋斗目标、实现中华民族伟大复兴的中国梦提供更加有力的司法服务，以实际行动迎接党的二十大胜利召开。

会议指出，文化是国家和民族之魂，是国家治理之魂。党的十八大以来，以习近平同志为核心的党中央把文化建设放在全局工作的突出位置，习近平总书记就加强社会主义文化建设发表一系列重要讲话，作出一系列重要指示，丰富和发展了中国特色社会主义文化建设理论，为建设社会主义文化强国指明了方向。社会主义法治文化是中国特色社会主义文化的重要组成部分，法院文化是社会主义法治文化的重要内容。各级法院要认真学习贯彻习近平总书记关于社会主义文化建设的重要论述，坚持以习近平法治思想为指引，坚持党对法院文化建设的领导，

坚持马克思主义在意识形态领域的指导地位，坚持以人民为中心的工作导向，坚持以社会主义核心价值观为引领，坚持把恪守司法良知作为必修课，坚定不移走中国特色社会主义文化发展道路，确保新时代人民法院文化建设沿着正确方向前进。

会议指出，党的十八大以来，最高人民法院党组高度重视加强人民法院文化建设，把法院文化建设作为推动人民法院工作高质量发展的基础性工作，坚持社会主义先进文化前进方向，聚焦培育和弘扬社会主义核心价值观、推进司法为民公正司法、促进干警全面发展、服务法治中国建设等重点，深入推进全国法院文化建设。政治引领作用持续强化，有力夯实法院文化建设思想根基。组织领导不断强化，形成上下联动、整体推进工作格局。文化价值引导力充分发挥，引导广大干警更加坚定法治信仰。文化阵地不断拓展，有力提升法院文化传播力、影响力。文化培育创作成果丰硕，形成一批独具特色的文化品牌。人民法院文化建设取得新的成效，为人民法院改革发展提供了强大正能量。

会议指出，在习近平法治思想指引下，人民法院形成了以忠诚为民、崇法尚德、公正廉洁、刚正不阿、改革创新为主要内容的新时代人民法院文化。新时代人民法院文化是人民法院和法院干警在司法工作中逐步形成的共同理念、价值观念、思维方式、行为自觉、制度规范以及相关物质表现的集中体现，发挥着培根铸魂、启智润心、立德树人、凝心聚力的重要功能，对于高扬思想旗帜、强化价值引领、激发奋斗精神、展现司法形象具有重要意义。加强新时代人民法院文化建设，是真学真信笃行习近平法治思想的必然要求，是更好发挥司法职能作用的必然要求，是推动审判体系和审判能力现代化的必然要求，是锻造忠诚干净担当法院铁军的必然要求。必须弘扬新时代人民法院文化，并随着实践发展不断丰富和完善。各级法院要紧跟新时代步伐，大力弘扬新时代人民法院文化，为法院工作高质量发展提供强大价值引导力、文化凝聚力和精神推动力，以更加饱满的热情、更加昂扬的姿态履职尽责、实干担当，为实现第二个百年奋斗目标提供更加有力的司法服务。

会议指出，当前和今后一个时期，加强新时代人民法院文化建设的总体思路是，坚持以习近平新时代中国特色社会主义思想为指导，深入学习贯彻习近平法治思想和习近平总书记关于社会主义文化建设的重要论述，全面贯彻党的十九大和十九届历次全会精神，深刻领悟“两个确立”的决定性意义，增强“四个意识”、坚定“四个自信”、做到“两个维护”，坚持社会主义先进文化前进方向，紧紧围绕“努力让人民群众在每一个司法案件中感受到公平正义”工作目标和司法为民、公正司法工作主线，以社会主义核心价值观为引领，以举旗帜、聚民心、育新人、兴文化、展形象为使命，着眼服务审判、服务干警、服务法治建设，大力弘扬以忠诚为民、崇法尚德、公正廉洁、刚正不阿、改革创新为主要内容的新时代人民法院文化，引导广大干警不断增强文化自觉、坚定文化自信，坚定不移走中国特色社会主义法治道路，奋力推进新时代人民法院工作高质量发展，为实现第二个百年奋斗目标、实现中华民族伟大复兴的中国梦提供更加有力的司法服务。

会议强调，要在习近平法治思想指引下大力弘扬新时代人民法院文化，凝聚起推动人民法院工作高质量发展的强大精神力量。要大力弘扬忠诚为民的新时代人民法院文化，让对党忠诚、一心为民成为政治自觉。忠诚为民就是要深刻领悟“两个确立”的决定性意义，增强“四个意识”、坚定“四个自信”、做到“两个维护”，筑牢政治忠诚之魂，践行司法为民宗旨。要大力弘扬崇法尚德的新时代人民法院文化，让法安天下、德润人心引领社会风尚。崇法尚德就是要坚持依法治国和以德治国相结合，做到坚守法治精神、维护法治权威，树立鲜明道德导向、弘扬美德义行，努力实现法安天下、德润人心。要大力弘扬公正廉洁的新时代人民法院文化，让公正司法、廉洁司法蔚然成风。公正廉洁就是要牢记公正是司法的灵魂和生命，牢记廉洁司法是公正司法的基石，以不公不廉为最大耻辱，以公正廉洁为原则底线，让公平正义的阳光照进人民心田。要大力弘扬刚正不阿的新时代人民法院文化，让法不阿贵、绳不挠曲成为坚毅品格。刚正不阿就是要忠于法律、捍卫法律，守住法治底线，不为任何压力所迫，不为任何利诱所动，依法独立公正行使审判权。要大力弘扬改革创新的新时代人民法院文化，让与时俱进、攻坚克难成为不竭动力。改革创新就是要坚持改革不停顿、创新不止步，以司法体制改革和智慧法院建设为“车之两轮、鸟之双翼”，着力解决影响司法公正和制约司法能力的深层次问题。

会议强调，要坚持守正创新、久久为功，加强统筹协调，形成工作合力，努力把新时代人民法院文化建设提高到新水平。要加强组织领导，完善顶层设计，各级法院党组要把法院文化建设列入重要议事日程，与审判执行、司法改革、信息化建设、队伍建设等工作同谋划、同部署、同推进。要加强协同联动，构建大文化工作格局，政工部门加强牵头抓总、组织协调，理论研究、新闻宣传、信息化建设等部门各司其职、各尽其责，审判业务部门要让法院文化更好体现法治“主题”、法院“主场”、法官“主体”，让审判工作充分传递文化力量。要拓宽思路视野，注重理念创新、手段创新、基层创新、作品创新、传播能力创新，不断推动法院文化创新发展。要健全支撑保障体系，加强法院文化组织和文化品牌建设，建好用好法院文化设施和文化资源，加强网上舆论阵地建设和管理，强化经费、技术、物资等方面保障。

会议传达学习了政法领导干部加强政治建设专题研讨班精神，要求全国各级法院深入学习贯彻习近平总书记关于加强党的政治建设重要论述，认真贯彻中共中央政治局委员、中央书记处书记、中央政法委书记郭声琨同志在专题研讨班上的讲话要求，深刻认识人民法院加强党的政治建设的极端重要性，进一步增强思想自觉、政治自觉、行动自觉，结合法院实际提出加强党的政治建设的具体措施，不断巩固队伍教育整顿成果，推动全面从严管党治警向纵深发展，确保人民法院党的政治建设取得实效，以昂扬向上的奋斗姿态和维护安全稳定的实际行动，迎接党的二十大胜利召开。

会议对做好下半年工作作出部署，要求各级法院紧紧围绕迎接党的二十大、学习宣传贯彻党的二十大精神主线，全力完成全年各项工作任务，更好发挥审判职能作用，为保持平稳健康的经济环境、国泰民安的社会环境、风清气正的政治环境提供有力司法服务。要持续学懂弄通做实党的创新理论，切实用以武装头脑、指导实践、推动工作。要积极防范化解各类风险挑战，切实营造安全稳定的政治社会环境。要服务做好高效统筹疫情防控和经济社会发展工作，促进经济平稳健康发展。要践行司法为民宗旨，更好满足人民群众日益增长的多元司法需求。要深化司法体制改革和智慧法院建设，不断提升审判执行质效和司法公信力。要驰而不息抓好全面从严管党治警，锻造忠诚干净担当的过硬法院铁军。

最高人民法院党组副书记、常务副院长贺荣主持下午会议并作总结讲话。最高人民法院党组成员、政治部主任马世忠主持上午会议并通报了“全国法院文化建设特色项目”评选结果。各高级人民法院院长汇报了人民法院文化建设工作情况。6个特色项目获奖单位进行了成果展示。最高人民法院院领导陶凯元、高憬宏、杨万明、穆红玉、杨临萍、贺小荣、沈亮、李勇、刘贵祥，最高人民法院咨询委员会主任李少平、常务副主任周泽民、副主任兼秘书长杜万华，各高级人民法院、解放军军事法院、新疆维吾尔自治区高级人民法院生产建设兵团分院主要负责同志出席会议。最高人民法院各单位有关负责同志参加会议。

十、推进构建中国特色“总对总”在线多元解纷新格局工作座谈会

8月23日上午，最高人民法院举行推进构建中国特色“总对总”在线多元解纷新格局工作座谈会，最高人民法院党组书记、院长周强出席会议并讲话。周强强调，要坚持以习近平新时代中国特色社会主义思想为指导，深入贯彻习近平法治思想，坚定不移走中国特色社会主义社会治理之路，健全完善中国特色一站式多元纠纷解决体系，推动建设更高水平的平安中国、法治中国，以实际行动迎接党的二十大胜利召开。

最高人民法院深入贯彻落实习近平总书记重要指示精神和党中央重大决策部署，扎实推进中国特色一站式多元纠纷解决机制建设，积极对接中央有关单位、全国性行业协会，指导各地法院主动融入党委领导的社会治理体系，以人民法院调解平台为载体，推动建立自上而下、全面覆盖的“总对总”多元解纷机制。目前，“总对总”合作单位有12家，全国四级法院以及7.8万个调解组织、6.9万家基层治理单位、32.8万名调解员在调解平台开展调解工作，为当事人提供菜单式、集约式、一站式解纷服务，平均每个工作日有4.7万件纠纷在法院调解平台进行调解，平均每分钟有57件成功化解在诉前。

周强指出，党的十八大以来，习近平总书记多次作出重要指示，为“枫桥经验”赋予新的时代内涵，为更好服务群众、化解矛盾、定分止争指明了方向。构建中国特色一站式多元纠纷解决体系，是贯彻落实习近平总书记关于坚持和发展新时代“枫桥经验”重要指示的务实举措，是发挥中国特色社会主义制度优势，牢牢坚持党的领导，坚持将非诉讼纠纷解决机制挺在前面，将调解优良传统与信息化、数字化、智能化发展潮流有机融合的创新实践，具有鲜明中国特色、时代特色、实践特色，对于完善社会矛盾综合治理机制，促进市域治理现代化，建设中国特色社会主义法治体系，推进治理体系和治理能力现代化，服务以中国式现代化推进中华民族伟大复兴具有重要意义。

周强指出，最高人民法院积极推进中国特色一站式多元纠纷解决机制建设，广泛汇聚解纷力量，“总对总”在线多元解纷工作实现了从点线突破向全面开花、平台搭建向实质解纷、单打独斗向多元联动、纠纷“解决得了”向纠纷“解决得好”的转变，联动资源多、覆盖领域广、规则日益完善，有效促进了调解资源跨地域、跨层级、跨部门共享共用，引导大量矛盾纠纷在法治轨道上及时高效解决，为维护群众权益、保障社会稳定、助力经济高质量发展发挥了积极作用，为多元纠纷解决机制和互联网司法发展贡献了中国智慧、中国方案。

周强强调，各级法院要坚持以习近平新时代中国特色社会主义思想为指导，深入贯彻习

近平法治思想，深入学习贯彻习近平总书记重要讲话精神，深刻领悟“两个确立”的决定性意义，增强“四个意识”、坚定“四个自信”、做到“两个维护”，与各有关单位积极配合，继续扩大多元解纷的范围，拓展一站式解纷机制辐射面，推动在线多元解纷工作高质量发展，不断健全完善中国特色一站式多元纠纷解决体系。要牢牢坚持党对司法工作的绝对领导，推动形成党领导下内外联动、上下协同、有序衔接的多元纠纷解决格局。要坚持以人民为中心，健全诉讼服务大厅、在线服务平台、12368 诉讼服务热线和巡回审判等立体化诉讼服务渠道，坚决贯彻立案登记制要求，不断满足人民群众对公平正义的新要求新期待。要坚持法治思维和法治方式，充分发挥司法在社会治理中的参与、推动、规范、保障作用，支持和规范各方力量在法治轨道上参与解决纠纷，提供业务指导和法律政策指引，切实加强法治宣传教育。要坚持全国“一盘棋”，坚持共建共治共享，纵向贯通四级法院，横向对接各有关单位、各类解纷力量，在线链接其他多元化解平台，畅通一站式多元纠纷解决供给链。要坚持改革创新，坚持制度变革与科技变革双轮驱动，推进司法改革成果有效衔接，与智慧法院建设深度融合，推动多元纠纷解决机制迈向更高水平。

座谈会上，最高人民法院党组成员、副院长高憬宏通报了“总对总”在线诉调对接工作质效情况，中央政法委副秘书长王洪祥致辞。中共中央台湾工作办公室副主任龙明彪，中华全国总工会书记处书记、党组成员许山松，中国侨联党组成员、副主席候选人连小敏，全国工商联党组成员、副主席鲁勇，国家发展和改革委员会副秘书长杨荫凯，人力资源和社会保障部党组成员、副部长俞家栋，退役军人事务部党组成员、副部长马飞雄，中国人民银行党委委员、副行长刘国强，中国银行保险监督管理委员会首席会计师马学平，中国证券监督管理委员会党委委员、副主席李超，国家知识产权局党组成员、副局长胡文辉，中国中小企业协会会长李子彬等 12 家合作单位有关负责同志，以及全国人大代表、中华全国律师协会会长高子程作发言，介绍各单位开展纠纷多元化解经验。随后，会议视频连线安徽省合肥市蜀山区人民法院、福建省漳州市中级人民法院、山东省鄄城县人民法院、湖南省长沙市中级人民法院、广东省佛山市中级人民法院，听取相关法院和合作单位介绍党委领导下类型化纠纷多元共治实践。

最高人民法院党组副书记、常务副院长贺荣主持会议。国家卫生健康委员会党组成员、副主任曾益新，最高人民法院党组成员、副院长贺小荣，教育部党组成员、副部长田学军，公安部党委委员、副部长孙茂利，住房和城乡建设部党组成员、副部长张小宏，国务院港澳事务办公室党组成员、副主任王灵桂，以及中宣部、司法部、农业农村部、国家市场监督管理总局等有关部门负责同志出席会议。

十一、全国法院第七次少年法庭工作会议

9 月 14 日下午，全国法院第七次少年法庭工作会议以视频方式召开，最高人民法院党组书记、院长周强出席会议并讲话。周强强调，要坚持以习近平新时代中国特色社会主义思想为指导，深入贯彻习近平法治思想，认真贯彻落实习近平总书记关于少年儿童工作重要指示批示精神，充分发挥审判职能作用，不断完善中国特色社会主义少年司法制度，推动新时代少年法庭工作实现高质量发展，为未成年人健康成长提供有力司法服务和保障，以实际行动迎接党的

二十大胜利召开。

会议指出，少年儿童健康成长关系民族的未来，党和国家历来高度重视少年儿童工作。党的十八大以来，以习近平同志为核心的党中央站在中国特色社会主义事业薪火相传的战略高度，关心关怀少年儿童成长成才，科学谋划少年儿童事业发展。习近平总书记作出一系列重要指示批示，为新时代少年儿童工作指明前进方向、提供根本遵循，推动新时代少年儿童事业取得历史性成就。在党中央坚强领导下，在社会各界大力支持下，在全国法院干警不懈努力下，人民法院少年法庭工作阔步前进。广大法院干警特别是少年法庭干警埋头苦干、开拓创新，兢兢业业、无私奉献，为守护未成年人健康成长付出辛勤汗水，为完善中国特色社会主义少年司法制度作出重要贡献，涌现出以尚秀云、李其宏、詹红荔、陈海仪、顾薛磊等为代表的一大批有情怀、有担当的杰出的少年审判法官。

会议强调，要切实增强做好新时代少年法庭工作的责任感、使命感、紧迫感。做好新时代少年法庭工作是深入贯彻习近平法治思想的必然要求，是践行以人民为中心的发展思想的实际行动，是新时代少年儿童事业发展的重要内容，是全面有效实施未成年人保护法律法规的法律要求，是建设更高水平中国特色社会主义少年司法制度的有效路径。要自觉站在党和国家事业发展全局高度谋划和推进人民法院少年法庭工作，确保把少年审判作为一项战略性、基础性工程抓紧抓实，全面推动新时代少年法庭工作实现高质量发展，全方位提升未成年人司法保护能力水平，依法促进少年儿童全面健康成长。

会议全面回顾了党的十八大以来少年法庭工作。党的十八大以来，人民法院坚持以习近平新时代中国特色社会主义思想为指导，深入贯彻习近平法治思想和习近平总书记关于少年儿童工作重要指示批示精神，不断加强新时代少年法庭工作，持续深化少年法庭改革创新，依法公正审理各类涉未成年人案件，切实维护未成年人合法权益，有效预防未成年人犯罪，未成年人司法保护工作迈入新的发展阶段，取得新的扎实成效。人民法院全面落实最有利于未成年人原则，树立和践行新时代少年司法理念；持续深化少年法庭改革，推动少年审判专业化建设水平迈上新台阶；切实加强审判监督指导，健全未成年人司法保护规范体系；注重推进源头治理、综合治理，推动形成未成年人保护强大合力；大力加强法治宣传教育，积极营造有利于未成年人健康成长的良好环境。

会议指出，回顾新时代十年少年司法发展历程，人民法院进一步深化了对少年法庭工作的规律性认识，积累了宝贵经验。人民法院坚持少年法庭工作的政治性，把党的绝对领导贯穿始终；坚持少年法庭工作的人民性，落实最有利于未成年人原则；坚持少年法庭工作的时代性，始终以新时代正确司法理念指导少年审判实践；坚持少年法庭工作的专业性，不断提升少年司法能力水平；坚持少年法庭工作的创造性，推进少年司法理论创新、制度创新、实践创新；坚持少年法庭工作的协同性，形成多方参与、同向发力的格局。

会议强调，当前和今后一个时期，人民法院少年法庭工作总体思路是，坚持以习近平新时代中国特色社会主义思想为指导，深入贯彻习近平法治思想，认真贯彻落实习近平总书记关于少年儿童工作重要指示批示精神，深刻领悟“两个确立”的决定性意义，增强“四个意识”、坚定“四个自信”、做到“两个维护”，全面准确实施未成年人保护法律法规，坚持把少年审判作为一项战略性、基础性工程，落实最有利于未成年人原则，以依法保护未成年人健康成长、促进未成年人全面发展为目标，以专业化发展为方向，以深化改革创新为动力，以强化少年审判队伍建设为支撑，以更加有效融入“六大保护”为依托，全面推动新时代少年法庭工作实现高质量发展，不断完善中国特色社会主义少年司法制度，为未成年人健康成长提供有力司法服务和保障。

会议强调，要坚持党对司法工作的绝对领导，确保少年法庭工作正确政治方向。要深入贯彻习近平法治思想，切实把思想和行动统一到习近平总书记关于少年儿童工作重要指示批示精神上来，确保党中央关于少年儿童事业的决策部署在人民法院不折不扣贯彻落实。要坚持把党总揽全局、协调各方同审判机关依法履行职能、开展工作统一起来，紧紧依靠党的领导和我国社会主义制度优势，攻克少年法庭工作发展中的难题，推动少年法庭工作持续健康发展。

会议强调，要充分履行审判职能，全面加强未成年人权益司法保护。要牢固树立新时代少年司法理念，坚持最有利于未成年人原则，坚持贯彻“教育、感化、挽救”方针和“教育为主、惩罚为辅”原则，同时体现“包容宽容但绝不纵容”的政策精神，将特殊、优先、双向、全面保护理念落实到每一个案件办理中。要依法严惩杀害、伤害、性侵、拐卖、虐待等各类侵害未成年人身心健康的犯罪行为，对挑战法律和伦理底线的，坚决依法严惩，决不姑息。要妥善审理涉未成年人的家事、侵权等各类民事案件，依法妥善审理各类涉家庭教育、“双减”政策背景下的教育培训类案件，依法开展涉儿童权益纠纷调解工作。

会议要求，要深化少年法庭改革，推动中国特色未成年人审判制度和工作机制更加成熟定型。要加强组织机构建设，确保少年法庭实质化高效运作。要加强综合审判改革，探索少年审判与家事审判融合发展路径，推动未成年人民事、刑事、行政审判融合发展。要完善涉诉未成年人权益的特别保护方式，全面落实未成年人犯罪记录封存制度，探索建立儿童救助协作制度，完善性侵害儿童犯罪人员信息公开制度、性侵儿童案件特殊证据标准。要完善少年审判考核评价制度，尊重基层首创精神，及时总结、推广行之有效的好做法好经验。要加强法治宣传教育，讲好少年司法感人故事，为未成年人健康成长营造更优法治环境。

会议强调，要加强调查研究，夯实未成年人司法保护政策体系和理论支撑。要坚持问题导向、目标导向，针对未成年人保护和犯罪预防的薄弱环节及突出问题，及时制定司法解释，完善司法政策，明确裁判规则。要充分运用智慧法院成果，加强对未成年人违法犯罪和侵害未成年人犯罪特点、态势、规律的分析研判，为制定司法政策、促进社会治理提供实证支撑。要强化理论创新，加强对中国特色社会主义少年司法制度的理论研究和实践经验总结，努力形成一批高质量研究成果，更好指导审判实践。

会议要求，要深度参与综合治理，推动建设更高水平的未成年人综合保护体系。要坚持系统思维，加强与相关单位协作配合，积极参与未成年人保护工作领导小组各项工作，配合有关部门建立家庭教育联动机制，抓好中小学法治副校长品牌工作，加强网络治理和未成年人网络权益保障工作。要充分发挥司法建议、司法白皮书等作用，推动大数据技术与未成年人综合司法保护深度融合，助力破解少年审判折射的社会问题，推动完善社会治理，促进未成年人保护和犯罪预防机制制度不断完善。要深化审判延伸工作，强化未成年人司法救助、未成年罪犯帮教挽救等工作，广泛听取人大代表、政协委员以及社会各界对少年审判工作的意见建议，自觉接受监督，不断加强和改进工作。

会议强调，要加强基层基础建设，夯实少年法庭工作长远健康发展的基础。要积极争取党委政府支持，切实保障少年审判和延伸工作开展。要配足配强少年审判队伍，加强业务培训，不断提高理论运用、群众工作、释法说理、对外交流等专业化能力水平，全面提升少年审判人员综合素质。要关心关爱少年法庭干警，加强先进典型选树，坚持严管厚爱相结合，坚持全面从严管党治警，严格落实防止干预司法“三个规定”等铁规禁令，以零容忍态度严惩司法腐败，确保少年审判队伍忠诚干净担当。

最高人民法院党组副书记、常务副院长贺荣主持会议。最高人民法院党组成员、副院长杨万明宣读《最高人民法院关于对人民法院少年法庭工作先进集体和先进个人予以表扬的通报》，党组成员、副院长杨临萍出席会议，党组成员、副院长沈亮宣读《最高人民法院办公厅关于全国法院第七次少年法庭工作会议论文评选活动获奖情况的通报》。先进集体代表江苏省高级人民法院刑一庭有关负责同志，先进个人代表广东省广州市中级人民法院审判委员会专职委员陈海仪在会上发言。北京市高级人民法院、黑龙江省高级人民法院、江西省高级人民法院、河南省高级人民法院、广西壮族自治区南宁市中级人民法院、四川省成都市中级人民法院、山东省临沂市兰山区人民法院作经验交流。全国人大代表李勇、张志勇，全国政协委员王义军，中央政法委、共青团中央、全国妇联、全国人大社会建设委员会、全国人大常委会法制工作委员会、最高人民检察院、教育部、公安部、民政部、司法部、中国关心下一代工作委员会有关负责同志，地方法院法官代表尚秀云等出席会议。最高人民法院各单位负责人，各高级、中级、基层法院院长以及从事少年法庭工作有关同志在最高人民法院主会场或以视频方式参会。

十二、全国法院调研工作会议

9月22日上午，全国法院调研工作会议以视频方式召开，最高人民法院党组书记、院长周强出席会议并讲话。周强强调，要坚持以习近平新时代中国特色社会主义思想为指导，深入贯彻习近平法治思想，认真学习贯彻习近平总书记关于调查研究工作的重要论述精神，紧紧围绕“努力让人民群众在每一个司法案件中感受到公平正义”目标，牢牢坚持司法为民、公正司法工作主线，聚焦新时代新征程人民法院改革发展面临的重大理论与实践问题，奋力开创人民法院调研工作新局面，大兴调查研究之风，推动新时代人民法院工作高质量发展，以实际行动迎接党的二十大胜利召开。

会议指出，调查研究是我们党的传家宝，是做好各项工作的基本功。党的十八大以来，以习近平同志为核心的党中央高度重视调查研究，习近平总书记就调查研究工作作出一系列重要论述，为人民法院做好调查研究工作指明了方向，提供了根本遵循和行动指南。人民法院深入贯彻落实习近平总书记关于调查研究工作的重要论述精神，立足司法工作实际，大兴调查研究之风，调研工作取得显著成效，为法院工作科学发展提供了重要智力支持。人民法院调研工作始终保持正确政治方向，把讲政治贯穿调研工作始终，推动法院系统理论武装走深走实。领导干部带头调研发挥示范作用，扑下身子、沉下心来，深入基层一线调查研究。大调研工作格局逐步建立，开展调研与业务工作有机结合。调研工作机制持续优化，组织实施、课题管理、成果转化等机制不断创新完善。调研工作方法不断改进，蹲点调研等传统方法继续发挥主渠道作用，同时信息技术深度应用有力助推调研工作提质增效。调研成果转化效果显著，一批重大调研成果转化为法律法规、党委政府决策和社会治理成效。

会议指出，党的十八大以来，人民法院调研工作取得积极成效，积累了宝贵经验。实践证明，做好调研工作必须坚持以习近平新时代中国特色社会主义思想为指导，必须坚持把吃透上情和摸清下情相结合，必须坚持服务审判执行工作，必须坚持问题导向和目标导向，必须坚持改革创新，必须坚持把调研作为人民法院的基础性工作常抓不懈。这些经验要继续坚持、不断发扬。

会议强调，要立足新时代新征程的历史方位，深刻认识人民法院调研工作面临的机遇和挑战。党的创新理论为人民法院调研工作提供了强大思想武器，新时代新成就为人民法院调研工作提供了广阔前景和舞台，人民群众新要求新期待为人民法院调研工作提供了不竭动力，智慧法院建设为人民法院调研工作提供了有力技术支撑，人民法院调研工作面临新机遇。同时，人民法院调研工作面临新挑战。要准确把握新形势新任务，深刻认识做好新时代人民法院调研工作的重大意义，不断推动法院调研工作实现新发展、取得新成效。

会议强调，当前和今后一个时期人民法院调研工作的总体思路是，坚持以习近平新时代中国特色社会主义思想为指导，深入贯彻习近平法治思想，认真落实习近平总书记关于调查研究的重要论述精神，深刻领悟“两个确立”的决定性意义，增强“四个意识”、坚定“四个自信”、做到“两个维护”，不断提高政治判断力、政治领悟力、政治执行力，紧紧围绕“努力让人民群众在每一个司法案件中感受到公平正义”目标，牢牢坚持司法为民、公正司法工作主线，聚焦新时代新征程人民法院改革发展面临的重大理论与实践问题，坚持群众观点和群众路线，坚持解放思想、实事求是、与时俱进，坚持问题导向和实践导向，坚持调研工作与信息化深度融合，不断健全完善人民法院大调研工作格局，推动调研成果深度转化应用，奋力开创人民法院调研工作新局面，以高质量调研服务保障新时代人民法院工作高质量发展。

会议强调，要牢牢坚持调研工作正确方向。要坚持以习近平新时代中国特色社会主义思想为指导，把旗帜鲜明讲政治作为调研工作根本要求，加强习近平法治思想宣传贯彻和研究阐释，切实用以武装头脑、指导实践、推动工作。要加强对党领导法治建设百年经验、中国特色社会主义司法制度、人民法院党的建设等重大问题研究，系统总结和研究党领导人民推进法治的成功经验，不断丰富发展符合中国实际、具有中国特色、体现发展规律的社会主义法治理论。要坚持运用马克思主义立场观点方法研究分析问题，增强辩证思维、战略思维、创新思维、底线思维和系统观念，进一步提高调研工作科学化、精准化水平。

会议要求，要准确把握调研工作重点内容。要紧紧围绕党和国家中心工作开展调研，把握贯彻新发展理念、构建新发展格局、推动高质量发展中的司法需求，加强重大发展战略中的法律问题研究，推动人民法院工作深度融入和服务党和国家工作大局。要结合贯彻落实党的二十大精神确定调研课题，形成高质量的调研成果并抓好转化运用。要坚持以人民为中心的发展思想，精准把握人民群众日益增长的多元司法需求，系统研究解决司法领域人民群众反映强烈的突出问题。要紧紧围绕审判执行工作开展调研，研究破解司法实务中的重大疑难复杂问题。要紧紧围绕人民法院改革发展重大问题开展调研，破除制约人民法院工作发展的体制机制障碍，促进提升司法质效和司法公信力。

会议强调，要始终坚持科学的调研方法。要坚持系统观念，自觉将人民法院工作置于经济社会发展全局谋划部署。要坚持实事求是，全面客观掌握法院工作真实情况，准确把握司法活动规律和工作发展态势，提出务实管用的对策建议。要坚持群众路线，深入基层、深入群众、深入实际，同群众座谈、同一线干警谈心，了解新情况新问题。要坚持问题导向，多到困难较多、情况复杂、矛盾尖锐的地方调研，科学分析、深入研究问题，有的放矢作出决策。要坚持改革创新，在用足用好传统调研方法的同时，积极运用现代信息技术手段研究解决问题。要突出法院特色，依托司法统计信息和海量案例资源，加强司法大数据实证研究，发挥司法工作“晴雨表”作用，为党中央和各级党委政府决策提供参考。

会议要求，要健全完善调研工作机制。要建立健全先调研后决策、调研决策联动工作机制，把调研作为决策的前置程序，杜绝拍脑袋决策、调研走过场现象。要加强司法调研的组织管理，建立党组统一领导、研究室规划协调、各部门既分工负责又配合协作的组织实施机制，加强调研资源集约化管理使用，加大对重大问题的联合调研攻坚力度。要把调研课题作为司法研究的重要抓手，加强课题项目的统一规划和归口管理。要搭建全国法院调研成果共享平台，加强成果转化预期评估和规划，拓宽成果转化形式和渠道。要坚持全国法院调研工作“一盘棋”，优化整合调研力量。要坚持开门搞调研，持续深化院校交流合作以及与其他党政机关的协作互动，注重吸收各方面专家学者参与司法政策、司法解释、重大课题的研究论证，形成调研工作合力。

会议强调，要加强调研队伍建设。要选优配强研究室干部，选拔政治素质好、调研水平高、审判实践经验丰富的法官充实到调研工作队伍，选拔优秀年轻干部到研究室历练。要加强高层次调研人才储备，建立全国法院调研人才库，大力发现、培养、使用各条线优秀调研人才。要强化“全员调研”意识，把调查研究作为全体干警的基本功，加强调研能力培训和实践锻炼，大力培养研究型干部、专家型法官，不断提高干警研究解决实际问题的能力水平。

会议要求，要加强调研工作保障。要大力推进智慧调研建设，探索建立全国统一的调研工作信息化管理平台，加快建设法院数字图书馆、档案馆，健全司法大数据归集共享机制，深化区块链、云计算、人工智能等技术在调研工作中的运用。要加强经费保障，建立健全科学合理的评价机制，为开展调研工作提供保障和支持。各级法院党组特别是“一把手”要定期调度调研工作，积极支持调研工作，带头参加调研工作，推动形成人人参与调研、人人善于调研的浓厚氛围。

最高人民法院党组副书记、常务副院长贺荣主持会议。党组成员、副院长杨万明出席会议。辽宁省高级人民法院院长郑青、江苏省高级人民法院院长夏道虎、湖南省高级人民法院院长田立文、广东省高级人民法院院长龚稼立、重庆市高级人民法院院长李永利、陕西省高级人民法院院长李智和北京市高级人民法院、山东省高级人民法院有关负责人在会上作经验交流。

最高人民法院机关各单位负责同志在主会场参加会议，地方高级人民法院院长、分管调研工作的院领导及相关部门干警在各地分会场参加会议。

十三、全国法院学习贯彻党的二十大精神专题辅导报告会

11月2日上午，全国法院学习贯彻党的二十大精神专题辅导报告会以视频方式举行，最高人民法院党组书记、院长周强主持报告会，中央宣讲团成员、中央党史和文献研究院院长曲青山作宣讲报告。

曲青山以“深入学习领会党的二十大精神”为题，围绕党的二十大的重大意义，党的二十大的主题，过去五年工作和新时代十年伟大变革的重大意义，习近平新时代中国特色社会主义思想的世界观方法论，以中国式现代化全面推进中华民族伟大复兴的使命任务，对未来五年党和国家各项事业发展的战略部署，以党的伟大自我革命引领伟大社会革命的重要要求，发扬斗争精神、增强斗争本领、坚持团结奋斗的时代要求等八个方面，对党的二十大精神作了权威深入的解读辅导。

干警们纷纷表示，通过聆听宣讲报告，进一步加深了对党的二十大精神的认识和理解，深受教育和启发，要进一步增强责任感使命感，忠实履行职责使命，奋进新征程，建功新时代，努力向党和人民交出更加优异的答卷。

周强指出，曲青山同志的宣讲报告政治站位高、思想认识深、理论解读透，视野开阔、内容生动、深入浅出，对全国各级法院和广大干警全面准确学习领会党的二十大精神，进一步用党的二十大精神统一思想、坚定信心、明确方向、鼓舞斗志，更好履行党和人民赋予的职责使命，具有重要指导意义。各级法院和广大干警要深刻领悟“两个确立”的决定性意义，增强“四个意识”、坚定“四个自信”、做到“两个维护”，切实把思想统一到党的二十大精神上来，把力量凝聚到党的二十大确定的各项任务上来，履行好维护国家政治安全、确保社会大局稳定、促进社会公平正义、保障人民安居乐业的职责任务，以高质量司法服务高质量发展，为全面建设社会主义现代化国家、全面推进中华民族伟大复兴提供有力司法服务。

周强强调，学习宣传贯彻党的二十大精神是当前和今后一个时期的首要政治任务。各级法院要切实提高政治站位，充分认识学习宣传贯彻党的二十大精神的重大意义，持续兴起学习宣传贯彻热潮，不折不扣把党中央决策部署贯彻落实到服务大局、司法为民、公正司法的具体实践。要在全面学习上下功夫，原原本本学、全面系统学、联系实际学。要在全面把握上下功夫，全面把握习近平新时代中国特色社会主义思想的世界观、方法论和贯穿其中的立场观点方法，全面把握党的二十大作出的各项战略部署，增强贯彻落实的自觉性和坚定性。要在全面落实上下功夫，把党中央提出的战略部署转化为人民法院的工作任务，坚决维护国家安全和社会稳定，服务构建新发展格局、推动高质量发展，依法维护人民群众合法权益和社会公平正义，深化司法体制综合配套改革，严格公正司法，坚定不移推进全面从严治党，建设过硬司法队伍，真抓实干把党的二十大精神落实到人民法院工作各方面，服务建设更高水平的平安中国、法治中国。要把学习宣传贯彻党的二十大精神同做好当前法院工作结合起来，统筹疫情防控和审判执行工作，确保圆满完成全年审判执行工作任务，让人民群众感受到人民法院学习贯彻党

的二十大精神的实际成效。

最高人民法院院领导贺荣、高憬宏、张荣顺、马世忠、杨万明、杨临萍、贺小荣、沈亮、李勇、刘贵祥出席报告会。最高人民法院各单位党组织书记、干警代表，各高级、中级、基层人民法院班子成员、中层干部及干警代表在最高人民法院主会场及各视频分会场参加学习。

十四、全国法院环境资源审判暨第一次环境资源刑事审判工作座谈会

11 月 23 日，全国法院环境资源审判暨第一次环境资源刑事审判工作座谈会以视频方式召开，最高人民法院党组书记、院长周强出席会议并讲话。周强强调，要坚持以习近平新时代中国特色社会主义思想为指导，深入学习贯彻党的二十大精神，深入贯彻习近平生态文明思想和习近平法治思想，充分发挥环境资源审判职能，为建设人与自然和谐共生的现代化提供有力司法服务。

周强指出，党的二十大报告全面总结党的十八大以来生态文明建设取得的举世瞩目重大成就，深刻阐述人与自然和谐共生是中国式现代化的重要特征，对推动绿色发展、促进人与自然和谐共生作出重大战略部署。各级人民法院要深入学习贯彻党的二十大精神，深刻领悟“两个确立”的决定性意义，增强“四个意识”、坚定“四个自信”、做到“两个维护”，准确理解把握促进人与自然和谐共生的重大意义和重点任务，推进环境资源审判工作高质量发展。

周强指出，党的十八大以来，以习近平同志为核心的党中央把生态文明建设作为关系中华民族永续发展的根本大计，以前所未有的力度抓生态文明建设。党的十八大将生态文明建设纳入“五位一体”总体布局，党的十八届三中全会对加快生态文明制度建设作出重大部署。人民法院坚决贯彻落实党中央决策部署，深入践行绿水青山就是金山银山理念，构建中国特色专门化环境资源审判体系，依法审理环境资源案件，持续深化环境司法改革创新，助力打好污染防治攻坚战，维护人民群众环境权益，服务经济社会发展全面绿色转型。新时代环境司法理念全面树立，中国特色环境资源审判体系基本建成，生态环境司法保护网日益织密，中国环境司法国际影响力显著增强，为生态文明建设和美丽中国建设提供了有力司法服务。

周强强调，做好新时代环境资源审判工作，是推动绿色发展、促进人与自然和谐共生的必然要求，是满足人民日益增长的优美生态环境需要的必然要求，是推进生态文明法治建设的必然要求，是促进全球环境治理的必然要求。要牢记“国之大者”，坚持以推动高质量发展为主题，完整、准确、全面贯彻新发展理念，自觉把环境资源审判工作融入国家环境治理体系。贯彻民法典绿色原则，依法服务加快发展方式绿色转型，促进生态环境区域协同治理，加强生物多样性司法保护，完善积极稳妥推进碳达峰碳中和司法服务举措，助力持续深入打好蓝天、碧水、净土保卫战。加大对人民群众反映强烈的环境问题治理力度，健全环境公益诉讼、生态环境损害赔偿诉讼制度，促进改善生态环境质量和城乡人居环境，服务美丽乡村建设，维护人民群众环境权益。统筹推进国内法治和涉外法治，参与国际环境治理规则制定，深化国际司法交流合作，讲好中国环境司法故事。完善环境资源审判体制机制，加强环境资源刑事审判工作，全方位构建生态环境保护诉讼体系，锻造过硬环境司法队伍，不断提升生态环境司法保护水平。

最高人民法院党组成员、副院长杨临萍主持会议。会议通报了人民法院环境资源审判工作先进集体和先进个人、人民法院环境资源刑事审判优秀业务成果。江西省高级人民法院院长葛晓燕、重庆市高级人民法院院长李永利、山西省高级人民法院院长冯军、黑龙江省高级人民法院院长石时态、江苏省高级人民法院院长夏道虎、福建省高级人民法院院长金银墙、甘肃省高级人民法院院长张海波、贵州省高级人民法院负责同志作交流发言。最高人民法院，各高级、部分中级和基层人民法院有关负责同志及环境资源审判庭全体同志，部分全国、地方人大代表和政协委员在最高人民法院主会场和各视频分会场参加会议。

十五、第二十二次全国法院工作会议

2023 年 1 月 6 日上午，第二十二次全国法院工作会议以视频方式召开。中共中央政治局委员、中央书记处书记、中央政法委书记陈文清出席会议并发表讲话。会议主要任务是：坚持以习近平新时代中国特色社会主义思想为指导，全面贯彻落实党的二十大精神，深入贯彻习近平法治思想，总结新时代十年人民法院工作，分析新形势新任务，研究部署新时代新征程人民法院工作总体思路和主要任务，促进更高水平的平安中国、法治中国建设，为全面建设社会主义现代化国家、全面推进中华民族伟大复兴提供有力司法服务。全国法院工作会议一般每五年召开一次，在人民法院发展进程中具有重要意义。

陈文清在讲话中强调，要深刻领悟“两个确立”的决定性意义，增强“四个意识”、坚定“四个自信”、做到“两个维护”，坚持以习近平新时代中国特色社会主义思想为指导，全面贯彻落实党的二十大精神，深入学习贯彻习近平法治思想，坚定不移走中国特色社会主义法治道路，主动服务和融入中国式现代化历史进程，为全面建设社会主义现代化国家、全面推进中华民族伟大复兴提供有力司法保障。

陈文清指出，新时代十年人民司法事业取得历史性成就、发生历史性变革，根本在于有习近平总书记作为党中央的核心、全党的核心领航掌舵，根本在于有习近平新时代中国特色社会主义思想科学指引。做好新时代新征程人民法院工作，要坚持党的绝对领导，坚定拥护“两个确立”、做到“两个维护”，筑牢政治忠诚。坚持服务大局，紧紧围绕党的中心任务履职尽责。坚持司法为民，站稳人民立场。坚持公平正义，持续提升司法质效和公信力，努力让人民群众在每一个司法案件中感受到公平正义。坚持改革创新，加快推进审判体系和审判能力现代化。坚持严管厚爱，锻造忠诚干净担当的人民法院队伍。

最高人民法院党组书记、院长周强在会议上讲话强调，要坚持以习近平新时代中国特色社会主义思想为指导，全面贯彻落实党的二十大精神，深入贯彻习近平法治思想，认真落实陈文清书记讲话精神，牢牢坚持党对司法工作的绝对领导，坚定不移走中国特色社会主义法治道路，奋力推进新时代新征程人民法院工作高质量发展，为全面建设社会主义现代化国家、全面推进中华民族伟大复兴提供有力司法服务。

会议指出，新时代十年，在以习近平同志为核心的党中央坚强领导下，在中央政法委领导下，全国法院紧紧围绕“努力让人民群众在每一个司法案件中感受到公平正义”目标，坚持服务大局、司法为民、公正司法，坚持司法体制改革和智慧法院建设双轮驱动，初步实现了审判体系和审判能力现代化。10年来，习近平法治思想在人民法院形成生动实践；人民法院沿着中国特色社会主义法治道路阔步向前，与时俱进推动新时代人民司法事业取得历史性成就、实现历史性变革；人民法院工作从司法理念到具体实践、从体制改革到科技应用、从司法作风到履职能力都发生深刻变革、实现长足发展。一是筑牢政治忠诚，党对司法工作的绝对领导全面加强，中国特色社会主义法治之魂深深融入血脉。二是坚持守正创新，新时代社会主义司法理念牢固树立，新时代司法更加有力量、有是非、有温度。三是贯彻总体国家安全观，切实履行维护国家安全、社会安定、人民安宁的重大责任，促进平安中国建设作出新贡献。四是完整、准确、全面贯彻新发展理念，积极营造市场化法治化国际化营商环境，服务高质量发展取得新成效。五是保持惩治腐败犯罪高压态势，服务反腐败斗争取得新成果，为反腐败斗争取得压倒性胜利并全面巩固提供有力司法服务，彰显党中央有腐必惩、有贪必肃的坚定决心。六是践行司法为民宗旨，加强民生司法保障，建成中国特色一站式多元纠纷解决和诉讼服务体系，探索走出中国特色司法为民新路径。七是严格公正司法，加强司法制约监督，坚决守住维护社会公平正义的最后一道防线，审判质效和司法公信力实现新提升。八是坚决纠正和防范冤错案件，严格贯彻罪刑法定、疑罪从无、证据裁判等原则制度，加强律师执业权利保障，人权司法保障水平迈上新台阶。九是推动执行模式发生根本性变革和重塑，攻坚解决执行难取得历史性新突破，中国特色执行制度、机制和模式更加健全、更加有力，促进法治建设和社会诚信建设。十是深化以司法责任制为重点的司法体制改革，司法体制改革取得历史性新成就，法院工作许多领域实现了历史性变革、系统性重塑、整体性重构。十一是深化司法公开，建设智慧法院，创新互联网司法，推动了审判体系、司法模式和诉讼程序重塑，让司法工作在数字时代实现质量变革、效率变革、动力变革。十二是统筹推进国内法治和涉外法治，全面提升涉外司法质效，服务高水平对外开放，中国司法国际公信力和影响力实现新跃升。十三是加强以案释法，弘扬社会主义法治精神，推动了法治社会建设，增强了全民法治观念。十四是推动法学理论和法治实践相互促进、融合发展，促进中国法学教学科研面向实践的范式变革，助推中国法学研究的现代化。十五是夯实基层基础，加强人民法庭建设，全面提升基层司法能力、治理能力、服务能力，司法事业长远发展之基得到新加强。十六是坚持全面从严治党、从严治院，加强队伍革命化、正规化、专业化、职业化建设，人民法院队伍展现昂扬新气象。

会议强调，新时代十年，人民法院工作实现历史性的新变革新发展，根本在于习近平总书记作为党中央的核心、全党的核心掌舵领航，根本在于习近平新时代中国特色社会主义思想科学指引。“两个确立”是新时代最重大的政治成果、最重要的历史经验、最鲜明的实践结论，是战胜一切艰难险阻、应对一切不确定性的最大确定性、最大底气、最大保证，必须倍加珍惜、坚决拥护、长期坚持。全国法院干警以坚韧勇毅的精神完成了各项繁重艰巨任务，以实际行动诠释了对党和人民的无限赤诚，用苦干实干乃至鲜血生命书写了新时代人民司法事业的壮丽篇章。

会议指出，新时代十年，党领导人民司法实践积累了宝贵经验，必须坚持党对司法工作的绝对领导，坚持以党的创新理论武装头脑、指导实践、推动工作，坚持紧紧围绕党和国家工作大局履职尽责，坚持司法为民、公正司法工作主线，坚持司法体制改革和智慧法院建设双轮驱动，坚持系统观念、法治思维、强基导向，坚持发扬斗争精神、增强斗争本领，坚持以廉洁司法确保公正司法，坚持自觉接受监督。这是新时代人民法院工作创新发展重大理念原则的深入总结，是全国法院59万名干警拼搏、奉献、牺牲所创造精神财富的深刻凝结。要长期坚持新时代十年人民法院工作的基本经验，深刻认识新时代新征程面临的新机遇新挑战，更好履行维护国家政治安全、确保社会大局稳定、促进社会公平正义、保障人民安居乐业的职责任务。

会议强调，与全面建成社会主义现代化强国“两步走”战略安排同步，人民法院工作的战略目标是到2035年，基本实现审判体系和审判能力现代化；到本世纪中叶，全面实现审判体系和审判能力现代化。要锚定新时代新征程人民法院工作战略目标，坚定不移走中国特色社会主义法治道路，主动服务和融入中国式现代化进程，推进新时代新征程人民法院工作高质量发展。要正确认识和把握一些重大关系问题，努力做到讲政治和讲法律有机统一，全局和局部有机统一，政治效果、法律效果、社会效果有机统一，法治和德治有机统一，定分止争和促进善治有机统一，推进国内法治和涉外法治有机统一。要更好发挥法治固根本、稳预期、利长远的保障作用，以高质量司法服务高质量发展，在法治轨道上推进中国式现代化。站稳人民立场，增强群众感情，竭诚服务群众，提高运用司法手段推动解决群众急难愁盼问题的能力，不断实现人民群众对公平正义的向往。深化司法体制综合配套改革，全面准确落实司法责任制，巩固拓展智慧法院建设成果，完善中国特色互联网司法模式，加快建设公正高效权威的社会主义司法制度。努力建设更高水平的涉外审判体系，推进建设国际海事司法中心、国际金融司法中心和国际商事争端解决优选地，服务更高水平对外开放。坚持以严的基调强化正风肃纪，推动党风廉政建设和反腐败斗争向纵深发展，坚持不敢腐、不能腐、不想腐一体推进，坚持不懈锻造忠诚干净担当的人民法院铁军。

最高人民法院党组副书记、分管日常工作的副院长贺荣对会议进行总结时指出，各级法院要认真抓好会议精神的传达学习和贯彻落实，持续把学习贯彻党的二十大精神引向深入，抓实政治建设和业务工作的深度融合，围绕“国之大者”切实履职尽责，坚决维护司法领域意识形态安全，扎实做好2022年全国“两会”工作，落实严格管理和关心关爱工作，确保会议各项部署落到实处、取得实效。

最高人民法院党组成员、政治部主任马世忠宣读最高人民法院《关于表彰全国优秀法院全国优秀法官全国法院办案标兵的决定》和《关于命名“为群众办实事示范法院”的决定》。中央政法委副秘书长闾柏，最高人民法院副院长陶凯元，党组成员、副院长高憬宏，中央纪委国家监委驻最高人民法院纪检监察组组长、最高人民法院党组成员张荣顺，党组成员、副院长杨万明、杨临萍、贺小荣、沈亮、李勇，审判委员会专职委员刘贵祥、王淑梅出席会议。全国人大代表徐滔、郭洪泉、董传杰，全国政协委员李大进应邀出席会议。中央有关单位部门负责同志，最高人民法院各单位负责同志，各高级、中级、基层人民法院，各级军事法院，各海事法院、知识产权法院、金融法院等有关负责同志在主会场及各视频分会场参加会议。

六、地方法院和解放军军事法院工作情况

中国法院年鉴

THE YEARBOOK OF CHINA COURTS

2022

北京法院工作

2022年，在市委坚强领导和最高人民法院正确指导下，市高级法院坚持以习近平新时代中国特色社会主义思想为指导，深入贯彻习近平法治思想，认真落实市委各项部署要求，以首善标准奋力推动全市法院工作取得新的重要发展。

一、始终坚持旗帜鲜明讲政治，确保全市法院工作保持正确政治方向

认真深入学习习近平新时代中国特色社会主义思想，深入学习贯彻习近平法治思想，全面贯彻党的二十大精神，坚定捍卫“两个确立”，增强“四个意识”、坚定“四个自信”、做到“两个维护”。持续落实好高院党组会前集体学习制度，高院党组会前集体学习72次，理论中心组学习研讨12次。组织北京法院习近平法治思想研究小组开展专题研究，形成系列研究成果，多篇成果在最高人民法院2022年度全国优秀应用法学论文征文中获一等奖等奖项。坚持党对法院工作的绝对领导，牢记看北京首先要从政治上看，严守政治纪律和政治规矩，严格落实请示报告制度。

二、始终坚持围绕中心、服务大局，在服务保障首都高质量发展中履职尽责

紧紧围绕党的二十大安保维稳工作主线，先后召开全市法院党的二十大安保维稳工作动员部署会、全市法院信访维稳工作会；召开全市法院常态化扫黑除恶斗争工作推进会，2022年审结涉黑恶案件8件46人；组织开展全覆盖矛盾纠纷大排查大化解，建立高院党组成员值班接访和庭长轮值接待制度。紧紧围绕市第十三次党代会部署要求，紧扣首都高质量发展对法院工作的新需求，制定调研方案，确定14项重点课题，就北京“两区”建设、全球数字经济标杆城市建设等领域提出的新司法需求，形成《关于北京数字经济重点领域专项调研报告》等调研成果，提出了进一步服务保障高质量发展的对策措施。紧紧围绕创新发展，在昌平未来科学城、平谷农业中关村农业科技园区设立巡回审判庭，使知识产权巡回审判庭增加到7个，全市法院审结知识产权案件56 648件，推动知识产权司法保护更加精准有力。紧紧围绕优化营商法治环境，连续五年召开营商法治环境建设工作推进会，高效推进北京市5.0版改革和国家创新试点任务，国务院创新试点改革12项任务全部完成，形成“完善破产府院联动三元格局”等9项典型经验。紧紧围绕京津冀协同发展，有力服务保障北京市新一轮疏整促专项行动依法有序开展，为农村乱占耕地建房专项整治等重点工作提出法律建议，加强对相关案件的监督指导，推动矛盾纠纷实质化解。

三、始终坚持司法为民、公正司法，努力让人民群众感受到公平正义就在身边

加强民生司法保障，依法受理涉义务教育阶段“双减”案件 11 721 件，对涉嫌跑路逃债的教培机构快审快判快执，6 万余名家长实现全额退费；深入开展打击养老诈骗专项行动，审结此类案件 65 件 514 人，为 5900 余名老人追回养老钱 3200 余万元；依法妥善化解涉疫矛盾纠纷，加强“六稳”“六保”司法服务，引导当事人互谅互让、共渡难关，70% 以上通过调解和解妥善解决。持续加强对民商事审判和执行工作的监督，认真落实《关于强化民商事案件审判内部监督的实施意见》等 11 个审判监督制度文件，组织开展高级法院、中级法院重大民商事案件专项评查，各中院和高院相关审判庭互查案件 583 件，高院抽查 118 件；持续强化审限监控和对违规延长扣除审限案件的监督管理，保持违规延长扣除审限问题清零，平均扣除审限天数比 2021 年缩短 15 天；持续开展对“案款发还不及时”问题的抽检评查，保持无合法理由超期未发案款动态清零。进一步深化便民服务机制，持续落实建立“接诉即答、接单即办”联系法官便民服务机制，2022 年 12368 热线人工接听量超 120 万件，联系法官到位率、反映事项办结率保持 100%。在全市政法系统社会测评中，北京法院总体满意度评分五年间从 85.1 分提升到 91.2 分，在政法单位中提升幅度最大。

四、始终坚持改革创新、勇立潮头，持续深化司法体制改革

研究制定《2022 年司法改革任务清单》，年初确定的 120 项改革任务已完成 97 项，其余任务均按照方案要求进度稳步推进。深化审级职能定位改革试点，制定 9 个配套文件，提级管辖案件 43 件，审结 11 件，其中 2 件转化为参阅案例，有力促进各级法院审级职能的强化。持续深化“一号响应”诉源治理机制，制定《2022 年度深化诉源治理实施方案》，全市法院精准对接、及时响应基层组织诉源治理司法需求 2701 个，覆盖 343 个街乡镇，覆盖率为 100%。进一步完善落实“多元调解 + 速裁”工作模式，将 70% 的一审民商事纠纷解决在诉讼前端，经过努力，2022 年全市法院收案下降 21.9%。持续加强知识产权法院、金融法院、互联网法院以及破产法庭、国际商事法庭建设，专门法院和专业审判庭改革排头兵作用得到进一步发挥。开展第三届司法改革微创新活动，2 个案例入选最高人民法院司法改革典型案例，北京法院入选总数持续保持全国首位。

五、始终坚持全面从严治党，深入推进党风廉政建设和反腐败斗争

认真落实全面从严治党主体责任，年初制定了全面从严治党主体责任清单和任务分解，高院党组坚持每季度会听取各支部党建工作情况，持续落实党建工作领导小组听取各中基层法院全面从严治党工作、高院党组成员列席下级法院党组民主生活会等制度，常态化开展警示教育、审务督查、司法巡查，层层压实主体责任。制定《北京市高级人民法院关于进一步规范人员录用工作的规定》，对工作漏洞和廉政风险进行有针对性的防范，确保录用工作公开透明、确保责任可追溯倒查。制定市高级法院关于内部交流机制的实施办法，严格落实轮岗交流制

度，按照“应轮尽轮”的原则对高院机关干警进行岗位调整。自觉接受纪检监察机关监督，坚决支持纪检监察机关监督执纪，以零容忍的态度坚决惩治司法腐败。

六、始终坚持新时代党的组织路线，扎实推进队伍革命化、正规化、专业化、职业化建设

严格落实新时代好干部标准，持续加强领导干部政治素质考察，完善政治素质考察记录档案，已形成2000余条考察记录。进一步完善一体化目标责任制考核体系，组织修订了2022年度考核指标，进一步深化全面从严治党和审判执行工作“双一百”考核，全方位考核评价干部。将目标责任制考核结果作为选人用人重要依据。持续打造打造北京法院审判业务、审判研究、改革创新、人才聚集“四大高地”，共举办各类培训198期次，一年来新增4名全国审判业务专家、15名司法实务研究专家、31名北京市审判业务专家，新培育4个特色人才高地，全市法院特色人才高地增加到10家。大力加强基层党建，持续落实北京法院基层党建和党小组建设两项制度，市高级法院“亲清家访”党建案例等三个党建创新案例入选新时代人民法院党建创新优秀案例，入选数量居全国法院第一。大力弘扬英模精神，组织全市法院学习“双百政法英模”刘黎、赵鑫等先进典型事迹，“‘典’亮法治星空”获评全国法院文化建设特色项目，38个集体、150个人获省部级以上表彰奖励，全市法院展现昂扬向上精神风貌，2022年审结案件819882件，结收比同比上升15个百分点，法官人均结案持续居全国前列。

天津法院工作

2022年，全市法院坚持以习近平新时代中国特色社会主义思想为指导，深刻领悟“两个确立”的决定性意义，增强“四个意识”、坚定“四个自信”、做到“两个维护”，忠实履行宪法法律赋予的职责，全市法院新收各类案件47.42万件，结案48.24万件，诉讼标的额2521.35亿元。

一、贯彻总体国家安全观，服务保障更高水平的平安天津建设

一是严惩危害国家安全社会稳定犯罪。依法打击煽动颠覆国家政权和涉恐涉枪涉爆等犯罪。深入推进扫黑除恶常态化，审结涉黑恶案件21件73人。严惩腐败犯罪，圆满完成王富玉、刘国强、李伟等大要案审判任务，审结贪污贿赂、渎职等案件183件262人。二是严惩危害人民群众生命财产安全犯罪。加大对故意杀人等严重暴力犯罪的打击力度，判处罪犯196人。扎实开展打击整治养老诈骗、电信诈骗、非法集资等专项行动，判处罪犯2741人，挽回经济损失2.41亿元。严厉打击危害食品药品安全犯罪，判处罪犯195人，对18人加判禁止从业。三是加强人权司法保障。依法宣告15名被告人无罪。适用认罪认罚从宽制度审结案件10642件。审结国家赔偿案件126件。为4876名被告人指派援助律师。四是积极参与基层社会治理。全市法院共有 72 个法官调解室，聘请 1833 名特邀调解员，诉前化解案件 84 368 件，同比上升 54.7%。687 件重点信访案件全部妥善处理，全市法院信访总量同比下降 19.97%。加强法治宣传，开展“法律六进”，与电视台联办《今日开庭》栏目 312 期。市高院等 3 家法院官方微博和头条号获评中央政法委“四个一百”优秀政法新媒体。

二、贯彻新发展理念，服务保障天津高质量发展

一是服务保障创新驱动发展。审结各类知识产权案件 10 962 件。判决全市首例适用惩罚性赔偿涉外专利侵权案。对盗播北京冬奥赛事行为及时作出禁令。依法审理不正当竞争案 185 件。规范涉中医药专利权、商业标识等纠纷的审理。二是服务保障优化营商环境。设立 17 个法官工作室，及时化解涉民企纠纷。审理破产案件 920 件。建立信贷纠纷集约化审理平台，审结借款、融资租赁、保险等纠纷 39 438 件。加大对直播带货等新型网络消费案件的审判指导。审结涉 38 个国家和地区的涉外民商事案件 1547 件。市高院在全市年度营商环境建设监测中名列前茅。三是服务保障美丽天津建设。审结环资案件 3038 件。设立天津市首家司法生态修复和示范教育基地，推进环境资源审判“三合一”改革。四是服务保障法治天津建设。审结行政案件 8471 件。制定行政争议实质化解 10 条措施，行政机关负责人出庭应诉率达 99.66%，同比上升 6.02 个百分点。天津法院“行刑衔接”的做法得到中央政法委肯定推广。五是服务保障乡村振兴战略实施。大力开展巡回审判、就地办案，参与无讼乡村建设。天津人民法庭服务基层治理等经验被最高人民法院推广。服务保障疫情防控大局。依法惩处严重妨害疫情防控的行为。妥善审理因疫情引发的纠纷 10 175 件。全市法院积极选派干警入列轮值，参与社区疫情防控。

三、贯彻以人民为中心的发展思想，服务保障人民群众多元司法需求

一是持续强化民生司法保障。审结涉民生案件 92 822 件。选派 139 名干警担任法治副校长，设立少年审判合议庭。妥善审理涉外卖骑手等新型劳动争议案件。妥善审理建设工程等涉众型合同纠纷案件 10 099 件。审结天津市首例“人脸识别”案。侵害袁隆平院士名誉、荣誉民事公益诉讼案入选“新时代推动法治进程 2022 年度十大案例”。依法缓减免诉讼费 30.02 万元，发放司法救助款 779.84 万元。二是着力提升诉讼服务水平。推出便民利民措施 130 项。全市法院当场立案率达 98%，高于全国平均水平 2.3 个百分点。针对诉讼不方便，全市 22 家法院完成诉讼服务中心升级改造，网上立案、调解、庭审等 27.26 万次，智慧法院建设 11 项指标位居全国首位，行政审判信息化平台被最高人民法院评为 2022 年度人民法院重大科技创新一等奖。针对诉讼时间长，大力推动简易、速裁程序适用，81.06% 的物业服务等纠纷通过速裁、简易程序化解；针对退费难，升级改造诉讼费管理系统，优化退费流程。三是推进切实解决执行难。开展涉民生等专项执行活动，全年执结案件 13.24 万件，执结率为 93.61 %，执行到位金额 577.4 亿元。集中整治查封不规范、案款发放不及时等问题。全市 16 个区全部建成司法裁判执行联动中心，11 项执行指标位居全国前五位。

四、深化司法体制改革，提升司法公信力

优化司法资源配置，遴选法官232名，招录司法辅助人员276名。基层法官员额比例最高达42.1%。强化审判权监督制约，修订重点案件监督管理办法。完善网上监管系统，强化全程留痕。院庭长办案数量占全市法院总量的39.02%。推动量刑规范化，强化类案强制检索，发布参考性案例。加强庭审、裁判文书、案件质量等评查。全市法院法定审限内结案率达99.53%，生效裁判服判息诉率达99.19%。深化诉讼和审判机制改革，稳步推进三级法院审级职能定位改革试点，合理界定三级法院职能职责，案件分流平稳有序。持续深化以审判为中心的刑事诉讼制度改革，制定故意伤害案件等案件证据审查指引。大力推进案件繁简分流，深化"分调裁审"机制改革。

五、落实全面从严治党要求，打造忠诚干净担当的法院队伍

一是大力加强法院党的政治建设。深入学习贯彻党的二十大和习近平总书记重要讲话精神，开展全员政治轮训。坚持党对法院工作的绝对领导，重大工作及时向市委、市委政法委请示报告。扎实开展"迎盛会、铸忠诚、强担当、创业绩"及"深刻领悟'两个确定'决定性意义、坚决做到'两个维护'"等主题活动。狠抓基层党组织标准化规范化建设。市高院党组理论中心组学习做法被中宣部《党委中心组学习》推广，2个项目入选全国法院文化特色项目。二是大力加强司法廉洁和纪律作风建设。持续深入治理形式主义、官僚主义不担当不作为问题。高院对全市法院开展专项巡查和审务督察，与驻院纪检监察组建立联动监督机制。查处违法违纪干警32人。三是大力加强司法能力建设。圆满承办中国网络文明大会网络法治建设论坛，参加"中国—上合组织国家地方法院大法官论坛"。举办各类培训班369期，培训干警9.09万人次。常态化开展优秀案例、庭审、裁判文书等评选。选派53名干警到窗口单位或上下级法院双向交流任职。13名法官被评为全国审判业务专家或入选全面依法治市等专家库。35个集体和个人获全市人民满意公务员集体、全国法院先进个人等荣誉称号。37个案例、庭审、裁判文书、论文被评为全国法院优秀。知识产权保护、多元解纷、大要案审判等工作经验被中央媒体报道。

河北法院工作

2022年以来，在省委坚强领导和最高人民法院监督指导下，河北法院坚持以习近平新时代中国特色社会主义思想为指导，深入贯彻落实习近平法治思想，全面贯彻党的十九大和二十大精神，深入贯彻习近平总书记对河北工作的重要指示批示精神，认真学习贯彻省委十届二次、三次全会精神，解放思想、奋发进取，各项工作取得新进展。全省法院受理各类案件148.30万件，结案127.89万件。

一、坚定不移提高政治站位，确保全省法院工作正确方向

一是始终坚持党的绝对领导。深刻领会“两个确立”的决定性意义，召开党组会议 41 次、理论学习中心组学习会 8 次，严格执行重大事项请示报告制度，确保党中央、省委决策部署不折不扣落实。二是深入学习宣传贯彻党的二十大精神。把认真学习宣传和全面贯彻落实党的二十大精神作为当前和今后一个时期的首要政治任务，出台《关于打造现代化河北法院 为中国式现代化河北场景提供有力司法服务和保障的意见》，进一步增强贯彻落实的自觉性和坚定性。三是强化政治机关意识。扎实开展“两个确立”主题教育，开设“河北法院政治讲堂”，共培训干警 5.1 万人次。举办全省中级法院院长座谈会专题交流部署党建和文化建设工作，为法院工作高质量发展凝聚精神动力。四是严格落实意识形态工作责任。坚决抵制西方“宪政”“三权鼎立”“司法独立”等错误思潮，切实维护司法领域意识形态安全，坚定不移走中国特色社会主义法治道路。

二、坚定不移贯彻总体国家安全观，坚决当好首都“护城河”

一是维护国家政治安全和社会稳定。充分发挥刑事审判职能，共审结一审刑事案件 3.66 万件，依法妥善审理驾车反复碾压女友致死案等重大敏感案件。常态化开展扫黑除恶，审结一审涉黑案件 32 件 162 人，涉恶案件 59 件 293 人，追缴“黑财”5.35 亿元，依法审理社会广泛关注的“唐山烧烤店打人案”，以除恶务尽的坚定决心回应群众关切。二是保持惩治腐败犯罪高压态势。依法审结包括涉孙力军政治团伙的龚道安、邓恢林、刘新云在内的职务犯罪案件 300 件 412 人，其中省管以上干部重大职务犯罪案件 27 件。三是坚决守好民生安全底线。扎实开展打击整治养老诈骗专项行动，两批集中宣判电信网络诈骗及其关联犯罪 156 件 375 人、涉案金额 4.1 亿元，助力打好反诈人民战争。四是扎实做好涉诉信访维稳工作。畅通群众诉求表达渠道，圆满完成全国“两会”、北京冬奥会及党的二十大维稳安保任务，保持信访量退出全国前十的良好势头。

三、坚定不移贯彻新发展理念，司法护航经济社会高质量发展

一是司法保障国家重大战略实施。设立跨区域集中管辖的雄安中院环境资源审判庭，积极推动最高人民法院青年法官（雄安新区）实践基地实质化运行，与国家体育总局共建“冰雪运动法律问题研究（张家口）基地”，成功举办首届冰雪运动法治保障学术交流活动，最高人民法院周强院长、河北省委倪岳峰书记、国家体育总局高志丹局长等领导出席并指导相关工作。二是着力优化法治化营商环境。研究制定进一步优化法治化营商环境的实施意见，持续服务“六稳”“六保”。在省法院和所有设区市中院设立清算与破产审判庭，召开优化营商环境、加强破产审判工作推进会，取得良好社会效果。三是着力保障创新驱动发展。全省新增 14 家基层法院跨区域集中管辖本辖区知识产权民事、行政案件，挂牌成立曹妃甸区法院自贸试验区法庭，4 项经验做法入选河北自贸试验区制度创新案例。四是着力推进法治政府建设。召开法治政府建设与行政审判联席会议，全力推进行政争议诉前实质性化解，持续推进全省行政机关

负责人出庭应诉工作和司法建议工作。五是着力服务美丽河北建设。不断健全完善太行山、燕山、大运河、白洋淀、衡水湖等生态环境司法保护协作机制，筑牢首都绿色生态屏障。指导秦皇岛山海关区法院成立全国首家长城文化保护法庭，司法守护民族精神根脉。

四、坚定不移践行司法为民公正司法，不断增强人民群众获得感和满意度

一是全面加强民生司法保障。深入开展“为群众办实事示范法院”创建活动，审结一审民商事案件66.69万件。指导唐山中院建立“烂尾楼盘”复工复建司法保障机制，全面落实“保交楼、稳民生”决策部署。与省民政厅等11个部门联合出台建立困难申请执行人社会救助工作机制的意见。二是积极完善现代化诉讼服务体系。全省法院共网上立案63.93万件，网上开庭30.98万次，在线调解62.39万件，最大限度降低疫情影响。与12家省直单位建立“总对总”多元解纷和诉调对接机制，诉前调解纠纷6.5万件，全省法院诉讼服务质效评估得分长期位居全国法院前列。三是深化基层社会治理体系建设。主动融入党委领导下的社会治理格局，全省法院诉前调解新收案件62.48万件、调解成功42.98万件，均位居全国法院前列。有序推进新时代人民法庭建设，7个法庭先后入选最高人民法院新时代人民法庭建设案例。四是不断健全解决执行难长效机制。组织开展“冀执利剑”等集中执行活动，全省法院共受理执行案件38.59万件，执结32.99万件，执行到位金额998.41亿元。

五、坚定不移深化改革创新，大力推动审判体系和审判能力现代化

一是完善审判权运行模式。“能进能出、动态调整”的员额管理机制常态化运行，共遴选法官736人，基层法院法官占比达80.16%。二是健全司法制约监督机制。出台《关于加强制约监督制度机制建设的工作方案》，三级法院院长带头，共组织评查案件11.45万件，发现纠正问题1728件。三是积极深化诉讼制度改革。有序推进四级法院审级职能定位改革，深入开展繁简分流、专业化审判、人民陪审员等改革事项，不断提高审判质效。四是拓展智慧法院建设成果。健全“四类案件”标识管控，优化提升“全省法院一体化审判权监督制约平台”，建成减刑假释网上办案平台、狱内远程开庭系统。

六、坚定不移推进自我革命，锻造忠诚干净担当的法院队伍

一是不断加强政治机关建设。扎实开展深化纠正“四风”和作风纪律专项整治活动，明确15项具体措施。深化抓党建带队建强管理促审判制度机制，大力弘扬新时代人民法院文化。二是持续提升司法能力水平。深入实施“人才强院”战略，评选15名全省审判业务专家，依托最高人民法院青年法官（雄安新区）实践基地，与最高人民法院开展干部双向交流锻炼，创新高层次审判人才实践养成机制。三是不断加强党风廉政建设。严格执行“三个规定”、新时代政法干警“十个严禁”等铁规禁令，查处各类违纪违法案件181件206人，其中5人被移送司法机关，对司法腐败严惩不贷，着力打造忠诚干净担当的燕赵法院铁军。

山西法院工作

2022年，全省法院坚持以习近平新时代中国特色社会主义思想为指导，全面贯彻党的十九大和二十大精神，深入贯彻习近平法治思想和习近平总书记考察调研山西时重要讲话重要指示精神，紧紧围绕迎接党的二十大，学习宣传贯彻党的二十大精神工作主线，坚持服务大局、司法为民、公正司法，各项工作取得新成效、实现新发展。全省法院全年受理案件63.39万件，审执结59.55万件，克服疫情影响再创历史新高。

一、始终将政治建设摆在首位，确保全省法院工作正确政治方向

始终把旗帜鲜明讲政治作为第一要求，在坚定捍卫“两个确立”、坚决做到“两个维护”中坚守司法之魂。一是深入学习宣传贯彻党的二十大精神。坚持把学习宣传贯彻党的二十大精神作为首要政治任务，持续兴起学习党的二十大精神热潮，各级法院积极开展多形式、多层次、全覆盖的学习培训和宣讲宣传，省高院领导班子成员深入基层和审判一线开展宣讲活动，组织干警20.8万人次网上答题竞赛，确保党的二十大精神在全省法院落地生根。二是持续强化理论武装。坚持不懈用习近平新时代中国特色社会主义思想凝心铸魂，认真学习《习近平谈治国理政》(第四卷)，组织开展“两个确立”主题教育，制定加强全省法院党的政治建设的实施意见，举办政治轮训6期，省高院领导班子重温入党誓词，切实筑牢政治忠诚思想根基。三是牢牢坚持党的绝对领导。第一时间传达学习中央、最高人民法院、省委会议和文件精神，建立贯彻落实习近平总书记重要指示批示精神清单，向省委及省委政法委请示报告重要工作、重大事项235次，坚决把党的领导贯穿司法工作的全过程各方面。

二、围绕大局发挥职能作用，全力服务保障经济社会高质量发展

统筹发展和安全，服务统筹疫情防控与经济社会发展，在奋力保障高质量发展中不断优化司法服务。一是坚决维护社会安全稳定。牢固树立总体国家安全观，深入开展“扫黑恶、治电诈、打盗窃、禁毒品、护民生”为重点的专项行动，审结一审涉黑恶案件34件，审结养老诈骗和涉电信网络诈骗犯罪案件3052件，追赃挽损金额4918.86万元，始终保持对严重危害社会治安犯罪高压态势，助推更高水平平安山西法治山西建设。二是全面创优法治化营商环境。聚焦“一群两区三圈”发展新布局，紧跟同步推进“两个转型”战略部署，大力推进综改示范区法院建设，强化太忻一体化经济区司法供给，健全完善破产审判配套机制，推动建立统一的市域破产府院联动机制，妥善办理破产案件196件，建立知识产权技术调查官制度，发布知识产权司法保护典型案例，服务市场主体倍增工程，大力推进行政争议实质性化解，为“放管服”改革营造良好法治环境。三是有效防范化解重大风险。开展防范化解金融领域风险专项行动，依托地方金融风险防控平台、省属企业法律风险防控平台发出预警提示1755次，坚决守

住山西省不发生系统性金融风险底线。防范化解房地产领域风险，创造性提出和运用“诉前人民调解 + 司法确认”模式，有力确保“保交楼、保民生、保稳定”目标的实现，受到省委、省政府领导充分肯定。四是厚植高质量发展生态底色。扎实推进“两山七河一流域”生态修复治理，建立汾河源司法保护基地，设立 18 个环境资源法庭，审理各类环境资源案件 2979 件，发布环境资源审判白皮书及典型案例，4 起案件入选最高人民法院环境资源审判典型案例。

三、深入践行司法为民宗旨，努力让人民群众感受到公平正义就在身边

深入贯彻以人民为中心的发展思想，用心用情解决好人民群众“急难愁盼”问题。一是织密织牢民生司法保障网。深入贯彻实施民法典，持续深化家事审判改革，以调解方式审结婚姻家庭、继承赡养等家事案件 15 440 件，加强未成年人权益保障，发布保护未成年人十大典型案例，省高院与省电视台共同录制播出 50 期“法官说民法典”，引领良好社会风尚、深化全民法治观念。二是打好打赢执行工作、积案清理、涉诉信访“三大攻坚战”。扎实开展“三晋执行利剑”集中攻坚，执结案件 16.16 万件，执行到位金额 552.72 亿元，最高人民法院给予充分肯定，执行办案主要质效指标进入全国法院第一方阵。加大长期未结案件集中攻坚力度，全省法院 3 年以上、12 个月以上未结诉讼案件较去年同期分别下降 29.58% 和 16.29%。深入开展涉诉信访积案评查化解专项攻坚，省委政法委交办的 879 件信访积案全部化解，省高院信访局被表彰为全国信访系统先进集体。三是全面提升诉讼服务质效。健全完善一站式多元解纷和诉讼服务体系，全年网上立案 12.27 万件，电子送达 59.24 万次，12368 诉服热线提供 24 小时在线服务 24.25 万次。充分运用人民法院调解平台、山西多元解纷平台，调解案件 16.94 万件，调解成功率达 74.68%，全省法院诉服质效考核指标持续保持全国法院前列，诉源治理、多元解纷指标位居全国第一。

四、坚持“双轮驱动”“两翼发力”，持续深化司法体制改革和智慧法院建设

一是全面准确落实司法责任制。坚持院庭长带头办理重大疑难复杂案件，强化发改案件质量评查，推动合议庭工作职责落实，一审判决案件发回重审率为 0.9%，较去年同期下降 0.8 个百分点，全面推进类案检索工作，不断推动审判质效稳步提升。二是加快推进诉讼制度改革。扎实推进四级法院审级职能定位改革，将部分一审民事、行政、知识产权案件审级下沉至 12 个基层法院，深化“分调裁审”机制改革，全面推进案件繁简分流，一审案件简易程序适用率达 85.01%，案件平均审理时间 40.8 天。三是深化智能辅助系统建设。推进“四类案件”监管平台试点试用，加强司法数据中台建设，完善常态化审判质效、审判运行态势跟踪监测机制，全年推送案件督办提示 15.19 万条。

五、发扬自我革命精神，努力锻造高素质过硬法院队伍

坚持全面从严治党从严治院，深刻领悟、时刻牢记“两个永远在路上”，锻造忠诚干净担当的法院铁军。一是坚持强化政治引领。召开全省法院“两个确立”主题教育暨党建工作中级法院院长座谈会，持续推进党建与业务工作全面融合，省高院刑三庭党支部被评为“省直机关

创建模范机关标兵单位"。二是加强专业能力建设。完善干警培训长效机制，加大教育培训力度，定期组织庭审观摩、案例研讨，开展优秀调研成果、裁判文书评选，加强司法理论和案例研究，建立完善审判案例指导制度，21 名法官获评山西省审判业务专家。三是全面建设清廉机关。持续加固落实中央八项规定精神思想堤坝，坚决彻底肃清流毒影响，扎实开展司法作风突出问题集中整治，查纠司法作风突出问题 1691 件次，严惩违纪违法干警 194 人。

内蒙古法院工作

2022 年，内蒙古高院坚持以习近平新时代中国特色社会主义思想为指导，深入贯彻习近平法治思想，全面学习贯彻党的十九大和二十大精神，忠诚拥护"两个确立"，增强"四个意识"、坚定"四个自信"、做到"两个维护"，以开展弘扬"蒙古马精神"大实践活动为抓手，坚持司法为民、公正司法，推动法院各项工作取得新进展。特别是克服疫情带来的严重影响，全区法院办案质效取得历史性突破，2022 年，全区法院共受理各类案件 86.7 万件，审执结 81.3 万件，结案率 93.9%，人均结案 226 件，结案率跃升至全国第 6 位，案件结收比位居全国第 1，一审服判息诉率全国第 10。其中高院受理 11649 件，审执结 10748 件，结案率 92.3%，位居全国第 3。

一、驰而不息加强党的政治建设，坚定践行"两个维护"

一是坚持党对法院工作的绝对领导。坚持从政治上谋划、部署和推动审判执行工作，不断完善落实习近平总书记重要讲话重要指示批示精神工作台账，健全强化督查督办工作机制，切实把党的领导贯彻到法院工作的各领域各方面各环节。认真贯彻落实《中国共产党政法工作条例》和自治区实施办法，严格执行重大事项请示报告制度，共向自治区党委、党委政法委请示报告重大案事件 48 次。

二是持续强化理论武装。深入学习宣传贯彻党的二十大精神，全区法院组织宣讲 150 余场次，利用全媒体手段持续加大宣传力度，掀起学习宣传党的二十大精神热潮。扎实开展"两个确立"主题教育，常态化开展党史学习教育，通过机关党校、内蒙古法院云课堂开展全员政治轮训，举办习近平法治思想等系列辅导讲座 132 场次，广大干警政治判断力、政治领悟力、政治执行力持续提升。

三是坚决守好意识形态阵地。严格落实意识形态工作责任制，全面强化法院意识形态安全管理。加强舆情分析和重大主题宣传，深化意识形态网格化管理机制，高院党组专题研究意识形态工作 2 次。坚决铸牢中华民族共同体意识，扎实开展民族团结进步创建工作，在化解矛盾纠纷中促进民族团结，发挥审判职能呵护"模范自治区"崇高荣誉。

二、切实履行新时代人民法院职责使命，全力服务保障自治区高质量发展

一是坚决落实筑牢“两个屏障”政治责任。贯彻“两山”理念，全区法院审结各类环境资源案件1.3万件。积极参与自治区煤炭资源领域违法问题和破坏草原林地违规专项整治，守护亮丽北疆。全面贯彻总体国家安全观，审结一审刑事案件2.03万件2.7万人，坚决维护国家安全和社会稳定。常态化开展扫黑除恶斗争，审结涉黑恶案件23件313人，新增财产处置到位19.6亿元。坚定不移惩贪治腐，依法审结原中管干部蒙永山受贿案等一批大要案件，为巩固反腐败斗争压倒性胜利提供有力司法保障。落实院长接访、领导包案、带案下访制度，全力化解涉诉信访案件。

二是持续优化法治化营商环境。聚焦习近平总书记交给内蒙古的“五大任务”，出台《全区法院服务保障内蒙古“五大任务”的意见》，全力服务保障“五大任务”见行见效。深入推动全区法院“优化法治化营商环境大讨论活动”，加强产权和企业家权益保护，制定优化法治化营商环境评估指标体系及条线制度机制43项，推出涉企诉讼“绿色直通车”、减缓诉讼费等惠企举措，构建对企“开门纳谏”长效机制，让企业家专心创业、放心投资、安心经营。

三是助力法治政府建设。持续深化行政诉讼中一并审理相关民事争议诉讼机制改革，推动行政争议实质性化解，服判息诉率达普通行政诉讼案件的两倍。支持和监督行政机关依法行政，全区行政机关负责人出庭应诉率提升到100%，实现新突破。健全行政争议多元化解机制，印发《内蒙古法院行政争议诉源治理工作方案》，强化府院联动，推进源头治理。

三、深入践行司法为民，不断满足人民群众司法新要求新期待

一是加强民生权益司法保障。切实实施民法典，审结就业、教育、医疗等民生领域案件3.2万件，保障和改善民生。开展打击整治养老诈骗专项行动，审理养老诈骗案件22件，涉案金额24亿元，坚决守护百姓“养老钱”。发布反诈宣传视频百余个，在媒体发稿2000余篇，“不敢骗、不能骗、骗不了”的氛围深入人心。开辟涉军案件“绿色诉讼通道”，平等保护军地双方当事人合法权益。

二是提档升级诉讼服务。深化一站式建设，推进三级法院建立24小时自助诉讼服务站，实行网上立案、调解、缴退费、送达全流程一体化办理，为群众提供全天候、“菜单式”诉讼服务。探索具有草原特色的多元解纷机制，最大限度将矛盾化解在基层和萌芽状态。2022年以来，全区法院诉前调解案件26.7万件，同比增长62.9%，调解成功率78.1%，极大减轻了群众诉讼负担。

三是切实解决群众“急难愁盼”问题。持续强力推进执行攻坚，常态化开展执行领域顽瘴痼疾排查整治，持续开展“草原雄鹰”等集中执行行动，执结案件30.3万件，执行到位金额763.1亿元，切实维护胜诉当事人合法权益。

四、坚持严格公正司法，全面提升审判执行质效和司法公信力

一是全面落实司法责任制。深化司法责任制综合配套改革，建立“四类案件”识别监管平

台，严格落实差错案件责任追究制度，形成制约有效、监督到位、权责统一的新型审判权力运行机制。落实科学配权、规范行权要求，细化司法人员权力清单和履职指引，规范司法权力运行机制，不断提升司法质量、效率和公信力。

二是狠抓审判执行质效。以开展"蒙马奔腾"和"巩固提升年"活动为抓手，创新审判监督管理理念，按照"评价指标＋运行机制"的工作模式，狠抓诉源治理、执源治理、积源治理，推动全区法院审判执行质效取得跨越式提升。持续深化办案程序指引、裁判规则指引和行政诉讼案例数据库建设，推动"三大工程"成果在全区法院的深度应用，进一步规范办案程序、统一裁判尺度。

三是加强智慧法院建设。深度应用人民法院在线服务平台，依托互联网、大数据，全面开启"指尖立案""云端办案""智慧执行"，全区法院进入全流程在线诉讼时代。2022 年，全区法院案件平均办理天数较 2018 年缩短 27 天。建立"内蒙古法院区块链证据核验中心"，在全区法院全面推开区块链司法应用工作，实现区块链司法应用在全国领先。

五、坚持以政治建设为统领，努力建设忠诚干净担当的过硬法院队伍

一是强化党建引领作用。创新"党建＋"工作思路，深入开展"让党中央放心、让人民群众满意"的模范机关创建工作，全面提升机关效能。开展"党建引领推进信访积案清仓见底"集中攻坚行动，高院招募志愿者 300 余人，揭榜化解 200 余件信访案件。在疫情防控中发扬党员先锋模范带头作用，高院先后组织动员 432 名党员干部下沉开展防控工作，高院机关 2 个集体、1 名个人受到自治区直属机关工委通报表扬。

二是强化基层党组织组织力。坚持抓党建带队建促审判，深入开展组织力提升工程交叉互学和"最强党支部"建设提质升级专项活动，总结提炼党建工作创新案例 8 篇，推动形成"一支部一品牌"，法官学院党总支被评为自治区直属机关"最强党支部"示范点，呼铁中院"党建引领＋"获全国党建创新优秀案例。

三是强化人才队伍建设。评选全区法院审判专家，开展"天平之星"法官大讲堂、司法警察实战化训练等活动，推进全区法院年轻干部和人才队伍建设。深入开展弘扬"蒙古马精神"大实践活动，树立内蒙古法院新形象。积极开展英模选树宣传活动，王爱林等人被评选为国家级、自治区级英模典型。加强法院文化建设，推进"书香法院"、学习型法院建设，"鹿小法"普法文创项目获评全国法院文化建设特色项目。

辽宁法院工作

2022 年，辽宁高院党组在省委坚强领导和最高人民法院正确指导下，以服务辽宁全面振兴全方位振兴为主线，锚定"上台阶、创一流"工作定位，忠诚履职，各项工作呈现新气象、新进步。全省法院收案 127.2 万件，结案 121.8 万件。其中，辽宁高院收案 19 953 件，结案

17 739 件。

一、坚持以政治建设为统领，强化党组自身建设

辽宁高院党组深刻认识到，人民法院作为政法机关首先是政治机关，政治属性是第一属性，只有始终把政治建设摆在首位，才能确保工作沿着正确方向前进。一是强化党的创新理论武装。坚持“思想引领、学习在先”和党组第一议题制度，融入日常、抓在经常，持续筑牢政治忠诚思想根基。发挥“关键少数”示范引领作用，开展党的二十大理论宣讲，巩固党史学习教育成果，引领干警深刻领悟“两个确立”决定性意义，增强“四个意识”、坚定“四个自信”、做到“两个维护”。二是坚持党的绝对领导。严守政治纪律和政治规矩，认真落实政法工作条例及省委实施办法，请示报告 136 次。完善跟踪问效机制，建立督办工作台账，确保上级决策部署要求落地落实。全力配合省委巡视、省委政法委政治督察巡查，接受政治体检，推动工作发展。三是持续营造良好政治生态。严格落实意识形态工作责任制，维护司法领域意识形态安全。发挥党组把方向、管大局、促落实的作用，落实民主集中制和“三重一大”制度。坚持正确选人用人导向，激发干事创业活力。完善 7 项党内政治生活制度和 30 项组织力提升指标，以高质量党建引领保障工作高质量发展。党建工作经验被最高人民法院转发推广。四是切实履行全面从严管党治警主体责任。巩固队伍教育整顿成果，推进彻底肃清流毒影响，促进政治生态持续净化。大力弘扬英模精神，开展学习“全国模范法官”“辽宁省优秀共产党员”滕启刚的活动，让一个人变成一群人。加强警示教育，运用王宏违纪违法案件深化以案促改。强化对下级法院领导班子协管监督，出台配合参与地方党委巡察下级法院的暂行办法，对 4 个中级法院开展司法巡查。严格落实“三个规定”“十个严禁”等铁规禁令，一体推进不敢腐、不能腐、不想腐。

二、聚焦中心大局，全力护航振兴发展

辽宁高院党组养成在吃透党中央精神及省委安排前提下开展工作的习惯，始终做到党中央决策部署及省委工作要求指向哪里，司法服务举措就跟进到哪里。一是维护国家安全和社会稳定。对危害国家安全的犯罪重拳打击，对危害公共安全、故意杀人、故意伤害、侵犯财产等严重影响人民群众安全感的犯罪严惩不贷。全省法院共审结刑事案件 2.87 万件，判处 3.78 万人。深入开展扫黑除恶专项斗争，推进扫黑除恶常态化，严惩涉黑涉恶犯罪分子和“保护伞”。深入开展打击整治养老诈骗、打击治理电信网络诈骗、拐卖妇女儿童犯罪等专项行动，切实维护社会大局稳定。全力做好信访维稳工作，圆满完成省委政法委“万件化访行动”任务，涉诉信访总量同比下降 36.9%。强力推进清收挽损工作，集中最优力量连续奋战，办理诉讼保全 629 件，审执结案件 2.7 万件，协助清收回款 1239.65 亿元，防范化解金融风险。妥善审理涉恒大等房地产纠纷案件 3485 件，保障“保交楼、稳民生”工作大局。持续服务“六稳”“六保”，审结因疫情引发的劳资用工、商铺租赁等民商事案件 252 件，及时帮助市场主体和人民群众渡过难关。二是优化法治化营商环境。落实省委及省委政法委“六抓六促”工作要求，牢固树立“人人都是营商环境，案案都是试金石”的理念，升级打造“5+5+5+1”工作体系。通过开

展五个专项整治、五个专项活动、五项暖企活动和持续实施涉企案件生产经营影响评估，提振市场信心，向外界释放辽宁倾力优化法治化营商环境的强烈信号，给企业吃了一颗“定心丸”。全年清理超审限案件1.3万件，清理涉特殊主体执行积案1448件，到位11.35亿元，通过“活封活扣”、财产置换盘活资产240.79亿元，让企业有实实在在的获得感。三是服务高质量发展。出台“辽法二十条”，全方位服务振兴发展。促进创新驱动发展，加大对“卡脖子”关键核心技术、重点领域知识产权保护力度，创新构建“司法区块链+”保护机制，营造良好的创新生态。服务供给侧结构性改革，发挥破产审判积极拯救、及时出清功能，助力国资国企深化改革和传统产业数字化赋能、转型升级。目前，正在全力以赴专班推进重点企业和银行破产案件审理。服务对外开放，发挥自贸区法庭职能作用，助力打造对外开放新前沿。服务生态绿色发展，坚持恢复性司法理念，判决补种复绿709亩7.1万余株、修复土地225亩、损害修复金4300余万元，保卫蓝天碧水净土。四是践行司法为民宗旨。依法审结涉民生案件44.99万件，保障群众安居乐业。落实省委关于狠抓调解化访强化源头治理的工作要求，出台判后访情评估办法，新增调解室685间、调解员1426人，推动“万人成讼率”纳入“平安辽宁建设”考评体系，诉前实质化解案件数同比上升58.67%。最高人民法院将“辽宁经验”转发全国法院推广。升级“一站式”诉讼服务体系，通过网上立案、电子送达、一站式诉讼退费等，满足群众多元司法需求。加强执行工作，执结案件31.6万件，执行到位金额1.73万亿元，将“纸上权利”变为“真金白银”，努力兑现群众胜诉权益。

三、全面提升司法能力，筑牢高质量发展根基

辽宁高院党组深刻认识到打铁必须自身硬，努力以法院高质量发展服务保障辽宁经济社会高质量发展。一是着力提升审判质效。创新管理，以“一体化、精细化、闭环管理”体系一体贯通三级法院，通过大数据分析研判、审判质效面对面评议、审判质效管理激励“三项机制”，深入查找问题、务实整改、争先创优，法定审限内结案率、一审服判息诉率、一审判决案件改发率等主要审判质效指标呈逐年上升态势。深化改革，细化权责清单，构建制约有效、监督到位、权责统一的审判权力运行机制；深化诉讼制度改革，适用认罪认罚1.15万件1.52万人，推进民事、行政诉讼繁简分流，速裁快审案件49.4万件；扎实做好四级法院审级职能定位改革试点工作，实现绝大多数案件在中级、基层法院公正高效审结，各级法院职能定位更趋科学合理，司法质量、效率和公信力明显提高。坚持科技赋能，打造“智慧服务”“智慧审判”“智慧管理”体系，推动办案提质提速。智慧法院建设连续三年位于全国前列。区块链在线审判中台被评为全国智慧法院创新案例。二是强力推进强基工程。基层承担全省法院87%的案件，是人民司法事业发展的根基。辽宁高院党组坚持强基导向，项目化清单化推进为期三年的强基工程，确保省人大常委会《关于加强人民法院基层基础建设进一步提升审判质效的决议》落地见果。在各级党委政府支持下，为基层法院增加政法专项编制537个，下派到基层挂职、任职50人，争取基层安保、便民设施和人民法庭智能化建设保障资金1.38亿元，让老百姓维护权益、实现公平正义更加高效便捷。重新调整优化人民法庭布局，在农村设立综合性法庭，在偏远地区建设了65个巡回审判点，在类型化矛盾相对集中的区域设立专业化法庭、特色法庭，

扩大法庭的案件审理范围，满足群众对“家门口法院”的期待。开展人民法庭“五化”建设、示范法庭创建活动，促进新时代人民法庭高质量发展。2家人民法庭被评为2021年全国法院先进集体。4个强基案例先后入选最高人民法院基层建设典型案例。工作经验被最高人民法院转发全国法院推广。三是加强专业化建设。强化人才培养，制定加强人才工作的意见，工程化推进青年干部成长工程，一批优秀年轻干部走上领导岗位。狠抓业务能力，开展三级法院干警培训693期3.4万人次；推进“审学研”一体化机制，储备了一批审判领军人才；以“评精品案例、推创新成果、树优秀人才”为载体，开展大规模的“学、练、赛”活动，涌现出36名省级审判业务专家、20名理论研究人才、100名办案能手、100名岗位标兵。法院队伍呈现出了从“一枝独秀”到“满园春色”的人才建设新气象。

2022年，周强院长到辽宁调研，出席辽宁省委、最高人民法院举办的追授滕启刚同志荣誉称号表彰大会，极大提振了辽宁法院和辽宁政法队伍的士气。辽宁高院行政审判、司法改革、调查研究、智慧法院建设、文化建设等5项工作分别在全国法院会议上作经验介绍。近期，最高人民法院在支持建成沈阳知识产权法庭的基础上，批复同意设立沈阳金融法庭，充分肯定辽宁法院金融审判工作专业化水平，对维护辽宁省金融安全、防范化解金融风险具有重大意义。

吉林法院工作

2022年，吉林法院坚持以习近平新时代中国特色社会主义思想为指导，深入贯彻落实习近平法治思想，全面贯彻党的十九大和二十大精神，在省委坚强领导和最高人民法院有力指导下，坚持“5511”工作总体思路，围绕“1313”总体布局，团结带领全省法院广大干警攻坚克难、砥砺奋进，主动聚焦党中央和省委重大决策部署，有效应对新冠疫情影响，奋力夺取疫情防控和审判执行工作“双胜利”，推动全省法院各项工作高质量发展实现新突破。2022年，全省法院共受理案件483 193件，审执结466 247件。其中，整体结案率96.5%，居全国第3位，自2019年9月以来连续40个月稳居全国前5位；案件结收比104.5%，居全国第5位；执行工作22项质效指标中有18项指标进入全国前5位。

一、坚持围绕中心、服务大局，全力保障吉林经济社会高质量发展

一是保障重大战略实施。围绕全面实施“一主六双”高质量发展战略，建立长春现代化都市圈司法协作机制，助力打造高质量发展核心引擎。服务创新驱动发展，深化知识产权审判领域改革，充分发挥长春知识产权法庭示范引领作用，加大对“吉林智造”关键核心技术司法保护力度。部署开展破产审判攻坚行动，吉粮集团及关联企业破产案件推进取得积极进展，东北袜业系78家企业实质合并重整工作顺利推进。部署开展“1+10”环境资源审判集中管辖改革，建立东北虎豹国家公园司法保护基地，推动建立松花江流域司法协作保护机制。坚决落实最严

格的耕地保护制度，组织开展“战疫保春耕”行动，实施黑土地司法保护工程，依法守护黑土粮仓。推动建成延边东北亚区域国际商事争端解决中心和域外法查明与研究中心，成功举办第四届中国图们江区域（延边）“一带一路”倡议法学研讨会。

二是优化营商法治环境。部署开展法治化营商环境建设提升行动，推出8项重点任务38项具体举措，暖企惠企司法措施有效落实，营商法治环境评价核心指标持续提升。在最高人民法院帮助指导下，高标准完成长春智慧法务区互联网、国际商事、金融、环资、破产5个专业法庭建设任务，圆满实现年度内全部入驻并实质化运行的工作目标，连同长春知识产权法庭，形成6个专业法庭齐聚长春智慧法务区的工作布局，为构建高能级法务生态体系提供了有力支撑。

三是依法保障抗疫大局。认真落实疫情要防住、经济要稳住、发展要安全的战略部署，坚持在法治轨道上惩治涉疫犯罪、化解涉疫矛盾，实行涉疫案件专项台账管理制度，依法高效审结涉疫案件。发布10个涉疫犯罪典型案例，维护全省疫情防控秩序。根据疫情形势变化，及时调整司法政策，出台“十二项具体措施”，加强疫情司法应对，精准服务“六稳”“六保”。大力推广线上“隔空”审判，扎实开展“审判执行攻坚专项行动”，努力实现“审判执行不停摆、公平正义不止步”。积极参与全省疫情防控，广大干警按照属地防控要求，配合所在社区开展人员转运、物资发放、核酸采样、卡点值守、垃圾清运等疫情防控工作，共同筑牢全省防控工作“安全线”。

二、坚持维护稳定、化解矛盾，推动建设更高水平的平安吉林、法治吉林

一是全力抓好维稳安保。把做好党的二十大维稳安保工作作为首要政治任务和根本政治责任，统筹部署风险隐患排查、重大敏感案件审理、扫黑除恶、防范化解重大风险等工作，依法审结孙力军政治团伙案等重大案件，妥善化解江源农商行案等一批涉金融和房地产重点领域纠纷以及77件涉2153人集体诉讼案件。全面推行领导包案、公开听证制度，全力攻坚化解信访积案并实现“动态清零”，圆满完成重大会事期间信访维稳任务。

二是深化府院联动机制。推动府院联动由个案协调、事后化解向源头预防、前端治理延伸，组织召开行政争议协调化解中心工作会议，与省政府、省检察院联合出台诉前行政机关自我纠正实施办法，推动行政争议源头化解，行政争议协调化解率达79.49%。推动将行政机关负责人出庭纳入地方法治政府绩效考核，制定《行政机关负责人应诉实施细则》，行政机关负责人出庭应诉率达100%。大力推进政府部门、国有企业债权清收和债务清理工作，执结涉党政机关债务清理案件358件、国有企业债权清收案件87件，执结率分别为100%、86.14%，执行到位金额3亿元、1.41亿元。

三是深化社会治理创新。大力推进诉调对接、多元化解，诉前调解案件20.2万件，占一审新收民事案件83.35%，调解成功17.9万件，调解成功率达88.37%。整合“百姓说事·法官说法”“法官进网格”“普法七走进”工作机制效能，广泛开展“无讼社区、无讼村屯”创建活动，培育创建对象388个。诉源治理成效明显，新收诉讼案件30.5万件，同比下降26.42%。

四是完善诉讼服务体系。持续推进一站式建设，巩固提升审判服务“好差评”制度和“办

不成事”反映窗口建设成果，群众现场满意率达 98.7%。诉讼服务质效居全国第 2 位，连续四年稳居全国前列。推动建立“全域通办”工作机制，全省跨域异地办理立案、诉前调解、诉讼缴费等事项 3811 件次。组织开展“为群众办实事示范法院”创建活动、“三服务”活动和打击整治养老诈骗专项行动，为群众办实事 797 件。

三、坚持深化改革、创新驱动，持续推进审判体系和审判能力现代化

一是深化司法体制改革。以强化审判权力制约监督为重点，推动审判权责清单、“四类案件”监管、规范法官自由裁量权行使等制度落实。建立审判执行质效“135+N”常态化监管机制，以系统化的工作抓法、一体化的落实举措，持续推动解决司法权运行不规范、监管不到位问题。稳妥推进四级法院审级职能定位改革试点工作，持续完善案件提级管辖机制和民事行政案件再审程序。

二是加快智慧法院建设。与科大讯飞、华为开展战略合作，联合开发人工智能、区块链、云计算、元宇宙等新技术辅助审判业务项目，形成移动办案系统、融合法庭、虚拟现实 + 诉讼服务等成果。持续推进全流程无纸化网上办案，在线诉讼服务深度广泛应用，电子档案改革试点取得积极进展。推动实现法院“一张网”与“数字吉林”政务服务平台对接，实现更大范围数据共享。持续推进全省法院信息化 4.0 版建设，吉林智慧法院建设工作稳居全国第一方阵。

四、坚持从严管党、从严治院，切实锻造忠诚干净担当的高素质法院队伍

一是加强党的政治建设。扎实开展“两个确立”主题教育，举办中基层法院院长习近平法治思想专题研讨班和政治轮训班 12 期，培训 10.2 万人次，引领广大干警深入学习贯彻马克思主义中国化时代化最新理论成果。认真落实“第一议题”制度，全年召开党组会议 43 次、党组理论中心组专题学习 9 次，严格落实党组定期议党制度，全年研究部署党建工作 24 次，坚持听取直属中院党组年度述职报告，实现对中院党组政治巡察全覆盖。构建法院文化建设“6+1”工作布局，认真落实意识形态工作责任制，组织制定意识形态领域个性任务清单、风险清单，确保意识形态领域安全。

二是加强司法能力建设。组织实施队伍素质“提升工程”，加大优秀年轻干部“选育管用”力度。扎实开展“基层建设年”活动，结合法院实际，部署开展“省法院院领导包保基层”工作和审判力量对口支援行动，推动解决或缓解了基层审判力量不足等一批长期困扰基层的老大难问题。部署开展为期四年的“标准化建设年”活动，出台工作标准 79 项，加快构建与现代化法院建设相适应的标准化管理体系。

三是加强党风廉政建设。将党风廉政建设和反腐败工作会议作为“开年第一会”，深化部署全年党风廉政建设工作任务。建立健全党风廉政建设“5+N”内部责任体系，加强警示教育、廉洁教育，持续深化“三不腐”一体推进。扎实贯彻《中共中央关于加强对“一把手”和领导班子监督的意见》和省委若干措施，强化与驻院纪检监察组工作配合，自觉接受驻院纪检监察组专责监督。强化机关纪委建设，配强力量、理顺机制，充分发挥内部监督职能作用。

四是加强队伍作风建设。严格贯彻落实中央八项规定及其实施细则精神，遵守“三个规

定”“十个严禁”，以零容忍态度严惩司法腐败，全年共查处违纪违法干警78人。持续深化以案为鉴、以案促改，严格落实法官与律师交往“八条禁令”、在职人员任职回避、离职人员从业限制等铁规禁令，持续扎紧制度铁笼。巩固扩大队伍教育整顿成果，组织开展审务督察、司法作风专项督察，集中整治司法作风突出问题1316个，处理处分干警925人。

黑龙江法院工作

2022年，黑龙江法院坚持以习近平新时代中国特色社会主义思想为指导，深入学习贯彻党的二十大精神，认真落实省第十三次党代会和省委十三届二次、三次全会各项部署，守正创新，勇毅前行，各项工作取得新成绩。全省法院审结各类案件115.1万件，同比增长11.2%。省法院结案1.2万件，同比下降8.8%。一审服判息诉率位列全国第一。

一是牢牢把握加强政治建设这一根本，坚决拥护“两个确立”、坚决做到“两个维护”。把捍卫“两个确立”、做到“两个维护”作为最高政治原则和根本政治规矩。扎实开展对党忠诚教育和“两个确立”主题教育，筑牢绝对忠诚思想根基。党组书记带头讲党课，院党组研究确定20本政治类书籍作为全省法院干警必读书。深入开展“解放思想、振兴发展”研讨和“践行‘两个维护’、本职岗位建功”活动，工作做法在最高人民法院“两个确立”主题教育会议上交流经验。严格执行重大事项请示报告制度，向省委请示报告重大事项32次，向省委政法委请示报告55次。建立贯彻党中央和省委决策部署7方面15本任务台账，全部纳入“四个体系”由三级法院“一把手”推进落实。牢牢把握意识形态工作主动权，坚决抵制西方错误思潮，确保司法领域意识形态安全。

二是紧紧围绕党中央和省委决策部署安排推进工作，助力经济社会高质量发展。聚焦加快建设“六个龙江”、推进“八个振兴”，全面发挥法院职能。审结一审刑事案件2万件，判处罪犯2.8万人。持续推进扫黑除恶专项斗争，打财断血工作被省“能力作风建设年”活动办评为优秀，打击养老诈骗等群众反映强烈犯罪的审判做法被中央政法委推介经验。依法审理王沿民、李洪祥、关喜华等贪污贿赂犯罪案件601件807人。推进省金融司法协同中心实体化运行，审结金融纠纷案件5.7万件。组织全省法院深入开展“百日清收攻坚行动”，清收贷款58亿余元。对全省地方法人银行机构涉案情况进行调研分析并提出建议。完成全省法院知识产权审判“三合一”改革，审结知识产权案件2958件，同比上升23%，典型案例入选自贸区省级创新实践案例。组织开展“万名干警走访万家企业”活动，服务重点市场主体1300余家，被全国工商联作为全国第四次法治民企论坛推荐案例。执结涉企案件12.88万件，执行到位264.43亿元，执行到位率连续排名全国第一。协助省人大常委会制定全国首个加强环境资源审判工作的法规性决定，建立环境资源审判咨询专家库。全省法院审结环境资源案件3.7万件，同比增长34.4%。省法院环资庭被最高人民法院授予“环境资源审判先进集体”。会同7个省直部门制发保护种业知识产权实施方案，严惩盗采泥炭黑土、非法占用农用地、产销伪劣农资以及制售假种、套牌侵权等犯罪 388 件 473 人。诉讼外调处纠纷 69.35 万件，党委领导下的多元解纷、诉源治理机制建设位列全国法院第一。建立信访矛盾闭环化解机制，涉诉信访化解质效连续三年位居全国法院第一，得到最高人民法院和国家信访局充分肯定。

三是积极作为，为打造一流法治化营商环境贡献法院力量。按照党中央和省委部署要求，把优化营商环境作为重大政治任务，摆在工作突出位置。省法院院长牵头优化营商环境“执行合同”“办理破产”两个专班工作，大力推进商事纠纷降本增效，执行合同 14 项任务指标有 13 项提前达标，诉前调解案件成功率、12368 热线服务满意度评价、小额诉讼程序适用率、电子送达率、一审服判息诉率等 5 项位列全国第一。全省法院审结合同案件 51.4 万件，平均审理天数缩短 22.9 天，效率提高 54.5%。成立省级破产管理人协会，协调 13 个地市政府（行署）解决破产启动资金 1975 万元。审结各类破产案件 9574 件，结案率高于全国平均值 39.56 个百分点，排名全国第一。完成铁路运输法院集中受理跨地域行政诉讼案件改革，建立与行政区划适当分离的行政诉讼管辖制度，保障行政审判质量、效率、效果全面提升。全省法院审结一审行政案件 6792 件，行政机关负责人出庭应诉率连续四年保持 100%、连续六年位列全国第一。制作《行政审判白皮书》，对黑龙江省行政执法提出建议。全面加强案件网上办理、集约办理，网上立案 65.61 万件。省法院和全省法院诉讼服务“一站式建设”考核均排名全国第一。深入开展“打官司不求人”示范法院创建活动，得到全国政法队伍教育整顿办公室高度评价并在全国政法单位推介经验。

四是扎实开展能力作风建设，推动法院工作开创新局面。深入贯彻省委“能力作风建设年”活动部署，激励实干担当，勇于争先创优。确定“有指标争第一，无指标创典型”总体思路，将年度重点工作量化为 33 个在全国法院“争第一”指标、50 个“案件质量提升”指标、六大攻坚破难项目。省法院党组书记靠前指挥，运用“四个体系”狠抓落实，院能力作风办日调度、月总结、季通报，在全省法院系统形成了“院院创品牌、条线争站位、部门树工匠、专项出成果、质效快提升”的赶超跨越良好氛围。33 项指标中有 31 项位列全国第一，有 2 项位列全国第二；六大攻坚破难项目全部高质量达标。省电视台《新闻联播》对省法院能力作风建设情况作了长时间专题报道。省法院在全省深入开展“能力作风建设年”活动工作推进会议上介绍了经验。省法院线上当事人对法院工作满意度超过 99%。

五是狠抓队伍从严管理，努力打造堪当时代重任的龙江法院铁军。全省法院院长和所有干警统一“刷脸”考勤，每日公示；全省法官办案质效指标统一排名，实时更新；全省法院主要工作目标考评统一排名，定期通报。召开全系统党风廉政建设会议、警示教育大会和文化建设大会，建成廉洁文化长廊，突出抓好家庭助廉活动，多层面夯实不想腐思想自觉。认真落实党中央和省委关于加强对“一把手”和领导班子监督的各项规定，常态化执行党风廉政建设考核、同下级“一把手”谈话等制度，严格执行新时代政法干警“十个严禁”和防止干预司法“三个规定”。建立干警个人成长档案，制定《关于适应新时代要求大力发现培养选拔年轻干部的实施方案》，建立“导师帮带”制度，全方位筑牢廉洁防线，中组部共产党员网以《黑龙江省高级人民法院打造年轻干部“选育管用”全方位工作机制》为题，刊载了省法院教育管理监督年轻干警的做法。刀刃向内查处干警 169 人次，其中重处分 16 人次，移送司法机关 6 人，遏制增量、清除存量。

上海法院工作

2022年，全市法院坚持以习近平新时代中国特色社会主义思想为指导，全面贯彻党的二十大精神，在市委坚强领导下，在市人大及其常委会有力监督下，在最高人民法院大力指导下，忠实履行宪法法律赋予的职责，各项工作取得新进展。

一、贯彻落实新发展理念，服务保障经济社会高质量发展

一是加强疫情防控司法应对。出台《关于司法服务保障疫情防控和经济社会发展的若干意见》，发布《关于涉新冠肺炎疫情案件法律适用问题的系列问答》，全网传播量超700万，有力发挥司法树规则、稳预期作用。坚持常态化依法战"疫"，从严从快惩治"山姆团购诈骗案""殴打防疫志愿者案"等犯罪行为，妥善处置涉疫情民商事案件，推动涉疫情行政争议实质性化解。疫情封控期间，广大干警积极响应号召，共有6569人参与志愿者服务和城市运行保障工作4.6万余次，762人下沉支援抗疫一线。二是服务保障重大战略实施。制定实施《关于支持和保障浦东新区高水平改革开放打造社会主义现代化建设引领区的实施方案》等专项司法意见。围绕服务保障长三角一体化发展，与苏浙皖三地法院不断完善异地审执协作、司法数据共享、联合信用惩戒等工作机制，举办首届长三角金融司法论坛，全方位、多维度推进长三角区域司法协作。对接进口博览会司法需求，打造"驻馆、驻庭、驻点"三大服务站，在展馆内、法庭处、联合服务点提供跨域立案、法律咨询、诉前调解、判后答疑等一站式诉讼服务，涉展会相关纠纷高效化解。三是持续打造一流法治化营商环境。积极推进法治化营商环境创新试点工作，由市高院牵头和参与的22项创新试点任务和3项市营商环境重点任务均已完成或者基本完成，市高院新出台或牵头相关部门联合出台政策文件19件，总结形成4项经验上报国务院办公厅。提升商事纠纷解决质效，进一步提升市场主体获得感。优化办理破产程序，在浦东新区法院设立专门的破产审判庭，建立破产案件涉案信息在线查询系统，优化破产管理人制度，实施管理人名册扩容计划，在全国率先研发运用在线即时指定管理人信息系统，破产审判工作水平进一步提升。

二、坚持严格公正司法，平安上海、法治上海建设向纵深推进

一是依法履行审判职责。积极应对疫情带来的不利影响，较好完成了审判执行任务，全市法院共收案77.5万件，结案77.5万件，结收比99.9%，结案均衡度、执行案件法定期限内结案率等反映审判执行质效的核心指标继续位居全国前列。特别是疫情期间，依托线上立案、线上庭审加强审判工作，实现疫情期间审判执行工作"不停摆"。妥善审理全国首例涉"新三板"操纵证券交易市场责任纠纷案、"复旦大学教师故意杀人案"等一批引起社会关注的大要

案，取得良好效果。二是积极推动法治政府建设。深入推进行政争议实质解决，依托行政争议多元调解联合中心，整合法院诉调对接、司法行政机关非诉调解等多方力量，开展行政争议协调和解，督促主动纠错、实质化解，行政相对人实质利益得到有力维护。服务保障旧区改造工作，稳妥推进旧改征收司法执行新机制实施，促进平均征收周期缩短半年以上。三是加大执行工作力度。坚持常态化执行攻坚，开展非法集资案件涉财产执行、养老诈骗案件、职务犯罪案件和涉黑恶案件等专项执行行动，执行力度持续加大。强化善意文明执行理念，采取暂缓强制执行、“活查封”等措施，全力促成双方达成执行和解协议。强化执行信息化建设，优化智慧执行系统，研发上线财产处置管理子系统，加强对财产查控、财产变价处置、案款管理等重点环节监督管理。

三、系统推进司法体制改革和智慧法院建设，审判体系和审判能力现代化水平持续提升

一是深化司法体制综合配套改革。深入推进集“流程监督、制度监督和信息化监督”于一体的新型审判权力制约监督体系建设，强化对重大疑难复杂等“四类案件”监督管理，制定上海法院加强“四类案件”监督管理规定，探索建立专业法官会议“应上未上”倒查通报机制，使权责行使、管理、评价更加标准化、规范化。制定司法体制综合配套改革重点培育项目清单，确定 6 大方面 29 项重点培育项目，以点带面推动形成具有上海法院特色的制度经验。二是积极推进四级法院审级职能定位改革试点。建立改革试点规则指引体系，完善案件级别管辖、提级管辖、再审程序改革等配套机制，28 项改革试点任务有序推进落实，推动形成基层法院重在准确查明事实、实质化解纠纷，中级法院重在二审有效终审、精准定分止争，高级法院重在再审依法纠错、统一裁判尺度的审判格局。三是持续推进全流程网上办案体系建设。依托“上海一网通办”诉讼服务栏目、随申办市民云 App、12368 诉讼服务热线等平台，积极引导当事人或代理人通过线上途径参加诉讼，制定实施在线异步诉讼、电子送达规则，优化完善法官办案系统功能 292 项。截至 2022 年年底，全市法院网上立案率 89.5%、随机分案率 91.2%、在线庭审适用率 58.6%、电子送达适用率 59.1%，新收案件实现 100% 电子档案单轨制归档，各项指标均大幅增长。

四、打造忠诚干净担当的法院铁军，队伍建设取得新进步

一是巩固深化队伍教育整顿成果。贯彻落实中央督导组“回头看”反馈意见，组织对教育整顿以来问题线索再梳理，对信访件加强分析甄别，对“政治忠诚”剖析报告等再次检视。推进“为群众办实事”示范法院创建工作，4 家法院被最高人民法院评为“为群众办实事示范法院”。“邹碧华精神引领工程”“至正剧社”被评为“全国法院文化建设特色项目”。二是加强高素质人才队伍建设。制定审判业务领军人才培养实施方案和审判业务专家（骨干）评选工作方案，自下而上组织审判业务专家、骨干评选，构建以审判业务领军人才为引领、以审判业务骨干为后备的人才梯队。抓好分类分级精准化培训，举办各类培训班 69 期，3.5 万人次参训。三是加强廉洁司法建设。深化全面从严治党“四责协同”机制，首次对落实“四责协同”情况进

行量化考核，督促管党治党责任落实。严格落实防止干预司法案件“三个规定”，切实防止干预司法案件行为。开展“促发展、保安全”专项自查和司法作风突出问题集中整治，重点排查整治审判执行、裁判文书、诉讼服务、信访工作等方面存在的司法作风问题，以群众是否真满意检验司法作风改进的成效。

江苏法院工作

2022 年，全省法院坚持以习近平新时代中国特色社会主义思想为指导，深入贯彻习近平法治思想，学习宣传贯彻党的二十大精神，认真落实“疫情要防住、经济要稳住、发展要安全”重大要求，紧紧围绕“努力让人民群众在每一个司法案件中感受到公平正义”目标狠抓执法办案，持续深化高质量司法实践，为“强富美高”新江苏现代化建设提供有力司法服务保障。全省法院共受理案件 208.7 万件，审执结 186.4 万件，分别增长 1.9%、3.1%。全省法院 9 项工作在全国性会议上作经验交流，109 个集体、284 名个人受到中央、最高人民法院和省有关部门表彰。

一、服务保障高质量发展

一是营造一流法治化营商环境。审结商事案件 17.3 万件，标的额 1517.2 亿元；出台服务保障全国统一大市场建设的意见，促进市场公平竞争；开展“优化法治化营商环境执行年”1+4 专项行动，为 47 794 家企业修复信用；开展与个人破产制度功能相当的改革试点，为 33 名诚信的创业失利者提供东山再起的机会；设立最高人民法院破产审判研究中心（南京）研究基地，创新“执破融合”机制，审结破产案件 6356 件，化解不良债权 4326 亿元，安置职工 7.2 万人，盘活土地房产 3088 万平方米，南京建工集团等 349 家企业重获新生。二是服务创新驱动发展。成立无锡、徐州知识产权法庭，出台服务数字经济发展措施，审结案件近 3 万件，7 件案件入选全国法院年度十大知识产权案件及 50 件典型案例；江苏两项创新举措获评知识产权强国建设首批典型案例，省法院连续三年获评全国打击盗版侵权有功单位；创设知识产权省级执法司法协作机制，成立南京都市圈知识产权保护联盟。三是服务绿色低碳发展。深化环资审判“9+1”机制改革，审结环资案件 8409 件；持续加强长江大保护，审结相关案件 237 件；联合设立全国首家生物多样性司法保护馆，审结相关案件 136 件；编写《漫画生物多样性保护》被央视《读书》栏目专题推荐，以江苏环境司法为背景的环保大剧《江河之上》即将播出。四是全力助企纾困解难。走访调研企业 7696 次，助企解决案款执行难等问题 3638 件；审结涉中小微企业案件 11544 件，3 件案例入选全国法院助力中小微企业发展十大案例。五是推进法治政府建设。审结行政案件 1.7 万件，协调化解 4565 件，行政机关负责人出庭应诉率达 93.7%；推广南通首创的行政行为自我纠正制度，被江苏省行政程序条例立法吸收。六是助力乡村振兴。出台进一步加强新时代人民法庭工作的意见，增设 9 个司法服务乡村振兴实践基地。七是服务开放强省建设。成立无锡国际商事法庭和苏州自贸试验区法庭，审结涉外、涉港澳台案件 2474 件，办理司法协助 594 件；率先出台服务 RCEP 高质量实施举措，审理涉 RCEP 成员国案件 44 件，标的额 1.7 亿元；南京海事法院成立 3 年来，受案数跃居全国海事法院第 4 位。

二、推进更高水平平安江苏建设

一是圆满完成党的二十大安保维稳各项工作。成立维稳安保工作领导小组，制定维稳安保重点工作方案；扎实开展“涉诉矛盾风险隐患拉网式大排查大起底大化解”专项行动，排查案件 563 件，全部办结；纳入“信访突出问题攻坚化解年”专项行动案件 277 件，化解、办结率 100%。二是维护国家安全和社会稳定。审结刑事案件 6.4 万件，判处 9.2 万人；依法严惩煽动颠覆国家政权、间谍窃密、邪教等犯罪；审结故意杀人、抢劫等暴力犯罪案件 4202 件；常态化推进扫黑除恶斗争，审结相关案件 168 件 780 人，处置黑财 50.8 亿元；从严从快审结电信网络诈骗犯罪 1083 件，挽回损失 1.8 亿余元。三是依法严惩腐败犯罪。审结贪污贿赂、渎职等犯罪案件 954 件 1057 人；依法妥善办理彭波、张新起等原省部级干部职务犯罪大要案；开展职务犯罪案件刑事裁判涉财产执行专项活动，追缴赃款 1.7 亿元。四是防范化解风险隐患。联合省检察院等单位制定打击治理洗钱违法犯罪三年行动计划实施方案；妥善化解 97 家“问题楼盘”涉诉矛盾纠纷，推动解决职工欠薪、复工续建等难题。

三、全力维护群众合法权益

一是加强民生司法保障。审结民事案件 82.7 万件，对 3873 人进行司法救助，救助金额 6946 万元，5 家法院获评全国首批“为群众办实事示范法院”；开展妇女儿童权益保障专项行动，排查案件 210 余万件，移送问题线索 877 条；开展打击整治养老诈骗专项行动，审结案件 141 件 330 人，追回“养老钱”2.1 亿元；健全完善欠薪案件“快立、快审、快结、快执”长效机制，审结案件 4.5 万件，薪资执行到位 14.2 亿元。二是深化一站式多元解纷和诉讼服务体系建设。推进“江苏微解纷”调解平台进乡村、进社区、进网格，全省所有人民法庭和 1353 家基层治理单位入驻平台，诉前解纷 63.5 万起；强化“家门口”式诉讼服务，网上立案 50.9 万件、跨域立案 1515 件。三是全力兑现胜诉权益。完善执行“854”模式，执结 84.3 万件，促成执行和解 7.4 万件，执行到位 1191.5 亿元；对 244 人追究拒执罪刑事责任，限制高消费 42.2 万人次。四是弘扬中华优秀传统文化和社会主义核心价值观。发布弘扬中华优秀传统文化典型案例，“业主捐赠滑梯被索赔案”入选新时代推动法治进程 2022 年十大典型案件；推出系列普法剧《第十五法庭》第二季，刷新同时段收视纪录，视频播放量超亿次。

四、持续深化司法改革

一是全面落实司法责任制。制定加强审判权制约监督意见、法律适用分歧解决机制实施办法，规范审判权运行，促进法律适用统一；制定完善审判团队运行机制指导意见、书记长管理试行办法，深化人员分类管理改革。二是提升诉讼程序效能。完善审限管理制度，案件平均审理天数减少 8.8 天；出台充分发挥中级人民法院审级监督指导作用的意见，提高案件实质化解水平，一审服判息诉率上升 1.17%；制定行政诉讼程序繁简分流工作指引，简易程序适用率上升 0.14%。三是深化智慧法院建设。实施江苏数字法院提升工程，9 个案例入选政法智能化建设创新案例；在线庭审 34 万场，在线调解 48.9 万件；拓展“区块链 + 审判”实践，已上链法院 117 家，累计存证数据 1400 万份，居全国第一。

五、全面从严管党治院

一是把政治建设摆在首位。贯彻落实党的二十大精神，开展专题辅导 96 场、学习会 519 场；深入开展“两个确立”主题教育，举办理论宣讲、专题研讨等活动 1236 场；探索党务业务融合，“75 号青年学堂”等 3 个党建品牌获评全国法院优秀党建创新案例。二是坚持正风肃纪反腐。出台顽瘴痼疾整治 30 条措施，开展司法作风突出问题集中整治，巩固深化教育整顿成果；查处利用司法权违纪违法人员 47 人，5 人受到刑事处罚。三是培养高素质队伍。强化英模引领，杜开林法官获评全国“人民满意的公务员”，受到习近平总书记亲切接见；实施“1211”司法英才培育计划，选调名校优生 40 人，遴选入额法官 202 人；组织审判业务培训班 53 期 1.3 万人次，11 个案例入选最高人民法院指导性案例和公报案例，位居全国第一。四是自觉主动接受监督。向各级人大、政协报告专项工作，办结省人大代表建议 17 件、省政协委员提案 14 件，邀请代表委员“零距离”监督审判执行活动 18 544 人次；主动接受检察机关法律监督，依法审结各类检察抗诉案件 380 件，办结各类再审检察建议 691 件；深化人民陪审制度改革，3 件案例入选最高人民法院人民陪审员参审典型案例。

浙江法院工作

2022 年，浙江法院新收各类案件 122 万件，办结 123.7 万件，主要办案质量、效率、效果指标继续保持在全国前列。

一、坚持“三并原则”，为“两个先行”提供有力司法保障

坚持打击与防范并举、惩治与保护并重、办案与服务并行，充分发挥固根本、稳预期、利长远的司法保障作用。一是坚决维护国家安全和社会稳定。贯彻总体国家安全观，审结一审刑事案件 5.6 万件，其中杀人抢劫等严重刑事案件 6000 余件，非法集资、电信网络诈骗等涉众型犯罪案件 2544 件。审结职务犯罪案件 605 件 721 人，其中原为厅局级 10 人、县处级 43 人，依法判处江西省人大常委会原副主任史文清死缓。二是统筹保障疫情防控和经济社会发展。坚决落实“疫情要防住、经济要稳住、发展要安全”的要求，大力开展助企纾困专项行动，依法支持缓解融资难题，灵活采用信用修复、“活扣”“活封”、调解、和解、司法重整等法律调节手段，2061 家中小微企业因灵活执行帮扶得以重生，1571 家企业经信用修复恢复正常生产经

营。三是助力打造市场化法治化国际化一流营商环境。依法平等保护民营企业产权和企业家合法权益，审结涉企纠纷 32.5 万件，民营企业涉诉量从 2019 年的全国第 5 降至全国第 11。审结破产案件 4531 件，化解不良金融资产 735 亿元、盘活土地 7 万亩、房屋 796 万平方米，安置职工 20 358 名，有力促进腾笼换鸟、转型升级。实施涉外商事海事审判精品战略，涉及 70 多个国家和地区的外国当事人把宁波海事法院作为国际海事纠纷争议解决优选地。四是积极服务创新驱动发展。审结各类知识产权案件 2.6 万件，平均审理期限同比缩短 10 天，判决惩罚性赔偿金额 3450 万元，激发企业家创新创业创造活力。发挥互联网司法先行优势，妥善审理"元宇宙侵权第一案""平台虚拟权益案"等涉数字经济案件 6179 件，促进数字经济在法治轨道上健康发展。

二、持续兑现"三项承诺"，努力让人民群众在每一个司法案件中感受到公平正义

持续兑现"努力做到不使有诉求的群众因经济困难打不起官司，不使有理有据的当事人因没有关系打不赢官司，不使胜诉当事人的合法权益因执行不力、不公得不到保护"的"三项承诺"。一是健全以人民为中心的诉讼服务机制。严格落实立案登记制，实现诉讼服务跨区域远程办理、跨层级联动办理，全省法院当场立案率 98.2%。积极探索适老扶弱诉讼机制，引入"陪同诉讼""老年人权益律师保护团"，填平"数字鸿沟"，畅通"无障碍"服务。持续改革和优化人民法庭布局，法庭总数从 2017 年的 243 个增至 338 个，成为服务基层群众、助力乡村振兴的前沿阵地。二是扎牢民生司法保障网。全面施行民法典，审结一审民事案件 63.9 万件，促进民权保障、民生改善。聚力"保交楼、保民生、保稳定"，审结商品房买卖等案件 1.1 万件。优先立案、审理、执行劳动争议案件 1.4 万件，帮助农民工追回"血汗钱"6243.1 万元。审结婚姻、继承、抚养、赡养等案件 5.1 万件，作出人身安全保护令 360 件、家庭教育令 194 件，为妇女、儿童、老年人筑起法治护盾。依法救助 1427 件 1904 人，发放救助款 4830.7 万元，"应救尽救""把好事办好"。审结一审环境资源案件 3475 件，促进人与自然和谐共生。三是攻坚"切实解决执行难"。推动完善综合治理执行难大格局，执结案件 35.6 万件，执行到位金额 902.7 亿元。深入推进"执行一件事"综合集成改革，不动产司法拍卖用时减少 40%，买受人平均办证用时由原来 20 天缩短至 2 天。依托涉众案款发放平台，为 283 起涉众型案件 104 万名当事人发放案款 99 亿元，让胜诉权益加快兑现。

三、坚持守正创新，加快推进新时代法院现代化建设

一是巩固深化诉源治理"浙江模式"。2018 年起主动将法院调解工作置于党委政府大治理格局之中，分别在乡镇、县级和全省层面总结推广永康"龙山经验"、舟山"普陀模式"和"浙江解纷码"，积极助推"信访打头、调解为主、诉讼断后"县级社会治理中心建设，最大限度把各类矛盾纠纷化解在基层、消除在萌芽。2022 年全省法院收案从 2017 年的全国第 2 降至第 8。二是大力推进"全域数字法院"建设。巩固提升"杭州互联网法院""移动微法院"等创新成果，努力打造全生命周期司法平台、全时空在线司法服务、全流域智能司法模式、全方位

变革司法制度的现代化法院。“浙江全域数字法院”改革专题片亮相中宣部“奋进新时代”迎接党的二十大主题成就展，浙江智慧法院建设综合评价连续 3 年全国第一。三是全面加强“共享法庭”建设。依托数字化手段，把调解指导、纠纷化解、线上诉讼、普法宣传、基层治理等服务送到群众家门口，打造学习宣传贯彻习近平法治思想的基层阵地，打造一站式诉讼服务、一站式多元解纷、一站式基层治理的最小支点。全省建成共享法庭 2.7 万个，化解矛盾纠纷 15 万件，普法宣传 5.2 万场 293.7 万余人次，受到基层和群众广泛好评。四是深化行政争议实质化解。坚持依法调解原则，全面推进行政争议调解中心建设，协调化解近 40% 的行政案件，协调撤诉率连续 3 年全国第一，一大批涉及重点工程、重大项目的行政争议得到妥善处理。出台意见支持“大综合一体化”行政执法改革，健全府院联席会议制度，发送行政审判白皮书、司法建议等 732 份，有力推动法治中国示范区建设。

四、强化自我革命，打造全面过硬法院队伍

一是持续开展思想建设年活动。坚持把学习贯彻党的二十大精神作为首要政治任务，深入开展“院长论坛”“法官论坛”，坚定捍卫“两个确立”、坚决做到“两个维护”。各地市相继召开市委法院工作会议，为法院工作高质量发展提供坚强政治保障。二是持续开展质量建设年活动。连续 5 年组织开展司法质量监督大检查，累计评查案件 7.4 万件，问责 2000 余人次，倒逼规范办案行为、提升办案质量。深化打击虚假诉讼专项行动，查处虚假诉讼案件 5780 件；深化打击扰乱诉讼秩序专项行动，依法惩处扰乱诉讼秩序行为 2686 件，坚决维护司法权威；深化清理长期未结案专项行动，12 个月以上长期未结案件从 2017 年的 1.18 万件降至 229 件，创 15 年来最低。三是持续开展作风建设年活动。巩固提升政法队伍教育整顿成果，深入开展作风建设年活动，组织“四项建设”综合大检查，运用第一种形态处理轻微违纪违规行为 872 人次，查处违纪违法 82 件 81 人。大力弘扬英模精神，全省法院 57 个集体、98 名个人荣获省级以上荣誉。杭州知识产权法庭获全国“人民满意的公务员集体”；宁波鄞州法院黄文娟荣获全国“人民满意的公务员”、全国“2022 年度十大法治人物”。

安徽法院工作

2022 年，安徽法院坚持以习近平新时代中国特色社会主义思想为指导，深入学习贯彻习近平法治思想，认真学习贯彻党的十九大和二十大精神，紧紧围绕“努力让人民群众在每一个司法案件中感受到公平正义”目标，坚持服务大局、司法为民、公正司法，忠实履行宪法法律赋予的职责，各项工作取得新进展。一是审判执行质效稳居全国法院前列。2022 年，全省法院受理各类案件 2 330 088 件，办结 2 301 539 件，审判执行案件结案率 98.31%，居全国法院第 1 位；省高院结案率 95.54%，居全国高院第 1 位。二是多项工作被中央政法委、最高人民法院推介。安徽法院创新“执行 110”机制等工作得到最高人民法院的肯定。安徽高院作为 2 家

高院之一，在 2022 年中央政法委召开的全面深化政法改革推进会上就推进法院审级职能定位改革工作交流经验。打击拐卖妇女儿童犯罪、一站式建设等 5 项工作在全国性会议上作经验交流。三是涌现出刁志岭、赵晓冬、丁庆武等一批先进典型，宿州中院耿青同志获评全国“人民满意的公务员”称号。

一、坚持把党的政治建设摆在首位

把学习宣传贯彻党的二十大精神作为首要政治任务，及时召开党组扩大会传达学习、开展党组理论学习中心组集中研讨，省高院主要负责同志带头赴泗县法院、涡阳县宣讲党的二十大精神。坚持党组会首题必政治学习和决策前学习习近平总书记重要讲话指示、批示机制，加强习近平法治思想学习研讨，认真学习《习近平谈治国理政》第四卷，组建青年理论学习小组 522 个，全覆盖开展政治轮训。扎实开展“两个确立”主题教育，引导干警在思想上高度认同核心、政治上绝对忠诚核心、行动上坚决捍卫核心。牢牢坚持党对司法工作的绝对领导，认真贯彻政法工作条例及省委实施办法，及时修订完善 12 项落实举措，构建党建与业务融合发展等工作机制，加强党组对审判执行工作的领导，严格执行重大事项请示报告制度。严格落实意识形态工作责任制，旗帜鲜明反对“宪政”“三权鼎立”“司法独立”等西方错误思潮，坚定不移走中国特色社会主义法治道路。

二、立足审判职能服务经济社会发展大局

自觉践行总体国家安全观，全省法院审结刑事案件 65 913 件，同比减少 8.72%；认真贯彻落实反有组织犯罪法，扎实推进常态化扫黑除恶斗争；深入推进打击整治养老诈骗专项行动，严惩拐卖妇女儿童、电信网络诈骗等犯罪；抓好重大敏感案件审理，依法妥善审理中央交办的周江勇案、潘家华案，为党的二十大胜利召开营造安全稳定的政治社会环境。积极参与全省创优营商环境提升行动，制定 24 条司法保障举措，围绕“执行合同”“办理破产”指标，认真落实牵头办理、推动提升责任，服务创建一流营商环境；全省法院审结民商事案件 866 217 件、同比增长 0.49%，标的额 2441.04 亿元。加大知识产权司法保护力度，完成全省法院知识产权管辖布局调整，审结知识产权案件 12 102 件。加强生态环境司法保护，审结环境资源案件 15 109 件。深化区域司法协作，依法办理涉沪苏浙企业民商事案件，服务长三角一体化发展。持续加强府院联动，与省政府联合印发进一步完善“府院联动”工作机制意见，发布促进政务诚信优化营商法治环境等典型案例，助推法治政府建设，审结行政案件 21 616 件，同比减少 2.67%。

三、持续深化“江淮风暴”执行攻坚

保持强制执行力度不减，在全省法院统一开展“江淮风暴”执行攻坚优化营商环境之夏季行动，集中执结拖欠企业债务等 6 类重点案件 111 172 件。在全国法院首创“执行 110”机制，相关做法被最高人民法院推介。加强财产处置变现，持续开展“6・18”“11・11”网络司法拍卖节活动，成交金额 15.98 亿元。完善执行联动机制，联合省公安厅推进查控系统全省部署优

化，与省自然资源厅推进不动产线上执行查控与信息共享工作。开展执行长效机制建设巩固年活动，出台深化执源治理工作意见。全省法院执结案件 512 400 件，结案率 98.74%，居全国法院第 1 位。

四、全力巩固提升审判执行质效

把“巩固提升审判执行质效”作为贯穿全年的主要任务，统筹推进司法改革、审判管理、智能化建设应用、诉源治理、涉诉信访“五项重点工作”，突出 10 项重点指标，带动审判执行质效整体提升。扎实推进司法改革，落实法院审级职能定位改革要求，省高院调整部分审判部门职责分工，优化审判权力运行机制；巩固民事诉讼繁简分流改革试点成果，制定简单民商事案件推行要素式审判方式工作规则。加强审判管理，持续推进均衡结案，开展“发改提指”案件专项评查。深化智能化建设和应用，全省法院互联网法庭实现全覆盖，共网上开庭 91367 场。强化诉源治理，推进“总对总”在线诉调对接，加大民间借贷等 9 类民商事纠纷诉前调解力度，推动人民法院调解平台进乡村、进社区、进网格。抓好涉诉信访，认真贯彻《信访工作条例》，出台涉诉信访工作规程，构建“党建 + 信访”等工作机制，开展“集中治理重复信访、化解信访积案”“执行信访化解年”“领导干部带案下访月”等活动；根据省委统一部署，省高院主要负责同志先后 5 次赴淮北、铜陵市接待企业、群众上访；省高院 14 名厅级干部分赴基层集中接待来访群众 329 批次，全省法院领导干部共带案下访处理信访案件 1731 件。

五、锻造忠诚干净担当的过硬法院队伍

巩固拓展队伍教育整顿成果，修订完善省高院党组全面从严治党主体责任清单；大力弘扬英模精神，深入开展向魏晶晶、刁志岭等先进典型学习活动；坚决彻底肃清张坚等流毒影响，深化警示教育，组织干警旁听职务犯罪庭审；制定贯彻落实《纪检监察机关派驻机构工作规则》若干措施，严格执行防止干预司法“三个规定”、新时代政法干警“十个严禁”等铁规禁令，维护司法廉洁。深入开展“为群众办实事示范法院”创建活动，扎实开展司法作风突出问题集中整治，弘扬求真务实工作作风。加大激励关爱干警力度，坚持“以办案论英雄”导向，组织开展审判业务专家、岗位练兵、办案之星、党员先锋岗等评比活动，评选首届全省法院审判业务专家 17 名；出台进一步加强关心干警身心健康工作实施办法、失实检举控告澄清工作实施办法，促进干警安身、安心、安业。

福建法院工作

2022 年，福建法院坚持以习近平新时代中国特色社会主义思想为指导，深入贯彻习近平法治思想，认真学习贯彻党的二十大精神，推进服务大局、司法为民、公正司法，各项工作不断取得新进展新成效。全省法院受理各类案件 101.37 万件，办结 96.8 万件，结案率 95.49%，

同比上升 1.67 个百分点。省法院受理 2.06 万件，办结 1.65 万件。

一、紧扣高质量发展主题，服务保障新发展阶段新福建建设

一是统筹疫情防控和审判执行工作。制定疫情防控 6 批 46 条举措，因时因势调整优化司法措施。充分发挥线上优势，网上立案 16.79 万件、网上调解 26.4 万次、网上开庭约 3 万次，确保诉讼服务不停摆、公平正义不止步。二是深化法治化营商环境建设。出台司法服务创新型民营企业发展的 24 条措施，保障创新型省份建设。注重运用“执破直通”“预重整”等机制盘活资金、挽救企业，用时 36 天推动“实达集团”高效重整，成为全国审理时间最短、执行效率最高的上市公司重整案件。举办首届厦门金融司法协同论坛，发挥辐射两岸、影响全国、面向世界的积极作用。全面加强知识产权司法保护，知识产权三级法院联动保护格局不断完善。省法院作为全国第二家高院，与世界知识产权组织仲调中心签署合作协议，促进涉外知识产权纠纷高效多元解决。深化司法与行政良性互动，发布行政审判白皮书，促进提升行政执法水平，推动行政争议实质化解。三是持续发挥特色审判优势。设立厦门、泉州国际商事法庭和厦门涉外海事法庭、省法院海丝中央法务区巡回审判点，“三庭一点”着力打造国际商事海事争端解决优选地。依法审结“章公祖师”肉身佛像追索案，成为我国通过司法渠道跨国追索文物的开创性案例，创设了“中国版”国际司法裁判规则。连续成功举办 14 届海峡两岸司法实务研讨会，推动闽台交流更加热络、更富成效。全国首创林业碳汇损失计量及赔偿机制，破解林业碳汇司法鉴定难题，得到最高人民法院的肯定。

二、贯彻总体国家安全观，坚决维护国家安全、社会安定、人民安宁

一是依法惩治犯罪。一审审结刑事案件 4.4 万件，判处罪犯 6.4 万人。落实常态化扫黑除恶“十件实事”，依法严惩涉黑恶犯罪 174 件 667 人。开展打击整治养老诈骗、电信网络诈骗、拐卖妇女儿童犯罪三项专项行动，对群众反映强烈的犯罪重拳出击。二是加大矛盾纠纷化解力度。开展信访积案大攻坚，加强人民法院网上申诉信访平台应用，广泛开展“万名法官下基层”活动，扎实推进“治重化积”专项行动，最大限度解纷化讼。开展清理长期未结久押不决案件专项行动，长期未结案件同比下降 60.82%。深入开展 10 个重点行业领域的矛盾纠纷大化解，金融、住建等多个行业新收案件出现下降。三是加强风险隐患排查整治。开展涉诉信访维稳工作督导，及时排查隐患。开展人民法庭安全管理工作专项整治和全省法院安全管理工作隐患大排查，及时发现整改问题，完善落实“全员·能动·快速”安保机制，确保审判执行安全、法院机关安全。

三、坚持司法为民，积极回应群众司法需求

一是强化民生司法保障。一审审结涉民生案件 8.01 万件。发出全国首例由残联代为申请的人身安全保护令，相关做法被司法解释吸纳。积极参与“园区枫桥”机制建设，加强对新业态劳动群体的权利保护。省法院出台服务保障乡村振兴 17 项重点举措。漳州、南平中院等 5 家法院被最高人民法院命名为“为群众办实事示范法院”。“海岛模式”“背包法庭”“茶乡法庭”

等5项经验做法入选四批新时代人民法庭建设案例。二是巩固提升一站式建设成果。全省诉非联动中心全面覆盖、全力运转，全流程诉源治理新模式持续优化。着力打造跨域立案诉讼服务3.0版，推动实现诉讼事项“跨区域远程办理”“跨层级联动办理”。漳州、南平中院等5家法院被最高人民法院命名“为群众办实事示范法院”。三是聚力攻坚执行。在全省法院开展“两调研三行动”，坚定向切实解决执行难目标迈进。推出发挥执行职能助力中小微企业发展的10条措施，进企问需，主动服务发展。在全省推广党政机关“零强制”执行机制，促进自动履行生效判决。

四、深化改革创新，不断提升司法质效和公信力

一是深化司法体制综合配套改革。深化法院审级职能定位改革，加强统筹管理和跟踪督导，按期完成试点中期报告。进一步完善司法权力运行机制，推进“闽法同判”，进一步规范行使自由裁量权。二是推进诉讼制度机制改革。总结推广民事诉讼程序繁简分流改革试点经验，正确实施修改后的民事诉讼法，依法适用小额诉讼程序。完成人身损害赔偿标准城乡统一试点，解决城乡赔偿差异，福建省试点经验被司法解释吸纳。三是强化科技赋能。建设人民法院信息化4.0版，加快智慧办案办公系统建设，配合推进省级政法跨部门大数据办案平台建设和运用，以数字正义推动实现更高水平的公平正义。

五、坚持自我革命，锻造忠诚干净担当的法院铁军

一是加强政治建设。精心组织“学习二十大”14项载体活动，迅速掀起学习党的二十大热潮。建立政治督察制度，完成对全省9个中院、厦门海事法院和平潭法院的政治督察和第三轮司法巡查全覆盖，及时发现问题、校正偏差。二是加强素能建设。完善司法人才培养机制，扎实做好各层级审判专家评选工作，新评选全省审判业务专家108名。发挥司法文明研修中心作用，掀起全省法院司法文明研修热潮。涵养“红”“福”“拼”的福建审判文化，打造“一书三馆两基地一长廊一百集”法魂文化精品项目。厦门中院“七星法治文化街区”和泉州中院“法映刺桐”宋元法律文化展馆入选“全国法院文化建设特色项目”。三是加强廉政建设。对各中院抓司法巡查、审务督察、顽瘴痼疾整治发现问题整改情况进行“回头看”，坚决防止问题反弹回潮。发挥廉政风险防控“清风”系统作用，聚焦审判执行全流程89个廉政风险点进行预警，一体推进不敢腐、不能腐、不想腐。

六、自觉接受监督，加强和改进法院工作

自觉接受人大及其常委会监督，省法院办复代表建议28件、委员提案17件，转化为推动法院工作发展的举措和成效。自觉接受监察监督、检察监督，广泛接受社会监督、舆论监督，深化与律师良性互动，接受人民法院监督员监督，不断改进工作。

江西法院工作

2022 年，江西高院党组在省委坚强领导和最高人民法院有力指导下，坚持以习近平新时代中国特色社会主义思想为指导，深入贯彻习近平法治思想和习近平总书记视察江西重要讲话精神，聚焦“做示范、勇争先”的目标要求，以“走稳前列、争做标杆”活动为抓手，推动全省法院工作高质量发展，努力让人民群众在每一个司法案件中感受到公平正义。全省法院受理各类案件 892 062 件，办结 866 983 件，同比上升 12.73% 和 13.96%，结案率排名全国第 2；一审服判息诉率排名全国第 5。省法院受理 9142 件，办结 7585 件，同比上升 21.71% 和 12.39%。

一、牢固树立政治机关意识，全面加强人民法院党的政治建设

坚持党对司法工作的绝对领导。自觉接受、积极配合省委政法委政治督察和纪律作风督查巡查。严格执行重大事项请示报告制度，出台重大刑事案件请示报告具体操作办法，细化 20 条请示报告具体事项和工作程序。严守党的政治纪律和政治规矩，做到“五个必须”，严防“七个有之”，扎实开展肖毅案、龚建华案以案促改工作。严格落实意识形态工作责任制，切实维护司法领域意识形态安全，坚定不移走中国特色社会主义法治道路。

二、坚持围绕大局履职尽责，服务保障全省高质量跨越式发展

一是服务保障营商环境优化升级。制定“1+1+4”实施方案，出台司法行为正负面清单，选编百篇服务民营经济案例，设立法律服务工作室、司法服务站，保障锂电头部企业等重大项目落地发展。加强破产审判工作，审结破产案件 515 件，同比增长 587%；清理债权债务逾 249 亿元，盘活土地 7938 亩，房产 200 万余平方米；深化府院联动机制，妥善办理了江西星星科技股份有限公司破产重整案，整体化解 81.7 亿元负债，保障了 3000 余名员工就业。二是服务保障创新驱动发展。审结知识产权案件 5372 件，幼儿园横向垄断协议纠纷案入选人民法院加强反垄断和反不正当竞争司法典型案例。出台数字经济知识产权司法保护意见和工作举措，发布数字经济知识产权典型案例，引导新技术新业态新模式在法治轨道上健康发展。三是服务保障打造美丽中国“江西样板”。坚持用最严密法治保护生态环境，审结环境资源案件 3233 件。创建江西生态环境司法与行政保护一体化平台，建立健全多部门协同参与生态环境综合治理工作机制。深入推进流域环境资源法庭建设，完善流域环境资源法庭跨行政区划集中管辖机制。参加首届长江大保护司法论坛，就司法协作机制与长江流域兄弟法院达成共识。省法院被授予“中国生态文明奖”先进集体。

三、坚持严格公正司法，切实维护社会公平正义

一是坚决维护国家安全和社会稳定。坚持宽严相济刑事政策，审结刑事案件 44 549 件。

依法严惩曾庆开暴力杀妻案等犯罪情节特别恶劣、危害后果特别严重的犯罪，依法审理了劳荣枝故意杀人、抢劫、绑架案。常态化开展扫黑除恶斗争，审结涉黑涉恶涉“保护伞”案件143件。依法严惩电信网络诈骗犯罪，审结电信网络诈骗及其关联犯罪案件4962件7541人，涉案金额42.34亿余元，易扬锋等38人特大跨国犯罪集团电信网络诈骗案入选人民法院依法惩治电信网络诈骗犯罪十大典型案例。坚决惩治贪腐犯罪，审结张志南、刘积福等职务犯罪案件296件。二是扎实推进打击整治养老诈骗专项行动。受理养老诈骗案件97件280人，审结75件224人，工作举措在全国法院推进会上作经验介绍。出台审判、证据和追赃挽损三个工作指引，出台23条刑事、民事、执行疑难问题解答，开展“执行百日大会战”。组织三次集中宣判，发布八大典型案例，两个案例先后入选人民法院重点打击六类养老诈骗犯罪典型案例和依法惩治金融犯罪十大典型案例。三是加强行政纠纷实质性化解。全面推进行政案件繁简分流改革，审结行政案件12 270件。推进行政争议多元调处中心建设，实现11个地市“全覆盖”。健全府院通报沟通机制，发布行政审判白皮书，促进行政机关负责人出庭应诉。加大国家赔偿、司法救助工作力度，办理司法救助案件1469件2098人。四是持续攻坚执行难问题。持续完善解决执行难工作大格局，受理执行案件278 658件，执结案件262 062件，执行到位金额701.81亿元，执行工作“3+1”核心指标排名全部进入全国前3。深化执行流程集约化模式改革，开展“猎狐——2022”打击拒执犯罪和“执转破”专项行动，积极参与“新官不理旧账”问题专项治理。扎实开展“规范执行提升年”专项活动，制定8个方面40项具体举措。

四、积极践行司法为民宗旨，努力满足人民群众多元司法需求

一是强化民生司法保障。依法审结各类民事案件463 180件。出台规范性文件，明确涉疫情民事案件法律适用问题。加强家事审判工作，建立76个家事审判庭或合议庭。强化涉房地产案件的审判工作，出台规范开发商逾期交房、办证违约责任纠纷审判指引。及时调处物业纠纷，推动在每个设区市设立专门法庭。设立拥军法庭，创新涉军维权工作。二是升级打造“赣法民意中心”。强化“一号通办”服务功能，健全协同办理、分析研判机制，办理各类诉求69万余个，办理满意度保持在95%以上，被最高人民法院评为人民法院一站式建设十大典型经验，工作经验入选中国社科院司法制度法治蓝皮书。

五、深化司法体制改革和智慧法院建设，不断提升审判质效和司法公信力

一是深化司法体制综合配套改革。完善审判权制约监督机制，梳理合议庭、院庭长等权责清单144项，打造责任闭环，实施全流程制约监督。发挥“审判e管理”平台作用，持续加强对“四类案件”“发改再”案件智能化监管；运用法律适用疑难共析平台，在线答疑273个；实行强制类案检索，形成“类案检索初步过滤、专业法官会议凝聚共识、审判委员会讨论决定”模式，统一法律适用标准。二是持续推进智慧法院建设。推进政法跨部门大数据办案平台建设，落实执法司法跨部门监督管理平台的数据共享和应用提升工作。充分发挥“收转发e中心”送达工作体系优势，加强送达工作全链条全方位在线应用拓展，减少诉累、方便诉讼。智慧法院建设优秀创新案例连续6年入选《法治蓝皮书·中国法院信息化发展报告》。

六、坚持全面从严管党治警，着力打造忠诚干净担当的法院队伍

一是着力提升履职能力。树立“思想政治培育固本、司法能力培训强基”理念，加强干警教育培训、专业训练和实践锻炼，大力推进队伍专业化建设，建立青年理论学习小组，开展审判业务专家等专门人才评选。二是压紧压实全面从严治党主体责任。建立健全领导干部述责述廉制度，建立省法院领导班子成员向驻省法院纪检监察组报告落实全面从严治党工作情况制度。扎实开展落实中央八项规定精神十周年“回头看”活动，共查处违纪违法干警 118 人。

山东法院工作

2022 年，山东法院坚持以习近平新时代中国特色社会主义思想为指导，深入贯彻习近平法治思想，认真学习贯彻党的二十大精神，增强“四个意识”、坚定“四个自信”、做到“两个维护”，锚定“走在前、开新局”，坚持服务大局、司法为民、公正司法，各项工作取得了新的发展进步。2022 年，全省法院新收案件 180.1 万件，同比下降 6.7%，结案 186.7 万件，同比上升 0.5%，其中省法院收案 2.6 万件，结案 2.6 万件，办案质效持续向好。

一、深入学习宣传贯彻党的二十大精神，始终保持法院工作坚定正确的政治方向

把党的政治建设放在首位，将学习宣传贯彻党的二十大精神作为首要政治任务，召开第二十五次全省法院工作会议传达学习部署，推动党的二十大精神在全省法院走深走实。在学懂弄通做实习近平新时代中国特色社会主义思想上下功夫，严格落实“第一议题”制度，党组扩大会、理论学习中心组集中学习研讨 38 次。深入开展“两个确立”主题教育，政治轮训 8 万人（次），坚定拥护“两个确立”、坚决做到“两个维护”。严格落实《中国共产党政法工作条例》，严格执行重大事项请示报告制度，向省委、省委政法委请示报告 240 件（次）。落实在审判执行工作中加强党的领导 10 条意见，党组会研究事项 98 项，将党的领导嵌入审判执行全过程各方面。严格履行意识形态工作责任制，制定舆情应对处置工作 10 条具体意见，妥善做好阿里女员工关联案件等重大敏感案事件的舆论引导工作。深化“鲁法融媒”品牌效应，山东高法新媒体刊发信息 2.4 万条，连续 4 年入选全国优秀政法新媒体榜单。

二、深入贯彻总体国家安全观，大力推进更高水平平安山东、法治山东建设

坚决维护国家安全和社会稳定，依法严厉打击各类犯罪，严惩渗透颠覆破坏、宗教极端等犯罪 281 件 587 人，坚决维护国家政治安全。研究制定推进扫黑除恶常态化 13 项措施，落实 15 项常态化工作机制，2022 年审结一审黑恶案件 102 件 626 人。开展打击整治养老诈骗专项行动，审结相关案件 365 件。推进少年审判机构专业化，少年法庭挂牌率达 100%，在全国率

先实现全覆盖。保持严惩腐败犯罪高压态势，坚持“打虎”“拍蝇”“猎狐”一体推进，审结一审贪污贿赂、渎职等职务犯罪案件688件819人。审结董宏、马明等原中管干部职务犯罪案，彰显有腐必惩、有贪必肃的坚强决心。开展信访积案集中化解，实行院领导包案，进一步落实院庭长首接负责制，全省法院赴省访、进京访数量同比下降29.1%、61.9%，连续5年下降。助力法治政府建设，妥善化解行政争议，审结一审行政案件2.7万件，审查行政非诉案件1.7万件。落实行政机关负责人出庭应诉制度，行政机关负责人出庭应诉率达99.5%。

三、深入贯彻新发展理念，积极服务新时代社会主义现代化强省建设

服务保障深化新旧动能转换，健全完善破产审判机制，联合20家单位出台建立破产处置府院联动机制的意见，对破产案件实行简案快办，进一步降低破产成本、提高破产效率，审结各类破产案件1230件。创建“山东金融云庭智审平台”，与金融监管部门建立风险信息交互机制，审结一审金融案件14.8万件，助力防范金融风险。服务保障优化法治化营商环境，出台服务保障稳经济3方面20条措施，开展助力中小微企业发展公益行动，组织开展拖欠民营企业中小微企业账款案件专项执行行动，执结2.8万件，执行到位146.9亿元。加强反垄断和反不正当竞争司法，推动建立全国统一大市场，全省法院受理此类案件1159件。服务保障高水平科技自立自强，持续全面推进知识产权审判“三合一”机制改革，新增20个具有知识产权民事、行政案件管辖权的基层法院，切实提升专业化审判水平。在全国率先制定适用惩罚性赔偿的裁判指引，进一步加大惩罚性赔偿制度适用力度，审结一审知识产权案件2.2万件。服务保障“一带一路”和上合示范区、自贸试验区建设，落实保障上合示范区和自贸试验区建设20条措施，审结一审涉外民商事案件939件。成功举办“中国—上合组织国家地方法院大法官论坛（2022）”，服务建设改革开放新高地。服务保障美丽山东建设，践行“绿水青山就是金山银山”理念，推动服务保障黄河流域生态保护和高质量发展18条意见落地见效，深入推进环境资源审判“三合一”改革，2022年受理各类环境资源一审刑事案件913件、民事案件7759件、行政案件4094件。

四、坚持人民至上，努力让人民群众在每一个司法案件中感受到公平正义

加强民生司法保障，制定进一步贯彻实施民法典12条意见，持续开展贯彻实施民法典“五个一百”活动，举办12期民法典法官讲堂，拍摄制作民法典宣传短视频520余部，审结就业、医疗、养老等涉民生一审案件24.8万件，不断增强人民群众司法获得感。深入开展“我为群众办实事”实践活动，立足司法解决人民群众“急难愁盼”问题，组织开展不动产腾退专项清理，2022年清理135件腾房案件，济南市市中区法院、广饶县法院等5个法院被最高人民法院命名为“为群众办实事示范法院”。巩固拓展一站式建设成果，深化一站式多元解纷和诉讼服务体系建设，全省法院诉前调解案件98.5万件，居全国第3，山东省万人起诉率在同档收案数量的省份中最低，诉源治理的经验做法被新华社《国内动态清样》刊发。推进切实解决执行难，坚持分类执行、因案施策，区分案件主体、类型、标的等精准攻坚，执结案件53.8万件，同比上升9.8%，执行到位金额1437.3亿元。大力开展涉民生案件集中执行行动，全省

法院执结涉民生案件 5.3 万件，执行到位金额 28.97 亿元。

五、全面深化改革创新，加快推进审判体系和审判能力现代化

深入推进司法体制综合配套改革，落实员额动态管理制度，常态化开展员额法官遴选，递补员额法官 114 人。加强法官员额省级统筹，持续向基层法院和办案一线倾斜，基层法院员额比例达 38%，其中 20 个基层法院员额比例为 45% 以上。深入推进审级职能定位改革试点工作，出台基层法院查明事实指引，完善再审工作机制，提级管辖案件 24 件，受理“下沉”案件 5423 件，推动实现“查明事实、实质化解、定分止争”。深化智慧法院建设应用，推动常用民商事案由数字化模块设计，实现实体审判要素化，21 类常用民事案由实现了智能化要素式审理。在全国智慧法院建设评价中，山东高院建设指数位居全国高院第一，司法透明度指标居全国第二，全流程网上办案工作相继被《半月谈》《瞭望》等专题报道。加快推进山东法院精准化案例规则库建设，收录案例 1890 篇，进一步统一裁判尺度，规范审判行为。

六、坚持全面从严管党、从严治院，努力锻造忠诚干净担当的法院铁军

巩固深化队伍教育整顿成果，常态化开展顽瘴痼疾排查整治，明确 6 个方面工作任务清单以及整治措施，实现项目化、清单化管理。健全完善司法巡查制度，对 9 个中院开展司法巡查。向全省通报 62 起违纪违法典型案例，引导广大干警引以为戒、警钟长鸣。坚持以严的基调强化正风肃纪，落实防止干预司法“三个规定”，“三个规定”填报率稳定在 99.5% 以上。研发建立“智能回访”反馈系统，加大监督执纪问责力度，依法惩处违纪违法干警 300 余人，确保公正廉洁司法。努力建设高素质干部队伍，坚持新时代好干部标准，着力加强三级法院领导班子建设，完成 54 名新提名基层法院院长人选考察，符合交流条件的基层法院院长全部交流任职。举办青年法官办案、法官助理辅助办案经验交流会，促进全省法院政治素质和业务能力提升。评选“齐鲁最美法官”10 名、全省法院审判业务专家 50 名，进一步加强高层次审判人才队伍建设。

河南法院工作

2022 年，河南法院共受理各类案件 245.68 万件，审执结 234.34 万件，同比分别上升 3.37%、7.83%；其中，省法院受理 28 546 件，审执结 26 562 件，同比分别下降 1.68%、上升 5.25%。

一、充分发挥审判职能作用

一是坚决捍卫国家安全、维护社会稳定。从重从快惩治间谍窃密、暴力恐怖、宗教极端等犯罪，维护国家政治安全特别是政权安全、制度安全。常态化开展扫黑除恶斗争，审结一审

涉黑恶案件 243 件 1637 人，清缴黑恶财产 24.48 亿元。持续推进“醉驾”型危险驾驶案件量刑规范化，审结一审“醉驾”案件 20 414 件。坚持从源头治理电信网络诈骗犯罪，积极参与“断卡”行动，审结一审电信网络诈骗犯罪案件 3442 件、帮助信息网络犯罪案件 9168 件。积极开展打击整治养老诈骗专项行动，审结一审养老诈骗犯罪案件 44 件 148 人，执结涉案财产 9248 万元。二是坚持把非诉讼纠纷解决机制挺在前面。认真落实《河南省矛盾纠纷多元预防化解条例》，推动“民事、行政万人成讼率”纳入平安建设考核；办理诉前调解案件 80 万件，调解成功 46 万件，调解成功率 57.5%。持续推进人民法庭职能调整和布局优化，促进提升人民法庭就地化解纠纷、服务基层治理的能力水平。

二、主动服务社会经济发展大局

一是积极参与“万人助万企”活动。出台服务保障企业发展二十条措施，发布涉企典型案例、《河南法院金融审判白皮书》，联络走访全国和省级人大代表所在企业 177 家、政协委员所在企业 101 家。二是助推危困企业出清救治。依法稳妥处理涉能化集团数千起诉讼和执行案件，重整成功“少林客车”“银鸽”等国内知名企业，更换、除名存在违法违规情形的 551 家破产管理人，防范打击“假破产、真逃债”。三是助力防范金融风险。积极参与农信社不良贷款集中清收，审执结涉农信社贷款案件 139030 件，累计清收到位 448.43 亿元，向公安机关移送犯罪线索 4005 条。积极参与“保交楼、稳民生”工作，有效化解“问题楼盘”可能传导的金融、社会风险。成立郑州金融岛法庭，集中审理辖区金融纠纷案件，打造国家中心城市金融解纷中心。四是倾力服务创新创造。优化知识产权布局，争取最高人民法院批准，全省各地市均有一家基层法院可受理 500 万元以下的知识产权民事案件。郑州中院探索技术调查官全方位参与诉讼活动机制，被《法治日报》等刊发报道。五是主动护航绿色发展。争取最高人民法院批准设立郑州环境资源法庭、指定 18 个与生态功能区、水系关系密切的基层法院跨区域集中管辖环资案件，打造全流域保护、跨区划管辖、专门化的环资审判“河南模式”。

三、推动行政争议实质性化解，助力法治政府建设

省委、省政府联合印发《关于进一步加强和支持行政审判工作的意见》，省人大常委会专题听取行政审判工作情况报告，河南省省长部署主持府院联席会议，全省所有县市均建立了府院联动工作机制，全省 390 件涉党政机关案件两个月内全部执行完毕，全省行政机关负责人出庭应诉率 82%，同比上升 24.3 个百分点。

四、深入推进司法改革和智慧法院建设

智慧法院建设进入全国先进行列，全省法院诉讼案件法定审限内结案率 99.81%，一年以上未结诉讼案件比例全国最低，审判效率指标自 2020 年起稳居全国前三；生效裁判服判息诉率达 98.70%，核心质量指标从 2017 年的全国后三进入全国第一方阵。强化和规范院庭长监管，全省法院院庭长共标识、监管“四类案件”34 219 件；发挥院庭长办案的示范效应，院领导带头办理发回重审、指令再审、提审案件 2739 件；修订完善绩效考评办法，增加服判息诉

率、发改率、再审审查率等质量指标权重，形成更加重视质量的办案导向。不断巩固拓展综合治理执行难工作格局，与省公安厅协作推动网络化查人控车，与省自然资源厅、省税务局协作实现线上查询全省不动产信息、办理不动产拍卖涉税事项，将失信被执行人信息嵌入省直部门业务审批、市县网上政务服务及公共资源交易等173个系统，在担任公职、人大代表、政协委员以及出行、购房、招投标等方面进行限制，全省法院共受理执行案件85.52万件，执结80.15万件，实际执行到位1571.82亿元，限制高消费54.48万人次，纳入失信被执行人名单38.12万人次，司法拘留2951人，判处拒执罪403人。

五、注重诉讼服务“实质化”

一是提升诉讼服务效果。开展“为群众办实事示范法院”创建活动，制定百科全书式的诉讼服务标准指南，诉讼服务“好差评”系统显示，当事人、律师对办理诉讼事务便利度的满意率93.26%。二是构建实质性化解群众涉诉信访矛盾的“大信访格局”。畅通线上线下信访渠道，建立健全院庭长常态化接访、信访案件评查、信访案件有错必纠工作机制，全省法院院领导接访9995件，息诉罢访率55.94%；化解群众信访7936件，其中，化解重复信访积案3512件。三是注重从社会各界意见中发现问题、解决问题。特别重视从信访投诉中查找办案质量效率、干警能力作风、法院内部管理等各方面的问题，形成按月通报机制，倒逼法官提高办案质效、改进司法作风。健全法官与律师常态化交流机制，与省司法厅联合出台《建立法官协会律师协会常态化交流沟通机制的意见》《建立健全律师与法官互评机制的实施办法》，每半年组织召开全省律师代表座谈会，定期向律师发放调查问卷，收到律师反映的42项问题和意见建议，已全部纳入省法院督办事项。

六、巩固深化队伍教育整顿成果

以省委“能力作风建设年”活动为抓手，巩固深化党史学习教育、队伍教育整顿成果，树立“让出力者出彩、让吃苦者吃香、让有为者有位”用人导向，晋升西峡县法院双龙人民法庭庭长姬海朝同志为三级高级法官，成为中央组织部、最高人民法院出台《法官单独职务序列规定》以来，全国法院首例通过特别选升程序晋升为“三高”的基层一线法官。以强化督察工作为抓手，督促干警担当作为、转变作风，先后就立案管理、诉讼服务、审判期限、网络拍卖、执行款发放等方面存在的问题，下发督察建议、督办函，建议相关法院对违规行为核查问责，完善不能腐的制度体系；常态化开展以案促改，通报全省法院违法办案、办错案、消极执行等典型案例，强化不能腐的思想自觉。

湖北法院工作

2022年，全省法院受理案件1 220 393件，结案1 114 445件，同比分别上升7.14%、

11.13%，湖北法院加强人民法庭规范化建设、推进一站式多元解纷、开展拉练检查、探索律师对审判权制约监督机制等做法得到最高人民法院、湖北省委肯定，81个集体和109名个人获省部级以上表彰和通报表扬。

一是以维护安全稳定为首责，推动更高水平的平安湖北建设。依法惩治刑事犯罪，审结一审刑事案件37 328件，判处罪犯50 797人。严厉打击严重危害公共安全、严重影响群众安全感的犯罪，审结严重暴力、涉枪涉爆、盗抢骗、黄赌毒、拐卖妇女儿童等犯罪案件14 299件。推进扫黑除恶常态化，贯彻反有组织犯罪法，全省法院一、二审审结涉黑恶案件147件。防范化解重大风险，妥善审理金融借款、民间借贷等案件117 939件，审结房屋买卖、租赁、物业等纠纷案件72 505件。搭建实质性化解行政争议府院联动平台，审结行政案件22 587件。坚持和发展新时代"枫桥经验"，主动融入党委领导下的诉源治理大格局，全省法院对接调解组织1517家、调解人员6691名，经调解平台成功调解案件28.29万件，调成率达71.47%。

二是以服务中心大局为使命，为湖北高质量发展保驾护航。以降低诉讼成本为核心，开展"全面提高审判执行效率"专项活动，推动立、审、执诉讼全流程提速，全省法院涉企案件平均审理时长同比下降6.18天。建成全省法院"涉企案件监管中心"，推动涉企案件经济影响评估制度案件化、程序化、信息化、规范化，全省法院涉企案件在线评估率达91.67%。建立常态化破产联动工作机制，联合金融监管部门出台加强对破产程序参与和支持的实施意见，成立中部地区首个破产法庭，切实降低破产制度性成本。强化知识产权司法保护，审结知识产权案件15 111件，着力打造知识产权争端解决"优选地"，促进更多创新成果转化为现实生产力。出台为自贸区深化改革创新提供司法服务和保障的意见，发布商事仲裁司法审查白皮书，审结海事海商和涉外、涉港澳台民商事案件2446件。完善"1+5+10+N"环境资源审判体系，探索"生态环境保护法庭＋司法保护基地"模式，打造环境资源专门化审判"升级版"，审结环境资源案件4177件。坚持"共抓大保护"，贯彻《长江保护法》，主办首届长江大保护司法论坛，形成《长江司法保护武汉共识》，推动构建一体化司法保护新格局。联合碳排放权登记结算中心共建"双碳法治研究基地"，服务保障湖北加快布局"双碳"发展新赛道。

三是以司法为民为宗旨，不断实现人民群众对公平正义的向往。开展"下基层、察民情、解民忧、暖民心"实践活动，深入基层走访企业、社区问计问需，全省三级法院班子成员深入基层走访8400余次，收集、解决各类问题4700余个。推行"线上立案""云庭审"等便民举措，完善诉讼费缴退"码上办"模式，完成在线缴、退费67.4万笔。巩固脱贫攻坚成果，从湖北籍脱贫户子女中招录培养雇员制书记员102名，促进乡村振兴发展。贯彻实施民法典，妥善审理涉民生领域案件61 172件。深化家事审判方式改革，发布关于强化妇女儿童权益保护的司法文件和典型案例，发出人身安全保护令215份，审结婚姻家庭案件74 497件。强化未成年人司法保护，发出家庭教育令205份，守护未成年人健康成长。开展"规范执行、提质增效"专项活动，全省法院执结案件41.85万件，执行到位金额894.51亿元，有财产可供执行案件法定期限内结案率99.75%。

四是以加强人民法庭建设为抓手，积极融入和服务"共同缔造"。充分发挥人民法庭立足基层、贴近群众优势，主动融入党委领导下的多元解纷体系，强化与基层组织的协同联动，开办法治夜校，共建“无讼”乡村（社区）2693个。精准对接基层群众司法需求，妥善审理基层多发易发案件，维护人民群众合法权益。全省人民法庭审结案件238 019件，同比上升18.65%。以省委《关于加强全省人民法庭规范化建设的意见》出台为契机，对全省人民法庭布局进行优化调整，重启、新设人民法庭69个，实际运行人民法庭573个，建立“庭、室、站、点”四位一体诉讼服务体系，努力实现司法服务全覆盖。出台加强人民法庭干部工作的意见，在领导干部选任、法官等级晋升、法官助理入额等方面向人民法庭干部倾斜，将人民法庭打造成为干部培养锻炼基地，全省“80后”“90后”人民法庭庭长占比近40%。

五是以强化制约监督为重点，不断提升审判质效和司法公信力。省法院对全省13个市（州）中级法院、4个直属法院开展全覆盖式拉练检查，深刻剖析中基层法院存在的问题，以常态制约和精准监督促进司法公信力提升。中基层法院党组针对自查和指出的问题，逐一列清单、明责任、设时限，确保问题清仓见底、整改到位。省法院对拉练整改情况进行拉网式验收评估，研究制定验收评分细则，全面评估整改成效。通过拉练整改，全省法院平均结案率、法定审限内结案率、一审服判息诉率均呈上升态势，执行工作三项核心指标在全国排名全部上升。加强内部监督制约，建立案件监督管理平台，完善审判业绩评价标准，建立“发改指提”案件条线指导机制，形成审判监督管理的责任链条和工作闭环。强化外部法律监督，就检察机关对民事诉讼的法律监督、律师辩护代理意见审查保障机制开展试点，形成审判权制约监督司法合力。主动接受人大、政协和社会各界监督，推进审判流程、裁判文书、庭审直播、执行信息公开，以公开促公正、树公信。健全法官员额管理机制，推动上级法院法官助理到下级法院入额，落实将85%的司法人力资源直接投入办案工作。推进四级法院审级职能定位改革试点，落实再审改革要求，完善案件提级管辖机制。深化智慧法院建设，深入推进业务数据集中汇聚、深度分析、广泛应用。

六是以建设过硬队伍为目标，锻造忠诚干净担当的法院铁军。巩固深化队伍教育整顿成果，深入推进“清廉法院”建设，扎实开展司法作风突出问题集中整治，以“抓落实”为重点推进审务督察。严格落实防止干预司法“三个规定”、新时代政法干警“十个严禁”等铁规禁令，以“零容忍”态度清除害群之马。聚焦实战实用实效导向，举办法官大讲堂，组织“轻骑兵送课下基层”业务培训，与高校共建“审判教育实践基地”，通过多层级、全覆盖的教育培训活动，着力培养高素质审判人才，全省法院共有全国审判业务专家5人，省级审判业务专家82人。加强法院文化建设，打造“一院一品”特色读书品牌。加快推进年轻干部成长工程，常态化举办优秀青年干警训练营，与高校联合培养法学硕士，全省法院队伍年龄、知识结构明显优化，专业化水平不断提升，确保审判事业薪火相传。

湖南法院工作

2022年，湖南法院坚持以习近平新时代中国特色社会主义思想为指导，深入学习贯彻习近平法治思想，深入学习宣传贯彻党的二十大精神，努力推动各项工作走在全国法院前列。全省法院收案 129 万件，结案 124.9 万件，人均结案 237 件，2 个案例入选最高人民法院指导性案例，服判息诉率、案件发改率、未结案件清理等多项质效指标跃居全国法院前列。省法院获评全国机关事务工作先进集体、全国普法工作先进集体等荣誉称号，连续 5 年获评全国法院案例分析先进组织单位，连续 6 年获评省直和中央驻湘单位信访工作先进单位，7 项工作在全国法院会议上作经验发言。

一、强化政治建设，锻造忠诚干净担当的法院铁军

一是筑牢政治忠诚。深入开展“两个确立”主题教育，最高人民法院 4 次专刊推介省法院经验做法。深入学习宣传贯彻党的二十大精神，通过院长带头宣讲、党组理论学习中心组学习、全院干警大会、座谈研讨、专题党课等形式持续兴起学习热潮。坚持党的绝对领导，向省委、省委政法委报告重要工作 168 次，建立健全党中央重大决策部署和最高人民法院、省委重要工作安排督促督导机制，坚定捍卫“两个确立”，坚决做到“两个维护”。二是全面提升队伍能力。在张家界挂牌“国家法官学院湖南分院”“最高人民法院法官国际交流中心湖南基地”。持续开展向周春梅同志学习活动，开展审判技能竞赛打造全省法院集先智库工程，11 个集体、22 名个人获省部级以上表彰，1 名干警当选党的二十大代表。强化履职保障，为 8 名受到不实举报的干警澄清正名。三是建设清廉湖南法院。出台“清廉法院”建设实施方案等 9 个文件，层层压实全面从严治党政治责任。巩固队伍教育整顿成果，集中整治司法作风突出问题等顽瘴痼疾。主动接受代表委员和社会各界监督，强化司法公开，切实以公开促公正。严格执行中央八项规定实施细则精神、新时代政法干警“十个严禁”“三个规定”等铁规禁令，持之以恒正风肃纪，查处违纪违法干警 192 人。

二、防范化解风险，营造安全稳定的政治社会环境

一是紧抓常态化扫黑除恶。狠抓案件攻坚、“打财断血”，一审审结涉黑恶案件 135 件 384 人、“保护伞”案件 7 件 8 人，执结涉黑恶刑事涉财执行案件 199 件 51.34 亿元，执行到位率 97.72%。发出司法建议 19 条，助力推进重点行业领域整治。二是重拳打击重点领域犯罪。全面贯彻总体国家安全观，依法惩治各类刑事犯罪 4.9 万件 6.7 万人。开展“利剑护蕾”和打击毒品、电信网络诈骗、养老诈骗等犯罪专项审判活动，审结性侵未成年人犯罪案件 3046 件 3707 人，毒品犯罪案件 5210 件 7809 人，电信网络诈骗及其关联犯罪案件 10 803 件 16 293 人，养老诈骗犯罪案件 161 件 840 人。积极助力反腐败斗争，审结职务犯罪案件 382 件 442 人。推进危险驾驶罪综合治理，新收醉驾案件同比减少 19.6%。

三、服务保障大局，护航“三高四新”战略定位和使命任务

一是服务“三个高地”。开展知识产权审判多元共治专项行动，审结知识产权案件 1.47 万件，助力打造先进制造业和科技创新高地。指导长沙、岳阳、郴州法院成立 3 个自贸片区法庭，签署服务自贸区发展合作协议，助力打造对外开放高地。二是着力优化营商环境。聚焦服

务经济高质量发展，依法审结各类民商事案件65.65万件。召开全省法院优化营商环境工作会议，开展民营企业大走访和“暖企”活动，审结涉企案件36.75万件。审结破产案件309件，促进295家企业有序退出，帮助长丰猎豹等30家企业获得新生。三是护航美丽湖南建设。开展“环境资源审判雷霆行动”，设立6个司法保护（生态修复）基地，1件案件入选最高人民法院生物多样性司法保护典型案例。与湖北、江西高院签署《长沙·橘子洲绿色宣言》，指导长株潭三地法院签署环境资源司法协作框架协议，凝聚保护合力。四是助力法治政府建设。深化行政案件集中管辖改革，审结行政诉讼案件2.21万件，非诉行政案件5897件。推动将行政机关负责人出庭应诉纳入年度绩效考核，出庭应诉率达96.2%。强化司法与行政良性互动，发布行政审判白皮书，向行政机关发送司法建议200余份。强化资源资产行政争议多元化解，资源类行政案件同比减少1246件。

四、站稳人民立场，不断深化司法为民实践

一是强化民生司法保障。发布“我为群众办实事”10项举措，依法审结涉民生领域案件14.46万件，司法救助1310人。持续开展为农民工讨薪行动，执行到位农民工工资4.2亿元。联合省妇联、省检察院等成立省女童保护指导中心，设立少年法庭95个，指导发出全国首份家庭教育令，对遭遇校园霸凌者围殴刺伤3人的少年宣判无罪，弘扬法治正能量。加大普法宣传，协助拍摄全网热播剧《底线》，唱响法治湖南好声音。二是持续优化诉讼服务。常态化整治“立案难”，一审案件当场立案率98%。深化诉源治理，指导设立诉源治理工作站1521个，与20家单位建立诉前多元解纷联动衔接机制，诉前调解纠纷46.6万件，全省万人成讼率连续3年处于全国最低位。开展银行卡纠纷诉源治理专项行动，银行卡纠纷案件同比下降58.4%。三是兑现胜诉群众权益。开展“湘执利剑2022”专项行动，执结案件33.77万件，执行到位金额941.84亿元，纳入失信被执行人名单6.19万人，限制高消费20.87万人，追究拒执刑事责任129人，执行核心质效指标保持全国法院前列。全面升级上线智慧执行系统，整治执行不廉、违规终本、超标的查封等问题。

五、深化司法改革，更好实现系统集成协同高效

一是深化审级职能定位改革试点。出台实施方案和细则，科学调整级别管辖标准和提级管辖办理程序。强化基层法院案件监管，明确应当适用“四类案件”监督管理的7类情形，防范廉政风险。二是强化司法权力监督。压实院庭长监督管理主体责任，全省入额院领导办理各类案件11.11万件。严格落实类案强制检索，开展常态化、制度化案件质量评查，成立全省法院首届法官惩戒委员会，责令退出员额44人，努力做到放权不放任。三是优化司法资源配置。做好政法专项编制动态调整“后半篇”文章，为案多人少的长沙法院和部分市州城区法院调整编制139个。优化、整改、新建人民法庭141个，改造巡回审判点40个，夯实基层基础。推进“智慧法院2.0”建设，建成远程视频提讯、智慧庭审互联网直播等系统。

广东法院工作

2022年，广东法院坚持以习近平新时代中国特色社会主义思想为指导，深入学习贯彻党的十九大、二十大精神，忠诚拥护“两个确立”，坚决做到“两个维护”，聚焦习近平总书记赋予广东的使命任务，依法履行维护国家安全、社会安定、人民安宁的重大责任，努力把广东建设成为全国最安全稳定、最公平公正、法治环境最好的地区之一。全省法院新收各类案件275.9万件，审结277.2万件，生效裁判服判息诉率97.9%，审判质量和效率稳步提升。

一、高水平推进平安广东建设

一是坚决维护国家安全和社会稳定。严惩危害国家安全犯罪，审结刑事一审案件9.8万件，判处罪犯11.8万人，推动全省刑事发案连续下降。常态化推进扫黑除恶，审结涉黑恶案件357件2473人，涉黑案件重刑率65.6%，涉黑恶财产累计执行到位166.8亿元。审结“团贷网”等涉众型金融犯罪案件789件，坚决守住不发生系统性风险底线。

二是严惩危害人民群众安全犯罪。审结严重暴力犯罪案件6658件，危害食品药品安全犯罪案件106件，坚决维护人民生命健康安全。开展打击侵害妇女儿童权益犯罪“春雷行动”，深入推进“全民反诈”、跨境赌博等专项治理。开展打击整治养老诈骗专项行动，审结养老诈骗刑事案件148件，判决退赔金额8.7亿元，坚决守护好老年人的“钱袋子”。

三是高压惩治腐败犯罪。推动完善监察执法与刑事司法衔接机制，审结贪污、贿赂、渎职犯罪案件780件。严惩挪用惠农资金、套取补贴、侵吞集体财产等损害群众利益的“蝇贪”案件。适用特别程序对20名外逃人员依法没收违法所得，扩大追逃追赃和治理腐败成效。

四是贯彻宽严相济刑事政策。坚持罪刑法定、疑罪从无、证据裁判，对33名被告人依法宣告无罪，对3.9万名罪行较轻、主动认罪认罚的被告人判处缓刑、管制或免予刑事处罚。依法保障被告人辩护权利，普通程序刑事案件辩护率提升至98.7%，加强规范“减假暂”案件办理程序。

二、服务保障高质量发展

一是护航“双区”和三大平台建设。制定推进粤港澳大湾区建设第二个三年行动方案和服务保障广州南沙深化面向世界的粤港澳全面合作意见，助力落实重大国家战略。服务科技创新引领发展，审结技术类知识产权案件1.1万件，打造广州、深圳国际知识产权争端解决优选地，“完善技术事实查明机制”入选国务院首批知识产权强国建设典型案例。

二是营造一流法治化营商环境。坚持平等保护各类市场主体产权，审结不正当竞争及垄断案件1856件。持续完善企业破产和重整制度，破产案件平均审理周期提速到12个月以内，佛山雪莱特上市公司重整案创全国最快纪录。加强资本市场违法违规行为整治，康美药业证券侵权集体诉讼案入选“新时代推动法治进程十大案件”。

三是服务城乡区域协调发展。加强司法协作机制建设，审结涉产业转移、“三旧”改造等纠纷案件 2470 件，依法保障重大项目落地。全面服务乡村振兴，审结涉“三农”和县域经济纠纷案件 1619 件，加强“新会陈皮”“梅州柚”等知名地理标志司法保护。审结环境资源一审案件 1.6 万件，环境公益诉讼案件 147 件，护航绿美广东建设。

四是服务高水平对外开放。审结涉外涉港澳台一审案件 2.1 万件、海事海商一审案件 1775 件，在涉外商事纠纷案件中探索适用禁诉令或反禁诉令。出台涉港澳商事纠纷司法规则衔接指引和法律专家协助查明域外法指引，连续发布粤港澳跨境纠纷典型案例，促进商事诉讼规则衔接联通。打造“环大湾区司法服务圈”，依托“在线授权见证平台”为 2600 余名境外当事人便捷办理跨境诉讼委托手续。

三、用心用情做好民生司法保障

一是加强防疫司法保障。出台服务保障疫情防控和经济社会发展 12 条措施，依法惩治伤害医疗和防疫人员、制售伪劣防护用品等犯罪，引导生产经营、交通运输等涉疫纠纷协商化解。采取“活封活扣”等措施逾 1 万次、涉案金额超百亿元，帮助受疫情影响企业渡过难关。

二是依法保障和改善民生。审结就业、住房、教育等民生案件 54.6 万件，为务工人员追回拖欠工资款 17 亿余元。签发人身安全保护令 356 份，为家庭暴力受害人织牢防护网。发出全国首份“噪音扰民”诉前禁止令，审结首例互联网平台侵害个人信息案。完善民法典“以案释法”案例发布制度，大力弘扬社会主义核心价值观。

三是加快推进一站式建设。统一全省诉讼服务标准，升级 12368 诉服热线办理平台，推进简证便民、集约服务、一站通办，145 项诉讼事项实现“家里办”“掌上办”。深化“总对总”在线诉调对接平台广泛应用，推进道交、劳动、金融等领域纠纷一体化解决，依托社会力量诉前成功化解各类纠纷 79 万件，全省民事案件收案历史性首次下降。

四、全面推进法治广东建设

一是促进法治政府建设。支持行政机关全面实施“放管服”改革，审结行政一审案件 2.7 万件。推动省委全面依法治省委员会出台加强行政诉讼应诉工作若干措施，2022 年行政机关负责人出庭应诉数比 2018 年增长 263%。连续 14 年发布行政诉讼白皮书，发出司法建议 1672 份。

二是强化纠纷源头化解。广泛开展“为群众办实事示范法院”和“枫桥式人民法庭”创建活动，新设网上巡回法庭 189 个，不断健全覆盖城乡的司法服务网络。广州法院根据镇街多发纠纷量身打造“法治地图”，茂名法院推动司法惠民服务中心全覆盖，不断丰富拓展新时代广东特色的“枫桥经验”。

三是努力解决执行难问题。持续推进执行难综合治理，执结案件 94.0 万件，执行到位 2527.7 亿元。率先建立全省不动产全流程网上查控，联合省公安厅建立查人扣车机制。加强失信联合惩戒，探索开展信用修复，发布失信名单 34.6 万人次，限制消费 73.8 万人次，促使

16.7 万被执行人主动履行法律义务。

五、持续深化司法体制改革

一是完善审判监督体系建设。推动院庭长直接办理案件 92.8 万件，占全部办结案件的 33.5%，全省法官人均结案 357 件，居全国第一。全面实施参阅案例制度和类案强制检索，强化审判委员会、专业法官会议统一法律适用功能，2 个案例入选最高人民法院指导性案例、152 个案例入选各类典型案例。坚持常态化、全覆盖开展案件评查，推动违法审判惩戒制度实体化运行。

二是深入推进诉讼制度改革。持续深化以审判为中心的刑事诉讼制度改革，超过 80% 的刑事一审案件适用认罪认罚从宽制度审结。全面落实民事诉讼程序繁简分流，简易程序、小额程序适用率近 70%。深化知识产权、环境资源、少年审判等领域“三合一”审判机制改革，稳步开展四级法院审级职能定位改革。深入实施“抓示范促改革惠民生”改革计划，11 项审判经验、10 项改革举措被最高人民法院推广。

三是强化智慧法院建设。探索电子卷宗随案同步生成，向律师提供电子阅卷服务 43.9 万次。推动大数据、人工智能在司法领域的深度应用，开发金融、著作权等智能审判辅助系统，案件审理提效 30% 以上。广东高院、广州中院、深圳福田法院司法透明度指数囊括全国高院、中院、基层法院第一名。

六、锻造忠诚干净担当法院队伍

一是坚持党的绝对领导。深入开展“两个确立”主题教育，对全省中基层法院院长和高级法官开展习近平法治思想政治轮训。制定落实全面从严治党主体责任清单，出台加强对“一把手”和领导班子监督的实施意见。开展政治学习辅导活动 3400 余场，9 个集体、20 名个人获全国性荣誉表彰。

二是着力提升司法能力。突出政治标准选人用人，选任员额法官 524 名、逐级遴选法官 61 名。举办分级分类业务培训，常态化开展岗位练兵，定期组织优秀裁判文书、优秀庭审、优秀案例和岗位能手评比，17 名优秀法官入选全国、全省审判业务专家。

三是持之以恒正风肃纪。持续巩固队伍教育整顿和党委巡视巡察成果，一体推进不敢腐、不能腐、不想腐。严格执行中央八项规定及其实施细则精神，“立案难”“执行难”“超审限”等群众反映强烈的问题得到有效缓解。严格落实“三个规定”“十个严禁”等铁规禁令，筑牢廉洁司法防线。

广西法院工作

2022 年广西有高级人民法院 1 个，中级法院 15 个（含铁路运输中级法院 1 个），海事法院 1 个，基层法院 113 个（含铁路运输法院 2 个）；有人民法庭 321 个。广西法院在编人员 11 855 人，其中员额法官 4294 人，审判辅助人员 5593 人，司法行政人员 1968 人。全区法院共受理各类案件 1 066 824 件，审执结 970 603 件，比 2021 年分别上升 5.21% 和 7.61%。

一是贯彻总体国家安全观，助推更高水平平安广西建设。依法严厉打击渗透颠覆破坏、间谍、暴力恐怖、民族分裂、宗教极端等犯罪，审结了相关案件；常态化开展扫黑除恶斗争，审结相关案件 42 件 309 人；扎实开展打击整治电信网络诈骗、养老诈骗犯罪等专项行动，依法严厉打击杀人、抢劫、涉枪涉爆等暴力犯罪，依法严惩妨害疫情防控、毒品、传销、侵害妇女儿童等关系群众切身利益的犯罪，全区法院审结各类刑事案件 36 270 件、判处罪犯 51 355 人；依法严惩腐败犯罪，落实受贿行贿一起查要求，审结贪污贿赂、渎职等案件 398 件 446 人，其中原为厅局级 10 人、县处级 51 人；行贿犯罪案件 51 件 53 人；开展职务犯罪案件涉财产执行专项活动，执行到位 3.14 亿元；用心化解涉诉信访，建立重点信访领导化解包案制度，开展专项治理行动，及时解决信访群众合法合理诉求；积极开展诉源治理，2022 年法院新收诉讼类案件比去年同期下降 5.45%，向自治区人大常委会专题报告开展诉源治理工作情况。

二是围绕中心服务大局，依法护航高质量发展。严格落实最高人民法院助力中小微企业发展 20 条司法措施，帮助受疫情严重冲击的行业、中小微企业和个体工商户纾困解难，审结涉企案件 338 652 件；发挥破产重整司法功能，审结破产案件 686 件，推动市场主体有序退出和有效救治；坚持善意文明执行理念，最大限度减少对企业正常生产经营的影响；深化行政争议实质性化解，发出司法建议 113 份，促进依法行政和法治政府建设；开展涉金融不良资产清收追缴、涉农信社债权诉讼执行、房产领域涉诉涉稳问题摸排化解等专项行动，审结涉金融纠纷案件 96 792 件，为金融机构收回不良资产 103.8 亿元；推进知识产权民事、行政案件集中管辖，完善技术调查官参与诉讼活动机制，审结知识产权纠纷案件 5703 件；出台为厚植生态环境优势推动绿色发展提供司法服务保障的具体举措，审结生态环境资源案件 11 187 件，当好保护广西山山水水的“二郎神”；坚持依法平等保护原则，审结涉外、涉港澳台民商事及海事海商案件 1377 件，办结涉外司法协助、涉港澳台司法互助事务 456 件；协助最高人民法院承办第 3 届中国—东盟大法官论坛，通过《南宁声明》，获得中外嘉宾广泛赞誉；创设中国—东盟自由贸易区南宁国际商事法庭，跨区域集中管辖广西区内涉外民商事案件。

三是聚焦主业履职办案，促进审判执行质效稳步提升。牢牢把握社会公平正义这一法治价值追求，推动办案质量、效率和公信力全面提升。全区法院一审服判息诉率 87.88%，同比上升 1.01 个百分点；员额法官人均结案 221.9 件，同比增加 23.2 件；再审案件改发（错误）率同比下降 4.86 个百分点。巩固拓展解决执行难成果，常态化开展涉民生案件专项执行行动，努力兑现当事人胜诉权益，全区法院受理执行案件 321 732 件，执结 303 867 件，执行到位金额 438.5 亿元。完善司法权制约监督机制，强化院庭长监督管理职责，加强审判运行态势分析研判，建立法官业绩档案制度，健全案例指导、专业法官会议、审判委员会等统一法律适用制度机制，推行类案及关联案件强制检索，规范法官自由裁量权，统一裁判尺度。

四是践行司法为民宗旨，保障人民安居乐业。加强民生司法保障，依法审结涉及教育、医疗、就业、消费、住房、社会保障等案件 108 707 件。深化一站式诉讼服务建设，持续加强诉讼服务中心基础建设；深化互联网司法实践，为当事人提供立案、查询、交费、调解、庭审、保全、委托鉴定等在线办理。完善分调裁审机制，推进案件繁简分流，全区法院诉前调解纠纷254 865件，速裁、快审案件216 324件。深入开展“为群众办实事示范法院”和“广西示范人民法庭”暨“枫桥式人民法庭”创建活动，融水四荣法庭、武鸣双桥法庭、灵川大圩法庭的经验做法入选最高人民法院新时代人民法庭建设典型案例；双桥法庭服务沃柑支柱产业，入选国家乡村振兴创新案例并在人民网刊登推介。加强国家赔偿和司法救助工作，审结国家赔偿案件295件，决定赔偿金额803.3万元；发放救助金3010万元，为当事人减免诉讼费5145.2万元，让人民群众切实感受到司法温暖。

五是坚持守正创新，深化司法改革和智慧法院建设成果。推进执法司法权力运行机制改革，统筹推进执法司法权力制约监督体系、执法司法责任体系改革和建设，审判权力制约监督机制不断完善。推进四级法院审级职能定位改革，80%以上的案件由基层法院审结；经过中院终审，约98%的案件实现定分止争、案结事了；高院、中院的审判监督职能有效发挥。出台法律适用分歧解决机制实施细则、案例指导工作高质量发展实施意见等，促进统一法律适用标准。基层法院财物市级统管改革取得重大进展。协助自治区党委政法委制定《广西壮族自治区法官惩戒工作办法（试行）》，落实法官惩戒制度。深化智慧法院建设，建成集示范和应用于一体的广西法院运维中心、智慧法院研发中心、可视化警务管理中心、数据治理中心等；推进智能审判系统升级、执行系统升级改造、数据中台、无纸化办案等“四大重点项目”建设；建成电子卷宗集中扫描和加工中心，引入社会化外包专业服务办理审判辅助事务，全区法院电子送达率83.42%，在线委托鉴定率85.27%，律师服务平台网上阅卷成功率95.09%。

六是坚持全面从严管党治警，锻造忠诚干净担当法院队伍。出台加强全区法院党的政治建设的指导意见，开展“党旗引领·法耀八桂”党建品牌创建等，持续加强党组班子建设，领导班子同志带头做到“六个带头”“六个表率”“五个坚持”，严格执行民主集中制，落实“三重一大”要求，建立中级法院党组书记向高院党组述责述廉制度。持续加强司法能力建设，举办线上线下各类培训班35期，培训人员29 358人次。加强作风建设，大兴“马上办、抓落实”；巩固深化队伍教育整顿成果，积极开展清廉机关建设，开展“以案为鉴 以案促改”和整治突出问题专项工作，以零容忍态度严惩司法腐败，全区法院运用“四种形态”处理处分干警99人，其中追究刑事责任17人。

海南法院工作

2022年，全省法院共受理各类案件370 583件，同比上升18.27%，审结各类案件343 487件，同比上升25.75%，结案率92.69%。海南高院全年受理各类案件9334件，办结8922件，同比分别上升2.94%和9.81%，结案率95.59%。

一、坚持深化政治建设，确保法院工作正确政治方向

一是巩固深化教育整顿成果。将巩固深化政法队伍教育整顿重点工作细化分解，全省法院“一盘棋”推进。

二是认真落实党组全面从严治党主体责任。健全完善相关制度，及时修订《党组议事规则》《院长办公会议工作规则》等制度，不断提升全面从严治党规范化水平。严格落实重大事项请示报告制度，主动向省委及政法委请示报告 116 次。

三是强化以党建引领促进工作发展。坚持以党建带队建促审判，被评为 2021 年度党建工作优秀单位，“创建文明单位示范点”。在党建创新引领工作大赛中荣获二等奖，在机关党建课题评选中，获得优秀组织奖。

二、坚持主动服务大局，积极服务海南自贸港建设

一是防范化解重大风险。积极参与房地产风险案件处理工作，扎实做好海航集团破产重整后续工作及维稳工作，“海航集团等 321 家公司合并重整计划执行完毕”入选“2022 中国法治实施十大事件”。依法打击离岛免税“套代购”走私犯罪。

二是深入开展新一轮禁毒三年大会战。创新打造了打防并举的“1+1+N”海南法院禁毒工作新模式，禁毒各项工作得到省委充分肯定。

三是扎实推进常态化扫黑除恶斗争。强化业务督导，高质量推进扫黑除恶审判执行工作，在 9 月召开的全国法院扫黑除恶推进会中，得到了最高人民法院的肯定。

四是积极推进法治化营商环境建设。成立省高院优化营商环境工作专班，统筹推进全省法院优化营商环境工作。对标国际国内一流标准和营商环境评价体系，制定出台相关制度文件，发布中英文版的《海南法院优化营商环境服务自贸港建设的报告（白皮书）》及典型案例等。

五是积极推进制度集成创新工作。与相关部门联合申报的“创设省级统一的类案裁判指引制度”“‘南繁种业’知识产权特区制度”集成创新案例，入选海南制度创新案例。与省司法厅等部门联合推动的《构建多元化国际商事纠纷解决工作机制》案例，获得商务部全面深化服务贸易创新发展试点“最佳实践案例”，“首创的全域全流程涉外民商事法庭建设成效明显”亮点举措，入选最高人民法院发布的“人民法院服务保障自由贸易试验区亮点举措”等。

六是加强环境资源审判工作。出台《关于为海南热带雨林国家公园建设提供司法服务和保障的意见》等一批司法文件，服务保障国家生态文明试验区建设。

三、坚持践行司法为民，书写新时代公正司法新篇章

一是切实保护弱势群体合法权益。规范劳动争议裁审程序，家事审判裁判标准。开展涉农民工工资、涉产权保护等活动，快速执结一批涉拖欠农民工工资案件。

二是坚决巩固整治年底不立案成果。健全常态化不立案监督机制，年底不立案问题得到遏制。

三是完善一站式多元解纷体系。巩固深化“总对总”在线诉调对接成果，共建自贸港多元

解纷“菜单库”。分别与省台办、司法厅联合印发诉调对接机制意见，为群众提供多样化、多途径的解纷模式。与省人社厅等共建劳动争议联合调解中心，实现案件信息共享、证据材料互认。

四是推动网上诉讼服务走深走实。加快推进民事、行政二审案件网上立案改革。推广网上立案、跨域立案、在线缴费、电子送达、网上保全、在线鉴定、网上阅卷等应用。在疫情防控期间，畅通网上诉讼服务，为当事人提供便捷、高效的司法服务。

四、坚持提升审判质效，推动海南法院工作高质量发展

一是严惩各类刑事犯罪。弘扬社会主义核心价值观，指导三亚城郊法院审结了网络“大V”罗某平侵害英雄烈士名誉、荣誉刑事附带民事公益诉讼一案，并入选“全国法院涉英烈权益保护十大典型案例”。坚持总体国家安全观，指导全省法院审结2件危害国家安全犯罪案件。加强电信网络诈骗、洗钱、养老诈骗、医疗美容等犯罪行为的打击力度，依法严惩腐败犯罪。

二是公正审理民商案件。海南高院审结民商事案件739件，标的额146.02亿元。涉军司法服务工作不断创新，打造军地协同法律服务站。推动建立“行政调解＋司法确认”工作机制。

三是妥善解决行政争议。坚持支持政府依法行政与保护行政相对人合法权益相结合，指导全省法院审理行政案件8515件，审结7457件。继续推进行政机关负责人出庭应诉制度，行政机关负责人出庭应诉率得到显著提升。

四是深入破解执行难题。执行联动工作取得新突破，与省住建厅联合会签了《关于依法加强和规范预查封若干问题的意见》，开发建设不动产线上查控系统。积极开展涉黑恶案件、涉职务犯罪、执行信访“百日攻坚”等专项执行，化解了一批涉党政机关的“骨头案”。指导全省法院执结相关案件128 548件。

五、坚持聚焦队伍建设，为自贸港建设提供更有力司法保障

一是提升队伍综合素能。开展“能力提升建设年”暨深化拓展“查堵点、破难题、促发展”活动，统筹推进大培训、大练兵、大比武及各类堵点问题落实落细。组织开展各类培训班次51期26 782人次参训。提升队伍建设规范化水平。推进领导班子结构优化，开展机关干部选拔任用。

二是完善司法制约监督机制建设。围绕推进司法制约监督机制建设，深化完善司法体制综合配套改革。完善案件分配机制，构建了涵盖院庭长审判监督、信访案件督办、重大敏感案件管控、司法风险防控的“四类案件”监管网络等机制。

三是推进涉外审判体系和审判能力现代化。加强涉外审判机制改革创新，持续加强海南第一、第二涉外民商事法庭建设，完善国际商事纠纷案件集中审判机制。推动港澳台人民陪审员选任工作。通过“随船巡回审判＋线上远程解纷”等方式，切实行使对我国管辖海域的司法管辖权。

四是主动接受各方监督。落实司法公开，强化司法监督。主动向省人大、省政协报告法院

重要工作，邀请人大代表、政协委员视察法院、观摩庭审 875 人次。

五是提升智慧法院一体化水平。推动“移动微法院”小程序向人民法院在线服务的转型升级，拓宽和升级网上诉讼服务。推进落实海南智慧法院应用系统项目。

六是加强人民法庭建设。打造以人民法庭为载体的乡村法治中心。继续发挥旅游法庭、交通法庭、瓜菜法庭、渔排法庭等特色法庭作用，为基层群众提供特色司法服务。

七是强化廉政建设。从严查处司法领域腐败，全省法院共有 97 人受到党纪政务处理，完善形成《海南法院廉政风险防控措施清单》。

八是深化司法国际交流。努力探索司法对外交流新途径，承办 2022 年金砖国家大法官论坛，派员出席知名国际论坛或国际会议等线上司法交流活动 11 批 30 余人次。

九是抓好疫情防控志愿服务。统筹审判与疫情防控，先后动员 83 名干警支援三亚等市县抗击疫情。有 3 个集体和 10 名个人受到省委组织部通报表扬。

重庆法院工作

2022 年，重庆法院坚持以习近平新时代中国特色社会主义思想为指导，深入学习贯彻习近平法治思想，紧紧围绕迎接党的二十大、学习宣传贯彻党的二十大主线，弘扬伟大建党精神和红岩精神，坚持服务大局、司法为民、公正司法，为保持平稳健康的经济环境、国泰民安的社会环境、风清气正的政治环境提供了有力司法服务和保障。全市法院受理案件 117.5 万件，其中新收 101.3 万件，审执结 108.2 万件，同比分别下降 11.1%、18.2%、6.7%，诉源治理成效显现。法官人均结案 375.5 件，位居全国前列；生效裁判服判息诉率 98.7%、案件结收比 106.8%，均居全国第 2 位。5 项工作写入最高人民法院工作报告；13 项工作在全国交流经验，知识产权审判工作在“中国—上合组织国家地方法院大法官论坛”交流经验；371 个集体、410 名个人获得市级以上表彰表扬，受到习近平总书记亲切接见的巫溪法院廖子怀法官再荣获“双百政法英模”；“人民法院老马工作室”入选“奋进新时代”主题成就展；江北、忠县法院获评“全国为群众办实事示范法院”。

一、坚决拥护“两个确立”、坚决做到“两个维护”，筑牢高站位根基

牢牢坚持党的绝对领导。制定深化落实《中国共产党政法工作条例》和市委实施办法 62 项任务清单，不折不扣贯彻落实党中央决策部署和市委工作安排，严格执行请示报告制度。认真学习宣传贯彻党的二十大精神，出台工作方案细化 26 项具体措施，开展“大学习、大宣讲、大调研、大宣传、大落实”五大活动，制定行动计划，发布 20 个专项调研课题。深化党的创新理论武装，在具有红色资源的 46 个人民法庭打造 66 条红色司法研学路线，前往石柱县中益乡“初心小院”开展司法研学，开展“两个确立”主题教育相关做法在全国交流经验。

二、全面贯彻落实总体国家安全观，保障高水平安全

维护国家安全和社会稳定，审结一审刑事案件2.3万件，审结全国规模最大的以人体藏毒方式走私、贩卖、运输毒品案。常态化推进扫黑除恶斗争，出台深入推进常态化扫黑除恶斗争意见，审结涉黑恶案件17件156人，涉黑恶案件查控财产处置工作获最高人民法院肯定推广。严惩群众反映强烈的违法犯罪，审结电信网络诈骗犯罪及其关联犯罪案件3407件6293人，扎实开展打击整治养老诈骗专项行动，审结相关案件91件206人。依法惩治腐败犯罪，审结青海省原副省长文国栋等职务犯罪案件225件263人，审结涉民生领域“微腐败”犯罪案件10件14人。加强人权司法保障，依法宣告3名公诉案件被告人和13名自诉案件被告人无罪，裁定准予检察机关撤回起诉10件10人。

三、完整准确全面贯彻新发展理念，护航高质量发展

服务稳住经济大盘，审结与经济发展密切相关的一审民商事案件42.1万件，出台司法服务“稳定经济大盘、稳住社会大局，保市场主体、保民生改善”15条措施、进一步强化善意文明执行理念8条意见，研发上线“重庆法院破产协同易审平台”，加强破产审判，帮助重庆能源、隆鑫系、比速汽车、聚丰房地产公司等一批企业脱困重生。助力创新驱动发展，审结知识产权案件1.9万件，2个案例入选全国法院知识产权典型案件，健全“1+1+2”知识产权审判组织体系，打造知识产权审判“重庆名片”。助推成渝地区双城经济圈建设，成渝金融法院如期揭牌、实质运行，两地高院院长带队实地考察交流，服务唱好“双城记”、共建经济圈。促进筑牢长江上游重要生态屏障，审结一审环境资源案件1401件，建成环境司法展示馆，环境司法保护基地、巡回审判站增至45个。护航高水平改革开放，审结涉外、涉港澳台案件731件，工作经验获最高人民法院肯定，打造涉外商事争端解决优选地，服务西部陆海新通道建设。保障城乡融合发展，服务中心城区重大示范工程建设，护航地方特色产业发展，打造“枫桥式人民法庭”。防范化解重大风险，审结非法集资、传销等涉众型经济犯罪案件332件589人，审结涉房地产纠纷案件1.5万件，服务“保交楼、保民生、保稳定”。

四、深入践行以人民为中心的发展思想，守护高品质生活

保障增进民生福祉，审结涉教育、医疗等民生案件12万件，审结婚姻、继承等家事案件4.8万件，审结劳动争议案件2.5万件。助推全面依法治市，审结一审行政案件8152件，连续10年发布行政审判白皮书和十大典型案例，率先在全国省级层面建立行政争议全域协同治理机制。及时兑现胜诉权益，执结案件37.1万件，执行到位600.6亿元，执行完毕率、实际执行到位率等8项指标位居全国法院前十，全功能上线运行不动产远程查控系统。大力弘扬新风正气，发布弘扬社会主义核心价值观十大案例，通过一个个典型案例明规则、扬正气，引领社会向上向善。

五、持续推进司法改革和智慧法院建设，确保高质效司法

深化司法体制综合配套改革，四级法院审级职能定位改革试点经验获最高人民法院肯定，深化法官员额制改革，遴选法官 161 人，递补 42 人，退出 54 人。全面准确落实司法责任制，加强重点案件评查机制建设，用好“党建”“质效”两张表，加强审判监督管理，促进裁判尺度统一。深入推进诉讼制度改革，加强小额诉讼程序适用，简易程序适用率 83.1%，深化以审判为中心的刑事诉讼制度改革，强化减刑、假释案件实质化审理。加快建设“全渝数智法院”，推进全流程网上办案改革，研发上线干警业绩评价系统，“全渝数智法院”建设工作经验在全国交流。

六、着力发挥诉源治理牵引作用，促进高效能治理

推动健全诉源治理大格局，建设诉源治理信息化平台，推动市委平安办诉源治理 24 条措施落地落实，延伸拓展诉源治理网络，相关工作经验在全国交流。巩固提升“一站式”建设成果，制定规范民商事立案及管辖 16 条措施，诉讼服务质效保持在全国前列，构建适老型诉讼服务机制。深化拓展落实强基导向“六项工作”，“人民法院老马工作室”月均调解案件 3.6 万件，“代表委员联络站”“一街镇一法官”“云上共享法庭”拓展延伸，探索“一庭两所 +”模式，“车载便民法庭”全面列装，获评人民法院重大科技创新成果特等奖。

七、坚持全面从严治党从严治院，锻造高素质铁军

健全闭环落实机制，力推“目标、任务、人员、职责、时限、节点、督查”等七要素闭环机制，增强法院队伍执行力、保障力。持续强化组织建设，选优配强成渝金融法院领导干部，储备基层法院优秀年轻干部 118 名，跨层级、跨类别、跨条线交流干警 1796 人次。培养过硬司法本领，全市法院分级分类培训 8.5 万人次，2 名法官获评第五届全国审判业务专家，中标 3 项最高人民法院司法研究重大课题，位居全国法院第 4。加强法院文化建设，2 项工作入选全国法院文化建设特色项目，27 部文化作品获最高人民法院“金法槌奖”，文化建设经验在全国交流。持之以恒正风肃纪反腐，完成三级法院监察机构更名及职责调整，立案查处违纪违法干警 18 人。

八、自觉践行全过程人民民主，推进高标准工作

认真接受人大监督、政协民主监督，办结代表建议 43 件、政协提案 37 件，回复率、满意率均为 100%，组织开展联络活动 901 场，代表委员受邀参加活动 3622 人次。依法接受监察、检察监督，支持派驻纪检监察组依法履职，市级法检“两长”首次同庭履职，成渝金融法院探索跨域接受检察监督新模式，审结抗诉案件 307 件。广泛接受社会监督，全市法院人民陪审员参审案件 4.3 万件，三级法院院领导下基层接访走访 4275 人次，处理来信来访事项 7584 件次，召开新闻发布会 231 次。

四川法院工作

2022年，全省法院共受理案件156.85万件，同比上升3.77%，审、执结135.04万件，同比上升2.83%。其中，省法院受理案件2.90万件，审、执结2.41万件。

一、强化政治引领，夯实全面从严管党治院根基

一是把党的政治建设放在首位。组织全省法院开展“两个确立”主题教育和“忠诚铸魂、铁纪担当”专项活动，研究制定关于加强和改进新时代全省法院思想政治工作等工作意见，向省委请示报告金融法院筹建、川酒司法保护建议等重大事项23次。连续5年组织开展下级法院党组书记向上级法院党组述党建述意识形态工作，对6地中院及部分基层法院开展意识形态专项巡查工作。

二是持续提升队伍素能。实施干部培育“青蓝工程”、第三批“百人培养计划”，举办线上线下各类培训2565期10.4万人次。打造“十佳庭审”“十佳裁判文书”等司法产品，培树祝增巧等先进典型，68个集体、265名个人获省部级以上表彰。“泸法麒麟”“梦溪”2个文化项目被评为全国法院文化建设特色项目。

全面加强纪律作风建设。集体研究“三重一大”事项51次。接受国家审计署经济责任审计，召开9次党组会研究推进省委巡视整改工作。派出两批次80名干警参与地方党委联动巡察40家基层法院，对6家中院、11家基层法院开展司法巡查。与省检察院、司法厅联合印发规范离任人员从事律师职业、禁止与律师不正当接触交往实施办法，开展司法作风突出问题集中整治和借培训名义搞公款旅游问题排查整治工作。

二、忠诚履职尽责，护航全省经济社会高质量发展

一是维护国家安全和社会安定。审理案件72件951人，全国扫黑办挂牌督办案件均按期审结。打击电信网络诈骗犯罪，审理案件3056件8223人。“10·18”特大跨境电信诈骗案入选“新时代推动法治进程十大案件”。依法审结毒品犯罪案件2681件3735人，重刑率33.45%，助力凉山摘掉“毒帽”相关工作获最高人民法院的肯定。依法审理贪污贿赂、渎职等犯罪案件668件792人，“9·5”泸定地震后第一时间下发恢复重建审判执行工作指导意见。

二是全力服务成渝地区双城经济圈建设。大力推进天府中央法务区建设，最高人民法院第五巡回法庭成都审判点、成渝金融法院、成都国际商事法庭顺利揭牌入驻。天府中央法务区获评“中国改革2021年度案例”唯一省级特别案例。川渝两地高院签署合作协议统一两地破产审判相关规则，联合开展专题研讨、业务培训，两地自贸区法院联合发布著作权、商标侵权纠纷诉讼指引，经验做法入选人民法院服务保障自贸区建设十二项亮点举措。

三是大力营造法治化营商环境。严厉打击商业贿赂、非法经营、内幕交易等犯罪182件，

发布反不正当竞争审判工作情况白皮书及典型案例。持续做好涉四川信托、恒大集团等重大敏感案件审判指导和风险处置。与省市场监管局会签文件便利破产与强制清算企业办理注销登记，审理破产案件 203 件，帮助丰谷酒业等陷入困境的企业重获新生。持续推进知识产权审判“三合一”改革，审理涉“谭鸭血”等知识产权案件 1.66 万件。大力推动行政争议实质化解，审理信息公开案件 610 件、行政协议案件 725 件。化解涉白鹤滩、溪洛渡等重点水利工程行政争议 2839 件。

四是用心守护美丽四川。召开全省第一次环资审判工作会，建设覆盖沱江全流域的“纽扣法庭”，出台为大熊猫国家公园建设提供高质量司法保障的意见。开展涉耕地保护案件专项审判活动，开展污染环境案件专项审判，依法审结相关案件 121 件，新建生态环境司法修复实践基地 22 个，发出环境禁止令 4 份。

三、坚持司法为民，不断提升人民群众司法获得感

一是推进一站式多元纠纷解决和诉讼服务体系建设。开展“为群众办实事示范法院”创建活动，开展诉讼服务提质增效专项行动，推出涉老诉讼服务、规范生效证明出具、加快移卷效率等举措，推广“非接触式”诉讼服务，改造升级“天府智诉”平台，在线立案 22.81 万件，12 368 热线转接接通率上升至 92.21%。推进综治矛调中心与诉讼服务中心一体化运行，开展调解、分流、立案等工作，推广使用人民法院在线调解平台，网上调解案件 52.36 万件。推广“石榴籽”调解室等具有四川特色的诉源治理品牌，建成“石榴籽”调解室 196 个，工作经验在全国推广。建立人民法庭单独考核机制，打造“白酒产业园区法庭”“花椒法庭”等特色化、专业化人民法庭，发挥服务乡村振兴、服务基层社会治理、服务群众高品质生活需要的前沿阵地作用。

二是全面加强民生司法保障。深入贯彻实施民法典，依法审结涉教育、就业、医疗、住房等案件 6.92 件，切实保障民生权益。强制扫码点餐构成隐私侵权案被人民日报客户端报道。严惩强奸、拐卖、虐待等侵害未成年人违法犯罪，建立信息库排查教职工等涉未成年人行业人员，形成四川省性侵未成年人犯罪情况调研报告助力省委决策，保障儿童健康成长。开展打击整治养老诈骗专项行动，审理案件 97 件 378 人，涉案金额 87.60 亿元，守好老年人“钱袋子”。妥善审理劳动争议案件 2.46 万件，判处拒不支付劳动报酬犯罪 52 件 67 人，保护劳动者合法权益。强化困难群众、弱势群体司法救助，为当事人依法缓、减、免交诉讼费。

三是切实保障胜诉权益。深化网络查控和联合惩戒体系建设，网格员协助执行发起量居全国第一。优化案款甄别和发放流程，案款支付时间同比缩短 8 天，让人民群众更快拿到“真金白银”。加大拒执打击力度，判处拒执罪人数同比增长 64.06%。扩大“一季度一行动”声势，涉民生案件执行到位率 56.34%，全省法院执结案件 55.45 万件，执行到位金额 970.96 亿元，执行质效稳居全国法院第一方阵。

四、锐意改革创新，推进审判体系和审判能力现代化

一是有效提升办案质量。深化量刑规范化改革，出台意见对危险驾驶、职务侵占等 23 种

常见犯罪的量刑规范进行指导，规范自由裁量权。强化院庭长实质化监管，全省法院纳入“四类案件”监管案件 5.60 万件。规范化、常态化开展裁判文书、庭审、案件三评查工作，大力推进类案和关联案件检索，进一步统一裁判尺度。

二是着力提高办案效率。全国首创“案件审理期间——纠纷在院时间”双向考评机制，从群众视角出发实质性缩短纠纷解决时间，纠纷在院时间较改革前缩短 118 天。落实审限管理审批流程“关口前移”制度，强化审限变更和延长审限的精细化管理，将长期未结案件全部纳入“四类案件”监督管理，逐案研判化解，全省法院一年以上未结案件化解率同比提升 2.73 个百分点。

三是稳步推进改革试点。深化四级法院审级职能定位改革试点，创新“5+N”改革举措，提级管辖改革经验被《人民法院报》推广。组织开展首届“四川法院改革创新奖”评选活动，评选出 10 个创新性标杆性改革举措和 12 个改革优秀案例。成都审判权力运行机制改革案例获全国法院首届“改革创新奖”。

贵州法院工作

2022 年，贵州法院坚持以习近平新时代中国特色社会主义思想为指导，深入学习贯彻习近平法治思想，全面贯彻党的二十大精神，坚持服务大局、司法为民、公正司法，忠诚履行宪法法律赋予的职责，各项工作取得新进展。全省法院新收各类案件 87.92 万件，同比下降 16.06%，审执结案件 89.15 万件，结案标的额 2320.64 亿元，法官人均结案 286.65 件。

一、坚持党对司法工作的绝对领导，确保人民法院正确政治方向

一是深入学习宣传贯彻党的二十大精神。扎实开展“贯彻党代会、喜迎二十大”活动，举办习近平新时代中国特色社会主义思想读书班。组织开展专题调研、培训轮训等“十个一”活动，确保党的二十大精神在贵州法院落地生根、开花结果。

二是深入开展常态化党史学习教育和“两个确立”主题教育活动。推动党史学习教育常态化、“两个确立”主题教育走深走实。升级改造省法院院史馆，法治教育政治生活馆被评为全国法院文化建设特色项目及第四批全国法治宣传教育基地。

三是深入推进党的基层基础建设。深入开展“大学习大讨论大整改大提升”活动。制定《省法院机关推动党建业务工作双向深度融合的实施办法》，持续打造“天平先锋”党建品牌。开展上下级法院基层党组织“共建共促”活动。深入实施“入村寨进社区走企业访群众”大走访活动，帮助企业和群众解决困难 1988 个。开展“为群众办实事示范法院”创建活动，2 家法院荣获“为群众办实事示范法院”称号。

二、贯彻总体国家安全观，建设更高水平平安贵州法治贵州

一是依法严惩各类刑事犯罪。常态化开展扫黑除恶斗争，审结涉黑恶及保护伞案件 82 件 568 人。高位推进夏季治安打击整治“百日行动”，审结破坏社会安定、影响人民群众安全感的 9 类犯罪案件 4713 件 7753 人。深入开展禁毒“大扫除”专项行动，制定主要毒品犯罪罪名量刑实施细则，审结毒品犯罪案件 976 件 1541 人。大力推进打击治理电信网络诈骗犯罪专项活动，审结相关案件 4965 件 7635 人。深入实施“打非治违”专项行动，审结涉及 11 个行业领域的安全生产刑事案件 554 件 718 人。

二是助力推进法治政府建设。与多家省直单位常态化开展行政争议实质化解。组织执法司法人员同堂培训，共建“依法行政教学基地”。行政机关一审败诉率 18.6%，行政机关负责人出庭应诉率 94.63%。1 个案例入选最高人民法院公报案例。

三、围绕主战略主定位，护航贵州经济社会高质量发展

一是全面服务建设西部大开发综合改革示范区。制定《贯彻落实〈国务院关于支持贵州在新时代西部大开发上闯新路的意见〉的实施意见》。制定《进一步优化营商环境的意见》等文件。与省发改委等部门联合出台《破产重整和解企业信用修复办法》。与相关部门联合出台涉房地产企业破产、涉企业破产金融服务的意见。启用法院和工商联互联互通的调解服务平台。上线运行省市县三级统一的智能化破产办案平台。

二是全面服务建设巩固拓展脱贫攻坚成果样板区。发挥 409 个人民法庭、2014 个法官工作站和 1683 个法院立案便民服务中心职能作用，制定人民法庭考核标准，设立 88 个新时代人民法庭观测点。3 个人民法庭服务乡村振兴的做法入选最高人民法院《新时代人民法庭建设案例选编》。

三是全面服务建设数字经济发展创新区。出台《关于加强知识产权审判工作为新时代西部大开发提供有力司法服务和保障的意见》，制定《侵犯商标权纠纷案件审理指南》，审结知识产权与不正当竞争一审案件 3409 件。1 个案例入选 2021 年中国法院 50 件典型知识产权案例。

四是全面服务建设生态文明建设先行区。挂牌成立全国首个茶产业环境保护法庭，设立㵲阳河环境保护法庭、乌江“水上法庭”，建立生物多样性环境保护法官工作站。与省林业局等联合出台《贵州省林草行政执法与刑事司法衔接工作暂行办法》。1 个案例入选最高人民法院指导性案例，5 个案例入选最高人民法院发布的环境资源审判类典型案例。

四、践行司法为民宗旨，让人民群众切实感受到公平正义就在身边

一是全面提升民生权益司法保护水平。深入开展整治养老诈骗专项行动，审结养老诈骗犯罪案件 54 件 131 人。发放司法救助金 2707.05 万元。联合省财政厅等部门制定《贵州省道路交通事故社会救助基金管理实施细则》。与省司法厅等部门出台《关于建立国家司法救助与社会救助衔接工作机制的实施意见》。制定《未成年人犯罪记录档案查询暂行办法》，与省检察院等部门出台《关于在办理涉未成年人案件中开展家庭教育指导工作的实施办法》。上线运行人

民法院满意度评价系统。2 个案例分别入选最高人民法院老年人权益保护典型案例、涉英烈权益保护十大典型案例。

二是全面提升执行工作水平。开展"严格管理·规范执行"年活动，制定查封、扣押、冻结财产工作指引，出台《刑事诉讼涉案财物规范化管理的意见》，深入整治违规终本、超期发还案款等问题，执结案件 40.17 万件，执结率 92.58%，执行到位金额 790.74 亿元。全面推行"事务集约、繁简分流"执行案件办理模式，持续打造"黔山雷暴"专项执行品牌。

三是全面推进案件诉源治理。出台全面加强诉源治理工作的相关文件，助推建立 28 家单位参与的省诉源治理工作联席会议制度，与全国中小企业协会及 18 家省直单位建立诉调对接机制。人民法院调解平台新增入驻调解组织 863 个、调解人员 2703 人，诉前调解成功案件 251 222 件。开展衍生案件治理，探索执源治理。全省法院来信来访数量同比下降 29.64%，新收一审民商事案件、行政案件同比分别下降 20.96%、17.7%。

五、深化司法体制改革和智慧法院建设，不断推进审判体系和审判能力现代化

一是全面推进严格公正司法。出台《加强类案检索的实施意见》《参考性案例管理办法》《专业法官会议工作规则》，联合省检察院完成《常见犯罪的量刑指导意见实施细则》。开展瑕疵案件专项整治，自查筛查案件 364 849 件。制定《审判权力和责任清单》，修订《贵州省法官惩戒委员会章程》，出台《贵州省法官惩戒委员会法官惩戒工作办公室工作规则》。

二是全面推动智慧法院建设。从立案到执行全流程无纸化办案实现全省法院全覆盖，出台《贵州法院数据标准》。3 项自主研发成果入选 2022 年全国政法智能化建设创新案例。

六、从严管党治警，打造忠诚干净担当的法院铁军

一是深入巩固政法队伍教育整顿成果。制定贯彻《关于巩固全国政法队伍教育整顿成果推进全面从严管党治警的意见》实施方案。建立全省法院离任人员数据库，完善离任人员违规代理案件系统预警机制。制定涉"减假暂"案件办理工作指引。

二是深入推进正风肃纪专项行动。认真落实中央八项规定精神，严格执行防止干预司法"三个规定"、新时代政法干警"十个严禁"等铁规禁令，细化记录报告、分类处置、核查协调等工作机制。上线运行智能审务督察系统。

三是深入开展高质量大练兵活动。开展"领导干部上讲台"活动。开展各级各类培训调训 118 期 62 233 人次。全省法院 239 个集体和 1097 名个人受到表彰奖励。

四是深入推进干部队伍选育管用。制定《政治素质考察常态化实施办法》，建立干部政治素质档案。出台《干事创业容错纠错办法》。遴选增补员额法官 409 名，明确递补人选 121 名。制定《贵州省法官考核办法》，稳步推进全国法院唯一的公务员平时考核试点工作。

云南法院工作

2022年，全省法院把护航党的二十大和学习宣传贯彻党的二十大精神作为中心任务，坚持稳字当头、稳中求进，大抓作风建设，狠抓工作落实，各项工作取得新成效。

一是持续加强法院党的政治建设。准确把握政治机关根本定位，把党的领导贯穿法院工作各方面全过程。强化理论武装，迅速兴起学习宣传贯彻党的二十大精神热潮，组织开展贯穿全年的“深刻领悟‘两个确立’决定性意义、坚决做到‘两个维护’”主题教育，出台加强和改进思想政治工作15条措施，举办全省法院新任领导干部政治轮训班，由院党组书记讲授开班第一课，组织学习《习近平谈治国理政》第四卷，开展习近平法治思想主题论坛征文活动。强化政治统领，建立党组会议“第一议题”制度，完善《政法工作条例》落实责任、党风廉政建设责任和重大事项请示报告3项责任清单，向最高人民法院、省委及省委政法委请示报告事项和案件，确保政令畅通。强化党建引领，制定全省法院基层党建五年行动计划，配套出台党建工作要点、书记责任清单、党建重点项目和争创活动计划，规范考核办法，提升党建水平。

二是全力维护社会大局稳定。贯彻总体国家安全观，认真落实党的二十大安保维稳要求，审结一审刑事案件56 102件，判处罪犯80 648人。狠抓常态化扫黑除恶斗争，审结一审涉黑恶案件60件637人。狠抓打击整治跨境犯罪，依法从严从快审结一审跨境犯罪案件5304件10 830人，跨境犯罪呈下降趋势。狠抓打击群众关注的犯罪，审结故意杀人、抢劫、绑架等暴力犯罪案件808件1344人，涉毒品犯罪案件2733件3680人，涉枪爆犯罪案件1211件1451人，行贿受贿等职务犯罪案件602件614人，审结一审诈骗案件1184件1878人。

三是持续服务云南高质量发展。自觉服务发展大局，围绕省委工作部署强化司法作为。保障一流营商环境建设，出台服务保障营造一流营商环境16条措施、做好涉疫民事行政审判和执行工作意见、破产案件审判指引等规范性文件，妥善化解各类经济纠纷164 117件，审结企业破产、重整案件300件。服务开放型经济发展，在全省3个自贸试验区设立诉讼服务中心，在沿边一线设立38个国门诉讼服务站和口岸法庭，推动涉边涉贸纠纷就地调处。环境资源司法保护，世界环境司法大会结束后，云南各级法院迅速传达学习贯彻习近平总书记致世界环境司法大会贺信精神和周强院长在世界环境司法大会上的主旨发言，牢固树立正确的环境司法审判理念，设立昆明环资法庭，形成以高院环境资源审判庭、昆明环境资源法庭、38家基层法院为主的“1+1+38”的环资案件审判机构，在德宏盈江现成立“中国犀鸟谷生态保护法律服务点”，在亚洲象繁育中心驻地挂牌全国首家“人象和谐法律服务点”，参与构建长江、赤水河、北盘江等流域司法协作机制，建立“恢复性司法实践+社会化综合治理”的审判结果执行协同机制，引导市场主体规范使用生态环境资源。

四是持续服务民生促进社会治理。坚持案结事了人和导向，妥善化解民事纠纷279 449件，争取案件办理政治、社会、法律三个效果有机统一。加强家事案件风险管控，完善“四类案件”全流程监管机制，把婚姻家庭案件全部纳入监管，以全程调解方式，妥善审理离婚案件 66 639 件，严防“民转刑”等案件发生。主动参与基层治理，推进人民法院调解平台“进乡村、进社区、进网格”，人民法院调解平台对接基层治理单位 4590 家，入驻基层解纷人员 5558 名，入驻率达 100%。推动“万人成讼率”纳入地方综治考核，优化人民法庭布局，覆盖全省 1409 个乡镇，对接 3571 个基层治理单位，同步配备 192 名双语法官、150 名双语调解员。围绕云南省委、省政府关于昆明市托管西双版纳磨憨镇的决定，充分发挥区域叠加优势，抓实磨憨法庭立审执一体化和诉源治理工作。加强一站式多元解纷和诉讼服务体系建设，深化诉源治理，全省法院新收民商事案件数已呈下降趋势。云南法院诉讼服务质效评估综合得分从 2020 年 1 月的全国第 15 位提升到全国前列。

五是持续深化司法责任制配套改革。积极稳妥推进中央、省委和最高人民法院确定的各项司法改革任务，加快构建权责明晰、监管有力、运转有序的司法权力运行机制。健全审判权力制约监督体系，制定司法人员分类履职指引等 6 项制度，规范权力行使空间，强化法律统一适用，院庭长办案业绩“双考”做法被中央司改办、最高人民法院和省委改革办转载。推进诉讼制度改革，刑事诉讼深化以审判为中心，全面落实认罪认罚从宽制度和律师辩护全覆盖，民事诉讼全面实施“分调裁审”，基层法院基本实现 20% 法官办结 65% 以上的一审民商事案件。发挥智慧法院建设效能，大力推进诉讼活动全流程网上办理，云南移动微法院、司法信息网与省政府“手机办事通”、政务服务平台顺利对接，网上立案 134 968 件、网上开庭 12 383 件，在线调解 320 463 件。

六是持续加强法院队伍建设。按照忠诚干净担当要求，打造党和人民信得过、靠得住、能放心的法院队伍。注重能力素质提升，制定全省法院三年政治轮训计划、五年教育培训规划，按照政治教育课时不少于 20% 的要求，开展全省性业务培训 29 期 6.3 万名合格干警，组织“云岭司法讲堂”9 期。强化制度规范约束，落实新时代政法干警“十个严禁”，出台防范信息化和基建项目廉政风险等制度，制定警示教育常态化措施，坚持用制度管人管事管案。加强法院文化建设，围绕文化熏陶、英模激励、绩效考核、从优待警等方面，制定加强改进文化建设和关心关爱干警等措施，完善容错纠错机制，设立《云法学思》《审判与法治》等学习交流园地，选树柴继红、鲍卫忠、龙进品等一批重大典型，汇聚队伍奋进力量。

七是迅速掀起学习宣传贯彻党的二十大精神热潮。切实把学习宣传贯彻党的二十大精神作为当前和今后一个时期全省法院的首要政治任务，组织全省三级法院集中收看党的二十大开幕会，先后召开 35 次党组（扩大）会及时学习党的二十大报告、习近平总书记重要讲话精神、中央学习宣传贯彻决定以及最高人民法院、省委的学习宣传贯彻要求，研究了初步贯彻措施。省高院同时第一时间下发通知，提出学习宣传贯彻落实要求，指导全省法院深入系统推进学习宣传贯彻，迅速掀起学习热潮。

西藏法院工作

2022年，西藏法院坚持以习近平新时代中国特色社会主义思想为指导，在区党委领导和最高人民法院指导下，深入贯彻习近平法治思想，坚持服务大局、司法为民、公正司法，共受理各类案件68 570件、审执结61 959件。

一、坚持以党的政治建设为统领，确保正确政治方向

一是始终坚持以习近平新时代中国特色社会主义思想凝心铸魂。认真贯彻“第一议题”制度，召开党组会、党组理论中心组学习会280余次，邀请专题辅导、讲主题党课等180余场次。紧扣学习宣传贯彻党的二十大工作主线，第一时间制定学习宣传培训、专项活动方案，迅速兴起宣传贯彻热潮。在全区法院深入开展“两个确立”主题教育。二是始终坚持党对法院工作的绝对领导。严格落实请示报告制度，向区党委、党委政法委请示报告重大事项、重要案件、重点工作600余次。充分发挥院党组把方向、管大局、保落实作用，及时组织召开党组专题会议研究“三重一大”事项。三是始终坚持全面从严治党、从严治院。严格落实全面从严治党主体责任，组织开展庆“七一”系列党建专题活动，丰富党建工作抓手。高院机关创新“3+3+5+6”党建综合考评体系，获评2022年全国法院第二届党建创新优秀案例。高院首次召开全区法院文化建设工作会议，大力弘扬新时代人民法院文化，以文化人、以文育人、以文培元。坚持实战实用实效导向，举办各类培训班13期735人次，选派181名优秀干警驻村、担任“第一书记”51人，提升干警政治素质和履职能力。四是始终坚持马克思主义在意识形态领域指导地位的根本制度。深刻认识意识形态工作的极端重要性，坚决确保意识形态领域安全。严格落实“三同步”要求，在法院自媒体平台开设党的二十大、区党委十届三次全会精神等专栏，发布推送各类信息1700余条次。

二、坚持以服务大局、司法为民、公正司法为主线，提升服务西藏长治久安和高质量发展质效

一是坚决维护国家安全和社会稳定。充分发挥刑事审判职能，受理各类刑事案件3330件、审结3071件。贯彻自治区平安建设条例，审结严重暴力犯罪、多发性侵财犯罪、电信网络诈骗犯罪和危险驾驶、交通肇事犯罪1456件1964人，有效维护群众生命财产安全。印发关于严格落实疫情防控措施、加强司法审判服务的紧急通知等文件，坚决维护疫情防控秩序。精心谋划“八五”普法计划，深入开展民法典、反分裂国家法等主题宣传教育110余场次。聚焦服务更高水平的平安西藏建设，坚持和发展新时代“枫桥经验”，全力融入共建共治共享的社会治理体系，推动基层诉服中心与矛调中心相互衔接，诉前化解矛盾纠纷8110件、办理司法确认案件1452件，推动公共安全治理模式转向前端预防型。二是坚决服务高质量发展。始终坚持

服从服务于“三个赋予一个有利于”，贯彻落实中央和区党委经济工作会议精神，认真贯彻修改后的民事诉讼法，受理各类民商事案件 38 379 件、审结 34 667 件，结案标的额 98.8 亿元，着力优化法治化营商环境。强化民生司法保障，审结就业、教育、医疗等涉民生案件 7289 件，审结追索劳动报酬案件 614 件；依托执行难综合治理、源头治理工作协调小组，强化执行联动，受理执行案件 25 440 件，执结 22 857 件，执行到位金额 29.14 亿元；细化测评指标体系，开展“为群众办实事示范法院”创建活动，2 家法院被命名为“为群众办实事示范法院”；办结国家赔偿、司法救助案件 271 件，发放司法救助金 96.28 万余元，缓减免诉讼费 438.15 万余元，以温情司法温暖民心。受理行政案件 239 件、审结 203 件，支持行政机关依法行政，助力法治政府建设。三是坚决服务美丽西藏建设。深入贯彻习近平生态文明思想，综合采用刑事制裁、损害赔偿、修复补偿、赔礼道歉等责任承担方式，依法办理涉环境资源案件 77 件，办结公益诉讼案件 9 件，用最严密法治筑牢“地球第三极”生态环境司法保护防线。组织开展环境保护法、自治区生态文明高地建设条例等宣传活动 160 余场次，受教育群众 5 万余人次。四是坚决助力边防巩固、边境安全。边境法院为边民设立绿色通道，开展上门服务、就地开庭，及时调处矛盾纠纷。深入开展出入境管理法、边境管理条例等宣传 60 余场次，受教育群众 4 万余人次，与拉萨军事法院常态化开展“送法进军营”活动 20 余场次，助推“五共五固”军民共建走深走实。

三、坚持以加强自身建设为保障，提升担当作为、履职尽责能力水平

持续深化司法体制改革，持续深化四级法院审级职能定位改革试点，规范级别管辖、提级管辖、再审程序，办结二审、再审案件 3375 件，依法改判 739 件；全面总结财物统管等改革试点工作成效，为全面铺开做好准备。持续深化执法司法监督制约，全区法官人均办案量 65.99 件，院庭长办案 21 355 件；高院召开审委会、审判运行分析通报会 25 次，提升条线指导、监督管理实效性。积极推动现代科技从工具性的浅层应用向更深层次的规则治理和制度构建转变，疫情防控常态化背景下，智慧法院“大显身手”，网上立案 4752 件、开庭 2116 件、调解 10 332 件、跨域立案 218 件，有力保障审判执行不停摆、公平正义不止步。全区法院集中送达中心实现全覆盖，送达周期从 15.6 天缩短到 3.78 天。依托“四大公开”平台，网上公开审判流程信息 32 674 条、庭审活动 7250 场、裁判文书 8046 份、执行信息 36 748 条。积极改善基层履职条件，协调落实“十四五”项目资金 2737 万元、智慧法院项目建设资金 6000 万元，坚持把 3.54 亿元中央转移支付资金的 90% 以上用于改善基层办公办案条件、信息化配套设施完善和装备设备配备。

四、坚持以接受民主监督为助力，提升公正司法、严格执法获得感

主动接受人大、政协监督，向自治区人大常委会专题报告民事审判等工作，办结人大代表意见建议、政协委员提案、关注事项 200 余项，邀请代表委员列席会议、视察座谈、旁听庭审、见证执行等 1200 余人次。主动接受检察监督，认真贯彻加强新时代检察机关法律监督的意见，审结抗诉案件 10 件，依法改判、发回重审 3 件，检察长列席审判委员会会议 68 人次。

主动接受人民监督，认真贯彻人民陪审员法，全区2349名人民陪审员参审案件3697件。

一年来，西藏法院坚持以“努力让人民群众在每一个司法案件中感受到公平正义”为目标，坚持服务大局、司法为民、公正司法，积极应对新冠肺炎疫情影响，持续提高审判质量效率、队伍素质能力和司法公信力，为西藏长治久安和高质量发展贡献了人民法院智慧和力量。

陕西法院工作

2022年，全省法院坚持以习近平新时代中国特色社会主义思想为指导，坚持服务大局、司法为民、公正司法，坚持“讲政治、抓办案、带队伍、推改革、强科技、增公信”工作思路，常态化推进纵向有进步、横向有进位“双进”工作，忠实履行宪法法律赋予的职责，各项工作取得新成效。全年受理案件115.41万件，审执结106.77万件，同比分别上升8.71%和10.73%，增幅分别列全国第9位和第6位。

一是坚持以政治建设为根本，坚定法院工作正确政治方向。把学习宣传贯彻党的二十大精神作为首要政治任务，召开党组（扩大）会议和中心组学习会议专题学习研讨，研究贯彻措施，制定实施方案，印发相关通知推动全省法院抓好学习宣传贯彻工作，迅速把思想和行动统一到党的二十大精神上来。深学细悟习近平法治思想和习近平总书记来陕考察重要讲话重要指示，扎实开展“深刻领悟‘两个确立’决定性意义，坚决做到‘两个维护’”主题教育，增强捍卫“两个确立”、做到“两个维护”的政治自觉、思想自觉、行动自觉。牢牢坚持党对法院工作的绝对领导，认真贯彻《中国共产党政法工作条例》及省委实施细则，确保法院工作正确政治方向。

二是坚持以服务大局为使命，促进保障经济社会高质量发展。把法院工作放在大局中谋划推进，制定《关于为奋力谱写陕西高质量发展新篇章提供有力司法服务和保障的意见》，促进经济社会持续健康发展。认真贯彻总体国家安全观，常态化开展扫黑除恶斗争，扎实开展打击整治养老诈骗专项行动，审结一审刑事案件1.94万件，推进更高水平平安陕西建设。完整准确全面贯彻新发展理念，依法平等保护产权，审结一审商事案件28.13万件，优化营商法环境；制定《关于为秦创原创新驱动平台建设提供司法服务保障的十条措施》，设立秦创原知识产权司法保护中心，会同西北农林科技大学建立种业知识产权司法保护基地，西安彩虹星球公司与新疆雪山果园公司商业诋毁纠纷案入选全国法院50件典型知识产权案例。组建防范化解房地产烂尾风险工作小组，审结涉房地产纠纷1.91万件，促进房地产市场平稳健康发展。会同周边省市法院建立黄河中上游、嘉陵江上游环资审判协作机制，共促长江“十年禁渔”和黄河流域生态保护，西咸新区秦汉新城管委会不履行环境监管职责行政公益诉讼案入选全国法院固体废物污染环境典型案例。助推法治政府建设，审结一审行政案件8096件，全省行政机关负责人出庭应诉率上升26.48个百分点。

三是坚持以司法为民为宗旨，不断增强人民群众司法获得感。坚持以人民为中心的发展思想，强化民生司法保障，审结一审民事案件24.94万件。会同省民政厅建立妥善处理以冒名顶替或者弄虚作假方式办理婚姻登记问题协作配合工作机制，审结婚姻家庭、继承纠纷6.79万件，促进家庭和谐。认真贯彻实施家庭教育促进法，推进涉未成年人案件集中办理，审结抚养、监护、探望等涉未成年人案件1.75万件，联合共青团陕西省委等部门推出“红领巾法学院”模拟法庭第二季，保护未成年人健康成长。会同省人社厅等制定《关于维护新就业形态劳动者劳动保障权益实施办法》，发布首批劳动人事争议典型案例，维护劳动者合法权益。持续推进切实解决执行难，部署开展“三秦飓风2022·促规范、提质效、办实事”系列执行行动，执结案件38.77万件，执行到位金额702.23亿元，同比分别上升14.50%和47.99%。巩固提升一站式多元纠纷解决和诉讼服务体系建设成果，网上立案4.71万件、网上开庭3.82万件，诉讼便利程度不断提高。加强基层基础建设，制定《加强全省法院基层基础建设的若干措施》，会同省委宣传部联合开展“枫桥式人民法庭”“新时代马锡五式好法官”评选宣传活动，推进人民法庭“两化”建设，累计建成44个示范法庭、182个达标法庭，4个法庭工作经验入编全国法院新时代人民法庭建设案例。

四是坚持以公正司法为目标，常态化推进“双进”工作。坚持把“双进”作为一种思想自觉、一种思维方式、一种行为习惯，融入法院工作全过程各方面，推进“双进”工作向纵深发展。坚持陕西高院领导挂点中院机制，加大带案指导力度，研究制定8个裁判指引类文件和9件参阅案例，修订执法办案评价实施办法，开展发改案件质量评查，促进办好案、快办案、多办案。全省法院结案数比去年增加10.34万件，同比上升10.72%；案件结收比1.01，同比上升7.45%；未结案件8.64万件，同比下降11.28%；员额法官人均结案数269件，同比上升10.7%；案件平均审理时间53天，同比缩短8天；一审判决案件发改率2.87%，同比进步0.92个百分点，执法办案继续保持质效双升的良好态势。

五是坚持以改革创新为动能，努力推动审判体系和审判能力现代化。全面落实审判权责清单制度，制定《进一步完善“四类案件”监督管理工作机制实施细则》，让审理者裁判、由裁判者负责；根据全国人大常委会授权，扎实开展四级法院审级职能定位改革试点，印发提级管辖《识别标准指引》和《操作流程指引》等。制定适用小额诉讼程序审理民事案件标的限额标准，全省法院一审简易程序适用率82.44%。协调省财政厅等印发聘用制书记员《薪酬标准》，优化人财物保障。加强智慧法院建设，建成庭审音视频综合管理平台，推进智能审务督察，提升内部监督效能。

六是坚持以从严治院为保障，着力打造新时代过硬法院队伍。坚持全面从严治党、从严治院，加强法院党的建设，开展“为群众办实事示范法院”创建活动，陕西高院机关6个党支部获评“五星级党支部”，2项党建创新案例被评为第二届新时代人民法院党建创新优秀案例。加强法院文化建设，陕西高院“‘马锡五审判方式’内在精神传承工程”、延安中院“红色法院”项目入选全国法院文化建设特色项目。加强素质能力建设，举办全省中基层法院院长培训班，会同西北政法大学签署院校法治宣传人才培养合作协议，制定《关于切实加强和改进调查研究工作的意见》，评选发布“2021年度陕西法院十大审判执行案件”，提升业务能力。加强党风廉政建设，印发《关于进一步规范执法司法行为推进清廉法院建设的实施方案》《强化激励约束推动作风建设具体举措》，开展司法作风突出问题集中整治，全面落实防止干预司法“三个规定”，开展司法巡查、审务督察，全省法院受到党政纪处分 74 人，营造司法清风正气。

甘肃法院工作

2022 年，全省法院受理案件 56.61 万件，审（执）结 47.09 万件，同比分别下降 8.26%、13.39%，法定审限内结案率 99.80%。省法院及铁路、林区、矿区 3 个直属法院受理案件 1.06 万件，审（执）结 7786 件，法定审限内结案率 99.65%。

一、以实际行动忠诚拥护“两个确立”

一是深入学习宣传贯彻党的二十大精神。组织党组理论学习中心组学习 5 次，开展专题研讨交流。通过“一网两微多平台”发布微党课 45 期，宣传信息 425 篇，推送短信 4.1 万人次。二是着力加强班子政治建设。召开党组会 31 次，党组理论学习中心组学习 26 次。办理省委、省政府、省委政法委督办事项 11 件。办理答复人大代表意见建议 56 条，向省人大常委会专项报告全省法院知识产权审判工作。三是扎实推进巡视整改到位。完善制度机制 20 项，开展集中整改活动 10 项，核查化解信访案件 89 件，106 条具体整改措施基本落实到位。

二、全力服务经济高质量发展

一是服务保障“四强”行动顺利实施。省法院对服务保障“强科技、强工业、强省会、强县域”的“四强”行动作出安排部署。审结知识产权纠纷案件 1402 件，在兰州新区设立知识产权司法保护示范基地、巡回审判点，在知识产权保护中心建立知识产权纠纷诉调对接工作站，调整、新增 15 个基层法院审理知产一审案件；天水中院对涉企案件采取“稳、缓、保”措施，白银法院主动服务“一区六园”建设；兰州中院出台服务保障“强省会”行动意见；平凉法院设立“苹果法庭”等 7 个产业巡回法庭、张掖市甘州区法院设立“种子法庭”、甘谷县法院设立“蔬菜法庭”，化解纠纷 9989 件，“苹果法庭”“种子法庭”入选最高人民法院新时代人民法庭典型案例，做法被《人民日报》等媒体刊发。二是全面创优法治化营商环境。召开全省法院优化营商环境推进会，部署“破产审判专项整改”“立案诉服领域突出问题集中整治”“优化营商环境专项督查”，涉及法院的“三项重点指标”大幅提升。受理企业破产案件 154 件，恒康医疗破产重整案得到最高人民法院和省委、省政府、省委政法委的充分肯定。开设“涉企案件绿色通道”，涉企执行案件结案平均用时缩短至 55.78 天，法定期限内结案率提升至 93.18%。三是有力护航陇原绿水青山。审结环境资源类案件 464 件。举办第二届黄河流域甘肃段生态环境司法保护协作论坛，与黄河流域九省区高院签订环境资源审判协作框架协议，探索跨区域一体化保护机制。省法院在全国法院相关会议上交流经验，省法院环资庭荣获“全国法院环境资源审判工作先进集体”。四是防范化解金融风险成效显著。开展全省涉金融不良资产案件专项清理和“陇原执行之百日清收攻坚行动”，审结案件867件，办结省清收专班交办执行案件1136件，执行到位金额81.83亿元，提前完成阶段目标任务。

三、依法全面履行审判职责

一是依法严惩刑事犯罪。审结各类刑事案件2.09万件。其中，涉国家安全犯罪案件5件，涉邪教犯罪案件33件，严重暴力犯罪案件199件，涉黑涉恶案件21件151人，涉毒品犯罪案件233件，职务犯罪案件239件。二是妥善审理民商事案件。审结民商事案件28.65万件。其中，婚姻家庭、继承纠纷案件4.54万件，人格权、物权、侵权纠纷案件2.03万件，合同纠纷案件17.18万件，公司、证券、保险、票据等商事纠纷案件4783件。三是促进法治政府建设。妥善审理行政案件6013件。促进矛盾纠纷实质性化解，宋某等24人诉定西市安定区人民政府征地补偿案入选最高人民法院第二批行政协议诉讼典型案例。强化府院联动，发布行政审判白皮书，发出司法建议30余条，与行政机关召开联席会议，落实行政负责人出庭应诉制度，行政机关负责人出庭率为90%。四是切实提升执行质效。全省法院共执结各类案件19.36万件，执行到位金额322.47亿元，有财产可供执行案件法定审限内执结率为93.9%。部署全省执行案款专项清理活动，清理发放超期执行案款13.68亿元。加强全省执行信息化建设，出台执行监督案件办理规程、执行案款管理规定等意见，甘肃法院执行工作得到最高人民法院充分肯定。

四、持续深化司法改革和智慧法院建设

一是纵深推进司法体制改革。出台案件质效监督管理等制度15项。加大“人案矛盾”破解力度，为38个人案矛盾突出的法院调剂员额73个。建立随缺随补的员额递补机制，省法院下派19名干警到基层一线帮助办案。稳步推进四级法院审级职能定位改革，推动矛盾纠纷层级化解。二是巩固提升智慧法院建设成果。建成智慧法院3.0信息系统，智慧法院建设及应用跃升至全国前5位。推进智慧法院4.0版建设。拓展甘肃法院在线服务方式，实现省政府“甘快办”小程序无缝跳转“人民法院在线服务”。疫情防控期间，网上立案5.1万件，网上开庭6.38万件。

五、深入践行司法为民宗旨

一是依法保护特殊群体合法权益。开展打击整治养老诈骗专项行动，审结案件13件。成立少年法庭43个，615名优秀法官担任法治副校长，审结未成年人犯罪案件305件，省法院少年法庭荣获全国青少年普法教育先进集体。审结国家赔偿案件345件，为困难当事人发放救助金1358.86万元，依法减免缓诉讼费942万元。参与化解历史遗留“登记难”问题，化解案件673件，对8383套涉案房屋依法解除抵押和查封。二是深化一站式建设成果运用。12 368诉讼服务热线接听群众来电7.8万人次，接通率、满意度达“双百”。完善“点对点”诉调对接机制，诉前调解成功案件6.9万件，成功率71.65%。加大人民法院调解平台“三进工作”推进力度，全省352个人民法庭对接综治中心、乡镇等基层治理单位2600家。4个法院被推荐为“全国为民办实事示范法院”。三是大力弘扬“马锡五审判方式”。成功承办“新时代践行马

锡五审判方式研讨会”，最高人民法院、全国13个省（区）法院代表及14所高校的专家学者代表100余人参加会议，征集论文660余篇，案例1300余篇，评审结集了《优秀论文集》《优秀案例集》。

六、努力锻造过硬法院队伍

全省法院有88个集体、125名个人获得省级工作部门以上表彰奖励。省法院班子连续14年被省委考核为优秀。一是切实筑牢政治忠诚。举办全省中基层法院院长培训班暨习近平法治思想政治轮训班。开展“两个确立”主题教育，金昌中院在全国法院相关会议上交流经验。兰铁中院、庄浪法院党建工作案例获选第二届新时代人民法院党建创新优秀案例。二是全面提升司法能力。举办培训班31期，培训干警3360人次，组织1500余名干警参加各类网络学习培训。举办全省政法系统干警汉藏双语能力一体化培训班，培训双语干警100名。省法院“中国法院中华民族共同体法治文化陈列馆”和定西中院“法苑”文化阵地获评全国法院文化建设特色项目。三是持之以恒正风肃纪治警。开展为期3个月的司法作风突出问题集中整治活动，全省法院整改问题1205个，完善制度184项。强化对下监督，对2个直属法院开展政治巡察“回头看”，对112家法院和3家直属事业单位进行内部审计。

青海法院工作

2022年，全省法院办结各类案件118 221件，其中青海高院结案1995件。

一、持之以恒加强政治建设

一是深入学习宣传贯彻党的二十大精神。省高院第一时间组织召开党组会，集中深入学习讨论习近平总书记在党的二十大上所作的报告，并对下一步在全省法院范围加大学习宣传力度提出要求。严格遵守政治纪律和政治规矩。二是严格落实重大事项请示报告制度，向省委请示报告重大事项和工作23次。坚决贯彻民主集中制原则，共召开党组会34次，集体决定事项94项。坚守意识形态阵地，坚决抵制西方“宪政”“三权鼎立”“司法独立”等错误思潮影响。三是学深悟透马克思主义中国化时代化创新理论的世界观、方法论。推进“两个坚持”专题教育常态化。坚持院党组、党组理论学习中心组政治学习“第一议题”制度，认真组织学习习近平总书记重要讲话精神，用马克思主义中国化时代化创新理论武装头脑。坚持党组理论学习中心组学习和各党支部政治理论学习制度，组织开展党组中心组理论学习9次，133人次进行研讨发言。

二、服务保障现代化新青海建设

一是维护国家安全和社会稳定大局。全省法院审结一审刑事案件2964件。依法审结各类危害国家安全的犯罪案件。建立健全扫黑除恶常态化机制，审结涉黑涉恶案件5件。严惩危害公共安全犯罪，审结危险驾驶、重大责任事故案件1281件。积极参与禁毒斗争，审结涉毒品犯罪案件36件。严惩贪污贿赂等腐败犯罪，审结职务犯罪案件49件。妥善审理未成年人犯罪案件，完善“圆桌”审判、犯罪记录封存等机制。二是护航经济社会高质量发展。全省法院审结一审商事案件22 679件。妥善审理破产重整案件，审结破产案件22件。西宁中院依法审理的省投资集团公司、盐湖股份公司和玛尔挡水电站破产重整案件取得良好社会效果。服务“六稳”“六保”，对受疫情影响经营困难的企业运用“活封、活扣”措施。运用智慧法院平台立案56 690件、送达320 452次、缴费32 982笔。审结金融借款、保险、证券期货、互联网金融等案件765件，出台关于金融纠纷诉调对接、审判运行、多元化解等方面的规范性文件。加大知识产权司法保护力度，审结案件250件，向社会发布《青海法院知识产权司法保护状况》并发布典型案例。三是服务保障生态文明新高地建设。审结一审环境资源案件1414件。果洛中院在六县乡镇及年保玉则等重点地域设立“生态环保站”，组建成立环资审判合议庭，积极探索环境资源司法保护新模式。四是依法服务法治政府建设。审结一审行政案件629件，审结国家赔偿案43件。推动建立健全行政争议多元化解机制，通过司法建议帮助行政机关查找执法监督漏洞，向社会发布行政审判白皮书等，多措并举引导和支持行政机关规范执法、自我纠错。

三、切实保障人民群众合法权益

一是依法审理涉民生案件。全省法院审结一审民事案件41 894件。审结婚姻家庭、继承、相邻纠纷等案件10 840件，发出人身安全保护令25份，促进家庭稳定、邻里和睦。审结民间借贷纠纷、租赁合同纠纷案件12 625件，保护合法借贷和租赁行为。审结人身损害、医疗、交通事故损害赔偿纠纷等案件2225件，保护群众生命健康权利。审结劳动争议纠纷案件1031件，促进和谐稳定的劳动关系。青海高院向省未保办提出工作建议，推动未成年人保护地方性立法等工作的开展。加大司法救助力度，全省法院缓减免诉讼费3993.36万元，让困难群众和困境企业打得起官司。二是加强执行工作。依法保障胜诉当事人合法权益，全省法院依法执结案件49 579件，实际执行到位金额60.88亿元。开展执行积案清理专项行动，积极推进涉党政机关执行案件专项行动，有力维护胜诉当事人合法权益。规范执行行为，认真开展“一案双查”工作，出台严格审查终本案件、规范执行案款管理等24条举措。三是提升基层服务水平。加大巡回审判力度，结合辖区特点打造“帐房法庭”“拉面巡回法庭”“候鸟式法庭”等特色法庭，设立老刘调解室、赵琰调解室、姊妹湖调解室等便民调解工作室，全省法院巡回审判2152次。坚持把非诉讼纠纷解决机制挺在前面，实现三级法院人民调解平台应用率达100%，委托、委派调解案件15 555件，诉前调解成功率达72.03%。推进精准普法，注重发挥司法裁判价值导向作用。扎实开展“我为群众办实事”实践活动和示范法院创建活动，积极回应人民群众的司法需求。

四、全面推进审判体系和审判能力现代化

一是规范权力运行。健全完善法官履职保障和惩戒机制，全面准确落实司法责任制。明确

“十率”考核指标，规范立、审、执各环节裁量权行使。定期召开办案质效讲评分析会，加大条线业务指导力度，全面提升全省法院办案质效。开展规范少数民族语言裁判文书上网公开专项行动，确保裁判文书准确无误、不出问题。二是深化司法体制综合配套改革。全面落实立案登记制，做到有案必立、有诉必理。深化以审判为中心的刑事诉讼制度改革，完善庭前会议、非法证据排除、出庭作证等制度和法庭调查程序，强化刑事案件庭审功能。深化家事审判方式改革，探索家事案件提前介入、引入人民调解员解纷等新方式，汇聚化解婚姻家庭矛盾合力。深入推进四级法院审级职能定位改革工作，细化提级管辖工作流程，完善再审程序改革举措。推进审判辅助事务外包，依托邮政网点和配送资源，切实解决送达难问题。三是推进智慧法院建设。深度应用 12 368 诉讼服务热线、青海移动微法院，加大跨域立案、网上立案、网上调解等远程诉讼平台使用力度，进一步完善诉讼风险评估、诉状辅助生成等便民系统。提高建设文书智能编写、智能校对、关联案件推送、类案检索、文书自动纠错等系统的智能化水平，稳步推进智慧法院 4.0 版建设。

五、打造忠诚干净担当的法院队伍

一是锻造团结奋斗的斗争精神。坚持把习近平新时代中国特色社会主义思想转化为坚定理想、锤炼党性和指导实践、推动工作的强大力量，切实提升干警实干精神。弘扬伟大建党精神，强化理想信念教育，解决好世界观、人生观、价值观这个总开关问题。二是提高团结奋斗的斗争本领。牢固树立“法官办案就是办当事人的人生”理念，增强干警矛盾纠纷化解能力，充分运用调解手段实质性化解纠纷。注重知识、经验、品德的积累，运用干警读书会、《学习剪报》等平台，提升干警理论学习和业务钻研能力。健全培养选拔优秀年轻干部常态化工作机制，加快推进全省法院干部队伍向老中青相结合的梯级结构转变。三是坚持全面从严管党治警。巩固深化政法队伍教育整顿成果，持之以恒推进全面从严管党治警，锲而不舍落实中央八项规定及其实施细则精神。持续深化纠治“四风”，坚决整治“六个一切行为”。制定学习贯彻廉洁自律准则和纪律处分条例的意见，严格执行新时代政法干警“十个严禁”、防止干预司法“三个规定”等铁规禁令。狠抓教育整顿建章立制成果落实，印发巩固政法队伍教育整顿成果重点任务的分工方案。常态化开展司法巡查、审务督察，以零容忍态度严惩司法腐败，一体推进不敢腐、不能腐、不想腐。

宁夏法院工作

2022 年，宁夏法院坚持以习近平新时代中国特色社会主义思想为指导，全面准确贯彻习近平法治思想，紧守“三地法院”战略目标，以“小省区也要有大作为”的精神，围绕中心、服务大局，司法为民、公正司法，为全面建设现代化美丽新宁夏作出了积极贡献。全区法院共受理案件 28.88 万件，审执结 26.8 万件，同比分别下降 4.36% 和 0.17%。其中，省高院受理案件5263件，审执结4796件。

一、突出政法机关属性，旗帜鲜明讲政治

扎实推进党的二十大和习近平总书记视察宁夏重要讲话指示批示精神“大学习、大讨论、大宣传、大实践”活动，深入开展“两个确立”主题教育，细化部署开展“五型”机关建设，切实把“两个维护”融入灵魂、见诸行动。坚决扛起做好党的二十大维稳安保工作政治责任，先后召开全区法院安保维稳工作部署会、推进会、调度会，集中开展3批次督导检查，扎实开展矛盾纠纷排查化解专项行动，对26件重点案件实行领导包案，审慎把控重大敏感案件审理时机，全区法院无敏感案事件发生。严守党的政治纪律和政治规矩，认真落实《政法工作条例》《重大事项请示报告条例》，严肃整改自治区党委巡视反馈问题及“回头看”反馈意见，自觉接受中央和自治区党委对政法条例及实施细则落实情况的督查，制定相关措施175条，建章立制31项，抓细抓长整改落实。

二、发挥司法职能作用，服务大局显担当

一是助推美丽新宁夏建设。聚焦先行区和美丽新宁夏建设，完善生态环境损害赔偿制度，协同推进环境公益诉讼制度，展开吴忠滨河大道等4个生态环境保护司法教育基地建设，实现惩处犯罪和环境修复有机结合。开展“六权”改革专题调研，针对性提出26个方面48条举措，为自治区实现“双碳”目标提供司法智慧。依法审理各类环境资源案件，建立审判技术专家库强力打击破坏生态环境违法犯罪行为，全年审结环境资源类案件2605件，切实筑牢了保护绿水青山的司法堡垒。二是服务保障民族宗教工作高质量发展。率先出台为新时代党的民族工作高质量发展提供优质司法服务的意见，将民族团结进步教育融入执法办案全过程、各方面。持续深化“三个离不开”“五个认同”教育，让个案处理成为民族团结宗教和顺的法治公开课，引导各民族群众像石榴籽一样紧紧抱在一起。三是服务保障平安宁夏和法治宁夏建设。聚焦党中央和自治区重大决策部署，出台“争当平安宁夏的建设者、法治宁夏的先行者、公平正义的守护者”实施意见及年度工作要点，推进更高水平平安宁夏、法治宁夏建设。主动融入社会治理大格局，推行法官进村组网格、审务进乡镇街道，创新运用车载法庭、假日法庭、集市法庭等审判方式，在全区范围构建起立体化诉讼服务网络，不断壮大司法为民“朋友圈”。完善府院联席会议制度和行政案件跨区域集中管辖，审理各类行政案件4562件，部署开展行政应诉突出问题专项治理活动，连续14年发布行政审判白皮书，助力法治政府建设。四是服务保障疫情防控和经济社会发展。联合税务部门出台关于优化企业破产程序中涉税事项办理的实施意见，通过市场化、法治化手段，助力市场主体降成本、激活力、解困局、渡难关。加强疫情司法应对，积极化解因疫情引发的各类民事纠纷，开启“指尖”立案、“云端”办案，推动案件网上便捷受理、在线高效化解，完成网上立案22 664件，跨域立案414件，网上立案和跨域立案总数占全区法院同期一审民商事立案总量的36.41%，充分彰显了司法温度。

三、践行司法为民宗旨，依法履职担正义

一是全力维护国家法治安全和社会大局稳定。依法审结各类刑事犯罪案件 8465 件。严厉打击渗透颠覆破坏、暴力恐怖、民族分裂、宗教极端等犯罪，以眼睛瞪得大大的警觉筑牢国家安全防线。积极参与打击非法集资犯罪、电信网络诈骗、养老诈骗等专项行动，依法审结“3.28”特大跨境电信网络诈骗案和游小武等 20 人电信网络诈骗案，全力追赃挽损，打击整治养老诈骗专项行动期间共挽回群众损失 330 余万元。扎实开展扫黑除恶专项斗争，推动涉黑恶案件建立常态化工作机制，实现从“打击遏制”“深挖根治”向“长效常治”延伸拓展。二是切实保障人民群众合法权益。立足民事审判职能促进解决社会治理难点、经济循环堵点、民生保障痛点，受理民事案件 169 219 件，审结 157 993 件。加强妇女、儿童、老年人、残疾人权益保护，“家庭教育指导令”“青少年法治教育实践基地”“家事审判两封信”“阿宁说家事”等一批创新品牌，成了守护家庭幸福的司法港湾。三是持续推动切实解决“执行难”。在全区法院部署开展“抓管理、强业务、促规范”执行建设提升年活动，深入推进常态化执行领域顽瘴痼疾排查整治。部署执行案款“清塘”、终本案件“唤醒”、涉民生案件“暖心”等专项行动，执结案件 94 738 件，执行到位金额 160.74 亿元。严厉惩处集中打击逃避、抗拒、规避执行行为，公布失信被执行人名单 36 381 个，限制高消费措施 59 039 个，自动履行义务后修复失信被执行人 5820 人次，惩戒、激励“双管齐下”，最大限度兑现当事人胜诉权益。四是推进一站式多元解纷服务。广泛开展网上立案、跨域立案、在线庭审、在线调解，“总对总”在线诉调对接工作模式基本形成。诉源治理成效显著，全区法院同期民事一审案件收案数下降 7 个百分点。完善“法院 + 社会各界”多元化解格局，联合相关单位出台在线诉调对接的 9 个机制意见，构建“纵向到底、横向到边”的矛盾纠纷预防化解网络体系，调解案件总量 81 097 件，成功调解 58 743 件。发挥人民法院调解平台集约集成优势，对接入驻 579 家基层治理单位，分流超过 30% 的一审民商事案件，人民群众足不出户就能享受一站式在线解纷服务。

四、加强基层基础建设，改革赋能激活力

一是围绕司法改革提升业务能力。制定《2022 年重要改革任务台账》，修订出台《院庭长审判监督管理办法》《法官检察官惩戒工作程序规则（试行）》，建设启用“四类案件管理系统”，司法权运行的明责履责督责问责体系更加完善。深化以审判为中心的刑事诉讼制度改革，认真落实庭前会议、非法证据排除、法庭调查三项规程，积极推进庭审实质化。深化案件繁简分流、轻重分离、快慢分道，切实提升民事案件审判效率。深入推进四级法院审级职能定位改革试点，完善案件提级审理机制，起草全区法院提级管辖实施意见，司法权高效运行机制更加健全。二是围绕智慧法院提升保障能力。抢抓信息技术代际跃升的重大机遇，深化以“网络化、智能化、阳光化”为特点的智慧法院建设。实现了全业务网上办理，线上线下深度融合、内网外网共享协同、有线无线互联互通，推进“互联网 + 诉讼”高效率供给。实现了全流程依法公开，四大公开平台与新媒体有效联通，形成“报、网、端、微、屏”一体化融合传播模式，通过“微信息”弘扬“正能量”，宁夏智慧法院建设成效长期稳居全国法院第二方阵。三

是围绕基层建设提升工作活力。坚持夯基层、打基础、利长远，历时22个月建成高院审判法庭项目，全区法院建成标准化人民法庭13家，51个人民法庭成功创建“塞上枫桥人民法庭”。

五、狠抓队伍素质建设，管党治警重实效

组织召开2022年全区法院党风廉政建设和反腐败工作会议，及时修订党组工作规则，制定全面从严治党“三个清单”，针对性开展司法作风突出问题集中整治行动，全面从严治党、从严治院。坚持抓党建带队建促审判，出台《加强人民法院党的建设指导意见》《落实党建责任制指导意见》等文件，深入实施基层党组织组织力提升工程，组织三轮督导检查，推进党支部标准化规范化建设，党建引领“双报到”服务群众“双报告”等品牌被表彰为第二届新时代全国法院党建创新优秀案例。

新疆法院工作

2022年，新疆法院坚持以习近平新时代中国特色社会主义思想为指导，深入学习宣传贯彻党的二十大精神，认真学习贯彻习近平总书记视察新疆重要讲话重要指示精神，完整准确贯彻新时代党的治疆方略，牢牢扭住社会稳定和长治久安总目标，忠诚履职、担当尽责，共受理各类案件57.91万件，审结50.86万件，结案率87.82%。

一是以法治新境界，推动“两个确立”融入血脉灵魂。始终牢记党的领导是中国特色社会主义法治之魂，深刻领悟“两个确立”的决定性意义，不断夯实党对司法工作绝对领导的政治根基。持续推进党史学习教育常态化长效化，深入开展“两个确立”主题教育，把学习宣传贯彻党的二十大精神作为当前和今后一个时期的首要政治任务，先后召开党组（扩大）会议19次、组织中心组学习17次，专题培训21期，教育引导干警自觉做“两个确立”的坚决拥护者、“两个维护”的坚定践行者；建立习近平总书记重要讲话重要指示批示精神闭环落实措施，明确流程管理、压紧压实责任，确保党中央决策部署不折不扣落地见效；严格落实政法工作条例，制定党组及党支部书记严格自律具体措施，常态化开展政治监督，严格执行重大事项请示报告制度，真正把党的领导贯彻到法院工作全过程各方面。

二是以法治新作为，维护社会大局持续稳定长期稳定。深入贯彻落实总体国家安全观，扎实推进反恐维稳法治化常态化，综合运用法治思维、系统思维谋划部署工作，推动建设更高水平的平安新疆、法治新疆。保持依法严打高压态势不动摇，准确把握法律政策尺度，落实宽严相济刑事政策，持续巩固来之不易的大好局面；严厉打击故意伤人、抢劫、强奸等严重暴力犯罪，常态化开展扫黑除恶斗争，依法惩处涉众型经济犯罪，强力推进打击整治养老诈骗专项行动，社会治安持续向好，各族群众安全感大幅提升；建立风险防范化解工作机制，全面梳理在维护稳定、审判执行、涉诉信访等6个方面的风险点，定期召开联席会议，研判各类风险隐患206个，并逐一建立台账、明确责任及完成时限，守住不出事的底线。

三是以法治新成效，服务紧贴民生的经济高质量发展。紧扣“六稳”“六保”，突出精准服务、优化工作举措、拓展广度深度，坚决做到经济社会发展到哪里，司法服务保障就跟进到哪里。完整准确全面贯彻新发展理念，主动开展法治化营商环境专项调研，聚焦自治区“八大产业集群”发展建设和丝绸之路经济带核心区建设，有针对性制定民商事司法服务保障意见，全面助力经济高质量发展；依法平等对待各类市场主体特别是中小微企业，制定纾困帮扶具体举措，起草知识产权民事侵权纠纷适用惩罚性赔偿办案指引，强化审判指导、提升保护水平，共审结民商事案件 25.87 万件；扎实推进“中哈联合纠纷化解平台”实质性运转，以点带面，在口岸经济带设立法官工作室、巡回法庭，多元化解涉外商事纠纷，组建涉外专业化审判团队，集中管辖与中欧班列、铁路建设、货物运输等有关的涉外民商事案件，推进外国法查明中心实质化运转，健全海外制裁风险和法律风险评估预防机制，发布风险指南、提示书，引导企业合理规避经营风险；充分发挥环资案件集中管辖优势，建立环境资源纠纷中立评估、生态修复执行回访等机制，推动环境司法审判与环境行政执法有序衔接，依法妥善审理涉能源结构调整相关案件，共审结环资类案件 5416 件，用最严格制度、最严密法治保护生态环境，推动绿色发展。

四是以法治新情怀，践行为民初心守护各族群众福祉。创新立审执协调联动机制，各环节贯通、全流程协作，不断满足各族群众日益增长的多元司法需求。持续巩固立案登记制成果，全方位畅通立案渠道，为各族当事人提供更加便捷高效的诉讼服务；开展“诉源治理巩固提升年”活动，与自治区工商联、证监局等 8 家单位完成“总对总”在线诉调对接，新增创建“无讼村（社区）”321 个，诉前调解案件 10.79 万件，成功率 92.87%，诉源治理成效初显，6 个人民法庭入选最高人民法院“新时代人民法庭建设案例”；全面贯彻实施民法典和新修订的民事诉讼法，审结涉民生案件 4.4 万件，发布弘扬社会主义核心价值观典型案例 200 余篇；纵深推进综源治理，积极与公安、税务等 31 个部门协调联动、齐抓共管，全力破解查人找物难题，新收各类执行案件 15.18 万件、结案 14.31 万件，执行到位金额 327 亿元，长期保持全国前列。

五是以法治新魄力，促进审判体系和审判能力现代化。坚持用改革思维和改革方法破难题、解新题，全面提升司法公信力，切实让人民群众感受到公平正义就在身边。优化质效评价体系，按照收案数量实行分类管理，科学划定达标线和满意区间，坚决防止“一刀切”、层层加码，持续推动审判质效保持高位运行。稳步推进人财物统一管理和审级职能定位改革，印发财物统管改革实施方案，细化明确工作原则、具体要求，目前 14 个地州法院已全部完成改革目标任务；研究制定提级管辖办法，完善再审、报请提审流转机制，常态化制度化安排初任法官下沉一线，积极应对改革后基层法院人案矛盾突出的压力；健全案件繁简分流制度机制，深化轻重分离、快慢分道，严格落实民事二审独任制规定，将小额速裁适用金额由 2.5 万元调整至 3.9 万元，速裁快审案件 20.8 万件，少数法官办理多数简案的工作机制更加完善。

六是以法治新担当，加快人民法院队伍“四化”建设。围绕“五个过硬”要求，以党建带队建促审判，努力锻造一支党和人民信得过、靠得住、能放心的法院铁军。深入推进“强基工程”，制定党建、业务深度融合 13 条措施，建立主题党日联建机制，集中部署“奋进新征程 建功新时代”主题大党日系列活动，激发干警干事创业热情，4000 余名干警积极投身疫情防控第一线，在服务大局中锤炼政治品格、彰显责任担当；扎实推进“薪火工程”，分层分级建立优秀年轻干部人才库，高院机关选派26名法官到案件体量大的基层法院挂职或锻炼，多渠道壮大法官学院师资力量，举办培训班35期1.34万人次，为全区法院高质量发展提供人才和智力支撑；纵深推进“清风工程”，持续巩固队伍教育整顿成果，严格落实新时代政法干警“十个严禁”，出台10项22条措施，严格落实“三个规定”填报记录2819条，组织开展司法作风突出问题集中整治，召开警示教育大会、专题民主生活会，扎实做好以案促改工作，确保绝对忠诚、绝对纯洁、绝对可靠。

解放军军事法院工作

略。

兵团法院工作

2022年，兵团各级法院共受理各类案件66 365件，同比下降28.61%；审执结60 676件，审执结率91.43%，同比下降0.38%，挽回经济损失16.47亿元。其中，兵团分院共受理各类案件923件，同比下降5.23%；审执结906件，审执结率98.16%。

一、牢牢坚持党对法院工作的绝对领导，坚决把“两个维护”落实到法院工作全过程各方面

始终坚持党对法院工作的绝对领导，贯彻落实习近平法治思想，深入学习宣传贯彻党的二十大精神，分类分层开展教育培训，推动党的二十大精神入脑入心。严守政治纪律和政治规矩，深入贯彻《中国共产党政法工作条例》和《中国共产党重大事项请示报告条例》。常态化开展党史学习教育，扎实开展“两个确立”主题教育，不断提高政治判断力、政治领悟力、政治执行力。狠抓系统党建工作，开展红色教育，引导党员干警进一步增强党性修养，坚定理想信念。

二、统筹疫情防控和经济社会发展，全力做好疫情防控司法保障工作

严格落实“疫情要防住、经济要稳住、发展要安全”战略要求，兵团分院党组先后召开16次疫情防控专班会议。各级法院坚持疫情防控和审判执行两手抓、两不误，充分运用智慧法院，将诉讼活动从“线下”搬到“线上”，制定《兵团法院审理常见涉新冠肺炎疫情民事案件裁判规则分类指引》，为统筹推进疫情防控和兵团经济社会发展工作大局提供有力司法服务

和保障。

三、充分发挥审判职能作用，更好推动兵团高质量发展

一是依法从严打击犯罪，维护兵团社会大局稳定。认真贯彻总体国家安全观，依法惩治违法犯罪，依法打击“八类严重暴力”犯罪，保障职工群众安居乐业。深入推进反腐败斗争，服务一体推进不敢腐、不能腐、不想腐。抓好《反有组织犯罪法》宣传实施，常态化开展扫黑除恶，开展黑财处置工作。进一步规范减刑、假释、暂予监外执行工作开展，提高司法公信力。深入开展打击整治养老诈骗专项行动，为广大老年人守住“钱袋子”、安享幸福晚年营造良好社会环境。

二是发挥民商事审判职能，服务保障兵团高质量发展。依法为兵团团场综合配套改革、国资国企改革、承接行使“政”的职能等重大决策部署提供司法保障。出台《司法服务保障中小微企业发展 40 条》，在 15 家商协会挂牌成立“商事调解室”，积极营造法治化营商环境。出台《司法服务保障兵团种业振兴 40 条》，召开“服务保障兵团种业振兴，促进农业高质量发展”座谈会，助推兵团农业高质量发展。

三是不断加强行政审判，推进法治兵团建设。依法公正审理政府信息公开案件，慎重处理国家赔偿案件，商请有关部门共同制定《关于深入推进行政机关负责人出庭应诉工作的意见》，提升行政机关依法行政水平。延伸审判职能，加强司法建议和兵团行政规范性文件法律咨询评估工作。制定印发《兵团法院关于环境资源案件范围的规定（试行）》，启动环境资源审判集中管辖试点工作，建立环境资源特色法庭。

四是加大执行力度，确保“3+1”核心指标高标准运行常态化。加大涉党政机关案件执行力度，扎实开展“进一步落实‘四讲四改’要求，巩固深化执行领域突出问题专项整治成果”活动，积极开展涉民生涉执农民工工资案件的集中执行攻坚行动。与检察院共同制定《关于加强兵团民事、行政执行检察监督工作的意见》，促进了执行法律监督工作依法、有序、稳妥开展。

四、坚持以人民为中心的发展思想，满足人民群众对司法的新期待

一是加强诉源治理。持续推进一站式多元解纷和诉讼服务体系建设，建立健全联动纠纷解决机制。加强诉源治理，推动“无讼连队”建设，延伸审判职能，发挥法官工作室作用，开展“人民调解 + 司法确认”工作，推动基层矛盾在诉前“就地”化解。与兵团人社局等 6 家单位建立“点对点”在线诉调对接机制，全年共受理诉前调解案件 20 046 件，调解成功 18 667 件，调解成功率 96.31%。

二是加强司法救助。健全司法救助机制，将司法救助工作纳入“为群众办实事示范法院”创建活动中，引入保险救助机制，建立“执行 + 保险”联动合作模式。全年共办理司法救助案件 73 件，累计发放司法救助资金 235 万元，切实彰显司法的温度。

五、坚持改革创新，深化司法体制改革和智慧法院建设

一是全面深化司法体制改革。加快推进执法司法责任体系改革和建设，进一步健全完善独任法官、合议庭办案制度机制，健全权责清单，常态化推进落实院庭长办案制度。持续深化人事制度改革，会同兵团党委组织部、兵团检察院制定下发《兵团法官、检察官单独职务序列管理规定实施意见》，健全完善法官员额交流、退出机制，实现法官常态化增补和跨地域遴选。

二是全面深化智慧法院建设。加快推进智慧兵法 4.0 建设，建设兵团法院全视化总控中心，持续推进兵团 206 系统等三个跨部门办案平台建设与应用。建立集中运维呼叫中心和集约化事务处理中心，实现 12 368 服务号码统一接听、规范应答。在《人民法院信息化发展报告（2022 年）》中，兵团智慧法院评价指数大幅提升，入选中国智慧法院典型案例，被推选为 2022 年兵团政法领域改革创新典型。兵团智慧法院建设得到最高人民法院的肯定。

六、坚持全面从严治党，建设过硬法院队伍

一是加强党风廉政和纪律作风建设。巩固教育整顿成果，认真开展贯彻落实《中国共产党政法工作条例》自查自纠工作。开展司法作风突出问题集中整治，扎实开展督察巡查，对三师等 3 个师法院开展审务督察。强化廉洁警示教育，扎实开展第二十四个党风廉政教育月活动，深刻汲取孙力军、杨福林以及孙新民等人的违纪违法案例教训，切实抓好以案促改“后半篇文章”。严格落实新时代政法干警“十个严禁”和违规干预司法“三个规定”，全年共填报信息 16 668 条。

二是加强司法能力建设。持续深入开展“抓培训、强能力、促队建”活动，依托党校、国家法官学院、兵团干部网络学院和兵团政法干警培训中心，加强干警政治理论、专业知识培训，累计培训干警 1800 余人次。发挥先进示范引领作用，共 17 个集体 31 名个人荣获“全国优秀法院”“双百政法英模”“全国优秀法官”等省部级以上表彰，激励干警不断提升专业素养。

七、案例选载

中国法院年鉴

THE YEARBOOK OF CHINA COURTS

2022

2022 年最高人民法院发布的指导性案例

指导案例 179 号
聂某兰诉北京林氏兄弟文化有限公司确认劳动关系案

（最高人民法院审判委员会讨论通过　2022 年 7 月 4 日发布）

关键词

民事 / 确认劳动关系 / 合作经营 / 书面劳动合同

裁判要点

1. 劳动关系适格主体以“合作经营”等为名订立协议，但协议约定的双方权利义务内容、实际履行情况等符合劳动关系认定标准，劳动者主张与用人单位存在劳动关系的，人民法院应予支持。

2. 用人单位与劳动者签订的书面协议中包含工作内容、劳动报酬、劳动合同期限等符合《中华人民共和国劳动合同法》第十七条规定的劳动合同条款，劳动者以用人单位未订立书面劳动合同为由要求支付二倍工资的，人民法院不予支持。

相关法条

《中华人民共和国劳动合同法》第 10 条、第 17 条、第 82 条

基本案情

2016 年 4 月 8 日，聂某兰与北京林氏兄弟文化有限公司（以下简称林氏兄弟公司）签订了《合作设立茶叶经营项目的协议》，内容为：“第一条：双方约定，甲方出资进行茶叶项目投资，聘任乙方为茶叶经营项目经理，乙方负责公司的管理与经营。第二条：待项目启动后，双方相机共同设立公司，乙方可享有管理股份。第三条：利益分配：在公司设立之前，乙方按基本工资加业绩方式取酬。公司设立之后，按双方的持股比例进行分配。乙方负责管理和经营，取酬方式：基本工资 + 业绩、奖励 + 股份分红。第四条：双方在运营过程中，未尽事宜由双方友好协商解决。第五条：本合同正本一式两份，公司股东各执一份。”

协议签订后，聂某兰到该项目上工作，工作内容为负责《中国书画》艺术茶社的经营管理，主要负责接待、茶叶销售等工作。林氏兄弟公司的法定代表人林某汤按照每月基本工资10 000元的标准，每月15日通过银行转账向聂某兰发放上一自然月工资。聂某兰请假需经林某汤批准，且实际出勤天数影响工资的实发数额。2017年5月6日林氏兄弟公司通知聂某兰终止合作协议。聂某兰实际工作至2017年5月8日。

聂某兰申请劳动仲裁，认为双方系劳动关系并要求林氏兄弟公司支付未签订书面劳动合同二倍工资差额，林氏兄弟公司主张双方系合作关系。北京市海淀区劳动人事争议仲裁委员会作出京海劳人仲字（2017）第9691号裁决：驳回聂某兰的全部仲裁请求。聂某兰不服仲裁裁决，于法定期限内向北京市海淀区人民法院提起诉讼。

裁判结果

北京市海淀区人民法院于2018年4月17日作出（2017）京0108民初45496号民事判决：一、确认林氏兄弟公司与聂某兰于2016年4月8日至2017年5月8日期间存在劳动关系；二、林氏兄弟公司于判决生效后七日内支付聂某兰2017年3月1日至2017年5月8日期间工资22 758.62元；三、林氏兄弟公司于判决生效后七日内支付聂某兰2016年5月8日至2017年4月7日期间未签订劳动合同二倍工资差额103 144.9元；四、林氏兄弟公司于判决生效后七日内支付聂某兰违法解除劳动关系赔偿金27 711.51元；五、驳回聂某兰的其他诉讼请求。林氏兄弟公司不服一审判决，提出上诉。北京市第一中级人民法院于2018年9月26日作出（2018）京01民终5911号民事判决：一、维持北京市海淀区人民法院（2017）京0108民初45496号民事判决第一项、第二项、第四项；二、撤销北京市海淀区人民法院（2017）京0108民初45496号民事判决第三项、第五项；三、驳回聂某兰的其他诉讼请求。林氏兄弟公司不服二审判决，向北京市高级人民法院申请再审。北京市高级人民法院于2019年4月30日作出（2019）京民申986号民事裁定：驳回林氏兄弟公司的再审申请。

裁判理由

法院生效裁判认为：申请人林氏兄弟公司与被申请人聂某兰签订的《合作设立茶叶经营项目的协议》系自愿签订的，不违反强制性法律、法规规定，属有效合同。对于合同性质的认定，应当根据合同内容所涉及的法律关系，即合同双方所设立的权利义务来进行认定。双方签订的协议第一条明确约定聘任聂某兰为茶叶经营项目经理，“聘任”一词一般表明当事人有雇佣劳动者为其提供劳动之意；协议第三条约定了聂某兰的取酬方式，无论在双方设定的目标公司成立之前还是之后，聂某兰均可获得“基本工资”“业绩”等报酬，与合作经营中的收益分配明显不符。合作经营合同的典型特征是共同出资，共担风险，本案合同中既未约定聂某兰出资比例，也未约定共担风险，与合作经营合同不符。从本案相关证据上看，聂某兰接受林氏兄弟公司的管理，按月汇报员工的考勤、款项分配、开支、销售、工作计划、备用金的申请等情况，且所发工资与出勤天数密切相关。双方在履行合同过程中形成的关系，符合劳动合同中人格从属性和经济从属性的双重特征。故原判认定申请人与被申请人之间存在劳动关系并无不当。双方签订的合作协议还可视为书面劳动合同，虽缺少一些必备条款，但并不影响已约定的条款及效力，仍可起到固定双方劳动关系、权利义务的作用，二审法院据此依法改判是正确的。林氏兄弟公司于2017年5月6日向聂某兰出具了《终止合作协议通知》，告知聂某兰终止双方的合作，具有解除双方之间劳动关系的意思表示，根据《最高人民法院关于民事诉讼证据的若干规定》第六条，在劳动争议纠纷案件中，因用人单位作出的开除、除名、辞退、解除劳动合同等决定而发生的劳动争议，由用人单位负举证责任，林氏兄弟公司未能提供解除劳动关系原因的相关证据，应当承担不利后果。二审法院根据本案具体情况和相关证据所作的判决，并无不当。

（生效裁判审判人员：陈伟红、符忠良、彭红运）

指导案例180号
孙某锋诉淮安西区人力资源开发有限公司劳动合同纠纷案

（最高人民法院审判委员会讨论通过　2022年7月4日发布）

关键词

民事/劳动合同/解除劳动合同/合法性判断

裁判要点

人民法院在判断用人单位单方解除劳动合同行为的合法性时，应当以用人单位向劳动者发出的解除通知的内容为认定依据。在案件审理过程中，用人单位超出解除劳动合同通知中载明的依据及事由，另行提出劳动者在履行劳动合同期间存在其他严重违反用人单位规章制度的情形，并据此主张符合解除劳动合同条件的，人民法院不予支持。

相关法条

《中华人民共和国劳动合同法》第39条

基本案情

2016年7月1日，孙某锋（乙方）与淮安西区人力资源开发有限公司（以下简称西区公司）（甲方）签订劳动合同，约定：劳动合同期限为自2016年7月1日起至2019年6月30日止；乙方工作地点为连云港，从事邮件收派与司机岗位工作；乙方严重违反甲方的劳动纪律、规章制度的，甲方可以立即解除本合同且不承担任何经济补偿；甲方违约解除或者终止劳动合同的，应当按照法律规定和本合同约定向乙方支付经济补偿金或赔偿金；甲方依法制定并通过公示的各项规章制度，如《员工手册》《奖励与处罚管理规定》《员工考勤管理规定》等文件作为本合同的附件，与本合同具有同等效力。之后，孙某锋根据西区公司安排，负责江苏省灌南县堆沟港镇区域的顺丰快递收派邮件工作。西区公司自2016年8月25日起每月向孙某锋银行账户结算工资，截至2017年9月25日，孙某锋前12个月的平均工资为6329.82元。2017年9月12日、10月3日、10月16日，孙某锋先后存在工作时间未穿工作服、代他人刷考勤卡、在单位公共平台留言辱骂公司主管等违纪行为。事后，西区公司依据《奖励与处罚管理规定》，由用人部门负责人、建议部门负责人、工会负责人、人力资源部负责人共同签署确认，对孙某锋上述违纪行为分别给予扣2分、扣10分、扣10分处罚，但具体扣分处罚时间难以认定。

2017年10月17日，孙某锋被所在单位用人部门以未及时上交履职期间的营业款项为由安排停工。次日，孙某锋至所在单位刷卡考勤，显示刷卡信息无法录入。10月25日，西区公司出具离职证明，载明孙某锋自2017年10月21日从西区公司正式离职，已办理完毕手续，即日起与公司无任何劳动关系。10月30日，西区公司又出具解除劳动合同通知书，载明孙某锋在未履行请假手续也未经任何领导批准情况下，自2017年10月20日起无故旷工3日以上，依据国家的相关法律法规及单位规章制度，经单位研究决定自2017年10月20日起与孙某锋解除劳动关系，限于2017年11月15日前办理相关手续，逾期未办理，后果自负。之后，孙某锋向江苏省灌南县劳动人事争议仲裁委员会申请仲裁，仲裁裁决后孙某锋不服，遂诉至法院，要求西区公司支付违法解除劳动合同赔偿金共计68 500元。

西区公司在案件审理过程中提出，孙某锋在职期间存在未按规定着工作服、代人打卡、谩骂主管以及未按照公司规章制度及时上交营业款项等违纪行为，严重违反用人单位规章制度；自2017年10月20日起，孙某锋在未履行请假手续且未经批准的情况下无故旷工多日，依法自2017年10月20日起与孙某锋解除劳动关系，符合法律规定。

裁判结果

江苏省灌南县人民法院于2018年11月15日作出（2018）苏0724民初2732号民事判决：一、被告西区公司于本判决发生法律效力之日起十日内支付原告孙某锋经济赔偿金18 989.46元。二、驳回原告孙某锋的其他诉讼请求。西区公司不服，提起上诉。江苏省连云港市中级人民法院于2019年4月22日作出（2019）苏07民终658号民事判决：驳回上诉，维持原判。

裁判理由

法院生效裁判认为：用人单位单方解除劳动合同是根据劳动者存在违法违纪、违反劳动合同的行为，对其合法性的评价也应以作出解除劳动合同决定时的事实、证据和相关法律规定为依据。用人单位向劳动者送达的解除劳动合同通知书，是用人单位向劳动者作出解除劳动合同的意思表示，对用人单位具有法律约束力。解除劳动合同通知书明确载明解除劳动合同的依据及事由，人民法院审理解除劳动合同纠纷案件时应以该决定作出时的事实、证据和法律为标准进行审查，不宜超出解除劳动合同通知书所载明的内容和范围。否则，将偏离劳资双方所争议的解除劳动合同行为的合法性审查内容，导致法院裁判与当事人诉讼请求以及争议焦点不一致；同时，也违背民事主体从事民事活动所应当秉持的诚实信用这一基本原则，造成劳资双方权益保障的失衡。

本案中，孙某锋与西区公司签订的劳动合同系双方真实意思表示，合法有效。劳动合同附件《奖励与处罚管理规定》作为用人单位的管理规章制度，不违反法律、行政法规的强制性规定，合法有效，对双方当事人均具有约束力。根据《奖励与处罚管理规定》，员工连续旷工3日（含）以上的，公司有权对其处以第五类处罚责任，即解除合同、永不录用。西区公司向孙某锋送达的解除劳动合同通知书明确载明解除劳动合同的事由为孙某锋无故旷工达3日以上，孙某锋诉请法院审查的内容也是西区公司以其无故旷工达3日以上而解除劳动合同行为的合法性，故法院对西区公司解除劳动合同的合法性审查也应以解除劳动合同通知书载明的内容为限，而不能超越该诉争范围。虽然西区公司在庭审中另提出孙某锋在工作期间存在不及时上交营业款、未穿工服、代他人刷考勤卡、在单位公共平台留言辱骂公司主管等其他违纪行为，也是严重违反用人单位规章制度，公司仍有权解除劳动合同，但是根据在案证据及西区公司的陈述，西区公司在已知孙某锋存在上述行为的情况下，没有提出解除劳动合同，而是主动提出重新安排孙某锋从事其他工作，在向孙某锋出具解除劳动合同通知书时也没有将上述行为作为解除劳动合同的理由。对于西区公司在诉讼期间提出的上述主张，法院不予支持。

西区公司以孙某锋无故旷工达3日以上为由解除劳动合同，应对孙某锋无故旷工达3日以上的事实承担举证证明责任。但西区公司仅提供了本单位出具的员工考勤表为证，该考勤表未经孙某锋签字确认，孙某锋对此亦不予认可，认为是单位领导安排停工并提供刷卡失败视频为证。因孙某锋在工作期间被安排停工，西区公司之后是否通知孙某锋到公司报到、如何通知、通知时间等事实，西区公司均没有提供证据加以证明，故孙某锋无故旷工3日以上的事实不清，西区公司应对此承担举证不能的不利后果，其以孙某锋旷工违反公司规章制度为由解除劳动合同，缺少事实依据，属于违法解除劳动合同。

（生效裁判审判人员：王小姣、李季、戴立国）

指导案例181号

郑某诉霍尼韦尔自动化控制（中国）有限公司劳动合同纠纷案

（最高人民法院审判委员会讨论通过 2022年7月4日发布）

关键词

民事/劳动合同/解除劳动合同/性骚扰/规章制度

裁判要点

用人单位的管理人员对被性骚扰员工的投诉，应采取合理措施进行处置。管理人员未采取合理措施或者存在纵容性骚扰行为、干扰对性骚扰行为调查等情形，用人单位以管理人员未尽岗位职责、严重违反规章制度为由解除劳动合同，管理人员主张解除劳动合同违法的，人民法院不予支持。

相关法条

《中华人民共和国劳动合同法》第39条

基本案情

郑某于2012年7月入职霍尼韦尔自动化控制（中国）有限公司（以下简称霍尼韦尔公司），担任渠道销售经理。霍尼韦尔公司建立有工作场所性骚扰防范培训机制，郑某接受过相关培训。霍尼韦尔公司《商业行为准则》规定经理和主管"应确保下属能畅所欲言且无须担心遭到报复，所有担忧或问题都能专业并及时地得以解决"，不允许任何报复行为。2017年版《员工手册》规定：对他人实施性骚扰、违反公司《商业行为准则》、在公司内部调查中做虚假陈述的行为均属于会导致立即辞退的违纪行为。上述规章制度在实施前经过该公司工会沟通会议讨论。

郑某与霍尼韦尔公司签订的劳动合同约定郑某确认并同意公司现有的《员工手册》及《商业行为准则》等规章制度作为本合同的组成部分。《员工手册》修改后，郑某再次签署确认书，表示已阅读、明白并愿接受2017年版《员工手册》内容，愿恪守公司政策作为在霍尼韦尔公司工作的前提条件。

2018年8月30日，郑某因认为下属女职工任某与郑某上级邓某（已婚）之间的关系有点僵，为“疏解”二人关系而找任某谈话。郑某提到昨天观察到邓某跟任某说了一句话，而任某没有回答，其还专门跑到任某处帮忙打圆场。任某提及其在刚入职时曾向郑某出示过间接上级邓某发送的性骚扰微信记录截屏，郑某当时对此答复“我就是不想掺和这个事”“我往后不想再回答你后面的事情”“我是觉得有点怪，我也不敢问”。谈话中，任某强调邓某是在对其进行性骚扰，邓某要求与其发展男女关系，并在其拒绝后继续不停骚扰，郑某不应责怪其不搭理邓某，也不要替邓某来对其进行敲打。郑某则表示“你如果这样干工作的话，让我很难过”“你越端着，他越觉得我要把你怎么样”“他这么直接，要是我的话，先靠近你，摸摸看，然后聊聊天”。

后至2018年11月，郑某以任某不合群等为由向霍尼韦尔公司人事部提出与任某解除劳动合同，但未能说明解除任某劳动合同的合理依据。人事部为此找任某了解情况。任某告知人事部其被间接上级邓某骚扰，郑某有意无意撮合其和邓某，其因拒绝骚扰行为而受到打击报复。霍尼韦尔公司为此展开调查。

2019年1月15日，霍尼韦尔公司对郑某进行调查，并制作了调查笔录。郑某未在调查笔录上签字，但对笔录记载的其对公司询问所做答复做了诸多修改。对于调查笔录中有无女员工向郑某反映邓某跟其说过一些不合适的话、对其进行性骚扰的提问所记录的“没有”的答复，郑某未作修改。

2019年1月31日，霍尼韦尔公司出具《单方面解除函》，以郑某未尽经理职责，在下属反映遭受间接上级骚扰后没有采取任何措施帮助下属不再继续遭受骚扰，反而对下属进行打击报复，在调查过程中就上述事实做虚假陈述为由，与郑某解除劳动合同。

2019年7月22日，郑某向上海市劳动争议仲裁委员会申请仲裁，要求霍尼韦尔公司支付违法解除劳动合同赔偿金368 130元。该请求未得到仲裁裁决支持。郑某不服，以相同请求诉至上海市浦东新区人民法院。

裁判结果

上海市浦东新区人民法院于2020年11月30日作出（2020）沪0115民初10454号民事判决：驳回郑某的诉讼请求。郑某不服一审判决，提起上诉。上海市第一中级人民法院于2021年4月22日作出（2021）沪01民终2032号民事判决：驳回上诉，维持原判。

裁判理由

法院生效裁判认为，本案争议焦点在于：一、霍尼韦尔公司据以解除郑某劳动合同的《员工手册》和《商业行为准则》对郑某有无约束力；二、郑某是否存在足以解除劳动合同的严重违纪行为。

关于争议焦点一，霍尼韦尔公司据以解除郑某劳动合同的《员工手册》和《商业行为准则》对郑某有无约束力。在案证据显示，郑某持有异议的霍尼韦尔公司2017年版《员工手册》和《商业行为准则》分别于2017年9月、2014年12月经霍尼韦尔公司工会沟通会议进行讨论。郑某与霍尼韦尔公司签订的劳动合同明确约定《员工手册》《商业行为准则》属于劳动合同的组成部分，郑某已阅读并理解和接受上述制度。在《员工手册》修订后，郑某亦再次签署确认书，确认已阅读、明白并愿接受2017年版《员工手册》，愿恪守公司政策作为在霍尼韦尔公司工作的前提条件。在此情况下，霍尼韦尔公司的《员工手册》《商业行为准则》应对郑某具有约束力。

关于争议焦点二，郑某是否存在足以解除劳动合同的严重违纪行为。一则，在案证据显示霍尼韦尔公司建立有工作场所性骚扰防范培训机制，郑某亦接受过相关培训。霍尼韦尔公司《商业行为准则》要求经理、主管等管理人员在下属提出担忧或问题时能够专业并及时帮助解决，不能进行打击报复。霍尼韦尔公司2017年版《员工手册》还将违反公司《商业行为准则》的行为列为会导致立即辞退的严重违纪行为范围。现郑某虽称相关女职工未提供受到骚扰的切实证据，其无法判断骚扰行为的真伪、对错，但从郑某在2018年8月30日谈话录音中对相关女职工初入职时向其出示的微信截屏所做的“我是觉得有点怪，我也不敢问”“我就是不想掺和这个事”的评述看，郑某本人亦不认为相关微信内容系同事间的正常交流，且郑某在相关女职工反复强调间接上级一直对她进行骚扰时，未见郑某积极应对帮助解决，反而说“他这么直接，要是我的话，先靠近你，摸摸看，然后聊聊天”。所为皆为积极促成自己的下级与上级发展不正当关系。郑某的行为显然有悖其作为霍尼韦尔公司部门主管应尽之职责，其相关答复内容亦有违公序良俗。此外，依据郑某自述，其在2018年8月30日谈话后应已明确知晓相关女职工与间接上级关系不好的原因，但郑某不仅未采取积极措施，反而认为相关女职工处理不当。在任某明确表示对郑某性骚扰的抗拒后，郑某于2018年11月中旬向人事经理提出任某性格不合群，希望公司能解除与任某的劳动合同，据此霍尼韦尔公司主张郑某对相关女职工进行打击报复，亦属合理推断。二则，霍尼韦尔公司2017年版《员工手册》明确规定在公司内部调查中做虚假陈述的行为属于会导致立即辞退的严重违纪行为。霍尼韦尔公司提供的2019年1月15日调查笔录显示郑某在调查过程中存在虚假陈述情况。郑某虽称该调查笔录没有按照其所述内容记录，其不被允许修改很多内容，但此主张与郑某对该调查笔录中诸多问题的答复都进行过修改的事实相矛盾，法院对此不予采信。该调查笔录可以作为认定郑某存在虚假陈述的判断依据。

综上，郑某提出的各项上诉理由难以成为其上诉主张成立的依据。霍尼韦尔公司主张郑某存在严重违纪行为，依据充分，不构成违法解除劳动合同。对郑某要求霍尼韦尔公司支付违法解除劳动合同赔偿金368 130元的上诉请求，不予支持。

（生效裁判审判人员：孙少君、韩东红、徐焰）

指导案例 182 号

彭某翔诉南京市城市建设开发（集团）有限责任公司追索劳动报酬纠纷案

（最高人民法院审判委员会讨论通过　2022 年 7 月 4 日发布）

关键词

民事 / 追索劳动报酬 / 奖金 / 审批义务

裁判要点

用人单位规定劳动者在完成一定绩效后可以获得奖金，其无正当理由拒绝履行审批义务，符合奖励条件的劳动者主张获奖条件成就，用人单位应当按照规定发放奖金的，人民法院应予支持。

相关法条

《中华人民共和国劳动法》第 4 条、《中华人民共和国劳动合同法》第 3 条

基本案情

南京市城市建设开发（集团）有限责任公司（以下简称城开公司）于 2016 年 8 月制定《南京城开集团关于引进投资项目的奖励暂行办法》（以下简称《奖励办法》），规定成功引进商品房项目的，城开公司将综合考虑项目规模、年化平均利润值合并表等综合因素，以项目审定的预期利润或收益为奖励基数，按照 0.1%~0.5% 确定奖励总额。该奖励由投资开发部拟定各部门或其他人员的具体奖励构成后提出申请，经集团领导审议、审批后发放。2017 年 2 月，彭某翔入职城开公司担任投资开发部经理。2017 年 6 月，投资开发部形成《会议纪要》，确定部门内部的奖励分配方案为总经理占部门奖金的 75%、其余项目参与人员占部门奖金的 25%。

彭某翔履职期间，其所主导的投资开发部成功引进无锡红梅新天地、扬州 GZ051 地块、如皋约克小镇、徐州焦庄、高邮鸿基万和城、徐州彭城机械六项目，后针对上述六项目投资开发部先后向城开公司提交了六份奖励申请。

直至彭某翔自城开公司离职，城开公司未发放上述奖励。彭某翔经劳动仲裁程序后，于法定期限内诉至法院，要求城开公司支付奖励 1 689 083 元。

案件审理过程中，城开公司认可案涉六项目初步符合《奖励办法》规定的受奖条件，但以

无锡等三项目的奖励总额虽经审批但具体的奖金分配明细未经审批及徐州等三项目的奖励申请未经审批为由，主张彭某翔要求其支付奖金的请求不能成立。对于法院“如彭某翔现阶段就上述项目继续提出奖励申请，城开公司是否启动审核程序”的询问，城开公司明确表示拒绝，并表示此后也不会再启动六项目的审批程序。此外，城开公司还主张，彭某翔在无锡红梅新天地项目、如皋约克小镇项目中存在严重失职行为，二项目存在严重亏损，城开公司已就拿地业绩突出向彭某翔发放过奖励，但均未提交充分的证据予以证明。

裁判结果

南京市秦淮区人民法院于2018年9月11日作出（2018）苏0104民初6032号民事判决：驳回彭某翔的诉讼请求。彭某翔不服，提起上诉。江苏省南京市中级人民法院于2020年1月3日作出（2018）苏01民终10066号民事判决：一、撤销南京市秦淮区人民法院（2018）苏0104民初6032号民事判决；二、城开公司于本判决生效之日起十五日内支付彭某翔奖励1 259 564.4元。

裁判理由

法院生效判决认为：本案争议焦点为城开公司应否依据《奖励办法》向彭某翔所在的投资开发部发放无锡红梅新天地等六项目奖励。

首先，从《奖励办法》设置的奖励对象来看，投资开发部以引进项目为主要职责，且在城开公司引进各类项目中起主导作用，故其系该文适格的被奖主体；从《奖励办法》设置的奖励条件来看，投资开发部已成功为城开公司引进符合城开公司战略发展目标的无锡红梅新天地、扬州GZ051地块、如皋约克小镇、徐州焦庄、高邮鸿基万和城、徐州彭城机械六项目，符合该文规定的受奖条件。故就案涉六项目而言，彭某翔所在的投资开发部形式上已满足用人单位规定的奖励申领条件。城开公司不同意发放相应的奖励，应当说明理由并对此举证证明。但本案中城开公司无法证明无锡红梅新天地项目、如皋约克小镇项目存在亏损，也不能证明彭某翔在二项目中确实存在失职行为，其关于彭某翔不应重复获奖的主张亦因欠缺相应依据而无法成立。故而，城开公司主张彭某翔所在的投资开发部实质不符合依据《奖励办法》获得奖励的理由法院不予采纳。

其次，案涉六项目奖励申请未经审核或审批程序尚未完成，不能成为城开公司拒绝支付彭某翔项目奖金的理由。城开公司作为奖金的设立者，有权设定相应的考核标准、考核或审批流程。其中，考核标准系员工能否获奖的实质性评价因素，考核流程则属于城开公司为实现其考核权所设置的程序性流程。在无特殊规定的前提下，因流程本身并不涉及奖励评判标准，故而是否经过审批流程不能成为员工能否获得奖金的实质评价要素。城开公司也不应以六项目的审批流程未启动或未完成为由，试图阻却彭某翔获取奖金的实体权利的实现。此外，对劳动者的奖励申请进行实体审批，不仅是用人单位的权利，也是用人单位的义务。本案中，《奖励办法》所设立的奖励系城开公司为鼓励员工进行创造性劳动所承诺给员工的超额劳动报酬，其性质上属于《国家统计局关于工资总额组成的规定》第7条规定中的“其他奖金”，此时《奖励办法》

不仅应视为城开公司基于用工自主权而对员工行使的单方激励行为，还应视为城开公司与包括彭某翔在内的不特定员工就该项奖励的获取形成的约定。

现彭某翔通过努力达到《奖励办法》所设奖励的获取条件，其向城开公司提出申请要求兑现该超额劳动报酬，无论是基于诚实信用原则，还是基于按劳取酬原则，城开公司皆有义务启动审核程序对该奖励申请进行核查，以确定彭某翔关于奖金的权利能否实现。如城开公司拒绝审核，应说明合理理由。本案中，城开公司关于彭某翔存在失职行为及案涉项目存在亏损的主张因欠缺事实依据不能成立，该公司也不能对不予审核的行为作出合理解释，其拒绝履行审批义务的行为已损害彭某翔的合法权益，对此应承担相应的不利后果。

综上，法院认定案涉六项目奖励的条件成就，城开公司应当依据《奖励办法》向彭某翔所在的投资开发部发放奖励。

（生效裁判审判人员：冯驰、吴晓静、陆红霞）

指导案例 183 号

房某诉中美联泰大都会人寿保险有限公司劳动合同纠纷案

（最高人民法院审判委员会讨论通过　2022 年 7 月 4 日发布）

关键词

民事 / 劳动合同 / 离职 / 年终奖

裁判要点

年终奖发放前离职的劳动者主张用人单位支付年终奖的，人民法院应当结合劳动者的离职原因、离职时间、工作表现以及对单位的贡献程度等因素进行综合考量。用人单位的规章制度规定年终奖发放前离职的劳动者不能享有年终奖，但劳动合同的解除非因劳动者单方过失或主动辞职所导致，且劳动者已经完成年度工作任务，用人单位不能证明劳动者的工作业绩及表现不符合年终奖发放标准，年终奖发放前离职的劳动者主张用人单位支付年终奖的，人民法院应予支持。

相关法条

《中华人民共和国劳动合同法》第 40 条

基本案情

房某于2011年1月至中美联泰大都会人寿保险有限公司（以下简称大都会公司）工作，双方之间签订的最后一份劳动合同履行日期为2015年7月1日至2017年6月30日，约定房某担任战略部高级经理一职。2017年10月，大都会公司对其组织架构进行调整，决定撤销战略部，房某所任职的岗位因此被取消。双方就变更劳动合同等事宜展开了近两个月的协商，未果。12月29日，大都会公司以客观情况发生重大变化、双方未能就变更劳动合同协商达成一致为由，向房某发出《解除劳动合同通知书》。房某对解除决定不服，经劳动仲裁程序后起诉要求恢复与大都会公司之间的劳动关系并诉求2017年8~12月未签劳动合同二倍工资差额、2017年年度奖金等。大都会公司《员工手册》规定：年终奖金根据公司政策，按公司业绩、员工表现计发，前提是该员工在当年度10月1日前已入职，若员工在奖金发放月或之前离职，则不能享有。据查，大都会公司每年度年终奖会在次年3月左右发放。

裁判结果

上海市黄浦区人民法院于2018年10月29日作出（2018）沪0101民初10726号民事判决：一、大都会公司于判决生效之日起七日内向原告房某支付2017年8~12月期间未签劳动合同双倍工资差额人民币192 500元；二、房某的其他诉讼请求均不予支持。房某不服，上诉至上海市第二中级人民法院。上海市第二中级人民法院于2019年3月4日作出（2018）沪02民终11292号民事判决：一、维持上海市黄浦区人民法院（2018）沪0101民初10726号民事判决第一项；二、撤销上海市黄浦区人民法院（2018）沪0101民初10726号民事判决第二项；三、大都会公司于判决生效之日起七日内支付上诉人房某2017年度年终奖税前人民币138 600元；四、房某的其他请求不予支持。

裁判理由

法院生效裁判认为：本案的争议焦点系用人单位以客观情况发生重大变化为依据解除劳动合同，导致劳动者不符合员工手册规定的年终奖发放条件时，劳动者是否可以获得相应的年终奖。对此，一审法院认为，大都会公司的《员工手册》明确规定了奖金发放情形，房某在大都会公司发放2017年年度奖金之前已经离职，不符合奖金发放情形，故对房某要求2017年年度奖金之请求不予支持。二审法院经过审理后认为，现行法律法规并没有强制规定年终奖应如何发放，用人单位有权根据本单位的经营状况、员工的业绩表现等，自主确定奖金发放与否、发放条件及发放标准，但是用人单位制定的发放规则仍应遵循公平合理原则，对于在年终奖发放之前已经离职的劳动者可否获得年终奖，应当结合劳动者离职的原因、时间、工作表现和对单位的贡献程度等多方面因素综合考量。本案中，大都会公司对其组织架构进行调整，双方未能就劳动合同的变更达成一致，导致劳动合同被解除。房某在大都会公司工作至2017年12月29日，此后两日系双休日，表明房某在2017年度已在大都会公司工作满一年；在大都会公司未举证房某的2017年度工作业绩、表现等方面不符合规定的情况下，可以认定房某在该年度为大都会公司付出了一整年的劳动且正常履行了职责，为大都会公司做出了应有的贡献。基于上述理由，大都会公司关于房某在年终奖发放月之前已离职而不能享有该笔奖金的主张缺乏合理性。故对房某诉求大都会公司支付 2017 年度年终奖，应予支持。

（生效裁判审判人员：郭征海、谢亚琳、易苏苏）

指导案例 184 号

马某楠诉北京搜狐新动力信息技术有限公司竞业限制纠纷案

（最高人民法院审判委员会讨论通过 2022 年 7 月 4 日发布）

关键词

民事 / 竞业限制 / 期限 / 约定无效

裁判要点

用人单位与劳动者在竞业限制条款中约定，因履行竞业限制条款发生争议申请仲裁和提起诉讼的期间不计入竞业限制期限的，属于《中华人民共和国劳动合同法》第二十六条第一款第二项规定的“用人单位免除自己的法定责任、排除劳动者权利”的情形，应当认定为无效。

相关法条

《中华人民共和国劳动合同法》第 23 条第 2 款、第 24 条、第 26 条第 1 款

基本案情

马某楠于 2005 年 9 月 28 日入职北京搜狐新动力信息技术有限公司（以下简称搜狐新动力公司），双方最后一份劳动合同期限自 2014 年 2 月 1 日起至 2017 年 2 月 28 日止，马某楠担任高级总监。2014 年 2 月 1 日，搜狐新动力公司（甲方）与马某楠（乙方）签订《不竞争协议》，其中第 3.3 款约定：“……竞业限制期限从乙方离职之日开始计算，最长不超过 12 个月，具体的月数根据甲方向乙方实际支付的竞业限制补偿费计算得出。但如因履行本协议发生争议而提起仲裁或诉讼时，则上述竞业限制期限应将仲裁和诉讼的审理期限扣除；即乙方应履行竞业限制义务的期限，在扣除仲裁和诉讼审理的期限后，不应短于上述约定的竞业限制月数。”2017 年 2 月 28 日劳动合同到期，双方劳动关系终止。2017 年 3 月 24 日，搜狐新动力公司向马某楠发出《关于要求履行竞业限制义务和领取竞业限制经济补偿费的告知函》，要求

其遵守《不竞争协议》，全面并适当履行竞业限制义务。马某楠自搜狐新动力公司离职后，于2017年3月中旬与优酷公司开展合作关系，后于2017年4月底离开优酷公司，违反了《不竞争协议》。搜狐新动力公司以要求确认马某楠违反竞业限制义务并双倍返还竞业限制补偿金、继续履行竞业限制义务、赔偿损失并支付律师费为由向北京市劳动人事争议仲裁委员会申请仲裁，仲裁委员会作出京劳人仲字〔2017〕第339号裁决：一、马某楠一次性双倍返还搜狐新动力公司2017年3月、4月竞业限制补偿金共计177 900元；二、马某楠继续履行对搜狐新动力公司的竞业限制义务；三、驳回搜狐新动力公司的其他仲裁请求。马某楠不服，于法定期限内向北京市海淀区人民法院提起诉讼。

裁判结果

北京市海淀区人民法院于2018年3月15日作出（2017）京0108民初45728号民事判决：一、马某楠于判决生效之日起七日内向搜狐新动力公司双倍返还2017年3月、4月竞业限制补偿金共计177 892元；二、确认马某楠无需继续履行对搜狐新动力公司的竞业限制义务。搜狐新动力公司不服一审判决，提起上诉。北京市第一中级人民法院于2018年8月22日作出（2018）京01民终5826号民事判决：驳回上诉，维持原判。

裁判理由

法院生效裁判认为：本案争议焦点为《不竞争协议》第3.3款约定的竞业限制期限的法律适用问题。搜狐新动力公司上诉主张该协议第3.3款约定有效，马某楠的竞业限制期限为本案仲裁和诉讼的实际审理期限加上12个月，以实际发生时间为准且不超过二年，但本院对其该项主张不予采信。

一、竞业限制协议的审查

法律虽然允许用人单位可以与劳动者约定竞业限制义务，但同时对双方约定竞业限制义务的内容作出了强制性规定，即以效力性规范的方式对竞业限制义务所适用的人员范围、竞业领域、限制期限均作出明确限制，且要求竞业限制约定不得违反法律、法规的规定，以期在保护用人单位商业秘密、维护公平竞争市场秩序的同时，亦防止用人单位不当运用竞业限制制度对劳动者的择业自由权造成过度损害。

二、"扣除仲裁和诉讼审理期限"约定的效力

本案中，搜狐新动力公司在《不竞争协议》第3.3款约定马某楠的竞业限制期限应扣除仲裁和诉讼的审理期限，该约定实际上要求马某楠履行竞业限制义务的期限为：仲裁和诉讼程序的审理期限+实际支付竞业限制补偿金的月数（最长不超过12个月）。从劳动者择业自由权角度来看，虽然法律对于仲裁及诉讼程序的审理期限均有法定限制，但就具体案件而言该期限并非具体确定的期间，将该期间作为竞业限制期限的约定内容，不符合竞业限制条款应具体明确的立法目的。加之劳动争议案件的特殊性，相当数量的案件需要经过"一裁两审"程序，上述约定使得劳动者一旦与用人单位发生争议，则其竞业限制期限将被延长至不可预期且相当长的一段期间，乃至达到两年。这实质上造成了劳动者的择业自由权在一定期间内处于待定状态。

另外，从劳动者司法救济权角度来看，对于劳动者一方，如果其因履行《不竞争协议》与搜狐新动力公司发生争议并提起仲裁和诉讼，依照该协议第3.3款约定，仲裁及诉讼审理期间劳动者仍需履行竞业限制义务，即出现其竞业限制期限被延长的结果。如此便使劳动者陷入“寻求司法救济则其竞业限制期限被延长”“不寻求司法救济则其权益受损害”的两难境地，在一定程度上限制了劳动者的司法救济权利；而对于用人单位一方，该协议第3.3款使得搜狐新动力公司无需与劳动者进行协商，即可通过提起仲裁和诉讼的方式单方地、变相地延长劳动者的竞业限制期限，一定程度上免除了其法定责任。综上，法院认为，《不竞争协议》第3.3款中关于竞业限制期限应将仲裁和诉讼的审理期限扣除的约定，即“但如因履行本协议发生争议而提起仲裁或诉讼时……乙方应履行竞业限制义务的期限，在扣除仲裁和诉讼审理的期限后，不应短于上述约定的竞业限制月数”的部分，属于《中华人民共和国劳动合同法》第二十六条第一款第二项规定的“用人单位免除自己的法定责任、排除劳动者权利”的情形，应属无效。而根据该法第二十七条规定，劳动合同部分无效，不影响其他部分效力的，其他部分仍然有效。

三、本案竞业限制期限的确定

据此，依据《不竞争协议》第3.3款仍有效部分的约定，马某楠的竞业限制期限应依据搜狐新动力公司向其支付竞业限制补偿金的月数确定且最长不超过12个月。鉴于搜狐新动力公司已向马某楠支付2017年3月至2018年2月共计12个月的竞业限制补偿金，马某楠的竞业限制期限已经届满，其无需继续履行对搜狐新动力公司的竞业限制义务。

（生效裁判审判人员：赵悦、王丽蕊、何锐）

指导案例185号

闫某琳诉浙江喜来登度假村有限公司平等就业权纠纷案

（最高人民法院审判委员会讨论通过　2022年7月4日发布）

关键词

民事/平等就业权/就业歧视/地域歧视

裁判要点

用人单位在招用人员时，基于地域、性别等与“工作内在要求”无必然联系的因素，对劳动者进行无正当理由的差别对待的，构成就业歧视，劳动者以平等就业权受到侵害为由，请求用人单位承担相应法律责任的，人民法院应予支持。

相关法条

《中华人民共和国就业促进法》第3条、第26条

基本案情

2019年7月，浙江喜来登度假村有限公司（以下简称喜来登公司）通过智联招聘平台向社会发布了一批公司人员招聘信息，其中包含有“法务专员”“董事长助理”两个岗位。2019年7月3日，闫某琳通过智联招聘手机App软件针对喜来登公司发布的前述两个岗位分别投递了求职简历。闫某琳投递的求职简历中，包含有姓名、性别、出生年月、户口所在地、现居住城市等个人基本信息，其中户口所在地填写为“河南南阳”，现居住城市填写为“浙江杭州西湖区”。据杭州市杭州互联网公证处出具的公证书记载，公证人员使用闫某琳的账户、密码登录智联招聘App客户端，显示闫某琳投递的前述“董事长助理”岗位在2019年7月4日14时28分被查看，28分时给出岗位不合适的结论，“不合适原因：河南人”；“法务专员”岗位在同日14时28分被查看，29分时给出岗位不合适的结论，“不合适原因：河南人”。闫某琳因案涉公证事宜，支出公证费用1000元。闫某琳向杭州互联网法院提起诉讼，请求判令喜来登公司赔礼道歉、支付精神抚慰金以及承担诉讼相关费用。

裁判结果

杭州互联网法院于2019年11月26日作出（2019）浙0192民初6405号民事判决：一、被告喜来登公司于本判决生效之日起十日内赔偿原告闫某琳精神抚慰金及合理维权费用损失共计10 000元。二、被告喜来登公司于本判决生效之日起十日内，向原告闫某琳进行口头道歉并在《法制日报》公开登报赔礼道歉（道歉声明的内容须经本院审核）；逾期不履行，本院将在国家级媒体刊登判决书主要内容，所需费用由被告喜来登公司承担。三、驳回原告闫某琳其他诉讼请求。宣判后，闫某琳、喜来登公司均提起上诉。杭州市中级人民法院于2020年5月15日作出（2020）浙01民终736号民事判决：驳回上诉，维持原判。

裁判理由

法院生效裁判认为：平等就业权是劳动者依法享有的一项基本权利，既具有社会权利的属性，亦具有民法上的私权属性，劳动者享有平等就业权是其人格独立和意志自由的表现，侵害平等就业权在民法领域侵害的是一般人格权的核心内容——人格尊严，人格尊严重要的方面就是要求平等对待，就业歧视往往会使人产生一种严重的受侮辱感，对人的精神健康甚至身体健康造成损害。据此，劳动者可以在其平等就业权受到侵害时向人民法院提起民事诉讼，寻求民事侵权救济。

闫某琳向喜来登公司两次投递求职简历，均被喜来登公司以“河南人”不合适为由予以拒绝，显然在针对闫某琳的案涉招聘过程中，喜来登公司使用了主体来源的地域空间这一标准对人群进行归类，并根据这一归类标准而给予闫某琳低于正常情况下应当给予其他人的待遇，即

拒绝录用，可以认定喜来登公司因“河南人”这一地域事由要素对闫某琳进行了差别对待。

《中华人民共和国就业促进法》第三条在明确规定民族、种族、性别、宗教信仰四种法定禁止区分事由时使用“等”字结尾，表明该条款是一个不完全列举的开放性条款，即法律除认为前述四种事由构成不合理差别对待的禁止性事由外，还存在与前述事由性质一致的其他不合理事由，亦为法律所禁止。何种事由属于前述条款中“等”的范畴，一个重要的判断标准是，用人单位是根据劳动者的专业、学历、工作经验、工作技能以及职业资格等与“工作内在要求”密切相关的“自获因素”进行选择，还是基于劳动者的性别、户籍、身份、地域、年龄、外貌、民族、种族、宗教等与“工作内在要求”没有必然联系的“先赋因素”进行选择，后者构成为法律禁止的不合理就业歧视。劳动者的“先赋因素”，是指人们出生伊始所具有的人力难以选择和控制的因素，法律作为一种社会评价和调节机制，不应该基于人力难以选择和控制的因素给劳动者设置不平等条件；反之，应消除这些因素给劳动者带来的现实上的不平等，将与“工作内在要求”没有任何关联性的“先赋因素”作为就业区别对待的标准，根本违背了公平正义的一般原则，不具有正当性。

本案中，喜来登公司以地域事由要素对闫某琳的求职申请进行区别对待，而地域事由属于闫某琳乃至任何人都无法自主选择、控制的与生俱来的“先赋因素”，在喜来登公司无法提供客观有效的证据证明，地域要素与闫某琳申请的工作岗位之间存在必然的内在关联或存在其他的合法目的的情况下，喜来登公司的区分标准不具有合理性，构成法定禁止事由。故喜来登公司在案涉招聘活动中提出与职业没有必然联系的地域事由对闫某琳进行区别对待，构成对闫某琳的就业歧视，损害了闫某琳平等地获得就业机会和就业待遇的权益，主观上具有过错，构成对闫某琳平等就业权的侵害，依法应承担公开赔礼道歉并赔偿精神抚慰金及合理维权费用的民事责任。

（生效裁判审判人员：石清荣、俞建明、孔文超）

指导案例 186 号

龚某文等组织、领导、参加黑社会性质组织案

（最高人民法院审判委员会讨论通过　2022 年 11 月 29 日发布）

关键词

刑事 / 组织、领导、参加黑社会性质组织罪 / 行为特征 / 软暴力

裁判要点

犯罪组织以其势力、影响和暴力手段的现实可能性为依托，有组织地长期采用多种“软暴

力”手段实施大量违法犯罪行为，同时辅之以“硬暴力”，“软暴力”有向“硬暴力”转化的现实可能性，足以使群众产生恐惧、恐慌进而形成心理强制，并已造成严重危害后果，严重破坏经济、社会生活秩序的，应认定该犯罪组织具有黑社会性质组织的行为特征。

相关法条

《中华人民共和国刑法》第294条

基本案情

2013年以来，被告人龚某文、刘某涛在江苏省常熟市从事开设赌场、高利放贷活动，并主动结识社会闲杂人员，逐渐积累经济实力。2014年7月起，被告人龚某文、刘某涛组织被告人马某波、赵某、王某东、王某运、陈某雷等人，形成了以被告人龚某文、刘某涛为首的较为稳定的犯罪组织，并于2015年4月实施了首次有组织犯罪。2016年下半年、2017年8月梁某志、崔某华先后加入该组织。

该组织人数众多，组织者、领导者明确，骨干成员固定。被告人龚某文为该组织的组织者、领导者，被告人刘某涛为该组织的领导者，被告人马某波、赵某、王某东、王某运、陈某雷等人为积极参加者，被告人崔某华、梁某志等人为一般成员。该组织内部分工明确，龚某文、刘某涛负责决策和指挥整个组织的运转；被告人马某波、赵某、王某东、王某运、陈某雷受被告人龚某文、刘某涛的指派开设赌场牟取利益，并在赌场内抽取“庄风款”、“放水”、记账，按照被告人龚某文、刘某涛的指派为讨债而实施非法拘禁、寻衅滋事、敲诈勒索、强迫交易等违法犯罪行为，崔某华、梁某志参与寻衅滋事违法犯罪行为。该组织为规避侦查，强化管理，维护自身利益，逐步形成了“红钱按比例分配”“放贷本息如实上报，不得做手脚”等不成文的规约，对成员的行动进行约束。在借款时使用同伙名义，资金出借时留下痕迹，讨债时规避法律。建立奖惩制度，讨债积极者予以奖励，讨债不积极者予以训斥。该组织通过有组织地实施开设赌场、高利放贷等违法手段聚敛资产，具有较强的经济实力。其中，该组织通过开设赌场非法获利的金额仅查实的就达人民币300余万元。另，在上述被告人处搜查到放贷借条金额高达人民币4000余万元，资金流水人民币上亿元。该组织以非法聚敛的财产用于支持违法犯罪活动，或为违法犯罪活动“善后”，如购买GPS等装备、赔付因讨债而砸坏的物品，以及支付被刑事拘留后聘请律师的费用。该组织为维护其非法利益，以暴力、威胁等手段，有组织地实施了开设赌场、寻衅滋事、非法拘禁、强迫交易、敲诈勒索等违法犯罪活动，并长期实施多种“软暴力”行为，为非作恶，欺压、残害群众，严重破坏社会治安，妨害社会管理秩序，在江苏省常熟市及周边地区造成了恶劣的社会影响。该黑社会性质组织在形成、发展过程中，为寻求建立稳定犯罪组织，牟取高额非法利益而实施大量违法犯罪活动。主要犯罪事实如下。

一、开设赌场罪

2015年4月至2018年2月，被告人龚某文、刘某涛、马某波、王某东、赵某、王某运、陈某雷多次伙同他人在江苏省常熟市海虞镇、辛庄镇等地开设赌场，仅查明的非法获利就达人民币300余万元。

二、寻衅滋事罪

2014年至2018年，被告人龚某文、刘某涛伙同其他被告人，在江苏省常熟市原虞山镇、梅李镇、辛庄镇等多地，发放年息84%~360%的高利贷，并为索要所谓“利息”，有组织地对被害人及其亲属采取拦截、辱骂、言语威胁、砸玻璃、在被害人住所喷漆、拉横幅等方式进行滋事，共计56起120余次。

三、非法拘禁罪

2015年至2016年，被告人龚某文、刘某涛、马某波、王某东、赵某、王某运、陈某雷在江苏省常熟市等多地，为索要高利贷等目的非法拘禁他人10起，其中对部分被害人实施辱骂、泼水、打砸物品等行为。

四、强迫交易罪

1.2013年3月，被告人龚某文向胡某某发放高利贷，张某某担保。为索要高利贷本金及利息，在非法拘禁被害人后，被告人龚某文强迫被害人张某某到王某某家提供家政服务长达一年有余，被告人龚某文从中非法获利人民币25 500元。

2.2014年11月，被告人刘某涛、王某东向陈某某发放高利贷，陶某某担保。在多次进行滋事后，被告人王某东、刘某涛强迫被害人陶某某于2017年4月至2018年1月到被告人住处提供约定价值人民币6000余元的家政服务共计80余次。

五、敲诈勒索罪

2017年8月31日至2018年1月21日，被告人刘某涛、王某东、王某运、陈某雷实施敲诈勒索3起，以签订“车辆抵押合同”、安装GPS的方式，与被害人签订高出实际出借资金的借条并制造相应的资金走账流水，通过拖走车辆等方式对被害人进行要挟，并非法获利合计人民币5.83万元。

裁判结果

江苏省常熟市人民法院于2018年10月19日作出（2018）苏0581刑初1121号刑事判决，认定被告人龚某文犯组织、领导黑社会性质组织罪，与其所犯开设赌场罪、寻衅滋事罪、非法拘禁罪等数罪并罚，决定执行有期徒刑二十年，剥夺政治权利二年，并处没收个人全部财产，罚金人民币十二万元；认定被告人刘某涛犯领导黑社会性质组织罪，与其所犯开设赌场罪、寻衅滋事罪、非法拘禁罪等数罪并罚，决定执行有期徒刑十八年，剥夺政治权利二年，并处没收个人全部财产，罚金人民币十一万元；对其他参加黑社会性质组织的成员亦判处了相应刑罚。一审宣判后，龚某文、刘某涛等人提出上诉。江苏省苏州市中级人民法院于2019年1月7日作出（2018）苏05刑终1055号刑事裁定：驳回上诉，维持原判。

裁判理由

法院生效裁判认为：

一、关于组织特征

一是该犯罪组织的成长轨迹明确。龚某文与刘某涛二人于2007年左右先后至江苏省常熟市打工，后龚某文从少量资金起步，与刘某涛等人合作开设赌场并放高利贷，逐步积累经济实力，后其他组织成员相继加入，参股放贷。在高利放贷过程中，因互相占股分利，组织成员利益相互交织，关系日趋紧密，架构不断成熟，并最终形成了以龚某文为组织者、领导者，刘某涛为领导者，王某东、王某运、陈某雷、马某波、赵某为积极参加者，崔某华、梁某志为一般参加者的较稳定的违法犯罪组织。二是该犯罪组织的行为方式和组织意图明确，该组织通过开设赌场和高利放贷聚敛非法财富，在讨债过程中，以滋扰纠缠、打砸恐吓、出场摆势、言语威胁、围堵拦截等“软暴力”方式为惯常行为手段，实施一系列违法犯罪活动，目的是实现非法债权，意图最大限度攫取经济利益。由于组织成员系互相占股出资及分利，故无论组织中哪些成员实施违法犯罪活动，相关非法利益的实现均惠及全体出资的组织成员，符合组织利益及组织意图，为组织不断扩大非法放贷规模，增强犯罪能力等进一步发展提供基础，创造条件。三是该犯罪组织的层级结构明确，该组织以龚某文、刘某涛为基础，龚某文吸收发展马某波、赵某，刘某涛吸收发展王某东、王某运、陈某雷，形成二元层级关系，各被告人对所谓“替谁帮忙、找谁商量”均有明确认识。在具体违法犯罪活动中，以共同开设赌场并非法放贷为标志，两股势力由合作进而汇流，互相占股出资放贷，共同违法犯罪讨债，后期又吸收崔某华、梁某志加入，形成三元层级结构。在组织架构中，组织、领导者非常明显，积极参加者和骨干成员基本固定，人员规模逐渐增大，且本案后续所涉及的黑社会性质组织的其他犯罪均是由这些组织成员所为。四是该犯罪组织的行为规则明确，组织成员均接受并认同出资后按比例记公账分利、讨债时替组织出头等行为规则。这些规则不仅有组织成员供述，也与组织的实际运作模式和实际违法犯罪活动情况相吻合，相关行事规则为纠合组织成员，形成共同利益，保持组织正常运转起到重要作用。综上，该组织有一定规模，人员基本稳定，有明确的组织者、领导者，骨干成员固定，内部层次分明，符合黑社会性质组织的组织特征。

二、关于经济特征

一是该犯罪组织通过违法犯罪活动快速聚敛经济利益。该组织以开设赌场、非法高利放贷为基础和资金来源，通过大量实施寻衅滋事、非法拘禁等违法犯罪活动保障非法债权实现，大量攫取非法经济利益。其中，开设赌场并实施非法高利放贷部分，有据可查的非法获利金额就达人民币300余万元，且大部分被继续用于非法放贷。在案查获的部分放贷单据显示该组织放贷规模已达人民币4000余万元，查实银行资金流水已过亿元，具有较强的经济实力。二是该犯罪组织以经济实力支持该组织的活动。该组织获得的经济利益部分用于支持为组织利益而实施的违法犯罪活动，该组织经济利益的获取过程也是强化组织架构的过程。综上，该组织聚敛大量钱财，又继续用于维系和强化组织生存发展，符合黑社会性质组织的经济特征。

三、关于行为特征

该组织为争取、维护组织及组织成员的经济利益，利用组织势力和形成的便利条件，有组织地多次实施开设赌场、寻衅滋事、非法拘禁、强迫交易等不同种类的违法犯罪活动，违法犯罪手段以“软暴力”为主，并体现出明显的组织化特点，多人出场摆势、分工配合，并以“硬暴力”为依托，实施多种“软暴力”讨债等违法犯罪活动，软硬暴力行为交织，“软暴力”可随时向“硬暴力”转化。这些行为系相关组织成员为确立强势地位、实现非法债权、牟取不法利益、按照组织惯常的行为模式与手段实施的，相关违法犯罪行为符合组织利益，体现组织意志，黑社会性质组织的行为特征明显。

四、关于危害性特征

该犯罪组织通过实施一系列违法犯罪活动，为非作恶，欺压、残害群众。在社会秩序层面上，该犯罪组织长期实施开设赌场、非法放贷，“软暴力”讨债等违法犯罪活动，范围波及江苏省常熟市多个街道，给被害人及其家庭正常生活带来严重影响，给部分被害人企业的正常生产经营带来严重破坏，给部分被害人所在机关学校的正常工作和教学秩序带来严重冲击。相关违法犯罪行为败坏社会风气，冲击治安秩序，严重降低群众安全感、幸福感，影响十分恶劣。在管理秩序层面上，该犯罪组织刻意逃避公安机关的管理、整治和打击，破坏了正常社会管理秩序。在社会影响层面上，这些违法犯罪活动在一定区域内致使多名群众合法权益遭受侵害，从在案证据证实的群众切身感受看，群众普遍感觉心里恐慌，安全感下降，群众普遍要求进行整治，恢复经济、社会生活秩序。

综上所述，本案犯罪组织符合黑社会性质组织认定标准。该组织已经形成了“以黑养黑”的组织运作模式，这一模式使该组织明显区别于一般的共同犯罪和恶势力犯罪集团。龚某文犯罪组织虽然未发现“保护伞”，但通过实施违法犯罪行为，使当地群众产生心理恐惧和不安全感，严重破坏了当地的社会治安秩序、市场经济秩序。对黑社会组织的认定，不能仅根据一个或数个孤立事实来认定，而是要通过一系列的违法犯罪事实来反映。因为以“软暴力”为手段的行为通常不是实施一次就能符合刑法规定的犯罪构成，其单个的行为通常因为情节轻微或显著轻微、后果不严重而不作为犯罪处理或不能认定为犯罪，此时必须综合考虑“软暴力”行为的长期性、多样性来判断其社会影响及是否构成黑恶犯罪。黑社会性质组织犯罪的危害性特征所要求的“造成重大影响”是通过一系列的违法犯罪活动形成的，具有一定的深度和广度，而非个别的、一时的，特别是在以“软暴力”为主要手段的犯罪组织中，要结合违法犯罪活动的次数、时间跨度、性质、后果、侵害对象的个数、是否有向“硬暴力”转化的现实可能、造成的社会影响及群众安全感是否下降等因素综合判断，不能局限在必须要求具体的违法犯罪活动都要造成严重后果或者在社会上造成恶劣影响，也不能简单地以当地普通群众不知晓、非法控制不明显等，认为其危害性不严重。从本案中被告人非法放贷后通过“软暴力”讨债造成的被害人及其家庭、单位所受的具体影响和周边群众的切身感受等来看，社会危害性极其严重，构成了组织、领导、参加黑社会性质组织罪。

（生效裁判审判人员：李秀康、沈丽、王江）

指导案例 187 号

吴某等敲诈勒索、抢劫、故意伤害案

（最高人民法院审判委员会讨论通过　2022 年 11 月 29 日发布）

关键词

刑事 / 犯罪集团 / 恶势力犯罪集团 / 公然性

裁判要点

恶势力犯罪集团是符合犯罪集团法定条件的恶势力犯罪组织。恶势力犯罪集团应当具备“为非作恶、欺压百姓”特征，其行为“造成较为恶劣的社会影响”，因而实施违法犯罪活动必然具有一定的公然性，且手段应具有较严重的强迫性、压制性。普通犯罪集团实施犯罪活动如仅为牟取不法经济利益，缺乏造成较为恶劣社会影响的意图，在行为方式的公然性、犯罪手段的强迫压制程度等方面与恶势力犯罪集团存在区别，可按犯罪集团处理，但不应认定为恶势力犯罪集团。

相关法条

《中华人民共和国刑法》第 26 条

基本案情

2017 年 2 月初，被告人吴某、季某廷为牟取不法利益，与被告人曹某共同商定，通过约熟人吃饭时“劝酒”，诱使被害人酒后驾驶机动车，而后再制造交通事故，以被害人系酒后驾驶机动车欲报警相要挟，索要他人钱财。后被告人曹某怡、李某明知被告人吴某等人欲实施上述违法犯罪活动而积极加入。并在被告人吴某、季某廷的组织、安排下，逐步形成相对稳定、分工明确的犯罪团伙，开始实施敲诈勒索犯罪。在实施违法犯罪的过程中，为了增加人手，被告人吴某又通过被告人邵某麒将季某某、徐某某（均系未成年人，另案处理）带入敲诈勒索犯罪团伙。

2017 年 2 月底至 3 月初，季某某、徐某某随被告人吴某共同居住于江苏省南通市通州高新技术产业开发区的租住地，并由吴某负责二人的起居、生活及日常开销。在短时间内，快速形成以吴某为首的犯罪集团，其中吴某为该犯罪集团的首要分子，被告人季某廷及季某某、徐某某为该犯罪集团的骨干成员，被告人曹某怡、李某、邵某麒等人为该集团的主要成员，被告人季某文、曹某强、姜某东、曹某以及应某某（未成年人，另案处理）、邱某某（另案处理）

为该犯罪集团的积极参加者。期间，吴某纠集季某廷、曹某怡、李某、邵某麒、曹某以及季某某、徐某某等人，以威胁、恐吓等手段，先后五次实施敲诈勒索的犯罪行为。后吴某发现赌场内的流动资金较多，且参与赌博人员害怕处理一般不敢报警，遂又纠集季某文、曹某强、姜某东及季某某、徐某某、应某某等人持气手枪、管制刀具、电棍等，采用暴力手段实施抢劫。

2017 年 12 月，江苏省南通市通州区人民检察院以被告人吴某等人犯抢劫罪、敲诈勒索罪，向江苏省南通市通州区人民法院提起公诉。审理中，江苏省南通市通州区人民检察院追加起诉吴某犯故意伤害罪，同时追加认定本案是以吴某为首带有恶势力性质的犯罪集团。

裁判结果

江苏省南通市通州区人民法院于 2018 年 6 月 28 日作出（2017）苏 0612 刑初 830 号刑事判决，认定被告人吴某犯抢劫罪，判处有期徒刑十二年，剥夺政治权利二年，并处罚金人民币四千元；犯敲诈勒索罪，判处有期徒刑二年，并处罚金人民币一万元；犯故意伤害罪，判处有期徒刑十个月，决定执行有期徒刑十三年六个月，剥夺政治权利二年，并处罚金人民币一万四千元。对本案其他被告人亦判处了相应刑罚。一审宣判后，被告人均未上诉，检察机关亦未抗诉。一审判决已发生法律效力。

裁判理由

法院生效裁判认为：被告人吴某、季某廷、曹某怡、李某、邵某麒、季某文、姜某东、曹某强、曹某等人与另案处理的季某某、徐某某、应某某等人为共同实施犯罪而组成较为固定的犯罪组织，期间采取以暴力、威胁等手段，在一定区域内多次实施敲诈勒索、抢劫等违法犯罪活动，且在实施犯罪过程中目的明确、分工明细，严重扰乱经济、社会生活秩序，造成较为恶劣的社会影响，可以认定为犯罪集团。

被告人吴某组织、领导该犯罪集团实施一系列犯罪活动，是该犯罪集团的首要分子；被告人季某廷及季某某、徐某某等人参与谋划被告人吴某组织实施的敲诈勒索犯罪或抢劫犯罪，是该犯罪集团的骨干成员；被告人曹某怡、李某多次积极参与该犯罪集团的敲诈勒索犯罪活动，被告人邵某麒将平时跟随其的未成年人季某某、徐某某介绍给被告人吴某，并同意让季某某、徐某某加入该犯罪集团，且其本人也亲自参与该犯罪集团的敲诈勒索犯罪活动，上述被告人是该集团的主要成员；被告人季某文、曹某强、姜某东、曹某以及未成年人应某某明知被告人吴某为首的犯罪集团实施违法犯罪活动，而积极参与商量、实施，上述被告人是该犯罪集团的积极参加者。对公诉机关指控本案属犯罪集团，人民法院予以支持。

被告人吴某等人实施的犯罪活动明显是为了牟取不法经济利益，但缺乏“形成非法影响、谋求强势地位”，进而造成较为恶劣社会影响的意图。在敲诈勒索犯罪中，被告人吴某等人的主要犯罪手段是约熟人吃饭，设局“劝酒”造成被害人酒后驾车，再制造交通事故，进而以报警相要挟，通过所谓的“协商”实现对被害人财物的非法占有。吴某等人在单纯“谋财”意图的支配下实施敲诈勒索、抢劫犯罪，“为非作恶，欺压百姓”的特征尚不明显，犯罪手段、行为方式与典型的恶势力犯罪集团存在明显差异，实际所侵犯的法益也基本集中在公民财产权利方面。恶势力犯罪集团是符合犯罪集团法定条件的恶势力犯罪组织，其特征表现为：有三名以上的组织成员，有明显的首要分子，重要成员较为固定，组织成员经常纠集在一起，共同故意实施三次以上恶势力惯常实施的犯罪活动或其他犯罪活动。本案被告人系单纯为牟取不法经济利益而实施违法犯罪活动，不具有“为非作恶，欺压百姓”特征，参照《最高人民法院、最高人民检察院、公安部、司法部关于办理黑恶势力犯罪案件若干问题的指导意见》中关于恶势力、恶势力犯罪集团应符合“经常纠集在一起，以暴力、威胁或者其他手段，在一定区域或者行业内多次实施违法犯罪活动，为非作恶，欺压百姓，扰乱经济、社会生活秩序，造成较为恶劣的社会影响，但尚未形成黑社会性质组织的违法犯罪组织”的认定要求，本案不能认定为恶势力犯罪集团，应按一般犯罪集团对各被告人定罪量刑。

（生效裁判审判人员：李振男、金永南、施玉萍）

指导案例 188 号

史某振等组织、领导、参加黑社会性质组织案

（最高人民法院审判委员会讨论通过　2022 年 11 月 29 日发布）

关键词

刑事诉讼 / 组织、领导、参加黑社会性质组织罪 / 涉案财物权属 / 案外人

裁判要点

在涉黑社会性质组织犯罪案件审理中，应当对查封、扣押、冻结财物及其孳息的权属进行调查，案外人对查封、扣押、冻结财物及其孳息提出权属异议的，人民法院应当听取其意见，确有必要的，人民法院可以通知其出庭，以查明相关财物权属。

相关法条

《中华人民共和国刑法》第 294 条

基本案情

被告人史某振 2007 年 12 月即开始进行违法犯罪活动。2014 年以来，被告人史某振、赵某、付某刚等人先后实施组织、领导、参加黑社会性质组织，开设赌场，非法拘禁，聚众斗殴，寻衅滋事，妨害公务等违法犯罪行为。公安机关在侦查阶段查扣史某振前妻王某某房产一套及王某某出售其名下路虎越野车所得车款 60 万元，另查扣王某某工商银行卡一张，冻结存款 2221 元。河南省修武县人民检察院提起公诉后，王某某就扣押财物权属提出异议并向法院

提供相关证据。审理期间，人民法院通知王某某出庭。

法院经审理查明，被告人史某振与王某某2012年9月结婚。2013年7月，王某某在河南省焦作市购置房产一处，现由王某某及其父母、女儿居住；2014年2月，史某振、王某某以王某某名义购买路虎越野车一辆；另扣押王某某工商银行卡一张，冻结存款2221元。2014年12月，史某振与王某某协议离婚，案涉房产、路虎越野车归王某某所有。路虎越野车已被王某某处分，得款60万元，现已查扣在案。

裁判结果

河南省修武县人民法院于2018年12月28日作出（2018）豫0821刑初331号刑事判决，认定被告人史某振犯组织、领导黑社会性质组织罪，聚众斗殴罪，寻衅滋事罪，开设赌场罪，非法拘禁罪，妨害公务罪，数罪并罚，决定执行有期徒刑十六年，剥夺政治权利四年，并处没收个人全部财产（含路虎越野车的全部卖车款60万元及王某某银行卡存款2221元）。本案其他被告人分别被判处有期徒刑七年零六个月至有期徒刑六个月不等的刑罚。宣判后，史某振、赵某、付某刚等被告人提出上诉，河南省焦作市中级人民法院于2019年4月19日作出（2019）豫08刑终68号刑事裁定：驳回上诉，维持原判。

裁判理由

法院生效裁判认为：被告人史某振、赵某、付某刚等人的行为分别构成组织、领导、参加黑社会性质组织罪，聚众斗殴罪，寻衅滋事罪，开设赌场罪，非法拘禁罪，妨害公务罪。

被告人史某振前妻王某某名下的路虎越野车系史某振与王某某夫妻关系存续期间购买，但史某振与王某某均无正当职业，以二人合法收入无力承担路虎越野车的购置费用。史某振因被网上追逃无法办理银行卡，其一直使用王某某的银行卡，该卡流水显示有大量资金进出。综上所述，可以认定购置路虎越野车的费用及该银行卡中剩余钱款均属于违法所得，故已查扣的卖车款60万元及银行卡中剩余钱款均应当予以没收。

（生效裁判审判人员：蔡有安、徐利民、蒋扬眉）

指导案例 189 号

上海熊猫互娱文化有限公司诉李某、昆山播爱游信息技术有限公司合同纠纷案

（最高人民法院审判委员会讨论通过 2022 年 12 月 8 日发布）

关键词

民事 / 合同纠纷 / 违约金调整 / 网络主播

裁判要点

网络主播违反约定的排他性合作条款，未经直播平台同意在其他平台从事类似业务的，应当依法承担违约责任。网络主播主张合同约定的违约金明显过高请求予以减少的，在实际损失难以确定的情形下，人民法院可以根据网络直播行业特点，以网络主播从平台中获取的实际收益为参考基础，结合平台前期投入、平台流量、主播个体商业价值等因素合理酌定。

相关法条

《中华人民共和国民法典》第 585 条（本案适用的是自 1999 年 10 月 1 日起实施的《中华人民共和国合同法》第 114 条）

基本案情

被告李某原为原告上海熊猫互娱文化有限公司（以下简称熊猫公司）创办的熊猫直播平台游戏主播，被告昆山播爱游信息技术有限公司（以下简称播爱游公司）为李某的经纪公司。2018 年 2 月 28 日，熊猫公司、播爱游公司及李某签订《主播独家合作协议》(以下简称《合作协议》)，约定李某在熊猫直播平台独家进行“绝地求生游戏”的第一视角游戏直播和游戏解说。该协议违约条款中约定，协议有效期内，播爱游公司或李某未经熊猫公司同意，擅自终止本协议或在直播竞品平台上进行相同或类似合作，或将已在熊猫直播上发布的直播视频授权给任何第三方使用的，构成根本性违约，播爱游公司应向熊猫直播平台支付如下赔偿金：（1）本协议及本协议签订前李某因与熊猫直播平台开展直播合作熊猫公司累计支付的合作费用；（2）5000 万元人民币；（3）熊猫公司为李某投入的培训费和推广资源费。主播李某对此向熊猫公司承担连带责任。合同约定的合作期限为一年，从 2018 年 3 月 1 日至 2019 年 2 月 28 日。

2018 年 6 月 1 日，播爱游公司向熊猫公司发出主播催款单，催讨欠付李某的两个月合作

费用。截至 2018 年 6 月 4 日，熊猫公司为李某直播累计支付 2017 年 2 月至 2018 年 3 月的合作费用 1 111 661 元。

2018 年 6 月 27 日，李某发布微博称其将带领所在直播团队至斗鱼直播平台进行直播，并公布了直播时间及房间号。2018 年 6 月 29 日，李某在斗鱼直播平台进行首播。播爱游公司也于官方微信公众号上发布李某在斗鱼直播平台的直播间链接。根据“腾讯游戏”微博新闻公开报道：“BIU 雷哥（李某）是全国主机游戏直播节目的开创者，也是全国著名网游直播明星主播，此外也是一位优酷游戏频道的原创达人，在优酷视频拥有超过 20 万的粉丝和 5000 万的点击……”

2018 年 8 月 24 日，熊猫公司向人民法院提起诉讼，请求判令两被告继续履行独家合作协议、立即停止在其他平台的直播活动并支付相应违约金。一审审理中，熊猫公司调整诉讼请求为判令两被告支付原告违约金 300 万元。播爱游公司不同意熊猫公司请求，并提出反诉请求：1. 判令确认熊猫公司、播爱游公司、李某三方于 2018 年 2 月 28 日签订的《合作协议》于 2018 年 6 月 28 日解除；2. 判令熊猫公司向播爱游公司支付 2018 年 4 月至 2018 年 6 月的合作费用 224 923.32 元；3. 判令熊猫公司向播爱游公司支付律师费 20 000 元。

裁判结果

上海市静安区人民法院于 2019 年 9 月 16 日作出 （2018）沪 0106 民初 31513 号民事判决：一、播爱游公司于判决生效之日起十日内支付熊猫公司违约金 2 600 000 元；二、李某对播爱游公司上述付款义务承担连带清偿责任；三、熊猫公司于判决生效之日起十日内支付播爱游公司 2018 年 4 月至 2018 年 6 月的合作费用 186 640.10 元；四、驳回播爱游公司其他反诉请求。李某不服一审判决，提起上诉。上海市第二中级人民法院于 2020 年 11 月 12 日作出（2020）沪 02 民终 562 号民事判决：驳回上诉，维持原判。

裁判理由

法院生效裁判认为：

第一，根据本案查明的事实，熊猫公司与播爱游公司、李某签订《合作协议》，自愿建立合同法律关系，而非李某主张的劳动合同关系。《合作协议》系三方真实意思表示，不违反法律法规的强制性规定，应认定为有效，各方理应依约恪守。从《合作协议》的违约责任条款来看，该协议对合作三方的权利义务都进行了详细约定，主播未经熊猫公司同意在竞争平台直播构成违约，应当承担赔偿责任。

第二，熊猫公司虽然存在履行瑕疵但并不足以构成根本违约，播爱游公司、李某并不能以此为由主张解除《合作协议》。且即便从解除的方式来看，合同解除的意思表示也应当按照法定或约定的方式明确无误地向合同相对方发出，李某在微博平台上向不特定对象发布的所谓“官宣”或直接至其他平台直播的行为，均不能认定为向熊猫公司发出明确的合同解除的意思表示。因此，李某、播爱游公司在二审中提出因熊猫公司违约而已经行使合同解除权的主张不能成立。

第三，当事人主张约定的违约金过高请求予以适当减少的，应当以实际损失为基础，兼顾合同的履行情况、当事人的过错程度以及预期利益等综合因素，根据公平原则和诚实信用原则予以衡量。对于公平、诚信原则的适用尺度，与因违约所受损失的准确界定，应当充分考虑网络直播这一新兴行业的特点。网络直播平台是以互联网为必要媒介、以主播为核心资源的企业，在平台运营中通常需要在带宽、主播上投入较多的前期成本，而主播违反合同在第三方平台进行直播的行为给直播平台造成损失的具体金额实际难以量化，如对网络直播平台苛求过重的举证责任，则有违公平原则。故本案违约金的调整应当考虑网络直播平台的特点以及签订合同时对熊猫公司成本及收益的预见性。本案中，考虑主播李某在游戏直播行业中享有很高的人气和知名度的实际情况，结合其收益情况、合同剩余履行期间、双方违约及各自过错大小、熊猫公司能够量化的损失、熊猫公司已对约定违约金作出的减让、熊猫公司平台的现状等情形，根据公平与诚实信用原则以及直播平台与主播个人的利益平衡，酌情将违约金调整为260万元。

（生效裁判审判人员：何云、张明良、邵美琳）

指导案例190号

王某诉万得信息技术股份有限公司竞业限制纠纷案

（最高人民法院审判委员会讨论通过　2022年12月8日发布）

关键词

民事 / 竞业限制 / 审查标准 / 营业范围

裁判要点

人民法院在审理竞业限制纠纷案件时，审查劳动者自营或者新入职单位与原用人单位是否形成竞争关系，不应仅从依法登记的经营范围是否重合进行认定，还应当结合实际经营内容、服务对象或者产品受众、对应市场等方面是否重合进行综合判断。劳动者提供证据证明自营或者新入职单位与原用人单位的实际经营内容、服务对象或者产品受众、对应市场等不相同，主张不存在竞争关系的，人民法院应予支持。

相关法条

《中华人民共和国劳动合同法》第23条、第24条

基本案情

王某于 2018 年 7 月 2 日进入万得信息技术股份有限公司（以下简称万得公司）工作，双方签订了期限为 2018 年 7 月 2 日至 2021 年 8 月 31 日的劳动合同，约定王某就职智能数据分析工作岗位，月基本工资 4500 元、岗位津贴 15 500 元，合计 20 000 元。

2019 年 7 月 23 日，王某、万得公司又签订《竞业限制协议》，对竞业行为、竞业限制期限、竞业限制补偿金等内容进行了约定。2020 年 7 月 27 日，王某填写《辞职申请表》，以个人原因为由解除与万得公司的劳动合同。

2020 年 8 月 5 日，万得公司向王某发出《关于竞业限制的提醒函》，载明："……您（即王某）从离职之日 2020 年 7 月 27 日起须承担竞业限制义务，不得到竞业企业范围内工作或任职。从本月起我们将向您支付竞业限制补偿金，请您在收到竞业限制补偿金的 10 日内，提供新单位签订的劳动合同及社保记录，若为无业状态的请由所在街道办事处等国家机关出具您的从业情况证明。若您违反竞业限制义务或其他义务，请于 10 日内予以改正，继续违反竞业协议约定的，则公司有权再次要求您按《竞业限制协议》约定承担违约金，违约金标准为 20 万元以上，并应将公司在离职后支付的竞业限制补偿金全部返还……"

2020 年 10 月 12 日，万得公司向王某发出《法务函》，再次要求王某履行竞业限制义务。

另查明，万得公司的经营范围包括计算机软硬件的开发、销售，计算机专业技术领域及产品的技术开发、技术转让、技术咨询、技术服务。

王某于 2020 年 8 月 6 日加入上海哔哩哔哩科技有限公司（以下简称哔哩哔哩公司），按照营业执照记载，该公司经营范围包括信息科技、计算机软硬件、网络科技领域内的技术开发、技术转让、技术咨询、技术服务等。

王某、万得公司一致确认：王某竞业限制期限为 2020 年 7 月 28 日至 2022 年 7 月 27 日；万得公司已支付王某 2020 年 7 月 28 日至 2020 年 9 月 27 日竞业限制补偿金 6796.92 元。

2020 年 11 月 13 日，万得公司向上海市浦东新区劳动人事争议仲裁委员会申请仲裁，要求王某：1. 按双方签订的《竞业限制协议》履行竞业限制义务；2. 返还 2020 年 8 月、9 月支付的竞业限制补偿金 6796 元；3. 支付竞业限制违约金 200 万元。2021 年 2 月 25 日，仲裁委员会作出裁决：王某按双方签订的《竞业限制协议》继续履行竞业限制义务，王某返还万得公司 2020 年 8 月、9 月支付的竞业限制补偿金 6796 元，王某支付万得公司竞业限制违约金 200 万元。王某不服仲裁裁决，诉至法院。

裁判结果

上海市浦东新区人民法院于 2021 年 6 月 29 日作出 （2021）沪 0115 民初 35993 号民事判决：一、王某与万得公司继续履行竞业限制义务；二、王某于本判决生效之日起十日内返还万得公司 2020 年 7 月 28 日至 2020 年 9 月 27 日竞业限制补偿金 6796 元；三、王某于本判决生效之日起十日内支付万得公司违反竞业限制违约金 240 000 元。王某不服一审判决，提起上诉。上海市第一中级人民法院于 2022 年 1 月 26 日作出（2021）沪 01 民终 12282 号民事判决：

一、维持上海市浦东新区人民法院（2021）沪 0115 民初 35993 号民事判决第一项；二、撤销上海市浦东新区人民法院（2021）沪 0115 民初 35993 号民事判决第二项、第三项；三、上诉人王某无需向被上诉人万得公司返还 2020 年 7 月 28 日至 2020 年 9 月 27 日竞业限制补偿金 6796 元；四、上诉人王某无需向被上诉人万得公司支付违反竞业限制违约金 200 万元。

裁判理由

法院生效裁判认为：关于王某是否违反了竞业限制协议的问题。所谓竞业限制是指对原用人单位负有保密义务的劳动者，于离职后在约定的期限内，不得生产、自营或为他人生产、经营与原用人单位有竞争关系的同类产品及业务，不得在与原用人单位具有竞争关系的用人单位任职。竞业限制制度的设置系为了防止劳动者利用其所掌握的原用人单位的商业秘密为自己或为他人谋利，从而抢占了原用人单位的市场份额，给原用人单位造成损失。所以考量劳动者是否违反竞业限制协议，最为核心的是应评判原用人单位与劳动者自营或者入职的单位之间是否形成竞争关系。

需要说明的是，正是因为竞业限制制度在保护用人单位权益的同时对劳动者的就业权利有一定的限制，所以在审查劳动者是否违反了竞业限制义务时，应当全面客观地审查劳动者自营或入职公司与原用人单位之间是否形成竞争关系。一方面考虑到实践中往往存在企业登记经营事项和实际经营事项不相一致的情形，另一方面考虑到经营范围登记类别是工商部门划分的大类，所以这种竞争关系的审查，不应拘泥于营业执照登记的营业范围，否则对劳动者抑或对用人单位都可能造成不公平。故在具体案件中，还可以从两家企业实际经营的内容是否重合、服务对象或者所生产产品的受众是否重合、所对应的市场是否重合等多角度进行审查，以还原事实之真相，从而能兼顾用人单位和劳动者的利益，以达到最终的平衡。

本案中，万得公司的经营范围为计算机软硬件的开发、销售、计算机专业技术领域及产品的技术开发、技术转让、技术咨询、技术服务。而哔哩哔哩公司的经营范围包括从事信息科技、计算机软硬件、网络科技领域内的技术开发、技术转让、技术咨询、技术服务等。对比两家公司的经营范围，确实存在一定的重合。但互联网企业往往在注册登记时，经营范围都包含了软硬件开发、技术咨询、技术转让、技术服务。若仅以此为据，显然会对互联网就业人员尤其是软件工程师再就业造成极大障碍，对社会人力资源造成极大的浪费，也有悖于竞业限制制度的立法本意。故在判断是否构成竞争关系时，还应当结合公司实际经营内容及受众等因素加以综合评判。

本案中，王某举证证明万得公司在其 Wind 金融手机终端上宣称 Wind 金融终端是数十万金融专业人士的选择、最佳的中国金融业生产工具和平台。而万得公司的官网亦介绍，“万得公司（以下简称 Wind）是中国大陆领先的金融数据、信息和软件服务企业，在国内金融信息服务行业处于领先地位，是众多证券公司、基金管理公司、保险公司、银行、投资公司、媒体等机构不可或缺的重要合作伙伴，在国际市场中，Wind 同样受到了众多中国证监会批准的合格境外机构投资者的青睐。此外，知名的金融学术研究机构和权威的监管机构同样是 Wind 的客户；权威的中英文媒体、研究报告、学术论文也经常引用 Wind 提供的数据……”。由此可见，万得公司目前的经营模式主要是提供金融信息服务，其主要的受众为相关的金融机构或者金融学术研究机构。而反观哔哩哔哩公司，众所周知其主营业务是文化社区和视频平台，即提供网络空间供用户上传视频、进行交流。其受众更广，尤其年轻人对其青睐有加。两者对比，不论是经营模式、对应市场还是受众，都存在显著差别。即使普通百姓，也能轻易判断两者之差异。虽然哔哩哔哩公司还涉猎游戏、音乐、影视等领域，但尚无证据显示其与万得公司经营的金融信息服务存在重合之处。在此前提下，万得公司仅以双方所登记的经营范围存在重合即主张两家企业形成竞争关系，尚未完成其举证义务。且万得公司在竞业限制协议中所附录的重点限制企业均为金融信息行业，足以表明万得公司自己也认为其主要的竞争对手应为金融信息服务企业。故一审法院仅以万得公司与哔哩哔哩公司的经营范围存在重合，即认定王某入职哔哩哔哩公司违反了竞业限制协议的约定，继而判决王某返还竞业限制补偿金并支付违反竞业限制违约金，有欠妥当。

关于王某是否应当继续履行竞业限制协议的问题。王某与万得公司签订的竞业限制协议不存在违反法律法规强制性规定的内容，故该协议合法有效，对双方均有约束力。因协议中约定双方竞业限制期限为 2020 年 7 月 28 日至 2022 年 7 月 27 日，目前尚在竞业限制期限内。故一审法院判决双方继续履行竞业限制协议，并无不当。王某主张无需继续履行竞业限制协议，没有法律依据。需要强调的是，根据双方的竞业限制协议，王某应当按时向万得公司报备工作情况，以供万得公司判断其是否违反了竞业限制协议。本案即是因为王某不履行报备义务导致万得公司产生合理怀疑，进而产生了纠纷。王某在今后履行竞业限制协议时，应恪守约定义务，诚信履行协议。

（生效裁判审判人员：王茜、周寅、郑东和）

指导案例 191 号

刘某丽诉广东省英德市人民政府行政复议案

（最高人民法院审判委员会讨论通过　2022 年 12 月 8 日发布）

关键词

行政 / 行政复议 / 工伤认定 / 工伤保险责任

裁判要点

建筑施工企业违反法律、法规规定将自己承包的工程交由自然人实际施工，该自然人因工伤亡，社会保险行政部门参照《最高人民法院关于审理工伤保险行政案件若干问题的规定》第三条第一款有关规定认定建筑施工企业为承担工伤保险责任单位的，人民法院应予支持。

相关法条

《工伤保险条例》第 15 条

基本案情

2016 年 3 月 31 日，朱某雄与茂名市茂南建安集团有限公司（以下简称建安公司）就朱某雄商住楼工程签订施工合同，发包人为朱某雄，承包人为建安公司。补充协议约定由建安公司设立工人工资支付专用账户，户名为陆某峰。随后，朱某雄商住楼工程以建安公司为施工单位办理了工程报建手续。案涉工程由梁某某组织工人施工，陆某峰亦在现场参与管理。施工现场大门、施工标志牌等多处设施的醒目位置，均标注该工程的承建单位为建安公司。另查明，建安公司为案涉工程投保了施工人员团体人身意外伤害保险，保险单载明被保险人 30 人，未附人员名单。2017 年 6 月 9 日，梁某某与陆某峰接到英德市住建部门的检查通知，二人与工地其他人员在出租屋内等待检查。该出租屋系梁某某承租，用于工地开会布置工作和发放工资。当日 15 时许，梁某某被发现躺在出租屋内，死亡原因为猝死。

梁某某妻子刘某丽向广东省英德市人力资源和社会保障局（以下简称英德市人社局）申请工伤认定。英德市人社局作出《关于梁某某视同工亡认定决定书》(以下简称《视同工亡认定书》)，认定梁某某是在工作时间和工作岗位，突发疾病在四十八小时之内经抢救无效死亡，符合《工伤保险条例》第十五条第一款第一项规定的情形，视同因工死亡。建安公司不服，向广东省英德市人民政府（以下简称英德市政府）申请行政复议。英德市政府作出《行政复议决定书》，以英德市人社局作出的《视同工亡认定书》认定事实不清，证据不足，适用依据错误，程序违法为由，予以撤销。刘某丽不服，提起诉讼，请求撤销《行政复议决定书》，恢复《视同工亡认定书》的效力。

裁判结果

广东省清远市中级人民法院于 2018 年 7 月 27 日作出（2018）粤 18 行初 42 号行政判决：驳回刘某丽的诉讼请求。刘某丽不服一审判决，提起上诉。广东省高级人民法院于 2019 年 9 月 29 日作出（2019）粤行终 390 号行政判决：驳回上诉，维持原判。刘某丽不服二审判决，向最高人民法院申请再审。最高人民法院于 2020 年 11 月 9 日作出（2020）最高法行申 5851 号行政裁定，提审本案。2021 年 4 月 27 日，最高人民法院作出（2021）最高法行再 1 号行政判决：一、撤销广东省高级人民法院（2019）粤行终 390 号行政判决；二、撤销广东省清远市中级人民法院（2018）粤 18 行初 42 号行政判决；三、撤销英德市政府作出的英府复决〔2018〕2 号《行政复议决定书》；四、恢复英德市人社局作出的英人社工认〔2017〕194 号《视同工亡认定书》的效力。

裁判理由

最高人民法院认为：

一、建安公司应作为承担工伤保险责任的单位

作为具备用工主体资格的承包单位，既然享有承包单位的权利，也应当履行承包单位的义务。在工伤保险责任承担方面，建安公司与梁某某之间虽未直接签订转包合同，但其允许梁某某利用其资质并挂靠施工，参照原劳动和社会保障部《关于确立劳动关系有关事项的通知》（劳社部发〔2005〕12号）第四条、《人力资源和社会保障部关于执行〈工伤保险条例〉若干问题的意见》（人社部发〔2013〕34号，以下简称《人社部工伤保险条例意见》）第七点规定以及《最高人民法院关于审理工伤保险行政案件若干问题的规定》（以下简称《工伤保险行政案件规定》）第三条第一款第四项、第五项规定精神，可由建安公司作为承担工伤保险责任的单位。

二、建安公司应承担梁某某的工伤保险责任

英德市政府和建安公司认为，根据法律的相关规定，梁某某是不具备用工主体资格的“包工头”，并非其招用的劳动者或聘用的职工，梁某某因工伤亡不应由建安公司承担工伤保险责任。对此，最高人民法院认为，将因工伤亡的“包工头”纳入工伤保险范围，赋予其享受工伤保险待遇的权利，由具备用工主体资格的承包单位承担用人单位依法应承担的工伤保险责任，符合工伤保险制度的建立初衷，也符合《工伤保险条例》及相关规范性文件的立法目的。

首先，建设工程领域具备用工主体资格的承包单位承担其违法转包、分包项目上因工伤亡职工的工伤保险责任，并不以存在法律上劳动关系或事实上劳动关系为前提条件。根据《人社部工伤保险条例意见》第七点、《工伤保险行政案件规定》第三条规定，为保障建筑行业中不具备用工主体资格的组织或自然人聘用的职工因工伤亡后的工伤保险待遇，加强对劳动者的倾斜保护和对违法转包、分包单位的惩戒，现行工伤保险制度确立了因工伤亡职工与承包单位之间推定形成拟制劳动关系的规则，即直接将违法转包、分包的承包单位视为用工主体，并由其承担工伤保险责任。

其次，将“包工头”纳入工伤保险范围，符合建筑工程领域工伤保险发展方向。根据《国务院办公厅关于促进建筑业持续健康发展的意见》（国办发〔2017〕19号）、《人力资源社会保障部办公厅关于进一步做好建筑业工伤保险工作的通知》（人社厅函〔2017〕53号）等规范性文件精神，要求完善符合建筑业特点的工伤保险参保政策，大力扩展建筑企业工伤保险参保覆盖面。即针对建筑行业的特点，建筑施工企业对相对固定的职工，应按用人单位参加工伤保险；对不能按用人单位参保、建筑项目使用的建筑业职工特别是农民工，按项目参加工伤保险。因此，为包括“包工头”在内的所有劳动者按项目参加工伤保险，扩展建筑企业工伤保险参保覆盖面，符合建筑工程领域工伤保险制度发展方向。

再次，将“包工头”纳入工伤保险对象范围，符合“应保尽保”的工伤保险制度立法目的。《工伤保险条例》关于“本单位全部职工或者雇工”的规定，并未排除个体工商户、“包工头”等特殊的用工主体自身也应当参加工伤保险。易言之，无论是工伤保险制度的建立本意，还是工伤保险法规的具体规定，均没有也不宜将“包工头”排除在工伤保险范围之外。“包工头”作为劳动者，处于违法转包、分包等行为利益链条的最末端，参与并承担着施工现场的具体管理工作，有的还直接参与具体施工，其同样可能存在工作时间、工作地点因工作原因而伤

亡的情形。“包工头”因工伤亡，与其聘用的施工人员因工伤亡，就工伤保险制度和工伤保险责任而言，并不存在本质区别。如人为限缩《工伤保险条例》的适用范围，不将“包工头”纳入工伤保险范围，将形成实质上的不平等；而将“包工头”等特殊主体纳入工伤保险范围，则有利于实现对全体劳动者的倾斜保护，彰显社会主义工伤保险制度的优越性。

最后，“包工头”违法承揽工程的法律责任，与其参加社会保险的权利之间并不冲突。根据《中华人民共和国社会保险法》第一条、第三十三条规定，工伤保险作为社会保险制度的一个重要组成部分，由国家通过立法强制实施，是国家对职工履行的社会责任，也是职工应该享受的基本权利。不能因为“包工头”违法承揽工程违反建筑领域法律规范，而否定其享受社会保险的权利。承包单位以自己的名义和资质承包建设项目，又由不具备资质条件的主体实际施工，从违法转包、分包或者挂靠中获取利益，由其承担相应的工伤保险责任，符合公平正义理念。当然，承包单位依法承担工伤保险责任后，在符合法律规定的情况下，可以依法另行要求相应责任主体承担相应的责任。

（生效裁判审判人员：耿宝建、宋楚潇、刘艾涛）

指导性案例 192 号
李某祥侵犯公民个人信息刑事附带民事公益诉讼案

（最高人民法院审判委员会讨论通过　2022 年 12 月 26 日发布）

关键词

刑事 / 侵犯公民个人信息 / 刑事附带民事公益诉讼 / 人脸识别 / 人脸信息

裁判要点

使用人脸识别技术处理的人脸信息以及基于人脸识别技术生成的人脸信息均具有高度的可识别性，能够单独或者与其他信息结合识别特定自然人身份或者反映特定自然人活动情况，属于刑法规定的公民个人信息。行为人未经公民本人同意，未具备获得法律、相关部门授权等个人信息保护法规定的处理个人信息的合法事由，利用软件程序等方式窃取或者以其他方法非法获取上述信息，情节严重的，应依照《最高人民法院、最高人民检察院关于办理侵犯公民个人信息刑事案件适用法律若干问题的解释》第五条第一款第四项等规定定罪处罚。

相关法条

《中华人民共和国刑法》第253条之一

基本案情

2020年6月至9月，被告人李某祥制作一款具有非法窃取安装者相册照片功能的手机“黑客软件”，打包成安卓手机端的“APK安装包”，发布于暗网“茶马古道”论坛售卖，并伪装成“颜值检测”软件发布于“芥子论坛”（后更名为“快猫社区”）提供访客免费下载。用户下载安装“颜值检测”软件使用时，“颜值检测”软件会自动在后台获取手机相册里的照片，并自动上传到被告人搭建的腾讯云服务器后台，从而窃取安装者相册照片共计1751张，其中部分照片含有人脸信息、自然人姓名、身份证号码、联系方式、家庭住址等公民个人信息100余条。

2020年9月，被告人李某祥在暗网“茶马古道”论坛看到“黑客资料”帖子，后用其此前在暗网售卖“APK安装包”部分所得购买、下载标题为“社工库资料”数据转存于“MEGA”网盘，经其本人查看，确认含有个人真实信息。2021年2月，被告人李某祥明知“社工库资料”中含有户籍信息、QQ账号注册信息、京东账号注册信息、车主信息、借贷信息等，仍将网盘链接分享至其担任管理员的“翠湖庄园业主交流”QQ群，提供给群成员免费下载。经鉴定，“社工库资料”经去除无效数据并进行合并去重后，包含各类公民个人信息共计8100万余条。

上海市奉贤区人民检察院以社会公共利益受到损害为由，向上海市奉贤区人民法院提起刑事附带民事公益诉讼。

被告人李某祥对起诉指控的基本犯罪事实及定性无异议，且自愿认罪认罚。

辩护人提出被告人李某祥系初犯，到案后如实供述所犯罪行，且自愿认罪认罚等辩护意见，建议对被告人李某祥从轻处罚，请求法庭对其适用缓刑。辩护人另辩称，检察机关未对涉案8100万余条数据信息的真实性核实确认。

裁判结果

上海市奉贤区人民法院于2021年8月23日以（2021）沪0120刑初828号刑事判决，认定被告人李某祥犯侵犯公民个人信息罪，判处有期徒刑三年，宣告缓刑三年，并处罚金人民币10 000元；扣押在案的犯罪工具予以没收。判决李某祥在国家级新闻媒体上对其侵犯公民个人信息的行为公开赔礼道歉、删除“颜值检测”软件及相关代码、删除腾讯云网盘上存储的涉案照片、删除存储在“MEGA”网盘上相关公民个人信息，并注销侵权所用QQ号码。一审判决后，李某祥没有抗诉、上诉，判决现已生效。

裁判理由

法院生效裁判认为：本案争议焦点为利用涉案“颜值检测”软件窃取的“人脸信息”是否

属于刑法规制范畴的“公民个人信息”。法院经审理认为，“人脸信息”属于《中华人民共和国刑法》第二百五十三条之一规定的公民个人信息，利用“颜值检测”黑客软件窃取软件使用者“人脸信息”等公民个人信息的行为，属于刑法中“窃取或者以其他方法非法获取公民个人信息”的行为，依法应予惩处。主要理由如下：第一，“人脸信息”与其他明确列举的个人信息种类均具有明显的“可识别性”特征。《最高人民法院、最高人民检察院关于办理侵犯公民个人信息刑事案件适用法律若干问题的解释》(以下简称《解释》)中列举了公民个人信息种类，虽未对“人脸信息”单独列举，但允许依法在列举之外认定其他形式的个人信息。《解释》中对公民个人信息的定义及明确列举与民法典等法律规定中有关公民个人信息的认定标准一致，即将“可识别性”作为个人信息的认定标准，强调信息与信息主体之间被直接或间接识别出来的可能性。“人脸信息”属于生物识别信息，其具有不可更改性和唯一性，人脸与自然人个体一一对应，无需结合其他信息即可直接识别到特定自然人身份，具有极高的“可识别性”。第二，将“人脸信息”认定为公民个人信息遵循了法秩序统一性原理。民法等前置法将“人脸信息”作为公民个人信息予以保护。《中华人民共和国民法典》第一千零三十四条规定了个人信息的定义和具体种类，个人信息保护法进一步将“人脸信息”纳入个人信息的保护范畴，侵犯“人脸信息”的行为构成侵犯自然人人格权益等侵权行为的，须承担相应的民事责任或行政、刑事责任。第三，采用“颜值检测”黑客软件窃取“人脸信息”具有较大的社会危害性和刑事可罚性。因“人脸信息”是识别特定个人的敏感信息，亦是社交属性较强、采集方便的个人信息，极易被他人直接利用或制作合成，从而破解人脸识别验证程序，引发侵害隐私权、名誉权等违法行为，甚至盗窃、诈骗等犯罪行为，社会危害较大。被告人李某祥操纵黑客软件伪装的“颜值检测”软件窃取用户自拍照片和手机相册中的存储照片，利用了互联网平台的开放性，以不特定公众为目标，手段隐蔽、欺骗性强、窃取面广，具有明显的社会危害性，需用刑法加以规制。

关于辩护人提出本案公民个人信息数量认定依据不足的辩护意见，法院经审理认为，公安机关侦查过程中采用了抽样验证的方法，随机挑选部分个人信息进行核实，能够确认涉案个人信息的真实性，被告人、辩护人亦未提出涉案信息不真实的线索或证据。司法鉴定机构通过去除无效信息，并采用合并去重的方法进行鉴定，检出有效个人信息 8100 万余条，公诉机关指控的公民个人信息数量客观、真实，且符合《解释》中确立的对批量公民个人信息具体数量的认定规则，故对辩护人的辩护意见不予采纳。

综上，被告人李某祥违反国家有关规定，非法获取并向他人提供公民个人信息，情节特别严重，其行为已构成侵犯公民个人信息罪。被告人李某祥到案后能如实供述自己的罪行，依法可以从轻处罚，且自愿认罪认罚，依法可以从宽处理。李某祥非法获取并向他人提供公民个人信息的侵权行为，侵害了众多公民个人信息安全，损害社会公共利益，应当承担相应的民事责任。故依法作出上述判决。

（生效裁判审判人员：李晓杰、管玉洁、高晔涛）

指导性案例 193 号
闻某等侵犯公民个人信息案

（最高人民法院审判委员会讨论通过　2022 年 12 月 26 日发布）

关键词

刑事 / 侵犯公民个人信息 / 居民身份证信息

裁判要点

居民身份证信息包含自然人姓名、人脸识别信息、身份证号码、户籍地址等多种个人信息，属于《最高人民法院、最高人民检察院关于办理侵犯公民个人信息刑事案件适用法律若干问题的解释》（以下简称《解释》）第五条第一款第四项规定的“其他可能影响人身、财产安全的公民个人信息”。非法获取、出售或者提供居民身份证信息，情节严重的，依照《中华人民共和国刑法》第二百五十三条之一第一款规定，构成侵犯公民个人信息罪。

相关法条

《中华人民共和国刑法》第 253 条之一

基本案情

2019 年 6 月至 8 月，被告人闻某（时任上海好体信息科技有限公司运营总监）经事先联系，与微信、QQ 名为“发乐”“来立中”“我怕冷风吹”等人约定，以人民币 6 元 / 张的价格为上述人员批量注册激活该公司“爱球钱包”App 应用的“中银通 · 魔方元”联名预付费卡，并从上述人员处通过利用微信、QQ 获得百度网盘分享链接的方式获取公民个人信息（居民身份证正反面照片），由被告人朱某东从该网盘链接中下载至移动硬盘内，交由中银通工作人员用于批量注册激活。

2019 年 9 月至 2020 年 2 月，被告人朱某东在被告人闻某离职后，负责上述联名预付费卡的批量注册激活工作，以人民币 6 元 / 张的价格以上述相同方式继续从“发乐”“来立中”“我怕冷风吹”等人处通过利用微信、QQ 获得百度网盘分享链接的方式获取公民个人信息（居民身份证正反面照片）并存储于其百度网盘内，后下载至其电脑硬盘内，交由中银通工作人员用于批量注册激活。

2019 年 10 月，被告人朱某东与张某（另案处理）经事先用微信联系，朱某东以人民币 6 元 / 张的价格以上述相同方式从张某处通过利用 QQ 获得百度网盘分享链接的方式获取公民个人信息（居民身份证正反面照片）并存储于其百度网盘内，后下载至其电脑硬盘内，交由中银通工作人员用于批量注册激活。

2019 年 12 月，被告人张某涛通过其所在的 QQ 群向他人购买公民个人信息数据并转存在其百度网盘账号内，同时将数据分多次转卖给张某，分多次收取费用共计人民币 19 600 元。

经核实，从被告人闻某“ErnieGullit”网盘内清点公民个人信息（居民身份证正反面照片）10 000 余组，从被告人朱某东“zhuxudn”网盘内清点公民个人信息（居民身份证正反面照片）3000 余组，从张某分享给朱某东的网盘内清点公民个人信息（居民身份证正反面照片）41 654 组，从被告人张某涛的网盘内清点公民个人信息（居民身份证正反面照片）60 101 组。

上海市虹口区人民检察院指控被告人闻某、朱某东、张某涛犯侵犯公民个人信息罪，情节特别严重，其行为均应当以侵犯公民个人信息罪追究其刑事责任。

被告人闻某及朱某东的辩护人均提出本案指控的公民信息种类应认定为《解释》第五条第一款第五项中的普通信息范围，并非第五条第一款第四项中的特定信息种类范围，故根据现查获的数量，尚未构成情节特别严重。

裁判结果

上海市虹口区人民法院于 2021 年 8 月 30 日以（2020）沪 0109 刑初 957 号刑事判决，认定被告人闻某犯侵犯公民个人信息罪，判处有期徒刑三年，并处罚金人民币一万元；被告人朱某东犯侵犯公民个人信息罪，判处有期徒刑三年三个月，并处罚金人民币一万元；被告人张某涛犯侵犯公民个人信息罪，判处有期徒刑三年，并处罚金人民币二万元；违法所得及作案工具予以追缴没收。宣判后，被告人闻某、朱某东提起上诉。上海市第二中级人民法院于 2021 年 11 月 11 日以（2021）沪 02 刑终 1055 号刑事裁定，驳回上诉，维持原判。

裁判理由

法院生效裁判认为：本案争议焦点在于涉案居民身份证信息是否属于《解释》第五条第一款第四项中“其他可能影响人身、财产安全的公民个人信息”。根据《解释》第五条第一款第四项规定，非法获取、出售或者提供住宿信息、通讯信息、健康生理信息、交易信息等其他可能影响人身、财产安全的公民个人信息五百条以上的可认定为“情节严重”。同款第五项规定，非法获取、出售或者提供第三项、第四项规定以外的公民个人信息五千条以上的可认定为“情节严重”。即，如果认定涉案居民身份证信息属于《解释》第五条第一款第四项中“其他可能影响人身、财产安全的公民个人信息”的，那么交易五百条以上个人信息即可认定“情节严重”，五千条以上构成“情节特别严重”。

一审法院经审理认为，居民身份证上的住址是公民的实际居住地址或者名义户籍地址，无论何者，均与公民及其家人的人身安全、财产安全存在十分紧密而又重要的联系，家庭住址被非法曝光、泄露将对公民个人及其家人的人身安全、财产安全造成重大隐患，为精准实施各类违法犯罪行为大开方便之门，故理应予以重点保护，从举轻以明重的一般法理解释原则出发，其重要性也应高于作为公民临时性、过去性住所的“住宿信息”，故应被认定为《解释》第五条第一款第四项中所规定的信息种类。

二审法院经审理认为，居民身份证除包含户籍地址信息外，还是公民的姓名、人脸信息、唯一身份号码等信息的综合体，是公民重要的身份证件，在信息网络社会，居民身份证信息整体均系敏感信息，可用来注册、认证、绑定网络账号。公民的人脸信息、身份号码、姓名、地址信息结合后所形成的公民个人信息具备唯一性，可与公民个人精准匹配，并可诱发公民其他个人信息的进一步泄露，对公民个人信息权益侵害极大，应将居民身份证信息整体认定为涉公民人身、财产安全的信息。一审、二审法院虽认定思路和认定标准不同，但结论一致，认定一审法院对闻某、朱某东的定罪和适用法律正确，结合其犯罪手段、情节所作量刑并无不当，且审判程序合法。据此，裁定驳回上诉，维持原判。

（生效裁判审判人员：张松、白楠、张鹏飞）

指导性案例 194 号

熊某恒等侵犯公民个人信息案

（最高人民法院审判委员会讨论通过　2022 年 12 月 26 日发布）

关键词

刑事 / 侵犯公民个人信息 / 微信号 / 社交媒体账号 / 非法获取 / 合理处理

裁判要点

1. 违反国家有关规定，购买已注册但未使用的微信账号等社交媒体账号，通过具有智能群发、添加好友、建立讨论群组等功能的营销软件，非法制作带有公民个人信息可用于社交活动的微信账号等社交媒体账号出售、提供给他人，情节严重的，属于《中华人民共和国刑法》第二百五十三条之一第一款规定的“违反国家有关规定，向他人出售或者提供公民个人信息”行为，构成侵犯公民个人信息罪。

2. 未经公民本人同意，或未具备具有法律授权等个人信息保护法规定的理由，通过购买、收受、交换等方式获取在一定范围内已公开的公民个人信息进行非法利用，改变了公民公开个人信息的范围、目的和用途，不属于法律规定的合理处理，属于《中华人民共和国刑法》第二百五十三条之一第三款规定的“以其他方法非法获取公民个人信息”行为，情节严重的，构成侵犯公民个人信息罪。

相关法条

《中华人民共和国刑法》第 253 条之一

基本案情

2020年6月，被告人熊某恒邀集被告人熊某林、熊某浪、熊某强一起从事贩卖载有公民个人信息可用于社交活动的成品微信号的经营活动，因缺乏经验，在此期间获利较少。为谋取更多利益，2020年9月底，被告人熊某恒、熊某林、熊某浪、熊某强共同出资在网上购买了一款名叫“微骑兵”的软件（一款基于电脑版微信运行拥有多开、多号智能群发、加人、拉群、退群、清粉的营销软件），用于非法添加微信好友，并制作成品微信号予以贩卖。2020年10月，被告人熊某恒的朋友秦某斌（在逃）投入5万元（占股40%），熊某恒投入2万元（占股20%），被告人熊某林、熊某浪、熊某强分别投入一定数量的电脑及手机（分别占股10%），被告人范某聪未投资（占股5%），另5%的股份收益用于公司日常开支。后结伙共同购置办公桌、电脑、二手手机等物品，租赁江西省丰城市河洲街道物华路玲珑阁楼，挂牌成立了“丰城市昌文贸易公司”。由秦某斌负责对外采购空白微信号、销售成品微信号。被告人熊某恒负责公司内部管理，并负责聘请公司员工。被告人熊某林、熊某浪、熊某强、范某聪与聘请的公司员工均直接参与，用“微骑兵”软件非法制作成品微信号。制作好的成品微信号通过秦某斌高价卖出，从中非法获取利益。

2021年1月，被告人熊某恒、熊某林、熊某浪、熊某强、范某聪与秦某斌结伙，在贩卖成品微信号的同时，通过网上购买的方式，非法获取他人求职信息（含姓名、性别、电话号码等公民个人基本身份信息）后，将求职人员的信息分发给公司工作人员。以员工每添加到一名求职人员的微信号，赚约10元不等佣金的奖励方法，让员工谎称自己是“公共科技传媒”的工作人员，并通过事先准备好的“话术”以刷单兼职为理由，让求职者添加“导师”的微信，招揽被害人进群，致使部分被害人上当受骗。

经营期间，被告人熊某恒、熊某林、熊某浪、熊某强、范某聪与秦某斌在支付工资及相关开支后，其获得的分红款共计人民币20余万元，按各自所占股份份额予以分配。具体获利数额如下：被告人熊某恒5.8万余元、被告人熊某林2.9万余元、被告人熊某浪2.9万余元、被告人熊某强2.9万余元、被告人范某聪1.45万余元。

裁判结果

江西省丰城市人民法院于2021年9月23日以（2021）赣0981刑初376号刑事判决，认定被告人熊某恒犯侵犯公民个人信息罪，判处有期徒刑三年零二个月，并处罚金人民币十万元；被告人熊某林犯侵犯公民个人信息罪，判处有期徒刑一年零十个月，并处罚金人民币六万元；被告人熊某浪犯侵犯公民个人信息罪，判处有期徒刑一年零十个月，并处罚金人民币六万元；被告人熊某强犯侵犯公民个人信息罪，判处有期徒刑一年零十个月，并处罚金人民币六万元；被告人范某聪犯侵犯公民个人信息罪，判处有期徒刑十个月，并处罚金人民币三万元（已缴纳）；被告人范某聪退缴的违法所得人民币1.45万元予以没收，依法上缴国库；继续追缴被告人熊某恒的违法所得人民币5.8万元、被告人熊某林的违法所得人民币2.9万元、被告人熊某浪的违法所得人民币2.9万元、被告人熊某强的违法所得人民币2.9万元予以没收，依法上缴国库；扣押的手机予以没收，由扣押机关依法处理。

裁判理由

生效裁判认为，被告人熊某恒等人违反国家有关规定，结伙出资购买空白微信号和一款智能群发、加人、拉群的营销软件，以及通过网络购买他人求职信息等方式，非法添加微信好友，制作成品微信号出售或者将非法获取的公民个人信息提供给他人，并从中获利，情节特别严重，其行为均已构成侵犯公民个人信息罪。本罪中的公民个人信息是指与公民个人密切相关的、不愿该信息被特定人群以外的其他人群所知悉的信息，非法获取的公民个人信息如属于公民隐私类信息或泄露后可能会产生极其不良后果的信息，不仅严重侵害公民个人信息安全和合法权益，也为网络赌博、电信网络诈骗等违法犯罪活动提供了帮助，严重扰乱了社会公共秩序，具有极大的社会危害性。微信不仅作为一种通讯工具，同时还具备社交、支付等功能。微信号和手机实名绑定，与银行卡绑定，和自然人一一对应，故微信号可认为是公民个人信息。

被告人违法处理已公开的个人信息并从中获利，违背了该信息公开的目的或者明显改变其用途，该信息被进一步利用后危及个人的人身或财产安全，情节特别严重，其行为构成侵犯公民个人信息罪。

综上，各被告人在未取得权利人同意及授权的前提下，非法获取他人微信号并转卖牟利，或者非法处理已公开的公民个人信息，使他人个人信息陷入泄露、失控风险，并从中获取巨额违法所得，其行为违反国家规定，侵犯了公民个人信息权利，构成侵犯公民个人信息罪。

（生效裁判审判人员：王跃华、胡一波、李鸾芳）

指导性案例 195 号

罗某君、瞿某珍侵犯公民个人信息刑事附带民事公益诉讼案

（最高人民法院审判委员会讨论通过　2022 年 12 月 26 日发布）

关键词

刑事 / 侵犯公民个人信息 / 验证码 / 出售

裁判要点

服务提供者专门发给特定手机号码的数字、字母等单独或者其组合构成的验证码具有独特性、隐秘性，能够单独或者与其他信息结合识别特定自然人身份或者反映特定自然人活动情况

的，属于刑法规定的公民个人信息。行为人将提供服务过程中获得的验证码及对应手机号码出售给他人，情节严重的，依照侵犯公民个人信息罪定罪处罚。

相关法条

《中华人民共和国刑法》第253条之一

基本案情

2019年12月，被告人罗某君了解到通过获取他人手机号和随机验证码用以注册新的淘宝、京东等App账号（简称“拉新”）可以赚钱，其便与微信昵称“悠悠141 319”（身份不明）、“A我已成年爱谁睡”（身份不明）、“捷京淘”（身份不明）、“胖娥”（身份不明）、“河北黑志伟80后的见证”（身份不明）等专门从事“拉新”的人联系。“悠悠141 319”等人在知道罗某君手里有许多学员为电信员工，学员可以直接获取客户的手机号码和随机验证码等资源时，利用罗某君担任电信公司培训老师的便利，约定由罗某君建立、管理、维护微信群，并在群内公布“拉新”的规则、需求和具体价格；学员则根据要求，将非法获取的客户手机号码和随机验证码发送至群内；“悠悠141 319”等人根据发送的手机号及验证码注册淘宝、京东App等新账号。罗某君可对每条成功“拉新”的手机号码信息，获取0.2~2元/条报酬；而学员以每条1~13元不等的价格获取报酬，该报酬由罗某君分发或者直接由“悠悠141 319”等人按照群内公布的价格发送给学员。

2019年12月至2021年7月，被告人罗某君利用株洲联盛通信有限责任公司渌口手机店、中国移动营业厅销售员瞿某珍和谢某、黄某、贺某青（三人均已被行政处罚）等人的职务之便，非法获取并且贩卖被害人彭某某、谭某某等个人信息手机号码和随机验证码给“悠悠141 319”等人。其中，被告人罗某君获利13 000元，被告人瞿某珍获利9266.5元。

案发后，被告人瞿某珍已退缴违法所得9926.5元，罗某君已退缴违法所得13 000元。被告人罗某君、瞿某珍均如实供述自己的犯罪事实并自愿认罪认罚。

另查明，株洲市渌口区人民检察院于2021年7月22日公告了案件情况，公告期内未有法律规定机关和有关组织提起民事公益诉讼，即株洲市渌口区人民检察院系提起附带民事公益诉讼的适格主体。

裁判结果

湖南省株洲市渌口区人民法院于2021年11月30日以（2021）湘0212刑初149号刑事判决，认定被告人罗某君犯侵犯公民个人信息罪，判处有期徒刑八个月，并处罚金人民币二万元。被告人瞿某珍犯侵犯公民个人信息罪，判处有期徒刑六个月，并处罚金人民币一万五千元。作案工具OPPORENO手机1台、华为P30Pro手机1台，予以没收，依法处理。被告人罗某君的违法所得人民币13 000元、瞿某珍违法所得人民币9266.5元，予以没收，上缴国库。

裁判理由

法院生效裁判认为：被告人罗某君违反国家有关规定，设立出售、提供公民个人信息的通讯群组，情节严重，其行为同时构成非法利用信息网络罪和侵犯公民个人信息罪，依法应以侵犯公民个人信息罪定罪；被告人瞿某珍违反国家有关规定，在提供服务过程中将获得的公民个人信息出售给他人，情节严重，其行为已构成侵犯公民个人信息罪。公诉机关指控的犯罪事实和罪名成立，予以支持。

在共同犯罪中，被告人罗某君、瞿某珍所起作用相当，均应以主犯论。被告人瞿某珍在提供服务过程中将获得的公民个人信息出售给他人，应从重处罚；罗某君、瞿某珍到案后，如实交代全部犯罪事实，均系坦白，积极退缴全部赃款，且认罪认罚，可以从宽处理。公诉机关的量刑建议适当，予以采纳。罗某君辩护人提出手机号和验证码不属于个人信息，且“拉新”未造成具体损失的辩护意见。经查，个人信息是以电子或者其他方式记录的能够单独或者与其他信息结合识别特定自然人的各种信息，包括电话号码等；验证码系专门发给特定手机号的独一无二的数字组合，且依规不能发送给他人，证明验证码系具有识别、验证个人身份的通信内容，即二者均为能识别自然人身份的个人信息；侵犯公民个人信息罪不以造成具体损失为构成要件，故该辩护意见不予采纳。罗某君辩护人提出罗某君没有自行提供手机号和验证码。经查，罗某君不仅纠集瞿某珍等人“拉新”，还专门设立了提供、出售公民个人信息违法犯罪的通讯群组，并因此获利，依法应当从重处罚，故该意见不予采纳。罗某君辩护人提出对罗某君适用缓刑的意见。经查，综合本案的犯罪情节、对于社会的危害程度及被告人的悔罪表现，对被告人罗某君不适用缓刑，故该意见不予采纳。但其提出罗某君其他可从轻处罚的辩护意见与事实相符，予以采纳。瞿某珍辩护人提出瞿某珍有立功情节。经查，瞿某珍提供了罗某君的住址及联系方式等基本信息，系其应当交代的、与本人犯罪事实有关联的事实，不构成立功，故该意见不予采纳。其提出的可从轻处罚的辩护意见与事实相符，予以采纳。被告人罗某君、瞿某珍侵犯公民个人信息，其在承担刑事责任的同时，还应承担相应的民事责任。鉴于二被告对侵权行为均无异议，且均表示愿意公开赔礼道歉，以及永久删除涉案个人信息，故对附带民事公益诉讼起诉人的诉请，予以支持。

（生效裁判审判人员：王欣、周晓玲、赖国清、刘智群、刘云、袁水莲、曹玉婷）

指导性案例 196 号
运裕有限公司与深圳市中苑城商业投资控股有限公司申请确认仲裁协议效力案

（最高人民法院审判委员会讨论通过　2022 年 12 月 27 日发布）

关键词

民事 / 申请确认仲裁协议效力 / 仲裁条款成立

裁判要点

1. 当事人以仲裁条款未成立为由请求确认仲裁协议不存在的，人民法院应当按照申请确认仲裁协议效力案件予以审查。

2. 仲裁条款独立存在，其成立、效力与合同其他条款是独立、可分的。当事人在订立合同时对仲裁条款进行磋商并就提交仲裁达成合意的，合同成立与否不影响仲裁条款的成立、效力。

相关法条

《中华人民共和国仲裁法》第 16 条、第 19 条、第 20 条第 1 款

基本案情

中国旅游集团有限公司（以下简称中旅公司），原名为中国旅游集团公司、中国港中旅集团公司，是国有独资公司。香港中旅（集团）有限公司（以下简称香港中旅公司）是中旅公司的全资子公司，注册于香港。运裕有限公司（以下简称运裕公司）是香港中旅公司的全资子公司，注册于英属维尔京群岛。新劲公司是运裕公司的全资子公司，亦注册于英属维尔京群岛。

2016 年 3 月 24 日，中旅公司作出《关于同意挂牌转让 NEWPOWERENTERPRISESINC. 100% 股权的批复》，同意运裕公司依法合规转让其所持有的新劲公司 100% 的股权。2017 年 3 月 29 日，运裕公司通过北交所公开挂牌转让其持有的新劲公司 100% 的股权。深圳市中苑城商业投资控股有限公司（以下简称中苑城公司）作为意向受让人与运裕公司等就签订案涉项目的产权交易合同等事宜开展磋商。

2017 年 5 月 9 日，港中旅酒店有限公司（中旅公司的全资子公司）投资管理部经理张某发送电子邮件给深圳市泰隆金融控股集团有限公司（中苑城公司的上级集团公司）风控法务张

某瑞。电子邮件的附件《产权交易合同》，系北交所提供的标准文本，载明甲方为运裕公司，乙方为中苑城公司，双方根据合同法和《企业国有产权转让管理暂行办法》等相关法律、法规、规章的规定，就运裕公司向中苑城公司转让其拥有的新劲公司100%股权签订《产权交易合同》。合同第十六条管辖及争议解决方式：16.1本合同及产权交易中的行为均适用中华人民共和国法律；16.2有关本合同的解释或履行，当事人之间发生争议的，应由双方协商解决；协商解决不成的，提交北京仲裁委员会仲裁。上述电子邮件的附件《债权清偿协议》第十二条约定：本协议适用中华人民共和国法律。有关本协议的解释或履行，当事人之间发生争议的，应由各方协商解决；协商解决不成的，任何一方均有权提交北京仲裁委员会以仲裁方式解决。

2017年5月10日，张某瑞发送电子邮件给张某、刘某，内容为："附件为我们公司对合同的一个修改意见，请贵公司在基于平等、公平的原则及合同签订后的有效原则慎重考虑加以确认。"在该邮件的附件中，《产权交易合同》文本第十六条"管辖及争议解决方式"修改为"16.1本合同及产权交易中的行为均适用中华人民共和国法律。16.2有关本合同的解释或履行，当事人之间发生争议的，应由双方协商解决；协商解决不成的，提交深圳国际仲裁院仲裁"；《债权清偿协议》文本第十二条修改为"本协议适用中华人民共和国法律。有关本协议的解释或履行，当事人之间发生争议的，应由各方协商解决；协商解决不成的，任何一方均有权提交深圳国际仲裁院以仲裁方式解决"。

2017年5月11日13时42分，张某发送电子邮件给张某瑞和中苑城公司高级管理人员李某，针对中苑城公司对两个合同文本提出的修改意见进行了回应，并表示"现将修订后的合同草签版发送给贵司，请接到附件内容后尽快回复意见。贵方与我司确认后的合同将被提交至北交所及我司内部审批流程，经北交所及我司集团公司最终确认后方可签署（如有修改我司会再与贵司确认）"。该邮件附件《产权交易合同》（草签版）第十六条"管辖及争议解决方式"与《债权清偿协议》（草签版）第十二条和上述5月10日张某瑞发送给张某、刘某的电子邮件附件中的有关内容相同。同日18时39分，张某瑞发送电子邮件给张某，内容为"附件为我司签署完毕的《产权交易合同》（草签版）及《债权清偿协议》（草签版）、项目签约说明函等扫描件，请查收并回复"。该邮件附件《产权交易合同》（草签版）和《债权清偿协议》（草签版）的管辖及争议解决方式的内容与张某在同日发送电子邮件附件中的有关内容相同。中苑城公司在合同上盖章，并将该文本送达运裕公司。

2017年5月17日，张某发送电子邮件给李某，载明："深圳项目我司集团最终审批流程目前正进行中，如审批顺利计划可在本周五上午在北京维景国际大酒店举办签约仪式，具体情况待我司确认后通知贵司。现将《产权交易合同》及《债权清偿协议》拟签署版本提前发送给贵司以便核对。"该邮件附件1为《股权转让项目产权交易合同》（拟签署版），附件2为《股权转让项目债权清偿协议》（拟签署版）。上述两个合同文本中的仲裁条款仍与草签版相同。

2017年10月27日，运裕公司发函中苑城公司取消交易。2018年4月4日，中苑城公司根据《产权交易合同》（草签版）第16.2条及《债权清偿协议》（草签版）第十二条的约定，向深圳国际仲裁院提出仲裁申请，将运裕公司等列为共同被申请人。在仲裁庭开庭前，运裕公司等分别向广东省深圳市中级人民法院提起诉讼，申请确认仲裁协议不存在。该院于2018年9

月 11 日立案，形成了本案和另外两个关联案件。在该院审查期间，最高人民法院认为，本案及关联案件有重大法律意义，由国际商事法庭审查有利于统一适用法律，且有利于提高纠纷解决效率，故依照《中华人民共和国民事诉讼法》第三十八条第一款、《最高人民法院关于设立国际商事法庭若干问题的规定》第二条第五项之规定，裁定本案由最高人民法院第一国际商事法庭审查。

裁判结果

最高人民法院于 2019 年 9 月 18 日作出（2019）最高法民特 1 号民事裁定，驳回运裕有限公司的申请。

裁判理由

最高人民法院认为：运裕公司在中苑城公司申请仲裁后，以仲裁条款未成立为由，向人民法院申请确认双方之间不存在有效的仲裁条款。虽然这不同于要求确认仲裁协议无效，但是仲裁协议是否存在与是否有效同样直接影响到纠纷解决方式，同样属于需要解决的先决问题，因而要求确认当事人之间不存在仲裁协议也属于广义的对仲裁协议效力的异议。《中华人民共和国仲裁法》第二十条第一款规定："当事人对仲裁协议的效力有异议的，可以请求仲裁委员会作出决定或者请求人民法院作出裁定。"据此，当事人以仲裁条款未成立为由要求确认仲裁协议不存在的，属于申请确认仲裁协议效力案件，人民法院应予立案审查。

在确认仲裁协议效力时，首先要确定准据法。《中华人民共和国涉外民事关系法律适用法》第十八条规定："当事人可以协议选择仲裁协议适用的法律。当事人没有选择的，适用仲裁机构所在地法律或者仲裁地法律。"在法庭询问时，各方当事人均明确表示同意适用中华人民共和国法律确定案涉仲裁协议效力。因此，本案仲裁协议适用中华人民共和国法律。

《中华人民共和国仲裁法》第十六条第一款规定："仲裁协议包括合同中订立的仲裁条款和以其他书面方式在纠纷发生前或者纠纷发生后达成的请求仲裁的协议。"可见，合同中的仲裁条款和独立的仲裁协议这两种类型，都属于仲裁协议，仲裁条款的成立和效力的认定也适用关于仲裁协议的法律规定。

仲裁协议独立性是广泛认可的一项基本法律原则，是指仲裁协议与主合同是可分的，互相独立，它们的存在与效力，以及适用于它们的准据法都是可分的。由于仲裁条款是仲裁协议的主要类型，仲裁条款与合同其他条款出现在同一文件中，赋予仲裁条款独立性，比强调独立的仲裁协议具有独立性更有实践意义，甚至可以说仲裁协议独立性主要是指仲裁条款和主合同是可分的。对于仲裁协议的独立性，中华人民共和国法律和司法解释均有规定。《中华人民共和国仲裁法》第十九条第一款规定："仲裁协议独立存在，合同的变更、解除、终止或者无效，不影响仲裁协议的效力。"从上下文关系看，该条是在《中华人民共和国仲裁法》第十六条明确了仲裁条款属于仲裁协议之后，规定了仲裁协议的独立性。因此，仲裁条款独立于合同。对于仲裁条款能否完全独立于合同而成立，仲裁法的规定似乎不是特别清晰，不如已成立合同的变更、解除、终止或者无效不影响仲裁协议效力的规定那么明确。司法实践中，合同是否成立与其中的仲裁条款是否成立这两个问题常常纠缠不清。但是，《中华人民共和国仲裁法》第十九条第一款开头部分“仲裁协议独立存在”，是概括性、总领性的表述，应当涵盖仲裁协议是否存在（即是否成立）的问题，之后的表述则是进一步强调列举的几类情形也不能影响仲裁协议的效力。《最高人民法院关于适用〈中华人民共和国仲裁法〉若干问题的解释》第十条第二款进一步明确：“当事人在订立合同时就争议达成仲裁协议的，合同未成立不影响仲裁协议的效力。”因此，在确定仲裁条款效力包括仲裁条款是否成立时，可以先行确定仲裁条款本身的效力；在确有必要时，才考虑对整个合同的效力包括合同是否成立进行认定。本案亦依此规则，先根据本案具体情况来确定仲裁条款是否成立。

仲裁条款是否成立，主要是指当事人双方是否有将争议提交仲裁的合意，即是否达成了仲裁协议。仲裁协议是一种合同，判断双方是否就仲裁达成合意，应适用合同法关于要约、承诺的规定。从本案磋商情况看，当事人双方一直共同认可将争议提交仲裁解决。本案最早的《产权交易合同》，系北交所提供的标准文本，连同《债权清偿协议》由运裕公司等一方发给中苑城公司，两份合同均包含将争议提交北京仲裁委员会仲裁的条款。之后，当事人就仲裁机构进行了磋商。运裕公司等一方发出的合同草签版的仲裁条款，已将仲裁机构确定为深圳国际仲裁院。就仲裁条款而言，这是运裕公司等发出的要约。中苑城公司在合同草签版上盖章，表示同意，并于 2017 年 5 月 11 日将盖章合同文本送达运裕公司，这是中苑城公司的承诺。根据《中华人民共和国合同法》第二十五条、第二十六条相关规定，承诺通知到达要约人时生效，承诺生效时合同成立。因此，《产权交易合同》《债权清偿协议》中的仲裁条款于 2017 年 5 月 11 日分别在两个合同的各方当事人之间成立。之后，当事人就合同某些其他事项进行交涉，但从未对仲裁条款有过争议。鉴于运裕公司等并未主张仲裁条款存在法定无效情形，故应当认定双方当事人之间存在有效的仲裁条款，双方争议应由深圳国际仲裁院进行仲裁。虽然运裕公司等没有在最后的合同文本上盖章，其法定代表人也未在文本上签字，不符合合同经双方法定代表人或授权代表签字并盖章后生效的要求，但根据《最高人民法院关于适用〈中华人民共和国仲裁法〉若干问题的解释》第十条第二款的规定，即使合同未成立，仲裁条款的效力也不受影响。在当事人已达成仲裁协议的情况下，对于本案合同是否成立的问题无需再行认定，该问题应在仲裁中解决。综上，运裕公司的理由和请求不能成立，人民法院驳回其申请。

（生效裁判审判人员：张勇健、高晓力、奚向阳、丁广宇、沈红雨）

指导性案例 197 号

深圳市实正共盈投资控股有限公司与深圳市交通运输局申请确认仲裁协议效力案

（最高人民法院审判委员会讨论通过　2022 年 12 月 27 日发布）

关键词

民事 / 申请确认仲裁协议效力 / 首次开庭 / 重新仲裁

裁判要点

当事人未在仲裁庭首次开庭前对仲裁协议的效力提出异议的，应当认定当事人接受仲裁庭对案件的管辖权。虽然案件重新进入仲裁程序，但仍是对同一纠纷进行的仲裁程序，当事人在重新仲裁开庭前对仲裁协议效力提出异议的，不属于《中华人民共和国仲裁法》第二十条第二款规定的“在仲裁庭首次开庭前提出”的情形。

相关法条

《中华人民共和国仲裁法》第 20 条第 2 款

基本案情

深圳市实正共盈投资控股有限公司（以下简称实正共盈公司）诉称：实正共盈公司与深圳市交通运输局的纠纷由深圳国际仲裁院于 2020 年 2 月 20 日作出重新裁决的决定，该案目前尚未重新组庭，处于首次开庭前的阶段。两个案件程序相互独立，现在提起确认仲裁协议的效力时间应当被认定为首次开庭前，一审裁定依据《最高人民法院关于适用〈中华人民共和国仲裁法〉若干问题的解释》第十三条规定属于法律适用错误。

广东省深圳市交通运输局辩称：案涉仲裁案件于 2017 年 8 月 18 日首次开庭审理，庭审过程中，实正共盈公司当庭确认其对仲裁庭已经进行的程序没有异议，实正共盈公司已认可深圳国际仲裁院对案涉仲裁案件的管辖，其无权因案件进入重新仲裁程序而获得之前放弃的权利。一审裁定适用法律正确。

法院经审理查明：华南国际经济贸易仲裁委员会（又名深圳国际仲裁院，曾名中国国际经济贸易仲裁委员会华南分会、中国国际经济贸易仲裁委员会深圳分会）于 2016 年受理本案所涉仲裁案件。2017 年 8 月 18 日，仲裁庭进行开庭审理，在仲裁申请人陈述和固定仲裁请求依据的事实和理由前，仲裁庭询问“双方当事人对本案已经进行的程序，是否有异议”，本案申请人回答“没有异议”；在庭审结束时，本案申请人表示，“截至目前对于已经进行的仲裁程序”没有异议。2018 年 3 月 29 日，华南国际经济贸易仲裁委员会作出裁决书。该裁决作出后，实正共盈公司向深圳市中级人民法院申请不予执行该仲裁裁决。法院经审查认为，可以由仲裁庭重新仲裁，由于仲裁庭在法院指定的期限内已同意重新仲裁，故不予执行仲裁裁决的审查程序应予终结。2020 年 2 月 26 日，法院裁定终结该案审查程序。

裁判结果

广东省深圳市中级人民法院于 2020 年 6 月 3 日作出（2020）粤 03 民特 249 号民事裁定，驳回申请人实正共盈公司的申请。实正共盈公司不服，向广东省高级人民法院提起上诉。广东省高级人民法院于 2020 年 9 月 18 日作出（2020）粤民终 2212 号民事裁定，驳回上诉，维持原裁定。

裁判理由

法院生效裁判认为：《中华人民共和国仲裁法》第二十条第二款规定，“当事人对仲裁协议的效力有异议，应当在仲裁庭首次开庭前提出”，当事人未在仲裁庭首次开庭前对仲裁协议的效力提出异议的，视为当事人接受仲裁庭对案件的管辖权。本案虽然进入重新仲裁程序，但仍为同一纠纷，实正共盈公司在仲裁过程中未对仲裁协议效力提出异议并确认对仲裁程序无异议，其行为在重新仲裁过程中仍具有效力。根据《最高人民法院关于适用〈中华人民共和国仲裁法〉若干问题的解释》第十三条“依照仲裁法第二十条第二款的规定，当事人在仲裁庭首次开庭前没有对仲裁协议的效力提出异议，而后向人民法院申请确认仲裁协议无效的，人民法院不予受理”的规定，一审法院不应受理实正共盈公司提出的确认仲裁协议效力申请。一审法院受理本案后，根据《最高人民法院关于审理仲裁司法审查案件若干问题的规定》第八条第一款“人民法院立案后发现不符合受理条件的，裁定驳回申请”的规定，裁定驳回实正共盈公司的申请，并无不当。

（生效裁判审判人员：辜恩臻、潘晓璇、贺伟）

指导性案例198号

中国工商银行股份有限公司岳阳分行与刘某良申请撤销仲裁裁决案

（最高人民法院审判委员会讨论通过 2022年12月27日发布）

关键词

民事/申请撤销仲裁裁决/仲裁协议/实际施工人

裁判要点

实际施工人并非发包人与承包人签订的施工合同的当事人，亦未与发包人、承包人订立有效仲裁协议，不应受发包人与承包人的仲裁协议约束。实际施工人依据发包人与承包人的仲裁协议申请仲裁，仲裁机构作出仲裁裁决后，发包人请求撤销仲裁裁决的，人民法院应予支持。

相关法条

《中华人民共和国仲裁法》第58条

基本案情

2012年8月30日，中国工商银行股份有限公司岳阳分行（以下简称工行岳阳分行）与湖南巴陵建设有限公司（以下简称巴陵公司）签订《装修工程施工合同》，工行岳阳分行将其办公大楼整体装修改造内部装饰项目发包给巴陵公司，同时在合同第15.11条约定“本合同发生争议时，先由双方协商解决，协商不成时，向岳阳仲裁委员会申请仲裁解决”。2012年9月10日，巴陵公司与刘某良签订《内部项目责任承包合同书》，巴陵公司将工行岳阳分行办公大楼整体装修改造内部装饰项目的工程内容及保修以大包干方式承包给刘某良，并收取一定的管理费及相关保证金。2013年7月23日，工行岳阳分行与巴陵公司又签订了《装饰安装工程施工补充合同》，工行岳阳分行将其八楼主机房碳纤维加固、防水、基层装饰、外屏管道整修、室内拆旧及未进入决算的相关工程发包给巴陵公司。由于工行岳阳分行未能按照约定支付工程款，2017年7月4日，刘某良以工行岳阳分行为被申请人向岳阳仲裁委员会申请仲裁。2017年8月7日，工行岳阳分行以其与刘某良未达成仲裁协议为由提出仲裁管辖异议。2017年8月8日，岳阳仲裁委员会以岳仲决字〔2017〕8号决定驳回了工行岳阳分行的仲裁管辖异议。2017年12月22日，岳阳仲裁委员会作出岳仲决字〔2017〕696号裁决，裁定工行岳阳分行向刘某良支付到期应付工程价款及违约金。工行岳阳分行遂向湖南省岳阳市中级人民法院申请撤销该仲裁裁决。

裁判结果

湖南省岳阳市中级人民法院于2018年11月12日作出（2018）湘06民特1号民事裁定，撤销岳阳仲裁委员会岳仲决字〔2017〕696号裁决。

裁判理由

法院生效裁判认为，仲裁协议是当事人达成的自愿将他们之间业已产生或可能产生的有关特定的无论是契约性还是非契约性的法律争议的全部或特定争议提交仲裁的合意。仲裁协议是仲裁机构取得管辖权的依据，是仲裁合法性、正当性的基础，其集中体现了仲裁自愿原则和协议仲裁制度。本案中，工行岳阳分行与巴陵公司签订的《装修工程施工合同》第15.11条约定“本合同发生争议时，先由双方协商解决，协商不成时，向岳阳仲裁委员会申请仲裁”，故工行岳阳分行与巴陵公司之间因工程款结算及支付引起的争议应当通过仲裁解决。但刘某良作为实际施工人，其并非工行岳阳分行与巴陵公司签订的《装修工程施工合同》的当事人，刘某良与工行岳阳分行及巴陵公司之间均未达成仲裁合意，不受该合同中仲裁条款的约束。除非另有约定，刘某良无权援引工行岳阳分行与巴陵公司之间《装修工程施工合同》中的仲裁条款向合同当事方主张权利。刘某良以巴陵公司的名义施工，巴陵公司作为《装修工程施工合同》的主体仍然存在并承担相应的权利义务，案件当事人之间并未构成《最高人民法院关于适用〈中华人民共和国仲裁法〉若干问题的解释》第八条规定的合同仲裁条款“承继”情形，亦不构成上述解释第九条规定的合同主体变更情形。2004年《最高人民法院关于审理建设工程施工合同纠纷案件适用法律问题的解释》第二十六条虽然规定实际施工人可以发包人为被告主张权利且发包人只在欠付工程款的范围内对实际施工人承担责任，但上述内容仅规定了实际施工人对发包人的诉权以及发包人承担责任的范围，不应视为实际施工人援引《装修工程施工合同》中仲裁条款的依据。综上，工行岳阳分行与刘某良之间不存在仲裁协议，岳阳仲裁委员会基于刘某良的申请以仲裁方式解决工行岳阳分行与刘某良之间的工程款争议无法律依据。实际施工人依据发包人与承包人的仲裁协议申请仲裁，仲裁机构作出仲裁裁决后，发包人请求撤销仲裁裁决的，人民法院应予支持。

（生效裁判审判人员：闾开海、宋红燕、苏洁）

指导性案例 199 号
高某宇与深圳市云丝路创新发展基金企业、李某申请撤销仲裁裁决案

（最高人民法院审判委员会讨论通过 2022 年 12 月 27 日发布）

关键词

民事 / 申请撤销仲裁裁决 / 比特币 / 社会公共利益

裁判要点

仲裁裁决裁定被申请人赔偿与比特币等值的美元，再将美元折算成人民币，属于变相支持比特币与法定货币之间的兑付交易，违反了国家对虚拟货币金融监管的规定，违背了社会公共利益，人民法院应当裁定撤销仲裁裁决。

相关法条

《中华人民共和国仲裁法》第 58 条

基本案情

2017 年 12 月 2 日，深圳市云丝路创新发展基金企业（以下简称云丝路企业）、高某宇、李某签订了《股权转让协议》，根据该协议约定，云丝路企业将其持有的深圳极驱科技有限公司（以下简称极驱公司）5% 股权以 55 万元转让给高某宇；李某同意代替高某宇向云丝路企业支付 30 万元股权转让款，高某宇直接向云丝路企业支付 25 万元股权转让款，同时高某宇将李某委托其进行理财的比特币全部归还至李某的电子钱包。该协议签订后，高某宇未履行合同义务。

云丝路企业、李某向深圳仲裁委员会申请仲裁，主要请求为：变更云丝路企业持有的极驱公司 5% 股权到高某宇名下，高某宇向云丝路企业支付股权款 25 万元，高某宇向李某归还与比特币资产相等价值的 493 158.40 美元及利息，高某宇支付李某违约金 10 万元。

仲裁庭经审理认为，高某宇未依照案涉合同的约定交付双方共同约定并视为有财产意义的比特币等，构成违约，应予赔偿。仲裁庭参考李某提供的 okcoin.com 网站公布的合同约定履行时点有关比特币收盘价的公开信息，估算应赔偿的财产损失为 401 780 美元。仲裁庭裁决，变更云丝路企业持有的极驱公司 5% 股权至高某宇名下；高某宇向云丝路企业支付股权转让款 25

万元；高某宇向李某支付 401 780 美元（按裁决作出之日的美元兑人民币汇率结算为人民币）；高某宇向李某支付违约金 10 万元。

高某宇认为该仲裁裁决违背社会公共利益，请求人民法院予以撤销。

裁判结果

广东省深圳市中级人民法院于 2020 年 4 月 26 日作出（2018）粤 03 民特 719 号民事裁定，撤销深圳仲裁委员会（2018）深仲裁字第 64 号仲裁裁决。

裁判理由

法院生效裁判认为：《中国人民银行、工业和信息化部、中国银行业监督管理委员会、中国证券监督管理委员会、中国保险监督管理委员会关于防范比特币风险的通知》（银发〔2013〕289 号）明确规定，比特币不具有与货币等同的法律地位，不能且不应作为货币在市场上流通使用。2017 年中国人民银行等七部委联合发布关于防范代币发行融资风险的公告，重申了上述规定，同时从防范金融风险的角度，进一步提出任何所谓的代币融资交易平台不得从事法定货币与代币、虚拟货币相互之间的兑换业务，不得买卖或作为中央对手方买卖代币或虚拟货币，不得为代币或虚拟货币提供定价、信息中介等服务。上述文件实质上禁止了比特币的兑付、交易及流通，炒作比特币等行为涉嫌从事非法金融活动，扰乱金融秩序，影响金融稳定。涉案仲裁裁决高某宇赔偿李某与比特币等值的美元，再将美元折算成人民币，实质上是变相支持了比特币与法定货币之间的兑付、交易，与上述文件精神不符，违背了社会公共利益，该仲裁裁决应予撤销。

（生效裁判审判人员：朱萍、梁乐乐、赵雪琳）

指导性案例 200 号

斯万斯克蜂蜜加工公司申请承认和执行外国仲裁裁决案

（最高人民法院审判委员会讨论通过　2022 年 12 月 27 日发布）

关键词

民事 / 申请承认和执行外国仲裁裁决 / 快速仲裁 / 临时仲裁

裁判要点

仲裁协议仅约定通过快速仲裁解决争议，未明确约定仲裁机构的，由临时仲裁庭作出裁决，不属于《承认及执行外国仲裁裁决公约》第五条第一款规定的情形，被申请人以采用临时仲裁不符合仲裁协议约定为由，主张不予承认和执行该临时仲裁裁决的，人民法院不予支持。

相关法条

1.《中华人民共和国民事诉讼法》第290条（本案适用的是2017年6月27日修正的《中华人民共和国民事诉讼法》第283条）

2.《承认及执行外国仲裁裁决公约》第5条

基本案情

2013年5月17日，卖方南京常力蜂业有限公司（以下简称常力蜂业公司）与买方斯万斯克蜂蜜加工公司（Svensk Honungsfora-dling AB）（以下简称斯万斯克公司）签订了编号为NJRS13 001的英文版蜂蜜销售《合同》，约定的争议解决条款为“in case of disputes governed by Swedish law and that disputes should be settled by Expedited Arbitration in Sweden.”（中文直译为：“在受瑞典法律管辖的情况下，争议应在瑞典通过快速仲裁解决。”）另《合同》约定了相应的质量标准：蜂蜜其他参数符合欧洲（2001/112/EC，2001年12月20日），无美国污仔病、微粒子虫、瓦螨病等。

在合同履行过程中，双方因蜂蜜品质问题发生纠纷。2015年2月23日，斯万斯克公司以常力蜂业公司为被申请人就案涉《合同》向瑞典斯德哥尔摩商会仲裁院申请仲裁，请求常力蜂业公司赔偿。该仲裁院于2015年12月18日以其无管辖权为由作出SCCF2015/023仲裁裁决，驳回了斯万斯克公司的申请。

2016年3月22日，斯万斯克公司再次以常力蜂业公司为被申请人就案涉《合同》在瑞典申请临时仲裁。在仲裁审查期间，临时仲裁庭及斯德哥尔摩地方法院向常力蜂业公司及该公司法定代表人邮寄了相应材料，但截至2017年5月4日，临时仲裁庭除了收到常力蜂业公司关于陈述《合同》没有约定仲裁条款、不应适用瑞典法的两份电子邮件外，未收到其他任何意见。此后临时仲裁庭收到常力蜂业公司代理律师提交的关于反对仲裁庭管辖权及延长提交答辩书的意见书。2018年3月5日、6日，临时仲裁庭组织双方当事人进行了听证。听证中，常力蜂业公司的代理人对仲裁庭的管辖权不再持异议，常力蜂业公司的法定代表人赵某生也未提出相应异议。该临时仲裁庭于2018年6月9日依据瑞典仲裁法作出仲裁裁决：1.常力蜂业公司违反了《合同》约定，应向斯万斯克公司支付286 230美元及相应利息；2.常力蜂业公司应向斯万斯克公司赔偿781 614瑞典克朗、1 021 718.45港元。

2018年11月22日，斯万斯克公司向江苏省南京市中级人民法院申请承认和执行上述仲裁裁决。

法院审查期间，双方均认为应当按照瑞典法律来理解《合同》中的仲裁条款。斯万斯克公司认为争议解决条款的中文意思是“如发生任何争议，应适用瑞典法律并在瑞典通过快速仲裁解决”。而常力蜂业公司则认为上述条款的中文意思是“为瑞典法律管辖下的争议在瑞典进行快速仲裁解决”。

裁判结果

江苏省南京市中级人民法院于2019年7月15日作出（2018）苏01协外认8号民事裁定，承认和执行由PeterThorp、StureLarsson和NilsEliasson组成的临时仲裁庭于2018年6月9日针对斯万斯克公司与常力蜂业公司关于NJRS13001《合同》作出的仲裁裁决。

裁判理由

法院生效裁判认为：依据查明及认定的事实，由PeterThorp、StureLarsson和NilsEliasson组成的临时仲裁庭作出的案涉仲裁裁决不具有《承认及执行外国仲裁裁决公约》第五条第一款乙、丙、丁项规定的不予承认和执行的情形，也不违反我国加入该公约时所作出的保留性声明条款，或违反我国公共政策或争议事项不能以仲裁解决的情形，故对该裁决应当予以承认和执行。

关于临时仲裁裁决的程序是否存在与仲裁协议不符的情形。该项争议系双方对《合同》约定的争议解决条款“in case of disputes governed by Swedish law and that disputes should be settled by Expedited Arbitration in Sweden”的理解问题。从双方对该条款中文意思的表述看，双方对在瑞典通过快速仲裁解决争端并无异议，仅对快速仲裁是否可以通过临时仲裁解决发生争议。快速仲裁相对于普通仲裁而言，更加高效、便捷、经济，其核心在于简化了仲裁程序、缩短了仲裁时间、降低了仲裁费用等，从而使当事人的争议以较为高效和经济的方式得到解决。而临时仲裁庭相对于常设的仲裁机构而言，也具有高效、便捷、经济的特点。具体到本案，双方同意通过快速仲裁的方式解决争议，但该快速仲裁并未排除通过临时仲裁的方式解决，当事人在仲裁听证过程中也没有对临时仲裁提出异议，在此情形下，由临时仲裁庭作出裁决，符合双方当事人的合意。故应认定案涉争议通过临时仲裁庭处理，并不存在与仲裁协议不符的情形。

（生效裁判审判人员：姜欣、蔡晓文、吴勇）

指导性案例201号

德拉甘某诉上海恩渥餐饮管理有限公司、吕某劳务合同纠纷案

（最高人民法院审判委员会讨论通过 2022年12月27日发布）

关键词

民事 / 劳务合同 /《承认及执行外国仲裁裁决公约》/ 国际单项体育组织 / 仲裁协议效力

裁判要点

1. 国际单项体育组织内部纠纷解决机构作出的纠纷处理决定不属于《承认及执行外国仲裁裁决公约》项下的外国仲裁裁决。

2. 当事人约定，发生纠纷后提交国际单项体育组织解决，如果国际单项体育组织没有管辖权则提交国际体育仲裁院仲裁，该约定不存在准据法规定的无效情形的，应认定该约定有效。国际单项体育组织实际行使了管辖权，涉案争议不符合当事人约定的提起仲裁条件的，人民法院对涉案争议依法享有司法管辖权。

相关法条

1.《中华人民共和国涉外民事关系法律适用法》第18条

2.《承认及执行外国仲裁裁决公约》第1条第1款、第2款

基本案情

2017年1月23日，上海聚运动足球俱乐部有限公司（以下简称聚运动公司）与原告塞尔维亚籍教练员Dragan Kokotovic（中文名：德拉甘某）签订《职业教练工作合同》，约定德拉甘某作为职业教练为聚运动公司名下的足球俱乐部提供教练方面的劳务。2017年7月1日，双方签订《解除合同协议》，约定《职业教练工作合同》自当日终止，聚运动公司向德拉甘某支付剩余工资等款项。关于争议解决，《解除合同协议》第5.1条约定，“与本解除合同协议相关，或由此产生的任何争议或诉讼，应当受限于国际足联球员身份委员（FIFAPlayers' StatusCommittee，以下简称球员身份委员会）或任何其他国际足联有权机构的管理”。第5.2条约定，“如果国际足联对于任何争议不享有司法管辖权的，协议方应当将上述争议提交至国际体育仲裁院，根据《与体育相关的仲裁规则》予以受理。相关仲裁程序应当在瑞

士洛桑举行”。

因聚运动公司未按照约定支付相应款项，德拉甘某向球员身份委员会申请解决案涉争议。球员身份委员会于2018年6月5日作出《单一法官裁决》，要求聚运动公司自收到该裁决通知之日起30日内向德拉甘某支付剩余工资等款项。《单一法官裁决》另载明，如果当事人对裁决结果有异议，应当按照规定程序向国际体育仲裁院提起上诉，否则《单一法官裁决》将成为终局性、具有约束力的裁决。后双方均未就《单一法官裁决》向国际体育仲裁院提起上诉。

之后，聚运动公司变更为上海恩渥餐饮管理有限公司（以下简称恩渥公司），吕某为其独资股东及法定代表人。因恩渥公司未按照《单一法官裁决》支付款项，且因聚运动俱乐部已解散并不再在中国足球协会注册，上述裁决无法通过足球行业自治机制获得执行，德拉甘某向上海市徐汇区人民法院提起诉讼，请求法院判令：一、恩渥公司向德拉甘某支付剩余工资等款项；二、吕某就上述债务承担连带责任。恩渥公司和吕某在提交答辩状期间对人民法院受理该案提出异议，认为根据《解除合同协议》第5.2条约定，案涉争议应当提交国际体育仲裁院仲裁，人民法院无管辖权，请求裁定对德拉甘某的起诉不予受理。

裁判结果

上海市徐汇区人民法院于2020年1月21日作出（2020）沪0104民初1814号民事裁定，驳回德拉甘某的起诉。德拉甘某不服一审裁定，提起上诉。上海市第一中级人民法院经审理，并依据《最高人民法院关于仲裁司法审查案件报核问题的有关规定》第八条规定层报上海市高级人民法院、最高人民法院审核，于2022年6月29日作出（2020）沪01民终3346号民事裁定，一、撤销上海市徐汇区人民法院（2020）沪0104民初1814号民事裁定；二、本案指令上海市徐汇区人民法院审理。

裁判理由

法院生效裁判认为：本案争议焦点包括两个方面：第一，球员身份委员会作出的《单一法官裁决》是否属于《承认及执行外国仲裁裁决公约》规定的外国仲裁裁决；第二，案涉仲裁条款是否可以排除人民法院的管辖权。

首先，球员身份委员会作出的涉案《单一法官裁决》不属于《承认及执行外国仲裁裁决公约》项下的外国仲裁裁决。根据《承认及执行外国仲裁裁决公约》的目的、宗旨及规定，《承认及执行外国仲裁裁决公约》项下的仲裁裁决是指常设仲裁机关或专案仲裁庭基于当事人的仲裁协议，对当事人提交的争议作出的终局性、有约束力的裁决，而球员身份委员会作出的《单一法官裁决》与上述界定并不相符。国际足联球员身份委员会的决定程序并非仲裁程序，而是行业自治解决纠纷的内部程序。第一，球员身份委员会系依据内部条例和规则受理并处理争议的国际单项体育组织内设的自治纠纷解决机构，并非具有独立性的仲裁机构；第二，球员身份委员会仅就其会员单位和成员之间的争议进行调处，其作出的《单一法官裁决》，系国际单项体育组织的内部决定，主要依靠行业内部自治机制获得执行，不具有普遍、严格的约束力，故不符合仲裁裁决的本质特征；第三，依据国际足联《球员身份和转会管理条例》第22条、第

23 条第 4 款之规定，国际足联处理相关争议并不影响球员或俱乐部就该争议向法院寻求救济的权利，当事人亦可就球员身份委员会作出的处理决定向国际体育仲裁院提起上诉。上述规定明确了国际足联的处理决定不具有终局性，不排除当事人寻求司法救济的权利。综上，球员身份委员会作出的《单一法官裁决》与《承认及执行外国仲裁裁决公约》项下“仲裁裁决”的界定不符，不宜认定为外国仲裁裁决。

其次，案涉仲裁条款不能排除人民法院对本案行使管辖权。案涉当事人在《解除合同协议》第 5 条约定，发生纠纷后应当首先提交球员身份委员会或者国际足联的其他内设机构解决，如果国际足联没有管辖权则提交国际体育仲裁院仲裁。既已明确球员身份委员会及国际足联其他内设机构的纠纷解决程序不属于仲裁程序，则相关约定不影响人民法院对本案行使管辖权。但当事人约定应将争议提交至国际体育仲裁院进行仲裁，本质系有关仲裁主管的约定，故需进一步审查仲裁协议的效力及其是否排除人民法院的管辖权。

因案涉协议中的仲裁条款并未明确约定相应的准据法，根据《中华人民共和国涉外民事关系法律适用法》第十八条之规定，有关案涉仲裁条款效力的准据法应为瑞士法。最高人民法院在依据《最高人民法院关于仲裁司法审查案件报核问题的有关规定》第八条规定审核案涉仲裁协议效力问题期间查明，瑞士关于仲裁协议效力的法律规定为《瑞士联邦国际私法》第 178 条。该条就仲裁协议效力规定如下：“（一）在形式上，仲裁协议如果是通过书写、电报、电传、传真或其他可构成书面证明的通讯方式作出，即为有效。（二）在实质上，仲裁协议如果符合当事人所选择的法律或支配争议标的的法律尤其是适用于主合同的法律或瑞士的法律所规定的条件，即为有效。（三）对仲裁协议的有效性不得以主合同可能无效或仲裁协议是针对尚未发生的争议为理由而提出异议。”结合查明的事实分析，《解除合同协议》第 5.2 条的约定符合上述瑞士法律的规定，故该仲裁条款合法有效。但依据该仲裁条款约定，只有在满足“国际足联不享有司法管辖权”的情形下，才可将案涉争议提交国际体育仲裁院进行仲裁。现球员身份委员会已经受理案涉争议并作出《单一法官裁决》，即本案争议已由国际足联行使了管辖权。因此，本案不符合案涉仲裁条款所约定的将争议提交国际体育仲裁院进行仲裁的条件，该仲裁条款不适用于本案，不能排除一审法院作为被告住所地人民法院行使管辖权。

（生效裁判审判人员：乔林、赵鹃、侯晓燕）

指导性案例 202 号

武汉卓航江海贸易有限公司、向某等 12 人污染环境刑事附带民事公益诉讼案

（最高人民法院审判委员会讨论通过　2022 年 12 月 30 日发布）

关键词

刑事 / 刑事附带民事公益诉讼 / 船舶偷排含油污水 / 损害认定 / 污染物性质鉴定

裁判要点

1. 船舶偷排含油污水案件中，人民法院可以根据船舶航行轨迹、污染防治设施运行状况、污染物处置去向，结合被告人供述、证人证言、专家意见等证据对违法排放污染物的行为及其造成的损害作出认定。

2. 认定船舶偷排的含油污水是否属于有毒物质时，由于客观原因无法取样的，可以依据来源相同、性质稳定的舱底残留污水进行污染物性质鉴定。

相关法条

1.《中华人民共和国刑法》[根据 2011 年 5 月 1 日起施行的《中华人民共和国刑法修正案（八）》修正] 第 338 条

2 .《中华人民共和国水污染防治法》（2017 年 6 月 27 日修正）第 59 条

基本案情

被告单位武汉卓航江海贸易有限公司（以下简称卓航公司）通过租赁船舶从事国内水上货物定线运输业务，其经营的国裕 1 号船的航线为从江苏省南京市经安徽省芜湖市至浙江省台州市以及宁波市北仑港返回南京市。

依照法律法规，被告单位卓航公司制定《防止船舶造成污染管理须知》，该须知规定国裕 1 号船舱底含油污水可通过油水分离器处理达标后排放，也可由具备接收资质的第三方接收。被告单位卓航公司机务部常年不采购、不更换油水分离器滤芯，船舶油水分离器无法正常工作，分管机务部的副总经理等人指示工作人员用纯净水替代油水分离器出水口水样送检，纵容船舶逃避监管实施偷排；其亦未将含油污水交给有资质第三方处理，含油污水长期无合法处置去向。

2017年8月至2019年3月，先后担任国裕1号船船长的被告人向某、担任轮机长的被告人殷某林、胡某政伙同同案其他被告人违反法律规定，先后五次偷排船舶含油污水。后又购买污水接收证明自行填写后附于油类记录簿应付检查。2019年3月，经举报，国裕1号船将含油污水偷排入长江的行为及作案工具被查获。

归案后，被告人向某等各被告人供述了国裕1号船轮机长等为公司利益多次指使轮机部管轮、机工等人逃避监管，拒不执行法律法规规定的防污措施，于2017年8月至2019年3月五次将舱底含油污水不经油水分离器处理偷排至长江及近海自然水域的事实。各被告人供述能够相互印证，并有证人证言佐证，亦与涉案船舶常年定线运行，含油污水积累速度和偷排频率相对稳定的情形相符，足以认定案件相关事实。

因排入外界的含油污水因客观原因已无法取样，鉴于案涉船舶常年定线运输、偷排频次稳定，设备及操作规程没有变化，舱底残留含油污水与排入外界的含油污水，来源相同且性质稳定，不存在本质变化，故就舱底残留含油污水取样送检。经鉴定，国裕1号船舱底含油污水属于“有毒物质”。生态环境损害的专家评估意见证实，以虚拟治理成本法计算得出五次偷排含油污水造成的生态环境损害数额为10 000元至37 500元。

江苏省南京市鼓楼区人民检察院同时提起刑事附带民事公益诉讼，指控被告单位卓航公司及各被告人犯污染环境罪，并请求判令被告卓航公司承担本案环境损害赔偿费用23 750元、专家评估费用9000元及公告费用700元。

裁判结果

江苏省南京市玄武区人民法院于2020年7月16日以（2020）苏0102刑初24号刑事附带民事判决，认定被告单位卓航公司犯污染环境罪，判处罚金人民币4万元；以污染环境罪分别判处被告人向某等十二名被告人有期徒刑一年六个月至八个月，并处罚金人民币3万元至1万元；判令附带民事公益诉讼被告卓航公司支付生态环境损害赔偿费用人民币23 750元及专家评估费用人民币9000元、公告费用人民币700元，合计人民币33 450元。宣判后，被告人向某提出上诉。南京市中级人民法院于2020年12月23日以（2020）苏01刑终575号刑事附带民事裁定，驳回上诉，维持原判。

裁判理由

法院生效裁判认为：根据水污染防治法等法律法规，被告单位卓航公司虽制定了舱底含油污水等污染环境防治措施，但相关措施在实际运行中流于形式，没有实际执行，用于防治污染的油水分离器不能正常使用。被告单位卓航公司弄虚作假获取油水分离器水样合格的检测报告、低价购置含油污水接收证明逃避监管。案涉船舶常年定线运输，航线上千公里，随着航程增加必然产生并持续累积含油污水，但含油污水既未经油水分离器处理又未交由有资质第三方接收。各被告人供述、证人证言及在案物证关于偷排污水行为的方式、时间、参与人员的内容互相吻合，足以认定各被告人实施了将含油污水排至长江及近海水域的污染环境行为。涉案含油污水的性质稳定，案涉船舶常年定线运输，设备、操作规程及含油污水产生机理稳定，舱底残留含油污水与被偷排的污水系同一整体、性状一致，可以取样据以进行污染物性质鉴定。经鉴定，该含油污水系有毒物质。

案涉污染环境行为系为了被告单位卓航公司的单位利益，在公司分管副总经理指使下，由国裕1号船船长、国裕1号船轮机长、机工等多人参与，共同将未经处理的舱底含油污水偷排至驶经的长江及近海水域，应当认定为单位犯罪。卓航公司违反国家规定，以逃避监管的方式排放有毒物质，严重污染环境，其行为构成污染环境罪。被告人向某等各被告人系单位犯罪中直接负责的主管人员或其他直接责任人员，应当以污染环境罪对其定罪处罚。

附带民事公益诉讼被告卓航公司污染环境，依法应承担生态环境损害赔偿责任。卓航公司将未经处理的舱底含油污水多次偷排至自然水域，专家意见以虚拟治理成本法量化生态环境损害数额并无不当，卓航公司对此不持异议。经评估，案涉船舶五次将未经处理的舱底含油污水偷排至驶经的长江及近海水域行为造成的生态环境损害数额为10 000元至37 500元。公益诉讼起诉人南京市鼓楼区人民检察院取其中间值主张的生态环境损害赔偿费用数额，具有法律和事实依据，依法予以支持。公益诉讼起诉人主张的专家评估费用及公告费用，属于为诉讼支出的合理费用，依法予以支持。

（生效裁判审判人员：姜立、刘尚雷、于元祝）

指导性案例203号

左某、徐某污染环境刑事附带民事公益诉讼案

（最高人民法院审判委员会讨论通过　2022年12月30日发布）

关键词

刑事 / 刑事附带民事公益诉讼 / 应急处置措施 / 必要合理范围 / 公私财产损失 / 生态环境损害

裁判要点

对于必要、合理、适度的环境污染处置费用，人民法院应当认定为属于污染环境刑事附带民事公益诉讼案件中的公私财产损失及生态环境损害赔偿范围。对于明显超出必要合理范围的处置费用，不应当作为追究被告人刑事责任，以及附带民事公益诉讼被告承担生态环境损害赔偿责任的依据。

相关法条

《中华人民共和国刑法》[根据2011年5月1日起施行的《中华人民共和国刑法修正案（八）》修正]第338条

基本案情

自2018年6月始，被告人左某在江苏省淮安市淮安区车桥镇租赁厂房，未经审批生产铝锭，后被告人徐某等人明知左某无危险废物经营许可证，仍在左某上述厂房中筛选铝灰生产铝锭，共计产生约100吨废铝灰。2019年4月23日，左某、徐某安排人员在淮安市淮安区车桥镇大兴村开挖坑塘倾倒上述废铝灰。在倾倒20余吨时，因废铝灰发热、冒烟被群众发现制止并报警。

同年4月24日，淮安市淮安区原环境保护局委托江苏新锐环境监测有限公司司法鉴定所对坑塘内废铝灰进行取样鉴定、委托淮安翔宇环境检测技术有限公司对涉案坑塘下风向的空气与废气进行取样检测。4月28日，经淮安翔宇环境检测技术有限公司检测，涉案坑塘下风向氨超标。4月29日，经江苏新锐环境监测有限公司司法鉴定所鉴定，涉案倾倒的废铝灰13个样品中，有4个样品氟化物（浸出毒性）超出标准值，超标份样数超出了《危险废物鉴别技术规范》（HJ/T298-2007）中规定的相应下限值，该废铝灰为具有浸出毒性特性的危险废物。《国家危险废物名录》（2021版）规定再生铝和铝材加工过程中，废铝及铝锭重熔、精炼、合金化、铸造熔体表面产生的铝灰渣及其回收铝过程产生的盐渣和二次铝灰属于危险废物。

同年4月27日，淮安市淮安区车桥镇人民政府组织人员对上述燃烧的废铝灰用土壤搅拌熄灭，搅拌后的废铝灰与土壤的混合物重453.84吨。

2019年11月，江苏省环境科学研究院受淮安市淮安区车桥镇人民政府委托，编制应急处置方案认为：涉案废铝灰与土壤的混合物因经费及时间问题未进行危险废物属性鉴别工作，根据《国家危险废物名录》（2016版）豁免管理清单第10条规定，建议采用水泥窑协同处置方式进行处置。该院对此次事件生态环境损害评估认为：本次污染事件无人身损害，存在财产损害，费用主要包括财产损害费用、应急处置费用和生态环境损害费用。财产损害费用为清理过程中造成农户的小麦、油菜、蚕豆、蔬菜损失共计3400元；应急处置费用包括应急监测费用7800元（实收7200元）、废铝灰与土壤的混合物的清理费用76 161元、处置费用因暂未处置暂按1000元/吨估算；生态环境损害费用18 000元（坑塘回填恢复，即填土费用）。

2020年3月18日，淮安市淮安区车桥镇人民政府委托南京中联水泥有限公司对废铝灰与土壤的混合物按照危险废物进行处置，处置单价为2800元/吨，该价格含税、含运费。此外还产生江苏新锐环境监测有限公司鉴定费用80 000元、江苏省环境科学研究院应急处置方案费用70 000元及生态环境损害评估费用250 000元，合计400 000元。

关于本案应急处置的相关问题，江苏省环境科学研究院出庭鉴定人明确，应急处置方案针对的是已经清挖出的废铝灰与土壤的混合物，该混合物不能直接判定为危险废物，按照豁免程序处理可提高经济性和实操性，本案受污染的土壤采用水泥窑协同处置的价格为1000元/吨。出庭有专门知识的人认为，铝灰不会大面积燃烧，只需用土壤将明火掩盖即可，20吨废铝灰经土壤混合搅拌后，清理出的混合物应在60吨至120吨范围内，否则属于过度处置。

淮安市淮安区人民检察院提起刑事附带民事环境公益诉讼，指控被告人左某、徐某犯污染环境罪，请求判令被告左某、徐某共同赔偿污染环境造成的财产损害费用3400元、应急处置费用 1 431 788 元、生态环境损害费用 18 000 元以及检验、鉴定等其他合理费用 400 000 元，合计 1 853 188 元；判令被告左某、徐某在淮安市级媒体上向社会公众公开赔礼道歉。

裁判结果

江苏省盱眙县人民法院于 2021 年 6 月 24 日以（2019）苏 0830 刑初 534 号刑事附带民事判决，认定被告人左某犯污染环境罪，判处有期徒刑二年，并处罚金人民币 5 万元；被告人徐某犯污染环境罪，判处有期徒刑二年，并处罚金人民币 5 万元；责令被告人左某退缴违法所得人民币 13 000 元，上缴国库；被告人左某、徐某连带赔偿财产损害费用人民币 3400 元、应急处置费用人民币 156 489 元、生态环境损害费用人民币 18 000 元、鉴定评估等事务性费用等人民币 400 000 元，合计人民币 577 889 元，于判决生效后十五日内履行；责令被告人左某、徐某在淮安市级媒体上向社会公众公开赔礼道歉；驳回刑事附带民事公益诉讼起诉人淮安市淮安区人民检察院的其他诉讼请求。宣判后，没有上诉、抗诉，判决已生效。

裁判理由

法院生效裁判认为：被告人左某、徐某违反国家规定，共同倾倒危险废物，严重污染环境，其行为均已构成污染环境罪。两被告人的行为造成了生态环境损害，损害了社会公共利益，除应受到刑事处罚外，还应依法承担相应的民事责任，包括赔偿损失和赔礼道歉，被告人左某、徐某依法应对造成的生态环境损害后果承担连带赔偿责任。

为维护国家利益和社会公共利益，刑事附带民事公益诉讼起诉人主张两被告人承担生态环境损害赔偿责任，应予以支持，但生态环境损害数额的确定应当遵循合理、必要原则。检察机关在提起公益诉讼时，更应当基于社会公共利益目的、公平正义立场和节约资源、保护生态环境原则，合理提出诉求、准确审查证据。即环境污染事故发生后，行政机关采取应急处置措施应当以必要、合理、适度为原则。对必要、合理、适度的处置费用，应当作为追究被告人刑事责任、承担生态环境损害赔偿责任的依据。但明显超出必要、合理范围的处置费用，不应当认定为环境污染事故造成的公私财产损失，不能将此不合理处置费用作为追究被告人刑事责任的依据，也不能据此作为被告人承担生态环境损害赔偿责任的依据。本案的焦点在于应急处置措施是否超出了必要、合理的限度。

一、关于用 400 余吨土壤覆盖 20 余吨废铝灰的应急处置措施是否合理、必要问题

污染环境事故发生后，行政机关为消除危险、清除污染、防止损害后果进一步扩大所采取应急处置的手段和方式应当予以认可，但在条件允许的前提下，仍应当以必要、合理、适度处置为基本原则。本案中，相关行政机关接到报警赴现场勘查后已经确定倾倒的物质系废铝灰。废铝灰不会大面积燃烧，即使局部燃烧只需用土壤将明火掩盖即可。对废铝灰的处置技术即“泥土覆盖”技术相对简单且具有普适性，本案应急处置与污染事件发生间隔几天，时间上已经不具有紧迫性，应急处置人员有充足的时间研究、制定更加合理的方案。行政机关组织人员采用土壤混合搅拌的措施具有可行性，能够达到应急的效果，但使用的泥土量应当在合理、必要范围内，否则既会造成受污染的土壤过多，消耗国家资源，也会增加相应的处置费用。本案

实际清挖出混合物数量是专家建议最高值的近4倍，差距过大，此次环境污染事件使用土壤搅拌后清理出混合物453.84吨属于处置过当。根据适度处置、节约资源的原则并结合专家意见，酌定此污染事件清理出混合物合理必要的数量为120吨。

二、关于将废铝灰与土壤的混合物直接按照危险废物以2800元/吨价格委托处置是否合理问题

江苏省环境科学研究院制作的应急处置方案明确载明，本案中涉案废铝灰混合物转移和处置可以根据《国家危险废物名录》(2016版)豁免管理清单第10条规定，不按危险废物进行管理，并建议采用水泥窑协同处置方式进行处置，处置费用估算为1000元/吨(含运费)。故该混合物的处置、利用可以不按危险废物进行管理，直接以受污染的土壤即1000元/吨的价格送交处置更加合理。但本案处置价格过高，对超出1000元/吨的部分，不予认定。

三、关于生态环境损害评估报告中未列入，但已实际发生的装车列支费用与运输费用是否应当计入应急处置费用的问题

经查，应急处置人员在实际处置废铝灰与土壤的混合物时，产生了混合物装车列支费用与运输费用。到庭的鉴定人明确表示生态环境损害评估报告中1000元/吨的处置费用包含运输费用但不包含装车列支费用，故实际处置中额外支付的运输费用，属于不合理、不必要范围，故不予支持；但装车列支费用属于《最高人民法院关于审理环境民事公益诉讼案件适用法律若干问题的解释》第十九条第二款规定的"原告为停止侵害、排除妨碍、消除危险采取合理预防、处置措施而发生的费用"，予以支持。

四、关于公私财产损失数额认定及附带民事公益诉讼赔偿数额认定的问题

经查，本案的公私财产损失包括污染环境行为直接造成的财产损失、减少的实际价值，亦包括污染场地回填等为防止污染扩大、消除污染而采取必要合理措施所产生的费用，以及处置突发环境事件的应急监测费用。依据江苏省环境科学研究院评估，结合实际处置情况，认定被告人左某、徐某污染环境行为造成的公私财产损失数额如下：1. 财产损害费用3400元：即清理过程中造成农户的小麦、油菜、蚕豆、蔬菜损失共计3400元。2. 应急处置费用：156 489元。应急处置费用包括：(1)应急监测费用7200元；(2)清理费用20 137元；(3)处置费用129 152元。3. 生态环境损害费用：18 000元。坑塘经过应急清理后已基本消除污染，但需要进行回填恢复，填土费用18 000元。以上费用共计177 889元。即公私财产损失数额应当认定为177 889元，但未达到司法解释规定的1 000 000元，不属于后果特别严重情节。

附带民事公益诉讼起诉人主张赔偿的生态环境损害数额包括上述公私财产损失数额，同时还包括生态环境损害赔偿鉴定及评估费用、应急方案编制费用共计400 000元。综上，被告人左某、徐某应当承担的生态环境损害赔偿数额共计577 889元。

(生效裁判审判人员：孙在桐、蒋莹莹、王某林、张春艳、翟顺昌、陈志艺、薛琴)

指导性案例 204 号

重庆市人民检察院第五分院诉重庆瑜煌电力设备制造有限公司等环境污染民事公益诉讼案

（最高人民法院审判委员会讨论通过　2022 年 12 月 30 日发布）

关键词

民事 / 环境污染民事公益诉讼 / 环保技术改造 / 费用抵扣 / 生态环境损害赔偿金

裁判要点

1. 受损生态环境无法修复或无修复必要，侵权人在已经履行生态环境保护法律法规规定的强制性义务基础上，通过资源节约集约循环利用等方式实施环保技术改造，经评估能够实现节能减排、减污降碳、降低风险效果的，人民法院可以根据侵权人的申请，结合环保技术改造的时间节点、生态环境保护守法情况等因素，将由此产生的环保技术改造费用适当抵扣其应承担的生态环境损害赔偿金。

2. 为达到环境影响评价要求、排污许可证设定的污染物排放标准或者履行其他生态环境保护法律法规规定的强制性义务而实施环保技术改造发生的费用，侵权人申请抵扣其应承担的生态环境损害赔偿金的，人民法院不予支持。

相关法条

1.《中华人民共和国环境保护法》第 36 条、第 40 条第 1 款

2.《中华人民共和国循环经济促进法》第 3 条

基本案情

重庆市鹏展化工有限公司（以下简称鹏展公司）、重庆瑜煌电力设备制造有限公司（以下简称瑜煌公司）、重庆顺泰铁塔制造有限公司（以下简称顺泰公司）均无危险废物经营资质。2015 年 4 月 10 日，鹏展公司分别与瑜煌公司、顺泰公司签订合同，约定鹏展公司以 420 元 / 吨的价格向瑜煌公司、顺泰公司出售盐酸，由鹏展公司承担运费。前述价格包含销售盐酸的价格和鹏展公司将废盐酸运回进行处置的费用。2015 年 7 月开始，鹏展公司将废盐酸从瑜煌公司、顺泰公司运回后，将废盐酸直接非法排放。2015 年 7 月至 2016 年 3 月，鹏展公司非法排放废盐酸累计至少达 717.14 吨，造成跳蹬河受到污染。经评估，本次事件生态环境损害数额

为 6 454 260 元，同时还产生事务性费用 25 100 元及鉴定费 5000 元。本次污染事件发生后，瑜煌公司和顺泰公司投入资金开展酸雾收集、助镀槽再生系统等多个方面的技术改造，环境保护水平有所提升。公益诉讼起诉人重庆市人民检察院第五分院认为鹏展公司、瑜煌公司和顺泰公司应承担本次环境污染事件造成的损失，遂向人民法院提起诉讼请求判决鹏展公司、瑜煌公司、顺泰公司承担生态环境损害赔偿金及鉴定费等共计 6 484 360 元，并向社会公众赔礼道歉。

裁判结果

重庆市第五中级人民法院于 2019 年 11 月 29 日作出（2019）渝 05 民初 0256 号民事判决：一、被告鹏展公司赔偿因非法排放废盐酸产生的生态环境修复费用 6 479 360 元、技术咨询费 5000 元，合计 6 484 360 元，限本判决生效之日起十日内支付至本院指定的司法生态修复费专款账户。二、被告瑜煌公司和被告顺泰公司对本判决第一项确定的被告鹏展公司的赔偿款分别承担 3 242 180 元的连带清偿责任。三、被告鹏展公司、瑜煌公司和被告顺泰公司在本判决生效之日起三十日内在重庆市市级以上媒体向社会公众赔礼道歉。宣判后，瑜煌公司和顺泰公司不服，提起上诉，并在二审中提出分期支付申请和对其技改费用予以抵扣请求。重庆市高级人民法院于 2020 年 12 月 25 日作出（2020）渝民终 387 号民事判决：一、维持重庆市第五中级人民法院（2019）渝 05 民初 0256 号民事判决第一项、第三项。二、撤销重庆市第五中级人民法院（2019）渝 05 民初 0256 号民事判决第二项。三、瑜煌公司、顺泰公司对鹏展公司应承担的生态环境损害赔偿金分别承担 3 242 180 元的连带清偿责任，在向重庆市第五中级人民法院提供有效担保后，按照 25%、25% 及 50% 的比例分三期支付。具体支付时间为本判决生效之日起十日内各支付 809 920 元及技术咨询费 2500 元；2021 年 12 月 31 日前各支付 809 920 元；2022 年 12 月 31 日前各支付 1 619 840 元。技术咨询费在执行到位后十日内支付到重庆市人民检察院第五分院指定的账户。四、如果瑜煌公司、顺泰公司在本判决生效后实施技术改造，在相同产能的前提下明显减少危险废物的产生或降低资源的消耗，且未因环境违法行为受到处罚，其已支付的技术改造费用可以凭技术改造效果评估意见和具有法定资质的中介机构出具的技术改造投入资金审计报告，可在支付第三期款项时向人民法院申请抵扣。

裁判理由

法院生效裁判认为，根据《中华人民共和国固体废物污染环境防治法》（2015 年修正）第五十七条规定，从事收集、贮存、处置危险废物经营活动的单位，必须向县级以上人民政府环境保护行政主管部门申请领取经营许可证；从事利用危险废物经营活动的单位，必须向国务院环境保护行政主管部门或者省、自治区、直辖市人民政府环境保护行政主管部门申请领取经营许可证。本案中，瑜煌公司、顺泰公司作为危险废物的生产者，却将涉案危险废物交由未取得危险废物经营许可证的鹏展公司处置，违反了危险废物污染防治的法定义务。鹏展公司非法排放的危险废物中无法区分瑜煌公司、顺泰公司各自提供的具体数量或所占份额，构成共同侵权，故瑜煌公司和顺泰公司应对鹏展公司所造成的生态环境损害承担连带责任。

环境公益诉讼作为环境保护法确立的重要诉讼制度，其诉讼目的不仅仅是追究环境侵权责任，更重要的是督促引导环境侵权人实施环境修复，鼓励企业走生态优先、绿色发展的道路，实现环境保护同经济建设和社会发展相协调。瑜煌公司和顺泰公司在案涉污染事件发生后实施技术改造，并请求以技术改造费用抵扣生态环境损害赔偿金。对技术改造费用能否用以抵扣应承担的生态环境损害赔偿金的问题，应秉持前述环境司法理念，对企业实施的环保技术改造的项目和目的加以区分，分类对待。如果企业实施的环保技术改造的项目和目的仅满足其环境影响评价要求、达到排污许可证设定的污染物排放标准或者履行其他法定的强制性义务，那么对该部分技术改造费用应不予抵扣；如果企业在已完全履行法律对企业设定的强制性环境保护义务基础之上，通过使用清洁能源、采用更优技术、工艺或设备等方式，实现资源利用率更高、污染物排放量减少、废弃物综合利用率提升等效果，则该部分技术改造费用就应考虑予以适当抵扣。

本案中，由于河流具有自净能力，受到污染的水体现已无必要进行生态环境修复。瑜煌公司和顺泰公司愿意继续进行技术改造，其承诺实施的技术改造，有利于实现污染物的减量化、再利用和资源化，亦有利于降低当地的环境风险。因此，将瑜煌公司和顺泰公司已实际支付的环保技术改造费用用于抵扣其应承担的生态环境损害赔偿金，符合环境公益诉讼维护社会公共利益的目的。为支持企业绿色转型，鼓励瑜煌公司和顺泰公司投入更多的资金用于节能减排，法院将瑜煌公司和顺泰公司各自可以抵扣的上限设定为其应承担的生态环境损害赔偿金的50%。故瑜煌公司和顺泰公司在本判决生效后开展技术改造，在相同产能的前提下明显减少危险废物的产生或降低资源的消耗，且未因环境违法行为受到处罚，其已支付的技术改造费用凭技术改造效果评估意见和具有法定资质的中介机构出具的技术改造投入资金审计报告，可向人民法院申请抵扣。

在环境民事公益诉讼案件中，既要确保受损的生态环境得到及时有效修复，又要给予正确面对自身环境违法行为、愿意积极承担环境法律责任的企业继续进行合法生产经营的机会，实现保护生态环境与促进经济发展的平衡。新冠肺炎疫情期间，瑜煌公司和顺泰公司的生产经营受到一定影响，两家企业在案发后投入大量资金实施技术改造，且部分尚欠的技术改造费用已到清偿期，两家企业当前均出现一定程度的经营困难。为促发展、稳预期、保民生，最大限度维持企业的持续经营能力，对瑜煌公司和顺泰公司请求分期支付的意见予以采纳，准许其两年内分三期支付生态环境损害赔偿金。

（生效裁判审判人员：唐亚林、赵翎、黄成）

指导性案例 205 号

上海市人民检察院第三分院诉郎溪华远固体废物处置有限公司、宁波高新区米泰贸易有限公司、黄某庭、薛某环境污染民事公益诉讼案

（最高人民法院审判委员会讨论通过　2022 年 12 月 30 日发布）

关键词

民事 / 环境污染民事公益诉讼 / 固体废物 / 走私 / 处置费用

裁判要点

1. 侵权人走私固体废物，造成生态环境损害或者具有污染环境、破坏生态重大风险，国家规定的机关或者法律规定的组织请求其依法承担生态环境侵权责任的，人民法院应予支持。因同一行为引发的刑事案件中未被判处刑事责任的侵权人主张不承担生态环境侵权责任的，人民法院不予支持。

2. 对非法入境后因客观原因无法退运的固体废物采取无害化处置是防止生态环境损害发生和扩大的必要措施，所支出的合理费用应由侵权人承担。侵权人以固体废物已被行政执法机关查扣没收，处置费用应纳入行政执法成本作为抗辩理由的，人民法院不予支持。

相关法条

《中华人民共和国民法典》第 179 条、第 187 条（本案适用的是自 2010 年 7 月 1 日起实施的《中华人民共和国侵权责任法》第 4 条、第 15 条）

基本案情

法院经审理查明：2015 年年初，郎溪华远固体废物处置有限公司（以下简称华远公司）法定代表人联系黄某庭，欲购买进口含铜固体废物，黄某庭随即联系宁波高新区米泰贸易有限公司（以下简称米泰公司）实际经营者陈某君以及薛某，商定分工开展进口含铜固体废物的活动。同年 9 月，薛某在韩国组织了一票 138.66 吨的铜污泥，由米泰公司以铜矿砂品名制作了虚假报关单证，并将进口的货物清单以传真等方式告知华远公司，华远公司根据货物清单上的报价向米泰公司支付了货款 458 793.90 元，再由黄某庭在上海港报关进口。后该票固体废物被海关查获滞留港区，无法退运，危害我国生态环境安全。上海市固体废物管理中心认为，涉案

铜污泥中含有大量重金属，应从严管理，委托有危险废物经营许可证单位进行无害化处置。经上海市价格认证中心评估，涉案铜污泥处置费用为 1 053 700 元。

另查明，2017 年 12 月 25 日，上海市人民检察院第三分院就米泰公司、黄某庭、薛某共同实施走私国家禁止进口固体废物，向上海市第三中级人民法院提起公诉。上海市第三中级人民法院于 2018 年 9 月 18 日作出（2018）沪 03 刑初 8 号刑事判决，判决米泰公司犯走私废物罪，判处罚金 20 万元；黄某庭犯走私废物罪，判处有期徒刑四年，并处罚金 30 万元；薛某犯走私废物罪，判处有期徒刑二年，并处罚金 5 万元。该刑事判决已生效。

裁判结果

上海市第三中级人民法院于 2019 年 9 月 5 日作出（2019）沪 03 民初 11 号民事判决：被告米泰公司、被告黄某庭、被告薛某、被告华远公司于本判决生效之日起十日内，连带赔偿非法进口固体废物（铜污泥）的处置费 1 053 700 元，支付至上海市人民检察院第三分院公益诉讼专门账户。华远公司不服，提起上诉。上海市高级人民法院于 2020 年 12 月 25 日作出（2019）沪民终 450 号民事判决：驳回上诉，维持原判。

裁判理由

法院生效裁判认为：行为人未在走私废物犯罪案件中被判处刑事责任，不代表其必然无需在民事公益诉讼中承担民事责任，是否应当承担民事责任，需要依据民事法律规范予以判断，若符合相应民事责任构成要件的，仍应承担民事赔偿责任。本案中，相关证据能够证明华远公司与米泰公司、黄某庭、薛某之间就进口铜污泥行为存在共同商议，其属于进口铜污泥行为的需求方和发起者，具有共同的侵权故意，符合共同实施环境民事侵权行为的构成要件。

对于非法入境的国家禁止进口的固体废物，即使因被查扣尚未造成实际的生态环境损害，但对国家生态环境安全存在重大侵害风险的，侵权行为人仍应负有消除危险的民事责任。相关行为人应当首先承担退运固体废物的法律责任，并由其自行负担退运成本，在无法退运的情形下，生态环境安全隐患和影响仍客观存在，行为人不应当因无法退运而免除排除污染风险的法律责任。故在本案中，四被告应当共同承担消除危险的民事责任。

针对非法入境而滞留境内的固体废物，无害化处置是消除危险的必要措施，相应的处置费用应由侵权行为人承担。为防止生态环境损害的发生，行为人应当承担为停止侵害、消除危险等采取合理预防、处置措施而发生的费用。案涉铜污泥无法退运，为消除环境污染危险，需要委托有关专业单位采取无害化处置，此系必要的、合理的预防处置措施。相关费用属于因消除污染危险而产生的费用，华远公司与其他各方应承担连带赔偿责任。侵权行为人以固体废物已被行政执法机关查扣没收，处置费用应纳入行政执法成本作为抗辩理由的，不应予以支持。

（生效裁判审判人员：殷勇磊、张心全、陈振宇）

指导性案例 206 号

北京市人民检察院第四分院诉朱某良、朱某涛环境污染民事公益诉讼案

（最高人民法院审判委员会讨论通过　2022 年 12 月 30 日发布）

关键词

民事 / 环境污染民事公益诉讼 / 土壤污染 / 生态环境功能损失赔偿 / 生态环境修复 / 修复效果评估

裁判要点

1. 两个以上侵权人分别实施污染环境、破坏生态行为造成同一损害，每一个侵权人的污染环境、破坏生态行为都不足以造成全部损害，部分侵权人根据修复方案确定的整体修复要求履行全部修复义务后，请求以代其他侵权人支出的修复费用折抵其应当承担的生态环境服务功能损失赔偿金的，人民法院应予支持。

2. 对于侵权人实施的生态环境修复工程，应当进行修复效果评估。经评估，受损生态环境服务功能已经恢复的，可以认定侵权人已经履行生态环境修复责任。

相关法条

《中华人民共和国民法典》第 1167 条、第 1229 条（本案适用的是自 2010 年 7 月 1 日起实施的《中华人民共和国侵权责任法》第 21 条、第 65 条）

基本案情

2015 年 10 月至 12 月，朱某良、朱某涛在承包土地内非法开采建筑用砂 89 370.8 立方米，价值人民币 4 468 540 元。经鉴定，朱某良二人非法开采的土地覆被类型为果园，地块内原生土壤丧失，原生态系统被完全破坏，生态系统服务能力严重受损，确认存在生态环境损害。鉴定机构确定生态环境损害恢复方案为将损害地块恢复为园林地，将地块内缺失土壤进行客土回填，下层回填普通土，表层覆盖 60 厘米种植土，使地块重新具备果树种植条件。恢复工程费用评估核算为 2 254 578.58 元。北京市人民检察院第四分院以朱某良、朱某涛非法开采造成土壤受损，破坏生态环境，损害社会公共利益为由提起环境民事公益诉讼（本案刑事部分另案审理）。

2020年6月24日，朱某良、朱某涛的代理人朱某某签署生态环境修复承诺书，承诺按照生态环境修复方案开展修复工作。修复工程自2020年6月25日开始，至2020年10月15日完成。2020年10月15日，北京市房山区有关单位对该修复工程施工质量进行现场勘验，均认为修复工程依法合规、施工安全有序开展、施工过程中未出现安全性问题、环境污染问题，施工程序、工程质量均符合修复方案要求。施工过程严格按照生态环境修复方案各项具体要求进行，回填土壤质量符合标准，地块修复平整，表层覆盖超过60厘米的种植土，已重新具备果树种植条件。

上述涉案土地内存在无法查明的他人倾倒的21 392.1立方米渣土，朱某良、朱某涛在履行修复过程中对该部分渣土进行环境清理支付工程费用75.4万元。

裁判结果

北京市第四中级人民法院于2020年12月21日作出（2020）京04民初277号民事判决：一、朱某良、朱某涛对其造成的北京市房山区长阳镇朱岗子村西的14 650.95平方米土地生态环境损害承担恢复原状的民事责任，确认朱某良、朱某涛已根据《房山区朱某良等人盗采砂石矿案生态环境损害鉴定评估报告书》确定的修复方案将上述受损生态环境修复到损害发生之前的状态和功能（已履行完毕）。二、朱某良、朱某涛赔偿生态环境受到损害至恢复原状期间的服务功能损失652 896.75元；朱某良、朱某涛在履行本判决第一项修复义务时处理涉案地块上建筑垃圾所支付费用754 000元折抵其应赔偿的生态环境受到损害至恢复原状期间的服务功能损失652 896.75元。三、朱某良、朱某涛于本判决生效之日起七日内给付北京市人民检察院第四分院鉴定费115 000元。四、朱某良、朱某涛在一家全国公开发行的媒体上向社会公开赔礼道歉，赔礼道歉的内容及媒体、版面、字体需经本院审核，朱某良、朱某涛应于本判决生效之日起十五日内向本院提交，并于审核通过之日起三十日内刊登，如未履行上述义务，则由本院选择媒体刊登判决主要内容，所需费用由朱某良、朱某涛负担。判决后，双方当事人均未提出上诉。

裁判理由

法院生效裁判认为：朱某良、朱某涛非法开采的行为，造成了生态环境破坏，侵害了不特定多数人的合法权益，损害了社会公共利益，构成环境民事侵权。朱某良、朱某涛作为非法开采行为人，违反了保护环境的法定义务，应对造成的生态环境损害承担民事责任。

一、关于被告对他人倾倒渣土的处理费用能否折抵生态功能损失赔偿费用的问题

从环境法的角度而言，生态环境具有供给服务、调节服务、文化服务以及支持服务等功能。生态环境受损将导致其向公众或其他生态系统提供上述服务的功能减少或丧失。朱某良、朱某涛在其租赁的林果地上非法开采，造成地块土壤受损，属于破坏生态环境、损害社会公共利益的行为，还应赔偿生态环境受到损害至恢复原状期间的服务功能损失。根据鉴定评估报告对生态服务价值损失的评估意见，确定朱某良、朱某涛应承担的服务功能损失赔偿金额为652 896.75元。《最高人民法院关于审理环境民事公益诉讼案件适用法律若干问题的解释》第

二十四条第一款规定，人民法院判决被告承担的生态环境修复费用、生态环境受到损害至恢复原状期间服务功能损失等款项，应当用于修复被损害的生态环境。故被告人承担的生态环境受到损害至恢复原状期间服务功能损失的款项应当专项用于该案环境修复、治理或异地公共生态环境修复、治理。朱某良、朱某涛对案涉土地进行生态修复时，土地上还存在无法查明的他人倾倒渣土。朱某涛、朱某良非法开采的行为造成受损地块原生土壤丧失、土壤的物理结构变化，而他人倾倒渣土的行为则会造成土壤养分的改变，两个侵权行为叠加造成现在的土壤生态环境损害。为全面及时恢复生态环境，朱某良、朱某涛根据修复方案对涉案地块整体修复的要求，对该环境内所倾倒渣土进行清理并为此实际支出75.4万元，系属于对案涉环境积极地修复、治理，这与法律、司法解释规定的被告承担生态功能损失赔偿责任的目的和效果是一致的。同时，侵权人在承担修复责任的同时，积极采取措施，对他人破坏环境造成的后果予以修复治理，有益于生态环境保护，在修复效果和综合治理上亦更能体现及时优化生态环境的特点。因此，综合两项费用的功能目的以及赔偿费用专项执行的实际效果考虑，朱某良、朱某涛对倾倒渣土环境进行清理的费用可以折抵朱某良、朱某涛需要承担的生态功能损失赔偿费用。

二、关于被告诉讼过程中自行进行生态修复的效果评估问题

朱某良、朱某涛在诉讼过程中主动履行环境修复义务，并于2020年6月25日至10月15日按照承诺书载明的生态环境修复方案对案涉地块进行了回填修复。根据《最高人民法院关于审理生态环境损害赔偿案件的若干规定（试行）》第九条规定，负有相关环境资源保护监督管理职责的部门或者其委托的机构在行政执法过程中形成的事件调查报告、检验报告、监测报告、评估报告、监测数据等，经当事人质证并符合证据标准的，可以作为认定案件事实的根据。本案中，北京市房山区有关单位积极履行环境监督管理职责，对于被告人自行实施的生态修复工程进行过程监督并出具相应的验收意见，符合其职责范围，且具备相应的专业判断能力，有关单位联合出具的验收意见，可以作为认定当事人自行实施的生态修复工程质量符合标准的重要依据。同时，评估机构在此基础上，对修复工程进行了效果评估，确认案涉受损地块内土壤已恢复至基线水平，据此可以认定侵权人已经履行生态环境修复责任。

（生效裁判审判人员：马军、梅宇、赵佳、王鹏宇、张桂荣、张风光、衡军）

指导性案例 207 号
江苏省南京市人民检察院诉王某林生态破坏民事公益诉讼案

（最高人民法院审判委员会讨论通过　2022 年 12 月 30 日发布）

关键词

民事 / 生态破坏民事公益诉讼 / 非法采矿 / 生态环境损害 / 损失整体认定 / 系统保护修复

裁判要点

1. 人民法院审理环境民事公益诉讼案件，应当坚持山水林田湖草沙一体化保护和系统治理。对非法采矿造成的生态环境损害，不仅要对造成山体（矿产资源）的损失进行认定，还要对开采区域的林草、水土、生物资源及其栖息地等生态环境要素的受损情况进行整体认定。

2. 人民法院审理环境民事公益诉讼案件，应当充分重视提高生态环境修复的针对性、有效性，可以在判决侵权人承担生态环境修复费用时，结合生态环境基础修复及生物多样性修复方案，确定修复费用的具体使用方向。

相关法条

1.《中华人民共和国环境保护法》第 64 条

2.《中华人民共和国民法典》第 1165 条（本案适用的是自 2010 年 7 月 1 日起实施的《中华人民共和国侵权责任法》第 6 条）

基本案情

2015 年至 2018 年，王某林违反国家管理矿产资源法律规定，在未取得采矿许可证的情况下，使用机械在南京市浦口区永宁镇老山林场原山林二矿老宕口内、北沿山大道建设施工红线外非法开采泥灰岩、泥页岩等合计十余万吨。南京市浦口区人民检察院以王某林等人的行为构成非法采矿罪向南京市玄武区人民法院提起公诉。该案审理期间，王某林已退赔矿石资源款 4 455 998.6 元。2020 年 3 月、8 月，江苏省环境科学研究院先后出具《“南京市浦口区王某林等人非法采矿案”生态环境损害评估报告》（以下简称《评估报告》）、《“南京市浦口区王某林等人非法采矿案”生态环境损害（动物类）补充说明》（以下简称《补充说明》）。南京市人民检察院认为，王某林非法采矿造成国家矿产资源和生态环境破坏，损害社会公共利益，遂提起本案诉讼，诉请判令王某林承担生态破坏侵权责任，赔偿生态环境损害修复费用 1 893 112 元（具体包括：1. 生态资源的损失中林木的直接经济损失 861 750 元；2. 生态系统功能受到影响的损失：森林涵养水损失 440 233 元；水土流失损失 50 850 元；土壤侵蚀损失 81 360 元；树木放氧量减少损失 64 243 元；鸟类生态价值损失 243 122 元；哺乳动物栖息地服务价值损失 18 744 元；3. 修复期间生物多样性的价值损失 132 810 元）以及事务性费用 400 000 元，并提出了相应的修复方案。

裁判结果

江苏省南京市中级人民法院于 2020 年 12 月 4 日作出（2020）苏 01 民初 798 号民事判决：一、被告王某林对其非法采矿造成的生态资源损失 1 893 112 元（已缴纳）承担赔偿责任，其中 1 498 436 元用于南京市山林二矿生态修复工程及南京市浦口区永宁街道大桥林场路口地质灾害治理工程，394 676 元用于上述地区生物多样性的恢复及保护。二、被告王某林承担损害评估等事务性费用 400 000 元（已缴纳），该款项于本判决生效后十日内划转至南京市人民检察院。判决后，南京市人民检察院与王某林均未上诉，判决已发生法律效力。

裁判理由

法院生效裁判认为：非法采矿对生态资源造成复合性危害，在长江沿岸非法露天采矿，不仅造成国家矿产资源损失，还必然造成开采区域生态环境破坏及生态要素损失。环境和生物之间、生物和生物之间协同共生，相互影响、相互依存，形成动态的平衡。一个生态要素的破坏，必然会对整个生态系统的多个要素造成不利影响。非法采矿将直接导致开采区域的植被和土壤破坏，山体损坏影响到林、草蓄积，林、草减少影响到水土涵养，上述生态要素的破坏又直接、间接影响到鸟类和其他动物的栖息环境，造成生态系统的整体破坏及生物多样性的减少，自然要素生态利益的系统损害必将最终影响到人类的生产生活和优美生态环境的实现。被告王某林违反矿产资源法的规定，未取得采矿许可证即实施非法采矿行为，造成生态环境的破坏，主观存在过错，非法采矿行为与生态环境损害之间具有因果关系，应当依照《中华人民共和国侵权责任法》第六条之规定，对其行为造成的生态环境损害后果承担赔偿责任。

一、关于生态环境损害计算问题

1. 生态资源的经济损失计算合理。非法采矿必将使被开采区域的植被遭到严重破坏，受损山体的修复及自然林地的恢复均需要合理周期，即较长时间才能重新恢复林地的生态服务功能水平，故《评估报告》以具有 20 年生长年限的林地作为参照计算具有一定合理性，《评估报告》制作人关于林木经济损失计算的解释科学，故应对非法采矿行为造成林木经济损失 861 750 元依法予以认定。

2. 鸟类生态价值损失计算恰当。森林资源为鸟类提供了栖息地和食物来源，鸟类种群维持着食物链的完整性，保持营养物质循环的顺利进行，栖息地的破坏必然导致林鸟迁徙或者食物链条断裂，一旦食物链的完整性被破坏，必将对整个森林生态系统产生严重的后果。《补充说明》载明，两处非法开采点是林鸟种群的主要栖息地和适宜生境，非法采矿行为造成鸟类栖息地被严重破坏，由此必然产生种子传播收益额及改善土壤收益额的损失。鸟类为种子的主要传播者和捕食者，可携带或者吞食植物种子，有利于生态系统次生林的自然演替；同时，次生林和原始森林系统的良性循环，也同样为鸟类的自然栖息地提供了庇护，对植物种子的传播具有积极意义。《补充说明》制作人从生态系统的完整性和种间生态平衡的角度，对非法采矿行为造成平衡性和生物多样性的破坏等方面对鸟类传播种子损失作出了详细解释，解释科学合理，故对非法采矿造成鸟类生态价值损失 243 122 元予以认定。

3. 哺乳动物栖息地服务价值损失客观存在。森林生态系统是陆地生态系统的重要组成部分，同时也是哺乳动物繁衍和生存的主要栖息地之一。哺乳动物不仅对维持生态系统平衡有重要作用，还能够调节植物竞争，维护系统物种多样性以及参与物质和能量循环等，是改变生态系统内部各构件配置的最基本动力。虽然因客观因素无法量化栖息地生态环境损害价值，但非法采矿行为造成山体破坏和植被毁坏，导致哺乳动物过境受到严重影响，哺乳动物栖息地服务价值损失客观存在。结合案涉非法采矿区域位于矿坑宕口及林场路口的实际情况，综合考虑上述区域植被覆盖率以及人类活动影响造成两区域内哺乳动物的种类和数量较少等客观因素，公益诉讼起诉人主张按照其他生态环境损失 1 874 368 元的 1% 计算哺乳动物栖息地服务价值损失 18 744 元具有一定的合理性，应当依法予以支持。

二、关于生态环境修复问题

恢复性司法理念要求受损的生态环境切实得到有效修复，系统保护需要从各个生态要素全方位、全地域、全过程保护，对破坏生态所造成的损失修复，也要从系统的角度对不同生态要素所遭受的实际影响予以综合考量，注重从源头上系统开展生态环境修复，注重自然要素生态利益的有效发挥，对长江流域生态系统提供切实有效的保护。鉴于非法采矿给生态环境造成了严重的破坏，应当采取消除受损山体存在的地质灾害隐患，以及从尽可能恢复其生态环境功能的角度出发，结合经济、社会、人文等实际发展需要进行总体分析判断。

案涉修复方案涵盖了山体修复、植被复种、绿地平整等生态修复治理的多个方面，充分考虑了所在区域生态环境结构的功能定位，体现了强化山水林田湖草沙等各种生态要素协同治理的理念，已经法庭技术顾问论证，结论科学，方法可行。王某林赔偿的生态环境损失费用中，属于改善受破坏的自然环境状况，恢复和维持生态环境要素正常生态功能发挥范畴的，可用于侵权行为发生地生态修复工程及地质灾害治理工程使用。本案中生物栖息地也是重要的生态保护和修复目标，生物多样性受到影响的损失即鸟类生态价值损失、哺乳动物栖息地服务价值损失、修复期间生物多样性价值恢复费用属于生物多样性恢复考量范畴，可在基础修复工程完成后，用于侵权行为发生地生物多样性的恢复及保护使用。

综上，法院最终判决王某林对其非法采矿造成的生态资源损失承担赔偿责任，并在判决主文中写明了生态修复、地质治理等项目和生物多样性保护等费用使用方向。

（生效裁判审判人员：陈迎、姜立、刘尚雷、陈美芳、毛建美、丁茜、任重远）

指导性案例 208 号

江西省上饶市人民检察院诉张某明、张某、毛某明生态破坏民事公益诉讼案

（最高人民法院审判委员会讨论通过　2022 年 12 月 30 日发布）

关键词

民事 / 生态破坏民事公益诉讼 / 自然遗迹 / 风景名胜 / 生态环境损害赔偿金额

裁判要点

1. 破坏自然遗迹和风景名胜造成生态环境损害，国家规定的机关或者法律规定的组织请求侵权人依法承担修复和赔偿责任的，人民法院应予支持。

2. 对于破坏自然遗迹和风景名胜造成的损失，在没有法定鉴定机构鉴定的情况下，人民法院可以参考专家采用条件价值法作出的评估意见，综合考虑评估方法的科学性及评估结果的不确定性，以及自然遗迹的珍稀性、损害的严重性等因素，合理确定生态环境损害赔偿金额。

相关法条

《中华人民共和国环境保护法》第 2 条

基本案情

公益诉讼起诉人上饶市人民检察院诉称：张某明、张某、毛某明三人以破坏性方式攀爬巨蟒峰，在世界自然遗产地、世界地质公园三清山风景名胜区的核心景区巨蟒峰上打入 26 个岩钉，造成严重损毁，构成对社会公共利益的严重损害。因此应判决确认三人连带赔偿对巨蟒峰非使用价值（根据环境资源价值理论，非使用价值是人们从旅游资源获得的并非源于自己使用的效用，主要包括存在价值、遗产价值和选择价值）造成的损失最低阈值 1190 万元；在全国性知名媒体公开赔礼道歉；依法连带承担聘请专家所支出的评估费用 15 万元。

被告张某明、张某、毛某明辩称：本案不属于生态环境公益诉讼，检察院不能提起民事公益诉讼；张某明等人主观上没有过错，也没有造成巨蟒峰的严重损毁，风险不等于实际的损害结果，故不构成侵权；专家组出具的评估报告不能采信。

法院经审理查明：2017 年 4 月左右，被告人张某明、张某、毛某明三人通过微信联系，约定前往三清山风景名胜区攀爬“巨蟒出山”岩柱体（又称巨蟒峰）。2017 年 4 月 15 日凌晨 4

时左右，张某明、张某、毛某明三人携带电钻、岩钉（即膨胀螺栓，不锈钢材质）、铁锤、绳索等工具到达巨蟒峰底部。被告人张某明首先攀爬，毛某明、张某在下面拉住绳索保护张某明的安全。在攀爬过程中，张某明在有危险的地方打岩钉，使用电钻在巨蟒峰岩体上钻孔，再用铁锤将岩钉打入孔内，用扳手拧紧，然后在岩钉上布绳索。张某明通过这种方式于早上 6 时 49 分左右攀爬至巨蟒峰顶部。毛某明一直跟在张某明后面为张某明拉绳索做保护，并沿着张某明布好的绳索于早上 7 时左右攀爬到巨蟒峰顶部。在张某明、毛某明攀爬开始时，张某为张某明拉绳索做保护，之后沿着张某明布好的绳索于早上 7 时 30 分左右攀爬至巨蟒峰顶部，在顶部使用无人机进行拍摄。在巨蟒峰顶部，张某明将多余的工具给毛某明，毛某明顺着绳索下降，将多余的工具带回宾馆，随后又返回巨蟒峰，攀爬至巨蟒峰 10 多米处，被三清山管委会工作人员发现后劝下并被民警控制。张某、张某明在工作人员劝说下，也先后于上午 9 时左右、9 时 40 分左右下到巨蟒峰底部并被民警控制。经现场勘查，张某明在巨蟒峰上打入岩钉 26 个。经专家论证，三被告人的行为对巨蟒峰地质遗迹点造成了严重损毁。

本案刑事部分已另案审理。

2018 年 3 月 28 日，受上饶市检察院委托，江西财经大学专家组针对张某明等三人攀爬巨蟒峰时打入的 26 枚岩钉对巨蟒峰乃至三清山风景名胜区造成的损毁进行价值评估。2018 年 5 月 3 日，江西财经大学专家组出具了《三清山巨蟒峰受损价值评估报告》。该评估报告载明：专家组依据确定的价值类型，采用国际上通行的条件价值法对上述故意损毁行为及其后果进行价值评估，巨蟒峰价值受损评估结果为，“巨蟒峰案”三名当事人的行为虽未造成巨蟒峰山体坍塌，但对其造成了不可修复的严重损毁，对巨蟒峰作为世界自然遗产的存在造成了极大的负面影响，加速了山体崩塌的可能性。因此，专家组认为：此次“巨蟒峰案的价值损失评估值”不应低于该事件对巨蟒峰非使用价值造成的损失最低阈值，即 1190 万元。

裁判结果

江西省上饶市中级人民法院于 2019 年 12 月 27 日作出（2018）赣 11 民初 303 号民事判决：一、被告张某明、张某、毛某明在判决生效后十日内在全国性媒体上刊登公告，向社会公众赔礼道歉，公告内容应由一审法院审定；二、被告张某明、张某、毛某明连带赔偿环境资源损失计人民币 6 000 000 元，于判决生效后三十日内支付至一审法院指定的账户，用于公共生态环境保护和修复；三、被告张某明、张某、毛某明在判决生效后十日内赔偿公益诉讼起诉人上饶市检察院支出的专家费 150 000 元。宣判后，张某明、张某提起上诉。江西省高级人民法院于 2020 年 5 月 18 日作出（2020）赣民终 317 号民事判决：驳回上诉，维持原判。

裁判理由

法院生效裁判认为：

一、关于人民法院对检察机关提起的本案生态破坏民事公益诉讼可否支持的问题

首先，张某明上诉称其三人行为仅构成对自然资源的破坏而非对生态环境的破坏，该主张不能成立。《中华人民共和国宪法》第二十六条第一款明确规定：“国家保护和改善生活环境

和生态环境，防治污染和其他公害。”该法条将环境分为生活环境和生态环境。生活环境指向与人类活动有关的环境，生态环境指向与自然活动有关的环境。《中华人民共和国环境保护法》第二条规定：“本法所称环境，是指影响人类生存和发展的各种天然的和经过人工改造的自然因素的总体，包括大气、水、海洋、土地、矿藏、森林、草原、湿地、野生生物、自然遗迹、人文遗迹、自然保护区、风景名胜区、城市和乡村等。”该法条将环境分为自然环境和人工环境。自然环境指与人类生存和发展有密切关系的自然条件和自然资源，人工环境指经过人类活动改造过的环境。由以上分析可以认定张某明等三人采取打岩钉方式攀爬行为对巨蟒峰自然遗迹的损害构成对自然环境，亦即对生态环境的破坏。

其次，张某明等三人采取打岩钉方式攀爬对巨蟒峰的破坏损害了社会公共利益。巨蟒峰作为独一无二的自然遗迹，是不可再生的珍稀自然资源型资产，其所具有的重大科学价值、美学价值和经济价值不仅是当代人的共同财富，也是后代人应当有机会享有的环境资源。本案中，张某明等三人采取打岩钉方式攀爬对巨蟒峰的损害，侵害的是不特定社会公众的环境权益，不特定的多数人享有的利益正是社会公共利益的内涵。人们享有的环境权益不仅包含清新的空气、洁净的水源等人们生存发展所必不可少的环境基本要素，也包含基于环境而产生的可以满足人们更高层次需求的生态环境资源，如优美的风景、具有重大科研价值的濒危动物或具有生态保护意义的稀缺植物或稀缺自然资源等。对这些资源的损害，直接损害了人们可以感受到的生态环境的自然性、多样性，甚至产生人们短时间内无法感受到的生态风险。

综上，张某明等三人的行为对巨蟒峰自然遗迹的损害，属于生态环境资源保护领域损害社会公共利益的行为，检察机关请求本案三被告依法承担破坏自然遗迹和风景名胜造成的生态环境损害赔偿责任，人民法院应予支持。

二、关于赔偿数额如何确定的问题

本案三行为人对巨蟒峰造成的损失量化问题，目前全国难以找到鉴定机构进行鉴定。依据《最高人民法院关于审理环境民事公益诉讼案件适用法律若干问题的解释》第二十三条规定，法院可以结合破坏生态的范围和程度、生态环境的稀缺性、生态环境恢复的难易程度以及被告的过错程度等因素，并可以参考相关部门意见、专家意见等合理确定。

2018 年 3 月 28 日，上饶市人民检察院委托江西财经大学专家组就本案所涉巨蟒峰损失进行价值评估。江西财经大学专家组于 2018 年 5 月 3 日作出《三清山巨蟒峰受损价值评估报告》（以下简称《评估报告》）。该专家组成员具有环境经济、旅游管理、生态学方面的专业知识，采用国际上通行的条件价值法对本案所涉价值进行了评估，专家组成员均出庭对《评估报告》进行了说明并接受了各方当事人的质证。该《评估报告》符合《最高人民法院关于审理环境民事公益诉讼案件适用法律若干问题的解释》第十五条规定的“专家意见”，依法可作为本案认定事实的参考依据。

《评估报告》采用的条件价值法属于环境保护部下发的《环境损害鉴定评估推荐方法（第Ⅱ版）》确定的评估方法之一。虽然该方法存在一定的不确定性，但其科学性在世界范围内得到认可，且目前就本案情形没有更合适的评估方法。故根据以上意见，参考《评估报告》结论“‘巨蟒峰案的价值损失评估值’不应低于该事件对巨蟒峰非使用价值造成的损失最低阈值，即

1190 万元”，综合考虑本案的法律、社会、经济因素，具体结合了三被告已被追究刑事责任的情形、本案查明的事实、当事人的过错程度、当事人的履行能力、江西的经济发展水平等，酌定赔偿金额为 600 万元。

裁判同时明确，生态环境是人类生存和发展的根基，对自然资源的破坏即是对生态环境的破坏。我国法律明确将自然遗迹、风景名胜区作为环境要素加以保护，规定一切单位和个人都有保护环境的义务，因破坏生态环境造成损害的，应当承担侵权责任。特别是在推进生态文明建设的进程中，只有实行最严格的制度、最严密的法治，才能更好地保护我们的生态环境。张某明、张某、毛某明三人采用打岩钉方式攀爬行为给巨蟒峰造成不可修复的永久性伤害，损害了社会公共利益，构成共同侵权。判决三人承担环境侵权赔偿责任，旨在引导社会公众树立正确的生态文明观，珍惜和善待人类赖以生存和发展的生态环境。

（生效裁判审判人员：胡淑珠、黄训荣、王慧军）

指导性案例 209 号

浙江省遂昌县人民检察院诉叶某成生态破坏民事公益诉讼案

（最高人民法院审判委员会讨论通过　2022 年 12 月 30 日发布）

关键词

民事诉讼 / 生态破坏民事公益诉讼 / 恢复性司法 / 先予执行

裁判要点

生态恢复性司法的核心理念为及时修复受损生态环境，恢复生态功能。生态环境修复具有时效性、季节性、紧迫性的，不立即修复将导致生态环境损害扩大的，属于《中华人民共和国民事诉讼法》第一百零九条第三项规定的“因情况紧急需要先予执行的”情形，人民法院可以依法裁定先予执行。

相关法条

《中华人民共和国民事诉讼法》第 109 条（本案适用的是 2017 年 6 月 27 日修正的《中华人民共和国民事诉讼法》第 106 条）

基本案情

2018 年 11 月初，被告叶某成雇请他人在浙江省遂昌县妙高街道龙潭村村后属于龙潭村范围内（土名“龙潭湾”）的山场上清理枯死松木，期间滥伐活松树 89 株。经鉴定，叶某成滥伐的立木蓄积量为 22.9964 立方米，折合材积 13.798 立方米，且案发山场属于国家三级公益林。根据林业专家出具的修复意见，叶某成应在案涉山场补植 2 至 3 年生木荷、枫香等阔叶树容器苗 1075 株。浙江省遂昌县人民检察院认为不需要追究叶某成的刑事责任，于 2019 年 7 月作出不起诉决定，但叶某成滥伐公益林山场林木的行为造成森林资源损失，破坏生态环境，遂于 2020 年 3 月 27 日提起环境民事公益诉讼。由于遂昌县春季绿化造林工作即将结束，公益诉讼起诉人在起诉同时提出先予执行申请，要求叶某成根据前述专家修复意见原地完成补植工作。后由于种植木荷、枫香等阔叶树的时间节点已过，难以购置树苗，经林业专家重新进行修复评估，认定根据案涉林木损毁价值及补植费用 9658.4 元核算，共需补植 1 至 2 年生杉木苗 1288 株。检察机关据此于 2020 年 4 月 2 日变更诉讼请求和先予执行申请，要求叶某成按照重新出具的修复意见进行补植。

裁判结果

浙江省丽水市中级人民法院于 2020 年 3 月 31 日作出（2020）浙 11 民初 35 号裁定，裁定准予先予执行，要求被告叶某成在收到裁定书之日起三十日内在案发山场及周边完成补植复绿工作。叶某成根据变更后的修复意见，于 2020 年 4 月 7 日完成补植，浙江省遂昌县自然资源和规划局于当日验收。

浙江省丽水市中级人民法院于 2020 年 5 月 11 日作出（2020）浙 11 民初 35 号判决：一、被告叶某成自收到本院（2020）浙 11 民初 35 号民事裁定书之日起三十日内在“龙潭湾”山场补植 1~2 年生杉木苗 1288 株，连续抚育 3 年（截至 2023 年 4 月 7 日），且种植当年成活率不低于 95%，3 年后成活率不低于 90%。二、如果被告叶某成未按本判决的第一项履行判决确定的义务，则需承担生态功能修复费用 9658.4 元。宣判后，双方当事人均未上诉，判决已生效。

裁判理由

法院生效裁判认为，森林生态环境修复需要考虑节气及种植气候等因素，如果未及时采取修复措施补种树苗，不仅增加修复成本，影响修复效果，而且将导致生态环境受到损害至修复完成期间的服务功能损失进一步扩大。叶某成滥伐林木、破坏生态环境的行为清楚明确，而当时正是植树造林的有利时机，及时补种树苗有利于新植树木的成活和生态环境的及时有效恢复。基于案涉补植树苗的季节性要求和修复生态环境的紧迫性，本案符合《中华人民共和国民事诉讼法》第一百零六条第三项规定的因情况紧急需要先予执行的情形，故对公益诉讼起诉人的先予执行申请予以准许。

林地是森林资源的重要组成部分，是林业发展的根本。林地资源保护是生态文明建设中的重要环节，对于应对全球气候变化，改善生态环境有着重要作用。被告叶某成违反《中华人民共和国森林法》第二十三条、第三十二条的规定，未经许可，在公益林山场滥伐林木，数量较大，破坏了林业资源和生态环境，对社会公共利益造成了损害，应当承担相应的环境侵权责任。综合全案事实和鉴定评估意见，人民法院对公益诉讼起诉人要求叶某成承担生态环境修复责任的主张予以支持。

（生效裁判审判人员：程建勇、单欣欣、聂伟杰、张锡斌、余俊、韩黎明、叶水火）

指导性案例210号

九江市人民政府诉江西正鹏环保科技有限公司、杭州连新建材有限公司、李某等生态环境损害赔偿诉讼案

（最高人民法院审判委员会讨论通过　2022年12月30日发布）

关键词

民事 / 生态环境损害赔偿诉讼 / 部分诉前磋商 / 司法确认 / 证据 / 继续审理

裁判要点

1. 生态环境损害赔偿案件中，国家规定的机关通过诉前磋商，与部分赔偿义务人达成生态环境损害赔偿协议的，可以依法向人民法院申请司法确认；对磋商不成的其他赔偿义务人，国家规定的机关可以依法提起生态环境损害赔偿诉讼。

2. 侵权人虽因同一污染环境、破坏生态行为涉嫌刑事犯罪，但生态环境损害赔偿诉讼案件中认定侵权事实证据充分的，不以相关刑事案件审理结果为依据，人民法院应当继续审理，依法判决侵权人承担生态环境修复和赔偿责任。

相关法条

《中华人民共和国民法典》第1229条（本案适用的是自2010年7月1日起实施的《中华人民共和国侵权责任法》第65条）

基本案情

2017年至2018年，江西正鹏环保科技有限公司（以下简称正鹏公司）与杭州塘栖热电有

限公司（以下简称塘栖公司）等签署合同，运输、处置多家公司生产过程中产生的污泥，收取相应的污泥处理费用。正鹏公司实际负责人李某将从多处收购来的污泥直接倾倒，与丰城市志合新材料有限公司（以下简称志合公司，已注销）合作倾倒，或者交由不具有处置资质的张某良、舒某峰等人倾倒至九江市区多处地块，杭州连新建材有限公司（以下简称连新公司）明知张某良从事非法转运污泥，仍放任其持有加盖公司公章的空白合同处置污泥。经鉴定，上述被倾倒的污泥共计 1.48 万吨，造成土壤、水及空气污染，所需修复费用 1446.288 万元。案发后，九江市浔阳区人民检察院依法对被告人张某良等 6 人提起刑事诉讼，后经九江市中级人民法院二审审理，于 2019 年 10 月 25 日判处被告人张某良、舒某峰、黄某、陈某水、马某兴、沈某军 6 人犯污染环境罪（李某、夏某萍另案处理），有期徒刑三年二个月至十个月不等，并处罚金 10 万元至 5 万元不等。九江市人民政府依据相关规定开展磋商，与塘栖公司达成金额计 4 872 387 元的赔偿协议，但未能与正鹏公司、连新公司、李某等 7 人达成赔偿协议。塘栖公司所赔款项包括 1 号地块、2 号地块全部修复费用及 4 号地块部分修复费用等，已按协议全部履行。协议双方向九江市中级人民法院申请司法确认，九江市中级人民法院已依法裁定对该磋商协议作出确认。因未能与正鹏公司、连新公司、李某等 7 人达成赔偿协议，九江市人民政府就 3 号地块、5 号地块修复费用及 4 号地块剩余修复费用等提起本案诉讼，要求各被告履行修复生态环境义务，支付生态环境修复费用、公开赔礼道歉并承担律师费和诉讼费用。

裁判结果

江西省九江市中级人民法院于 2019 年 11 月 4 日作出（2019）赣 04 民初 201 号民事判决：一、被告正鹏公司、李某、黄某、舒某峰、陈某水于本判决生效后三个月内对九江市经济技术开发区沙阎路附近山坳地块（3 号地块）污泥共同承担生态修复义务，如未履行该修复义务，则上述各被告应于期限届满之日起十日内共同赔偿生态修复费用 280.3396 万元（被告舒某峰已自愿缴纳 10 万元生态修复金至法院账户）；二、被告正鹏公司、连新公司、张某良、李某、黄某、舒某峰、夏某萍、陈某水于本判决生效后三个月内对九江市经济技术开发区沙阎路伍丰村郑家湾地块（4 号地块）污泥共同承担生态修复义务，如未履行该修复义务，则上述各被告应于期限届满之日起十日内共同赔偿生态修复费用 201.8515 万元（被告连新公司已自愿缴纳 100 万元生态修复金至法院账户）；三、被告正鹏公司、张某良、李某、夏某萍、马某兴于本判决生效后三个月内对九江市永修县九颂山河珑园周边地块（5 号地块）污泥共同承担生态修复义务，如未履行该修复义务，则上述各被告应于期限届满之日起十日内共同赔偿生态修复费用 448.9181 万元；四、各被告应于本判决生效后十日内共同支付环评报告编制费 20 万元，风险评估方案编制费 10 万元及律师代理费 4 万元；五、各被告于本判决生效后十日内，在省级或以上媒体向社会公开赔礼道歉；六、驳回原告九江市人民政府的其他诉讼请求。宣判后，当事人未上诉，一审判决生效。

裁判理由

法院生效裁判认为：正鹏公司、连新公司、张某良、李某、舒某峰、黄某、夏某萍、陈某水、马某兴以分工合作的方式非法转运、倾倒污泥造成生态环境污染，损害了社会公共利益，应当承担相应的生态环境损害赔偿责任。因各被告倾倒的每一地块污泥已混同，同一地块的污泥无法分开进行修复，应由相关被告承担同一地块的共同修复责任。本案各被告对案涉 3 号、4 号、5 号地块环境污染应承担的侵权责任逐一认定如下：

一、3 号地块污泥系李某从长江江面多家公司接手，由黄某、舒某峰、陈某水分工合作倾倒，该地块修复费用 280.3396 万元，应由上述各被告共同承担。陈某水辩解其系李某雇员且在非法倾倒行为中非法所得较少以及作用较小，应由雇主李某承担赔偿责任或由其承担较小赔偿责任。因环境共同侵权并非以非法所得或作用大小来计算修复责任大小，该案无证据可证明陈某水系李某雇员，陈某水与其他被告系以分工合作的方式非法倾倒污泥，应承担共同侵权连带环境修复责任。

二、4 号地块部分污泥来源于连新公司（系张某良以连新公司名义获得），由李某、黄某、舒某峰、陈某水分工合作进行倾倒，该地块剩余修复费用 201.8515 万元，应由上述各被告共同承担。连新公司辩称来源于张某良的污泥并不等同于来源于连新公司，连新公司不应承担赔偿责任。依据审理查明的事实可知，连新公司是在处理污泥能力有限的情况下，将公司公章、空白合同交由张某良处理污泥，其对张某良处理污泥的过程未按照法律规定的流程进行追踪，存在明显监管过失，且张某良、证人黄某某证言证实 4 号地块的部分污泥来源于连新公司。因而，连新公司该抗辩意见不应予以支持。

三、5 号地块污泥来源于张某良，由李某、马某兴分工合作进行倾倒，该地块修复费用 448.9181 万元，应由上述各被告共同承担。环境损害鉴定报告中评估报告编制费 20 万元，风险评估方案编制费 10 万元以及律师代理费 4 万元，均属本案诉讼的合理支出费用，原告主张的上述费用应予以支持。生态环境损害赔偿案件承担责任的方式包括赔礼道歉，九江市人民政府要求被告在省级或以上媒体向社会公开道歉的诉讼请求于法有据，应予以支持。

本案裁判还认为，李某作为正鹏公司的实际控制人，在正鹏公司无处理污泥资质及能力的情况下，以正鹏公司的名义参与污泥的非法倾倒，李某与正鹏公司应共同承担生态环境修复责任。在上述 4 号、5 号地块的污泥非法倾倒中，夏某萍以志合公司的名义与正鹏公司合作处理污泥的方式参与其中，且作为志合公司实际负责人取得相关利润分成，故夏某萍应共同承担上述地块的生态修复责任。对夏某萍辩称其不明知被告正鹏公司非法倾倒污泥的行为，不应承担生态环境损害修复责任，其本人涉嫌环境污染刑事犯罪正在公诉，刑案应优先于本案审理的理由，本案正鹏公司与志合公司的合作协议、银行流水记录及李某、夏某萍、张某良的供述、证人王某某的证言、志合公司转运联单等证据足以证明志合公司与正鹏公司于 2017 年 9 月 14 日合作后，双方共同参与了涉案污泥倾倒，夏某萍取得倾倒污泥的利润分成，应当承担所涉污泥倾倒导致的环境损害赔偿责任。本案对夏某萍侵权事实的认定已有相关证据予以支撑，并非必须以相关刑事案件审理结果为依据，继续审理并无不妥。

（生效裁判审判人员：鄢清员、沈双武、施龙西、钱振华、沈爱、周卉、徐军）

指导性案例 211 号

铜仁市万山区人民检察院诉铜仁市万山区林业局不履行林业行政管理职责行政公益诉讼案

（最高人民法院审判委员会讨论通过　2022 年 12 月 30 日发布）

关键词

行政 / 行政公益诉讼 / 林业行政管理 / 行政处罚与刑罚衔接 / 特殊功能区环境修复

裁判要点

1. 违法行为人的同一行为既违反行政法应受行政处罚，又触犯刑法应受刑罚处罚的情形下，行政机关在将案件移送公安机关时不应因案件移送而撤销已经作出的行政处罚。对刑事判决未涉及的行政处罚事项，行政机关在刑事判决生效后作出行政处罚决定的，人民法院应予支持。

2. 违法行为人在刑事判决中未承担生态环境修复责任的，林业等行政主管部门应当及时责令其依法履行修复义务，若违法行为人不履行或者不完全履行时应组织代为履行。林业等行政主管部门未履行法定生态修复监督管理职责，行政公益诉讼起诉人请求其依法履职的，人民法院应予支持。

3. 特殊功能区生态环境被破坏，原则上应当原地修复。修复义务人或者代履行人主张异地修复，但不能证明原地修复已不可能或者没有必要的，人民法院不予支持。

相关法条

1.《中华人民共和国森林法》（2019 年修订）第 74 条、第 81 条（本案适用的是 2009 年修正的《中华人民共和国森林法》第 10 条、第 44 条）

2.《中华人民共和国行政处罚法》（2021 年修订）第 35 条（本案适用的是 2017 年修正的《中华人民共和国行政处罚法》第 28 条）

基本案情

2014 年 4 月，被告人沈某祥投资设立一人公司武陵农木业公司并任法定代表人。2014 年 5 月至 7 月，该公司以修建种植、养殖场为由，在没有办理林地使用许可手续的情况下，雇佣施工队使用挖掘机械在贵州省铜仁市万山区茶店街道梅花村隘口山组及万山区大坪乡大坪村马鞍山等处林地剥离地表植被进行挖掘，致使地表植被毁坏，山石裸露。经鉴定，毁坏林地276.17 亩，其中重点公益林 49.38 亩，一般公益林 72.91 亩，重点商品林 108.93 亩，一般商品林 44.95 亩。涉案公益林功能设定为水土保持和水源涵养。本案一审审理时，被毁坏林地部分新植马尾松苗，苗木低矮枯黄，地表干涸破碎；水源涵养公益林部分未作任何处理，山岩裸露，碎石堆积，形如戈壁。

2015 年 1 月，铜仁市万山区林业局（以下简称万山区林业局）以上述行为涉嫌构成非法占用农用地罪移送铜仁市公安局万山分局，但公安机关立案侦查后作撤案处理。万山区林业局遂对沈某祥和武陵农木业公司作出行政处罚决定：责令限期恢复原状（未载明期限），并处罚款 1 841 134 元，但被处罚人均未履行。2016 年 1 月 20 日，铜仁市公安局万山分局重新立案侦查。次日，万山区林业局撤销上述行政处罚决定。2016 年 12 月，铜仁市万山区人民法院以（2016）黔 0603 刑初 67 号刑事判决，认定被告人沈某祥犯非法占用农用地罪，判处有期徒刑二年，并处罚金人民币五万元。判决生效后，铜仁市万山区人民检察院向万山区林业局发出检察建议，建议其依法履行森林资源保护监管职责，责令沈某祥限期恢复原状，按每平方米 10 元至 30 元并处罚款。万山区林业局书面回复，因沈某祥在服刑，公司倒闭，人员解散，无法实施复绿；林业局拟部分复绿造林，对其中难以复绿造林地块异地补植复绿；按一事不再罚原则不予罚款处罚。

检察机关以万山区林业局既未对沈某祥作出行政处罚，也未采取有效措施予以补植复绿，没有履行生态环境监管职责，导致林地被破坏的状态持续存在，当地生态环境遭受严重破坏为由提起行政公益诉讼，请求确认万山区林业局未依法履行监管职责的行为违法并判令其依法履行环境保护监管职责。

裁判结果

贵州省遵义市播州区人民法院于 2017 年 9 月 29 日作出（2017）黔 0321 行初 97 号行政判决：由被告铜仁市万山区林业局对沈某祥以铜仁市万山区武陵农木业生产开发有限公司名义毁坏铜仁市万山区茶店街道梅花村隘口山组、大坪乡大坪村马鞍山林地补植复绿恢复原状依法履行监督管理法定职责，并限期完成复绿工程验收。宣判后，双方均未上诉，判决发生法律效力。

裁判理由

法院生效裁判认为：

一、万山区林业局未依法履行职责

万山区林业局作为万山区人民政府林业行政主管部门，依照《中华人民共和国森林法》（2009 年修改）第十条规定，负责对万山区行政区域内森林资源保护、利用、更新的监督管理。万山区林业局应当依法履行职责，对违反林业管理法律、法规占用、毁坏森林资源、改变林地用途的行为依法查处。依照《中华人民共和国森林法》（2009 年修改）第四十四条的规定，责令违法行为人停止违法行为并按法律规定补种树木，违法行为人拒不补种或者补种不符合国家有关规定的，由林业主管部门代为补种，所需费用向违法行为人追偿，但是万山区林业局未依法履行职责。

二、公安机关立案侦查后，万山区林业局撤销行政处罚的决定违法

违法行为人的同一行为既违反行政法应受行政处罚，又触犯刑法应受刑罚处罚的情形下，行政执法机关在将案件移送司法机关之前已经作出的行政处罚，折抵相同功能的刑罚。依照《中华人民共和国行政处罚法》（2017年修正）第二十八条“违法行为构成犯罪，人民法院判处拘役或者有期徒刑时，行政机关已经给予当事人行政拘留的，应当依法折抵相应刑期。违法行为构成犯罪，人民法院判处罚金时，行政机关已经给予当事人罚款的，应当折抵相应罚金”，《行政执法机关移送涉嫌犯罪案件的规定》第十一条第三款“行政执法机关向公安机关移送涉嫌犯罪案件前，已经依法给予当事人罚款的，人民法院判处罚金时，依法折抵相应罚金”的规定，这种折抵是执行上的折抵，而不是处罚决定本身的折抵，且仅折抵惩罚功能相同的处罚，功能不同的处罚内容不能折抵。因此，在刑事侦查立案前已经作出的行政处罚不应撤销。万山区林业局在将涉嫌犯罪的行政违法行为移送公安机关，公安机关立案后万山区林业局又撤销其在先已经作出的行政处罚决定时，不但撤销了与刑事裁判可能作出的罚金刑功能相同的罚款处罚，还一并撤销了不属于刑罚处罚功能的责令违法行为人补植复绿以恢复原状的行政处罚。万山区林业局这一撤销行为违反了法律规定。

三、刑事判决生效后，万山区林业局未责令违法行为人恢复被毁坏林地的行为违法

对刑事判决未涉及的处罚事项，行政机关在刑事判决生效后应作出行政处罚决定。责令犯罪人补植复绿以修复环境，不属于刑罚处罚范畴，而属于法律赋予行政主管机关的行政权，属于行政处罚范围。刑事判决生效后，在先没有作出行政处罚的，刑事判决生效后，行政机关不得基于同一行为作出与刑罚功能相同的行政处罚。在对违法行为人追究刑事责任后，刑罚处罚未涉及环境修复责任的，行政机关应当依法作出决定，责令违法行为人按森林法要求种植树木、修复环境。因此，万山区林业局在刑事判决生效后应当依法作出责令违法行为人履行补植复绿义务的行政处罚决定并监督违法行为人履行，违法行为人拒不履行或者履行不合格的，应当代为补植复绿，并责令违法行为人承担费用。被告万山区林业局未作出责令沈某祥及武陵农木业公司补植复绿以恢复原状并监督履行的行为违法。

四、万山区林业局未履行代为补植复绿职责

特殊功能区生态环境被破坏的，原则上应当原地修复。修复义务人或者代履行人主张异地修复，但不能证明原地修复已不可能或者没有必要的，人民法院不予支持。万山区林业局在未作出责令违法行为人修复环境决定的情形下，会同乡镇人民政府等在被毁坏的林地上种植了部分树苗，但效果较差，没有保证成活率，没有达到环境修复的目的。且对于毁坏严重，形同戈壁的土地未进行治理复绿。鉴于被毁坏林地及林木的公益林性质和水源涵养、水土保持功能，补植复绿应当就地进行，不得异地替代。万山区林业局代为补植树木的行为，虽已部分履行职责，但尚未正确、全面履行，仍应继续履行。

（生效裁判审判人员：何林、李兴蓉、何德华）

2022 年《中华人民共和国最高人民法院公报》刊载的部分案例

梁某某诉徐州市云龙区民政局离婚登记行政确认案

【裁判摘要】

离婚登记是婚姻登记机关依当事人的申请，对当事人之间就自愿解除婚姻关系及对于子女抚养、财产分配等问题所达成的协议予以认可，并以颁发离婚证的形式确认当事人之间婚姻关系解除的行政行为。离婚登记一经完成，当事人之间的婚姻关系即告解除，婚姻解除情况即产生对外效力，具有社会公信力。

不具有级别管辖权的婚姻登记机关为符合离婚实质要件的涉外婚姻当事人进行离婚登记，其后又以无管辖权为由、以自行纠正方式确认离婚登记行为无效的，对于该自行纠正的行政行为，人民法院不予支持。

原告：梁某某，男，1959 年 8 月 21 日出生，住所地：中华人民共和国江苏省徐州市。

被告：徐州市云龙区民政局，住所地：中华人民共和国江苏省徐州市云龙区和平大道。

法定代表人：周某泰，该局局长。

第三人：黄某某，国籍：新加坡共和国，女，1965 年 1 月 2 日出生，住新加坡共和国。

原告梁某某因认为被告徐州市云龙区民政局（以下简称云龙区民政局）作出的婚姻登记行政确认无效，向徐州市中级人民法院提起诉讼。

原告梁某某诉称：梁某某与第三人黄某某于 1985 年 11 月 2 日登记结婚，因感情破裂，双方自愿协议离婚，并于 2015 年 8 月 10 日至被告云龙区民政局婚姻登记处办理离婚手续。2018 年 3 月 5 日，在梁某某不知情的情况下，云龙区民政局作出了《关于黄某某隐瞒国籍与梁某某办理离婚登记的情况说明》（以下简称案涉《离婚登记情况说明》）。该说明是对梁某某人身权有直接重大影响的具体行政行为，云龙区民政局作出的该行为程序严重违法，主要证据不足。1. 该行为违反正当法律程序。云龙区民政局作出说明前未告知梁某某拟作出行为的事实根据和法律根据，未给予梁某某陈述和申辩的权利，未听取梁某某的陈述和申辩，未送达该说明，未告知申请复议或提起诉讼的救济权利。2. 云龙区民政局作出该说明没有事实依据和法律依据。首先，从《中华人民共和国婚姻法》(以下简称《婚姻法》) 第三十一条的规定来看，男女双方离婚的实质和核心要件就是"自愿离婚"。梁某某和黄某某离婚是双方自愿作出的真实意思表示，符合婚姻法的规定。云龙区民政局确认离婚登记无效的行政行为没有事实根据。其次，《婚姻登记条例》《婚姻登记工作规范》未规定婚姻登记可因登记机关无管辖权而无效，也无任何法律规定违反管辖规定的婚姻登记无效。婚姻登记管辖权的规定，旨在明确婚姻登记机关的内部职权范围，并非婚姻效力的判断依据。因此，云龙区民政局确认梁某某与黄某某的离婚登记无效没有法律依据，是无效的。3. 该说明使梁某某与黄某某可能陷入犯罪境地。假如梁某某与黄某某 2015 年 8 月 10 日自愿离婚后，一方或双方再婚，则云龙区民政局作出确认离婚登记无效、双方仍为夫妻关系的行为，直接使得已经再婚的当事人陷入重婚犯罪的危险之中。4. 云龙区民政局作出的说明违反了行政行为的确定力，属滥用职权的违法行政行为。梁某某与黄某某自愿离婚后，双方的婚姻关系已经解除，至今已有两年多，离婚登记行为因已经超过救济期限而具有不可争力。对于云龙区民政局而言，离婚登记一经作出，即具有不可变更力，即实质确定力。在双方当事人均未提出异议的情况下，云龙区民政局单方作出了确认离婚登记无效的说明，显然违反了行政行为的确定力，破坏了法律和社会秩序的安定性。综上，云龙区民政局作出的确认离婚登记无效的行为属于明显重大的违法行政行为，是无效行政行为。请求法院判决确认云龙区民政局于 2018 年 3 月 5 日作出的情况说明中记载的确认其与黄某某在 2015 年 8 月 10 日办理的离婚登记无效的行为无效。

被告云龙区民政局答辩称：1. 原告梁某某与第三人黄某某的离婚登记是无效的登记行为。本案涉及的离婚登记是涉外婚姻登记行为，二人办理离婚登记时，黄某某已经取得新加坡国籍，且定居新加坡。根据《中华人民共和国国籍法》(以下简称《国籍法》) 第九条的规定，定居外国的中国公民，自愿加入或取得外国国籍的，即自动丧失中国国籍。《婚姻登记条例》第二条第二款的规定，中国公民同外国人等办理婚姻登记的机关是省级人民政府民政部门或其确定的机关。第十一条规定，办理离婚登记的外国人、华侨还应出具本人的有效护照或其他有效国际旅行证件。云龙区民政局对二人的离婚登记无管辖权限，应由江苏省民政厅涉外婚姻登记处办理。并且，办理离婚登记时，双方故意隐瞒黄某某已经取得新加坡国籍且定居新加坡的事实，亦未提交黄某某的有效护照或国际旅行证件，致使云龙区民政局婚姻登记处办理了离婚登记。因云龙区民政局无管辖权限，不具有为二人办理离婚登记的主体资格，依据《中华人民共和国行政诉讼法》(以下简称《行政诉讼法》) 第七十五条的规定，云龙区民政局婚姻登记处作出的离婚登记行为无效。2. 云龙区民政局作出的情况说明内容合法，程序正当。2018 年 2 月，云龙区民政局发现黄某某隐瞒国籍与梁某某办理离婚登记的事实。2 月 27 日，云龙区民政局工作人员通过电话方式与梁某某取得联系，向其了解情况，对其与黄某某以隐瞒国籍的方式办理离婚登记情况之无效情形进行了释明。后在云龙区民政局婚姻登记处，工作人员接待了梁某某，对登记无效情况再次进行释明，听取了梁某某的陈述意见。2018 年 3 月 5 日，云龙区民政局在查询梁某某自 2015 年 8 月 10 日起，未在江苏省再次登记结婚的基础上，依据《江苏省民政厅关于进一步明确婚姻登记工作有关事项的通知》(苏民事〔2013〕2号,以下简称《婚姻登记工作事项通知》)中规定的“婚姻登记机关在登记后自主发现登记瑕疵时,应及时采取补正、更正、确认无效等方式予以纠正,同时将纠正内容存入或记录在婚姻档案中,并告知婚姻当事人纠正事项和内容”,确认双方于2015年8月10日办理的离婚登记为无效登记。综上,云龙区民政局作出的情况说明认定事实清楚,适用法律、法规正确,符合法定程序,请求依法驳回梁某某的诉讼请求。

第三人黄某某述称:被告云龙区民政局在为原告梁某某及黄某某办理离婚登记时尽到了审慎审查的职责,没有过错。发现梁某某及黄某某隐瞒身份进行离婚登记后,其依据江苏省民政厅的相关规定进行纠正且出具情况说明,该行为符合相关规定。因此,请求驳回梁某某的诉讼请求。

徐州市中级人民法院一审查明:

原告梁某某与第三人黄某某于1985年11月登记结婚。2007年3月27日,黄某某取得新加坡国籍。2015年8月10日,梁某某与黄某某以感情破裂为由持中国居民身份证、户口簿等至被告云龙区民政局婚姻登记处办理离婚登记。二人就离婚、子女抚养、财产分割等签订离婚协议书,同时签署了申请离婚登记声明书,声明书中国籍部分打印为“中华人民共和国”,二人填写的常住户口所在地均为“云龙区解放路 × 号 × 号楼 × 单元 × 室”。经审查,云龙区民政局婚姻登记处当日为二人办理离婚登记,并颁发离婚证。

2018年2月27日,被告云龙区民政局婚姻登记处主任袁某明与原告梁某某电话联系,口头告知其因第三人黄某某办理离婚登记时已取得新加坡国籍,二人2015年8月10日办理的离婚登记无效,并要求梁某某将离婚证交回。后,梁某某与他人又曾至云龙婚姻登记处找袁某明了解情况,袁某明为梁某某复印了相关婚姻登记规范文件。2018年3月5日,云龙区民政局婚姻登记处作出案涉《离婚登记情况说明》并存放至徐州市云龙区档案馆。梁某某在徐州市云龙区档案馆复印获取该情况说明。

被告云龙区民政局婚姻登记处收回了第三人黄某某持有的离婚证,但原告梁某某仍持有云龙区民政局婚姻登记处颁发的离婚证。

徐州市中级人民法院一审认为:

依法行政是行政机关作出行政行为时的基本准则。对于行政机关作出的违法行政行为,行政相对人可以诉请人民法院予以监督纠正,作出行政行为的行政机关基于有错必纠的原则也可自行纠正。《行政诉讼法》第六十二条、第七十四条第二款第二项,《最高人民法院关于适用〈中华人民共和国行政诉讼法〉的解释》第八十一条,《江苏省行政程序规定》(江苏省人民政府令第100号)第一百零三条第一款等均规定,对于行政机关作出的违法行政行为,行政机关应当依职权或者依申请自行纠正。本案中,被告云龙区民政局对原告梁某某、第三人黄某某作出离婚登记后发现登记错误,即作出确认离婚登记无效的行为。依据上述规定,云龙区民政局当然可依职权或依申请自行纠正原离婚登记行为。

首先,本案中被告云龙区民政局认定的无效行政行为是否具有事实和法律依据的问题。根据《国籍法》第三条、第九条的规定,我国不承认双重国籍,中国公民取得外国国籍的,自动丧失中国国籍。原告梁某某与第三人黄某某办理离婚登记之前，黄某某已取得了新加坡国籍，其在办理离婚登记时已属外国人，不是中国公民，对于该事实，梁某某、黄某某在办理离婚登记时是明知的，诉讼过程中二人对此并未提出异议。根据《婚姻登记条例》第二条第二款、民政部《婚姻登记工作规范》第五条第一款第二项、江苏省民政厅《江苏省婚姻登记工作规范》第三条规定，江苏省民政厅设置婚姻登记处，负责办理全省涉外、涉港澳台居民、华侨、出国人员的婚姻登记。云龙区民政局婚姻登记处办理梁某某、黄某某的离婚登记显然属于事实清楚超越职权的无效行政行为。

其次，被告云龙区民政局自行纠正确认无效是否妥当的问题。本案中，云龙区民政局不具备涉案离婚登记的行政主体资格，其于2015年8月10日作出的离婚登记行为属于超越职权行为，该行政行为无效。如通过人民法院纠正该离婚登记行为，人民法院可能会撤销该离婚登记行为。但在婚姻登记过程中，行政机关自行纠正违法行政行为时可否采取上述撤销方式，并无明确规定。从《婚姻法》、《婚姻登记条例》、民政部《婚姻登记工作规范》、江苏省民政厅《江苏省婚姻登记工作规范》等对撤销婚姻登记的规定来看，可撤销的婚姻登记仅限于因胁迫进行的结婚登记。对于自行纠错时可采取的处理方式，江苏省民政厅《婚姻登记工作事项通知》在第四部分关于“完善行政执法监督管理机制”中规定，婚姻登记机关在登记事后自主发现登记瑕疵时，应及时采取补正、更正、确认无效等方式予以纠正，同时将纠正内容存入或记录在婚姻档案中，并告知婚姻当事人纠正事项和内容。因此，在有规范性文件明确规定的情况下，云龙区民政局以确认无效方式纠正原违法离婚登记行为并无不当。

最后，被告云龙区民政局确认离婚登记无效的行为是否符合正当程序原则。虽然没有法律、法规及规章对行政机关自行纠正行为的程序作出明确规定，但行政机关在作出纠错行为时也应遵循正当程序原则。本案中，案涉《离婚登记情况说明》作出前，云龙区民政局婚姻登记处袁某明主任电话告知了原告梁某某拟作出的行政行为及相应的事实依据，梁某某在通话过程中也发表了自己的意见。后，梁某某又与他人至袁某明处获取了相关的婚姻登记规范文件。云龙区民政局婚姻登记处作出案涉《离婚登记情况说明》后虽未向梁某某送达，但告知了获取途径，梁某某通过该途径也实际取得了记载行政行为的书面材料。云龙区民政局确认原离婚登记行为无效后，收回了黄某某持有的离婚证，也通过一定的方式告知收回向梁某某颁发的离婚证，梁某某虽未上缴其持有的离婚证，但不影响云龙区民政局依规定将纠正内容存入婚姻档案。云龙区民政局自发现涉案离婚登记错误后，自行纠正、纠正内容存档、告知涉案离婚双方当事人纠正内容及办理涉外离婚登记合法的行政机关，并无不当。因此，云龙区民政局作出案涉《离婚登记情况说明》并不违背正当程序原则。

综上，被告云龙区民政局作出的案涉《离婚登记情况说明》证据确凿，适用法律、法规正确，不违反法定程序，不存在超越职权、滥用职权、明显不当情形，原告梁某某的诉讼请求不能成立，不予支持。徐州市中级人民法院依照《行政诉讼法》第六十九条之规定，于2018年8月29日作出判决：

驳回梁某某的诉讼请求。

梁某某不服一审判决，向江苏省高级人民法院提起上诉，主要理由是：梁某某与黄某某系自愿离婚，2018 年 3 月 5 日，在梁某某不知情的情况下，被上诉人云龙区民政局作出了案涉《离婚登记情况说明》，虽于 2018 年 2 月 27 日电话告知了该情况说明，但未给予梁某某陈述和申辩的权利，程序严重违法，且该情况说明的作出亦无法律依据，破坏了法律和社会秩序的安定性。请求二审法院撤销原审判决，依法作出裁判。

被上诉人云龙区民政局答辩称，上诉人梁某某与原审第三人黄某某办理离婚登记前，黄某某已经取得新加坡国籍。根据《婚姻登记条例》第二条第二款、第十一条规定，云龙区民政局对二人的离婚登记无管辖权限，应由江苏省民政厅涉外婚姻登记部门办理。梁某某与黄某某双方故意隐瞒黄某某已经取得新加坡国籍且定居新加坡的事实，亦未提交黄某某的有效护照或国际旅行证件，致使云龙区民政局婚姻登记处办理的案涉离婚登记是无效的登记行为。2018 年 2 月，云龙区民政局发现黄某某隐瞒国籍与梁某某办理离婚登记的事实。2 月 27 日，云龙区民政局工作人员通过电话方式与梁某某取得联系，向其了解情况，对其与黄某某以隐瞒国籍的方式办理离婚登记情况之无效情形进行了释明。后在云龙区民政局婚姻登记处，工作人员接待了梁某某，对登记无效情况再次进行释明，听取了梁某某的陈述意见。2018 年 3 月 5 日，云龙区民政局在查询梁某某自 2015 年 8 月 10 日起，未在江苏省再次登记结婚的基础上，依据江苏省民政厅《婚姻登记工作事项通知》中关于对婚姻登记瑕疵予以纠正的规定，确认双方于 2015 年 8 月 10 日办理的离婚登记为无效登记。综上，云龙区民政局作出的案涉《离婚登记情况说明》认定事实清楚，适用法律、法规正确，符合法定程序。请求二审法院驳回上诉，维持原判。

原审第三人黄某某述称，被上诉人云龙区民政局以确认无效的方式纠正原违法离婚登记行为符合相关法律规定，原审判决事实认定清楚，符合法律规定。请求二审法院驳回上诉，维持原判。

江苏省高级人民法院经二审，确认了一审查明的事实。

二审另查明：被上诉人云龙区民政局是徐州市云龙区办理婚姻登记的法定职能机关，云龙区民政局婚姻登记处是云龙区民政局设置的具体办理婚姻登记的部门。在二审期间，针对二审法院的询问，上诉人梁某某与原审第三人黄某某均确认，截至 2019 年 7 月 17 日，两人未通过涉外婚姻登记机关或法院离婚，亦均未与他人再次结婚。

江苏省高级人民法院二审认为：

本案诉争的案涉《离婚登记情况说明》和原审判决是否符合法律规定，涉及以下两个问题。

一、关于行政越权无效原则的适用问题

行政越权，是指行政主体在行政活动中，超越其法定的权力范围或权力限度而作出的行政行为。行政越权无效（含可撤销）是行政法的基本原则并体现在我国相关具体法律规范中，如《行政诉讼法》第七十条第四项、第七十五条等规定。对于绝大多数行政越权行为，可通过行政机关自纠、层级监督及法院裁判等途径以确认无效或撤销的方式予以纠正。但对于极少数特定的行政越权行为，若以确认无效或撤销的形式予以纠正，会给国家利益、社会公共利益及相关法律秩序带来重大损害，且该损害客观上难以得到有效恢复与补救，则该类行政越权行为应当作为行政越权无效的例外情形，不应确认无效或予以撤销。本案婚姻登记机关对婚姻当事人越权作出的案涉离婚登记即为例外情形之一。

就离婚登记，《婚姻法》第三十一条规定，男女双方自愿离婚的，准予离婚。双方必须到婚姻登记机关申请离婚。婚姻登记机关查明双方确实是自愿并对子女和财产问题已有适当处理时，发给离婚证。据此，离婚登记是婚姻登记机关依当事人的申请，对当事人之间自愿解除婚姻关系及子女抚养、财产等问题所达成的协议予以认可，并以颁发离婚证的形式确认当事人之间婚姻关系解除的行政行为。因在婚姻登记机关颁发离婚证之时，婚姻登记机关对当事人之间的离婚登记即已完成，当事人之间的婚姻关系即已解除，离婚证所确认的婚姻解除情况即产生对外效力，具有社会公信力。在已离婚人员持有离婚证的情况下，符合法定条件的其他人员完全可以对离婚证所反映的婚姻解除情况产生信赖，进而与已离婚人员建立合法的婚姻关系或其他特定关系。如果婚姻登记机关或其他职能部门可以对离婚登记中的被解除的婚姻关系确认无效或予以撤销，将会使相关人身法律关系处于随时可变化的不稳定状态，也会使社会公众对婚姻登记机关的离婚登记行为产生不安全感及不信任感，使《婚姻法》确定的一夫一妻等基本原则和基本社会关系架构遭到破坏，进而损害现实的法律秩序和社会公共利益，故当事人之间的婚姻关系一经离婚登记予以解除后便具有不可逆性。而该不可逆性在我国法律法规中亦有体现，《婚姻法》《婚姻登记条例》针对结婚规定了无效婚姻和可撤销婚姻情形，但对离婚没有规定无效离婚或可撤销离婚情形，亦没有法律规范授权婚姻登记机关对已完成的离婚登记中被解除的婚姻关系能够确认无效或予以撤销。需要指出的是，我国现行诉讼制度也未设立无效离婚或可撤销离婚之诉；而针对生效离婚判决书、调解书所解除的婚姻关系，我国民事诉讼制度已实际作了不可逆的特别规定，《中华人民共和国民事诉讼法》（以下简称《民事诉讼法》）第二百零二条规定，当事人对已经发生法律效力的解除婚姻关系的判决、调解书，不得申请再审。《最高人民法院关于规范人民法院再审立案的若干意见（试行）》第十四条第三项也规定，人民法院判决、调解解除婚姻关系的案件，当事人提出再审申请的，人民法院不予受理；但当事人就财产分割问题申请再审的除外。基于此，对于离婚，无论是婚姻登记机关作出离婚登记，还是法院判决、调解离婚，当事人在领取离婚证之时或法院准予离婚的判决书、调解书生效之时，其婚姻关系即被解除，且被解除的婚姻关系具有不可逆性。

因离婚登记中当事人婚姻关系的解除具有不可逆性；对于离婚登记中的子女、财产事项，虽然依相关法律规范，当事人可以向法院申请变更、撤销等法定方式寻求救济，但也没有法律规范授权婚姻登记机关可予确认无效或予以撤销。故对于当事人在婚姻登记机关进行的离婚登记，一旦婚姻登记机关以颁发离婚证的形式完成后，该婚姻登记机关并无确认该离婚登记无效或撤销该离婚登记的职权。对于已完成的离婚登记，如在登记过程中确有违法情形，则由存在相关违法行为的当事人或登记机关及其工作人员依法承担相应的民事、行政、刑事责任。

就涉外离婚登记，《婚姻登记条例》第二条第二款规定，中国公民同外国人，内地居民同香港特别行政区居民、澳门特别行政区居民、我国台湾地区居民、华侨办理婚姻登记的机关是省、自治区、直辖市人民政府民政部门或者省、自治区、直辖市人民政府民政部门确定的机关。《江苏省婚姻登记工作规范》（江苏省民政厅苏民福［2005］62号）第三条规定，省民政厅设置婚姻登记处，负责办理全省涉外、涉港澳台居民、华侨、出国人员的婚姻登记。本案中，上诉人梁某某与原审第三人黄某某办理案涉离婚登记之前，黄某某已取得了新加坡国籍，其在办理案涉离婚登记时系外国人，并非中国公民。因此，被上诉人云龙区民政局并无办理该离婚登记的职权，梁某某与黄某某应在江苏省民政厅办理涉外婚姻登记的部门进行离婚登记。黄某某与梁某某于2015年8月10日在云龙区民政局自愿办理离婚登记时，未告知云龙区民政局黄某某系新加坡国籍，在黄某某持有未注销的内地户口簿、身份证的情况下，云龙区民政局依规定审查了黄某某与梁某某提交的离婚申请材料后，为黄某某与梁某某颁发了离婚证，以法定形式完成了该离婚登记。即使此后云龙区民政局发现其没有办理涉外离婚登记的职权，其亦无职权确认该离婚登记无效或撤销该离婚登记。

据此，被上诉人云龙区民政局作出案涉《离婚登记情况说明》，确认案涉离婚登记应为无效登记及由此形成的相关后果缺乏法律依据，原审法院关于云龙区民政局以确认无效方式纠正原违法离婚登记行为并无不当的认定错误，应予纠正。

二、关于行政程序法律原则的适用问题

行政主体及其工作人员要严格按照法定的行政程序作出行政行为。一般情况下，无论是行政机关还是法院，如直接适用法律原则来判断行政行为的程序合法性需具备前提条件：查明法律规范对该行政行为的程序存在规则不能情形。如查明相关行政程序有可适用的具体法律规范，则应当直接适用该具体法律规范；如查明没有可适用的具体法律规范，即存在行政程序规则缺失、规则模糊等规则不能的情况下，方可直接以正当程序原则等相关行政程序法律原则来判断行政行为的程序合法性。

本案原审法院在未查明案涉相关行政程序可适用的具体法律规范的情况下，直接适用相关行政程序法律原则对案涉行政程序进行合法性评价不当，应予纠正。《江苏省行政程序规定》第三十九条规定，本规定所称行政执法，是指行政机关依据法律、法规和规章，作出的行政许可、行政处罚、行政强制、行政给付、行政征收、行政确认等影响公民、法人或者其他组织权利、义务的行政行为。被上诉人云龙区民政局以《婚姻登记条例》第二条等法律规范为依据作出的案涉《离婚登记情况说明》，是对黄某某、梁某某的权利、义务产生直接影响的行政确认行为，虽然没有法律规范对该类行政行为的程序作出特别规定，但在《江苏省行政程序规定》对此已有一般规定的情形下，云龙区民政局应当履行该程序规定所确定的程序义务。《江苏省行政程序规定》第五十三条规定，行政机关在作出行政执法决定前，应当告知当事人、利害关系人享有陈述、申辩的权利，并听取其陈述和申辩。对于当事人、利害关系人的陈述和申辩，行政机关应当予以记录并归入案卷。对当事人、利害关系人提出的事实、理由和证据，行政机关应当进行审查，并采纳其合理的意见；不予采纳的，应当说明理由。根据在案证据，云龙区民政局在案涉《离婚登记情况说明》作出前，其婚姻登记处袁某明主任告知了上诉人梁某某拟作出的行政行为、相应的事实依据及理由，梁某某也发表了自己的意见，故梁某某已行使了自己的陈述、申辩权。但本案并无证据证明云龙区民政局对梁某某的陈述、申辩进行了记录，故不符合前述关于记录的规定，应予纠正。《江苏省行政程序规定》第六十八条第三款规定，行政执法决定的送达程序参照《民事诉讼法》有关规定执行。《民事诉讼法》第八十五条至第九十二条规定了诉讼文书的直接送达、留置送达、电子送达、委托及邮寄送达、公告送达等送达方式及程序。但云龙区民政局作出案涉《离婚登记情况说明》后并未向梁某某送达，而是要求梁某某自行到档案馆查询。虽然梁某某在档案馆查到案涉《离婚登记情况说明》并提起本案诉讼，该情况说明已实际产生外化结果，但云龙区民政局未按照《民事诉讼法》规定的方式向梁某某送达案涉《离婚登记情况说明》的行为，不符合前述关于送达的规定，亦应予以纠正。

综上，江苏省高级人民法院依照《中华人民共和国行政诉讼法》第七十五条、第八十九条第一款第二项之规定，于2019年9月9日作出判决：

一、撤销江苏省徐州市中级人民法院（2018）苏03行初139号行政判决；

二、确认徐州市云龙区民政局于2018年3月5日作出的《关于黄某某隐瞒国籍与梁某某办理离婚登记的情况说明》无效。

本判决为终审判决。

（摘自2022年《中华人民共和国最高人民法院公报》第1期）

余姚市甬兴气体分滤厂与余姚市住房和城乡建设局燃气经营许可纠纷案

【裁判摘要】

具有行政许可权的行政机关作出不予行政许可决定的理由不能成立，且该决定已被人民法院判决撤销并责令重作的情况下，行政机关仍以相同理由再次作出不予行政许可决定，应认定为滥用职权。

原告：余姚市甬兴气体分滤厂，住所地：浙江省余姚市泗门镇。

法定代表人：施某清，该厂厂长。

被告：余姚市住房和城乡建设局，住所地：浙江省余姚市南滨江路。

法定代表人：谢某，该局局长。

原告余姚市甬兴气体分滤厂（以下简称甬兴气体分滤厂）因与被告余姚市住房和城乡建设局（以下简称余姚市住建局）发生燃气经营许可纠纷，向浙江省余姚市人民法院提起行政诉讼。

原告甬兴气体分滤厂诉称：2018年8月17日，原告向被告余姚市住建局申请核发瓶装燃气经营许可证。被告于2018年8月27日作出《行政许可决定书》，以目前泗门镇已有一座瓶装液化石油气储配站，可以满足当地需求，不存在供气不足现象为由，决定不予核发原告瓶装燃气经营许可证。原告不服，依法于2018年11月8日向余姚市人民法院提起行政诉讼。经审理，余姚市人民法院于 2019 年 4 月 4 日作出（2018）浙 0281 行初 94 号《行政判决书》，认定行政许可决定适用法律不当，依据不足，理由难以成立，判决撤销《行政许可决定书》并责令被告重新作出决定。2019 年 7 月 11 日，被告仍然以泗门镇无需新增储配站为由，作出《余姚市住房和城乡建设局不予行政许可决定书》（以下简称《不予行政许可决定书》），作出不予许可决定。综上，根据《中华人民共和国行政诉讼法》（以下简称《行政诉讼法》）第七十一条规定，人民法院判决被告重新作出行政行为的，被告不得以同一事实和理由作出与原行政行为基本相同的行政行为。而被告作出的《不予行政许可决定书》所依据的事实和理由，与原判决撤销的决定书事实和理由完全相同，没有对实质性的事实和理由作改变。因此，被告以同样的事实理由再次作出本案不予许可决定，明显违反了行政诉讼法的规定。起诉请求判令：撤销被告于 2019 年 7 月 11 日作出的《不予行政许可决定书》，责令被告重新作出行政许可决定，本案诉讼费由被告承担。

被告余姚市住建局辩称：首先，被告于 2019 年 7 月 11 日重新作出的《不予行政许可决定书》证据确凿，不属于“以同一事实和理由作出与原行政行为基本相同行政行为的情形”。“同一事实与理由”，是指行政机关重新作出的行政行为所依据的主要证据、事实和理由与原行政行为基本相同，从而造成重新作出的行政行为直接与人民法院生效判决认定的事实和理由相抵触的情形。生效判决仅仅是以被告证据不足为由撤销原行政行为，被告重新作出行政行为时，依据新的证据补充认定相关事实，完善决定理由，重新作出了行政决定。该决定仅是结果与原行政行为相同，但作出决定的事实和理由与原决定不同，不属于“以同一事实和理由”[参见最高人民法院（2019）最高法行再 115 号行政判决书]。（2018）浙 0281 行初 94 号案中，余姚市人民法院对原不予行政许可决定以补充说明缺乏专业评判依据，理由难以成立为由，作出撤销判决。被告在判决生效后，就“泗门镇是否需要新增储配站”委托杭州市城乡建设设计院股份有限公司（以下简称城建设计公司）进行评估，城建设计公司于 2019 年 7 月 8 日作出《关于〈余姚市域燃气专项规划（2014–2030 年）〉中“泗门镇储配站是否新增”的相关情况说明》（以下简称《相关情况说明》），结论为“泗门镇 2030 年前无需新增储配站”。城建设计公司作为专业机构，依据客观真实的数据作出专业评价。被告以此为依据作出行政决定，证据确凿。该情况说明属新证据，完善了被告作出不予许可决定的理由，不属于“以同一事实和理由作出与原行政行为基本相同行政行为的情形”。其次，被告作出《不予行政许可决定书》适用法律、法规正确，符合法定程序。（2018）浙 0281 行初 94 号案中，余姚市人民法院认为原行政许可决定依据《中华人民共和国行政许可法》（以下简称《行政许可法》）第三十八条第一款规定，属适用法律不当。现被告依据《行政许可法》第三十八条第二款作出《不予行政许可决定书》，对法律适用予以了纠正。另外，被告作出《不予行政许可决定书》符合法定程序。被告在判决书确定的期限内重新作出《不予行政许可决定书》。综上，被告于 2019 年 7 月 11 日作出的《不予行政许可决定书》证据确凿，适用法律、法规正确，符合法定程序，且不属于“以同一事实和理由作出与原行政行为基本相同行政行为的情形”。原告要求撤销该决定的理由不能成立，请求依法驳回原告的诉讼请求。

浙江省余姚市人民法院一审查明：

（2018）浙 0281 行初 94 号行政判决书中查明，被告余姚市住建局于 2018 年 8 月 17 日收到原告甬兴气体分滤厂的瓶装燃气经营许可证核发行政许可申请，根据《行政许可法》第三十八条第一款规定于 2018 年 8 月 27 日作出不予许可决定，并同时作出“关于余姚市甬兴气体分滤厂申请瓶装燃气经营许可证不予许可的补充说明”。原告不服该决定，于 2018 年 11 月 8 日向法院提起行政诉讼。法院经审理认为，被告于 2018 年 8 月 27 日作出的行政许可决定，适用法律不当，补充说明依据不足，理由难以成立，依法应予撤销。判决：一、撤销被告于 2018 年 8 月 27 日作出的《行政许可决定书》；二、责令被告对原告提出的瓶装燃气经营许可证的核发申请于本判决生效之日起 20 个工作日内重新作出决定；三、驳回原告的其他诉讼请求。

被告余姚市住建局不服该判决提起上诉，宁波市中级人民法院于 2019 年 6 月 17 日裁定准许余姚市住建局撤回上诉。2019 年 7 月 11 日，被告以城建设计公司出具的《相关情况说明》作为依据，以不符合规划条件作为理由，根据《行政许可法》第三十八条第二款的规定，重新作出《不予行政许可决定书》。

城建设计公司具有城乡规划编制资质证书、工程设计资质证书、工程咨询单位甲级资信证书、工程咨询单位资格证书的资质，对市政公用工程、石油天然气等具有编制规划和规划咨询评估等资格。2019 年 7 月 8 日，该公司针对《余姚市域燃气专项规划（2014–2030 年）》中“泗门镇可根据区域燃气实际供应的需要，在现状基础上新增液化石油气储配站 1 座，储罐规模为 $100m^3$”的内容作出规划说明，并出具了《相关情况说明》。

浙江省余姚市人民法院一审认为：

根据《燃气经营许可管理办法》第三条的规定，被告余姚市住建局对在余姚市域范围内瓶装燃气经营许可的申请具有核发行政许可的法定职权。

《行政诉讼法》第七十一条规定，人民法院判决被告重新作出行政行为的，被告不得以同一的事实和理由作出与原行政行为基本相同的行政行为。《最高人民法院关于适用〈中华人民共和国行政诉讼法〉的解释》（以下简称《解释》）第九十条第一款规定，人民法院判决被告重新作出行政行为，被告重新作出的行政行为与原行政行为的结果相同，但主要事实或主要理由有改变的，不属于《行政诉讼法》第七十一条规定的情形。本案中，被告余姚市住建局根据（2018）浙 0281 行初 94 号行政判决所确定的义务，在重新作出不予行政许可决定前，委托城建设计公司对《余姚市域燃气专项规划（2014–2030 年）》中“泗门镇储配站是否新增”的规划问题进行咨询评估，该公司根据余姚市域液化石油气储配站供应规模、供应能力进行评估分析的基础上，针对“泗门镇可根据区域瓶装燃气实际供应的需要，在现状基础上新增液化石油气储配站 1 座，储罐规模为 $100m^3$”的规划条文作出说明，形成了《相关情况说明》，该说明作为新的证据事实，具有客观性、专业性和关联性，被告以此作为新的依据和理由，不属于“以同一事实和理由作出与原行政行为基本相同的行政行为”的情形，并结合“可根据区域瓶装燃气实际供应的需要”及“可适时增设液化石油气储配站 1 座”的弹性规划，被告重新作出不予行政许可决定，并无不当，且该决定不违反《行政诉讼法》第七十一条和《解释》第九十条的规定。综上，被告重新作出的行政决定，于理有据，证据充分，程序合法，适用法律、法规正确，应予以维持。原告甬兴气体分滤厂提出被告以同一事实和理由作出与原行政行为基本相同的行政行为违反法律规定，要求被告撤销重作的主张，理由不能成立，不予支持。

据此，浙江省余姚市人民法院依照《中华人民共和国行政诉讼法》第六十九条的规定，于2019年10月30日判决如下：

驳回原告余姚市甬兴气体分滤厂的诉讼请求。

甬兴气体分滤厂不服一审判决，向浙江省宁波市中级人民法院提起上诉称：一、城建设计公司不具备论证“泗门镇2030年前无需新增储配站”的资格，其出具的《相关情况说明》所依据的材料不真实、不充分，欠缺合法形式要件，《相关情况说明》不是司法鉴定意见，结论不具有客观公正性。一审法院采信《相关情况说明》错误，属于认定事实不清。二、余姚市住建局作出的《不予行政许可决定书》所依据的事实和理由，与生效行政判决撤销的决定书的事实和理由完全相同，无非是余姚市住建局以自己提供的数据炮制了一份《相关情况说明》，没有对实质性的事实和理由作改变，违反了“人民法院判决被告重新作出行政行为的，被告不得以同一事实和理由作出与原行政行为基本相同的行政行为”的规定。一审法院认为余姚市住建局并非基于同一事实和理由作出判决，属于适用法律错误。综上，请求二审法院撤销一审判决，撤销《不予行政许可决定书》，并责令余姚市住建局重新作出行政许可决定。

被上诉人余姚市住建局辩称：生效判决仅仅是以证据不足为由撤销原行政行为，其重新作出行政行为时，依据新的证据补充认定相关事实，完善决定理由，重新作出了行政决定。该决定仅是结果与原行政行为相同，但作出决定的事实和理由与原决定不同。城建设计公司作为专业机构，依据客观真实的数据作出专业评价，其以此为依据重新作出行政决定，证据确凿。《相关情况说明》属新证据，完善了其作出不予许可决定的理由，不属于“以同一事实和理由作出与原行政行为基本相同的行政行为”的情形。一审判决正确。请求二审法院驳回上诉，维持一审判决。

浙江省宁波市中级人民法院经二审，确认了一审查明的事实。

浙江省宁波市中级人民法院二审认为：

在行政诉讼中，人民法院判决被告重新作出行政行为，被告重新作出的行政行为与原行政行为的结果相同，但主要事实或者主要理由有改变的，不属于“以同一事实和理由作出与原行政行为基本相同的行政行为”的情形。根据本案查明的事实，生效的（2018）浙0281行初94号行政判决认为被上诉人余姚市住建局于2018年8月27日作出的《行政许可决定书》适用法律不当，补充说明依据不足，责令被上诉人重作。被上诉人于2019年7月11日重新作出《不予行政许可决定书》，该两份决定书虽然结果相同，但法律适用不同，证据依据不同，故可以认定主要事实和理由有改变，不属于“以同一事实和理由作出与原行政行为基本相同的行政行为”的情形。上诉人甬兴气体分滤厂认为被上诉人基于同一事实和理由作出被诉行政行为的主张，缺乏事实和法律依据，法院不予支持。城建设计公司具有城乡规划编制资质证书等资质，对石油天然气等具有编制规划和规划咨询评估等资格，且系《余姚市域燃气专项规划（2014-2030年）》的主要参编单位，该公司在对余姚市域液化石油气储配站供应规模、供应能力进行评估分析的基础上，对《余姚市域燃气专项规划（2014-2030年）》中“泗门镇可根据区域燃气实际供应的需要，在现状基础上新增液化石油气储配站1座，储罐规模为100m^3”的内容作出规划说明，并出具了《相关情况说明》，结论为“泗门镇 2030 年前无需新增储配站”。该情况说明在一定程度上具有客观性、专业性，可以作为余姚市住建局对燃气经营许可是否符合燃气专项规划要求的判断依据。余姚市住建局根据《相关情况说明》，认为上诉人提出的燃气经营许可申请在现阶段不符合燃气专项规划，违反了《城镇燃气管理条例》第十五条第一款第一项和《宁波市燃气管理条例》第十三条第一项的规定，从而作出《不予行政许可决定书》，并无不当。一审法院认定事实清楚，适用法律正确，审判程序合法。上诉人的上诉理由不足，不予支持。

据此，浙江省宁波市中级人民法院依照《中华人民共和国行政诉讼法》第八十九条第一款第一项之规定，于 2019 年 12 月 24 日判决如下：

驳回上诉，维持原判。

甬兴气体分滤厂不服二审判决，向浙江省高级人民法院申请再审称：一、本案被申请人余姚市住建局将申请人申请领取燃气经营许可证的行为错误地认为是申请燃气经营许可，重复行政许可评价错误作出不予许可决定，一、二审判决认定法律行为错误。申请人于 2000 年经原余姚市城乡建委和宁波市市政公用局批准设立精制液化石油气储罐站，后于 2009 年 11 月 8 日向被申请人申请兼营民用液化石油气充装经营。2009 年 11 月 14 日，被申请人出具《余姚市建设局关于同意余姚市甬兴气体分滤厂兼营民用液化石油气充装的批复》，批准同意申请人兼营民用液化石油气充装。故申请人经被申请人审查批准同意兼营民用液化石油气充装，也已获得了民用燃气经营许可。本次申请人的申请仅为申领许可证件，而非申请燃气经营审批。因此，被申请人对申请人的申请认识错误，对已经其批准的许可事项重复评价，且作出前后矛盾的许可决定，认定法律行为错误，一、二审法院支持被申请人的许可决定，于法无据。二、一、二审判决采信证据错误，认定事实不清。一、二审法院作出与（2018）浙 0281 行初 94 号判决完全相反判决的唯一依据是《相关情况说明》，该份由城建设计公司作出的说明明显违反现行法律，依据不充分，结论不公正，不能作为裁判的依据。1. 城建设计公司不具备论证本案“泗门镇 2030 年前无需新增储配站”的资格，无权改变余姚市人民政府依法作出的专项规划。申请人不否认城建设计公司具有城乡规划编制资质，但该资质针对的是对规划的编制的资格，而是否新增储备站是行政机关的行政许可事项，该《相关情况说明书》论证结论“泗门镇 2030 年前无需新增储配站”，属于行政机关的审批权，而不是作为一家企业的权利。同时，具有法律效力的经余姚市人民政府颁布的《余姚市域燃气专项规划（2014–2030 年）》就是由城建设计公司参与编制的，该专项规划明确“在现有基础上新增液化石油气储备站 1 座”，现该公司又出具《相关情况说明》说明“泗门镇 2030 年前无需新增储配站”，前后矛盾。同时，根据《中华人民共和国城乡规划法》第四十七条、第四十八条的规定，城乡规划的修改必须要经过严格的程序，由原审批机关审批并报经同级人大备案才能生效。但本案中，被申请人未经任何审批、备案，就擅自委托原编制机构对原规划具体内容进行直接否定（从原先规划的允许设立储配站改变为无需新增储配站），并以此理由对申请人作出不予许可的行政决定，明显违法。一、二审法院对该违法行为不予纠正，反而认定《相关情况说明》可以作为符合规划的判断依据。2. 该《相关情况说明》所依据材料不真实不充分。无论是《相关情况说明》或鉴定结论，都必须是建立在充分的科学数据和客观事实基础上的实证性判断，而不是推理臆断。而城建设计公司仅凭被申请人提供的几个数据，既没有实地调查、核查数据，更没有听取民意，分析泗门镇的经济、人口发展态势，就得出“泗门镇2030年前无需新增储配站”，实属不当。3. 该《相关情况说明》欠缺合法的形式要件。《相关情况说明》的合法形式，不仅影响到说明本身的合法性和规范性，而且影响到说明的真实性。其中最基本的形式要件是出具的说明中应当有编制人员或鉴定人员的签名，本案中虽有公章，但没有编制人员的签名，所以本案判决采信的《相关情况说明》明显缺乏基本的合法形式要求，真实性合法性明显可疑。4. 该《相关情况说明》不是司法鉴定意见，其结论不具有客观公正性。该《相关情况说明》系被申请人单方委托城建设计公司形成，该公司又是《余姚市域燃气专项规划（2014–2030年）》编制单位，被申请人与该公司早有业务往来。尽管申请人不怀疑该公司的专业性，但从形式上不得不使人产生怀疑该公司是为了套合被申请人的意思出具的《相关情况说明》。因此，由与被申请人有业务往来的第三方出具的《相关情况说明》，不能保证其真实性和公正性。5. 与（2018）浙0281行初94号判决认定事实自相矛盾。在申请人向一审法院起诉，一审法院支持申请人诉讼请求的（2018）浙0281行初94号判决书中，一审法院认定余姚燃气规划和发展规划合法有效，该规划明确泗门镇“在现状基础上适时增设液化石油气储配站1座，即意味着尚可增加一次行政许可”，也即认为可以新增液化石油气储配站1座。同时也认为“被告也应当根据行政许可法第五条第一款的规定，设定和实施行政许可，应当遵循公开、公正的原则，以维护政府的公信力，促进依法行政，保障市场主体平等参与市场的权利。”而在本案中，相同法院相同审判组织却采信《相关情况说明》，认定事实前后不一，自相矛盾。综上，一、二审判决认定事实不清。三、一、二审判决适用法律错误。《城镇燃气管理条例》第十五条和《宁波市燃气管理条例》第十三条第一项中规定的“符合燃气发展规划要求”“符合燃气专项规划要求”是对燃气经营企业燃气设施建设项目的建设规划要求，燃气设施工程必须取得规划选址意见或规划许可证，也就是说燃气储备站、点的设置要符合燃气发展规划。因此《余姚市域燃气专项规划（2014–2030）》中也表述“在现状基础上新增液化石油气‘储备站’1座”。而申请人成立于1993年，储配站也于2000年经有关部门批准布点建设竣工，申请人早在《行政许可法》《城镇燃气管理条例》《浙江省燃气管理条例》《宁波市燃气管理条例》等法律法规颁布施行前已经在合法经营了。因此在评判申请人能否取得燃气经营许可证时，是否符合燃气发展规划要求并不是考量申请人的条件，因为申请人经批准布点建设成立储配站，当然符合规划要求，只要申请人具备其他的条件就应当核发燃气经营许可证。而在（2018）浙0281行初94号案件审理过程中，被申请人曾经明确回答申请人所有条件都符合申请要求，只是被申请人有“自由裁量权”，就有权不予审批。因此被申请人作出被诉不予许可决定和一、二审法院支持被诉行政行为适用上述条款适用错误。四、一、二审判决说理不明。1. 一、二审判决认为被申请人委托城建设计公司形成的《相关情况说明》，具有客观性、专业性和关联性，可以认定主要事实和理由有改变，不属于“以同一事实和理由作出与原行政行为基本相同的行政行为”的情形。但申请人认为，判断“主要事实或者理由有改变”的标准为：对原行政行为适用法律规范所要求的法律要件事实进行了实质性的改变。本案中，被申请人提供的情况说明，其内核就是原不予许可决定认定中的相同数据和理由，系由所谓第三方公司出具了一份与原相同事实基础的说明而已，其实质并没有改变，并没有足以改变原认定事实或理由的新内容。因此，一、二审判决认为被诉行政行为不属于“以同一事实和理由作出与原行政行为基本相同的行政行为”的情形，认定事实错误，适用法律错误。2. 本案行政许可实施过程中，燃气经营许可应当符合燃气发展规划要求，而余姚市燃气专项规划设计在“现状基础上新增液化石油气‘储备站’1座”，新增还是不新增涉及的是作为和不作为的问题，不存在自由裁量出具所谓情况说明来论证不需要新增储配站的余地。因此，本案行政许可行为中，燃气规划允许新增座储配站，被申请人行政机关不存在裁量的余地，不存在可以增设也可以不增设的选择空间。如果允许行政机关所谓弹性规划、弹性许可，明显给权利创造了寻租空间，这与行政许可创设的公开、公平、公正、非歧视的原则初衷相违背。请求撤销一、二审判决和被申请人作出的《不予行政许可决定书》，责令被申请人重新作出行政许可决定。

被申请人余姚市住建局答辩称：一、一、二审法院对法律行为认定正确。申请人甬兴气体分滤厂在再审申请书中陈述，其已取得被申请人出具的兼营民用液化石油气充装的批复，本次申请为申领许可证，不是燃气经营审批，是被申请人在恶意混淆概念。（一）颁发许可证不需要单独申请，不存在所谓的申领许可证行为。根据《行政许可法》第三十九条规定，只要行政机关作出行政许可决定，就要颁发许可证，而不是在申请人取得行政许可决定后，再由申请人另行提出颁发许可证的申请。（二）退一步讲，即使颁发许可证需要单独申请，申请人的行为也是申请行政许可的行为，而不是申领许可证的行为。首先，申请人申请时提交的材料为《燃气经营许可申请表》、安全管理制度、经营方案等，这些材料是燃气经营许可的申请材料。若如申请人所说，本次申请为取得许可之后申领许可证的行为，申请人为何不提交所谓的批复要求发证，而提交申请燃气经营许可的申请材料。其次，申请人在起诉状中所列的诉讼请求是要求撤销被申请人作出的不予许可决定，而不是要求颁发许可证。最后，按照申请人的陈述，其于 2009 年已取得兼营民用液化石油气的批复，而申请人直到 2018 年才向被申请人申请颁发许可证，这又作何解释。二、一、二审判决认定事实清楚，证据确实、充分。（一）城建设计公司就“泗门镇储配站是否新增”出具了《相关情况说明》，该情况说明客观、专业，能够作为认定泗门镇是否新增储配站的依据。1. 城建设计公司是《余姚市域燃气专项规划（2014–2030）》的编制单位，有权对规划中的规定就相关事项作出说明。2.《相关情况说明》所依据的材料客观真实。情况说明的数据由掌握数据的行政机关和公共服务企业提供，比如人口数量由余姚市公安局提供，泗门镇现有居民管道燃气用户数由余姚市城市天然气有限公司提供。3.《相关情况说明》论证充分、客观，具有证明力。情况说明依据真实的数据，对余姚市域液化石油气储配站的供应能力，余姚市 2020 年、2030 年液化石油气需求量进行了分析，得出的结论是客观的。4.《相关情况说明》具备合法的形式要件。情况说明不是鉴定意见，规划编制人员签名不是必备的形式要件，同时情况说明盖有出具单位公章，代表规划编制单位的意志，与规划文件具有同等效力。（二）申请人提供的证明、居民联名书，不能作为认定瓶装燃气实际供应的需要。即使证明、居民联名信属实，以此来认定瓶装燃气实际供应的需要，也是不可行的。居民个人仅考量个人利益，不会考虑公共利益等其他因素，充气点离家越近越好。

而政府执政必须要做到统筹兼顾，平衡各种利益。三、一、二审法院适用法律正确。（一）根据《城镇燃气管理条例》的规定，国家对燃气经营实行行政许可证制度，从事燃气经营活动的企业，欲获得行政许可，应当具备符合燃气专项规划要求的条件。《余姚市域燃气专项规划（2014–2030）》第四十九条第（二）项规定“泗门镇可根据区域瓶装燃气实际供应的需要，在现状基础上新增液化石油气储配站1座，储罐规模为100m^3。”该项规划条件非常明确，在泗门镇是否新增液化石油气储配站，要根据申请新增燃气经营许可时，当时的储备站是否能够满足实际供气需要而定。即，现有的储配站能满足实际供应需求的，对新增燃气经营申请不予许可；现有的储配站不能满足实际供应需求的，对新增燃气经营申请予以许可。城建设计公司出具的《相关情况说明》明确泗门镇现有的储配站规模能满足余姚市2020年、2030年供应需求，2030年前无需新增储配站。为此，被申请人依据法律和规划，对申请人作出不予许可的决定是正确的。（二）申请人在再审申请书中称，符合燃气专项规划要求是指燃气储配站、点的设置要符合燃气发展规划，申请人的储配站于2000年竣工，当然符合燃气专项规划，其申请燃气经营许可证，是无需再考量是否符合燃气专项规划。申请人将储配站的建设完成与符合燃气专项规划画等号，完全是对法律的曲解。首先，申请燃气经营许可，需要具备的其中两个条件是，1.符合燃气发展规划要求；2.有符合国家标准的燃气设施。储配站属于燃气设施的一种，属于是否有具备符合国家标准燃气设施条件的范畴，不属于是否符合燃气发展规划要求的范畴。其次，符合燃气发展规划要求是指燃气经营区域、燃气供应方式和规模、燃气设施布局和建设时节等符合燃气专项规划。燃气专项规划的内容包括供应方式和规模、燃气设施布局等。即使储配站的设置符合燃气设施布局的规划，不代表增加燃气供气量和增设供应储气站、点符合规划内容。再次，申请人的储配站于2000年建设完成，当时尚未编制燃气专项规划，何来符合燃气发展规划要求。最后，申请人的储配站是作为工业原料使用的燃气储配站，燃气作为工业原料的使用不是由被申请人主管，储配站的布点不需要征求被申请人的意见，储配站的建设完成不能认为符合燃气设施布局的规划。四、液化石油气是易燃、易爆、有毒的危化物品，直接关系公共安全和反恐防范，不能降低准入条件，必须严格按照法定条件、标准实施行政许可。（一）石油液化气爆炸事故一旦发生，后果极其严重。2019年江苏省盐城市响水县陈家港镇储罐发生爆炸事故，并波及周边16家企业。事故造成47人死亡、90人重伤，另有部分群众不同程度受伤，因此要将安全生产作为头等大事来抓。（二）《城镇燃气管理条例》第一条明确，立法目的是加强城镇燃气管理，保障燃气供应，防止和减少燃气安全事故，保障公民生命、财产安全和公共安全，维护燃气经营者和燃气用户的合法权益，促进燃气事业健康发展。条例对燃气经营许可规定的条件之一是符合燃气发展规划。之所以燃气发展要编制规划，是要在确保满足当地居民生活需要的前提下尽量减少燃气经营点，以减少燃气安全事故隐患。若放宽市场准入条件，增加燃气经营点，就大大增加了安全隐患，人民的生命财产安全就多了份威胁。请求再审法院依法维持原判。

浙江省高级人民法院经审查，认为本案情况符合《行政诉讼法》第九十一条第（三）项规定的情形。

据此，浙江省高级人民法院依照《中华人民共和国行政诉讼法》第九十二条第二款以及

《最高人民法院关于适用〈中华人民共和国行政诉讼法〉的解释》第一百一十六条第一款、第一百一十八条第二款之规定，于2021年1月18日裁定如下：

一、本案由本院提审；

二、再审期间，中止原判决的执行。

再审期间，双方当事人均未提交新的证据材料。

浙江省高级人民法院再审认为：

根据《燃气经营许可管理办法》第三条“住房和城乡建设部指导全国燃气经营许可管理工作。县级以上地方人民政府燃气管理部门负责本行政区域内的燃气经营许可管理工作”之规定，被申请人余姚市住建局具有核发瓶装燃气经营许可的法定职权。

《城镇燃气管理条例》第十五条第一款第（一）项规定：国家对燃气经营实行许可证制度。从事燃气经营活动的企业，应当具备下列条件：（一）符合燃气发展规划要求……《宁波市燃气管理条例》第十三条第（一）项也规定：从事燃气经营活动的企业，应当具备下列许可条件：（一）符合燃气专项规划要求……根据上述规定，从事燃气经营活动的企业要获得燃气经营许可证，必须符合当地的燃气发展规划和燃气专项规划的要求。

余姚市人民政府办公室于2016年12月2日发布余政办发〔2016〕105号《关于印发余姚市域燃气专项规划（2014–2030年）的通知》，该专项规划第四十九条规定：“……2）泗门镇可根据区域瓶装燃气实际供应的需要，在现状基础上新增液化石油气储配站1座，储罐规模为100m^3。”2017年5月10日，余姚市人民政府办公室又发布余政办发〔2017〕45号《关于印发余姚市城市燃气“十三五”发展规划的通知》，该发展规划第十二条规定：“加强液化气管理，推行现代服务供应。……同时，在农村地区，由于管道天然气尚不能进入，因此，要考虑液化石油气的适度发展，对于偏远乡镇应设置1–2座供应站点，以满足需求。泗门镇根据供气实际需要，可适时增设液化石油气储配站1座。”因此，根据上述余姚市燃气发展规划和专项规划，泗门镇可根据区域瓶装燃气实际供应的需要，新增液化石油气储配站1座。具体到本案，申请人企业位于余姚市泗门镇水阁周村，属于泗门镇范围内，至今为止仅申请人一家企业向余姚市住建局申领瓶装燃气经营许可。在申请人提出瓶装燃气经营许可申请后，余姚市住建局分别于2018年3月27日、2018年8月27日作出不予行政许可决定。在上述两份不予行政许可决定分别被余姚市人民政府、余姚市人民法院撤销并责令重作后，余姚市住建局不审查申请人提出的申请是否符合法律规定的其他条件，却以城建设计公司出具的《相关情况说明》为依据，仍认定申请人不符合规划条件而作出本案被诉不予行政许可决定，明显与余姚市燃气发展规划和专项规划中“泗门镇可根据区域瓶装燃气实际供应的需要，新增液化石油气储配站1座”的要求不符。且城建设计公司的《相关情况说明》，系根据余姚市住建局自身提供的现状实际相关数据出具，非系该公司调查研究分析的结果，并与该公司参与编制的《余姚市域燃气专项规划（2014–2030）》自相矛盾，故不能作为本案的定案依据。《余姚市域燃气专项规划（2014–2030）》系经科学调查、论证并经余姚市人民政府常务会议审议通过，未经法定程序审议不得随意变更。现余姚市住建局仅凭参与该专项规划的编制单位出具的《相关情况说明》就擅自变更《余姚市域燃气专项规划（2014–2030）》中的具体规划，缺乏法律依据。在法院审理期间，余姚市住建局虽然一再强调液化石油气是易燃、易爆、有毒的危化物品，直接关系公共安全和反恐防范，不能降低准入条件，必须严格按照法定条件、标准实施行政许可，且燃气经营许可后难以监管，但却未能提交申请人提出的申请不符合案涉行政许可的法定条件、标准依据以及存在安全隐患的相关证据。余姚市住建局在余姚市人民政府复议和余姚市人民法院判决撤销其不予行政许可行为的情况下，仍然以相同理由作出不予行政许可决定，严重违反了《行政诉讼法》第七十一条规定，浪费了有限的司法资源，增加了当事人的讼累，显系滥用职权。

综上，一、二审判决认定余姚市住建局非以同一事实和理由作出与原行政行为基本相同的行政行为，适用法律错误，依法应当予以纠正。甬兴气体分滤厂的申请再审理由正当，予以采纳。据此，浙江省高级人民法院依照《中华人民共和国行政诉讼法》第七十条第一款第（二）项、第（五）项及第八十九条第一款第（二）项和《最高人民法院关于适用〈中华人民共和国行政诉讼法〉的解释》第一百一十九条、第一百二十二条之规定，于 2021 年 5 月 21 日作出判决：

一、撤销浙江省余姚市人民法院（2019）浙 0281 行初 47 号行政判决；

二、撤销浙江省宁波市中级人民法院（2019）浙 02 行终 622 号行政判决；

三、撤销余姚市住房和城乡建设局于 2019 年 7 月 11 日作出的《不予行政许可决定书》，责令余姚市住房和城乡建设局对余姚市甬兴气体分滤厂提出的瓶装燃气经营许可证的核发申请在法定期限内重新作出决定。

本判决为终审判决。

（摘自 2022 年《中华人民共和国最高人民法院公报》第 2 期）

江苏中讯数码电子有限公司与山东比特智能科技股份有限公司因恶意提起知识产权诉讼损害责任纠纷案

【裁判摘要】

行为人在明知系争商标为他人在先使用并具有一定影响力的情况下，抢先注册系争商标并获得的商标权不具有实质上的正当性。行为人据此向在先使用人许可的关联方提起商标侵权诉讼的，该诉讼行为应认定为恶意提起知识产权诉讼，由此造成他人损害的，应当承担损害赔偿责任。

原告：江苏中讯数码电子有限公司，住所地：江苏省宜兴市丁蜀镇汤蜀路。

法定代表人：范某枫，该公司董事长。

被告：山东比特智能科技股份有限公司，住所地：山东省日照市日照北路。

法定代表人：曹某贵，该公司董事长。

原告江苏中讯数码电子有限公司（以下简称中讯公司）因与被告山东比特智能科技股份有限公司（以下简称比特公司）发生因恶意提起知识产权诉讼损害责任纠纷，向江苏省无锡市中级人民法院提起诉讼。

原告中讯公司诉称：中讯公司是美国美爵信达有限公司（以下简称美爵信达公司）“TELEMATRIX”品牌的酒店电话机在中国的代工生产商，被告比特公司也曾是美爵信达公司在中国的代工生产商，其原名为山东比特电子工业有限公司，于2016年2月22日变更为现名。2008年1月，比特公司向中讯公司发送律师函，主张其拥有“TELEMATRIX”商标专用权（注册号为第435950号，核定商品包括电话机），认为中讯公司宣传、生产、销售“TELEMATRIX”商标的电话机产品构成商标侵权，要求中讯公司停止上述行为。2008年3月，比特公司向山东省日照市中级人民法院起诉中讯公司侵犯上述注册商标专用权，要求中讯公司停止侵权、赔偿损失。此后该案于2008年11月移送江苏省无锡市中级人民法院管辖，庭审中比特公司请求索赔612万元。比特公司还于2008年8月向工商部门投诉，要求对中讯公司进行查处。2009年11月，比特公司以需要新证据为由，申请撤诉并获法院准许。迫于比特公司压力，中讯公司被迫终止与美爵信达公司关于“TELEMATRIX”品牌电话机的代工合作，损耗了大量产品和物料，比特公司上述行为给中讯公司的生产经营造成了巨大损失。此后，北京市高级人民法院在诉讼中依法撤销了比特公司的上述商标注册，并在判决中认定比特公司的注册行为构成以不正当手段抢先注册合作伙伴在先使用并有一定影响的商标，具有不正当性。比特公司向最高人民法院提起再审申请，最高人民法院依法认定其行为违法，驳回了其再审申请。至此，比特公司系以不正当手段注册商标的违法行为已经形成法律事实，其商标专用权自始不存在，其向中讯公司提起诉讼的行为构成恶意诉讼，情节恶劣，破坏了中讯公司在行业内的声誉，致使中讯公司失去了巨大商业机会并造成了巨额经济损失。据此，请求法院判令比特公司：1. 赔偿中讯公司损失612万元和合理支出10万元，并在全国性媒体上消除影响；2. 承担本案诉讼费用。

被告比特公司辩称：1. 比特公司提起诉讼的行为是正常的民事诉讼，不存在恶意诉讼的任何要件，虽然涉案商标被撤销，但这并不表明商标有效期内提起的商标侵权诉讼就是恶意诉讼；商标被宣告无效后，对此前包括商标侵权诉讼在内的行为一般无溯及力；同时，比特公司是基于当时稳定的商标有效状态提起诉讼，未在诉讼中采取任何保全措施，主观上不存在任何过错，也未给原告中讯公司造成任何损失。2. 中讯公司提交的所有证据均不能证明比特公司有恶意诉讼行为，不具有关联性；中讯公司所称的巨额损失缺乏事实和法律依据，无论其是否产生了经济损失，与比特公司的诉讼行为没有关联。

江苏省无锡市中级人民法院一审查明：

1998年至2003年，比特公司的前身兖矿集团山东比特电子公司（以下简称兖矿比特公司）曾作为美国赛德电子通信技术股份有限公司（以下简称赛德公司）在中国的代工商，接受赛德公司的委托为其加工酒店专用电话机，双方合作未涉及“TELEMATRIX”商标的电话机。2006年3月28日，赛德公司兼并了TELEMATRIX.INC.（佛罗里达），并使用“TELEMATRIX”作为企业名称，即TELEMATRIX.INC.（特拉华），此后又更名为美国美爵信达公司，其授权北京美爵信达科技有限公司（以下简称北京美爵信达公司）在中国独家代理销售“TELEMATRIX”酒店专用电话机产品。2006年起，中讯公司接受赛德公司委托，为其加工“TELEMATRIX”品牌等酒店电话机产品。中讯公司在诉讼中提交的经营统计表、退税单据显示，2006~2007年中讯公司代工“TELEMATRIX”品牌酒店电话机的毛利为12 504 594元。

2004年11月12日，兖矿比特公司向国家商标局申请注册“TELEMATRIX”商标，核定使用商品为第9类电话机、可视电话、手提无线电话机、网络通讯设备、传真机、成套无线电话、手提电话等。2007年5月28日，该商标获得注册，有效期限自2007年5月28日至2017年5月27日，注册号为第4359350号。此后，兖矿比特公司经过两次变更，现名称为比特公司。比特公司在其网站上有如下宣传内容：“作为国际上与德利达、TELEMATRIX齐名的三大酒店电话品牌之一，比特在产品和服务上一直追求领先，在很多技术和功能方面都是创新者。”

2008年1月8日，比特公司委托律师事务所，向中讯公司发出一份律师函，称中讯公司在《中国酒店采购报》宣传、生产、销售以“TELEMATRIX”为商标的电话机产品，涉嫌侵犯了比特公司的商标专用权及合法利益，要求中讯公司撤销所有相关广告和宣传，并停止其他一切相关的生产、销售、进出口行为，否则将诉诸法律。

2008年3月28日，中讯公司向无锡中院提起确认不侵犯比特公司“TELEMATRIX”商标权的诉讼。此后，比特公司即向日照中院提起商标侵权诉讼，请求判令中讯公司立即停止侵犯其注册商标专用权的行为并赔偿经济损失。2008年11月，日照中院将该案移送至无锡中院审理。比特公司在庭审中明确要求中讯公司赔偿经济损失612万元。2009年10月30日，无锡中院分别作出（2008）锡民三初字第70号-1、（2009）锡知民初字第57号民事裁定，裁定准许中讯公司、比特公司撤回起诉。

2008年8月21日，宜兴市工商部门根据比特公司的举报，对中讯公司的车间、仓库进行了检查，清点了涉嫌商标侵权的电话机产品。中讯公司陈述其在比特公司提起诉讼后停止在产品上使用“TELEMATRIX”商标，更换了模具并产生了电话机外壳报废、商标物料损失及电话机换壳人工费用支出。中讯公司提交的模具合同显示，其于2008年委托第三方制造电话机上盖、下盖的模具，合计支出83 000元。

2010年8月，比特公司起诉北京美爵信达公司擅自将“TELEMATRIX”作为商号和电话机名称在网站宣传及销售活动中使用，侵害了上述商标权，要求北京美爵信达公司停止侵权，赔偿损失等。2010年9月6日，北京美爵信达公司向国家商标局评审委员会（以下简称商评委）提出申请，请求撤销比特公司“TELEMATRIX”商标。2013年7月22日，商评委作出裁定，认定在争议商标申请注册日之前，TELEMATRIX.INC.已在欧盟等地区于电话机等商品上申请了注册了“TELEMATRIX”商标，其“TELEMATRIX”酒店专用电话机商品已为多家全球连锁酒店集团所认可并使用，在世界范围内尤其在美国酒店专用电话机行业领域内具有一定知名度。且在案证据表明2002年“TELEMATRIX”电话机商品已进入中国酒店市场。比特公司自 1998 年即与美国美爵信达公司的前身赛德公司开始合作，从事酒店专用电话机的加工生产，虽然合作协议中涉及的商标并非“TELEMATRIX”商标，但其作为同行业合作者对美国美爵信达公司从 1998 年即获得注册并开始在国际上使用的知名品牌理应知晓。且比特公司在其网站中亦承认“TELEMATRIX”为他人国际知名酒店电话机品牌。比特公司在电话机等相同、类似商品上申请注册文字构成完全相同的争议商标难谓善意，构成《中华人民共和国商标法》（以下简称《商标法》）第三十一条所指的“以不正当手段抢先注册他人已经使用并有一定影响的商标”之情形，据此裁定撤销争议商标。

比特公司不服上述裁定，向北京市第一中级人民法院提起行政诉讼。2013 年 12 月 19 日，北京一中院作出（2013）一中知行初字第 2956 号行政判决，认定比特公司自 1998 年与美国美爵信达公司的前身开始合作，从事酒店电话机的加工，比特公司作为专业公司，应当对其从事的行业有一定的了解，尤其是其合作对象的产品情况。且比特公司的网站宣传页显示其承认“TELEMATRIX”商标在酒店电话机商品上的知名度。在案证据证明了“TELEMATRIX”商标的影响足以达到比特公司且该商标的影响足以促使比特公司抢先注册以期从中获得利益，故争议商标的注册违反了《商标法》第三十一条以不正当手段抢先注册他人已经使用并具有一定影响商标的规定，据此判决维持商评委上述裁定。比特公司不服提起上诉，北京高院于 2014 年 3 月 21 日作出（2014）高行终字第 799 号行政判决书，判决驳回上诉，维持原判。比特公司就上述生效判决向最高人民法院申请再审，最高人民法院于 2014 年 12 月 15 日裁定驳回比特公司的再审申请。

本案的争议焦点是：比特公司向中讯公司提起商标侵权诉讼的行为是否为恶意诉讼行为。

江苏省无锡市中级人民法院一审认为：

本案为与知识产权有关的恶意诉讼纠纷案件，认定恶意应考虑如下因素：一是无事实依据和正当理由提起民事诉讼，即原告提起知识产权诉讼并没有合法的权利基础；二是以损害他人合法权益为目的，即主观上具有恶意；三是给他人造成了损害，即给他人造成了经济损失或竞争优势的削弱。

关于第一点，比特公司向中讯公司提起诉讼时，虽然获得了“TELEMATRIX”商标注册，但此后国家商评委在申请撤销该商标的程序中，认定比特公司以不正当手段抢先注册他人已经使用并有一定影响的商标，并据此裁定撤销了该商标。比特公司不服提起行政诉讼，人民法院经过一、二审，最终判决维持了上述裁定，“TELEMATRIX”商标至此已被撤销。《商标法》（2001 年修正）第三十一条规定，申请商标注册不得损害他人现有的在先权利，也不得以不正当手段抢先注册他人已经使用并有一定影响的商标。第四十一条规定，已经注册的商标，违反本法第十条、第十一条规定的，或者是以欺骗手段或者其他不正当手段取得注册的，由商标局撤销该注册商标；其他单位或者个人可以请求商评委裁定撤销该注册商标。已经注册的商标，违反本法第十三条、第十五条、第十六条、第三十一条规定的，自商标注册之日起五年内，商标所有人或者利害关系人可以请求商评委裁定撤销该注册商标。对恶意注册的，驰名商标所有人不受五年的时间限制。《中华人民共和国商标法实施条例》（2002 年施行）（以下简称《商标法实施条例》）第三十六条第一款规定，依照《商标法》第四十一条的规定撤销的注册商标，其商标专用权视为自始即不存在。因此，“TELEMATRIX”商标系比特公司用不正当手段获得注册并最终被撤销，在法律效力上属于自始无效，比特公司实质上从该商标获得注册至被最终撤销的期间内并不享有“TELEMATRIX”商标专用权，据此可以认定比特公司在提起第 57 号诉讼时不具备合法的权利基础。

关于第二点，《商标法实施条例》(2002 年施行)第三十六条还规定，有关撤销注册商标的决定或者裁定，对在撤销前人民法院作出并已执行的商标侵权案件的判决、裁定，工商行政管理部门作出并已执行的商标侵权案件的处理决定，以及已经履行的商标转让或者使用许可合同，不具有追溯力；但是，因商标注册人恶意给他人造成的损失，应当给予赔偿。从上述规定可以看出，在“TELEMATRIX”商标被撤销的情形下，比特公司如系出于恶意提起第 57 号诉讼，则有可能承担损害赔偿责任。所谓恶意是当事人行为时的主观状态，虽无法完全回溯探究当事人当时的内心状态，但人民法院仍可通过当事人的具体行为结合其他事实来综合判断当事人是否具有恶意。就本案而言，如有证据证明比特公司抢先注册了他人已投入商业使用但未及时注册的商标，然后以其注册商标权对在先使用人提起侵权之诉，以商标维权名义损害在先使用人利益，可以认定其提起诉讼行为时主观上具有恶意。首先，根据涉案生效行政判决认定，比特公司系将他人在先使用已有相当知名度及影响力的“TELEMATRIX”商标申请注册为自己的商标，其行为具有明显的不正当性，属于法律规定的可撤销情形之一。同时，比特公司在其网站中也明确“TELEMATRIX”为国际知名酒店电话品牌，从而可以证明其在明知“TELEMATRIX”为他人在先使用的知名商标的情况下将该文字注册为商标，其申请注册行为有违诚信，具有显而易见的恶意。上述恶意行为对于涉案诉讼是否为恶意诉讼的判断及认定具有重要的意义。其次，比特公司在获得商标注册后，向同为美国美爵信达公司代工商的中讯公司发出律师函，要求中讯公司撤销所有“TELEMATRIX”电话机的相关广告和宣传，并停止其他一切相关的生产、销售、进出口行为，否则将诉诸法律。在中讯公司提起不侵权诉讼后，随即另行提起诉讼，要求中讯公司停止侵权及赔偿损失。从上述事实可以看出，比特公司在恶意获得商标注册后，以商标权人的身份威胁中讯公司停止生产、销售相应产品，并最终提起侵权诉讼，试图以此方式迫使中讯公司不再接受相关委托，停止代工生产行为，从而达到控制“TELEMATRIX”商标商品在国内市场的生产、销售并据此获取非法利益的目的。如前所述，“TELEMATRIX”为国际知名酒店电话机品牌，在欧盟等地已经获得注册，中讯公司接受委托加工该品牌电话机产品具有正当性。因此，比特公司虽然在中讯公司提起不侵权诉讼之后提起诉讼，但其实质目的仍然在于损害中讯公司的合法权益，系恶意行使商标权的权利滥用行为，与其恶意注册商标行为一样，亦不具备正当性。本案中，比特公司以违反诚实信用的不正当手段获得了系争商标的注册，并以损害在先使用人的正当权益为目的，利用诉讼恶意行使权利，应当据此认定比特公司提起涉案诉讼行为系权利滥用行为，构成恶意诉讼。

关于第三点，比特公司提起诉讼行为会对中讯公司的生产经营产生负面影响，中讯公司接受委托加工“TELEMATRIX”电话机产品的经营交易机会必然会失去，故涉案诉讼损害了中讯公司的合法权益，造成其经济损失，比特公司应当承担赔偿损失的法律责任。本案的损害赔偿问题可参照适用知识产权法中特有的法定赔偿方式，即由人民法院在一定限额内综合考虑相关因素确定赔偿数额，综合考虑比特公司主观恶意、中讯公司的模具费用支出、物料损失及更换外壳人工费用支出的合理部分、中讯公司为本案支付的律师代理费等因素确定赔偿数额。比特公司的恶意诉讼行为给中讯公司造成了不良影响，中讯公司要求其公开消除影响的诉讼请求，予以支持。

据此，江苏省无锡市中级人民法院依据《中华人民共和国民法通则》第一百零六条第二款、第一百三十四条第一款第（七）项、第（九）项、第二款，《中华人民共和国民事诉讼法》第一百四十二条的规定，于 2017 年 7 月 26 日判决如下：

一、山东比特智能科技股份有限公司于本判决生效之日起三十日内在《法制日报》上刊登消除影响声明（内容须经法院审核），逾期不履行由法院选择媒体刊登判决书内容，所需费用由山东比特智能科技股份有限公司负担；

二、山东比特智能科技股份有限公司于本判决生效之日起十日内赔偿江苏中讯数码电子有限公司经济损失及合理开支 100 万元；

三、驳回江苏中讯数码电子有限公司的其他诉讼请求。

比特公司不服一审判决，向江苏省高级人民法院提出上诉，请求：1. 撤销一审判决；2. 确认比特公司提起的（2009）锡知民初字第 57 号诉讼（以下简称第 57 号诉讼）不属于恶意诉讼，驳回中讯公司的全部诉讼请求；3. 中讯公司承担一、二审诉讼费。理由：1. 一审判决错误认定比特公司在申请注册“TELEMATRIX”商标和提起第 57 号诉讼时具有恶意。判断行为人提起诉讼是否具有恶意，最关键的是考察行为人是否主观上明知其起诉时无合法依据。一审判决忽略了对行为人是否主观上明知进行考量。（1）比特公司在提起第 57 号诉讼时拥有“TELEMATRIX”商标的有效注册证，有理由认为第 57 号诉讼具有合法依据，在主观上没有恶意。（2）比特公司在 2004 年 11 月 12 日申请注册“TELEMATRIX”商标时并不知晓“TELEMATRIX”已经被他人（在中国）使用并有一定影响。比特公司在网站上的宣传只能表明比特公司在当时知晓“TELEMATRIX”是国外品牌，不能证明比特公司申请注册“TELEMATRIX”商标时明知该商标已经被他人（在中国）使用并有一定影响。（3）一审判决因“TELEMATRIX”商标被撤销即反向推定行为人在申请注册和提起诉讼时存在恶意，缺少事实和法律依据。2. 一审判决未考虑中讯公司怠于行使权利，比特公司在诉讼过程中的克制以及双方对诉权的处分等重要因素。（1）中讯公司从“TELEMATRIX”商标注册到第 57 号诉讼提起之间长达近四年时间未对“TELEMATRIX”商标的权利提出任何质疑，属怠于行使权利，应当承担相应后果。（2）比特公司提起第 57 号诉讼是在中讯公司提起确认不侵权之诉之后，并非比特公司主动提起。向中讯公司发送律师函是基于对“TELEMATRIX”商标的权利基础的合法维权，并非利用诉讼侵害对方合法利益。比特公司在第 57 号诉讼过程中，表现出克制、理性的态度，并非滥用诉权恶意诉讼。（3）一审判决应尊重双方对诉权的自由处分。中讯公司对确认不侵权之诉提出撤诉的同时，比特公司也对第 57 号诉讼提出撤诉，并为无锡中院裁定准许。因此，第 57 号诉讼已经了结，双方当事人之间的纠纷已经得到解决。如果允许一方当事人事后反悔追究此前已撤回的诉讼行为，有损诉讼程序的严肃性。3. 一审判决确定的赔偿数额缺乏事实和法律依据。（1）一审判决未查明中讯公司主张的更换模具费用、物料损失、更换外壳人工费用等损害与第57号诉讼的直接因果关系。一审判决仅凭中讯公司提交的模具合同等时间在第57号诉讼期间内，就认定该模具费用等支出应当作为因第57号诉讼遭受的损失，缺乏事实和法律依据。中讯公司主张的物料损失、更换外壳人工费用从证据的角度而言，不足以与第57号诉讼形成较为紧密的关联性，但一审判决仅凭"更换标注有'TELEMATRIX'商标的库存品外壳的可能性"，认定该损失属于赔偿数额的一部分，不满足侵权责任法上的因果关系要求。（2）赛德公司与中讯公司签订的合作协议约定模具由赛德公司提供，因此中讯公司并非更换模具产生费用的适格主体。一审判决比特公司赔偿经济损失及合理开支共计100万元缺少事实和法律依据，具体赔偿计算方式不明确，数额过高。

被上诉人中讯公司答辩称：比特公司提起第57号诉讼的行为构成恶意知识产权诉讼。1. 比特公司提起第57号诉讼在事实和法律上没有合法根据。"TELEMATRIX"商标系比特公司以不正当手段获得注册并最终被撤销，在法律效力上属于自始无效，比特公司实质上从该商标获得注册到最终被撤销的期间不享有"TELEMATRIX"商标专用权。2. 比特公司对中讯公司提起第57号诉讼具有显而易见的主观恶意。（1）商评委及三级人民法院均已认定，比特公司系以不正当手段抢先注册他人已经使用并有一定影响的商标。同时，比特公司作为同行业的专业公司和经营者，应当对从事的行业有一定的了解，尤其是其合作对象的产品情况。比特公司在网站中明确"TELEMATRIX"为他人国际知名酒店电话品牌。上述事实证明比特公司在申请"TELEMATRIX"商标注册时即已具有非常明显的主观恶意。（2）比特公司在提起第57号诉讼时具有非常明显的恶意。首先，比特公司提起诉讼的主观目的不是基于真正维护合法权益，商标申请时的主观恶意状态对第57号诉讼提出时主观心理状态的认定有重要意义，本案证据可以证明比特公司是在明知"TELEMATRIX"商标为他人所有、其并没有取得"TELEMATRIX"商标的实质合法权利的情况下，积极提起诉讼以达到损害竞争对手利益的目的，主观恶意明显。在"TELEMATRIX"商标注册日之前，比特公司对"TELEMATRIX"商标的真正权利人为其前合作伙伴的事实便已经知晓，那么比特公司不仅对中讯公司提起第57号诉讼具有明显的主观恶意，其发送律师函以诉诸法律对中讯公司相威胁之时就已经存在主观恶意。其次，比特公司不仅对中讯公司提起了诉讼，而且对真正权利人美国美爵信达公司在中国设立的北京美爵信达公司、在中国的另外一个代工商以及下游两个经销商全部提起了诉讼，还同时采取了工商查处和海关查扣等措施，已经超出了正当维权的合理范畴，而是一系列有计划安排的恶意诉讼。比特公司称其在第57号诉讼及相关过程中保持克制和理性，与事实不符。3. 比特公司提起第57号诉讼给中讯公司生产和经营造成了巨大损失，中讯公司不得不更换模具、返工成品电话机、报废已生产带有"TELEMATRIX"商标的标贴、说明书、包装盒、包装箱等，造成了巨大的物料损失和人工费用。比特公司的诉讼行为还致使中讯公司代工量急剧减少，原本可预期的巨大代工利润迅速减少，且持续时间很长。与此同时，比特公司取得"TELEMATRIX"商标注册后，便开始大肆使用，"搭便车"牟取了巨额不当经济利益，总销售额达近800万元。一审法院判决比特公司赔偿中讯公司经济损失及合理开支100万元并无不妥。综上，一审判决认定事实清楚，适用法律正确，请求驳回上诉，维持原判。

江苏省高级人民法院经二审，确认了一审查明的事实。

江苏省高级人民法院二审认为：

一、比特公司提起涉案诉讼构成恶意提起知识产权诉讼

1. 比特公司提起诉讼时虽然表面上拥有“TELEMATRIX”商标权，但该商标权是比特公司“以不正当手段抢先注册他人已经使用并有一定影响的商标”而取得的，其并不享有实质上正当的权利基础。人民法院亦作出终审判决撤销了系争商标，比特公司的商标专用权视为自始即不存在。因此，比特公司提起涉案诉讼时实质上并不享有“TELEMATRIX”商标权。2. 比特公司提起涉案诉讼时主观上具有恶意。首先，比特公司明知“TELEMATRIX”商标系他人已经使用并有一定影响的商标，自己是以不正当手段予以抢注，具有恶意，应当知道其以不正当手段抢注“TELEMATRIX”商标违反《商标法》第三十一条的规定，属于可被依法撤销的情形，事实也证明系争商标最终被撤销。因此，比特公司提出“该公司申请注册时无恶意”的上诉理由无事实依据。其次，比特公司提起诉讼时具有恶意。比特公司提起涉案诉讼前在其公司网站上宣称“作为国际上与德利达、TELEMATRIX 齐名的三大酒店电话机品牌之一，比特在产品和服务上一直追求领先”，该事实进一步证实了比特公司申请注册“TELEMATRIX”商标后，一直明知该商标系其抢注他人在先使用并有一定影响的商标，“TELEMATRIX”商标权应当由该商标在先使用并逐步积淀商誉的主体享有，其实质上不应当享有“TELEMATRIX”商标权。同时，由于中讯公司、比特公司同是酒店电话产品的专业生产商，两公司存在竞争关系。比特公司起诉要求中讯公司停止生产、销售、宣传“TELEMATRIX”商标产品，其目的显然是排挤竞争对手中讯公司，以垄断“TELEMATRIX”商标相关产品在国内的生产销售，损害中讯公司合法权益，获取非法利益。3. 比特公司提起涉案诉讼造成了中讯公司的损失，且该损失与其诉讼行为之间具有因果关系。

二、一审法院判决比特公司赔偿中讯公司经济损失及合理开支 100 万元，并无不当

本案中，比特公司恶意提起第 57 号诉讼给中讯公司造成了经济损失，应当承担赔偿损失的民事责任。恶意提起知识产权诉讼本质上属于侵权行为的一种，恶意诉讼行为人承担的赔偿数额应当以受害人的损失为限。在受害人的损失难以确定的情况下，可以综合考量相关因素，酌情确定赔偿数额，故一审法院综合考虑中讯公司的经济损失和比特公司的恶意因素等确定赔偿数额，并无不当。

三、比特公司在获得“TELEMATRIX”商标注册后，即在较短的时间内先后向中讯公司发送律师警告函，提起诉讼，进行工商举报

比特公司提出“其在诉讼中保持克制”的上诉理由，无事实依据。双方在前述案件中并非由于达成和解协议撤回起诉，中讯公司并未放弃追究比特公司恶意诉讼侵权责任，有权依法提起本案诉讼。比特公司提出双方当事人之间的纠纷已经解决的上诉理由，无事实依据。

综上，一审判决认定事实清楚，适用法律正确，应予维持。江苏省高级人民法院依据《中华人民共和国民事诉讼法》第一百七十条第一款第（一）项之规定，于 2018 年 9 月 28 日判决如下：

驳回上诉，维持原判。

本判决为终审判决。

（摘自 2022 年《中华人民共和国最高人民法院公报》第 5 期）

昆明哦客商贸有限公司、熊某民与李某友等股东资格确认纠纷案

【裁判摘要】

名为股权转让，但转让各方资金往来表现为借贷关系，存在以债务清偿为股权返还条件、转让后受让方未接手公司管理、表达了担保意思等不享有股东权利特征的，应当认定为股权让与担保，股权让与担保权人仅为名义股东，不实际享有股东权利。股权让与担保人请求确认自己享有的股权的，应予支持。在清偿完被担保的债务前，股权让与担保人请求变更股权登记至其名下的，不予支持。

人民法院在处理股权让与担保纠纷案件时，应注意审查相关合同的具体约定，准确认定当事人的真实意思表示，充分尊重当事人的意思自治；注意参照质押担保的法律要件准确认定股权让与担保，是否移交公司经营权并非必要要件；注意在涉及移交公司经营权的案件中，综合考虑担保权人的投资和经营贡献、市场行情等因素，运用利益平衡原则妥善处理因经营损益、股权价值变动等引发的纠纷。

原告：熊某民，男，汉族，1964 年出生，住所地：云南省昆明市。

原告：昆明哦客商贸有限公司，住所地：云南省昆明市盘龙区昆明园博印象旅游文化城。

法定代表人：付某，该公司总经理。

被告：余某平，男，汉族，1956 年出生，住所地：江西省景德镇市。

被告：徐某，女，汉族，1983 年出生，住所地：江西省景德镇市。

第三人：李某友，男，汉族，1962 年出生，住所地：江西省景德镇市。

原告熊某民、昆明哦客商贸有限公司（以下简称哦客公司）因与被告余某平、徐某、第三人李某友发生股东资格确认纠纷，向江西省景德镇市中级人民法院提起诉讼。

原告熊某民、哦客公司诉称：2014 年 11 月，原告熊某民、哦客公司向被告余某平、徐某借款 800 万元用于景德镇市鸿荣房地产开发有限公司（以下简称鸿荣公司）项目中。该借款到期后，鸿荣公司不能如期还款，余某平、徐某于是提出还可以继续借款，但要求将鸿荣公司股权过户给余某平、徐某作为借款担保。2014 年 12 月 2 日，熊某民、哦客公司分别与余某平、徐某签订了《股权转让协议》，并办理股权过户登记。此后，熊某民、哦客公司仍然行使公司股东权利，余某平、徐某也从未支付任何股权转让款。此后，余某平、徐某又向熊某民提供借款 6529.4 万元。熊某民为上述借款先后出具了 33 份借条，并出具了利息承诺书，且上述借款全部用于鸿荣公司项目中。余某平、徐某背后的实际控制人为第三人李某友。现鸿荣公司被强

行霸占，请求确认其股权并办理工商变更登记至原告名下。

被告余某平、徐某辩称：案涉7329.4万元款项虽然都出具了借条，但实际上1000万元为股权转让款、2287.2万元为前期投资补偿款、160万元为熊某民的报酬、3882.2万元为项目投资款。《股权转让协议》是双方真实意思表示，徐某、余某平支付了转让价款，办理了工商变更登记，实际取得股权。

第三人李某友辩称：同意被告余某平、徐某的意见。

江西省景德镇市中级人民法院一审查明：

鸿荣公司由原告哦客公司和熊某民共同出资设立，注册资本人民币1000万元。哦客公司出资认缴额人民币510万元，占股比51%。熊某民出资认缴额人民币490万元，占股比49%。2014年12月2日，熊某民与被告余某平签订了一份《股权转让协议》，协议约定：熊某民将其持有的鸿荣公司49%的股权转让给余某平，转让价为490万元。同日，哦客公司与被告徐某签订了一份《股权转让协议》，协议约定：哦客公司将其持有的鸿荣公司51%的股权转让给徐某，转让价为510万元。2014年12月23日，办理了鸿荣公司股东变更登记，法定代表人变更为徐某。同时鸿荣公司将公章移交给了徐某、余某平。2011年11月3日至2015年8月14日，李某友、徐某、余某平、冯某萍、李某珍、闵某香、张某等向昌江综合农贸批发市场、刘某梅、尧某华、鸿荣公司、抚州市临川房屋建筑工程公司等汇款，金额合计7329.4万元。

江西省景德镇市中级人民法院一审认为：

原告熊某民、哦客公司与被告徐某、余某平签订的《股权转让协议》是当事人的真实意思表示，不违反法律、行政法规的强制性规定，属有效合同，双方办理了股权变更登记，股权转让行为发生法律效力。股权让与担保是指债务人或者第三人为担保债务的履行，将其股权转移至债权人名下并完成变更登记，在债务人不履行到期债务时，债权人可就股权享有优先受偿权的一种担保方式。担保主体及内容必须有明确具体的约定，否则不构成担保的意思表示。诉讼中李某友、徐某、余某平否认双方存在借款关系，熊某民、哦客公司又未提供有效证据，证明双方有股权让与担保的意思表示，熊某民提供的录音证据，仅能证明双方进行磋商，但并未明确双方权利义务关系，不能作为定案依据。双方签订《股权转让协议》并办理了股权变更登记，徐某、余某平也支付了合同对价，现熊某民、哦客公司请求确认双方为让与担保法律关系，要求返还股权，证据不足，不予支持。徐某、余某平、李某友主张其支付了7329.4万元，其中1000万元是徐某、余某平支付的股权转让款，另有2287.2万元是对熊某民前期投资款的补偿，160万元是返聘熊某民的报酬，其余款项是李某友、徐某、余某平支付“创想天地”工程项目的投资款。双方均认可以上款项7329.4万元，已经投入“创想天地”工程。熊某民、哦客公司主张其对“创想天地”工程项目投入近1亿元，7329.4万元系其向李某友等人的借款。徐某、余某平、李某友主张除已经支付的7329.4万元，后续工程还投入了大量资金，有凭据可查。各方均主张对“创想天地”项目进行了资金投入，是否形成其他法律关系，因超出本案审理范围，当事人可另行主张权利。熊某民、哦客公司的诉讼请求不能成立。

据此，江西省景德镇市中级人民法院依据《中华人民共和国合同法》第八条、第四十四条、第六十条，《中华人民共和国民事诉讼法》第一百三十四条、第一百四十二条之规定，于

2019年12月24日判决：

驳回原告熊某民、哦客公司的诉讼请求。

熊某民、哦客公司不服一审判决，向江西省高级人民法院上诉称：1. 上诉人与被上诉人之间7329.4万元款项系民间借贷，双方并不存在真实的股权转让行为，一审未认定双方系民间借贷的事实是错误的。2. 上诉人与被上诉人之间形成的是让与担保法律关系。一审法院仅截取部分事实，仅以“担保主体及内容必须有明确具体的约定，否则不构成担保的意思表示”为由，否定上诉人与被上诉人之间形成的让与担保的法律关系，臆断双方形成股权转让的事实，系查明事实不清，其以股权转让纠纷审理本案，错误适用法律。3. 一审判决驳回上诉人的诉讼请求，违背了公平公正的基本原则，侵害了上诉人的合法权益，保护了被上诉人的不法利益。上诉人以5108万元从原股东购买了鸿荣公司全部股权，并在取得鸿荣公司后又先后投入了1亿多元资金，现在正常经营，具有3亿多元的项目资产，被上诉人通过以借款的方式，诱使上诉人将股权让与给被上诉人，意图以1000万元获得上诉人所持有的价值3亿多元资产的鸿荣公司，其行为实质上是违法的“套路贷”行为，一审判决驳回上诉人的诉讼请求，使得被上诉人仅以1000万元就取得了价值3亿多元的鸿荣公司全部股权，违背了人民法院审判活动应遵循公平正义的基本原则，损害了上诉人的合法权益。

余某平、徐某答辩称：1. 上诉人并未提供支持其与被上诉人之间存在将鸿荣公司股权过户给被上诉人作为借款担保的约定的客观证据。2. 借条的存在不等于当事人之间法律关系的内容就是民间借贷。在法庭质证时，被上诉人并未否定上诉人出具过借条，但实质内容是股权转让款、投资补偿款和委托代付工程费用。3. 上诉人关于其与被上诉人之间的股权转让就是让与担保的主张，没有任何事实和法律依据。以公司股权提供担保的，只有一种法定形式，即股权质押。股权质押与股权转让是两种性质完全不同的民事法律行为，股权转让发生股东或股份的变更，股权质押不发生股东或股份的变更，二者不可兼容。4. 上诉人上诉称鸿荣公司仍由其“控制、管理、投资经营”，与客观事实完全不符。股权转让完成后，鸿荣公司建设的“创想天地”项目已由被上诉人全面接管，并持续投资建设至今。5. 上诉人在股权转让前对“创想天地”项目的投资已获得足额补偿，该项目的建设成果全部源于被上诉人的投入。

江西省高级人民法院经二审，确认了一审查明的事实。

另查明，本案纠纷涉及资金7329.4万元，均制作了借条，33张借条均分别注明用于工程款、还货款、交付保证金、鸿荣公司日常开支、测绘费、规费、广告费、装修费等用途。

鸿荣公司股权变更后，上诉人熊某民仍继续负责该公司日常经营管理直至2015年8月。

2014年12月22日至2019年4月14日，当事人围绕本案诉争的款项往来、股权过户、鸿荣公司经营以及纠纷解决进行过多次沟通，上诉人熊某民提供了22份录音，被上诉人徐某、李某友对录音的真实性予以认可。

二审还查明，被上诉人徐某与李某友为同居关系，被上诉人余某平为李某友前妻姐夫。

本案的争议焦点为：1. 案涉《股权转让协议》的性质应如何认定；2. 上诉人熊某民、哦客公司关于确认其股权并办理工商变更登记的请求是否成立。

江西省高级人民法院二审认为：

一、关于案涉《股权转让协议》性质的问题

股权让与担保是债务人或第三人（即让与担保人）为担保债务人的债务，将公司股权让与债权人或第三人（即让与担保权人），债务清偿后，股权应转回让与担保人，债务未适当履行时，让与担保权人可以就该股权优先受偿的一种担保形式。从形式上说，股权让与担保和股权转让都具有股权变更的外观，具有一定的相似性。但股权让与担保目的是为债务提供担保，并非转让股权，让与担保权人受让的股权并不是完整的权利，实际权利内容不得超出担保之目的，其只是名义上的股东。虽然本案被上诉人徐某、余某平受让了股份并办理了工商变更登记，具有享有股权的外观，但结合当事人之间的债权债务关系和真实意思表示，案涉《股权转让协议》在性质上应认定为股权让与担保。

第一，股权转让各方存在债权债务关系。本案纠纷涉及资金 7329.4 万元，均制作了借条。被上诉人称，有借条不等于借贷关系，其实质内容是股权转让款、投资补偿款和委托代付工程费用等。但其在外观上均表现为借条，且借条注明用途均与工程建设有关，未注明股权转让款、前期投资补偿款、报酬以及项目投资款等事项，上诉人与被上诉人沟通的录音文件中也从未提到过上述事项，反而是反复提到借款和还款的问题，被上诉人亦未能提供其他证据证明案涉款项有上述用途。且被上诉人未能举证股权转让款和前期投资补偿款如何确定，所称给熊某民的返聘报酬支付方式前后矛盾，购买股权后全部采用熊某民向其借款方式支付公司运营款项亦与常理不符。因此，案涉资金应当根据借条记载认定为借款。

第二，股权转让各方具有担保的意思表示，而没有真实转让股权的意思表示。1. 从股权转让各方的沟通情况看。首先，让与方多次表示以股权担保，而没有表示出让股权的意思；受让方也多次表示不要股权。其次，案涉股权约定了返还条件，即还清借款本息便归还股权。最后，纠纷发生后，股权转让各方还在商谈股权合作和买断股权的问题，说明并未实际买断鸿荣公司股权。但是，双方最终没有达成一致，鸿荣公司的股权因而也并未发生实际转让。2. 从《股权转让协议》的实际履行情况看。首先，鸿荣公司经营的账目以及工程证照并未实际移交，被上诉人也未提供证据证明约定了要移交。其次，被上诉人承认公司移交后一直到 2015 年 8 月之前都是熊某民负责经营管理。虽然被上诉人主张熊某民为其返聘，但其并未与熊某民签订返聘协议，二审庭审时承认并未给熊某民发出过经营指令，其声称给熊某民的报酬也缺乏证据证明，也未提供社保等其他可以证明存在雇佣关系的证据，因此其关于返聘熊某民的主张不能成立。综合以上情况，《股权转让协议》签订并办理工商变更登记后，一直到 2015 年 8 月之前，受让方并未实际接手公司经营管理，这也与股权实际转让相矛盾。

综合以上分析，本案《股权转让协议》的真实意思并非转让股权，而是为债务提供担保，应当认定为股权让与担保。

二、关于上诉人熊某民、哦客公司确认其股权并办理工商变更登记的请求是否成立的问题

关于上诉人熊某民、哦客公司确认其股权的问题。首先，真实权利人应当得到保护。据前分析，熊某民、哦客公司签订《股权转让协议》，并将股权登记至徐某、余某平名下，真实意思是股权让与担保，而非股权真正转让。虽然工商部门登记的股东为徐某、余某平，但工商登记是一种公示行为，为证权效力，股权是否转让应当以当事人真实意思和事实为基础。因此，

徐某、余某平仅系名义股东，而非实际股东，其享有的权利不应超过以股权设定担保这一目的。熊某民、哦客公司的股东权利并未丧失，对其真实享有的权利应予确认。且从本案实际情况来看，熊某民、哦客公司在2015年8月以后不能对公司进行经营管理，已经出现了名义股东通过担保剥夺实际股东经营管理自由的现象，也影响到实际股东以鸿荣公司开发的“创想天地”项目销售款来归还借款。因此，应当确认熊某民、哦客公司为鸿荣公司真实股东。其次，确认熊某民、哦客公司为真实股东不损害被上诉人享有的担保权利。从本案来看，股权已经登记在被上诉人名下，上诉人与被上诉人在沟通中也就被上诉人掌握鸿荣公司公章、账户达成一致，被上诉人有充分的途径保护自身的担保权利，确认熊某民、哦客公司为真实股东并不影响其基于让与担保而受到的保障。最后，被上诉人在2015年8月以后的投资亦不影响上诉人的权利。被上诉人称，其在2015年8月以后，以股东身份对“创想天地”项目进行了大量投资，因而应当享有股权。但是，股权转让必须以当事人的合意为基础，被上诉人单方以何种意图进行工程的后续建设，与其是否享有股东权利没有关联性。被上诉人并不是鸿荣公司真实股东，其投资亦未得到真实股东的授权、确认，其资金投入有待与上诉人清算确认后另行主张权利。综上，应当确认熊某民享有鸿荣公司49%的股权、哦客公司享有鸿荣公司51%的股权。

关于办理工商变更登记的问题。股权让与担保是基于当事人合意而设立，其权利义务内容依据当事人意思而确定。虽然余某平、徐某只是名义股东，但上诉人与被上诉人签订《股权转让协议》，并登记股权至余某平、徐某名下，从而设定让与担保，是双方的真实意思表示，且不违反强制性法律规定，该约定对双方具有约束力。同时，从当事人沟通情况看，双方已约定将案涉债务清偿完毕，才能将股权登记变更回上诉人名下。而上诉人并未清偿完毕案涉债务，将股权变更回上诉人名下的条件尚未成就。如此时将股权变更回上诉人名下，则会导致被上诉人的债权失去基于股权让与担保而受到的保障。因此，对上诉人办理工商变更登记的请求不予支持。

综上，上诉人的上诉请求部分成立，应予支持。一审判决认定事实不清，适用法律错误，应予纠正。江西省高级人民法院依照《中华人民共和国合同法》第六十条第一款，《中华人民共和国民事诉讼法》第六十五条第一款、第一百七十条第一款第二项之规定，于2020年5月28日判决：

一、撤销江西省景德镇市中级人民法院（2019）赣02民初85号民事判决；

二、确认熊某民享有景德镇市鸿荣房地产开发有限公司49%的股权，昆明哦客商贸有限公司享有景德镇市鸿荣房地产开发有限公司51%的股权；

三、驳回熊某民、昆明哦客商贸有限公司其他诉讼请求。

本判决为终审判决。

（摘自2022年《中华人民共和国最高人民法院公报》第6期）

上海笛爱建筑材料有限公司诉上海市浦东新区人民政府行政批复案

【裁判摘要】

事故调查过程中，事故调查组的主要职责在于查明事故情况、认定事故责任并提交事故调查报告。调查组成员参与事故调查属于职务行为，为维护事故调查的客观公正，调查组成员所在行政机关与事故调查结果之间存在利害关系的，该行政机关与其工作人员均应当回避。

原告：上海笛爱建筑材料有限公司，住所地：上海市奉贤区大叶公路。

法定代表人：王某欢，该公司总经理。

被告：上海市浦东新区人民政府，住所地：上海市浦东新区世纪大道。

法定代表人：杭某伟，该区区长。

原告上海笛爱建筑材料有限公司（以下简称笛爱公司）不服被告上海市浦东新区人民政府（以下简称浦东新区政府）作出的浦府安〔2019〕16号《关于〈上海笛爱建筑材料有限公司“11.19”车辆伤害死亡事故调查报告〉的批复》（以下简称被诉批复），向上海市第一中级人民法院提起诉讼。

原告笛爱公司诉称，《上海笛爱建筑材料有限公司“11.19”车辆伤害死亡事故调查报告》（以下简称《事故调查报告》）的事实认定及责任认定均有误，且事故调查组组成不合法。具体理由如下：1. 涉案工程建设方是上海市浦东新区张江镇人民政府（以下简称张江镇政府），总包单位为上海市浦东新区建设（集团）有限公司（以下简称浦建公司），分包单位为上海元迅建设发展有限公司（以下简称元迅公司），监理单位为上海申筑建设监理有限公司（以下简称申筑监理公司）。上述单位对涉案工程工地均有安全生产监管责任，但在事发时，上述单位均无人员在现场，应当分别承担责任。笛爱公司只是元迅公司的供货商，对施工工地不具有安全管理义务。笛爱公司与死者王某才之间仅存在运输合同关系，双方是托运人与承运人的关系。根据事故车辆的机动车行驶证上记载，事故车辆属于上海鸿渐汽车销售有限公司（以下简称鸿渐公司）所有，笛爱公司委托鸿渐公司运输货物。笛爱公司作为托运人对承运人王某才并无安全管理职责，且事故发生时，王某才并非为原告运输货物，而是为他人运输货物。2. 事故调查组组成不合法。首先，张江镇政府应当回避。张江镇政府作为发包方本身就具有安全生产管理职责，但是，张江镇政府事故调查过程中又作为事故调查组成员参与调查，影响本案的调查和处理。其次，浦东新区监察委员会没有在签到单上签字就代表其没有参与事故调查。事故调查组缺少必要的组成人员。综上，被诉批复及《事故调查报告》实体和程序均违法，故请求法院判决撤销被告浦东新区政府作出的被诉批复及《事故调查报告》。

被告浦东新区政府辩称，其依据《生产安全事故报告和调查处理条例》(以下简称《安全事故条例》)的相关规定作出被诉批复，主体适格，合法有效；事故调查处理科学严谨、依法依规、实事求是、符合法定程序。原告笛爱公司将人行道砖运输业务委托发包给案外人王某才的行为违法。王某才系在履行原告委托发包的业务过程中发生的事故。原告对王某才的运输装卸作业具有不可推卸的安全管理义务。关于事故调查组的组成，《安全事故条例》没有规定回避的情形，张江镇政府作为属地人民政府参与事故调查组不违反法律规定；《安全事故条例》第二十二条规定了事故调查组成员的组成，因为机构职能调整，人民检察院的相关职能调整到了监察委员会，所以，事故调查组邀请了监察机关派员参加，但不在名单上签字。原告的诉请缺乏事实和法律根据，请求法院驳回原告的诉讼请求。

上海市第一中级人民法院一审查明：

涉案工程的建设方是张江镇政府，总包单位为浦建公司，分包单位为元迅公司，监理单位为申筑监理公司。祎晨公司是元迅公司道路石材铺设供货单位。祎晨公司将人行道砖转由原告笛爱公司向元迅公司提供。笛爱公司委托王某才运输涉案工程工地货物，并与王某才结算货物运输款。2018 年 11 月 19 日 13 时 10 分左右，王某才将前几天停放在涉案工程工地上的叉车，通过自制铁架斜坡从地面往货车厢板倒车，东侧支撑承受不住叉车重量，变形断裂，叉车失去重心侧翻将王某才压在了叉车下。现场工友见状后，立刻拨打了“120”急救电话，“120”急救人员到场后，确认王某才已死亡。

被告浦东新区政府委托原浦东安监局对一般生产安全事故(特种设备事故除外)组织事故调查组进行调查。事故发生后，原浦东安监局、上海市公安局浦东分局、张江镇政府等政府及部门组成调查组赴现场调查取证，拟写了《事故调查报告》。2019 年 1 月 25 日，调查组人员讨论通过《事故调查报告》，原浦东安监局于 2019 年 2 月 12 日将《事故调查报告》报送被告，被告于 2019 年 2 月 22 日作出被诉批复，并于 2019 年 3 月 13 日将《事故调查报告》及被诉批复送达原告笛爱公司。原告不服被诉批复中对事故发生原因和责任的认定，向法院提起本案诉讼，请求法院判决撤销被告作出的被诉批复及《事故调查报告》。

上海市第一中级人民法院一审认为：

本案一审的争议焦点是：张江镇政府作为涉案工程的建设方，是否可以作为属地人民政府成为事故调查组的成员。

根据《安全事故条例》第二十八条的规定，事故调查组成员在事故调查工作中应当诚信公正、恪尽职守，遵守事故调查组纪律，保守事故调查秘密。对此，法院认为，公正不仅包括实体公正，还包括程序公正。本案中，张江镇政府既是事故发生地人民政府，同时也是涉诉事故调查报告所查明的新建道路工程的建设单位。根据《中华人民共和国安全生产法》(以下简称《安全生产法》)以及《建设工程安全生产管理条例》的相关规定，张江镇政府就涉案项目建设的安全生产具有相应的安全生产责任，是涉案生产安全事故的被调查对象，可能承担相应的安全生产责任。不应在调查之前即将其排除出调查范围。《安全事故条例》第二十二条规定，根据事故的具体情况，事故调查组由有关人民政府、安全生产监督管理部门、负有安全生产监督管理职责的有关部门、监察机关、公安机关以及工会派人组成，并应当邀请人民检察院派人参加。该条规定并未明确规定由哪一级地方人民政府参与事故调查组，且根据该条规定，事故调查组的组成应当根据事故的具体情况决定。因负有安全生产责任，张江镇政府属于被调查对象，其作为事故调查组成员开展事故调查工作，有违正当程序原则。被告浦东新区政府不应当要求、认可或者接受张江镇政府派员参加事故调查组。被告批复同意该调查组作出的《事故调查报告》，显属不当。被告应当依照《安全生产法》《安全事故条例》等相关规定重新组织事故调查组认定本案事实并适用法律作出责任认定，履行相关法定职责。

综上，被告浦东新区政府作出的被诉批复违反法定程序，原告笛爱公司要求撤销被诉批复的诉讼请求，具有事实根据和法律依据，应予支持。上海市第一中级人民法院依照《中华人民共和国行政诉讼法》第七十条第（三）项的规定，于2020年3月6日判决如下：

一、撤销被告上海市浦东新区人民政府于2019年2月22日作出的浦府安〔2019〕16号《关于〈上海笛爱建筑材料有限公司“11.19”车辆伤害死亡事故调查报告〉的批复》；

二、责令被告上海市浦东新区人民政府于本判决生效之日起九十日内重新作出行政行为。

浦东新区政府不服一审判决，向上海市高级人民法院提起上诉，请求二审法院撤销一审判决，维持其作出的被诉批复。

浦东新区政府上诉称，属地政府派员参加事故调查组是法定制度，调查组成员在事故调查中有明确的、不可替代的职责分工；调查组由具体调查人员组成，依据相关规定，回避的对象应该是调查组的组成人员，而不是成员单位；事故调查组有充分的制度设计确保调查的公正性，属地政府派员参与事故调查不影响事故调查的公正性，事故调查不涉及民事责任分配；涉案事故属于运输服务过程中发生的事故，并非建筑施工过程中发生的事故，张江镇政府作为建设方其安全责任也仅限于建设工程，与涉案事故没有关联；其严格按照法律规定的要求组织事故调查就是维护事故调查的程序公正，将没有直接关联的单位推定为负有安全责任扩大了事故调查范围。

被上诉人笛爱公司辩称，建设工程的发包方、承包方、分包方，包括监理单位都是被调查对象，张江镇政府是涉案工程的发包方、建设方，是直接责任人，应该作为被调查对象；其与王某才是委托运输关系，在运输过程中没有发生道路交通事故，其不应承担责任；运输的车辆有挂靠单位，事故调查组没有调查挂靠单位，请求驳回上诉，维持原判。

上海市高级人民法院经二审，确认了一审查明的事实。

上海市高级人民法院二审认为：

涉案生产安全事故1人死亡，系一般事故。根据国务院《安全事故条例》第十九条第二款、第二十九条及第三十二条规定，原浦东安监局接受上诉人浦东新区政府的委托对“11.19”事故组织调查组进行调查，拟写《事故调查报告》并报送浦东新区政府，浦东新区政府自收到《事故调查报告》后于法定期限15日内作出批复，符合法律规定。浦东新区政府作为负责涉案事故调查的人民政府在收到事故调查组提交的《事故调查报告》后，具有作出被诉批复的法定职责。《安全事故条例》第二十二条第二款、第二十三条规定，事故调查组的主要职责在于查明事故情况、认定事故责任并提交事故调查报告。

政府部门一般不直接从事生产经营活动，通常情况下，属地人民政府参加事故调查组，参与事故调查及认定事故责任，有利于配合做好服务保障和相关社会管理工作。但在本案中，张江镇政府是涉案工程的建设单位，在此特定情形下，张江镇政府就涉案工程建设的安全生产具有相应的安全生产责任，有可能是涉案生产安全事故的被调查对象，不应在调查之前即将其排除出调查范围。张江镇政府工作人员参加事故调查组，参与事故调查并认定事故责任，显然有违正当程序的法治原则。上诉人浦东新区政府批复同意该调查组作出的《事故调查报告》，显属不当，一审据此认定浦东新区政府作出被诉批复违反法定程序，判决撤销该批复并责令浦东新区政府于一审判决生效之日起九十日内重新作出行政行为正确。

为准确查清事故原因，查明事故性质和责任，维护事故调查的客观公正，组织事故调查组不仅应该严格遵循法律法规规定，而且应该结合事故个案的具体情况，排除对事故调查公正性的合理怀疑。事故调查组由具体调查人员组成，法规已明确规定事故调查组成员应当与所调查的事故没有直接利害关系。基于正当程序原则，为防止偏见、排除合理怀疑，派出调查组人员参与组成调查组的单位也理所应当与所调查的事故没有直接利害关系，故作为涉案新建工程项目建设单位的张江镇政府，在有可能作为被调查对象的情况下，应当主动回避，不参与涉案事故调查过程以及对事故原因的分析判断和事故责任的认定处理。因此，上诉人浦东新区政府提出回避对象应是调查组的组成成员而非成员单位的上诉主张，不能成立。

涉案事故发生时，涉案工程尚未竣工验收、交付使用，属在建工程。张江镇政府在本案中既是事故发生地人民政府，同时也是涉诉《事故调查报告》所查明的新建道路工程的建设单位。在张江镇政府建设的新建道路工程工地上，在运输工程所用人行道砖车辆的装卸过程中发生生产安全事故，事故调查组自然应该调查该在建工程相关主体在事故中的安全责任。事故被调查对象不应当在调查开展前即预先确定，而应该随着调查的开展，基于查清事实、明确责任的需要，逐步确定或排除。如前所述，张江镇政府作为涉案在建工程的建设单位，有可能是事故的被调查对象。浦东新区政府上诉中主张，涉案事故发生于运输服务过程中，而非建筑施工过程中，在事故调查组开展调查、作出事故责任认定之前，即将张江镇政府作为建设单位可能承担的安全生产责任局限于建筑施工过程，进而预先认定张江镇政府不属涉案事故的被调查对象，这一预设前提显然缺乏依据，浦东新区政府相关上诉主张亦不能成立。

综上所述，一审法院以违反法定程序为由，判决撤销被诉批复并责令浦东新区政府于一审判决生效之日起九十日内重新作出行政行为，认定事实清楚，适用法律、法规正确，程序合法，应予维持。

据此，上海市高级人民法院依照《中华人民共和国行政诉讼法》第八十九条第一款第（一）项之规定，于2020年9月28日判决如下：

驳回上诉，维持原判。

本判决为终审判决。

（摘自2022年《中华人民共和国最高人民法院公报》第7期）

江苏省消费者权益保护委员会诉乐融致新电子科技（天津）有限公司消费民事公益诉讼案

【裁判摘要】

智能电视开启时开机广告自动播放，如果智能电视生产者同时也是开机广告的经营者，其有义务明确提示消费者产品含有开机广告内容，并告知能否一键关闭。智能电视生产者对其生产销售的智能电视未提供即时一键关闭功能，消费者权益保护组织为维护众多不特定消费者合法权益，提起民事公益诉讼要求智能电视生产者提供开机广告一键关闭功能的，人民法院应予支持。

原告：江苏省消费者权益保护委员会，住所地：江苏省南京市鼓楼区北京西路。

法定代表人：陆某春，该委员会秘书长。

被告：乐融致新电子科技（天津）有限公司，住所地：天津市天津生态城动漫中路。

法定代表人：毛某龙，该公司经理。

原告江苏省消费者权益保护委员会（以下简称江苏省消保委）因与被告乐融致新电子科技（天津）有限公司（以下简称乐融致新公司）发生消费民事公益诉讼纠纷，向南京市中级人民法院提起诉讼。

原告江苏省消保委诉称：根据消费者的投诉，原告调查发现被告乐融致新公司在其销售的品牌智能电视产品中加载了开机广告功能。消费者打开智能电视后，会自动播放15秒左右的开机广告，但被告在销售相关产品时并未向消费者提示，相关广告也不能关闭。消费者普遍反映，相关开机广告降低了观看电视的体验。针对消费者的投诉，原告进行了问卷调查，根据调查结果向被告发送了整改通知，并集中约谈了包括被告在内的智能电视经营者。经过集中约谈，多数智能电视经营者能够整改，但是被告并未积极整改。被告未经消费者同意，通过互联网智能电视发送广告，且未提供一键关闭功能，违反了《中华人民共和国广告法》第四十三条、第四十四条规定和《中华人民共和国消费者权益保护法》第八条、第九条、第十条规定，侵害了消费者的知情权、选择权和公平交易权。原告作为消费者权益保护组织依法提起公益诉讼，请求判令：1. 被告在销售带有开机广告功能的智能电视时以显著的方式提示或告知消费者其产品存在开机广告；2. 被告为其销售的带有开机广告功能的智能电视提供一键关闭开机广告的功能；3. 被告承担本案诉讼费。

被告乐融致新公司辩称：1. 关于售前告知义务。原告江苏省消保委约谈后，被告在包括但不限于京东等线上销售的商品介绍页面，乐视各型号智能电视均有明确告知存在开机广告。消费者在购买前享有充分的知情权，产品销售详情页面上即标注提示“此电视含开关机广告，但您可以上传自定义开机视频，详细步骤咨询客服。”产品说明书上售后服务支持页上也会明确告知，乐视商城网站购买协议上明确告知，在产品外包装上也明确告知，保证消费者在购买时可以知晓。2. 关于保障消费者选择权。自约谈整改后，被告已提供视频定制化功能，为客户需求提供差异化服务。3. 关于开机广告的一键关闭功能，被告已完成整改。被告已经研发出了一键关闭功能，并处在调试各机型软硬件适配稳定性的阶段。4. 关于开机广告显示问题。被告的电视产品符合国家标准及行业标准，为优化枯燥的开机等待时间，用户可以观看精美广告或联系被告客服自定义开机视频，这些开机画面并未影响用户正常使用产品，也未占用用户的有效时间。《中华人民共和国广告法》第四十四条立法目的旨在“不得影响用户正常使用网络”，该立法并未禁止所有互联网广告。综上，由于技术原因，被告销售产品存在一定的开机等待时间，利用该时间播放的广告未侵害消费者的权益，在销售时给予了充分的告知，并且消费者可以对开机广告进行定制化更改，充分保障了消费者的知情权和选择权。法律并没有强制性规定取消开机广告，但被告仍然做了整改，希望能和原告达成和解，创造良好的营商环境。被告承诺对生产的内含开机广告的电视设置一键关闭功能，符合法律法规规章的规定，执行标准不低于市场上主流机型。尽管做了整改，但并不意味着被告存在违法，如未能达成和解，恳请法院依法驳回起诉，维护被告合法利益。

南京市中级人民法院一审查明：

被告乐融致新公司是“乐视 TV”“Letv”“Letv 超级电视”等品牌智能电视的经营者。2019年3月16日，原告江苏省消保委接到南京市一名消费者的投诉，反映被告销售的智能电视存在开机广告且不能关闭。

原告江苏省消保委接到消费者投诉后，履行了下列公益性职责：1. 受理投诉并进行调查。调查中，原告发现被告乐融致新公司销售的智能电视开机时会自动播放15秒左右的开机广告，未在销售时以显著的方式向消费者提示或告知存在开机广告，相关广告也不能关闭。针对消费者的投诉，原告进行了问卷调查。消费者纷纷留言表示不能接受智能电视开机广告，智能电视开机广告侵害了消费者的权益。2. 根据调查结果，集中约谈了包括被告在内的智能电视经营者，并向被告发送了整改通知。2019年9月4日，原告向包括被告在内的智能电视经营者发送了《智能电视开机广告侵犯消费者权益问题的约谈函》。2019年10月10日，原告集中约谈了包括被告在内的七家市场占有率较高的品牌智能电视经营者，集中告知其智能电视开机广告侵害了消费者的知情权、选择权和公平交易权。同日，原告向被告发送了《企业告知书》，要求被告在销售智能电视时向消费者告知其产品存在开机广告，并且为消费者提供一键关闭开机广告功能，履行保护消费者知情权、选择权、公平交易权、健全投诉处理机制等法律义务。3. 提起本案公益诉讼。经过集中约谈，多数智能电视生产厂商先后向原告发送整改情况回复函，原告认为此部分厂商已经通过技术手段解决了一键关闭开机广告的问题。被告于2019年9月20日致函原告，对约谈函中提出的问题进行回复，于2019年10月21日再次致函原告，对电视开机服务进行承诺及保障。原告认为，多数智能电视经营者能够整改，但是被告并未积极整改。原告作为依法成立的消费者权益保护组织，依据《中华人民共和国民事诉讼法》第五十五条规定，提起公益诉讼，以维护众多不特定消费者的合法权益。

一审庭审中，被告乐融致新公司辩称，电视在开机热机阶段完全无法播放电视内容，如果没有广告就是黑屏状态，因此待机期间的广告或其他用户自定义视频并未影响用户观看电视。

原告江苏省消保委为证明开机广告并非智能电视必须具备的功能，提交了《测试报告》，并申请具有专门知识的人员孙某梓出庭，以证明智能电视开机时，技术上可以在播放广告同时实现一键关闭。孙某梓出具《专家意见》并陈述：1. 开机时播放广告不是智能电视开机的必要程序。2. 播放开机广告延长了开机时间，增加了消费者的等待时间。3. 智能电视开机广告需要利用因特网下载更新内容。4. 从技术可行性角度看，在播放开机广告同时可以提供一键关闭功能，消费者操作关闭广告的按键后，能够立即关闭广告。

关于提供一键关闭开机广告具体时间，被告乐融致新公司陈述其已经提供开机广告一键关闭功能，是在 15 秒开机广告剩余 5 秒的时候出现一键关闭窗口。原告江苏省消保委主张其诉讼请求是要求被告在智能电视开机广告播放同时提供一键关闭广告功能，即在开机广告播放时可以立即关闭、随时关闭。

另查明，原告江苏省消保委经江苏省人民政府批准，于 2017 年 9 月 13 日依法成立，代替原“江苏省消费者协会”履行《中华人民共和国消费者权益保护法》赋予的公益性职责。一审法院于 2020 年 1 月 2 日受理本案后，对本案受理情况进行了公告，但直至开庭前，无任何有权机关或社会组织申请参与本案诉讼。

再查明，一审期间，被告乐融致新公司对其生产的智能电视的开机广告实施了整改，在外包装上就开机广告业务进行提示，增大提示字体。

南京市中级人民法院一审认为，本案的争议焦点为：被告乐融致新公司是否应为其销售的智能电视在播放开机广告同时提供一键关闭功能，是否侵害了消费者的知情选择权等合法权益，是否应承担相应民事责任。

消费者享有自主选择商品或者服务的权利。消费者享有公平交易的权利。《中华人民共和国广告法》第四十三条第一款规定：“任何单位或者个人未经当事人同意或者请求，不得向其住宅、交通工具等发送广告，也不得以电子信息方式向其发送广告。”第四十四条规定：“利用互联网从事广告活动，适用本法的各项规定。利用互联网发布、发送广告，不得影响用户正常使用网络。在互联网页面以弹出等形式发布的广告，应当显著标明关闭标志，确保一键关闭。”本案中，原告江苏省消保委作为依法设立的组织，履行消费者协会的职责，开展对商品和服务的社会监督，受理消费者投诉，保护消费者合法权益，根据《中华人民共和国民事诉讼法》第五十五条、《中华人民共和国消费者权益保护法》第四十七条、《最高人民法院关于审理消费民事公益诉讼案件适用法律若干问题的解释》第一条规定，有权提起本案诉讼。被告乐融致新公司生产和销售的“乐视 TV”“Letv”“Letv 超级电视”等品牌智能电视加载了开机广告，并通过互联网不断更新广告内容，消费者开机后会自动播放 15 秒左右的开机广告，且该广告直到播放最后 5 秒时才弹出一键关闭窗口，消费者才能选择关闭开机广告，侵害了消费者的选择权，降低了消费者观看电视的体验，侵害了众多不特定消费者的合法权益。而且，从技术角度看，智能电视在开机期间播放广告，完全可以做到播放广告同时提供一键关闭功能。被告抗辩认为电视开机时需要热机等待，如不播放广告会出现黑屏，与事实不符，不予采信。原告要求被告为其销售的带有开机广告的智能电视在播放开机广告同时提供一键关闭广告功能，具有事实和法律依据，予以支持。考虑到被告以前销售的老旧机型，受软硬件技术限制以及功能修改量大，对其已经出售的智能电视机不作整改时间限制。被告应于本案判决生效之日起为其销售的带有开机广告功能的智能电视机在开机广告播放的同时提供一键关闭广告功能。

关于原告江苏省消保委要求被告乐融致新公司在销售智能电视时以显著方式提示或告知消费者其产品存在开机广告的诉讼请求，因被告已经进行了整改，在产品销售页面、产品说明书、乐视商城网站的购买协议均有相应告知，且在外包装上就开机广告进行了提示，增大了提示字体。被告在销售智能电视时对其存在开机广告事项基本履行了向消费者的告知义务，对原告的此项诉讼请求，不予支持。综上所述，原告的部分诉讼请求有事实和法律依据，予以支持。

据此，南京市中级人民法院依照《中华人民共和国消费者权益保护法》第九条、第十条、第四十七条，《中华人民共和国广告法》第四十三条第一款、第四十四条，《最高人民法院关于审理消费民事公益诉讼案件适用法律若干问题的解释》第一条、第四条、第十三条第一款，《中华人民共和国民事诉讼法》第五十五条之规定，于 2020 年 11 月 10 日作出判决：

一、被告乐融致新电子科技（天津）有限公司于本判决生效之日起为其销售的带有开机广告的智能电视机在开机广告播放的同时提供一键关闭功能；

二、驳回原告江苏省消费者权益保护委员会的其他诉讼请求。

一审宣判后，乐融致新公司不服一审判决，向江苏省高级人民法院提起上诉。

乐融致新公司上诉称：1. 乐融致新公司为消费者提供了可选择设置全家福、旅游照片等作为开机视频或观看电视广告的功能，且提供了一键关闭功能，已经充分保护了消费者的选择权，一审法院对此未予回应并以设置一键关闭功能的可行性为由认定乐融致新公司侵犯消费者权益错误；2.《中华人民共和国广告法》第四十三条明显落后于社会生活实际情况，一审法院无视智能电视产业的发展现状和客观情况，适用该规定处理本案对乐融致新公司过于苛刻，导致利益严重失衡，系适用法律错误。综上，请求撤销一审判决，驳回被上诉人江苏省消保委的全部诉讼请求。

被上诉人江苏省消保委辩称：1. 开机广告不是电视必须具备的功能，依据《中华人民共和国广告法》第四十四条的规定，上诉人乐融致新公司有义务为其销售的智能电视在开机广告播放的同时提供一键关闭的功能，确保消费者选择观看或者不观看广告的权利；2. 江苏省消保委的诉讼请求是乐融致新公司在其销售的电视机上设置一键关闭而非其他功能，一审法院对上传照片、视频功能问题无需进行调查和回应；3. 设置一键关闭功能是为了保护消费者的选择权，并非不允许播放开机广告，也不损害乐融致新公司的经营利益。综上，一审法院认定事实清楚，适用法律正确。请求驳回乐融致新公司的上诉请求。

江苏省高级人民法院经二审，确认了一审查明的事实。

江苏省高级人民法院二审认为，本案二审的争议焦点为：1. 上诉人乐融致新公司销售的智能电视在播放开机广告时为消费者提供的可供选择的服务是否限制了消费者的选择权；2. 乐融致新公司提供的一键关闭的功能是否符合《中华人民共和国广告法》等法律规定。

法院认为，开机广告是智能电视的生产者通过智能电视的内置程序，利用因特网下载更新内容，并在用户开机时自动播放的广告。智能电视生产者对开机广告内容和播放模式具有决定权。因此，智能电视的生产者同时也是开机广告的经营者。本案系因消费者购买上诉人乐融致新公司生产的电视机出现开机广告问题引发的纠纷。消费者的自主选择权是指消费者有权根据自己的意愿自主选择或拒绝特定商品和服务的权利。鉴于乐融致新公司的双重身份，相较于传统消费纠纷，本案消费者的自主选择权具有更加丰富的内涵，自主选择权是否受到侵害应分为两个层面讨论。第一层面为乐融致新公司在消费者购买电视机时是否全面告知开机广告的有关情况，以此让消费者能够充分了解相关信息并自主选择购买或不购买电视机；第二层面为涉案电视机在播放开机广告时，是否按照法律规定设置了一键关闭功能，确保消费者享有拒绝接收开机广告的权利。

一、关于上诉人乐融致新公司是否侵害消费者购买电视机的选择权问题

根据一审查明的事实，上诉人乐融致新公司整改后，在产品销售页面、产品说明书、乐视商城网站的购买协议和产品外包装上就开机广告进行了提示，增大了提示字体。从提示的内容来看，乐融致新公司已经表明开机时会出现开机广告，部分机型包装上还载明了可以通过设置照片、视频等方式替代开机广告。在一般情况下，尚不至于使消费者产生误解，从而可以保障消费者购买电视机的选择权。然而，需要指出的是，乐融致新公司在相关提示中关于消费者是否可一键关闭开机广告的表述还不够清晰，仍有继续改进的空间。综合考虑本案情况，一审认为乐融致新公司在销售智能电视时对其存在开机广告事项基本履行了向消费者的告知义务正确，予以支持。

二、关于上诉人乐融致新公司是否侵害消费者观看开机广告的选择权问题

《中华人民共和国消费者权益保护法》第二十九条第三款规定："经营者未经消费者同意或者请求，或者消费者明确表示拒绝的，不得向其发送商业性信息。"《中华人民共和国广告法》第四十四条第二款规定："利用互联网发布、发送广告，不得影响用户正常使用网络。在互联网页面以弹出等形式发布的广告，应当显著标明关闭标志，确保一键关闭。"可见，法律并不禁止广告经营者通过互联网等方式向消费者推送广告或者其他商业信息，但应当保证消费者的拒绝权（选择权）。上述规定已经充分考虑互联网的特点，平衡了广告经营者的商业利益、信息流通利益和消费者权益。消费者是否接收商业信息的选择权是基于自身意愿产生的无需说明理由的权利，通过显著方式设置一键关闭窗口是保证该权利实现的法定形式，也是经营者应承担的无条件的法定义务。该法定义务应当是即时和彻底的，关闭窗口只有与互联网广告同时出现且能够彻底关闭广告才能充分保护消费者的选择权，才能实现法律规定的"确保一键关闭""不影响用户正常使用网络"的规范目的。

本案中，上诉人乐融致新公司销售的智能电视为消费者提供了设置开机照片、视频的功能，但该功能只赋予了消费者选择看开机照片、视频或是开机广告的权利，并未赋予消费者拒绝观看开机广告或其他开机照片、视频的权利，不当限缩了消费者选择权的范围。因此该功能不能免除或替代经营者的法定义务。而被上诉人江苏省消保委提交的《测试报告》和《专家意

见》已经证明，播放开机广告延长了开机时间，增加了消费者的等待时间，且在播放开机广告的同时设置一键关闭功能在技术上并无障碍。因此，即使乐融致新公司所称基于技术原因，电视开机时需要热机等待，如不播放广告会出现黑屏的事实成立，也不能作为其拒绝设置一键关闭窗口的理由。乐融致新公司生产和销售的“乐视 TV”“Letv”“Letv 超级电视”等品牌智能电视加载的开机广告，在直到播放最后 5 秒时才弹出一键关闭窗口，消费者才能选择关闭开机广告，明显降低了消费者观看电视的体验，侵害了消费者的选择权。

二审中，上诉人乐融致新公司辩称其销售的智能电视机设置开机广告符合行业规范的要求，设置的一键关闭功能也遵循广告法的规定，赋予了消费者选择权。对此，法院认为，《智能电视开机广告服务规范》未就开机广告应如何设置一键关闭功能以确保实现消费者的选择权作出明确规定，并不代表经营者可以自由设置一键关闭功能。行业协会对开机广告制定行业规范，非法律所禁止，但行业标准不能低于法定标准，经营行为符合行业规范的基础上亦应当符合法律规定和社会广大消费者的普遍认知。现有证据表明，乐融致新公司设置的一键关闭不符合广告法的要求，不具有即时性。乐融致新公司的抗辩法院不予支持。一审认定乐融致新公司侵害了众多不特定消费者的合法权益，具有事实和法律依据，予以支持。

上诉人乐融致新公司自 2019 年 10 月 21 日致函被上诉人江苏省消保委至本案二审开庭，已一年有余，其向江苏省消保委承诺改进开机广告，设置一键关闭窗口事实上并无实质性进展。一审考虑到乐融致新公司以前销售的老旧机型，受软硬件技术限制以及功能修改量大等原因，对其已经出售的智能电视机不作整改时间限制，仅判令乐融致新公司于本判决生效之日起为其销售的带有开机广告的智能电视机在开机广告播放的同时提供一键关闭功能，已充分考虑了乐融致新公司的利益，体现了对市场主体的尊重和宽容，亦予以支持。

综上，上诉人乐融致新公司的上诉请求和理由均不能成立，不予支持。江苏省高级人民法院依照《中华人民共和国消费者权益保护法》第二十九条第三款，《中华人民共和国广告法》第四十四条第二款，《中华人民共和国民事诉讼法》第一百七十条第一款第一项之规定，于 2021 年 3 月 23 日作出判决：

驳回上诉，维持原判。

本判决为终审判决。

（摘自 2022 年《中华人民共和国最高人民法院公报》第 8 期）

项某敏诉六盘水市人民政府改变原行政行为行政复议决定案

【裁判摘要】

在车辆挂靠关系中，被挂靠人向挂靠人收取挂靠费，应与挂靠人共同承担经营运输风险，仅以协议约定不能免除其作为被挂靠人应承担的风险和责任。个人挂靠其他单位对外经营，其聘用的人员因工伤亡，被挂靠单位以不存在劳动关系为由，主张不承担工伤保险责任的，人民法院不予支持。

依照《最高人民法院关于适用〈中华人民共和国行政诉讼法〉的解释》第八十九条规定，人民法院经审理认为复议决定改变原行政行为错误的，在判决撤销复议决定时，可以一并判决恢复原行政行为的法律效力。

原告：项某敏，女，汉族，1992 年生，住所地：贵州省黔西县。

被告：六盘水市人民政府，住所地：贵州省六盘水市钟山区钟山西路。

法定代表人：张某超，该市市长。

第三人：六盘水市人力资源和社会保障局，住所地：贵州省六盘水市钟山中路。

法定代表人：张某钢，该局局长。

第三人：六盘水快易通运输有限公司，住所地：贵州省六盘水市钟山经济开发区。

法定代表人：姚某，该公司总经理。

原告项某敏因与被告六盘水市人民政府（以下简称六盘水市政府）及第三人六盘水市人力资源和社会保障局（以下简称六盘水市人社局）、六盘水快易通运输有限公司（以下简称快易通公司）发生改变原行政行为行政复议决定纠纷，向贵州省六盘水市中级人民法院提起行政诉讼。

原告项某敏诉称：原告系死者周某鹏之妻，于 2019 年 12 月 16 日向第三人六盘水市人社局提交其丈夫周某鹏的工伤认定申请，该局于 2020 年 1 月 7 日作出《认定工伤决定书》（六盘水工认字〔2020〕0100036 号），认定周某鹏所受伤害为工伤，后因第三人快易通公司不服该决定，向被告六盘水市政府提起行政复议，被告于 2020 年 4 月 29 日作出《行政复议决定书》（六盘水府行复决字〔2020〕4 号），撤销《认定工伤决定书》，要求六盘水市人社局重新作出行政行为。六盘水市人社局又于 2020 年 6 月 15 日作出《认定工伤决定书》（六盘水工认字〔2020〕0100692 号），认定周某鹏所受伤害为工伤，快易通公司再次就该决定书提起行政复议，被告于 2020 年 10 月 16 日作出《行政复议决定书》（六盘水府行复决字〔2020〕16 号），撤销六盘水市人社局作出的《认定工伤决定书》，并要求六盘水市人社局重新作出行政行为。原告认为，原告丈夫周某鹏所受伤害，应予认定为工伤，六盘水市人社局作出的《认定工伤决定书》认定事实清楚，适用法律正确，应予维持。理由如下：1. 周某鹏与快易通公司之间形成了事实劳动关系；2. 周某鹏所受伤害符合认定工伤之情形，六盘水市政府作出的《行政复议决定书》认定事实错误，证据不足，依法应当撤销。请求：1. 撤销六盘水市政府作出的《行政复议决定书》(六盘水府行复决字〔2020〕16号)；2. 本案诉讼费用由六盘水市政府承担。

被告六盘水市政府辩称：1. 被告行政复议程序合法。第三人快易通公司不服第三人六盘水市人社局作出的100692号《认定工伤决定书》，提起行政复议申请，六盘水市政府受理后，向原告项某敏送达了《第三人参加行政复议通知书》《第三人权利义务告知书》。经审查，六盘水市政府作出16号行政复议决定，撤销六盘水市人社局作出的100692号认定工伤决定，向项某敏送达了16号复议决定，并告知不服行政复议决定可提起行政诉讼。2. 行政复议决定于法有据。根据《工伤保险条例》第十四条、第十五条、第十八条规定，确认劳动者与用人单位之间存在劳动关系是认定工伤的前提。《最高人民法院关于审理工伤保险行政案件若干问题的规定》第三条第一款第五项对单位依法承担的工伤保险条例责任的具体认定，这是对“责任”承担的规定，不适用对工伤的认定。本案中，在周某鹏与快易通公司之间是否存在劳动关系尚未查清的情况下，六盘水市人社局认定周某鹏受到的事故伤害符合《工伤保险条例》第十四条第一项之规定，属于认定事实不清。六盘水市政府根据《中华人民共和国行政复议法》第二十八条第一款第三项之规定，撤销100692号认定工伤决定并无不当。

第三人六盘水市人社局述称：1. 根据《最高人民法院行政审判庭关于车辆挂靠其他单位经营车辆实际所有人聘用的司机工作中伤亡能否认定为工伤问题的答复》，罗某私人车辆挂靠在第三人快易通公司运营，其聘用的驾驶员周某鹏与快易通公司形成事实劳动关系；2. 根据《工伤保险条例》第十四条第一项之规定，周某鹏是在工作时间工作场所内因工作原因受到事故伤害，所以应当认定为工伤。

第三人快易通公司述称：根据最高人民法院关于挂靠单位的相关规定，车辆挂靠在我公司，但是没有以公司名义经营，公司也没有参与任何经营，也没有收取周某鹏任何费用。周某鹏是罗某自己找的驾驶员，公司完全不参与任何一方，所以责任不能全部由公司承担。

六盘水市中级人民法院一审查明：

原告项某敏系涉案事故被害人周某鹏妻子。罗某聘请周某鹏为案涉车辆贵B××××9油罐车驾驶员，案涉车辆登记所有人为第三人快易通公司。2017年9月29日，以罗某母亲作为乙方与快易通公司作为甲方就案涉车辆签订货运车代管协议，约定：乙方每年向甲方交纳管理费12 000元，由甲方办理车辆的所有权年审及其他事务。案涉车辆使用公司营运资质、以甲方公司名义对外运营，驾驶员的安全责任由乙方负责。2019年11月19日18时30分，周某鹏驾驶案涉车辆行至人民路白鹤村独木冲砂场路段处时，因操作不当，致使车辆冲下路坎侧翻，造成燃油泄漏的交通事故，驾驶员周某鹏当场死亡。项某敏于2019年12月16日向第三人六盘水市人社局提交周某鹏工伤认定申请，该局于2020年1月7日作出100036号认定工伤决定，认定周某鹏所受伤害为工伤，快易通公司不服该决定，向被告六盘水市政府提起行政复议，六盘水市政府于2020年4月29日作出4号复议决定，撤销100036号认定工伤决定，要求六盘水市人社局重新作出行政行为。六盘水市人社局又于2020年6月15日作出100692号认定工伤决定，认定周某鹏所受伤害为工伤，快易通公司再次就该决定书提起行政复议，六盘水市政府于2020年10月16日作出16号复议决定，撤销六盘水市人社局作出的100692号认定工伤决定，并要求六盘水市人社局重新作出行政行为。项某敏不服该行政复议决定，遂提起本案行政诉讼。

六盘水市中级人民法院一审认为：

本案一审的争议焦点为：被告六盘水市政府作出的16号复议决定是否有事实及法律依据。《最高人民法院关于审理工伤保险行政案件若干问题的规定》第三条第一款第五项规定，个人挂靠其他单位对外经营，其聘用的人员因工伤亡的，被挂靠单位为承担工伤保险责任的单位。本案中，原告项某敏提交的《货运车辆代管协议》《危险货物运输车辆承包经营合同》《道路交通事故责任认定书》等证据能够证实，周某鹏在驾驶贵B××××9油罐车过程中受到伤害以及该车辆系挂靠第三人快易通公司且以快易通公司名义进行经营的事实。快易通公司主张该车辆未以其公司名义经营，无事实依据，不能成立。虽周某鹏系罗某个人聘用的贵B××××9油罐车的驾驶员，但因该车登记的所有人为快易通公司，快易通公司应为周某鹏法律上的雇主，快易通公司与周某鹏之间形成事实劳动关系。第三人六盘水市人社局根据本案事实，依据《最高人民法院关于审理工伤保险行政案件若干问题的规定》第三条第一款第五项及《工伤保险条例》第十四条第一项的规定，认定周某鹏所受伤害为工伤，认定事实清楚，适用法律、法规正确，程序合法。被告六盘水市政府作出的16号复议决定，认定事实不清，适用法律错误，应予撤销并恢复100692号认定工伤决定的法律效力。

据此，六盘水市中级人民法院依照《中华人民共和国行政诉讼法》第七十条第一项、第二项及《最高人民法院关于适用〈中华人民共和国行政诉讼法〉的解释》第八十九条之规定，于2020年12月15日作出判决：

一、撤销六盘水市人民政府作出的六盘水府行复决字〔2020〕16号《行政复议决定书》；

二、恢复六盘水市人力资源和社会保障局作出的六盘水工认字〔2020〕0100692号《认定工伤决定书》的法律效力。

案件受理费50元，由六盘水市人民政府负担。

快易通公司不服一审判决，向贵州省高级人民法院提起上诉称：1.一审判决对被上诉人项某敏提交的证据予以采信，违反了证据原则，导致事实认定错误。在周某鹏与快易通公司不存在劳动关系的情形下，一审第三人六盘水市人社局直接认定周某鹏受到的事故伤害符合《工伤保险条例》第十四条第一项之规定，认定为工伤，认定事实不清、无事实依据。2.该决定书中未对周某鹏受到的何种事故伤害及情形进行法律事实认定。3.代管协议中明确约定快易通公司不干预一方的经营活动，不参加利润分配，且不承担经营风险。至于项某敏称车辆是以公司名义对外经营，快易通公司不予承认，项某敏并未提供有效证据证明。请求撤销原判，改判支持上诉人的诉讼请求。

贵州省高级人民法院经二审，确认了一审查明的事实。

贵州省高级人民法院二审认为：

本案二审的争议焦点为：1. 罗某与上诉人快易通公司之间是否形成挂靠关系；2. 一审第三人六盘水市人社局认定工伤是否需以周某鹏与快易通公司具有劳动关系为前提；3. 本案举证责任分配是否正确。

一、关于罗某与上诉人快易通公司之间是否形成挂靠关系的问题

依照《中华人民共和国道路运输条例》第二十三条之规定，申请从事危险货物运输经营，应当具备有 5 辆以上经检测合格的危险货物运输专用车辆、设备等条件。本案中，罗某因不具备从事危险货物运输经营的资质，以其母亲的名义与快易通公司签订《货物车辆代管协议》《危险货物运输车辆承包经营合同》等协议，将其实际使用的车辆落户到快易通公司名下，委托快易通公司代管经营，快易通公司再以承包的形式，将涉案车辆交由罗某使用。上述协议中亦明确约定，罗某需向快易通公司支付一定的费用，遵守并执行快易通公司的规章制度，服从快易通公司的管理；快易通公司亦需向罗某提供运输市场信息，利用公司优势积极为其联系货源、协调运输物资等。由此可见，罗某和快易通公司之间实际形成了挂靠关系。

二、关于一审第三人六盘水市人社局认定工伤是否需以周某鹏与上诉人快易通公司之间具有劳动关系为前提的问题

《工伤保险条例》第十八条第一款第二项规定，申请工伤认定应当提交与用人单位存在劳动关系（包括事实劳动关系）的证明材料。因此，一般而言，社会保险行政部门认定工伤，应当以劳动者和用人单位之间存在劳动关系为前提，除非法律、法规及司法解释另有规定。《最高人民法院关于审理工伤保险行政案件若干问题的规定》第三条第一款第五项明确规定，个人挂靠其他单位对外经营，其聘用的人员因工伤亡的，被挂靠单位为承担工伤保险责任的单位。该条规定遵照劳动者倾斜保护原则，对将劳动关系作为工伤认定前提的一般规定作了相应补充。只要存在个人挂靠其他单位对外经营的情形时，被挂靠单位承担工伤保险责任不以存在劳动关系为前提。工伤保险本质上是一种社会保障，国家建立工伤保险制度，是维护劳动者合法权益的重要手段，强调对工伤劳动者及其家人基本生活需求的保障。相较于用人单位而言，劳动者往往处于弱势地位。在车辆挂靠关系中，被挂靠人向挂靠人收取挂靠费，应与挂靠人共同承担经营运输的风险，仅以协议约定不能免除其同意挂靠后应承担的风险和责任。被挂靠人承担工伤保险责任，符合《中华人民共和国宪法》《中华人民共和国劳动法》《工伤保险条例》中“保护劳动者合法权益”的立法宗旨。本案中，六盘水市人社局依照该条规定认定由快易通公司承担工伤保险责任并无不当。

三、关于本案举证责任分配是否正确的问题

依照《最高人民法院关于行政诉讼证据若干问题的规定》第四条第一款“公民、法人或者其他组织向人民法院起诉时，应当提供其符合起诉条件的相应的证据材料”、《工伤保险条例》第十八条第一款“提出工伤认定申请应当提交下列材料：（一）工伤认定申请表；（二）与用人单位存在劳动关系（包括事实劳动关系）的证明材料；（三）医疗诊断证明或者职业病诊断证明书（或者职业病诊断鉴定书）”以及第十九条第二款“职工或者其近亲属认为是工伤，用人单位不认为是工伤的，由用人单位承担举证责任”之规定，劳动者对劳动关系和工伤事实负有

初步举证责任，而用人单位认为不是工伤的，应当由用人单位承担举证责任。本案中，被上诉人项某敏已经提供了《货运车辆代管协议》《危险货物运输车辆承包经营合同》《证明》等证据，完成了初步举证责任。上诉人快易通公司主张案涉车辆不是以公司的名义进行经营，依照前述规定，应由快易通公司举证证明其主张，而快易通公司未能举证，其应承担举证不能的法律后果。快易通公司的该项上诉理由不能成立。

综上，贵州省高级人民法院依照《中华人民共和国行政诉讼法》第八十九条第一款第一项之规定，于2021年8月9日作出判决：

驳回上诉，维持原判。

本判决为终审判决。

（摘自2022年《中华人民共和国最高人民法院公报》第11期）

世嘉有限公司诉中国大地财产保险股份有限公司等海上保险合同纠纷案

【裁判摘要】

《国际船舶安全营运及防止污染管理规则》（ISM规则）是适用于国际航行船舶的强制性国际标准。被保险船舶在船舶安全管理体系实施方面违反ISM规则，严重影响船舶航行安全，可构成船舶不适航。若此种不适航与船舶搁浅全损具有直接的因果关系，保险人依法不负赔偿责任。

原告：世嘉有限公司（GLOBAL EMINENCE LIMITED）。住所地：英属维尔京群岛托托拉岛（TORTOLA，VG1110，BRITISH VIRGIN ISLANDS）。

代表人：林某安（LAM YuetOn），该公司董事。

被告：中国大地财产保险股份有限公司。住所地：中华人民共和国上海市浦东新区民生路。

法定代表人：陈某，该公司总裁。

被告：中国大地财产保险股份有限公司航运保险运营中心。住所地：中华人民共和国上海市浦东新区民生路。

代表人：吴某，该中心副总经理。

原告世嘉有限公司（GLOBAL EMINENCE LIMITED，以下简称世嘉公司）因与被告中国大地财产保险股份有限公司（以下简称大地财保）、被告中国大地财产保险股份有限公司航运保险运营中心（以下简称大地财保航保中心）发生海上保险合同纠纷，向上海海事法院提起诉讼。

原告世嘉公司诉称：原告是“SAGAN”轮的船舶所有人，于2016年7月向被告大地财保投保一年期的远洋船舶保险。被告大地财保航保中心依照大地财保的授权在保险单上盖章，是共同承保人。“SAGAN”轮于2017年2月初在自中国台湾地区高雄港至韩国昂山（ONSAN）港途中突遇机损和恶劣天气，并于2月11日在日本鹿儿岛附近海域搁浅，最终全损。原告委托日本救助株式会社（THE NIPPON SALVAGE CO.，LTD，以下简称日本救助）对该轮进行施救作业，产生高额施救费用。原告将船舶遇险和施救情况及时通报给两被告，但两被告回避参与施救，并拒绝负担施救费用和赔偿船舶损失。因此，请求判令两被告：一、连带支付原告船舶全损赔偿金人民币30 648 960元及其利息损失；二、连带赔偿船舶施救费3 559 866.49美元及其利息损失；三、赔付（2018）沪72民初3821号案（以下简称3821号案）的案件受理费人民币166 395元、司法评估费人民币75 000元，并承担本案案件受理费。

被告大地财保及其航保中心共同辩称：涉案船舶搁浅毁损并非保险条款列明的承保风险所致。涉案航程中并无不能预见、不能避免的恶劣天气。涉案船舶搁浅全损不属于机损所致损失，原告世嘉公司自行管理船舶，但没有船舶管理的资质，涉案船舶没有必备的安全管理体系文件，原告明知涉案船舶在开航前不适航，且在涉案船舶失去动力情况下不及时有效地采取防止或减少损失的措施，因此船舶搁浅受损并非意外而是必然会发生的结果，或者是扩大的损失，保险人无需承担赔偿责任。

上海海事法院一审查明：

“SAGAN”轮为巴拿马籍油船，船舶所有人为原告世嘉公司，船舶管理人为明进船舶管理顾问有限公司（MING JIN SHIPMANAGEMENT CONSULTANT LIMITED，以下简称明进公司）；明进公司持有符合证书（DOC证书）；“SAGAN”轮持有安全管理证书（SMC证书）。

涉案远洋船舶保险单签发于2016年7月17日，以被告大地财保为抬头，盖有被告大地财保航保中心的承保专用章。被保险人为明进公司和原告世嘉公司，保险金额为480万美元，保险条件为“协会定期船舶保险条款全损险（1/10/83），附加共同海损、救助、施救和碰撞、触碰责任”等；保险期限自2016年7月18日0时起至2017年7月17日24时止。涉案英文版保险条款的标题下方载明“THIS INSURANCE IS SUBJECT TO ENGLISH LAW AND PRACTICE”（本保险适用英国法律和惯例）。

2017年2月1日10时左右（当地时间），“SAGAN”轮空载状态自中国台湾地区高雄港出发驶往韩国昂山（ONSAN）港，携带一组4个活塞环备件。开航后约31小时即2月2日17时开始，至2月6日8时50分期间，主机扫气箱至少7次起火，此后主机彻底无法启动、船舶失去动力开始漂航。船长于2月5日询问原告世嘉公司的指示，原告要求继续航程。“SAGAN”轮在2月6日8时31分向原告报告“主机无法启动”，同日11时46分向原告报告主机的6组气缸24个活塞环中仅有1组气缸的活塞环状况良好。原告在2月8日下午联系韩国拖轮，当日21时51分得知5000马力的拖轮因4米高的涌浪被迫返港，预计2月11日上午天气好转才能出航。2月9日23时42分，“SAGAN”轮向原告报告“SAGAN”轮正在向日本岛屿漂航，要求迅速派遣拖轮，并告知如果拖轮有延迟，船舶可能搁浅。2月10日原告联系了日本的 5000 马力拖轮，同日 18 时 2 分得知该拖轮预计到 2 月 13 日出发对“SAGAN”轮执行拖航。最终，漂航约 5 日的“SAGAN”轮于当地时间 2 月 11 日 6 时（北京时间 5 时）左右在日本诹访之濑岛西南岸搁浅；6 时 35 分，日本海上保安厅收到“SAGAN”轮发出的求救信号；17 时 54 分，原告向被告大地财保航保中心报告出险。

日本救助提供了起浮作业服务，救助无果。3821 号案生效判决判令原告世嘉公司向日本救助支付救助报酬 3 559 866.49 美元及其利息。后经证实“SAGAN”轮在搁浅时即可视为推定全损。2018 年 1 月 5 日，“SAGAN”轮注销登记。2018 年 8 月 4 日，新钢商事有限会社接收了“SAGAN”轮的船舶残骸（包括残油）。

上海海事法院一审认为：

一、关于法律适用

涉案协会定期船舶保险条款标题下方载明“THIS INSURANCE IS SUBJECT TO ENGLISH LAW AND PRACTICE”（本保险适用英国法律和惯例），说明对保险条款的解释应遵循英国法律和惯例。本案中并无其他证据证明双方就保险合同项下纠纷适用的准据法达成过一致，故应当适用与合同有最密切联系的国家的法律。鉴于涉案保险人为中国公司且涉案保险合同在中国签订，因此中国法是与涉案保险合同有最密切联系的国家的法律，本案的准据法应当为中华人民共和国法律。

二、关于事故原因

造成“SAGAN”轮全损的直接原因是搁浅。涉案保险条款中并无“搁浅”这项列明风险，因此需要具体分析“搁浅”是否可以构成保险条款第 6 条第 1 款列明风险中的“海上危险”。根据 1906 年《英国海上保险法》附件 1《保险单解释规则》第 7 条对“海上危险”的界定，该术语仅涉及海上意外事故或灾难，不包括风浪的通常作用。因此，并非所有的搁浅事故都当然地属于“海上危险”，需要看具体的搁浅事故是否达到与“意外事故或灾难”相同性质的意外性和灾难性。

根据查明的事实，主机活塞环的过度磨损导致活塞和气缸套的不气密，从而引起主机着火和因此无法启动。而导致活塞环过度磨损和扫气箱着火的可能原因有很多，比如活塞顶、气缸套等问题，也不排除使用了低品质的燃油和活塞环的问题，但上述原因均不构成经谨慎处理无法发现的“潜在缺陷”，没有证据证明系由保险条款第 6.2.2 条中“机器、船体的任何潜在缺陷”引起。“SAGAN”轮在涉案航次前刚刚经过主机维修和试航，据此可以合理推定修船人和船员存在疏忽，未经谨慎处理发现和纠正主机存在的问题或未正确保养和维护主机，可能涉及第 6.2.3 条中的“船长、高级船员、船员的疏忽”和第 6.2.4 条中的“被保险人以外的修船人的疏忽”这两类列明风险，这是保险条款第 6 条第 2 款列明的保险人承保的第二类风险，保险人对此类风险的承保存在“但书”的例外规定，即以保险标的的全损损失非起因于被保险人、船东或管理人缺乏谨慎处理为条件。

在案证据表明，“SAGAN”轮与原告世嘉公司之间的实时通信畅通。2 月 4 日时“SAGAN”轮报告活塞环备件严重不足，需要 24 个活塞环的紧急备件，2 月 5 日时“SAGAN”轮报告 6 组气缸中有 3 组气缸的活塞环损坏，说明船上备件严重不足，如果其他气缸的活塞环继续出现问题，主机随时可能无法再启动。原告在有条件纠正船舶不适航状态的情况下不采取合理措施，未安排解决紧急备件，也未根据当时的船位，趁船舶主机尚可以启动时就近挂靠附近港口进行维修，未给予船舶足够的岸基支持。当船长两次询问原告是否继续航程时，原告指示“SAGAN”轮冒险继续航程，缺乏合理和必要的谨慎。船长在2月6日上午8时31分已向原告报告主机无法启动，原告在当日也获悉“SAGAN”轮的6组气缸中仅有1组气缸的活塞环状况良好且无足够配件更换，因此已明知不可能靠船员的修理使主机恢复正常。船舶处于完全失去动力的漂航状态，面临碰撞和搁浅的现实危险。证据表明，“SAGAN”轮在2月6日晚间已经与渔船发生碰撞。此时，原告还应当注意到未来几天海况将会恶化的天气预报，应当尽早安排拖轮对船舶进行施救。但是原告直到2月8日下午才开始联系韩国拖轮。并且，当天被告知拖轮遇到高涌浪被迫返回，预计到2月11日上午才能出发拖航后，未立刻寻求更大马力的拖轮施救。2月9日午夜船长明确告知如果拖轮有延迟，“SAGAN”轮有搁浅危险，2月10日7时59分，原告已获报船舶距离附近的岛屿仅有60至70海里的距离，当天被告知另行联系的同样马力的日本拖轮预计到2月13日才能出发时，再无其他应急举措，也不指令船舶发布求救信号，放任“SAGAN”轮身处险境。综上所述，在“SAGAN”轮主机故障演变为搁浅全损的过程中，原告缺乏谨慎处理。即使“SAGAN”轮主机故障可能系由第二类风险所引起，但由于全损损失是被保险人缺乏谨慎处理所致，因此属于保险人在此类列明风险下不承担赔偿责任的例外情形。

“SAGAN”轮在2月9日开始遇到的海况为6级风和5~6级的浪，好于开航次日的海况，不属于灾害性的异常海况，其对“SAGAN”轮的影响是“风浪的通常作用”，对于动力正常时的“SAGAN”轮难以构成威胁，不构成协会定期船舶保险条款第6条第1款列明的第一类风险中的“海上危险”。

综上，“SAGAN”轮搁浅全损的事故系由多种原因共同作用所造成的结果，但该多种原因或不属于保险人承保的列明风险，或属于列明不予赔偿的情形，因此保险人无需赔偿。

三、关于船舶不适航

“SAGAN”轮于2016年7月在港口国监督检查（PSC，即PORT STATE CONTROL）中被滞留，被发现设备老旧，建议对船况进行全面检查，在开航前因主机点火故障进厂维修，厂修结束后未经过船级社的检验认证，因此，“SAGAN”轮事发时虽持有全套有效的船舶证书，但并不足以证明其船体、轮机和装备等适航。“SAGAN”轮的主机在开航次日就接连发生多次扫气箱着火事故，最终失去动力不能完成既定航程，这一事实本身足以证明“SAGAN”轮在开航当时主机状态并不适航。“SAGAN”轮在2月4日就报告需要24个活塞环备件，说明开航时携带4个备用活塞环可能符合最低的要求，但是针对老龄船和主机曾经发生故障的“SAGAN”轮而言远远不够。因此，“SAGAN”轮在开航时船况不佳且备件不足，技术状态上不适航。

“SAGAN”轮在2016年4月和7月的PSC检查中连续两次被滞留，先后被列为标准风险与高风险船舶，主机故障后缺乏有效应急措施，深层次原因是船舶未有效建立或落实安全管理体系，安全管理方面不适航。国际海事组织制定的《国际船舶安全营运及防止污染管理规则》（ISM规则），是《1974年国际海上人命安全公约》（SOLAS公约）的组成部分，是适用于国际航行船舶的强制性国际标准。虽然“SAGAN”轮持有安全管理证书（SMC 证书），船舶管理人明进公司持有符合证书（DOC 证书），但这只是“SAGAN”轮的安全管理体系符合 ISM 规则的初步证据。从涉案船岸沟通情况看，“SAGAN”轮由没有船舶管理资质的原告世嘉公司作为船东直接运营管理，船舶备件、船舶修理、船舶货运安全等都在原告的控制之下，作为管理公司的明进公司从未出面，船舶安全管理体系和实际的管理情况脱节，导致船舶在发生主机故障时，原告无力按照 ISM 规则的要求，向船舶提供足够的资源和岸基支持，不能在任何时候对船舶所面临的危险、事故和紧急情况做出正确的反应，使机损事故一步步演变为搁浅全损事故。

综上，“SAGAN”轮在涉案航次开航时在技术方面和安全管理体系方面均不适航，且船舶不适航是导致其搁浅的原因。原告作为船舶所有人，对“SAGAN”轮进行直接的运营管理，对以上适航性方面存在的问题显然是明知的，故依据《中华人民共和国海商法》第二百四十四条的规定，保险人不负赔偿责任。

据此，上海海事法院依照《中华人民共和国海商法》第二百一十六条、第二百四十条第一款、第二百四十四条第一款第一项、第二百六十八条第一款以及《中华人民共和国民事诉讼法》第六十四条第一款之规定，于 2021 年 3 月 9 日作出判决：

驳回原告世嘉有限公司的诉讼请求。

世嘉公司不服一审判决，向上海市高级人民法院提起上诉。世嘉公司上诉称：1. 涉案船舶搁浅事故的发生存在多项意外因素，其中船舶失去动力后是否遇到大风浪以及船长如何判断大风浪来袭时间和影响程度是两个最主要的不确定因素，是偶然事件。2. 涉案保险条款约定“本保险适用英国法律和惯例”，故本案应当适用英国法进行审理。3. 搁浅是涉案船舶损失的近因，属于保险承保范围。4. 一审判决认为涉案船舶不适航及世嘉公司明知船舶不适航，歪曲案件事实，违反证据规则，所谓船舶管理状态不适航的观点没有法律依据。综上，请求撤销原审判决，依法改判支持世嘉公司的一审全部诉请或发回重审。

被上诉人大地财保航保中心答辩称：1. 涉案保险合同中当事人并未达成适用英国法的协议，根据最密切联系原则，本案应适用中国法。2. 近因并非时间上最后的原因，而是决定性的、有效性的原因。涉案船舶系由于上诉人世嘉公司的过错和放任行为导致船舶在风浪的正常作用下搁浅，不属于承保风险。3. 涉案船舶在开航前没有安全管理体系且没有配备足以完成安全航行的备件，构成船舶不适航。4. 世嘉公司违反 ISM 规则，且伪造轮机日志等关键证据，船舶实际价值远低于保单记载的保险价值，涉嫌骗保。5. 世嘉公司没有采取防止或者减少损失的必要合理措施，违反减损义务。请求二审法院维持原判。

上海市高级人民法院经二审，确认了一审查明的事实。

上海市高级人民法院二审认为：

本案系海上保险合同纠纷，二审主要争议焦点：一、本案的准据法；二、保险赔偿责任的认定；三、涉案船舶是否适航。

一、关于本案的准据法

一审法院认定中华人民共和国法律是与涉案保险合同有最密切联系的国家的法律并确定本案准据法为中华人民共和国法律，于法有据。

二、关于保险赔偿责任的认定

首先，搁浅本身并非涉案保险合同的承保风险，有必要判断涉案搁浅事故是否符合承保风险“海上危险”的定义。2月9日到搁浅发生的11日，风力6级，5~6级浪，属于海上的正常风浪。船舶主机故障使得“SAGAN”轮丧失了抵御海上正常风浪的能力。涉案船舶主机故障显然不属于“海上危险”，不属于船舶的潜在缺陷，且主机故障产生后如船舶配备足够的活塞环予以更换或者在发生故障后就近靠港维修，本可以避免最终主机无法启动导致的漂航情况。上诉人世嘉公司在主机发生故障但尚能启动时，没有采取有效措施，是涉案搁浅事故发生的原因之一。其次，船长对于风浪影响及可能发生搁浅情况的判断是准确的。从2月6日主机故障船舶开始漂航到最终船舶搁浅的2月11日，共有5天时间。世嘉公司寄希望于修复主机继续航行，故而在联系拖轮、指示船长发出求救信号等方面存在不谨慎与不及时，这也是涉案搁浅事故发生的原因之一。综上，上海市高级人民法院认为，根据在案证据显示，“SAGAN”轮搁浅全损事故系由多个原因共同导致的结果，包括船舶主机故障、船东的救援措施以及风浪的影响，但上述原因均不属于涉案保险合同承保的“海上危险”，保险人无需赔偿。

三、关于涉案船舶是否适航

ISM规则是SOLAS公约的重要组成部分，适用于国际航行的船舶，根据ISM规则的规定，船舶应当由持有与该船相关的“符合证明”（DOC证书）的公司营运。“SAGAN”轮由船舶管理人明进公司持有DOC证书，本应由明进公司营运涉案船舶，但在案证据显示，从船舶主机故障维修到船舶漂航后的救援过程中，明进公司从未出现，而是由上诉人世嘉公司及租船人与船长进行联系。上述船舶管理人未实际参与船舶管理的情况，对船舶安全航行构成了严重威胁，船舶安全管理体系方面存在不适航的情况。根据《中华人民共和国海商法》第二百四十四条的规定，因船舶开航时不适航造成保险船舶损失的，保险人不负赔偿责任。本案中，船舶实际管理情况不符合ISM规则，船舶安全管理体系方面的不适航，一定程度上导致涉案船舶发生主机故障后未能采取有效措施以及后续漂航过程中的救援不及时，最终造成船舶搁浅损失。涉案船舶全损保险人不负赔偿责任。

综上，上海市高级人民法院依照《中华人民共和国民事诉讼法》第一百七十七条第一款第一项、第一百八十二条之规定，于2022年6月10日判决如下：

驳回上诉，维持原判。

本判决为终审判决。

（摘自2022年《中华人民共和国最高人民法院公报》第12期）

2022 年《中华人民共和国最高人民法院公报》刊载的裁判文书

华为技术有限公司等与康文森无线许可有限公司确认不侵害专利权及标准必要专利许可纠纷案

【裁判摘要】

一、对于具有“禁诉令”性质的行为保全申请，人民法院应当依照《中华人民共和国民事诉讼法》第一百条及《最高人民法院关于审查知识产权纠纷行为保全案件适用法律若干问题的规定》第七条的规定予以审查，重点考察被申请人在域外法院起诉或者申请执行域外法院判决对中国诉讼的审理和执行是否会产生实质影响、采取行为保全措施是否符合国际礼让原则等因素。关于被申请人在域外法院起诉或者申请执行域外法院判决对中国诉讼的审理和执行是否会产生实质影响，可以考虑中外诉讼的当事人是否基本相同、审理对象是否存在重叠、被申请人的域外诉讼行为效果是否会对中国诉讼造成干扰等。关于国际礼让原则，可以考虑案件受理时间先后、案件管辖适当与否、对域外法院审理和裁判的影响适度与否等。

二、禁止被申请人为一定行为的行为保全措施具有特殊性，如果被申请人拒不遵守行为保全裁定所确定的不作为义务，违法实施了改变原有状态的行为，则其故意违法行为构成对行为保全裁定的持续性违反和对原有状态的持续性改变，应视为其每日均实施了违法行为，可以视情处以每日罚款并按日累计。

最高人民法院民事裁定书

（2019）最高法知民终 732、733、734 号之一

申请人（被上诉人、原审原告）：华为技术有限公司。住所地：中华人民共和国广东省深

圳市龙岗区坂田华为总部办公楼。

法定代表人：赵某路，该公司经理。

委托诉讼代理人：赵某，某某律师事务所律师。

委托诉讼代理人（732 号案）：王某，男，该公司工作人员。

委托诉讼代理人（733 号案）：巫某倩，女，该公司工作人员。

委托诉讼代理人（734 号案）：谭某峰，男，该公司工作人员。

被申请人（上诉人、原审被告）：康文森无线许可有限公司（Conversant Wireless Licensing S. à r.l.）。住所地：卢森堡大公国卢森堡市让简英格灵路 12 号。

授权代表：尼古拉斯，该公司管理人。

委托诉讼代理人：彭某，某某律师事务所律师。

委托诉讼代理人：王某静，某某律师事务所律师。

上诉人康文森无线许可有限公司（以下简称康文森公司）与被上诉人华为技术有限公司（以下简称华为技术公司）、华为终端有限公司（以下简称华为终端公司）、华为软件技术有限公司（以下简称华为软件公司）确认不侵害专利权及标准必要专利许可纠纷三案，申请人华为技术公司于 2020 年 8 月 27 日向本院申请行为保全，请求责令被申请人康文森公司在本三案终审判决作出之前不得申请执行德国杜塞尔多夫地区法院（以下简称杜塞尔多夫法院）就康文森公司诉华为技术公司、华为技术德国有限公司、华为技术杜塞尔多夫有限公司（以下合称华为技术公司及其德国关联公司）侵害标准必要专利权纠纷案件作出的停止侵权判决。中国工商银行股份有限公司深圳华为支行为华为技术公司的上述行为保全申请提供担保，出具了 0400000560–2020 年（保函）字 0841 号担保函，担保金额为人民币 1970 万元。

华为技术公司称，2018 年 4 月 20 日，康文森公司向杜塞尔多夫法院提起诉讼（以下称德国诉讼），主张华为技术公司及其德国关联公司侵害了康文森公司专利号为 EP1797659、EP1173986、EP1878177 的标准必要专利，请求杜塞尔多夫法院禁止华为技术公司及其德国关联公司销售、使用、进口或拥有相关移动终端产品，告知相关侵权行为和销售行为、赔偿侵权损害、销毁和召回侵权产品，并承担诉讼费用。康文森公司在德国诉讼中主张的上述欧洲专利分别与其在本三案中主张的专利号为 ZL200580038621.8、ZL00804203.9、ZL200680014086.7 的中国专利系同族专利。2020 年 8 月 27 日，杜塞尔多夫法院作出判决，禁止华为技术公司及其德国关联公司在德国销售、使用、进口或拥有相关移动终端产品。华为技术公司主张，根据德国法律，康文森公司提交担保即可以申请执行一审判决。一旦康文森公司向杜塞尔多夫法院提交执行申请，华为技术公司及其德国关联公司将要么被迫退出德国市场，要么被迫接受康文森公司高达本三案原审判决确定的标准必要专利许可费率十数倍的要价，对华为技术公司及其德国关联公司造成不可弥补的损害，并使本三案关于中国标准必要专利许可费率的终审判决难以执行，故有必要禁止康文森公司于本三案终审判决作出之前申请执行杜塞尔多夫法院的停止侵权判决。

本院审查查明：

一、中国诉讼情况

华为技术公司、华为终端公司、华为软件公司（以下合称华为技术公司及其中国关联公司）于2018年1月25日向江苏省南京市中级人民法院（以下简称原审法院）提起本三案诉讼，原审法院于当日受理并立案，案号分别是（2018）苏01民初232号、（2018）苏01民初233号、（2018）苏01民初234号。华为技术公司及其中国关联公司请求判令：1.确认其在中国制造、销售、许诺销售移动终端产品的行为不侵害康文森公司享有的专利号为ZL00819208.1、ZL200580038621.8、ZL200680014086.7的发明专利权。2.请求就康文森公司所有以及有权作出许可的、声称并实际满足2G、3G、4G标准或技术规范且为华为技术公司及其中国关联公司所实际实施的全部中国必要专利，判令确认符合公平、合理、无歧视原则的对华为技术公司及其中国关联公司产品的许可条件，包括费率。

2019年9月16日，原审法院作出（2018）苏01民初232、233、234号判决：1.对华为技术公司及其中国关联公司请求确认在中国制造、销售、许诺销售移动终端产品的行为不侵害康文森公司享有的专利号为ZL00819208.1、ZL200580038621.8、ZL200680014086.7发明专利权的诉讼请求不予支持。2.对华为技术公司及其中国关联公司与康文森公司所涉标准必要专利许可应按以下条件确定：（1）许可专利：康文森公司所有以及有权做出许可的、声称并实际满足2G、3G、4G标准或技术规范且为华为技术公司及其中国关联公司所实际实施的全部中国必要专利。（2）许可产品：华为技术公司及其中国关联公司的移动终端产品，即手机和有蜂窝通信功能的平板电脑。（3）许可行为：制造、销售、许诺销售、进口许可产品，以及在许可产品上使用许可专利。（4）许可费率：上述许可行为中，华为技术公司及其中国关联公司需要向康文森公司支付的费率为：单模2G或3G移动终端产品中，中国专利包即中国标准必要专利的许可费率为0；单模4G移动终端产品中，中国专利包即中国标准必要专利的许可费率为0.00 225%；多模2G/3G/4G移动终端产品中，中国专利包即中国标准必要专利的许可费率为0.0018%。并且，华为技术公司及其中国关联公司仅需就含有ZL200380102135.9专利技术方案的4G移动终端产品向康文森公司支付上述许可费率。

康文森公司不服原审判决向本院提起上诉。本院于2019年11月18日受理并立案，案号分别是（2019）最高法知民终732号、（2019）最高法知民终733号、（2019）最高法知民终734号，目前三案正在审理中。

二、德国诉讼情况

康文森公司于2018年4月20日向杜塞尔多夫法院针对华为技术公司及其德国关联公司提起侵害标准必要专利权纠纷诉讼。涉案专利系专利号为EP1797659、EP1173986、EP1878177的欧洲专利，其分别与本案所涉专利号为ZL200580038621.8、ZL00804203.9、ZL200680014086.7的中国专利为同族专利。康文森公司请求杜塞尔多夫法院禁止华为技术公司及其德国关联公司销售、使用、进口或拥有相关移动终端产品，告知相关侵权行为和销售行为、赔偿侵权损害、销毁并召回侵权产品，承担诉讼费用。

2020年8月27日，杜塞尔多夫法院作出一审判决，认定华为技术公司及其德国关联公司侵害了康文森公司专利号为EP1797659的欧洲专利，判令禁止华为技术公司及其德国关联公司提供、销售、使用或为上述目的进口或持有相关移动终端，禁止向客户提供或者交付带有 UMTS 标准功能的手机和平板电脑，提供相关侵权行为和销售行为信息，销毁并召回侵权产品，承担诉讼费用。该判决可以在提供 240 万欧元担保后获得临时执行。该判决认定，康文森公司向华为技术公司提出的标准必要专利许可费率要约未违反公平、合理、无歧视（FRAND）原则。康文森公司的前述要约中多模 2G/3G/4G 移动终端产品的标准必要专利许可费率约为本三案原审判决所确定中国标准必要专利许可费率的 18.3 倍。

三、有关中国同族专利的权利效力情况

EP1797659 欧洲专利系 ZL200580038621.8 中国专利的同族专利。2018 年 8 月 8 日，国家知识产权局作出第 36922 号无效宣告请求审查决定，宣告 ZL200580038621.8 中国专利权全部无效。康文森公司不服，向北京知识产权法院提起行政诉讼，目前该专利确权行政案件正在审理中。

本院经审查认为，华为技术公司关于禁止康文森公司在本三案终审判决作出之前申请执行杜塞尔多夫法院判决的申请，性质上属于行为保全申请。对于禁止申请执行域外法院判决的行为保全申请，应当考虑被申请人申请执行域外法院判决对中国诉讼的影响，采取行为保全措施是否确属必要，不采取行为保全措施对申请人造成的损害是否超过采取行为保全措施对被申请人造成的损害，采取行为保全措施是否损害公共利益，以及采取行为保全措施是否符合国际礼让原则等因素进行综合判断。

一、被申请人申请执行域外法院判决对中国诉讼的影响

对于申请人申请采取行为保全措施，禁止被申请人申请执行域外法院判决的，人民法院首先应当审查被申请人实施该行为是否会对本案审理和裁判执行产生实质影响。被申请人的相关行为可能阻碍本案审理或者造成本案裁判难以执行的，可针对该行为采取禁止性保全措施。具体到本三案而言，首先，从诉讼主体看，本三案当事人为华为技术公司及其中国关联公司和康文森公司，德国诉讼当事人为康文森公司和华为技术公司及其德国关联公司，两国诉讼的当事人基本相同。其次，从审理对象看，本三案中华为技术公司及其中国关联公司请求就康文森公司的中国标准必要专利确定许可使用费率。在德国诉讼中，康文森公司主张华为技术公司及其德国关联公司侵害康文森公司的标准必要专利权，请求杜塞尔多夫法院判令华为技术公司及其德国关联公司停止侵权。杜塞尔多夫法院作出的停止侵权判决以标准必要专利权利人康文森公司在与华为技术公司等协商过程中提出的许可费要约符合公平、合理、无歧视原则为前提。因此，虽然本三案与德国诉讼在纠纷性质上存在差异，但审理对象存在部分重合。最后，从行为效果看，一旦康文森公司申请执行杜塞尔多夫法院的停止侵权判决并获得准许，将对本三案的审理造成干扰，并很可能会使本三案的审理和判决失去意义。综上，康文森公司申请执行杜塞尔多夫法院停止侵权判决的行为将对本三案的审理推进和裁判执行产生实质消极影响，华为技术公司申请本院禁止康文森公司实施上述行为具备该类行为保全的前提条件。

二、采取行为保全措施是否确属必要

审查采取行为保全措施是否具有必要性，应着重审查不采取行为保全措施是否会使申请人的合法权益受到难以弥补的损害或者造成案件裁决难以执行等损害。原则上，仅当确有必要

时，方可采取禁止性保全措施。本三案中，杜塞尔多夫法院的停止侵权判决已经作出，一旦康文森公司提出申请并得以执行，在此紧急情形下，华为技术公司及其德国关联公司将仅有两种选择：要么被迫退出德国市场，要么被迫接受康文森公司要价并与之达成和解。对于前者情形，华为技术公司及其德国关联公司因退出德国市场所遭受的市场损失和失去的商业机会难以在事后通过金钱获得弥补。对于后者情形，华为技术公司及其德国关联公司慑于停止侵权判决的压力，不得不接受康文森公司高达原审法院确定的标准必要专利许可费率 18.3 倍的要价，并可能被迫放弃本三案中获得法律救济的机会。无论本三案如何认定中国费率，三案判决事实上将难以获得执行。无论发生上述何种情形，华为技术公司所受损害均属难以弥补，本三案具备采取行为保全措施的必要性，且情况确属紧急。

三、对申请人和被申请人相关利益的合理权衡

判断是否可以采取禁止被申请人为特定行为的行为保全措施，还应当权衡不采取行为保全措施对申请人造成的损害和采取行为保全措施对被申请人造成的损害，兼顾双方利益。不采取行为保全措施对申请人造成的损害超过采取行为保全措施对被申请人造成的损害的，可以认定采取行为保全措施具有合理性。而且，不采取行为保全措施对申请人造成的损害超过采取行为保全措施对被申请人造成的损害的程度越高，采取保全措施的合理性就越强。本三案中，前已述及，一旦康文森公司申请执行杜塞尔多夫法院的停止侵权判决并获得准许，如本院不采取相应行为保全措施，则华为技术公司将遭受被迫退出德国市场或者被迫接受许可要价、放弃在中国法院的法律救济等难以弥补的损害。相反，如果本院采取行为保全措施，对康文森公司的损害仅仅是暂缓执行杜塞尔多夫法院的一审判决。杜塞尔多夫法院的判决并非终审判决，暂缓执行该判决并不影响康文森公司在德国的其他诉讼权益。同时，康文森公司系标准必要专利权利人，其在德国诉讼的核心利益是获得经济赔偿，暂缓执行杜塞尔多夫法院的停止侵权判决对于康文森公司造成的损害较为有限。两者相比较，不采取行为保全措施对华为技术公司造成的损害明显超过采取行为保全措施对康文森公司的损害，故采取行为保全措施具有合理性。同时，中国工商银行股份有限公司深圳华为支行为华为技术公司的行为保全申请提供了相应担保，可依法保障康文森公司的利益。

四、采取行为保全措施是否会损害公共利益

判断是否可以采取禁止被申请人为特定行为的行为保全措施，还应该审查采取该行为保全措施是否会损害公共利益。本三案及关联德国诉讼主要涉及华为技术公司和康文森公司的利益。同时，本三案中，行为保全的对象是禁止康文森公司在本院终审判决作出前申请执行杜塞尔多夫法院的停止侵权判决，不影响公共利益。综上，本三案中采取行为保全措施不会损害公共利益。

五、国际礼让因素的考量

对于禁止当事人申请执行域外法院裁判以及禁止其在域外寻求司法救济的行为保全申请，审查是否应予准许时，还应考量国际礼让因素。考虑国际礼让因素时，可以考查案件受理时间先后、案件管辖适当与否、对域外法院审理和裁判的影响是否适度等。从受理时间看，原审法院受理本三案的时间为 2018 年 1 月，杜塞尔多夫法院受理关联德国诉讼的时间为 2018 年 4

月，本三案受理在先。同时，禁止康文森公司在本三案终审判决作出之前向杜塞尔多夫法院申请执行有关判决，既不影响德国诉讼的后续审理推进，也不会减损德国判决的法律效力，仅仅是暂缓了其判决执行，对杜塞尔多夫法院案件审理和裁判的影响尚在适度范围之内。

因本三案情况紧急，本院必须在四十八小时内作出裁定，故事先未听取康文森公司意见。康文森公司在收到本裁定后，有申请复议的权利。

综上，华为技术公司的行为保全申请具有事实和法律依据，本院予以准许。依照《中华人民共和国民事诉讼法》第一百条、第一百零二条、第一百一十一条第一款第六项、第一百一十五条第一款之规定，裁定如下：

康文森无线许可有限公司不得在本院就本三案作出终审判决前，申请执行德意志联邦共和国杜塞尔多夫地区法院于2020年8月27日作出的一审停止侵权判决。

如违反本裁定，自违反之日起，处每日罚款人民币100万元，按日累计。

案件申请费人民币5000元，由华为技术有限公司负担。

本裁定立即开始执行。

如不服本裁定，可以自收到裁定书之日起五日内向本院申请复议一次。复议期间不停止裁定的执行。

审判长　王　闯
审判员　周　翔
审判员　朱　理
审判员　焦　彦
审判员　徐卓斌
二〇二〇年八月二十八日
法官助理　廖继博
法官助理　宾岳成
书记员　张　华

最高人民法院民事裁定书

（2019）最高法知民终732、733、734号之二

复议申请人：康文森无线许可有限公司（Conversant Wireless Licensing S. à r.l.）。住所地：卢森堡大公国卢森堡市让简英格灵路12号。

授权代表：尼古拉斯，该公司管理人。

委托诉讼代理人：彭某，某某律师事务所律师。

委托诉讼代理人：王某静，某某律师事务所律师。

被申请人：华为技术有限公司。住所地：中华人民共和国广东省深圳市龙岗区坂田华为总部办公楼。

法定代表人：赵某路，该公司经理。

委托诉讼代理人：赵某，某某律师事务所律师。

委托诉讼代理人（732号案）：王某，男，该公司工作人员。

委托诉讼代理人（733号案）：巫某倩，女，该公司工作人员。

上诉人康文森无线许可有限公司（以下简称康文森公司）与被上诉人华为技术有限公司（以下简称华为技术公司）、华为终端有限公司（以下简称华为终端公司）、华为软件技术有限公司（以下简称华为软件公司）确认不侵害专利权及标准必要专利许可纠纷三案，本院于2020年8月28日作出（2019）最高法知民终732、733、734号之一行为保全民事裁定（以下简称原裁定）。康文森公司不服，于2020年9月2日向本院提出复议申请。2020年9月4日，本院就复议申请举行听证，康文森公司的委托诉讼代理人彭某、王某静，华为技术公司的委托诉讼代理人赵某、王某、巫某倩，华为终端公司的委托诉讼代理人陈某到庭参加听证。本三案现已复议审查终结。

康文森公司复议申请称：

（一）原裁定对康文森公司基于德国法所享有的申请执行德国杜塞尔多夫地区法院（以下简称德国法院）就康文森公司诉华为技术公司、华为技术德国有限公司、华为技术杜塞尔多夫有限公司（以下合称华为技术公司及其德国关联公司）侵害标准必要专利权纠纷案件（以下简称德国诉讼）作出的停止侵权判决（以下简称德国判决）的权利进行限制，不仅违反中国法律关于司法裁决效力应限于本国的司法原则，亦构成对德国法律的违反。原裁定如不撤销，将危及国际司法秩序，造成世界上任何国家法院根据本国专利法所作出的侵权判决均可能在本国无法得到执行的后果。

（二）原裁定不应当限制康文森公司向德国法院申请执行判决的合法权利。中国法院对德国专利侵权案件没有管辖权，对于向德国法院申请执行判决相关问题也没有管辖权。德国法院已经确定华为技术公司及其德国关联公司的行为构成侵权并判决其停止侵权，康文森公司申请执行德国判决的请求基于德国诉讼及欧洲专利德国部分，德国法院具有排他管辖权，中国法院没有管辖权。执行德国判决也是德国诉讼的一个重要部分，中国法院也没有管辖权。因此，行为保全不应限制康文森公司合法权益。

（三）康文森公司向德国法院申请执行德国判决不会造成本三案的判决难以执行。第一，本三案为确权纠纷，即使法院在本三案中判决确定了许可费率，也不因判决产生给付义务，故不存在可执行内容。第二，本三案诉讼与德国诉讼审理内容不重叠。德国判决并非关于标准必要专利许可的判决，并未对双方的公平、合理、无歧视（FRAND）许可条件作出明确认定，只是一个常规的专利侵权判决。因此，德国法院受理的案件与本三案之间没有冲突，德国判决的执行对本三案审理及后续判决不会产生实质性影响。第三，原裁定与最高人民法院于2020年8月21日作出的（2019）最高法知民辖终157号管辖权异议裁定（以下简称第157号管辖权异议裁定）中的观点存在冲突。

（四）康文森公司向德国法院申请执行德国判决不会对华为技术公司的合法权益造成难以弥补的损害。第一，华为技术公司承担德国判决的法律后果属于法律上的义务，并非其所遭受的损失。第二，没有证据证明存在华为技术公司所称的“难以弥补的损害”。第三，康文森公司提供 240 万欧元担保后申请执行德国判决可以弥补华为技术公司可能受到的损失。第四，即使康文森公司因为原裁定的作出不申请执行德国判决，甚至本三案终审判决后续作出，德国法院也不会考虑中国判决认定的许可费率，德国诉讼不会受中国诉讼的影响。因此，原裁定的作出无法避免华为技术公司所声称的“难以弥补的损害”。

（五）原裁定没有合理地平衡康文森公司与华为技术公司的利益。第一，原裁定未充分考量康文森公司利益。第二，华为技术公司可以通过支付许可费的方式避免其声称的退出德国市场等损害后果，该利益实质上是经济利益。第三，原裁定混淆了华为技术公司在本三案中应受保护的法律利益与其最大商业利益，超越了中国法律所确定的可保护利益范围。

（六）原裁定采取“按日计罚”方式处以罚款，违反了《中华人民共和国民事诉讼法》（以下简称民事诉讼法）第一百一十五条的规定。

（七）原裁定违反了民事诉讼法第一百零四条的规定。康文森公司在德国法院申请临时执行需要交纳保证金，根据民事诉讼法第一百零四条的规定本三案应当解除保全措施。

综上，康文森公司请求撤销原裁定。

华为技术公司答辩称：

（一）原裁定符合国际司法原则及惯例，并不影响德国法院对德国诉讼的管辖权。第一，原裁定既未评价德国法院的判决内容的合法性，也未干涉德国法院的实体审理，其针对的对象是康文森公司的行为。第二，裁定符合国际通行的司法惯例，且符合相关案件的构成要件，不存在影响国际司法秩序的可能性。第三，原裁定已充分考虑了国际礼让因素，对域外法院的影响在适度范围内。第四，从康文森公司的过往诉讼情况可知，其不认为禁诉令会影响他国司法管辖或者危及国际司法秩序。康文森公司在其他案件中申请过类似禁令，显然没有考虑相关禁令对于中国司法管辖以及国际司法秩序的危害和破坏。

（二）原裁定正确且适当地限制了康文森公司申请执行德国禁令的权利。本三案中，康文森公司如果申请德国法院执行相关判决，将导致本三案判决难以执行，进而导致华为技术公司依据中国法院获得裁判的权利受到严重损害。原裁定暂时限制康文森公司相关权利的行使显然正当且必要。

（三）原裁定关于申请执行德国判决将会导致本三案难以执行的认定正确。第一，康文森公司关于本三案判决不具有可执行内容的观点是错误的，本三案涉及确定中国标准必要专利的许可条件及许可费率，具有确定的可执行性。第二，本三案与德国诉讼的审理对象存在重合之处。德国判决虽然是侵权判决，但是评价了涉案双方的谈判行为，以及康文森公司的报价是否符合公平、合理、无歧视（FRAND）原则。如果德国判决得以执行，则华为技术公司不得不接受康文森公司提出的要价，这将使得本三案的判决难以执行。第三，第 157 号管辖权异议裁定仅明确了域内法院不因域外法院重叠性的诉讼而丧失管辖权，显然无法得出域外重叠性的诉讼对于域内不会产生不当影响的结论。康文森公司显然曲解了前述裁定。

（四）原裁定充分考虑了华为技术公司与康文森公司的相关利益权衡。第一，如不采取行为保全措施，华为技术公司的合法诉权将受到难以弥补的损害。华为技术公司的手机和平板电脑几乎全部在中国生产，根据国际数据公司（IDC）统计，2019 年华为全球销售中，中国销售占比 64.23%，而德国销售占比仅仅是 2.39%。华为技术公司理应有请求中国法院裁判中国标准必要专利许可费率的权利。对于前述诉权的剥夺是对华为技术公司极为严重的伤害。第二，如不采取行为保全措施，将不成比例地损害华为技术公司的合法权利。专利许可费仅占产品成本的一小部分。如果德国判决得以执行，华为技术公司将被迫从德国市场退出，其损失数十倍甚至数百倍于德国诉讼所涉欧洲专利的许可费，该损失显然是任何理性商业主体都难以接受的。第三，原裁定不会对康文森公司造成损害。原裁定并不是使康文森公司永远无法执行禁令，只是暂缓执行。中国法院会在实体审理程序中确认康文森公司在中国应当获取的标准必要专利对价，其合法权益可以依法得到保障。

（五）原裁定符合民事诉讼法等相关法律法规、司法解释的规定。第一，本三案涉及专利侵权以及相关公平、合理、无歧视（FRAND）义务遵循情况的确认与裁判，并非财产纠纷，并且康文森公司在德国法院是否提供担保与本三案无关，原裁定确定的行为保全措施不应解除。第二，本三案行为保全确定的是禁止行为人为特定行为，为行为人设定了禁止义务。行为人若持续多日违反禁止义务显然系多次对于禁止义务的违反。

综上，华为技术公司主张康文森公司的复议申请理由不能成立，请求对其复议申请予以驳回。

本院经审查认为，根据康文森公司的复议请求及华为技术公司的答辩意见，本三案复议程序有如下六个争议焦点：一是原裁定对德国法院裁判的影响是否超出了适度范围；二是康文森公司若申请临时执行德国法院一审判决对本三案审理的影响；三是若不作出原裁定，华为技术公司是否可能面临难以弥补的损害；四是原裁定对双方利益的权衡是否失衡；五是本三案是否符合民事诉讼法第一百零四条规定的解除保全条件；六是原裁定对违反裁定行为采取按日计罚方式处以罚款是否违反法律规定。对此，本院分析如下：

（一）原裁定对德国法院裁判的影响是否超出了适度范围。康文森公司复议主张，原裁定限制了康文森公司基于德国法律所享有的权利，违反了中国法律关于司法裁决效力应限于本国的司法原则，亦构成对德国法律的违反，中国法院对德国诉讼审理及执行没有管辖权；原裁定危及国际司法秩序，致使他国法院判决无法得到执行。对此，本院认为：

第一，原裁定系依据中国法作出，本三案并不受德国法的约束，更不可能违反德国法。本三案审理中，华为技术公司向本院提起行为保全申请，应当适用我国民事诉讼法第一百条之规定予以审查，德国法律对于本三案没有约束力。一国法院依据本国法律行使审判权是司法主权的应有之义。康文森公司主张原裁定构成对德国法律的违反，明显缺乏事实和法律依据。

第二，原裁定亦不存在对德国诉讼行使管辖权的情形。对于在我国领域内发生的民事纠纷案件，我国法院具有司法管辖权。原裁定系在本三案审理中基于当事人申请及我国法律相关规定作出，是本院行使中国司法管辖权的结果。原裁定限制康文森公司在本院就本三案作出终审判决前申请临时执行德国法院一审判决，既未涉及德国诉讼所涉欧洲专利的侵权认定，又未对德国判决或者执行作出任何评价，更未干涉德国诉讼实体审理及裁判效力。康文森公司将原裁定理解为中国法院对德国诉讼及判决的申请执行行使管辖权，系对管辖权以及原裁定内容的曲解。因此，康文森公司的该项主张不能成立。

第三，原裁定遵循国际礼让原则，符合国际司法惯例。原裁定作出时充分考虑了国际礼让因素，符合国际司法惯例。特别是，原裁定考虑了其可能对德国诉讼产生的影响。本三案受理时间较德国法院在先，原裁定仅仅是暂缓康文森公司申请执行德国法院一审判决，既不影响德国诉讼的后续推进，也不会减损德国判决的法律效力。康文森公司的相应主张，实质上是将暂缓申请执行德国法院一审判决等同于否定德国判决的效力，将原裁定对其个体权益的限制等同于对德国判决及其效力的限制，是错误的。

第四，康文森公司的主张与其既往行为存在一定矛盾。本院注意到，康文森公司在全球开展的诉讼活动中，曾经主动向域外法院提出申请，要求域外法院颁发禁诉令，禁止特定当事人在中国法院提起关联诉讼。康文森公司的上述既往行为似乎没有认为该禁诉令对中国法院司法管辖权及国际诉讼秩序有不利影响。康文森公司关于原裁定作出对德国法院裁判影响超出了适度范围的主张以及其陈述的具体理由，与其既往行为难以自洽。

因此，原裁定对德国诉讼审理和判决的影响并未超出适度范围。康文森公司的上述复议主张均难以成立，本院不予支持。

（二）康文森公司若申请临时执行德国法院一审判决对本三案审理的影响。康文森公司复议主张，申请临时执行德国判决对本三案终审判决不会造成影响，本三案为确认之诉，终审判决将不包含可执行的内容，无法满足使判决难以执行的行为保全措施适用条件；本三案诉讼与德国诉讼审理内容不重合；原裁定与第 157 号管辖权异议裁定存在冲突，根据第 157 号管辖权异议裁定内容，德国诉讼即便与本三案在审理对象上存在部分重合，也不会对本三案产生实质消极影响。对此，本院认为：

第一，本三案终审判决具有执行力。首先，在审查行为保全申请时，对于是否可能因当事人一方的行为造成案件判决难以执行等损害这一要件，应当结合行为保全的特点予以理解。行为保全具有保全性和应急性，其目的是确保将来的判决能够获得执行、申请人依据判决确定的权益能够最终得以实现。因此，在行为保全的语境下，考察当事人一方的行为是否会造成案件判决难以执行时，聚焦的核心是，如果不采取保全措施，一旦当事人实施该行为，能否确保判决对当事人发生拘束力和执行力，申请人依据判决确定的权益能否最终得以实现。至于判决内容本身是否适合直接强制执行，并非判断当事人的行为是否可能造成案件判决难以执行时需要考虑的内容。康文森公司关于本三案终审判决不具有执行力的主张，错误将判决的执行力混同于判决内容是否适合强制执行。其次，本三案终审判决将确定涉案标准必要专利许可费率，该费率对双方均具有约束力，亦具有可执行内容。标准必要专利许可纠纷的核心是诉请法院确定特定许可条件或者内容，促使双方最终达成或者履行许可协议。在本三案判决作出后，各方当事人均有义务遵守判决确定的许可费率标准，非经对方当事人同意，标准必要专利权利人不得要求高于判决确定的许可费率，专利实施者不得支付低于判决确定的许可费率。这是本三案终审判决约束力和执行力的重要表现。最后，如康文森公司申请临时执行德国法院一审判决，华为技术公司可能迫于退出德国市场等严重后果，不得不与康文森公司达成和解，接受远高于本三案一审判决确定的许可费率，导致本院的后续审理和裁判确定的许可费率无法得到遵守，失去意义。

第二，本三案与德国诉讼审理对象存在部分重合。本三案中华为技术公司及其中国关联公司请求就康文森公司的中国标准必要专利确定许可费率。在德国诉讼中，康文森公司主张华为技术公司及其德国关联公司侵害康文森公司的标准必要专利权，请求德国法院判令华为技术公司及其德国关联公司停止侵权。德国法院作出的停止侵权判决以标准必要专利权利人康文森公司在与华为技术公司等协商过程中提出的许可费要约符合公平、合理、无歧视（FRAND）原则为前提。在本三案听证程序中，康文森公司亦认可德国判决评述并认定了该公司提出的包括中国地区在内的许可费要约未违反公平、合理、无歧视（FRAND）原则。因此，原裁定认定本三案与德国诉讼审理对象存在部分重合并无不当。

第三，原裁定与第 157 号管辖权异议裁定并不存在冲突。首先，第 157 号管辖权异议裁定与原裁定的性质不同，二者所要解决的争议焦点区别明显。第 157 号管辖权异议裁定中双方争议焦点在于中国法院是否对该案具有管辖权，而本三案原裁定为禁止特定当事人为一定行为的行为保全裁定，两者处理的是截然不同的法律问题。其次，从第 157 号管辖权异议裁定中无法得出康文森公司所主张的结论。在第 157 号管辖权异议裁定中，本院以存在适当联系为管辖标准，认为国外正在进行的平行诉讼不影响中国法院对案件的管辖权，仅就中国法院对该案是否具有管辖权进行评述，并未涉及实体法律问题，更未涉及国际平行诉讼审理对象存在部分重合时是否会对他国诉讼造成实质消极影响的问题。

因此，康文森公司的上述复议主张均难以成立，本院不予支持。

（三）若不作出原裁定，华为技术公司是否可能面临难以弥补的损害。康文森公司复议主张，德国法院判决华为技术公司承担的法律后果属于法律义务，并不构成其损失；没有证据证明存在华为技术公司所称的“难以弥补的损害”；其提供 240 万欧元担保后申请执行德国判决，足以弥补华为技术公司损失；即使康文森公司在本三案终审判决作出之前不申请执行德国判决，因德国法院不会考虑中国判决认定的专利许可费率，德国诉讼不受中国诉讼的影响，原裁定的作出不能避免华为技术公司所称的“难以弥补的损害”。对此，本院认为：

第一，执行德国判决可能会使华为技术公司遭受难以弥补的损害。首先，在本三案行为保全申请审查中，应该关注的是，在德国法院一审判决作出和本院正在对本三案进行审理的特定时间段内，如果康文森公司申请临时执行德国法院一审判决，可能会给华为技术公司造成的损害。在此时间段内，一旦德国法院一审判决得以执行，则华为技术公司将仅余两种选择：要么被迫退出德国市场，要么被迫接受康文森公司要价并与之达成和解。前一情形下，其将承受相关市场损失和商业机会损失；后一情形下，其将被迫接受康文森公司的超高专利许可费要价，甚至放弃本三案司法救济机会。故此，华为技术公司因康文森公司申请临时执行德国法院一审判决所可能遭受的损害既包括有形的物质损害，又包括商业机会和市场利益等无形损害；既包括经济利益损害，又包括诉讼利益损害；既包括在德利益损害，又包括在华利益损害。其次，由上可知，华为技术公司因康文森公司申请临时执行德国法院一审判决所可能遭受损害的范围超出了德国法院一审判决的范围，与其根据德国法院一审判决应当承担的法律责任并无直接关联性。况且，德国法院一审判决所确定的华为技术公司的法律责任仅仅是一种可能性，该法律责任在当前承担与否取决于康文森公司是否申请临时执行。

第二，原裁定认定华为技术公司可能遭受难以弥补的损害具有证据支持。根据《最高人民法院关于民事诉讼证据的若干规定》第八十六条第二款之规定，与诉讼保全、回避等程序事项有关的事实，人民法院结合当事人的说明及相关证据，认为有关事实存在的可能性较大的，可以认定该事实存在。华为技术公司申请的行为保全属于诉讼保全范畴，有关事实认定适用优势证据证明标准，而非高度盖然性标准。华为技术公司提供了德国法院一审判决，就临时执行德国法院一审判决可能使其遭受前述难以弥补的损害作出了合理说明，该说明符合一般商业逻辑和既有商业实践，可以初步证明其所称的难以弥补的损害。

第三，康文森公司提供240万欧元担保并不足以弥补华为技术公司可能遭受的损害。首先，前已述及，华为技术公司因康文森公司在当前特定时刻申请临时执行德国法院一审判决所可能遭受的损害包括有形损害和无形损害、经济利益损害和诉讼利益损害、在德利益损害和在华利益损害，其超出了德国判决的范围，与其根据德国判决应当承担的法律责任并无直接关联。其次，即便德国判决认定240万欧元担保足以弥补华为技术公司在德国所可能遭受的损害，亦无法弥补华为技术公司在华诉讼利益的损害。华为技术公司基于本三案寻求确定康文森公司中国标准必要专利许可费率的司法救济，构成其在华诉讼利益。如德国法院一审判决得以临时执行，华为技术公司可能为保留德国市场而被迫接受上述超高要价并与康文森公司达成和解，则其势必将放弃在华司法救济，其诉讼利益将遭受重大损失，本三案的审理亦将难以推进。

第四，德国法院是否考虑中国判决认定的专利许可费率并受中国诉讼影响，与原裁定缺乏关联性。首先，原裁定的意旨在于，根据华为技术公司的申请，暂缓康文森公司申请德国判决的执行，维护本三案的审理秩序和裁决执行，并非影响德国诉讼或者德国判决。德国法院如何看待本三案判决，以及德国诉讼是否受到中国诉讼影响，并非作出原裁定的考虑因素。其次，原裁定法律效力的实现，不取决于其是否得到德国法院的承认与执行，而取决于康文森公司是否遵守原裁定确定的法律义务。最后，原裁定所指向的难以弥补的损害，是康文森公司在本三案终审判决作出之前申请临时执行德国法院一审判决所带来的损害，而非其他。原裁定系针对康文森公司作出，只要康文森公司遵守原裁定确定的法律义务，不得在本三案终审判决作出之前申请临时执行德国法院一审判决，该损害即可以避免。

因此，康文森公司的上述复议主张缺乏事实和法律依据，本院不予支持。

（四）原裁定对双方利益的权衡是否失衡。康文森公司复议主张，原裁定未充分考量和保护其利益；超出华为技术公司诉讼请求范围保护其利益，属于法律适用错误；原裁定混淆华为技术公司应受保护的法律利益与其最大商业利益，超越中国法律确定的可保护利益范围，将其无限扩张为华为技术公司的最大商业利益。对此，本院认为：

第一，行为保全裁定中对于当事人利益的考量以利益受损比较为基本方法，即比较不采取行为保全措施对申请人造成的损害和采取行为保全措施对被申请人造成的损害，两害相权取其轻。本三案中，如前所述，不采取行为保全措施情形下，华为技术公司将遭受难以弥补的损害，包括有形损害和无形损害、经济利益损害和诉讼利益损害、在德利益损害和在华利益损害。本三案听证过程中，康文森公司认可其德国诉讼的核心利益是经济利益，具体而言是德国诉讼所涉标准必要专利的许可使用费。比较华为技术公司的受损利益和康文森公司德国诉讼的核心利益，原裁定认定不采取行为保全措施对华为技术公司造成的损害超过采取行为保全措施对康文森公司造成的损害，并无不当。原裁定综合考虑上述利益衡量的情况，在华为技术公司提供了与康文森公司德国诉讼中专利侵权损害赔偿请求数额相当的担保的前提下，仅限期暂缓康文森公司申请临时执行德国法院一审判决，已经充分考虑了康文森公司的利益。

第二，原裁定的利益衡量范围与华为技术公司的诉讼请求范围并无直接关联。行为保全裁定不同于案件实体判决。行为保全的申请人不限于原告，应予考虑的受损利益也不限于原告诉讼请求。审查行为保全申请时，利益衡量的范围和限度取决于作为行为保全申请对象的行为对申请人和被申请人的影响范围和程度。本三案中，康文森公司申请临时执行德国法院一审判决是行为保全申请的对象，该行为给华为技术公司造成的利益影响均可纳入考量范围。原裁定的利益衡量范围并无不当。

第三，原裁定并未考虑最大化华为技术公司的商业利益。首先，原裁定系基于华为技术公司的申请，依据民事诉讼法关于行为保全的规定作出。作出原裁定所考虑的是，华为技术公司因康文森公司在当前特定时刻申请临时执行德国法院一审判决所可能遭受的损害，而非最大化华为技术公司的商业利益。康文森公司所谓原裁定混淆华为技术公司应受保护的法律利益与其最大商业利益等主张，是对原裁定的曲解。其次，除华为技术公司因康文森公司在当前特定时刻申请临时执行德国法院一审判决所可能遭受的损害外，原裁定更关注的是，康文森公司在当前特定时刻申请临时执行德国法院一审判决可能对本三案审理和执行造成的干扰和妨碍。此外，原裁定还考虑了康文森公司的利益、国际礼让等因素。

因此，康文森公司的上述复议主张缺乏事实和法律依据，本院不予支持。

（五）本三案是否符合民事诉讼法第一百零四条规定的解除保全条件。康文森公司复议主张，因其申请执行德国判决需要提供担保，故其符合民事诉讼法第一百零四条关于“财产纠纷案件，被申请人提供担保的，人民法院应当裁定解除保全”之规定，本三案有关行为保全措施应当解除。对此，本院认为：

第一，康文森公司向德国法院提供担保不属于民事诉讼法第一百零四条规定的情形，不构成解除原裁定行为保全措施的充分条件。相反，一旦康文森公司向德国法院提供担保申请执行德国判决，将构成对原裁定的违反，应当受到相应处罚。

第二，《最高人民法院关于审查知识产权纠纷行为保全案件适用法律若干问题的规定》第十二条规定，人民法院采取的行为保全措施，一般不因被申请人提供担保而解除，但是申请人同意的除外。据此，即便康文森公司向本院提供相应担保，原裁定所采取的行为保全措施亦不能当然解除。

因此，康文森公司关于有关行为保全措施应予解除的主张缺乏依据，本院不予支持。

（六）原裁定对违反裁定行为采取按日计罚方式处以罚款是否违反法律规定。为确保裁定中的行为保全措施得到有效执行，原裁定明确了康文森公司拒不执行的法律后果：“自违反之日起，处每日罚款人民币100万元，按日累计。”康文森公司主张按日计罚处罚方式不符合法律规定。对此，本院认为：

第一，按日计罚处罚方式符合法律规定。民事诉讼法第一百一十五条规定："对单位的罚款金额，为人民币五万元以上一百万元以下。"禁止被申请人为一定行为的行为保全措施具有特殊性，其核心是针对被申请人未来的行为，要求其不得为一定行为，不得违法改变现有状态。倘若被申请人拒不遵守法院裁定确定的义务，改变现有状态，则属于积极、故意违法行为。被申请人此种故意违法行为系持续性地违反裁定和改变现状，该行为与一次性的、已经实施完毕的违法行为具有明显区别，应视为被申请人每日均实施了单独的违法行为。对于该种每日持续发生的妨害民事诉讼的行为，应当以按日计罚的方式确定处罚。

第二，按日计罚处罚方式与本三案违反行为保全措施可能产生的后果相适应。妨害民事诉讼强制措施的强度需要与妨害民事诉讼行为可能产生的后果相适应。本三案中，康文森公司若故意违反原裁定，申请临时执行德国法院一审判决，不仅可能使华为技术公司德国市场利益受到严重损害，还可能致使其被迫放弃在中国法院寻求司法救济的机会，而且也将使得本三案判决难以执行甚至失去意义。相反，一旦康文森公司申请临时执行德国法院一审判决，则可能在双方后续的许可费谈判中获得显著优势地位，并基于该优势地位获得巨额利益。因此，对于康文森公司可能的故意违反原裁定所确定的义务的行为，采取按日计罚方式，既与该违法行为的恶性程度和损害后果相适应，也为维护原裁定的法律效力所必需。

因此，原裁定对违反裁定行为采取按日计罚方式处以罚款符合法律规定，并无不当。康文森公司的上述复议主张难以成立，本院不予支持。

本院特别指出，华为技术公司与康文森公司因标准必要专利许可纠纷在全球展开诉讼，相关国际平行诉讼的存在使得不同法域的法院在审理中面临复杂的情形。本院尊重双方当事人的诉讼权益以及基于商业考量的处分权，但原裁定作为生效裁定所确定的行为保全措施，理应得到各方当事人的尊重与执行。双方应当正确理解并完全履行原裁定确定的行为保全措施，不得以任何方式否定、规避或妨碍原裁定的执行，特别是不得向德国法院申请禁令，对抗原裁定的执行。本院将结合当事人的具体行为以及对原裁定行为保全措施可能带来的影响判断是否构成对原裁定的违反。构成对原裁定违反的，将依法予以制裁，对主要负责人或者直接责任人员予以罚款、拘留；构成犯罪的，依法追究刑事责任。

综上，原裁定认定事实清楚，适用法律正确，本院予以维持。康文森公司的复议请求缺乏事实和法律依据，本院不予支持。依照《中华人民共和国民事诉讼法》第一百零八条，《最高人民法院关于适用〈中华人民共和国民事诉讼法〉的解释》第一百七十一条之规定，裁定如下：

驳回康文森无线许可有限公司的复议请求。

本裁定立即开始执行。

审判长　王　闯
审判员　周　翔
审判员　朱　理
审判员　焦　彦
审判员　徐卓斌
二〇二〇年九月十一日
法官助理　廖继博
法官助理　宾岳成
书记员　张　华

（摘自 2022 年《中华人民共和国最高人民法院公报》第 1 期）

OPPO 广东移动通信有限公司等与夏普株式会社等标准必要专利许可纠纷管辖权异议纠纷案

【裁判摘要】

一、在确定标准必要专利全球许可条件纠纷的管辖时，可以考虑当事人就涉案标准必要专利许可磋商时的意愿范围，许可磋商所涉及的标准必要专利权利授予国及分布比例，涉案标准必要专利实施者的主要实施地、主要营业地或者主要营收来源地、许可磋商地，当事人可供扣押或可供执行财产所在地等。

二、在当事人具备达成全球许可的意愿且纠纷与中国具有更密切联系时，即便当事人未达成管辖合意，中国法院仍有权依一方当事人的申请，对标准必要专利全球许可条件作出裁决。

最高人民法院民事裁定书

（2020）最高法知民辖终 517 号

上诉人（原审被告）：夏普株式会社（Sharp Corporation）。住所地：日本国大阪府堺市堺区匠町 1 番地。

代表人：野村某某，该株式会社执行副总裁、董事。

委托诉讼代理人：刘某辉，某某律师事务所律师。

委托诉讼代理人：吴某，某某律师事务所律师。

上诉人（原审被告）：赛恩倍吉日本株式会社（Japan Corporation）。住所地：日本国大阪市阿倍野区西田边町1丁目19~20号。

代表人：高原某某，该株式会社法律部部长。

委托诉讼代理人：陈某兴，某某律师事务所律师。

委托诉讼代理人：徐某，某某律师事务所律师。

被上诉人（原审原告）：OPPO广东移动通信有限公司。住所地：中华人民共和国广东省东莞市长安镇乌沙海滨路18号。

法定代表人：刘某，该公司经理兼执行董事。

委托诉讼代理人：赵某，某某律师事务所律师。

委托诉讼代理人：余某芳，女，该公司工作人员。

被上诉人（原审原告）：OPPO广东移动通信有限公司深圳分公司。住所地：中华人民共和国广东省深圳市南山区粤海街道海德三道126号。

法定代表人：刘某，该公司负责人。

委托诉讼代理人：黄某峰，男，该公司工作人员。

委托诉讼代理人：王某，男，该公司工作人员。

上诉人夏普株式会社、赛恩倍吉日本株式会社因与被上诉人OPPO广东移动通信有限公司（以下简称OPPO公司）、OPPO广东移动通信有限公司深圳分公司（以下简称OPPO深圳公司）标准必要专利许可纠纷管辖权异议一案，不服中华人民共和国广东省深圳市中级人民法院（以下简称原审法院）于2020年10月16日作出的（2020）粤03民初689号民事裁定（以下简称原审裁定），向本院提起上诉。本院于2020年12月7日立案后，依法组成合议庭，并于2021年1月14日询问当事人，夏普株式会社的委托诉讼代理人刘某辉、吴某，赛恩倍吉日本株式会社的委托诉讼代理人陈某兴、徐某，OPPO公司的委托诉讼代理人赵某、余某芳，OPPO深圳公司的委托诉讼代理人黄某峰、王某均到庭参加询问。

夏普株式会社上诉请求：1.撤销原审裁定，驳回OPPO公司、OPPO深圳公司的起诉；2.如以上请求不能全部满足，则依法裁定驳回OPPO公司、OPPO深圳公司关于侵权损害赔偿、裁决WiFi标准相关标准必要专利全球许可条件及裁决3G标准、4G标准相关标准必要专利在中国大陆范围外的许可条件的起诉；3.裁定将涉及3G标准、4G标准相关标准必要专利在中国大陆范围的许可条件纠纷移送中华人民共和国广州知识产权法院（以下简称广州知识产权法院）管辖。事实与理由：

第一，OPPO公司指控的侵权行为实施地、结果发生地或被告住所地均不在中国大陆，故OPPO公司就该侵权纠纷提起的诉讼不属于中国法院管辖的范围，应予驳回。本案涉及侵权和标准必要专利许可，OPPO公司将两个法律关系合并请求法院审理，没有法律依据。就标准必要专利许可纠纷而言，应当由被告住所地或合同履行地法院管辖，鉴于当事人尚未就本案合同的关键条款达成一致，尚不涉及合同的履行，而且被告住所地也不在中国大陆；就侵权纠纷而言，应当由侵权行为实施地、侵权结果发生地或者被告住所地法院管辖，上述地点均在域外。

因此，OPPO 公司在中国法院提起诉讼没有法律依据。

第二，本案不符合标准必要专利许可纠纷立案标准。对于标准必要专利许可纠纷，立案标准应该是“专利权人与专利实施人就许可条件经充分协商，仍无法达成一致”。截至目前，当事人就涉案标准必要专利许可事项，还处于前期谈判阶段，远未达到“充分协商”的程度。

第三，原审法院对本案没有管辖权。1. 夏普株式会社与 OPPO 公司尚未签订合同，不涉及合同履行地的问题，原审法院认定广东省深圳市为涉案标准必要专利实施地，没有事实依据。2. 原审法院错误地将侵权损害赔偿责任纠纷解释为缔约过失责任纠纷，认定事实和适用法律均有错误。本案缔约过失责任纠纷应比照许可合同纠纷处理，本案诉讼标的即夏普株式会社的专利所在地不在广东省深圳市，故原审法院没有管辖权；夏普株式会社在广东省深圳市没有可供扣押的财产，在中国大陆也没有代表机构，原审法院对所谓的缔约过失责任纠纷也没有管辖权。3. 退一步而言，OPPO 深圳公司并非许可谈判主体，夏普株式会社在日本、德国及中国台湾地区提起的侵权诉讼亦不涉及 OPPO 深圳公司。即便认为涉案侵权行为间接结果发生在中国大陆，也应按 OPPO 公司住所地即广东省东莞市确定管辖，移送广州知识产权法院审理。

第四，即便本案纠纷满足立案条件，原审法院也不应当就夏普株式会社的 WiFi 标准、3G 标准以及 4G 标准相关标准必要专利在全球范围内的许可条件作出裁定，该项诉讼请求超出原审法院管辖范围，应予驳回。夏普株式会社在日本、德国和中国台湾地区提出了专利侵权损害赔偿的诉讼，在计算损害赔偿数额时极可能涉及费率问题。这些案件的起诉时间早于本案 OPPO 公司提交《补充民事起诉状》的时间，并且已经处于审理程序中。在此情况下，原审法院应当本着尊重司法主权和国际司法礼让的原则，拒绝处理 OPPO 公司提出的裁决全球许可条件的事项，否则在费率问题上就会形成相互冲突的裁判。

赛恩倍吉日本株式会社上诉称：同意并坚持夏普株式会社的上诉请求、事实和理由。另补充，在案证据不能证成一个可争辩的赛恩倍吉日本株式会社与本案有关的管辖连结点的事实。赛恩倍吉日本株式会社与本案侵权纠纷、专利许可纠纷均无关系，不应成为本案被告，应驳回 OPPO 公司、OPPO 深圳公司对赛恩倍吉日本株式会社的起诉。

OPPO 公司、OPPO 深圳公司共同答辩称：

第一，OPPO 公司、OPPO 深圳公司提出的两个核心诉讼请求，分别是“确认违反公平、合理、无歧视（FRAND）义务，并赔偿损失”和“确认符合 FRAND 原则的许可使用费”，两项诉求属于标准必要专利许可纠纷的一体两面，对两个诉求一并审理可以从根源上彻底、完整地解决许可纠纷。

第二，中国法院就本案享有管辖权。中国法院对于中国专利的实施行为和专利价值具有当然的管辖权。中国法院有权就中国专利的许可费率进行裁判。

第三，原审法院就本案享有管辖权。1.OPPO 公司、OPPO 深圳公司的研发、销售、许诺销售、测试行为有相当一部分都发生在广东省深圳市，广东省深圳市是涉案标准必要专利的主要实施地之一，依据“专利实施地”确认管辖，原审法院依法对本案具有管辖权。2. 广东省深圳市是当事人许可谈判行为的发生地，属于体现合同特征的履行地，原审法院为本案的方便法院。3. 违反 FRAND 义务的行为是违反中国法律所规定的诚实信用原则的行为，是一种广义的民事侵权行为。夏普株式会社与赛恩倍吉日本株式会社违反 FRAND 义务的行为直接导致 OPPO 深圳公司在投入大量的人力、物力之后，仍然无法顺利获得相关专利许可，由此产生了经济损失，广东省深圳市因此也是本案的侵权结果直接发生地。

第四，中国法院有权就涉案标准必要专利的全球许可条件进行裁判。1. 标准必要专利具有全球分布的特点，中国法院裁判全球许可条件具有事实依据。2. 中国是本案的最密切联系地，中国法院方便管辖。3. 夏普株式会社在其与 OPPO 公司、OPPO 深圳公司启动许可谈判程序之后所提出的许可要约也是全球许可条件，由此表明当事人已达成涉案标准必要专利全球许可的意向与合意。4. 即使在当事人未达成管辖合意的情况下，英国最高法院已于 2020 年 8 月 26 日作出终审裁决，认定英国法院对相关标准必要专利的全球许可条件具有管辖权。5. 提起裁判全球许可条件的诉讼请求没有违反中国任何禁止性的法律规定，中国法律及司法政策也从未明确否定中国法院对标准必要专利全球许可费率的管辖权，裁定全球许可费率具备法理基础，也是一次性解决许可纠纷的客观需要。6. 夏普株式会社在全球范围内提起的专利侵权诉讼均不包含请求法院确认许可条件的诉讼请求，本案诉讼请求的审理范围与其他域外案件不存在直接冲突。

综上，请求驳回上诉，维持原裁定。

OPPO 公司、OPPO 深圳公司向原审法院提起诉讼，原审法院于 2020 年 3 月 25 日立案受理。OPPO 公司、OPPO 深圳公司起诉请求：1. 确认夏普株式会社、赛恩倍吉日本株式会社在许可谈判中的相关行为违反 FRAND 义务或者违反诚实信用原则，包括但不限于不合理拖延谈判进程，拖延保密协议的签署，未按交易习惯向 OPPO 公司、OPPO 深圳公司提供权利要求对照表，隐瞒其曾经做过 FRAND 声明，未经充分协商单方面发起诉讼突袭，以侵权诉讼禁令为威胁逼迫 OPPO 公司、OPPO 深圳公司接受其单方面制定的许可条件，过高定价等行为，OPPO 公司、OPPO 深圳公司保留在诉讼过程中针对夏普株式会社、赛恩倍吉日本株式会社其他 FRAND 义务或者诚信原则的行为进行追诉的权利；2. 就夏普株式会社拥有并有权作出许可的 WiFi 标准、3G 标准以及 4G 标准相关标准必要专利在全球范围内针对 OPPO 公司、OPPO 深圳公司的智能终端产品的许可条件作出判决，包括但不限于许可使用费率；3. 判令夏普株式会社、赛恩倍吉日本株式会社赔偿 OPPO 公司、OPPO 深圳公司因违反 FRAND 义务给 OPPO 公司、OPPO 深圳公司造成的经济损失共计人民币 300 万元。

夏普株式会社在提交答辩状期间，对案件提出管辖权异议，请求：1. 驳回起诉；2. 如果上述请求不能全部满足，则依法裁定驳回该案中侵权纠纷起诉，裁定将涉及中国专利在中国大陆范围的许可条件纠纷移送广州知识产权法院管辖，驳回涉及其他国家或地区的专利许可条件的起诉。

赛恩倍吉日本株式会社亦提出管辖权异议，同意夏普株式会社意见，并认为其与本案侵权纠纷及专利许可纠纷均无关系，不应成为本案被告。

原审法院根据《中华人民共和国民事诉讼法》（以下简称民事诉讼法）第十八条、第一百二十七条、第二百六十五条之规定裁定：驳回被告夏普株式会社、赛恩倍吉日本株式会社提出的管辖权异议。案件受理费人民币 100 元，由被告夏普株式会社、赛恩倍吉日本株式会社共同负担。

本院经审查初步查明：

一、有关本案管辖权争议相关事实

OPPO 深圳公司经营项目包括从事移动通信终端设备软、硬件的开发及相关配套服务，从事手机及其周边产品、配件的技术开发服务。

截至 2019 年 12 月 31 日，OPPO 公司在中国的销售占比为 71.08%，在欧洲的销售占比为 0.21%，在日本的销售占比为 0.07%。

2018 年 7 月 10 日，夏普株式会社、赛恩倍吉日本株式会社向 OPPO 公司、OPPO 深圳公司发送专利清单，标准必要专利组合包括 645 个 3G/4G 专利族（555CN）、13 个 WiFi 专利族（10CN）、44 个 HEVC 专利族（45CN）。

2019 年 2 月 19 日，OPPO 公司、OPPO 深圳公司与夏普株式会社、赛恩倍吉日本株式会社在 OPPO 深圳公司位于广东省深圳市南山区海德三道 126 号 ×××× 中心的办公室进行会谈。夏普株式会社、赛恩倍吉日本株式会社用以谈判的幻灯片显示，其提议标准必要专利许可的整体首选结构为：期间为 5 年，许可专利（许可标准）为“期限内拥有的 3G/4G/Wi-Fi/HEVC 标准必需专利”，许可范围为“全球非独占许可，没有分许可权，仅限于许可标准的实施使用领域”。

二、有关域外关联诉讼的基本情况

原审法院受理本案纠纷后，OPPO 公司、OPPO 深圳公司提起行为保全申请，原审法院于 2020 年 10 月 16 日作出（2020）粤 03 民初 689 号之一民事裁定，该案中查明如下关联诉讼事实：

2020 年 1 月 30 日，夏普株式会社向日本东京地方裁判所针对 OPPO 日本株式会社（系 OPPO 公司的日本独家代理商）提起专利侵权诉讼，主张 OPPO 日本株式会社销售的部分 OPPO 品牌手机侵害其 JP5379269 号日本专利，并请求判定：禁止 OPPO 日本株式会社使用、转让、租赁、进口或出口、或申请转让或租赁涉案 OPPO 手机；责令 OPPO 日本株式会社销毁涉案 OPPO 手机并承担诉讼费用。该 JP5379269 号专利涉及 WiFi 技术。

2020 年 3 月 6 日，夏普株式会社在日本东京地方裁判所针对 OPPO 日本株式会社提起专利侵权之诉，涉案专利为日本专利 JP4659895 号，请求判定 OPPO 日本株式会社赔偿 3 000 001 750 日元及利息并承担诉讼费。该 JP4659895 号专利涉及 LTE 技术。

2020 年 3 月 9 日，夏普株式会社就 JP4706071 号专利在日本提起了侵权之诉，诉讼请求与前述 2020 年 3 月 6 日就 JP4659895 号专利提起的侵权之诉相同。该 JP4706071 号专利涉及 LTE 技术。

2020 年 3 月 6 日，夏普株式会社在德国慕尼黑法院起诉 OPPO 公司生产、销售的 OPPOReno2 等手机专利侵权，请求判定 OPPO 公司专利侵权、赔偿自其专利授权日以来至今的损失并承担相关诉讼费用。涉诉专利为 EP2854324B1、EP2312896B1、EP2667676B1，均涉及 LTE 相关技术。

2020 年 3 月 6 日，夏普株式会社在德国曼海姆地区法院起诉 OPPO 公司专利侵权，涉及的被诉侵权产品及诉讼请求与前述 2020 年 3 月 6 日在德国慕尼黑法院起诉的案件相同。涉案专利为 EP2154903B1、EP2129181B1，均涉及 LTE 相关技术。

2020 年 4 月 1 日，夏普株式会社在中国台湾地区智慧财产法院起诉萨摩亚商新茂环球有限公司（系 OPPO 公司的中国台湾地区独家代理商），请求判定萨摩亚商新茂环球有限公司支付 200 万元新台币赔偿金及利息。涉案专利为 TWI505 663，涉及 LTE 技术。

2019 年 6 月 28 日，夏普株式会社曾在德国慕尼黑法院起诉案外人侵害其与 LTE 相关的标准必要专利，涉案专利为 EP2854324B1、EP2312896B1、EP2667676B1。在诉讼过程中，夏普株式会社增加了禁止销售、召回或销毁侵权产品的禁令请求。2020 年 9 月 10 日，德国慕尼黑法院对 EP2667676B1 专利颁发了针对案外人产品的禁令。随后，夏普株式会社与案外人达成相关的标准必要专利许可协议。

本院认为，本案系标准必要专利许可纠纷管辖权异议案件。根据当事人的诉辩情况及初步查明的事实，本案二审期间的争议焦点问题有：中国法院对本案是否具有管辖权；如果中国法院对本案具有管辖权，原审法院对本案行使管辖权是否适当；如果原审法院具有管辖权，其在本案中是否适宜对涉案标准必要专利在全球范围内的许可条件作出裁决；赛恩倍吉日本株式会社是否可以作为本案被告。

一、关于中国法院对本案是否具有管辖权

夏普株式会社、赛恩倍吉日本株式会社系外国企业，且在中国境内没有住所和代表机构。针对在中国境内没有住所和代表机构的被告提起的涉外民事纠纷案件，中国法院是否具有管辖权，取决于该纠纷与中国是否存在适当联系。判断标准必要专利许可纠纷与中国是否存在适当联系，应结合该类纠纷的特点予以考虑。从司法实务可见，该类纠纷具有合同纠纷的某些特点，例如可能需要根据磋商过程确定各方关于包括许可费率在内的许可条件存在的分歧或已达成的部分合意等；又具有专利侵权纠纷的某些特点，例如可能需要判断作为许可标的的专利是否属于标准必要专利或者标准实施者是否实施了该专利、该专利的有效性如何。但是，标准必要专利许可纠纷的核心是诉请法院确定特定许可条件或者内容，促使各方最终达成许可协议或者履行许可协议，因此，可以视为一种相对更具有合同性质的特殊类型纠纷。综合考虑该类纠纷的上述特点，在被告系外国企业且其在中国境内没有住所和代表机构的情况下，该纠纷与中国是否存在适当联系的判断标准，可以考虑专利权授予地、专利实施地、专利许可合同签订地或专利许可磋商地、专利许可合同履行地、可供扣押或可供执行财产所在地等是否在中国领域内。只要前述地点之一在中国领域内，则应认为该案件与中国存在适当联系，中国法院对该案件即具有管辖权。

本案中，作为许可标的的标准必要专利组合涉及多项中国专利，OPPO 公司、OPPO 深圳公司实施涉案标准必要专利的制造行为发生在中国，当事人曾就涉案标准必要专利许可问题在中国深圳进行过磋商，故中国法院无论是作为专利权授予地法院，还是涉案标准必要专利实施地法院，抑或涉案标准必要专利许可磋商地法院，均对本案依法具有管辖权。夏普株式会社、赛恩倍吉日本株式会社上诉主张本案不属于中国法院管辖范围，理据不足，本院不予支持。

二、关于原审法院对本案行使管辖权是否适当

如前所述，标准必要专利许可纠纷是兼具合同纠纷和专利侵权纠纷特点的特殊类型纠纷。

标准必要专利纠纷应由中国哪个法院管辖，可以根据具体情况考虑专利权授予地、专利实施地、专利许可合同签订地或专利许可磋商地、专利许可合同履行地、可供扣押或可供执行财产所在地等管辖连结点。本案中，当事人尚未达成许可协议，无法以专利许可合同签订地或履行地作为案件管辖连结点。OPPO深圳公司作为OPPO公司的全资子公司，其经营项目包括从事移动通信终端设备软、硬件的开发及相关配套服务，从事手机及其周边产品、配件的技术开发服务，属于涉案标准必要专利的实施主体之一。OPPO深圳公司位于广东省深圳市，其在该地实施本案所涉标准必要专利，故原审法院作为涉案标准必要专利实施地法院，可以对本案行使管辖权。同时，当事人曾就涉案标准必要专利许可问题在广东省深圳市进行过磋商，故原审法院作为专利许可磋商地法院，亦可以据此对本案行使管辖权。夏普株式会社、赛恩倍吉日本株式会社关于OPPO深圳公司并非本案纠纷主体，不能根据OPPO深圳公司的住所地确定管辖，本案标准必要专利在中国大陆范围的许可纠纷应移送广州知识产权法院管辖的主张，理据不足，本院不予支持。

三、关于原审法院在本案中是否适宜对涉案标准必要专利在全球范围内的许可条件作出裁决

本案中，OPPO公司和OPPO深圳公司向原审法院起诉，请求就夏普株式会社拥有并有权作出许可的WiFi标准、3G标准、4G标准相关标准必要专利在全球范围内针对其智能终端产品的许可条件作出判决，包括但不限于许可使用费率。经审查，该诉讼请求符合民事诉讼法关于起诉条件的规定，并非民事诉讼法规定的人民法院不予受理的情形。

夏普株式会社、赛恩倍吉日本株式会社上诉提出，在其驳回OPPO公司、OPPO深圳公司起诉的上诉主张不能全部满足的前提下，则请求依法裁定驳回OPPO公司、OPPO深圳公司关于侵权损害赔偿、裁决WiFi标准相关标准必要专利全球许可条件及裁决3G标准、4G标准相关标准必要专利在中国大陆范围外的许可条件的起诉。原审法院在本案中是否适宜对涉案标准必要专利在全球范围内的许可条件作出裁决，应在查明本案有关管辖争议的基本事实基础之上，结合标准必要专利许可纠纷的特殊性，予以综合考量。具体而言，本案已查明与上述管辖争议相关的事实有：

1. 当事人就涉案标准必要专利许可磋商时的意愿范围。在本案所涉标准必要专利许可谈判过程中，夏普株式会社、赛恩倍吉日本株式会社提议许可的整体首选结构为：期间为5年，许可专利（许可标准）为期限内拥有的3G/4G/Wi-Fi/HEVC标准必要专利，许可范围为全球非独占许可，没有分许可权，仅限于许可标准的实施使用领域。可见，当事人的谈判内容包含了涉案标准必要专利在全球范围内的许可条件。

2. 许可磋商所涉及的标准必要专利权利授予国及分布比例。根据各方当事人提供的初步证据，本案涉及的标准必要专利较多，大部分是中国专利，也有美国、日本等国家的专利。

3. 涉案标准必要专利实施者的主要实施地、主要营业地或者主要营收来源地。OPPO公司、OPPO深圳公司的主要营业地在中国，其涉案智能终端产品的制造地和主要销售区域在中国。截至2019年12月31日，OPPO公司在中国的销售占比为71.08%，在欧洲的销售占比为0.21%，在日本的销售占比为0.07%。从以上数据来分析，OPPO公司智能终端产品在中国的销售比例远高于其在德国、日本等其他国家的销售比例。

4. 当事人专利许可磋商地或专利许可合同签订地。本案 OPPO 公司、OPPO 深圳公司与夏普株式会社、赛恩倍吉日本株式会社在 OPPO 深圳公司所在地广东省深圳市进行过许可谈判，广东省深圳市可视为当事人专利许可磋商地。

5. 当事人可供扣押或可供执行财产所在地。作为专利许可请求方的 OPPO 公司、OPPO 深圳公司，其在中国境内有可供扣押或可供执行的财产。

基于以上事实可知，首先，本案当事人均有就涉案标准必要专利达成全球范围内许可条件的意愿，且对此进行过许可磋商。当事人协商谈判的意愿范围构成本案具备确定涉案标准必要专利全球范围内许可条件的事实基础。其次，本案标准必要专利许可纠纷显然与中国具有更密切的联系。具体表现为：本案中，当事人许可磋商所涉及的标准必要专利大部分是中国专利；中国是涉案标准必要专利实施者的主要实施地、主要营业地或主要营收来源地；中国是当事人专利许可磋商地；中国也是专利许可请求方可供扣押或可供执行财产所在地。由中国法院对涉案标准必要专利在全球范围内的许可条件进行裁决，不仅更有利于查明 OPPO 公司和 OPPO 深圳公司实施涉案标准必要专利的情况，还更便利案件裁判的执行。最后，还需说明的是，如果当事人对于由一国法院裁判标准必要专利全球许可条件能够达成合意，则该国法院当然可以对当事人之间的标准必要专利全球许可条件进行管辖和裁判。但是，管辖合意并非特定法院就标准必要专利全球许可条件进行管辖和处理的必要条件。在当事人具有达成全球许可的意愿且案件与中国法院具有更密切联系的情况下，原审法院在对本案具有管辖权的基础上，认定其适宜对涉案标准必要专利在全球范围内的许可条件作出裁决，并无不当。因此，夏普株式会社、赛恩倍吉日本株式会社前述关于许可费率应分开裁判的上诉理由，理据不足，本院不予支持。

夏普株式会社、赛恩倍吉日本株式会社上诉还认为，夏普株式会社已先行在日本、德国和中国台湾地区针对 OPPO 公司提起了专利侵权损害赔偿诉讼，在计算损害赔偿数额时极可能涉及许可费率问题，本案的受理将与上述在先诉讼形成冲突。本院认为，首先，从已查明的事实来看，上述诉讼所涉及的专利均为其主张的专利侵权行为地所在法域专利，且纠纷的核心问题为是否构成专利侵权，系典型的专利侵权诉讼，本案标准必要专利组合涉及中国以及美国、日本等多族专利，且纠纷实质主要是所涉标准必要专利全球许可条件的确定，本案诉讼与上述域外诉讼在核心诉争问题上有明显不同，如域外法院在相关专利侵权诉讼中认定构成侵权，一般也只能就已发生的侵权行为作出赔偿判决，而本案需要确定的是专利许可条件，与侵权损害赔偿在性质上明显不同。其次，《最高人民法院关于适用〈中华人民共和国民事诉讼法〉的解释》第五百三十三条第一款规定：“中华人民共和国法院和外国法院都有管辖权的案件，一方当事人向外国法院起诉，而另一方当事人向中华人民共和国法院起诉的，人民法院可予受理。判决后，外国法院申请或者当事人请求人民法院承认和执行外国法院对本案作出的判决、裁定的，不予准许；但双方共同缔结或者参加的国际条约另有规定的除外。”根据上述规定，即便某个案件的平行诉讼正在外国法院审理，只要中国法院对该案件依法具有管辖权，外国法院的平行诉讼原则上也不影响中国法院对该案行使管辖权。因此，夏普株式会社、赛恩倍吉日本株式会社的该项上诉理由亦无事实和法律依据，本院不予支持。

四、关于赛恩倍吉日本株式会社是否可以作为本案被告

根据民事诉讼法第一百一十九条的规定，原告只要能够提供明确的被告，在符合其他受理条件的情况下，人民法院便应当立案受理。本案中，OPPO 公司和 OPPO 深圳公司主张，赛恩倍吉日本株式会社与夏普株式会社在谈判过程中违反 FRAND 义务的行为直接导致 OPPO 深圳公司产生经济损失，构成侵权。根据初步查明的事实，赛恩倍吉日本株式会社与夏普株式会社共同参与了涉案标准必要专利许可的谈判过程，该事实已足以证成赛恩倍吉日本株式会社与本案有关的可争辩的管辖连结点。原审法院裁定赛恩倍吉日本株式会社可以作为本案被告，并无不当。至于赛恩倍吉日本株式会社主张的其并非专利权人，与本案纠纷无关等问题，可留待本案实体审理阶段予以认定。

综上，夏普株式会社、赛恩倍吉日本株式会社的上诉请求均不能成立，应予驳回；原审裁定认定事实清楚，适用法律正确，应予维持。依照《中华人民共和国民事诉讼法》第一百七十条第一款第一项、第一百七十一条之规定，裁定如下：

驳回上诉，维持原裁定。

本裁定为终审裁定。

审判长　傅　蕾

审判员　唐小妹

审判员　汤　锷

二〇二一年八月十九日

法官助理　郑文思

书记员　薛伟聪

（摘自 2022 年《中华人民共和国最高人民法院公报》第 2 期）

明发集团有限公司与宝龙集团发展有限公司等合同纠纷案

【裁判摘要】

当事人在合同中约定，双方发生与合同有关的争议，既可以向人民法院起诉，也可以向仲裁机构申请仲裁的，当事人关于仲裁的约定无效。但发生纠纷后，一方当事人向仲裁机构申请仲裁，另一方未提出异议并实际参加仲裁的，应视为双方就通过仲裁方式解决争议达成了合意。其后双方就同一合同有关争议又向人民法院起诉的，人民法院不予受理；已经受理的，应裁定驳回起诉。

最高人民法院民事裁定书

（2021）最高法民终480号

上诉人（原审原告）：明发集团有限公司，住所地：福建省厦门市思明区前埔中路327号。

法定代表人：黄某明，该公司董事长。

被上诉人（原审被告）：宝龙集团发展有限公司，住所地：福建省厦门市嘉禾路305号。

法定代表人：许某康，该公司董事长。

原审第三人：致同会计师事务所（特殊普通合伙）厦门分所，住所地：福建省厦门火炬高新区软件园。

负责人：刘某。

上诉人明发集团有限公司（以下简称明发公司）因与被上诉人宝龙集团发展有限公司（以下简称宝龙公司）及原审第三人致同会计师事务所（特殊普通合伙）厦门分所合同纠纷一案，不服福建省高级人民法院（2019）闽民初44号民事裁定，向本院提起上诉。本院于2021年3月2日立案后，依法组成合议庭审理了本案。本案现已审理终结。

明发公司上诉请求：撤销一审裁定，指令一审法院继续审理本案。主要事实和理由是：一、案涉纠纷系明发公司首次向司法机关提出相关主张，未经司法机关处理，一审法院对此不予受理错误。首先，厦门仲裁委员会并未对《关于厦门明发商业广场合作项目支出执行商定程序的报告》涉及的572 359 122.72元的开发成本与营业外支出进行认定和处理。其次，明发公司提出的品牌使用费、房屋使用费等诉讼请求，既未包含在仲裁案件的请求或反请求当中，也未经包括厦门仲裁委员会在内的裁判机关审理。二、在双方未约定由仲裁机构仲裁的情况下，明发公司就《合作开发“明发商业广场”合同书》（以下简称合作合同）项下其他纠纷可通过诉讼方式解决争议。（一）根据《最高人民法院关于适用〈中华人民共和国仲裁法〉若干问题的解释》第七条之规定，合作合同第十二条关于约定仲裁的条款没有法律效力，应视为双方未达成提交仲裁的合意。（二）明发公司参加仲裁，仅视为其同意通过仲裁方式解决仲裁案件中请求和反请求部分涉及的内容，并不能推定其同意通过仲裁方式解决案涉合同项下的其他纠纷，除非双方有新的仲裁协议或其他明确的意思表示。（三）争议解决条款是当事人依据意思自治原则选择争议解决方式的约定，在没有禁止性规定的情况下，应最大程度上尊重当事人的意思自治。一审法院以“双方已经选择通过仲裁方式解决合同纠纷”为由，认定对于合作中新产生的争议仍应按既选的仲裁方式解决错误，二审法院应予纠正。

明发公司向一审法院起诉请求：一、判令宝龙公司向明发公司支付明发商业广场项目支出166 269 681.29元；二、判令宝龙公司向明发公司支付资金占用费103 270 099.05元；三、判令宝龙公司向明发公司支付“明发”品牌使用费4800万元（具体费用以鉴定意见为准）；四、判令宝龙公司向明发公司支付律师费50万元；五、本案的全部诉讼费用由宝龙公司负担。2019年11月19日，明发公司增加诉讼请求：一、判令宝龙公司支付房屋使用费（暂计至2019年7月15日共计25 113 855.78元），以及相应资金占用利息（按年度支付计算资金占用利息，利息按年利率10%计算，暂计至2019年7月15日共计16 895 238.9元）；二、判令宝龙公司支付前期投入不足资金占用利息 1 053 811.74 元；三、判令宝龙公司支付物业管理费（暂计至 2019 年 6 月 18 日共计 21 917 044.78 元）；四、判令宝龙公司支付高级管理人员工资（暂计至 2019 年 6 月 18 日共计 20 653 561.64 元）；五、判令宝龙公司向明发公司支付工程费用 23 032 176 元。

一审法院认为：首先，双方已经选择通过仲裁方式解决合同纠纷。2002 年 11 月 8 日，明发公司与宝龙公司签订合作合同，2009 年 11 月 26 日，宝龙公司依据合作合同第十二条“对本合同各条款的执行与解释所引起的争执，合作双方应尽量通过友好协商解决，如争议调解不成，可提交当地仲裁机构仲裁或辖区人民法院诉讼”约定向厦门仲裁委员会申请仲裁。2009 年 12 月 1 日，明发公司收到厦门仲裁委员会受理通知及相关材料，选定仲裁员廖某新，对厦门仲裁委员会受理本案及仲裁庭组成均没有异议，双方参加了仲裁审理活动，直至 2018 年 10 月 30 日仲裁委作出裁决书。根据《中华人民共和国仲裁法》第二十条第二款及《最高人民法院关于适用〈中华人民共和国仲裁法〉若干问题的解释》第七条规定，当事人上述行为表明双方对合作中产生的纠纷已经选择通过仲裁解决。其次，2018 年 10 月 30 日，厦门仲裁委员会已根据宝龙公司的申请对双方的争议作出裁决。之后，福建省厦门市中级人民法院亦已就明发公司的撤销仲裁申请作出驳回裁定。本案明发公司所提起的诉讼（包括增加的诉讼请求）仍是基于双方在履行 2002 年 11 月 8 日签订的合作合同中所产生的纠纷，根据《中华人民共和国仲裁法》第九条“仲裁实行一裁终局的制度。裁决作出后，当事人就同一纠纷再申请仲裁或向人民法院起诉的，仲裁委员会或者人民法院不予受理”，故明发公司对已经仲裁的争议不能再向法院提起民事诉讼；对于合作中新产生的争议仍应按既选的仲裁方式解决。综上，一审法院依照《中华人民共和国民事诉讼法》第一百二十四条第二项、第一百五十四条第一款第三项，《中华人民共和国仲裁法》第九条，《最高人民法院关于适用〈中华人民共和国民事诉讼法〉的解释》第二百零八条第三款、第二百一十五条规定，裁定：驳回明发集团有限公司的起诉。

本院认为：《最高人民法院关于适用〈中华人民共和国仲裁法〉若干问题的解释》第七条规定：“当事人约定争议可以向仲裁机构申请仲裁也可以向人民法院起诉的，仲裁协议无效。但一方向仲裁机构申请仲裁，另一方未在仲裁法第二十条第二款规定期间内提出异议的除外。”《中华人民共和国仲裁法》第二十条第二款规定：“当事人对仲裁协议的效力有异议，应当在仲裁庭首次开庭前提出。”本案明发公司与宝龙公司签订的合作合同第十二条约定：“对本合同各条款的执行与解释所引起的争执，合作双方应尽量通过友好协商解决，如争议调解不成，可提交当地仲裁机构仲裁或辖区人民法院诉讼。”2009 年 11 月 26 日，宝龙公司依据该约定向厦门仲裁委员会申请仲裁，明发公司收到厦门仲裁委员会受理通知及相关材料，未对以仲裁方式解决纠纷以及仲裁机构提出异议，全程参与仲裁活动，直至 2018 年 10 月 30 日厦门仲裁委员会作出裁决书。宝龙公司、明发公司的行为符合上述法律、司法解释规定的情形，案涉合作合同第十二条关于仲裁协议的约定对双方具有法律约束力。依据《中华人民共和国仲裁法》第五条及《最高人民法院关于适用〈中华人民共和国民事诉讼法〉的解释》第二百一十五条的规定，双方就案涉合作合同产生的纠纷均应通过仲裁的方式解决，不能向人民法院提起诉讼。一审法院裁定驳回明发公司起诉，并无不当。明发公司关于参加仲裁仅视为其同意通过仲裁方式解决仲裁案件中请求和反请求部分涉及的内容，并不能推定其同意通过仲裁方式解决案涉合作合同项下其他纠纷的主张不能成立，本院不予支持。

综上，明发公司的上诉请求不能成立，应予驳回。依照《中华人民共和国民事诉讼法》第一百七十条第一款第一项，第一百七十一条规定，裁定如下：

驳回上诉，维持原裁定。

本裁定为终审裁定。

审判长　汪　军
审判员　薛贵忠
审判员　杜微科
二〇二一年三月二十六日
书记员　盛家璐

（摘自2022年《中华人民共和国最高人民法院公报》第2期）

慈溪市博生塑料制品有限公司与永康市联悦工贸有限公司等侵害实用新型专利权纠纷案

【裁判摘要】

一、涉电子商务平台知识产权侵权纠纷中，平台内经营者向人民法院申请行为保全，请求责令电子商务平台经营者恢复链接和服务等，人民法院应当予以审查，并综合考虑平台内经营者的请求是否具有事实基础和法律依据，如果不恢复是否会对平台内经营者造成难以弥补的损害，如果恢复对知识产权人可能造成的损害是否会超过维持有关措施对平台内经营者造成的损害，如果恢复是否会损害社会公共利益，是否还存在不宜恢复的其他情形等因素，作出裁决。人民法院责令恢复的，电子商务平台经营者即应对原来采取的措施予以取消。

二、平台内经营者提出前款所称行为保全申请的，应当依法提供担保，人民法院可以责令平台经营者在终审判决作出之前，不得提取其通过电子商务平台销售被诉侵权产品的收款账户中一定数额款项作为担保。该数额可以是平台内经营者的侵权获利，即被诉侵权产品的单价、利润率、涉案专利对产品利润的贡献率以及电子商务平台取消有关措施后的被诉侵权产品销售数量之积。

最高人民法院民事裁定书

（2020）最高法知民终993号

申请人（上诉人、原审被告）：永康市联悦工贸有限公司。住所地：浙江省永康市龙山镇。

法定代表人：陈某亮，该公司执行董事兼经理。

委托诉讼代理人：丁某，某某律师事务所律师。

被申请人（原审被告）：浙江天猫网络有限公司。住所地：浙江省杭州市余杭区五常街道文一西路969号。

法定代表人：蒋某，该公司董事长兼总经理。

委托诉讼代理人：孔某珊，某某律师事务所律师。

委托诉讼代理人：马某，某某律师事务所律师。

被申请人（被上诉人、原审原告）：慈溪市博生塑料制品有限公司。住所地：浙江省慈溪市龙山镇。

法定代表人：黄某亚，该公司执行董事兼总经理。

委托诉讼代理人：严某，某某专利代理事务所（普通合伙）专利代理师。

上诉人永康市联悦工贸有限公司（以下简称联悦公司）、浙江兴昊塑业有限公司（以下简称兴昊公司）与被上诉人慈溪市博生塑料制品有限公司（以下简称博生公司），原审被告浙江天猫网络有限公司（以下简称天猫公司）、谢某侵害实用新型专利权纠纷一案，申请人联悦公司于2020年11月5日向本院申请行为保全，请求法院责令天猫公司立即恢复其在“天猫网”上经营的“帮主妇旗舰店”（以下简称涉案网店）中“免手洗拖把家用平板懒人吸水拖布网红一拖净干湿两用抖音拖地神器”（以下简称被诉侵权产品）的销售链接，直至终审判决生效之日。申请人联悦公司同意以其支付宝账户余额632万元作为担保。

本院经听证初步查明：

博生公司系以下两项专利的专利权人：1.专利号为ZL201820084323.7、名称为“具有新型桶体结构的平板拖把清洁工具”的实用新型专利（以下简称涉案专利）。2.专利号为ZL201620853180.2、名称为“一种用于平板拖把挤水和清洗的拖把桶”（以下简称180.2号专利）。2019年10月11日，博生公司以被诉侵权产品侵犯其上述两项专利权为由，向浙江省宁波市中级人民法院分别提起本案及另案诉讼。本案原审案号为（2019）浙02知民初367号；另案案号为（2019）浙02知民初368号（以下简称368号案）。两案均请求法院判令联悦公司、兴昊公司、谢某立即停止实施制造、销售、许诺销售被诉侵权产品的行为，天猫公司立即删除、断开被诉侵权产品的销售链接，兴昊公司、联悦公司、天猫公司连带赔偿博生公司经济损失316万元。2019年10月15日，博生公司在两案中分别向原审法院申请财产保全。2019年10月29日，原审法院作出财产保全裁定，两案各冻结联悦公司支付宝账户余额或银行存款316万元。目前上述两笔款项仍在冻结中。2019年10月20日、11月25日，博生公司就上述两案向天猫公司发起投诉。联悦公司提出申诉，并于2019年11月10日出具《知识产权保证金承诺函》，同意缴存100万元保证金于其支付宝账户内，并同意支付宝公司及天猫公司冻结其网店自2019年11月10日22时起的全店所有销售收入。

2020年4月10日，原审法院就本案作出判决，判令：谢某、兴昊公司、联悦公司立即停止实施侵权行为；天猫公司立即删除、断开被诉侵权产品的销售链接；兴昊公司、联悦公司连带赔偿博生公司经济损失316万元。同日，博生公司再次向天猫公司就被诉侵权产品进行投诉。2020年4月17日，天猫公司删除了被诉侵权产品的销售链接。联悦公司、兴昊公司不服原审判决，向本院提起上诉。本案二审审理期间，国家知识产权局于2020年9月9日就涉案专利作出无效宣告请求审查决定，认为涉案专利权利要求1-24均不具备《中华人民共和国专利法》第二十二条第二款规定的新颖性，宣告涉案专利权全部无效。博生公司表示将提起行政诉讼。

另查明，针对同一被诉侵权产品涉嫌侵权的368号案仍在浙江省宁波市中级人民法院一审审理中。2020年1月2日兴昊公司对该案所涉180.2号专利提起无效宣告请求，目前国家知识产权局尚未作出审查决定。

再查明，截至2020年11月5日联悦公司提起本行为保全申请之时，联悦公司支付宝账户余额共被冻结1560万元。其中，632万元为原审法院财产保全措施冻结款项；100万元为联悦公司根据其出具的《知识产权保证金承诺函》同意缴存的款项；828万元为联悦公司同意支付宝公司及天猫公司冻结的其网店自2019年11月10日22时起的全店所有销售收入。

本院经审查认为，针对联悦公司的行为保全申请，重点需要审查如下问题：（一）联悦公司作为被诉侵权人是否具有提起行为保全申请的主体资格；（二）本案应否采取恢复链接行为保全措施；（三）本案担保金额的确定。

（一）关于联悦公司作为被诉侵权人是否具有提起行为保全申请的主体资格

《中华人民共和国民事诉讼法》（以下简称民事诉讼法）第一百条规定：“人民法院对于可能因当事人一方的行为或者其他原因，使判决难以执行或者造成当事人其他损害的案件，根据对方当事人的申请，可以裁定对其财产进行保全、责令其作出一定行为或者禁止其作出一定行为；当事人没有提出申请的，人民法院在必要时也可以裁定采取保全措施。人民法院采取保全措施，可以责令申请人提供担保，申请人不提供担保的，裁定驳回申请。人民法院接受申请后，对情况紧急的，必须在四十八小时内作出裁定；裁定采取保全措施的，应当立即开始执行。”根据上述规定，人民法院采取行为保全措施的要件主要包括：一是因当事人一方的行为或其他原因使判决难以执行或造成当事人的其他损害；二是一方当事人明确提出行为保全申请或者人民法院认为确有必要。显然，行为保全措施的申请人并不限于原告。尤其是在涉电子商务平台知识产权侵权纠纷中，允许被诉侵权的平台内经营者在符合前述民事诉讼法第一百条规定的条件下申请行为保全，要求电子商务平台经营者采取恢复链接等行为保全措施，对于合理平衡知识产权权利人、电子商务平台经营者和平台内经营者的合法利益，促进电子商务市场健康发展具有重要意义。

《中华人民共和国侵权责任法》（以下简称侵权责任法）第三十六条第二款规定：“网络用户利用网络服务实施侵权行为的，被侵权人有权通知网络服务提供者采取删除、屏蔽、断开链接等必要措施。网络服务提供者接到通知后未及时采取必要措施的，对损害的扩大部分与该网络用户承担连带责任。"《中华人民共和国电子商务法》(以下简称电子商务法)第四十二条规定:"知识产权权利人认为其知识产权受到侵害的,有权通知电子商务平台经营者采取删除、屏蔽、断开链接、终止交易和服务等必要措施。通知应当包括构成侵权的初步证据。电子商务平台经营者接到通知后,应当及时采取必要措施,并将该通知转送平台内经营者;未及时采取必要措施的,对损害的扩大部分与平台内经营者承担连带责任。"根据上述规定,电子商务平台经营者在收到知识产权权利人含有侵权初步证据的通知时,具有采取删除、屏蔽、断开链接、终止交易和服务等必要措施的法定义务。而对于电子商务平台经营者在诉讼过程中,何种情况下可以应平台内经营者的申请采取恢复链接等措施,侵权责任法和电子商务法都没有作出相关规定。由于专利权等通过行政授权取得权利的知识产权在民事侵权诉讼过程中,可能因被宣告无效、提起行政诉讼等程序而使权利处于不确定状态,且平台内经营者的经营状况等在诉讼过程中也可能发生重大变化。此时,平台内经营者因情况紧急,不恢复链接将会使其合法利益受到难以弥补的损害,向人民法院申请行为保全,要求电子商务平台经营者采取恢复链接等行为保全措施的,人民法院应当予以受理,并依据民事诉讼法第一百条及相关司法解释的规定予以审查。

本案中,涉案专利为实用新型专利,虽然原审法院认定侵权成立,天猫公司删除了被诉侵权产品的销售链接,但二审中涉案专利权被宣告全部无效,其有效性因博生公司即将提起行政诉讼而处于不确定状态。在此情况下,作为被删除产品链接的联悦公司具有提起恢复链接行为保全申请的主体资格。

(二)关于本案应否采取恢复链接行为保全措施

《最高人民法院关于审查知识产权纠纷行为保全案件适用法律若干问题的规定》(以下简称保全若干规定)第七条规定:"人民法院审查行为保全申请,应当综合考量下列因素:(一)申请人的请求是否具有事实基础和法律依据,包括请求保护的知识产权效力是否稳定;(二)不采取行为保全措施是否会使申请人的合法权益受到难以弥补的损害或者造成案件裁决难以执行等损害;(三)不采取行为保全措施对申请人造成的损害是否超过采取行为保全措施对被申请人造成的损害;(四)采取行为保全措施是否损害社会公共利益;(五)其他应当考量的因素。"根据上述规定,在涉电子商务平台知识产权侵权纠纷中,确定是否依被诉侵权人的申请采取恢复链接行为保全措施应主要考虑以下因素:1. 申请人的请求是否具有事实基础和法律依据;2. 不恢复链接是否会对申请人造成难以弥补的损害;3. 恢复链接对专利权人可能造成的损害是否会超过不恢复链接对被诉侵权人造成的损害;4. 恢复链接是否会损害社会公共利益;5. 是否存在不宜恢复链接的其他情形。具体到本案,分析如下:

1. 联悦公司的请求是否具有事实基础和法律依据

本案为侵害实用新型专利权纠纷。我国实用新型专利的授权并不经过实质审查,其权利稳定性较弱。为了平衡专利权人的利益及同业竞争者、社会公众的利益,维护正常、有序的网络运营环境,专利权人要求电子商务平台经营者删除涉嫌侵犯实用新型专利权的产品销售链接时,应当提交由专利行政部门作出的专利权评价报告。专利权人无正当理由不提交的,电子商务平台经营者可以拒绝删除链接,但法院经审理后认定侵权的除外。本案中,天猫公司在原审法院认定侵权成立后及时删除了被诉侵权产品的销售链接，但二审中涉案专利权已被国家知识产权局因缺乏新颖性而被宣告全部无效，博生公司即将提起行政诉讼，专利有效性处于不确定状态。联悦公司因本案诉讼及368号案，截至2020年11月5日支付宝账户余额共被冻结1560万元，正常生产经营受到严重影响。在此情况下，联悦公司要求天猫公司恢复产品链接具有事实与法律依据。

2. 不恢复链接是否会对申请人造成难以弥补的损害

在涉电子商务平台知识产权侵权纠纷中，删除、屏蔽、断开商品销售链接不仅将使该商品无法在电商平台上销售，而且还将影响该商品之前累积的访问量、搜索权重及账户评级，进而降低平台内经营者的市场竞争优势。因此，确定“难以弥补的损害”应考量是否存在以下情形之一：（1）不采取行为保全措施是否会使申请人的商誉等人身性质的权利受到无法挽回的损害；（2）不采取行为保全措施是否会导致申请人市场竞争优势或商业机会严重丧失，导致即使因错误删除链接等情况可以请求金钱赔偿，但损失非常大或者非常复杂以至于无法准确计算其数额。

本案中，被诉侵权产品主要通过联悦公司在“天猫网”上的涉案网店进行销售，且根据原审查明的事实，2019年11月13日被诉侵权产品累计销量为283 693件；2019年12月4日，原审法院组织各方当事人进行证据交换时的累计销量为352 996件；2020年1月13日，原审庭审时的累计销量为594 347件。这一方面说明被诉侵权产品的销量大，另一方面也说明其累计的访问量及搜索权重较大，断开销售链接对其网络销售利益影响较大。特别是在“双十一”等特定销售时机，是否恢复链接将对被诉侵权人的商业利益产生巨大影响。在涉案专利权效力处于不确定状态的情况下，通过恢复链接行为保全措施使平台内经营者能够在“双十一”等特定销售时机正常上线经营，能够避免其利益受到不可弥补的损害。

3. 恢复链接对专利权人可能造成的损害是否会超过不恢复链接对被诉侵权人造成的损害

本案中，被诉侵权产品与涉案专利产品虽为同类产品，但市场上类似产品众多，并不会导致博生公司的专利产品因恢复链接而被完全替代。而且，本院已经考虑到因恢复链接可能给博生公司带来的损失，并将冻结联悦公司支付宝账户相应金额及恢复链接后继续销售的可得利益，联悦公司也明确表示同意。在此情况下，相较于不恢复链接对联悦公司正常经营的影响，恢复链接对博生公司可能造成的损害较小。

4. 恢复链接是否会损害社会公共利益

在专利侵权纠纷中，社会公共利益一般考量的是公众健康、环保以及其他重大社会利益。本案所涉被诉侵权产品系用于家庭日常生活的拖把桶，恢复链接时考量的重要因素是是否会对公众健康、环保造成影响，特别是需要考虑是否会对消费者的人身财产造成不应有的损害，而本案无证据表明被诉侵权产品存在上述可能损害公共利益的情形。

5. 是否存在不宜恢复链接的其他情形

本案中，博生公司主张不宜恢复链接的主要理由在于被诉侵权产品除涉嫌侵害涉案专利权外，还在368号案中涉嫌侵害博生公司180.2号专利，且180.2号专利目前仍处于有效状态。对此，本院认为，首先，368号案尚在一审审理中，被诉侵权产品是否侵权、现有技术抗辩是否成立尚不确定。其次，368号案中，博生公司赔偿损失的诉请请求已经通过冻结联悦公司支付宝账户余额316万元的财产保全措施予以保障。最后，本院在确定本案行为保全担保金额时，已考虑368号案的情况酌情提高了联悦公司的担保金额并将冻结联悦公司恢复链接后继续销售的可得利益。虽然，因本行为保全措施系针对本案诉讼，担保金额冻结至本案判决生效之日，届时，如果368号案仍在审理中，博生公司可以在该案中通过申请行为保全等措施维护自身合法权益，由法院根据该案情况决定是否采取行为保全措施。因此，不存在博生公司就180.2号专利所享有的权利难以得到保障的情况。综上，被诉侵权产品还因涉嫌侵害180.2号专利权而涉诉的事实不影响本案行为保全措施的采取。本案不存在不宜恢复链接的其他情形。

（三）本案担保金额的确定

行为保全担保金额的确定既要合理又要有效。既要考虑行为保全措施实施后对被申请人可能造成的损害，也要防止过高的担保金额对申请人的生产经营造成不合理影响。在涉电子商务平台专利侵权纠纷中，恢复链接行为保全措施担保金额的确定，一方面应考虑恢复链接后可能给权利人造成的损失，确保权利人就该损失另行主张赔偿的权利得到充分保障；另一方面也应合理确定申请人恢复链接后的可得利益，避免因冻结过多的销售收入不合理影响其资金回笼和后续经营。具体到本案，博生公司在本案及368号案中均要求被诉侵权人赔偿经济损失316万元，原审法院均已采取财产保全措施。但考虑到被诉侵权产品在删除链接前销售数额较大、恢复链接将可能导致博生公司的损失扩大等因素，为最大限度保护专利权人的利益，本院将综合博生公司在两案中的赔偿主张、恢复链接后联悦公司的可得利益等因素酌定担保金额。鉴于联悦公司的可得利益将随产品销售而不断增加，除固定担保金外，本院将增加动态担保金。由于联悦公司的销售收入中还含有成本、管理费用等，为防止过高的担保金额对联悦公司的生产经营造成不合理影响，本院在考虑本案及368号案所涉专利贡献率的情况下，酌情将动态担保金确定为联悦公司销售额的50%。

综上，联悦公司要求天猫公司恢复被诉侵权产品销售链接的申请符合法律规定，应予准许。依照《中华人民共和国民事诉讼法》第一百条、第一百零二条，《最高人民法院关于审查知识产权纠纷行为保全案件适用法律若干问题的规定》第七条、第十一条规定，裁定如下：

一、被申请人浙江天猫网络有限公司立即恢复申请人永康市联悦工贸有限公司在“天猫网”购物平台上的被诉侵权产品销售链接；

二、冻结申请人永康市联悦工贸有限公司名下的支付宝账户余额632万元，期限至本案判决生效之日；

三、自恢复被诉侵权产品销售链接之日起至本案判决生效之日，如申请人永康市联悦工贸有限公司恢复链接后被诉侵权产品的销售总额的50%超过632万元，则应将超出部分的销售额的50%留存在其支付宝账户内，不得提取。

本裁定立即开始执行。

案件申请费30元，由申请人永康市联悦工贸有限公司负担。

如不服本裁定，可以自收到裁定书之日起五日内向本院申请复议一次。复议期间不停止裁定的执行。

审判长　原晓爽
审判员　徐　飞
审判员　孔立明
二〇二〇年十一月六日
法官助理　郝小娟
书记员　汪　妮

（摘自2022年《中华人民共和国最高人民法院公报》第3期）

湛江喜强工业气体有限公司与遂溪县住房和城乡规划建设局等编制并批准土地利用总体规划纠纷案

【裁判摘要】

就城镇总体规划可诉性而言，总体规划内容实施尚有不确定性，且需借助详细规划尤其是修建性详细规划才能实施，更需要通过“一书两证”才能得以具体化。当事人认为总体规划内容侵犯其合法权益的，应当通过对实施总体规划的详细规划尤其是修建性详细规划的异议程序以及对颁发或不颁发“一书两证”行政行为的司法审查程序寻求救济。对总体规划的监督既可以通过《中华人民共和国城乡规划法》第十六条等规定的民主审议程序进行，也可以通过专业判断和公众参与等程序进行，但不宜通过司法审查程序监督。

最高人民法院行政裁定书

（2019）最高法行申10407号

再审申请人（一审原告、二审上诉人）：湛江喜强工业气体有限公司，住所地：广东省遂溪县岭北镇374省道。

法定代表人：许某喜，该公司总经理。

被申请人（一审被告、二审被上诉人）：遂溪县住房和城乡规划建设局，住所地：广东省遂溪县遂城镇东山路18号。

法定代表人：王某龙，该局局长。

被申请人（一审被告、二审被上诉人）：遂溪县人民政府，住所地：广东省遂溪县中山路133号。

法定代表人：余某创，该县县长。

一审第三人：广东北部湾农产品批发中心有限公司，住所地：广东省遂溪县岭北镇。

法定代表人：林某才，该公司董事长。

再审申请人湛江喜强工业气体有限公司（以下简称湛江喜强公司）因诉被申请人遂溪县人民政府、遂溪县住房和城乡规划建设局（以下简称遂溪住建局）、一审第三人广东北部湾农产品批发中心有限公司（以下简称广东北部湾公司）编制并批准土地利用总体规划一案，不服广东省高级人民法院（2018）粤行终159号行政裁定，向本院申请再审。本院依法组成合议庭对本案进行了审查。现已审查终结。

一审法院认为，《中华人民共和国土地管理法》第十七条第一款规定："各级人民政府应当依据国民经济和社会发展规划、国土整治和资源环境保护的要求、土地供给能力以及各项建设对土地的需要，组织编制土地利用总体规划。"城乡总体规划是指人民政府依据国民经济和社会发展规划以及当地的自然环境、资源条件、历史情况、现状特点、统筹兼顾、综合部署，为确定城乡的规模和发展方向，实现城乡的经济和社会发展目标，合理利用城乡土地，协调城乡空间布局等所作的一定期限内的综合部署和具体安排，是对不特定的多数人制定的拟定计划行为，具有普遍适用性与约束力。根据《中华人民共和国行政诉讼法》第十三条第（二）项规定，公民、法人或者其他组织对行政法规、规章或者行政机关制定、发布的具有普遍约束力的决定、命令提起行政诉讼的，人民法院不予受理。因此，湛江喜强公司起诉请求确认遂溪住建局、遂溪县人民政府编制《遂溪县岭北镇总体规划（2012–2030）》行为违法并予以撤销，不属于人民法院行政诉讼受案范围。依照《中华人民共和国行政诉讼法》第四十九条第（四）项、《最高人民法院关于适用〈中华人民共和国行政诉讼法〉若干问题的解释》第三条第一款规定，公民、法人或者其他组织提起行政诉讼，应当属于人民法院受案范围，对已经立案但不符合起诉条件的，应当裁定驳回起诉。据此，一审法院根据《中华人民共和国行政诉讼法》第十二条、第十三条第（二）项、第四十九条第（四）项，《最高人民法院关于适用〈中华人民共和国行政诉讼法〉若干问题的解释》第三条第一款之规定，裁定驳回湛江喜强公司的起诉。

二审法院认为，本案系行政规划纠纷。被诉的《遂溪县岭北镇总体规划（2012–2030）》是遂溪县岭北镇人民政府报请遂溪县人民政府批准实施的区域性行政规划，批准日期是2013年2月5日，湛江喜强公司对遂溪县人民政府作出的审批行为不服提起诉讼，应在《中华人民共和国行政诉讼法》第四十六条第一款规定的6个月起诉期限内提出，但湛江喜强公司在2017年3月提起本案诉讼，超过了法定的起诉期限。据此，一审法院裁定驳回湛江喜强公司的起诉结果正确，予以维持。湛江喜强公司主张撤销原审裁定的理由不成立，不予支持。二审法院依据《中华人民共和国行政诉讼法》第八十九条第一款第（一）项规定，裁定驳回上诉，维持原裁定。

湛江喜强公司申请再审称：（一）湛江喜强公司用地符合规划，证照齐全，并且早于广东北部湾公司的用地许可、规划及建设许可多年。（二）两被申请人违反法律法规，给予广东北部湾公司用地规划、许可，并且留下严重的安全生产隐患，一旦事故发生，后果不堪设想。2012年，被申请人及广东北部湾公司在未征求申请人意见下，变更了包括湛江喜强公司厂区范围在内的周边用地规划，并先后向广东北部湾公司颁发了地字第440823201400012号《建设用地规划许可证》《建设工程规划许可证》。（三）两被申请人违法变更用地规划，没有相关的法律依据，造成湛江喜强公司损失后，多次口头承诺给予安置、补偿，却没有妥善处理矛盾。（四）一、二审人民法院没有依法查明事实，程序严重违法，没有切实维护湛江喜强公司的合法权益。《中华人民共和国城乡规划法》（以下简称《城乡规划法》）第五十条规定："在选址意见书、建设用地规划许可证、建设工程规划许可证或者乡村建设规划许可证发放后，因依法修改城乡规划给被许可人合法权益造成损失的，应当依法给予补偿。"被申请人颁发给第三人的建设用地规划许可及建设工程规划许可，已经违反了上述规定，并严重损害了湛江喜强公司的合法权益，造成了极其严重的安全生产隐患。被申请人已违反《城乡规划法》相关规定。湛江喜强公司提起本案诉讼并未超过法定起诉期限。

本院经审查认为，本案再审审查的焦点问题为岭北镇人民政府编制、遂溪县人民政府审批《遂溪县岭北镇（2012-2030）总体规划》行为是否属于行政诉讼受案范围。

《城乡规划法》第二条、第五条规定，城市规划、镇规划分为总体规划和详细规划。详细规划分为控制性详细规划和修建性详细规划。其中，城市总体规划是依据城市社会经济发展的战略对一定时期的城市性质、发展规模、土地利用、空间布局以及各项城市基础设施所做的综合部署和空间安排，是城市建设和发展的总体部署和总纲，具有综合性、战略性、政策性、长期性和指导性。城市总体规划编制主要考虑当地的社会经济发展情况、自然条件、资源条件、历史背景、现状特点，统筹兼顾、综合协调，属于公共政策和规范制定范畴，具有抽象性和实施中的不确定性，其法律意义在于对下一层次的规划权力进行限制，而不是对具体的建设项目进行直接约束。总体规划的内容，需要通过控制性详细规划和修建性详细规划来加以落实和具体化，并通过对建设项目颁发"一书两证"（即建设项目选址意见书、建设用地规划许可证和建设工程规划许可证）等行政许可决定才能得以具体化。而控制性详细规划即为城市总体规划在城市局部地区的解释与深化，确定局部地区建设用地中可开发地块的土地使用性质、开发强度等控制指标以及道路和市政规划控制要求的空间安排，是城市总体规划与土地开发的桥梁，是行政权对建设项目管理的直接依据。修建性详细规划则是依据控制性详细规划确定的指标，对将要进行建设的地区，编制的具体的、操作性的规划，作为各项建筑和工程设施设计和施工的依据，更是颁发"一书两证"和规划管理的依据。因此，就总体规划可诉性而言，总体规划内容实施尚有不确定性，且需借助详细规划尤其是修建性详细规划才能实施，更需要通过"一书两证"才能得以具体化。当事人认为总体规划内容侵犯其合法权益的，应当通过对实施总体规划的详细规划尤其是修建性详细规划的异议程序以及对颁发或不颁发"一书两证"行政行为的司法审查程序寻求救济。对总体规划的监督既可以通过《城乡规划法》第十六条等规定的民主审议程序进行，也可以通过专业判断和公众参与等程序进行，但不宜通过司法审查程序监督。

编制和修改详细规划的确可能影响土地权利人对土地的开发和利用，甚至减损权利人已经依法取得的土地利用权和开发权。尤其是控制性详细规划一经批准，就形成约束力，是规划管理的最直接依据，是国有土地使用权出让、开发和建设管理的法定前置条件，城乡规划部门必须严格按规划实施管理，建设单位必须严格按规划实施建设，各相关利益群体必须服从规划管理。因此对地方政府编制和修改详细规划行为亦有司法救济的必要。但与仅设定特定行政管理相对人权利义务的传统行政行为不同，详细规划涉及局部地区建设用地中可大批量开发地块总体空间安排且具有高度政策性和公众参与性，司法机关对详细规划行为受理和合法性审查应当审慎。特定地块权利人一般并不宜对详细规划的整体内容提起诉讼。权利人对与其土地利用权有直接利害关系的内容提起诉讼的，人民法院仍应结合详细规划实施情况、权利人或者利益相对方申请许可情况以及是否已经依据详细规划取得"一书两证"情况等综合判定被诉行政行为、起诉时机以及具体的审查内容和审查标准。只有在详细规划已经直接限制当事人权利且无需通过"一书两证"行为即能得出明确限制结论的情况下，才宜考虑承认修建性详细规划中有关特定地块规划限制内容的可诉性；相对人还应明确具体的诉讼请求。对详细规划内容的合法性审查，应尊重总体规划控制和专业判断，尊重行政机关的政策调整，并考虑详细规划的稳定性；合法性审查更多体现在程序合法性审查。规划行政主管部门已经依据详细规划作出"一书两证"行为的，当事人应直接对颁发"一书两证"行为申请行政复议或提起行政诉讼，或者对规划行政主管部门不依法履行颁发"一书两证"行政许可职责的行为申请行政复议或提起行政诉讼，而不宜再对详细规划的内容申请复议和诉讼。当事人认为详细规划侵犯其土地利用权的，可以根据《中华人民共和国行政复议法》第七条、《中华人民共和国行政诉讼法》第五十三条等规定在对"一书两证"行为引发的复议和诉讼案件中，一并请求对详细规划进行审查，以维护合法权益。详细规划的编制和修改给权利人已经取得的权利造成损失的，权利人还可依据《城乡规划法》第五十条规定精神，直接诉请相关主体依法补偿损失。

总之，根据《中华人民共和国行政诉讼法》第十三条规定以及《最高人民法院关于适用〈中华人民共和国行政诉讼法〉的解释》第二条第二款规定，人民法院不受理公民、法人或者其他组织对行政机关制定、发布的具有普遍约束力的决定、命令提起的诉讼，城市总体规划和镇总体规划，不应纳入行政诉讼受案范围，以避免现行法律制度框架下原告资格、起诉期限、合法性审查标准和审查强度、既判力范围等方面的冲突。湛江喜强公司对岭北镇人民政府编制、遂溪县人民政府审批《遂溪县岭北镇（2012–2030）总体规划》行为的起诉，不属于行政诉讼受案范围。一、二审人民法院分别裁定驳回其起诉和上诉，符合法律规定。湛江喜强公司认为规划行政主管部门向广东北部湾公司颁发地字第440823201400012号《建设用地规划许可证》《建设工程规划许可证》等侵犯其合法权益的，可以直接以颁证机关为被告、以相关规划行政许可为审查对象，依法申请行政复议或提起行政诉讼。

综上，湛江喜强公司的再审申请不符合《中华人民共和国行政诉讼法》第九十一条规定的情形。本院依照《最高人民法院关于适用〈中华人民共和国行政诉讼法〉的解释》第一百一十六条第二款的规定，裁定如下：

驳回湛江喜强工业气体有限公司的再审申请。

审判长　高燕竹
审判员　杨志华
审判员　刘艾涛
二〇二〇年三月三十日
法官助理　华　雷
书记员　黄慧航

（摘自 2022 年《中华人民共和国最高人民法院公报》第 5 期）

濮阳市华龙区华隆天然气有限公司因濮阳华润燃气有限公司诉河南省濮阳市城市管理局、河南省濮阳市人民政府确认行政协议无效再审案

【裁判摘要】

行政协议系行政机关为实现行政管理或公共服务目标，与公民、法人或者其他组织协商订立的具有行政法上权利义务内容的协议。管道燃气特许经营协议作为政府特许经营协议，属于典型的行政协议，该协议兼具“行政性”和“合同性”。人民法院在审理行政协议效力认定案件时，不但要根据行政诉讼法及相关司法解释规定的无效情形进行审查，还要遵从相关民事法律规范对于合同效力认定的规定。

最高人民法院行政判决书

（2020）最高法行再 509 号

再审申请人（一审第三人、二审上诉人）：濮阳市华龙区华隆天然气有限公司，住所地：河南省濮阳市中原路东段路。

法定代表人：薛某，该公司董事长。

委托诉讼代理人：田某钢，某某律师事务所律师。

委托诉讼代理人：张某辉，某某律师事务所律师。

被申请人（一审被告、二审上诉人）：河南省濮阳市城市管理局，住所地：河南省濮阳市人民路中段 112–2 号。

法定代表人：侯某峰，该局局长。

出庭负责人：吕某杰，该局副局长。

委托诉讼代理人：韩某山，该局工作人员。

委托诉讼代理人：薛某，某某律师事务所律师。

被申请人（一审被告）：河南省濮阳市人民政府，住所地：河南省濮阳市华龙区人民路158号。

法定代表人：万某峰，该市人民政府市长。

委托诉讼代理人：靳某红，该市司法局工作人员。

委托诉讼代理人：李某，该市司法局工作人员。

被申请人（一审原告、二审上诉人）：濮阳华润燃气有限公司，住所地：河南省濮阳市金堤中路659号。

法定代表人：陈某勇，该公司董事长。

委托诉讼代理人：史某乾，某某律师事务所律师。

委托诉讼代理人：李某颖，某某律师事务所律师。

再审申请人濮阳市华龙区华隆天然气有限公司（以下简称华隆公司）因濮阳华润燃气有限公司（以下简称华润公司）诉河南省濮阳市城市管理局（以下简称濮阳市城管局）、河南省濮阳市人民政府（以下简称濮阳市政府）确认行政协议无效一案，不服河南省高级人民法院（2018）豫行终111号行政判决，向本院申请再审。本院于2020年11月24日作出（2019）最高法行申13741号行政裁定，对本案提起再审。提审后，本院依法组成合议庭，于2021年9月10日公开开庭审理了本案。再审申请人华隆公司的法定代表人薛某、委托诉讼代理人田某钢，被申请人濮阳市城管局的行政机关负责人吕某杰、委托诉讼代理人韩某山、薛某，被申请人濮阳市政府的委托诉讼代理人靳某红、李某，被申请人华润公司的委托诉讼代理人史某乾、李某颖到庭参加诉讼。本案现已审理终结。

华润公司向河南省鹤壁市中级人民法院（以下简称一审法院）起诉称，2012年8月21日，濮阳市政府委托濮阳市城管局（2015年12月31日，原濮阳市公用事业局组建为濮阳市城管局，以下统称为濮阳市城管局）与华润公司签订《濮阳华润燃气有限公司管道燃气特许经营协议》。2013年12月10日，濮阳市政府委托濮阳市城管局与华隆公司签订《濮阳市城市管道燃气特许经营协议》（以下简称被诉协议）。两份协议约定的经营区域部分重合，濮阳市城管局与华隆公司签署上述被诉协议，将已由华润公司特许经营的区域又交给华隆公司经营，严重侵犯华润公司权益，请求确认被诉协议无效。

一审法院经审理查明，2012年8月21日，华润公司与濮阳市城管局签订《濮阳华润燃气有限公司管道燃气特许经营协议》，合同约定的特许经营权行使范围为：濮阳市规划区［包括但不仅限于华龙区、濮阳市高新技术开发区、濮阳工业园区（濮阳市产业聚集区）等以及下属的各乡镇］及原濮阳市天然气公司已取得的其他经营区域，并随所在区域的扩大而扩大，但在《设立濮阳华润燃气有限公司合资合同》签署时在濮阳市规划区内已经由濮阳市城管局批复的中原油田内部职工自供用户范围、濮阳市天伦燃气有限公司的供气区域除外。

2013 年 12 月 10 日，濮阳市城管局作为甲方与乙方华隆公司签订被诉协议。协议约定华隆公司的特许经营权范围为：（1）①现清丰县南县界以南、文化路以东、绿城路以北、龙乡路以西，该区域不包括油田内部单位、企业和职工住宅区；②绿城路以南、盘锦路以东、黄河路以北、龙乡路以西；③在规定区域内，由其他燃气公司供应的原用户保持不变；④特殊情况由市燃气主管部门根据情况确定（详见附件 2《濮阳市华龙区华隆天然气有限公司特许经营区域图示》)。（2）在濮阳市市城区内，乙方不得超出协议第 3.4 条第（1）项所划定的特许经营区域经营管道燃气。毗邻乙方的管道燃气特许经营者的供气管道需要通过乙方的特许经营区域并影响乙方的燃气设施建设或安全时，毗邻双方先自行协商确定路由等建设方案；双方达不成一致意见的，管道燃气建设方应制定详细的方案，甲方在听取乙方的合理意见后有权依法确定方案，甲方有权通知乙方执行该方案，乙方不得拒绝执行。（3）在濮阳市市城区内，乙方的供气管道需要通过毗邻的特许经营区域时，乙方有权提请甲方协调按照本协议第 3.4 第（2）项约定的同等条件和程序执行，乙方的供气管道允许通过，但不许开口或安装阀门。（4）在濮阳市市城区内，乙方与其他毗邻管道燃气经营者就管道燃气特许经营区域产生争议的，在争议解决之前，任何一方不得改变供气现状、擅自停止供气及调整供气量、擅自建设。

2015 年 8 月 1 日，濮阳市城管局又与华润公司签订《濮阳华润燃气有限公司管道燃气特许经营补充协议》。协议又将华润公司特许经营范围确定为：1. 现清丰县南县界以南、金堤路以东、绿城路以北、文化路以西，该区域不包括油田内部单位、企业和职工住宅区。2. 绿城路以南、开州路以东、黄河路以北、盘锦路以西，该区域不包括油田内部单位、企业和职工住宅区。3. 黄河路以南、濮阳市界以东、现濮阳市市区行政辖区南界以北、106 国道以西，该区域不包括油田内部单位、企业和职工住宅区及濮阳县行政所辖区。4. 现黄河路以南的王助乡和新习乡行政所辖区。5. 濮阳市工业园区［《濮阳市人民政府（濮政文〔2010〕322 号）关于濮阳市产业集聚区空间发展规划和濮阳市产业集聚区控制性详细规划的批复》］（A. 纬一路以南、经一路以东、顺北路 - 经四路 - 纬九路以北、经五路以西；B. 纬三路以南、经五路以东、纬八路以北、顺西路以西；C. 纬五路以南、顺西路 - 赵寨路以东、于家村路以北、大寨口路 - 周村路以西）。6. 龙乡路以东现岳村乡行政所辖区。7. 黄河以南、106 国道以东、现濮阳县北县界以北、西县界以西的濮阳市区行政管辖区。8. 特殊情况由市燃气主管部门根据情况确定（具体经营区域详见附件:《濮阳华润燃气有限公司特许经营区域图示》)。

一审法院经审理认为，濮阳市城管局是独立的机关法人，独立承担法律责任，在签订协议过程中，濮阳市政府没有作出行政行为。华润公司诉称经濮阳市政府授权濮阳市城管局签订协议，无证据支持，依法不予采信。濮阳市城管局与华润公司签订的《濮阳华润燃气有限公司管道燃气特许经营协议》约定的特许经营范围，与被诉协议约定的范围，四至不清，表述不明。濮阳市城管局 2012 年 8 月 21 日与华润公司签订了《濮阳华润燃气有限公司管道燃气特许经营协议》，又在 2013 年 12 月 10 日与华隆公司签订被诉协议，约定的经营区域部分重叠，该约定行为违法。一审法院依照《中华人民共和国行政诉讼法》第七十四条第一款第一项、第七十八条之规定，判决：一、确认濮阳市城管局与华隆公司于 2013 年 12 月 10 日签订的被诉协议中第 3.4 条款违法；二、责令濮阳市城管局采取补救措施；三、驳回华润公司的其他诉讼请求。

一审案件受理费50元，由濮阳市城管局负担。

华润公司、华隆公司、濮阳市城管局均不服一审判决，向河南省高级人民法院（以下简称二审法院）提起上诉。

二审法院对一审法院查明的事实予以确认。

二审法院经审理认为，一、管道燃气经营属于《中华人民共和国行政许可法》第十二条规定的"有限自然资源开发利用、公共资源配置以及直接关系公共利益的特定行业的市场准入等，需要赋予特定权利的事项"，管道燃气特许经营协议中关于经营范围的内容属于行政许可。本案中，濮阳市城管局与华润公司于2012年8月21日签订的《濮阳华润燃气有限公司管道燃气特许经营协议》3.4载明："乙方管道燃气经营区域：濮阳市规划区（包括但不仅限于华龙区、濮阳市高新技术开发区、濮阳工业园区（濮阳市产业集聚区）等以及下属的各乡镇）及原濮阳市天然气公司已取得的其他经营区域，并随所在区域的扩大而扩大。"华润公司以2005~2020年城市规划图、燃气规划图等证据主张涉案争议经营区域在其燃气特许经营许可范围内，濮阳市政府、濮阳市城管局、华隆公司虽然均主张该争议区域边界不明，但未提供相反证据予以证实。濮阳市政府主张华润公司提供的城市规划图已经废止，但未提供相应证据予以支持，且濮阳市政府、濮阳市城管局、华隆公司均未提供濮阳市其他城市规划图等来证明规划图之间关于涉案争议区域不一致、边界不清晰或未包含涉案争议区域的事实，故该院对华润公司的主张予以支持。濮阳市城管局于2013年12月10日与华隆公司签订的被诉协议约定的经营区域，与其和华润公司签订的《濮阳华润燃气有限公司管道燃气特许经营协议》约定的经营区域部分重叠，该重叠部分属于重复许可，自始不发生法律效力。因涉案争议区域是签订被诉协议的基础，故该协议依法应属无效协议。二、濮阳市城管局与华润公司签订的《濮阳华润燃气有限公司管道燃气特许经营补充协议》对争议经营区域的经营权归属没有明确，濮阳市城管局以该补充协议主张华润公司与华隆公司特许经营区域不重叠的理由不成立。三、关于濮公用〔2016〕1号《濮阳市公用事业局关于濮阳华润燃气有限公司濮阳市华龙区华隆燃气有限公司经营区域内部分地块调整的通知》（以下简称濮公用〔2016〕1号文），濮阳市城管局和华隆公司均主张该文系各方协调的结果，华润公司不予认可。因濮公用〔2016〕1号文的表现形式是单方决定，濮阳市城管局和华隆公司均没有举出协商一致的其他证据，且该文第二条中涉及的调整给华润公司作为补偿的华隆公司的两块经营区域，原本在濮阳市城管局与华润公司2012年8月签订的《濮阳华润燃气有限公司管道燃气特许经营协议》约定的经营范围内，不符合常理，故对濮阳市城管局和华隆公司的该项主张不予支持。四、《城镇燃气管理条例》第五条第二款规定："县级以上人民政府燃气管理部门负责本行政区域内的燃气管理工作。"濮阳市城管局是濮阳市政府成立的职能机构，其主要职责包括负责燃气经营许可，故本案适格被告是濮阳市城管局，濮阳市政府不是本案适格被告。华润公司关于该局无权签订协议的理由不能成立。综上，一审认定事实清楚，但适用法律错误，予以纠正。二审法院依照《中华人民共和国行政诉讼法》第八十九条第一款第二项之规定，判决：一、撤销一审法院（2014）鹤行初字第38号行政判决；二、确认2013年12月10日濮阳市城管局与华隆公司签订的被诉协议无效。本案一审和二审诉讼费各50元，由濮阳市城管局、濮阳市政府、华隆公司共同负担。

华隆公司不服二审判决，向本院申请再审称，一、濮阳市华龙区人民政府（以下简称华龙区政府）与华隆公司2010年8月18日签订《濮阳市濮东产业集聚区燃气项目投资建设合同》后，华隆公司已开始在濮阳市华龙区实际投资、经营管道燃气。二、濮阳市城管局2012年8月21日与华润公司签订的《濮阳华润燃气有限公司管道燃气特许经营协议》约定的特许经营区域四至不明，其燃气经营许可证载明的特许经营区域与上述协议不一致，亦可说明上述问题。濮阳市城管局将部分华隆公司特许经营区域重复授权给华润公司，侵害了华隆公司的合法权益，该授权未经过招投标，也未听证，程序违法。三、华润公司诉请确认被诉协议无效，根据《最高人民法院关于适用〈中华人民共和国行政诉讼法〉的解释》第一百六十二条的规定，应当不予立案。一、二审法院受理并作出判决，适用法律错误，违反法定程序。请求撤销二审判决，将本案发回重审或改判驳回华润公司的诉讼请求。

濮阳市城管局答辩称，一、濮阳市城管局按照国家、河南省的相关规定和要求，于2013年12月10日与华隆公司签订被诉协议，该协议经过原濮阳市人民政府法制办公室（以下简称濮阳市法制办）合法性审核。二、濮阳市城管局与华润公司于2012年8月21日签订的《濮阳华润燃气有限公司管道燃气特许经营协议》四至不明确，未按照原中华人民共和国建设部发布的示范合同要求，明确特许经营区域和四至。三、濮阳市城管局与华润公司之间签订的上述协议没有通过濮阳市法制办的审核，因此，濮阳市城管局才与华润公司于2015年8月签订了《濮阳华润燃气有限公司管道燃气特许经营补充协议》，该协议的签订部分解决了华润公司、华隆公司之间的经营权争议。四、濮公用〔2016〕1号文的作出，是为了解决华润公司、华隆公司在濮阳市濮东产业集聚区管道燃气经营权的争议问题，是组织双方商谈协调的结果。该文作出后，华隆公司将所有针对华润公司的诉讼都撤回，华润公司将在河南省范县人民法院对华隆公司提起的诉讼撤回，但未撤回本案诉讼。五、濮阳市城管局根据濮公用〔2016〕1号文的内容，结合华隆公司、华润公司的现实情况，已经明确了两家公司的各自经营范围，实际上本案纠纷已经彻底解决。

濮阳市政府答辩称，一、濮阳市政府不是本案的适格被告。二、濮阳市政府同意濮阳市城管局的答辩意见。

华润公司答辩称，一、濮阳市城管局与华润公司2012年8月21日签订的《濮阳华润燃气有限公司管道燃气特许经营协议》对特许经营区域约定具体、明确，不存在边界不明的情况。城市规划区作为法律概念，系指城市建成区及因城乡建设和发展需要，必须实行规划控制的区域，故上述协议约定的“濮阳市规划区”界限具体、清晰、明确。二、华润公司作为原濮阳市天然气公司管道燃气经营的承继单位，承继该公司管道燃气业务具有历史原因。华润公司与濮阳市城管局签订的《濮阳华润燃气有限公司管道燃气特许经营协议》合法有效，亦非本案被诉标的，华隆公司主张该协议的签订未经招投标、听证，程序违法，不应予以支持。三、华润公司依据与濮阳市城管局签订的《濮阳华润燃气有限公司管道燃气特许经营补充协议》，对不存在争议的经营区域先行办理燃气经营许可证，具有事实根据，不能证明华润公司特许经营区域四至不清。四、濮阳市城管局把已经由华润公司取得特许经营权的区域，通过签订被诉协议的方式授权华隆公司进行经营，侵害了华润公司合法权益。濮公用〔2016〕1号文系濮阳市城管局单方作出，华润公司不服，已向濮阳市政府申请行政复议。濮阳市政府以相关争议在诉讼过程中为由，决定中止该案的审理。综上，二审判决确认被诉协议无效，认定事实清楚，适用法律、法规正确，程序合法。华隆公司申请再审的理由不能成立，请求驳回其再审申请。

华隆公司再审过程中向本院提交了两份新证据，分别为河南省濮阳市华龙区人民法院（2019）豫0902行初62号行政判决和河南省濮阳市中级人民法院（2020）豫09行终13号行政判决，用于证明华润公司与濮阳市城管局签订的《濮阳华润燃气有限公司管道燃气特许经营补充协议》因侵犯濮阳县博远天然气有限公司的在先权利，已被部分确认无效。对于华隆公司提交的上述新证据，本院认为其所欲证明的事实与本案裁判无关，故在本案中不予采纳。

本院除对一、二审法院查明的事实予以确认外，根据各方当事人在一、二审程序中提交的证据和质证的意见，再审另查明以下事实：2010年8月18日，华龙区政府与华隆公司签订《濮阳市濮东产业集聚区燃气项目投资建设合同》，合同约定华龙区政府授权华隆公司在濮东产业集聚区独家投资建设城市燃气管网，特许经营30年，不再审批其他管道燃气运营商在2010年7月新规划的濮东产业集聚区从事城市燃气管网建设、设备安装及燃气经营活动。同年12月2日，原濮阳市国土资源局作出《关于濮东产业集聚区天然气门站建设项目用地的意见》，认为华隆公司关于濮东产业集聚区天然气门站建设项目选址符合《濮阳市土地利用总体规划（2006–2020年）》。2011年3月15日，濮阳市发展和改革委员会作出濮发改基础〔2011〕99号《濮阳市发展和改革委员会关于对华龙区濮东产业集聚区天然气利用管网工程项目核准的批复》，同意华隆公司作为项目业主投资建设濮东产业集聚区的天然气利用管网工程。同年7月25日，原濮阳市公用事业局向华隆公司作出濮公用〔2011〕106号《濮阳市公用事业局关于濮阳市华龙区华隆天然气有限公司申请备案的批复》，认为华隆公司基本符合燃气企业备案条件，原则同意备案。2012年3月16日，濮东产业集聚区管理委员会对华隆公司作出《关于对濮阳市华龙区华隆天然气有限公司管网敷设的批复》，同意华隆公司按濮东产业集聚区控制性详细规划燃气工程规划进行敷设。2012年5月7日，濮阳市华龙区发展和改革委员会作出《河南省企业投资项目备案确认书》，确认华隆公司申请备案的濮东产业集聚区天然气管网低压输气管线建设项目符合国家产业政策，准予备案。

本院再审还查明，2012年5月，原濮阳市天然气公司与华润燃气投资（中国）有限公司签订《设立濮阳华润燃气有限公司合资合同》。当月，原濮阳市公用事业局向濮阳市政府上报濮公用〔2012〕73号《濮阳市公用事业局关于报批〈濮阳市天然气公司、濮阳市燃气工程处改制实施方案〉的请示》。濮阳市政府于2012年6月26日作出濮政文〔2012〕175号《濮阳市人民政府关于濮阳市天然气公司濮阳市燃气工程处改制实施方案的批复》，原则同意濮阳市天然气公司、濮阳市燃气工程处改制实施方案。2012年6月21日，华润公司注册成立。

2012年8月15日，濮阳市法制办作出濮政法审〔2012〕81号《法制审核意见书》，就濮阳市城管局与华润公司即将签署的《濮阳华润燃气有限公司管道燃气特许经营协议》3.4约定的特许经营区域，提出如下意见："针对上述特许经营区域的表述，濮阳县博远天然气有限公司、濮阳市天伦燃气有限公司、华龙区华隆天然气有限公司提出异议。我们认为，特许经营区域条款具有排他性，协议签署前不应存在争议。为此，针对上述争议，建议市公用事业局进一步协调，对各方特许经营区域予以明确，达成一致意见。”

2014年6月，华隆公司以华润公司与濮阳市城管局于2012年8月21日签订的《濮阳华润燃气有限公司管道燃气特许经营协议》侵犯其特许经营权为由，向濮阳市华龙区人民法院提起诉讼，请求确认该协议无效。诉讼中，华隆公司向法院提出撤诉申请，濮阳市华龙区人民法院裁定准许其撤回起诉。2014年11月14日，河南省住房和城乡建设厅向华隆公司颁发燃气经营许可证，允许其经营的范围执行被诉协议。2014年12月25日，华润公司认为华龙区政府与华隆公司于2010年8月18日签订的《濮阳市濮东产业集聚区燃气项目投资建设合同》中涉及的特许经营范围与其特许经营范围在濮东产业集聚区内有重合，向河南省范县人民法院提起行政诉讼，请求确认华龙区政府与华隆公司签订的上述协议违法、无效。河南省范县人民法院经审理认为，华龙区政府授予华隆公司濮东产业集聚区燃气特许经营权的行为系超越职权的行为，该院于2015年12月12日作出（2015）范行初字第00001号行政判决，撤销华龙区政府与华隆公司2010年8月18日签订的《濮阳市濮东产业集聚区燃气项目投资建设合同》中一、（一）1①.2①及（二）1⑤条款，即撤销关于特许经营权年限、区域以及不再在特许经营范围内为其他管道燃气运营商审批的独家经营权利的约定。该判决作出后，各方当事人均未上诉，已经发生法律效力。

本院再审又查明，2016年1月6日，濮阳市城管局作出濮公用〔2016〕1号文，该文载明：因华隆公司已在龙乡路以东的部分区域建设安装了燃气管道及有关燃气设施，实施了供气，为确保正常供气，将绿城路以南、龙乡路以东、纬一路以北、Y004（08线）以西的地块，划归华隆公司经营范围；将华隆公司原特许经营区域内的两个区块划归华润公司作为补偿。一是现清丰县南县界以南、文化路以东、绿城路以北、盘锦路以西；二是中原路以南、盘锦路以东、黄河路以北、106国道以西。华隆公司、华润公司在对方区域内既有的供应用户维持现状、保持不变、继续经营，新建管网不得重复投资、相互交叉建设、杜绝安全隐患。濮阳市城管局与华隆公司、华润公司分别签订的特许经营协议约定经营区域及濮公用〔2015〕9号文件未涉及的其他区域保持不变。目前，华隆公司与华润公司各自向其用气单位提供管道燃气服务，两家公司的实际经营区域不存在重叠情形。

本院认为，为了实现行政管理及提供社会公共服务的需要，濮阳市城管局和华隆公司签订了本案被诉协议。该协议属于典型的政府特许经营协议，即政府根据有关法律、法规的规定，在提供社会公用产品或公共服务领域，通过市场竞争机制，选择公用事业投资者或者经营者，授权其在一定期限和范围内进行经营管理、并与其订立的协议。因政府特许经营协议具有行政法上权利义务内容，故其属于行政协议。根据《中华人民共和国行政诉讼法》第十二条第一款第十一项的规定，依法属于行政诉讼受案范围。《城镇燃气管理条例》第五条第二款规定：“县级以上地方人民政府燃气管理部门负责本行政区域内的燃气管理工作。”因此，濮阳市城管局具有签订被诉协议的法定职权，其作为能够独立承担法律责任的行政主体，是本案的适格被告。濮阳市政府不是签订被诉协议的主体，一、二审法院关于其不是本案适格被告的认定，本院予以认可。

本案争议焦点为被诉协议是否存在无效情形，以及华润公司关于被诉协议侵害其权益的主张是否成立。行政协议作为一种特殊的行政行为，兼具“行政性”和“合同性”。《最高人民法院关于审理行政协议案件若干问题的规定》第十二条第一款、第二款规定：“行政协议存在行政诉讼法第七十五条规定的重大且明显违法情形的，人民法院应当确认行政协议无效。人民法院可以适用民事法律规范确认行政协议无效。”据此，人民法院在审理行政协议效力认定的案件时，首先要根据行政诉讼法规定的无效情形进行审查，此外，还要遵从相关民事法律规范对于合同效力认定的规定。

一、本案被诉协议是否存在行政诉讼法规定的无效情形

《中华人民共和国行政诉讼法》第七十五条规定：“行政行为有实施主体不具有行政主体资格或者没有依据等重大且明显违法情形，原告申请确认行政行为无效的，人民法院判决确认无效。”根据行政诉讼法的规定可知，无效行政行为是指该行为存在“重大且明显”的违法情形。“重大”一般是指行政行为的实施将给公民、法人或者其他组织的合法权益带来重大影响；而“明显”一般是指行政行为的违法性已经明显到任何有理智的人都能够作出判断的程度。行政行为只有同时存在“重大且明显”违法的情形，该行为才能被认定为无效。在《最高人民法院关于适用〈中华人民共和国行政诉讼法〉的解释》中，对行政行为无效情形亦作了列举式规定。该解释第九十九条规定：“有下列情形之一的，属于行政诉讼法第七十五条规定的‘重大且明显违法’：（一）行政行为实施主体不具有行政主体资格；（二）减损权利或者增加义务的行政行为没有法律规范依据；（三）行政行为的内容客观上不可能实施；（四）其他重大且明显违法的情形。”

本案中，被诉协议约定了华隆公司在濮阳市特许经营管道燃气的区域、年限等内容。《城镇燃气管理条例》第五条第二款规定：“县级以上地方人民政府燃气管理部门负责本行政区域内的燃气管理工作。”《市政公用事业特许经营管理办法》第四条第三款规定：“直辖市、市、县人民政府市政公用事业主管部门依据人民政府的授权（以下简称主管部门），负责本行政区域内的市政公用事业特许经营的具体实施。”据此，濮阳市城管局具有负责濮阳市包括城市供气在内的市政公用事业特许经营管理工作的职权。根据《建设部关于印发〈关于加快市政公用行业市场化进程的意见〉的通知》中关于“城市市政公用行业主管部门代表城市政府与被授予特许经营权的企业签订特许经营合同”的规定，濮阳市城管局作为城市市政公用行业主管部门，与华隆公司签订被诉协议，具有法律依据，因此，该协议不存在“签订主体没有行政主体资格或者超越法定权限”的情形。此外，该协议中也不存在《最高人民法院关于适用〈中华人民共和国行政诉讼法〉的解释》第九十九条规定的“减损权利或者增加义务的行政行为没有法律规范依据”“行政行为的内容客观上不可能实施”或者其他重大且明显违法的情形。因此，本院认为，被诉协议不存在《中华人民共和国行政诉讼法》第七十五条规定的无效情形。

二、被诉协议是否存在民事法律规范规定的无效情形

本案被诉协议签订时有效的《中华人民共和国合同法》第五十二条规定：“有下列情形之一的，合同无效：（一）一方以欺诈、胁迫的手段订立合同，损害国家利益；（二）恶意串通，损害国家、集体或者第三人利益；（三）以合法形式掩盖非法目的；（四）损害社会公共利益；（五）违反法律、行政法规的强制性规定。”本案中，华润公司未提出被诉协议违反前述法律规

定的主张，且被诉协议作为在濮阳市城管局和华隆公司之间签订的政府特许经营协议，亦不存在《中华人民共和国合同法》第五十二条规定的无效情形。

三、华润公司关于被诉协议侵害其权益的主张是否成立

第一，根据本案再审查明的事实，华隆公司与华龙区政府于 2010 年 8 月 18 日已签订《濮阳市濮东产业集聚区燃气项目投资建设合同》，该合同约定华龙区政府授权华隆公司在濮东产业集聚区独家投资建设城市燃气管网。尽管该合同中关于特许经营权年限、区域等约定在 2015 年 12 月经人民法院生效判决撤销，但华隆公司基于该合同已于 2010 年开始在濮阳市投资建设燃气管网，相应的项目用地、建设项目、工程规划经过濮阳市、华龙区政府相关职能部门审批，其经营的天然气管网低压输气管线建设项目经过备案，河南省住房和城乡建设厅亦向华隆公司颁发了燃气经营许可证。上述事实可以证明，华隆公司早在本案被诉协议签订前，已实际在濮阳市濮东产业集聚区投资修建管道并经营管道燃气。

第二，根据本案再审查明的事实，在华润公司与濮阳市城管局签订《濮阳华润燃气有限公司管道燃气特许经营协议》之前，濮阳市法制办就该协议作出濮政法审〔2012〕81 号《法制审核意见书》，指出华隆公司、濮阳县博远天然气有限公司、濮阳市天伦燃气有限公司均对该协议所涉特许经营区域提出异议，建议濮阳市城管局进一步协调，对各方特许经营区域予以明确，达成一致意见。该事实可以证明，对于华润公司管道燃气的特许经营范围是存有争议的。根据《河南省城镇燃气管理办法》第十二条规定，“特许经营协议应当明确特许经营内容、区域、范围、有效期限及服务标准等”。《河南省住房和城乡建设厅关于进一步规范全省城镇管道燃气特许经营管理的通知》中亦有“签订特许经营协议时要充分考虑到城市发展的动态变化，对特许经营的区域要明确界定，标明四至并附《特许经营区域范围图示》”的规定。根据原中华人民共和国建设部建城〔2004〕162 号《关于印发城市供水、管道燃气、城市生活垃圾处理特许经营协议示范文本的通知》中《管道燃气特许经营协议示范文本》（GF-2004-2502）的指引，管道燃气特许经营协议中“特许经营权经营范围”应当标明地理四至。因此，签订管道燃气特许经营协议时，应将特许经营的范围标明地理四至，即东西南北各至何路、何界，该特许经营的范围应当是相对固定的。华润公司于 2012 年 8 月 21 日与濮阳市城管局签订《濮阳华润燃气有限公司管道燃气特许经营协议》，将特许经营范围约定为“濮阳市规划区”，该约定并没有明确的地理四至，且“濮阳市规划区”亦非一级行政区划。据此，华润公司虽与濮阳市城管局签订特许经营协议的时间早于本案被诉协议签订时间，但因《濮阳华润燃气有限公司管道燃气特许经营协议》约定的特许经营区域四至不明，故不能证明被诉协议与其经营区域部分重叠，亦不能证明华润公司的合法权益受到侵害，故本院认为华润公司关于被诉协议侵害其权益的主张不能成立。

此外，本院还认为，对行政协议效力的审查，一方面要严格按照法律及司法解释的相关规定；另一方面，基于行政协议的订立是为了进行行政管理和提供公共服务的目的，从维护国家利益和社会公共利益的角度出发，对行政协议无效的认定要采取谨慎的态度，如果可以通过瑕疵补正的，应当尽可能减少无效行政协议的认定，以推动协议各方主体继续履行义务。本案中，濮阳市城管局通过与华润公司签订补充协议明确四至，以及华隆公司、华润公司各自按照

实际经营区域办理燃气特许经营许可证，都可以说明市场秩序已经稳定。

综上，濮阳市城管局与华隆公司于2013年12月10日签订的被诉协议没有《中华人民共和国行政诉讼法》第七十五条以及协议签订时有效的《中华人民共和国合同法》第五十二条规定的无效情形。华润公司提起本案诉讼，请求确认上述协议无效，不应支持。二审判决确认被诉协议无效，适用法律错误，本院予以纠正。本案经本院审判委员会民事行政审判专业委员会会议讨论决定，依照《中华人民共和国行政诉讼法》第八十九条第一款第二项、《最高人民法院关于适用〈中华人民共和国行政诉讼法〉的解释》第一百一十九条第一款之规定，判决如下：

一、撤销河南省高级人民法院（2018）豫行终111号行政判决；

二、撤销河南省鹤壁市中级人民法院（2014）鹤行初字第38号行政判决；

三、驳回濮阳华润燃气有限公司的诉讼请求。

本案一、二审诉讼费各50元，由濮阳华润燃气有限公司承担。

本判决为终审判决。

审判长　姜　伟
审判员　包剑平
审判员　李小梅
二〇二一年十月十八日
法官助理　张海婷
书记员　袁正明
书记员　刘会贞

（摘自2022年《中华人民共和国最高人民法院公报》第5期）

招商银行股份有限公司济南分行与临清新银河实业有限公司、中冶纸业银河有限公司金融借款合同纠纷案

【裁判摘要】

债委会会议纪要是债委会集体意志的体现，是债委会各成员单位真实意思表示，不违反法律法规的规定，各成员单位应当遵照执行。债委会成员如承诺与其他成员一致行动、除经债委会同意外不得单独或联合其他方处置债权（包括但不限于起诉、查封、变卖、拍卖、扣划等）

的，其在债务重组协议约定的履行期间届满前，未经债委会同意，单独起诉主张实现其债权的，人民法院应当判决驳回其诉讼请求。

最高人民法院民事裁定书

（2021）最高法民申2707号

再审申请人（一审原告、二审被上诉人）：招商银行股份有限公司济南分行，住所地：山东省济南市高新区经十路7000号。

负责人：辛某，该行行长。

委托诉讼代理人：刘某，该行公司律师。

委托诉讼代理人：马某，该行公司律师

被申请人（一审被告、二审上诉人）：临清新银河实业有限公司，住所地：山东省聊城市临清市西门里街297号。

法定代表人：黎某，该公司总经理。

委托诉讼代理人：刘某海，某某律师事务所律师。

委托诉讼代理人：刘某恒，某某律师事务所律师。

被申请人（一审被告、二审上诉人）：中冶纸业银河有限公司，住所地：山东省临清市西门里街。

法定代表人：黎某，该公司总经理。

委托诉讼代理人：赵某文，该公司职员。

委托诉讼代理人：刘某海，某某律师事务所律师。

再审申请人招商银行股份有限公司济南分行（以下简称济南招行）因与被申请人临清新银河实业有限公司（以下简称新银河公司）、中冶纸业银河有限公司（以下简称中冶银河公司）金融借款合同纠纷一案，不服山东省高级人民法院（2020）鲁民终450号民事判决，向本院申请再审。本院依法组成合议庭对本案进行了审查。2021年6月24日，本院进行了询问，济南招行委托诉讼代理人刘某、马某，新银河公司委托诉讼代理人刘某海、刘某恒，中冶银河公司委托诉讼代理人赵某文、刘某海到庭参加诉讼。本案现已审查完毕。

济南招行申请再审称：一、济南招行派员出席2019年5月22日债权人会议，向其他债委会成员行及新银河公司、中冶银河公司明确表示，若新银河公司、中冶银河公司不纠正违约行为，将下迁不良贷款管理，依法维权。《会议纪要》未履行表决程序，所载事项未经表决。退一步说，《会议纪要》亦明确约定，债权银行办理借新还旧和贷款业务续作需以新银河方面不违约为前置条件。在新银河公司、中冶银河公司仍不履行债务重组协议约定义务、案涉贷款逾期的情况下，济南招行依法有权起诉。济南招行起诉后，债委会无一家债权银行提出异议。二审期间，14家债权银行中仅工商银行聊城分行一家反对济南招行起诉。各债权银行对新银河公司、中冶银河公司的违约行为形成共识，对济南招行“以诉促履行”的做法表示默许和支持。二审依据《会议纪要》认定济南招行等债权银行对新银河公司、中冶银河公司的违约行为给予了一定宽限期，缺乏证据证明。二、新银河公司、中冶银河公司继 2019 年 5 月 22 日债权人会议后是否继续违约系本案关键事实，二审认定新银河公司、中冶银河公司因济南招行、招商银行股份有限公司聊城分行的原因未能偿还其贷款余额千分之一的贷款本金所依据的证据未经济南招行质证，认定事实错误。三、本案系金融借款合同纠纷。案涉《框架协议》《实施方案》《补充方案》约定，新银河公司、中冶银河公司应先履行资产划转、增资及挂账贷款本金偿还三项合同义务，但截至济南招行起诉时其未履行其中任何一项义务。新银河公司、中冶银河公司作为先履行一方未履行，无权要求后履行一方履行义务。二审未依据《中华人民共和国合同法》（以下简称《合同法》）第六十七条关于后履行一方有权拒绝履行的规定作出认定，适用法律错误。四、2018 年《借款合同》的签订时间晚于《框架协议》《实施方案》《补充方案》，是本案贷款发放的直接依据，该合同约定贷款到期日为 2019 年 6 月 18 日，在前签订的《框架协议》《实施方案》《补充方案》关于贷款期限的约定不明。济南招行有权依据 2018 年《借款合同》的约定和《合同法》第二百零六条关于借款期限约定不明的规定要求新银河公司偿还贷款。此外，临清市人民政府未在《补充方案》上盖章确认，《补充方案》未生效，二审法院确认《补充方案》效力缺乏事实及法律依据。五、根据《中国银监会办公厅关于做好银行业金融机构债权人委员会有关工作的通知》（银监办便函〔2016〕1196 号）规定，债委会性质上属于协商性、自律性、临时性组织，职责是依法维护银行业金融机构的合法权益。债委会形成的各类“债权人协议”系各债权银行之间权利义务的安排，不是银行对债务企业的“续贷承诺”。济南招行起诉是否对其他债权银行构成违约及违约程度，超出了原告诉讼请求，不属于金融借款合同纠纷案件的审理范围。济南招行提起诉讼是因新银河公司、中冶银河公司根本违反协议约定致使债务重组合同目的落空，不属于所谓“随意”抽贷、停贷。济南招行依法依约起诉，二审认定济南招行违反诚实信用原则错误。六、即使二审法院认为济南招行起诉未事先获得债委会授权，擅自单独起诉，应认定济南招行原告主体不适格，适用《中华人民共和国民事诉讼法》第一百一十九条第二项的规定裁定驳回起诉，二审判决驳回济南招行诉讼请求，适用法律错误。综上，济南招行依据《中华人民共和国民事诉讼法》第二百条第二项、第四项、第六项的规定申请再审，请求再审本案。

新银河公司、中冶银河公司提交意见认为，济南招行作为债务重组协议的受益方，在借款未到期的情况下单独起诉，损害了新银河公司、中冶银河公司、其他债权银行及社会公众的合法权益。即便新银河公司、中冶银河公司存在违约行为，债务重组协议的一方是债委会和全体债权银行，作为债委会单个成员的济南招行，无权单独起诉。债务重组协议明确约定借款期限最短为 8 年，《借款合同》是对债务重组协议的履行，济南招行于 2016 年出具书面《证明》，承诺重组贷款本息结清前到期续做，构成对借款期限最短为 8 年的明确自认。综上，二审认定事实清楚，适用法律正确，诉讼程序符合法律规定，请求驳回济南招行的再审申请。

本院认为，本案审查的焦点是：《框架协议》《实施方案》《补充方案》等系列重组协议的效力、2018 年《借款合同》与系列重组协议的关系、2019 年 5 月 22 日《会议纪要》的效力以及本案具体裁判方式等四个方面的问题。

一、关于《框架协议》《实施方案》《补充方案》等系列重组协议的效力。本案中，案涉

《框架协议》《实施方案》《补充方案》等系列债务重组协议是在国务院国资委、临清市人民政府以及聊城市银行业协会的推动下，为处置中冶银河公司债务、保障各债权银行的贷款本金不受损失以及中冶银河公司优质资产的正常经营所签署，系列债务重组协议不违反法律、行政法规的强制性规定，均为有效。临清市人民政府在《补充方案》中的身份是监督人，监督、协助各方约定的实施和落实，临清市人民政府未盖章不影响《补充方案》的效力。再审审查中，临清市人民政府亦出具《证明》，表示政府起监督作用，虽然未在《补充方案》上盖章，但自始认可《补充方案》的效力。

二、关于案涉 2018 年《借款合同》与系列重组协议的关系。案涉债务重组协议明确约定，新银河公司承接贷款在重组贷款还清前到期续作，新银河公司承接贷款到期后，在重组贷款本息结清前，各债权银行应采取借新还旧等方式确保贷款到期续作。招商银行股份有限公司聊城分行与新银河公司签订 2015 年《借款合同》以及济南招行与新银河公司签订 2018 年《借款合同》均是对债务重组协议约定的履行，且 2018 年《借款合同》明确约定贷款用途为以新还旧。二审认定 2018 年《借款合同》系基于系列债务重组协议的约定而发放的以新还旧的贷款，并非借款双方对借款事宜重新作出的约定，该事实认定正确。济南招行作为系列债务重组协议的签署人，应受系列债务重组协议的约束。根据系列重组协议，新银河公司承接贷款的期限为 8 年，各债权银行应通过借新还旧等方式确保到期续作，至济南招行提起本案诉讼，尚未至约定期限。

三、关于 2019 年 5 月 22 日《会议纪要》的效力问题。债委会在系列重组协议框架下开展工作，包括济南招行在内的各方先后签订多份协议。其中，《补充方案》明确约定任何一方不得单方面或联合其他方与债务人就其债权达成除《补充方案》以外的任何协议，除经债委会同意外不得单独或联合其他方处置（包括但不限于起诉、查封、变卖、拍卖、扣划等）债务人的资产；第三条第四款还约定，债委会各成员不履行《实施方案》和《补充方案》，抽回资金或违约单独采取保全行动的，应在债委会指定的日期内予以纠正，对不及时纠正违约行为的债权人，应赔偿其他债权人的损失。2019 年 5 月 22 日，中冶银河公司与各债权银行召开债权人会议，形成《会议纪要》，各债权银行同意在新银河公司未按系列重组协议约定进行增资、中冶银河公司未按债务重组协议约定将优质资产纳入新银河公司构成违约的情况下，对新银河公司、中冶银河公司的违约行为给予宽限。济南招行亦派员出席本次会议。本院认为，债委会是债权银行业金融机构发起成立的协商性、自律性、临时性组织，既要支持实体经济发展，也要依法维护金融机构的合法权益。在债务人不履行协议时，债委会可以联合金融机构对相关企业进行警示，要求限期纠正，及时将有关信息通报会员单位，并通过适当形式与国家有关信用信息平台实现信息共享，对逃废金融债务企业依法依规进行失信惩戒。对于拒不采取纠正措施的逃废金融债务企业，债委会可以组织金融机构依法对其采取不予新增融资、视情况压缩存量融资等措施实施惩戒。债委会成员应当一致行动，济南招行作为系列债务重组协议的签署人，承诺与其他债权银行一致行动，应当执行债委会的决定。2019 年 5 月 22 日《会议纪要》是系列债务重组协议的延续，是债委会共同协商后作出的共同意思表示。另外，《会议纪要》符合《中国银监会办公厅关于做好银行业金融机构债权人委员会有关工作的通知》（银监办便函

〔2016〕1196号）规定的债委会重大事项原则上应当同时符合经占金融债权总金额三分之二以上比例债委会成员同意以及经全体债委会成员过半数同意两个条件，2019年5月22日《会议纪要》应为有效。在其他债权银行都没有提出异议的情况下，济南招行单方不履行《会议纪要》，单独提起诉讼，缺乏事实和法律依据。

四、关于本案应当驳回诉讼请求还是驳回起诉的具体处理方式。《中华人民共和国民事诉讼法》第一百一十九条规定："起诉必须符合下列条件：（一）原告是与本案有直接利害关系的公民、法人和其他组织；（二）有明确的被告；（三）有具体的诉讼请求和事实、理由；（四）属于人民法院受理民事诉讼的范围和受诉人民法院管辖。"驳回起诉是为了解决诉讼程序上的问题，驳回诉讼请求处理的是实体上的权利义务关系。济南招行的起诉符合法律规定，具有原告资格，人民法院依法受理，没有裁定驳回起诉，并无不当。本案债委会各成员约定，除经债委会同意外不得单独或联合其他方通过起诉、查封、变卖、拍卖、扣划等方式处置债务人的资产，该约定是债委会集体意志的体现，是债委会各成员单位真实意思表示，不违反法律法规的规定。济南招行作为债委会成员，承诺与其他债权银行一致行动，在未征得债委会同意，且未到债务重组协议约定的履行期限的情况下，其主张的本案债权尚不符合实现条件。二审判决驳回其诉讼请求，并无不当。

综上，济南招行的再审申请不符合《中华人民共和国民事诉讼法》第二百条第二项、第四项、第六项规定的情形。依照《中华人民共和国民事诉讼法》第二百零四条第一款、《最高人民法院关于适用〈中华人民共和国民事诉讼法〉的解释》第三百九十五条第二款规定，裁定如下：

驳回招商银行股份有限公司济南分行的再审申请。

审判长　林文学
审判员　刘崇理
审判员　葛洪涛
二〇二一年九月二十七日
法官助理　杨　婷
书记员　宋亚东

（摘自2022年《中华人民共和国最高人民法院公报》第5期）

饶某礼与江西省监狱管理局物资供应站等房屋租赁合同纠纷案

【裁判摘要】

违反行政规章一般不影响合同效力，但违反行政规章签订租赁合同，约定将经鉴定机构鉴定存在严重结构隐患，或将造成重大安全事故的应当尽快拆除的危房出租用于经营酒店，危及不特定公众人身及财产安全的，属于损害社会公共利益、违背公序良俗的行为，应当依法认定租赁合同无效，按照合同双方的过错大小确定各自应当承担的法律责任。

最高人民法院民事判决书

（2019）最高法民再97号

再审申请人（一审原告、反诉被告，二审上诉人）：饶某礼，男，1953年出生，汉族，住所地：江西省南昌市。

委托诉讼代理人：王某民，某某律师事务所律师。

再审申请人（一审被告、反诉原告，二审被上诉人）：江西省监狱管理局物资供应站，住所地：江西省南昌市青山南路1号。

法定代表人：朱某刚，该站站长。

委托诉讼代理人：童某，女，江西省监狱管理局工作人员。

委托诉讼代理人：叶某声，某某律师事务所律师。

一审第三人：上海永祥加固技术工程有限公司，住所地：上海市金山区漕泾镇致富街8号。

法定代表人：高某贵，该公司执行董事。

再审申请人饶某礼与再审申请人江西省监狱管理局物资供应站（以下简称物资供应站）及一审第三人上海永祥加固技术工程有限公司（以下简称永祥公司）房屋租赁合同纠纷一案，江西省高级人民法院于2018年4月24日作出（2018）赣民终173号民事判决。饶某礼、物资供应站均不服，向本院申请再审。本院于2018年9月27日作出（2018）最高法民申4268号民事裁定，提审本案。本院依法组成合议庭，公开开庭审理了本案。饶某礼的委托诉讼代理人王某民，物资供应站的委托诉讼代理人童某、叶某声到庭参加诉讼。永祥公司经本院依法传唤未到庭，本院依法缺席审理了本案，现已审理终结。

饶某礼再审请求：一、撤销江西省高级人民法院（2018）赣民终173号民事判决第四项，改判物资供应站赔偿饶某礼281万元；二、全部诉讼费用由物资供应站负担。

事实和理由：一、原审判决认定的基本事实缺乏证据证明。《商品房屋租赁管理办法》第六条、《江西省商品房屋租赁管理实施办法》第六条、《南昌市城市房屋租赁管理条例》第七条均规定，不符合质量安全要求的房屋不得出租。案涉房屋于2007年已被江西省建设业安全生产监督管理站鉴定为D级危楼，应立即拆除。但是，物资供应站在明知出租房屋属于危楼的情况下，仍通过公开招投标的方式进行招租，且在招标文件中故意隐瞒了出租建筑物的真实状况。案涉房屋在出租前从未进行过加固，即使无任何外力作用仍随时可能发生倒塌。原审判决认定房屋倒塌发生于永祥公司修缮加固过程中，不能排除加固过程中外力的因素导致房屋倒塌，缺乏证据证明。二、原审判决适用法律确有错误。原审判决一方面认定双方当事人对案涉房屋倒塌均有过错，饶某礼应承担的赔偿责任可以减轻，又认定饶某礼主张的281万元损失即便真实发生，也应由其自行承担。上述认定与《中华人民共和国合同法》《中华人民共和国侵权责任法》相关规定相悖。一审期间，对案涉房屋倒塌原因多次鉴定，均无法确定案涉房屋倒塌与修缮、加固有任何因果关系。在没有证据证明饶某礼构成违约或侵权的情况下，让饶某礼承担赔偿责任没有事实和法律依据。再审庭审中，饶某礼主张案涉《租赁合同》无效，其理由是：第一，根据前述相关法律规定，案涉房屋已被鉴定为D级危楼，应予拆除。物资供应站将该房屋进行出租具有违法性。第二，案涉危险房屋出租系用于开设宾馆经营，对社会公众造成严重安全隐患，易引发重大安全事故，造成群死群伤的严重后果。根据《中华人民共和国合同法》第五十二条规定，损害社会公共利益的合同为无效合同。本案双方当事人签订的《租赁合同》严重影响社会公共利益，应当认定为无效合同。

物资供应站辩称：一、关于《租赁合同》的效力。物资供应站没有隐瞒案涉房屋系D级危房的状况，物资供应站与饶某礼签订的《租赁合同》系双方真实意思表示且不违反法律禁止性规定，合法有效。二、关于案涉房屋出租的合法性。危房不能出租，但消除了危房状态的房屋是可以出租的。《租赁合同》约定的权利义务包括两部分：一是饶某礼对案涉房屋解危，使之达到安全使用标准；二是饶某礼实际使用，达到合同目的。饶某礼对承租房屋的使用是附条件的，如条件成就，则解脱了危房的概念。三、关于房屋加固的发包。危房加固修复需要具备专业资质的设计、施工单位承揽，物资供应站与饶某礼约定加固方案应事先经出租方书面许可，加固方案需经报批、建设、验收，并未忽视人身安全和公共安全。四、关于危房倒塌的归责。案涉房屋属于D级危房，物资供应站已预先告知，不属于意外事件或不可抗力。危房加固修复方案的设计与施工，目的就是通过加固消除危险状态，使房屋达到正常安全使用标准。把危房状态认定为施工状态下房屋倒塌原因之一，进而认定物资供应站承担责任，于法无据。五、关于当事人的责任，作为加固工程的发包人，饶某礼负有谨慎选任责任，但饶某礼委托的加固工程设计单位永祥公司在一审法院调查时并没有出示正式施工图。案涉房屋是在加固施工期间倒塌，饶某礼应对房屋毁损的后果承担全部责任。综上，饶某礼充分知晓案涉房屋处于D级危房状态，自愿替代物资供应站成为危房加固修复工程的发包人，租赁物在施工过程中毁损，饶某礼应当承担违约责任。

物资供应站再审请求：一、撤销江西省高级人民法院（2018）赣民终173号民事判决第二项、第三项、第四项、第五项、第六项、第七项；二、维持江西省南昌市中级人民法院

（2013）洪民一初字第 2 号民事判决第三项、第四项、第五项；三、本案诉讼费用由饶某礼负担。

事实和理由：一、《租赁合同》合法有效。（一）案涉房屋是在合同订立时处于危房状态，还是在实际使用时处于危房状态，是本案需要厘清的关键。危房的加固维修义务，通过当事人的合意进行转移，法律亦无禁止。案涉房屋通过加固修复消除安全隐患后就不再是危房，物资供应站并没有“带病出租”案涉房屋，不存在与法律法规的效力性强制性规定相冲突的情形。且饶某礼委托的施工图设计人在其出具的《宾馆（原江西省监狱局办公楼）装修工程结构维修改造设计施工图说明》也认可，案涉房屋经过加固维修后就不应该属于 D 级危房。（二）案涉房屋具有利用价值。即使是 D 级危房，也具有可修复性。《城市危险房屋管理规定》第十七条规定，“房屋所有人对经鉴定的危险房屋，必须按照鉴定机构的处理建议，及时加固或修缮治理”。住房和城乡建设部办公厅于 2018 年 3 月 28 日发布的《农村危房改造基本安全技术导则》（建办村函〔2018〕172 号）第三条规定，“本导则所称危房改造包括农村危房拆除重建和加固维修。C、D 级危房依据《农村危险房屋鉴定技术导则（试行）》确定。应因地制宜开展 C 级危房加固维修，D 级危房确无加固维修价值的，应拆除重建”。上述条款表明加固维修是通用措施，拆除重建是例外措施，法律法规不存在凡是 D 级危房就应当拆除的强制性规定。（三）本着兼顾效率的原则，依据赣建设技字〔2010〕13 号文件“如贵局要改变该办公楼的使用功能，应结合改变后的使用功能，采取进一步的加固措施（为节约资源，可与上述加固措施一并实施到位）”的意见，双方约定，加固修复与酒店装饰装修一并进行，由承租方进行加固修复，“加固方案应事先递交并经出租方书面许可”，加固工程方案须经报批、建设、验收，表明物资供应站并未忽视人身安全和公共安全，没有过错。二、案涉房屋施工属于特殊的危房加固类，设计人、施工人需要专门资质，设计施工均应特别注意、专门防范。案涉危房在加固过程中倒塌，与设计、施工瑕疵关联，物资供应站没有过错。原审判决认定案涉房屋倒塌系多种原因导致，物资供应站、饶某礼均存在过错，该认定错误。（一）案涉房屋自 2007 年评定为 D 级危房后，至 2011 年在加固施工中倒塌，期间历经 3 年风雨，没有自然倒塌。（二）任何建筑物随着时间的推移，毁损是必然的，但通过科学手段，延迟毁损是可能的。案涉房屋于 2011 年 1 月 3 日前即已移交饶某礼，在饶某礼发包的加固工程施工中倒塌，原因应由饶某礼举证，如果原因无法查明，依法应由饶某礼、永祥公司承担连带责任。（三）房屋危险等级的评定，已蕴含房屋年久失修因素，危房加固方案就是针对案涉房屋的危险等级而制定。危房的加固改造，不同于一般的房屋建筑施工，设计单位、施工单位应当制定安全有效的防范措施。因此，案涉房屋垮塌之时处于饶某礼发包的房屋加固施工期间，垮塌的原因应当由饶某礼从设计、施工等方面查找。饶某礼放弃对设计单位、施工单位的追责，主张物资供应站欺诈，违背诚实信用原则。三、原审判决对物资供应站主张的租金损失未予支持，认定事实错误，适用法律不当。（一）案涉《租赁合同》包括了加固修复与酒店经营两项内容，饶某礼承担的是加固修复和给付租金义务。物资供应站已按约交付房屋，饶某礼已开始履行合同约定的加固修复义务。因此，合同已在履行之中。（二）《中华人民共和国合同法》第二百三十三条规定是对意思自治、诚实信用等原则与公共安全冲突的平衡，并未认定该类民事行为当然无效，而是赋予承租人解除权。案涉房屋消除安全隐患后，可以确保租赁物达到商业房产使用标准，就不存在上述法律规定的解除事由。（三）租金损失 4 394 880 元由两部分构成：一是物资供应站与饶某礼的租金损失 3 856 320 元；二是物资供应站与南昌洪都农村商业银行股份有限公司（原南昌市洪都农村信用合作社、以下简称洪都农商行）的租金损失 538 560 元。房屋倒塌时，物资供应站与洪都农商行的租赁合同尚在履行中，因案涉房屋倒塌该租赁合同被迫终止。洪都农商行向物资供应站应支付的租金亦是物资供应站的可得利益，一审法院酌定为 3 年租金损失，计 538 560 元，并无不当。原审判决将两笔租金作为一笔处理，认定物资供应站与洪都农商行签订的《租赁合同》尚未实际履行，显属错误。

饶某礼辩称：一、饶某礼与物资供应站签订的《租赁合同》损害社会公共利益，应当认定为无效合同。《商品房屋租赁管理办法》第六条、《江西省商品房屋租赁管理实施办法》第六条、《南昌市城市房屋租赁管理条例》第七条均明确规定，不符合质量安全要求的房屋不得出租。案涉房屋早在 2007 年就被江西省建设业安全生产监督管理站鉴定为 D 级危楼，应该立即予以拆除，而物资供应站在明知该出租房屋属于高度危险房屋的情况下，仍然违反规定通过公开招投标的方式进行对外招租，在招标文件中故意隐瞒出租建筑物为 D 级危楼、应立即拆除的真实状况，招标文件只是要求承租人进行加固，物资供应站在出租前数年时间内从未进行过任何形式的加固和维修，其违法性和过错是显而易见的。正是由于物资供应站违规招租，给社会公众造成严重安全危险隐患，极易引发群死群伤的严重后果，其行为严重危害社会公共利益，根据《中华人民共和国合同法》第五十二条规定，损害社会公共利益的合同无效，故应认定《租赁合同》为无效合同。二、物资供应站主张的损失主要包括三部分：一是案涉房屋毁损的损失；二是物资供应站因案涉房屋倒塌排除危险和支付补偿款产生的费用；三是租金损失。原审判决将案涉房屋毁损损失认定为物资供应站的直接损失，认定事实及适用法律错误。认定该损失的唯一依据是江西省豫章房地产经纪评估公司（以下简称豫章评估公司）出具的评估报告，该报告的假设条件为“手续齐全、可在公开市场上自由转让”，而该房屋早在 2007 年就被鉴定为 D 级危房，应立即拆除。且该房屋在当年建设之初就无施工设计单位设计、无具体施工单位、无竣工验收报告，鉴定报告的假设条件均不具备，不能作为物资供应站的损失依据。物资供应站在危房倒塌后支付的排除危险费用和补偿款，是物资供应站违法违规造成的，应由物资供应站自行承担。对于租金损失，原审判决的认定并无不当。综上，物资供应站违反规定将极度危险的房屋向社会公开招标出租，并在招标文件中隐瞒了案涉房屋的危险程度，导致案涉房屋意外倒塌造成各方损失，该损失均由物资供应站的过错造成，理应由其进行赔偿，其损失也应由其自行承担。

饶某礼向一审法院江西省南昌市中级人民法院提起本案诉讼，请求：一、解除物资供应站与饶某礼于 2011 年 8 月 29 日签订的《租赁合同》；二、物资供应站返还饶某礼保证金 220 万元；三、物资供应站赔偿饶某礼各项经济损失共计 281 万元；四、本案诉讼费用由物资供应站承担。

物资供应站向一审法院提出反诉，请求：一、判令饶某礼承担侵权责任，赔偿物资供应站 24 635 161.39 元；二、全部诉讼费用由饶某礼承担。

一审法院认定事实：南昌市青山湖区晶晶假日酒店（以下简称晶晶酒店）组织形式为个人经营，经营者系饶某礼，经营范围及方式为宾馆服务。2011 年 7 月 27 日，晶晶酒店通过公开招标的方式中标获得租赁物资供应站所有的南昌市青山南路 1 号办公大楼的权利。同日，晶晶酒店向物资供应站提交《承诺书》："我公司郑重承诺，如我公司中标以后，一定会严格按照加固设计单位和江西省建设工程安全质量监督管理局等权威部门出具的加固改造方案，对青山南路 1 号办公大楼进行科学、安全的加固。并在取得具有法律效力的书面文件后，再使用该大楼。"《投标承诺书》第 10 条、第 11 条记载，晶晶酒店同意根据招标人要求投入相应加固改造装修资金，用于南昌青山南路 1 号办公大楼加固改造和装修工程，并再次强调了《承诺书》的内容。

2011 年 8 月 29 日，晶晶酒店与物资供应站签订《租赁合同》，约定：物资供应站将南昌市青山南路 1 号（包含房产证记载的南昌市东湖区青山南路 1 号和东湖区青山南路 3 号）办公楼 4120 平方米建筑（不包括门卫室以及洪都农商行实际占用面积）出租给晶晶酒店，用于经营商务宾馆。租赁期限为十五年，自 2011 年 9 月 1 日起至 2026 年 8 月 31 日止。租金和其他费用：1. 租赁期内，前 5 年租金（含管理费）为每月每平方米 26 元（按建筑面积计算），合计每月 107 120 元，于每月 5 日前支付当月租金。鉴于晶晶酒店前期准备工作的需要，物资供应站同意从 2012 年 4 月开始计付租金。2. 从 2017 年 4 月 1 日开始增加租金，以后每过 3 年（即从 2020 年 4 月 1 日始）增加一次租金，每次增加比例为原租金总额的 5%，以此类推……4. 本合同签订之日，晶晶酒店应向物资供应站给付履约保证金人民币 20 万元，合同期满后，如无法定或约定事由发生，物资供应站免息返还。5. 如有下列事由之一发生，物资供应站有权没收履约保证金并终止合同：（1）拖欠租金 2 个月；（2）晶晶酒店单方提前终止合同；（3）因晶晶酒店过错，租赁物毁损或造成物资供应站其他重大经济损失……第四条第 2 款第 6 项约定：晶晶酒店对租赁物的装修装饰，应符合招标文件的要求和投标文件的承诺；装修方案应当事先递交物资供应站书面认可，装修装饰不得破坏或影响租赁物的主体结构和安全。第五条约定：1. 租赁物经有关部门鉴定为危楼，需加固后方能使用。晶晶酒店对租赁物的前述问题及瑕疵已充分了解。晶晶酒店承诺对租赁物进行加固，确保租赁物达到商业房产使用标准，晶晶酒店承担全部费用。2. 加固工程方案的报批、建设、验收（验收部门为江西省建设工程安全质量监督管理局或同等资质的部门）均由晶晶酒店负责，物资供应站根据需要提供协助。3. 晶晶酒店如未经加固合格即擅自使用租赁物，应承担全部责任。如因加固、供水电及晶晶酒店履约不能等因素致使合同无法履行，晶晶酒店应承担违约责任，物资供应站不予退还履约保证金、不予补偿晶晶酒店的实际投资；如物资供应站因此遭受损失，晶晶酒店承担赔偿责任。第七条违约责任约定，因双方任一方违约导致合同解除或单方无故终止合同的，违约方应赔偿守约方所有经济损失。合同签订后，物资供应站依照约定交付了租赁房屋。

晶晶酒店于 2011 年 7 月 25 日、2011 年 8 月 15 日先后支付给物资供应站 20 万元、1000 万元，物资供应站认可其中 20 万元是履约保证金，1000 万元是投标保证金，在中标后退还了 800 万元投标保证金。

2011 年 10 月 26 日，晶晶酒店与永祥公司签订加固改造工程《协议书》，晶晶酒店将租赁的房屋以包工包料一次包干（图纸内的全部土建部分）的方式发包给永祥公司加固改造，改造范围为主要承重柱、墙、梁板结构加固新增墙体全部内粉刷，图纸内的全部内容，图纸、电梯、热泵。开工时间2011年10月26日，竣工时间2012年1月26日。2012年1月3日，在加固施工过程中，案涉建筑物大部分垮塌。

另查明：2007年2月7日，物资供应站与洪都农商行签订《房屋租赁合同》，将案涉部分房屋出租给了洪都农商行，租赁期限自2007年3月15日起至2017年3月14日止。租金为每月13 600元，并根据市场行情变化每隔三年双方协商重新调整一次租金。2011年3月17日，物资供应站与洪都农商行签订《补充协议》，约定从2011年3月15日起年租金变为179 520元。2012年11月27日，物资供应站与洪都农商行达成赔偿协议，物资供应站一次性赔偿洪都农商行12万元。另外，物资供应站因案涉房屋倒塌赔偿给附近居民、单位的损失、排除危险、排险期间的过渡安置费等共计764 434.89元。

还查明：饶某礼提供的江西省建设业安全生产监督管理站于2007年6月18日作出的赣鉴质鉴字〔2007〕5号《江西省监狱管理局办公楼房屋结构安全性技术鉴定意见》（以下简称《房屋安全鉴定意见》）将案涉建筑物危险性等级划分为D级危房。一审法院委托鉴定机构对涉案建筑物的价值和倒塌原因、因果关系、过错进行司法鉴定。豫章评估公司作出赣豫章〔2017〕（房评）第B-057号《房地产估价报告》，对涉案建筑物价值进行了鉴定，认定案涉建筑物在价值时点（2012年1月3日）的市场价值为2 764 000元。但对于案涉建筑倒塌原因、因果关系、过错的鉴定，一审法院先后委托两家司法鉴定机构进行鉴定，因倒塌建筑物不存在，双方当事人又无法提供有效的涉及施工等验收资料，被鉴定机构退回。一审法院在诉讼过程中到加固改造设计图纸的设计单位江西省协建工程设计院有限公司进行调查取证，该单位回复，加固改造设计不是其单位的正式设计业务，该单位设计人员应朋友要求提交了供工程咨询及施工准备使用的图纸，没有出示正式施工蓝图，故没有底图和相关资料的存档，没有签订合同，也没有收取任何费用。

一审法院认为：饶某礼系个体工商户业主，其经营的晶晶酒店与物资供应站签订《租赁合同》系双方真实意思表示，不违反法律规定，予以确认。因双方在诉讼中均同意解除该《租赁合同》，且租赁的建筑已经毁损，合同目的无法实现，故对饶某礼提出的解除合同的请求予以支持。

一、关于责任的承担问题。饶某礼在本诉中基于合同法律关系请求物资供应站承担违约责任及赔偿损失，物资供应站在反诉中要求饶某礼承担侵权赔偿责任。双方争议的核心问题在于谁应当对案涉建筑物的倒塌承担责任。《中华人民共和国合同法》第二百二十二条规定，承租人应当妥善保管租赁物，因保管不善造成租赁物毁损、灭失的，应当承担损害赔偿责任。首先，《投标承诺书》《承诺书》《租赁合同》等可以证明饶某礼在签订《租赁合同》时知道案涉房屋系危房，且双方也约定由饶某礼经营的晶晶酒店将出租房屋加固后再使用。其次，根据合同约定，加固工程方案的报批建设、验收均由晶晶酒店负责，加固设计图纸也是饶某礼委托他人设计，加固施工单位永祥公司也系晶晶酒店与之签订的加固合同。最后，合同约定装修方案应当事先递交物资供应站书面认可，装修装饰不得破坏或影响租赁物的主体结构和安全，本案中并无证据证明饶某礼将加固方案递交物资供应站进行认可，而涉案建筑又是在加固过程中倒塌。另外，虽然涉案房屋系危房，但本案事故并不是在使用中倒塌，而是饶某礼发包的加固公司在加固危房过程中倒塌，一般情况下，危房在通过采取科学、合理的加固措施后依然可以达到安全使用的条件，饶某礼以危房抗辩其不承担责任没有事实依据。综上，案涉建筑物的倒塌系饶某礼未履行妥善保管租赁物的义务，其请求物资供应站承担赔偿责任没有事实和法律依据，予以驳回。反之，由于饶某礼未履行妥善保管租赁物义务导致物资供应站财产损毁，饶某礼应承担相应的侵权赔偿责任。

二、关于饶某礼本诉中所主张的220万元保证金问题。经审理查明，其中的20万元属于履约保证金，依据合同约定，如因晶品酒店过错，租赁物毁损或造成物资供应站其他重大经济损失的，物资供应站有权没收履约保证金并终止合同。如因加固、供水电及晶品酒店履约不能等因素致使合同无法履行，晶品酒店应承担违约责任，物资供应站不予退还履约保证金、不予补偿晶品酒店的实际投资。现因晶品酒店未履行妥善保管租赁物义务，导致物资供应站财产损毁，合同无法履行，造成物资供应站重大损失，物资供应站有权依约没收该20万元，故对饶某礼该部分诉讼请求不予支持。关于200万元投标保证金，因招投标已经结束，物资供应站有义务返还，故对饶某礼的该部分诉讼请求予以支持。

三、关于饶某礼应赔偿物资供应站的损失问题。《中华人民共和国民法通则》第一百一十七条规定，侵占国家的、集体的财产或者他人财产的，应当返还财产，不能返还财产的，应当折价赔偿。损坏国家的、集体的财产或者他人财产的，应当恢复原状或者折价赔偿。受害人因此遭受其他重大损失的，侵害人并应当赔偿损失。《中华人民共和国侵权责任法》第十九条规定，侵害他人财产的，财产损失按照损失发生时的市场价格或者其他方式计算。首先，饶某礼的侵权行为导致租赁房屋毁损，饶某礼依法应按照损失发生之时损毁房屋的价值赔偿物资供应站相应损失。经司法鉴定机构鉴定，案涉建筑物在价值时点的市场价值为2 764 000元，该鉴定结论符合证据的真实性、合法性、关联性要求，应作为认定本案事实的依据。故饶某礼应赔偿物资供应站的房屋损失金额2 764 000元。其次，因涉案建筑物的损毁给建筑物其他部分的租赁人、附近居民、单位的生活、工作都带来危险和损失物资供应站为排除危险、补偿他人损失等产生的费用884 434.89元也应由饶某礼予以赔偿。最后，关于物资供应站所主张的20 740 726.39元收益损失。物资供应站的该部分主张是基于出租建筑毁损而产生的利益的减少，属于可得利益损失，依法也应得到相应的赔偿。但对于可得利益的损失大小应综合各方因素考虑和衡量。建筑物毁损虽然导致物资供应站未来预期租金受损，但房屋毁损后，物资供应站可以在合理的期限内重建建筑物，然后再出租，因此对于预期租金的损失的认定应有一定合理期限，根据一般的建筑物修建流程酌定认定3年重建时间，饶某礼应赔偿物资供应站3年的租金损失，对于3年以外的租金损失，属于物资供应站自身过错扩大的损失，应由物资供应站自行承担。至于预期租金的标准，根据物资供应站与洪都农商行签订的《补充协议》，从2011年3月15日起洪都农商行租赁建筑部分的年租金为179 520元，故该部分建筑的租金损失为538 560元（179 520元 ×3）。还有物资供应站出租给饶某礼部分建筑的租金，酌定按照双方签订的《租赁合同》中约定月租金107 120元计算，计3 856 320元（107 120元 ×36），故租金损失总额为 4 394 880 元。

综上，饶某礼应赔偿物资供应站的总损失为 8 043 314.89 元（2 764 000 元 +884 434.89 元 + 4 394 880 元），抵扣物资供应站应返还给饶某礼的 200 万元投标保证金，饶某礼还应给付物资供应站 6 043 314.89 元。据此，该院依照《中华人民共和国民法通则》第一百一十七条，《中华人民共和国合同法》第九十三条、第二百二十二条，《中华人民共和国侵权责任法》第十九条的规定，判决如下：一、解除饶某礼经营的晶品酒店与物资供应站 2011 年 8 月 29 日签订的《租赁合同》；二、物资供应站应返还饶某礼投标保证金 200 万元；三、饶某礼赔偿物资供应站 8 043 314.89 元，抵扣判决第二项物资供应站返还饶某礼的 200 万元保证金后，饶某礼还应于判决生效后十五日内给付物资供应站 6 043 314.89 元；四、驳回饶某礼其他诉讼请求；五、驳回物资供应站其他诉讼请求。本诉案件受理费 46 870 元，反诉案件受理费 82 428 元，鉴定费 9400 元，合计 138 698 元，由饶某礼负担 58 425 元，物资供应站负担 80 273 元。

饶某礼不服一审判决，向江西省高级人民法院提起上诉，请求：撤销江西省南昌市中级人民法院（2013）洪民一初字第 2 号民事判决，依法改判支持饶某礼的全部诉讼请求，即物资供应站赔偿其各项经济损失共计 281 万元并退回履约保证金 20 万元及投标保证金 200 万元；驳回物资供应站一审反诉请求，即不赔偿物资供应站 8 043 314.89 元；一、二审诉讼费用全部由物资供应站承担。

二审法院查明的事实与一审法院查明的一致。

二审法院认为：本案争议焦点为，一、案涉房屋能否出租，《租赁合同》是否实际履行；二、案涉房屋倒塌的原因是永祥公司施工不当造成的，还是因房屋本身的原因自然倒塌，抑或多种原因造成的；三、物资供应站是否应退回饶某礼 20 万元履约保证金，并赔偿饶某礼 281 万元经济损失；四、饶某礼是否应赔偿物资供应站经济损失 8 043 314.89 元。

一、关于案涉房屋能否出租、《租赁合同》是否实际履行的问题。《城市房屋租赁管理办法》第六条规定："有下列情形之一的房屋不得出租……（六）不符合安全标准的。"《南昌市城市房屋租赁管理条例》第六条、第七条规定："公民、法人或者其他组织对其依法取得所有权或者国家授权经营、管理的房屋可以依法出租，但有下列情况之一的，不得出租……（五）不符合房屋安全标准的。"案涉房屋早在 2007 年就已被江西省建设业安全生产监督管理站鉴定为 D 级危房，并被建议予以拆除，且出租前也未进行过维修、加固，依据上述规定不能出租。尤其在本案中，案涉房屋出租用来开设宾馆，事关人身安全和公共安全。即便可以出租，租赁时间也应自加固、完全消除安全隐患之后起算。虽然双方于 2011 年 8 月 29 日签订《租赁合同》，约定了租赁期间为 2011 年 9 月 1 日起至 2026 年 8 月 31 日止，物资供应站也将房屋交付给了饶某礼加固、装修，但出租房屋系危房，按照《中华人民共和国合同法》第二百三十三条"租赁物危及承租人的安全或者健康的，即使承租人订立合同时明知该租赁物质量不合格，承租人仍然可以随时解除合同"之规定，饶某礼可以随时解除合同。何况，案涉房屋在 2012 年 1 月 3 日加固过程中已倒塌，租赁合同的标的物灭失，合同约定计付租金的时间（2012 年 4 月 1 日）也未开始，故案涉房屋《租赁合同》并未实际履行。

二、关于案涉房屋倒塌原因的问题。案涉房屋在 2007 年就被鉴定为 D 级危房，出租前未经过修缮、加固，年久失修，房屋倒塌有其自身原因，但房屋倒塌发生于永祥公司修缮、加固过程中，不能排除加固过程中外力的因素导致房屋倒塌。且《租赁合同》约定，对租赁物的装饰装修，应符合招标文件的要求和投标文件的承诺，装修方案应当事先递交物资供应站，并经物资供应站书面认可，装修装饰不得破坏或影响租赁物的主体结构和安全。招标文件约定，大楼建造时间已久，并且有一份结构安全性技术鉴定意见将该楼定为危楼，存在加固需要，因此必须加固后方可正常使用。加固与装修可结合起来进行，加固与装修费用由承租方承担。涉及加固、装修等与有关部门的联系工作由承租方去做，出租方根据需要提供方便。为保证大楼安全，加固方案需经出租方审定认可，加固装修全过程由出租方监督，由晶品酒店经营者饶某礼出具的《投标承诺书》第 10 条、第 11 条以及《承诺书》均载明，晶品酒店郑重承诺，中标以后一定会严格按照加固设计单位和有关权威部门出具的加固改造方案，对青山南路 1 号办公大楼进行科学、安全的加固，并在取得具有法律效力的书面文件后，再使用该大楼。而本案中并无证据证明饶某礼按《租赁合同》约定事先将维修、加固方案递交物资供应站进行认可，故对于案涉房屋倒塌，物资供应站、饶某礼均存在过错。

三、关于物资供应站是否应退回饶某礼 20 万元履约保证金，并赔偿其 281 万元经济损失的问题。《租赁合同》约定，如有下列事由之一发生，物资供应站有权没收履约保证金并终止合同：1. 拖欠租金 2 个月；2. 晶品酒店单方提前终止合同；3. 因晶品酒店过错，租赁物毁损或造成物资供应站其他重大经济损失。《租赁合同》尚未实际履行，房屋毁损也非饶某礼单方面原因所致，故物资供应站没收 20 万元履约保证金没有事实依据，该 20 万元履约保证金应退回给饶某礼。《租赁合同》签订前，饶某礼对案涉房屋现状及存在的瑕疵已充分了解，也特别承诺对租赁房屋进行加固，并承担全部费用，故饶某礼提出的 281 万元经济损失即使真实发生，也应由其自行承担。饶某礼为证明其因案涉租赁物倒塌造成经济损失的具体数额，单方面委托江西中磊司法鉴定中心对办公楼倒塌的实际经济损失以及经营利润损失进行评估鉴定，并出具赣中磊司评字 2012–114 号《司法鉴定报告》，但该份鉴定报告仅系饶某礼单方面委托，物资供应站并未参与鉴定程序，鉴定报告中计算实际损失依据的工程造价取费表又无相应的工程资料签证和施工单位的确认，因此，在该份鉴定报告的真实性、合法性、关联性、科学性均难以认定的情况下，饶某礼主张 281 万元经济损失，缺乏充分确凿的证据予以证明，综上，对饶某礼诉请物资供应站赔偿其 281 万元经济损失，不予支持。

四、关于饶某礼是否应赔偿物资供应站经济损失 8 043 314.89 元的问题，一审判决饶某礼赔偿给物资供应站的 8 043 314.89 元经济损失，包括三部分：一是案涉房屋毁损损失 2 764 000 元；二是案涉房屋毁损后物资供应站为排除危险、补偿他人损失所产生的费用 884 434.89 元；三是租金损失 4 394 880 元。对于 4 394 880 元租金损失，因案涉房屋系 D 级危房，依照相关规定不能出租，即使出租承租人也可以随时解除，且《租赁合同》尚未实际履行，故赔偿租金损失于法无据，于理不合，对物资供应站诉请饶某礼赔偿其租金损失不予支持。对于案涉房屋毁损损失 2 764 000 元及案涉房屋毁损后物资供应站为排除危险、补偿他人损失所产生的费用 884 434.89 元，该两项损失系物资供应站因案涉房屋毁损所遭受的直接经济损失，因房屋系在饶某礼委托的永祥公司加固过程中倒塌的，饶某礼对该两项损失应予赔偿。但案涉房屋经鉴定系D级危房，且年久失修，房屋倒塌有其自身原因，对案涉房屋倒塌，双方均有过错，故对于饶某礼应承担的赔偿责任可予以减轻，饶某礼应向物资供应站赔偿上述两项损失的50%，即1 824 217.45元。

综上，一审判决认定事实和适用法律均存在错误，应予纠正。饶某礼的上诉理由部分成立，对其上诉请求予以部分支持，二审法院依照《中华人民共和国民事诉讼法》第一百四十四条，第一百七十条第一款第一项、第二项的规定，判决如下：一、维持江西省南昌市中级人民法院（2013）洪民一初字第2号民事判决第一项、第二项；二、撤销江西省南昌市中级人民法院（2013）洪民一初字第2号民事判决第三项、第四项、第五项；三、物资供应站返还饶某礼履约保证金20万元；四、饶某礼赔偿物资供应站经济损失1 824 217.45元；五、本判决第一项、第三项、第四项确定的金额相互抵扣后，物资供应站应返还饶某礼375 782.55元，该款项限物资供应站于本判决生效后10日内支付；六、驳回饶某礼的其他诉讼请求；七、驳回物资供应站的其他反诉请求。一审本诉案件受理费46 870元，反诉案件受理费82 428元，鉴定费9400元，二审案件受理费88 119.89元，合计226 817.89元，由饶某礼负担68 045.37元，物资供站负担158 772.52元。

本院再审中，饶某礼及物资供应站均未提交新证据，双方亦对原审判决查明的事实无异议，本院予以确认。

根据双方当事人在原审中提交的证据，本院另查明：江西省建设业安全生产监督管理站于2007年6月18日出具的《房屋安全鉴定意见》的鉴定论证意见为："1. 该大楼由朱港农场设计工程师进行设计，又进行了多次扩建改造（含装修），造成该大楼结构体系较乱，结构受力不明确，不规范、不合理。经查，现有图纸严重不符合国家设计深度要求，且残缺不全，无设计单位，无图标图签，无设计、校审人员签名。2. 该大楼建设施工未委托有正规资质的施工单位组织施工，工程质量达不到国家施工规范、质量验收规范要求。经查，由省监狱局下属朱港农场自己组织人员进行施工，无工程技术资料，无法了解当年的施工质量控制情况。3. 经对该大楼主体结构检测报告分析发现：除砖块质量符合要求外，砌筑砂浆和砼的强度均存在强度离散率大，强度偏低的问题，这是造成砖混结构体系承重砖墙强度不稳定的原因。经查，没有钢筋、砼和砖块等建材产品出厂合格证及二次检验报告。4. 对该大楼主体结构验算发现：一、二、三、四层承重墙体和承重砖柱的强度不能满足上部承载力的要求；三、四、五层⑦、⑧、⑨、⑩轴390×800砼大梁的强度、挠度均不能满足上部承载力的要求；部分砖墙、砖柱受力构件的构造不符合相关规范的构造要求，存在较严重的结构安全隐患。5.……去年九江地震的余震就对该大楼结构造成了一定的破坏。对此应引起业主和上级部门足够的重视。6. 关于大楼地基和基础的问题。经查该大楼无地质勘查报告，无地基和基础施工技术资料。"《房屋安全鉴定意见》的鉴定结果和建议是："1. 根据对省监狱局办公大楼的主体结构验算结果，该大楼主要结构受力构件设计与施工均不能满足现行国家设计和施工规范的要求，其强度不能满足上部结构承载力的要求，存在较严重的结构隐患。2. 该大楼未进行抗震设计，没有抗震构造措施，不符合《建筑抗震设计规范》（GB50011-2001）的要求。遇有地震或其他意外情况发生，将造成重大安全事故。3. 根据《危险房屋鉴定标准》（GB50292-1999），省监狱局办公楼按房屋危险性等级划分，属 D 级危房，应予以拆除。4. 几点建议：（1）应立即对大楼进行减载，减少结构上的荷载；（2）对有问题的结构构件进行加固处理；（3）目前，应对大楼加强观察，并应采取措施，确保大楼安全过渡至拆除。如发现有异常现象，应立即撤出大楼的全部人员，并向有关部门报告；（4）建议尽快拆除全部结构。”

本院再审庭审归纳本案争议的焦点有三：一是案涉《租赁合同》的效力；二是物资供应站应否向饶某礼退还 20 万元履约保证金并赔偿 281 万元；三是饶某礼应否赔偿物资供应站主张的损失 8 043 314.89 元。

关于案涉《租赁合同》的效力问题。本院认为：根据江西省建设业安全生产监督管理站于 2007 年 6 月 18 日出具的《房屋安全鉴定意见》，案涉《租赁合同》签订前，该合同项下的房屋存在以下安全隐患：一是主要结构受力构件设计与施工均不能满足现行国家设计和施工规范的要求，其强度不能满足上部结构承载力的要求，存在较严重的结构隐患；二是该房屋未进行抗震设计，没有抗震构造措施，不符合《建筑抗震设计规范》国家标准，遇有地震或其他意外情况发生，将造成重大安全事故。《房屋安全鉴定意见》同时就此前当地发生的地震对案涉房屋的结构造成了一定破坏、应引起业主及其上级部门足够重视等提出了警示。在上述认定基础上，江西省建设业安全生产监督管理站对案涉房屋的鉴定结果和建议是，案涉租赁房屋属于应尽快拆除全部结构的 D 级危房。据此，经有权鉴定机构鉴定，案涉房屋已被确定属于存在严重结构隐患、或将造成重大安全事故的应当尽快拆除的 D 级危房。根据中华人民共和国住房和城乡建设部《危险房屋鉴定标准》（2016 年 12 月 1 日实施）第 6.1 条规定，房屋危险性鉴定属 D 级危房的，系指承重结构已不能满足安全使用要求，房屋整体处于危险状态，构成整幢危房。尽管《危险房屋鉴定标准》第 7.0.5 条规定，对评定为局部危房或整幢危房的房屋可按下列方式进行处理：1. 观察使用；2. 处理使用；3. 停止使用；4. 整体拆除；5. 按相关规定处理。但本案中，有权鉴定机构已经明确案涉房屋应予拆除，并建议尽快拆除该危房的全部结构。因此，案涉危房并不具有可在加固后继续使用的情形。《商品房屋租赁管理办法》第六条规定，不符合安全、防灾等工程建设强制性标准的房屋不得出租。《商品房屋租赁管理办法》虽在效力等级上属部门规章，但是，该办法第六条规定体现的是对社会公共安全的保护以及对公序良俗的维护。结合本案事实，在案涉房屋已被确定属于存在严重结构隐患、或将造成重大安全事故、应当尽快拆除的 D 级危房的情形下，双方当事人仍签订《租赁合同》，约定将该房屋出租用于经营可能危及不特定公众人身及财产安全的商务酒店，明显损害了社会公共利益、违背了公序良俗。从维护公共安全及确立正确的社会价值导向的角度出发，对本案情形下合同效力的认定应从严把握，司法不应支持、鼓励这种为追求经济利益而忽视公共安全的有违社会公共利益和公序良俗的行为。故依照《中华人民共和国民法总则》第一百五十三条第二款关于违背公序良俗的民事法律行为无效的规定，以及《中华人民共和国合同法》第五十二条第四项关于损害社会公共利益的合同无效的规定，本院确认案涉《租赁合同》无效。原审判决关于《租赁合同》不违反法律规定应属有效的认定，系适用法律不当，本院予以纠正。

鉴于本案一审中，饶某礼的第一项诉讼请求是解除其与物资供应站签订的案涉《租赁合同》，本院依照《最高人民法院关于民事诉讼证据的若干规定》第三十五条“诉讼过程中，当事人主张的法律关系的性质或者民事行为的效力与人民法院根据案件事实作出的认定不一致的，人民法院应当告知当事人可以变更诉讼请求"的规定，向饶某礼和物资供应站进行了释明。经释明，饶某礼将其上述诉讼请求变更为：确认案涉《租赁合同》无效。物资供应站亦将其诉讼请求变更为：饶某礼赔偿物资供应站损失 4 186 994.89 元（具体包括：1. 案涉大楼因毁损灭失无法返还，依据鉴定结论，应折价赔偿 2 764 000 元；2. 物资供应站因一次性赔偿给洪都农商行而发生的损失 12 万元；3. 物资供应站排除危险支出以及支付给原址居民的搬迁安置费共计 764 434.89 元；4. 物资供应站收取的洪都农商行租金损失，按一审法院确定的三年租金收益 538 560 元计）。同时，释明后，双方当事人对《租赁合同》应属无效合同均不持异议。

关于《租赁合同》无效的责任认定及法律后果承担问题。物资供应站在本院释明后，认可其在签订《租赁合同》时存在对法律理解的偏差，亦承认其应当承担一定的责任，但认为案涉房屋倒塌的直接原因系饶某礼不当加固施工所致，应由饶某礼及其委托的施工方承担所有责任。饶某礼认为物资供应站明知案涉房屋属于应立即拆除的房屋，却隐瞒房屋的危险程度进行招投标，应对合同无效承担全部责任。本院认为：首先，物资供应站与饶某礼对案涉《租赁合同》无效均有过错，均应承担责任。但是，本案中，物资供应站作为案涉房屋的出租方，明知该房屋是存在严重结构隐患、或将造成重大安全事故且应尽快拆除的危房，却未按照上述《房屋安全鉴定意见》的要求和建议及时安排拆除该房屋，而是忽视公共安全隐患将危房出租用于经营商务酒店，故物资供应站对《租赁合同》无效具有主要过错，应承担主要责任。上述《房屋安全鉴定意见》中的几点建议包括应立即对大楼进行减载、对有问题的结构构件进行加固处理、对大楼加强观察并采取措施确保大楼安全过渡至拆除、尽快拆除全部结构等，该意见中并没有案涉房屋经加固后可以使用的表述或建议，而住房和城乡建设部办公厅发布的《农村危房改造基本安全技术导则》系对农村危房处理的规定，亦不适用于本案。物资供应站关于该房屋经加固后仍可以正常使用的主张，缺乏事实和法律依据，不能成立。同时，根据《租赁合同》第五条约定，租赁物经有关部门鉴定为危房，需加固后方能使用，饶某礼对租赁物的前述问题及瑕疵已充分了解。可见，饶某礼作为承租方，在订立《租赁合同》时亦明知案涉房屋属于危房，虽饶某礼述称其仅知道案涉房屋为危房，而不知道系应立即拆除的房屋，但作为承租人其有义务对租赁房屋的状况进行审查，特别是在已知房屋是危房的情形下，更有义务对该房屋是否应立即拆除以及能否继续使用等情况进行核查，饶某礼未尽到合理注意义务而签订案涉《租赁合同》，并欲将租赁房屋用于经营可能危及不特定公众人身及财产安全的商务酒店，其对该合同无效亦有过错，亦应承担相应责任。其次，物资供应站主张的损失能否得到支持的问题。物资供应站主张的损失包括三部分：一是租金损失；二是房屋毁损的损失；三是支付排除危险、补偿他人费用而发生的损失。案涉房屋已被有权鉴定机构确定为具有重大安全隐患应及时拆除的 D 级危房，依法该房屋不应进入交易市场，也即在此情形下该房屋不再具有交易价值，故原审判决对物资供应站主张的租金损失不予支持，结果并无不当。同时，对于应立即拆除的危房，其亦不具有使用价值，物资供应站主张折价补偿缺乏相应事实基础。原审判决认定案涉房屋毁损损失是物资供应站的直接损失不当，本院予以纠正。关于案涉房屋倒塌后物资供应站支付给他人的补偿费用问题，因物资供应站应对案涉《租赁合同》的无效承担主要责任，根据《中华人民共和国合同法》第五十八条“合同无效或者被撤销后……双方都有过错的，应当各自承担相应的责任”的规定，上述费用应由物资供应站自行承担。物资供应站请求饶某礼赔偿其上述各项损失，理由不能成立，本院不予支持。原审判决对物资供应站主张的案涉房屋毁损损失及房屋倒塌后赔偿他人损失等两项请求部分支持不当，本院予以纠正。再次，关于饶某礼主张的损失赔偿请求能否成立的问题。饶某礼主张其损失 281 万元的依据是江西中磊司法鉴定中心出具的赣中磊司评字 2012—114 号司法《鉴定报告》，该报告中的损失包括装修工程款 1 007 500 元，以及 2012 年 2 月 1 日至 2012 年 12 月 31 日的经营利润损失 1 802 500 元。由于上述《鉴定报告》系饶某礼在提起本案诉讼前单方委托鉴定机构作出，《鉴定报告》所依据的《工程预（结）算表》《工程造价取费表》等既未经施工单位确认，亦未经物资供应站质证确认，原审判决对该《鉴定报告》的证明效力不予采信并无不当。尽管饶某礼据以主张其损失的《鉴定报告》依法不足以采信，但其实际已对案涉房屋进行了加固施工，在案涉房屋倒塌后，饶某礼主张其发生了一定损失符合常理。但因饶某礼对于案涉《租赁合同》无效亦有过错，故对该部分损失依照上述《中华人民共和国合同法》第五十八条的规定，亦应由饶某礼自行承担。最后，关于物资供应站应否向饶某礼退还 220 万元保证金的问题。《中华人民共和国合同法》第五十八条规定，合同无效后，因该合同取得的财产，应当予以返还。饶某礼向物资供应站支付的 220 万元保证金，因《租赁合同》系无效合同，物资供应站基于该合同取得的该款项依法应当退还给饶某礼，原审判决认定物资供应站应将该款项退还饶某礼正确。

综上，原审判决认定事实以及确定物资供应站应返还饶某礼投标保证金 200 万元、履约保证金 20 万元正确，但认定案涉《租赁合同》有效以及判决饶某礼应赔偿物资供应站损失，适用法律不当，本院予以纠正。饶某礼关于确认《租赁合同》无效的请求以及应驳回物资供应站反诉请求的理由成立，本院予以支持；饶某礼与物资供应站关于对方应赔偿损失的理由均不成立，本院不予支持。依照《中华人民共和国民法总则》第一百五十三条第二款、《中华人民共和国合同法》第五十二条第四项和第五十八条，《中华人民共和国民事诉讼法》第一百七十条第一款第二项、第二百零七条第一款，《最高人民法院关于适用〈中华人民共和国民事诉讼法〉的解释》第四百零七条第二款规定，判决如下：

一、撤销江西省高级人民法院（2018）赣民终 173 号民事判决、江西省南昌市中级人民法院（2013）洪民一初字第 2 号民事判决；

二、确认饶某礼经营的南昌市青山湖区晶品假日酒店与江西省监狱管理局物资供应站签订的《租赁合同》无效；

三、江西省监狱管理局物资供应站自本判决发生法律效力之日起 10 日内向饶某礼返还保证金 220 万元；

四、驳回饶某礼的其他诉讼请求；

五、驳回江西省监狱管理局物资供应站的诉讼请求。

如果未按本判决指定的期间履行给付金钱义务，应当依照《中华人民共和国民事诉讼法》第二百五十三条之规定，加倍支付迟延履行期间的债务利息。

一审本诉案件受理费 46 870 元，由饶某礼负担 25 870 元，由江西省监狱管理局物资供应站负担 21 000 元；反诉案件受理费 82 428 元，由江西省监狱管理局物资供应站负担；鉴定费 9400 元，由江西省监狱管理局物资供应站、饶某礼各负担 4700 元。二审案件受理费 88 119.89 元，由饶某礼负担 26 500 元，由江西省监狱管理局物资供应站负担 61 619.89 元。

本判决为终审判决。

审判长　张爱珍
审判员　何　君
审判员　张　颖
二〇一九年十二月十九日
法官助理　潘　琳
书记员　黄　哲

（摘自 2022 年《中华人民共和国最高人民法院公报》第 6 期）

黄某与陈某玲、陈某峰、福建省丰泉环保集团有限公司民间借贷纠纷案

【裁判摘要】

抵销权的行使不得损害第三人的合法权益。当债权人同时为多个执行案件的被执行人且无实际财产可供清偿他人债务时，债务人以受让申请执行人对债权人享有的执行债权，主张抵销债权人债权的，人民法院应对主动债权的取得情况进行审查，防止主动债权变相获得优先受偿，进而损害其他债权人的利益。债务人受让的执行债权仍应当在债权人作为被执行人的执行案件中以参与分配的方式实现，以遏制恶意抵销和维护债权公平受偿的私法秩序。

最高人民法院民事判决书

（2019）最高法民终 218 号

上诉人（一审被告）：陈某玲，女，1973 年出生，汉族，住所地：福建省福州市。

上诉人（一审被告）：陈某峰，男，1969 年出生，香港特别行政区居民，内地联系地址：福建省丰泉环保集团有限公司。

上诉人（一审被告）：福建省丰泉环保集团有限公司，住所地：福建省福州市仓山区高仕路。

法定代表人：陈某峰，该公司董事长。

上述三上诉人的共同委托诉讼代理人：王某章，某某律师事务所律师。

上述三上诉人的共同委托诉讼代理人：张某明，某某律师事务所律师。

被上诉人（一审原告）：黄某，男，1963年出生，汉族，住所地：福建省厦门市。

委托诉讼代理人：陈某铭，某某律师事务所律师。

委托诉讼代理人：严某，某某律师事务所律师。

上诉人陈某玲、陈某峰、福建省丰泉环保集团有限公司（以下简称丰泉公司）因与被上诉人黄某民间借贷纠纷一案不服福建省高级人民法院（以下简称福建高院）作出的（2016）闽民初106号民事判决，向本院提起上诉。因黄某未在期限内交纳上诉费，对其上诉按撤回上诉处理。本院于2019年2月13日立案后，依法组成合议庭开庭进行了审理。上诉人陈某玲、陈某峰、丰泉公司之共同委托诉讼代理人王某章、张某明，被上诉人黄某之委托诉讼代理人陈某铭到庭参加诉讼。本案经依法延长审限，现已审理终结。

上诉人陈某玲、陈某峰、丰泉公司上诉请求：1. 撤销福建高院（2016）闽民初106号判决书，驳回黄某的全部诉讼请求；2. 本案一审、二审诉讼费用全部由黄某承担。主要事实和理由为：一、涉案债权本息经双方《和解方案》确认为40 000 000元，而非判决认定的数额。2018年1月22日，黄某对借款本息确认：截至2017年12月31日，尚欠借款本金35 000 000元，利息按2%计算余欠16 800 000元，最后，双方同意按40 000 000元结算，双方在黄某打印的《和解方案》上签字按了手印，因此，涉案债权的本息应按合计40 000 000元进行认定。虽陈某玲、丰泉公司未参与《和解方案》的签订，但均予以认可。二、涉案债权已被抵销，应判决驳回黄某的全部诉讼请求。案外人吴某忠与黄某之间的民间借贷纠纷经过福建省厦门市中级人民法院（以下简称厦门中院）、福建高院两审终审，作出了（2014）厦民初字第679号、（2015）闽民终字第2259号生效民事判决，且吴某忠已向厦门中院申请强制执行黄某借款本金41 000 000元及相应利息。陈某玲受让了前述案件中吴某忠对黄某的全部债权，吴某忠已经将债权转让情况书面通知了黄某，并且黄某本人签收了该份通知，吴某忠同时也将债权转让的情况告知了执行法院。根据《中华人民共和国合同法》(以下简称《合同法》)第七十九条、第八十条的规定，债权转让已生效，由陈某玲享有前述案件中对黄某41 000 000元及相应利息的债权，其受让债权金额远高于涉案债权金额。根据《合同法》第九十九条规定，涉案债权与陈某玲受让的债权均为到期债权，标的物均为金钱债务，且不属于法律规定或者按照合同性质不得抵销的情形，因此陈某玲有权主张债务抵销，涉案债权也已经被抵销。

被上诉人黄某答辩称：一、关于黄某与陈某峰签订《和解方案》的问题。1.2018年1月22日黄某和陈某峰签订的《和解方案》目的是解除陈某峰的担保责任，但陈某峰最终没有履行《和解方案》。2. 陈某玲等人要求对抵债权，说明其已放弃了《和解方案》。3. 签订《和解方案》的背景是黄某保全了陈某峰控制的公司的厂房、土地等，引起陈某峰经营困难，其找到黄某要求付款一部分，要求解除其责任，故黄某同意签订《和解方案》。根据上述三点可知，《和解方案》对黄某没有约束力。二、原审判决不支持陈某玲以受让案外人的债权抵销本案债务的主张，适用法律正确，应当维持。陈某玲的债权对应的债务人为黄某和谢某月，谢某月和黄某是夫妻，本案黄某的债权不属于夫妻共同债权，陈某玲主张对抵没有法律依据；黄某因三角债陷入债务纠纷，目前作为被执行人有多个执行案件在案，无法履行债务，如果允许对抵，会导致第三人吴某忠的债权处于优先受偿的地位，损害其他债权人的利益。原审判决事实清楚，适用法律正确。故请求驳回上诉，维持原判。

黄某一审向福建高院提出诉讼请求：1. 判令被告陈某玲立即向原告偿还尚欠借款本金人民币 3500 万元；2. 判令被告陈某玲向原告支付从 2013 年 11 月 2 日起至实际还款之日止的利息［暂计至 2016 年 9 月 27 日尚欠利息为人民币 24 749 333.33 元（详见利息计算清单）］；3. 判令被告陈某玲向原告支付律师代理费人民币 80 000 元；以上第 1~3 项款项合计人民币 59 829 333.33 元；4. 判令被告陈某峰、丰泉公司对陈某玲上述债务承担连带清偿责任；5. 本案案件受理费、公告费、诉讼保全费由三被告承担。庭审中，黄某将上述诉讼请求第三项变更为：请求判令被告陈某玲向黄某支付律师代理费人民币 15 万元。

一审法院认定事实：2013 年 6 月 23 日，被告陈某玲作为借款人向原告黄某出具《借款借据》。该《借款借据》载明：经核对后确认，截至 2013 年 6 月 23 日累计结欠黄某借款 3500 万元，月利率 3.5%，利息每月 22 日前支付，借款期限为 12 个月，如逾期还款，按借款金额的日千分之五支付违约金。担保人丰泉公司、陈某峰自愿为借款人的上述借款提供连带责任担保，保证期限为本借据签订之日起至借款期限届满之日起二年，担保范围包括借款本金、利息、逾期还款违约金及出借人为实现债权而支付的费用，借款人和担保人同意承担出借人为实现债权而支付的费用（包括但不限于律师代理费、公证费、诉讼费、差旅费以及实现债权的其他实际费用）。此后，原告同意将还款期限延至 2015 年 3 月 23 日。2015 年 3 月 23 日，陈某峰、丰泉公司又在该借据上确认为陈某玲的上述借款“担保至还款结清本息为止”。

2013 年 6 月 29 日至 2016 年 9 月 11 日，被告陈某玲分 19 笔向原告支付利息。其中，2013 年 6 月 29 日支付 20 万元，2013 年 8 月 22 日支付 480 万元，2013 年 10 月 14 日支付 15 万元，2013 年 12 月 4 日支付 10 万元，2013 年 12 月 18 日支付 10 万元，2013 年 12 月 27 日支付 220 万元，2014 年 1 月 29 日支付 50 万元，2014 年 2 月 28 日支付 10 万元，2014 年 3 月 25 日支付 30 万元，2014 年 4 月 3 日支付 50 万元，2014 年 5 月 27 日支付 100 万元，2014 年 8 月 27 日支付 10 万元，2014 年 9 月 30 日支付 20 万元，2014 年 11 月 3 日支付 10 万元，2014 年 12 月 30 日支付 10 万元，2015 年 2 月 16 日支付 100 万元，2015 年 11 月 27 日支付 10 万元，2016 年 2 月 6 日支付 20 万元，2016 年 9 月 11 日支付 20 万元。上述 19 笔款项共计 1195 万元。

另查明，2011 年 7 月 22 日至 2011 年 10 月 19 日，案外人谢某月通过银行向被告陈某玲账户转账付款共计 5660 万元。2011 年 10 月 10 日，厦门明晟源投资有限公司通过银行转账向被告丰泉公司付款共计 1700 万元。2010 年 2 月 2 日至 2011 年 8 月 9 日，原告黄某通过银行转账向被告陈某玲付款共计 100 万元。2011 年 10 月 10 日至 19 日，原告黄某通过银行转账向被告陈某玲付款共计 1540 万元。

案外人黄某进分别于 2016 年 9 月 26 日和 2018 年 3 月 7 日向北京大成（厦门）律师事务所、福建汇德（厦门）律师事务所支付律师代理费 8 万元和 7 万元。

另查明，原告黄某与谢某月系夫妻关系，与黄某进系父子关系。厦门明晟源投资有限公司的法定代表人系黄某。

一审法院认为，本案为民间借贷纠纷，因被告陈某峰系香港特别行政区居民，故本案属于涉港民商事纠纷。原被告双方均同意本案适用内地法律，依照《最高人民法院关于适用〈中华人民共和国涉外民事关系法律适用法〉若干问题的解释（一）》第十九条、《中华人民共和国涉外民事关系法律适用法》第三条的规定，本案适用内地法律。

本案的争议焦点在于：1. 原告是否实际向被告出借 3500 万元；2. 被告在 2013 年 6 月 23 日出具案涉借条时是否还欠原告利息 6 576 000 元；3.《借款借据》约定的月利率 3.5% 是否超过法定的利率标准，被告已经偿还的利息 11 950 000 元是否应抵扣本金；4. 被告应当承担原告的律师代理费金额；5. 关于被告能否以受让案外人的债权抵销本案债务。对此，一审法院分析认定如下：

一、关于原告是否已向被告实际出借 3500 万元

根据被告陈某玲于 2013 年 6 月 23 日向原告黄某出具的《借款借据》，原被告双方经核对后确认截至 2013 年 6 月 23 日被告陈某玲累计结欠原告黄某借款 3500 万元，被告丰泉公司、陈某峰作为担保人也在该借款借据上盖章、签名，各方对借款事实是明确予以认可的。2015 年 3 月 23 日，被告陈某峰、丰泉公司又在该借据上确认为被告陈某玲的上述借款“担保至还款结清本息为止”，再次对借款事实予以确认。原告黄某提供的证据也证明其在 2011 年 7 月 22 日至 10 月 19 日，通过自己或案外人账户向被告陈某玲或丰泉公司的银行账户转账付款 9000 万元。被告未能举证上述汇款与本案借款无关，相反还主张其已经偿还利息 11 950 000 元上述事实均可证明案涉借款已经实际发生。因此，被告关于案涉借款未实际履行的主张不能成立。

二、关于被告陈某玲在 2013 年 6 月 23 日出具案涉借条时是否还欠原告利息 6 576 000 元

原被告双方在案涉《借款借据》上对于尚欠的借款本金金额作了确认，并未提及被告陈某玲尚欠利息。原告解释称该笔利息系基于先前借款计算得出，但原告黄某系基于案涉《借款借据》提起本案诉讼，案涉《借款借据》出具前的借款所产生的利息与本案无关，当事人应另行解决。因此，原告主张被告陈某玲偿还该笔 6 576 000 元利息无事实依据，一审法院不予支持。

三、关于案涉《借款借据》约定的月利率是否超过法定的利率标准，被告陈某玲已经偿还的利息 11 950 000 元是否可抵扣本金

《最高人民法院关于审理民间借贷案件适用法律若干问题的规定》第二十六条规定，借贷双方约定的利率未超过年利率 24%，出借人请求借款人按照约定的利率支付利息的，人民法院应予支持；借贷双方约定的利率超过年利率 36%，超过部分的利息约定无效。借款人请求出借人返还已支付的超过年利率 36% 部分的利息的，人民法院应予支持。案涉《借款借据》约定的月利率 3.5% 已经超过年利率 36%，超过部分的利息约定无效。被告陈某玲在 2013 年 6 月 29 日至 2016 年 9 月 11 日共向原告支付 1195 万元。其中，陈某玲 2013 年 6 月 29 日还款 20 万元，按照年利率 36% 计算，尚欠本金 3500 万元，利息 7123.29 元；陈某玲于 2013 年 8 月 22 日还款 4 800 000 元，扣除按照年利率 36% 计算的利息 1 871 232.18 元，其余抵扣本金 2 928 767.82 元，尚欠本金 32 071 232.18 元。此后，陈某玲自 2013 年 10 月 14 日至 2016 年 9

月 11 日支付的其余 695 万元利息，按照年利率 36% 计算可折抵 220 天的利息，即已付利息计至 2014 年 3 月 30 日止。自 2014 年 3 月 31 日起，应按年利率 24% 计算利息。

四、关于被告应承担的原告委托律师代理费金额

案涉《借款借据》约定被告陈某峰、丰泉公司为被告陈某玲的债务承担连带保证担保责任，担保范围包括借款本金、利息、逾期还款违约金及出借人为实现债权而支付的费用，三被告同时还确认，借款人和担保人同意承担出借人为实现债权而支付的包括律师代理费在内的各项费用，因此被告应当承担原告为本案诉讼所支出的合理费用。原告黄某先后委托北京大成（厦门）律师事务所、福建汇德律师事务所律师代理本案诉讼并分别支付律师代理费 8 万元和 7 万元。鉴于原告已经解除其与北京大成（厦门）律师事务所律师的委托合同，该所律师未完成代理事务，因该合同所产生的费用不属于原告为实现债权而产生的合理费用，不应得到支持。因此，被告陈某玲只应对上述律师代理费中的 7 万元承担责任。

五、关于被告能否以受让案外人的债权抵销本案债务

原告黄某与案外人之间的债权债务关系与本案不属于同一法律关系，且原告不同意将其与案外人之间的债务与被告所欠债务抵销，因此被告主张以其受让案外人的债权抵销本案债务，一审法院不予支持。

案涉《借款借据》系合同双方的真实意思表示，除了因双方约定的利率超过年利率 36%，超过部分的利息约定无效外，合同其他内容未违反法律法规禁止性规定，应认定合法有效。被告陈某玲未能按照法律规定和合同约定支付利息，且借款期限届满后也未偿还本金及相应利息，应承担违约责任。被告陈某峰、丰泉公司自愿为被告陈某玲的上述债务承担连带保证担保责任，担保范围包括借款本金、利息、逾期还款违约金及出借人为实现债权而支付的费用，故被告陈某峰、丰泉公司应在上述担保范围内承担连带保证责任。

综上，依照《最高人民法院关于适用〈中华人民共和国涉外民事关系法律适用法〉若干问题的解释（一）》第十九条，《中华人民共和国涉外民事关系法律适用法》第三条，《中华人民共和国合同法》第六十条第一款、第一百零七条、第二百零五条、第二百零六条、第二百零七条，《中华人民共和国担保法》第十二条、第十八条、第三十一条，《最高人民法院关于审理民间借贷案件适用法律若干问题的规定》第二十六条，《最高人民法院关于适用〈中华人民共和国担保法〉若干问题的解释》第四十二条第一款之规定，判决：一、被告陈某玲应在判决生效之日起十日内向原告黄某偿还借款本金 32 071 232.18 元，并支付以 32 071 232.18 元为基数按年利率 24% 计算自 2014 年 3 月 31 日起至实际支付之日止的利息；二、被告陈某玲应在判决生效之日起十日内向原告黄某支付律师代理费 70 000 元；三、被告陈某峰、丰泉公司应对被告陈某玲的上述债务承担连带偿还责任，被告陈某峰、丰泉公司承担担保责任后，有权向被告陈某玲追偿；四、驳回原告黄某的其他诉讼请求。案件受理费 340 946.66 元，由被告陈某玲、陈某峰、丰泉公司负担 292 518.99 元，由原告黄某负担 48 427.67 元。诉讼保全费 5000 元由被告陈某玲、陈某峰、丰泉公司负担。

本院二审期间，当事人围绕上诉请求依法提交了证据。本院组织当事人进行了证据交换和质证。陈某玲、陈某峰、丰泉公司提交了一份支付系统专用凭证，欲证明陈某玲收到黄某款

项后转款给了丰泉公司，故陈某峰与丰泉公司是案涉借款的实际借款人。黄某提交了其作为多起案件被执行人的执行案件查询结果信息，欲证明其作为多起执行案件被执行人，无力偿还债务，陈某玲提出的债务抵销主张将损害黄某其他债权人的利益。本院认为，陈某玲、陈某峰、丰泉公司提出的证据无法证明其欲证明的陈某峰、丰泉公司系本案实际借款人的事实，本院不予认定。黄某提交的证据可证明黄某系多起执行案件的被执行人。

本院对一审认定的事实依法予以确认。二审经审理查明：

一、2018年1月22日，陈某峰（甲方）与黄某（乙方）签订《和解方案》一份，该方案约定：（一）截至2017年12月31日，甲方欠乙方本金3500万元，利息按2%计算余欠1680万元，现经双方协商确定本息按人民币4000万元结算；（二）付款方式：1.签订协议之日起一个月内须付人民币2000万元；2.2018年12月31日前甲方须付人民币1000万元，并按银行贷款利率支付1000万元对应的利息；3.2019年12月31日前支付的剩余的人民币1000万元，并按银行贷款利率支付2018年1月1日至2019年12月31日1000万元对应的利息；（三）若甲方违反约定的上述付款方式，须承担年利率24%的违约金。陈某峰与黄某签订《和解方案》后，陈某峰在2018年2月22日（第一期款项2000万元的支付期限）的最后一天向黄某发送《催告函》，要求黄某提供用于收款的银行账号。陈某峰在之后的两年间一直未履行还款义务。

二、黄某及其妻谢某月与案外人吴某忠的借贷纠纷中，福建高院已生效的判决（2015）闽民终字第2259号确认“黄某、谢某月应于本判决生效之日起十日内返还吴某忠借款4100万元及利息（自2011年11月1日起以本金4100万元为基数，按银行同期同类贷款基准利率的四倍计至还款之日止，已经偿付的1 806 322元，抵作利息）”。2016年10月11日，吴某忠就上述案件向厦门中院申请执行，但由于黄某、谢某月无实际可执行之财产，厦门中院终结执行。除与吴某忠执行案外，黄某为其所牵涉的其他多起案件中的被执行人，且因黄某无可供执行财产，已被法院纳入失信被执行人名单。

三、2018年5月22日，吴某忠与陈某玲签订《债权转让确认书》，约定吴某忠将其对黄某享有的4100万元债权本金及利息转让给陈某玲，并于同日向黄某、谢某月发送《债权转让通知书》，黄某、谢某月于2018年5月25日收到上述通知书。陈某玲于2018年8月21日（一审诉讼程序中）主张以其从吴某忠处受让的债权抵销其对黄某的债务。

本院认为，本案为民间借贷纠纷，因陈某峰系香港特别行政区居民，故本案属于涉港民商事纠纷。双方当事人均同意本案适用内地法律，依照《最高人民法院关于适用〈中华人民共和国涉外民事关系法律适用法〉若干问题的解释（一）》第十九条、《中华人民共和国涉外民事关系法律适用法》第三条的规定，本案适用内地法律。

本案的争议焦点是：一、关于上诉人主张按《和解方案》确定本案本息数额是否应予支持的问题；二、关于陈某玲受让案外人吴某忠的债权能否抵销其对黄某的债务的问题。本院对此分析认定如下：

一、关于上诉人主张按《和解方案》确定本案本息数额是否应予支持的问题

（一）关于《和解方案》的效力是否及于陈某玲的问题

《和解方案》系由黄某与陈某峰签订，双方均认可《和解方案》系基于案涉纠纷所签订的，

为双方真实意思表示，不违反法律、行政法规的禁止性规定，合法有效。陈某峰、陈某玲、丰泉公司虽主张，陈某峰系代表三方共同与黄某签订《和解方案》,《和解方案》构成对案涉债权债务重新确认，但《和解方案》并无债务人陈某玲及担保人丰泉公司的签名或盖章，且《和解方案》不包含陈某峰系代表三方签订的相关内容的任何表述，债权人黄某亦不认可《和解方案》已免除陈某玲债务，故该协议不能构成免责的债务承担，陈某峰只是作为共同债务人加入案涉债权债务。此外，由于陈某玲在一审期间提出以其受让的债权向黄某主张债务抵销，亦可见本案中陈某玲并未认为《和解方案》已免除其还款义务。综上,《和解方案》不能构成对案涉债权债务重新确认，亦不免除陈某玲的债务，仍应以《借款借据》作为确认案涉债权债务的依据。

（二）关于陈某峰的担保债权本息能否按《和解方案》确定的问题

本案中,《和解方案》约定陈某峰应当在2018年2月22日前向黄某支付2000万元、2018年12月31日前支付1000万元及利息、2019年12月31日前支付1000万元及利息，但陈某峰并未于约定期限内及此后支付相应款项。陈某峰在第一期款项2000万元的支付期限的最后一天方才向黄某发送《催告函》，要求黄某提供用于收款的银行账号，且在第一期还款期限届满后的两年间一直未履行还款义务，又因《和解方案》签订于本案诉讼过程中，陈某峰本可向法院申请提存该笔款项便能清偿债务、履行其合同义务，但陈某峰却并未以此方式还债，上述事实足以表明陈某峰拒不还款的真实意思。《和解方案》虽未清楚载明用以向黄某还款的银行账户，但这一瑕疵并不构成陈某峰的履约障碍。因此，陈某峰提出的因黄某未提供银行账户导致其无法还款、其发送过《催告函》要求黄某告知银行账户足以证明陈某峰并未违约的抗辩，不能成立。陈某峰未在约定期限内履行其作为共同债务人承担《和解方案》中确定的债务，一审按照《借款借据》确定其担保责任并无不当。

二、关于陈某玲主张以其从案外人吴某忠处受让的对黄某的债权抵销陈某玲对黄某的债务的问题

首先，人民法院应当对当事人提出的抵销诉求进行审查。陈某玲在一审中提出的债务抵销主张属于以行使抵销权的方式对黄某的债权请求权进行抗辩，也即诉讼抵销抗辩。一般情况下，被告在诉讼过程中提出诉讼抵销抗辩在法律上并无不当，为了实现诉讼经济目标及免除个案中当事人另行起诉的诉累，人民法院应当在案件中对被告提出的诉讼抵销抗辩予以审查处理，确定这一抗辩是否成立。一审法院以黄某与案外人吴某忠之间的债权债务关系与本案不属于同一法律关系，且黄某不同意将其与吴某忠之间的债务与陈某玲所欠债务抵销为由，对陈某玲的抵销主张不予审查存在不当，本院在此予以指出。

其次，抵销权的行使不应损害第三人的合法权益。抵销权作为合同法规定的一项实体权利，债务人可通过行使抵销权免除自己的债务，实现自己的债权，但抵销权的行使，不得损害第三人的合法权益。为此，我国企业破产法在承认抵销权的同时，又对用来抵销的主动债权进行了限制，特别是规定了债务人的债务人在破产申请受理后取得他人对债务人的债权，或者已知债务人有不能清偿到期债务或者破产申请的事实而对债务人取得债权的，不允许抵销。该制度的主要目的在于防止债务人资不抵债时，债务人的债务人通过新取得债权来主张抵销，使自

己的新取得债权得到优先清偿、使自己的债务得以免除，而损害其他债权人利益。与此同理，在我国目前没有自然人破产法的司法现状，在诉讼审理程序和执行程序存在关联的情形下，出现个人债务人不能清偿到期债务的情况时，应当防止损害第三人特别是个人债务人的其他债权人的合法权益。由于黄某已是多起执行案件的被执行人，这些案件中的债权均因黄某缺乏可供执行财产而未得到清偿，若在本案中径行准予陈某玲以受让的债权抵销债务，将导致黄某的可供执行财产的直接减损，并损害涉及黄某的其他执行案件中的其他债权人的合法利益。

再次，诉讼审理程序中抵销权的行使不应与执行程序中公平分配原则相冲突。在一般情况下，有效的诉讼抵销抗辩在经法院审查后可以获得支持，但当存在诉讼审理程序中抵销权行使与执行程序参与分配有关联的情形下，抵销权的行使应受到一定限制。本案中，黄某作为多起执行案件的被执行人一直无法履行债务，陈某玲受让并主张用以抵销的主动债权即来自于其中的一起执行案件，且该债权原本便存在因黄某无可供执行财产而被迫终止执行的情况。在本案中径行准予陈某玲以受让的债权抵销债务，这就意味着源自吴某忠的未能通过执行受偿的债权，反而以此种方式间接地较黄某的其他债权人得到优先受偿，与执行程序参与分配制度的公平分配原则直接冲突。

最后，人民法院应根据诚实信用原则确认是否支持抵销权的行使。对于债权转让情形下债务人以受让取得的债权主张抵销的，且取得的债权在执行程序中无法实现时，人民法院应当对诉讼抵销抗辩予以审慎的实质审查。即，人民法院应根据诚实信用原则审查用于抵销的主动债权的取得情况，以保护善意抵销权的同时不损害第三人的合法权益。本案中，在陈某玲明知黄某作为多起案件被执行人缺乏可供执行财产的情形下，在本案一审庭审之后受让债权并主张抵销的行为，违反了诚实信用原则。此外，当陈某玲能举证证明黄某事实上仍存在其他可供执行财产，诉讼抵销抗辩事实上不会损害被执行人的其他案外债权人利益的，对于此类诉讼抵销抗辩，法院仍可予以支持。但陈某玲未能提出有效证据证明黄某仍有充分的其他可供执行财产，亦未能证明其诉讼抵销抗辩不会在结果上损害黄某案外的其他债权人利益。因此，对于陈某玲的诉讼抵销抗辩，本院不予支持。

综上，陈某玲、陈某峰、丰泉公司的上诉请求，缺乏事实和法律依据，不能成立，应予驳回。依照《中华人民共和国民事诉讼法》第一百七十条第一款第一项、《最高人民法院关于适用〈中华人民共和国民事诉讼法〉的解释》第三百三十四条的规定，判决如下：

驳回上诉，维持原判。

二审案件受理费 340 946.66 元，由陈某玲、陈某峰、福建省丰泉环保集团有限公司负担。

本判决为终审判决。

审判长　何　君
审判员　张爱珍
审判员　肖　峰
二〇二〇年六月三十日
法官助理　钟丽丹
书记员　于　露

（摘自 2022 年《中华人民共和国最高人民法院公报》第 6 期）

江西银行股份有限公司南昌洪城支行与上海神州数码有限公司等借款合同纠纷案

【裁判摘要】

部分当事人对一审民事判决中的部分判项提起上诉的，人民法院在二审程序中可以就当事人的上诉请求开展调解工作，对当事人达成的调解协议依法审查后，予以确认并制作调解书。调解书送达后，一审判决即视为撤销。

对于上诉请求和调解书中并未涉及的其余一审判项，经审查与调解书不相冲突也未损害各方当事人合法权益的，可以在二审判决中予以确认。

最高人民法院民事判决书

（2021）最高法民终 479 号

上诉人（原审被告）：上海神州数码有限公司，住所地：上海市长宁区福泉路。

法定代表人：李某，该公司董事长。

委托诉讼代理人：万某闻，某某律师事务所律师。

委托诉讼代理人：邓某龙，某某律师事务所律师。

被上诉人（原审原告）：江西银行股份有限公司南昌洪城支行，住所地：江西省南昌市西湖区建设西路。

法定代表人：叶某明，该支行行长。

委托诉讼代理人：祝某林，某某律师事务所律师。

委托诉讼代理人：刘某闽，某某律师事务所律师。

原审被告：南昌凯良科技有限公司，住所地：江西省南昌市东湖区南京西路。

法定代表人：陈某，该公司总经理。

原审被告：陈某，男，1983年出生，汉族，住所地：江西省南昌市。

原审被告：肖某，男，1975年出生，汉族，住所地：江西省南昌市。

原审被告：吉安市天际房地产开发有限公司，住所地：江西省吉安市吉州区工业园内。

法定代表人：傅某梅，该公司总经理。

上诉人上海神州数码有限公司（以下简称神州数码公司）因与被上诉人江西银行股份有限公司南昌洪城支行（以下简称江西银行洪城支行）、原审被告南昌凯良科技有限公司（以下简称凯良公司）、陈某、肖某、吉安市天际房地产开发有限公司（以下简称天际公司）借款合同纠纷一案，不服江西省高级人民法院（2019）赣民初20号民事判决，向本院提起上诉。本院依法组成合议庭，于2021年4月16日对本案进行了公开开庭审理。上诉人神州数码公司的委托诉讼代理人万某闻、邓某龙，被上诉人江西银行洪城支行的委托诉讼代理人祝某林、刘某闽到庭参加诉讼。本案现已审理终结。

神州数码公司上诉请求：1. 依法撤销江西省高级人民法院（2019）赣民初20号民事判决第二项，改判驳回江西银行洪城支行对神州数码公司的所有诉讼请求，即神州数码公司不承担差额退款责任及违约金；2. 本案一、二审诉讼费、财产保全费、鉴定费等全部由江西银行洪城支行、凯良公司、陈某、肖某、天际公司承担。事实和理由：（一）本案涉嫌刑事犯罪，应当移送公安机关按照刑事司法程序处理。一审法院未依法移送，适用法律错误，违反法定程序。（二）一审判决判令神州数码公司承担差额退款责任及支付违约金，认定事实错误，适用法律错误。（三）一审判决认定凯良公司已经偿还的30 823 841.64元不属于偿还本案欠款，认定事实错误，且证据不足。（四）江西银行洪城支行存在诸多重大过错，一审判决未判令江西银行洪城支行对自身过错承担责任，有违公平原则。（五）一审判决判令凯良公司承担还款责任及利息后，又同时判令神州数码公司承担差额退款责任及支付违约金，于法无据。

江西银行洪城支行辩称，本案属于民事纠纷，神州数码公司未按合同约定履行义务，应当承担差额退款责任并支付违约金。一审查明事实清楚，应驳回神州数码公司的上诉请求。

二审期间，各方当事人均未提交新证据。

江西银行洪城支行向一审法院起诉请求：（一）判令凯良公司偿还银行承兑垫款84 402 787.42元及利息、罚息（利息、罚息暂算至2019年1月7日为9 791 589.98元。利息、罚息以84 402 787.42元为基数，按《银行承兑汇票承兑合同》约定计算，自2018年2月8日起计算至债务清偿之日止）。（二）判令神州数码公司对前述第一项凯良公司应付银行承兑垫款84 402 787.42元承担差额退款责任，并支付违约金（违约金暂算至2019年1月7日为3 916 635.99元。违约金以垫款金额为基数，按每日万分之二点一计算违约金，自2018年2月8日起计算至债务清偿之日止）。（三）判令陈某、肖某、天际公司对前述第一项凯良公司应付银行承兑垫款本息承担连带清偿责任。（四）判令凯良公司、神州数码公司、陈某、肖某、天际公司承担律师费等江西银行洪城支行为实现本案债权发生的费用。（五）本案诉讼费、保全费由凯良公司、神州数码公司、陈某、肖某、天际公司承担。

一审法院查明，2016 年 3 月 28 日，江西银行洪城支行与凯良公司签订了编号为“江银南分洪支授字第 1610504 号”的《授信协议》，约定：1. 江西银行洪城支行向凯良公司提供 111 000 000 元的授信额度，其中循环授信额度 100 000 000 元、一次性授信额度 11 000 000 元。2. 授信期间为 12 个月，即从 2016 年 3 月 28 日起至 2017 年 3 月 24 日止。3. 综合授信未来提货权融资业务（保兑仓模式）壹亿元（敞口），未来提货权融资业务（保兑仓模式）为循环授信额度，项下品种为银行承兑汇票，银承保证金不低于 20%。2017 年 4 月 10 日，江西银行洪城支行与凯良公司新签订了一份编号为“江银南分洪支授字第 1720816 号”的《授信协议》，约定了授信额度、授信期间等。

2016 年 3 月，神州数码公司作为甲方（供货商），江西银行洪城支行作为乙方，凯良公司作为丙方（购货商），共同签订了《未来提货权融资业务合作协议书》，约定：1. 神州数码公司与凯良公司签订购销协议，由凯良公司购买神州数码公司的货物；江西银行洪城支行与凯良公司签订了编号为“江银南分洪支授字第 1610504 号”的融资授信协议，由江西银行洪城支行向凯良公司提供融资授信额度。2. 三方在本协议项下的合作期限为壹年，自 2016 年 3 月 25 日至 2017 年 3 月 25 日。江西银行洪城支行为凯良公司承兑以神州数码公司为收款人的银行承兑汇票，双方另行签订《银行承兑协议》。凯良公司申请江西银行洪城支行承兑时，应当向江西银行洪城支行缴存首笔保证金，首笔保证金最低不少于《银行承兑协议》中约定的比例。3. 在凯良公司向其在江西银行洪城支行开立的保证金账户中存入保证金，或向江西银行洪城支行提前清偿部分融资授信款项本息的情况下，凯良公司填写《提货申请书》，向江西银行洪城支行提出提取购销协议项下货物的申请。江西银行洪城支行核对凯良公司缴存的保证金或清偿的融资授信贷款本金数额（即清偿应付利息后的余额）与《提货申请书》中的提货金额相符后，根据前述款项的数额向神州数码公司发出《发货通知书》。神州数码公司收到江西银行洪城支行出具的《发货通知书》后，向江西银行洪城支行发出《发货通知书收到确认函》，同时按照江西银行洪城支行的通知金额向凯良公司发货。江西银行洪城支行出具的《发货通知书》是神州数码公司向凯良公司发货的唯一凭证。神州数码公司保证其向凯良公司发出的全部货物均只凭江西银行洪城支行开具的《发货通知书》，并严格按照《发货通知书》的内容发货，其累计实际发货金额不能超过江西银行洪城支行累计通知发货金额。若神州数码公司未按江西银行洪城支行出具的《发货通知书》所规定的金额发货，超出部分不得计入本协议约定的累计发货的货款总金额。神州数码公司和凯良公司之间由此产生的纠纷与江西银行洪城支行无关，江西银行洪城支行对神州数码公司、凯良公司双方的损失不承担任何责任。凯良公司收到神州数码公司的发货后，应向江西银行洪城支行出具《货物收到告知函》。三方指定专人负责联系和操作本协议项下的业务。三方在业务发生前预留印章样本，业务办理过程中，收到《银行承兑汇票收到确认函》《提货申请书》《发货通知书》《发货通知书收到确认函》《货物收到告知函》等文件后，应认真核对印章是否与预留样本相符，并对核对结果负责。4. 银行承兑汇票到期前 10 天，如果银行承兑汇票对应的保证金金额不足 100%，即神州数码公司仅根据江西银行洪城支行出具的《发货通知书》计算，累计发货的货款总金额小于票面金额时，江西银行洪城支行向神州数码公司发出《退款通知书》。神州数码公司收到《退款通知书》后，必须无条件按《退款通知书》的要求将差额款项汇入江西银行洪城支行指定的银行账户。江西银行洪城支行的退款通知自发出之日起即视为送达神州数码公司。如果神州数码公司没有按时退款，江西银行洪城支行有权以自己的名义直接向神州数码公司追索上述款项，神州数码公司对此不持异议。凯良公司作为银行承兑汇票申请人，应无条件向江西银行洪城支行补足保证金 / 清偿全部借款本息。银行承兑汇票 / 借款到期时，若神州数码公司未将差额款项退还江西银行洪城支行且凯良公司未补足保证金，致使江西银行洪城支行垫款 / 凯良公司未清偿全部借款本息致使借款逾期，则凯良公司应按照相应的银行承兑协议 / 借款合同中约定的罚息利率向江西银行洪城支行支付垫款 / 逾期罚息。5. 神州数码公司向江西银行洪城支行退还差额款项的责任是独立的，神州数码公司声明并保证其向江西银行洪城支行退回差额款项是无条件的。6. 任何一方违反本协议的任何条款（包括声明和保证条款）均构成本协议项下的违约行为，应当向守约方支付违约金或损害赔偿金。迟延履行给付金钱义务的，应当按照未给付金额的每日万分之二点一向守约方支付滞纳金。对于其违约行为给守约方造成损失，应负责赔偿。损失赔偿的范围包括但不限于本金、利息、罚息、可以预见的可得利益及实现债权的所有费用（包括但不限于诉讼费、仲裁费、保全费、公告费、评估费、鉴定费、拍卖费、差旅费、律师费等）。

上述协议到期后，三方于 2017 年 3 月又新签订了《未来提货权融资业务合作协议书》。

2016 年 3 月 28 日，肖某、陈某与江西银行洪城支行签订了编号为“江银南分洪支高保字第 1610504–003 号”的《最高额保证合同》，约定陈某、肖某为江西银行洪城支行与凯良公司在 2016 年 3 月 28 日至 2017 年 3 月 24 日签订的所有主合同项下各笔债权提供最高额连带责任保证担保。2017 年 4 月 10 日，肖某、陈某与江西银行洪城支行重新签订了编号为“江银南分洪支高保字第 1720816–003 号”的《最高额保证合同》，约定陈某、肖某为江西银行洪城支行与凯良公司在 2017 年 3 月 28 日至 2018 年 3 月 27 日签订的所有主合同项下各笔债权提供最高额连带责任保证担保，担保主合同项下债权本金最高余额为壹亿零捌佰万元整。其他约定与 2016 年《最高额保证合同》一致。

上述合同签订后，江西银行洪城支行、神州数码公司、凯良公司按照《未来提货权融资业务合作协议书》所约定的保兑仓交易模式进行交易。自 2016 年 3 月至 2017 年 12 月 31 日，凯良公司向江西银行洪城支行共计提交 92 份《提货申请书》，申请提货金额合计 312 339 000 元；江西银行洪城支行向神州数码公司共计发出 92 份《发货通知书》，发货金额共计 312 339 000 元；神州数码公司向江西银行洪城支行共计发出 89 份《发货通知书收到确认函》，确认发货金额共计 312 339 000 元；凯良公司向江西银行洪城支行共计提交 89 份《货物收到告知函》，确认收货金额合计 312 339 000 元。截至 2018 年 2 月，共计 105 份《提货申请书》、105 份《发货通知书》和 102 份《货物收到告知函》载明的货物金额均为 340 017 964.13 元，各方凭证载明的货物金额、数量和种类完全等同。同时，凯良公司与江西银行洪城支行共计签订 110 份《银行承兑汇票承兑合同》，江西银行洪城支行收取了凯良公司每笔汇票票面金额 20% 的保证金，并据此开具并承兑了以凯良公司为出票人，以神州数码公司为收款人的 134 份《银行承兑汇票》，票面金额共计 438 090 000 元。一审判决认定，江西银行洪城支行银行承兑汇票垫款余额共计为 84 402 787.42 元，与其 2018 年 2 月 8 日至 2018 年 7 月 31 日的 41 份《江西银行银行承兑汇票兑付凭证》所载明的垫款总金额一致。

在凯良公司未按照《银行承兑汇票承兑合同》的约定按期补足银行承兑敞口后，江西银行洪城支行从 2018 年 3 月 5 日至 2018 年 7 月 18 日，向神州数码公司共计发出 49 份《退款通知书》，均要求神州数码公司按照《未来提货权融资业务合作协议书》的约定，将《发货通知书》载明的累计发货金额与银行承兑汇票票面金额的差额款项退回江西银行洪城支行。神州数码公司在 2018 年 3 月 29 日回函江西银行洪城支行称，根据截至 2018 年 3 月的对账结果，神州数码公司已收承兑汇票金额 438 090 000 元，项下的全部货物已发货完成，并不存在已收承兑汇票未发货的情况，故没有向江西银行洪城支行退款的事实及合同依据。相反，截至 2018 年 3 月 28 日，江西银行洪城支行尚欠金额为 45 600 561.71 元的《发货通知书》，未按约定在发货后四个月内补发神州数码公司。为此，神州数码公司希望江西银行洪城支行审慎核实相关情况，撤回前述《退款通知书》中的退款要求，并尽快将上述应补发的《发货通知书》发送神州数码公司。

2018 年 8 月，江西银行洪城支行两次发出《催告函》称，凯良公司应于 2018 年 8 月 15 日前向江西银行洪城支行偿还银承垫款 92 702 805.24 元、罚息、违约金等。神州数码公司应于 2018 年 8 月 15 日前对凯良公司所欠江西银行洪城支行的款项承担支付义务，并承担违约金。陈某、肖某应于 2018 年 8 月 15 日前对凯良公司的全部债务承担连带保证责任。

凯良公司与江西银行洪城支行签订的 110 份《银行承兑汇票承兑合同》均约定：江西银行洪城支行所垫付票款自付款之日起转作凯良公司逾期贷款，并按每天万分之五计收逾期利息（含复利），且不需通知凯良公司另签订借款合同。按此约定，截至 2019 年 1 月 7 日，凯良公司应承担每笔未清偿垫款的利息、罚息共计 9 791 589.98 元。同时，按照《未来提货权融资业务合作协议书》的约定，截至 2019 年 1 月 7 日，神州数码公司应承担每笔未清偿垫款的违约金共计 3 916 635.99 元。

还查明，2018 年 12 月 11 日，天际公司股东（出资人）决议：同意天际公司为债务人凯良公司向债权人江西银行洪城支行提供连带保证责任担保，担保范围包括债务本金 84 402 787.42 元、利息、罚息、违约金及实现债权的全部费用。同日，凯良公司、天际公司与江西银行洪城支行签订《担保协议书》，天际公司与江西银行洪城支行签订了编号为“江银南昌洪支高保字第 1720816 号”的《最高额保证合同》。

江西银行洪城支行为追索债权，与北京市京师（南昌）律师事务所签订《委托代理合同》。2019 年 1 月 21 日，江西银行洪城支行向北京市京师（南昌）律师事务所转账支付了 350 000 元，北京市京师（南昌）律师事务所开具了增值税专用发票。

一审法院认为，江西银行洪城支行已依约履行了向凯良公司提供融资的义务，但凯良公司违反约定，未能在汇票到期前交付全部票据款，导致江西银行洪城支行垫付票据款 84 402 787.42 元；凯良公司构成违约，应承担相应的违约责任。本案的交易模式为保兑仓交易，即以银行信用为载体，以银行承兑汇票为结算工具，由银行控制货权，卖方受托保管货物并以承兑汇票与保证金之间的差额作为担保。江西银行洪城支行承兑并将汇票交付神州数码公司后，已完成《未来提货权融资业务合作协议书》约定的主要合同义务。

根据《未来提货权融资业务合作协议书》的约定，神州数码公司收到《退款通知书》后10个工作日内，必须无条件按《退款通知书》的要求将差额款项汇入江西银行洪城支行指定的账户。如果神州数码公司没有按时退款，江西银行洪城支行有权以自己名义直接向神州数码公司追索该款项，要求神州数码公司对垫款的差额承担退款责任。神州数码公司未按时退款，还应按协议约定支付违约金。

陈某、肖某、天际公司分别在与江西银行洪城支行签订的《最高额保证合同》中，明确约定为江西银行洪城支行与凯良公司的债权提供连带责任保证担保，故上述担保人均应对凯良公司应向江西银行洪城支行偿还的债务承担连带清偿责任。对江西银行洪城支行有关各被告承担其为实现债权所支出的律师费350 000元的主张，一审法院亦予以支持。一审法院据此判决：一、凯良公司在一审判决生效之日起十日内向江西银行洪城支行偿还银行承兑汇票垫款本金84 402 787.42元和逾期付款利息9 791 589.98元（截至2019年1月7日），并自2019年1月8日起至付清全部款项之日止按每日万分之五的标准支付后续的利息；二、神州数码公司对上述第一项凯良公司应付银行承兑汇票垫款84 402 787.42元，向江西银行洪城支行承担差额退款责任，并向江西银行洪城支行支付违约金3 916 635.99元（截至2019年1月7日），并自2019年1月8日起至债务清偿之日止按每日万分之二点一计算违约金；三、陈某、肖某、天际公司对前述第一项凯良公司应付银行承兑垫款本息承担连带清偿责任，在承担保证责任后有权向凯良公司追偿；四、凯良公司在一审判决生效之日起十日内，向江西银行洪城支行支付律师代理费350 000元。一审案件受理费532 355.07元，保全费5000元，鉴定费40 000元，合计577 355.07元，由江西银行洪城支行负担6000元，由神州数码公司、凯良公司、陈某、肖某、天际公司共同负担571 355.07元。

本院二审审理过程中，神州数码公司与江西银行洪城支行自愿达成调解协议。经本院合法传唤，原审被告凯良公司、陈某、肖某、天际公司均未到庭参加诉讼。

本院认为，《中华人民共和国民事诉讼法》第九条规定："人民法院审理民事案件，应当根据自愿和合法的原则进行调解。"第一百七十二条规定："第二审人民法院审理上诉案件，可以进行调解。调解达成协议，应当制作调解书，由审判人员、书记员署名，加盖人民法院印章。调解书送达后，原审人民法院的判决即视为撤销。"《最高人民法院关于人民法院民事调解工作若干问题的规定》第十四条第一款规定："当事人就部分诉讼请求达成调解协议的，人民法院可以就此先行确认并制作调解书。"根据上述规定，当事人仅对一审判决的部分判项提起上诉的，人民法院在二审程序中可以就当事人的上诉请求开展调解工作，对当事人达成的调解协议依法审查后，予以确认并制作调解书。调解书送达后，一审判决即视为撤销。对于各方当事人均未提起上诉，在调解协议中也未涉及的其余一审判项，可以在与调解书不冲突，也不损害其他各方当事人合法权益的情况下，在二审判决中予以确认。

本案中，一审判决第二项的内容涉及神州数码公司所承担的差额退款责任以及违约金。各方当事人中，仅有神州数码公司提起上诉，请求撤销一审判决第二项，驳回有关神州数码公司的全部诉讼请求。经本院合法传唤，各原审被告未到庭参加诉讼，不参加本案调解。经本院调解，神州数码公司与江西银行洪城支行达成调解协议，请求本院出具调解书。经本院审查，调解协议的内容不违反法律，未损害其他当事人的合法权益，与一审判决的其他判项并不冲突。而且，对于神州数码公司依照调解书支付的款项，江西银行洪城支行在调解书中明确承诺不依据本判决重复执行。神州数码公司依照调解书支付的本金，在根据本判决书计算利息时也应相应予以扣除。故对神州数码公司与江西银行洪城支行达成的调解协议，本院依法另行出具调解书予以确认，一审判决应依法视为撤销。对于各方当事人均未提起上诉的其余一审判项，本院在二审判决中予以确认。

综上，依照《中华人民共和国民事诉讼法》第九条、第一百七十条、第一百七十二条，《最高人民法院关于人民法院民事调解工作若干问题的规定》第十四条第一款之规定，判决如下：

一、江西省高级人民法院（2019）赣民初20号民事判决视为撤销，上海神州数码有限公司与江西银行股份有限公司南昌洪城支行按照本院（2021）最高法民终479-1号民事调解书履行义务；

二、南昌凯良科技有限公司在本判决生效之日起十日内向江西银行股份有限公司南昌洪城支行偿还银行承兑汇票垫款本金84 402 787.42元和逾期付款利息9 791 589.98元（截至2019年1月7日），并自2019年1月8日起至付清全部款项之日止按每日万分之五的标准支付后续的利息；

三、陈某、肖某、吉安市天际房地产开发有限公司对前述第二项南昌凯良科技有限公司应付银行承兑垫款本息承担连带清偿责任，在承担保证责任后有权向南昌凯良科技有限公司追偿；

四、南昌凯良科技有限公司在本判决生效之日起十日内向江西银行股份有限公司南昌洪城支行支付律师代理费350 000元。

如果未按本判决指定的期间履行给付金钱义务，应当依照《中华人民共和国民事诉讼法》第二百五十三条规定，加倍支付迟延履行期间的债务利息。

二审案件受理费减半收取268 127.5元，由上海神州数码有限公司负担；一审案件受理费532 355.07元，保全费5000元，鉴定费40 000元，合计577 355.07元，由江西银行股份有限公司南昌洪城支行负担6000元，上海神州数码有限公司、南昌凯良科技有限公司、陈某、肖某、吉安市天际房地产开发有限公司共同负担571 355.07元。

本判决为终审判决。

审判长　杜微科

审判员　汪　军

审判员　薛贵忠

二〇二一年八月二十六日

法官助理　杨航光

书记员　李　璐

（摘自2022年《中华人民共和国最高人民法院公报》第7期）

武汉和平华裕物流有限公司与乐昌市粤汉钢铁贸易有限公司等案外人执行异议之诉案

【裁判摘要】

出租人将土地出租给承租人，当该土地被强制执行时，案外人主张承租人向其转租土地，且其在土地上兴建建筑物并对之享有足以排除强制执行的合法权益时，可通过案外人执行异议之诉主张权利。人民法院在审理次承租人以案外人提起的执行异议之诉案件时，既要依法维护次承租人的正当权利，也要防止其滥用案外人执行异议之诉，妨害强制执行程序的正常进行。对于次承租人提起的执行异议能否排除强制执行，应当依据《最高人民法院关于适用〈中华人民共和国民事诉讼法〉的解释》第三百一十一条（修改后第三百零九条）的规定进行审查。

最高人民法院民事判决书

（2019）最高法民终1790号

上诉人（原审原告）：武汉和平华裕物流有限公司。住所地：湖北省武汉市东湖生态旅游风景区龚家岭。

法定代表人：李某，该公司总经理。

委托诉讼代理人：王某，某某律师事务所律师。

被上诉人（原审被告）：乐昌市粤汉钢铁贸易有限公司。住所地：广东省乐昌市站前路。

法定代表人：孙某亮，该公司总经理。

委托诉讼代理人：徐某林，某某律师事务所律师。

委托诉讼代理人：梅某春，某某律师事务所律师。

原审第三人：武汉华裕李氏经贸集团有限公司。住所地：湖北省武汉市东湖生态旅游风景区和平乡龚家岭青王路。

法定代表人：李某1，该公司总经理。

委托诉讼代理人：陈某，某某律师事务所律师。

原审第三人：李某1，男，1971年出生，汉族，住所地：湖北省武汉市。

委托诉讼代理人：陈某，某某律师事务所律师。

上诉人武汉和平华裕物流有限公司（以下简称华裕物流公司）因与被上诉人乐昌市粤汉钢铁贸易有限公司（以下简称粤汉钢铁公司）及原审第三人武汉华裕李氏经贸集团有限公司（以下简称华裕李氏公司）、李某1案外人执行异议之诉一案，不服湖北省高级人民法院（2018）

鄂民初99号民事判决，向本院提起上诉。本院于2019年10月10日立案后，依法组成合议庭，开庭进行了审理。上诉人华裕物流公司的委托诉讼代理人王某，被上诉人粤汉钢铁公司的委托诉讼代理人徐某林、梅某春，原审第三人华裕李氏公司的法定代表人李某1及委托诉讼代理人陈某，原审第三人李某1及其委托诉讼代理人陈某到庭参加诉讼。本案现已审理终结。

华裕物流公司上诉请求：一、撤销原审判决。二、停止执行位于湖北省武汉市东湖生态旅游风景区龚家岭村12组41.15亩土地（以下简称龚家岭地块）上所建地上建筑物的征收收益；停止执行位于湖北省武汉市东湖生态旅游风景区青王公路235号（原武汉市和平镀锌板厂，以下简称和平镀锌板厂）土地上所建厂房、仓库等地上建筑物的征收收益；停止执行原武汉市和平总观园工贸发展有限公司（以下简称总观园公司）厂房、仓库、办公楼等地上建筑物的征收收益；解除对上述建筑物的查封。三、请求确认龚家岭地块上所建地上建筑物以及湖北省武汉市东湖生态旅游风景区青王公路235号（和平镀锌板厂）土地上所建厂房、仓库等地上建筑物和总观园公司厂房、仓库、办公楼等地上建筑物的权利人为华裕物流公司。四、一、二审诉讼费用由粤汉钢铁公司承担。主要事实和理由：一、本案核心是案涉建筑物投资建设主体的认定问题，在华裕物流公司提交充分证据的前提下，原审法院未认定华裕物流公司系案涉建（构）筑物的实际权利人，属于认定事实错误。二、原审判决认定华裕物流公司提交的设计合同、施工图纸以及施工合同，对应的工程项目系围墙、路面、护坡、给排水等构筑物附属工程，与本案争议的厂房、仓库等主体建筑物无关，认定事实错误。（一）华裕物流公司原审提供的证据施工合同第一条第一项明确约定的工程范围包括室内仓库，同时结合本次提交的华裕物流公司与施工单位签订的结算文件，加之此前提供的3000万元工程款的付款凭证，可以证明华裕物流公司投资建设的并非原审法院所认定的仅限附属工程，而包括主体工程厂房、仓库与附属工程。（二）即便如原审认定，华裕物流公司投资建设了围墙、护坡等附属工程，该建设行为亦非与案涉建筑物无关，粤汉钢铁公司申请对龚家岭地块、和平镀锌板厂地块上所建厂房、仓库等地上建筑物进行查封，可见查封范围并非限于厂房和仓库，而是及于地上的全部建（构）筑物在内，因此原审法院认定华裕物流公司举证与案涉查封标的无关，属于认定事实错误。三、原审判决认为“华裕物流公司以其对被查封的上述建筑物享有足以排除强制执行实体权利的理由不能成立”错误。（一）华裕物流公司虽未提供符合合同约定支付方式的租金支付凭证，但提供了实际对该地块进行投资、占有及使用管理的证据，而华裕李氏公司与华裕物流公司之间是否形成转租的事实，实质判断应以租赁标的（即案涉龚家岭地块）是否实际转移占有、使用为依据，而非仅以“是否存在租金支付凭证”作为主要判断依据，更何况华裕物流公司与华裕李氏公司是以转租方式使用龚家岭地块还是以其他方式使用案涉地块，均不影响对投资主体及权利人的判断。即使华裕李氏公司无偿将案涉地块转租给华裕物流公司使用，华裕物流公司在租赁地块上投资建设建（构）筑物，该建（构）筑物的权利人亦为华裕物流公司，而与华裕李氏公司无关，故原审判决以“华裕物流公司未能提交相关租金支付凭证及其他合同履行依据，无法认定转租关系成立”为由，未认定华裕物流公司作为投资人享有排除强制执行的权利，属于认定事实错误。（二）华裕物流公司原审中提交的大量证据证明和平镀锌板厂的资产已经转移给华裕物流公司且在资产转移后所涉建（构）筑物由华裕物流公司实际经营管理，且因集体土地性质及历史原因，和平镀锌板厂地块上的建筑物本身并未办理产权证，在变更转移至华裕物流公司时无法办理产权登记手续有其客观因素，原审判决认为“总观园公司在处置和平镀锌板厂移交的厂房、仓库等不动产时，应当依法进行登记，否则不发生物权变更的法律效力”错误，原审判决关于和平镀锌板厂地块上所建建筑物的权属问题认定，属于认定事实错误，应予纠正。四、原审对案涉建筑物能否享有收益及收益权归属认定的事实不清，且对执行标的实体权益的认定及证明标准适用法律方面存在错误。（一）本案为执行异议之诉，法院的审查范围不应仅包括华裕物流公司对执行标的是否拥有足以排除强制执行的权利，而应审查法院对执行标的采取执行行为的正当性以及被执行人华裕李氏公司对执行标的是否享有实体权益。在本案中，华裕物流公司针对执行标的提交了涵盖从设计、施工到对建筑物投资、占有、管理、使用、收益的大量证据，同时因案涉执行标的本身属于未办理任何规划手续且在村集体经济组织的土地上建设而成的建（构）筑物，所涉投资建设行为迄今已十多年之久，原审法院不应以十多年之后对证据形式及合法性的要求溯及适用至十多年前既已形成的有关事实、证据，而应根据《最高人民法院关于适用〈中华人民共和国民事诉讼法〉的解释》第一百零八条的规定，采用高度盖然性的证明标准，对华裕物流公司作为执行标的权利人的身份予以认定。（二）原审在对华裕物流公司作为执行标的权利人身份予以全面驳斥的前提下，却未对原审法院查封执行标的的法律依据以及华裕李氏公司是否对执行标的享有实体权益作出说明，涉及龚家岭地块上建筑物的查封行为，原审判决对依据何种法律规定以及事实认定对执行标的进行查封，亦未进行阐述。根据《最高人民法院关于人民法院民事执行中查封、扣押、冻结财产的规定》第二条“人民法院可以查封、扣押、冻结被执行人占有的动产、登记在被执行人名下的不动产、特定动产及其他财产权。未登记的建筑物和土地使用权，依据土地使用权的审批文件和其他相关证据确定权属”之规定，执行法院在财产保全中查封的范围应仅限于登记在被执行人华裕李氏公司名下的财产，而案涉房屋及土地并未登记在华裕李氏公司名下，也无土地使用权审批文件和其他相关证据可以确定权属为华裕李氏公司。因此，原审法院对案涉建筑物采取的查封措施，应予纠正。

粤汉钢铁公司答辩称：一、华裕物流公司主张其对位于龚家岭地块上所建厂房、仓库等地上建筑物享有所有权的证据不足，不足以排除强制执行。（一）粤汉钢铁公司申请查封龚家岭地块上所建厂房、仓库等地上建筑物有充分的依据，且经原审法院调查核实，该部分建筑物的权利归属于华裕李氏公司。（二）华裕物流公司以 2010 年 1 月 1 日其与华裕李氏公司签订的《土地租赁合同》、构筑物设计合同及图纸、租金支付凭证、施工合同、转租合同、供电合同等证据证明其对该部分建筑物享有所有权，其证据及证明目的存在诸多缺陷，证据真实性存疑，且多数证据无法与本案争议标的物建立关联，证据之间无法形成完整、有效的证据链以支持其享有足以排除强制执行的诉讼主张，原审对相关证据的认定合法合理，认定的事实清楚准确，华裕物流公司主张享有龚家岭地块上所建厂房、仓库等建筑物的所有权的证据不足，不足以排除强制执行。二、华裕物流公司主张其对“和平镀锌板厂土地上所建厂房、仓库等地上建筑物”及“总观园公司厂房、仓库、办公楼等地上建筑物”享有所有权与事实相悖。（一）位于湖北省武汉市东湖生态旅游风景区青王公路 235 号（和平镀锌板厂）土地上所建厂房、仓库等地上建筑物已经转化为华裕李氏公司的固定资产，原审法院对该部分地上建筑物的查封合法合理。（二）华裕物流公司在举证中混淆了武汉东湖生态旅游风景区先锋村（以下简称先锋村）所有的 82 亩土地与武汉市洪山区和平街道资产管理中心所有的 53 亩土地，未证明“位于和平镀锌板厂土地上所建厂房、仓库等地上建筑物”以及“总观园公司厂房、仓库、办公楼等地上建筑物”属其所有。三、华裕物流公司主张的土地租赁（转租）、构筑物设计、施工、仓库出租等方面的证据，均不满足在执行异议程序中确权或排除强制执行的条件。（一）华裕物流公司提交的由华裕李氏公司分别向其转租龚家岭村 41.15 亩土地、先锋村 82 亩土地的《租赁合同》，合同真实性存疑、合同签订时间早于华裕李氏公司与龚家岭村签订《土地股份合作协议》的时间、合同履行的证据不充分，举证对象混淆，无法证明华裕物流公司已实际承租相应地块。（二）华裕物流公司提交的设计合同、设计图纸、施工合同，无法体现与本案争议标的物具有关联性。（三）华裕物流公司提交的仓库转租经营、电力等方面的证据，不仅缺乏关联性，亦不能证明其享有所有权或者其他足以排除强制执行的实体权利。四、原审法院依据粤汉钢铁公司提供的《土地股份合作协议》《土地出租协议》等保全线索，依法核实并裁定对华裕李氏公司、李某 1 所有的财产采取保全措施合法合理，且有充分、详尽的调查资料予以佐证。华裕物流公司在本案中既未提供不动产权利登记证明，也未提供其他证据证明其对本案标的物享有足以排除强制执行的实体权利，其异议应予驳回。

原审第三人华裕李氏公司、李某 1 共同答辩称，同意华裕物流公司的诉讼请求，原审判决认定事实不清，结论错误。

华裕物流公司向原审法院起诉请求：一、停止执行龚家岭地块上所建地上建筑物的征收收益；停止执行位于湖北省武汉市东湖生态旅游风景区青王公路 235 号（和平镀锌板厂）土地上所建厂房、仓库等地上建筑物的征收收益；停止执行总观园公司厂房、仓库、办公楼等地上建筑物的征收收益，并解除对上述建筑物的查封。二、确认位于龚家岭地块上所建地上建筑物以及和平镀锌板厂土地上所建厂房等建筑物和总观园公司厂房等建筑物的权利人为华裕物流公司。三、案件受理费等由粤汉钢铁公司承担。

原审法院查明：2017 年 7 月 21 日，湖北省高级人民法院立案受理粤汉钢铁公司与华裕李氏公司、李某 1 民间借贷纠纷一案，该院于 2017 年 12 月 25 日作出（2017）鄂民初 49 号民事判决。粤汉钢铁公司不服，向最高人民法院提起上诉。最高人民法院于 2018 年 4 月 27 日作出（2018）最高法民终 198 号民事判决：一、撤销湖北省高级人民法院（2017）鄂民初 49 号民事判决。二、华裕李氏公司于判决生效之日起十日内：1. 偿还粤汉钢铁公司借款本金 1 332 322 元，并自 2016 年 9 月 22 日起至实际给付之日止，以 1 332 322 元为基数，按 12% 的年利率向粤汉钢铁公司支付利息；2. 偿还粤汉钢铁公司借款本金 1377 万元，并自 2014 年 1 月 17 日起至实际给付之日止，以 1377 万元为基数，按 12% 的年利率向粤汉钢铁公司支付利息；3. 偿还粤汉钢铁公司借款本金 50 万元，并自 2014 年 2 月 20 日起至实际给付之日止，以 50 万元为基数，按 12% 的年利率向粤汉钢铁公司支付利息；4. 偿还粤汉钢铁公司借款本金 50 万元，并自 2014 年 2 月 21 日起至实际给付之日止，以 50 万元为基数，按 12% 的年利率向粤汉钢铁公司支付利息；5. 偿还粤汉钢铁公司借款本金 300 万元，并自 2014 年 3 月 7 日起至实际给付之日止，以300万元为基数，按12%的年利率向粤汉钢铁公司支付利息。三、华裕李氏公司于判决生效之日起十日内偿还粤汉钢铁公司借款本金5000万元，并自2014年1月16日起至实际给付之日止，以5000万元为基数，按24%的年利率向粤汉钢铁公司支付利息；李某1对此承担连带保证责任。四、驳回粤汉钢铁公司其他诉讼请求。

在上述案件审理过程中，2017年8月3日，粤汉钢铁公司向湖北省高级人民法院提出财产保全申请，该院于2017年8月4日作出（2017）鄂民初49-1号民事裁定：查封、扣押、冻结华裕李氏公司、李某1价值141 763 252.11元的财产。2017年10月30日，该院依据上述民事裁定书作出（2017）鄂执保44号查封公告以及（2017）鄂执保44号之一查封公告，查封了龚家岭地块上所建的厂房、仓库等地上建筑物，和平镀锌板厂土地上所建厂房、仓库等地上建筑物以及李某1享有的总观园公司厂房、仓库、办公楼等地上建筑物80%的收益，查封期限自2017年11月30日起至2020年11月29日止。2018年8月14日，华裕物流公司向湖北省高级人民法院提出执行异议，称上述被查封的财产均属该公司所有，并非华裕李氏公司的财产。该院经审查后，于2018年9月29日作出（2018）鄂执异6号执行裁定：驳回华裕物流公司的异议请求。华裕物流公司不服该裁定，于2018年10月26日向原审法院提起案外人执行异议之诉。

原审另查明：2010年1月1日，华裕李氏公司（乙方）与龚家岭村（甲方）签订《土地股份合作协议》，约定：1.甲方同意以龚家岭村闲置荒地与乙方合作，合作期限为贰拾年，从2010年1月1日起至2029年12月31日止，土地方位为本村12组，面积41.15亩，届时以实测为准。2.乙方在合作期内不论盈亏，每年必须定时足额向甲方付土地费用，即每年每亩陆仟元整（6000元/亩），每年分两次付清，即年中和年底各付一半。五年后，每亩按3%的幅度递增，每五年递增一次……合作期满后，土地归还甲方。厂房设备及辅助设施和地上附着物乙方所有。同时，双方还对各自的权利义务及违约责任进行了约定。

2010年1月1日，华裕李氏公司（甲方）与华裕物流公司（乙方）签订《租赁合同》，约定：1.乙方承租的范围。甲方同意将龚家岭特1号的41.15亩土地（约合27 406m^2），有偿租赁给乙方开发建设仓储物流中心（仅限仓储物流业，不得另作他用）。2.租赁期限。租赁期限约为15年。期限自2010年1月1日起至2025年12月31日止，期满本合同自行废止……3.租赁费及缴费之规定。①土地租赁费按1.5万元/亩·年计，即年度租赁费为人民币陆拾壹万柒仟贰佰伍拾元整（￥61.725万元），整个租赁期（15年）租赁费为人民币玖佰贰拾伍万捌仟柒佰伍拾元整（￥925.875万元）。②土地租赁费缴费约定。土地租赁费按照“先租后用”的惯例，约定每三年缴纳一次。即本合同签订生效后三日内（若遇法定节假日可顺延），乙方一次性向甲方付讫三年期的土地租赁费（人民币壹佰捌拾伍万壹仟柒佰伍拾元整，￥185.175万元）。三年期满后（若遇法定节假日可顺延）第二次向甲方一次性付讫下三年期的土地租赁费（人民币壹佰捌拾伍万壹仟柒佰伍拾元整，￥185.175万元）。往后每三年期的土地租赁费，即第三、第四、第五次付款时限及金额均雷同，以此类推。双方还对各自责任及约定责任作了约定。

原审还查明：1.和平镀锌板厂原系和平乡人民政府资产管理中心所属集体企业。2003年

12月22日，和平乡人民政府为推进和平镀锌板厂改制与总观园公司签订了《固定资产有偿转让合同书》，约定由总观园公司收购和平镀锌板厂的全部固定资产。协议签订后，和平乡将和平镀锌板厂的全部固定资产移交给总观园公司，并制作了资产移交表。2.2004年3月，总观园公司股东李某1、李某2共同以实物出资方式申请设立“武汉华裕镀锌板有限公司”。后经武汉华裕镀锌板有限公司申请，工商部门于2007年3月30日将“武汉华裕镀锌板有限公司”名称核准变更登记为华裕李氏公司。2007年5月8日，总观园公司经股东李某1、李某2申请注销清算，2011年8月23日的注销清算报告显示总观园公司固定资产为“零”。3.2007年6月18日，华裕李氏公司物流仓储分公司经工商管理部门核准成立，经营范围为仓储、货物代（办）。2007年9月26日，华裕物流公司经工商管理部门核准成立，注册资本为1800万元，法定代表人为黄某宇，银行进账单显示黄某宇出资的540万元由武汉华裕镀锌板有限公司即华裕李氏公司代缴。4.工商登记资料显示：华裕李氏公司和华裕物流公司在具体经营中，均开展了物流仓储、货物代办经营项目。其中，李某东既是华裕李氏公司财务负责人，亦是华裕物流公司财务负责人、股东和监事。李某娟既是华裕李氏公司财务联络员，亦是华裕物流公司财务联络员。5.在庭审中，华裕物流公司、粤汉钢铁公司、华裕李氏公司、李某1均对粤汉钢铁公司提交的卫星图片的真实性无异议，并均认为和平镀锌板厂所占的53亩土地与先锋村82亩地块未发生重叠。

原审法院认为，本案争议焦点为华裕物流公司对案涉建筑物是否享有权益并足以排除强制执行的问题。

关于龚家岭地块所建地上建筑物的权属问题。根据各方当事人的诉辩意见，各方对华裕李氏公司承租龚家岭地块的事实均无异议，但是对华裕李氏公司是否将该地块转租给华裕物流公司以及华裕物流公司是否对该地块上的厂房、仓库等地上建筑物享有民事权益的事实存有重大争议。根据《最高人民法院关于适用〈中华人民共和国民事诉讼法〉的解释》第三百一十一条“案外人或者申请执行人提起执行异议之诉的，案外人应当就其对执行标的享有足以排除强制执行的民事权益承担举证证明责任”的规定，华裕物流公司应当对其提出的其与华裕李氏公司之间就龚家岭地块形成转租合同法律关系，并实际投资建设了龚家岭地块上的厂房、仓库等地上建筑物的主张承担举证责任。本案中，华裕物流公司提交了华裕李氏公司与华裕物流公司于2010年1月1日签订的《租赁合同》以及与相关设计、施工单位、银行签订的《建设工程设计合同》《建筑工程施工合同》《固定资产借款合同》及借款、转账凭证等证据。原审法院综合全案证据审查认为，华裕物流公司虽提交了其与华裕李氏公司之间的《租赁合同》，但未提交与该合同约定的租金数额、租期、支付方式相对应的租金支付凭证以及其他合同履行依据。因此，在无其他证据佐证的情况下，仅依据《租赁合同》尚不足以认定华裕物流公司与华裕李氏公司之间就龚家岭地块形成了转租关系的事实。华裕物流公司提交的《建设工程设计合同》《施工图》《建筑工程施工合同》，对应的工程项目均系路面、围墙、护坡、给排水等构筑物附属工程，与本案争议的厂房、仓库等主体建筑物并不一致。同时，也没有证据佐证相应的履约依据与上述合同相对应。《固定资产借款合同》及借款凭证只能证明华裕物流公司以仓储扩建的名义向武汉农村商业银行股份有限公司青山支行借款3000万元的事实，而该借款合同对应的具体工程项目不明，且转账凭证中用途亦未填写，无法证明与龚家岭地块地上建筑物存有关联。因此，上述证据均不足以证明华裕物流公司实际投资建设了龚家岭地块上的厂房、仓库等地上建筑物的主张。华裕物流公司在原审庭审中提出，上述合同、借款及转账凭证对应的是龚家岭地块、先锋村地块以及和平镀锌板厂的全部地上建筑物的建设工程项目，是统一设计、统一施工，但是无论从华裕物流公司提交的设计、施工合同的具体内容，还是借款及转账凭证中载明的款项用途，都无法与其主张相印证。因此，对华裕物流公司关于其与华裕李氏公司之间关于龚家岭地块形成了租赁关系以及实际投资建设了龚家岭地块地上建筑物的相关主张均不予支持。在华裕物流公司未能提交充分证据证明其实际承租以及投资建设了龚家岭地块地上建筑物的情形下，华裕物流公司对被查封的上述建筑物享有足以排除强制执行实体权利的理由不能成立。故依据相关法律规定查封龚家岭地块上的厂房、仓库等地上建筑物并无不当。此外，关于华裕物流公司提出的书面申请，要求对其提交的证据A4、A15及华裕物流公司向武汉农村商业银行股份有限公司青山支行借款3000万元的真实性进行调查核实的问题，因粤汉钢铁公司及第三人对证据A4、A15的真实性无异议，该院对此亦予以了确认，故该调查核实已无意义。对华裕物流公司向武汉农村商业银行股份有限公司青山支行借款真实性的问题，因该银行已经向原审法院提交了相关汇款原件资料，对此调查亦无意义，该院不予准许。

关于和平镀锌板厂地块上所建建筑物的权属问题。本案中，粤汉钢铁公司提交的《和平镀锌板厂资产移交表》显示，和平镀锌板厂的全部资产在经过改制之后已全部移交至总观园公司。总观园公司股东李某1、李某2将上述部分资产以实物作价的方式出资设立了华裕李氏公司。之后，李某1、李某2申请注销总观园公司。注销清算报告显示，总观园公司在申请注销时的固定资产为“零”。华裕物流公司认为，总观园公司的固定资产为零，表明该公司的资产已经发生转移，结合华裕物流公司是总观园公司现有资产管理人的实际情况，可以确定总观园公司的上述资产已被华裕物流公司合法接收。因此，华裕物流公司是和平镀锌板厂厂房、仓库等地上建筑物的实际权利人。对此，该院认为，根据《中华人民共和国物权法》第六条“不动产物权的设立、变更、转让和消灭，应当依照法律规定登记”的规定，总观园公司在处置和平镀锌板厂移交的厂房、仓库等不动产时，应当依法进行登记，否则不发生物权变更的法律效力。因此，即便华裕物流公司对和平镀锌板厂的相关资产行使着管理和收益的权利，在没有任何物权登记的情况下，也不能认定华裕物流公司系上述资产的实际权利人。华裕物流公司还认为，武汉市房产测绘中心出具的《武汉市房屋面积调查测丈表》以及武汉市青山区房产测绘站出具的《武汉市房地产平面图》可作为认定该公司系上述资产产权人的依据。对此，该院认为，首先，华裕物流公司、华裕李氏公司以及华裕李氏公司物流仓储分公司均有物流仓储经营项目，且部分管理和财务人员还存在重合，华裕物流公司与华裕李氏公司之间存在一定的关联关系，而上述文件中产权人记载的“华裕物流”以及“华裕物流仓储公司”，在无明确依据的情况下，上述记载明显指向不明；其次，上述文件均系房产测绘文件，即对房屋进行位置、面积、结构等内容的测定，而对于权属的审核和登记，不属于测绘部门的职责范围。因此，上述测绘资料不能作为认定争议执行标的物权属的依据。加之，从和平镀锌板厂的资产流转过程分析，现有证据只能证明上述资产通过李某1、李某2等人的操作，部分移交至华裕李氏公司名下，但不能证明上述资产合法移交至华裕物流公司。且华裕物流公司提交的《建设工程设计合同》《施工图》《建筑工程施工合同》均系2008年6月之后形成，而和平镀锌板厂的厂房、仓库等地上建筑物于2003年在和平镀锌板厂改制之前就已经存在。因此，华裕物流公司关于其对和平镀锌板厂的厂房、仓库等地上建筑物享有实体权利，并足以阻却执行措施的主张，缺乏相应的事实和法律依据，不予支持。综上，该院认为华裕物流公司的请求及理由依据不足，不予支持。依照《中华人民共和国民事诉讼法》第二百二十七条、《最高人民法院关于适用〈中华人民共和国民事诉讼法〉的解释》第三百一十二条第一款第二项之规定，判决：驳回华裕物流公司的诉讼请求。案件受理费750 616.26元，由华裕物流公司负担。

二审审理期间，华裕物流公司提交了以下新证据：

证据1：湖北省民族建筑工程有限责任公司（以下简称民族建筑公司）法定代表人叶某斌出具的《法定代表人授权委托书》，内容为"授权委托该公司许才进为华裕物流公司厂房及基础配套工程项目经理"。拟证明：民族建筑公司为华裕物流公司厂房及基础配套工程的施工单位，许才进为项目实际施工人。粤汉钢铁公司质证认为：该证据形成于原审庭审之前，不属于新证据，对该证据的真实性、合法性、关联性均不予认可。

证据2：《工程决算书》六份。拟证明：华裕物流公司系案涉执行标的的投资主体，并就相关施工内容与民族建筑公司进行结算。粤汉钢铁公司质证认为：该证据仅首页加盖了建设单位华裕物流公司和施工单位民族建筑公司的印章，其余部分均为打印件或复印件，也无骑缝章，存在伪造嫌疑，真实性无法确定，也不属于新证据。

证据3：武汉农村商业银行股份有限公司青山支行2019年11月19日出具的《情况说明》。拟证明：华裕物流公司因支付室内仓库、露天货场改造道路及场坪等工程款，向该行贷款3000万元，支付对象为民族建筑公司。粤汉钢铁公司质证认为：对该证据的真实性、合法性、关联性均不予认可。

原审第三人华裕李氏公司、李某1对华裕物流公司提交的上述新证据均予认可。本院将结合庭审查明事实及在案其他证据对华裕物流公司提交的上述新证据的证明目的予以综合评判认定。

本院二审审理期间，被上诉人粤汉钢铁公司及原审第三人华裕李氏公司、李某1未提交新证据。

本院二审对原审查明的事实予以确认。

本院认为，根据当事人的诉辩主张和理由，本案二审争议的焦点为"华裕物流公司对案涉建筑物是否享有权益并足以排除强制执行"，而该焦点问题涉及的建筑物包括"龚家岭地块地上建筑物"和"和平镀锌板厂地块地上建筑物"两部分，本院对上述两地块分别进行评判。

首先，关于龚家岭地块上所建地上建筑物的权属问题。本院认为，本案中，本案各方对华裕李氏公司承租龚家岭地块的事实均无异议，但对华裕李氏公司是否将该地块转租给华裕物流公司以及华裕物流公司是否对该地块上的厂房、仓库等地上建筑物享有民事权益的事实存有争议。根据《最高人民法院关于适用〈中华人民共和国民事诉讼法〉的解释》第三百一十一条"案外人或者申请执行人提起执行异议之诉的，案外人应当就其对执行标的享有足以排除强制执行的民事权益承担举证证明责任”的规定，华裕物流公司应当提交证据证明其对龚家岭地块形成转租关系，并实际投资建设了龚家岭地块上的厂房、仓库等地上建筑物，进而证明其对龚家岭地块上所建地上建筑物享有足以排除强制执行的民事权益。对此，原审中，华裕物流公司仅提交了其与华裕李氏公司之间的《租赁合同》，但未提交与该合同约定的租金数额、租期、支付方式相对应的租金支付凭证以及其他合同履行依据，在无其他证据相印证的情形下，原审认定该证据尚不足以充分证明华裕物流公司与华裕李氏公司之间就龚家岭地块形成转租关系正确。华裕物流公司在原审中也提交了《建设工程设计合同》《施工图》《建筑工程施工合同》等证据，但原审亦查明认定，上述证据对应的工程项目系路面、围墙、护坡、给排水等构筑物附属工程，与案涉厂房、仓库等主体建筑物并不一致，同时也没有其他证据佐证相应的履约依据与上述合同相对应。而华裕物流公司原审中提交的《固定资产借款合同》及借款凭证，只能证明华裕物流公司以仓储扩建的名义向武汉农村商业银行股份有限公司青山支行借款 3000 万元的事实，而该借款合同对应的具体工程项目不明，且转账凭证中用途未填写，无法证明与龚家岭地块地上建筑物存在关联。在本院二审期间，华裕物流公司为证明其主张，又提交了《工程结算书》《法定代表人授权委托书》《情况说明》等证据。因本案原审已查明，华裕物流公司在原审提交的《建设工程设计合同》《施工图》《建筑工程施工合同》等证据对应的工程项目系路面、围墙、护坡、给排水等构筑物附属工程，与案涉厂房、仓库等主体建筑物并不一致，即使华裕物流公司提交的《工程结算书》《法定代表人授权委托书》为真实，也不能以此证明华裕物流公司投资建设了案涉厂房、仓库等主体建筑物。而《情况说明》显示华裕物流公司向武汉农村商业银行股份有限公司青山支行申请该笔贷款的申请理由，为支付室内仓库露天货场改造道路及场坪等工程款，尚不能证明该笔贷款实际用于案涉厂房、仓库等建筑物的建设。因此，华裕物流公司提交的上述新证据亦不能充分证明其投资建设了龚家岭地块上的建筑物。故原审认定华裕物流公司提交的证据无法证明其对龚家岭地块上所建地上建筑物享有足以排除强制执行的民事权益并无不当。华裕物流公司关于“其已提交充分证据的前提下，原审未认定华裕物流公司系案涉建（构）筑物实际权利人，属认定事实错误”等上诉理由不能成立，本院予以驳回。

其次，关于和平镀锌板厂地块上所建建筑物的权属问题。本院认为，本案已查明，和平镀锌板厂的全部资产经过改制后已全部移交至总观园公司。总观园公司股东李某 1、李某 2 将上述部分资产以实物作价的方式出资设立了华裕李氏公司。华裕物流公司提交的现有证据无法证明总观园公司在和平镀锌板厂处置过程中移交的厂房、仓库等不动产已依法进行物权变更登记，因此，即便华裕物流公司对和平镀锌板厂的相关资产行使管理和收益的权利，在没有相关权属登记证明的情况下，华裕物流公司提交的现有证据不能证明华裕物流公司系上述资产的实际权利人。而本案也查明，和平镀锌板厂的厂房、仓库等地上建筑物在和平镀锌板厂 2003 年改制前就已经存在，华裕物流公司在原审提交的《建设工程设计合同》《施工图》《建筑工程施工合同》均形成于 2008 年 6 月后，晚于和平镀锌板厂地上建筑物形成时间。而且，对应的工程项目系路面、围墙、护坡、给排水等构筑物附属工程，与案涉厂房、仓库等主体建筑物并不一致，华裕物流公司即使在本案二审期间又提交了《工程结算书》《法定代表人授权委托书》

《情况说明》等证据，也并不能形成完整的证据链条证明其为和平镀锌板厂相关资产的实际权利人。因此，原审关于华裕物流公司对和平镀锌板厂的厂房、仓库等地上建筑物不享有实体权利及不足以阻却执行的事实认定亦无不当，对华裕物流公司主张“其为上述资产的实际权利人”不予支持正确，本院予以维持。关于华裕物流公司主张武汉市房产测绘中心出具的《武汉市房屋面积调查测丈表》以及武汉市青山区房产测绘站出具的《武汉市房地产平面图》可作为认定该公司系上述资产产权人的依据的问题。原审已查明，华裕物流公司、华裕李氏公司以及华裕李氏公司物流仓储分公司均有物流仓储经营项目，而且，部分管理人员和财务人员还存在重合，华裕物流公司与华裕李氏公司之间存在一定的关联关系，而《武汉市房屋面积调查测丈表》《武汉市房地产平面图》中记载的产权人为“华裕物流”以及“华裕物流仓储公司”，在华裕物流公司未提供其他证据相互印证的情况下，上述记载无法明确指向华裕物流公司，亦不能证明华裕物流公司为上述文件所涉房产的权利人。而且，上述文件均系房产测绘文件，即对房屋进行位置、面积、结构等内容的测定，而对于权属的审核和登记，不属于测绘部门的职责范围。因此，原审认定上述测绘资料不能作为认定争议执行标的物权属的依据并无不当。综上，华裕物流公司主张其对和平镀锌板厂地块上所建建筑物享有权益并足以排除强制执行的上诉理由亦不能成立，本院予以驳回。

关于原审对案涉建筑物能否享有收益权及收益权归属的事实认定是否清楚、对执行标的实体权益的认定以及证明标准适用法律是否正确的问题。本院认为，本案为案外人执行异议之诉，根据《最高人民法院关于适用〈中华人民共和国民事诉讼法〉的解释》第三百一十一条“案外人或者申请执行人提起执行异议之诉的，案外人应当就其对执行标的享有足以排除强制执行的民事权益承担举证证明责任”的规定，本案的审理范围主要为“案外人华裕物流公司对其主张的案涉建筑物能否享有足以排除强制执行的民事权益”，而华裕物流公司上诉所主张的原审法院对案涉建（构）筑物采取的查封措施错误、未对执行行为的正当性进行审查等理由，并非本案的审理范围。所以，原审法院仅就华裕物流公司提供的证据是否足以排除强制执行进行审理认定，并无不当。根据《最高人民法院关于适用〈中华人民共和国民事诉讼法〉的解释》第三百一十二条第一款第二项“案外人就执行标的不享有足以排除强制执行的民事权益的，判决驳回诉讼请求”的规定，原审经审理后，认定华裕物流公司提交的证据不足以证明其为案涉建筑物的权利人且不享有足以排除强制执行的民事权益，并据此规定驳回诉讼请求适用法律亦无不当。

综上，华裕物流公司的上诉请求因缺乏相应的证据支持和法律依据，均不能成立，本院予以驳回。原审判决认定事实清楚，适用法律正确，依法应予维持。本院依照《中华人民共和国民事诉讼法》第一百七十条第一款第一项之规定，判决如下：

驳回上诉，维持原判。

一审案件受理费按一审判决执行。二审案件受理费 750 616.26 元，由武汉和平华裕物流有限公司负担。

本判决为终审判决。

审判长　李相波
审判员　方　芳
审判员　朱　燕
二〇二〇年四月二十八日
法官助理　王　鑫
书记员　秦　爽

（摘自 2022 年《中华人民共和国最高人民法院公报》第 9 期）

江苏南通二建集团有限公司与上海农村商业银行股份有限公司浦东分行等建设工程施工合同纠纷案

【裁判摘要】

承包人出具虚假的工程款收款证明，就其未获清偿的工程款债权主张享有建设工程价款优先受偿权的，人民法院不予支持。

最高人民法院民事裁定书

（2021）最高法民申 3629 号

再审申请人（一审原告、二审上诉人）：江苏南通二建集团有限公司，住所地：江苏省启东市人民中路。

法定代表人：杨某东，该公司董事长。

委托诉讼代理人：张某，某某律师事务所律师。

委托诉讼代理人：陈某，某某律师事务所律师。

被申请人（一审第三人、二审上诉人）：上海农村商业银行股份有限公司浦东分行，住所地：中国（上海）自由贸易试验区世纪大道。

负责人：杨某君，该分行行长。

委托诉讼代理人：林某晗，某某律师事务所上海分所律师。

委托诉讼代理人：王某，某某律师事务所上海分所律师。

被申请人（一审被告、二审被上诉人）：上海佳程房地产开发有限公司，住所地：上海市闵行区苏召路。

法定代表人：田某陶，该公司董事长。

一审被告、二审被上诉人：上海佳程企业发展有限公司，住所地：上海市静安区共和新路。

法定代表人：田某陶，该公司董事长。

一审被告、二审被上诉人：上海栩宽企业发展有限公司，住所地：上海市静安区共和新路。

法定代表人：田某陶，该公司总裁。

委托诉讼代理人：张某奇，男，该公司员工。

一审被告、二审被上诉人：上海五牛素福投资中心（有限合伙），住所地：上海市金山区漕泾镇亭卫公路。

执行事务合伙人：上海五牛资产管理有限公司（委派代表：韩某）。

委托诉讼代理人：吴某超，某某律师事务所律师。

委托诉讼代理人：顾某雯，某某律师事务所律师。

一审被告、二审被上诉人：五牛股权投资基金管理有限公司，住所地：上海市奉贤区光明路。

法定代表人：韩某，该公司执行董事。

委托诉讼代理人：吴某超，某某律师事务所律师。

委托诉讼代理人：顾某雯，某某律师事务所律师。

一审被告、二审被上诉人：深圳五牛股权投资基金管理有限公司，住所地：广东省深圳市前海深港合作区前湾一路。

法定代表人：韩某，该公司执行董事、总经理。

委托诉讼代理人：吴某超，某某律师事务所律师。

委托诉讼代理人：顾某雯，某某律师事务所律师。

再审申请人江苏南通二建集团有限公司（以下简称南通二建）因与被申请人上海农村商业银行股份有限公司浦东分行（以下简称上海农商行浦东分行）、上海佳程房地产开发有限公司（以下简称佳程房产公司）及一审被告、二审被上诉人上海佳程企业发展有限公司、上海栩宽企业发展有限公司、上海五牛素福投资中心（有限合伙）、五牛股权投资基金管理有限公司、深圳五牛股权投资基金管理有限公司建设工程施工合同纠纷一案，不服上海市高级人民法院（2020）沪民终433号民事判决，向本院申请再审。本院依法组成合议庭进行了审查，现已审查终结。

南通二建申请再审称：本案符合《中华人民共和国民事诉讼法》第二百条第一项、第三项、第六项规定的情形，应予再审。主要事实与理由：（一）原审判决认定事实的主要证据是伪造的。南通二建申请再审新提交的启东市公安局立案告知单、鉴定意见通知书、立案决定书、苏州同济司法鉴定所司法鉴定意见书，可以证明案涉《建设工程施工合同补充协议》及2016年3月31日、2016年5月10日、2016年5月23日的《施工方已收到资金确认函》中南通二建的公章均系伪造，南通二建对佳程房产公司向上海农商行浦东分行申请贷款并不知情，也没有配合佳程房产公司转移贷款资金。南通二建将收到的 115 692 901 元款项返还给佳程房产公司是履约行为，不存在过错。（二）上海农商行浦东分行存在过错，并非善意第三人。南通二建申请再审新提交的上海市监察委员会公告、上海市不动产登记信息、《上海银行人民币单位委托贷款借款合同》《上海市建设工程施工合同》证明上海农商行浦东分行存在配合佳程房产公司挪用贷款以归还高息过桥资金的行为，其未注意审核佳程房产公司伪造的《总承包工程施工合同》，也未按规定将贷款直接发放至南通二建账户。（三）上海农商行浦东分行对案涉工程不享有抵押权。1. 上海农商行浦东分行仅办理了案涉工程抵押预告登记，未办理抵押登记，抵押权未设立。2. 即便上海农商行浦东分行办理了在建工程抵押登记，南通二建申请再审新提交的混凝土抗压强度检测报告、钢材焊接力学性能检测报告、工程变更签证联系单、挖土令、建设工程开工报告等证据也可以证明上海农商行浦东分行对抵押合同签订以后新施工的两幢塔楼、主体工程不享有抵押权。（四）上海农商行浦东分行系无独立请求权的第三人，没有上诉的权利。（五）建设工程价款优先受偿权是一项法定权利，如与抵押权存在冲突，则应结合案件事实认定优先顺序，不应直接剥夺南通二建享有的该项权利。

上海农商行浦东分行提交意见称：（一）南通二建共出具 11 份资金确认函，各函件内容连续，仅凭其提交的鉴定报告不足以推翻南通二建在原审中关于部分资金确认函系其出具的自认及原审法院对该部分事实的认定。（二）上海农商行浦东分行不存在过错，其既对工程进度进行了审核，又要求南通二建出具了《施工方已收到资金确认函》以保障其抵押权实现。相反，南通二建在收到款项后私自转还给佳程房产公司，并且刻意隐瞒实际工程合同及付款情况，主观上存在明显恶意。（三）上海市第一中级人民法院（2018）沪 01 民初 784 号生效判决已经确认上海农商行浦东分行依法享有案涉工程抵押权。（四）上海农商行浦东分行作为案涉工程抵押权人，在本案中属于有利害关系的第三人，依法享有上诉权利。（五）南通二建主张的建设工程价款优先受偿权不得对抗上海农商行浦东分行的抵押权。

本院经审查认为：（一）关于南通二建就案涉工程应否享有建设工程价款优先受偿权的问题。建设工程价款优先受偿权是建设工程承包人享有的一项法定优先权，但承包人不得滥用该项权利，且在特定情形下，因承包人自身存在过错行为，其还可能丧失建设工程价款优先受偿权。本案南通二建就案涉工程应否享有建设工程价款优先受偿权，应结合南通二建所实施行为的主观过错、后果、是否损害他人合法权益、是否影响建筑工人利益等因素综合予以认定。第一，从主观过错来看，南通二建在原审中自认其曾向上海农商行浦东分行出具了落款时间分别为 2016 年 3 月 31 日、5 月 10 日、5 月 23 日、8 月 22 日、8 月 30 日的 5 份《施工方已收到资金确认函》，确认收到工程款 261 466 700 元。南通二建作为长期专业从事工程建设的市场主体，应对上海农商行浦东分行要求其出具收到资金确认函的目的以及其出具收到资金确认函所产生的法律后果具有相应的认知。在此情况下，南通二建仍向上海农商行浦东分行出具与实际收到工程款金额不符的《施工方已收到资金确认函》，并将其实际收到的 145 432 901 元工程款中的 115 692 901 元返还给了佳程房产公司，配合佳程房产公司套取上海农商行浦东分行贷款。南通二建的行为在主观上存在重大过错，其应对此承担相应的法律责任。第二，从行为后果来看，南通二建在原审中自认由其出具的5份资金确认函载明其已收到佳程房产公司支付的工程款合计261 466 700元，超过原审法院认定的南通二建施工工程的总价款157 704 663.49元。发包人欠付工程款是承包人享有建设工程价款优先受偿权的前提和基础，南通二建在收到资金确认函中确认收到的工程款已超出其实际应得的工程款，其因为自身的过错行为丧失了主张建设工程价款优先受偿权的事实基础，其不应再享有该项优先权。第三，从是否损害他人权益的角度来看，虽然南通二建出具5份收到资金确认函的对象为上海农商行浦东分行，但该行为导致佳程房产公司从上海农商行浦东分行获取的本应用于支付工程款的贷款被挪作他用，而具有优先受偿权的工程款未获清偿，必然会影响佳程房产公司其他债权人的债权受偿，故南通二建出具收到资金确认函的行为，不仅损害了上海农商行浦东分行的合法权益，而且损害了佳程房产公司其他债权人的合法权益，其对佳程房产公司享有的工程款债权不应再优先于上海农商行浦东分行对佳程房产公司享有的贷款债权，以及其他债权人对佳程房产公司享有的债权。第四，南通二建并未提供证据证明其就案涉工程不享有建设工程价款优先受偿权会损害建筑工人利益。综上，二审判决认定南通二建就案涉工程因其自身过错行为不享有建设工程价款优先受偿权，并无不当。南通二建申请再审新提交的启东市公安局立案告知单、鉴定意见通知书、立案决定书、苏州同济司法鉴定所司法鉴定意见书，不足以推翻其在原审中关于上述5份收到资金确认函由其出具的自认，亦不能证明原审认定的《施工方已收到资金确认函》均系伪造；其申请再审新提交的上海市监察委员会公告、上海市不动产登记信息、《上海银行人民币单位委托贷款借款合同》《上海市建设工程施工合同》，不足以证明上海农商行浦东分行存在主观恶意、未尽到合理审查义务的情形。南通二建所提交的上述证据材料均不属于《中华人民共和国民事诉讼法》第二百条第一项规定的足以推翻原判决的新的证据。

（二）关于上海农商行浦东分行是否享有案涉工程抵押权的问题。上海农商行浦东分行与佳程房产公司就案涉工程签订了借款合同和抵押合同，并办理了案涉工程抵押预告登记，且上海农商行浦东分行享有案涉工程抵押权已经上海市第一中级人民法院（2018）沪01民初784号民事生效判决确认，原审法院认定上海农商行浦东分行享有案涉工程抵押权，并无不妥。南通二建关于上海农商行浦东分行不享有案涉工程抵押权的主张不成立。南通二建申请再审新提交的混凝土抗压强度检测报告、钢材焊接力学性能检测报告、工程变更签证联系单、挖土令、建设工程开工报告不足以推翻原判决的上述认定，不属于《中华人民共和国民事诉讼法》第二百条第一项规定的新的证据。

（三）关于上海农商行浦东分行在本案中是否享有上诉权的问题。南通二建关于其对案涉工程折价或者拍卖的价款优先受偿的诉讼请求与上海农商行浦东分行实现案涉工程抵押权的优先顺位直接相关，本案的处理结果与上海农商行浦东分行具有法律上的利害关系，上海农商行浦东分行在一审时以第三人身份参加本案诉讼符合《中华人民共和国民事诉讼法》第五十六条的规定。一审判决判定南通二建对案涉工程折价、拍卖的价款享有优先受偿权，已实质性地影响到上海农商行浦东分行享有的案涉工程抵押权的行使和实现，上海农商行浦东分行因一审判决结果实际上承担了相应的法律后果。在此情况下，二审法院认定上海农商行浦东分行享有上诉权，并无不当。南通二建关于上海农商行浦东分行无权提起本案上诉的主张，本院亦不予支持。

综上，南通二建提出的再审事由不能成立，其再审申请不符合《中华人民共和国民事诉讼法》第二百条第一项、第三项、第六项规定的情形。依照《中华人民共和国民事诉讼法》第二百零四条第一款，《最高人民法院关于适用〈中华人民共和国民事诉讼法〉的解释》第三百九十五条第二款规定，裁定如下：

驳回江苏南通二建集团有限公司的再审申请。

审判长　汪　军

审判员　薛贵忠

审判员　杜微科

二〇二一年八月十日

书记员　盛家璐

（摘自 2022 年《中华人民共和国最高人民法院公报》第 9 期）

山东瀚霖生物技术有限公司与国家知识产权局等发明专利权无效行政纠纷案

【裁判摘要】

一、专利制度保护的是利用自然规律解决技术问题的技术方案，而不是自然规律本身。因此，对于权利要求是否清楚地限定专利保护范围的问题，需要审查的内容是权利要求是否清楚地限定了专利保护的技术方案本身，而不是对技术方案所利用的自然规律是否进行了清楚地阐述和限定。

二、行为人将他人技术成果非法申请为自己的专利，在该非法申请的专利权依法返还他人后，转而对该专利权提出无效宣告请求的，明显违背诚信原则，人民法院不予支持。

最高人民法院行政判决书

（2020）最高法知行终 564 号

上诉人（原审被告）：国家知识产权局。住所地：北京市海淀区蓟门桥西土城路。

法定代表人：申某雨，该局局长。

委托诉讼代理人：侯某，该局审查员。

委托诉讼代理人：赵某，该局审查员。

上诉人（原审第三人）：上海凯赛生物技术股份有限公司。住所地：中国（上海）自由贸易试验区蔡伦路。

法定代表人：刘某才，该公司董事长。

委托诉讼代理人：张某林，某某律师事务所律师。

委托诉讼代理人：李某宝，某某律师事务所律师。

被上诉人（原审原告）：山东瀚霖生物技术有限公司。住所地：山东省莱阳市（开发区）峨眉路。

法定代表人：曹某波，该公司执行董事。

委托诉讼代理人：赵某 1，某某律师事务所律师。

委托诉讼代理人：王某喜，某某律师事务所律师。

上诉人国家知识产权局、上海凯赛生物技术股份有限公司（以下简称凯赛公司）因与被上诉人山东瀚霖生物技术有限公司（以下简称瀚霖公司）发明专利权无效行政纠纷一案，不服北京知识产权法院于 2020 年 7 月 15 日作出的（2019）京 73 行初 7946 号行政判决，向本院提起上诉。本院于 2020 年 11 月 5 日立案后，依法组成合议庭，于 2021 年 5 月 28 日对本案进行公开开庭审理。上诉人国家知识产权局的委托诉讼代理人侯某、赵某，上诉人凯赛公司的委托诉讼代理人张某林、李某宝，被上诉人瀚霖公司的委托诉讼代理人赵某 1、王某喜到庭参加诉讼。本案现已审理终结。

国家知识产权局上诉请求：1. 撤销原审判决；2. 维持国家知识产权局作出的第 39674 号无效宣告请求审查决定（以下简称被诉决定）。事实与理由：名称为“生物发酵法生产长碳链二元酸的精制工艺”、专利号为 201010160266.4 的发明专利（以下简称本专利）符合《中华人民共和国专利法》（2008 年修正）（以下简称专利法）第二十六条第三款、第四款以及第二十二条第三款的规定，原审判决对此认定错误。（一）对于权利要求中的术语，应当站位本领域技术人员，结合本领域技术常识加以理解。本专利权利要求中的“长碳链二元酸溶解度非常低”是本领域公知常识，对此各方均无异议。在此基础上，本领域技术人员不可能将“高温水结晶”机械理解为严格意义上的“结晶”。原审判决单纯从字面含义出发，认为首先应当解读为“以高温水为溶剂，将步骤（2）得到的晶体完全溶解再以结晶形式析出，或者不使用溶剂，完全熔解再结晶析出的方式”背离了本领域技术人员的基本认知。（二）本专利说明书和权利要求 1 关于步骤（3）的描述是清楚的。通过对说明书内容的阅读并结合本领域公知常识，本领域技术人员能够获知在“高温水结晶罐”中进行的该“结晶、分离”步骤的准确含义应当是“在罐设备中，在高温水的作用下，以结晶形式获得并分离出二元酸产品”，该步骤并非严格的“溶剂结晶”或者“熔融结晶”方式，与步骤（2）中“结晶”含义不同。（三）凯赛公司对技术方案的解读不存在前后矛盾。在本案涉及的无效宣告请求中，凯赛公司解释步骤（3）的物料状态时主张，该步骤中二元酸在高温和水的共同作用下，处于“部分溶解——熔融悬浊”的分散状态，该解释基本符合本领域认知。而在第 42594 号无效宣告请求审查决定（在被诉决定作出之后，瀚霖公司于 2019 年 6 月 21 日就本专利再次提起专利权无效宣告请求，国家知识产权局于2019年12月29日作出第42594号无效宣告请求审查决定，维持本专利权有效，以下简称第42594号决定）所对应的无效宣告请求案中，凯赛公司作出“本专利权利要求1的步骤（3）中不存在熔融的情况”的意见陈述，其目的仅在于否定本专利步骤（3）是“熔融结晶”这种特定的结晶方式，与其在本案中的陈述并不存在前后矛盾。原审判决实际上将专利权人的主张扩大解读为否定“步骤（3）中可能存在部分熔融的二元酸”，并由此认定与专利权人此前对于本专利是一个“部分溶解—熔融悬浊的分散状态”的陈述前后矛盾，该认定与事实不符。（四）相关事实已经在各级人民法院的裁判中获得确认。凯赛公司和瀚霖公司自2012年起即围绕本专利和相关专利权在各地各级人民法院进行诉讼。在上述纠纷的生效判决中，均涉及一份2003年10月3日拟稿的SOP（标准化操作程序）复印件（以下简称2003年SOP），其中记载了与本专利权利要求1实质相同的生产工艺，该证据被人民法院作为认定本专利实际发明人应为凯赛公司职工的定案依据。根据2003年SOP的记载，本专利权利要求1步骤（3）中的操作在发明伊始即被称为“高温水结晶”步骤。而对于该名称的技术含义以及其中的具体操作细节，无论是现专利权人凯赛公司还是原专利权人瀚霖公司，应当都是明晰的，在实际生产中，也是这样操作的；同时，也再次印证本专利权利要求的保护范围是清楚的，不存在权利要求术语不清楚，进而导致技术方案无法实施的情形。本专利符合专利法第二十六条第三款、第四款的规定。

凯赛公司上诉请求：撤销原审判决，维持被诉决定，判令瀚霖公司承担两审诉讼费用。事实与理由：（一）本专利权利要求1本身限定的技术方案清楚。1.权利要求1已对生物发酵法生产长碳链二元酸的精制工艺进行了清楚、完整的描述，即包括4个步骤，并对每个步骤的操作方法和操作条件进行了限定。2.权利要求1步骤（3）已清晰地记载了物料来源，放入至何种设备中，控制的温度范围以及时间，以及降温的温度范围等，本领域技术人员根据上述表述，能够完成具体操作，并明晰其边界。3.基于长碳链二元酸在水中溶解度较低的公知常识，本领域技术人员能够知晓步骤（3）的“高温水结晶”不应是“二元酸全部溶解于水中并通过降温全部结晶再次析出”的过程。4.步骤（3）所述的“完全结晶”是指降温后，溶解在水中的二元酸由于溶解度降低而基本均析出结晶，并非“二元酸完全溶解后再完全结晶”，且权利要求中也未对长链二元酸的溶解性进行任何限定。（二）通过本专利说明书亦能清楚界定权利要求1的保护范围。涉案专利说明书详细记载了背景技术、发明目的、技术方案和产生的技术效果，发明内容部分记载的技术方案与权利要求1一致，在具体实施方式部分，给出了具体的实施例，步骤（3）也给出了控制温度、保温时间和降温温度的具体点值，描述的具体操作过程亦在权利要求1的范围内。同时，还给出了总酸含量、单酸含量、总氮含量、Fe离子含量、灰分含量、水分等方面的技术效果数据，并与现有技术进行了比对。因此，说明书对本发明作出了清楚完整的说明，本领域技术人员在通读说明书后，既知晓如何实施，又能清楚界定权利要求1的保护范围。（三）专利法之所以要求权利要求的保护范围应当“清楚”，其目的在于界定专利权的保护边界，使本领域技术人员能够清楚何种技术方案会落入专利权的保护范围内，进而构成侵权，何种技术方案不会落入专利权的保护范围，进而可以避开其保护范围，并自由实施。原审判决认为“鉴于长碳链二元酸在水中的低溶解度，步骤（3）所述结晶工艺在技术上明显不合逻辑，也没有生产上的实际意义”，对专利法第二十六条第四款的理解有误，并没有准确理解该条款的基本含义。综上，本专利权利要求1的保护范围清楚、说明书公开充分，符合专利法第二十六条第四款、第三款的规定。（四）由于权利要求1的保护范围清楚，且权利要求1与瀚霖公司提交的证据存在多个区别技术特征，本领域技术人员并不能显而易见地获得权利要求1的技术方案，由此权利要求1具备创造性。

瀚霖公司辩称：（一）本专利权利要求1步骤（3）中的两个用语“水”与“结晶”存在明显矛盾且无法合理解释，导致保护范围不清楚，不符合专利法第二十六条第四款的规定。1.“结晶”在化学领域具有通常含义，即热的饱和溶液冷却后溶质因溶解度降低导致溶液过饱和，从而溶质以晶体的形式析出。本专利说明书中并没有对“结晶”作出特别限定，因此应当采用通常含义来解释步骤（3）中的“结晶”。2.权利要求1步骤（2）中的“一次结晶”“物料完全结晶”“结晶物料”中的“结晶”都是采用通常含义来解释。根据“同一权利要求中的相同用语应具有相同含义”的解释规则，步骤（3）中的“结晶”也应当采用化学领域的普通含义来解释。因此步骤（3）保护的是“以水做溶剂，通过二元酸的结晶来实现提纯目的”的技术方案。3.从权利要求记载的文义可知，步骤（3）是通过二元酸颗粒在水中进行结晶工艺来纯化二元酸颗粒的方法，说明书实施例1、2、3对步骤（3）的描述与权利要求1的记载基本一致。4.由于十二碳二元酸在水中的溶解度太小，因此“以水做溶剂，通过二元酸的结晶来实现提纯目的”的技术方案需要大量的高温水及巨大的结晶罐等配套设备，仅在理论上有可实施性。在实践中，不仅工业生产中不会采用，就连实验室也不会采用。（二）凯赛公司在两次专利权无效宣告程序中对步骤（3）给出了三种不同的解释，也能说明本专利的保护范围不清楚。1.在本案中，凯赛公司认为步骤（3）中的二元酸实际上处于一个“部分溶解——熔融——悬浊”的分散状态，“部分溶解”是因步骤（2）残留的醋酸溶解了部分二元酸颗粒，“熔融”是因为二元酸颗粒中混有杂质，降低了熔点。2.在第42594号决定所对应的无效宣告请求案中，凯赛公司认为步骤（3）“高温水结晶”与步骤（2）一样，都属于结晶工艺，这个解释与本专利权利要求1的文义解释一致。3.在第42594号决定所对应的无效宣告请求案中，凯赛公司还认为步骤（3）是“洗涤工艺+结晶现象”，并推翻了之前提出的残留醋酸导致部分溶解、存在熔融、属于结晶工艺等观点。（三）在两次专利无效宣告程序中，国家知识产权局分别认可了凯赛公司的第一种解释和第三种解释，也能说明本专利的保护范围不清楚。1.在被诉决定中，国家知识产权局认同凯赛公司主张的“该步骤中二元酸实际上处于一个‘部分溶解——熔融——悬浊’的分散状态”。但在第42594号决定中，国家知识产权局又认为本专利权利要求1步骤（3）中“不存在熔融情况”。2.在第42594号决定中，国家知识产权局将步骤（3）认定为“洗涤工艺+结晶现象”，但是由于长链二元酸在水中的溶解度太小，为了让溶于水的微量二元酸结晶析出，需耗费大量的时间和能源，因此，这种先形成过饱和溶液，再实现长链二元酸“再结晶”的技术方案不具有可行性，是本领域技术人员可以明确排除的技术方案。（四）在本案上诉状中，国家知识产权局与凯赛公司对步骤（3）中的“结晶”给出了相反的解释，也能说明步骤（3）的保护范围不清楚。国家知识产权局在上诉状中认为权利要求1中步骤（2）与步骤（3）的相同用语“结晶”具有不同的含义，而凯赛公司在上诉状中却认为步骤

（2）与（3）中的“结晶”具有一致性，仅此就足以确定步骤（3）的保护范围不清楚。（五）如果凯赛公司实施了步骤（3）“高温水结晶”，实现了“部分溶解——熔融——悬浊的分散状态”，那将是本领域重大的技术突破。但说明书中没有记载如何实现“部分溶解——熔融——悬浊的分散状态”的技术手段，属于说明书公开不充分。

瀚霖公司向原审法院提起诉讼，原审法院于2019年7月8日立案受理。瀚霖公司起诉请求：撤销被诉决定，并判令国家知识产权局重新作出决定。事实与理由：本专利不符合专利法第二十六条第三款、第四款以及第二十二条第三款的规定。本专利权利要求1和说明书均未记载步骤（3）所使用的水量以及与步骤（2）所得结晶物料之间的关系，本领域技术人员依据说明书的记载无法实现提高纯度的技术目的，故权利要求1不符合专利法第二十六条第四款的规定。基于与上述基本相同的理由，本专利说明书不符合专利法第二十六条第三款的规定。至于权利要求1的创造性，关于区别特征①，在附件2给出乙酸溶解二元酸粗品并利用活性炭脱色的基础上，本领域技术人员在实际操作中有动机对乙酸用量和二元酸粗品的含水量进行调整，采用板框压滤机过滤也是本领域的常规选择。关于区别特征②，在附件2技术方案的基础上，本领域技术人员容易想到使用附件3公开的两次结晶方案，至于具体的步骤和条件可根据实际需要确定，无需付出创造性劳动。关于区别特征③，高温水结晶的实质是反向萃取，是本领域技术人员常用的一种提纯技术。关于区别特征④，选择闪蒸干燥器干燥是本领域的常规选择，且没有产生预料不到的技术效果。

国家知识产权局原审辩称：坚持被诉决定中的意见。被诉决定认定事实清楚，适用法律正确，审查程序合法，瀚霖公司的诉讼理由不能成立，请求法院驳回瀚霖公司的诉讼请求。

凯赛公司原审述称：同意被诉决定中的意见，请求法院驳回瀚霖公司的诉讼请求。

原审法院认定事实如下：

本专利申请日为2010年4月30日，专利权人为凯赛公司。本专利授权公告时的权利要求书如下：“1.生物发酵法生产长碳链二元酸的精制工艺，其特征在于：精制工艺步骤包括：（1）脱色、过滤；（2）一次结晶、分离；（3）高温水结晶、分离；（4）干燥。所述步骤（1）脱色过滤：把二元酸粗品放入脱色罐内，含水量为5~12wt%，加入0.05~0.2wt%的活性炭，换算成含量为100%的溶剂与二元酸的质量比为3.0~2.0∶1，在温度85~100℃下，脱色20~90min后经板框压滤机过滤后得二元酸清液；所述步骤（2）一次结晶、分离：将步骤（1）得到的二元酸清液放入一次结晶罐内，降温至75~85℃，保温1~2小时后，再降温至25℃~35℃，物料完全结晶后，将结晶物料用离心机分离；所述步骤（3）高温水结晶、分离：将步骤（2）得到的结晶物料放入高温水结晶罐内，控制温度70℃~100℃，保温时间120min，再降温至30~50℃，物料完全结晶后，将结晶物料用离心机分离得二元酸湿品；所述步骤（4）干燥：将步骤（3）得到的二元酸湿品在闪蒸干燥器内干燥得到长碳链二元酸精品，所述步骤（1）的溶剂为含量为90%以上的醋酸溶液。”

2018年11月14日，瀚霖公司针对本专利向原国家知识产权局专利复审委员会（以下简称专利复审委员会）提出了无效宣告请求，其理由是：本专利说明书不符合专利法第二十六条第三款的规定，权利要求1不清楚，不符合专利法第二十六条第四款的规定，请求宣告本专利权利要求1无效，同时提交了以下附件1：

附件1："长链二元酸的制备与精制研究进展"，刘雅等，《现代化工》，第38卷第8期，第43~47页，2018年8月31日。

2018年12月3日，专利复审委员会受理了上述无效宣告请求并成立合议组进行审理。

2018年12月14日，瀚霖公司提交意见陈述书以及以下附件2和附件3，认为本专利权利要求1相对于附件2和附件3的结合不符合专利法第二十二条第三款的规定：

附件2：CN101 121 653A，公开日为2008年2月13日。

附件3：CN1570 124A，公开日为2005年1月26日。

2019年3月18日，专利复审委员会举行口头审理。在口头审理中，瀚霖公司当庭提交附件4（《化工百科全书》第3卷，化学工业出版社，1993年第1版，封面、出版信息页、目录第v页、第1039、1054~1060页）作为公知常识性证据，用于证明与附件1相同的事实，即长链二元酸不溶于水；凯赛公司认可附件1~4的真实性，但认为附件1的公开日晚于本专利申请日，不能作为现有技术和公知常识性证据。

2019年3月29日，专利复审委员会作出被诉决定。被诉决定记载：

1. 关于本专利是否公开不充分和权利要求是否不清楚

瀚霖公司认为，（1）本专利权利要求1的步骤（3）中使用的关键设备"高温水结晶罐"本身是模糊不清的，在缺乏溶剂、pH值、水和结晶物料的比例等具体条件的情况下也不清楚该步骤是如何实现的，即便认为其中的溶剂即为高温水，而长碳链二元酸不溶于水是本领域的常识；（2）步骤（1）中，含水量的百分比基数，活性炭含量的百分比基数、溶剂与二元酸的质量比均未说明；（3）本专利声称的"透光性好"以及"热稳定性高"这部分效果是本领域技术人员根据本专利技术方案所无法预见的，因此，本专利说明书公开不充分，不符合专利法第二十六条第三款的规定。基于前述（3）的相同理由，权利要求1的技术方案及其保护范围是不清楚的，不符合专利法第二十六条第四款的规定。

专利复审委员会认为，根据本专利说明书的记载，目前，长链二元酸生产企业所采用的工艺技术只能生产二元酸粗品（称P级产品），但二元酸粗品的单酸含量低，热稳定性差，纯度低，灰分和铁盐含量高，产品质量达不到聚合级质量标准，不能满足客户的高质量需求，大大限制了长链二元酸的应用范围。本发明的目的在于，克服现有技术的不足，提供了一种生物发酵法生产长碳链二元酸的精制工艺。该精制工艺生产的长碳链二元酸具有产酸水平高，生产成本低，产品质量好，品种全等特点，极大地拓展了长碳链二元酸下游产品发展空间……本发明的有益效果是：生物发酵法生产长碳链二元酸的精制工艺步骤包括：（1）脱色、过滤；（2）一次结晶、分离；（3）高温水结晶、分离；（4）干燥。得到的长碳链二元酸产品具有单酸含量高、透光好、热稳定性高，可以满足不同客户的需求，可用于生产高级香料、高性能工程塑料、高温电介质、高档热熔胶、耐寒增塑剂、高级润滑油、高级油漆和涂料等，极大地拓展了长碳链二元酸下游产品发展空间。在具体实施方式中，本专利分别采用不同的精制工艺条件，在实施例1~3中进行了精制工艺，得到长碳链二元酸精品，测定了分别用实施例1、2、3生产的十二碳二元酸和十三碳二元酸产品质量指标，并与二元酸粗品进行了比较。可见，本专利的发明目的是提供一种处理二元酸粗品以获得纯度更高的产品的精制方法，所述方法包括（1）脱色、过滤；（2）一次结晶、分离；（3）高温水结晶、分离；（4）干燥等四个步骤。在说明书第［0008］~［0012］段，本专利详细提供了上述四个步骤的具体操作条件，在实施例1~3中通过进一步选择操作条件，获得了外观洁白的粉状二元酸产品，并测定了所述产品的总酸含量、单酸含量、总氨含量、Fe离子含量、灰分含量和水分含量等指标，与现有技术获得的产品相比，各项指标均有所提高。

专利复审委员会针对性地回应瀚霖公司主张的前述理由，认为：首先，本专利精制工艺的步骤（3）是高温水结晶、分离，在该步骤中，将步骤（2）获得的经一次结晶后物料在高温水结晶罐中进行处理，控制温度及保温时间，再降温结晶，用离心机分离出二元酸湿品。本领域技术人员公知，二元酸在水中溶解度较低，如10个碳的二元酸（癸二酸）在水中溶解度是0.1g/100g，十二烷二元酸的溶解度在23℃下是0.003g/100g，温度为100℃下溶解度上升至0.37g/100g……因此，尽管化学产品普遍存在随温度升高溶解度有所增加的性质，但本领域技术人员也能够由此推断出，步骤（3）的“高温水结晶”不应当是一个“以水为溶剂，二元酸全部溶解于水中并通过降温结晶再次析出”的常规意义上的重结晶过程；此外，由于该步骤中使用的物料是不纯的二元酸，包括前一个步骤残留的溶剂、水分和未除去的杂质等，该步骤中二元酸在70~100℃的高温水保温120分钟后，结晶罐中应当是一个较为复杂的固液混合体系，与纯二元酸溶于水中的状态不会完全相同；凯赛公司在口头审理中也主张，该步骤中二元酸实际上处于一个“部分溶解——熔融——悬浊”的分散状态。因此，瀚霖公司以二元酸的低溶解度为由质疑该步骤无法实施的理由不能成立；此外，根据适当的生产规模和工艺要求选择用于进行上述过程的容器作为高温水结晶罐，以及选择水的用量，是本领域技术人员有能力实现的；并且，也没有证据表明该步骤需要其他溶剂的存在或需要进行pH调节。

其次，步骤（1）限定了原料二元酸粗品的含水量，本领域通常理解所述含水量应当是基于所述二元酸粗品的；关于活性炭的加入量，本领域通常认为其应当是基于整个体系；关于溶剂的加入量，本专利权利要求1和说明书均明确为是按照与二元酸的质量比加入的，此处的“二元酸”从文字上区别于该步骤的“二元酸粗品”，而二元酸粗品中的二元酸含量测定对于本领域技术人员来说是能够实现的，凯赛公司在意见陈述和口头审理当庭的表述也与前述本领域的常规认知是一致的。

最后，如前所述，本专利说明书已经提供了经本专利工艺处理后的产品的各项指标，以及较之现有技术产品的对比结果，因此，其较之现有技术产品具备“透光性好”以及“热稳定性高”的技术效果也是可以预期的。

可见，对于权利要求1的技术方案，本专利说明书提供了其方法所用的原料、工艺步骤和工艺条件，没有证据表明本领域技术人员按照上述记载不能实施该方案，或者不能解决本专利要解决的技术问题，瀚霖公司主张的本专利说明书不符合专利法第二十六条第三款的理由均不能成立；同理，本专利权利要求1因保护范围不清楚而不符合专利法第二十六条第四款规定的理由亦不能成立。

2. 关于创造性

附件 2 涉及一种以脂肪酸酯或脂肪酸的盐为原料，通过发酵法制备长碳链二元酸的方法，其中涉及二元酸的提取精制：将发酵液加碱调 pH 至 7~11，加热至 60~100℃，然后利用离心法或膜过滤法分离菌体、二元酸清液及发酵残余的底物；得到的二元酸清液视情况加入不超过清液体积 5% 含量的活性炭，在 50~95℃脱色 10~180 分钟，过滤除去活性炭，然后将脱色液加热至 50~100℃，用酸调节 pH 至 2~5 进行酸化结晶，酸化结晶液再经板框压滤得到长碳链二元酸粗品；用有机溶剂溶液溶解长碳链二元酸粗品，待二元酸充分溶解后，加入不超过溶液总体积 5% 含量的活性炭并加热至 60~100℃进行脱色 10~180 分钟，待脱色结束后趁热过滤，清液冷却至 10~40℃使长碳链二元酸结晶析出，离心或用板框过滤收集产品，用蒸馏水多次洗涤后，干燥得到成品（参见附件 2 权利要求 11 和说明书第 3 页倒数第 2 段）……所使用的溶剂可以是醇类（甲醇、乙醇、异丙醇、正丁醇）、酸类（乙酸）、酮类（丙酮）、酯类（乙酸乙酯、乙酸丁酯）等。

附件 3 涉及一种发酵法生产正长链二元酸的方法，所述方法包括：1）发酵法转化：以 C9~C18 的烷烃或脂肪酸为底物，通过微生物发酵法转化为相应的长链二元酸；2）发酵液的预处理：将发酵液加碱调 pH 至 8~10，加热至 60~100℃，然后利用离心法或膜过滤法分离菌体、二元酸清液及发酵残余的底物；得到的二元酸清液视情况加入 0~5% 的活性炭，在 60~95℃脱色 20~180 分钟，过滤除去活性炭，然后将脱色液加热至 60~100℃，用 H_2SO_4 调节 pH 至 2~5 进行酸化结晶，酸化结晶液再经板框压滤得到二元酸粗品；3）二次溶剂结晶法精制：将得到的二元酸粗品投入到一定比例的溶剂中，所使用的溶剂可以是醇类（甲醇、乙醇、异丙醇、正丁醇）、酸类（乙酸）、酮类（丙酮）、酯类（乙酸乙酯、乙酸丁酯）等，加热使其溶解，在 60~100℃保温 30~180 分钟后冷却结晶，固液分离，干燥得到产品。

本专利权利要求 1 处理的目标为含水量为 5~12wt% 的二元酸固体粗品，其相当于附件 2 和附件 3 中“酸化结晶液再经过滤得到的长碳链二元酸粗品”，在口头审理中，凯赛公司对此也表示认可，因此，本专利权利要求 1 的处理步骤与附件 2 和附件 3 各步骤的对应关系如下：

本专利	附件 2	附件 3
	（发酵液经过滤后）得到的二元酸清液视情况加入不超过清液体积 5% 含量的活性炭，在 50~95℃脱色 10~180 分钟，过滤除去活性炭，	（发酵液经过滤后）得到的二元酸清液视情况加入 0~5% 的活性炭，在 60~95℃脱色 20~180 分钟，过滤除去活性炭，
	然后将脱色液加热至 50~100℃，用酸调节 pH 至 2~5 进行酸化结晶，酸化结晶液再经板框压滤得到长碳链二元酸粗品；	然后将脱色液加热至 60~100℃，用 H2SO4 调节 pH 至 2~5 进行酸化结晶，酸化结晶液再经板框压滤得到二元酸粗品；

续表

本专利	附件 2	附件 3
（1）脱色、过滤； 把二元酸粗品放入脱色罐内，含水量为5~12wt%，加入0.05~0.2wt%的活性炭，换算成含量为100%的溶剂与二元酸的质量比为3.0~2.0：1，在温度85~100℃下，脱色20~90min后经板框压滤机过滤后得二元酸清液；所述步骤（1）的溶剂为含量为90%以上的醋酸溶液。	用有机溶剂溶液溶解长碳链二元酸粗品，待二元酸充分溶解后，加入不超过溶液总体积5%含量的活性炭并加热至60~100℃进行脱色10~180分钟，待脱色结束后趁热过滤， 所使用的溶剂可以是……酸类（乙酸）……等	将得到的二元酸粗品投入到一定比例的溶剂中，所使用的溶剂可以是醇类（甲醇、乙醇、异丙醇、正丁醇）、酸类（乙酸）、酮类（丙酮）、酯类（乙酸乙酯、乙酸丁酯）等，加热使其溶解，在60~100℃保温30~180分钟；
（2）一次结晶、分离； 将步骤（1）得到的二元酸清液放入一次结晶罐内，降温至75~85℃，保温1~2小时后，再降温至25~35℃，物料完全结晶后，将结晶物料用离心机分离；	清液冷却至10~40℃使长碳链二元酸结晶析出，离心或用板框过滤收集产品，	冷却结晶，固液分离，
（3）结晶、分离 将步骤（2）得到的结晶物料放入高温水结晶罐内，控制温度70~100℃，保温时间120min，再降温至30~50℃，物料完全结晶后，将结晶物料用离心机分离得二元酸湿品；		
（4）干燥 将步骤（3）得到的二元酸湿品在闪蒸干燥器内干燥得到长碳链二元酸精品。	用蒸馏水多次洗涤，干燥得到成品。	干燥得到产品。

本专利权利要求1和附件2公开的上述技术方案的区别特征在于，①附件2没有公开本专利步骤（1）中二元酸粗品的含水量、醋酸溶剂用量和过滤装置；②附件2没有公开本专利步骤（2）的二步降温获得结晶的步骤及具体条件；③附件2没有公开本专利的步骤（3）；④附件2没有公开本专利步骤（4）的闪蒸干燥器。

基于前述本专利说明书的记载，本专利的目的在于获得纯度更高的二元酸产品。附件2说明书第11页的提纯例11中，使用乙酸作为溶剂，获得了纯度为98.9%的二元酸产品，因此，本专利权利要求1技术方案实际解决的技术问题是提高了二元酸产品的纯度。

如上表所述，附件3同样没有公开上述区别特征①~④，关于二元酸纯化，其公开的信息甚至少于附件2；如前所述，由于二元酸水溶性较低的性质，本领域技术人员也没有动机将本专利步骤（3）的高温水结晶步骤引入二元酸的纯化过程，以提高二元酸的收率。因此，本领域技术人员在上述现有技术的基础上不能显而易见地获得本专利权利要求1的技术方案，瀚霖公司主张的权利要求1相对于附件2和3的结合不具备专利法第二十二条第三款规定的理由不能成立。

瀚霖公司主张，附件2中“使用活性炭对二元酸清液脱色”“酸化结晶”“有机溶剂溶解加活性炭脱色”，以及“干燥”依次对应于本专利权利要求1的步骤（1）~（4），因此二者的区别特征为本专利方法中的一些具体条件，如用量、时间、温度等，这些特征或者是本领域技术人员容易想到的，或者被附件3的实施例30公开，而步骤（3）的高温水结晶过程应当理解为本领域无法实现的过程。

对此，专利复审委员会认为，首先，如前所述，附件2的第一个活性炭脱色步骤是针对二元酸清液进行的，其处理对象是发酵液经滤除菌体后的二元酸清液，而根据附件2说明书第5~7页的发酵方法和发酵制备例，发酵罐中的培养基主要是水配制的，这与本专利步骤（1）中将二元酸粗品溶于90%以上醋酸所获得的体系完全不同，因此，附件2与本专利各步骤的对应关系应当如上表所示。

进一步考察附件3实施例30，其涉及溶剂法精制二元酸粗品，包括二元酸粗品DC12250g，加入乙酸1000ml，加热至90℃使二元酸溶解，保温90分钟，在1小时内将其冷却至15℃结晶，过滤，得到的一次结晶的产品再加入800ml乙酸，加热至80℃使二元酸溶解，保温60分钟，在2小时内将其冷却至15℃结晶，过滤，干燥，产品204g……可见，实施例30实际上属于前述附件3方法中的步骤3'）二次溶剂结晶法精制，只不过实施例30将溶剂结晶反复进行了两次。因此，该实施例和步骤3'）一样，应当对应于本专利的步骤（1）。也就是说，尽管附件3的实施例30公开了一些与前述区别特征①有关信息，如溶剂用量等，其仍然没有就其他区别特征，特别是区别特征③给出任何启示。

本专利通过将高温水结晶步骤引入二元酸纯化工艺中，并与其他步骤的工艺参数结合，实现了提高二元酸产品纯度的发明目的。因此，对于瀚霖公司的主张，专利复审委员会不予支持。

在本案原审开庭审理过程中，瀚霖公司表示对被诉决定关于附件2、附件3公开内容的记载无异议，但不认可被诉决定关于权利要求1的处理步骤与附件2、附件3各步骤对应关系的认定；瀚霖公司在本案中主张本专利说明书不符合专利法第二十六条第三款的规定，权利要求1不符合专利法第二十六条第四款的规定，并认为权利要求1相对于附件2、附件3的结合不具备创造性。

原审法院认为：

第一，从权利要求1的限定理解所述高温水结晶。通常而言，一项专利的权利要求中相同的技术术语具有相同的技术含义，不同的技术术语则具有不同的技术含义。本领域技术人员公知，“结晶”是指根据混合物中各个组分在溶剂里的溶解度的不同，通过蒸发减少溶剂或降低温度使溶质的溶解度变小，从而使晶体析出。权利要求1步骤（2）为“一次结晶、分离”，具体为“将步骤（1）得到的二元酸清液放入一次结晶罐内，降温至75~85℃，保温1~2小时后，再降温至25~35℃，物料完全结晶后，将结晶物料用离心机分离”，结合步骤（1）以及本专利说明书的记载，本领域技术人员能够理解权利要求1所述步骤（2）就是本领域常见的结晶操作过程。相应的，权利要求1步骤（3）为“高温水结晶、分离”，具体为“将步骤（2）得到的结晶物料放入高温水结晶罐内，控制温度70~100℃，保温时间120min，再降温至30~50℃，物料完全结晶后，将结晶物料用离心机分离得二元酸湿品”。同时，本专利说明书实施例1~3仅分别对所述温度限定为“70℃、30℃”“85℃、40℃”“100℃、50℃”，其余与权利要求1的文字记载一致。显然，权利要求 1 步骤（3）的具体限定以及说明书实施例 1~3 公开的内容中，均没有记载步骤（3）中添加了除水之外的其他溶剂及需要调节 pH 值，在此情况下，本领域技术人员通常理解该步骤中并未添加除水外的其他"溶剂"，也无调节 pH 值的操作。因此，在本专利说明书并未对步骤（3）所述"结晶"做出不同于本领域普通含义的解释的前提下，权利要求 1 步骤（3）与步骤（2）所述相同术语"结晶""完全结晶"应当具有相同的含义，也就是说，权利要求 1 步骤（3）与步骤（2）类似，亦应为常规意义上的结晶操作过程，即步骤（3）系以水做溶剂，通过二元酸的结晶来实现提纯的目的。

第二，从技术方案整体理解所述高温水结晶。权利要求是对技术方案的表达，技术上明显不合逻辑或没有意义的技术方案通常不在权利要求的保护范围内。本案中，本专利说明书记载"本发明的目的在于，克服现有技术的不足，提供了一种生物发酵法生产长碳链二元酸的精制工艺。该精制工艺生产的长碳链二元酸具有产酸水平高，生产成本低，产品质量好，品种全等特点，极大地拓展了长碳链二元酸下游产品发展空间"，可见，本专利所述长碳链二元酸精制工艺具体应用于工业生产，且具有生产成本低等优点。然而，本领域公知（参见附件 4），长碳链二元酸在水中溶解度较低，如十二烷二酸在水中的溶解度 23℃下为 0.003g/100g，100℃下为 0.37g/100g。倘若如上将权利要求 1 步骤（3）理解为常规意义上的结晶操作过程，就意味着需要大量的高温水及巨大的结晶罐等配套设备，这显然不适用于工业生产，也与本专利说明书所述生产成本低的发明目的相悖。

综上所述，本专利权利要求 1 步骤（3）所述高温水结晶，按照其具体限定及说明书记载的内容，通常应当理解为以水做溶剂，通过二元酸的结晶来实现提纯的目的。但是，鉴于长碳链二元酸在水中的低溶解度，步骤（3）所述结晶工艺在技术上明显不合逻辑，也没有生产上的实际意义。因此，本领域技术人员并不能合理确定本专利权利要求 1 步骤（3）所述高温水结晶的具体含义，且如果将步骤（3）所述高温水结晶作非常规结晶工艺理解，则会与步骤（2）所述高温水结晶特征矛盾，故该权利要求不符合专利法第二十六条第四款关于权利要求书应当清楚地限定要求专利保护的范围的规定。基于基本相同的理由，本专利说明书也不符合专利法第二十六条第三款的规定。

国家知识产权局和凯赛公司在原审中强调，由于步骤（3）中使用的物料是不纯的二元酸，包括前一个步骤残留的溶剂、水分和未除去的杂质等，故该步骤中的"高温水结晶"不应当是一个"以水为溶剂，二元酸全部溶解于水中并通过降温结晶再次析出"的常规意义上的重结晶过程。对此，原审法院认为，首先，如上所述，从权利要求 1 步骤（3）和步骤（2）的限定以及本专利说明书的记载来看，步骤（3）应为以水做溶剂并通过二元酸的结晶来实现提纯的目的的常规意义上的结晶操作过程。其次，被诉决定记载"专利权人在口头审理中也主张，该步骤中二元酸实际上处于一个'部分溶解——熔融——悬浊'的分散状态"，然而，在第 42594 号决定中记载"专利权人确认，本专利权利要求 1 的步骤（3）中不存在熔融情况"，而且，凯赛公司在第 42594 号决定所对应的无效宣告请求案口头审理过程中在答复"步骤 3 是怎么实现让溶剂杂质去除掉"的问题时，称"步骤 3 作用是去除溶剂，高温是为了增加二元酸溶解度，将步骤 2 夹杂醋酸的杂质进一步去除。投料比参考后面离心过程，一般离心能够顺利进行即可。高温水结晶不是将二元酸完全溶解后再结晶出来”。可见，凯赛公司在上述无效宣告请求案中所述步骤（3）“将步骤2夹杂醋酸的杂质进一步去除”“高温水结晶不是将二元酸完全溶解后再结晶出来”，与权利要求1步骤（2）所述高温水结晶分属不同的提纯工艺操作过程，凯赛公司在不同程序中对步骤（3）的工艺过程也存在不同甚至相互矛盾的理解。综上，国家知识产权局和凯赛公司的上述主张，并不能澄清权利要求1步骤（3）所述高温水结晶的含义，其主张缺乏事实和法律依据，不予支持。

另外，原审法院认为，在上述已认定本专利权利要求1不符合专利法第二十六条第四款规定的情况下，被诉决定认定权利要求1符合专利法第二十二条第三款规定，显然不妥，依法亦应予以纠正。

综上，原审法院判决：一、撤销被诉决定；二、国家知识产权局针对瀚霖公司就本专利提出的无效宣告请求重新作出审查决定。一审案件受理费100元，由国家知识产权局负担。

二审中，各方均提交了新证据。

国家知识产权局二审中提交如下证据：1. 第42594号无效宣告请求审查决定。2. 专利文献CN1552 687A，名称为“一种长链二元酸的精制方法”发明专利申请公开说明书，系前述第42594号无效宣告请求审查决定中所引用的对比文件。证据1和2拟证明凯赛公司所陈述的事实不存在原审判决中所谓的前后矛盾。3. 北京市第一中级人民法院（2012）一中民初字第1284号民事判决书。4. 北京市高级人民法院（2012）高民终字第3975号民事判决书。5. 本院（2013）民申字第232号民事裁定书。证据3~5拟证明“高温水结晶”是清楚的，已为相关生效民事裁判所认定。

凯赛公司质证意见：认可证据真实性、合法性、关联性及其证明目的。

瀚霖公司质证意见：对真实性、合法性没有异议，对关联性、证明目的有异议。这些证据都不是国家知识产权局作出被诉审查决定的依据，因此不应予以采纳。

本院认证意见为：虽然国家知识产权局提交的上述证据1和2并非其作出被诉决定的依据，但考虑到专利确权程序系特殊的行政程序，国家知识产权局提交上述证据主要系针对一审判决所提及的当事人陈述前后矛盾这一新事实，其证明目的是涉案专利权应当被维持有效，否则专利权人将丧失救济机会，故本院对于国家知识产权局提交上述证据予以审查。证据3~5系人民法院作出的与本专利权利要求解释有关的生效裁判，对本案具有参考意义。根据上述证据的形式和性质，并结合双方质证意见，本院确认国家知识产权局提交的上述证据的真实性、合法性和关联性。关于其是否能够达到证明目的，本院将结合全案证据予以综合认定。

凯赛公司二审中提交如下证据：1.（2020）沪徐证经字第8301号公证书。2. 编号分别为WP-20083189-CS-01、WP-20083189-CS-02、WP-20083189-CS-03、WP-20112216-FX-01的四份测试报告。3.（2020）沪徐证经字第9489号公证书。4. 编号分别为WP-20098063-CS-01、WP-20098063-CS-02、WP-20098063-CS-03、WP-20098063-CS-04、WP-20098063-CS-05、WP-20121027-CS-01、WP-20098092-FX-01的7份测试报告。证据1~4拟证明本专利权利要求1所限定的技术方案清楚，能够实施并取得相应的技术效果。

国家知识产权局质证意见为：认可证据真实性、合法性、关联性及其证明目的。

瀚霖公司质证意见为：认可凯赛公司所提交证据的形式真实性，但对于其内容真实性、合法性、关联性以及证明目的不予认可，具体理由如下：1. 证据 1 和证据 3 公证的实验过程中使用的原料、步骤、条件、环境、参数等均未经质证，因此实验结果不应采信。2. 证据 1 和证据 3 中的高温水结晶步骤与本专利的步骤（3）没有关联性。首先，无法确定这两份公证书公证的高温水结晶步骤对应凯赛公司三种解释中的哪一种，即无法确定高温水结晶步骤中的二元酸是处于一个“部分溶解——熔融——悬浊”的分散状态，还是属于结晶工艺，或者是洗涤工艺 + 结晶现象。其次，证据 1 和证据 3 中的实验过程都缺少本专利步骤（2）（3）中的“物料完全结晶后”这一子步骤。3. 证据 2 和证据 4 的最后一页均附有一份《声明》。该《声明》的第 5 项记载：本报告结果仅供客户内部使用，对社会不具有证明作用。因此证据 2 和证据 4 在本案中作为证据使用不具有合法性。4. 证据 2 和证据 4 中检测的样品未经质证，也没有公开全部的检测方法，上海微谱化工技术服务有限公司（以下简称上海微谱公司）没有鉴定资质，因此检测结果不应采信。

本院认证意见：上述证据系专利权人凯赛公司用于证明本专利应当被维持有效的证据，应当予以审查。凯赛公司提交的证据 1 和证据 3 系公证文书，该公证文书所记载的客观事实，在没有相反证据予以推翻的情况下应认定其真实性。证据 2 和证据 4 中的测试报告中的被测对象，系上述证据 1 和证据 3 中全程公证情况下各实验环节中的样品，在公证封存情况下交由上海微谱公司，故对检测样品的真实性本院予以确认。关于瀚霖公司主张证据 2 和证据 4 没有公开全部的检测方法以及上海微谱公司没有鉴定资质的质证意见，本院认为，从证据 2 和证据 4 记载的内容来看，检测报告对各受测样品、检测内容、检测仪器设备、检测方法和检测结果均进行了确切记载，且从检测报告所记载的检测方法来看，均系常规检测方法，具有可重复性，同时凯赛公司也并未将上述检测报告作为鉴定意见使用。故瀚霖公司以检测报告没有公开全部的检测方法以及上海微谱公司没有鉴定资质为由，质疑检测结果的真实性，系对证据的简单否定，本院不予采信。关于上述证据是否能够达到凯赛公司的证明目的，本院将结合裁判理由予以评述和综合认定。

瀚霖公司二审中提交如下证据：1. 硕士论文《十二碳二元酸的精制工艺研究》。拟证明在溶剂重结晶法精制十二碳二元酸的过程中，由于即使在加热的情况下十二碳二元酸在水里的溶解度也很低，因此“以水为溶剂通过结晶工艺来提纯十二碳二元酸”是本领域技术人员可以明确排除的技术方案。2. 关于十二烷二酸的百度百科网页打印件。拟证明十二烷二酸的熔点是 128.7~129℃，在 70~100℃的高温水中不可能熔融，因此凯赛公司主张的“该步骤中二元酸实际上处于一个‘部分溶解——熔融——悬浊’的分散状态”是不存在的。3. 凯赛公司、凯赛（金乡）生物材料有限公司（以下简称凯赛金乡公司）在（2019）鲁 02 知民初 87 号案中提交的“补充证据（四）”。拟证明凯赛公司主张的“因步骤（2）残留的醋酸溶解了部分二元酸”的观点是明显不成立的。4. 第 42594 号决定所对应的无效宣告请求案中，国家知识产权局《转文通知书》及凯赛公司的《意见陈述书》以及该案的无效宣告请求决定书。拟证明国家知识产权局与凯赛公司此前对步骤（3）的解释与本案中的解释前后矛盾。

国家知识产权局质证意见：证据 1 公开时间晚于涉案专利申请日，而证据 2 的公开时间亦无法确认，故证据1、2不能作为现有技术使用。因证据3无法核实原件，故不认可其真实性。上述证据均不是本专利无效宣告行政程序中出现的证据，故不认可其关联性。认可证据4的真实性和关联性，但不具有证明力。

凯赛公司质证意见：因百度百科的内容随时可以被修改，故对证据2的真实性不予认可，认可除证据2之外的其他证据的真实性。证据1公开日期在本专利的申请日之后，且其为论文不属于公知常识性证据，无法实现其证明目的。瀚霖公司对证据3以及证据4中的内容存在断章取义式的理解，故证据3、证据4不能达到瀚霖公司的证明目的。

本院认证意见：瀚霖公司提交的上述证据1和证据2的内容为其在无效宣告请求审查程序中已主张的且各方均无异议的公知常识，证据3系凯赛公司在另案侵权诉讼中提交的证据，证据的主要内容仍属于凯赛公司无异议的事实，瀚霖公司在二审中是否提交该三份证据，不影响本院对于瀚霖公司相关主张能否成立的判断，且考虑证据1相对于本专利不属于现有技术，证据2的公开时间无法确认，证据3与其证明目的无关联性，故本院对瀚霖公司提交的上述证据1~3不予采信。证据4所记载的相关事实已被原审判决所认定，且原审判决已将其作为定案依据，故不属于新证据。

本院经审理查明：

原审法院查明的事实属实，本院予以确认。

本院结合上述有关二审新证据并依职权另查明：

（一）关于本专利发明人署名权纠纷

根据国家知识产权局提交的二审证据3~5，2010年4月30日，瀚霖公司向国家知识产权局申请本专利，申请文件上记载的本专利发明人为：黄某、刘某江、曹某波、王某洲、葛某华、陈某童、傅某展。2012年1月5日，雷某、李某强向北京市第一中级人民法院起诉称：雷某和李某强分别是山东凯赛生物科技材料有限公司（以下简称山东凯赛公司）和凯赛公司的科研技术人员，二人参与了长碳链二元酸生物生产技术工艺标准化操作程序的制定以及后续优化试验工作。王某洲、葛某华曾在山东凯赛公司任职，接触过相关技术图纸、设备及生产工艺。2008年7月，王某洲从山东凯赛公司辞职，在此之前已经成为瀚霖公司的股东。2008年12月23日，瀚霖公司增加"长链二元酸及系列产品的研发、生产与销售及进出口业务"经营范围，并于2010年4月30日申请了本专利。本专利与山东凯赛公司使用的标准化操作程序长链二元酸生物生产技术工艺标准化操作程序相同，核心工艺参数与凯赛公司已经授权的200610029784.6号专利相同。雷某、李某强对上述技术方案作出了实质性贡献，是本专利申请的发明人，享有署名权。王某洲等七名被告未作出实质性贡献，其冒名剽窃行为，侵害了雷某、李某强的署名权，故要求法院确认本专利申请的发明人为雷某、李某强。

在该案中雷某、李某强为证明其为实际发明人，提交了一份关键性证据，即2003年SOP，该证据记载了与本专利权利要求1所限定的技术方案基本相同的长碳链二元酸精制方法。其中，与本专利权利要求1步骤（3）相对应的记载内容为："2.1本规程规定了6#溶剂工序高温水结晶的操作方法及注意事项；4.2.1进料结束后开始升温，终点温度90~100℃；4.2.2稍开冷却水，然后关闭。保温1.5~2.5小时，终点温度80~90℃；4.2.3稍开冷却水，使温度缓慢地降至45~55℃，时间1.2~2.5小时，冷却水逐渐加大，最终降至26~35℃出料，时间1.2~2.5小时，低于30℃时可关闭冷却水；4.3.1联系离心岗位，打开出料阀开始出料。”北京市第一中级人民法院对于该证据的真实性予以认定。此外，北京市第一中级人民法院还认定以下事实：2011年11月5日广东中鉴认证有限责任公司山东分公司出具证明，其于2004年3月1日至4日按照ISO9001标准对山东凯赛公司的质量管理体系进行了现场审核，期间审阅了该公司于2003年10月15日发放并实施的2003年SOP，并按照其规程对现场操作控制进行了现场审核。

2012年7月26日，北京市第一中级人民法院作出（2012）一中民初字第1284号民事判决，确认本专利的发明人为雷某、李某强。2012年11月16日，北京市高级人民法院作出（2012）高民终字第3975号民事判决，维持（2012）一中民初字第1284号民事判决。2014年9月17日，本院作出（2013）民申字第232号民事裁定，驳回曹某波等人对（2012）高民终字第3975号民事判决提出的再审申请。在该裁定中，本院查明和认定如下事实：

1. 黄某、刘某江认为瀚霖公司未经本人允许将其列为多份专利申请的发明人的行为侵害了二人的姓名权，分别起诉至北京市海淀区人民法院。该院审理认为，中国科学院微生物所于2011年7月14日致函瀚霖公司，对瀚霖公司将黄某、刘某江列为“生物发酵法生产长碳链二元酸的精制工艺”发明人一事已提出异议；瀚霖公司亦于同年8月回函以书面方式道歉，并承诺配合消除不利影响，故瀚霖公司侵害了黄某、刘某江的姓名权。据此，该院判决瀚霖公司在《科技日报》上对黄某、刘某江赔礼道歉，赔偿精神抚慰金。2011年2月14日，国家知识产权局发出手续合格通知书，本专利申请的发明人名单中删除了黄某和刘某江。

2. 关于2003年SOP证据的真实性。首先，2002年至2003年签订的设备购买合同及合同签发单等证据显示，凯赛公司购买的上述设备与2003年SOP文件提及的部分设备相对应。例如，厢式压滤机购销合同对应2003年SOP文件中过滤操作的板框过滤，搪瓷反应罐定作合同对应过滤、调浆操作中的脱色罐2台、热溶剂罐1台、调浆罐1台，搪玻璃反应罐工矿产品购销合同对应过滤操作中的结晶罐等。其次，广东中鉴认证有限责任公司山东分公司出具的证明表明，该公司在2004年3月已经对2003年SOP文件进行过审核，可以印证2003年SOP文件的真实存在。再次，2006年操作记录、2009年SOP文件等证据表明，其记载的操作步骤与2003年SOP文件复印件记载的内容具有密切联系。最后，根据（2011）沪东证经字第11338号公证书的记载，2003年SOP文件在本案专利申请公开日（2011年3月16日）之前的2010年12月14日已向上海市第二中级人民法院提交，针对本案专利伪造2003年SOP文件的可能性较小。由此可见，虽然上述证据均不能直接证明2003年SOP文件复印件的真实性，但是上述证据与2003年SOP文件复印件均存在一定的关联性，其综合起来能够形成一个相对完整的证据链，可以证明2003年SOP文件复印件具有较强的可信性。

（二）关于本专利申请权权属纠纷

本院依职权查明，2015年，山东凯赛公司和凯赛公司向山东省烟台市中级人民法院提起本专利申请权权属纠纷诉讼。2015年7月8日，山东省烟台市中级人民法院作出（2015）烟民知初字第111号民事判决，确认山东凯赛公司和凯赛公司享有本专利申请权。2016年3月28日，山东省高级人民法院作出（2016）鲁民终212号民事判决，驳回上诉，维持（2015）

烟民知初字第111号民事判决。

（三）关于本专利侵权纠纷

本院依职权查明，2017年，凯赛公司以山东瀚峰生物科技有限公司（以下简称瀚峰公司）侵害其享有专利权的本专利为由，向山东省青岛市中级人民法院提起诉讼。2019年5月13日，山东省青岛市中级人民法院作出（2017）鲁02民初1694号民事判决，认定瀚峰公司侵害了凯赛公司的本专利权，并赔偿50万元。瀚峰公司不服，向本院提起上诉。2019年10月8日，本院作出（2019）最高法知民终157号民事判决，驳回上诉，维持（2017）鲁02民初1694号民事判决。2020年12月2日，本院作出（2020）最高法民申4925号民事裁定，驳回瀚峰公司对（2019）最高法知民终157号民事判决提出的再审申请。

2019年，凯赛公司、凯赛金乡公司以瀚霖公司、莱阳市恒基生物制品经营有限公司（以下简称恒基公司）、山东归源生物科技有限公司（以下简称归源公司）侵害其享有专利权的本专利为由，向山东省青岛市中级人民法院起诉。2020年12月10日，山东省青岛市中级人民法院作出（2019）鲁02知民初87号民事判决，认定恒基公司、归源公司租用瀚霖公司相关设备、继续使用瀚霖公司的环保审批、验收手续，具有侵权的高度可能性，在未能证明其采用非侵权技术方案的情况下，应当认定其构成侵权，判令恒基公司、归源公司停止侵权并分别赔偿凯赛公司、凯赛金乡公司经济损失200万元、300万元。恒基公司、归源公司不服，向本院提起上诉，本院于2021年7月13日立案受理，目前正在审理过程中。

（四）关于凯赛公司提交的实验和测试报告

为证明本专利权利要求1的保护范围清楚，技术方案可实施并能够产生相应的技术效果，凯赛公司分别在其公司实验室和凯赛金乡公司内的产线车间重复实施了本专利权利要求1所限定的技术方案，并对实施过程进行了全程公证，同时将实施过程中获得的样品在公证员的见证下送交第三方检测机构上海微谱公司进行检测。上海微谱公司出具的检测报告显示，无论是实验室操作环境还是生产线操作环境，本领域技术人员根据本专利权利要求1的记载，均能顺利完成一次结晶和高温水结晶操作，并能够产生显著的技术效果，尤其是产品的纯度有大幅提升；高温水结晶步骤后，物料中的醋酸、总氮等含量有大幅下降，各项指标均符合产品要求。

本院认为：本案为发明专利权无效行政纠纷。因本专利申请日在2009年10月1日之后、2021年6月1日前，故本案应适用2008年修正的专利法。根据各方的诉辩意见，本案二审争议焦点为：（一）本专利是否符合专利法第二十六条第三款、第四款的规定；（二）本专利权利要求1是否具备创造性。

（一）关于本专利是否符合专利法第二十六条第三款、第四款的规定

瀚霖公司主张，对于已有通常含义的“结晶”这一技术术语，在本专利说明书没有对此作出特别界定的情况下，应当采用“结晶”的通常含义来理解本专利步骤（3）的“高温水结晶”技术特征；按照“结晶”的通常含义去理解步骤（3）中的“高温水结晶”技术特征，本专利权利要求1限定的技术方案在工业生产实践中不太可能被实施。因此，本专利步骤（3）限定的以水为溶剂和采用结晶的工艺存在技术上的矛盾，导致本专利权利要求1不符合专利法第二十六条第四款的规定；基于基本相同的理由，也不符合该条第三款的规定。

对此本院认为，准确判断某一专利是否符合专利法第二十六条第三款、第四款的规定，需要注意以下问题：首先，权利要求书是否清楚地限定专利保护的范围，应当站在本领域技术人员的角度，以权利要求书和说明书记载的内容为依据，在对权利要求进行合理解释的前提下进行判断。对于专利权利要求中出现的技术术语，如果说明书中对此未作出特别界定，一般应按照该技术术语的通常含义解释权利要求。但是，如果本领域技术人员根据权利要求以及说明书所记载的内容，能够明确地、毫无疑义地确定该技术术语在权利要求中不应理解为通常含义，而应当理解为特定含义，且在该特定含义下权利要求保护的范围是清楚的，则应当以该特定含义来理解权利要求保护的范围，而不应机械地以通常含义对权利要求进行解释。其次，专利制度保护的是利用自然规律解决技术问题的技术方案，而不是自然规律本身。因此，权利要求是否清楚地限定专利保护的范围，审查的内容是权利要求是否清楚地限定了专利保护的技术方案本身，而不是对技术方案所利用的自然规律是否进行了清楚地阐述和限定。最后，专利法对于说明书“充分公开”的要求，以本领域技术人员阅读说明书后能够实施专利保护的技术方案为准。对于一些虽未记载在说明书，但不影响本领域技术人员准确理解和实施专利所保护技术方案的相关技术信息，并不要求必须在专利说明书中一一予以记载。具体到本案中：

第一，瀚霖公司关于权利要求 1 不清楚的主张违背对专利权利要求的合理解释原则。瀚霖公司主张权利要求 1 限定的技术方案存在明显矛盾是以本领域技术人员对于步骤（3）中的“高温水结晶”过程理解为通常意义上的“通过降温方式使溶质从饱和溶液中析出”为前提。但是，诉讼中各方均认可长碳链二元酸在水中的溶解度很低系公知常识，以十二烷二元酸为例，环境温度为 23℃时，该长碳链二元酸在水中的溶解度是 0.003g/100g，环境温度为 100℃时，该长碳链二元酸在水中的溶解度上升至 0.37g/100g。正如瀚霖公司所计算的，20 吨 100℃的水溶解的十二烷二元酸理论上最多不超过 74 公斤（溶解度为 0.37g/100g）。因此，即便通过大幅度降温方式，将溶解在 100℃水中的二元酸基本上全部结晶析出，理论上也只能得到不超过 74 公斤的二元酸晶体，生产效率极低。在这种情况下，再结合说明书中所记载的能够体现本专利方法具有可行性的具体实施方式以及能够体现本专利方法相对于现有技术具有有益技术效果的对比实验数据，本领域技术人员不会脱离具体工艺环境，机械地将权利要求 1 步骤（3）所限定“高温水结晶”过程简单地理解为通常意义上的纯粹的结晶过程，该解释方法不符合在权利要求是否清楚限定专利保护范围的审查过程中应当坚持的合理解释原则。

从凯赛公司和国家知识产权局对于步骤（3）所限定“高温水结晶”的解释来看，两者虽存在表述上的差异，但实质内容是一致的，即步骤（3）中的结晶，与步骤（2）中的单纯的溶剂结晶含义不同，同时也不是单纯的熔融结晶方式，而应当是“在罐设备中，在高温水的作用下，以结晶形式获得并分离出二元酸产品”的过程。上述解释并不违背本领域技术人员的基本认知，也不存在前后矛盾，是从本领域的基本理论出发并结合权利要求 1 的具体的、实际的工艺过程得出的解释，构成合理解释。

第二，从本专利文件的记载分析，本专利权利要求 1 清楚地限定了专利要求保护的范围，说明书对本专利技术方案进行了充分的公开。本专利属于对现有化工产品进一步提纯精制的方法专利，判断此类方法专利权利要求是否清楚地限定了专利保护范围，审查的重点是该专利权利要求是否对专利保护的技术方案所涉及的工艺步骤和工艺条件（例如原材料的参数，各工艺步骤以及各步骤中所需的助剂、溶剂，所要求的温度、压力、时间等技术信息）进行了清楚的限定。本专利权利要求1要求保护的是一种对采用生物发酵法生产获得的长碳链二元酸进行精制提纯的工艺方法，从权利要求1所限定的内容来看：权利要求1限定了精制提纯的4个步骤，即（1）脱色、过滤；（2）一次结晶、分离；（3）高温水结晶、分离；（4）干燥。在上述各工艺步骤项下，又限定了各工艺步骤的实施对象、环境和条件。以瀚霖公司所质疑的步骤（3）为例，该步骤的名称为“高温水结晶、分离”，对专利保护的范围真正起到限定作用的是该步骤所限定的具体工艺，即“将步骤（2）得到的结晶物料放入高温水结晶罐内，控制温度70~100℃，保温时间120min，再降温至30~50℃，物料完全结晶后，将结晶物料用离心机分离得二元酸湿品”。正如凯赛公司所主张并被国家知识产权局所认可的，该段内容已清晰地记载了步骤（3）中物料来源，放入至何种设备中，控制的温度范围以及时间，以及降温的温度范围等，本领域技术人员根据上述技术信息，并结合说明书的记载，能够确定本专利权利要求1所保护的技术方案的内容。而且，基于前述对于“高温水结晶”的解释，步骤（3）中的所涉及的结晶，并非指通常意义上的溶剂结晶或者熔融结晶，故权利要求1的技术方案在实施过程中，不会存在如瀚霖公司所主张的“需要大量的高温水及巨大的结晶罐等配套设备，仅在理论上有实施的可能性”的技术缺陷。

另外，本专利说明书记载了权利要求1的3个具体实施方式，还记载了与现有技术相比较所能取得的有益技术效果的相关实验数据。说明书对本专利权利要求保护的技术方案作出了清楚、完整的说明，本领域技术人员能够依据说明书的记载内容实现本专利保护的技术方案。

第三，从外部证据分析，本领域技术人员能够根据本专利文件记载的内容实施本专利要求保护的技术方案。首先，凯赛公司二审提交的相关实验及相关测试结果能够证明本专利权利要求1所限定的技术方案是可以实施的技术方案。为证明本专利权利要求1的技术方案不存在瀚霖公司所称的明显矛盾，具有可行性，凯赛公司经公证证明，分别在实验室环境和工业生产环境下，按照本专利权利要求1所限定的步骤进行了两组实验，并将两组实验的每个步骤中的物料进行了专业测试，从实验和测试结果看，无论是实验室操作还是生产线实践操作，技术人员均能实现权利要求1的技术方案，并取得预期技术效果。其次，相关生效裁判所认定的事实，也能证明本专利权利要求1所限定的技术方案是可以实施的技术方案。本专利发明人署名权纠纷案的生效裁判已经确认本专利技术方案源于具备真实性和可实施性的2003年SOP。在本专利的发明人署名权纠纷案中，相关生效裁判认定了2003年SOP本身的真实性以及本专利技术方案与2003年SOP所记载的技术方案实质同一性，据此确定了本专利的实际发明人应为山东凯赛公司职工雷某以及凯赛公司职工李某强。在该案的再审申请案［（2013）民申字第232号］的民事裁定中，本院将广东中鉴认证有限责任公司山东分公司出具的关于该公司在2004年3月已经对2003年SOP的现场操作控制进行了现场审核的证明，作为认定2003年SOP真实性的依据之一。在本院作出的已生效的（2019）最高法知民终157号民事判决中，本院认定瀚峰公司租用瀚霖公司厂房和设备实施了本专利技术方案，该行为构成专利侵权。

在没有相反证据足以否定和推翻前述证据所证明事实的情况下，应当认定本专利权利要求

1 所限定的技术方案是可以实施的技术方案。瀚霖公司关于本专利技术方案在工业中无法实施的主张，本院不予支持。

特别需要指出的是，瀚霖公司针对本专利提起无效宣告请求也违背诚信原则。根据本院查明的事实，瀚霖公司将原本属于凯赛公司的知识产权当作自己的知识产权向国家知识产权局申请专利的行为，本身就已经构成不诚信行为，现其又对当初由其自己撰写并申请的专利，以不符合专利法第二十六条第三款、第四款为由，提出无效宣告请求，明显违背了诚信原则。此种将他人技术成果非法申请为自己的专利，在该非法申请的专利权依法返还他人后，转而对该专利权提出无效宣告请求的行为，明显违背诚信原则，对该无效宣告请求，也不应予以支持。况且，前已述及，瀚霖公司提交的用于支持本专利不符合专利法第二十六条第三款、第四款的相关证据，远未达到能够确实充分证明本专利不符合专利法第二十六条第三款、第四款规定的程度。相反，凯赛公司以及国家知识产权局的举证及相关理由，足以支持其关于本专利符合专利法第二十六条第三款、第四款规定的主张。

综上所述，国家知识产权局、凯赛公司关于本专利权利要求 1 符合专利法第二十六条第三款、第四款规定的理由成立，本院予以支持；瀚霖公司的相关主张缺乏事实和法律依据，本院不予支持。原审法院关于本专利权利要求 1 不符合专利法第二十六条第三款、第四款的认定错误，本院予以纠正。

（二）关于本专利权利要求 1 是否具备创造性

1. 关于本院能否在本案中评价本专利的创造性

原审判决作出的“被诉决定认定权利要求 1 符合专利法第二十二条第三款规定，显然不妥”的认定，是在其错误认定本专利权利要求 1 不符合专利法第二十六条第三款、第四款的前提下作出的，因此，关于本专利权利要求 1 是否具备创造性，原审判决未进行详细评述。对此，本院认为，虽然原审判决未对本专利创造性问题作出详细评述，有所不妥，但考虑到本案具体情形，本案无需发回重审。首先，被诉决定和原审判决已经查明了瀚霖所主张的现有技术方案，本案具备评判创造性的事实基础。其次，原审法院对创造性所涉事实进行了庭审调查，各方当事人关于创造性问题充分发表了意见。最后，本案二审庭审及庭审后亦给予各方就创造性问题充分陈述意见的机会。故，综合考虑纠纷解决效率、程序节约和诉辩对抗情况，本院对于本专利是否具备创造性的问题继续予以审理。

2. 关于本专利权利要求 1 是否具备创造性

在一、二审诉讼中，瀚霖公司关于本专利的创造性问题的主要诉讼主张是被诉决定关于区别特征的认定有误，以及本专利权利要求 1 相对于附件 2、附件 3 和公知常识的结合属于显而易见，因此被诉决定关于本专利权利要求 1 具备创造性的认定有误。对此，本院认为，当区别特征未被对比文件公开，亦非公知常识时，则可以认定发明要求保护的技术方案具备了认定创造性的前提。如果该区别特征同时还能给发明要求保护的技术方案整体带来有益的技术效果，则应认定该发明要求保护的技术方案对本领域的技术人员来说具有非显而易见性，应认定具备创造性。具体到本案中：

首先，本专利权利要求 1 步骤（3）构成本专利相较于附件 2 的区别特征。附件 2 公开的主要内容是一种以脂肪酸酯或脂肪酸的盐为原料，通过发酵法制备长碳链二元酸的方法，其中，涉及二元酸粗品精制的工艺，可概括为“有机溶剂溶解——活性炭脱色、过滤——冷却结晶——离心 / 板框过滤——蒸馏水多次洗涤——干燥”。因此，附件 2 公开的二元酸精制工艺中，未提及“在罐设备中，在高温水的作用下，以结晶形式获得并分离出二元酸产品”工艺过程，即本专利权利要求 1 步骤（3）所限定的“高温水结晶”这一技术特征，该技术特征构成本专利权利要求 1 与最接近的现有技术附件 2 的区别特征。

其次，附件 3 未公开本专利权利要求 1 步骤（3）这一区别特征。附件 3 公开的主要内容是一种发酵法生产正长链二元酸的方法，其中，涉及二元酸粗品的精制工艺，可概括为“二次溶剂结晶法”，即用醇类、酸类、酮类、酯类作为溶剂，加热溶解二元酸粗品，保温一段时间后冷却结晶，固液分离，干燥得到产品。因此，附件 3 公开的二元酸精制工艺中，并没有采用高温水为工作介质对二元酸粗品进行提纯，而仍是采用通常意义下的冷却结晶工艺，故附件 3 没有公开本专利权利要求 1 步骤（3）这一区别特征。瀚霖公司主张权利要求 1 步骤（3）为通常意义的结晶工艺故该区别特征被附件 3 公开的主张，前已述及，系对本专利权利要求的机械理解所致的错误结论，本院不予支持。

最后，本专利权利要求 1 步骤（3）中的“高温水结晶”步骤亦非本领域的公知常识或者容易想到的常规技术手段。正如各方当事人所认可的事实，二元酸在水中的溶解度非常低，如果以水为溶剂溶解二元酸粗品，并采用通常意义下的冷却结晶工艺，则需要大量的水才能提高二元酸精制品的产量，非常不经济，难以产业化实施。故对于本领域技术人员而言，一般不会联想到采用高温水作为工作介质，并进一步采用如本专利权利要求 1 步骤（3）所限定的具体步骤，来实现二元酸的提纯精制。

综上，根据瀚霖公司所提交的证据，本专利权利要求 1 步骤（3）所限定的技术特征，既没有被现有技术公开，亦不属于本领域的公知常识或者容易想到的常规技术手段。同时，前已述及，对于本领域技术人员而言，本专利权利要求 1 所限定的包含有步骤（3）的技术方案是清楚的，且众多事实证明该技术方案是可以实施并具有有益的技术效果。因此，含有上述区别特征的本专利权利要求 1 对本领域的技术人员来说属于非显而易见的技术方案，应认定本专利权利要求 1 具备创造性。关于瀚霖公司在诉讼中提及的被诉决定认定的其他区别特征不准确、其他区别特征均为本领域技术人员的常规选择或者容易想到的特征的主张，因本专利权利要求 1 步骤（3）已足以使得本专利具备创造性，故本院对于瀚霖公司所主张的关于本专利不具备创造性的其他理由，不再予以评述。

综上所述，原审判决认定事实基本清楚，但适用法律错误。国家知识产权局和上海凯赛生物技术股份有限公司的上诉请求成立，应予支持。依据《中华人民共和国专利法》（2008 年修正）第二十二条第三款和第二十六条第三款、第四款，《中华人民共和国行政诉讼法》第六十九条、第八十九条第一款第二项之规定，判决如下：

一、撤销北京知识产权法院（2019）京 73 行初 7946 号行政判决；

二、驳回山东瀚霖生物技术有限公司的诉讼请求。

一、二审案件受理费各 100 元，均由山东瀚霖生物技术有限公司负担。

本判决为终审判决。

审判长　周　翔
审判员　罗　霞
审判员　张晓阳
二〇二一年十一月十二日
法官助理　牛鸿生
书记员　张　华

（摘自 2022 年《中华人民共和国最高人民法院公报》第 10 期）

黔南州荔波县茂兰镇下甲介煤矿与张某新、贵州甲盛龙集团矿业投资有限公司案外人执行异议之诉案

【裁判摘要】

支付定金后即变更采矿权人登记系兼并重组政策的要求，登记权利人仅支付定金未实际经营，申请执行人应当知晓案外人系案涉采矿权的实际权利人，对采矿权登记在登记权利人名下不产生信赖利益保护，案外人提出执行异议的，人民法院应予支持。

执行异议之诉中，案涉采矿权在判决作出前已通过以物抵债裁定变更到申请执行人名下，当人民法院判决不得执行该采矿权时，如不涉及维护司法拍卖、变卖程序安定性及不特定第三人利益保护等问题，则不得执行的范围可以及于该以物抵债裁定书，以物抵债裁定书应予以撤销，并解除查封等强制执行措施。

最高人民法院民事判决书

（2021）最高法民再 141 号

再审申请人（案外人、一审原告、二审上诉人）：黔南州荔波县茂兰镇下甲介煤矿，住所地：贵州省荔波县茂兰镇。

执行事务合伙人：欧某金，该矿矿长。

委托诉讼代理人：覃某保，某某律师事务所律师。

被申请人（申请执行人、一审被告、二审被上诉人）：张某新，男，1967 年出生，汉族，

住所地：贵州省都匀市。

委托诉讼代理人：罗某昌，某某律师事务所律师。

第三人（被执行人）：贵州甲盛龙集团矿业投资有限公司，住所地：贵州省荔波县玉屏镇建设西路。

法定代表人：任某渠。

再审申请人黔南州荔波县茂兰镇下甲介煤矿（以下简称下甲介煤矿）因与被申请人张某新、第三人贵州甲盛龙集团矿业投资有限公司（以下简称甲盛龙公司）案外人执行异议之诉一案，不服贵州省高级人民法院（2020）黔民终476号民事判决，向本院申请再审。本院于2021年5月12日作出（2021）最高法民申1484号民事裁定，提审本案。本院依法组成合议庭，公开开庭审理了本案，再审申请人下甲介煤矿的执行事务合伙人欧某金及其委托诉讼代理人覃某保、被申请人张某新及其委托诉讼代理人罗某昌到庭参加诉讼。第三人甲盛龙公司经传票传唤无正当理由未到庭参加诉讼，本院依法缺席审理。本案现已审理终结。

下甲介煤矿申请再审称，一、下甲介煤矿是名为“黔南州荔波县茂兰镇下甲介煤矿（欧某金）”的采矿权（即案涉采矿权，证号C520000××××××××××122487）的实际权利人，一审和二审法院以案涉采矿权登记在甲盛龙公司名下、认定失效的采矿许可证可以抵债缺乏证据予以证明。案涉采矿权系挂靠在甲盛龙公司名下，下甲介煤矿与甲盛龙公司对此有合同约定，甲盛龙公司亦明确表示无异议。张某新与甲盛龙公司达成的《执行和解协议》针对的是张某新对甲盛龙公司享有的普通金钱债权，下甲介煤矿与甲盛龙公司于2013年8月27日签订的《协议书》和甲盛龙公司于2014年9月26日出具的《产权确认证明书》，约定的是案涉采矿权的所有权，所有权应当优于债权受到保护。在甲盛龙公司仅支付100万元定金的情况下，案涉采矿权就被变更登记到甲盛龙公司名下，是根据贵州省煤矿企业兼并重组政策的要求进行的。案涉采矿权没有登记在甲盛龙公司企业财产范围内，不属于其财产。（2020）黔27民终225号民事判决已经解除下甲介煤矿与甲盛龙公司签订的《矿业权股权转让合同》和《关于“矿业权股权转让合同”的补充协议》（以下简称《补充协议》），双方应当各自返还财产，甲盛龙公司已把案涉煤矿全部财产移交回下甲介煤矿管理。二、案涉采矿权在签订《执行和解协议》时已经过期且案涉煤矿已经被关闭，不能成为合同转让或者抵债的标的，一审和二审法院适用法律错误。张某新是自然人，不是合法的采矿企业，不能成为采矿权的受让人，贵州省自然资源厅也不可能将采矿权变更登记办理到张某新名下，因此案涉采矿权无法在执行程序中抵债。根据《执行和解协议》拍卖案涉采矿权，未经贵州省自然资源厅审批同意，违反《中华人民共和国矿产资源法》相关强制性规定，是无效的。综上，下甲介煤矿根据《中华人民共和国民事诉讼法》第二百条第二项、第六项的规定申请再审，请求撤销一、二审判决，依法判决不得执行案涉采矿权。

张某新辩称，一、下甲介煤矿对案涉采矿权不享有正当权益。下甲介煤矿与甲盛龙公司于2013年8月27日签订的《黔南州荔波县茂兰镇下甲介煤矿（兼并重组）采矿权转让合同》（以下简称《采矿权转让合同》），约定下甲介煤矿将案涉采矿权以合作方式转让给甲盛龙公司，转让价款700万元。该转让合同经原贵州省国土资源厅批准，并于2013年11月27日办理采矿许可证变更登记，下甲介煤矿已丧失案涉采矿权。下甲介煤矿所持旧证不能证明其是案涉煤矿的采矿权人。《关于对甲盛龙公司煤矿企业兼并重组实施方案第一批的批复》（黔煤兼并重组办〔2016〕2号）并未确认案涉煤矿关闭后，权属为下甲介煤矿所有，《贵州省煤矿企业兼并重组工作方案（试行）》（黔府办发〔2012〕61号）亦没有对被兼并重组的煤矿企业作出可以保留产权、采矿权的规定，上述文件不是下甲介煤矿享有案涉煤矿权属的依据。下甲介煤矿提交的《产权确认证明书》《情况说明》《声明》系甲盛龙公司或下甲介煤矿的自述材料，不符合《中华人民共和国物权法》第四十六条规定，不能证明下甲介煤矿对案涉煤矿享有正当权益。《矿业权股权转让合同》约定，甲盛龙公司延期付款超过一个月的，下甲介煤矿有权解除合同。下甲介煤矿于2019年9月6日起诉解除，其解除权已经消灭。（2020）黔27民终225号民事判决适用法律错误，不能成为下甲介煤矿享有案涉采矿权的正当根据。二、下甲介煤矿与甲盛龙公司于2013年8月27日签订《协议书》的真实目的并非保留案涉煤矿原采矿权权益，而是要解决因签订多份转让合同可能带来的转让价款支付风险，并不能证明下甲介煤矿仍享有案涉采矿权。甲盛龙公司是否如约支付转让价款属于合同之债问题，不涉及案涉采矿权的归属。三、在案涉煤矿被关闭、案涉采矿权过期的情况下，甲盛龙公司不再享有对案涉煤矿矿产资源进行使用和收益的权利，但其对案涉煤矿仍享有财产性权益，经自然资源行政主管部门批准，可以变卖以清偿采矿企业的债务或者以物抵债。四、张某新与甲盛龙公司签订的《执行和解协议》合法有效，本案已执行完毕，下甲介煤矿已丧失诉的基础。如果下甲介煤矿认为《执行和解协议》违法，可以向执行法院申请确认该协议的效力而不应在本案中解决。张某新已将对甲盛龙公司享有的700万元债权转让给盘县新民富新煤矿，执行法院已变更申请执行人，将案涉煤矿采矿权作价700万元抵偿了债务。综上，请求驳回下甲介煤矿的再审申请。

甲盛龙公司向本院提交了一份《再审提交材料的情况说明》称，张某新的借款共1400万元与下甲介煤矿无关。

下甲介煤矿向贵州省黔南布依族苗族自治州中级人民法院（以下简称一审法院或者黔南州中院）起诉请求：一、判决不得查封、拍卖政府已经关闭的下甲介煤矿和已经过期的下甲介煤矿采矿权（证号C520000××××××××××122487，即案涉采矿权）折抵张某新债务；二、本案的诉讼费由张某新承担。

一审法院认定事实：根据贵州省煤矿企业兼并重组实施方案，2013年7月30日、8月27日，下甲介煤矿与甲盛龙公司相继签订了《矿业权股权转让合同》和《补充协议》，双方约定转让案涉采矿权，同时约定了有效期、转让金额及股权份额。2013年8月27日，下甲介煤矿与甲盛龙公司签订《协议书》，载明双方已进入煤矿企业兼并重组矿权交易变更阶段，双方就甲盛龙公司暂时无法支付收购煤矿转让价款事宜达成协议，约定双方签订的煤矿收购协议继续生效，签订的《采矿权转让合同》作为办理煤矿采矿权兼并重组用，不作为采矿权交易付款的真实依据。2013年11月20日，甲盛龙公司办理了采矿许可证（证号C520000××××××××××122487），载明采矿权人为甲盛龙公司，矿山名称为“贵州甲盛龙集团矿业投资有限公司荔波县茂兰镇下甲介煤矿”（即案涉煤矿）。2016年3月4日，贵州省煤矿企业兼并重组工作领导小组办公室与贵州省能源局联合下发黔煤兼并重组办〔2016〕2号文件，决定关闭案涉煤矿。

另查明，张某新与甲盛龙公司民间借贷纠纷一案，贵州省高级人民法院作出（2017）黔民终128号民事判决，判决甲盛龙公司偿付张某新借款1128万元及利息（自2014年12月4日至本息还清之日止，按年利率24%计息）。因甲盛龙公司不履行生效文书义务，张某新向一审法院申请强制执行。执行程序中，一审法院向原贵州省国土资源厅查询甲盛龙公司名下采矿权情况。2018年5月28日，原贵州省国土资源厅查询情况显示：截至该日，包括案涉采矿权在内共有16个有效采矿权登记在甲盛龙公司名下，其中案涉采矿权在该厅无有效的抵押备案记录。一审法院依据上述查询结果对甲盛龙公司名下包括案涉采矿权在内的部分采矿权进行了查封。下甲介煤矿以其为案涉采矿权的实际权利人为由，向一审法院提出异议，请求中止对案涉采矿权的执行。一审法院认为案涉采矿权登记权利人为甲盛龙公司，而非下甲介煤矿，故驳回下甲介煤矿所提执行异议。

再查明，原贵州省国土资源厅查询情况同时显示，甲盛龙公司在该厅登记案涉采矿权的有效期至2018年6月。

又查明，张某新与甲盛龙公司民间借贷纠纷一案，在执行过程中，张某新与甲盛龙公司达成《执行和解协议》，甲盛龙公司同意提供属于其公司的案涉煤矿进行担保和查封。

一审法院于2019年12月12日作出（2019）黔27民初122号民事判决：驳回下甲介煤矿的诉讼请求。案件受理费60 800元，由下甲介煤矿承担。

下甲介煤矿不服一审判决，上诉请求：一、撤销一审判决，改判不得执行查封、拍卖政府已经关闭了的下甲介煤矿和用已经过期了的案涉采矿权（证号C520000××××××××××122487）折抵张某新700万元债务；二、本案的诉讼费由张某新承担。

二审法院查明的事实与一审法院认定事实基本一致。二审程序中，下甲介煤矿提交了另案生效民事判决即黔南州中院（2020）黔27民终225号民事判决书，该生效判决解除下甲介煤矿与甲盛龙公司于2013年7月30日签订的《矿业权股权转让合同》和2013年8月27日签订的《补充协议》，下甲介煤矿拟以该生效判决证明案涉采矿权属其所有，张某新与甲盛龙公司签订的《执行和解协议》无效。张某新质证认为该生效判决不能达到下甲介煤矿的证明目的。甲盛龙公司认可该生效判决的真实性。

二审法院认为，下甲介煤矿在本案所提诉讼请求能否成立，关键在于其是否属于案涉煤矿的合法采矿权人或者就案涉采矿权享有足以排除案涉强制执行的其他合法民事权益。

根据《中华人民共和国矿产资源法实施细则》第六条规定，取得采矿许可证的单位或者个人称为采矿权人。本案中，案涉采矿权虽曾属于下甲介煤矿，但下甲介煤矿在贵州省实施煤矿兼并重组期间按兼并重组政策和相关法律规定将案涉采矿权报经行政审批后已变更登记到甲盛龙公司名下，甲盛龙公司据此已经依法取得采矿许可证，成为案涉煤矿的法定采矿权人，下甲介煤矿依法不再是案涉煤矿的法定采矿权人。采矿权系经行政审批许可取得的开采矿产资源的特许权利，不同于一般物权。下甲介煤矿与甲盛龙公司之间关于双方就案涉采矿权系挂靠关系、下甲介煤矿仍然系案涉煤矿实际采矿权人的主张，于法无据，不能否定行政主管机关对甲盛龙公司依法颁发的采矿许可证。下甲介煤矿在二审中所提另案生效判决，虽然解除了下甲介煤矿与甲盛龙公司之间的前述转让合同，但并未判决也不可能判决案涉煤矿的采矿权人系下甲介煤矿，否则系以审判权取代行政权，从而违背矿产资源法律法规规定。下甲介煤矿与甲盛龙公司之间的案涉合同经判决解除后，下甲介煤矿因此对甲盛龙公司可依法享有相应的合同债权，而非据此依法直接取得案涉采矿权。事实上，根据我国现行矿产资源管理规定，煤炭资源的采矿权人应具备法人资格和其他特定条件。根据债权平等原则，下甲介煤矿基于合同解除对甲盛龙公司可能享有的合同债权，并不能对抗张某新对甲盛龙公司享有的经生效判决确定的债权，不能排除执行法院基于张某新的申请对甲盛龙公司名下采矿权的强制执行。执行法院在执行查封甲盛龙公司名下的案涉采矿权时，案涉采矿许可证并未被行政机关依法注销或者撤销，而是该矿需与甲盛龙公司名下的其他煤矿兼并重组，所查封的采矿权具有相应财产价值，贵州省实施煤矿企业兼并重组政策期间相关煤矿采矿权的处理有其特殊性，案涉煤矿采矿许可证过期并不等于采矿权的当然灭失，行政主管机关并未因此认定该采矿权已灭失。案涉煤矿因兼并重组需关闭亦不能否定该矿既有采矿权的兼并重组变现价值。下甲介煤矿所提其他上诉理由，均不能证明其系被执行查封的案涉采矿权的法定采矿权人，亦不能证明其对案涉采矿权依法享有优先于张某新对甲盛龙公司享有的债权。故下甲介煤矿关于对案涉采矿权排除执行的上诉理由不能成立。

综上，二审法院于2020年8月3日作出（2020）黔民终476号民事判决：驳回上诉，维持原判。二审案件受理费60 800元，由下甲介煤矿负担。

为充分考虑各方当事人基于证据提出的诉辩意见，本院对各方当事人在不同审理程序中提交的证据进行了审查。

下甲介煤矿向一审和二审法院提交了以下证据：

证据1，黔南州中院（2019）黔27执异54号执行裁定书，系下甲介煤矿提起案外人执行异议之诉的依据。

证据2~4，贵州省人民政府办公厅发布的《贵州省煤矿企业兼并重组工作方案（试行）》（黔府办发〔2012〕61号），贵州省煤矿企业兼并重组工作领导小组办公室与贵州省能源局联合下发的《关于对贵州甲盛龙集团矿业投资有限公司煤矿企业兼并重组实施方案（第一批）的批复》（黔煤兼并重组办〔2016〕2号），中共荔波县委办公室与荔波县人民政府办公室联合下发的《关于印发〈荔波县煤炭工业淘汰落后产能加快转型升级实施方案〉的通知》（荔党办发〔2018〕35号）。拟证明，案涉煤矿是根据政府要求重组整合的，是政府行为的结果，案涉采矿权仅是挂靠在甲盛龙公司名下；案涉煤矿虽然已经被关闭，但下甲介煤矿主体资格仍然存在，案涉煤矿不得拍卖抵债。

证据5，下甲介煤矿与甲盛龙公司签订的《矿业权股权转让合同》《补充协议》《协议书》。拟证明，甲盛龙公司未按合同约定向下甲介煤矿支付案涉煤矿转让款，双方仅是形式上的兼并重组。

证据6~8，原贵州省国土资源厅颁发给甲盛龙公司的采矿许可证（证号C520000××××××××××122487），有效期为2013年11月至2018年6月，采矿权人为甲盛龙公司；原贵州省国土资源厅颁发给下甲介煤矿的采矿许可证（证号C520000××××××××××

122487），有效期为 2011 年 12 月至 2018 年 6 月，采矿权人为下甲介煤矿；黔南州中院于 2019 年 8 月 27 日在其网络平台发布的关于变卖甲盛龙公司名下的案涉采矿权的公告。拟证明，张某新与甲盛龙公司达成的《执行和解协议》约定的采矿许可证是采矿权人为甲盛龙公司名下的采矿许可证，并非下甲介煤矿名下的采矿许可证，而且拍卖时案涉采矿权已经过期，法院拍卖行为错误。

证据 9~11，甲盛龙公司于 2014 年 9 月 26 日出具的《产权确认证明书》，下甲介煤矿于 2019 年 9 月 18 日出具的经荔波县应急管理局盖章确认的《情况说明》，甲盛龙公司于 2019 年 9 月 3 日向黔南州中院出具的《声明》。拟证明，甲盛龙公司与下甲介煤矿共同确认下甲介煤矿是案涉采矿权的实际权利人，荔波县应急管理局对此情况亦知悉。

证据 12~13，国家企业信用信息公示系统关于甲盛龙公司的《企业信用信息公示报告》，下甲介煤矿的《合伙企业营业执照》和《组织机构代码证》。拟证明，案涉煤矿的主体资格仍然是下甲介煤矿，下甲介煤矿是案涉采矿权的实际权利人。

证据 14，张某新与甲盛龙公司在双方民间借贷纠纷生效判决的执行程序中签订的《执行和解协议》。拟证明，张某新作为个人签订该协议，主体不适格，且用已经过期的案涉采矿许可证拍卖抵债，违反相关法律规定，应属无效。

证据 15，黔南州中院（2020）黔 27 民终 225 号民事判决书和荔波县人民法院（2019）黔 2722 民初 1656 号民事判决书。拟证明，生效判决已经解除了下甲介煤矿与甲盛龙公司的《矿业权股权转让合同》及其《补充协议》，案涉采矿权属于下甲介煤矿。

在一审法院于 2019 年 11 月 25 日开庭审理本案中，张某新对上述证据的真实性未提出异议。在本院于 2021 年 4 月 14 日询问当事人时，张某新本人先是明确陈述对上述证据的真实性无异议，后又主张对证据 9~11 的真实性有异议，认为是下甲介煤矿后补的证据。在本院于 2021 年 7 月 26 日公开开庭审理本案中，张某新对证据 9–11 的真实性提出异议，但未提交反驳证据。本院对证据 9~11 予以采信。

张某新向本院提交了以下新证据：

证据 1，《下甲介煤矿档案资料》（复印件）。拟证明，下甲介煤矿因贵州省煤矿企业兼并重组政策转让案涉采矿权，案涉采矿权的权利人已经由下甲介煤矿变更为甲盛龙公司，下甲介煤矿对案涉采矿权不享有正当权益。该证据系张某新于再审开庭审理前向本院申请调查取证，经本院与下甲介煤矿沟通，由下甲介煤矿自行向贵州省自然资源厅取得上述证据后提供给张某新。

证据 2~5，张某新与盘县新民富新煤矿于 2019 年 12 月 6 日签订的《债权转让协议》，盘县新民富新煤矿于 2019 年 12 月 6 日向黔南州中院提交的《关于变更申请执行人申请》和《以物抵债申请书》，黔南州中院（2019）黔 27 执恢 9 号之五执行裁定书。拟证明，张某新已将案涉 700 万元债权转让给盘县新民富新煤矿，黔南州中院已裁定将案涉采矿权以物抵债给盘县新民富新煤矿。

证据 6~7，黔南州中院（2018）黔 27 执 8 号之六协助执行通知书，原贵州省国土资源厅于 2018 年 5 月 28 日出具的案涉采矿权查封、抵押登记备案情况回函。拟证明，黔南州中院已向原贵州省国土资源厅发出协助执行通知书，案涉采矿权已经被查封，程序合法。

证据8~10，下甲介煤矿于2019年12月出具的《荔波县茂兰镇下甲介煤矿矿山地质环境现状调查评价报告》，下甲介煤矿矿山地质环境恢复前后对照图，荔波县自然资源局于2019年11月26日出具的《关于实施荔波县茂兰镇下甲介煤矿矿山地质环境治理恢复工作的委托书》。拟证明，荔波县人民政府已对案涉煤矿进行复垦复绿环境治理，下甲介煤矿述称其已按照黔南州中院（2020）黔27民终225号民事判决书接管案涉煤矿资产不属实。

证据11~13，贵州省煤炭工业淘汰落后产能加快转型升级工作领导小组办公室于2019年12月31日作出的《关于对盘州市煤炭开发总公司（第四批）兼并重组实施方案的批复》（黔煤转型升级办〔2019〕99号），贵州省煤炭工业淘汰落后产能加快转型升级工作领导小组办公室〔2019〕第16次会议纪要，贵州省自然资源厅于2021年5月7日颁发的矿山名称为“贵州亿盛龙矿业有限公司荔波县茂兰镇富奇煤矿”的采矿许可证。拟证明，经贵州省煤炭工业淘汰落后产能加快转型升级工作领导小组办公室批准，案涉煤矿被纳入贵州亿盛龙矿业有限公司荔波县茂兰镇富奇煤矿第四批兼并关闭煤矿，案涉煤矿已经执行完毕，下甲介煤矿已经丧失诉的基础。

下甲介煤矿对上述证据的真实性未提出异议，但认为，债权转让不符合法律规定，变更被执行人违法，政府相关部门认定案涉采矿权属于下甲介煤矿。

甲盛龙公司向本院提交了以下新证据：

证据1，甲盛龙公司于2013年9月1日出具的《关于对张某新同志任命的通知》（复印件）以及其于2021年7月24日出具的《〈关于对张某新同志任命通知〉的情况说明》（原件）。拟证明，甲盛龙公司任命张某新为该公司副总经理，负责公司融资、整合煤矿资源；任命通知原件存档于甲盛龙公司原法定代表人曹某柏私人保险柜内，因曹某柏目前被关押在金沙县看守所，无法提供原件。

证据2，甲盛龙公司分别在中国建设银行股份有限公司贵阳东山支行、贵阳银行股份有限公司都匀分行等开设的银行账户流水及相关凭证。拟证明，张某新通过其掌控的甲盛龙公司上述账户，将其他煤矿汇入甲盛龙公司的款项1632.5万元转入其个人账户。

证据3，贵州省高级人民法院（2017）黔民终128号民事判决书。拟证明，张某新曾将甲盛龙公司账户内的1632.5万元转入自己的账户，但该判决并未认定该款系还款。

证据4，《都匀市洛帮镇躲雨岩煤矿采矿权及股权转让合同》及其《补充协议》，《荔波县水尧乡吉党煤矿采矿权及股权转让合同》及其《补充协议》，《中国建设银行客户专用回单》等。拟证明，张某新将甲盛龙公司名下的躲雨岩煤矿、吉党煤矿转让给贵州永基矿业投资有限公司，并将相应转让款汇至张某新控制的银行账户中。

证据5，甲盛龙公司于2014年9月23日向贵州鲁中矿业有限责任公司出具的请求付款到张某新账户的《付款申请》及张某新出具的《收条》。拟证明，张某新指令贵州鲁中矿业有限责任公司将转让款转入张某新账户。

证据6，贵州省贵阳市观山湖区人民法院（2016）黔0115民初330号民事裁定书及相应的起诉状、撤诉申请书、甲盛龙公司出具的证明等。拟证明，张某新曾伪造甲盛龙公司的公章及该公司时任法定代表人曹某柏的签名，并起诉贵州鲁中矿业有限责任公司请求其支付转让尾款，被甲盛龙公司发现后向法院出具书面证明，才使该民事案件被裁定准许撤诉。

张某新对上述证据1的真实性、合法性和关联性均不认可，对证据2~6的真实性、合法性无异议，但认为与本案无关，无法达到证明目的。

下甲介煤矿对证据1~6的真实性、合法性、关联性均予以认可。

对于当事人认可真实性的证据，本院予以采信。对于当事人提出异议的证据及所证明事项是否成立，本院将在审理查明事实部分一并进行分析论证。

下甲介煤矿、张某新对一审和二审法院查明的事实没有异议，本院经审查，予以确认。根据各方当事人在一审和二审程序中提交的证据、向本院提交的新证据以及当事人的陈述，本院另查明：

一、关于贵州省煤矿企业兼并重组工作及案涉采矿权转让相关情况

贵州省人民政府办公厅于2012年12月19日印发的《贵州省煤矿企业兼并重组工作方案（试行）》载明以下内容，为……积极稳妥推进全省煤矿企业兼并重组，深化煤矿整合，有序开发煤炭资源，优化煤炭产业结构，促进全省煤炭产业持续健康安全发展，制定本工作方案；通过政策引导、政府推动，依照有关法律和规定推进煤矿企业兼并重组；实施方案批准后，由各市（州）、各县（市、区、特区）人民政府组织协调，兼并重组主体具体实施，于2014年3月31日前基本完成兼并重组工作；兼并重组后的煤矿各类证照必须变更到兼并重组主体名下。

贵州省煤矿企业兼并重组工作领导小组办公室与贵州省能源局于2016年3月4日联合下发的《关于对甲盛龙公司煤矿企业兼并重组实施方案（第一批）的批复》系针对甲盛龙公司的请示作出，批复的内容包括，保留甲盛龙公司荔波县茂兰镇富奇煤矿，关闭甲盛龙公司荔波县茂兰镇下甲介煤矿。

2013年7月30日，下甲介煤矿与甲盛龙公司签订《矿业权股权转让合同》，载明：转让采矿权名称为黔南州荔波县茂兰镇下甲介煤矿（欧某金）；采矿权许可证号为C520000×××××××××122487；转让金额为所有资产作价人民币3000万元，甲盛龙公司收购下甲介煤矿99%股权，作价2970万元；在原贵州省国土资源厅签字更名时，甲盛龙公司支付100万元作为履行合同的定金。2013年8月27日，下甲介煤矿与甲盛龙公司签订《补充协议》，变更转让金额为，所有资产作价为人民币3800万元，甲盛龙公司收购下甲介煤矿99%股份，作价3762万元；定金支付条件和数额未变更。2014年2月10日，甲盛龙公司向下甲介煤矿支付了100万元转让款。

2013年8月27日，下甲介煤矿与甲盛龙公司签订《采矿权转让合同》，该合同约定，案涉煤矿采矿权以合资合作方式转让给甲盛龙公司，转让金额为700万元，转让后下甲介煤矿占该矿权的49%，甲盛龙公司占该矿权的51%；签订协议后三个工作日内，甲盛龙公司付款50万元，六个月以后付款400万元，剩余250万元在变更完证照后付清；甲盛龙公司按合同约定向下甲介煤矿支付完转让金额后，方可要求下甲介煤矿提供采矿许可证等规定的全部资料，下甲介煤矿有义务协助甲盛龙公司办理采矿许可证变更登记等相关手续。该《采矿权转让合同》系在原贵州省国土资源厅归档的合同。

2013 年 8 月 27 日，下甲介煤矿与甲盛龙公司签订《协议书》，第二条约定，按省国土资源厅要求所签订的《采矿权转让合同》仅作为办理煤矿采矿权兼并重组之用，不作为采矿权交易付款的真实依据。

2014 年 9 月 26 日，甲盛龙公司向下甲介煤矿出具《产权确认证明书》，承诺在甲盛龙公司未支付完毕所有采矿权价款时，案涉煤矿的所有产权（含采矿权及煤矿地面上的所有财产权等）仍归属荔波县茂兰镇下甲介煤矿（法人：欧某金）所有。2019 年 9 月 18 日下甲介煤矿出具《情况说明》称，2018 年 9 月 4 日甲盛龙公司与荔波县茂兰镇富奇煤矿、下甲介煤矿在荔波县应急管理局就产权退出补偿一事进行调解。荔波县应急管理局在该《情况说明》上备注“情况属实”，并加盖了荔波县应急管理局的印章。甲盛龙公司于 2019 年 9 月 3 日向黔南州中院出具《声明》称，根据省人民政府对煤矿兼并重组精神的要求，贵州省各县煤矿成立集团公司，原煤矿企业要求兼并重组到集团公司，为了配合甲盛龙公司办理相关证件手续，下甲介煤矿进入甲盛龙公司进行兼并重组，甲盛龙公司于 2013 年 8 月 27 日与下甲介煤矿（法人：欧某金）签订《煤矿收购协议书》，但采矿权手续变更后，甲盛龙公司无法履行《煤矿收购协议书》，至今未按时支付采矿权转让价款，因此案涉煤矿的所有产权归黔南荔波县茂兰镇下甲介煤矿所有，其他任何单位和个人无权处置下甲介煤矿所有产权。

案涉采矿权变更登记至甲盛龙公司名下后，一直处于关闭停业状态，甲盛龙公司对案涉煤矿未进行实际经营。经贵州省煤炭工业淘汰落后产能加快转型升级工作领导小组办公室于 2019 年 12 月 31 日批复，案涉煤矿被关闭。

二、关于张某新诉甲盛龙公司民间借贷纠纷案相关情况

贵州省高级人民法院（2017）黔民终 128 号民事判决查明以下事实，“甲盛龙公司于 2013 年 1 月 5 日注册成立后，公司法定代表人曹某柏以公司名义授权委托张某新代为行使公司作为所收购煤矿出资人享有的所有权利，包括但不限于：采矿权对外转让、煤矿对外转让权、收取转让款等。甲盛龙公司为此开设的贵阳银行账户、建行账户所留两枚印鉴，除公司财务专用章外，另一枚为张某新私章，上述甲盛龙公司两个银行账户上存款资金使用均需经张某新同意。”张某新对上述事实本身没有异议，但主张其未参与案涉采矿权的交易。

根据贵州省高级人民法院（2017）黔民终 128 号民事判决查明的事实，张某新在该案中请求甲盛龙公司返还的借款本金 1400 万元是其于 2013 年 9 月至 10 月多次转入甲盛龙公司账户。

在本院开庭审理本案中，张某新认可其向甲盛龙公司出借上述款项前，未到原贵州省国土资源厅查询甲盛龙公司名下的采矿权，亦未在案涉采矿权上设立担保物权。

在本院于 2021 年 7 月 26 日召开庭前会议和开庭审理本案时，张某新述称，案涉采矿权已经于 2021 年 5 月 7 日通过执行法院执行程序变更到盘县新民富新煤矿名下，执行法院通过银行转账给张某新 300 万元，下甲介煤矿对案涉采矿权已经没有诉的利益。下甲介煤矿对此发表意见称，过期的采矿许可证不能变更，其在开庭前到贵州省自然资源厅调取案涉采矿权档案，该档案中不存在案涉采矿权已经变更登记至盘县新民富新煤矿名下的记载。经查，在贵州省高级人民法院（2017）黔民终 128 号民事判决的执行程序中，张某新与盘县新民富新煤矿于 2019 年 12 月 6 日就判项中的 700 万元借款本金达成《债权转让协议》，盘县新民富新煤矿于

2019年12月6日向黔南州中院提交《关于变更申请执行人申请》和《以物抵债申请书》，申请以二拍流拍价裁定案涉煤矿采矿权归盘县新民富新煤矿所有；在张某新提供执行担保的情况下，黔南州中院于2019年12月8日作出（2019）黔27执恢9号之五执行裁定书，裁定变更盘县新民富新煤矿为案涉申请执行人（之一），将案涉采矿权作价700万元交付盘县新民富新煤矿抵偿700万元的债务。

三、其他情况

甲盛龙公司向本院提交了其分别在中国建设银行股份有限公司贵阳东山支行、贵阳银行股份有限公司都匀分行开设的银行账户流水及相关凭证（即证据2）。张某新对该证据的真实性没有异议。经查，相关凭证为银行电汇凭证或者实时通付款凭证等，汇款人为甲盛龙公司，收款人为张某新，在银行记账凭证联或者汇出行作借方凭证联上同时有甲盛龙公司财务专用章和张某新私章，交易时间最早为2013年10月15日，最晚为2016年10月11日。

甲盛龙公司向本院提交了其于2013年9月1日向集团各部门、各煤矿印发的《关于对张某新同志任命的通知》（复印件）以及于2021年7月24日甲盛龙公司出具的《〈关于对张某新同志任命通知〉的情况说明》（原件），均盖有甲盛龙公司的印章。前述任命通知载明，“经集团公司股东会研究决定任命张某新同志为集团公司副总经理。负责融资、整合煤矿资源。”前述情况说明载明，“该任命通知原件存档于集团公司原法定代表人曹某柏私人保险柜内，目前曹某柏被关押在金沙县看守所，无法提供原件，但张某新的确是我集团公司任命的副总经理”。对于该任命通知及情况说明，虽然张某新不认可其真实性，但结合贵州省高级人民法院（2017）黔民终128号民事判决查明的相关事实以及甲盛龙公司通过银行向张某新汇款的凭证上同时有甲盛龙公司财务专用章和张某新私章的事实，张某新又未提供足以推翻该任命通知和情况说明的证据，可以认定甲盛龙公司关于其任命张某新为其副总经理并负责融资、整合煤矿资源的主张成立。即使不能认定甲盛龙公司任命张某新为其副总经理，也至少可以认定张某新负责甲盛龙公司自2013年9月以来的对外收购煤矿、转让煤矿以及支付煤矿转让款等工作。

张某新于本院申请再审程序中询问当事人时陈述称，其了解贵州省煤矿企业兼并重组政策；在本院于再审程序中组织庭前会议时称，贵州省煤矿企业兼并重组政策实施之前，其也经营小煤矿，曾有一个煤矿兼并重组到甲盛龙公司名下，甲盛龙公司未支付转让款，其起诉请求返还煤矿并得到支持。

本院再审认为，本案的争议焦点在于，下甲介煤矿对案涉采矿权是否享有足以排除强制执行的民事权益。对此需要考虑两个问题，一是下甲介煤矿是否为案涉采矿权的实际权利人，二是下甲介煤矿对案涉采矿权享有的民事权益是否足以排除强制执行，即下甲介煤矿对案涉采矿权享有的民事权益相对于张某新依据执行依据所享有的债权是否具有优先效力。

一、关于下甲介煤矿是否为案涉采矿权的实际权利人

采矿权虽然是依据行政许可产生的权利，但对矿产品的开采利用本身是一种用益物权，属于物权范畴。在采矿权经初始设定即行政许可登记之后的权利利用上，实践中存在名义权利与实际权利分离的情形。《中华人民共和国物权法》第三十三条规定，“因物权的归属、内容发生争议的，利害关系人可以请求确认权利”。当名义权利人和实际权利人就采矿权的归属发生争

议时，通过执行异议之诉请求确认实际权利人，符合民事诉讼的制度目的。需要明确的是，人民法院在执行异议之诉中确认的是采矿权的实际权利状态而不是采矿权的行政许可，不具有直接产生许可登记的效力。人民法院确认采矿权的实际权利人后，实际权利人能否取得采矿权，仍然需要取决于其是否符合行政管理法规关于采矿权许可登记的其他条件。

本案中，根据前述查明的事实可以认定，下甲介煤矿是案涉采矿权的实际权利人。理由如下：

首先，案涉采矿权变更到甲盛龙公司名下，系根据贵州省煤矿企业兼并重组政策要求进行的，并非下甲介煤矿的真实意思表示。甲盛龙公司与下甲介煤矿虽然签订了《矿业权股权转让合同》及《补充协议》，但该交易是根据贵州省煤矿企业兼并重组政策要求进行的，与当事人经过自由协商后达成的转让合同不同，主要体现在，本案中下甲介煤矿客观上无法采用约定支付完毕全部价款或者大部分价款后再变更采矿权人的通常做法，以避免案涉采矿权被变更到受让人名下、转让人却无法收到转让款的商业风险。下甲介煤矿与甲盛龙公司之间先后就案涉采矿权的转让签订了四份协议，四份协议所体现的转让价款、转让时间及采矿许可证的变更时间并不一致，其中关于转让价款，《矿业权股权转让合同》及《补充协议》分别约定的是 3000 万元和 3800 万元，而在原贵州省国土资源厅官网公示并归档的《采矿权转让合同》约定的是 700 万元。下甲介煤矿主张，之所以甲盛龙公司仅支付 100 万元定金就将案涉采矿权变更登记至甲盛龙公司名下，是根据贵州省煤矿企业兼并重组政策要求进行的。贵州省人民政府办公厅发布的《贵州省煤矿企业兼并重组工作方案（试行）》（黔府办〔2012〕61 号）关于 2014 年 3 月 31 日前基本完成兼并重组工作、兼并重组后的煤矿各类证照必须变更到兼并重组主体名下的内容，可以佐证下甲介煤矿的上述主张。因此，案涉采矿权于 2013 年 11 月 20 日被变更到甲盛龙公司名下并非下甲介煤矿的真实意思表示。

其次，甲盛龙公司认可下甲介煤矿是案涉采矿权的实际权利人。甲盛龙公司与下甲介煤矿签订的《协议书》关于"按省国土资源厅要求所签订《采矿权转让合同》仅作为办理煤矿采矿权兼并重组之用，不作为采矿权交易付款的真实依据"的约定，以及甲盛龙公司出具的《产权确认证明书》，均反映出甲盛龙公司也确认，其未按约定支付案涉采矿权转让款，案涉采矿权仍然属于下甲介煤矿所有。

再次，当地行政主管部门认可下甲介煤矿与甲盛龙公司的兼并重组并未完成，并就产权退出补偿事宜进行过调解。从案涉煤矿所属地区荔波县应急管理局盖章确认的《情况说明》来看，相关行政部门就双方产权退出补偿一事进行过调解，当地行政主管部门对双方之间的兼并重组情况知情。

最后，甲盛龙公司未对案涉煤矿进行实际经营。在案涉采矿权变更登记至甲盛龙公司名下后，案涉煤矿即根据贵州省煤矿企业兼并重组相关政策要求被关闭至今，未进行实质性的兼并重组。甲盛龙公司虽然是登记的权利人，但除挂名之外，对案涉采矿权和案涉煤矿未进行实际经营。

综上，案涉采矿权系根据贵州省煤矿企业兼并重组政策要求，形式上变更登记至甲盛龙公司名下，甲盛龙公司并未进行实际经营和收益，应当认定下甲介煤矿系案涉采矿权的实际权利人。

二、关于下甲介煤矿对案涉采矿权享有的民事权益是否足以排除本案强制执行

本院认为，下甲介煤矿作为案涉采矿权的实际权利人，对案涉采矿权享有的民事权益，足以排除本案强制执行。理由如下：

一方面，本案不存在实际权利人需要让位优先权利的情形。本案案涉采矿权被查封，系依据张某新诉甲盛龙公司民间借贷纠纷一案的生效判决，张某新依据该生效判决对甲盛龙公司享有普通金钱债权，张某新并未在案涉采矿权上设立担保物权。本案亦不存在建筑工程优先受偿权和居住权等优先权利的情形。

另一方面，张某新向甲盛龙公司提供借款时，案涉采矿权未登记在甲盛龙公司名下。张某新请求执行的债权形成于 2013 年 9 月至 10 月，此时案涉采矿权尚未变更登记至甲盛龙公司名下。张某新在向甲盛龙公司提供借款时，并未对甲盛龙公司名下采矿权情况进行查询，案涉采矿权及其无抵押等相关信息系由黔南州中院在执行程序中向原贵州省国土资源厅查询所知，张某新向甲盛龙公司提供借款并未受到案涉采矿权的影响。此外，根据本院查明的事实，张某新知晓贵州省煤矿企业兼并重组政策，且经授权代甲盛龙公司行使作为所收购煤矿出资人享有的所有权利，甲盛龙公司为兼并重组开设的两个银行账户上存款资金使用均需经张某新同意。由此可知，张某新对于甲盛龙公司与下甲介煤矿之间的兼并重组交易、转让款支付情况以及下甲介煤矿属于实际权利人应当是知晓的。

二审判决认为，“采矿权系经行政审批许可取得的开采矿产资源的特许权利，不同于一般物权。下甲介煤矿与甲盛龙公司之间关于双方就该矿采矿权系挂靠关系、下甲介煤矿仍然系案涉煤矿实际采矿权人的主张，于法无据，不能否定行政主管机关对甲盛龙公司依法颁发的采矿许可证”。二审判决实际上是严格按照行政许可登记来确认案涉采矿权的权利人。这涉及采矿权行政许可登记的公信效力。物权登记的公信效力是物权公示制度的法律效果。所谓公信效力，是指登记的采矿权权利人在法律上推定为真正的权利人。对于信赖该登记而从事交易的人，即使后来证明该登记是错误的，法律仍然承认其具有与真实的采矿权相同的法律效果，这是为保护依据登记内容进行交易的第三人的信赖利益，但在登记权利人和利害关系人之间，不适用公示公信的推定效力。本案中，张某新对贵州省煤矿企业兼并重组政策是知晓的，而且经授权代甲盛龙公司行使作为收购煤矿出资人享有的所有权利，张某新事实上对于案涉采矿权登记在甲盛龙公司名下系根据兼并重组政策要求而进行且甲盛龙公司仅支付 100 万元定金应当知晓。在这种情况下，张某新并非对下甲介煤矿与甲盛龙公司之间的兼并重组交易或者说对下甲介煤矿系案涉采矿权的实际权利人毫不知情的第三人。因此，案涉采矿权登记在甲盛龙公司名下，对于张某新来说，不产生信赖利益保护的问题。

此外，张某新主张，在本院裁定提审本案前，案涉采矿权已经通过执行程序变更至案外人名下，下甲介煤矿已经没有诉的利益。对此，本院认为，本案中，执行法院作出（2019）黔 27 执恢 9 号之五执行裁定书，以流拍的案涉采矿权抵债，并非通过拍卖、变卖方式予以执行并变更至本案案外人名下，应当属于人民法院在执行程序中作出的以物抵债裁定书。《最高人民法院关于人民法院办理执行异议和复议案件若干问题的规定》第六条第二款规定，“案外人

依照民事诉讼法第二百二十七条规定提出异议的，应当在异议指向的执行标的执行终结之前提出；执行标的由当事人受让的，应当在执行程序终结之前提出”。下甲介煤矿提起本案诉讼符合上述法律规定，案涉采矿权虽然经过以物抵债裁定变更至盘县新民富新煤矿名下，但是下甲介煤矿在执行标的查封之后、执行程序终结之前，有权提起执行异议维护其合法权益。此外，（2019）黔 27 执恢 9 号之五执行裁定书虽然确认案涉采矿权交付盘县新民富新煤矿，但该裁定书属于人民法院在执行程序中作出的以物抵债裁定书，将案涉采矿权变更登记至盘县新民富新煤矿名下不涉及维护司法拍卖、变卖程序安定性以及不特定第三人利益保护等问题，本案判决不得执行的范围可以及于该裁定书。

综上，下甲介煤矿对案涉采矿权享有足以排除强制执行的民事权益。《最高人民法院关于适用〈中华人民共和国民事诉讼法〉的解释》第三百一十二条第一款第一项规定，案外人就执行标的享有足以排除强制执行的民事权益的，判决不得执行该执行标的。本案应当判决不得执行案涉采矿权。《最高人民法院关于适用〈中华人民共和国民事诉讼法〉的解释》第三百一十四条第一款规定，“对案外人执行异议之诉，人民法院判决不得对执行标的执行的，执行异议裁定失效。”本判决生效后，黔南州中院（2019）黔 27 执异 54 号执行裁定书即失效，无需本院在判项中撤销该裁定。在执行程序中针对案涉采矿权作出的以物抵债裁定书即黔南州中院（2019）黔 27 执恢 9 号之五执行裁定书，基于前述理由，也应当予以撤销，并解除查封等强制执行措施。

综上所述，下甲介煤矿的再审请求成立。依照《中华人民共和国民事诉讼法》第二百零七条第一款、第一百七十条第一款第二项规定，判决如下：

一、撤销贵州省高级人民法院（2020）黔民终 476 号民事判决和贵州省黔南布依族苗族自治州中级人民法院（2019）黔 27 民初 122 号民事判决；

二、不得执行贵州甲盛龙集团矿业投资有限公司荔波县茂兰镇下甲介煤矿采矿权（证号 C520000××××××××××122487）。

一审案件受理费 60 800 元，二审案件受理费 60 800 元，由张某新负担。

本判决为终审判决。

审判长　郎贵梅
审判员　王朝辉
审判员　刘丽芳
二〇二一年十一月十一日
法官助理　梁　欣
书记员　朱小玲

（摘自 2022 年《中华人民共和国最高人民法院公报》第 11 期）

韦某兵与新疆宝塔房地产开发有限公司等请求变更公司登记纠纷案

【裁判摘要】

法定代表人是对外代表公司从事民事活动的公司负责人，法定代表人登记依法具有公示效力。就公司内部而言，公司与法定代表人之间为委托法律关系，法定代表人代表权的基础是公司的授权，自公司任命时取得至免除任命时终止。公司权力机关依公司章程规定免去法定代表人的职务后，法定代表人的代表权即为终止。

有限责任公司股东会依据章程规定免除公司法定代表人职务的，公司执行机关应当执行公司决议，依法办理公司法定代表人工商变更登记。

最高人民法院民事判决书

（2022）最高法民再94号

再审申请人（一审原告、二审上诉人）：韦某兵，男，1968年出生，汉族，住所地：北京市丰台区。

委托诉讼代理人：雷某华，某某律师事务所律师。

被申请人（一审被告、二审被上诉人）：新疆宝塔房地产开发有限公司，住所地：新疆维吾尔自治区伊犁州奎屯市毓秀里一团结北街。

法定代表人：韦某兵，该公司董事长。

被申请人（一审被告、二审被上诉人）：新疆宝塔投资控股有限公司，住所地：新疆维吾尔自治区乌鲁木齐市高新区（新市区）昆明路。

法定代表人：铁某，该公司董事长。

被申请人（一审被告、二审被上诉人）：新疆嘉鸿投资有限公司，住所地：新疆维吾尔自治区乌鲁木齐市天山区文艺路。

法定代表人：崔某，该公司总经理。

再审申请人韦某兵因与被申请人新疆宝塔房地产开发有限公司（以下简称宝塔房地产公司）、新疆宝塔投资控股有限公司（以下简称宝塔投资公司）、新疆嘉鸿投资有限公司（以下简称嘉鸿公司）请求变更公司登记纠纷一案，不服宁夏回族自治区高级人民法院（2021）宁民终82号民事判决，向本院申请再审。本院于2021年12月17日作出（2021）最高法民申7049号民事裁定，提审本案。本院依法组成合议庭，开庭审理了本案。再审申请人韦某兵以及其委托诉讼代理人雷某华到庭参加诉讼。被申请人宝塔房地产公司、宝塔投资公司经本院合法传唤无正当理由未到庭参加诉讼，被申请人嘉鸿公司书面表示其不参加诉讼。本案现已审理终结。

韦某兵再审请求：1. 依法撤销宁夏回族自治区高级人民法院（2021）宁民终 82 号民事判决，改判宝塔房地产公司为韦某兵办理公司法定代表人工商变更登记，并由宝塔投资公司、嘉鸿公司予以配合。2. 由宝塔房地产公司、宝塔投资公司、嘉鸿公司承担再审费用。事实和理由：（一）韦某兵与宝塔房地产公司之间已不存在劳动关系，已丧失继续担任宝塔房地产公司法定代表人的基础和条件。2017 年 7 月 18 日，宝塔石化集团有限公司（以下简称宝塔石化集团）总裁办下发宝总发〔2017〕63 号《关于干部免职的决定》，免去韦某兵在宝塔房地产公司董事长、法定代表人及宝塔石化集团的一切职务。同年 7 月 20 日宝塔房地产公司控股股东宝塔投资公司通知韦某兵免职事宜，并告知该免职决定已经通知嘉鸿公司，嘉鸿公司接受并同意免职决定。故韦某兵自 2017 年 7 月 18 日即已解除了与宝塔房地产公司关于担任法定代表人任职的委托，且事实上韦某兵自被免职后，已经被停止在宝塔石化集团和宝塔房地产公司的全部职务和工作，亦未再领取宝塔石化集团任何报酬，与宝塔房地产公司不存在任何关联。根据《中华人民共和国公司法》的规定，公司法定代表人依法应由董事长、执行董事或者经理担任，也就是说自然人成为公司的法定代表人，应当与公司之间存在实质性的利益关联，该种利益关联是其担任公司法定代表人的前提和由来。因此，韦某兵已经丧失作为宝塔房地产公司法定代表人的法律基础和基本条件。宝塔房地产公司理应为韦某兵办理法定代表人变更登记。宝塔房地产公司在对韦某兵作出免职决定，韦某兵离开公司并解除双方劳动关系的情况下，怠于和拒绝为韦某兵变更法定代表人登记，损害了韦某兵的权益。（二）宝塔房地产公司的股东就免除韦某兵董事长、法定代表人职务达成合意，已经产生股东会决议的法律效果。宝塔石化集团下发《关于干部免职的决定》后，宝塔投资公司通知了嘉鸿公司，嘉鸿公司同意，本案二审审理中嘉鸿公司向法院提交的答辩意见也证实上述事实。因宝塔投资公司拖延及后期被整体接管致使未能完成韦某兵法定代表人变更登记，韦某兵也无法获得宝塔房地产公司内部的股东会决议。但结合宝塔投资公司出具的《免职通知书》和嘉鸿公司提交的答辩意见，事实上宝塔房地产公司的两股东已就免除韦某兵法定代表人的职务达成一致意见，产生股东会决议的法律效力，故依法应当认定免除韦某兵法定代表人是两股东共同意思表示。（三）韦某兵已穷尽公司内部的救济手段。韦某兵被免职后，因其与公司无投资关系，再没有继续为宝塔石化集团工作，作为离职人员其无法通过召集股东会等公司自治途径对法定代表人变更事项进行决议，并提供相应的证据材料，且公司章程中也不涉及有关法定代表人变更登记的规定。此种情形下，韦某兵向宝塔石化集团和宝塔房地产公司提出变更登记的请求，但该诉求被置之不理，韦某兵被迫继续“挂名”宝塔房地产法定代表人，已经严重损害其利益，故诉至法院，请求依法保护其权益。

嘉鸿公司提交书面意见称，认可韦某兵起诉的有关事实，也同意公司给韦某兵办理工商变更登记。

韦某兵向一审法院起诉请求：1. 依法判令宝塔房地产公司办理公司法定代表人工商变更登记，并由宝塔投资公司、嘉鸿公司予以配合；2. 由宝塔房地产公司、宝塔投资公司、嘉鸿公司承担本案诉讼费用、邮寄送达费等其他相关费用。

一审法院认定事实：宝塔房地产公司于2013年3月26日成立，注册资本2000万元，宝塔投资公司和嘉鸿公司为其股东，其中宝塔投资公司认缴出资1900万元，嘉鸿公司认缴出资100万元，韦某兵担任宝塔房地产公司的董事长及法定代表人。宝塔投资公司成立于2012年12月6日，系由宝塔投资公司控股法人独资。

一审法院判决：驳回韦某兵的诉讼请求。一审案件受理费100元，公告费560元，均由韦某兵负担。

韦某兵不服一审判决，上诉请求：1.依法撤销（2019）宁01民初3717号民事判决，改判宝塔房地产公司限期办理公司法定代表人工商变更登记，宝塔投资公司、嘉鸿公司予以配合；2.一审、二审诉讼费由宝塔房地产公司、宝塔投资公司、嘉鸿公司承担。

二审期间，韦某兵提交了2017年7月18日宝塔石化集团总裁办下发的宝总发〔2017〕63号《关于干部免职的决定》、2017年7月20日宝塔投资公司出具的《免职通知书》原件。

宝塔房地产公司、宝塔投资公司、嘉鸿公司二审未到庭参加诉讼。

二审查明的案件事实与一审一致。

二审法院认为，当事人对自己提出的诉讼请求所依据的事实，应当提供证据加以证明。《中华人民共和国公司法》第十三条规定："公司法定代表人依照公司章程的规定，由董事长、执行董事或者经理担任，并依法登记。公司法定代表人变更，应当办理变更登记。"本案中，韦某兵未提交宝塔房地产公司的公司章程，不能证明该公司对于法定代表人任免的规定，也未提交宝塔房地产公司作出决议或决定将公司法定代表人进行变更登记的有效证据，宝塔投资公司、嘉鸿公司未拒绝办理变更登记，韦某兵的诉求不符合《中华人民共和国公司法》的相关规定。综上认为韦某兵的上诉请求不能成立，应予驳回；一审判决认定事实清楚，适用法律正确，应予维持。依照《中华人民共和国民事诉讼法》（2017年修正）第一百七十条第一款第一项之规定，判决：驳回上诉，维持原判。二审案件受理费100元，由韦某兵负担。

再审中，韦某兵提交落款时间为2013年3月25日、2017年8月17日的两份《新疆宝塔房地产开发有限公司章程》，拟证明按照《中华人民共和国公司法》第十三条及公司章程第二十六条规定，韦某兵已经被免去公司董事长和法定代表人身份，已不符合继续担任法定代表人的规定，宝塔房地产公司有义务履行法定代表人工商变更登记。

经审查，上述两份公司章程加盖有新疆维吾尔自治区市场监督管理局登记档案查询专用章，本院确认该两份公司章程属实。

本院再审查明，2013年3月25日，工商备案的《新疆宝塔房地产开发有限公司章程》第十三条规定，"股东会由全体股东组成，是公司的权力机构，行使下列职权……（二）选举和更换非由职工代表担任的董事、监事，决定有关董事、监事的报酬事项……"；第十九条规定，"公司设董事会，成员为5人，由新疆宝塔投资控股有限公司委派3名，由新疆嘉鸿投资有限公司委派2名。董事任期3年，连选可以连任。董事会设董事长1人，由董事会选举产生。董事长任期3年，任期届满，连选可以连任。董事会对股东会负责，行使下列职权……（二）执行股东会的决议……"；第二十六条规定："董事长为公司的法定代表人。"宝塔房地产公司

2017 年 8 月 17 日的公司章程与 2013 年 3 月 25 日的公司章程上述内容基本一致。

另查明，2017 年 7 月 20 日，宝塔投资公司出具的《免职通知书》载明："韦某兵：根据宝塔石化集团宝总发〔2017〕63 号总裁办文件，本公司现通知你，免去你在新疆宝塔房地产开发有限公司董事长、法定代表人职务，同时免去你在新疆宝塔石化运输公司总经理职务。本公司作为新疆宝塔房地产开发有限公司的控股股东，有权决定该公司董事长、法定代表人任免。本公司已将对你的免职决定通知另一股东新疆嘉鸿投资有限公司，该公司未提出异议。本通知自发出之日生效。"

再审还查明，宝塔石化集团系列金融案件正在诉讼中。宝塔投资公司、宝塔房地产公司均系宝塔石化集团下属公司。

再审审理中，本院联系宝塔石化集团，并向其发出函件，告知本案韦某兵诉讼事宜，建议宝塔石化集团协调处理韦某兵的相关诉求。宝塔石化集团收到本院函件后未予答复。

本院再审查明的其余事实与原一、二审一致。

本院再审认为，根据《最高人民法院关于适用〈中华人民共和国民法典〉时间效力的若干规定》第一条第二款关于"民法典施行前的法律事实引起的民事纠纷案件，适用当时的法律、司法解释的规定，但是法律、司法解释另有规定的除外"的规定，本案诉争事实发生在《中华人民共和国民法典》施行前，故依法应适用当时的法律、司法解释的规定。本案争议的问题是宝塔房地产公司应否为韦某兵办理公司法定代表人工商变更登记。

根据本案查明的事实，本院认为，宝塔房地产公司应当为韦某兵办理公司法定代表人工商变更登记，理由如下：

（一）宝塔房地产公司已经终止与韦某兵之间的法定代表人委托关系，韦某兵已经不具有代表公司的法律基础

法定代表人是对外代表公司意志的机关之一，登记的法定代表人依法具有公示效力，但就公司内部而言，公司和法定代表人之间为委托法律关系，法定代表人行使代表人职权的基础为公司权力机关的授权，公司权力机关终止授权则法定代表人对外代表公司从事民事活动的职权终止，公司依法应当及时办理工商变更登记。

本案中，《新疆宝塔房地产开发有限公司章程》第十三条规定，宝塔房地产公司股东会是公司的权力机构，有权选举和更换董事。第十九条规定，董事会董事由股东委派，董事会对股东会负责，执行股东会决议，董事长由董事会选举产生。第二十六条规定，董事长为公司法定代表人。2013 年 3 月 26 日，宝塔房地产公司成立，韦某兵是宝塔房地产公司股东——宝塔投资公司委派的董事，依据公司章程经董事会选举为董事长，依据章程担任公司法定代表人，并办理了工商登记。因此，韦某兵系受公司权力机关委托担任公司法定代表人。

2017 年 7 月 18 日，宝塔石化集团下发《关于干部免职的决定》，免除韦某兵宝塔房地产公司董事长、法定代表人职务。2017 年 7 月 20 日，宝塔投资公司依据宝塔石化集团上述干部免职决定，向韦某兵发出《免职通知书》，免去韦某兵公司董事长、法定代表人职务。该《免职通知书》还载明："本公司作为新疆宝塔房地产开发有限公司的控股股东，有权决定该公司董事长、法定代表人任免。本公司已将对你的免职决定通知另一股东新疆嘉鸿投资有限公司，

该公司未提出异议。本通知自发出之日生效。”韦某兵被免职后，未在该公司工作，也未从公司领取报酬。本案诉讼中，嘉鸿公司明确其知晓并同意公司决定，因此，可以认定宝塔房地产公司两股东已经就韦某兵免职作出股东会决议并通知了韦某兵，该决议符合宝塔房地产公司章程规定，不违反法律规定，依法产生法律效力，双方的委托关系终止，韦某兵已经不享有公司法定代表人的职责。依据《中华人民共和国公司法》第十三条规定，“公司法定代表人依照公司章程的规定，由董事长、执行董事或者经理担任，并依法登记。公司法定代表人变更，应当办理变更登记”，宝塔房地产公司应当依法办理法定代表人变更登记。

（二）宝塔房地产公司怠于履行义务，对韦某兵的权益造成了损害，依法应当办理法定代表人变更登记

按照原国家工商行政管理局制定的《企业法定代表人登记管理规定》（1999年修正）第六条“企业法人申请办理法定代表人变更登记，应当向原企业登记机关提交下列文件：（一）对企业原法定代表人的免职文件；（二）对企业新任法定代表人的任职文件；（三）由原法定代表人或者拟任法定代表人签署的变更登记申请书”。以及第七条“有限责任公司或者股份有限公司更换法定代表人需要由股东会、股东大会或者董事会召开会议作出决议……”之规定，宝塔房地产公司只需提交申请书以及对原法定代表人的免职文件、新法定代表人的任职文件，以及股东会、股东大会或者董事会召开会议作出决议即可自行办理工商变更登记。本案中，韦某兵被免职后，其个人不具有办理法定代表人变更登记的主体资格，宝塔房地产公司亦不依法向公司注册地工商局提交变更申请以及相关文件，导致韦某兵在被免职后仍然对外登记公示为公司法定代表人，在宝塔房地产公司相关诉讼中被限制高消费等，已经给韦某兵的生活造成实际影响，侵害了其合法权益。除提起本案诉讼外，韦某兵已无其他救济途径，故韦某兵请求宝塔房地产公司办理工商变更登记，依法有据，应予支持。至于本案判决作出后，宝塔房地产公司是否再选任新的法定代表人，属于公司自治范畴，本案不予处理。

综上，原一、二审判决以宝塔房地产公司未形成决议等为由驳回韦某兵的诉讼请求有误，本院依法予以纠正。

另外，宝塔投资公司、嘉鸿公司仅是宝塔房地产公司的股东，且其已经就免除韦某兵法定代表人作出决议，依法也非办理变更登记的义务主体，韦某兵请求该两公司办理或协助办理法定代表人工商变更登记，依据不足，不予支持。

综上所述，韦某兵的再审请求部分成立。依照《中华人民共和国公司法》第十三条，《中华人民共和国民事诉讼法》第二百一十四条第一款、第一百七十七条第一款第二项规定，判决如下：

一、撤销宁夏回族自治区高级人民法院（2021）宁民终82号民事判决、宁夏回族自治区银川市中级人民法院（2019）宁01民初3717号民事判决；

二、新疆宝塔房地产开发有限公司于本判决生效之日起三十日内为韦某兵办理公司法定代表人变更登记；

三、驳回韦某兵的其他诉讼请求。

一审案件受理费100元，公告费560元，二审案件受理费100元，均由新疆宝塔房地产开发有限公司负担。

本判决为终审判决。

审判长　吴兆祥
审判员　张　梅
审判员　赵　敏
二〇二二年五月十七日
法官助理　尹　伊
书记员　雷婷玉

（摘自2022年《中华人民共和国最高人民法院公报》第12期）

沙某英与塔尼尔生物科技（商丘）有限公司等破产债权确认纠纷案

【裁判摘要】

《最高人民法院关于适用〈中华人民共和国企业破产法〉若干问题的规定（三）》第八条规定的十五日期间系附不利后果的引导性规定，目的是督促异议人及时主张权利、提高破产程序的效率，并非起诉期限、诉讼时效或除斥期间。该十五日期间届满后，破产程序按债权人会议核查并经人民法院裁定确认的结果继续进行，由此给异议人行使表决权和财产分配等带来的不利后果，由其自行承担，但并不导致异议人实体权利或诉权消灭的法律后果。

最高人民法院民事裁定书

（2022）最高法民再233号

再审申请人（一审原告、二审上诉人）：沙某英，女，1968年出生，回族，住所地：河南省商丘市。

委托诉讼代理人：刘某勋，某某律师事务所律师。

委托诉讼代理人：李某，某某律师事务所律师。

被申请人（一审被告、二审被上诉人）：塔尼尔生物科技（商丘）有限公司。住所地：河南省商丘市睢阳区古宋乡（睢阳区产业集聚区工业大道北侧）。

诉讼代表人：河南睢阳律师事务所、北京市炜衡律师事务所，塔尼尔生物科技（商丘）有限公司共同管理人。

负责人：李某明。

委托诉讼代理人：李某彬，某某律师事务所律师。

被申请人（一审被告、二审被上诉人）：商丘市宏达汽车防滑设备有限公司。住所地：河南省商丘市睢阳产业集聚区中亚大道和105国道交叉口。

诉讼代表人：河南睢阳律师事务所、北京市炜衡律师事务所，商丘市宏达汽车防滑设备有限公司共同管理人。

负责人：李某明。

委托诉讼代理人：李某彬，某某律师事务所律师。

一审第三人：李某军，男，1963年出生，汉族，住所地：河南省商丘市。

一审第三人：朱某祥，男，1963年出生，汉族，住所地：河南省商丘市。

再审申请人沙某英因与被申请人塔尼尔生物科技（商丘）有限公司（以下简称塔尼尔公司）、商丘市宏达汽车防滑设备有限公司（以下简称宏达公司），一审第三人李某军、朱某祥破产债权确认纠纷一案，不服河南省高级人民法院作出的（2021）豫民终1114号民事裁定，向本院申请再审。本院依法组成合议庭对本案进行了审查，现已审查终结。

沙某英申请再审称：原裁定符合《中华人民共和国民事诉讼法》第二百零七条第六项规定的情形，应予再审。请求：1. 撤销一、二审裁定；2. 指令一审法院审理，并依法作出判决。理由如下：原裁定适用法律错误。《最高人民法院关于适用〈中华人民共和国企业破产法〉若干问题的规定（三）》[以下简称《破产法司法解释（三）》] 第八条规定的十五日期间，是与《中华人民共和国企业破产法》（以下简称《企业破产法》）债权申报期限相同性质的附不利后果承担的引导性规定，而非诉讼时效或除斥期间，不影响当事人的实体权利。此外，债权人会议核查结束的标志应为人民法院裁定确认之债权表，而非债权人会议召开完毕之日，沙某英起诉时未接到人民法院裁定确认之债权表，其起诉不超过《破产法司法解释（三）》第八条的起诉期限。沙某英第二项诉讼请求是确认合同效力和物权归属，并不适用诉讼时效规定。管理人邮寄“异议答复函”时填写的联系方式并非沙某英申报债权时预留的手机号，该答复函没有有效送达给沙某英，且答复函载明的是“可于”而非“应于”2020年12月5日之前提起诉讼。一、二审法院根据该规定认定沙某英超过起诉期限驳回起诉，适用法律错误。

塔尼尔公司、宏达公司辩称：《破产法司法解释（三）》第八条规定的15日期间所要解决的是破产债权确认之诉的程序启动期限，并非解决实体法律关系问题，因此实质上是一种程序形成权，在法律性质上应为除斥期间。法律规定以及破产实务中设计了诸多程序来保障债权人利益，债权人怠于行使权利应自行承担相应法律后果。无论是按照法律规定的从债权人会议核查结束后开始起算，还是按照异议答复函之日起算，沙某英均已超过法律规定的期限。

沙某英一审诉讼请求：1. 确认沙某英对塔尼尔公司、宏达公司享有债权11 655 787.2元（10 800 000元－5 760 374.1元－672 500元=4 367 125.9元，2014年6月19日 至2020年6月10日共6年的利息，按月息2分计算；4 367 125.9元 ×2%×72个月=6 288 661.3元，截至破产前一日本息合计：10 655 787.2 元，5 年租金 100 万元，债权合计：11 655 787.2 元）；2. 确认 2014 年 6 月 19 日塔尼尔公司、宏达公司出卖给沙某英的房屋（附房屋清单）、机器设备（附机器设备清单）不属于破产财产（主张价值 5 760 374.1 元）；3. 责令李某军向沙某英返还 2014 年 6 月 19 日出卖给沙某英的机器设备（附机器设备清单），如不能返还，折价赔偿 672 500 元；4. 判令第三人李某军、朱某祥对诉讼请求 3 承担赔偿责任；5. 诉讼等费用由塔尼尔公司、宏达公司负担。2021 年 5 月 13 日，沙某英申请变更诉讼请求第二项为：确认双方签订的《房屋买卖合同》《机器设备买卖合同》有效，确认对房屋买卖价款 5 760 374.1 元享有优先受偿权，确认机器设备归沙某英所有。2021 年 5 月 25 日，沙某英申请撤回对北京市炜衡律师事务所、河南睢阳律师事务所的起诉；2021 年 6 月 3 日，沙某英申请撤回对李某军的起诉，同时申请追加李某军为第三人。

一审法院认为，一审法院于 2020 年 6 月 10 日裁定受理塔尼尔公司、宏达公司合并破产重整一案，并指定河南睢阳律师事务所与北京市炜衡律师事务所共同担任上述两公司破产重整管理人。2020 年 11 月 20 日召开第一次债权人会议，在第一次债权人会议上管理人告知沙某英其申报的 11 655 787.2 元债权及涉案土地使用权、房屋及设备的取回权未被确认。沙某英于 2020 年 11 月 25 日向塔尼尔公司、宏达公司的管理人提交债权异议申请书，塔尼尔公司、宏达公司的管理人于 2020 年 12 月 2 日 12 时 11 分向沙某英通过 EMS 中国邮政速递物流送达了异议答复函，沙某英收到塔尼尔公司、宏达公司管理人的异议答复函后，在其债权未被确认的情况下，其未按异议答复函的意见于 2020 年 12 月 5 日之前向一审法院提起诉讼，亦未根据《破产法司法解释（三）》第八条之规定在债权人会议核查结束后十五日内向人民法院提起债权确认的诉讼。沙某英辩称异议答复函并非司法文书，其规定于 2020 年 12 月 5 日之前起诉明显违反法理，且《破产法司法解释（三）》第八条规定的十五日不是诉讼时效和除斥期间，仅是引导性规定，起算点应从法院裁定送达后开始起算，管理人制作的答复函没有任何约束力。一审法院认为，沙某英未按异议答复函的意见于 2020 年 12 月 5 日之前向一审法院提起诉讼，亦未根据《破产法司法解释（三）》第八条之规定在债权人会议核查结束后十五日内向人民法院提起债权确认的诉讼，沙某英于 2021 年 3 月 29 日向一审法院提起债权确认的诉讼，其起诉已经超过破产债权确认起诉期限，遂裁定驳回沙某英的起诉。

沙某英不服一审裁定，提起上诉，请求撤销一审裁定，由一审法院对本案进行依法审理。

二审法院认为，《企业破产法》第五十八条规定：“依照本法第五十七条规定编制的债权表，应当提交第一次债权人会议核查。债务人、债权人对债权表记载的债权无异议的，由人民法院裁定确认。债务人、债权人对债权表记载的债权有异议的，可以向受理破产申请的人民法院提起诉讼。”《破产法司法解释（三）》第八条规定：“债务人、债权人对债权表记载的债权有异议的，应当说明理由和法律依据。经管理人解释或调整后，异议人仍然不服的，或者管理人不予解释或调整的，异议人应当在债权人会议核查结束后十五日内向人民法院提起债权确认的诉讼。当事人之间在破产申请受理前订立有仲裁条款或仲裁协议的，应当向选定的仲裁机构申请确认债权债务关系。”该司法解释规定的十五日起诉期间是当事人参加民事诉讼活动应当遵守的期间，其约束的客体是当事人的程序权利及义务，主要目的均为就当事人应为的诉讼行为规定一定的期限，强制当事人严格遵守以保障诉讼程序的顺利进行，并且，此期间一旦已经过，当事人就不能再进行该诉讼行为，由此承受程序上的不利后果。本案中，一审法院于2020年6月10日裁定受理塔尼尔公司、宏达公司合并破产重整一案，并指定管理人，管理人在2020年11月20日召开的第一次债权人会议上告知沙某英其申报的11 655 787.2元债权及涉案土地使用权、房屋及设备的取回权未被确认，沙某英提出异议后，管理人于2020年11月30日作出书面异议答复函，向沙某英邮寄送达，异议答复函中明确记载“此答复为管理人最终意见，如您有异议，可于2020年12月5日之前向河南省商丘市中级人民法院提起诉讼”，沙某英于2020年12月2日收到异议答复函，但其直到2021年3月29日才提起本案诉讼，故一审法院依据上述法律及司法解释规定，认定沙某英提起本案诉讼已经超过债权确认起诉期限，并裁定驳回沙某英的起诉，并无不当，遂裁定驳回上诉，维持原裁定。

本院经再审认为，《破产法司法解释（三）》第八条规定的十五日期间，系附不利后果的引导性规定，目的是督促异议人尽快提起诉讼，以便尽快解决债权争议，提高破产程序的效率，防止破产程序拖延。异议人未在该十五日内提起债权确认的诉讼，视为其同意债权人会议核查结果，破产程序按债权人会议核查并经人民法院裁定确认的结果继续进行，给异议人财产分配和行使表决权等带来的不利后果，由其自行承担。但《破产法司法解释（三）》第八条规定的十五日期间并非诉讼时效、除斥期间或起诉期限，该十五日期间届满并不导致异议人实体权利或诉权消灭的法律后果。一、二审法院以沙某英超过十五日起诉期限为由驳回起诉，适用法律错误。

综上，依照《中华人民共和国民事诉讼法》第二百一十四条第一款、第一百七十七条第一款第二项规定，裁定如下：

一、撤销河南省高级人民法院（2021）豫民终1114号民事裁定及河南省商丘市中级人民法院（2021）豫14民初26号之一民事裁定；

二、指令河南省商丘市中级人民法院对本案进行审理。

审判长　王富博

审判员　于　蒙

审判员　吴凯敏

二〇二二年七月二十日

法官助理　易清清

书记员　杨　鹏

（摘自2022年《中华人民共和国最高人民法院公报》第12期）

八、人民法院大事记

中国法院年鉴

THE YEARBOOK OF CHINA COURTS

2022

2022年1月

1月1日 《人民司法》2022年第1期刊发最高人民法院党组书记、院长周强首席大法官述要《深入学习贯彻党的十九届六中全会精神 忠实履行党和人民赋予人民法院的职责使命》。

1月4日 最高人民法院发布平安中国建设第一批典型案例。

1月7日 最高人民法院党组召开会议，传达学习1月6日习近平总书记主持召开中共中央政治局常务委员会会议听取全国人大常委会、国务院、全国政协、最高人民法院、最高人民检察院党组工作汇报时的重要讲话精神，研究部署贯彻落实措施。最高人民法院党组书记、院长周强主持会议并讲话。

同日 最高人民法院发出通知，组织颁发2021年度荣誉天平纪念章。此次荣誉天平纪念章颁发对象为截至2021年12月31日在人民法院工作满30周年或在边远高寒地区人民法院工作不少于20周年、一贯表现良好的干警。共有9000余名干警获得2021年度荣誉天平纪念章。

1月10日 最高人民法院党组召开党史学习教育专题民主生活会。最高人民法院党组书记、院长周强通报2020年度最高人民法院党组民主生活会和队伍教育整顿专题民主生活会整改落实情况，代表党组进行对照检查。周强带头开展自我批评，党组成员逐一发言，认真开展批评和自我批评，明确努力方向和改进举措。党史学习教育中央第十一指导组、中央组织部有关负责同志到会指导。党史学习教育中央第十一指导组组长王秀峰出席会议并讲话。最高人民法院党组副书记、常务副院长贺荣，党组成员、副院长姜伟、高憬宏，党组成员、政治部主任马世忠，党组成员、副院长杨万明，中央纪委国家监委驻最高人民法院纪检监察组组长、最高人民法院党组成员穆红玉，党组成员、副院长杨临萍、贺小荣、沈亮参加民主生活会并作个人检视剖析，开展批评和自我批评。最高人民法院副院长陶凯元列席会议并发言。最高人民法院审判委员会专职委员刘贵祥会前提交了书面发言。

同日 最高人民法院发布《关于人民法院支持和保障浦东新区高水平改革开放打造社会主义现代化建设引领区的意见》。

同日 山东省青岛市城阳区人民法院对原告江某莲与被告刘某曦生命权纠纷案作出一审判决：被告刘某曦于判决生效之日起十日内赔偿原告江某莲各项经济损失49.6万元及精神损害抚慰金20万元，并承担全部案件受理费。

1月11日 由中央广播电视总台社教节目中心、最高人民法院新闻局、人民法院新闻传媒总社共同策划推出的六集纪录片《红色法庭百年志》，在央视社会与法频道播出。

1月12日 最高人民法院公布《关于审理生态环境侵权纠纷案件适用惩罚性赔偿的解释》。

1月13日 全国法院案例指导工作推进会召开，最高人民法院党组书记、院长周强出席会议并讲话。周强强调，要坚持以习近平新时代中国特色社会主义思想为指导，深入学习贯彻习近平法治思想，认真贯彻落实习近平总书记在中央政治局常委会会议听取最高人民法院党组工作汇报时的重要讲话精神，切实加强案例指导工作，确保裁判尺度统一，促进法律正确实施，实现严格公正司法，努力让人民群众在每一个司法案件中感受到公平正义。

同日 最高人民法院发布《关于充分发挥司法职能作用 助力中小微企业发展的指导意见》。

同日 最高人民法院制定发布《人民法院法官违纪违法退额管理规定（试行）》，并发出通知，要求各地法院结合工作实际抓好贯彻落实。

同日 最高人民法院发布《关于充分发挥司法职能作用 助力中小微企业发展的指导意见》，分6个部分20条，围绕中小微企业“急难愁盼”的突出问题，提出了有针对性的司法措施。

1月14日 最高人民法院召开党史学习教育总结会议，最高人民法院党组书记、院长周强出席会议并讲话。周强强调，要认真贯彻落实习近平总书记在中央政治局党史学习教育专题民主生活会上的重要讲话精神和关于党史学习教育的重要指示精神，巩固拓展党史学习教育成果，继续把党史总结、学习、教育、宣传引向深入，扎实推进司法为民、公正司法，以优异成绩迎接党的二十大胜利召开。党史学习教育中央第十一指导组组长王秀峰出席会议并讲话。

1月15日 最高人民法院举行离退休干部迎新春“云团拜”，最高人民法院党组书记、院长周强致新春贺词。

1月16日 全国高级法院院长会议以电视电话会议形式召开，最高人民法院党组书记、院长周强出席会议并讲话。周强强调，要坚持以习近平新时代中国特色社会主义思想为指导，深入贯彻习近平法治思想，认真贯彻落实习近平总书记关于政法工作重要指示精神，贯彻落实中央政法工作会议部署，坚持稳中求进、巩固提升，坚持服务大局、司法为民、公正司法，奋力推进新时代人民法院工作高质量发展，努力建设更高水平的平安中国、法治中国，以实际行动迎接党的二十大胜利召开。最高人民法院党组副书记、常务副院长贺荣主持会议。最高人民法院党组成员、政治部主任马世忠宣读《最高人民法院关于表彰全国法院先进集体和先进个人的决定》，党组成员、副院长沈亮宣读《最高人民法院关于首届“人民法院改革创新奖”评选结果的通报》。

同日 全国法院队伍教育整顿总结会议以电视电话会议形式召开，最高人民法院党组书记、院长周强出席会议并讲话。

1月17日 最高人民法院印发《关于支持和保障横琴粤澳深度合作区建设的意见》《关于支持和保障全面深化前海深港现代服务业合作区改革开放的意见》。

同日 最高人民法院印发《关于印发〈“为群众办实事示范法院”创建活动方案〉的通知》。《通知》指出，经党中央批准，最高人民法院决定面向全国中级、基层人民法院开展“为群众办实事示范法院”创建活动。

1月18日 最高人民法院与人力资源社会保障部联合召开劳动人事争议“总对总”在线诉调对接工作部署会，对推动劳动人事争议在线多元解纷工作落实落地提出具体要求。

1月19日 最高人民法院党组书记、院长周强在清华大学互联网司法研究院调研并座谈，强调要深入贯彻习近平法治思想，坚持理论联系实际，立足社会主义法治建设实践，着眼科技发展前沿，大力推进互联网司法技术和理论创新，促进信息技术与司法实践深度融合，创造更高水平数字正义，服务国家治理体系和治理能力现代化建设。

1月20日 党史学习教育中央第十一指导组组长王秀峰一行在最高人民法院调研，最高人民法院党组书记、院长周强一同调研。

同日 最高人民法院印发《2022年人民法院工作要点》。

1月21日 最高人民法院召开贯彻习近平总书记重要讲话精神繁荣人民法院影视创作座谈会，最高人民法院党组书记、院长周强出席会议并讲话，强调要推进法院题材影视创作繁荣发展，促进法院文化建设，讲好中国法治故事，为新时代人民法院工作实现高质量发展、全面推进依法治国凝聚强大精神力量。

同日 最高人民法院出台《关于审理证券市场虚假陈述侵权民事赔偿案件的若干规定》。

1月22日 最高人民法院党组书记、院长周强主持召开最高人民法院党组会议，传达学习贯彻习近平总书记在十九届中央纪委六次全会上的重要讲话精神和全会精神，研究部署贯彻落实措施。

同日 由最高人民法院与中央广播电视总台共同主办的“新时代推动法治进程2021年度十大案件”评选结果揭晓，最高人民法院党组书记、院长周强出席活动并讲话。

1月24日 最高人民法院召开与各民主党派中央、全国工商联负责人和无党派人士代表座谈会，最高人民法院党组书记、院长周强出席会议并讲话。

1月25日 最高人民法院举行新闻媒体座谈会，最高人民法院党组书记、院长周强出席座谈会并讲话。

同日 江苏省苏州市中级人民法院公开宣判新疆维吾尔自治区人民政府原副主席任华受贿一案，对被告人任华以受贿罪判处有期徒刑十四年，并处罚金人民币400万元；对其受贿所得财物及其孳息予以追缴，上缴国库。任华当庭表示服从判决，不上诉。

同日 最高人民法院第五巡回法庭在四川省成都市召开巡回区2021年度民商事审判工作座谈会，通报巡回区近五年民商事审判情况和下一步工作安排，围绕四级法院审级职能定位改革试点和民商事审判工作中的重点难点开展交流讨论。

1月26日 最高人民法院召开2021年度工作总结表彰大会，最高人民法院党组书记、院长周强出席会议并讲话。最高人民法院党组副书记、常务副院长贺荣主持会议，党组成员、政治部主任马世忠宣读有关表彰决定。

同日 最高人民法院党组书记、院长周强主持召开最高人民法院党组会议，听取2021年全国法院和最高人民法院审判执行工作运行态势分析报告，研究部署下一步工作。

同日 最高人民法院统一法律适用工作领导小组第一次会议暨裁判要旨梳理提炼部署会召开，最高人民法院党组书记、院长、院统一法律适用工作领导小组组长周强出席会议并讲话。

同日 人力资源社会保障部、最高人民法院联合印发决定，追授辽宁省鞍山市千山区人民法院四级高级法官滕启刚同志“全国模范法官”称号。

1 月 27 日 全国法院 2022 年党风廉政建设和反腐败工作视频会议召开，最高人民法院党组书记、院长周强出席会议并讲话。周强强调，要坚持以习近平新时代中国特色社会主义思想为指导，深入贯彻习近平法治思想，深入贯彻落实习近平总书记在十九届中央纪委六次全会上的重要讲话精神，贯彻落实中央政法工作会议精神，弘扬伟大建党精神，永葆自我革命精神，坚持严的主基调不动摇，坚持不懈把全面从严治党、从严治院向纵深推进，锻造绝对忠诚、绝对纯洁、绝对可靠的法院铁军，为人民法院工作高质量发展提供坚强有力的纪律作风保障，以实际行动迎接党的二十大胜利召开。

同日 最高人民法院党组书记、院长周强参观最高人民法院"擦亮正义之剑"警示教育展览。中央和国家机关工委副书记、纪检监察工委书记任正晓一同参观。

1 月 28 日 农业农村部、最高人民法院、最高人民检察院、工业和信息化部、公安部、市场监管总局和国家知识产权局联合印发《关于保护种业知识产权打击假冒伪劣套牌侵权营造种业振兴良好环境的指导意见》。

同日 山东省青岛市中级人民法院公开宣判中央巡视组原副组长董宏受贿一案，对被告人董宏以受贿罪判处死刑，缓期二年执行，剥夺政治权利终身，并处没收个人全部财产。董宏当庭表示服从法院判决，不上诉。

1 月 29 日 最高人民法院党组书记、院长周强看望慰问任建新、王胜俊同志，向他们致以新春祝福，表达诚挚问候。

1 月 30 日 最高人民法院党组书记、院长周强看望慰问驻院武警战士，向大家致以诚挚问候和新春祝福。

1 月 最高人民法院组织开展第五批巡回法庭选派工作，集中选派 62 名同志赴巡回法庭工作，安排 49 名同志回院，调整选派 1 名法官助理及 1 名综合办公室工作人员。

2022 年 2 月

2 月 7 日 最高人民法院印发《关于加强新时代人民法院督察工作的意见》。

2 月 8 日 最高人民法院发布《关于审理涉执行司法赔偿案件适用法律若干问题的解释》。

2 月 11 日 最高人民法院、最高人民检察院、公安部、司法部、中国残疾人联合会联合发布《关于深入学习贯彻习近平法治思想　切实加强残疾人司法保护的意见》。

2月15日 最高人民法院党组书记、院长周强与中国移动通信集团董事长杨杰进行座谈交流。周强强调，要坚持以习近平新时代中国特色社会主义思想为指导，深入贯彻习近平法治思想，充分发挥中国特色社会主义司法制度优势，聚焦科学技术前沿，积极推进信息技术与司法工作深度融合，进一步加强智慧法院建设，创造更高水平数字正义，为全面建设社会主义现代化国家提供有力司法服务。

同日 最高人民法院与香港特别行政区政府律政司在线上共同举办内地与香港司法法律规则衔接高峰论坛，以“内地与香港婚姻家庭案件相互认可和强制执行新机制”为主题进行研讨，共同见证《关于内地与香港特别行政区法院相互认可和执行婚姻家庭民事案件判决的安排》在两地同时生效。最高人民法院副院长杨万明、香港特别行政区政府律政司司长郑若骅出席论坛并致辞。

同日 最高人民法院发布《关于全国法院2021年贯彻落实防止干预司法“三个规定”情况的通报》。

2月16日 最高人民法院党组书记、院长周强在《求是》第4期刊发署名文章《在习近平法治思想指引下奋力推进新时代司法为民公正司法》。

2月17日 全国法院2022年督察工作视频会议召开，最高人民法院党组成员、政治部主任马世忠出席会议并讲话。中央纪委国家监委驻最高人民法院纪检监察组组长、最高人民法院党组成员穆红玉出席会议。

同日 山东省淄博市中级人民法院公开宣判内蒙古自治区政协原党组成员、副主席马明受贿一案，以受贿罪判处被告人马明无期徒刑，剥夺政治权利终身，并处没收个人全部财产；对扣押、查封、冻结在案的受贿所得财物及其孳息予以追缴，上缴国库。

2月18日 最高人民法院出台《人民法院司法巡查工作规定》。

2月21日 最高人民法院正式上线人民法院网上申诉信访平台。

同日 最高人民法院会同人力资源社会保障部联合发布《关于劳动人事争议仲裁与诉讼衔接有关问题的意见（一）》。

2月22日 全国法院一站式建设工作推进会以视频方式召开，最高人民法院党组书记、院长周强出席会议并讲话。周强强调，要坚持以习近平新时代中国特色社会主义思想为指导，深入贯彻习近平法治思想，认真贯彻落实党的十九届六中全会和中央政法工作会议精神，不断巩固提升一站式多元纠纷解决和诉讼服务体系建设成果，努力让人民群众切实感受到公平正义就在身边，更好满足人民群众对美好生活和公平正义向往的需要，以实际行动迎接党的二十大胜利召开。

同日 最高人民法院召开新闻发布会，发布《人民法院在线运行规则》。

2 月 23 日 最高人民法院发布第二批人民法院大力弘扬社会主义核心价值观典型民事案例。

同日 最高人民法院办公厅发布《关于开展司法作风突出问题集中整治的通知》，决定 2022 年上半年在全国法院开展为期三个月的司法作风突出问题集中整治。

2 月 24 日 最高人民法院举行新闻发布会，发布《人民法院一站式多元纠纷解决和诉讼服务体系建设（2019-2021）》及人民法院一站式建设十大典型经验、“总对总”在线多元调解案例。

同日 最高人民法院发布《关于修改〈最高人民法院关于审理非法集资刑事案件具体应用法律若干问题的解释〉的决定》。

同日 最高人民法院正式对外发布《关于适用〈中华人民共和国民法典〉总则编若干问题的解释》。

2 月 25 日 最高人民法院与澳门特别行政区签署《关于内地与澳门特别行政区就仲裁程序相互协助保全的安排》。国家一级大法官、最高人民法院常务副院长贺荣与澳门特别行政区政府行政法务司司长张永春分别代表双方在《安排》上签字。

同日 最高人民法院发布人民法院贯彻实施民法典典型案例（第一批）共 13 件。

2 月 27 日 十三届全国人大常委会第三十三次会议召开全体会议，听取最高人民法院院长周强作《全国人民代表大会常务委员会关于专利等知识产权案件诉讼程序若干问题的决定》实施情况的报告。

同日 最高人民法院院长周强就《关于设立成渝金融法院的决定（草案）》在十三届全国人大常委会第三十三次会议上作说明。

2 月 28 日 中央政治局委员、书记处书记，全国人大常委会、国务院、全国政协党组成员，最高人民法院、最高人民检察院党组书记近期向党中央和习近平总书记书面述职。习近平认真审阅述职报告并提出重要要求，强调要继续发扬历史主动精神，敢于斗争、善于斗争，乘势而上、砥砺前行，时刻以党和人民事业为重，走好全面建设社会主义现代化国家新的赶考之路，以实际行动迎接党的二十大胜利召开。

同日 第十三届全国人民代表大会常务委员会第三十三次会议通过《全国人民代表大会常务委员会关于设立成渝金融法院的决定》。

同日 中央政法委、最高人民法院、最高人民检察院、公安部、国家安全部、司法部联合出台《新时代政法干警“十个严禁”》并印发通知，要求各级政法机关认真贯彻执行、全体政法干警自觉遵守。

同日 最高人民法院发布《关于认真贯彻执行〈新时代政法干警“十个严禁”〉的通知》。

同日　中央组织部、最高人民法院、最高人民检察院、司法部印发《关于建立法律职业人员统一职前培训制度的指导意见》。

同日　最高人民法院发布第三批涉“一带一路”建设典型案例，充分发挥典型案例示范引领作用，彰显人民法院为推动高质量共建“一带一路”以及更高水平对外开放提供的有力司法服务和保障。

2022年3月

3月1日　最高人民法院发布《关于审理网络消费纠纷案件适用法律若干问题的规定(一)》。

同日　最高人民法院举行新闻发布会，发布人民法院依法审理固体废物污染环境典型案例。

同日　最高人民法院发布9起依法保护未成年人权益典型案例。

3月2日　最高人民法院党组书记、院长周强与中华全国台湾同胞联谊会党组书记、会长黄志贤出席最高人民法院台湾司法事务办公室与全国台联台胞事务部《关于建立联络沟通机制的会议纪要》签署活动，并进行座谈交流。

同日　最高人民法院党组印发通知，对扎实开展“深刻领悟‘两个确立’决定性意义，坚决做到‘两个维护’”主题教育作出部署。

同日　最高人民法院出台《关于进一步加强涉种子刑事审判工作的指导意见》。

3月3日　最高人民法院党组书记、院长周强赴中国政法大学调研并座谈，强调要加强法学研究与司法实践互动交流，推动法学理论研究，深化司法改革，促进司法为民、公正司法，为全面推进依法治国、建设社会主义法治国家作出积极贡献，以实际行动迎接党的二十大胜利召开。

同日　《人民日报》刊登最高人民法院党组书记、院长周强署名文章《推进中国特色一站式多元纠纷解决机制建设》。

同日　最高人民法院、全国妇联、教育部、公安部、民政部、司法部、卫生健康委出台《关于加强人身安全保护令制度贯彻实施的意见》。

同日　最高人民法院、最高人民检察院联合发布《关于办理危害药品安全刑事案件适用法律若干问题的解释》。

3月5日 最高人民法院院长周强在参加十三届全国人大五次会议河南代表团审议时表示，对政府工作报告完全赞成，人民法院将始终坚持以习近平新时代中国特色社会主义思想为指导，深入贯彻习近平法治思想，深刻领会“两个确立”的决定性意义，增强“四个意识”、坚定“四个自信”、做到“两个维护”，扎实推进服务大局、司法为民、公正司法，服务高质量发展、促进共同富裕，努力让人民群众在每一个司法案件中感受到公平正义，以实际行动迎接党的二十大胜利召开。

3月8日 十三届全国人大五次会议在北京人民大会堂举行第二次全体会议，最高人民法院院长周强作最高人民法院工作报告。

同日 最高人民法院院长周强参加十三届全国人大五次会议河南代表团审议。周强表示，完全赞成栗战书委员长所作的全国人大常委会工作报告，人民法院将始终坚持以习近平新时代中国特色社会主义思想为指导，深入贯彻习近平法治思想和习近平总书记关于坚持和完善人民代表大会制度的重要思想，更加自觉践行全过程人民民主，更加自觉接受人大监督，忠实履行宪法和法律赋予的职责，奋力推进新时代人民法院工作高质量发展，以实际行动迎接党的二十大胜利召开。

3月9日 最高人民法院院长周强参加十三届全国人大五次会议河南代表团审议“两高”工作报告时表示，完全赞同张军检察长所作的最高人民检察院工作报告，感谢代表们对最高人民法院工作报告提出的意见建议，人民法院将始终坚持以习近平新时代中国特色社会主义思想为指导，深入贯彻习近平法治思想，促进服务大局、司法为民、公正司法，充分发挥审判职能作用，努力为全面建设社会主义现代化国家作出新的更大贡献，以实际行动迎接党的二十大胜利召开。

3月10日 最高人民法院在首个“女法官国际日”举行以“新时代女法官担当作为”为主题的座谈会，会前，最高人民法院党组书记、院长周强向全国法院广大女法官表示诚挚问候，对做好女法官工作提出要求。周强强调，要坚持以习近平新时代中国特色社会主义思想为指导，深入贯彻习近平法治思想，大力加强女法官队伍建设，切实维护女法官权益，充分展现女法官风采，为人民司法事业发展贡献巾帼力量。最高人民法院党组成员、副院长贺小荣主持座谈会。

3月11日 第十三届全国人大五次会议通过关于最高人民法院工作报告的决议。

3月14日 最高人民法院党组书记、院长周强主持召开最高人民法院党组扩大会议，认真学习贯彻习近平总书记在全国“两会”期间的重要讲话和全国“两会”精神，研究部署贯彻落实措施。周强强调，要认真学习贯彻习近平总书记在全国“两会”期间的重要讲话和全国“两会”精神，践行全过程人民民主，更好发挥审判职能作用，为保持平稳健康的经济环境、国泰民安的社会环境、风清气正的政治环境提供有力司法服务，以实际行动迎接党的二十大胜利召开。

3月15日 全国法院学习贯彻2022年全国“两会”精神视频会议召开，最高人民法院党组书记、院长周强出席会议并讲话。周强强调，要坚持以习近平新时代中国特色社会主义思想为指导，深入贯彻习近平法治思想，认真贯彻落实习近平总书记在全国“两会”期间的重要讲话精神和全国“两会”精神，按照十三届全国人大五次会议决议要求，努力推动人民法院工作高质量发展，更好发挥审判职能作用，为实现第二个百年奋斗目标、实现中华民族伟大复兴的中国梦提供有力司法服务，以实际行动迎接党的二十大胜利召开。

同日 最高人民法院会同中央组织部印发《法官单独职务序列规定》。

同日 最高人民法院发布10起消费者权益保护典型案例。

同日 由国家法官学院举办的2022年拉美法官研修班开班。

3月16日 最高人民法院出台《关于适用〈中华人民共和国反不正当竞争法〉若干问题的解释》。

3月18日 最高人民法院党组书记、院长周强主持召开最高人民法院党组会议暨院新冠肺炎疫情防控领导小组会议，认真学习贯彻习近平总书记关于疫情防控工作的重要讲话精神，研究部署贯彻落实措施。

同日 最高人民法院发布3件“农资打假”典型案例。

同日 天津市第二中级人民法院公开宣判北京市政协原党组成员、副主席李伟受贿一案，以受贿罪判处李伟有期徒刑九年，并处罚金人民币100万元。

3月20日 最高人民法院出台《关于审理行政赔偿案件若干问题的规定》，并发布9个最高人民法院行政赔偿参考案例。

3月21日 中央纪委国家监委网站通报，十三届全国政协常委、社会和法制委员会主任沈德咏涉嫌严重违纪违法，目前正在接受中央纪委国家监委纪律审查和监察调查。最高人民法院党组书记、院长周强主持召开党组扩大会议，坚决拥护、坚决支持对沈德咏涉嫌严重违纪违法进行纪律审查和监察调查，深刻汲取沈德咏严重违纪违法教训，坚定理想信念，筑牢政治忠诚之魂，发扬自我革命精神，坚决管好自己、管好家属和身边工作人员，严格落实全面从严治党主体责任，坚定不移推进党风廉政建设和反腐败斗争，推动建设忠诚干净担当的过硬法院队伍，确保公正廉洁司法。

3月22日 最高人民法院审判委员会第1866次全体会议审议通过了关于修改《最高人民法院关于适用〈中华人民共和国民事诉讼法〉的解释》的决定。

同日 最高人民法院与退役军人事务部联合印发工作意见，对为退役军人多元化解纠纷提供更加有力司法服务和保障提出具体要求。

同日 江西省南昌市中级人民法院公开宣判中共福建省委原常委、省人民政府原副省长张志南受贿、滥用职权一案，对张志南以受贿罪判处有期徒刑十二年，并处罚金人民币300万元；以滥用职权罪判处有期徒刑五年，决定执行有期徒刑十四年，并处罚金人民币300万元。对查封、扣押、冻结在案的张志南受贿所得财物及孳息，依法上缴国库。

3月23日 最高人民法院与北京师范大学共建的人民法院社会矛盾纠纷综合治理研究基地揭牌。

3月24日 十三届全国人大常委会委员、财政经济委员会主任委员徐绍史一行到最高人民法院调研人民法院网络执行查控系统建设及运行情况，就企业破产法修改工作进行座谈，最高人民法院党组书记、院长周强出席座谈会并讲话。

同日 最高人民法院发布《关于加强新时代人民法院涉诉信访工作的意见。

3月25日 贵州省江口县人民法院依法公开审理被告陈某某生态破坏民事公益诉讼（梵净山金顶刻字）案，判决被告人陈某某支付各项修复及赔偿费用共计123 952.08元。

3月28日 最高人民法院党组书记、院长周强主持召开最高人民法院党组会议，进一步深入学习习近平总书记关于党史学习教育、政法队伍教育整顿重要指示精神，传达学习贯彻党中央关于推动党史学习教育常态化长效化和巩固全国政法队伍教育整顿成果、推进全面从严管党治警有关文件精神，研究部署贯彻落实措施。

3月29日 最高人民法院出台《关于为实施积极应对人口老龄化国家战略提供司法服务和保障的意见》。

同日 重庆市第一中级人民法院对青海省人民政府原党组成员、副省长，中共青海省海西蒙古族藏族自治州委原书记、青海省柴达木循环经济试验区党工委原书记文国栋受贿案进行一审公开宣判，以受贿罪判处文国栋有期徒刑十一年，并处罚金人民币200万元。对文国栋受贿所得财物及其孳息依法予以追缴，上缴国库。

3月31日 最高人民法院党组书记、院长、院司法改革领导小组组长周强主持召开最高人民法院司法改革领导小组2022年第一次会议。

同日 最高人民法院发布第二批人民法院种业知识产权司法保护典型案例共10件。

2022年4月

4月1日 最高人民法院党组举行理论学习中心组（扩大）专题辅导报告会，进一步深入学习《中国共产党纪律检查委员会工作条例》《关于加强巡视整改和成果运用的意见》，最高人民法院党组书记、院长周强主持会议并讲话。

4月2日 最高人民法院印发《2022年人民法院司法改革工作要点》。

4月6日 最高人民法院党组巡视知识产权法庭、国家法官学院、人民法院新闻传媒总社动员部署会召开。

同日 最高人民法院、最高人民检察院联合发布《关于办理破坏野生动物资源刑事案件适用法律若干问题的解释》。

4月8日 中华人民共和国首席大法官、最高人民法院院长周强与欧盟法院院长科恩·莱纳特以视频方式举行工作会谈。

4月11日 最高人民法院发布9个人格权司法保护典型民事案例。

同日 最高人民法院第二巡回法庭面向东北三省政府和高级人民法院发布《东北三省行政审判白皮书（2021）》。

4月13日 最高人民法院召开承办代表建议、政协提案交办会，最高人民法院党组书记、院长周强出席会议并讲话。周强强调，以更高标准更严要求做好建议提案办理工作，促进司法为民公正司法。

同日 最高人民法院召开推进巡视整改工作“回头看”暨巩固深化队伍教育整顿成果专题会议，研究持续推进巡视整改工作、巩固深化队伍教育整顿成果的具体措施。

同日 国家法官学院举办2022年葡语国家法官研修班。

4月14日 最高人民法院下发通知，部署全国法院打击整治养老诈骗专项行动。

4月15日 全国高级人民法院政治部主任会议召开。

4月18日 中国老龄协会联合中国司法大数据研究院在京发布2021年度全国老年人权益保护警示教育案例。

4月19日 最高人民法院举行人民法院助力中小微企业发展典型案例和创新机制新闻发布会，并回答记者提问。

4月20日 最高人民法院党组书记、院长、院网络安全和信息化领导小组组长周强主持召开最高人民法院网络安全和信息化领导小组2022年第一次全体会议。

同日　全国人大常委会委员、监察和司法委员会委员鲜铁可一行到最高人民法院调研司法体制综合配套改革、代表议案建议办理等工作进展情况，征求对十四届全国人大常委会立法规划的意见建议。

同日　最高人民法院发布第二批行政协议诉讼典型案例共 10 件。

同日　最高人民法院印发《最高人民法院 2022 年涉农民工工资案件执行工作要点》。

4 月 21 日　最高人民法院党组围绕深入学习贯彻习近平经济思想举行理论学习中心组（扩大）集体学习研讨，最高人民法院党组书记、院长周强主持学习研讨。周强强调，要坚持以习近平新时代中国特色社会主义思想为指导，深入学习贯彻习近平经济思想和习近平法治思想，为经济高质量发展提供有力司法服务。

同日　最高人民法院举行新闻发布会，发布《最高人民法院关于第一审知识产权民事、行政案件管辖的若干规定》《最高人民法院关于印发基层人民法院管辖第一审知识产权民事、行政案件标准的通知》，以及《中国法院知识产权司法保护情况（2021 年）》，正式开启第 14 次“知识产权宣传周”活动。

同日　浙江省宁波市中级人民法院对美国籍被告人沙迪德·阿布杜梅亭故意杀人案进行一审公开宣判，以故意杀人罪判处沙迪德死刑。

4 月 22 日　天府中央法务区建设推进活动在四川成都举行。四川省委副书记、省长黄强，最高人民法院副院长高憬宏出席活动，共同为“最高人民法院第五巡回法庭成都审判点”“成都国际商事法庭”“成都知识产权法庭”揭牌。

同日　最高人民法院知识产权法庭与国家知识产权局专利局专利审查协作北京中心签署技术咨询合作协议，该中心选派 76 名资深专利审查员纳入全国法院技术调查人才库。

4 月 23 日　粤港澳大湾区司法案例研讨会以线上线下相结合的方式举行，最高人民法院院长周强以视频方式在开幕式上致辞。

同日　最高人民法院发布《最高人民法院知识产权案件年度报告（2021）摘要》。

4 月 24 日　最高人民法院党组书记、院长周强主持召开最高人民法院党组扩大会议，研究分析 2022 年第一季度人民法院审判执行工作运行态势，听取一季度立案、在线调解、涉诉信访等数据分析汇报，部署下一步工作。

同日　最高人民法院、最高人民检察院、公安部联合发布《关于敦促拐卖妇女儿童相关犯罪嫌疑人投案自首的通告》。

同日　最高人民法院出台关于修改《最高人民法院关于审理人身赔偿损害案件适用法律若干问题的解释》的决定。

4 月 25 日　中国海事审判网正式上线，最高人民法院党组书记、院长周强出席中国海事审判网上线视频会议并讲话。

4月26日 最高人民法院发布2022年度25个司法研究重大课题，向全国各级法院和科研单位、高等院校、其他相关机构公开招标。

同日 辽宁省沈阳市中级人民法院对文化和旅游部原党组副书记、副部长李金早受贿案进行一审公开宣判，以受贿罪判处李金早有期徒刑十五年，并处罚金人民币600万元。对查封、扣押、冻结在案的李金早受贿所得财物及其孳息，依法上缴国库。

4月27日 最高人民法院发布《关于修改〈最高人民法院关于审理人身赔偿案件适用法律若干问题的解释〉的决定》。

4月28日 最高人民法院发布10个涉药品安全的刑事、行政和民事典型案例。

2022年5月

5月5日 最高人民法院党组书记、院长周强主持召开最高人民法院党组会议，认真学习习近平总书记4月29日主持召开中共中央政治局会议时的重要讲话精神，研究部署贯彻落实措施。

同日 海南省三亚市城郊人民法院对被告人罗某平侵害英雄烈士名誉、荣誉暨刑事附带民事公益诉讼一案依法公开宣判，判决被告人罗某平有期徒刑七个月并承担在新浪网、《法治日报》和《解放军报》上公开赔礼道歉等民事责任。

5月9日 最高人民法院印发《关于在京津冀开展人民法庭服务新型城镇化建设试点工作的通知》

5月10日 最高人民法院决定追授安徽省利辛县人民法院审判委员会委员、三级高级法官刁志岭同志“全国优秀法官”称号。

同日 最高人民法院、最高人民检察院发布《关于办理海洋自然资源与生态环境公益诉讼公益案件若干问题的规定》。

5月13日 最高人民法院召开全国法院打击拐卖妇女儿童犯罪刑事审判工作电视电话会议。

5月17日 最高人民法院发出通知，要求各级法院认真学习贯彻习近平总书记在庆祝中国共产主义青年团成立100周年大会上重要讲话精神，广大法院青年要牢记习近平总书记的教诲，立志民族复兴，不负韶华、不负时代、不负人民，在青春的赛道上跑出新时代法院青年的好成绩。

5月18日 最高人民法院召开机关青年干警学习贯彻习近平总书记重要讲话精神座谈会，最高人民法院党组书记、院长周强出席座谈会并讲话。

同日 国际司法争端解决网络（JDRN）成立大会在线上举行，最高人民法院作为创始核心成员出席。

5 月 19 日 天津市第二中级人民法院对公益诉讼起诉人天津市人民检察院第二分院诉被告张某侵害著名农业科学家袁隆平名誉、荣誉一案公开开庭审理，当庭宣判被告张某于判决生效之日起十日内，在国家级新闻媒体公开赔礼道歉、消除影响。

5 月 20 日 最高人民法院办公厅会同机关党委、人民法院出版社以视频会议形式举办“法院青年说”青年理论学习小组建设成果交流活动。

同日 全国法院打击整治养老诈骗专项行动推进会以视频方式召开，最高人民法院党组书记、院长周强出席会议并讲话。

同日 全国法院“执行领域突出问题常态化整治 进一步巩固教育整顿成果”视频会在最高人民法院执行指挥中心召开。

5 月 21 日 中华人民共和国首席大法官、最高人民法院院长周强在古巴第十届国际司法与法律大会闭幕式上以视频方式致辞。周强表示，中国法院将坚定不移贯彻改革开放基本国策，始终以开放姿态面向世界，深化与各国司法机关的交流合作，共同增进人民福祉、维护世界和平与发展，以法治力量服务推动构建人类命运共同体。古巴共和国最高人民法院院长鲁本·雷米希奥·费罗出席闭幕式。

5 月 23 日 最高人民法院出台《关于加强区块链司法应用的意见》。

同日 最高人民法院出台《关于作出国家赔偿决定时适用 2021 年度全国职工日平均工资标准的通知》。

同日 最高人民法院政治部印发《人民法院法官职前培训实施办法》。

5 月 24 日 最高人民法院、最高人民检察院、公安部、司法部会签《关于未成年人犯罪记录封存的实施办法》。

同日 最高人民法院“走进少年法庭巡回审判点”系列公众开放日活动启动。

5 月 26 日 最高人民法院在北京、浙江杭州两地设会场，通过线上线下相结合方式成功举办数字经济法治论坛。来自中国、贝宁、巴基斯坦、俄罗斯、英国、加勒比等 15 个国家和地区以及联合国贸易和发展会议代表出席论坛，其中 7 个国家和地区派出最高法院院长、首席大法官参会。中华人民共和国首席大法官、最高人民法院院长周强在论坛开、闭幕式上致辞并作主旨发言。

5 月 27 日 第一届厦门金融司法协同论坛举行。论坛聚焦“新发展阶段金融司法协同的发展与应对”，是国内首个金融司法协同高端论坛。

5月31日 最高人民法院印发《"打造枫桥式人民法庭 服务全面推进乡村振兴"典型案例暨新时代人民法庭建设案例选编（三）》的通知。

同日 最高人民法院印发《机关考核工作办法（试行）》和《机关平时考核办法》。

2022年6月

6月1日 最高人民法院发布第三批新时代人民法庭建设案例。

6月2日 中华人民共和国首席大法官、最高人民法院院长周强与古巴共和国最高人民法院院长鲁本·雷米希奥·费罗举行视频会议。

同日 广东省深圳市中级人民法院对中共海南省委原常委、三亚市委原书记童道驰受贿、内幕交易案进行一审公开宣判，对童道驰以受贿罪判处死刑，缓期二年执行，剥夺政治权利终身，并处没收个人全部财产；以内幕交易罪判处有期徒刑五年，并处罚金人民币400万元，决定执行死刑，缓期二年执行，剥夺政治权利终身，并处没收个人全部财产。

6月5日 最高人民法院发布《中国环境资源审判（2021）》《中国环境司法发展报告（2021）》及2021年度人民法院环境资源审判典型案例。

6月7日 最高人民法院发布2021年全国海事审判典型案例。

6月8日 河北省邯郸市中级人民法院对中国国电集团公司原党组成员、副总经理谢长军受贿、为亲友非法牟利、国有公司人员滥用职权案进行一审公开宣判，对谢长军以受贿罪判处有期徒刑十五年，并处罚金人民币600万元；以为亲友非法牟利罪判处有期徒刑二年，并处罚金人民币50万元；以国有公司人员滥用职权罪判处有期徒刑四年，决定执行有期徒刑十七年，并处罚金人民币650万元。对谢长军受贿所得财物、为亲友非法牟利使其亲友非法获取的利益及相关孳息均予以追缴，上缴国库。

6月9日 最高人民法院党组书记、院长周强参观了在院办公一区举办的最高人民法院"喜迎二十大·档案颂辉煌"展览。周强强调，要认真学习贯彻习近平总书记关于档案工作的重要批示精神，充分发挥档案存史资政育人的重要作用，推动人民法院工作高质量发展，促进服务大局、司法为民、公正司法，以实际行动迎接党的二十大胜利召开。

同日 吉林省长春市中级人民法院对中国华电集团公司原党组副书记、总经理云公民受贿案进行一审公开宣判，以受贿罪判处云公民死刑，缓期二年执行，剥夺政治权利终身，并处没收个人全部财产，在其死刑缓期执行二年期满依法减为无期徒刑后，终身监禁，不得减刑、假释。对云公民受贿所得财物及其孳息予以追缴，上缴国库。

6月10日 最高人民法院下发《关于学习宣传滕启刚同志先进事迹的通知》，决定在全国法院系统广泛开展向滕启刚同志学习活动。

6月13日 最高人民法院公布《关于审理森林资源民事纠纷案件适用法律若干问题的解释》。

6月14日 中国社会科学院法学研究所、社会科学文献出版社联合举办的2022年《法治蓝皮书·中国法院信息化发展报告》发布暨中国法院信息化研讨会在北京举行。

6月17日 全国法院“两个确立”主题教育交流推进会以视频方式召开，最高人民法院党组书记、院长周强出席会议并讲话。周强强调，要坚持以习近平新时代中国特色社会主义思想为指导，深入贯彻习近平法治思想，深刻领悟“两个确立”的决定性意义，坚决筑牢政治忠诚，推动全国法院“两个确立”主题教育走深走实，取得扎实成效，推动人民法院工作高质量发展，以实际行动迎接党的二十大胜利召开。

同日 共青团最高人民法院机关委员会第七次代表大会召开，审议并通过第六届机关团委工作报告，并选举产生第七届机关团委委员。

同日 吉林省长春市中级人民法院一审公开开庭审理中共江苏省委原常委、政法委原书记王立科受贿、行贿、包庇、纵容黑社会性质组织、伪造身份证件案。

6月21日 最高人民法院院长周强就《中华人民共和国民事强制执行法（草案）》在十三届全国人大常委会第三十五次会议上向全国人大常委会作说明。

6月23日 中国法官文学艺术联合会成立大会暨第一次会员代表大会以线上线下相结合的方式举行，最高人民法院党组书记、院长周强出席大会并讲话。

同日 最高人民法院发布《关于为深化新三板改革、设立北京证券交易所提供司法保障的若干意见》。

同日 最高人民法院发布《人民法院服务和保障粤港澳大湾区建设情况报告（2019—2022）》。

6月24日 中华人民共和国首席大法官、最高人民法院院长周强与秘鲁共和国最高法院院长埃尔维娅·巴里奥斯·阿尔瓦拉多举行视频会议。

同日 粤港澳大湾区跨境纠纷典型案例发布会在广州举行。

6月26日 最高人民法院发布2022年十大毒品（涉毒）犯罪典型案例。

6月27日 最高人民法院举行2022年“光荣在党50年”纪念章颁发活动。最高人民法院党组书记、院长周强出席活动，为老党员颁发纪念章。最高人民法院党组副书记、常务副院长贺荣主持活动，党组成员、政治部主任马世忠出席活动。

6月28日至30日 最高人民法院党组书记、院长周强在吉林调研。周强强调，要坚持以习近平新时代中国特色社会主义思想为指导，深入贯彻习近平法治思想，认真贯彻落实习近平总书记考察吉林时的重要讲话精神，坚持服务大局、司法为民、公正司法，充分发挥审判职能作用，为加快推动新时代吉林全面振兴全方位振兴，奋力谱写全面建设社会主义现代化新吉林精彩篇章提供有力司法服务，以实际行动迎接党的二十大胜利召开。

6月29日 最高人民法院、最高人民检察院、公安部、国家移民管理局发布《关于依法惩治妨害国（边）境管理违法犯罪的意见》。

2022年7月

7月1日 最高人民法院党组书记、院长周强到最高人民法院第二巡回法庭看望慰问干警，调研法庭工作。最高人民法院党组成员、政治部主任马世忠，审判委员会专职委员刘贵祥，辽宁省委常委、政法委书记于天敏，辽宁省高级人民法院院长郑青等参加调研，最高人民法院党组成员、副院长、时任第二巡回法庭分党组书记、庭长贺小荣主持工作汇报会。

同日 最高人民法院出台《关于充分发挥环境资源审判职能作用 依法惩处盗采矿产资源犯罪的意见》和10件典型案例。

7月2日 最高人民法院和中共辽宁省委在沈阳召开表彰大会，追授滕启刚同志“全国模范法官”“辽宁省优秀共产党员”荣誉称号，最高人民法院党组书记、院长周强出席会议。

7月3日 最高人民法院印发决定，追授安徽省淮南市中级人民法院法警支队四级高级警长赵晓东同志“全国法院先进个人”称号。

7月4日 最高人民法院发布第32批共7件指导性典型案例。

7月6日 由中华人民共和国最高人民法院、亚洲开发银行、欧洲环保协会共同主办的气候变化司法应对国际研讨会在京召开。

同日 《人民日报》刊发最高人民法院党组文章《在习近平法治思想指引下阔步向前》。

7月7日 山东省泰安市中级人民法院一审公开开庭审理辽宁省政协原党组成员、副主席李文喜受贿案。

7月8日 最高人民法院召开人民法院司法改革工作会议。最高人民法院党组书记、院长周强强调，要坚持以习近平新时代中国特色社会主义思想为指导，真学真信笃行习近平法治思想，深刻领悟“两个确立”的决定性意义，增强“四个意识”、坚定“四个自信”、做到“两个维护”，认真贯彻落实全面深化政法改革推进会部署，牢牢坚持党对司法工作的全面领导，围绕完善中国特色社会主义司法制度、推进审判体系和审判能力现代化的目标，持续深化人民法院司法改革，不断提升司法质量、效率和公信力，推动人民法院工作高质量发展，更好履行党和人民赋予的职责使命，以实际行动迎接党的二十大胜利召开。

同日 吉林省长春市中级人民法院一审公开开庭审理公安部原党委委员、副部长孙力军受贿、操纵证券市场、非法持有枪支案。

7月9日 全国高级法院院长座谈会暨全国法院文化建设工作会议在最高人民法院召开，最高人民法院党组书记、院长周强出席会议并讲话。周强强调，要坚持以习近平新时代中国特色社会主义思想为指导，深入学习贯彻习近平法治思想和习近平总书记关于社会主义文化建设的重要论述，加强法院文化建设，大力弘扬以忠诚为民、崇法尚德、公正廉洁、刚正不阿、改革创新为主要内容的新时代人民法院文化，为推动人民法院工作高质量发展、服务全面建设社会主义现代化国家提供坚强思想保证和强大精神动力，为实现第二个百年奋斗目标、实现中华民族伟大复兴的中国梦提供更加有力的司法服务，以实际行动迎接党的二十大胜利召开。最高人民法院党组成员、政治部主任马世忠通报“全国法院文化建设特色项目”评选结果。

7月12日 最高人民法院咨询委员会座谈会以线上线下相结合的方式举行，最高人民法院党组书记、院长周强出席座谈会并讲话。

同日 最高人民法院召开青年法官（雄安新区）实践基地双向交流锻炼干部座谈会。最高人民法院党组书记、院长周强在会后会见双向交流锻炼干部。

同日 中共中央宣传部举行“中国这十年”系列主题发布会，围绕新时代人民法院工作举措与成效介绍相关情况。

同日 内蒙古自治区赤峰市中级人民法院对青海省人民检察院原党组书记、检察长蒙永山受贿案进行一审公开宣判，以受贿罪判处蒙永山有期徒刑十一年，并处罚金人民币200万元。对蒙永山受贿所得及其孳息予以追缴，上缴国库。

7月13日 最高人民法院党组书记、院长周强与共青团最高人民法院机关第七届委员会委员集体谈话。周强强调，要坚持以习近平新时代中国特色社会主义思想为指导，深入学习贯彻习近平法治思想，认真贯彻落实习近平总书记关于青年工作的重要思想和在庆祝中国共产主义青年团成立100周年大会上的重要讲话精神，筑牢政治忠诚，坚持守正创新，勇于担当作为，团结带领广大团员青年在实现中华民族伟大复兴的中国梦历史进程中，谱写新时代司法为民、公正司法的壮丽青春篇章。

7月14日 最高人民法院出台《关于办理人身安全保护令案件适用法律若干问题的规定》。

同日 最高人民法院发布《关于为加快建设全国统一大市场提供司法服务和保障的意见》及配套典型案例。

同日 江苏省南京市中级人民法院一审公开开庭审理山东省人大常委会原党组成员、副主任张新起受贿案。

7月15日 最高人民法院办公厅出台《关于2022年全国法院环境资源刑事审判优秀业务成果评选活动情况的通报》。

7月14日至16日 最高人民法院党组书记、院长周强在宁夏调研。周强强调，要坚持以习近平新时代中国特色社会主义思想为指导，深入贯彻习近平法治思想，坚持服务大局、司法为民、公正司法，充分发挥审判职能作用，为奋力谱写全面建设社会主义现代化美丽新宁夏壮丽篇章提供有力司法服务，以实际行动迎接党的二十大胜利召开。

7月16日 最高人民法院出台关于人民法院开展政治督察工作的通知。

7月18日 最高人民法院与全国妇联、最高人民检察院等12个部门联合启动“少年儿童心向党 用心用情伴成长”2022暑期儿童关爱服务活动。

7月18日至20日 最高人民法院党组书记、院长周强在广西壮族自治区调研。周强强调，要认真贯彻落实习近平总书记在广西考察时的重要讲话精神，充分发挥审判职能作用，坚持服务大局、司法为民、公正司法，为凝心聚力建设新时代中国特色社会主义壮美广西提供有力司法服务，以实际行动迎接党的二十大胜利召开。

7 月 20 日 由中华人民共和国最高人民法院主办、广西壮族自治区高级人民法院承办的第 3 届中国—东盟大法官论坛，以线上线下相结合的方式在广西南宁举行，中华人民共和国首席大法官、最高人民法院院长周强出席开闭幕式分别致辞，并在论坛上作主旨发言。周强表示，希望与会各方广泛凝聚共识、加强交流互鉴，推动中国和东盟国家司法合作不断迈上新台阶，共同为构建更为紧密的中国—东盟命运共同体，高质量落实《区域全面经济伙伴关系协定》（RCEP）提供有力司法服务，为共建 21 世纪海上丝绸之路，维护地区和世界和平稳定、繁荣发展作出积极贡献。

同日 首届长三角金融司法论坛在上海金融法院举行。

7 月 22 日 最高人民法院党组书记、院长周强为法院干警讲授“走好第一方阵 我为二十大作贡献”专题党课。周强强调，要坚持以习近平新时代中国特色社会主义思想为指导，深入贯彻习近平法治思想，贯彻落实习近平总书记关于党的政治建设重要论述，按照中共中央政治局委员、中央书记处书记、中央政法委书记郭声琨同志在政法领导干部加强政治建设专题研讨班开班式上的讲话要求，全面加强人民法院党的政治建设，推动全面从严管党治警不断向纵深发展，促进人民法院工作高质量发展，以实际行动迎接党的二十大胜利召开。

同日 最高人民法院党组书记、院长周强主持召开最高人民法院党组扩大会议，研究分析上半年人民法院审判执行工作运行态势，部署下一步工作。

7 月 25 日 最高人民法院举行第十批援藏干部和第五批援青干部行前座谈会。会前，最高人民法院党组书记、院长周强会见援藏援青干部，勉励大家始终坚持以习近平新时代中国特色社会主义思想为指导，深入践行习近平法治思想，牢记初心使命，忠诚履职担当，切实履行好新时代援藏援青的职责使命，不负党和人民重托，为服务西藏、青海经济社会高质量发展作出积极贡献。

同日 由最高人民法院举办的第三届上合组织国家法官研讨班在国家法官学院举行开班式，此次研讨班通过网络视频进行。

7 月 26 日 最高人民法院组织召开全国法院执行工作会，对上半年执行工作进行总结，对下半年执行重点工作进行部署。

7 月 27 日 最高人民法院举行党组理论学习中心组（扩大）集体学习研讨，最高人民法院党组书记、院长周强主持学习研讨并讲话。周强强调，要坚持以习近平新时代中国特色社会主义思想为指导，深入学习领会习近平总书记关于党的自我革命战略思想，深刻领悟“两个确立”的决定性意义，认真学习贯彻《纪检监察机关派驻机构工作规则》，发扬自我革命精神，坚持不懈把人民法院全面从严管党治警向纵深推进，以实际行动迎接党的二十大胜利召开。

7月28日 最高人民法院党组书记、院长周强主持召开最高人民法院党组扩大会议，专题传达学习习近平总书记在省部级主要领导干部“学习习近平总书记重要讲话精神，迎接党的二十大”专题研讨班上的重要讲话精神，研究部署贯彻落实措施。周强强调，要把学习贯彻习近平总书记重要讲话精神作为重大政治任务，深刻把握讲话的重大意义、丰富内涵、精神实质、实践要求，高举中国特色社会主义伟大旗帜，坚持以马克思主义中国化时代化最新成果为指导，坚定不移走中国特色社会主义法治道路，奋力推动新时代人民法院工作高质量发展，以实际行动迎接党的二十大胜利召开。

同日 最高人民法院举行“人民法院大讲堂”辅导报告会，最高人民法院党组书记、院长周强主持，十九届中央委员、中央党史和文献研究院院长曲青山应邀围绕“从五个维度认识把握‘两个确立’”作专题辅导报告。

同日 吉林省长春市中级人民法院一审开庭审理全国政协社会和法制委员会原副主任傅政华受贿、徇私枉法案。对受贿部分公开审理，因涉及国家秘密，对徇私枉法部分依法不公开审理。

7月29日 最高人民法院推出“人民法院这十年”首场新闻发布会，发布人民法院立案登记制改革成效。

7月 由《中国法院年鉴》编辑部编纂的《中国法院年鉴·2018》由人民法院出版社正式出版并公开发行。

2022年8月

8月1日 最高人民法院民事审判第二庭破产审判研究中心（南京）研究基地在南京中院揭牌成立。

同日 中国司法大数据研究院正式对外发布《涉信息网络犯罪特点和趋势（2017.1–2021.12）司法大数据专题报告》。

8月7日 最高人民法院出台《关于对人民法院环境资源审判工作先进集体和先进个人予以表扬的通报》。

8月16日 人力资源和社会保障部、最高人民法院联合发布《关于加强行政司法联动保障新冠肺炎康复者等劳动者平等就业权利的通知》，再次重申严格禁止歧视新冠肺炎康复者等劳动者，并就加强就业歧视案件审理工作作出部署。

同日 最高人民法院、最高人民检察院、公安部、国家文物局联合出台《关于办理妨害文物管理等刑事案件若干问题的意见》。

同日 浙江省宁波市中级人民法院对江西省人大常委会原党组成员、副主任史文清受贿、非法持有枪支案进行一审公开宣判，对史文清以受贿罪判处死刑，缓期二年执行，剥夺政治权利终身，并处没收个人全部财产；以非法持有枪支罪判处有期徒刑一年，决定执行死刑，缓期二年执行，剥夺政治权利终身，并处没收个人全部财产。对史文清受贿所得财物及其孳息予以追缴，上缴国库。

8月18日 第十七次上海合作组织成员国最高法院院长会议以视频方式举行。此次会议由塔吉克斯坦共和国最高法院主办，与会代表围绕司法领域新情况新问题深入研讨，共同探索司法交流合作新路径。中华人民共和国首席大法官、最高人民法院院长周强在开闭幕式上致辞，并作主旨发言。

同日 由全国工商联主办，最高人民法院、最高人民检察院、公安部、司法部支持举办的第四届民营经济法治建设峰会在北京召开。最高人民法院院长周强出席并作主旨演讲。

同日 最高人民法院第六巡回法庭在西安召开第三次巡回区民商事审判工作座谈会，最高人民法院党组成员、副院长，第六巡回法庭分党组书记、庭长杨临萍出席会议并讲话。

同日 内蒙古自治区巴彦淖尔市中级人民法院一审公开开庭审理辽宁省政协原党组副书记、副主席薛恒受贿、利用影响力受贿案。

8月19日 最高人民法院出台《关于对人民法院少年法庭先进集体和先进个人予以表扬的通报》。

同日 行政法治与行政审判研讨会以线上线下相结合的方式在江苏南京举行。

同日 湖南省高级人民法院对中国中信集团有限公司原党委委员、执行董事赵景文受贿、贪污案进行二审公开宣判，全案驳回上诉，维持原判。

同日 上海市一中院对被告单位明天控股有限公司、被告人肖建华犯非法吸收公众存款罪、背信运用受托财产罪、违法运用资金罪、单位行贿罪一案依法进行公开宣判，对被告单位明天控股数罪并罚，决定执行罚金人民币550.3亿元；对被告人肖建华数罪并罚，决定执行有期徒刑十三年，并处罚金人民币650万元；对被告单位明天控股和被告人肖建华在上述犯罪中的违法所得及其孳息予以追缴，不足部分责令退赔。

8月21日 互联网司法与数字治理现代化论坛在浙江杭州举行。

8月23日 最高人民法院举行推进构建中国特色“总对总”在线多元解纷新格局工作座谈会，最高人民法院党组书记、院长周强出席会议并讲话。周强强调，要坚定不移走中国特色社会主义社会治理之路，健全完善中国特色一站式多元纠纷解决体系，推动建设更高水平的平安中国、法治中国，以实际行动迎接党的二十大胜利召开。

同日 最高人民法院印发《人民法院信息工作规定》。

同日 北京市第三中级人民法院一审公开开庭审理国家开发银行原党委委员、副行长何兴祥受贿、违规出具金融票证、违法发放贷款、隐瞒境外存款案。

8月24日 最高人民法院国际商事专家委员会第三届研讨会暨首批专家委员续聘活动以线上线下相结合的方式举行，最高人民法院院长、首席大法官周强出席会议并讲话。周强强调，要充分发挥司法职能作用，加快推进涉外审判体系和审判能力现代化，进一步推动国际商事争端解决机制建设发展，为高质量共建“一带一路”、推动构建人类命运共同体提供高水平司法服务。最高人民法院副院长、二级大法官陶凯元出席并在“国际商事法庭的最新发展趋势及热点前沿问题”议题下作主旨发言。

同日 最高人民法院发布人民法院重点打击六类养老诈骗犯罪典型案例。

同日 最高人民法院、最高人民检察院、公安部印发《关于打击整治养老诈骗专项行动的指导意见》的通知。

8月25日 由国家体育总局和河北省高级人民法院共建的冰雪运动法律问题研究（张家口）基地在河北省张家口市崇礼区成立。最高人民法院党组书记、院长周强，河北省委书记倪岳峰，国家体育总局局长、党组书记高志丹共同为基地揭牌。

同日 最高人民法院民事审判第二庭破产审判研究中心（深圳）调研基地在广东省深圳市中级人民法院揭牌成立。

同日 浙江省高级人民法院对美国籍被告人沙迪德·阿布杜梅亭故意杀人案进行二审公开宣判，裁定驳回上诉，维持死刑判决，并依法报请最高人民法院核准。

8月26日 最高人民法院党组书记、院长周强在河北省承德市调研。周强强调，要坚持以习近平新时代中国特色社会主义思想为指导，深入贯彻习近平法治思想，不忘初心、牢记使命，坚持服务大局、司法为民、公正司法，奋力推进人民法院工作高质量发展，以实际行动迎接党的二十大胜利召开。

同日 全国法院打击整治养老诈骗专项行动第二次推进会以视频方式召开。

同日 最高人民法院、最高人民检察院、公安部联合发布《关于办理信息网络犯罪案件适用刑事诉讼程序若干问题的意见》。

8月29日 2022年中国网络文明大会网络法治建设论坛在天津举行，最高人民法院党组书记、院长周强以视频方式致辞。周强表示，要坚持以习近平新时代中国特色社会主义思想为指导，深入学习贯彻习近平法治思想和习近平总书记关于网络强国的重要思想，广泛凝聚共识，推进网络法治建设，共同营造风清气正的网络空间，为全面建设社会主义现代化国家作出积极贡献，以实际行动迎接党的二十大胜利召开。

8 月 30 日 最高人民法院院长周强在第十三届全国人民代表大会常务委员会第三十六次会议上，向全国人大常委会作《最高人民法院关于四级法院审级职能定位改革试点情况的中期报告》。

同日 最高人民法院举行法院系统全国“人民满意的公务员”和“人民满意的公务员集体”座谈会。最高人民法院党组书记、院长周强出席座谈会并讲话。周强强调，要大力开展向全国“人民满意的公务员”和“人民满意的公务员集体”学习宣传活动，汲取先进典型精神力量，奋力推进新时代人民法院工作高质量发展。在 2022 年全国“人民满意的公务员”和“人民满意的公务员集体”评选中，法院系统共有 14 名个人、5 个集体获得表彰。

同日 2022 年海峡两岸司法实务研讨会在福建省漳州市举行。

同日 四川省乐山市中级人民法院对甘肃省委原常委、省政府原党组副书记、副省长宋亮受贿案进行一审公开宣判，以受贿罪判处宋亮无期徒刑，剥夺政治权利终身，并处没收个人全部财产。对查封、扣押、冻结在案的宋亮受贿犯罪所得及其孳息，予以追缴，上缴国库。

8 月 31 日 中国—上合组织国家地方法院大法官论坛（2022）在山东青岛举行。本次论坛由山东省高级人民法院主办，以线上线下相结合的方式举行，中华人民共和国首席大法官、最高人民法院院长周强在线上出席开幕式并致辞。周强表示，希望与会各方高举“上海精神”旗帜，开展更加紧密、务实、高效的司法合作，共同把握新机遇、迎接新挑战，推动构建更加紧密的上海合作组织命运共同体，为世界持久和平共同繁荣作出更大贡献。

8 月 由《中国法院年鉴》编辑部编纂的《中国法院年鉴·2019》由人民法院出版社正式出版并公开发行。

2022 年 9 月

9 月 1 日 安徽省合肥市中级人民法院一审公开开庭审理国家烟草专卖局原党组成员、中央纪委原派驻国家烟草专卖局纪检组组长潘家华受贿案。

9 月 5 日 最高人民法院、最高人民检察院、公安部、国家安全部联合出台关于印发《关于取保候审若干问题的规定》的通知。

9 月 6 日 最高人民法院党组书记、院长周强主持最高人民法院党组理论学习中心组（扩大）集体学习研讨，进一步深入学习贯彻习近平总书记在“学习习近平总书记重要讲话精神，迎接党的二十大”专题研讨班上的重要讲话精神，学习《习近平谈治国理政》第四卷。

同日 全国法院学习贯彻《纪检监察机关派驻机构工作规则》视频会议在最高人民法院召开。

同日 最高人民法院举行“人民法院这十年”第二场新闻发布会，通报人民法院依法惩治电信网络诈骗相关工作，同时发布 10 起依法惩治电信网络诈骗犯罪及其关联犯罪典型案例。

同日 最高人民法院召开民法典贯彻实施工作领导小组会议暨《中国民法典适用大全》统稿工作会议，研究部署最后统稿阶段编辑工作。

9 月 7 日 中央纪委国家监委网站通报，全国政协原常委、社会和法制委员会原主任沈德咏严重违纪违法被开除党籍和公职。最高人民法院党组书记、院长周强主持召开最高人民法院党组会议，认真传达中央纪委国家监委给予第十九届中央委员，全国政协原常委、社会和法制委员会原主任沈德咏开除党籍和公职处分的决定精神，研究部署贯彻落实措施。

同日 第二届海丝中央法务区论坛在福建厦门开幕。

同日 厦门国际商事法庭挂牌成立。

9 月 8 日 山东省济南市中级人民法院一审公开开庭审理新疆生产建设兵团原副司令员、党委原常委、政法委原书记杨福林受贿案。

9 月 9 日 最高人民法院、最高人民检察院、公安部、中国证券监督管理委员会联合发布 5 个证券犯罪典型案例，涉及违规披露、不披露重要信息罪，操纵证券市场罪，利用未公开信息交易罪，内幕交易罪，背信损害上市公司利益罪等证券犯罪。

9 月 14 日 全国法院第七次少年法庭工作会议以视频方式召开，最高人民法院党组书记、院长周强出席会议并讲话。周强强调，要坚持以习近平新时代中国特色社会主义思想为指导，深入贯彻习近平法治思想，认真贯彻落实习近平总书记关于少年儿童工作重要指示批示精神，充分发挥审判职能作用，不断完善中国特色社会主义少年司法制度，推动新时代少年法庭工作实现高质量发展，为未成年人健康成长提供有力司法服务和保障，以实际行动迎接党的二十大胜利召开。

9 月 16 日 最高人民法院党组印发《关于深刻领悟“两个确立”决定性意义坚决做到“两个维护”全面加强新时代人民法院党的政治建设的决定》。

同日 第十九届中国—东盟博览会和中国—东盟商务与投资峰会框架下的中国—东盟自由贸易区南宁国际商事法庭在南宁正式挂牌设立。

9 月 19 日 首部全景展现我国司法改革最新成果的法治题材电视剧《底线》在湖南卫视、芒果 TV、爱奇艺播出。

同日 国家新闻出版署批准《数字法治》学术期刊创刊，刊号 CN10-1879/D。

9月20日 最高人民法院举行“人民法院这十年”第三场新闻发布会，即环境资源审判护航美丽中国建设新闻发布会。

9月21日 金砖国家大法官论坛以线上线下相结合的方式举行。论坛在北京、海口两地设会场，以“新时代的金砖司法合作”为主题，中华人民共和国首席大法官、最高人民法院院长周强在开闭幕式上致辞，并作主旨发言。论坛完成各项议程，通过《金砖国家大法官论坛共同声明》，圆满落下帷幕。

同日 最高人民法院司法改革小组印发《人民法院司法改革案例选编（十二）》。该选编汇集11家法院贯彻落实2021年新修改的民事诉讼法的务实举措和特色做法，为全国法院正确适用新民事诉讼法、深化民事诉讼程序繁简分流改革提供示范参照样本。

同日 河北省保定市中级人民法院对重庆市人民政府原副市长、市公安局原局长邓恢林受贿案进行一审公开宣判，以受贿罪判处邓恢林有期徒刑十五年，并处罚金人民币400万元。对查封、扣押在案的邓恢林受贿所得财物及其孳息依法予以追缴，上缴国库。

同日 河北省廊坊市中级人民法院对山西省人民政府原副省长、省公安厅原厅长刘新云受贿、滥用职权案进行一审公开宣判，对刘新云以受贿罪判处有期徒刑十二年，并处罚金人民币100万元；以滥用职权罪判处有期徒刑四年，决定执行有期徒刑十四年，并处罚金人民币100万元。对查封、扣押、冻结在案的刘新云受贿所得财物及其孳息依法予以追缴，上缴国库。

9月22日 全国法院调研工作会议以视频方式召开，最高人民法院党组书记、院长周强出席会议并讲话。周强强调，要坚持以习近平新时代中国特色社会主义思想为指导，深入贯彻习近平法治思想，认真学习贯彻习近平总书记关于调查研究工作的重要论述精神，紧紧围绕“努力让人民群众在每一个司法案件中感受到公平正义”目标，牢牢坚持司法为民、公正司法工作主线，聚焦新时代新征程人民法院改革发展面临的重大理论与实践问题，奋力开创人民法院调研工作新局面，大兴调查研究之风，推动新时代人民法院工作高质量发展，以实际行动迎接党的二十大胜利召开。

同日 最高人民法院举行“人民法院这十年”第四场新闻发布会，发布人民法院依法惩治金融犯罪工作情况和典型案例。

同日 最高人民法院举行2022年“人民法院大讲堂”专题辅导报告会。最高人民法院信息中心主任许建峰以“加强智慧法院建设——推进审判体系和审判能力现代化”为主题，为全国四级法院干警授课。

同日 吉林省长春市中级人民法院对全国政协社会和法制委员会原副主任傅政华受贿、徇私枉法案进行一审公开宣判，对傅政华以受贿罪判处死刑，缓期二年执行，剥夺政治权利终身，并处没收个人全部财产，在其死刑缓期执行二年期满依法减为无期徒刑后，终身监禁，不得减刑、假释；以徇私枉法罪判处有期徒刑十四年，决定执行死刑，缓期二年执行，剥夺政治权利终身，并处没收个人全部财产，在其死刑缓期执行二年期满依法减为无期徒刑后，终身监禁，不得减刑、假释。对查封、扣押、冻结在案的傅政华受贿犯罪所得财物及其孳息，依法没收，上缴国库。

同日 山西省运城市中级人民法院一审公开开庭审理河北省人大常委会原党组成员、副主任宋太平受贿案。

同日 吉林省长春市中级人民法院对江苏省委原常委、政法委原书记王立科受贿、行贿、包庇、纵容黑社会性质组织、伪造身份证件案进行一审公开宣判，对王立科以受贿罪判处死刑，缓期二年执行，剥夺政治权利终身，并处没收个人全部财产，在其死刑缓期执行二年期满依法减为无期徒刑后，终身监禁，不得减刑、假释；以行贿罪判处无期徒刑，剥夺政治权利终身，并处没收个人全部财产；以包庇、纵容黑社会性质组织罪判处有期徒刑十五年；以伪造身份证件罪判处有期徒刑六年，并处罚金人民币 1 万元，决定执行死刑，缓期二年执行，剥夺政治权利终身，并处没收个人全部财产，在其死刑缓期执行二年期满依法减为无期徒刑后，终身监禁，不得减刑、假释。查封、扣押、冻结在案的王立科受贿犯罪所得及其孳息，依法没收，上缴国库。不足部分，依法继续追缴。扣押在案的王立科伪造的身份证件，依法没收。

9 月 23 日 最高人民法院举行第十一批法律实习生座谈会，最高人民法院党组书记、院长周强出席座谈会并讲话。周强勉励法律实习生，要坚持以习近平新时代中国特色社会主义思想为指导，深入学习贯彻习近平法治思想，牢记习近平总书记殷切嘱托，树立远大理想，勇担时代重任，坚持理论联系实际，积极投身法治中国建设，为全面建设社会主义现代化国家、实现中华民族伟大复兴的中国梦谱写壮丽青春之歌。

同日 吉林省长春市中级人民法院对公安部原党委委员、副部长孙力军受贿、操纵证券市场、非法持有枪支案进行一审公开宣判，对孙力军以受贿罪判处死刑，缓期二年执行，剥夺政治权利终身，并处没收个人全部财产，在其死刑缓期执行二年期满依法减为无期徒刑后，终身监禁，不得减刑、假释；以操纵证券市场罪判处有期徒刑八年，并处罚金人民币 100 万元；以非法持有枪支罪判处有期徒刑五年，决定执行死刑，缓期二年执行，剥夺政治权利终身，并处没收个人全部财产，在其死刑缓期执行二年期满依法减为无期徒刑后，终身监禁，不得减刑、假释。查封、扣押、冻结在案的孙力军受贿犯罪所得及其孳息，依法没收，上缴国库。不足部分，依法继续追缴。扣押在案的枪支 2 支，依法没收。

同日	“唐山烧烤店打人案”在河北省廊坊市广阳区人民法院一审公开宣判，主犯陈继志被判有期徒刑二十四年。
9月27日	最高人民法院党组举行理论学习中心组（扩大）集体学习研讨，进一步深入学习《习近平谈治国理政》第四卷，最高人民法院党组书记、院长周强主持学习研讨。周强强调，要坚持以习近平新时代中国特色社会主义思想为指导，深入贯彻习近平法治思想，深刻领悟“两个确立”的决定性意义，增强“四个意识”、坚定“四个自信”、做到“两个维护”，切实以马克思主义中国化时代化最新成果武装头脑、指导实践、推动工作，始终沿着习近平总书记指引的方向奋进新征程、建功新时代，扎实推进新时代人民法院工作高质量发展，以实际行动迎接党的二十大胜利召开。
同日	由最高人民法院、中华司法研究会主办的新时代践行马锡五审判方式研讨会在革命老区甘肃省庆阳市召开。
同日	最高人民法院举行“人民法院这十年”第五场新闻发布会，介绍新时代涉外商事海事审判工作取得的主要成效。
同日	内蒙古自治区兴安盟中级人民法院对内蒙古自治区呼和浩特经济技术开发区党工委原书记李建平贪污、受贿、挪用公款、纵容黑社会性质组织案进行一审公开宣判，对李建平以贪污罪判处死刑，剥夺政治权利终身，并处没收个人全部财产；以受贿罪判处死刑，缓期二年执行，剥夺政治权利终身，并处没收个人全部财产，在其死刑缓期执行二年期满依法减为无期徒刑后，终身监禁，不得减刑、假释；以挪用公款罪判处无期徒刑，剥夺政治权利终身；以纵容黑社会性质组织罪判处有期徒刑五年，决定执行死刑，剥夺政治权利终身，并处没收个人全部财产。对李建平贪污所得及其孳息、挪用公款予以追缴，发还被害单位，对其受贿所得及其孳息予以追缴，上缴国库，不足部分继续追缴。
9月28日	最高人民法院举行新入院干部报到座谈会，最高人民法院党组书记、院长周强与大家亲切交流。周强寄语新入院干部，要坚持以习近平新时代中国特色社会主义思想为指导，坚持以习近平法治思想武装头脑，牢记职责使命，强化责任担当，在实干中历练成长，在拼搏中奉献青春，不负时代、不负韶华，在推进法治中国建设，实现中华民族伟大复兴的中国梦伟大实践中书写人生华章，以实际行动迎接党的二十大胜利召开。
同日	最高人民法院党组书记、院长周强考察了院图书馆，强调充分发挥图书馆服务审判、服务干警、服务法治建设的重要职能，积极推进新时代人民法院文化建设，不断提升司法能力水平，促进司法为民、公正司法，以实际行动迎接党的二十大胜利召开。

同日 最高人民法院以线上线下相结合方式召开专题调研座谈会，围绕办好十三届全国人大五次会议重点督办建议“提升涉外司法能力，加强国际商事纠纷解决中心建设”听取部分全国人大代表和中央有关单位的意见建议。

同日 全国首个跨省域管辖的法院——成渝金融法院正式揭牌。

同日 金融司法大数据研究（北京）中心、最高人民法院金融司法大数据研究中心（北京）调研基地揭牌仪式在北京金融法院举行。

9月29日 人民法院常态化扫黑除恶斗争重点工作推进会以视频方式召开。会前，最高人民法院党组书记、院长周强对推进常态化扫黑除恶斗争重点工作提出要求，强调以钉钉子精神抓好贯彻落实，推动常态化扫黑除恶斗争走深走实。

同日 最高人民法院机关基层党组织书记会议召开。

同日 武汉破产法庭揭牌仪式在武汉中院举行。

9月 最高人民法院党组第一、第二、第三巡视组分别向知识产权法庭、国家法官学院、人民法院新闻传媒总社反馈巡视情况。

2022年10月

10月10日 最高人民法院办公厅出台《人民法院信息工作考评办法》。

10月11日 最高人民法院举办“人民法院这十年”第六场新闻发布会，通报党的十八大以来人民陪审员制度改革的主要成效，发布《人民陪审员制度中国实践》以及人民陪审员参审的十大典型案例。

同日 最高人民法院出台《关于支持和保障贵州在新时代西部大开发上闯新路的意见》。

10月12日 “赞颂新时代喜迎二十大最高人民法院离退休干部书画摄影展”在最高人民法院机关开幕。

10月13日 最高人民法院党组书记、院长周强主持召开最高人民法院党组会议，专题传达学习党的十九届七中全会公报，研究部署贯彻落实措施。

同日 人力资源社会保障部、中央政法委、最高人民法院、工业和信息化部、司法部、财政部、中华全国总工会、中华全国工商业联合会、中国企业联合会/中国企业家协会联合发布《关于进一步加强劳动人事争议协商调解工作的意见》。《意见》深入贯彻党的二十大精神，落实党中央、国务院关于“防范化解重大风险”“坚持把非诉讼纠纷解决机制挺在前面”的重要决策部署，进一步强化劳动人事争议源头治理，就加强劳动人事争议协商调解工作提出要求。

10月16日 最高人民法院党组书记、院长周强在参加党的二十大山东代表团讨论时表示，习近平总书记所作的党的二十大报告举旗定向、总揽全局、气势恢宏、思想深邃，是全面建设社会主义现代化国家、全面推进中华民族伟大复兴的政治宣言和行动纲领，各级法院要深入学习领会，深刻领悟“两个确立”的决定性意义，坚决做到维护核心、绝对忠诚、听党指挥、勇于担当，坚持服务大局、司法为民、公正司法，努力把报告擘画的宏伟蓝图落实到具体实践中，为推进中国式现代化提供有力司法服务，为全面建设社会主义现代化国家、全面推进中华民族伟大复兴而不懈奋斗。

10月22日 最高人民法院、最高人民检察院、公安部、商务部、国家市场监督管理总局、中央军委后勤保障部、中央军委装备发展部、中央军委训练管理部、中央军委国防动员部联合印发《关于军地共同加强部队训练场未爆弹药安全风险防控的意见》。《意见》坚持以习近平新时代中国特色社会主义思想为指导，对加强部队训练场安全管控总体工作要求、依法打击挖捡买卖训练场未爆弹药和炮弹残片违法犯罪行为、共同做好教育引导和配合协调工作等问题作出了明确规定。

10月24日 最高人民法院党组书记、院长周强主持召开最高人民法院党组会议，专题传达学习贯彻党的二十大精神和二十届一中全会精神，学习贯彻习近平总书记在二十届中共中央政治局常委同中外记者见面时的重要讲话精神，研究部署贯彻落实措施。

同日 最高人民法院举行学习贯彻党的二十大精神干部大会。最高人民法院党组书记、院长周强出席会议并讲话，强调要坚持以习近平新时代中国特色社会主义思想为指导，深入贯彻习近平法治思想，深入学习宣传贯彻党的二十大精神，认真贯彻落实党的二十届一中全会精神，深刻领悟“两个确立”的决定性意义，增强“四个意识”、坚定“四个自信”、做到“两个维护”，扎实工作、锐意进取，奋力推进新时代新征程人民法院工作高质量发展，为推进中国式现代化提供有力司法服务，为全面建设社会主义现代化国家、全面推进中华民族伟大复兴作出新的更大贡献。

10月25日 第二届中国—新加坡国际商事审判案例大讲坛在国家法官学院举办。

同日 中央和国家机关工委“旗帜网”发布《中央和国家机关青年理论学习小组“关键小事”调研攻关活动优秀成果获奖名单》，最高人民法院办公厅第一青年理论学习小组和民一庭青年理论学习小组“打造枫桥式人民法庭·积极服务乡村治理”、办公厅第一青年理论学习小组“法治进校园·守护少年的你”调研攻关课题被评为优秀调研成果二等奖。民一庭青年理论学习小组参与的人力资源社会保障部“新就业形态争议处理问题研究”调研攻关课题被评为优秀调研成果三等奖。

10月26日 最高人民法院出台《关于规范合议庭运行机制的意见》。《意见》按照中央关于深化执法司法权力运行机制改革的决策部署，结合近年推进落实司法责任制的新情况、新要求，立足各地法院审判工作实际，进一步细化了合议庭组成机制，完善了合议庭成员职责、评议规则和裁判文书制作方式，并就合议庭运行与院庭长履行监督管理职责、“四类案件”监督管理机制的衔接等重点问题作出规范。

10月28日 最高人民法院院长周强在十三届全国人大常委会第三十七次会议第三次全体会议上作《最高人民法院关于人民法院涉外审判工作情况的报告》。

10月31日 最高人民法院党组书记、院长周强主持召开最高人民法院党组会，专题传达学习贯彻习近平总书记主持召开中共中央政治局会议时的重要讲话精神、在中共中央政治局第一次集体学习时的重要讲话精神，学习贯彻中共中央关于认真学习宣传贯彻党的二十大精神的决定，贯彻中央政法委员会全体会议精神，研究2022年前三季度审判执行工作运行态势，研究贯彻落实党的二十大精神的具体措施。

同日 最高人民法院下发《中共最高人民法院党组关于认真学习宣传贯彻党的二十大精神的通知》。

同日 最高人民法院印发《关于规范合议庭运行机制的意见》。

2022年11月

11月2日 全国法院学习贯彻党的二十大精神专题辅导报告会以视频方式举行，最高人民法院党组书记、院长周强主持报告会，中央宣讲团成员、中央党史和文献研究院院长曲青山作宣讲报告。

11月3日 最高人民法院党组围绕深入学习贯彻党的二十大精神举行理论学习中心组（扩大）集体学习研讨，最高人民法院党组书记、院长周强主持学习研讨并讲话。周强强调，要坚持以习近平新时代中国特色社会主义思想为指导，深入学习贯彻习近平总书记重要讲话精神，深刻领悟“两个确立”的决定性意义，增强“四个意识”、坚定“四个自信”、做到“两个维护”，全面学习把握落实党的二十大精神，奋力推进新时代新征程人民法院工作高质量发展，为推进中国式现代化提供有力司法服务。

11 月 4 日 最高人民法院党组书记、院长周强主持召开最高人民法院网络安全和信息化领导小组 2022 年第二次全体会议。周强强调，要坚持以习近平新时代中国特色社会主义思想为指导，深入学习贯彻党的二十大精神，深入贯彻习近平法治思想，全面深化智慧法院建设，加快完善中国特色互联网司法模式，更好服务以中国式现代化全面推进中华民族伟大复兴。

同日 中华人民共和国首席大法官、最高人民法院院长周强与卢森堡最高法院院长罗杰·林登以视频方式举行工作会谈。

11 月 5 日 中华人民共和国首席大法官、最高人民法院院长周强以视频方式出席东盟首席法官理事会东盟 + 成立大会，并围绕“法院技术与司法便民举措：挑战与经验”议题作专题发言。周强表示，愿同与会各方秉持开放包容、合作共赢理念，加强交流互鉴，深化务实合作，共同推动现代技术与司法工作深度融合，全面推进审判体系和审判能力现代化，为构建网络空间命运共同体和人类法治文明进步作出积极贡献。

11 月 7 日 在北京市文物局联合北京市博物馆协会举办的 2021 年度北京市博物馆优秀展览评选活动中，由最高人民法院举办的“庆祝中国共产党成立 100 周年人民审判成就展”荣获 2021 年度北京市博物馆优秀展览。

11 月 8 日 天津市第一中级人民法院公开宣判辽宁省政协原党组副书记、副主席刘国强受贿一案，以受贿罪判处被告人刘国强死刑，缓期二年执行，剥夺政治权利终身，并处没收个人全部财产，在其死刑缓期执行二年期满依法减为无期徒刑后，终身监禁，不得减刑、假释；对扣押在案的受贿所得财物依法予以追缴，上缴国库，不足部分继续追缴。

11 月 10 日 最高人民法院会同最高人民检察院、教育部发布《关于落实从业禁止制度的意见》。《意见》贯彻落实学校、幼儿园等教育机构、校外培训机构教职员工违法犯罪记录查询制度，严格执行犯罪人员从业禁止制度，净化校园环境，切实保护未成年人，旨在为净化校园环境、加强师德师风建设，切实保护未成年人提供强有力的司法保障。

同日 中共中央政治局委员、中央书记处书记、中央政法委书记陈文清到最高人民法院宣讲党的二十大精神，就深入学习贯彻党的二十大精神、谋划做好明年和今后一个时期政法工作进行调研。调研期间，陈文清在最高人民法院执行指挥中心听取党的十八大以来司法体制改革和智慧法院建设情况演示汇报，并与最高人民法院领导班子成员座谈、与机关干部交流，对党的十八大以来人民法院工作成效给予充分肯定，对做好新时代新征程工作提出要求。周强同志在调研座谈会上作党的十八大以来人民法院工作情况汇报，院领导班子成员作了发言。

11 月 14 日 最高人民法院党组召开会议，传达学习贯彻习近平总书记 11 月 10 日主持中共中央政治局常务委员会会议时的重要讲话精神，研究部署贯彻落实措施。最高人民法院党组书记、院长周强主持会议并讲话，强调认真学习贯彻习近平总书记重要讲话精神，为高效统筹疫情防控和经济社会发展提供有力司法服务。

同日 最高人民法院发布《关于涉外民商事案件管辖若干问题的规定》。该规定自 2023 年 1 月 1 日起施行，旨在优化涉外民商事案件管辖机制，便利中外当事人诉讼，进一步提升涉外民商事审判质效。

11 月 15 日 “2022 年上海司法前沿论坛　第六届崇明世界级生态岛司法研讨会”在上海崇明岛举行。该论坛围绕“双碳”目标视野下的生态司法热点前沿问题，由上海市高级人民法院、上海财经大学、上海市崇明区人民政府主办，上海市崇明区人民法院承办。

同日 第 77 届联合国大会全会举行联合国上诉法庭和争议法庭法官选举，两位中国法官高晓力、孙祥壮均在首轮投票中选出。这也是中国法官首次当选联合国上诉法庭和争议法庭法官。中国最高人民法院法官高晓力当选联合国上诉法庭法官，任期自 2022 年 11 月 15 日至 2026 年 6 月 30 日；中国最高人民法院法官孙祥壮当选联合国争议法庭法官，任期自 2023 年 7 月 1 日至 2030 年 6 月 30 日。

11 月 16 日 中华人民共和国首席大法官、最高人民法院院长周强以视频方式出席第十八届亚太地区首席大法官会议，主持“当代案件管理”议题讨论环节，并围绕“通过科技与创新提高司法服务水平”作专题发言。

同日 最高人民法院举行学习贯彻党的二十大精神宣讲报告会暨人民法院大讲堂培训。最高人民法院党组副书记、常务副院长贺荣重点围绕党的二十大关于法治建设的重大决策部署进行宣讲，强调要深入践行习近平法治思想，严格公正司法，牢记“国之大者”履职尽责，更加扎实有力服务推进中国式现代化。

11 月 17 日 最高人民法院发布《关于王淑梅为中华人民共和国大法官的公告》。

同日 最高人民法院举行“人民法院护航新时代”首场新闻发布会，介绍人民法院加强反垄断和反不正当竞争司法有关情况和典型案例。

11 月 18 日 最高人民法院召开刑事审判工作座谈会，最高人民法院党组书记、院长周强出席座谈会并讲话。周强强调，要坚持以习近平新时代中国特色社会主义思想为指导，深入学习贯彻党的二十大精神，深入贯彻习近平法治思想，贯彻总体国家安全观，以严格公正司法推进刑事审判工作高质量发展，充分发挥刑事审判职能，依法惩罚犯罪、保护人民，坚决维护国家安全和社会稳定，推动建设更高水平的平安中国、法治中国。

同日 《人民日报》第 9 版刊发最高人民法院办公厅署名文章《书写新时代司法为民公正司法新篇章》。

同日 全国法院媒体深度融合发展工作推进会以线上线下相结合的方式在北京召开，最高人民法院党组成员、副院长杨临萍出席会议并讲话。

同日 最高人民法院发布《关于 2021 年度司法研究重大课题结项验收评审结果的通报》。

11 月 19 日 最高人民法院办公厅青年理论学习小组以“连线党代表 共学二十大”为主题举办“法院青年说”沙龙。王群英、周淑琴、崔赣等 3 位党的二十大代表，与办公厅同志进行了一场跨越千里的连线，带领大家沉浸式感受党的二十大胜利召开盛况。

11 月 22 日 2022 京津冀金融司法协同论坛、金融专业化审判合作论坛在北京金融法院顺利召开。

同日 “最高人民法院知识产权法庭裁判案例被联合国贸易和发展会议和南方中心‘知识产权与公共卫生案例数据库’（英文）收录并发布”案例入选 2022 年“中国法治国际传播十大典型案例”并位列之首。

11 月 23 日 全国法院环境资源审判暨第一次环境资源刑事审判工作座谈会以视频方式召开，最高人民法院党组书记、院长周强出席会议并讲话，党组成员、副院长杨临萍主持会议。

11 月 22 日至 24 日 中国刑法学研究会 2022 年全国年会暨数字法治大会在杭州举行。

11 月 24 日 首届长江大保护司法论坛以线上线下相结合的方式在湖北武汉举行，最高人民法院党组书记、院长周强以视频方式出席论坛开幕式并致辞。周强表示，要坚持以习近平新时代中国特色社会主义思想为指导，深入学习贯彻党的二十大精神，深入贯彻习近平生态文明思想和习近平法治思想，深刻领悟“两个确立”的决定性意义，增强“四个意识”、坚定“四个自信”、做到“两个维护”，不断深化环境司法改革创新，全面加强长江流域生态环境司法保护，为建设人与自然和谐共生的现代化提供有力司法服务。

11 月 25 日 首届长江大保护司法论坛在武汉闭幕，通过了《长江司法保护武汉共识》。

11 月 26 日至 27 日 由中国刑事诉讼法学研究会主办的“中国刑事诉讼法学研究会第三次会员大会暨 2022 年学术年会”在北京召开。学术年会主题为“我国法治现代化进程中的刑事诉讼制度建设与法学研究展望”。

11 月 30 日 全国法院第八次网络安全和信息化工作会议暨互联网司法工作推进会以视频方式举行，最高人民法院党组书记、院长周强出席会议并讲话。

同日 江西省高级人民法院对劳荣枝故意杀人、抢劫、绑架上诉一案进行二审公开宣判。

11月 首部反映家事审判工作的原生态法治纪录片《家事如天》获选国家广播电视总局 2021 年度国产纪录片及创作人才扶持项目，该片由最高人民法院新闻局、最高人民法院民一庭、中央广播电视总台社教节目中心《现场》栏目联合制作。

2022年12月

12月1日 中国司法研究会第二届会员代表大会暨第二届理事会第一次会议以线上线下相结合的方式举行，最高人民法院院长周强出席会议并讲话，再次当选研究会会长。

12月5日 全国法院执行信访工作推进会以视频方式召开。会前，最高人民法院党组书记、院长周强就人民法院执行信访工作提出要求，强调要坚持以习近平新时代中国特色社会主义思想为指导，深入学习贯彻党的二十大精神，深入贯彻习近平法治思想，用心用情解决好人民群众在执行领域急难愁盼问题，推动执行工作高质量发展。

12月8日 在联合国《生物多样性公约》第十五次缔约方大会（COP15）第二阶段会议开幕之际，最高人民法院发布《中国生物多样性司法保护》。

同日 第六届长白破产法论坛以线上线下相结合的方式召开。

同日 最高人民法院发布 15 个生物多样性司法保护专题典型案例。该批案例涉及环境资源刑事、民事、行政及公益诉讼等不同诉讼类型，涵盖物种多样性、遗传多样性和生态系统多样性保护等生物多样性保护核心领域，保护对象包括斑海豹、藏羚羊、大白鲨、红豆杉、荷叶铁线蕨等珍稀、濒危野生动植物物种，以及森林、草原、湿地、河湖、海洋等多种自然生态系统，所涉生态要素多、保护范围广、复合程度高、创新意识强，集中体现了人民法院环境资源审判的鲜明特色、专业要求和职能作用。

同日 最高人民法院发布涉英烈权益保护十大典型案例。此次发布的涉英烈权益保护十大典型案例，涉及维护英烈人格利益、烈属合法权益、烈士纪念设施等案件。

同日 最高人民法院发布《关于规范和加强人工智能司法应用的意见》。

12月9日 最高人民法院机关党校 2022 年处级干部进修班毕业典礼在国家法官学院举行。

12 月 10 日 “宪法的精神 法治的力量——2022 年度法治人物”评选揭晓。根据年度法治人物推选委员会的推选结果，浙江省宁波市鄞州区人民法院邱隘人民法庭副庭长黄文娟、云南省沧源佤族自治县人民法院执行局原局长鲍卫忠当选“2022 年度法治人物”，辽宁省鞍山市千山区人民法院原四级高级法官滕启刚获“2022 年度致敬英雄”称号。

12 月 12 日 最高人民法院发布中英文双语《中国海事审判（2018—2021）》。

12 月 15 日 最高人民法院、最高人民检察院联合发布《关于办理危害生产安全刑事案件适用法律若干问题的解释（二）》，针对现阶段惩治危害生产安全违法犯罪的新情况新问题，对如何正确适用法律、准确把握刑事政策作出了规定，自 2022 年 12 月 19 日起施行。

12 月 20 日 最高人民法院发布《关于成渝金融法院案件管辖的规定》，该规定自 2023 年 1 月 1 日起施行。

12 月 21 日 最高人民法院发布《关于加强中医药知识产权司法保护的意见》，为中医药知识产权司法实践提供明确指引。

12 月 22 日 江苏省常州市中级人民法院一审公开开庭审理了河南省委原常委、政法委原书记甘荣坤受贿一案。

12 月 26 日 最高人民法院发布《关于为促进消费提供司法服务和保障的意见》。

同日 最高人民法院发布《关于为稳定就业提供司法服务和保障的意见》。

12 月 27 日 在十三届全国人大常委会第三十八次会议上，最高人民法院院长周强就《中华人民共和国民事诉讼法（修正草案）》向全国人大常委会作说明。

同日 在十三届全国人大常委会第三十八次会议上，最高人民法院院长周强就《中华人民共和国行政诉讼法（修正草案）》向全国人大常委会作说明。

12 月 28 日 深圳市中级人民法院成立 40 周年座谈会在广东省深圳中院举行。会前，广东省高级人民法院向最高人民法院汇报了深圳中院工作情况。最高人民法院党组书记、院长周强听取汇报后，对人民法院支持和保障深圳建设中国特色社会主义先行示范区提出要求强调，要坚持以习近平新时代中国特色社会主义思想为指导，全面贯彻落实党的二十大精神，深入贯彻习近平法治思想，充分发挥审判职能作用，以高质量司法服务高质量发展，为中国特色社会主义先行示范区建设提供有力司法服务。

12 月 29 日 浙江省杭州市中级人民法院一审公开开庭审理了江西省政协原党组成员、副主席肖毅受贿、滥用职权一案。

12 月 30 日 山东省青岛市中级人民法院对江某莲与刘某曦（曾用名：刘某）生命权纠纷案作出二审判决：驳回上诉，维持原判。

12 月 31 日 成渝金融法院发布公告，成渝金融法院按照直辖市中级人民法院设置，分别在重庆市、四川省成都市设立办公区，自 2023 年 1 月 1 日起正式收案办案。

九、附录

中国法院年鉴

THE YEARBOOK OF CHINA COURTS

2022

最高人民法院机构设置、院领导和审判委员会委员名单

机构设置

共设置 31 个机构：办公厅（新闻局）、政治部、立案庭、刑事审判第一庭、刑事审判第二庭、刑事审判第三庭、刑事审判第四庭、刑事审判第五庭、民事审判第一庭、民事审判第二庭、民事审判第三庭、民事审判第四庭、环境资源审判庭、行政审判庭、审判监督庭、赔偿委员会办公室、执行局（执行指挥办公室）、研究室、审判管理办公室、督察局、国际合作局、司法行政装备管理局、机关党委、离退休干部局、第一巡回法庭（第一国际商事法庭）、第二巡回法庭、第三巡回法庭、第四巡回法庭、第五巡回法庭、第六巡回法庭（第二国际商事法庭）、知识产权法庭。

共设置 6 个直属单位：国家法官学院（最高人民法院法官国际交流中心、最高人民法院司法案例研究院）、中国应用法学研究所、人民法院新闻传媒总社、人民法院出版社、最高人民法院机关服务中心、人民法院信息技术服务中心。

最高人民法院院领导名单

最高人民法院党组书记、院长	周　强
最高人民法院党组副书记、常务副院长	贺　荣
最高人民法院副院长	陶凯元
最高人民法院党组成员、副院长、第三巡回法庭分党组书记、庭长	高憬宏
中央纪委国家监委驻最高人民法院纪检监察组组长，最高人民法院党组成员	张荣顺
最高人民法院党组成员、政治部主任、机关党委书记	马世忠
最高人民法院党组成员、副院长、第一巡回法庭分党组书记、庭长	杨万明
最高人民法院党组成员、副院长、第六巡回法庭分党组书记、庭长	杨临萍
最高人民法院党组成员、副院长、第四巡回法庭分党组书记、庭长	贺小荣
最高人民法院党组成员、副院长、第五巡回法庭分党组书记、庭长	沈　亮
最高人民法院党组成员、副院长、第二巡回法庭分党组书记、庭长	李　勇
最高人民法院审判委员会副部级专职委员	刘贵祥
最高人民法院审判委员会副部级专职委员	王淑梅

最高人民法院审判委员会委员名单

周　强	贺　荣	陶凯元	高憬宏
杨万明	杨临萍	贺小荣	沈　亮
李　勇	刘贵祥	王淑梅	何　莉
滕　伟	姜启波		

各高级人民法院和新疆生产建设兵团分院领导名单

北京市

北京市高级人民法院党组书记、院长　寇　昉

北京市高级人民法院党组副书记、副院长　安凤德

北京市高级人民法院党组成员、副院长　刘双玉

北京市高级人民法院党组成员、副院长　孙玲玲

北京市高级人民法院党组成员、政治部主任　李旭辉

北京市高级人民法院党组成员、市纪委监委驻市高院纪检监察组组长　郗　琳

天津市

天津市高级人民法院党组书记、院长　李　静

天津市高级人民法院党组副书记、副院长　蔡志萍

天津市高级人民法院党组成员、执行局局长　蒋亚辉

天津市高级人民法院党组成员、副院长　翟　红

天津市高级人民法院党组成员、副院长　程庆颐

天津市高级人民法院党组成员、政治部主任　黄国华

天津市高级人民法院副院长　李　颖

天津市高级人民法院审判委员会专职委员　殷元庆

河北省

河北省高级人民法院党组书记、院长　黄明耀

河北省高级人民法院党组副书记、常务副院长　高树勇

河北省高级人民法院党组成员、副院长　徐茂明

河北省高级人民法院党组成员、副院长　刘光辉

河北省高级人民法院党组成员、副院长　胡华军

河北省高级人民法院党组成员、省纪委监委驻省高院纪检监察组组长　刘国庆

河北省高级人民法院副院长　王利军

河北省高级人民法院党组成员、政治部主任　刘洪波

河北省高级人民法院一级巡视员　李奋勇

河北省高级人民法院审判委员会专职委员　宋瑞良

河北省高级人民法院审判委员会专职委员　贾建平

河北省高级人民法院审判委员会专职委员　葛庆龙

山西省

山西省高级人民法院党组书记、院长　冯　军

山西省高级人民法院党组副书记、副院长　管应时

山西省高级人民法院党组副书记、副院长　李喜春

山西省高级人民法院副院长、一级巡视员　王书红

山西省高级人民法院党组成员、省纪委监委驻省高院纪检监察组组长　梁　荣

山西省高级人民法院党组成员、副院长　方剑锋

山西省高级人民法院党组成员、副院长　翟瑞卿

山西省高级人民法院党组成员、副院长　杨　宏

山西省高级人民法院党组成员、政治部主任　杨　霄

山西省高级人民法院党组成员、执行局局长　丁　毅

山西省高级人民法院审判委员会专职委员　白永旺

山西省高级人民法院审判委员会专职委员　邓一峰

内蒙古自治区

内蒙古自治区高级人民法院党组书记、院长　杨宗仁

内蒙古自治区高级人民法院党组副书记、副院长　王旭军

内蒙古自治区高级人民法院党组成员、副院长　蒲伟刚

内蒙古自治区高级人民法院党组成员、政治部主任　杨文忠

内蒙古自治区高级人民法院党组成员、副院长　李建平

内蒙古自治区高级人民法院副院长　刘英杰

内蒙古自治区高级人民法院党组成员、副院长　那　澜

内蒙古自治区高级人民法院党组成员、自治区纪委监委驻自治区高院纪检监察组组长　张秀丽

辽宁省

辽宁省高级人民法院党组成员、院长　郑　青

辽宁省高级人民法院党组副书记、分管日常工作的副院长　牛克乾

辽宁省高级人民法院党组成员、副院长　姜凤武

辽宁省纪委监委驻省高院纪检监察组组长、省高院党组成员　那家强

辽宁省高级人民法院党组成员、副院长　谭家戎

辽宁省高级人民法院党组成员、副院长　王志文

辽宁省高级人民法院党组成员、副院长　张国全

辽宁省高级人民法院党组成员、政治部主任　蒋　涛

吉林省

吉林省高级人民法院党组书记、院长　徐家新

吉林省高级人民法院党组副书记、常务副院长　许柏峰

吉林省高级人民法院党组成员、副院长　赵东巍

吉林省高级人民法院党组成员、副院长　张君洪

吉林省高级人民法院党组成员、副院长　周文君

吉林省高级人民法院党组成员、省纪委监委驻省高院纪检监察组组长　付印红

吉林省高级人民法院副院长　宫　斌

吉林省高级人民法院党组成员、政治部主任　吕　全

吉林省高级人民法院审判委员会专职委员　姜富权

吉林省高级人民法院审判委员会专职委员　刘洪宇

黑龙江省

黑龙江省高级人民法院党组书记、院长　石时态

黑龙江省高级人民法院党组副书记、常务副院长　王中明

黑龙江省高级人民法院副院长　李华菊

黑龙江省高级人民法院党组成员、副院长　罗振宇

黑龙江省高级人民法院党组成员、副院长　靳　岩

黑龙江省高级人民法院党组成员、副院长　王启胜

黑龙江省高级人民法院党组成员、执行局局长　洛大雨

黑龙江省高级人民法院党组成员、政治部主任　罗继广

黑龙江省高级人民法院党组成员、副院长　马　国

黑龙江省纪委监委驻省高院纪检监察组组长、省高院党组成员　马　宁

黑龙江省高级人民法院审判委员会专职委员　李大伟

黑龙江省高级人民法院审判委员会专职委员　郑颖辉

黑龙江省高级人民法院审判委员会委员　邹　鹏

黑龙江省高级人民法院审判委员会委员　朱晓天

黑龙江省高级人民法院一级巡视员　王克贵

黑龙江省高级人民法院一级巡视员　王铁男

黑龙江省高级人民法院专职二级高级法官　陈永刚

上海市

上海市高级人民法院党组书记、院长　刘晓云

上海市高级人民法院党组副书记、副院长　茆荣华

上海市高级人民法院党组成员、副院长　黄祥青

上海市高级人民法院党组成员、市纪委监委驻市高院纪检监察组组长　戴　杰

上海市高级人民法院副院长　陈　昶

上海市高级人民法院党组成员、政治部主任　谭　滨

上海市高级人民法院党组成员、副院长　吴金水

上海市高级人民法院审判委员会专职委员　米振荣

江苏省

江苏省高级人民法院党组书记、院长　夏道虎

江苏省高级人民法院党组副书记、副院长　郑立新

江苏省高级人民法院党组成员、副院长　褚红军

江苏省高级人民法院党组成员、副院长　刘嫒珍

江苏省高级人民法院副院长　李玉生

江苏省高级人民法院党组成员、副院长　韦瑞瑾

江苏省高级人民法院党组成员、政治部主任　孙效增

江苏省纪委监委驻省高院纪检组长、省高院党组成员　王连权

江苏省高级人民法院审判委员会专职委员　金　飚

江苏省高级人民法院审判委员会专职委员　李玉柱

江苏省高级人民法院审判委员会专职委员　毕晓红

浙江省

浙江省高级人民法院党组书记、院长　李占国

浙江省高级人民法院党组副书记、副院长　周招社

浙江省高级人民法院党组成员、副院长　徐建新

浙江省高级人民法院副院长　朱新力

浙江省高级人民法院党组成员、省纪委监委驻省高院纪检监察组组长　李汉水

浙江省高级人民法院党组成员、政治部主任　何　震

浙江省高级人民法院党组成员、副院长　许惠春

浙江省高级人民法院党组成员、副院长　徐亚农

浙江省高级人民法院党组成员、执行局局长　魏新璋

浙江省高级人民法院审判委员会专职委员　孙公幸

浙江省高级人民法院审判委员会专职委员　程建乐

浙江省高级人民法院审判委员会专职委员　张　敏

安徽省

安徽省高级人民法院党组书记、院长　董开军

安徽省高级人民法院党组成员、副院长　王章来

安徽省高级人民法院党组成员、副院长　徐致平

安徽省高级人民法院党组成员、副院长　张　兵

安徽省高级人民法院党组成员、审委会专委　袁　春

安徽省高级人民法院党组成员、副院长　陈　斌

安徽省高级人民法院党组成员　朱兆法

安徽省高级人民法院党组成员、省纪委监委驻省高院纪检监察组组长　刘　保

安徽省高级人民法院党组成员、政治部主任　李亚东

安徽省高级人民法院副院长　汪绍平

安徽省高级人民法院审委会专委　张小红

福建省

福建省高级人民法院党组书记、院长　金银墙

福建省高级人民法院党组副书记、分管日常工作的副院长（正厅长级）　欧岩峰

福建省高级人民法院党组成员、副院长　罗志沙

福建省纪委监委驻省高院纪检监察组组长、省高院党组成员　黄清波

福建省高级人民法院党组成员、副院长　苏建平

福建省高级人民法院党组成员、副院长　董明亮

福建省高级人民法院党组成员、副院长　王孔坚

福建省高级人民法院党组成员、副院长　李永军

福建省高级人民法院党组成员、副院长，审判委员会专职委员　王　珩

福建省高级人民法院审判委员会专职委员　董碧仙

福建省高级人民法院副院长　吴丽雪

江西省

江西省高级人民法院党组书记、院长　葛晓燕

江西省高级人民法院党组副书记、副院长　居国屏

江西省高级人民法院副院长　胡淑珠

江西省高级人民法院党组成员、副院长　柯　军

江西省高级人民法院党组成员、副院长　赵九重

江西省高级人民法院党组成员、执行局局长　邹中华

江西省高级人民法院党组成员、副院长　喻德红

江西省高级人民法院党组成员、政治部主任　盛　茵

江西省高级人民法院党组成员、省纪委监委驻省高院纪检监察组组长　桂云黔

江西省高级人民法院审委会专职委员　陈仁生

江西省高级人民法院审委会专职委员　邹宇平

江西省高级人民法院审委会专职委员　陈建平

山东省

山东省高级人民法院党组书记、院长　张甲天

山东省高级人民法院党组副书记、副院长　王　闯

山东省高级人民法院党组副书记、副院长　傅国庆

山东省高级人民法院党组成员、副院长　张成武

山东省高级人民法院党组成员、省纪委监委驻省高院纪检监察组组长　周宣东

山东省高级人民法院党组成员、副院长　江敦斌

山东省高级人民法院党组成员、副院长　孙　英

山东省高级人民法院党组成员、政治部主任　苏爱军

山东省高级人民法院审委会专职审判委员　姜树政

山东省高级人民法院审委会专职审判委员兼执行局局长　廖伟忠

山东省高级人民法院审委会专职审判委员　高益民

山东省高级人民法院一级巡视员　尹佐海

山东省高级人民法院一级高级法官　王继青
山东省高级人民法院二级巡视员　朱云三

河南省

河南省高级人民法院党组书记、院长　胡道才
河南省高级人民法院党组副书记、常务副院长　郭保振
河南省高级人民法院党组成员、副院长　王韶华
河南省高级人民法院党组成员、政治部主任　陈兆法
河南省高级人民法院党组成员、副院长　刘冠华
河南省高级人民法院党组成员、副院长　庞景玉
河南省高级人民法院党组成员、副院长　李志增
河南省高级人民法院副院长　尚志东

湖北省

湖北省高级人民法院党组书记、院长　游劝荣
湖北省高级人民法院党组副书记、常务副院长　覃文萍
湖北省纪委监委驻省高院纪检监察组组长、省高院党组成员　李文涛
湖北省高级人民法院副院长　周佳念
湖北省高级人民法院党组成员、副院长　李群星
湖北省高级人民法院党组成员、副院长　王秋隆
湖北省高级人民法院党组成员、副院长　肖　笛
湖北省高级人民法院党组成员、政治部主任　赵文革

湖南省

湖南省高级人民法院党组书记、院长　田立文
湖南省高级人民法院党组副书记、副院长　邬文生
湖南省高级人民法院副院长、正厅长级干部　杨　翔
湖南省高级人民法院党组成员、副院长　蔡俊伟
湖南省高级人民法院党组成员、副院长　郭正怀
湖南省纪委监委驻省高院纪检监察组组长、省高院党组成员　粟志远
湖南省高级人民法院党组成员、副院长　董　岚
湖南省高级人民法院党组成员、政治部主任　李知文

广东省

广东省高级人民法院党组书记、院长　龚稼立
广东省高级人民法院党组副书记、常务副院长　钟健平
广东省高级人民法院党组成员、副院长　洪适权
（截至 2022.9）
广东省高级人民法院党组成员（保留正厅级）、副院长　万国营
广东省高级人民法院党组成员、副院长　胡　鹰
（截至 2022.3）

广东省高级人民法院党组成员、省纪委监委驻省高院纪检监察组组长 梁小岸
（截至2022.3）

广东省高级人民法院党组成员、政治部主任 苏茂荣
（截至2022.4）

广东省高级人民法院党组成员、副院长 赵菊花

广东省高级人民法院副院长 林碧艳

广东省高级人民法院党组成员、副院长 陈友强
（党组成员2022.7-，副院长2022.9-）

广东省高级人民法院党组成员、省纪委监委驻省高院纪检监察组组长 崔 怡
（2022.3-）

广东省高级人民法院党组成员、政治部主任 李克俭
（2022.8-）

广西壮族自治区

广西壮族自治区高级人民法院党组书记、院长 黄海龙

广西壮族自治区高级人民法院党组副书记、副院长 赵志军

广西壮族自治区高级人民法院党组成员、副院长 卢上需

广西壮族自治区高级人民法院党组成员、副院长 陈 敏

广西壮族自治区高级人民法院副院长 义 芳

广西壮族自治区高级人民法院党组成员、自治区纪委监委驻自治区高院纪检监察组组长 零海康

广西壮族自治区高级人民法院党组成员、副院长 梁月奎

广西壮族自治区高级人民法院党组成员、政治部主任 司 勇

海南省

海南省高级人民法院党组书记、院长 陈凤超
（截至2022.4）

海南省高级人民法院党组副书记、副院长 陈文平

海南省高级人民法院党组成员、副院长 皮修雁

海南省高级人民法院党组成员、副院长 王 萍

海南省高级人民法院副院长 张玉萍

海南省高级人民法院党组成员、省纪委监委驻省高院纪检监察组组长 张德昌

海南省高级人民法院党组成员、副院长 于 泓（挂职）

海南省高级人民法院党组成员、政治部主任 符铁虎

海南省高级人民法院党组成员，海南自贸港知识产权法院党组书记、院长 夏君丽

海南省高级人民法院党组成员，省一中院党组书记、院长 汪海鹏

海南省高级人民法院审判委员会专职委员 李 庆

海南省高级人民法院审判委员会专职委员 邱 隽

海南省高级人民法院审判委员会专职委员 黄胜春

海南省高级人民法院一级巡视员 蔡建新

海南省高级人民法院二级巡视员　严献文

重庆市

重庆市高级人民法院党组书记、院长　李永利

重庆市高级人民法院党组副书记、副院长　戴　军

重庆市高级人民法院党组副书记、成渝金融法院党组书记、院长　何东宁

重庆市高级人民法院党组成员、副院长　王中伟

重庆市高级人民法院党组成员、副院长　孙海龙

重庆市高级人民法院党组成员、执行局局长　李　亮

重庆市高级人民法院副院长　李生龙

重庆市高级人民法院党组成员、市纪委监委驻市高院纪检监察组组长　邓承玉

四川省

四川省高级人民法院党组书记、院长　王树江

四川省高级人民法院党组副书记、常务副院长　秦　海

四川省高级人民法院党组成员、副院长　刘学锋

四川省高级人民法院副院长　史红平

四川省高级人民法院党组成员、副院长　张　能

四川省高级人民法院党组成员、机关党委书记　胡显志

四川省纪委监委驻省高院纪检监察组组长、省高院党组成员　唐　刚

四川省高级人民法院党组成员、执行局局长　周　磊

四川省高级人民法院党组成员、政治部主任　谢　慧

贵州省

贵州省高级人民法院党组书记、院长　韩德洋

贵州省高级人民法院党组副书记、常务副院长　张洪武

贵州省高级人民法院党组成员、副院长　赵传灵

贵州省高级人民法院党组成员、副院长　邓德禄

贵州省高级人民法院副院长　王　霞

贵州省高级人民法院党组成员、副院长　刘　力

贵州省高级人民法院党组成员、政治部主任　李江波

贵州省高级人民法院党组成员、副院长　蒋　浩

云南省

云南省高级人民法院党组书记、院长　侯建军

云南省高级人民法院党组副书记、分管日常工作副院长　向　凯

云南省高级人民法院党组成员、副院长　滕鹏楚

云南省纪委监委驻省高院纪检监察组组长、省高院党组成员　施静春

云南省高级人民法院党组成员、昆明铁路运输中级法院院长　王泽祥

云南省高级人民法院党组成员、副院长
吕　俊

云南省高级人民法院党组成员、副院长
董国权

云南省高级人民法院党组成员、政治部主任
郑　平

云南省高级人民法院党组成员、执行局局长
袁学红

云南省高级人民法院党组成员、副院长
吉　军

云南省高级人民法院党组成员、副院长
张　祥

西藏自治区

西藏高级人民法院党组书记、院长　索　达

西藏高级人民法院党组副书记、常务副院长
赵宇彦

西藏高级人民法院党组成员　边巴拉姆

西藏高级人民法院党组成员、副院长　佘克冰

西藏高级人民法院党组成员、副院长　袁英鹰

西藏高级人民法院党组成员、政治部主任
郭建海

西藏高级人民法院党组成员、副院长　索娜吉

西藏高级人民法院党组成员、副院长
普琼扎西

西藏高级人民法院党组成员、副院长　王　飞

陕西省

陕西省高级人民法院党组书记、院长　李　智

陕西省高级人民法院党组副书记、副院长
王　麟

陕西省高级人民法院党组副书记、副院长
范思泓

陕西省高级人民法院副院长　巩富文

陕西省高级人民法院党组成员、副院长
康天军

陕西省纪委监委驻省高院纪检监察组组长、省高院党组成员　成应斌

陕西省高级人民法院党组成员、副院长
焦玉珍

陕西省高级人民法院党组成员、副院长
姜　敏

陕西省高级人民法院党组成员、执行局局长
赵合理

甘肃省

甘肃省高级人民法院党组书记、院长　张海波

甘肃省高级人民法院党组副书记、副院长
马剑勇

甘肃省高级人民法院党组成员、副院长
任建国

甘肃省高级人民法院党组成员、副院长
唐　斌

甘肃省高级人民法院党组成员、副院长
陈天雄

甘肃省高级人民法院党组成员、省纪委监委驻省高院纪检监察组组长　杨永福

甘肃省高级人民法院党组成员、副院长
杨险峰

甘肃省高级人民法院党组成员、副院长
孙　伟

甘肃省高级人民法院副院长　席小鸿

甘肃省高级人民法院党组成员、政治部主任
孙治强

青海省

青海省高级人民法院党组书记、院长　张泽军

青海省高级人民法院党组副书记、副院长　魏文超

青海省纪委监委驻省高院纪检监察组组长、省高院党组成员　张　正

青海省高级人民法院党组成员、副院长　星　月

青海省高级人民法院党组成员、副院长　才旦卓玛

青海省高级人民法院党组成员、副院长　王利年

青海省高级人民法院党组成员、政治部主任　毕正华

青海省高级人民法院党组成员、副院长　李广海（援青）

宁夏回族自治区

宁夏回族自治区高级人民法院党组书记、院长　沙闻麟

宁夏回族自治区高级人民法院党组副书记、副院长　李　帆

宁夏回族自治区高级人民法院党组成员、自治区纪委监委驻省自治区高院纪检监察组长　王劲松

宁夏回族自治区高级人民法院副院长　贺　耀

宁夏回族自治区高级人民法院党组成员、副院长　乔生彪

宁夏回族自治区高级人民法院党组成员、政治部主任　田　斌

宁夏回族自治区高级人民法院党组成员、副院长　杨晓红

宁夏回族自治区高级人民法院审判委员会专职委员　张晓霞

宁夏回族自治区高级人民法院审判委员会专职委员　吴　艳

宁夏回族自治区高级人民法院审判委员会二级巡视员、政治部副主任　周崇华

新疆维吾尔自治区

新疆维吾尔自治区高级人民法院党组副书记、院长　巴哈尔古丽·赛买提

新疆维吾尔自治区高级人民法院党组成员、副院长　王浪涛

新疆维吾尔自治区高级人民法院党组成员、副院长　陈海光（兼）

新疆维吾尔自治区高级人民法院党组成员、副院长　周志豪

新疆维吾尔自治区高级人民法院党组成员、副院长　阿克拜尔·艾克拉木

新疆维吾尔自治区高级人民法院党组成员、副院长　刘　霞

新疆维吾尔自治区纪委监委驻自治区高院纪检监察组组长、自治区高院党组成员　阮德焰

新疆维吾尔自治区高级人民法院党组成员、副院长　董世宏（援疆）

新疆生产建设兵团

新疆维吾尔自治区高级人民法院生产建设兵团分院党组书记、院长　陈海光

新疆维吾尔自治区高级人民法院生产建设兵团分院党组成员、副院长　邓燕勇

新疆维吾尔自治区高级人民法院生产建设兵团分院党组成员、政治部主任　王建新

新疆维吾尔自治区高级人民法院生产建设兵团分院党组成员、副院长　王培中
新疆生产建设兵团纪委监委驻兵团法院纪检监察组组长、兵团分院党组成员　方佟曙
新疆维吾尔自治区高级人民法院生产建设兵团分院党组成员、副院长　王新欣
新疆维吾尔自治区高级人民法院生产建设兵团分院审判委员会专职委员　胡志超

表彰名录

最高人民法院 2022 年度先进集体和个人名单

一、年度考核奖励

1. 记三等功部门

刑事审判第四庭、新闻局、知识产权法庭

2. 记三等功处室

立案庭登记四室、立案庭诉讼服务中心建设指导办公室、刑事审判第五庭第二合议庭、行装局基建（房产）处、第二巡回法庭诉讼服务中心

3. 嘉奖部门

办公厅、政治部、刑事审判第一庭、民事审判第四庭、赔偿委员会办公室、执行局、研究室、审判管理办公室、机关党委、第一巡回法庭、第三巡回法庭、国家法官学院、新闻传媒总社、机关服务中心

4. 嘉奖处室

立案庭第一合议庭、刑事审判第二庭综合办公室、刑事审判第二庭第二合议庭、刑事审判第三庭第五合议庭、刑事审判第三庭第六合议庭、刑事审判第五庭第九合议庭、民事审判第一庭综合办公室、民事审判第一庭王丹审判团队、民事审判第二庭第八合议庭、民事审判第二庭第十合议庭、民事审判第三庭第三调研组、民事审判第三庭第七调研组、环境资源审判庭第五审判团队、行政审判庭综合办公室、行政审判庭李小梅审判团队、审判监督庭刑事综合组、审判监督庭重案监督组、督察局综合处、国际合作局亚洲非洲处、司法行政装备管理局预算处、离退休干部局组织宣传处、司法改革领导小组办公室调研处、第二巡回法庭麻锦亮审判团队、第四巡回法庭综合办公室、第四巡回法庭诉讼服务中心、第五巡回法庭综合办公室、第五巡回法庭诉讼服务中心、第六巡回法庭综合办公室、第六巡回法庭诉讼服务中心、中国应用法学研究所综合室、信息中心基础设施处、信息中心数据管理处

5. 记三等功个人（按姓氏笔画排序）

马赫宁、石冰、田娟、戎洁、曲晶晶、朱砂、朱晶晶、乔希木、刘东昇、许建华、孙磊磊、严晓巍、李加玺、李艳、李熠星、杨军、肖辉、张立国、张永健、张亚楠、邵晓悦、邵海强、苗嘉春、郑勇、孟振宇、胡凌、段翠英、徐飞、徐阳、徐燕如、高蕾、盛强、蒋蔚、韩卿

6. 记功个人（按姓氏笔画排序）

王策、付丽霞、李向晖、李泊毅、武缚鹏、高倩倩

7. 嘉奖个人（按姓氏笔画排序）

丁一、丁文严、丁鹏、于洋、万琦、马宝钟、马剑、马渊杰、马蓓蓓、王一帆、王帅、王田、王刚、王伟、王兆伟、王好飞、王兵、王纳漪、王宝道、王建玲、王珂、王珊珊、王贺、王晓萌、王梦婷、王晨、王银胜、王敏、王敬梅、王雁峰、王楠楠、王嵩、王筱青、王鹏、王慧娴、王墨笛、王翼妍、韦一鸣、牛伟强、牛延佳、毛安艺、毛洁、毛涵、仇彦军、公晓菲、文波、尹伊、尹志超、艾尼瓦尔·司马义、左金鹤、石阳媚、石建虎、叶苑蕾、叶欣、田元、史培艺、付雪银、白一然、包硕、冯哲元、宁晟、司冰岩、毕煜烨、师晓东、曲飘原、吕泽涵、朱世亮、朱昆、朱健、朱静雯、朱蕾翰、任永硕、任能能、庄慧娟、刘山煽、刘方、刘宇、刘红儒、刘均部、刘芳泉、刘明胜、刘明强、刘岩岩、刘洁、刘晓梅、刘润鹏、刘崇理、刘然、刘强、刘新建、刘濛泽、刘璐、关长安、江澜、安幼妍、祁志超、许英林、许昊、许昱、孙世民、孙自中、孙红霞、孙明娟、孙革非、孙航、孙烨、孙雅婷、严捷、苏娜、苏蓓、李广宇、李凤霞、李文雯、李玉林、李训民、李召召、李阳、李红伟、李志芳、李芳、李丽芳、李秀元、李亨、李英凯、李国慧、李欣（行政审判庭）、李欣（国家法官学院）、李朋超、李祎童、李玲玉、李树莲、李星、李娜、李振华、李晓、李爱虎、李晨、李晶（刑事审判第五庭）、李晶（中国应用法学研究所）、李瑞云、李楠、李璇、李鑫、杨小利、杨云、杨凤丽、杨传铭、杨林润、杨奕、杨莹、杨晓冬、杨梦娇、杨清惠、杨鸿、杨翱宇、杨璐、肖云飞、肖卉、肖波、吴光荣、吴延波、吴君媛、吴凯敏、吴海雯、吴娟、吴晨博、吴琳、吴鹏、何心、何东青、何汀、何媛、位梦、佘朝阳、邹涛、汪鹏宇、沈佳、沈睿、宋颐阳、张一峰、张一宸、张丹妮、张宇、张若瑶、张国香、张明、张建、张闻、张艳、张晓红、张晓萍、张海玲、张海婷、张海鹰、张乾、张梅、张琳洁、张博、张景义、张瑄、张新明、张赫、张磊（政治部）、张磊（机关服务中心）、陆帅、陆阳、陆桂珍、陈中原、陈宇、陈雨人、陈明、陈凯特、陈建萍、陈晓、陈晓欢、陈涛、陈海霞、陈琨、陈瑞子、陈鹏展、邵成龙、邵夏虹、范怡倩、林谢宏、罗玲丹、罗敏、岳蓓玲、金晓、金燕、周桐、周睿隽、庞玲、庞洋、庞敏、郑大地、郑义、郑伟欣、单英杰、宝玉、赵文轩、赵迪、赵俊甫、赵洋、赵维省、赵鹏、胡岩、胡静、柳凝、段妍妍、段晓珊、段然、侯一凡、俞圣杰、姜远亮、姜琳浩、姜博、姚大伟、秦帅帅、袁岸乔、袁晓峰、耿希、耿慧茹、贾玉慧、贾传喜、钱雪娟、倪俊龙、徐小玉、徐文文、徐世超、徐光明、徐姝玮、徐超（行政审判庭）、徐超（赔偿委员会办公室）、殷进亮、翁彤彦、高飞、高园、高嵩、郭金梅、郭致杰、郭敬娜、郭献朝、唐文博、唐玉聪、唐宁、唐虎梅、唐荣娜、诸方卉、姬忠彪、黄友靖、黄有湘、黄国栋、梅芳、曹刚、曹佳音、曹建伟、曹倩、常乐、常薇、崔英进、崔慧、鹿伟玲、鹿素勋、章文英、章扬、章政、章晓瑜、梁晓征、梁爽、梁瀚丹、琚丽娟、彭云强、彭延洁、彭姗、彭娜、董斌、蒋家棣、韩鹏、景光强、景景、喻海松、程天健、程瑛、傅永刚、舒畅、童波、温志红、游美玲、谢作鸿、谢勇、谢颖、靳毅、雷元璋、雷蕾、窦玉梅、蔡天健、蔡先禄、廖子介、谭小军、翟鹏、踪训峰、滕腾、潘允辉、潘洁、潘勇锋、

潘堃、薛晗、魏丹

二、办案先进集体、办案标兵奖励

1. 办案先进部门

刑事审判第二庭、民事审判第二庭、民事审判第三庭、审判监督庭、第四巡回法庭、第六巡回法庭

2. 办案先进合议庭（审判团队）

立案庭第四合议庭、立案庭第六合议庭、立案庭第十二合议庭、刑事审判第一庭第二合议庭、刑事审判第一庭第六合议庭、刑事审判第一庭第七合议庭、刑事审判第二庭第三合议庭、刑事审判第二庭第四合议庭、刑事审判第三庭第二合议庭、刑事审判第三庭第四合议庭、刑事审判第三庭第七合议庭、刑事审判第四庭第六合议庭、刑事审判第四庭第七合议庭、刑事审判第四庭第八合议庭、刑事审判第五庭第一合议庭、刑事审判第五庭第三合议庭、刑事审判第五庭第七合议庭、民事审判第一庭潘杰审判团队、民事审判第一庭汪治平审判团队、民事审判第一庭赵风暴审判团队、民事审判第二庭第四合议庭、民事审判第二庭第五合议庭、民事审判第二庭第九合议庭、民事审判第三庭第一调研组、民事审判第四庭第三审判团队、环境资源审判庭第二审判团队、行政审判庭仝蕾审判团队、审判监督庭巡回监督组、审判监督庭本部监督组、审判监督庭产权案件组、赔偿委员会办公室第四调研指导组、执行局马岚团队、执行局林莹团队、第一巡回法庭于明审判团队、第一巡回法庭李彤审判团队、第一巡回法庭贾清林审判团队、第二巡回法庭杨迪审判团队、第二巡回法庭欧海燕审判团队、第二巡回法庭彭娜审判团队、第三巡回法庭汪军审判团队、第三巡回法庭王珅审判团队、第三巡回法庭李晓云审判团队、第四巡回法庭王富博审判团队、第四巡回法庭冯文生审判团队、第四巡回法庭龚斌审判团队、第五巡回法庭王朝辉审判团队、第五巡回法庭蒋科审判团队、第五巡回法庭方玲审判团队、第六巡回法庭吴兆祥审判团队、第六巡回法庭龙飞审判团队、第六巡回法庭吴笛审判团队、知识产权法庭第三合议庭、知识产权法庭第四合议庭、知识产权法庭第十二合议庭

3. 办案标兵（按姓氏笔画排序）

丁俊峰、王晓滨、王鑫、邓俊杰、左玉慧、厉文华、龙飞、冯文生、邢海莹、仲伟珩、任雪峰、刘妙香、刘银春、孙茜、孙勇进、孙晓光、杜军燕、李丽、李相波、李桂顺、李赛敏、杨心忠、杨志华、杨春、杨辉辉、吴笛、汪军、张志弘、张剑、张眉、张颖、陈新旺、欧宏伟、罗灿、周桂荣、郝立珠、钟彦君、洪清沪、贾清林、徐红妮、徐静、高雨、高珂、黄中华、黄明刚、曹东方、曹吴清、龚斌、葛洪涛、傅蕾、颜峰

三、岗位能手奖励（按姓氏笔画排序）

于悦、万腾、卫倩男、马绍贤、马磊、王凤银、王文博、王宇锋、王兵、王卓杨、王怡、王春来、王茜、王倩、王雪、王雪梅、王瑞雪、王蒙蒙、王颖博、王薇佳、牛奕、公雪、卞志媛、邓宇、艾章琴、白明娟、邢丽娟、巩永杰、成国新、成怡昕、尧佳伟、吕昕、吕姝君、乔婷、任文正、向婉、刘华中、刘明霄、刘泽、刘怡、刘哲、刘晓辰、刘靓彬、

刘博、许立、许锋、孙卓、纪保义、杜健康、李一季、李成博、李征、李莎、李爱伦、李隆达、李琦聪、李缘钰、李静、杨钰桐、杨雪翎、吴世杰、何金璞、余石静、邹宗波、汪自洁、汪妮、宋小鹏、宋芳菲、宋晓雯、宋健、张巧云、张帆、张利、张伯娜、张怡闻、张建宇、张奕欣、陈克佳、陈佳颖、陈晓宇、陈琦、邵英琪、林林、林法纲、林怡曌、易伟才、岳琳、金晓丹、房军、房建屹、赵一佳、赵芊、赵振屏、赵敏、赵富强、郝珊、郝晋琪、胡丹阳、胡玥、胡茂阳、胡凯、柳珊、袁正明、桂国平、栗鹏、柴懿珊、倪娜、徐上、徐加祥、徐晓敏、高天翊、黄建伟、黄哲雅、曹美施、盛春强、常琦、梁华瑞、彭凯、董文展、覃子轩、程晓姝、程韫、傅家谋、赖祎婧、雷赞、谭秀娇、翟雨晶、熊寿伟、魏伟

中央和国家机关“四强”党支部

最高人民法院机关党委党支部、政治部党总支组织人事部党支部、办公厅党总支第一党支部、审管办党支部、新闻局党支部、民四庭党支部、驻院纪检监察组党支部、刑五庭党支部、知识产权法庭第二党支部、刑四庭党总支第二党支部

共青团中央第 21 届“全国青年岗位能手”

邵晓悦　最高人民法院办公厅

全国“人民满意的公务员”

王爱林（女）　内蒙古自治区通辽市科尔沁区人民法院党组成员、副院长

张淑霞（女）　黑龙江省铁力市人民法院铁林人民法庭庭长

杜开林　江苏省南通市中级人民法院审判委员会委员、执行局副局长

黄文娟（女）　浙江省宁波市鄞州区人民法院邱隘人民法庭副庭长

耿　青（女）　安徽省宿州市中级人民法院民事审判第一庭庭长

林　娜（女）　山东省汶上县人民法院审判委员会委员、城郊法庭庭长

张顺强　河南省平顶山市中级人民法院刑事审判第二庭副庭长

徐　艺（女）　湖北省高级人民法院审判监督第三庭三级高级法官

黄登魁　广东省肇庆市鼎湖区人民法院审判委员会委员、行政审判庭（综合审判庭）庭长

赵　会（女）　广西壮族自治区南宁市青秀区人民法院党组成员、执行局局长

郁华冰（女）　四川省广元市中级人民法院民事审判第一庭副庭长

柴继红（女）　云南省玉溪市中级人民法院刑事审判一庭庭长

豆丽娟（女）　甘肃省兰州市七里河区人民法院立案庭审判员

刘志聪　宁夏回族自治区固原市原州区人民法院党组成员、副院长

全国“人民满意的公务员集体”

吉林省梨树县人民法院孤家子人民法庭

浙江省杭州市中级人民法院知识产权审判庭（杭州知识产权法庭）

福建省泉州市中级人民法院诉讼服务中心

湖南省通道侗族自治县人民法院

最高人民法院审判监督庭第二合议庭

全国模范法官

滕启刚　辽宁省鞍山市千山区人民法院原四级高级法官

鲍卫忠　云南省沧源佤族自治县人民法院原党组成员、执行局局长

全国优秀法院

北京市

丰台区人民法院

天津市

红桥区人民法院

河北省

磁县人民法院

黄骅市人民法院

衡水市桃城区人民法院

石家庄铁路运输法院

山西省

阳泉市城区人民法院

沁源县人民法院

阳城县人民法院

内蒙古自治区

杭锦旗人民法院

察哈尔右翼中旗人民法院

苏尼特左旗人民法院

辽宁省

沈阳经济技术开发区人民法院

长海县人民法院

本溪市平山区人民法院

吉林省

永吉县人民法院

安图县人民法院

黑龙江省

密山市人民法院

丰林县人民法院

绥棱县人民法院

沿江人民法院

上海市

崇明区人民法院

江苏省

无锡高新技术产业开发区人民法院（无锡市新吴区人民法院）

睢宁县人民法院

泰州医药高新技术产业开发区人民法院

浙江省

宁波市镇海区人民法院

海宁市人民法院

安徽省

芜湖经济技术开发区人民法院

岳西县人民法院

全椒县人民法院

福建省

福清市人民法院

厦门市思明区人民法院

上杭县人民法院

江西省

南昌市西湖区人民法院

万安县人民法院

丰城市人民法院

山东省

沂源县人民法院

广饶县人民法院

济宁市兖州区人民法院

临沂经济技术开发区人民法院

河南省

新郑市人民法院

安阳市龙安区人民法院

温县人民法院

虞城县人民法院

湖北省

武汉市汉阳区人民法院

京山市人民法院

建始县人民法院

湖南省

衡阳市蒸湘区人民法院

临湘市人民法院

嘉禾县人民法院

广东省

广州互联网法院

佛山市三水区人民法院

阳山县人民法院

潮州市潮安区人民法院

广西壮族自治区

南宁市青秀区人民法院

阳朔县人民法院

苍梧县人民法院

海南省

乐东黎族自治县人民法院

重庆市

忠县人民法院

四川省

彭州市人民法院

剑阁县人民法院

筠连县人民法院

丹巴县人民法院

贵州省

息烽县人民法院

雷山县人民法院

福泉市人民法院

云南省

华宁县人民法院

保山市隆阳区人民法院

大姚县人民法院

西藏自治区

拉孜县人民法院

噶尔县人民法院

陕西省

长武县人民法院

丹凤县人民法院

安康铁路运输法院

甘肃省

甘谷县人民法院

华亭市人民法院

宕昌县人民法院

青海省
民和回族土族自治县人民法院
宁夏回族自治区
银川铁路运输法院
新疆维吾尔自治区
焉耆回族自治县人民法院
拜城县人民法院
泽普县人民法院
解放军
解放军直属军事法院
新疆生产建设兵团
库尔勒垦区人民法院

全国优秀法官

北京市
陶　钧　高级人民法院审判监督庭审判员
谢耀宗　门头沟区人民法院斋堂人民法庭庭长
天津市
陈金清　静海区人民法院刑事审判庭副庭长
王丽平（女）　第二中级人民法院民事审判第三庭副庭长
河北省
陈庆瑞　高级人民法院刑事审判第二庭庭长
张中文（女）　石家庄市新华区人民法院审判委员会专职委员
王晓洁（女）　邢台经济开发区人民法院行政审判庭副庭长
赵学骞　望都县人民法院执行局局长
张　梅（女）　沧州市中级人民法院立案庭庭长
山西省
郭晓琴（女）　太原市迎泽区人民法院刑事审判庭庭长
杨学武　介休市人民法院审判委员会专职委员
陈国鹏　临汾市中级人民法院刑事审判第三庭庭长
内蒙古自治区
范　智　高级人民法院审判监督庭副庭长
牛占龙　赤峰市中级人民法院立案第一庭副庭长
朱珊珊（女，俄罗斯族）　扎鲁特旗人民法院乌力吉木仁人民法庭庭长
辽宁省
曹丽华（女）　高级人民法院行政审判第一庭审判员
曹　阳（女）　抚顺市中级人民法院刑事审判第二庭审判员
杜　君　阜新市海州区人民法院未成年人审判庭庭长
武寒霜（女）　大连海事法院立案庭副庭长
吉林省
谢瑞桥　梨树县人民法院郭家店人民法庭庭长
历彦飞　白山市中级人民法院审判监督第二庭副庭长
黑龙江省
张　琛　哈尔滨市南岗区人民法院家事少年审判庭原副庭长
关辅杰（满族）　桦川县人民法院星火人民法庭负责人
李　兵（女）　七台河市新兴区人民法院副院长
马韫慧（女）　牡丹江市西安区人民法院审判委员会专职委员

上海市

余　剑　第一中级人民法院刑事审判庭庭长

王国侠（女）　宝山区人民法院大场人民法庭庭长

江苏省

尚召生　高级人民法院刑事审判第二庭副庭长

陈文军　南京市玄武区人民法院孝陵卫人民法庭庭长

俞水娟（女）　苏州市中级人民法院国际商事审判庭（苏州国际商事法庭）庭长

徐　俊　淮安市中级人民法院民事审判第四庭庭长

朱莉青（女）　盐城市中级人民法院刑事审判第一庭副庭长

浙江省

沙　丽（女）　杭州互联网法院互联网审判第二庭庭长

王群英（女）　温州市瓯海区人民法院刑事审判庭副庭长

蒋　敏（女）　湖州市中级人民法院民事审判第二庭庭长

应建勇　丽水市莲都区人民法院民事审判三庭原审判员

安徽省

曹　懿　高级人民法院刑事审判第二庭审判员

汪　蕾（女）　合肥市中级人民法院刑事审判第一庭副庭长

刁志岭　亳州市利辛县人民法院原审判员

芮征兵　宣城市中级人民法院执行庭庭长

福建省

陈玲玲（女）　惠安县人民法院城关人民法庭副庭长

曾　鸣（女）　宁德市中级人民法院立案庭庭长

杨航光　平潭县人民法院民事审判庭（家事少年审判庭）副庭长

江西省

沈双武　九江市中级人民法院环境资源审判庭庭长

管东长　新余市渝水区人民法院仙女湖人民法庭庭长

山东省

王　颖（女）　高级人民法院行政审判庭副庭长

韩晓爽（女）　济南市市中区人民法院十六里河人民法庭庭长

齐　新　青岛市中级人民法院民事审判第一庭审判员

林　娜（女）　汶上县人民法院城郊人民法庭庭长

于　莉（女）　菏泽市中级人民法院少年审判庭庭长

河南省

刘铁良　高级人民法院民事审判第四庭庭长

张顺强　平顶山市中级人民法院刑事审判第二庭副庭长

杨英杰　原阳县人民法院副院长

贾向阳　濮阳市中级人民法院驻市城乡一体化示范区综合审判庭庭长

牛　娅（女）　南阳市卧龙区人民法院蒲山人民法庭庭长

湖北省

张亚斌　孝感市孝南区人民法院执行局局长

赵文英（女）　荆州市沙市区人民法院民事审判第一庭庭长

王洪斌　咸宁市中级人民法院民事审判第二庭庭长

代先华（女）　随县人民法院均川人民法庭庭长

湖南省

周　永　长沙市中级人民法院行政审判庭（环境资源审判庭）庭长

刘淑珍（女）　汉寿县人民法院太子庙人民法庭庭长

陈友红（女）　娄底市中级人民法院民事审判第一庭庭长

田代飞（土家族）　龙山县人民法院刑事审判庭庭长

广东省

侯静晶（女）　珠海市中级人民法院刑事审判第一庭副庭长

陈晓文　肇庆市端州区人民法院立案庭（诉讼服务中心）副庭长

黄　莉（女）　河源市中级人民法院刑事审判第二庭庭长

冯志霞（女）　阳江市中级人民法院民事审判第四庭副庭长

柯　颖（女）　东莞市第一人民法院南城人民法庭副庭长

广西壮族自治区

李　娜（女）　高级人民法院民事审判第二庭副庭长

苏灵艳（女，壮族）　南宁市江南区人民法院副院长

李钦城（壮族）　钦州市钦北区人民法院大寺人民法庭庭长

海南省

林宏业　海口市龙华区人民法院速裁审判庭庭长

重庆市

刘芯妍（女）　潼南区人民法院双江人民法庭副庭长

刘娟娟（女）　重庆两江新区人民法院涉外商事审判庭庭长

四川省

任　平　高级人民法院刑事审判第一庭副庭长

尹红梅（女）　自贡市贡井区人民法院审判委员会专职委员

程德朋　泸州市中级人民法院刑事审判第二庭副庭长

谭　丽（女）　峨眉山市人民法院副院长

胡全胜　广安市前锋区人民法院行政审判庭（综合审判庭）审判员

贵州省

麻　伟　遵义市播州区人民法院副院长

马正清（苗族）　铜仁市中级人民法院刑事审判第一庭庭长

云南省

徐建斌　昆明市中级人民法院刑事审判第一庭庭长

向　晖（女）　曲靖市麒麟区人民法院刑事审判庭庭长

李治平　弥勒市人民法院副院长

西藏自治区

李志伟　昌都市中级人民法院刑事审判第二庭庭长

索朗央金（女，藏族）　山南市中级人民法院刑事审判第二庭审判员

陕西省

白明瑛（女）　宝鸡市金台区人民法院刑事审判庭庭长

张克宁　延川县人民法院文安驿人民法庭庭长

高慧云（女）　榆林市中级人民法院民事审判第二庭审判员

甘肃省

刘红雅（女）　白银市中级人民法院民事审判第三庭副庭长

查银花（女） 武威市凉州区人民法院武南人民法庭负责人

马录英（女，回族） 康乐县人民法院刑事审判庭庭长

青海省

刘永健 西宁市中级人民法院民事审判第二庭庭长

宁夏回族自治区

韩 芬（女） 吴忠市中级人民法院民事审判第一庭庭长

新疆维吾尔自治区

和 颖（女，满族） 乌鲁木齐市水磨沟区人民法院立案庭审判员

任 聪（女） 伊宁市人民法院审判管理办公室主任

牛挺学 沙湾市人民法院副院长

解放军

马伦扬 西部战区第一军事法院审判监督庭副庭长

新疆生产建设兵团

杨 波 第八师中级人民法院刑事审判庭副庭长

全国法院办案标兵

北京市

罗 兰（女） 东城区人民法院刑事审判庭副庭长

龚 晶（女） 西城区人民法院执行局副团队长

龚勇超 第三中级人民法院立案庭审判员

陈 扬（女） 朝阳区人民法院民事审判一庭副庭长

徐明祺 通州区人民法院张家湾人民法庭副庭长

王 雪（女） 密云区人民法院立案庭（诉讼服务中心）庭长

张晰昕（女） 北京知识产权法院审判第一庭审判员

颜 君（女） 北京互联网法院综合审判三庭副庭长

天津市

曹晨光（满族） 高级人民法院刑事审判第二庭审判员

李月辉 西青区人民法院李七庄人民法庭副庭长

马成升 蓟州区人民法院执行局审判员

张 峥 河东区人民法院立案庭（诉讼服务中心）审判员

河北省

高红梅（女） 石家庄市桥西区人民法院金融法庭审判员

李静伟（女） 唐山市中级人民法院审判监督庭审判员

杜艳文（女） 秦皇岛市海港区人民法院审判委员会专职委员

曹君杰 武安市人民法院大同人民法庭副庭长

谷 莉（女） 保定高新技术产业开发区人民法院巡回法庭副庭长

闫 格（女） 张家口市中级人民法院环境保护审判庭审判员

郝建朋（女） 围场满族蒙古族自治县人民法院棋盘山人民法庭庭长

田雪芹（女） 廊坊市中级人民法院调解庭审判员

杨　英（女）　衡水市中级人民法院立案庭副庭长

山西省

杜渊文　大同市平城区人民法院民事审判第二庭庭长

王秀华（女）　怀仁市人民法院刑事审判庭庭长

宁爱玲（女）　稷山县人民法院西社人民法庭庭长

连林梅（女）　忻州市中级人民法院环境资源审判庭副庭长

李智玲（女）　吕梁市中级人民法院环境资源审判庭副庭长

内蒙古自治区

姜　怡（女）　呼和浩特市中级人民法院民事审判第五庭副庭长

曹　敏（女）　包头市东河区人民法院副院长

马　然（女，回族）　呼伦贝尔市中级人民法院民事审判第一庭庭长

高文英　巴彦淖尔市临河区人民法院立案庭庭长

哈斯其木格（女，蒙古族）　科尔沁右翼中旗人民法院杜尔基人民法庭副庭长

辽宁省

付　玉（女）　鞍山市立山区人民法院民事审判庭审判员

金　丹（回族）　凤城市人民法院凤山人民法庭副庭长

黄艳春（女）　凌海市人民法院大凌河人民法庭副庭长

李素秋（女）　盖州市人民法院东城人民法庭庭长

杨　波（女）　辽阳市太子河区人民法院刑事审判庭庭长

赵　军　盘山县人民法院综合审判庭负责人

刘　洋　喀喇沁左翼蒙古族自治县人民法院平房子人民法庭负责人

胡建国　建昌县人民法院牤牛营子人民法庭审判员

吉林省

邵明福　长春市中级人民法院民事审判第五庭副庭长

刘晓亮　东辽县人民法院建安人民法庭副庭长

刘洪侠（女）　前郭尔罗斯蒙古族自治县人民法院速裁审判庭副庭长

黄春雨　镇赉县人民法院镇赉人民法庭副庭长

黑龙江省

杨　欣（女）　哈尔滨市中级人民法院民事审判第五庭副庭长

郭春丽（女）　齐齐哈尔市中级人民法院行政审判庭副庭长

张孟义　大庆高新技术产业开发区人民法院立案庭（诉讼服务中心）　审判员

马国峰　大兴安岭地区加格达奇区人民法院刑事审判庭负责人

刘　勇　建三江人民法院前进人民法庭庭长

上海市

金绍奇　高级人民法院民事审判庭（环境资源审判庭、执行裁判庭）　副庭长

王宏伟（女）　闵行区人民法院执行局副局长

周　军　浦东新区人民法院立案庭（诉讼服务中心、诉调对接中心）　副庭长

陈　蓓（女）　奉贤区人民法院奉贤新城人民法庭审判员

白　云（女）　静安区人民法院未成年人与家事案件综合审判庭副庭长

张佳璐（女）　普陀区人民法院知识产权审判庭庭长

孙　倩（女）　上海金融法院综合审判一庭审判员

江苏省

王　燕（女）　南京市鼓楼区人民法院刑事审判庭审判员

杨温蕊（女）　无锡市中级人民法院刑事审判第二庭副庭长

孙舒妤（女）　常州高新技术产业开发区（新北区）人民法院立案庭（诉讼服务中心）审判员

唐小红（女）　海安市人民法院民事审判第一庭审判员

方　圆　连云港市赣榆区人民法院海头人民法庭副庭长

张　天（女）　淮安市清江浦区人民法院少年及家事审判庭庭长

叶晓红（女）　高邮市人民法院知识产权审判庭副庭长

陈萍萍（女）　镇江经济开发区人民法院执行局副局长

于在会（女）　沭阳县人民法院华冲人民法庭副庭长

董士玲（女）　南京海事法院连云港法庭审判员

浙江省

刘　斌　杭州市中级人民法院环境资源审判庭审判员

陈雯雯（女）　宁波市鄞州区人民法院民事审判一庭副庭长

吴跃玲（女）　温州市中级人民法院民事审判第一庭审判员

柯晓蕾（女）　湖州南太湖新区人民法院康山人民法庭副庭长

郭志军　诸暨市人民法院枫桥人民法庭庭长

应　岚（女）　金华市婺城区人民法院民事审判四庭庭长

章　文　衢州市柯城区人民法院立案庭（诉讼服务中心）庭长

贺丽丽（女）　舟山市定海区人民法院临城人民法庭庭长

梁　统　临海市人民法院审判委员会专职委员

吴　静（女）　宁波海事法院海商审判庭审判员

安徽省

严慧勇　高级人民法院民事审判第四庭副庭长

孙冬冬　怀远县人民法院龙亢人民法庭审判员

郝荣琦（女）　淮南市田家庵区人民法院泉山人民法庭庭长

李金凤（女）　铜陵市郊区人民法院刑事审判庭庭长

程　旭　宿州市中级人民法院行政审判庭副庭长

祝万浩　六安市金安区人民法院三十铺人民法庭庭长

杨　光　亳州市谯城区人民法院五马人民法庭庭长

福建省

曹慧敏（女）　高级人民法院民事审判第二庭副庭长

丁香珠（女，回族）　福州市中级人民法院审判监督庭庭长

林雪野（女）　莆田市荔城区人民法院刑事审判庭庭长

郭惠容（女，回族）　三明市三元区人民法院执行局负责人

卞国平　漳州市芗城区人民法院执行局局长

朱秀敏（女）　南平市中级人民法院少年审判庭审判员

邓金刚　厦门海事法院行政和生态环境审判庭庭长

江西省

漆　丽（女）　景德镇市珠山区人民法院立案庭庭长

江细旺　贵溪市人民法院立案庭庭长

吴菁菁（女）　赣州市章贡区人民法院立案庭（诉讼服务中心）庭长

邹　峰　金溪县人民法院综合审判庭庭长

王　婧（女）　上饶市广信区人民法院旭日人民法庭庭长

山东省

王　刚　济南高新技术产业开发区人民法院立案庭庭长

佟　彤（女）　淄博高新技术产业开发区人民法院立案信访局副局长

崔玉峰　枣庄市山亭区人民法院立案庭副庭长

卫　伟　莱州市人民法院执行局审判员

苗　勇　东平县人民法院宿城人民法庭庭长

王　波　威海市环翠区人民法院温泉人民法庭审判员

郑淑梅（女）　五莲县人民法院立案庭（诉讼服务中心）庭长

李文桥　德州经济技术开发区人民法院综合审判庭审判员

孙晓辉（女）　莘县人民法院朝城人民法庭副庭长

袁晓燕（女）　滨州市滨城区人民法院立案庭副庭长

河南省

张　宇　尉氏县人民法院刑事审判庭庭长

赵大地　洛阳市中级人民法院刑事审判第二庭副庭长

李志兴　鹤壁市淇滨区人民法院执行局局长

颜　森　许昌市中级人民法院第二巡回审判庭副庭长

李慧杰　漯河市郾城区人民法院审判监督庭庭长

郭丽莎（女）　三门峡市中级人民法院民事审判第四庭副庭长

高海波　信阳市浉河区人民法院董家河人民法庭庭长

陈翠丽（女）　周口市中级人民法院知识产权审判庭副庭长

薛运魁　驻马店市中级人民法院未成年人案件综合审判庭审判员

范红海　济源市人民法院刑事审判庭庭长

湖北省

李　伟　高级人民法院行政审判庭审判员

宾　欣（女）　黄石市中级人民法院刑事审判第二庭副庭长

刘洪斌　宜昌市西陵区人民法院民事审判庭副庭长

柳　莉（女）　襄阳市中级人民法院民事审判第三庭副庭长

柯　君（女）　鄂州市中级人民法院民事审判第三庭庭长

林　俊　黄冈市中级人民法院民事审判第一庭副庭长

董军涛（女）　天门市人民法院蒋场人民法庭庭长

湖南省

刘雅静（女）　高级人民法院民事审判第三庭（环境资源审判庭）审判员

何　丽（女）　株洲市荷塘区人民法院刑事审判庭庭长

谭歆玲（女）　湘潭县人民法院立案庭副庭长

陈远雄　武冈市人民法院民事审判第二庭庭长

李清荣　南县人民法院执行局局长

周晓芳（女，瑶族） 江永县人民法院综合审判庭庭长
陈庆振（苗族） 芷江侗族自治县人民法院刑事审判庭庭长

广东省

黄玉良 高级人民法院刑事审判第二庭副庭长
黄 飙 始兴县人民法院执行局副局长
吕海云（土族） 深圳市宝安区人民法院福永人民法庭副庭长
黄 洁（女） 汕头市金平区人民法院民事审判二庭副庭长
叶银顺（女） 江门市江海区人民法院执行局副局长
孙 杰（女） 湛江市中级人民法院民事审判第四庭庭长
周 娟（女） 惠州市中级人民法院民事审判第三庭庭长
黄伟玲（女） 梅州市中级人民法院立案庭副庭长
罗好平 海丰县人民法院可塘人民法庭庭长
罗洁儒（女） 广州铁路运输法院立案庭（诉讼服务中心）审判员

广西壮族自治区

朱厚泽 柳州市鱼峰区人民法院雒容人民法庭庭长
梁木水 梧州市万秀区人民法院审判委员会专职委员
钱 芳（女，瑶族） 北海市银海区人民法院综合审判庭庭长
陈小坤（女，瑶族） 贺州市中级人民法院民事审判第一庭庭长
陈玉华（女，壮族） 金秀瑶族自治县人民法院立案庭（诉讼服务中心） 庭长

海南省

陈 晓（女） 三亚市城郊人民法院旅游审判庭副庭长
崔 磊（黎族） 陵水黎族自治县人民法院执行局局长
王天琳（女） 第二中级人民法院立案庭副庭长

重庆市

李 震 高级人民法院民事审判第一庭审判员
陈 娥（女） 第一中级人民法院刑事审判第一庭审判员
朱 敏（女） 江北区人民法院金融审判庭庭长
王 翔 万州区人民法院环境资源审判庭副庭长
叶路辉 涪陵区人民法院立案庭（诉讼服务中心）庭长
何长江 彭水苗族土家族自治县人民法院民事审判二庭庭长
李 莉（女） 第五中级人民法院刑事审判第一庭审判员

四川省

李珊珊（女） 攀枝花市仁和区人民法院执行局副局长
蔡 静（女） 德阳市旌阳区人民法院黄许人民法庭副庭长
赖 力 遂宁市中级人民法院民事审判第一庭副庭长
尹华荣 威远县人民法院审判委员会专职委员
任凌云（女） 南充市嘉陵区人民法院执行局副局长
吴燕伶（女） 眉山市东坡区人民法院立案庭庭长

唐云玲（女） 开江县人民法院刑事审判庭庭长

王 艳（女） 巴中市巴州区人民法院刑事审判庭庭长

高超秀（女） 资阳市雁江区人民法院民事审判第三庭庭长

贵州省

何陆坤 高级人民法院民事审判第三庭副庭长

王永刚 六盘水市六枝特区人民法院执行局审判员

严 斌 普定县人民法院白岩人民法庭庭长

吴 岚 毕节市中级人民法院行政审判庭副庭长

杨天香（女） 安龙县人民法院刑事审判庭庭长

云南省

刘会全 高级人民法院审判监督第三庭审判员

陈 丹（女，彝族） 昭通市中级人民法院民事审判第二庭副庭长

汤燕萍（女） 普洱市思茅区人民法院家事审判庭审判员

陈前妃（女） 景洪市人民法院速裁审判庭审判员

蒋晓云（女） 大理市人民法院刑事审判庭庭长

高 波（女） 瑞丽市人民法院涉外审判庭庭长

西藏自治区

嘎玛益西（藏族） 拉萨市堆龙德庆区人民法院执行局局长

旦增桑珠（藏族） 林芝市巴宜区人民法院百巴人民法庭庭长

索南曲吉（女，藏族） 聂荣县人民法院执行局局长

陕西省

杨成会 高级人民法院行政审判庭审判员

郭丽华（女） 西安市未央区人民法院速裁审判庭庭长

李妙娟（女） 蒲城县人民法院民事审判三庭庭长

刘延林 汉中市汉台区人民法院执行局副局长

郭小军 安康市汉滨区人民法院速裁审判庭庭长

甘肃省

赵建华（女） 兰州市中级人民法院民事审判第二庭审判员

李春慧（女） 金昌市金川区人民法院行政审判庭（综合审判庭）庭长

彭 勋 张掖市甘州区人民法院西郊人民法庭庭长

温建东 酒泉市肃州区人民法院执行局副局长

青海省

何亚峰 西宁市城中区人民法院立案庭审判员

项杰端智（藏族） 尖扎县人民法院执行局副局长

金银珠（土族） 贵德县人民法院行政审判庭审判员

宁夏回族自治区

刘燕军 贺兰县人民法院立岗人民法庭庭长

王 艳（女） 固原市原州区人民法院民事审判第一庭庭长

曾美静（女） 中卫市沙坡头区人民法院立案庭（诉讼服务中心）审判员

新疆维吾尔自治区

陈玲霞（女） 乌鲁木齐市沙依巴克区人民法院立案庭（诉讼服务中心）副庭长

王二飞　克拉玛依市克拉玛依区人民法院立案庭（诉讼服务中心）庭长

吾拉音·司马义（维吾尔族）　鄯善县人民法院鲁克沁人民法庭庭长

彭国梅（女）　昌吉回族自治州中级人民法院执行局执行一庭庭长

张　敏（女）　和田县人民法院副院长

解放军

张　伟　济南军事法院第二审判庭副庭长

武玉婉（女）　解放军军事法院刑事审判庭审判员

新疆生产建设兵团

罗　倩（女）　阿拉尔垦区人民法院民事审判第一庭审判员

贾娜提·古丽（女，维吾尔族）　博乐垦区人民法院综合审判庭庭长

全国法院先进个人

赵晓东　安徽省淮南市中级人民法院法警支队原四级高级警长

2021 年度全国“扫黄打非”先进集体

（最高人民法院推荐）

最高人民法院刑事审判第三庭第一合议庭

2021 年度全国“扫黄打非”先进个人

（最高人民法院推荐）

田　楠　最高人民法院刑事审判第三庭

全国五好家庭

（最高人民法院推荐）

岳文莲家庭　安徽省淮南市大通区人民法院

全国最美家庭

（最高人民法院推荐）

赵子茂家庭　云南省高级人民法院刑事审判第二庭

柳强家庭　陕西省榆林市中级人民法院

张平家庭　湖南省高级人民法院

全国绿化先进集体
（最高人民法院推荐）

国家法官学院总务（基建）部

全国机关事务工作先进个人
（最高人民法院推荐）

王晓燕　最高人民法院信息技术服务中心

全国青少年普法教育先进集体
（最高人民法院推荐）

最高人民法院研究室少年审判指导工作处

全国青少年普法教育先进个人
（最高人民法院推荐）

赵俊甫　最高人民法院刑事审判第一庭

全国信访系统先进个人
（最高人民法院推荐）

苏　萌　最高人民法院执行局

2021 年度举报、查处重大侵权盗版案件有功个人
（最高人民法院推荐）

许常海　最高人民法院民事审判第三庭（知识产权审判庭）

第三届中国生态文明奖先进个人
（最高人民法院推荐）

刘慧慧　最高人民法院环境资源审判庭

2022 年度法治人物
（最高人民法院推荐）

黄文娟　浙江省宁波市鄞州区人民法院邱隘人民法庭副庭长

鲍卫忠　云南省沧源佤族自治县人民法院原党组成员、执行局局长

2022 年度致敬英雄
（最高人民法院推荐）

滕启刚　辽宁省鞍山市千山区人民法院原四级高级法官

最高人民法院主管主办的报纸期刊简介

《中华人民共和国最高人民法院公报》简介

《中华人民共和国最高人民法院公报》创刊于1985年，由最高人民法院主管、最高人民法院办公厅主办，是最高人民法院公开发布重要文献、司法解释、司法文件、司法统计数据及典型案例等司法信息的权威载体。根据有关文件规定，公报刊登的司法解释文本为标准文本。

作为最高人民法院的官方文献汇编，公报面向海内外公开发行，深受各界读者欢迎。《国徽法》第7条专门规定，《全国人大常委会公报》《国务院公报》《最高人民法院公报》《最高人民检察院公报》的封面应当印有国徽图案，从法律上明确了中央国家机关四大权威发布的地位，具有权威性、专业性、指导性和实用性。

2023年1月16日，中华人民共和国首席大法官、最高人民法院院长周强对办好《中华人民共和国最高人民法院公报》、服务法治中国建设提出要求。他指出：《中华人民共和国最高人民法院公报》是最高人民法院公开发布重要司法信息的权威载体。公报创办38年来，特别是新时代10年来，始终坚持以习近平新时代中国特色社会主义思想为指导，深入贯彻习近平法治思想，紧紧围绕“努力让人民群众在每一个司法案件中感受到公平正义”的目标，及时发布司法解释、司法文件、指导性案例等重要文献，认真编选发布具有指导作用和典型意义的优秀裁判文书和案例，在总结审判经验、统一司法尺度、促进司法公开、宣传法院工作、扩大对外司法交流等方面发挥了重要作用。新时代新征程上，要全面贯彻党的二十大精神，深刻领悟“两个确立”的决定性意义，增强“四个意识”、坚定“四个自信”、做到“两个维护”，坚持党对司法工作的绝对领导，确保办刊的正确政治方向。要坚持以人民为中心的发展思想，编选刊载体现社会主义核心价值观、社会主义法治精神的典型司法裁判文书和案例，积极回应人民群众对公平正义的向往，服务加快建设法治社会。要坚持服务广大法官和审判实践，研究审判领域新情况新问题，不断增强刊发内容的权威性、专业性、指导性、实用性，服务严格公正司法、推进法治中国建设。

中华人民共和国一级大法官、最高人民法院分管日常工作的副院长贺荣对《中华人民共和国最高人民法院公报》工作提出要求，强调进一步加强公报工作和队伍建设等，切实增强公报权威性，办好品牌。

《人民法院报》简介

《人民法院报》是最高人民法院的机关报，于1992年10月1日正式创刊，江泽民同志亲题报名。目前为对开八版日报，期发量达45万份。创刊30年来，《人民法院报》紧跟互联网时代步伐，加快推进媒体深度融合发展，完成了从一张机关报到全媒体传播生态的构建，形成了报、网、端、微、屏“五位一体”的现代传播格局。

作为集中反映人民法院审判工作的唯一全国性大报，《人民法院报》秉持“服务大局，把握方向，弘扬正气，促进法治”办报理念，坚持“立足法院，面向社会，贴近实际，办出特色”办报方针，认真贯彻党的路线方针政策和重大决策部署，对派驻全国 32 家高级人民法院的记者站加强统筹协调，大力宣传报道人民司法工作新成就、新经验，忠实见证、记录、推动人民法院各项工作开展。

进入互联网时代，以智慧法院建设全面提速为背景，人民法院报社于 2002 年成立中国法院网并组建中国法院政务网站群，为人民法院审判执行工作提供舆论支持和服务。目前，中国法院政务网站群成为全国法院官媒在 PC 端上的最大接入口。

面对媒体融合发展的新形势，人民法院报社开辟移动传播新阵地，打造新型主流媒体。2013 年，开通官方微博、微信。2016 年 3 月，人民法院报社更名为人民法院新闻传媒总社。2019 年 2 月，组建政法媒体领域首个融媒体中心，实现策、采、编、发一体化。2019 年 12 月，以中国法院移动门户为定位的移动端产品——天平阳光一体化移动平台正式上线，标志着传媒总社迈出了建设自有移动传播平台、打造全媒体传播格局的关键一步，进入转型发展、创业再出发的新阶段。

在管理创新方面，建设天平阳光 App 是传媒总社在移动互联网时代推动自有媒体转型升级的最新举措。平台采用用户生产模式这一最新传播形态，依托“天平号”组织湖北、北京等 30 家高院及各自辖区三级 3295 家法院集体入驻，成为全国法院官媒在移动端的宣传主阵地，于 2021 年 12 月入选国家新闻出版署公布的 2021 年中国报业深度融合发展“网络内容建设类”创新案例。

在 PC 端，中国法院网已跻身中国报业新媒体项目创新 50 强和全国行业新闻网站传播力榜。全国法院政务网站群总访问量达 70.8 亿人次，1982 家法院以建网形式入驻。

在移动端，最高人民法院微信、微博，人民法院报微信、微博均入选第三届“四个一百”优秀政法新媒体账号。最高人民法院微博粉丝量达 1844.3 万，运营团队获评“百个优秀网络正能量建设者精品”，入选 2021 中国正能量“五个一百”网络精品。

《人民司法》简介

《人民司法》系最高人民法院机关刊，1957 年 1 月由老一辈无产阶级革命家、社会主义民主与法制建设的主要奠基人、最高人民法院第二任院长董必武同志倡议创办并题写刊名。在最高人民法院历届党组的关怀和培育下，在全国各级人民法院和广大法官的支持与爱护下，《人民司法》现已发展成为一本有自己独特的办刊宗旨、编辑风格，有相对固定的读者和作者群，在应用法学研究和法院文化建设领域，尤其是审判理论研究方面，具有较大影响力的大型刊物。

1989 年 1 月，《人民司法》正式对外公开发行，同时由 32 页增版为 48 页。2000 年 10 月，

《人民司法》编辑部纳入人民法院报社管理，同年被评为中文核心期刊，2005 年被评定为全国百种重点期刊，2013 年被评定为全国百强期刊。2018 年 2 月，在国家新闻出版广电总局进行的 2017 年部分重点报刊编校质量抽查中，《人民司法》以编校差错率低于万分之三获评零差错率刊物。

在这个过程中，《人民司法》杂志还实现了从月刊到半月刊再到旬刊的重大突破，于 2007 年 1 月改为半月刊，于 2016 年 1 月改为旬刊。自此，《人民司法》杂志实现了《人民司法·应用》《人民司法·案例》《人民司法·天平》三驾马车齐头并进，从应用法学、案例研究与指导到法院文化建设全覆盖。

进入网络化信息时代，《人民司法》杂志紧跟时代发展步伐，开设了微信公众号。目前，《人民司法》微信公众号粉丝量已超过 16 万人，多篇文章阅读量达数万，并被多家知名公众号转载。杂志社开设的在线服务平台于 2021 年 9 月入选 2020 年度全国新闻出版深度融合发展创新案例。

《人民司法》杂志忠实记录了我国社会主义法治建设的光辉历史，忠实记录了人民司法事业走过的风雨历程。党的十八大以来，《人民司法》杂志始终坚持以习近平新时代中国特色社会主义思想为指导，深入贯彻习近平法治思想，认真贯彻落实最高人民法院党组工作部署，严格把握办刊政治导向和舆论导向，掌握意识形态工作的主动权，积极弘扬优秀法院文化，努力做好审判理论研究、典型案例研究和新时代人民法院文化建设的宣传工作，大力弘扬新时代人民法院文化，使之成为法官成长进步的理论和精神家园。

《中国审判》简介

2006 年 3 月，《中国审判》杂志正式创刊。2011 年 6 月，新闻出版总署正式批准设立《中国审判》杂志社；2011 年 9 月，杂志社完成工商注册，取得营业执照，成为独立法人实体。2014 年，中国审判网刊正式上线。2015 年，经新闻出版广电总局批准，杂志改为半月刊。2016 年，杂志社新媒体部与中国法院博物馆开展为期两年的合作，取得了一定的成效。2017 年，经国家新闻出版广电总局批准，杂志改为旬刊。2018 年，杂志改回半月刊。

2015 年荣获“全国百强报刊”称号，2016 年被评为“全国最美期刊”。2019 年 8 月，《中国审判》杂志入选国家新闻出版署中国期刊协会主办的“庆祝中华人民共和国成立七十周年精品期刊展”。2020 年入选中国期刊协会主办的第二十七届北京国际图书博览会（BIBF）“2020 精品期刊展”。2021 年入选中国期刊协会主办的第二十七届北京国际图书博览会（BIBF）“2021 精品期刊展”。

中国审判新媒体平台包括中国审判微信公众号、中国审判网站、中国法院审判集刊平台和“人民法院学习宣传习近平法治思想知识服务平台”。

“人民法院学习宣传贯彻习近平法治思想知识服务平台”是杂志社运营、旨在为全国各级法院提供全面学习宣传贯彻习近平法治思想的融媒体知识服务平台。该平台 2022 年 7 月开始进入研发阶段，2022 年年底完成第一期建设并投入运营。

《数字法治》简介

经国家新闻出版署批准，《数字法治》刊号为 CN10–1879/D，将于 2023 年 2 月出版发行创刊号。本刊由最高人民法院主管，人民法院出版社主办，是目前面向海内外公开发行的全国性数字法治领域唯一的学术期刊，注重网络法治、数据法治、智能法治等相关领域的重大理论与实践问题，逢双月出版。本刊恪守求新、务实、严谨的理念，弘扬兼容并蓄的学术传统，设有“圆桌话题”“基础理论”“网络法治”“数据法治”“智能法治”“法治实践”“青年视点”“域外观察”等栏目。本刊以解决我国数字时代法治建设的重大理论和实践焦点、难点问题为己任，旨在推动贯彻实施网络强国战略，加快数字中国、法治中国建设的理论研究，为推进中国式现代化提供有力的学术理论支撑。

《中国应用法学》简介

《中国应用法学》创刊于 2017 年，是经国家新闻出版广电总局批准创办并公开发行的学术期刊，国内统一出版刊号 CN10–1459/D。该刊由最高人民法院主管，中国应用法学研究所为主要主办单位。该刊从创刊开始，秉持“沟通理论与实务，繁荣应用法学研究”的办刊宗旨，遵循应用法学时代嬗变的必然要求，聚焦人民法院审判执行工作中的重大问题，服务司法决策和国家立法。该刊主要栏目包括“高端论坛”“权威解读”“专题策划”“法学专论”“法律评注”“域外法治”等，重点围绕司法体制改革和司法实践中的前沿问题，聚焦与司法应用有关的、社会性的、实证性的和冲突性的研究成果，立足高端、关注热点、把握前瞻、彰显权威、引领变革。该刊的独特视角和学术定位得到了理论界与实务界的肯定，于 2020 年入选《中国学术期刊影响因子年报》统计源期刊，被 2018 年版《中国人文社会科学期刊 AMI 综合评价报告》作为新刊入库；连续五年（2018–2022 年）被国家哲学社会科学文献中心和中国社会科学院图书馆评选为国家哲学社会科学文献中心学术期刊数据库法学学科最受欢迎期刊；于 2021 年正式入选 CSSCI 来源期刊扩展版目录，成为自 2017 年以来新创办法学期刊中唯一入选的刊物；并受到了《新华文摘》《中国社会科学文摘》《人大复印报刊资料》《高等学校文科学术文摘》的重点关注。为适应互联网时代学术期刊的发展，《中国应用法学》编辑部同时开发、运维《中国应用法学》期刊公众号，使中国应用法学成果进一步得到宣传推广。在中国人文社会科学综合评价研究院以 CSSCI（2021–2022）（含扩展版）收录的 45 种法学来源期刊为样本，通过公开渠道每季度对 2022 年法学核心期刊相关微信公众号的数据进行采集排名公示，《中国应用法学》期刊公众号在本刊论文累计阅读人次和论文篇均阅读人次方面，分别在第一季度排名第 6 名、第二季度排名第 1 名，期刊公众号在 2022 年取得了显著成绩。

《法律适用》简介

《法律适用》创刊于 1986 年，其前身为全国法院干部业余法律大学的校刊《学习与辅导》。作为最高人民法院主管、国家法官学院主办的学术期刊，《法律适用》始终立足于中国司法实践，紧紧围绕审判实践中的新型、疑难、前沿法律问题及典型司法案例进行研究，突出法学理论研究与司法实践相结合的特色，把论文写在祖国大地上。

《法律适用》期刊影响力与发行量逐年提高，现已成为国家 A 类学术期刊，中文核心期刊，中国人文社会科学 A 刊核心期刊，CSSCI（中文社会科学引文索引）扩展版来源期刊，RCCSE 核心期刊，CHSSCD（中国人文社会科学引文数据库）来源期刊，中国学术期刊综合评价数据库来源期刊，人大“复印报刊资料”重要转载来源期刊，并由中国知网、《中国学术期刊（光盘版）》全文收录。期刊 2022 年发行量逾两万份，领法学类期刊发行量之先。

《法律适用》积极探索媒体融合传播的新型出版模式，推出网络优先出版等，建设微信公众号拓展内容传播渠道，增强了期刊传播的时效性和广泛性。根据中国人文社会科学综合评价研究院发布的《C 刊公号阅读量年榜前 30》，2022 年《法律适用》微信公众号阅读量排名为法学类第四，全国社科类核心期刊第十。

期刊积极提升国际传播力，依托中国知网社科期刊双语出版项目开展论文英文长摘要数字出版工作。通过对学术成果进行国内外推广，全面展示在习近平法治思想指引下我国社会主义法治建设发生的历史性变革和取得的历史性成就，呈现真实、立体、全面的中国司法实践，助力提高我国司法的国际话语权和影响力。

在习近平法治思想旗帜指引下人民法院的生动实践

——《习近平法治思想指引下的司法为民公正司法实践丛书》总论

法治是中国共产党百年奋斗的孜孜追求。一百年来，我们党在领导人民进行革命、建设、改革的伟大历程中，为追求法治、探索法治、建设法治、推进法治、厉行法治进行了艰辛奋斗，走过了非凡历程，取得了伟大成就。

时代是思想之母，实践是理论之源。党的十八大以来，中国特色社会主义进入新时代，当代中国正在经历着我国历史上最为广泛而深刻的社会革命，进行着人类历史上最为恢宏而独特的实践创新。新时代标示我国发展新的历史方位，这也是习近平法治思想形成和发展的时代背景。以习近平同志为核心的党中央从实现党执政兴国、人民幸福安康、国家长治久安的全局和战略高度，定位法治、布局法治、厉行法治，把全面依法治国纳入“四个全面”战略布局有力推进。党的十八届四中全会专题研究全面推进依法治国并作出决定，擘画了全面依法治国的总蓝图、路线图、施工图，这是我们党历史上第一次专题研究部署全面依法治国的中央全会，在我国社会主义法治史上具有里程碑意义。党的十九大把全面推进依法治国总目标写入习近平新时代中国特色社会主义思想的核心内容，把坚持全面依法治国作为新时代坚持和发展中国特色社会主义的基本方略，描绘了到二〇三五年基本建成法治国家、法治政府、法治社会的宏伟蓝图。中央全面依法治国工作会议确立习近平法治思想在全面依法治国工作中的指导地位，这在党和国家法治建设史上、在马克思主义法治理论发展史上、在人类法治文明进步史上都具有重大而深远的意义。党的二十大对“坚持全面依法治国，推进法治中国建设”作出专题论述、专门部署，这在党的全国代表大会历史上是第一次，充分彰显了以习近平同志为核心的党中央厉行法治、奉法强国的坚定决心，为新时代推进全面依法治国指明了前进方向，明确了目标任务。

习近平法治思想是顺应实现中华民族伟大复兴时代要求应运而生的重大理论创新成果，是新时代推进全面依法治国的根本遵循和行动指南，是引领法治中国建设不断从胜利走向新的胜利的光辉思想旗帜。在习近平法治思想旗帜指引下，法治中国阔步向前，为续写“两大奇迹”新篇章、开辟“中国之治”新境界提供了重要保障。党的二十大报告全面总结了党的十八大以来全面依法治国取得的历史性成就，社会主义法治国家建设深入推进，全面依法治国总体格局基本形成，中国特色社会主义法治体系加快建设，司法体制改革取得重大进展，社会公平正义保障更为坚实，法治中国建设开创新局面。其中，最重要的标志性成果就是形成了习近平法治思想。习近平法治思想既是十年来全面依法治国的伟大理论成就，也是十年来法治中国建设取得历史性成就的根本原因。习近平法治思想在指引中国特色社会主义法治体系建设、社会主义法治国家建设取得历史性成就的伟大进程中，展现强大真理力量、独特思想魅力和磅礴实践伟力，彰显作为当代中国马克思主义法治理论、21 世纪马克思主义法治理论的时代意义、实践意义、世界意义。

一、深刻领悟习近平法治思想的重大意义

习近平法治思想是具有鲜明中国特色、实践特色、时代特色的马克思主义法治理论，从历史和现实相贯通、国际和国内相关联、理论和实际相结合上，深刻回答了新时代为什么实行全面依法治国、怎样实行全面依法治国等一系列重大问题，提出了一系列具有原创性、时代性、实践性、真理性的新理念新思想新战略，贯穿着坚定理想信念、鲜明人民立场、敏锐战略眼光和宏大全球视野，闪耀着马克思主义真理光辉。这一伟大思想立足中国特色社会主义新时代，提炼和升华我国社会主义法治建设新实践，丰富和拓展人类社会法治发展新路径，开辟了中国特色社会主义法治理论和实践新境界，标志着我们党对共产党依法执政规律、社会主义法治建设规律、人类法治文明发展规律的认识达到了新的历史高度，实现了马克思主义法治理论中国化时代化新的历史性飞跃。

（一）时代意义：习近平法治思想是顺应实现中华民族伟大复兴时代要求应运而生的重大战略思想

习近平总书记指出，“马克思主义是不断发展的开放的理论，始终站在时代前沿”①，“只有立足于时代去解决特定的时代问题，才能推动这个时代的社会进步；只有立足于时代去倾听这些特定的时代声音，才能吹响促进社会和谐的时代号角”②。党的二十大报告进一步指出：“中国共产党为什么能，中国特色社会主义为什么好，归根到底是马克思主义行，是中国化时代化的马克思主义行。”中国特色社会主义进入新时代，我国社会主要矛盾发生新变化，“两个一百年”奋斗目标历史交会，中华民族伟大复兴进入关键时期。无论是实现“两个一百年”奋斗目标，还是实现中华民族伟大复兴的中国梦，全面依法治国既是重要内容，又是重要保障。习近平法治思想在新时代我们党统筹推进伟大斗争、伟大工程、伟大事业、伟大梦想的实践中应运而生、丰富发展，顺应时代要求，回应时代关切，针对时代提出的重大任务、重大问题、重大挑战提供了解决之道，彰显了马克思主义与时俱进的理论品格。

1. 习近平法治思想是适应我国社会主要矛盾新变化、更好满足人民对美好生活新期待的人民的理论

新时代，我国社会主要矛盾已经转化为人民日益增长的美好生活需要和不平衡不充分的发展之间的矛盾，这是关系全局的历史性变化。一方面，人民美好生活需要日益广泛，不仅对物质文化生活提出了更高要求，而且在民主、法治、公平、正义、安全、环境等方面的要求日

---

① 《习近平在纪念马克思诞辰 200 周年大会上的讲话》，载《人民日报》2018 年 5 月 5 日。
② 习近平：《之江新语》，浙江人民出版社 2007 年版，第 251 页。

益增长。人民群众的民主意识、公平意识、法治意识、参与意识、监督意识、维权意识也在不断增强。民之所向，政之所行。习近平法治思想本质上是人民的理论，坚持以人民为中心，倾听人民呼声，回应人民期待，不断满足人民在民主、法治、公平、正义、安全、环境等方面日益增长的美好生活需要，更好促进人的全面发展和社会全面进步。另一方面，影响满足人民美好生活需要的因素有很多，主要是发展不平衡不充分问题，在法治领域也有具体表现。一段时间以来，我国改革发展稳定总体形势是好的，但发展不平衡不充分的一些突出问题尚未得到解决，人民内部矛盾和其他社会矛盾凸显，党风政风也存在一些不容忽视的问题，其中大量矛盾和问题与有法不依、执法不严、违法不究相关。习近平法治思想就是着眼于解决我国改革发展稳定中的矛盾和问题提出的科学理论，系统研究谋划和解决法治领域人民群众反映强烈的突出问题，聚焦解决群众最关心最直接最现实的利益问题，不断促进社会公平正义，不断增强人民群众获得感、幸福感、安全感。习近平法治思想明确“推进全面依法治国，根本目的是依法保障人民权益”[①]，强调“全面依法治国最广泛、最深厚的基础是人民，必须坚持为了人民、依靠人民。要把体现人民利益、反映人民愿望、维护人民权益、增进人民福祉落实到全面依法治国各领域全过程”[②]，“必须把实现好、维护好、发展好最广大人民根本利益作为一切工作的出发点和落脚点”[③]。强调必须“用制度体系保证人民当家作主”。明确“全面依法治国，必须紧紧围绕保障和促进社会公平正义来进行”[④]，强调“加快完善体现权利公平、机会公平、规则公平的法律制度”，推动“健全社会公平正义法治保障制度”[⑤]，让法治建设成果更多更公平惠及全体人民。中国梦归根到底是人民的梦，最根本的是实现人民的美好生活。党的理论是来自人民、为了人民、造福人民的理论。习近平法治思想的时代意义，突出体现在这一伟大思想紧紧围绕新时代我国社会主要矛盾变化，积极回应人民群众新要求新期待，以科学理论指引法治中国建设，为实现人民对美好生活的向往提供良法善治保障。

2. 习近平法治思想深刻回答了为什么要实行全面依法治国的时代之问，科学指明了全面依法治国在统筹推进“五位一体”总体布局和协调推进“四个全面”战略布局中的坐标定位

习近平法治思想从坚持和发展中国特色社会主义、实现中华民族伟大复兴、实现党和国家长治久安的长远考虑出发，深刻阐明全面依法治国的重要意义、重要地位、重要作用。习近平总书记强调，全面依法治国是中国特色社会主义的本质要求和重要保障；强调全面依法治国是党领导人民治理国家的基本方略，在“四个全面”战略布局中具有基础性、保障性作用；强调在统筹推进伟大斗争、伟大工程、伟大事业、伟大梦想，全面建设社会主义现代化国家的新征程上，要更好发挥法治固根本、稳预期、利长远的保障作用。党的二十大报告进一步强调在法治轨道上全面建设社会主义现代化国家，全面推进国家各方面工作法治化。习近平法治思想贯

---

① 习近平：《习近平谈治国理政》（第四卷），外文出版社 2022 年版，第 289 页。

② 习近平：《论坚持全面依法治国》，中央文献出版社 2020 年版，第 2 页。

③ 习近平：《习近平谈治国理政》（第四卷），外文出版社 2022 年版，第 134 页。

④ 中共中央文献研究室编：《习近平关于协调推进“四个全面”战略布局论述摘编》，中央文献出版社 2015 年版，第 118 页。

⑤ 习近平：《习近平谈治国理政》（第四卷），外文出版社 2022 年版，第 270 页、第 295 页。

穿经济、政治、文化、社会、生态文明建设各个领域，事关党和国家事业发展全局，强调无论是统筹推进“五位一体”总体布局还是协调推进“四个全面”战略布局，都必须充分发挥法治的引领、规范和保障作用。决胜全面建成小康社会、全面建设社会主义现代化强国，把握新发展阶段、贯彻新发展理念、构建新发展格局、推动高质量发展，都离不开法治引领、规范、保障作用的充分发挥，全面依法治国为推进社会主义经济建设提供了有力保障。比如，编纂《民法典》，制定完善外商投资、知识产权、环境保护、土地制度等领域一系列重要法律法规，以高质量立法保障和促进了高质量发展。比如，把平等保护贯彻到立法、执法、司法、守法等各环节，依法平等保护各类市场主体产权和合法权益，运用法治规范政府和市场的边界，用法律和制度遏制一些政府部门不当干预经济的惯性和冲动，依法纠正部门和地方保护主义，维护市场秩序，保护知识产权，保护生态环境，为社会主义市场经济发展营造了良好法治环境。再如，围绕打好三大攻坚战、深化供给侧结构性改革、推动高质量发展，特别是新旧发展动能转换、经济结构调整等带来的一系列社会利益调整，坚持运用法治化市场化手段调整各类市场主体利益关系，依法化解各类风险矛盾，为改革发展有序推进营造了和谐稳定的社会环境。“五位一体”总体布局和“四个全面”战略布局，从全局上确立了新时代坚持和发展中国特色社会主义的战略规划和实现中华民族伟大复兴的科学路径。习近平法治思想的时代意义，突出体现在这一伟大思想科学指明了全面依法治国在党和国家事业全局中的坐标定位，更加坚定了党和人民厉行法治、奉法强国的信念，以科学理论指引法治中国建设，为党和国家事业发展提供根本性、全局性、长期性的制度保障。

3. 习近平法治思想有力推进了国家治理体系和治理能力现代化进程，是在法治轨道上推进国家治理体系和治理能力现代化的根本遵循

进入新时代，改革发展稳定任务之重前所未有，矛盾风险挑战之多前所未有，对党治国理政提出了前所未有的重大考验。习近平法治思想着眼国家治理面临的新形势新任务，科学分析了法治和国家治理、法治体系和国家治理体系之间的逻辑关系，深刻阐明全面依法治国在治国理政中的全局性、战略性、基础性、保障性地位，明确要求坚持全面依法治国，体现我国国家制度和国家治理体系的显著优势，为巩固和发展“中国之治”提供重要保障。习近平总书记强调，“法律是治国之重器，法治是国家治理体系和治理能力的重要依托”；“法治体系是国家治理体系的骨干工程”；“建设中国特色社会主义法治体系、建设社会主义法治国家是实现国家治理体系和治理能力现代化的必然要求”；“只有全面依法治国才能有效保障国家治理体系的系统性、规范性、协调性，才能最大限度凝聚社会共识”；“我国社会主义法治凝聚着我们党治国理政的理论成果和实践经验，是制度之治最基本最稳定最可靠的保障”。[①] 党的十五大首次明确提出“依法治国”是党领导人民治理国家的基本方略，从“依法治国”到“全面依法治国”，从“社会主义法律体系”到“社会主义法治体系”，从“有法可依、有法必依、执法必严、违法必究”到“科学立法、严格执法、公正司法、全民守法”，无论是从法治理念还是战略部署上，

① 习近平：《论坚持全面依法治国》，中央文献出版社2020年版，第85页、第112页、第93页、第3页、第272页。

全面依法治国都是国家治理的一场深刻革命。习近平法治思想涵盖改革发展稳定、内政外交国防、治党治国治军各个方面，推动我国各方面制度更加成熟、更加定型，逐步实现国家治理制度化、程序化、规范化、法治化，开辟了我国社会主义法治建设的新境界。面对严峻复杂的国际形势和艰巨繁重的国内改革发展稳定任务，习近平法治思想科学指导全党全国运用制度威力应对风险挑战的冲击，在法治轨道上统筹推进疫情防控和经济社会发展，统筹推进国内法治和涉外法治，依法应对重大挑战、抵御重大风险、克服重大阻力、解决重大矛盾，使“中国之治”与“西方之乱”形成鲜明对比，保障了中国特色社会主义航船在劈波斩浪中行稳致远。国家治理体系和治理能力现代化，是实现“两个一百年”奋斗目标、实现中华民族伟大复兴的重大任务。习近平法治思想的时代意义，突出体现在这一伟大思想指明了全面依法治国的时代使命，为推进国家治理体系和治理能力现代化、建设更高水平的法治中国提供了根本遵循，以科学理论指引法治中国建设，推动中国治理迈向“中国之治”新境界。

（二）实践意义：习近平法治思想是新时代全面依法治国的根本遵循和行动指南

习近平总书记指出，“实践的观点、生活的观点是马克思主义认识论的基本观点，实践性是马克思主义理论区别于其他理论的显著特征”①。党的二十大报告进一步指出，“坚持和发展马克思主义，必须同中国具体实际相结合”，强调必须坚持问题导向，不断提出真正解决问题的新理念新思路新办法。习近平法治思想根植于我国社会主义法治建设实践沃土，是对党领导法治建设丰富实践和宝贵经验的科学总结，是引领我国社会主义法治建设发生历史性变革、取得历史性成就的强大思想武器，是经过实践证明、富有实践伟力的思想理论成果，具有鲜明的实践品格。作为当代中国马克思主义法治理论、21 世纪马克思主义法治理论，习近平法治思想这一伟大思想坚持马克思主义科学性和实践性的有机统一，深刻回答新时代全面依法治国理论和实践的方向性、根本性、全局性重大问题，明确了全面依法治国的政治方向、重要地位、工作布局、重点任务、重大关系、重要保障，指明了新时代法治中国建设的方向、路径和动力。习近平法治思想始终贯穿着强烈的问题意识，回答实践问题、回应实践需要、破解实践难题，系统谋划和解决我国社会主义法治建设存在的许多不适应、不适合的问题，以解决法治突出问题为着力点，推动全面依法治国不断取得突破性进展、历史性成就，展现了马克思主义者求真务实、实践第一的科学态度。

1. 原创性地阐明党的领导和依法治国关系这个核心问题

党和法治的关系是法治建设的核心问题。一段时间以来，少数别有用心之人热衷于炒作“党大还是法大”的伪命题，目的就是想把党的领导和法治割裂开来、对立起来，企图达到否定、取消党的领导的目的。与此同时，西方资本主义国家标榜其法治“超阶级”“超政党”“超国家”，受“宪政”“三权鼎立”“司法独立”等西方错误思潮误导，一些人对党和法、政治和法治等关系存在模糊认识甚至错误认识。习近平法治思想毫不回避问题，一针见血地指出“‘党大还是法大’是一个政治陷阱，是一个伪命题”，旗帜鲜明提出“党的领导是我国社会主义法

① 《习近平在纪念马克思诞辰 200 周年大会上的讲话》，载《人民日报》2018 年 5 月 5 日。

治之魂”，“党的领导是推进全面依法治国的根本保证”。[①] 深刻阐明党的领导和依法治国的关系，指出“党的领导和社会主义法治是一致的，社会主义法治必须坚持党的领导，党的领导必须依靠社会主义法治”，强调“全面依法治国绝不是要削弱党的领导，而是要加强和改善党的领导，不断提高党领导依法治国的能力和水平，巩固党的执政地位”。[②] 深刻阐明政治和法治的关系，强调“法治当中有政治，没有脱离政治的法治”，指出“每一种法治形态背后都有一套政治理论，每一种法治模式当中都有一种政治逻辑，每一条法治道路底下都有一种政治立场”。[③] 深刻阐明党的政策和国家法律的关系，指出“党的政策和国家法律都是人民根本意志的反映，在本质上是一致的”[④]，要求“要善于通过法定程序使党的主张成为国家意志、形成法律，通过法律保障党的政策有效实施，确保党发挥总揽全局、协调各方的领导核心作用”[⑤]，强调“党的政策成为国家法律后，实施法律就是贯彻党的意志，依法办事就是执行党的政策”[⑥]。深刻阐明坚持党的领导和确保司法机关依法独立公正行使职权的关系，强调“坚持党领导立法、保证执法、支持司法、带头守法”，提出“党对政法工作的领导是管方向、管政策、管原则、管干部，不是包办具体事务，不要越俎代庖，领导干部更不能借党对政法工作的领导之名对司法机关工作进行不当干预”。[⑦] 深刻阐明依法治国和依规治党的关系，提出坚持“依法治国和依规治党有机统一”[⑧]，指出“要发挥依法治国和依规治党的互补性作用，确保党既依据宪法法律治国理政，又依据党内法规管党治党、从严治党”[⑨]，强调“具体到每个党政组织、每个领导干部，就必须服从和遵守宪法法律，就不能以党自居，就不能把党的领导作为个人以言代法、以权压法、徇私枉法的挡箭牌”[⑩]。习近平法治思想阐明事关方向的一系列重大关系问题，廓清迷雾，正本清源，揭示了党的领导对社会主义法治的决定性作用，指明了全面依法治国的正确方向，破除了对西方法治理念和法治模式所谓“普世性”“优越性”的迷思，树立了中国特色社会主义法治道路的高度自信。党的十八大以来，党对全面依法治国的领导全面加强，党的领导制度化、法治化水平不断提高，党领导立法、保证执法、支持司法、带头守法的制度不断完善，党运用法

---

① 习近平：《习近平谈治国理政》（第四卷），外文出版社 2022 年版，第 287~288 页。

② 习近平：《论坚持全面依法治国》，中央文献出版社 2020 年版，第 92 页、第 228 页。

③ 中共中央文献研究室编：《习近平关于协调推进“四个全面”战略布局论述摘编》，中央文献出版社 2015 年版，第 114~115 页。

④ 中共中央宣传部、中央全面依法治国委员会办公室编：《习近平法治思想学习纲要》，人民出版社、学习出版社 2021 年版，第 25 页。

⑤ 习近平：《论坚持全面依法治国》，中央文献出版社 2020 年版，第 43 页。

⑥ 中共中央文献研究室编：《习近平关于全面依法治国论述摘编》，中央文献出版社 2015 年版，第 20 页。

⑦ 习近平：《论坚持全面依法治国》，中央文献出版社 2020 年版，第 39 页、第 44 页。

⑧ 习近平：《中国共产党领导是中国特色社会主义最本质的特征》，载《求是》2020 年第 14 期。

⑨ 习近平：《论坚持全面依法治国》，中央文献出版社 2020 年版，第 231 页。

⑩ 中共中央文献研究室编：《习近平关于协调推进“四个全面”战略布局论述摘编》，中央文献出版社 2015 年版，第 117 页。

治方式领导和治理国家的能力显著增强，中国特色社会主义法治道路越走越宽阔。我国社会主义法治建设发生历史性变革、取得历史性成就，最根本的原因就在于以习近平同志为核心的党中央对全面依法治国的集中统一领导。

2. 原创性地提出“建设中国特色社会主义法治体系”的重大命题

建设中国特色社会主义法治体系，是习近平法治思想提出的具有原创性、时代性的概念和理论，对发展马克思主义法治理论作出重大原创性贡献。从“中国特色社会主义法律体系”到“中国特色社会主义法治体系”，一字之差，体现出鲜明问题导向，标志着我国社会主义法治建设从“有法可依”迈向“良法善治”的历史性转型。党的十八大宣布“中国特色社会主义法律体系已经形成”，这是我国社会主义法治建设的重大成果，意味着解决了有法可依的问题。同时，同党和国家事业发展要求相比，同人民群众期待相比，同国家治理体系和治理能力现代化目标相比，法治建设还存在许多不适应、不符合的问题，党的十八届四中全会通过《中共中央关于全面推进依法治国若干重大问题的决定》(以下简称《决定》)，对问题的主要表现作了高度概括，这些问题违背社会主义法治原则，损害人民群众利益，妨碍党和国家事业发展。针对这些问题，习近平法治思想创造性地提出“建设中国特色社会主义法治体系”这一重大命题，将其作为全面依法治国的总目标和总抓手，提纲挈领、纲举目张地明确了全面依法治国的性质方向、路径指南和工作重点，这不仅在党的历史上是第一次，在世界范围内也具有独创性，是对具有中国特色、时代特色、实践特色的制度体系的高度凝练与概括。党中央抓住法治体系建设这个总揽全局、牵引各方的总抓手，坚持党的领导、人民当家作主、依法治国有机统一，坚持依法治国、依法执政、依法行政共同推进，坚持法治国家、法治政府、法治社会一体建设，就科学立法、严格执法、公正司法、全民守法作出一系列顶层设计、推进一系列重大改革部署，统筹推进法律规范、法治实施、法治监督、法治保障和党内法规体系建设。习近平法治思想引领中国特色社会主义法治体系建设取得历史性进展，法律规范体系更加完备，法治实施体系更加高效，法治监督体系日趋严密，法治保障体系更加有力，党内法规体系日益完善，创造了令人振奋、举世瞩目的法治建设成就。

3. 原创性地提出“更好发挥法治对改革发展稳定的引领、规范、保障作用”

随着我国进入新发展阶段，贯彻新发展理念、构建新发展格局、推动高质量发展，在法治和改革发展稳定关系方面亟须破解一些新难题，一些认识和行动上的误区亟待纠正。比如，在法治和改革的关系上，有的认为，“改革要上路、法律要让路”，改革就是要冲破法律的禁区，甚至违反法律、违背规律蛮干；有的认为，法律就是要保持稳定性、权威性和适当的滞后性，谨小慎微、裹足不前，甚至让一些过时的法律条款成为改革的“绊马索”。在法治和发展的关系上，还存在“发展要上、法治要让”的认识误区，一些地方和部门领导经济工作法治化水平不高，习惯于仅靠行政命令等方式来管理经济，习惯于用超越法律法规的手段和政策来抓企业、上项目推动发展，甚至在生态环境保护等事关长远发展和群众切身利益问题上出现立法上“放水”、执法上“放弃”的情况。在法治和稳定的关系上，突出表现为不能正确处理好维权和维稳、活力和秩序的关系，不重视法治在化解矛盾、维护稳定中的作用，致使“信访不信法”“信权不信法”问题较为突出。针对这些问题，习近平法治思想明确提出“更好发挥法治对改革发展稳定的引领、规范、保障作用”，强调“改革开放越深入越要强调法治，发展环境越复杂越要强调法治”，要求“不断提高运用法治思想和法治方式深化改革、推动发展、化解矛盾、维护稳定、应对风险的能力”。[①] 深刻阐明法治和改革的关系，指出“改革与法治如鸟之两翼、车之两轮”，强调“要坚持在法治下推进改革，在改革中完善法治”，[②] 强调“发挥法治规范和保障改革的作用，做到重大改革于法有据”，强调“解决法治领域的突出问题，根本途径在于改革”。[③] 深刻阐明法治和发展的关系，指出“社会主义市场经济本质上是法治经济”[④]，强调“贯彻新发展理念，实现经济从高速增长转向高质量发展，必须坚持以法治为引领”[⑤]，强调“提高党领导经济工作法治化水平”，强调“经济社会发展和法治建设同步谋划、同步部署、同步推进”[⑥]。深刻阐明法治和稳定的关系，指出“法治是平安建设的重要保障”，强调“既要解决合理合法诉求、维护群众利益，也要引导群众依法表达诉求、维护社会秩序”[⑦]，强调要“强化法律在化解矛盾中的权威地位”，“引导群众通过法律程序、运用法律手段解决，推动形成办事依法、遇事找法、解决问题用法、化解矛盾靠法的良好环境”[⑧]，强调“如果司法这道防线缺乏公信力，社会公正就会受到普遍质疑，社会和谐稳定就难以保障”[⑨]。习近平法治思想指引把法治贯穿改革发展稳定各方面，指引正确处理法治和改革发展稳定的关系，有力促进了政治稳定、经济发展、文化繁荣、社会和谐、生态优美，有力保障了经济快速发展和社会长期稳定“两大奇迹”，推动法治的引领、规范、保障能力实现历史性跃升。

4. 原创性地提出“全面依法治国必须紧紧围绕保障和促进社会公平正义来进行”

公平正义是中国特色社会主义的内在要求，是我们党矢志不渝追求的一个十分崇高的价值目标。改革开放以来，我国经济社会取得巨大成就，为促进社会公平正义提供了坚实基础。进入新时代，人民群众对公平正义的渴望比以往任何时候都更加强烈，对社会不公问题的反映也越来越强烈。然而一段时间以来，有法不依、执法不严、司法不公、违法不究等问题一定程度上存在，执法司法腐败时有发生，损害法治权威，影响社会公平正义。习近平法治思想积极回

---

① 习近平:《论坚持全面依法治国》，中央文献出版社 2020 年版，第 273~274 页、第 253 页、第 6 页。

② 习近平:《加强党对全面依法治国的领导》，载《求是》2019 年第 4 期。

③ 习近平:《论坚持全面依法治国》，中央文献出版社 2020 年版，第 40 页、第 116 页。

④ 中共中央文献研究室编:《习近平关于全面依法治国论述摘编》，中央文献出版社 2015 年版，第 115 页。

⑤ 习近平:《加强党对全面依法治国的领导》，载《求是》2019 年第 4 期。

⑥ 习近平:《习近平谈治国理政》(第四卷)，外文出版社 2022 年版，第 298 页。

⑦ 《习近平：坚持政治建警改革强警科技兴警从严治警 履行好党和人民赋予的新时代职责使命》，载《人民日报》2019 年 5 月 9 日。

⑧ 《习近平在十八届中央政治局第十四次集体学习时的讲话（2014 年 4 月 25 日）》，载《人民日报》2014 年 4 月 27 日。

⑨ 习近平:《关于〈中共中央关于全面推进依法治国若干重大问题的决定〉的说明》，载《人民日报》2014 年 10 月 29 日。

应人民群众对公平正义的强烈渴望，明确提出“公正是法治的生命线”[①]，强调“全面依法治国，必须紧紧围绕保障和促进社会公平正义来进行”，“必须牢牢把握社会公平正义这一法治价值追求，努力让人民群众在每一项法律制度、每一个执法决定、每一宗司法案件中都感受到公平正义”[②]。习近平法治思想尤其重视推进公正司法，重视解决司法不公、司法公信力不高等突出问题，原创性地提出“公平正义是司法的灵魂和生命”，指出“公正司法是维护社会公平正义的最后一道防线”，[③]“司法公正对社会公正具有重要引领作用，司法不公对社会公正具有致命破坏作用”[④]，强调所有司法机关都要紧紧围绕“努力让人民群众在每一个司法案件中感受到公平正义”这个目标来改进工作。习近平法治思想一针见血地指出“司法不公的深层次原因在于司法体制不完善、司法职权配置和权力运行机制不科学、人权司法保障制度不健全”[⑤]，强调要“重点解决影响司法公正和制约司法能力的深层次问题”[⑥]，“坚定不移深化司法体制改革，不断促进社会公平正义”，“坚持以公开促公正、树公信，构建开放、动态、透明、便民的阳光司法机制”[⑦]。党的十八大以来，党中央部署一系列重大司法改革举措，从确保依法独立公正行使审判权检察权、健全司法权力运行机制、完善人权司法保障制度等方面，着力解决影响司法公正、制约司法能力的深层次问题，破解体制性、机制性、保障性障碍，不断提高司法公信力。党领导深化以司法责任制为重点的司法体制改革，加强对执法司法活动的监督制约，推进以审判为中心的诉讼制度改革，完善公益诉讼制度，深化司法体制综合配套改革，破解立案难、执行难问题，推进司法公开，依法纠正呼格吉勒图案、聂树斌案、张文中案等一批冤错案件，加强人权司法保障和产权司法保护，开展政法队伍教育整顿，严厉惩治执法司法腐败，确保执法司法公正廉洁高效权威。习近平法治思想指引法治领域改革向着前所未有的纵深推进，推动公正高效权威的社会主义司法制度更加成熟定型，让公平正义成为新时代的鲜亮底色。

5. 原创性地提出“法治社会是构筑法治国家的基础”

随着社会主要矛盾发生历史性变化，社会成员民主意识、权利意识、自由意识、公平意识普遍提高，但一些人公共意识、规则意识、法治意识、责任意识并未随之增强，有的只要自由不要约束、只要权利不要义务，采取不合法、不合理方式追求一己之私的问题较为突出。

---

① 习近平：《关于〈中共中央关于全面推进依法治国若干重大问题的决定〉的说明》，载《人民日报》2014 年 10 月 29 日。

② 习近平：《加强党对全面依法治国的领导》，载《求是》2019 年第 4 期。

③ 中共中央文献研究室编：《习近平关于全面依法治国论述摘编》，中央文献出版社 2015 年版，第 67 页。

④ 习近平：《关于〈中共中央关于全面推进依法治国若干重大问题的决定〉的说明》，载《人民日报》2014 年 10 月 29 日。

⑤ 习近平：《关于〈中共中央关于全面推进依法治国若干重大问题的决定〉的说明》，载《人民日报》2014 年 10 月 29 日。

⑥ 中共中央文献研究室编：《习近平关于全面依法治国论述摘编》，中央文献出版社 2015 年版，第 68 页。

⑦ 中共中央文献研究室编：《习近平关于全面依法治国论述摘编》，中央文献出版社 2015 年版，第 83 页。

部分社会成员尊法信法守法用法、依法维权意识不强，一些国家工作人员特别是领导干部依法办事观念不强、能力不足，甚至知法犯法、以言代法、以权压法、徇私枉法。针对这些问题，习近平法治思想深刻指出“只有全体人民信仰法治、厉行法治，国家和社会生活才能真正实现在法治轨道上运行”，原创性地提出“法治社会是构筑法治国家的基础”，“全民守法是法治社会的基础工程”，强调“全面推进依法治国需要全社会共同参与，需要全社会法治观念增强，必须在全社会弘扬社会主义法治精神，建设社会主义法治文化”。[①] 着眼树立法治权威，强调“要在全社会树立法律权威，使人民认识到法律既是保障自身权利的有力武器，也是必须遵守的行为规范”[②]，强调“强化依法治理，培育全社会办事依法、遇事找法、解决问题用法、化解矛盾靠法的法治环境”[③]。着眼增强全民法治观念，强调“坚持把全民普法和全民守法作为依法治国的基础性工作，使全体人民成为社会主义法治的忠实崇尚者、自觉遵守者、坚定捍卫者”[④]，“建设覆盖城乡的现代公共法律服务体系，深入开展法治宣传教育，增强全民法治观念”[⑤]，“不断提升全体公民法治意识和法治素养，使法治成为社会共识和基本准则”[⑥]，强调“发挥领导干部示范带头作用，努力使尊法学法守法用法在全社会蔚然成风”[⑦]，“引导公民既依法维护合法权益，又自觉履行法定义务，做到权利和义务相统一，享有权利和履行义务相一致”[⑧]。着眼推进社会治理法治化，强调“法治建设既要抓末端、治已病，更要抓前端、治未病”，“要推动更多法治力量向引导和疏导端用力，完善预防性法律制度，坚持和发展新时代‘枫桥经验’，完善社会矛盾纠纷多元预防调处化解综合机制”[⑨]，强调“健全党组织领导的自治、法治、德治相结合的城乡基层治理体系”[⑩]。党的二十大报告进一步强调“在社会基层坚持和发展新时代‘枫桥经验’，完善正确处理新形势下人民内部矛盾机制”，“健全城乡社区治理体系”，“推进多层次多领域依法治理，提升社会治理法治化水平”。着眼实现法安天下、德润人心，强调“坚持依法治国和以德治国相结合”；强调“把社会主义核心价值观融入法治建设、融入社会发

---

① 习近平：《论坚持全面依法治国》，中央文献出版社 2020 年版，第 275 页、第 230 页、第 113 页。

② 习近平：《论坚持全面依法治国》，中央文献出版社 2020 年版，第 113 页。

③ 习近平：《坚定不移走中国特色社会主义法治道路 为全面建设社会主义现代化国家提供有力法治保障》，载《求是》2021 年第 5 期。

④ 习近平：《论坚持全面依法治国》，中央文献出版社 2020 年版，第 167 页。

⑤《高举中国特色社会主义伟大旗帜 为全面建设社会主义现代化国家而团结奋斗——在中国共产党第二十次全国代表大会上的报告（2022 年 10 月 16 日）》，载《人民日报》2022 年 10 月 26 日。

⑥ 习近平：《习近平谈治国理政》（第四卷），外文出版社 2022 年版，第 294 页。

⑦《高举中国特色社会主义伟大旗帜 为全面建设社会主义现代化国家而团结奋斗——在中国共产党第二十次全国代表大会上的报告（2022 年 10 月 16 日）》，载《人民日报》2022 年 10 月 26 日。

⑧ 习近平：《论坚持全面依法治国》，中央文献出版社 2020 年版，第 205 页。

⑨ 习近平：《习近平谈治国理政》（第四卷），外文出版社 2022 年版，第 295 页。

⑩《中共中央关于党的百年奋斗重大成就和历史经验的决议》，载《人民日报》2021 年 11 月 17 日。

展、融入日常生活”。在习近平法治思想指引下，法治社会建设实施纲要、社会主义法治文化建设意见深入实施，“谁执法谁普法”普法责任制深入落实，多层次多领域依法治理深入推进，一站式多元纠纷解决和诉讼服务体系等预防性法律制度不断健全，社会主义核心价值观和社会主义法治精神深入人心，法治社会建设迈出重大步伐，法治中国的社会基础、群众基础更加稳固。

（三）世界意义：习近平法治思想开辟21世纪马克思主义法治理论发展的新境界

习近平总书记指出，“发展21世纪马克思主义、当代中国马克思主义，是当代中国共产党人责无旁贷的历史责任”，要“不断开辟21世纪马克思主义发展新境界，让当代中国马克思主义放射出更加灿烂的真理光芒”[①]。党的二十大报告进一步强调：“要拓展世界眼光，深刻洞察人类发展进步潮流，积极回应各国人民普遍关切，为解决人类面临的共同问题作出贡献。”只有民族的才是世界的，只有引领时代才能走向世界。作为引领中国、影响世界的当代中国马克思主义法治理论、21世纪马克思主义法治理论，习近平法治思想立足中国实践，回答世界之问，以深邃的历史眼光和宽广的世界视野，深刻把握人类政治和法律文明发展趋势，深刻回答人类法治发展进程中的普遍性问题，为全球化时代人类政治和法律文明发展提供了科学理论，为百年大变局下全球治理体系变革贡献了中国方案，展现出跨越地域、跨越国度、跨越时代的影响力，让科学社会主义在21世纪的伟大中国焕发蓬勃生机活力。

1. 丰富和发展了科学社会主义

科学社会主义绝不是一成不变的教条，而是把社会主义看作一个不断完善和发展的实践过程。习近平法治思想坚持马克思主义立场观点方法，继承和发展马克思主义国家和法学说，把坚持科学社会主义基本原则同中国具体实际、历史文化传统、时代要求紧密结合起来，把开拓正确法治道路、发展科学法治理论、建设高效法治体系有机统一起来，对社会主义法治国家建设规律进行深邃思考和科学判断，不断深化对党依法执政规律、社会主义法治建设规律、人类法治文明发展规律的认识，使中国特色社会主义法治体系既体现科学社会主义基本原则，又具有鲜明的中国特色、民族特色、时代特色。比如，明确党的领导是中国特色社会主义法治之魂，在党法关系、党政关系、依法治国和依法执政关系等方面原创性地提出一系列重大命题，强调不断提高党运用法治方式领导和治理国家的能力，创造性地发展了马克思主义政党理论。比如，明确坚持以人民为中心是中国特色社会主义法治的本质要求，原创性地提出“发展全过程人民民主”的重大理念，深刻指出“人民民主是社会主义的生命，是全面建设社会主义现代化国家的应有之义”，强调“全过程人民民主是社会主义民主政治的本质属性”[②]，“我国全过程人民民主实现了过程民主和成果民主、程序民主和实质民主、直接民主和间接民主、人民民主和国家意志相统一，是全链条、全方位、全覆盖的民主，是最广泛、最真实、最管用的社会主

① 习近平：《坚持用马克思主义及其中国化创新理论武装全党》，载《求是》2021年第22期。

② 《高举中国特色社会主义伟大旗帜 为全面建设社会主义现代化国家而团结奋斗——在中国共产党第二十次全国代表大会上的报告（2022年10月16日）》，载《人民日报》2022年10月26日。

义民主”[①]，这是对马克思主义人民民主思想的重大理论创新和实践突破。比如，创造性地提出坚持和完善中国特色社会主义制度、不断推进国家治理体系和治理能力现代化的思想，强调“坚持在法治轨道上推进国家治理体系和治理能力现代化”[②]，创建了科学社会主义关于国家治理和社会治理现代化的崭新理论，丰富发展了马克思主义国家学说和社会治理学说。比如，原创性地提出“坚持依宪治国、依法执政”，强调“坚持依法治国首先要坚持依宪治国，坚持依法执政首先要坚持依宪执政”，[③]“依宪治国、依宪执政同西方所谓‘宪政’有着本质区别”，依宪治国、依宪执政是新的历史条件下马克思主义政党治国理政的基本方式，丰富和发展了马克思主义政党执政理论。比如，深刻阐明社会主义市场经济建设和社会主义法治建设的内在联系，原创性地提出“社会主义市场经济本质上是法治经济”[④]，“法治是最好的营商环境”[⑤]等一系列重大论断，同时从把握新发展阶段、贯彻新发展理念、构建新发展格局、推动高质量发展的实际出发，提出我国社会主义法治建设的重点任务，对社会主义市场经济条件下如何建设社会主义法治国家提供了全新的理论指引，丰富了马克思主义关于经济基础和上层建筑关系的基本理论，深化了对社会主义建设规律的认识，这在社会主义运动史上都是不曾有过的，是第一次。比如，创造性地把党内法规体系建设纳入中国特色社会主义法治体系予以有力推进，强调“加强党内法规制度建设是全面从严治党的长远之策、根本之策”[⑥]，“完善党的自我革命制度规范体系”[⑦]，原创性地提出“坚持抓住领导干部这个‘关键少数’”[⑧]，强调领导干部要“牢固树立宪法法律至上、法律面前人人平等、权由法定、权依法使等基本法治观念，彻底摒弃人治思想和长官意识，决不搞以言代法、以权压法”[⑨]，这些新论断都是对马克思主义政党建设理论和自我革命理论的极大丰富和发展。

2. 为人类政治和法律文明进步提供了科学理论

法治是人类政治文明的重要成果，是现代社会治理的基本手段，法治的精髓和要旨对于各国国家治理和社会治理具有普遍意义。习近平法治思想坚持立足国情与放眼世界相统一，创造性地将和平、发展、公平、正义、民主、自由等全人类共同价值融入中国时代需求，对人类政治和法律文明发展的时代课题提出睿智思考和独特创见，用科学理论逻辑和雄辩有力事

---

① 习近平：《习近平谈治国理政》（第四卷），外文出版社 2022 年版，第 260~261 页。

② 习近平：《习近平谈治国理政》（第四卷），外文出版社 2022 年版，第 292 页。

③ 习近平：《习近平谈治国理政》（第四卷），外文出版社 2022 年版，第 252 页、第 291 页。

④ 中共中央文献研究室编：《习近平关于全面依法治国论述摘编》，中央文献出版社 2015 年版，第 115 页。

⑤ 中共中央宣传部、中央全面依法治国委员会办公室编：《习近平法治思想学习纲要》，人民出版社、学习出版社 2021 年版，第 84 页。

⑥ 习近平：《论坚持全面依法治国》，中央文献出版社 2020 年版，第 169 页。

⑦《高举中国特色社会主义伟大旗帜 为全面建设社会主义现代化国家而团结奋斗——在中国共产党第二十次全国代表大会上的报告（2022 年 10 月 16 日）》，载《人民日报》2022 年 10 月 26 日。

⑧ 习近平：《论坚持全面依法治国》，中央文献出版社 2020 年版，第 231 页。

⑨ 习近平：《论坚持全面依法治国》，中央文献出版社 2020 年版，第 136 页。

实，展示了中国特色社会主义法治道路的显著优越性，为广大发展中国家走向法治现代化提供了中国经验、中国道路，为人类法治文明发展和全球治理体系变革贡献了中国智慧、中国方案。首先，习近平法治思想指引中国特色社会主义法治道路越走越宽广，展现了中国式法治现代化的光明前景。中国是世界上最大的发展中国家，有着超大规模的经济体量、超长时间的历史纵深、超大幅员的国土面积、超大数量的人口规模、超常复杂的社会结构和赓续绵延的文化血脉，中国式法治现代化的实践无疑是世界级的伟大样本，引领中国迈向法治现代化的科学理论无疑具有世界意义。习近平法治思想始终强调“坚持中国特色社会主义法治道路”，“扎根中国文化、立足中国国情、解决中国问题”[①]，坚持从我国实际出发和遵循法治规律相统一，坚持传承中华法治文明和借鉴国际法治经验相统一，坚持推动法治与时俱进和保持法治稳定性延续性相统一，破除了法治发展的“西方中心主义”，开拓了中国式法治现代化的光明道路。中国式法治现代化的实践，坚持在党的领导下推进法治建设，避免了很多国家在法治转型过程中因政党相互掣肘产生的社会成本，或动摇执政党地位造成的社会动荡；坚持在发展中国家的经济社会条件下推进法治建设，成功地处理了经济发展、社会稳定和法治变革的关系；坚持在保证国家根本政治制度和基本政治制度不变的前提下推进法治建设，发展和完善国家制度和治理体系，实现了我国在深刻变革中既生机勃勃又井然有序的良好社会局面。这些经验，对于广大发展中国家解决法治现代化过程中面临的种种困境具有十分重要的借鉴意义。其次，习近平法治思想为人类探索更加优越的社会制度贡献了中国智慧。衡量一个社会制度是否科学、是否先进，主要看是否符合国情、是否有效管用、是否得到人民拥护。党的十八大以来，习近平法治思想指引深化全面依法治国实践，推动中国特色社会主义法治体系不断完善，我国制度优势不断转化为治理效能，我国国家制度和法律制度展现出显著优越性和强大生命力。习近平法治思想揭示了“两大奇迹”的制度密码，夯实了“中国之治”的制度根基，集中体现了中国共产党和当代中国对人类制度文明的卓越贡献。比如，习近平法治思想指引坚持和完善“一国两制”制度体系，推动建立健全特别行政区维护国家安全的法律制度和执行机制、制定《香港特别行政区维护国家安全法》、完善香港选举制度，坚持通过法治方式使香港实现由乱转治的转折、开启由治及兴的进程，为“一国两制”行稳致远奠定坚实基础。这是在邓小平同志提出“一国两制”方针之后的新发展，是对世界和平和制度文明发展的新贡献。再如，习近平法治思想指引新时代人民司法发展实践，为克服司法发展的时代难题指明方向，作出推进司法责任制改革、健全矛盾纠纷多元化解决机制、设立互联网法院等一系列重大部署，引领司法体制改革和智慧法院建设向着前所未有的纵深推进，推动公正高效权威的社会主义司法制度更加成熟定型，为世界司法文明发展提供了中国经验。最后，习近平法治思想为推动全球治理体系朝着更加公正合理的方向发展提供了中国方案。习近平法治思想深刻洞察世界百年未有之大变局的历史方位和时代走向，统筹推进国内法治和涉外法治，强调法治在推进全球治理体系变革中的重要作用，创造性地提出共商共建共享的全球治理观、运用法治和制度规则协调各国关系和利益、坚定维护国际法基本原则和国际关系基本准则、推进全球治理规则民主化法治化、以公平

① 习近平:《习近平谈治国理政》(第四卷)，外文出版社 2022 年版，第 301 页。

正义为理念引领全球治理体系变革等一系列重大理论观点，为全球治理体系变革和国际政治文明发展提供了方向指引。习近平法治思想始终强调以文明互鉴超越文明冲突，习近平总书记亲自为中国法治国际论坛、世界环境司法大会等法治领域国际会议致贺信，推动各国加强法治文明交流互鉴和执法司法务实合作，为推动构建人类命运共同体凝聚世界法治的智慧和力量。

中华法系曾在历史上创造了辉煌法治文明，对东亚、东南亚的中华文明圈国家产生了深远影响。在当代中国和当今世界，坚持和发展习近平法治思想，就是真正坚持和发展中国特色社会主义法治理论，就是真正坚持和发展马克思主义法治理论。只要我们真学真信笃行习近平法治思想，不断发展完善中国特色社会主义法治体系，就一定能够创造更高水平的社会主义法治文明，就一定能够为人类政治和法律文明进步作出新的更大贡献。

二、习近平法治思想在人民法院的生动实践

全面推进依法治国，必须坚持严格公正司法。党的二十大报告深刻指出“公正司法是维护社会公平正义的最后一道防线”，对严格公正司法作出系统安排。人民法院在建设中国特色社会主义法治体系、建设社会主义法治国家的伟大进程中承担着重要职责，必须始终沿着习近平法治思想指引的方向阔步前进，不负党和人民重托，努力让人民群众在每一个司法案件中感受到公平正义。

党的十八大以来，在以习近平同志为核心的党中央坚强领导下，人民法院坚持以习近平新时代中国特色社会主义思想为指导，深入贯彻习近平法治思想，深刻领悟“两个确立”的决定性意义，增强“四个意识”、坚定“四个自信”、做到“两个维护”，毫不动摇坚持党对司法工作的绝对领导，坚定不移走中国特色社会主义法治道路，紧紧围绕“努力让人民群众在每一个司法案件中感受到公平正义”目标，坚持司法为民、公正司法工作主线，依法审理执行案件2.21亿件，切实履行维护国家政治安全、确保社会大局稳定、促进社会公平正义、保障人民安居乐业的职责任务，纵深推进司法体制改革和智慧法院建设，大力加强过硬法院队伍建设，与时俱进、开拓创新、攻坚克难、苦干实干，推动审判体系和审判能力现代化水平不断提高，人民法院工作从理念到实践、从体制到机制、从作风到能力都发生了深刻变革、实现了长足发展，人民司法事业发展在新时代实现历史性跨越，为建设更高水平的平安中国、法治中国作出积极贡献，为全面建设社会主义现代化国家提供有力司法服务。

（一）牢固树立新时代正确司法理念，在习近平法治思想旗帜指引下坚定不移走中国特色社会主义法治道路

理念是行动的先导，一定的发展实践都是由一定的发展理念来引领的。实践的发展变革往往自理念深刻转变开始，理念是否对头，也从根本上决定着实践发展的方向、成效乃至成败。理念一新天地宽。在习近平法治思想旗帜指引下，新时代正确司法理念逐步树立起来，这是一切司法实践的指挥棒、红绿灯，是新时代人民法院工作始终沿着正确方向前进的根本抓手。

党的十八大以来，在以习近平同志为核心的党中央坚强领导下，最高人民法院党组坚持以习近平新时代中国特色社会主义思想武装头脑、指导实践、推动工作，以习近平法治思想立心铸魂、指导树立新时代正确司法理念，紧紧围绕“努力让人民群众在每一个司法案件中感受到

公平正义”目标改进工作，团结带领全国法院和广大干警强化理论武装、清除错误认识、树牢法治自信、坚定正确方向，切实用新时代正确司法理念指引审判实践，始终沿着中国特色社会主义法治道路笃定前行。

1. 鲜明提出“维护核心、绝对忠诚、听党指挥、勇于担当”的十六字政治要求

党的十八大以来，习近平总书记以深厚人民情怀、卓越政治智慧、强烈使命担当带领全党全国各族人民发扬伟大历史主动精神，采取一系列战略性举措，推进一系列变革性实践，实现一系列突破性进展，取得一系列标志性成果，经受住了来自政治、经济、意识形态、自然界等方面的风险挑战考验，推动党和国家事业取得历史性成就、发生历史性变革，推动我国迈上全面建设社会主义现代化国家新征程，成为众望所归、当之无愧的党的核心、人民领袖、军队统帅。习近平总书记连续八年主持中央政治局常委会会议听取最高人民法院党组工作汇报，定向领航新时代人民司法发展。最高人民法院党组坚持从自身做起，深刻认识“两个确立”的决定性意义，始终把“两个维护”作为最高政治原则和根本政治规矩，以党的旗帜为旗帜、以党的方向为方向、以党的意志为意志，团结带领全国法院把坚持党的绝对领导深深铭刻在灵魂中、熔铸在血液里。2013 年 3 月，全国“两会”胜利闭幕不久，最高人民法院党组就提出以习近平总书记系列重要讲话精神武装头脑、指导实践、推动工作，这是思想上政治上行动上用党的创新理论武装头脑、同党中央保持高度一致的真诚自觉。2016 年，最高人民法院党组又鲜明提出“维护核心、绝对忠诚、听党指挥、勇于担当”的十六字政治要求，始终把坚决做到“两个维护”作为首要任务并贯穿服务大局、司法为民、公正司法全过程。团结带领全国法院 59 万名干警旗帜鲜明讲政治，牢牢坚持党对司法工作的绝对领导，认真贯彻《中国共产党政法工作条例》，健全完善做到“两个维护”的制度机制，确保在政治立场、政治方向、政治原则、政治道路上始终同以习近平同志为核心的党中央保持高度一致。全面贯彻习近平总书记重要讲话和指示批示精神，每召开一次会议，每组织一次学习，每部署一项工作，每作出一项决策，都坚持以贯彻习近平新时代中国特色社会主义思想为根本遵循，以贯彻党中央决策部署为前提，确保人民法院工作始终沿着习近平总书记指引的航向前进。始终把党的领导落实到法院工作全过程各方面，严格执行重大事项请示报告制度，确保重大事项让党中央知道、由党中央决定。不断提高政治判断力、政治领悟力、政治执行力，坚持从政治上观察和处理问题、认识和推动司法工作，自觉把讲政治和讲法律统一起来，把执行党的路线方针政策同执行国家法律统一起来，通过充分履行司法职能保障宪法法律正确实施，坚决落实和维护党的全面领导。

2. 明确“努力让人民群众在每一个司法案件中感受到公平正义”工作目标

习近平总书记指出要“努力让人民群众在每一项法律制度、每一个执法决定、每一宗司法案件中都感受到公平正义”[①]，深刻指明了司法工作的目标。公平正义是中国特色社会主义的内在要求。司法在消除社会不公、维护公平正义方面扮演着重要角色，被认为是维护社会公平正义的最后一道防线。2013 年 3 月全国“两会”后，最高人民法院党组明确把习近平总书记提出的“努力让人民群众在每一个司法案件中感受到公平正义”作为人民法院工作目标，一切工

① 习近平：《加强党对全面依法治国的领导》，载《求是》2019 年第 4 期。

作都围绕这个目标开展。无论是司法理念、司法政策，还是司法改革、司法裁判，凡是符合、适应这个目标的就要牢牢坚持、巩固提升，凡是不符合、不适应这个目标的都要坚决纠正、切实改进。党的十八大以来，“努力让人民群众在每一个司法案件中感受到公平正义”工作目标不仅悬挂在全国法院办公场所和人民法庭最显著位置，更重要的是每一名干警记在心里、扛在肩上、落实到行动中。全国法院坚决贯彻落实党中央关于保障和促进社会公平正义的重大决策部署，正确把握新时代人民群众对公平正义的新期待，努力学深悟透做实以人民为中心的发展思想，以促进社会公平正义、增进人民福祉为出发点和落脚点，坚持程序公正与实体公正相统一，坚持公正与效率相统一，立足司法职能维护和促进社会公平正义，推动实现权利公平、机会公平、规则公平，努力让人民群众切实感受到公平正义就在身边，积极促进人的全面发展、推动社会全面进步。

3. 确立司法为民、公正司法的工作主线

习近平总书记指出“政法机关的职业良知，最重要的就是执法为民”，强调“公平正义是执法司法工作的生命线”，[①]强调“推进公正司法，必须坚持司法为民，回应人民群众对司法公正公开的关注和期待”[②]，深刻阐明了司法工作“为民”和“公正”的主线。党的十八大以来，人民法院围绕我国社会主要矛盾的变化，紧扣司法为民、公正司法主线推动工作，惩治犯罪、保护人民、定分止争、化解矛盾，做到既稳准狠打击敌人、震慑犯罪，又及时妥善化解人民内部矛盾，依法保障人民权益。一方面，坚持司法为民，对群众深恶痛绝的事零容忍、对群众急难愁盼的事零懈怠。聚焦群众反映强烈的难点痛点堵点问题，一仗接着一仗打，扎扎实实解决实际问题。针对人民群众反映的立案难问题，全面实行立案登记制，做到跨域立案服务全覆盖，使立案难真正成为历史。针对人民群众反映执行难问题，从 2016 年开始，利用三年时间，坚决打赢了“基本解决执行难”这场攻坚战。继全面实行立案登记制、“基本解决执行难”之后，着眼破解诉讼难、方便群众诉讼，经过三年多不懈努力，中国特色一站式多元纠纷解决和诉讼服务体系全面建成，为群众提供了多样化纠纷解决方案和权利救济渠道。同时，司法工作也是群众工作，坚持在定分止争、化解矛盾中深入践行党的群众路线，努力做到既解决案件的“法结”、又化解群众的“心结”。另一方面，坚持公正司法，以事实为根据、以法律为准绳，准确认定事实，精准适用法律，以对法律负责、对人民负责、对历史负责的态度处理每一起案件，捍卫宪法法律尊严，维护社会公平正义。在依法审理夏俊峰案、于欢案、张扣扣案等重大敏感案件时，不为各种纷繁所扰，不为各种噪音所惑，不为各种压力所阻，在众声喧哗中保持法治定力，刚正不阿、勇于担当，坚决维护党和人民利益、维护社会稳定、维护法治权威。

4. 紧紧围绕党和国家工作大局履职尽责

习近平总书记指出，“中国特色社会主义实践向前推进一步，法治建设就要跟进一步”[③]。

---

① 习近平：《论坚持全面依法治国》，中央文献出版社 2020 年版，第 47 页、第 259 页。

② 中共中央宣传部、中央全面依法治国委员会办公室编：《习近平法治思想学习纲要》，人民出版社、学习出版社 2021 年版，第 33 页。

③ 中共中央宣传部、中央全面依法治国委员会办公室编：《习近平法治思想学习纲要》，人民出版社、学习出版社 2021 年版，第 63 页。

最高人民法院党组始终牢记“国之大者”，坚持把法院工作放到党和国家事业发展全局中统筹把握，坚持聚焦大局、围绕大局、服务大局，团结带领全国法院完整、准确、全面贯彻新发展理念，立足新发展阶段，依法服务构建新发展格局、推动高质量发展，紧紧围绕经济社会发展大局稳定履职尽责、精准发力，努力做到党中央决策部署到哪里，人民法院工作落实就跟进到哪里；经济社会发展到什么阶段，人民法院工作就跟进到什么阶段。切实找准法院工作和经济社会发展大局的结合点、着力点，努力创造安全的政治环境、稳定的社会环境、公正的法治环境、优质的服务环境。围绕打好三大攻坚战和京津冀协同发展、长江经济带发展、“一带一路”、雄安新区、粤港澳大湾区、自贸试验区、自由贸易港、创新驱动发展、网络强国、乡村振兴、美丽中国建设等重大发展战略，逐项研究司法服务保障措施，出台司法政策，完善工作机制，确保党中央各项决策部署在人民法院得到不折不扣贯彻执行。在案件审判执行中，强调不能就案办案、机械办案，要注重法律效果、政治效果、社会效果的统一，坚持通过法定程序推动党中央决策部署在司法工作中得到贯彻落实，用法治思维和法治方式为经济社会持续健康发展提供司法服务。比如，破产审判领域，着眼服务供给侧结构性改革，尽可能帮助有发展前景的企业走出困境，稳住职工就业，保护上下游产业链和中小投资者权益，一些重大破产重整案件取得很好效果。比如，执行领域，强调善意文明执行，依法审慎适用强制措施，最大限度降低对企业生产经营的不利影响。围绕高效统筹疫情防控和经济社会发展充分发挥司法职能作用，落实依法防控疫情的要求，依法惩治涉疫犯罪，源头预防化解涉疫矛盾，出台司法助力中小微企业发展 20 条等司法举措和处理涉疫民商事案件系列司法政策，切实为市场主体纾困解难，精准服务“六稳”“六保”。

5. 确保司法裁判法律效果、政治效果、社会效果相统一

习近平总书记指出“要树立正确法治理念，把打击犯罪同保障人权、追求效率同实现公正、执法目的同执法形式有机统一起来，坚持以法为据、以理服人、以情感人，努力实现最佳的法律效果、政治效果、社会效果”[①]。人民法院坚持以习近平法治思想为指导，将新时代正确司法理念贯穿刑事、民事、行政等各个审判领域，切实纠正偏离人民立场、机械司法、就案办案的错误做法，积极回应人民群众对公平正义的追求。刑事审判方面，毫不动摇贯彻党和国家的死刑政策，准确把握宽严相济刑事政策，准确实施认罪认罚从宽制度，准确适用刑事附带民事调解制度，兼顾国法天理人情，积极回应人民群众朴素正义观。坚持惩罚犯罪与保障人权相统一，坚持罪刑法定、罪责刑相适应、证据裁判等原则，坚守防范冤错案件底线，坚决守好维护社会公平正义的最后一道防线。民事审判方面，坚持平等、自愿、公平、诚信、绿色等基本原则，把握坚持主体平等、保护财产权利、便利交易流转、维护人格尊严、促进家庭和谐、追究侵权责任等基本要求，强化契约精神，切实维护人民权益、化解矛盾纠纷、促进社会和谐稳定。大力弘扬社会主义核心价值观，明辨是非、惩恶扬善，平衡利益、定分止争，坚决同“和稀泥”做法说不，立“明规则”、破“潜规则”，努力让全社会充满正气、正义。行政审判方

① 中共中央宣传部、中央全面依法治国委员会办公室编：《习近平法治思想学习纲要》，人民出版社、学习出版社 2021 年版，第 109 页。

面，强调“到位不越位”，强化合法性审查，支持、监督行政机关依法行政，同时坚决防止司法代替行政，促进行政争议实质性化解，促进法治政府建设，维护人民群众合法权益。

6. 努力创造更高水平的社会主义司法文明

习近平总书记指出，“中国特色社会主义法治体系是中国特色社会主义制度的重要组成部分，必须牢牢把握中国特色社会主义这个定性”①。人民法院牢牢把握司法工作正确方向，不折不扣做到“十一个坚持”，无论司法理念、司法政策，还是司法裁判、司法改革，都坚持以习近平法治思想为指引，都扎根中国文化、立足中国国情、解决中国问题，坚决抵制西方“宪政”“三权鼎立”“司法独立”等错误思潮影响。严格落实意识形态工作责任制，在大是大非问题上始终保持头脑清醒、敢于亮剑，坚定不移走中国特色社会主义法治道路，旗帜鲜明同一切削弱歪曲否定党的领导和社会主义制度的错误言行作斗争，坚决维护司法领域意识形态安全。2017 年初，人民法院坚持正面发声，批驳错误言论，打了一场不期而遇同西方错误思潮作斗争的遭遇战，划清了人民法院依法独立公正行使审判权同西方“司法独立”的界限。同时，最高人民法院党组指导各级人民法院坚定“四个自信”，把讲政治和讲法律统一起来，通过公正高效审理案件，彰显社会主义司法制度的优越性。编写《中国共产党推进法治建设的实践与理论研究》《西方错误法治思潮批判》等教材，引导广大干警在习近平法治思想指导人民司法事业发展的生动实践中感悟思想伟大、增强道路自信。始终以习近平法治思想武装全体干警头脑，实现全员培训、全员学习、全员覆盖，把西方错误思潮彻底从干警头脑中清除出去，树立法治自信、坚定正确人生方向。通过举办理论研讨会、主题展览，刊发系列评论文章，深入开展全媒体直播活动，全方位展现我国法治建设和人民司法事业发展取得的重大成就，中国特色社会主义法治道路和司法制度的影响力不断增强。

新的征程上，人民法院要在真学真信笃行习近平法治思想上持续用力，增强忠诚核心、拥戴核心、维护核心、捍卫核心的思想自觉、政治自觉和行动自觉，毫不动摇坚持党的领导、人民当家作主、依法治国有机统一，牢固树立、切实践行新时代正确司法理念，主动服务和融入党和国家事业发展全局，依法保障人民权益，维护和促进社会公平正义，沿着习近平法治思想指引的方向，努力创造更高水平的社会主义司法文明，切实把“两个维护”体现在依法履职尽责、推进法治建设的实效上。

（二）全面深化司法体制改革，加快建设公正高效权威的社会主义司法制度

习近平总书记指出，“解决法治领域的突出问题，根本途径在于改革”②，强调“要遵循司法规律，把深化司法体制改革和现代科技应用结合起来，不断完善和发展中国特色社会主义司法制度”③。党的二十大报告明确提出“坚持深化改革开放”的重大原则，强调深入推进改革创新，并对深化司法体制综合配套改革作出部署。党的十八大以来，习近平总书记亲自谋划、亲

---

① 习近平：《习近平谈治国理政》（第四卷），外文出版社 2022 年版，第 301 页。

② 习近平：《习近平谈治国理政》（第四卷），外文出版社 2022 年版，第 66 页。

③ 习近平：《坚定不移推进司法体制改革 坚定不移走中国特色社会主义法治道路》，载《人民日报》2017 年 7 月 11 日。

自部署，围绕建设中国特色社会主义法治体系、建设社会主义法治国家，围绕维护社会公平正义，以前所未有的力度深化以司法责任制为重点的司法体制改革，着力解决影响司法公正和制约司法能力的体制性、机制性、保障性障碍，推动司法体制改革取得历史性成就，让公平正义成为新时代的鲜亮底色。司法改革是破解难题之举，是新时代人民法院工作的鲜明特征。人民法院坚决落实党中央司法改革部署，坚持正确改革方向，坚持人民满意标准，坚持以提高司法公信力为根本尺度，奔着问题去、迎着困难上，将司法体制改革和智慧法院建设作为"车之两轮、鸟之双翼"，敢于啃硬骨头、涉险滩、闯难关，做成了想了很多年、讲了很多年但没有做成的改革。司法体制改革从夯基垒台到积厚成势，智慧法院建设从探索应用到迭代升级，体制变革和科技创新双轮促进审判体系和审判能力现代化水平不断提高，推动司法质量、效率和公信力不断提升，公正高效权威的社会主义司法制度更加成熟定型。

1. 把握正确改革方向和改革方法论

习近平总书记指出，"全面深化改革是为了党和人民事业更好发展，而不是为了迎合某些人的掌声和喝彩，更不能拿西方的理论、观点来套在自己身上，要坚持从我国国情出发，从经济社会发展实际要求出发"①，强调"改革开放是前无古人的崭新事业，必须坚持正确的方法论，在不断实践探索中推进"②。人民法院深入贯彻习近平总书记关于坚持正确改革方向和方法论的一系列重要论述，深刻把握司法规律和工作方法，统筹推进各项司法改革任务。坚持正确政治方向。牢牢把握我国司法制度是中国特色社会主义司法制度的定性，深化司法体制改革，坚持符合国情和遵循司法规律相结合，坚持问题导向，紧紧围绕更好坚持党的领导、更好发挥我国司法制度的特色、更好促进社会公平正义的方向去改革，借鉴吸收世界优秀法治文明成果，但决不把司法改革变成"对标"西方法治体系、"追捧"西方法治实践。坚持规划部署和狠抓落实相结合。科学编制司法改革规划，统筹党的十八大和十九大部署的各项改革任务，确保一张蓝图绘到底。最高人民法院司法改革领导小组充分发挥职能作用，优化司法改革台账管理，紧盯任务落实，强化经验交流、业务指导、实效评估、专项督察，确保各项改革任务一体推进、一体落实。截至 2021 年底，中央《关于政法领域全面深化改革的实施意见》确定由最高人民法院牵头的 29 项改革任务中，26 项已经完成，其余各项均取得实质性进展。人民法院"四五改革纲要"全面收官，"五五改革纲要"稳步推进，提出的 65 项改革举措中，85% 已全面推开。坚持系统推进和突出重点相结合。紧紧牵住司法责任制这个"牛鼻子"，首先推进"四梁八柱"的基础性改革，同时在系统推进、整体推进、配套推进上下功夫，不断提升改革系统集成能力。坚持加强顶层设计和发挥基层首创精神相结合。对涉及司法体制和法律修改的重大改革，自上而下部署推进。健全试点工作机制，印发司法改革典型案例，完善落实容错机制，鼓励基层探索实践。坚持改革决策和立法决策相统一、相衔接。坚持重大改革于法有据，重大改革需要修改法律的，先修改法律；重要改革举措需要得到授权的，按法律程序进行，经过实践

① 习近平：《论坚持全面依法治国》，中央文献出版社 2020 年版，第 60 页。

② 中共中央文献研究室编：《习近平关于全面深化改革论述摘编》，中央文献出版社 2014 年版，第 34 页。

检验行之有效的改革举措，及时推动立法，促进改革和法治同步推进。严格落实重大事项请示报告制度，及时报告改革方案、意见及进展情况等事项。

2. 全面落实司法责任制

习近平总书记指出，“要全面落实司法责任制，让司法人员集中精力尽好责、办好案，提高司法质量、效率、公信力”①。党的二十大报告进一步强调要全面准确落实司法责任制。人民法院扭住司法责任制这一重大基础性改革，强化司法责任体系建设，着力解决法官亲历性的问题。凡是进入法官员额的，都要到司法一线办案，对案件质量终身负责，“让审理者裁判，由裁判者负责”的新型审判权力运行机制真正建立起来了。全面完成法官员额制改革。全国法院共遴选产生12.8万余名员额法官，切实让法官回归办案本位，使有限的审判资源从分散走向集中。完善法院员额遴选、管理、退出和省级统筹、动态调整制度机制，“能进能出”“能上能下”“动态调整”的员额管理机制基本建成。2021年，全国法官人均办案238件，一审服判息诉率为88.7%，二审后达98%，二审改判和发回重审率为16%，长期未结诉讼案件同比减少16.3%，审判质效不断提升。做到充分有序放权。落实独任庭、合议庭办案责任，组建新型审判团队，形成“谁审理、谁裁判、谁负责”办案模式，全国法院98%以上案件的裁判文书由独任庭、合议庭直接签发，实现审判权力运行由院庭长主导向审判组织主导的转变。加强审判权力制约监督。落实中央关于健全执法司法制约监督制度机制的任务部署，最高人民法院印发完善人民法院审判权力和责任清单的指导意见，明确各类人员权责边界，完善权责清单制度，强化院庭长监督管理职能，健全“四类案件”智能化识别监督机制，确保放权不放任、用权受监督。改革审判委员会制度和专业法官会议工作机制，推进完善统一法律适用、类案检索、法律适用分歧解决、案例指导等工作，加强对各高级人民法院审判业务文件审查，规范法官裁量权。推动人员分类和单独职务序列管理改革，健全完善配套职业保障制度，为法官严格公正司法撑腰打气，解除后顾之忧。建立法官惩戒制度，完善法官惩戒工作程序规定，推动在全国省级层面成立法官惩戒委员会，扎紧违法审判责任追究的制度闭环。

3. 深化诉讼制度改革

习近平总书记指出，“充分发挥审判特别是庭审的作用，是确保案件处理质量和司法公正的重要环节”②，“要深化诉讼制度改革，推进案件繁简分流、轻重分离、快慢分道”③。党中央着眼保证公正司法、提高司法效率，部署了以审判为中心的诉讼制度改革等一系列深化诉讼制度改革举措。人民法院按照党中央部署，围绕提升审判质量和效率推进诉讼制度改革，在更深层次推进公正与效率的统一。深入推进以审判为中心的诉讼制度改革。推进实施庭前会议、非法证据排除、法庭调查“三项规程”，全面落实证据裁判原则，健全证人、鉴定人、侦查人员出庭作证机制，推进庭审实质化，保证庭审在查明事实、认定证据、保护诉权、公正裁判中发挥决定性作用，切实以法庭审判的程序公正实现案件裁判的实体公正。把尊重和保障人权贯穿

---

① 习近平：《论坚持全面依法治国》，中央文献出版社2020年版，第248页。

② 习近平：《关于〈中共中央关于全面推进依法治国若干重大问题的决定〉的说明》，载《人民日报》2014年10月29日。

③ 习近平：《论坚持全面依法治国》，中央文献出版社2020年版，第248页。

刑事诉讼制度改革始终，健全刑事辩护制度，推动实现刑事案件律师辩护全覆盖，依法充分保障被告人辩护权，人权司法保障机制更加健全。规范量刑程序，探索制定常见犯罪证据标准指引，促进量刑公开公正。深化认罪认罚从宽制度改革并依法准确适用，完善刑事案件速裁程序运行机制，推动《刑事诉讼法》修改，健全中国特色的刑事诉讼程序体系。深入开展民事诉讼程序繁简分流改革。完成为期两年的民事诉讼程序繁简分流改革试点，坚持“简化程序不减权利，提高效率不降标准”，司法确认程序、小额诉讼程序、简易程序、独任审判、在线诉讼等程序机制更加完善，司法资源配置更加优化，诉讼程序与案件疑难复杂程度更加匹配，司法效能明显提升，试点成果上升为民事诉讼立法，促进了民事诉讼制度发展完善。改革人民陪审员制度。落实《人民陪审员法》，扩大参审范围，依法保障人民陪审员履行审判职责，推进人民陪审员“倍增计划”，提高人民陪审员广泛性和代表性。配套制定《关于适用〈中华人民共和国人民陪审员法〉的解释》《人民陪审员培训、考核、奖惩工作办法》，推动人民陪审员制度体系不断健全完善。自《人民陪审员法》实施以来，新选任人民陪审员 22 万余人，人民陪审员总数达 33.6 万余人，比 2013 年增加近 3 倍，全国人民陪审员参审各类案件 1173 万余件，参审权利得到切实保障。

4. 健全人民法院组织体系

习近平总书记指出，“政法系统要在更高起点上，推动改革取得新的突破性进展，加快构建优化协同高效的政法机构职能体系”①。经济社会发展和案件日趋专业复杂对人民法院和法官专业化要求越来越高，维护和促进社会公平正义也要求通过优化法院组织机构设置予以保障。人民法院通过完善人民法院组织体系和机构职能体系，推进审判专门化、专业化改革，建立健全适应国家发展战略需要、适应司法职能定位的法院组织体系，审判执行工作迈向更加科学化、专业化、精细化。设立最高人民法院巡回法庭。最高人民法院设立 6 个巡回法庭覆盖六大区域。深化巡回法庭制度改革，完善巡回法庭职能定位和工作机制，健全综合配套保障措施。6 个巡回法庭自设立以来共审结案件 9 万余件，妥善处理一批历史形成的跨行政区域重大行政和民商事案件，实现了审判机关重心下移、就地解决纠纷、方便当事人诉讼等改革目标，被群众称为“家门口的最高人民法院”。健全专业化审判组织机构体系。健全知识产权专门化审判体系，设立最高人民法院知识产权法庭，加强北京、上海、广州知识产权法院建设，设立海南自贸港知识产权法院，支持南京、武汉、深圳等 27 地设立专门审判机构，服务优化创新法治环境。设立最高人民法院第一国际商事法庭、第二国际商事法庭，推动设立上海金融法院、北京金融法院、成渝金融法院，并在部分中级人民法院设立破产法庭、环境资源法庭、国际商事法庭、劳动法庭等专门审判机构，新设南京海事法院，加强海事法院建设，不断提高审判专业化能力水平。探索设立跨行政区划人民法院。加强北京、上海跨行政区划法院建设，2 个法院依法审理跨地区的行政诉讼案件、重大民商事案件、重大环境资源保护案件、重大食品药品安全案件和部分重大刑事案件，确保涉及地方利益的案件得到公正处理，积极推进行政案件跨行政区划集中管辖，破解“诉讼主客场”现象。推动整合铁路运输法院、林区法院、农垦法院等

① 习近平：《论坚持全面依法治国》，中央文献出版社 2020 年版，第 248 页。

机构，进一步优化司法资源配置。推动完成基层法院内设机构改革。坚持优化协同高效原则，全国基层法院内设机构数量精简约40%，实现扁平化管理，与基层法院职能定位、权力行使模式相适应的内设机构体系初步建立。扎实推进四级法院审级职能定位改革试点。根据全国人大常委会授权，最高人民法院牵头开展四级法院审级职能定位改革试点，健全完善案件移送管辖和提级审理机制，改革再审审查机制，探索将具有法律适用指导意义、关系重大国家利益和社会公共利益的案件交由较高层级法院审理，试点以来各高级、中级人民法院提级管辖案件同比增长19.5%，有效强化上级法院统一裁判尺度、监督公正司法职能，四级法院审级职能日益优化、职权配置更加科学。

5. 深化智慧法院建设

习近平总书记强调“没有信息化就没有现代化”[①]，“要推动大数据、人工智能等科技创新成果同司法工作深度融合”[②]。党的二十大报告就加快建设网络强国、数字中国等作出重大部署。人民法院深入贯彻习近平总书记关于网络强国的重要思想，以司法数据中台、智慧法院大脑、在线法院建设为牵引，积极推进以5G、互联网、大数据、云计算、区块链、人工智能等信息技术与审判执行工作深度融合，建成全业务网上办理、全流程依法公开、全方位智能服务的智慧法院。面对疫情，智慧法院大显身手，实现“审判执行不停摆、公平正义不止步”。智慧法院创新成果在国家“十三五”科技创新成就展全方位展示，加强智慧法院建设进入国家“十四五”规划纲要，科技赋能司法展现广阔前景。强化智慧服务。将中国移动微法院升级为人民法院在线服务平台，为人民群众提供全链条、一站式的移动电子诉讼服务，在线为人民群众提供立案、调解、交费、送达、保全、鉴定、质证、移动庭审等便捷高效的诉讼服务。截至2022年9月，平台实名注册人数1300万余人，接收网上立案申请2100万余件。强化智慧审判。推进电子卷宗随案同步生成和深度应用工作，促进电子卷宗全链条流转使用。上线智慧法院导航、类案智能推送等系统，研发“法信”平台、智审系统等智能审判辅助系统，完善推广庭审语音识别、裁判文书智能纠错等应用，促进提高审判工作质效。用科技武装法庭，打破庭审空间局限。强化智慧执行。全国四级法院执行指挥管理平台实现四级法院联动指挥。上线执行案件流程信息管理系统，规范执行工作流程。通过网络执行查控体系破解查人找物难题，通过联合信用惩戒系统有效震慑失信被执行人，通过网络司法拍卖化解财产变现难题，执行信息化水平不断提升。强化智慧管理。建成全世界最大的司法审判信息资源库，人民法院大数据管理和服务平台实现全国法院所有案件信息实时、自动汇聚，每5分钟自动更新一次。截至2022年9月，平台已汇集2.9亿余件案件。建成全国统一司法区块链平台，完成超过27.7亿条数据上链存证固证，电子证据、电子送达存验证防篡改效果明显。深化司法大数据研究应用，围绕经济社会运行出具1200余份专题分析报告，以“数助决策”服务社会治理。

---

① 《习近平：总体布局统筹各方创新发展 努力把我国建设成为网络强国》，载《人民日报》2014年2月28日。

② 中共中央宣传部、中央全面依法治国委员会办公室编：《习近平法治思想学习纲要》，人民出版社、学习出版社2021年版，第90页。

6. 全方位深化司法公开

习近平总书记强调，“要坚持以公开促公正、以透明保廉洁，增强主动公开、主动接受监督的意识，让暗箱操作没有空间，让司法腐败无法藏身”[①]。人民法院深入推进审判流程、庭审活动、裁判文书、执行信息四大公开平台建设，形成传统媒体和政务网站、白皮书、新闻发布会、12368 诉讼服务热线、微博微信新媒体等多样化司法公开新格局，全面拓展公开的广度深度，最大限度满足人民群众知情权，最大限度减少寻租和腐败空间，让司法经得起“围观”。建成全国法院减刑、假释、暂予监外执行信息网，落实“五个一律”要求，推行减刑假释案件全流程一律依法公开，为防止“纸面服刑”“提‘钱’出狱”等减刑假释环节司法腐败问题发挥了积极作用。近年来，人民法院依法审理薄熙来案、于欢案、张文中案等重大案件，都是通过多媒体进行公开，让热点案件审判成为全民共享的法治公开课。坚持主动公开、依法公开、全面公开、实质公开，出台进一步深化司法公开 31 条举措，让人民群众参与司法，让公平正义看得见。畅通民意沟通渠道，通过法院公众开放日、开通留言栏目等方式，打造法院与民众良性互动机制。截至 2022 年 9 月，中国裁判文书网累计公开裁判文书超过 1.3 亿份、浏览人次超过 900 亿人次，中国庭审公开网直播庭审超过 2000 万场、网上观看庭审直播超过 500 亿人次，中国裁判文书网和中国庭审公开网分别成为全球最大的裁判文书公开网站和政务视频直播网站，开放、动态、透明、便民的阳光司法机制日趋成熟定型。很多国外法院代表团来华访问时，都对中国法院司法公开程度之深、范围之广感到钦佩。司法公开让公平正义的阳光照进人民心田，成为中国司法走向世界的重要标志和展示中国司法改革成就的重要窗口，充分展现了中国特色社会主义司法制度的优越性。

7. 完善互联网司法模式

习近平总书记指出，“要完善数字经济治理体系，健全法律法规和政策制度，完善体制机制，提高我国数字经济治理体系和治理能力现代化水平”[②]，并从战略高度亲自谋划部署互联网法院建设。人民法院以互联网法院建设为抓手，积极探索互联网司法规则体系，推动智慧法院从现代科技工具性运用逐步向规则治理和制度构建迈进。根据党中央部署，先后在杭州、北京、广州设立 3 个互联网法院，积极回应社会司法需求，科学确定管辖范围，健全完善诉讼规则，构建统一诉讼平台，推动网络空间治理法治化。3 个互联网法院推广“网上案件网上审理”，审理时间比传统审理模式节约了 50%，让群众享受在线诉讼便利。依法审理“小猪佩奇”“直播带货”“暗刷流量”等一批典型涉互联网案件，明确平台责任、数据权属、网络侵权等案件裁判规则，公正高效审理了一批大数据权利归属、虚拟财产保护、人工智能作品著作权权属等新类型、疑难复杂互联网案件，明确网络空间行为规范、权利边界和责任，有力促进了网络空间治理法治化。在全球率先出台人民法院在线诉讼、在线调解、在线运行三大规则，出台加强区块链司法应用意见，以人民为中心、符合科技发展趋势的互联网司法规则体系逐步建立。我国互

① 《习近平出席中央政法工作会议并发表重要讲话》，载《人民日报》2014 年 1 月 9 日。

② 《把握数字经济发展趋势和规律 推动我国数字经济健康发展》，载《人民日报》2021 年 10 月 20 日。

联网司法从技术领先迈向规则引领，为世界互联网法治发展贡献了中国智慧、中国方案。

习近平总书记强调，"要继续推进法治领域改革，解决好立法、执法、司法、守法等领域的突出矛盾和问题"[①]。新的征程上，人民法院将坚持人民满意标准，深入总结司法体制改革经验，坚持改革不停步，不走回头路，敢于动自己的奶酪，敢于打破利益的藩篱，坚定不移深化司法体制改革和智慧法院建设，依靠改革和科技解决体制机制深层次问题和新出现的问题，努力在更高层次上实现权力与责任平衡、放权与监督结合、公正与效率统一，不断完善中国特色社会主义司法制度。

（三）坚决维护国家安全和社会稳定，推动建设更高水平的平安中国

刑事审判承担着惩罚犯罪、保护人民、维护稳定、促进和谐等重要职能，事关国家安全和社会稳定，事关人民群众切身利益，事关平安中国、法治中国建设。党的十八大以来，以习近平同志为核心的党中央高度重视平安中国建设和刑事审判工作，党的十八届三中、四中全会对依法惩治刑事犯罪、推进刑事诉讼制度改革作出重大部署，为刑事司法发展进步、刑事审判职能发挥提供了方向指引。党的二十大报告对推进国家安全体系和能力现代化作出了战略部署，指出"国家安全是民族复兴的根基，社会稳定是国家强盛的前提"，强调健全国家安全体系、增强维护国家安全能力、提高公共安全治理水平、完善社会治理体系。习近平总书记多次强调保证国家安全是头等大事，提出总体国家安全观，要求统筹发展和安全，把安全发展贯穿国家发展各领域全过程，实现高质量发展和高水平安全的良性互动，建设更高水平的平安中国；强调平安是老百姓解决温饱后的第一需求，是极重要的民生，也是最基本的发展环境；明确政法机关要把维护以政权安全、制度安全为核心的政治安全放在首位，坚决遏制严重刑事犯罪高发态势、保障人民生命财产安全。习近平总书记的重要讲话和指示批示，为人民法院发挥刑事审判职能依法打击犯罪、保护人民提供了根本遵循，成为推动刑事审判工作发展的强大力量。最高人民法院先后举行第六次、第七次全国刑事审判工作会议和全国法院刑事审判工作座谈会，对刑事审判进行部署，指导全国法院在习近平法治思想指导下树立新时代刑事司法理念，坚持司法为民、公正司法主线，正确把握和贯彻宽严相济刑事政策，坚持实体公正和程序公正相统一，坚持惩罚犯罪与保障人权相统一，依法审理各类刑事案件，推动刑事司法理念、制度和实践创新，深入推进刑事司法改革，推动健全完善中国特色社会主义刑事司法制度，罪刑法定、疑罪从无、证据裁判、程序公正、非法证据排除等刑事司法理念和法律原则得到确立和显著强化，刑事司法实现历史性发展、取得历史性成就，为新时代续写社会长期稳定奇迹作出积极贡献。2013 年至今，全国法院共审结一审刑事案件 1111 万余件，单独或会同相关部门出台刑事司法解释 150 余件，发布刑事指导性案例 21 件，严重暴力犯罪案件数量持续处于低位，人民群众获得感幸福感安全感不断增强。国际社会普遍认为，我国是世界上最安全的国家之一。

1. 坚决维护政治安全特别是政权安全、制度安全

国家安全是安邦定国的基石，政治安全是根本。人民法院始终把维护国家政治安全特别

① 习近平：《习近平谈治国理政》（第四卷），外文出版社 2022 年版，第 295 页。

是政权安全、制度安全放在首位，会同有关单位出台办理组织利用邪教组织破坏法律实施案件司法解释，制定打击恐怖主义活动和极端主义犯罪意见，依法审理天安门广场“10·28”暴恐案、昆明“3·01”暴恐案、周世锋等人颠覆国家政权案等一批严重危害国家安全的犯罪案件，对各种渗透颠覆破坏、暴力恐怖、民族分裂、宗教极端等犯罪保持高压态势，坚定捍卫国家政权安全和人民根本利益。

2. 有力维护社会大局稳定

经济社会发展、科技日新月异特别是新冠肺炎疫情影响给司法维护安全稳定提出新任务，人民法院主动适应形势任务和犯罪态势变化加以精准研判应对。新冠肺炎疫情发生后，最高人民法院迅速出台依法惩治妨害疫情防控违法犯罪、惩治妨害国境卫生检疫违法犯罪等意见，发布依法惩处妨害疫情防控犯罪、涉医犯罪等典型案例，指导各级人民法院严惩隐瞒出境史致多人隔离、哄抬物价、造谣传谣、“带疫偷渡”、伪造售卖核酸报告等犯罪行为，有力维护疫情防控秩序。在严惩严重危害社会治安犯罪方面，严惩故意杀人、抢劫、绑架、放火、爆炸等严重暴力犯罪，严惩涉枪涉爆、涉赌涉黄、毒品等犯罪毫不手软，人民群众安全感显著增强。在维护金融安全和市场经济秩序方面，聚焦打好防范化解重大风险攻坚战，会同有关单位及时出台司法解释和规范性文件，依法惩治操纵证券期货市场、内幕交易、涉地下钱庄等金融领域犯罪，依法审理康美药业、徐翔、伊世顿等重大证券期货犯罪案件，协作推进重大案件侦查、起诉、审判和资产处置等工作，有力维护金融安全稳定。针对知识产权、网络、毒品、野生动物资源、涉枪等领域新型犯罪和新情况新问题，在深入研究基础上坚决依法精准惩治，准确适用关于低龄未成年人犯罪、妨害传染病防治、非法从事人类基因编辑和克隆胚胎、规制金融市场乱象、打击药品“黑作坊”、抢夺公交车方向盘、“冒名顶替上大学”等刑法方面新规定，客观评估其社会危害性，做到恰当定罪量刑。

3. 依法严惩黑恶势力及其“保护伞”

开展扫黑除恶专项斗争是以习近平同志为核心的党中央作出的重大决策部署。各级人民法院自 2018 年 1 月深入开展为期三年的扫黑除恶专项斗争，会同有关单位出台办理恶势力、“套路贷”和“软暴力”等刑事案件意见，审结涉黑涉恶犯罪案件 3.6 万件 24.4 万人，重刑率达 34.5%，孙小果、杜少平、陈辉民、尚同军、黄鸿发等严重侵害公民人身财产权利和危害社会安全稳定的黑恶势力头目被依法判处死刑；坚持“打财断血”，依法判处财产刑并追缴、没收违法所得；坚持“打伞破网”，严惩公职人员涉黑涉恶保护伞犯罪，社会治安明显改善。专项斗争取得胜利后，常态化开展扫黑除恶专项斗争，持续保持高压态势，同时巩固整治“村霸”“沙霸”“菜霸”“路霸”等成果，健全长效机制，形成有效震慑，2021 年审结涉黑涉恶犯罪案件 3409 件 18360 人。《反有组织犯罪法》出台后，认真抓好贯彻落实，坚决防止黑恶势力“死灰复燃”。

4. 保持惩治腐败犯罪高压态势

进入新时代，党中央坚持有案必查、有腐必惩，以“得罪千百人、不负十四亿”的使命担当祛疴治乱，坚决清除一切腐败分子，反腐败斗争取得压倒性胜利并全面巩固。人民法院认真落实中央反腐败工作部署，依法严惩贪污贿赂、渎职等腐败犯罪，审结腐败犯罪案件中被告人原为中管干部214人，数量之多，级别之高，前所未有。依法审理周永康、薄熙来、郭伯雄、孙政才、令计划、苏荣等重大职务犯罪案件，对赖小民依法判处并执行死刑，充分彰显党中央有腐必惩、有贪必肃的坚强决心。坚持受贿行贿一起查，依法严惩主动行贿、多次行贿、巨额行贿、长期"围猎"干部等行贿犯罪。在党领导完善党和国家监督体系、推动设立国家监察委员会和地方各级监察委员会后，认真落实《监察法》和修改后的《刑事诉讼法》，完善办理职务犯罪案件互相配合、互相制约机制，推动刑事司法与国家监察有机衔接。在配合做好境外追逃追赃方面，与国家监察委员会等联合发布公告敦促职务犯罪境外在逃人员投案自首，出台司法解释完善犯罪嫌疑人、被告人逃匿、死亡案件违法所得没收程序，依法裁定没收"红通33号"黄艳兰贪污违法所得，依法查封冻结彭旭峰等转移至国外的违法所得，适用刑事缺席审判程序审理程三昌案，坚决对腐败分子违法所得一追到底。

5. 坚决维护人民群众生命财产安全

随着我国社会主要矛盾发生新变化，人民对衣食住行用以及权利保障都提出更高要求，刑事审判精准把握人民需求和期待，坚定人民立场，尊重人民群众朴素的公平正义观念，对人民群众反映强烈的犯罪严惩不贷，切实保护人民群众的人身权、财产权和其他合法权益，赢得了群众信赖。在依法惩治电信网络犯罪方面，出台办理电信网络诈骗等刑事案件意见，坚持依法从严、全面、准确惩处，审结张凯闵等85人特大跨境电信诈骗案、徐玉玉被诈骗案等重大案件。在惩处涉及范围广、受害群众多、涉案金额大的涉众型犯罪方面，依法妥善审理"e租宝""泛亚"等一批重大非法集资、组织领导传销活动犯罪案件，重拳惩治"校园贷""套路贷"以及利用投资理财、预付消费等进行的诈骗犯罪，加大财产刑适用力度，充分发挥财产刑遏制经济犯罪、剥夺再犯能力的作用。在惩治危害食品药品安全犯罪方面，认真落实习近平总书记对食品药品安全工作提出的"四个最严"重要指示，严厉打击食品、药品"黑作坊"，严惩生产销售瘦肉精、地沟油以及涉疫苗犯罪行为，坚决斩断伪劣造假链条，保障人民群众生命健康权和"舌尖上的安全"。在切实维护群众出行安全方面，依法惩治醉驾、恶意强行别车、危险竞速飙车等犯罪行为，坚决遏制酒驾顽疾。特别是在切实保障妇女儿童合法权益方面，坚决严惩针对妇女儿童的暴力、虐待、性侵害等犯罪，出台审理拐卖妇女儿童犯罪案件司法解释，严厉打击偷盗婴幼儿等行为，审结相关案件14.6万件，对各种挑战法律和社会伦理底线、针对妇女儿童犯下的各种严重罪行决不姑息。在惩治污染环境犯罪方面，出台办理环境污染刑事案件司法解释，加大对污染大气、水源、土壤犯罪惩治力度，依法审理长江沿线倾倒固体废物污染环境系列案，健全刑事制裁、民事赔偿和生态补偿有机衔接的环境修复责任制度，实现惩治违法犯罪、修复生态环境、赔偿经济损失"一判三赢"。

6. 依法严惩网络犯罪

人类进入信息时代、网络社会后，科技发展一方面给刑事司法带来难得机遇，另一方面也给犯罪分子作案提供了便利，利用信息网络、人工智能等高科技手段实施的各种新类型犯罪层出不穷，出现了大量科技类犯罪和职业类犯罪，极大增加了办理刑事案件的难度。人民法院立足实际、坚持问题导向，坚决遏制电信网络诈骗犯罪多发高发态势，加强对惩治网络新型犯罪研究，及时制定规范性文件，严惩网络赌博、网络黑客、网络谣言、网络暴力等犯罪，依法审理快播公司传播淫秽物品牟利案，网络推手“秦火火”“边民”等诽谤、寻衅滋事、非法经营案，严惩一批网络黑灰产业链犯罪，决不让网络空间成为法外之地，促进净化网络空间。特别是认真贯彻《个人信息保护法》，切实加强对公民个人信息安全的依法保护，严惩窃取倒卖身份证、快递单、微信账号、患者信息等各类侵犯公民个人信息犯罪，严惩利用恶意程序、“钓鱼”欺诈等形式非法获取个人信息，审理人脸识别第一案，出台人脸识别等一批实践急需、务实管用的司法解释，坚决维护公民个人信息安全。

在新的征程上，人民法院坚决贯彻新时代刑事司法理念，贯彻总体国家安全观，统筹发展和安全，站稳人民立场，坚持严格公正司法，坚决维护国家政治安全和社会稳定，深化刑事司法改革，落实宽严相济刑事政策，严格贯彻罪刑法定、罪责刑相适应、证据裁判、疑罪从无等原则制度，准确把握我国社会主要矛盾变化带来的新特征新要求，加强对影响国家安全、社会安定、人民安宁的新态势新动向新问题的研判，着力提升刑事司法能力水平，加快推进刑事审判体系和审判能力现代化，确保惩罚犯罪与保障人权、程序公正与实体公正相统一，推动建设更高水平的平安中国、法治中国，以新安全格局保障新发展格局，为全面建设社会主义现代化国家创造安全稳定的社会环境。

（四）完整准确全面贯彻新发展理念，积极服务经济社会高质量发展

把握新发展阶段、贯彻新发展理念、构建新发展格局，是以习近平同志为核心的党中央统筹“两个大局”、与时俱进提升我国经济发展水平、塑造我国国际经济合作和竞争新优势作出的重大战略判断和战略抉择。党的二十大报告在深入分析我国新的历史条件和阶段、全面认识和把握我国现代化建设实践历程以及各国现代化建设一般规律的基础上，进一步作出高质量发展是全面建设社会主义现代化国家的首要任务的重大判断。习近平总书记指出，立足新发展阶段、贯彻新发展理念、构建新发展格局，推动高质量发展，是当前和今后一个时期全党全国必须抓紧抓好的工作；强调新发展阶段是我们党带领人民迎来从站起来、富起来到强起来历史性跨越的新阶段，是全面建设社会主义现代化国家、向第二个百年奋斗目标进军的阶段，明确了我国发展的历史方位；新发展理念回答了关于发展的目的、动力、方式、路径等一系列理论和实践问题，阐明了我们党关于发展的政治立场、价值导向、发展模式、发展道路等重大政治问题，全党必须完整、准确、全面贯彻新发展理念；构建以国内大循环为主体、国内国际双循环相互促进的新发展格局是我国经济现代化的路径选择，关键在于经济循环的畅通无阻；高质量发展是能够满足人民日益增长的美好生活需要的发展，是创新成为第一动力、协调成为内生特点、绿色成为普遍形态、开放成为必由之路、共享成为根本目的的发展，是“十四五”时期乃至更长时期我国经济社会发展的主题，关系我国社会主义现代化建设全局，不只是一个经济要求，而是对经济社会发展方方面面的总要求。党的十八大以来，党中央在贯彻新发展理念、推动高质量发展、深化供给侧结构性改革、构建高水平社会主义市场经济体制、建设现代化产业体系、促进区域协调发展、打好三大攻坚战、保障和改善民生、推进国家治理体系和治理能力现代化等方面作出战略部署，对民商事审判工作提出了新的更高要求。作为国家经济社会发展的“晴雨表”、司法服务经济发展的主战场，人民法院民商事审判敏锐感知国际环境和国内条件的发展变化，深入贯彻习近平经济思想和习近平法治思想，深刻领会我国发展重要战略机遇

新内涵，先后召开第八次全国法院民事商事审判工作会议、全国法院民商事审判工作会议等重要会议，部署在司法工作中完整、准确、全面贯彻新发展理念，积极应对案件快速增长、类型不断丰富、办案难度不断加大的考验，立足司法职能促进解决国家治理的难点、经济循环的堵点、民生保障的痛点，推动更好发挥法治固根本、稳预期、利长远的保障作用，营造稳定公平透明、可预期的法治化营商环境，为经济社会高质量发展提供有力司法服务。2013 年至 2022 年 9 月，全国法院审结一审民商事案件 11 455.8 万件。

1. 服务做好“六稳”“六保”

新冠肺炎疫情发生后，依法及时高效化解各类涉疫纠纷，事关全社会安定有序、和谐稳定。人民法院认真贯彻落实党中央关于统筹推进新冠肺炎疫情防控和经济社会发展的决策部署，充分发挥司法促发展、稳预期、保民生作用，出台审理涉疫民商事、涉疫涉外商事海事、涉疫执行案件等意见，下发 4 个通知指导做好疫情期间诉讼服务、审判执行工作，及时发布服务保障复工复产典型案例，指导各级人民法院妥善应对疫情引发的诉讼问题。在帮助广大企业特别是中小微企业减负纾困、恢复发展方面，针对疫情影响出现的履约难问题，依法准确适用不可抗力等规则，妥善审理因疫情引发的劳资用工、购销合同、商铺租赁等纠纷；坚决纠正涉疫就业歧视行为，严禁仅以劳动者曾经感染新冠病毒、来自疫情严重地区为由非法解除劳动关系，依法支持并规范共享员工、网络零工等灵活就业；加大困境企业救治力度，引导当事人通过重组、重整、和解等方式化解债务危机，保住市场主体特别是中小微企业，助力维护产业链供应链安全；严格依法采取查封、扣押、冻结等措施，坚决杜绝超标的查封，保障企业正常生产经营，尽可能帮助企业渡过难关。全国法院充分运用智慧法院建设成果办理案件、化解纠纷，通过中国移动微法院等平台畅通网上诉讼服务渠道，提供立案、交费、开庭、调解、送达等全方位服务，努力克服疫情对审判执行工作带来的严重不利影响，实现了“审判执行不停摆、公平正义不止步”，充分体现了中国特色社会主义制度的巨大优越性。

2. 营造市场化、法治化、国际化营商环境

营商环境是一个国家的重要软实力和核心竞争力。社会主义市场经济是信用经济、法治经济，法治是最好的营商环境。人民法院坚决落实党中央关于优化营商环境的决策部署，制定关于适用《公司法》《企业破产法》等法律的司法解释，单独或联合有关部门出台保障改善营商环境、服务高质量发展、服务保障加快完善社会主义市场经济体制等意见，全面加强产权司法保护，对国企民企、内资外资、大中小微企业等各类市场主体依法平等保护，加强破产审判和执行工作，维护市场竞争秩序，严格规范民事案件延长审限和延期开庭，加大信息公开力度，提升审判质量、效率和透明度，营造法治化营商环境，助力我国营商环境指标大幅提升。在助推法治政府建设方面，依法审理涉“放管服”改革行政诉讼案件，支持监督行政机关依法行政，促进行政争议实质性化解。

3. 服务创新驱动发展战略实施

创新是引领发展的第一动力，保护知识产权就是保护创新、激励创新。党的二十大报告首次将“实施科教兴国战略，强化现代化建设人才支撑”作为一个单独部分，充分体现了教育、科技、人才的基础性、战略性地位和作用，强调加快实现高水平科技自立自强，加快建设科技

强国。人民法院紧紧围绕坚持创新在我国现代化建设全局中的核心地位，发布中国知识产权司法保护纲要，出台知识产权司法保护五年规划、全面加强知识产权保护意见，持续加强知识产权司法保护，2013年至2022年9月，审结一审知识产权案件273.8万件，呈现快速增长态势，其中2021年审结54.1万件，是2013年的5.4倍，有力服务创新驱动发展和科技强国建设。设立并充分发挥最高人民法院知识产权法庭以及北京、上海、广州、海南自由贸易港等4个知识产权法院、各地知识产权法庭职能作用，加大对关键核心技术及新兴产业、重点领域等知识产权保护力度，依法保护科研人员技术成果利益和科研经费使用自主权，激励科技创新。其中，最高人民法院知识产权法庭自2019年1月1日挂牌至2022年上半年，共受理全国范围内专利等技术类知识产权和垄断案件11 465件，审结9195件，实现裁判标准进一步统一、审判质效进一步提高、司法公信力和国际影响力进一步提升，国家层面知识产权案件上诉审理机制效果集中显现。在加强农业科技成果保护、促进种业自主创新方面，出台《关于审理侵害植物新品种权案件具体应用法律问题的若干规定（二）》《关于进一步加强涉种子刑事审判工作的指导意见》，会同农业农村部共建保护种业知识产权合作机制，依法审理水稻“金粳818”等品种权案件，助力打好种业翻身仗。针对“举证难、周期长、赔偿低、成本高”等难题，通过落实知识产权民事诉讼证据规则减轻权利人举证负担，采取有效方式防止损害扩大，出台惩罚性赔偿司法解释并在895件案件中适用，显著降低维权成本、提高侵权代价。在“香兰素”技术秘密侵权案中判赔1.59亿元，切实保护重要产业核心技术。我国已成为审理专利案件最多的国家，也是审理周期最短的国家之一。

4. 维护市场公平竞争

维护公平竞争的市场秩序，是营造市场化法治化国际化营商环境、建设现代化经济体系、构建高水平社会主义市场经济体制的内在要求。人民法院主动适应数字经济发展形势，坚持在发展中规范、在规范中发展，切实加强反垄断和反不正当竞争司法，有力服务建设高效规范、公平竞争、充分开放的全国统一大市场。依法妥善审理涉新交易新模式新业态案件，探索健全竞争案件裁判规则、数据权利保护规则，联合开展网络直播行业专项整治，加强对外卖骑手、快递小哥、网约车司机等新业态从业者合法权益的保护，引导规范数字经济、平台经济健康发展。全面加强反垄断和反不正当竞争司法，审理平台“二选一”、刷单炒信、“茶颜悦色”奶茶诉“茶颜观色”等垄断和不正当竞争案件，严惩妨碍公平竞争、损害群众利益行为，保护经营者和消费者合法权益。

5. 服务深化供给侧结构性改革

加强破产审判工作，是深化供给侧结构性改革的重要举措，是建设现代化经济体系的应有之义，是激发市场主体活力、防范化解重大风险、构建高水平社会主义市场经济体制的必然要求。进入新时代，人民法院在党中央深入推进供给侧结构性改革的大背景下，坚持市场化、法治化、国际化、信息化改革方向，全力推进破产审判工作实现跨越式发展，在北京、上海、深圳等地设立16家破产法庭、超过100家清算与破产审判庭，开通全国企业破产重整案件信息网，推动建立跨境破产协助机制，出台保障管理人在破产程序中依法履职的意见，促进企业优胜劣汰和市场资源高效配置，推动市场主体有序退出和有效救治。与此同时，配合全国人大常委会开展《企业破产法》执法检查，促进完善破产法律制度。2021 年全国法院受理破产案件 16 187 件，结案 12 659 件，审结的破产案件数量相当于 2012 年至 2016 年五年的总和，增速明显，切实发挥了破产审判职能作用。适用《深圳经济特区个人破产条例》首案裁定生效，让依法经营、诚实守信的债务人可以从头再来，个人破产制度实践迈出重要一步。

6. 服务防范化解金融风险

金融是国家重要的核心竞争力，金融安全是国家安全的重要组成部分，金融制度是经济社会发展中重要的基础性制度，健全金融法治是保障国家金融安全、促进金融健康发展的必然要求。各级人民法院深刻领会和把握党中央对当前金融工作的形势分析和决策部署，紧紧围绕服务实体经济、防控金融风险、深化金融改革三项任务，设立上海金融法院、北京金融法院、成渝金融法院，出台金融审判工作意见，妥善审理各类金融案件，提升金融审判能力水平，服务经济金融健康发展。在服务实体经济方面，规范国有企业贷款通道业务，修改完善民间借贷司法解释，大幅下调民间借贷利率司法保护上限，依法审理企业借贷、股权质押、互联互保等案件，促进解决民营企业和中小微企业融资难、融资贵问题，推动解决金融资本“脱实向虚”。围绕服务金融改革，制定服务保障科创板和创业板改革并试点注册制、服务保障深化新三板改革等司法意见，发布审理债券纠纷案件座谈会纪要，创新证券纠纷示范判决机制，出台证券纠纷代表人诉讼规定，服务资本市场基础性制度改革。围绕及时防范化解金融领域矛盾纠纷，会同中国人民银行、银保监会、证监会健全金融纠纷多元化解机制，有序推进“e 租宝”等涉互联网金融案件清偿工作，避免引发金融风险。

7. 服务区域协调发展战略实施

精准服务国家区域协调发展战略和地方经济社会发展，是人民法院服务大局的重要内容。及时出台专门意见，依法服务京津冀协同发展、雄安新区建设、粤港澳大湾区建设、长三角一体化发展、长江经济带高质量发展、黄河流域生态保护和高质量发展、成渝地区双城经济圈建设以及西部大开发、东北全面振兴、中部地区崛起。完善司法政策举措，为深圳先行示范区建设、浦东打造社会主义现代化建设引领区、浙江高质量发展建设共同富裕示范区提供高水平司法服务。

8. 服务加强美丽中国建设

进入新时代，党中央以前所未有的力度抓生态文明建设，我国生态环境保护发生历史性、转折性、全局性变化。人民法院深入贯彻习近平生态文明思想，深入践行“绿水青山就是金山银山”理念，出台新时代加强和创新环境资源审判工作意见，制定生态环境侵权禁止令、惩罚性赔偿等司法解释，发布生物多样性保护专题指导性案例，用最严格制度、最严密法治保护生态环境。2013 年至 2022 年 9 月审结一审环境资源案件 194.6 万件，助力打好蓝天碧水净土保卫战。依法审理节能减排、碳交易、低碳技术、绿色金融等相关案件，依法审理腾格里沙漠污染环境系列公益诉讼案、自然之友大气污染案、特大非法捕捞长江鳗鱼苗案、绿孔雀预防性公益诉讼案等一批标志性案件，推动“保护优先、预防为主”原则有效贯彻。出台贯彻《长江保护法》实施意见、服务保障黄河流域生态保护和高质量发展意见，发布长江、黄河等流域治理典型案例，促进长江、黄河流域生态环境保护修复，共同守护绿水青山。在联合国环境规划署环境法数据库设置中国环境司法裁判版块，为建设山清水秀、清洁美丽的世界贡献中国智慧、中国方案。

新的征程上，人民法院将始终牢记“国之大者”，完整、准确、全面贯彻新发展理念，主动服务和融入新发展格局，聚焦精准服务疫情防控和“六稳”“六保”、营造市场化法治化国际化一流营商环境等重点，强化服务大局、司法为民、公正司法各项工作，依法服务经济社会高质量发展，努力做到党中央决策部署到哪里，人民法院工作落实就跟进到哪里，经济社会发展有什么样的司法需求，人民法院就努力提供什么样的司法服务。

（五）践行以人民为中心的发展思想，依法维护人民群众合法权益和社会公平正义

习近平总书记始终把人民放在心中最高的位置，指出“为什么我们的改革发展能够有序推进、社会能够保持长期稳定？很重要的一条就是我们始终坚持以人民为中心的发展思想，把促进社会公平正义、增进人民福祉作为工作的出发点和落脚点，努力让人民群众有更多获得感、幸福感、安全感”①。党的二十大报告提出前进道路上必须牢牢把握的“五个重大原则”，其中之一就是坚持以人民为中心的发展思想，强调要维护人民根本利益，增进民生福祉，不断实现发展为了人民、发展依靠人民、发展成果由人民共享，让现代化建设成果更多更公平惠及全体人民。习近平法治思想自始至终贯穿以人民为中心的发展思想，本质上是人民的理论，人民性是最鲜明的特征，人民立场是根本政治立场。坚持以人民为中心，深刻回答了法治中国建设为了谁、依靠谁的问题，科学指明了新时代全面依法治国的根本立场。习近平总书记深刻指出，“全面依法治国最广泛、最深厚的基础是人民”②，“法治建设要为了人民、依靠人民、造福人民、保护人民”，“要把体现人民利益、反映人民愿望、维护人民权益、增进人民福祉落实到依法治国全过程，保证人民在党的领导下通过各种途径和形式管理国家事务，管理经济和文化事业，管理社会事务”③。司法为民是以人民为中心的发展思想在人民法院工作中的体现，集中反映了中国特色社会主义司法制度的巨大优势，反映了与西方司法的本质不同，是人民法院的最大特色。党的十八大以来，人民法院深入践行以人民为中心的发展思想，紧紧围绕“努力让人民群众在每一个司法案件中感受到公平正义”目标，牢牢坚持司法为民、公正司法工作主线，积极回应人民群众对公平正义的新期待，持续完善工作机制，更加完整全面、及时高效保护人民群众合法权益。一切为了人民，让人民群众感受到公平正义，已经成为人民法院融入血脉的鲜明底色。

1. 不断满足人民群众对公平正义的需求

习近平总书记深刻指出，“要积极回应人民群众新要求新期待，系统研究谋划和解决法治领域人民群众反映强烈的突出问题，不断增强人民群众获得感、幸福感、安全感，用法治保障人民安居乐业”④。人民法院积极顺应形势变化，不断提升民生司法保障水平。《民法典》是新时

① 习近平：《论坚持全面依法治国》，中央文献出版社 2020 年版，第 255~256 页。

② 习近平：《论坚持全面依法治国》，中央文献出版社 2020 年版，第 2 页。

③ 习近平：《论坚持党对一切工作的领导》，中央文献出版社 2019 年版，第 273 页。

④ 习近平：《论坚持全面依法治国》，中央文献出版社 2020 年版，第 2 页。

代我国社会主义法治建设的重大成果。习近平总书记深刻指出，“民法典实施水平和效果，是衡量各级党和国家机关履行为人民服务宗旨的重要尺度”，“民法典实施得好，人民群众权益就会得到法律保障，人与人之间的交往活动就会更加有序，社会就会更加和谐”，“各级司法机关要秉持公正司法，提高民事案件审判水平和效率。要加强民事司法工作，提高办案质量和司法公信力。要及时完善相关民事司法解释，使之同民法典及有关法律规定和精神保持一致，统一民事法律适用标准”。[①] 人民法院根据党中央统一部署和立法机关工作安排，积极参与《民法典》调研、起草等工作，在法院系统持续兴起学习贯彻《民法典》的热潮，对照《民法典》清理废止一批司法解释和指导性案例，通过适用《民法典》审理一系列与人民群众生活息息相关的“第一案”、举办普法小课堂、制作《民法典》宣传动画和视频等形式推动《民法典》走入千家万户、走进百姓心田。依法审理涉民生案件。案件审判是维护人民群众合法权益最直接最有效的方式。习近平总书记深刻指出，“要加大关系群众切身利益的重点领域执法司法力度，让天更蓝、水更清、空气更清新、食品更安全、交通更顺畅、社会更和谐有序”，“要加强涉及财产权保护、人格权保护、知识产权保护、生态环境保护等重点领域的民事审判工作和监督指导工作，及时回应社会关切”，“解决人民最关心的教育、就业、收入分配、社会保障、医药卫生、住房等方面的突出问题”，[②] “加快完善体现权利公平、机会公平、规则公平的法律制度，保障公民人身权、财产权、人格权和基本政治权利不受侵犯，保障公民经济、文化、社会等各方面权利得到落实，确保法律面前人人平等”[③]。人民法院依法妥善审理每一起涉及群众切身利益的案件，旗帜鲜明保护群众合法权益。结合审判工作中发现的新情况新问题，通过出台司法解释、发出司法建议等方式，不断完善民生司法保护制度。开展帮助农民工讨薪等一系列专项行动，保护弱势群体合法权益，传递社会主义司法的温暖。守护人民群众的幸福港湾。家庭是社会的细胞，家庭和谐关系社会稳定。人民法院持续深化家事审判改革，建立联席会议制度，开通家事审判网，健全完善适应家事纠纷特点的工作机制。加强对妇女、老年人、未成年人合法权益的保护，建立人身安全保护令制度，把敬老爱老的传统文化融入裁判文书说理，把最有利于未成年人的原则落到实处，运用司法手段促进构建和谐家风。

2. 纵向延伸保护人民群众合法权益的工作链条

习近平总书记深刻指出，“要坚持司法为民，改进司法工作作风，通过热情服务，切实解决好老百姓打官司难问题”，“要优化司法职权配置，规范司法行为，加大司法公开力度，回应人民群众对司法公正公开的关注和期待”。[④] 立案难、诉讼难、执行难问题长期困扰人民群众，也是人民法院重点攻坚的对象。敞开大门受理案件。党的十八届四中全会《决定》明确要求：“改革法院案件受理制度，变立案审查制为立案登记制，对人民法院依法应该受理的案件，做到有案必立、有诉必理，保障当事人诉权。”自 2015 年以来，人民法院全面实施立案登记制改

---

① 习近平：《习近平谈治国理政》（第四卷），外文出版社 2022 年版，第 283~284 页。

② 中共中央宣传部、中央全面依法治国委员会办公室编：《习近平法治思想学习纲要》，人民出版社、学习出版社 2021 年版，第 35~36 页、第 30 页。

③ 习近平：《论坚持全面依法治国》，中央文献出版社 2020 年版，第 218 页。

④ 习近平：《论坚持全面依法治国》，中央文献出版社 2020 年版，第 23 页。

革，研究出台一系列制度文件，推出一系列改革措施，对依法应当受理的起诉，做到“有案必立、有诉必理”，全国法院当场立案率达95%以上。以一站式多元纠纷解决和诉讼服务体系建设为引领，深化案件“当场立、自助立、网上立、就近立”改革，实现跨域立案服务四级法院全覆盖。人民法院异地立案网点超过1.3万个，为群众累计提供跨域立案服务约16万件。持续巩固立案登记制改革成果，聚焦年底不立案突出问题，深入调研问题症结，研究出台指导意见，拓宽群众监督渠道，加强大数据分析预警，打出“组合拳”，切实保障人民群众诉讼权益。打通方便群众诉讼的“最后一公里”。坚持重心下移、力量下沉，加强人民法庭建设，夯实基层基础。全国四级法院院长、班子成员深入6028个乡镇人民法庭驻庭调研，面对面倾听群众呼声，找准找实影响群众司法获得感的堵点难点。坚持便于当事人诉讼、便于人民法院依法独立公正高效行使审判权、便于人民群众及时感受到公平正义的原则，积极提升人民法庭服务全面推进乡村振兴、服务基层社会治理、服务人民群众高品质生活需要的能力水平。充分运用智慧法院建设成果，全面发展在线诉讼服务、在线庭审、在线执行，让当事人充分感受到“掌上办案”“指尖诉讼”的便利。确保胜诉当事人权益及时兑现。党的十八届四中全会《决定》明确要求：“切实解决执行难，制定强制执行法，规范查封、扣押、冻结、处理涉案财物的司法程序。加快建立失信被执行人信用监督、威慑和惩戒法律制度。依法保障胜诉当事人及时实现权益。”2016年3月，最高人民法院在第十二届全国人大四次会议上提出“用两到三年时间基本解决执行难问题”。紧紧依靠党的领导，推动构建综合治理执行难工作格局，以现代信息技术助力实现执行模式重大变革，以联合信用惩戒体系打击拒不执行行为，以执行工作管理确保执行权依法规范高效运行，基本形成了具有中国特色的执行制度、机制和模式。持续巩固基本解决执行难成果，深化执行难综合治理、源头治理，扎实开展一系列专项执行行动，不断健全执行工作机制和模式，依法保护当事人胜诉权益。

3. 横向拓展保护人民群众合法权益的工作机制

习近平总书记深刻指出，“群防群治和小事不出村、大事不出镇、矛盾不上交是枫桥创造的基层治理经验，要结合新的形势推广‘枫桥经验’，并不断总结新鲜经验，加快形成共建共治共享的现代基层社会治理新格局”，“要完善预防性法律制度”①，“把非诉讼纠纷解决机制挺在前面，推动更多法治力量向引导和疏导端用力，加强矛盾纠纷源头预防、前端化解、关口把控”②，“要努力提供普惠均等、便捷高效、智能精准的公共服务”，“要充分发挥律师事务所和律师等法律专业机构、专业人员的作用，帮助群众实现和维护自身合法权益，同时要发挥人民调解、商事仲裁等多元化纠纷解决机制的作用，加强法律援助、司法救助等工作，通过社会力量和基层组织务实解决民事纠纷”③。人民法院坚决落实党中央决策部署，全面建成集约集成、在线融合、普惠均等的中国特色一站式多元纠纷解决和诉讼服务体系。健全“一站通办、一网通办、一号通办、一次通办”诉讼服务机制，当事人走进一个服务场所，应用一个在线服务平

① 习近平:《论坚持全面依法治国》，中央文献出版社2020年版，第234页、第4页。

② 《完整准确全面贯彻新发展理念 发挥改革在构建新发展格局中关键作用》，载《人民日报》2021年2月20日。

③ 习近平:《论坚持全面依法治国》，中央文献出版社2020年版，第248页、第282页。

台，拨打一个统一服务热线，就能解决纠纷的所有问题，让正义提速、为百姓解忧。12368诉讼服务热线日均接听7.4万件，群众满意度达96%。紧紧依靠党的领导，建设“法院+社会”多元纠纷解决体系，为社会各界、各类主体参与纠纷解决提供制度化渠道，打造多元解纷共同体，形成内部自治协商先行、非诉挺前、诉讼托底的多元解纷格局，丰富群众选择适合渠道解决纠纷的“菜单库”。健全覆盖城乡街镇村社的纠纷预防化解链条，提升基层司法能力、治理能力、服务能力，推动形成共建共治共享的现代基层社会治理新格局，切实把矛盾解决在萌芽状态、化解在基层。通过一站式建设，促使大量矛盾纠纷在法治轨道上实现源头化解、多元化解、在线调解、一站式解决，创造了特色鲜明、独树一帜的多元纠纷解决中国模式，走出了一条中国特色的司法为民之路，开启了新时代司法为民的新篇章。

新的征程上，司法为民、公正司法也面临新的要求。人民法院将始终高举思想旗帜，真学真信笃行习近平法治思想，更加注重系统观念、法治思维、强基导向，积极研究新情况解决新问题，加快推进人民法院工作高质量发展，加快提高化解矛盾纠纷、维护人民利益的能力水平，更好践行司法为民宗旨、不断实现人民对公平正义的向往。

（六）认真落实依法治国和以德治国相结合要求，大力弘扬社会主义核心价值观

习近平总书记指出，“核心价值观，承载着一个民族、一个国家的精神追求，体现着一个社会评判是非曲直的价值标准”①。党的二十大报告深刻指出社会主义核心价值观是凝聚人心、汇聚民力的强大力量，强调广泛践行社会主义核心价值观。党的十八大以来，以习近平同志为核心的党中央高度重视社会主义核心价值观建设，习近平总书记多次就培育和践行社会主义核心价值观作出重要论述、提出明确要求，为培育和践行社会主义核心价值观提供了根本遵循。人民法院作为国家审判机关，承担着执法办案、定分止争、惩恶扬善、维护正义的职责，用司法公正引领社会公正，是人民法院义不容辞的使命。近年来，人民法院坚持“法安天下、德润人心”，坚持把弘扬社会主义核心价值观融入审判工作、融入裁判说理、融入司法解释和司法政策，充分发挥司法的教育、评价、指引、规范功能，用一个个鲜活的案例、一条条鲜明的规定，弘扬真善美、鞭笞假恶丑，在法治轨道上明规则、破难题、扬正气、树新风，使司法审判成为践行社会主义核心价值观的生动实践。

1. 自觉将社会主义核心价值观融入审判工作

习近平总书记指出“要推动把社会主义核心价值观贯穿立法、执法、司法、守法各环节，使社会主义法治成为良法善治”②。近年来，最高人民法院通过制定司法解释和司法政策、发布典型案例、加强法治宣传等多种形式，积极推进在司法审判中大力弘扬社会主义核心价值观。先后制定发布在人民法院工作中培育和践行社会主义核心价值观的意见、加强“红色经典”和英雄烈士合法权益司法保护弘扬社会主义核心价值观的通知、在司法解释中全面贯彻社会主义

① 《习近平：青年要自觉践行社会主义核心价值观——在北京大学师生座谈会上的讲话（2014年5月4日）》，载《人民日报》2014年5月5日。

② 《习近平：加强党对全面依法治国的集中统一领导 更好发挥法治固根本稳预期利长远的保障作用》，载《人民日报》2018年8月25日。

核心价值观的工作规划、深入推进社会主义核心价值观融入裁判文书释法说理的指导意见等文件，就人民法院如何在审判工作中践行和弘扬社会主义核心价值观提出明确要求。全国法院自觉将社会主义核心价值观融入审判工作，依法审理相关案件，将社会主义核心价值观融入裁判文书释法说理已蔚然成风。2017 年至 2021 年五年间，全国法院在法律框架内运用社会主义核心价值观释法说理的一审民事案件超过 100 万件，年均增长率达 24.31%，涵盖民间借贷纠纷、买卖合同纠纷、信用卡纠纷等 132 类民事案件，公正、法治、自由、平等、和谐、诚信等社会主义核心价值观得到广泛弘扬，充分发挥了司法的教育、评价、指引、示范功能，推动社会主义核心价值观转化为广大人民群众的情感认同和行为自觉。

2. 旗帜鲜明保护英烈权益

习近平总书记指出，“要在全社会树立崇尚英雄、缅怀先烈的良好风尚”①。英雄烈士是国家的精神坐标、民族的不朽脊梁。侵害英烈名誉、歪曲亵渎历史，极大地伤害了社会公众的爱国情感。近年来，人民法院深入贯彻实施《英雄烈士保护法》，对侵害“狼牙山五壮士”、叶挺、方志敏、董存瑞、黄继光、邱少云等历史英雄权益的行为，严肃追究法律责任，捍卫英烈荣光，坚决同歪曲党的历史、否定党和人民军队优良传统的行为作斗争，坚决反对历史虚无主义。审理侵害“两弹一星”功勋于敏名誉权等案件，决不让人民英雄受到玷污，树立崇尚英雄的良好风尚。审理侵害袁隆平院士名誉、荣誉案，坚决维护共和国功勋的尊严。审理侵害木里救火牺牲勇士名誉权案，维护当代烈士名誉。审理“辣笔小球”侵害英雄烈士名誉、荣誉案，捍卫卫国戍边官兵的英雄事迹、英雄精神。通过一件件典型案件的审理，旗帜鲜明宣告侵害英雄烈士名誉、荣誉，法理不容、群众不容、时代不容，必将付出沉重代价。

3. 以公正裁判树立行为规则、引领社会风尚

习近平总书记指出，“要用法律来推动核心价值观建设。各种社会管理要承担起倡导社会主义核心价值观的责任，注重在日常管理中体现价值导向，使符合核心价值观的行为得到鼓励、违背核心价值观的行为受到制约”②。近年来，人民法院聚焦道德领域突出问题，通过“小案件大道理”，破解长期困扰群众的“扶不扶”“劝不劝”“追不追”“救不救”“为不为”“管不管”等法律和道德风险，坚决防止“谁能闹谁有理”“谁横谁有理”“谁受伤谁有理”等“和稀泥”做法，让司法有力量、有是非、有温度；让群众有温暖、有遵循、有保障，争做法治中国好公民。聚焦引导社会成员增强公共意识、规则意识，审理患者飞踹医生反被伤案，改判医生为正当防卫，坚决跟“和稀泥”说不。审理微信群主踢群第一案，支持群组内正当管理行为，不让网络社区成为法外之地。审理私自上树摘杨梅坠亡案，认定村委会未违反安全保障义务，让守法者不用为他人过错买单。审理冰面遛狗溺亡索赔案，让自甘冒险者自负其责。聚焦鼓励见义勇为，依法审理医生电梯内劝阻吸烟案、朱振彪追赶交通肇事逃逸者案、撞伤儿童离开遇阻猝死案、小偷逃逸跳河溺亡案等案件，让维护法律和公共利益的行为受到鼓励，让见义勇为

① 《习近平在全军政治工作会议上的讲话（2014 年 10 月 31 日）》，载《人民日报》2018 年 5 月 21 日。

② 中共中央文献研究室编：《习近平关于全面深化改革论述摘编》，中央文献出版社 2014 年版，第 90 页。

者敢为。聚焦鼓励邻里相助、助人为乐，审理女童热心助人致伤案，判决善意助人不担责。审理小区保安送老人就医被索赔案，驳回无理赔偿请求。审理医院“号贩子”逃跑摔伤索赔案，判决追赶者无责。聚焦各类不文明甚至违法行为，审理高铁霸铺案，判决对公共场所不文明行为曝光无须担责。对长期霸占已售房屋、耍横抗拒执行的当事人采取强制搬迁措施，决不让“赖而不决”有机可乘。通过一系列司法判决，鼓励崇尚英模、邻里相助、见义勇为、助人为乐、志愿服务、舆论监督，决不向耍横霸道者让步，决不迁就纵容恶习陋俗，让广大群众知道法治社会提倡什么、反对什么、禁止什么。

4. 大力弘扬社会主义法治精神

习近平总书记指出，“要大力弘扬社会主义核心价值观，加强思想教育、道德教化……让全社会充满正气、正义”①。近年来，人民法院不断加强以案释法和法治宣传，立足司法职能保护诚信、惩戒失信，用法治力量引导人们向上向善。全面加强舆论宣传工作，打造舆论高地，充分利用媒体平台、政务网站及微博、微信等载体，宣传社会主义核心价值观，彰显法治公信力。认真落实中央文明委要求，加强联合惩戒失信机制建设，加大对失信行为的惩戒力度，促进社会诚信建设。贯彻《新时代公民道德建设实施纲要》，落实“谁执法谁普法”普法责任制，将普法宣传教育和弘扬社会主义核心价值观有机结合，探索法官进校园、到企业、下社区等多种宣传方式，促进增强社会法治意识。严厉打击虚假诉讼，出台整治虚假诉讼意见，对民间借贷、房屋买卖等虚假诉讼多发领域重拳整治，促进诚信社会建设。推出《阳光下的法庭》《底线》等一系列法院文化作品，用老百姓喜闻乐见的方式宣传法治、弘扬法治。

习近平总书记强调，把社会主义核心价值观融入法治建设，是坚持依法治国和以德治国相结合的必然要求。新的征程上，人民法院将深入贯彻习近平总书记关于培育和践行社会主义核心价值观的重要论述，落实加强社会主义法治文化建设意见要求，坚持把社会主义核心价值观要求融入司法审判，用中华优秀传统文化、革命文化、社会主义先进文化培根铸魂、启智润心，用一个个态度鲜明的典型案例，一份份情理交融的裁判文书，一项项高效便民的制度措施，深入践行和弘扬社会主义核心价值观。

（七）推进严格公正司法，加强人权司法保障和产权司法保护

人民群众对公平正义的向往，很大程度上是通过公正司法来实现的。习近平总书记高度重视公正司法，深刻指出，“所谓公正司法，就是受到侵害的权利一定会得到保护和救济，违法犯罪活动一定要受到制裁和惩罚”，“政法机关要完成党和人民赋予的光荣使命，必须严格执法、公正司法”，“决不能让不公正的审判伤害人民群众感情、损害人民群众权益”，“司法人员必须信仰法律、坚守法治，端稳天平、握牢法槌，铁面无私、秉公司法”。② 习近平总书记所作的党的二十大报告对严格公正司法进一步提出明确要求并作专门部署。习近平总书记的重要论述，深刻指出了坚持严格公正司法的重要意义和深刻内涵，为人民法院寻找事实、寻找法律提

① 习近平：《论坚持全面依法治国》，中央文献出版社 2020 年版，第 247~248 页。

② 习近平：《论坚持全面依法治国》，中央文献出版社 2020 年版，第 22 页、第 45 页、第 14 页、第 116 页。

供了根本遵循。党的十八大以来，人民法院始终坚持以事实为根据、以法律为准绳，依法公正审理每一起案件，实事求是纠正瑕疵和错误，完善预防机制，织密人权和产权的司法保护网，确保每一起案件都经得起历史和法律的检验。

1. 始终坚持严格公正司法

习近平总书记深刻指出，“司法人员要刚正不阿，勇于担当，敢于依法排除来自司法机关内部和外部的干扰，坚守公正司法的底线”，“要推进严格规范公正文明执法，提高司法公信力”，“要树立正确法治理念，把打击犯罪同保障人权、追求效率同实现公正、执法目的同执法形式有机统一起来，坚持以法为据、以理服人、以情感人，努力实现最佳的法律效果、政治效果、社会效果”。[①] 人民法院坚决落实习近平总书记重要指示精神，准确查明案件事实、精准适用法律。严格落实宽严相济刑事政策。根据犯罪具体情况实行区别对待，做到该宽则宽、当严则严、宽严相济、罚当其罪，打击和孤立极少数，教育、感化和挽救大多数，最大限度减少社会消极因素，促进社会和谐稳定。对挑战法律权威、挑衅公共秩序、侵犯人民利益的，依法严惩不贷。对应当从宽的依法从宽，依法宣告被告人无罪，依法对轻微犯罪被告人适用非监禁刑或免予刑事处罚。准确适用刑事附带民事调解制度，对于涉黑涉恶、爆炸、抢劫、绑架、强奸等严重危害社会治安、群众反映强烈的案件，不主动开展调解工作，防止传递错误导向。严格依法适用死刑。严格执行“保留死刑，严格控制和慎重适用死刑”的死刑政策，严把死刑案件质量关，确保死刑只适用于极少数罪行极其严重、社会危害极大、罪证确实充分、依法应当判处死刑的犯罪分子，有效发挥死刑作为最严厉刑罚的功能作用。对严重危害公共安全、严重影响群众安全感的犯罪，对残害妇女儿童、老年人等挑战法律和伦理底线的犯罪，论罪当判死刑的，依法判处并核准死刑，坚决维护法治权威，坚决捍卫公平正义。兼顾国法天理人情，对百香果女童被害案、“活埋工人”案再审改判死刑，回应人民关切和群众朴素正义观。推动实现司法与民意的良性互动。秉持公正司法理念，在审理罪行极其严重但量刑有争议、事实证据存疑等案件时，保持法治定力，坚守维护社会公平正义最后一道防线。妥善审理于欢刺死辱母者案、王力军无证收购玉米案、“鹦鹉案”和“兰草案”等标杆性案件，教育群众看清问题本质、看清事实真相，使案件审判成为公正司法、全民普法的法治公开课，让群众充分感受到新时代法治进步与公平正义。

2. 不断完善人权司法保障措施

习近平总书记指出，“近年来，司法机关依法纠正了呼格吉勒图案、聂树斌案、念斌案等一批冤假错案，受到广大群众好评。造成冤案的原因很多，其中有司法人员缺乏基本的司法良知和责任担当的问题，更深层次的则是司法职权配置和权力运行机制不科学，侦查权、检察权、审判权、执行权相互制约的体制机制没有真正形成”，“维护国家法制统一、尊严、权威，加强人权法治保障，保证人民依法享有广泛权利和自由”，“必须促进严格规范公正文明执法，

① 习近平：《论坚持全面依法治国》，中央文献出版社 2020 年版，第 115 页、第 4 页、第 160 页。

让人民群众真正感受到公平正义就在身边”。[①] 人民法院坚决落实习近平总书记重要指示精神，依法保障人权，确保无罪的人不受刑事追究、有罪的人受到公正惩罚。依法纠正刑事冤错案件。坚持实事求是、有错必纠，对错案发现一起、纠正一起。依法纠正呼格吉勒图案、聂树斌案等重大刑事冤错案件65件129人，让正义最终得以实现，以纠正错案推动法治进步。其中，最高人民法院依法提审聂树斌案并宣告聂树斌无罪，这是贯彻习近平总书记重要指示精神，依法纠正历史形成的冤错案件取得重大阶段性成果的重要标志，是推进公正司法、保障人权、全面推进依法治国的重大示范案件。认真总结党的十八大以来纠正重大冤错案件经验，吸取教训，出台防范刑事冤假错案指导意见，完善刑事、民事、行政各类案件庭审程序，健全错案防止、纠正、责任追究机制，坚决守住防范冤假错案的底线。规范减刑、假释、暂予监外执行工作。制定修改减刑、假释司法解释，严格实体条件，规范审理程序。建成统一的减刑、假释信息化办案平台，开通全国法院减刑、假释、暂予监外执行信息网，健全典型案例定期公布、职务犯罪“减假暂”备案审查等制度，全面提升案件办理规范化水平和透明度。全面筛查20世纪90年代以来减刑、假释案件，坚决纠正违规违法减刑、假释案件。结合发现的问题，研究制定加强减刑、假释案件实质化审理的意见，确保刑罚得到公正执行，决不允许任何人享有法外特权，决不允许对任何人法外开恩。完善人权保障机制。强化罪刑法定、疑罪从无、证据裁判、程序公正、非法证据排除等刑事司法理念和法律原则，落实公开审判、法庭辩论等诉讼制度，完善涉未成年人社会调查、轻罪记录封存、社区矫正等机制，切实保障当事人各项诉讼权利。研究制定适用《刑事诉讼法》司法解释，依法保障被告人诉讼权利，切实维护被害人合法权益，把尊重和保障人权落到实处。保障律师执业权利，建立健全充分尊重和认真听取律师辩护、代理意见的工作机制，完善死刑复核案件法律援助制度，实现刑事案件律师辩护全覆盖，出台为律师提供一站式诉讼服务的意见，上线人民法院律师服务平台，充分发挥律师促进公正司法和人权保障的重要作用。

3. 切实加强产权司法保护

习近平总书记深刻指出，“对一些民营企业历史上曾经有过的一些不规范行为，要以发展的眼光看问题，按照罪刑法定、疑罪从无的原则处理，让企业家卸下思想包袱，轻装前进。我多次强调要甄别纠正一批侵害企业产权的错案冤案，最近人民法院依法重审了几个典型案例，社会反映很好”[②]，“依法平等保护国有、民营、外资等各种所有制企业产权和自主经营权，完善各类市场主体公平竞争的法治环境”，“依法保护企业家合法权益，加强产权和知识产权保护，形成长期稳定发展预期，鼓励创新、宽容失败，营造激励企业家干事创业的浓厚氛围”，“要把平等保护贯彻到立法、执法、司法、守法等各个环节，依法平等保护各类市场主体产权和合法权益。对滥用查封、扣押、冻结财产等强制措施，把民事纠纷刑事化，搞选择性执法、偏向性执法的，要严肃追责问责”。[③] 党的十八届四中全会《决定》明确要求，“健全以公平为核心原

① 习近平：《论坚持全面依法治国》，中央文献出版社2020年版，第184页、第225页。
② 习近平：《论坚持全面深化改革》，中央文献出版社2018年版，第489页。
③ 习近平：《论坚持全面依法治国》，中央文献出版社2020年版，第29页、第254~255页。

则的产权保护制度，加强对各种所有制经济组织和自然人财产权的保护，清理有违公平的法律法规条款”。党的二十大报告进一步强调完善产权保护、市场准入、公平竞争、社会信用等市场经济基础制度，依法保护民营企业产权和企业家权益，促进民营经济发展壮大。人民法院坚决落实习近平总书记重要指示精神和党中央决策部署，积极运用司法手段保护民营企业和企业家合法权益，鼓励企业家专心创业、放心投资、安心经营。妥善处理历史形成的涉产权冤错案件。坚持以发展眼光看待处理民营企业和企业家过去经营中的不规范行为，依法甄别纠正历史形成的涉产权冤错案件，坚持全错全纠，部分错部分纠，错到哪里纠到哪里。最高人民法院再审改判张文中无罪，传递党中央依法保护产权和企业家人身财产安全的强烈信号，被称为和当年“傻子瓜子”创始人年广久被无罪释放一样具有标杆性意义的法治事件。严格区分经济纠纷与经济犯罪、民事责任与刑事责任、合法财产与违法所得、公司财产与个人财产、正当融资与非法集资，对事实不清、证据不足案件的被告人坚决无罪释放，保护企业家人身和财产安全。完善涉企产权案件申诉、复核、重审等保护机制，发布保护产权和企业家权益典型案例，展示人民法院加强产权和企业家权益司法保护的生动实践。平等保护各类市场主体合法权益。坚持“两个毫不动摇”，坚持各类市场主体诉讼地位、法律适用、法律责任一律平等，不论国企民企、内资外资、大中小微企业，一视同仁、依法保护。依法严惩企业内部人员职务侵占、挪用资金等犯罪活动，严厉打击黑恶势力对企业和企业家进行敲诈勒索等犯罪行为，从严惩治损害企业家、创业者合法权益和强买强卖、敲诈勒索等违法犯罪行为，保护企业和企业家人身财产安全。对中华人民共和国成立以来所有司法解释进行清理，废除一切对民营企业的不平等规定。依法妥善审理各类涉产权案件，审慎适用强制措施，禁止超范围查封扣押冻结涉案财物，最大限度降低对企业生产经营的不利影响。畅通民营企业和企业家依法维权渠道，听取全国工商联和各民主党派意见建议，完善依法平等保护民营经济机制。研究出台加强产权司法保护、为企业家创新创业营造良好法治环境等司法政策，把平等保护贯彻到审判执行工作的各个环节，推进产权保护法治化。帮助企业应对疫情冲击。研究制定妥善审理涉疫情民商事案件的指导意见，明确不可抗力、诉讼时效适用规则，发布服务保障疫情防控期间复工复产典型案例，千方百计帮助企业特别是中小微企业渡过难关。出台助力中小微企业发展20条实招硬招，着力解决挤压生存发展空间、拖欠账款、超标的查封乱查封等侵害中小微企业权益问题。围绕统筹推进疫情防控和经济社会发展完善司法政策，坚持审慎善意文明司法，积极为中小微企业纾困解难。

社会全面进步的目的是人的全面发展，经济高质量发展呼唤人权保障更加有力、产权保护更为有效，这些都对人民法院依法加强人权司法保障和产权司法保护提出了新的更高要求。新的征程上，人民法院将始终坚持严格公正司法，以对法律负责、对人民负责、对历史负责的态度，依法审理每一起案件，依法保护当事人各项实体和程序权利，落实中立、谦抑、善意等司法理念要求，切实尊重和保障人权，依法平等保护各类市场主体产权和合法权益，推动经济社会高质量发展。

（八）坚持统筹推进国内法治和涉外法治，服务更高水平对外开放

法治是国家核心竞争力的重要内容。党的十八大以来，习近平总书记以深邃的历史眼光、

宽广的国际视野把握国内国际两个大局，高瞻远瞩、审时度势提出统筹推进国内法治和涉外法治，强调“要加快涉外法治工作战略布局，协调推进国内治理和国际治理，更好维护国家主权、安全、发展利益”①，“进一步完善反制裁、反干涉、反制‘长臂管辖’法律法规，推动我国法域外适用的法律体系建设”②，“综合利用立法、执法、司法等手段开展斗争，坚决维护国家主权、尊严和核心利益”③，强调“要把拓展执法司法合作纳入双边多边关系建设的重要议题”④，“坚定维护以联合国为核心的国际体系，坚定维护以国际法为基础的国际秩序”，“推动全球治理变革，推动构建人类命运共同体”。⑤党的二十大报告进一步强调必须坚持胸怀天下，推动建设更加美好的世界。人民法院深入学习贯彻习近平法治思想，认真落实统筹推进国内法治和涉外法治要求，坚定不移贯彻对外开放的基本国策，全面提升涉外司法质效，积极服务更高水平对外开放。2013 年至 2022 年 6 月，各级人民法院共审结一审涉外民商事和海事案件 26.6 万件，是 2001 年加入世界贸易组织以来至 2012 年案件数的 1.4 倍。我国涉外审判覆盖国家和地区范围不断扩大，境外当事人主动选择中国法院管辖案件日益增多，中国司法国际公信力和影响力持续提升，有力传递出新时代中国改革不停顿、开放不止步的坚定决心。

1. 依法平等保护中外当事人权益，促进贸易和投资自由化便利化

新发展格局不是封闭的国内循环，而是开放的国内国际双循环。人民法院出台服务保障进一步扩大对外开放的指导意见，平等保护中外当事人合法权益，服务建设更高水平开放型经济新体制。制定适用《外商投资法》司法解释，严格适用准入前国民待遇和负面清单制度，促进营造市场化法治化国际化营商环境。制定 2 个服务保障“一带一路”建设意见，发布 3 批 28 个典型案例，完善相关案件法律适用规则，为高质量共建“一带一路”提供有力司法服务。健全国际商事纠纷解决机制，设立最高人民法院第一国际商事法庭、第二国际商事法庭，组建国际商事专家委员会，开通域外法查明统一平台，建立“一站式”国际商事纠纷多元化解决平台，为国际社会提供公正、高效、便捷、低成本的纠纷多元化解渠道。优化涉外知识产权案件管辖和指导，与世界知识产权组织仲裁与调解中心开展诉调对接，努力营造开放、公平、公正、非歧视的科技发展环境。发布服务北京市“两区”建设、上海自贸试验区临港新片区、海南全面深化改革开放等指导意见，精准服务自贸试验区、自由贸易港建设。制定海事海商系列司法解释，推动建设国际海事司法中心，服务海洋强国建设。依法高效处理“艾丽肯”号外籍货船诉前保全案，外方当事人主动将约定外国仲裁变更为我国法院管辖。依法妥善化解“尼莉莎”轮扣押案，避免涉事各方巨额损失，外国当事人特意将轮船更名为“尊重”，向中国法治

---

① 习近平：《坚定不移走中国特色社会主义法治道路 为全面建设社会主义现代化国家提供有力法治保障》，载《求是》2021 年第 5 期。

② 习近平：《坚持走中国特色社会主义法治道路 更好推进中国特色社会主义法治体系建设》，载《求是》2022 年第 4 期。

③ 习近平：《论坚持全面依法治国》，中央文献出版社 2020 年版，第 5 页。

④ 习近平：《坚持走中国特色社会主义法治道路 更好推进中国特色社会主义法治体系建设》，载《求是》2022 年第 4 期。

⑤ 习近平：《习近平谈治国理政》（第四卷），外文出版社 2022 年版，第 296~297 页。

致敬。

2. 统筹发展和安全，坚决维护国家主权、安全、发展利益

当前，我国日益走近世界舞台中央，我国企业和公民也越来越多地走向世界，面临的各类风险挑战持续加大。人民法院严厉打击各类危害国家安全犯罪，加强国际刑事司法合作，依法惩处各类跨国境犯罪，促进海外安全体系建设。立足司法推动我国法域外适用法律体系建设，探索适用“禁诉令”等做法，充实法律斗争工具箱，积极应对“长臂管辖”，维护我国企业、公民在海外合法权益。加大法治宣传力度，引导我国企业、公民在走出去过程中更加自觉遵守当地法律法规和风俗习惯，运用法治和规则维护自身合法权益。建设中国海事审判工作平台，推动建立跨部门执法协同机制，实时查询船舶登记信息、位置状态，便利船舶扣押与监管。依法扣押日本商船三井株式会社货轮，顺利执结国内外广泛关注的“中威”执行案，有效保障国内当事人合法权益，彰显我国司法主权和权威。发布关于审理发生在我国管辖海域案件系列司法解释，依法审理涉钓鱼岛、黄岩岛海域案件，在西沙晋卿岛挂牌“海上巡回法庭岛屿审判点”，对我国管辖海域全面行使司法管辖权，相关案例成为国际法渊源。依法妥善审理“康菲”溢油事故系列案等涉及海洋污染和资源开发案件，切实维护国家海洋权益。

3. 参与引领国际规则制定，推动全球治理体系朝着更加公正合理的方向发展

当前，全球治理体制变革正处在历史转折点上。人民法院始终践行真正的多边主义，坚定维护以联合国为核心的国际体系、以国际法为基础的国际秩序、以联合国宪章宗旨和原则为基础的国际关系基本准则，以公平正义理念积极参与引领全球治理体系改革和建设。出台知识产权行为保全司法解释，细化落实《与贸易有关的知识产权协定》（TRIPs）有关临时措施规定。明确商业秘密“秘密性”、善意使用不停止使用等裁判标准，保障国际条约国内转化适用。依法审理“迪奥”商标行政案，准确把握《商标国际注册马德里协定》精神，便利外国权利人在华获得商标权保护。依法审理“加百利”轮海难救助合同纠纷案，准确解释国际救助公约相关规则，倡导契约精神，鼓励海难救助，促进完善海洋法治。发布涉新冠肺炎疫情涉外商事海事案件审理指导意见，被联合国国际贸易法委员会收录至法规判例法系统，法规裁判库已收录我国法院涉外商事海事裁判文书 36 份。强化涉外法治人才培养，推荐优秀法官到国际劳工组织、世界知识产权组织、新加坡国际商事法庭等任职，提高我国在全球治理体系变革中的话语权和影响力。积极参与海牙协议选择法院公约、海牙外国判决项目、联合国全程或者部分海上国际货物运输合同公约（鹿特丹规则）、司法出售船舶国际承认公约草案（北京草案）、投资仲裁透明度规则等国际公约和示范法制定，发出中国声音，讲明中方关切，贡献中国方案，维护中国利益。在第二届中国—东盟大法官论坛上，最高人民法院倡导通过的《南宁声明》，首次就“推定互惠”达成共识，实质推动中国与东盟民商事判决的承认和执行。与联合国环境规划署共同举办世界环境司法大会，通过《世界环境司法大会昆明宣言》确立了环境司法的“三大裁判原则”“四大措施”“三个着力点”，广泛凝聚构建人与自然生命共同体的国际共识，为全球环境治理贡献中国智慧。

4. 深化国际司法协助与交流合作，服务构建人类命运共同体

当今世界，和平、发展、合作、共赢是主旋律。目前，最高人民法院已与 140 余个国家和

地区的最高司法机构及 20 余个国际或区域性组织建立友好交往关系，签署 70 多个合作协议或备忘录，先后有 200 余位外国最高法院院长、首席大法官到访中国法院，为推动建设新型国际关系注入了司法活力。与 82 个国家签署双边司法协助类条约 170 项，加入包含司法协助、引渡等内容的《联合国反腐败公约》等近 30 项国际公约，每年办理国际司法协助案件 3000 余件。深入开展司法交流活动，以举办或参加司法外事活动为切入点，努力扩大“司法朋友圈”，争取“最大公约数”。党的十八大以来，举办中国—东盟大法官论坛、中国—中东欧国家最高法院院长会议、中国与葡萄牙语国家最高法院院长会议、世界执行大会等 13 场大型国际司法会议，主导形成 10 份成果性文件，讲好中国法治故事，促进司法交流互鉴。深化上海合作组织框架和金砖国家层面司法交流合作，举办丝绸之路（敦煌）司法合作国际论坛和海上丝绸之路（泉州）司法合作国际论坛，夯实高质量共建“一带一路”的法治基础。举办世界互联网法治论坛并发布《世界互联网法治论坛乌镇宣言》，主办数字经济法治论坛，全面展示中国智慧法院建设成果和互联网司法模式，推动构建网络空间命运共同体。深化国际司法培训领域交流合作，来自亚洲、非洲、拉丁美洲、欧洲 61 个国家和地区的 1400 余名法官及司法官员来华研修，其中蒙古国法官培训实现全员覆盖，有效增进中外法官人文交流、民心相通、合作共赢。深化与国际组织交流合作，同世界知识产权组织签署司法交流合作谅解备忘录，联合发布典型案例集（中国卷），深度参与世界知识产权组织框架下的全球知识产权治理。加强国际传播能力建设，积极宣介习近平新时代中国特色社会主义思想，推动将构建人类命运共同体等内容写入国际司法会议文件，更好传播中国法治声音。在世界环境司法大会开幕式上播放了云南亚洲象“北上”视频，生动展现人与自然和谐共生的现代化，引起与会各国代表的广泛共鸣。

当前，国际竞争越来越体现为制度、规则、法律之争。随着我国不断发展壮大，构建新发展格局、参与国际规则制定、保护我国海外利益、加强国际传播能力建设等，都对人民法院工作提出更高要求。新的征程上，人民法院将深入学习贯彻习近平外交思想和习近平法治思想，坚持统筹推进国内法治和涉外法治，深入研究涉外司法工作中的新情况新问题，加强海事司法中心和民商事纠纷解决中心建设，深化国际司法交流合作，推动构建更加公正合理的国际规则和机制，加快涉外法治人才的培养和储备，坚决维护国家主权、安全、发展利益，更好服务扩大高水平对外开放、推动构建人类命运共同体。

（九）践行全过程人民民主，依靠人民推进司法为民公正司法

民主是全人类的共同价值，是中国共产党和中国人民始终不渝坚持的重要理念。人民民主是社会主义的生命。2019 年 11 月，习近平总书记在上海市长宁区虹桥街道考察时明确指出“人民民主是一种全过程的民主”。在庆祝中国共产党成立 100 周年大会上，习近平总书记站在人民创造历史的高度，强调“践行以人民为中心的发展思想，发展全过程人民民主”。在 2021 年 10 月举行的中央人大工作会议上，习近平总书记强调，“我国全过程人民民主实现了过程民主和成果民主、程序民主和实质民主、直接民主和间接民主、人民民主和国家意志相统一，是全链条、全方位、全覆盖的民主，是最广泛、最真实、最管用的社会主义民主”。党的二十大报告把发展全过程人民民主确定为中国式现代化本质要求的一项重要内容，对“发展全过程人民民主，保障人民当家作主”作出全面部署、提出明确要求。党的十八大以来，人民法院始终

坚持以人民为中心的发展思想，自觉把全过程人民民主要求贯彻到人民法院工作各领域各环节，把人民当家作主具体地、现实地体现到人民法院各个方面各个层级工作上来，具体地、现实地体现到努力让人民群众在每一个案件中感受到公平正义上来，坚持人民司法为人民，倾听人民心声，接受人民监督，充分保障人民群众的知情权、参与权、表达权、监督权，依靠人民推进公正司法，通过公正司法维护人民权益。

1. 接受人民监督，确保为人民司法

一个国家民主不民主，是不是真正做到了人民当家作主，要看权力是否真正受到人民监督和制约。人民代表大会制度是我国根本政治制度，是实现我国全过程人民民主的重要制度载体。人大监督是党和国家监督体系的重要组成部分，人民是无所不在的监督力量，接受人大监督就是接受人民监督。党的十八大以来，最高人民法院牢固树立接受监督意识，自觉接受全国人大及其常委会监督，严格执行全国人大及其常委会制定的法律和作出的决议决定，依法报告工作。向全国人大常委会专题报告人民陪审员、规范司法行为、行政审判、深化司法公开、刑事审判、解决执行难、知识产权法院、深化司法改革、涉外审判等工作情况，认真落实审议意见，不断加强和改进工作。人大代表是党和国家联系人民群众的重要桥梁和纽带，尊重代表的权利就是尊重人民的权利。党的十八大以来，最高人民法院认真办理代表建议3339件，办理日常建议1227件，全程密切沟通，在惩治暴力伤医犯罪、惩治危害食品药品安全犯罪、惩治贪污贿赂犯罪、惩治性侵虐待少年儿童、防治家庭暴力、保护老年人合法权益、维护和谐劳动关系、健全环境资源司法制度等方面充分采纳代表意见，把每一件代表建议饱含的民声民意，积极转化为公正司法的具体措施，做到民有所呼、我有所应。

协商民主是实践全过程人民民主的重要形式。最高人民法院自觉进行民主协商，接受民主监督，党的十八大以来，共办理政协提案1357件，积极走访接待全国政协委员，参加全国政协双周协商座谈会，共商司法体制改革、基本解决执行难、提高涉外执法司法质效、保护未成年人权益等重大问题，听取建言、凝聚共识。走访部分全国政协委员，积极参加全国政协专题协商等活动，配合全国政协和有关民主党派中央就司法改革等进行专题调研。加强与民主党派、工商联和无党派人士沟通，广泛听取意见。人民法院依法依规积极接受民主监督，持续加强协商合作和沟通联络，极大地凝聚了各方共识、推动了相关工作，彰显了我国社会主义协商民主的独特优势。

人民法院广泛接受社会监督。第一届100位、第二届189位、第三届189位特约监督员认真履行监督员职责，通过参加全国各级人民法院重要会议、集中视察和专题调研、见证执行、旁听大要案庭审、征求意见座谈等活动共2494次4665人次。自觉接受舆论监督，回应社会关切热点，召开新闻发布会245场，主动接受舆论监督，与舆论形成良性互动，共同维护社会公平正义。公开是最好的监督。党的十八大以来，人民法院司法公开工作驶入快车道。查文书到中国裁判文书网，查案件信息到中国审判流程信息公开网，查执行工作到中国执行信息公开网，从立案到审判再到执行，司法工作全部重要流程节点实现了信息化、可视化、公开化，人民群众获得感日益增强。

人民法院贯彻《监察法》和《监察法实施条例》，支持配合监察机关依法履行监督、调查、处置职责，自觉接受监察机关对法院工作人员的监督。依法接受检察机关诉讼监督，认真审理抗诉案件，健全检察长列席审委会制度，共同维护司法公正。

2. 保障人民参与，让司法充分体现民意

全过程人民民主是最广泛的民主，主要体现在参与主体的广泛性和参与内容的广泛性。党的十八大以来，人民法院始终密切联系群众，倾听人民心声，最大限度吸纳民意、汇集民智、凝聚民力，把各方面社情民意统一于最广大人民根本利益之中，确保人民法院在决策、执行、监督落实各个环节都能听到来自人民的声音。最高人民法院开展联络活动 756 次，参与的全国人大代表 11 487 人次，全国政协委员 1267 人次，通过组织座谈、走访调研等形式，联合开展重点课题调研，广泛听取代表、委员意见。代表、委员广泛参与人民法院的审判执行、司法改革、矛盾化解、涉诉信访、信息化建设、队伍建设等各项工作，有力促进人民法院工作高质量发展。为了更多听到原汁原味的群众声音，最高人民法院开设“院长信箱”“给大法官留言”等，充分发挥官网、微博、微信和新闻客户端等新媒体平台作用，使人民群众同人民法院之间的联系真正实现“零距离”“全天候”。

人民法院始终把人民群众的呼声当作第一信号，把人民群众的需要当作第一考虑，最高人民法院畅通人民参与司法决策的渠道，努力让司法解释、司法政策都充分体现民意。在疫情之下，了解“企业想要什么”，“司法能做什么”，特别是听取企业界代表、委员、特约监督员意见，有针对性地出台司法助力中小微企业发展 20 条，助力企业恢复发展。通过共同举办民营经济法治建设峰会等形式，就司法政策进行民主协商，努力为民营经济营造良好的法治环境和营商环境。在制定修改司法解释、司法政策时，积极邀请代表、委员、专家学者等列席审判委员会发表意见。越是关系群众切身利益、越是广泛关注的司法决策，越要听取群众意见。2021 年，最高人民法院就“同命同价”、网络消费、在线诉讼、食品安全等关系群众切身利益的 5 件司法解释，向社会公开征求意见，收到 4138 条意见建议。人民法院紧紧围绕人民群众的急难愁盼，真正做到问需于民、问计于民、问法于民。

我国人民陪审员制度全面实施，越来越多的人民群众直接参与审判活动，依法行使公民的民主权利。人民法院贯彻实施《人民陪审员法》，扩大参审范围，落实随机抽取，充分体现了以人民为中心的发展思想。自《人民陪审员法》实施以来，全国新选任 22 万名人民陪审员，人民陪审员总数达 33.6 万余人，比 2013 年增加近 3 倍。截至 2022 年 9 月底，全国人民陪审员共参审刑事案件 215 万余件、民事案件 879 万余件、行政案件 78 万余件，其中，参与组成七人合议庭审结群众广泛关注、社会影响重大的案件 2.3 万件，充分发挥人民参与司法的重要作用。

3. 依靠人民支持，推进公正司法

人民是历史的创造者，是决定党和国家前途命运的根本力量。我国的人民民主坚持以人民为中心的价值导向，坚持人民至上，广泛体现人民意志、真实保障人民权益、有效激发人民创造活力，依靠人民参与，保障人民民主权利。国家的发展和进步一切依靠人民，一切为了人民，发展成果由人民共享。党的十八大以来，人民法院依靠人民支持推进司法改革、破解工作难题，依靠人民推进公正司法，人民是司法事业不断前进的源源动力。

近年来，最高人民法院根据全国人大常委会授权决定，先后开展了刑事速裁改革、认罪认罚从宽改革、人民陪审员制度改革、民事诉讼程序繁简分流改革、四级法院审级职能定位改革等试点，确保重大司法体制改革于法有据。经全国人大常委会决定，设立最高人民法院知识产权法庭，设立知识产权法院、金融法院等专门法院。全国人大常委会及时修改《人民法院组织法》《法官法》《民事诉讼法》《刑事诉讼法》，制定《人民陪审员法》，为巩固司法责任制改革、司法人员分类管理改革、以审判为中心的诉讼制度改革、人民陪审员制度改革等一系列司法改革成果提供有力法律保障。31 个省级人大及其常委会作出决议或出台文件，支持法院推进解决执行难。在全国人大及其常委会以及各级人大支持下，人民法院司法体制改革和重大工作依法有序推进，人民法院工作高质量发展，人民群众多元、高效、便捷的解纷需求得到有效满足。

人民至上，就是要紧紧依靠人民。党的十八大以来，代表、委员始终寓支持于监督中，积极帮助解决人民法院改革发展中遇到的困难和问题，有的直接参与法院化解矛盾纠纷。在扫黑除恶、攻坚执行难、深化司法体制改革和智慧法院建设、健全一站式多元纠纷解决和诉讼服务体系、强化人民法庭建设等一场场硬战中，代表、委员大力支持，人民群众广泛参与，绘就人民法院建设的同心圆，推动我国社会主义司法制度展现蓬勃生机。

新的征程上，人民法院要自觉把全过程人民民主要求落实到人民法院工作的各环节各方面，把保障人民的知情权、参与权、表达权、监督权贯穿于人民法院工作全过程，始终把人民群众呼声作为第一信号，以更高标准、更严要求倾听人民心声、保障人民参与、接受人民监督，让新时代人民法院工作在保障人民权益、扎根人民群众中实现高质量发展。

（十）牢牢坚持革命化、正规化、专业化、职业化方向，着力锻造忠诚干净担当的过硬法院队伍

全面依法治国，建设一支德才兼备的高素质法治工作队伍至关重要。党的十八大以来，以习近平同志为核心的党中央高度重视法治工作队伍建设，习近平法治思想把坚持建设德才兼备的高素质法治工作队伍纳入“十一个坚持”，强调这是全面依法治国的基础性保障。习近平总书记强调“全面推进依法治国，必须着力建设一支忠于党、忠于国家、忠于人民、忠于法律的社会主义法治工作队伍”，强调“要按照政治过硬、业务过硬、责任过硬、纪律过硬、作风过硬的要求，努力建设一支信念坚定、执法为民、敢于担当、清正廉洁的政法队伍”，① 这为新时代人民法院队伍建设指明了方向，提供了根本遵循。人民法院始终以习近平法治思想为指引，紧紧围绕“努力让人民群众在每一个司法案件中感受到公平正义”目标，扭住建设过硬法院队伍这一基础性保障工程，牢牢把握“五个过硬”总要求，坚定不移推进全面从严治党，认真落实新时代党的建设总要求，以党的政治建设为统领，深入推进队伍革命化、正规化、专业化、职业化建设，全国法院队伍思想根基不断夯实、人才结构持续优化、司法能力显著提升、纪律建设走向深入、司法作风明显改善，人民群众切实感受到新时代法院队伍昂扬向上、葳蕤蓬勃的新气象，为推动法院工作高质量发展、建设社会主义法治国家提供了有力的组织和人才

---

① 习近平：《论坚持全面依法治国》，中央文献出版社 2020 年版，第 231 页、第 55 页。

保障。

1. 坚持政治过硬，砥砺绝对忠诚的政治品格，为政之魂全面铸牢

习近平总书记强调，要旗帜鲜明把政治建设放在首位，努力打造一支党中央放心、人民群众满意的高素质政法队伍。党的十八大以来，人民法院始终牢记国家审判机关的政治属性，坚持以党的政治建设为统领，深入推进政治机关建设，将对党忠诚融入法院队伍的血脉基因。以党的绝对领导确保方向上的正确。把坚持党对人民法院工作的绝对领导作为队伍建设的最高原则和根本保证，鲜明提出“维护核心、绝对忠诚、听党指挥、勇于担当”的十六字政治要求，扎实开展“深刻领悟‘两个确立’决定性意义、坚决做到‘两个维护’”主题教育，严明政治纪律和政治规矩，确保法院队伍绝对忠诚、绝对纯洁、绝对可靠。明确以党建带队建促审判工作思路，全面加强人民法院党的建设，深入开展人民法院基层党组织组织力提升工程，着力增强党组织政治功能和组织功能，广大党员干警坚持党对司法工作绝对领导的政治意识、党的意识显著提升。以理论上的清醒强化政治上的坚定。坚持不懈用习近平新时代中国特色社会主义思想凝心铸魂，深入推进习近平新时代中国特色社会主义思想进教材、进课堂、进头脑。组织最高人民法院新入院人员全面系统学习习近平法治思想，引导年轻干部扣好从事司法工作的“第一粒扣子”。深入实施青年理论学习提升工程，法院系统青年干警学思践悟习近平法治思想蔚然成风，机关青年理论学习小组学习宣传习近平法治思想生动实践系列成果被纳入“新时代中央和国家机关党的建设成就巡礼展”，带动一批又一批青年干警坚定不移做习近平法治思想的坚定维护者和忠实实践者。通过厚植理论功底、提高理论素养，不断提高政治判断力、政治领悟力、政治执行力，不断坚定对马克思主义的信仰、对中国特色社会主义的信念。以坚定的理想信念筑牢对党忠诚的思想根基。深入开展社会主义核心价值观和社会主义法治理念教育，组织开展“坚持党对司法工作的绝对领导、坚持中国特色社会主义法治道路”专题教育，让广大干警深刻领悟中国特色社会主义法治道路前景无限光明，坚决抵制西方“宪政”“三权鼎立”“司法独立”等错误思潮影响，发自内心信仰法律、坚守法治。加强人民法院文化建设，大力弘扬以忠诚为民、崇法尚德、公正廉洁、刚正不阿、改革创新为主要内容的新时代人民法院文化，以文化滋养广大干警，推动锻造忠诚干净担当的法院铁军。

2. 坚持业务过硬，锤炼专业精湛的司法本领，履职之能显著提升

习近平总书记强调，要把能力建设作为一项重要任务，全面提高政法干警职业素养和专业水平。党的十八大以来，人民法院坚持把专业化建设摆到更加重要的位置来抓，突出实战、实用、实效导向，大力加强司法能力建设，全面提升法院干警法律政策运用能力、防控风险能力、群众工作能力、科技应用能力、舆论引导能力。更新司法理念，司法能力提升更加契合时代要求。坚持以法为据、以理服人、以情感人，努力实现最佳的法律效果、政治效果、社会效果，刑事审判强调兼顾国法天理人情，民事审判注重辨明是非、惩恶扬善，行政审判突出大局意识、到位不越位。新时代司法理念在各个审判领域得到全面更新和牢固树立，引领广大干警在思想上跟上新时代步伐、胜任新时代要求。革新管理制度，司法能力提升更加符合审判规律。法官员额制改革、法官助理、书记员职务序列改革、聘用制书记员管理制度改革等一项项改革全面落地，从律师和法学专家中公开选拔法官、分级分类的法官绩效考核体系等一项项机

制得以建立，以中国特色法官职务管理制度为标志，基本形成符合司法职业特点的法院人员管理制度，影响司法公正、制约司法能力的体制机制障碍逐步破解，法官、审判辅助人员、司法行政人员实现各归其位、各尽其责。创新培养机制，司法能力提升更加切合实践需要。加强对法院人才队伍建设和教育培训工作的规划设计，修订《法官教育培训工作条例》，构建同法院人员分类管理相适应的人才培养和教育培训制度体系，《全国审判业务专家管理办法》等一批高层次审判人才培养规范密集出台，国家法官学院建设水平明显提升，全国双语法官培训基地等相继建立，法律研修学者制度、中国法官培训网、人民法院大讲堂等一批创新型教育培训平台不断创设，具有中国特色、引领时代潮流的人民法院教育培训工作新模式逐步形成，法院干警在新时代履职尽责、定分止争的能力水平明显提升，队伍专业化、职业化水平实现更高层次的发展。

3. 坚持责任过硬，厚培勤勉敬业的职业精神，担当之气蔚然成风

习近平总书记强调，政法队伍尤其要敢于担当，能否敢于负责、勇于担当，最能看出一个干部的党性和作风。党的十八大以来，人民法院始终坚持司法为民、公正司法工作主线，紧扣知责于心、担责于身、履责于行，着力强化职业精神培育，激发干警的荣誉感、自豪感，持续增强队伍的凝聚力、战斗力，在司法事业中奋斗、在为民奉献中实现人生价值成为广大干警普遍追求。全面落实司法责任制，积极作为、高效履职变为自觉。最高人民法院坚决扛起改革主体责任，按照试点先行、逐步推广、系统集成的工作思路，推动司法责任制全面落实，审判执行权责配置得到全面优化，有效激励审判人员多办案、办好案，“让审理者裁判，由裁判者负责”在各级人民法院落地生根、开花结果。健全依法履职保障机制，心无旁骛、公正履职成为常态。推动建立符合法官职业特点的工资福利制度，探索建立法官身份保障制度，健全完善法官履职保护机制，基层一线法官职级低、待遇差、晋升通道狭窄、职业尊荣感不高等问题得到有效解决，法院干警改革获得感不断增强，司法人员责任心和积极性进一步提高，让人民群众切实感受到公平正义就在身边。强化法律职业精神培育，尽心竭力、忠诚履职化为风尚。加强职业操守和职业良知教育，引导法院干警恪守职业道德，信仰法律、坚守法治，端稳天平、握牢法槌，铁面无私、秉公司法。充分发挥文化的思想引领和道德培育作用，引导干警始终保持司法为民的职业良知和维护公平正义的价值追求，以实际行动兑现对党和人民的铮铮誓言，先后涌现出邹碧华、方金刚、周春梅、杨军等一大批公正为民的好法官、敢于担当的好干部，充分展现出人民法官的时代正气、担当风采。

4. 坚持纪律过硬，永葆清正廉洁的政治本色，从严之举广受赞誉

习近平总书记强调，政法工作的性质决定了政法队伍必须严明纪律。党的十八大以来，人民法院狠抓纪律建设，坚持从严教育、从严管理、从严监督、从严执纪，引导广大干警把遵守纪律铭刻在灵魂中、熔铸在血液里，特别是经过队伍教育整顿，广大法院干警接受了革命性锻造，不断增强廉洁司法、廉洁用权、廉洁齐家的思想自觉和行动自觉。严格监督管理，有效净化政治生态。坚持全面从严治党、从严治院、从严管理，团结带领各级人民法院党组主动担负起全面从严治党的政治责任，推动形成“一级抓一级，层层抓落实”的责任落实体系。完善审判权运行和监督制约机制，改革优化督察局职能，持续加强内部巡视、扎实开展司法巡查，引

导广大干警以至公无私之心行正大光明之事，为法院队伍建设提供风清气正的良好政治生态。严惩司法腐败，不断纯洁队伍肌体。深入推进党风廉政建设和反腐败斗争，以零容忍态度严惩司法腐败，坚决清除害群之马。以法院系统违纪违法案件为反面教材，深刻吸取教训，切实引为镜鉴，深入开展“以案释德、以案释纪、以案释法”警示教育。严格落实防止干预司法“三个规定”和新时代政法干警“十个严禁”等铁规禁令，出台进一步加强新时代人民法院党风廉政建设和反腐败工作意见，一体推进不敢腐、不能腐、不想腐，切实筑牢拒腐防变的坚固防线，以廉洁司法确保公正司法。

5. 坚持作风过硬，涵养司法为民的公仆情怀，新风正气更加充盈

习近平总书记强调，“法律不应该是冷冰冰的，司法工作也是做群众工作”[①]。党的十八大以来，人民法院牢固树立“作风建设永远在路上”的理念，深入贯彻党的群众路线，坚持不懈完善作风建设长效机制，用心用情用力解决好诉讼群众的急难愁盼问题，树立和维护了人民法院的良好形象。端正作风的思想自觉普遍形成。把司法作风建设作为事关法院工作全局的重大战略任务，组织开展群众观点大讨论、司法作风大检查，在全国法院集中开展“做合格党员、合格法官”专题讨论，深入开展“为群众办实事示范法院”创建活动，全国四级法院院长、班子成员以上率下深入践行“三严三实”，到基层人民法庭蹲点考察、驻庭调研，与干警同吃同住同工作，通过“身入”基层、“心到”基层，真正与群众打成一片，进一步强化广大干警的宗旨意识、公仆意识。改进作风的有力举措接续推出。严格落实中央八项规定及其实施细则精神，持续深化纠治“四风”特别是形式主义、官僚主义，深入整治群众反映强烈的“六难三案”问题，深入推进“转变执行作风、规范执行行为”专项活动，常态开展司法作风专项督察，着力查纠审判执行工作中不严格、不规范、不公正、不文明问题，坚决破除特权思想和特权行为，坚决防止“四风”问题在法院系统反弹回潮。巩固作风的实践成果有效转化。持续巩固深化作风建设成效，将有益经验上升为制度规范。出台关于进一步改进司法作风的六项措施、纠正节日不正之风“十个不准”、新形势下进一步加强人民法院纪律作风建设指导意见等文件，一项项作风建设经验举措，上升为一件件作风建设制度规范，不断转化落实为一个个具体行动，作风建设规范化常态化长效化取得明显成效。

党的十八大以来，在习近平法治思想指引下，人民法院交出了一份建设过硬法院队伍的合格答卷，为平安中国、法治中国建设作出积极贡献。新的征程上，人民法院将深入贯彻习近平法治思想，按照“五个过硬”总要求和“四化”方向，发扬自我革命精神，奋发进取、真抓实干，继续探索队伍建设模式、优化队伍建设机制、强化队伍职业保障，不断提高队伍思想政治素质、业务工作能力、职业道德水准，着力建设堪当民族复兴重任的高素质法院队伍，刚正不阿、勇于担当，敢于斗争、善于斗争，全力以赴奋进新征程、建功新时代！

时代奔涌向前，征程波澜壮阔。新时代中国正踏上充满光荣和梦想的新征程，人民司法事业必将向着无限光明的前景和未来出发。党的二十大报告明确了以中国式现代化推进中华民族

---

① 中共中央宣传部编：《习近平总书记系列重要讲话读本》，人民出版社、学习出版社 2014 年版，第 83 页。

伟大复兴的使命任务，描绘了法治中国建设的美好蓝图，指明了新时代新征程全面依法治国的前进方向和实践路径。新时代新征程，我们要更加紧密地团结在以习近平同志为核心的党中央周围，全面学习把握落实党的二十大精神，深刻领悟“两个确立”的决定性意义，增强“四个意识”、坚定“四个自信”、做到“两个维护”，牢牢坚持党对司法工作的绝对领导，坚定不移走中国特色社会主义法治道路，紧紧围绕“努力让人民群众在每一个司法案件中感受到公平正义”目标，坚持司法为民、公正司法工作主线，主动服务和融入以中国式现代化全面推进中华民族伟大复兴的历史进程，以高质量司法服务高质量发展，坚定不移走好中国特色司法为民之路，不断实现人民对公平正义的向往，坚定不移推进严格公正司法，深化司法体制综合配套改革，全面准确落实司法责任制，全面加强智慧法院建设，加快建设公正高效权威的社会主义司法制度，坚定不移推进全面从严治党，着力锻造忠诚干净担当的人民法院铁军，奋力推进新时代新征程人民法院工作高质量发展，努力创造更高水平的社会主义司法文明，更好履行维护国家政治安全、确保社会大局稳定、促进社会公平正义、保障人民安居乐业的职责任务，为全面建设社会主义现代化国家、全面推进中华民族伟大复兴作出新的更大贡献。